本书受国家社会科学基金项目资助

《资本论》政治经济学批判的具体化

——《资本论》政治经济学批判研究

陈俊明　著

中国青年出版社

图书在版编目（CIP）数据

《资本论》政治经济学批判的具体化：《资本论》政治经济学
批判研究/陈俊明著．—北京：中国青年出版社，2021.6
ISBN 978-7-5153-6502-2

Ⅰ.①资…　Ⅱ.①陈…　Ⅲ.①《资本论》-马克思著作研究
Ⅳ.①A811.23

中国版本图书馆 CIP 数据核字（2021）第 158250 号

责任编辑：李　茹 liruice@163.com

出版发行：中国青年出版社
社址：北京东四十二条 21 号
邮政编码：100708
网址：www.cyp.com.cn
编辑部电话：（010）57350508
门市部电话：（010）57350370
印刷：三河市君旺印务有限公司
经销：新华书店
开本：1/16
印张：51
字数：914 千字
版次：2021 年 7 月北京第 1 版
印次：2021 年 7 月河北第 1 次印刷
定价：168.00 元

本图书如有印装质量问题，请凭购书发票与质检部联系调换
联系电话：（010）57350337

谨以本书献给

伟大的中国共产党百年华诞

目　　录

第一篇
对象与方法研究的科学批判

第二篇
总的科学批判

第三篇
第一逻辑阶段的科学批判

第四篇
第二逻辑阶段的科学批判

第五篇
第三逻辑阶段的科学批判

前　言
——必须重视《资本论》政治经济学批判的研究

习近平总书记在 2014 年"七一"讲话中说:"哲学社会科学要有批判精神,这是马克思主义最可贵的精神品质。"不言而喻,这种科学的批判精神在当时是马克思、恩格斯独有的、特有的,并且最集中、最典型、最精彩、最彻底地表现在《资本论》中,是《资本论》整体理论精华极其重要的组成部分,也是《资本论》的独特而优秀的重要品格,是马克思批判性品质、品格的最精彩、最集中表现。

马克思说过:"哲学家们只是用不同的方式解释世界,问题在于改变世界。"① 与资产阶级学者不同,——他们只要解释世界,甚至掩饰世界,无需改变世界,——作为比较具体的科学,无产阶级经济学不仅要"解释世界",阐明由资本家主导的经济运动是什么样的,还要阐明它为什么是这样的,是如何发展的,它存在和发展的根据是如何变化的,指出其根据是如何丧失的。很显然,这样"解释"实际上就是"批判"。只有这样,才能唤起和组织无产阶级、劳动大众用武器来改变旧世界,建立新世界。在劳动大众不了解旧世界的性质时,理论的批判就是教育和组织,在一定的意义上也是启蒙;在劳动大众形成阶级向资本主义制度发起武器的批判时,理论的批判又能坚定他们的信念,形成高尚的信仰和坚定的信心,为他们指明方向和攻击点,所以,理论的批判是广大劳动大众具体实践的前提和指导。正是以这样的理论为武装,共产党人才下定决心、不怕牺牲、排除万难,彻底推翻旧世界。政治经济学批判是共产党人改造资本主义世界的出发点。当然,理论的批判也来源于劳动大众的实践,正是这种实践产生了理论批判的需要。

---

① 《马克思恩格斯选集》第 1 卷,人民出版社 1995 年,第 57 页。

1

一、政治经济学批判使《资本论》成为无产阶级的政治经济学

对一种历史发展的理论来说，批判性极为重要。有了批判性，理论才能发展，才能显示自身相对于其他相关理论的优越性和战斗力、才能避免僵化，从而才能避免教条化。马克思的政治经济学批判早已有之，早在《1844 年哲学经济学手稿》以及与恩格斯合著的《共产党宣言》中，已经洋溢着政治经济学批判的气氛和性质。在创建"劳动的政治经济学"①的时候，更将它直接命名为《政治经济学批判》。如果说，资产阶级学者创立了基础缺陷、逻辑缺陷、缺乏逻辑张力的《政治经济学》，那么，《政治经济学批判》则是马克思和恩格斯创立的理论，这是前无古人的，它将无产阶级的政治经济学与资产阶级的政治经济学完全区分了。马克思说过："真理像光一样，它很难谦逊"②。"劳动的政治经济学"是真理，必然要批判旧世界、旧理论、旧观念，必然要发展和张扬无产阶级的个性，掌握群众。这种科学批判品质、品格、性质，当代的马克思主义经济学必须充分地继承和发扬。

马克思的"政治经济学批判"一开始就与唯物主义历史观的创立紧密联系。

马克思在《政治经济学批判》序言中说到他在 1842—1843 年间"自己研究政治经济学的经过"与创立唯物主义历史观的关系：作为《莱茵报》的编辑，第一次遇到要对所谓物质利益发表意见的难事，并义无反顾地同当时的莱茵省总督冯·沙培尔先生就摩塞尔农民状况展开论战。可见，实际需要是促使他去研究经济问题和批判的最初动因，这也使他的研究一开始就具有批判性。之后，为了解决使他苦恼的疑问，马克思写的第一部著作是对黑格尔法哲学的批判性的分析："法的关系正像国家的形式一样，既不能从它们本身来理解，也不能从所谓人类精神的一般发展来理解，相反，它们根源于物质的生活关系，这种物质的生活关系的总和，……应该到政治经济学中去寻求"，由是，他"在巴黎开始研究政治

---

① 在马克思看来，资产阶级经济学是"资本的政治经济学"，无产阶级经济学则是"劳动的政治经济学"。（《马克思恩格斯全集》第 16 卷，人民出版社 1964 年版，第 12 页。）

② 《马克思恩格斯全集》第 1 卷，人民出版社 1995 年版，第 110 页。

经济学"①，随后又在布鲁塞尔继续研究，从而将经济学研究与唯物主义历史观研究联系起来。在这个《序言》中，他自豪地宣布："我所得到的、并且一经得到就用于指导我的研究工作的总的结果"，——这就是著名的唯物主义历史观基本原理。② ——可见，最迟在 1845 年，马克思已经形成了科学的唯物主义历史观，并用于指导后来的政治经济学研究。这样看来，在他那个时候，最初的政治经济学批判不仅与政治经济学研究直接关联，而且与唯物主义历史观的创立直接相关。③

不仅唯物主义历史观的创立要靠科学批判，而且它的丰富、应用和论证，也靠科学批判。在后来的研究和批判中，马克思不断地丰富、充实唯物主义历史观的内涵。在《政治经济学批判。序言》中简要表述的唯物主义历史观原理，虽然已经将生产力与生产关系、经济基础与上层建筑、社会物质存在与意识形态、生产方式与社会形态之间的矛盾发展，将物质生产力的发展阶段，社会革命推动变革，判断进行变革的标准，一种社会形态的生产力容量，社会形态的演变阐明清楚，但像阶级、阶级组织、阶级斗争等重大问题作为上述关系的派生关系还没有涉及，需要具体的研究来充实丰富，这就有赖于哲学、政治经济学批判以及科学社会主义等科学的深入具体研究，而政治经济学批判正是最重要的方面。从实际批判看，大体以 1857 年为界，马克思的批判实现了向体系化的转变。与此相应，唯物主义历史观也逐步与他的政治经济学相融合而相得益彰。

《资本论》的政治经济学批判与批判黑格尔的辩证法也有关系。马克思在《资本论》第二版跋中说："将近三十年以前，当黑格尔辩证法还很流行的时候，我就批判过黑格尔辩证法的神秘方面。"但马克思也在批判中发现了它的合理内核，因此，在黑格尔被有些人当成一条"死狗"时，他却"公开承认我是这位大思想家的学生，并且在关于价值理论的一章中，有些地方我甚至卖弄起黑格尔特有的表达方式。"他认为，"辩证法在黑格尔手中神秘化了，但这决不妨碍他第一个全面地有意识地叙述了辩证

---

① 《马克思恩格斯选集》第 1 卷，人民出版社 1995 年，第 32 页。

② 《马克思恩格斯选集》第 1 卷，人民出版社 1995 年，第 31、32 页。

③ 参看曹典顺："政治经济学与唯物史观的内在关联"。（《中国社会科学》2016 年第 10 期，《新华文摘》2017 年第 2 期转载。）

法的一般运动形式。在他那里，辩证法是倒立着的。"① 于是，马克思批判地将它再倒立过来，并从其神秘外壳中发掘出合理的内核。当然，马克思不是简单地将它再倒立过来，而是在进行政治经济学批判的时候一方面对它实施进一步的改造，创立新的研究范式，例如在批判李嘉图试图弥合斯密因内在观察法和外在观察法产生的二重矛盾时创立了有别于"从抽象上升到具体"的另一种辩证逻辑方法，因为外在的东西具有直接性，内在的东西具有间接性，两者既有区别又有内在联系，并且是先从直接性的对象开始，再考察其中包含的间接性对象，最后又回到起点，实现直接性与间接性的统一，② 概括地说，其过程就是"直接性——间接性——直接性与间接性统一"这种全程性的方法，发展了辩证逻辑；另一方面又不断地显示了、验证了辩证法的批判性质。

自从确定了批判的性质和价值取向后，《资本论》的创作都坚持对资本主义进行全方位的批判，并且一脉相承。

马克思的《1857——1858 年经济学手稿》、1859 年的《政治经济学批判（第一分册）》《1861——1863 年经济学手稿》，不仅都是以政治经济学批判为书名，而且其内容也都对资本运动、资本主义制度、资产阶级经济学实施了实实在在全面批判。只是在 1862 年年底，他才确定将其巨著命名为《资本论》，但同时也还将政治经济学批判列为副标题。在《资本论》序言中，还称这是《政治经济学批判》"第一册的续编"。③ 可以说，《资本论》的科学批判是前期批判的自然、必然的延续和提升、集成。

诚然，正标题与副标题之间是有差别的。从字面看，正标题《资本论》——按照恩格斯的说法，这是一部"论资本的书"④，——要再现的对象包括资本运动、资本主义制度、资本家的经济行为及其价值，其中的

---

① 《资本论》第 1 卷，人民出版社 1975 年版，第 25 页；2004 年版，第 22 页。前后两个版本的翻译有些许差别，但都不是原则性的差别，有的是不同时期用词的差别，例如前版的"那末""象""其它"等，在新版都改译为"那么""像""其他"；有的是表述的差别，或者是词序调整，或者是某些词句的调整，等，重译后语义更清楚，但大都意思不变。据查对，2004 年版与后来的版本，包括 2009 年出版的《马克思恩格斯文集》第五、六、七卷的页码一致。所以，加上 2004 年的版本，有利于拥有不同版本读者的查阅。

② 参看陈俊明："《资本论》的直接性——间接性——直接性间接性统一的方法初探"（《华侨大学学报》1987 年第 1 期）。

③ 《马克思恩格斯〈资本论〉书信集》，人民出版社 1976 年版，第 170 页。

④ 《马克思恩格斯全集》第 16 卷，人民出版社 1964 年版，第 233 页。

资本运动包含它自身的自我超越和批判，这些都是客观性的存在，而副标题政治经济学批判，则还要批判资本运动、资本主义制度、资产阶级经济学的各种违背客观规律、掩盖丑恶行径的错误、恶劣后果和伪装，要体现批判主体的观念和价值。作为对客观对象的理论反映，它是经过批判者主观处理的，有一定的主观性。但是，无论是正标题还是副标题，都包含着批判。从其实际内容看，正、副标题之间的距离并不像一般情况下字面意义所表示的那样大。从字面看，正副标题的研究各有侧重，是两种不同的维度。但从实际实施看，前者反映的自我批判又构成后者的重要内容。

在马克思看来，这两者其实是可以通约、兼容，并且是缺一不可的。在以政治经济学批判为书名的时候，他并不只是进行批判。例如《政治经济学批判。第一分册》，虽然冠以政治经济学批判，突出了批判，但其内容却大部分是正面的叙述，与《资本论》第一篇十分相近。后来，他才将原先撰写的手稿作为《政治经济学批判》第一分册的续篇以《资本论》为标题出版，而将政治经济学批判这个名称作为副标题。他在将这个决定告诉路德维西·库格曼时说："这一卷的内容就是英国人称为'政治经济学原理'的东西。这是精髓（同第一部分合起来）"① 在《资本论》第一卷序言中，他又明确地说："前书的内容已经概述在这一卷的第一章中。这样做不仅是为了联贯和完整，叙述方式也改进了。在情况许可的范围内，前书只是略略提到的许多论点，这里都作了进一步的阐述；相反地，前书已经详细阐述的论点，这里只略略提到。"② 简单说，以《政治经济学批判》为正标题时，有正论；以《资本论》为正标题的时候，有批判，而且前者与后者第一篇的主要内容是一样的。这样看来，两者的区别并不大。如果联系马克思的研究目的，我们甚至可以说，理论再现对象是为了批判这个对象。所以，"副标题"并非一般的正副意义上的副，而是"正标题"的本意、本质，是点睛之笔。

在这里，批判实际上并非仅仅表现为"倾向性的结论"，它之所以能有的放矢、能有彻底的说服力、批判力，只是因为它作为一个理论过程与正面的论述紧密结合。不言而喻，分析剩余价值的产生、再生产、分配，阐明它的实质、实现、社会表现，本身就是对资本运动的批判，更是批判资产阶级经济学的理论依据。同样的，"正面的叙述"又是通过批判而不断拓展、建设和深化，而表现为一种不断转型发展、上升的过程。而且，

---

① 《马克思恩格斯〈资本论〉书信集》，人民出版社1976年版，第170页。
② 《资本论》第1卷，人民出版社1975年版，第7页；2004年版，第7页。

马克思正面研究资本运动，根本的目的正是批判它，宣布"剥夺者就要被剥夺"①。由是，对《资本论》的研究，应该紧密联系科学批判来理解再现。在《政治经济学批判。导言》②论述方法的时候，马克思说："从抽象上升到具体的方法，只是思维用来掌握具体并把它当作一个精神上的具体再现出来的方式。"③据此，人们很自然地以为，运用这种方法的目的就是在精神上再现具体。但是，就是在这一句话的前面，他还这样说："如果我抛开构成人口的阶级，人口就是一个抽象。如果我不知道这些阶级所依据的因素，如雇佣劳动、资本等等，阶级又是一句空话。"④可见反映阶级必须以挖掘其"所依据的因素"为前提，而这就是批判。所以，《资本论》的理论再现，不是像平庸摄影师那样单纯地表现某一时刻对象的外表形象，而是要有科学的批判，因而是理论再现与科学批判的统一。而且，这种统一不仅仅是指两者兼而有之，还有更深的意义：一方面，为批判而再现，借助批判而再现，通过批判而使再现避免平庸化，另一方面，通过再现而批判，在再现中拓展、深化批判。没有科学批判，马克思主义政治经济学与资产阶级经济学之间就没有根本性质的区别，对无产阶级、劳动大众也没有教育指导的作用。可见，《资本论》的科学批判不是可有可无的，而是至关重要的。

但是，从特定的意义看，批判与正面叙述也存在着区别。恩格斯说过：马克思的经济科学"把资本主义生产方式和相应的交换形式的规律从正面，即从促进一般的社会目的的方面来加以阐述，最后对资本主义的生产方式进行社会主义的批判，就是说，从反面来表述它的规律，证明这种生产方式由于它本身的发展，正在接近它使自己不可能再存在下去的境地。"⑤——显然，"反面的表述"就是批判。——正面叙述是客观地再现对象，尽管根据不同的世界观和方法论有选择地再现，因而有一定的主观性，但在研究对象的方位确定之后，就要尽可能客观地反映，而批判除了更深刻地、更全面地反映客观对象外，却还有表现出更多的主观性、倾向

---

① 《资本论》第 1 卷，人民出版社 1975 年版，第 831 页；2004 年版第 874 页。

② 这里以句号"。"分开"政治经济学批判"和"第一分册"，是根据《马克思恩格斯全集》的编辑方法。参看《马克思恩格斯全集》第 31 卷，人民出版社 1998 年版的《政治经济学批判。第一分册》。

③ 《马克思恩格斯全集》第 46 卷上册，人民出版社 1979 年版，第 38 页。

④ 《马克思恩格斯全集》第 46 卷上册，人民出版社 1979 年版，第 37 页。

⑤ 《马克思恩格斯选集》第 3 卷，人民出版社 1995 年版，第 492 页。

性。尽管批判的尺度不能随意缩放，必须有的放矢、符合实际，但批判主体要在客观地再现对象的过程中融入自己所代表阶级的价值评价，在有意识地反映客观对象的自我批判的同时，还要体现批判主体对它的批判，不仅批判这种客观对象（包括资本家），而且批判维护它的经济学家，包括他们的各种理念、理论——这些理念虽然都表现为主观的形式，但一经形成，就作为思想史上确定的、依附在客观对象上的东西、客观存在的东西了①。从这种意义看，批判就是否定，就是科学地指出被批判对象的历史性、野蛮性，这与正面叙述的对象、视阈、方法都有所不同，因而正是资产阶级、资产阶级学者最不能容忍的。如果说，反映客观对象阶段性发展的自我批判是广义的批判，那么，反映批判主体意志、价值、站在客观对象对立面的对他批判就是狭义的批判。

批判与正面叙述的联系和区别还表现在很多方面。客观对象本身包含的批判性质、马克思恩格斯的历史任务、他们所面临的理论现状，赖以进行研究的科学方法，都决定了要将破与立紧密结合。马克思很早的时候就已经将批判与创建紧密联系起来："我要破坏，我也要建设。"② 在《资本论》中，批判与实证研究是形影不离的。他很明确地告诉我们，《资本论》中有"倾向性的结论"，还有"正面的叙述"③。本课题研究的，主要就是这种与正面叙述有所区别的特定的批判，既包括广义的和狭义的批判，还包括正面叙述中批判地创建。

批判既嵌入正面论述之中，又是有一定独立性的存在。政治经济学批判并非间断实施的，更非《资本论》基本理论之外的附属理论，它贯穿全书始终，与劳动价值论、资本理论、经济行为理论等一样，都是一种基本理论。

资本运动有不同的侧面、层面，所以其理论反映也必定是多方面的。从一定时期资本运动具有批判性来看，《资本论》就是这样，由许多研究方位有所区别的基本理论如劳动价值论、资本理论、经济行为理论、政治经济学批判理论等的紧密联系的基本理论所构成。所谓的基本理论，与不同地方出现的个别、具体理论不同，是那些贯穿全书，并且随着逻辑阶段

---

① "这种种形式恰好形成资产阶级经济学的各种范畴。对于这个历史上一定的社会生产方式即商品生产的生产关系来说，这些范畴是有社会效力的、因而是客观的思维形式。"（《资本论》第 1 卷，人民出版社 1975 年版，第 93 页；2004 年版第 93 页。）

② 《马克思恩格斯〈资本论〉书信集》，人民出版社 1976 年版，第 97 页。

③ 《马克思恩格斯〈资本论〉书信集》，人民出版社 1976 年版，第 244 页。

的上升而上升、始终发挥作用的理论。之所以说政治经济学批判是一种基本理论，因为它贯穿整个理论过程始终，和其他的基本理论一样，都有阶段的上升，也可以说，在不同的逻辑阶段，它都与其他基本理论一起，并且还深度影响其他基本理论、具体理论。

不破不立，不批判地指出旧的事物、对象丧失根据，怎能显示新事物产生的必然性、优越性。不仅如此，批判还给其他基本理论定性、定调、定情，将无产阶级感情、价值灌输其中，赋予、突出了理论再现的灵魂、价值和方向，以充分表达《资本论》的其他基本理论与资产阶级经济学相关理论的区别以及对后者的批判、超越。例如资产阶级古典经济学研究劳动价值论，在揭示发财致富秘密的同时，也据此表达对土地所有者不劳而获的批判。马克思肯定并继承了这种批判，但他的劳动价值论则是代表无产阶级的利益而批判资本和土地所有者联合对雇佣劳动的剥削。正因为有这种批判性，他的劳动价值论才具有特殊的科学性和魅力、战斗力，让剥削阶级害怕。①

在很多人的意识中，《资本论》中的基本理论只有劳动价值论、资本理论等，并且是彼此分开的，并没有什么经济行为理论、政治经济学批判理论。不仅中外的教科书没有专门的介绍，而且似乎《资本论》中也不见专门的论述。但是，这样的理解并不符合《资本论》实际情况。关于《资本论》的经济行为理论，尽管马克思本人没有很明确地表示有经济行为理论是他"自以为提供的东西"，但它却是实实在在地存在的，是他"实际上提供的东西"②。对此，笔者已有专门的论证，这里不再赘言。③ 至于政治经济学批判，不仅以副标题赫然标示，而且在书中到处都令人目染。马克思告诉人们，《资本论》中有"倾向性的结论"，有"正面的叙述"④。很显然，政治经济学批判最能体现他的价值"倾向"。

诚然，这些基本理论全都贯穿全书的始终，但彼此之间并非泾渭分明，而是相互融合，这种情况有点像生产资本的三种循环的关系一样，

---

① "当劳动时间决定价值这一点像在李嘉图本人那里一样还'不明确'的时候，它并没有引起这些人（指罗雪尔之流。——引者注）不安。但是，一旦把它同劳动日和劳动日的变化正确地联系起来时，他们就感觉到这种说明是新的和非常令人不愉快的了。"（《马克思恩格斯〈资本论〉书信集》，人民出版社1976年版，第249页。）

② 《马克思恩格斯〈资本论〉书信集》，人民出版社1976年版，第358页。

③ 参看陈俊明著：《〈资本论〉经济行为理论的具体化·导言》，中央编译出版社，2010年版。

④ 《马克思恩格斯〈资本论〉书信集》，人民出版社1976年版，第244页。

"全部区别表现为单纯形式上的区别，或者说，表现为单纯主观上的、只对考察者才存在的区别。"实际上，一门科学的细分化，正是这门学科科学化的重要标志之一。在这方面，马克思对客观对象的科学解构、辩证重构，特别能显示他的解剖能力和抽象能力的独特和高超，在别人看不到、想不到的地方，他却看到了、想到了，并且下足功夫，全方位而清晰透彻，更可贵的是，他的政治经济学批判研究还统率其他方面的研究，充分显示全部研究的批判品格和价值。

由此可见，我们不能根据自己的喜好或不能选择性地仅注意其中的某些侧面、层面的规定研究，而忽视政治经济学批判作为一种基本理论在《资本论》中的存在。

马克思进行的科学批判，是理论创新发展的动力和方法，批判使理论具有一种扩张力。因为批判，实证研究才得以跳出历来资产阶级经济学的窠臼，能站在历史发展的制高点上俯视资产阶级经济学的发展演化、蜕变，清除其错误，超越其正确，才能形成"倾向性的结论"，才能诉诸无产阶级和劳动大众对旧制度实行武器的批判。在许多地方，批判资本运动的腐朽性、资产阶级经济学的辩护性，导致了预示未来社会的相关规定，如终篇第 48 章，马克思指出"资本……会导致这样一个阶段，在这个阶段上，社会上的一部分人靠牺牲另一部分人来强制和垄断社会发展（包括这种发展的物质方面和精神方面的利益）的现象将会消失；"[1] 在第 49 章在分析剩余价值、剩余产品、剩余劳动在再生产中的作用时提出："在资本主义生产方式消灭之后，……通常由直接生产者消费的部分，不再限于它目前的最低水平。除了为那些由于年龄关系还不能参加生产或者已不能参加生产的人而从事的剩余劳动以外，一切为养活不劳动的人而从事的劳动都会消失。"[2] 因为批判，实证研究才能进入新的领域、过程、层面，才能阶段上升，才能阐明内在规定的外在颠倒表现，理论才能创新，其正面论述才更显得生动和深刻，特别是通过批判庸俗经济学而触及某种社会表象、而导致内在规定的外化、异化，更有说服力、针对性。在终篇，马克思彻底批判了"萨伊公式"，但不仅仅是批判它的错误，同时还指出它将

---

[1] 《资本论》第 3 卷，人民出版社 1975 年版，第 926 页；2004 年版，第 928 页，新版将前版的"消失"改译为"消灭"。

[2] 《资本论》第 3 卷，人民出版社 1975 年版，第 958 页；2004 年版，第 960 页。

过程的本质规定完全掩盖并颠倒了，表现的是"消灭了一切内部联系"①的社会表象。马克思又论证，这种社会表象产生于流通和竞争中，只要流通和竞争存在一天，这种表象就会持续地出现，"因为资本主义生产的内在规律在竞争中是以颠倒的形式表现出来的。"② 正是发现这种表象与内在规定的特别联系，他才阐明它是后者在社会表面上、在流通中、资本家意识中的必然的颠倒表现。这样，他就顺理成章地解决了内在规定的社会表现问题。这样一来，马克思的研究不仅由表及里，还由里及表，完整地再现了客观对象。这是研究范式的重大创新，也导致理论的重大创新。

所以，科学批判是马克思主义经济学的重要内容，也锻造了马克思主义经济学的重要品格，体现了它的重要价值。诚然，科学批判也得益于实证研究，并因为实证研究而成为规范研究。但是，这样的规范研究，实际上已经与科学批判融为一体，批判成就了规范，规范上升为批判。《资本论》宣布资本主义积累的结果必然是"剥夺者被剥夺"，既是一种规范表达，也是一种批判。

科学批判是一种理论是否完善的标志之一。真理只有与其他相关理论发生碰撞、并且能够有力地进行对他批判，逻辑地进行自我批判，才能彻底，才能充分地焕发真理的光芒，体现自身的实力和战斗力，才能真正科学化而掌握群众。如果说，一门科学只有在成功地运用数学时，它才能真正达到完善的地步，那么，对社会科学来说，只有在深刻地揭示数学无法计量的本质关系，并批判地阐明本质关系如何颠倒地表现的时候，只有在彻底批判非历史性的理论之后，才能达到真正完善的地步，才是真正的科学。

科学批判既是《资本论》独特而优秀的重要内容，也是《资本论》的独特而优秀的重要品格，是马克思批判性品质、品格的最精彩、最集中表现。

二、科学批判是《资本论》的重要内容

《资本论》全三卷不仅从头到尾贯穿着科学批判的精神，而且从头到尾都实实在在地进行着批判，包括广义的和狭义的批判。

---

① 《资本论》第3卷，人民出版社1975年版，第939页；2004年版，第941页，新版将前版的"一切"改译为"整个"。

② 《资本论》第3卷，人民出版社1975年版，第251页；2004年版，第251页。

　　这种批判与正面的研究再现相辅相成，一路高歌猛进，不仅批判资本家对雇佣工人穷凶极恶的剥削，批判资产阶级经济学，包括古典的和庸俗的，而且批判整个资本主义经济制度，从序言直至第三卷末篇即全书终篇。

　　在第一卷德文第一版序言中，马克思说道："以货币形式为其完成形态的价值形式，是极无内容和极其简单的。然而，两千多年来人类智慧在这方面进行探讨的努力，并未得到什么结果"①。这不仅仅是对这些"努力"无果的一种评价，而且是突出这种研究之难。但是，只要联系开篇处对价值形式的全方位分析就可了解，价值形式是商品经济发展过程中最重要、最基本、最广泛发生并且包含着极其复杂内容的经济现象，尽管它存在于历史上长期的非典型的商品交换中，但它却产生了它的完成形态——货币，并使之具有越来越完备的职能，因而它必须是经济理论研究的最基本的东西，但以前的学者却将它置若罔闻，至多是浅尝即止，像亚里士多德一样。如果说亚里士多德时代这种现象并不普遍存在，它后来才包含的各种复杂关系尚未发生，因而亚里士多德不可能深入研究它，那么，在古典经济学家面前，这种现象已经普遍化、基本化，而他们却将它置若罔闻，这就从侧面表明他们的研究对象和方法，乃至目的都是有根本缺陷的。不言而喻，指出这种缺陷，实际上就是一种批判。

　　从正文字面看，尽管开头部分大多为正面的论述、论证，似乎没有批判的字样。但只要深入品味开头首段的论述，就应意识到它表达了研究的直接对象和对它的科学处理，以及这种直接对象与普遍存在的价值形式的关系，再联系《资本论》手稿对资产阶级经济学研究对象的批判，就不难发现，这里的批判虽是间接的，却很深刻。

　　《资本论》开头首段是这样写的："资本主义生产方式占统治地位的社会的财富，表现为'庞大的商品堆积'，单个的商品表现为这种财富的元素形式。因此，我们的研究就从分析商品开始。"② 所谓"资本主义生产方式占统治地位的社会的财富"即资本主义财富，既是资本运动的结果，又是资本运动本身，这正是马克思在序言中所说的本书要研究的对象的直接表现形式，从而是资本主义性质的财富，——在后面的研究中，我们将论证，这是经过处理的，撇开混沌外表的典型而成熟的对象，因而是与客观对象有所不同的理论对象，——从混沌的客观对象中提取出比较单纯的理

---

　　① 《资本论》第 1 卷，人民出版社 1975 年版，第 7 页；2004 年版，第 8 页。
　　② 《资本论》第 1 卷，人民出版社 1975 年版，第 47 页；2004 年版，第 47 页。

论对象，再从中提取出单个商品，作为总体财富的细胞，这就是运用抽象力的结晶。因为总体财富在社会表面上表现为商品堆积的形式，所以它的所有细胞全都必然包含着价值形式。

这样处理，与资产阶级经济学形成强烈的反差，实际上是在批判后者在研究对象的确定和科学处理上的混乱不堪。

先看研究对象。即使是资产阶级古典学派，其最初的研究对象也是发育不成熟的。在 17 世纪初，英国的工场手工业还刚刚渡过少年期，法国还是落后的农业国。与此同时，西欧资本主义也只处于初级阶段，所以这种对象的内在规定还未充分发展，还未成熟和典型。这种"不太发达的……经济关系必然要在头脑里产生混乱"①，无论如何也不可能产生科学的理论，充其量只能有一些不成系统的初步探索。客观对象的先天不足必然导致理论的先天不足，资产阶级古典经济学就是这样。

研究对象有客观的和理论的之分，后者虽然是前者的理论反映，但这种反映是经过研究者处理的，是"在人的头脑中改造过的"② 东西。由此我们发现，即使撇开客观对象的不成熟性不说，资产阶级古典学派理论中的研究对象也是混沌的。一方面，它有意无意地将不同性质的经济过程因为共有某些浅层的规定而将它们混为一谈。对此，马克思在《政治经济学批判·导言》的开头处就有深刻的批判：这些浅层的规定相同，不能掩盖不同性质经济过程的内在本质规定的差别。"对生产一般适用的种种规定所以要抽出来，也正是为了不致因见到统一……就忘记了本质的差别。而忘记这种差别，正是那些证明现存社会关系永存与和谐的现代经济学家的全部智慧所在。"③ 另一方面，由于它缺乏抽象力，不能创立和运用科学的方法，所以不能形成典型对象，只能直接囫囵地研究，这样就很难使理论对象典型化，以至于很难使研究臻于深刻，更难以逻辑地、历史地反映对象的发展演变。

关于资产阶级经济学的混沌对象及处理对象及思想材料的方法，马克思在《政治经济学批判·导言》中曾经针对性地进行批判。他以对人口的研究为例，指出，必须对"混沌的关于整体的表象进行更切近的规定"，尔后才能"在分析中达到越来越简单的概念"；再"从表象中的具体达到越来越稀薄的抽象，直到达到一些最简单的规定"。由于这些简单规定相

---

① 《马克思恩格斯〈资本论〉书信集》，人民出版社 1976 年版，第 159 页。
② 《资本论》第 1 卷，人民出版社 1975 年版，第 25 页；2004 年版，第 22 页。
③ 《马克思恩格斯全集》第 46 卷上册，人民出版社 1979 年版，第 22 页。

当抽象，远离整体对象，所以"行程又得从那里回过头来，直到我最后又回到人口，但是这回人口已不是一个混沌的关于整体的表象，而是一个具有许多规定和关系的丰富的总体了。"① 显然，资产阶级经济学的方法根本不知道如何正确处理混沌的对象，也没有意识到如何在理论上表现整体对象。无论是斯密，还是李嘉图，其最主要的政治经济学著作的结构都不能体现逻辑地完整地再现对象的要求。在《资本论》的手稿中进行的这些批判，正是《资本论》科学批判的序幕。

在开篇，马克思不止批判资产阶级经济学的对象和方法，在论证价值理论和货币理论的相关场合也有和许多深入的批判。对此，无须一一列举，只要看看恩格斯在《资本论》第二卷序言中的评论就清楚了。他说："要知道什么是剩余价值，他就必须知道什么是价值。李嘉图的价值理论本身必须首先加以批判。于是，马克思研究了劳动形成价值的特性，第一次确定了什么样的劳动形成价值，为什么形成价值以及怎样形成价值，并确定了价值不外就是这种劳动的凝固，而这一点是洛贝尔图斯始终没有理解的。马克思进而研究商品和货币的关系，并且论证了商品和商品交换怎样和为什么由于商品内在的价值属性必然要造成商品和货币的对立。"② 显然，后者是连李嘉图都无法全部正确理解的。

如果说，开篇研究的对象主要是暂时撇开资本关系的商品和货币，那么从第二篇开始，马克思研究的主要对象就是资本运动本身了。由此，他创立了科学的剩余价值理论。在这方面，"他的意见是和所有他的前人直接对立的。在前人认为已有答案的地方，他却认为只是问题所在。"③ 而且，除了伴有对资产阶级经济学的批判外，更多的是针对客观的资本运动过程，并且比比皆是，逐步拓展、深入，特别是狭义的、专门针对资本运动、资产阶级经济学的批判，给人留下深刻的印象。不言而喻，剩余价值的生产和再生产理论，都将批判的矛头直指资产阶级、资本主义制度。

到了《资本论》终篇，马克思的科学批判更进一步，在全面彻底批判萨伊的"三位一体公式"之后，还追溯并批判其错误理论根源——"斯密教条"。在此基础上，马克思还批判了资产阶级学者与此相关的两种理论：一种是将资本主义分配关系当成自然关系，另一种"虽然承认分配关系的历史发展性质，但同时却更加固执地认为，生产关系本身具有不变的、从

---

① 《马克思恩格斯全集》第 46 卷上册，人民出版社 1979 年版，第 37—38 页。
② 《资本论》第 2 卷，人民出版社 1975 年版，第 22 页；2004 年版，第 21—22 页。
③ 《资本论》第 2 卷，人民出版社 1975 年版，第 21 页；2004 年版，第 21 页。

人类本性产生出来的、因而与一切历史发展无关的性质"①。由此他特别强调了生产关系、分配关系的历史性，强调分配关系与生产关系、经济制度的内在联系，从而将批判矛头直指资本主义社会制度。

《资本论》的科学批判贯穿全书始终，不仅表现在它将马克思的价值观、革命情怀全方位地融入对客观对象的理论再现中，让人、也让整个旧世界都感到批判的威力和震撼，而且表现在它对客观对象的种种弊病痼疾、对工人阶级的种种剥削迫害的直接解构和批判。批判作为一种与再现并存的维度，有不同的机制方式，或隐或现，若天章云锦，或直接或迂回，若江河行地，或摆事实、挖根源、追溯历史老账，或大张旗鼓地攻城略地，嬉笑挥斥怒骂。

《资本论》的科学批判不仅在正文中有系统的安排，而且存在于注释中，特别是马克思修订出版的第一卷，注释中的批判更是比比皆是。它们很有针对性，并且大都旗帜鲜明，文风泼辣。有直接地批，有婉转地挪揄，有嬉笑怒骂，有广泛联系。它们的提出，作用不可忽视，其中有的可加强正文的相关论述韵味，有的可表达正文的余韵，有的可补充正文的意思而不增加篇幅，避免行文冗长、节外生枝而冲淡主题，有的还起到提示作用。例如，在第一章开头处，在说明"商品的使用价值为商品学这门学科提供材料"的时候，加了一个脚注："在资产阶级社会中，流行着一种法律上的假定，认为每个人作为商品的买者都具有百科全书般的商品知识。"② 这既是批判资产阶级学者的"经济人"假设，又嘲笑他们将政治经济学混同于商品学。在著作开头处这样加注，还意味着资产阶级经济学的出发点是"单个个人"。只不过考虑到正文论述的需要，马克思没有在此展开说明。

《资本论》的科学批判不仅是全过程的，还是全方位的，既针对客观对象本身（包括资本家的行为），针对资产阶级经济理论的内容，还针对资产阶级经济学的方法，是辩证唯物主义哲学的批判。

任何理论都要运用一定的方法，而方法似乎是没有优劣，③ 好像只与研究的方便不方便相联系，而与价值无涉。的确，客观地看，资产阶级学

---

① 《资本论》第3卷，人民出版社1975年版，第993页，2004年版，第994页。

② 《资本论》第1卷，人民出版社1975年版，第48页；2004年版，第48页。

③ 正因为这样，有人至今还提出要回到斯密的方法。但实际上斯密的方法是二重的，并且"内在观察法"和"外在观察法"之间没有内在联系。参看陈俊明："回到斯密，还是回到马克思？"（《海派经济学》2017年第2期）。

者在构建可以称得上"科学"的经济理论时，也运用一些实证分析的方法，并且由此得到一些有价值的理论观点。但是，这些学者无论是谁，其最基本的历史观都是唯心的。因此，即使再正确的具体方法，运用起来都要打折扣，何况其方法全都有缺陷。马克思说："资产阶级经济学家即使怀着最良好的愿望，甚至在他们已经掌握真理的时候，也是本能地沿着错误的道路走的。"① 因为唯心史观，他们既认为资本主义是永恒存在的，以为它是一成不变的，都不愿意承认资本运动是个有条件、有限度的历史发展过程，并且，无论在什么样的发展阶段，每个人都是自私而独立行为的。这决定他们的理论都以单个的个人为出发点。② 在处理对象时，又不能从一般商品生产和资本运动两种不同性质的过程混为一体的混沌表象中抽出要考察的主要对象，不能科学地区分同一性质对象的不同发展阶段。在处理思想材料的时候，或者是抽象力不足，"抽象还不够深刻，不够完全"③，或者是跳过必要的中介"强制抽象"，将内在规定与其外在表现直接联系。

马克思之所以能够精准彻底地批判资产阶级经济学的唯心、机械唯物主义的方法，因为他在批判和研究政治经济学的过程中，同时也对德国古典哲学进行了深入彻底的批判，特别对黑格尔的辩证法，马克思指出："在他那里，辩证法是倒立着的。必须把它倒过来，以便发现神秘外壳中的合理内核。"④ 在此基础上，他创立了唯物主义历史观，并创立了科学的辩证逻辑。对此，恩格斯有很高的评价："马克思对于政治经济学的批判就是以这个方法作基础的，这个方法的制定，在我们看来是一个其意义不亚于唯物主义基本观点的成果。"⑤

马克思不仅批判资本主义制度、资本运动对无产阶级的经济剥削和政治压迫等灾难性的客观现实及后果，还批判它们以及资产阶级学者的理论中包含的各种观念，其中最重要的是其发展观、价值观，此外，还特别分析批判了它们在竞争中形成的"日常意识"。前者对客观过程运行的波动

---

① 《马克思恩格斯〈资本论〉书信集》，人民出版社1976年版，第333页。

② "被斯密和李嘉图当作出发点的单个的孤立的猎人和渔夫，应归入18世纪鲁宾逊故事的毫无想象力的虚构"。（《马克思恩格斯全集》第46卷，上册，人民出版社1979年版，第20页。）

③ 《马克思恩格斯全集》第26卷，第2册，人民出版社1973年版，第112页。

④ 《资本论》第1卷，人民出版社1975年版，第25页；2004年版，第22页。

⑤ 《马克思恩格斯选集》第2卷，人民出版社1995年版，第43页。

性起了推波助澜的作用，后者用自己的"奇特观念"① 粉饰自己的行径，并强加给社会。此外，还涉及资产阶级与经济活动的各种规范，公平正义、道德、自由、平等、博爱、自私自利等。

如果说，马克思在《资本论》中站在资本运动、资本主义制度、资产阶级经济理论的对立面进行对他批判是众所周知的，那么它反映资本运动自身的自我批判、并借此批判地建立相关的转型升级理论却是鲜为人知的。就后者而言，虽然他仍然是站在资本运动的对立面，但却不是以完全敌对的态度来对待它，而是客观公正地反映它自身的更新换代。当客观对象能够自觉不自觉地进行更新换代的时候，就意味着它还能进行新陈代谢，表明它不是故步自封，而是能够超越以前的状态、更新以前的运行逻辑，还有生命力。如果说，马克思的对他批判只是他代表无产阶级进行的批判，是狭义的、特殊的批判，那么，这种反映客观对象自身的自我更新就是一种广义的、一般的批判。

在这些批判的基础上、过程中，马克思还批判地创立了一系列新的理论，例如经济行为理论。他在批判物的人格化和人格的物化时，突出了主体的作用。他在研究了商品的各种因素、属性之后，在第二章一开始就说："商品不能自己到市场去，不能自己去交换。……为了使这些物作为商品彼此发生关系，商品监护人必须作为有自己的意志体现在这些物中的人彼此发生关系，……通过双方共同一致的意志行为，……让渡自己的商品，占有别人的商品。可见，他们必须彼此承认对方是私有者。"② 由此，他告诉人们，商品交换不是物的交换，而是不同劳动之间的交换，并且是交换者"双方共同一致的意志行为"。这就突出了交换主体及其意志行为，显示了物必须人格化，人格化又必然转变为一定的行为，经济行为。由此，他开始了系统的经济行为理论研究，直至全书的终篇、终点，从个体的经济行为到整个阶级的经济行为。如果说，资产阶级古典学派曾经提出过劳动价值论、资本理论的一些重要观点，那么，在经济行为理论的研究上，却乏善可陈。

资本是有所有权的，而所有权是有归属的，而归属又是有主体的。但是，资产阶级经济学见物不见人，而马克思则透过物与物之间的关系发现人与人、阶级与阶级之间的关系。可见，这种批判性创建本身还包含着批判。

---

① 《资本论》第 3 卷，人民出版社 1975 年版，第 257 页；2004 年版，第 256 页。
② 《资本论》第 1 卷，人民出版社 1975 年版，102 页；2004 年版，第 103 页。

《资本论》的科学批判是系统的、全方位的，贯穿全程的，既与此前一系列批判一脉相承，又是这一系列批判的升级和完成。

三、《资本论》科学批判的特殊机制

批判不能望文生义地简单理解，不是简单地理解为推翻和否定，不是普通意义上的"宣判"，而是既有肯定，又有否定。所谓的肯定，是对批判对象的存在根据、其活动的时空范围、条件、逻辑的确定。这同时也表明，一旦过程超越了这些根据，它就不再能存在和发展，所以这实际上也是一种否定，通过揭示对象的运动规律，指出其没有永久不变的根据、时空、条件。

理论的批判包含着多种分野和维度，从内容看，有政治学的、经济学的、哲学的、文化学的等分野，从政治经济学批判的目的看，有还原、再现、否定、重建、彰扬等维度。

《资本论》的科学批判有不同的方式和机制。有直接地批，有间接地批。对他批判大多是直接的：

对资本运动的批判，像"资本来到世间，从头到脚，每个毛孔都滴着血和肮脏的东西"，宣布"资本主义私有制的丧钟就要响了。剥夺者就要被剥夺了"①。真是掷地有声，声色俱厉。

对资产阶级古典学派，他侧重理性的批评：关于二重形式的劳动，"古典政治经济学事实上是这样区分的，因为它有时从量的方面，有时从质的方面来考察劳动。但是，它从来没有意识到，劳动的纯粹量的差别是以它们的质的统一或等同为前提的，因而是以它们化为抽象人类劳动为前提的。"② 这就是批判它们不懂得劳动的二重形式，是真正地打中要害而又带有学术性质。

对庸俗经济学家的批判，加进的感情色彩比较多样、浓重，有揶揄、嘲笑、挖苦，更有痛斥。

对资本主义制度的批判，直接指出它的历史暂时性，但也肯定其存在和发展的历史必然性。在批判其黑暗面的同时，还在相对的意义上肯定其

---

① 《资本论》第 1 卷，人民出版社 1975 年版，第 829，831—832 页；2004 年版，第 871 页，第 874 页。

② 《资本论》第 1 卷，人民出版社 1975 年版，第 97 页脚注（31）；2004 年版，第 98 页脚注（31）。

文明面。

除了这种直接的批判外,《资本论》还有大量的间接批判,即以正面的研究和论证来批判资产阶级学者对重要经济现象、规律的无知、无涉,批判其掩藏在这种认知浅薄背后的世界观、经济观。这是一种批判地创建。在《资本论》中,这两种批判全都实施了,并且相得益彰。

这种间接地批、迂回地批,同样有许多不同的方式:

有的是简短但一针见血地批,有的是系统而深刻地批;有的是引用官方的报告来批,有的是通过分析来批;有用自己深刻而充满睿智的犀利语言来刺痛,也有用资产阶级学者的"行话"①来揶揄。

《资本论》的科学批判与一般的批判不同,是全新的,有特定的机制、手法。

《资本论》的科学批判作为一般的批判,它首先是由一定客体实施的,既有一个过程对另一个过程的批判和取代,也有一个过程的阶段上升。这种对象客体的自我批判是长期的、历史的批判,是个客观的过程,并且是迂回曲折的过程、良莠杂陈的状态,只有站在特定立场上,依据科学的世界观、方法论、拥有批判精神和能力的特定主体才能正确地、逻辑地认识和反映这种阶段上升、过程替代。它体现了客观过程的量变质变即历史发展、社会发展的趋势和需要。这种批判性的反映,当然具有主观性。

《资本论》的科学批判作为特殊的批判,也是由特定的主体实施的,是特定主体对研究对象带倾向性的认识、情感态度的批判,因此,从客观对象的选择确定到它运动过程的各种角度的分析批判,包含有过滤、——只有批判前人将与对象相缠绕的杂质混同的错误,将杂质、无关宏旨的东西区分出来,才能精准地确定所要研究的对象是什么,②——解构、筛选等机制,也有扬弃,有选择地吸收,是吸收、整合、变革,还有的是在新增内容基础上对整个体系的重构,因而是发展。

从《资本论》的三"破"(资本运动过程、资本主义制度、资本家)三"立"(立论、立制、立新范式)来看,其科学批判的内涵非同一般、

---

① 《资本论》第1卷,人民出版社1975年版,第254页,2004年版,第262页。

② 例如,在地租篇,马克思先从土地所有者获得的包含着许多"混杂物"的租金中,淘选出纯粹的资本主义地租的研究,"这样,土地所有权就取得了纯粹经济的形式,因为它摆脱了它以前的一切政治的和社会的装饰物和混杂物,简单地说,就是摆脱了一切传统的附属物,而这种附属物,……在产业资本家自己及其理论代言人同土地所有权进行激烈斗争时,曾被斥责为无用的和荒谬的赘瘤。"(《资本论》第3卷,人民出版社1975年版,第697页;2004年版,第697页。)

与众不同。

《资本论》的科学批判是解构，——这里所谓的解构，并非一般理解的对整体的瓦解，而是对一定结构的解析，——只有将庞大的对象按其结构进行解构，条分缕析，重新组织，按新的结构模型，从简单到复杂，从抽象到具体，逐步上升，才能逐步再现对象。马克思批判的对象还包括资产阶级经济理论，无论是整体看，还是个别地看，它都需要解构，区分其不同时代、不同集团、不同著作家的理论观点。

《资本论》的科学批判是清理，是选择。批判客观对象，区分其中包含的一般过程和特殊过程的规律，在考察两种规律的相互关系过程中，不被一般过程的大量规律及其表象所奴役，① 而是着重考察特殊过程的规律如何从与一般过程的规律相适应，到与之相矛盾、相对抗，到最后被新的特殊过程替代。批判资产阶级经济理论，只有先清理各种各样的理论，区分良莠。撇开那些无用而有害的理论，就是批判。政治经济学是资产阶级学者经营、横行二百多年的领域，在这里有许多可贵、有益的探索，也充斥着浮光掠影的描述，还有许多误解误判。因而必须彻底地清理，并从中选择、筛选出有益的材料，以供借鉴和填充新大厦之用。

《资本论》的科学批判是比较对照，将相关而不同的理论进行比较，优胜劣汰。不言而喻，合理、科学的理论会使不合理、不科学的理论相形见绌，例如将马克思的实现论与"斯密教条"相比较，高低立判，使后者无地自容。还有一种比较式的批判，将相同但处于不同发展阶段的范畴进行比较，将一种事实与另一种事实、一种过程与另一种过程比较。比较当然要有可比性，有同一的标准，那么如何比较不同的事实、过程呢？俄国学者考夫曼发现，《资本论》比较的特点：这种"批判……是把一种事实同另一种事实比较对照。对这种批判唯一重要的是，把两种事实尽量准确地研究清楚，使之真正形成相互不同的发展阶段，但尤其重要的是，同样准确地把各种秩序的序列、把这些发展阶段所表现出来的联贯性和联系研究清楚……但是有人会说，经济生活的一般规律，不管是应用于现在或过去，都是一样的。马克思否认的正是这一点。"② 可见，他不是通过比较看到有相似的地方就将它们等量齐观，而是看到它们的不同。由此就可发现，马克思与其他学者不同，"旧经济学家不懂得经济规律的性质，他们

---

① 资产阶级古典学派就是过多地研究这种规律，并用它来否定特殊过程的规律，例如用价值规律来否定剩余价值规律。

② 《资本论》第 1 卷，人民出版社 1975 年版，第 24 页；2004 年版，第 21 页。

把经济规律同物理学定律和化学定律相比拟"，而马克思"对现象所作的更深刻的分析证明，各种社会机体象动植物机体一样，彼此根本不同……由于各种机体的整个结构不同，它们的各个器官有差别，以及器官借以发生作用的条件不一样等等，同一个现象却受完全不同的规律支配。"① 这正是马克思相对于后者的高明和科学之处。

《资本论》的科学批判是分析。对客观对象，既分析其运行中包含的各种经济关系和经济利益，分析其运行的条件和环境、背景，也分析其相对于以前过程有一定文明面的原因。马克思公正地指出："资本的文明面之一是，它榨取剩余劳动的方式和条件，同以前的奴隶制、农奴制等形式相比，都更有利于生产力的发展，有利于社会关系的发展，有利于更高级的新形态的各种要素的创造。"② 显然，这里的之一，主要是就经济而言的。与此同时，他更是淋漓尽致地分析其野蛮行为。此外，科学批判还分析资本运动的当事人，包括生产、流通和分配的当事人的"奇特观念"③产生的客观原因和主观原因，分析其粉饰罪恶、矛盾、冲突，掩盖、颠倒真相、本质的错误。

《资本论》的科学批判是详细而深入的评析，对客观对象、资产阶级经济学的是非功过，以唯物主义历史观为指导，站在历史发展的制高点上来考量评价，让人折服。俄国资产阶级学者考夫曼的评价很有代表性："马克思给自己提出的目的是，从这个观点出发去研究和说明资本主义经济制度，这样，他只不过是极其科学地表述了任何对经济生活进行准确的研究必须具有的目的……这种研究的科学价值在于阐明了支配着一定社会机体的产生、生存、发展和死亡以及为另一更高的机体所代替的特殊规律。马克思的这本书确实具有这种价值"④。

《资本论》的科学批判是适当地建立相关的联系。这首先是指起点在抽象条件下的研究与后续研究的内在联系。这种联系是李嘉图首先提出的，但他却不懂得如何才能合理地联系，以至于跳过必要的中介而强制地联系而导致劳动价值论的破产。马克思既高度评价李嘉图的想法，又在批

---

① 转引自《资本论》第1卷，人民出版社1975年版，第24页；2004年版，第21页。

② 《资本论》第3卷，人民出版社1975年版，第925—926页；2004年版，第927—928页。

③ 《资本论》第3卷，人民出版社1975年版，第257页；2004年版，第256页。

④ 《资本论》第1卷，人民出版社1975年版，第24页；2004年版，第21页。

判了他的做法之后，合理而逻辑地解决了抽象的理论规定与发展了的具体现实之间的联系，从而使劳动价值论的基本规定得以具体化而发挥基础的、根本的作用。其次是将相关的理论规定紧密联系起来，用活起来。例如"当劳动时间决定价值这一点像在李嘉图本人那里一样还'不明确'的时候，它并没有引起这些人……不安。但是，一旦把它同劳动日和劳动日的变化正确地联系起来时，他们就感觉到这种说明是新的和非常令人不愉快的了。"① 就此而言，李嘉图不仅没有联系的意思，而且是始料不及的。他发展价值理论完全是针对土地所有者的，却没有想到搬起石头砸土地所有者的脚时，也砸了资本家的脚，毕竟两者都是剥削者。

《资本论》的科学批判是扬弃，不是不分青红皂白一棍子打死，全盘否定，而是既充分肯定资本运动发生发展的历史必然性，又揭示其灭亡的历史必然性。前者是肯定客观对象对社会化大生产的推动，后者是否定它对更加发达的社会化大生产的限制。对资产阶级经济学也是这样，将它区分为古典经济学和庸俗经济学。对古典经济学也是扬弃，既批判又继承。

《资本论》的科学批判是精、准、狠的打击，而且对准对方的要害、根本，是对资本主义经济制度的宣战。无论是批判资产阶级经济学说，还是批判资本家，都只是手段，目的是批判资本主义私有制。但是，马克思并非在道德上谴责这种大私有制的罪恶，而是通过"揭示现代社会的经济运动规律"② 来解释它必然灭亡的规律。这样的攻击比早先形形色色的社会主义学说③所进行的攻击要彻底得多、有力得多。

科学批判是创立新的范畴。马克思批判了资产阶级经济学的概念简单模仿资本家日常观念的浅薄，在批判一本匿名小册子已经接近科学概念的时候"为既有的经济范畴所束缚……而陷入令人不快的矛盾"④。正是批判了这些错误，他才创立了科学的剩余价值范畴。《资本论》创建的新范畴比比皆是，而且各显神通，成为编织理论大网的"纽结"⑤

科学批判非常讲究方法，包括研究方法和叙述方法。为此，他深入研究黑格尔的理论，公开承认自己是黑格尔这位大思想家的学生，并且在关

---

① 《马克思恩格斯〈资本论〉书信集》，人民出版社 1976 年版，第 249 页。

② 《资本论》第 1 卷，人民出版社 1975 年版，第 11 页；2004 年版，第 21 页。

③ 见《共产党宣言》所分析批判的各种社会主义文献。

④ 《马克思恩格斯全集》第 26 卷第 Ⅲ 册，人民出版社 1975 年版，第 278 页。

⑤ "范畴是区分过程中的一些小阶段，……是帮助我们认识和掌握自然现象之网的纽结"（列宁《哲学笔记》，人民出版社 1974 年版，第 90 页。）

于价值理论的一章中，有些地方甚至卖弄起黑格尔特有的表达方式。① 方法影响的不仅是表达方式，更多的还是处理材料的方式，他说：在撰写政治经济学批判第一分册的时候，"又把黑格尔的《逻辑学》浏览了一遍，这在材料加工的方法上帮了我很大的忙。"② 但是，他不是模仿，而是在将它的颠倒重现颠倒过来之后，又有新的改造。也就是说，在批判的基础上，马克思创建并确立了历史唯物主义方法在科学方法体系中的基础地位，从而认准了研究方向，提升了考察的视位、拓展了研究的视阈，并由以创立了全新的理论研究和阐述的方法。恩格斯对马克思的这种方法给予极高的评价："在我们看来是一个其意义不亚于唯物主义基本观点的成果。"③

科学批判的方法强化了马克思特有的、超强卓越的抽象力，是他探索问题深层规定的方法，又是揭示深层的内在规定如何在社会表面上颠倒表现的机制和路径。借助这种方法，马克思创立、完善、实施了全新的研究范式。

根据这种科学方法，马克思批判了资产阶级经济学简单的、抽象的、共时态的叙事结构，——后者将具体的特殊过程与一般过程混为一谈，将复杂而有机联系的历史发展过程简化为三个职能阶段，并将生产与分配割裂开来，④ ——在此基础上，以历史与逻辑统一的方式来处理思想材料，既将生产过程、流通过程和分配过程的内在规定分层处理，使之由此及彼、由内向外，紧密联系，使理论表现为多层面、全方位而又有机联系的复杂结构，既有解构，又有重构，⑤ 既深入，又浅出——内在规定颠倒表现，——具有丰富的现实感和再现力、说服力；又通过结合必要的中介，来表现、反映各个阶段基本规定的转型升级，阐明历史上升的各个发展阶段的内在联系和发展逻辑，使理论富有巨大的历史感。

科学批判的方法还涉及研究条件的设置：一方面是批判资产阶级经济学假设的荒诞，例如完全自私的经济人假设，完全没有包含时间规定和成

① 《资本论》第1卷，人民出版社1975年版，第25页；2004年版，第22页。
② 《马克思恩格斯〈资本论〉书信集》，人民出版社1976年版，第121页。
③ 《马克思恩格斯选集》第2卷，人民出版社1995年版，第43页。
④ 在《政治经济学批判·导言》中，马克思批判了资产阶级经济学的几大错误：一是将单个个人生产者当作出发点；二是混淆一般过程和特殊过程，将一般过程当成工艺学，将生产过程与分配割裂；三是肤浅的三段论。
⑤ 参看陈俊明："《资本论》构建结构方法实施三步骤"，《福建论坛·人文社会科学版》2015年第3期。

本、进出代价、浪费的市场调节功能假设，资本家、土地所有者、雇佣工人全都是地位、经济实力平等的无阶级差异的市场主体假设，市场主体都是身份平等的收入获得者等假设；另一方面是显示无产阶级经济学设置研究条件的科学，① 据此实行必要的舍象和抽象，同时结合条件的不变与变化进行分析与综合。

批判不仅体现了马克思主义经济理论的价值，而且也是其实现和表达自身目的的方法，是显示过程发展的逻辑和统率思想材料发展的逻辑。

马克思进行的科学批判，是理论创新发展的动力和方法。因为批判，实证研究才得以跳出历来资产阶级经济学的窠臼，能站在历史发展的制高点上俯视资产阶级经济学的发展演化、蜕变，清除其错误，超越其正确，才能形成"倾向性的结论"，才能诉诸无产阶级和劳动大众对旧制度实行武器的批判。因为批判，实证研究才能进入新的领域、过程、层面，才能阶段上升，才能阐明内在规定的外在颠倒表现，理论才能创新，其正面论述才更显得生动和深刻，更有说服力、针对性，是马克思主义经济学的重要内容，也锻造了马克思主义经济学的重要品格，体现了它的重要理论价值。诚然，科学批判也得益于实证研究，并因为实证研究而成为规范研究。但是，这样的规范研究，实际上已经与科学批判融为一体，批判成就了规范，规范上升为批判。《资本论》宣布资本主义积累的结果必然是"剥夺者被剥夺"，既是一种规范，也是一种批判。

这些批判，面广、度深、力度大。不仅在正文中，而且在脚注中，不仅有理论的，而且有例证的；有针对性的就事论事，着墨不多，有的深度分解，长篇大论。特别是对几种影响大的错误，如"斯密教条"，他是不遗余力地、系统地、贯穿全程的批判，有序幕，有幕间曲，还有闭幕式；② 有不同的角度、层面，有比较分析；有彻底地挖其根本，批其方法，等等。有的如洪钟大吕，振聋发聩，有的娓娓道来，润物细无声。有义正词

---

① 参看陈俊明："《资本论》：研究条件的变化与理论的发展"，《当代经济研究》2014 年第 10 期。

② 在《剩余价值理论》中，马克思曾风趣地把穿插在相关地方对"斯密教条"的批判戏称为"幕间曲"，并说要"一直演奏到结束"，直至终篇。(《马克思恩格斯全集》第 26 卷第 I 册，人民出版社 1972 年版，第 258 页。)

严,有揶揄挖苦,① 还有的是用资产阶级阵营的彼此攻讦来说明,② 以子之矛,攻子之盾。其语言、修辞手法丰富,增加了阅读的趣味,余韵隽永,其语气恢弘、掷地有声,让人过目不忘,特别是"剥夺者被剥夺"的宣示和预言。

如果说,对资产阶级经济学、资本运动、资本主义经济制度的批判是人们所知的、狭义的批判,那么,《资本论》还实实在在地实施着鲜为人知的广义的批判。在马克思看来,批判并非仅仅是针对他方的,还有对象的自我批判。也就是说,理论的批判并非如常识所理解的那样只是单纯的"破",还包含有"立"。

在"立"方面的批判,在《资本论》中至少表现在这几个方面:

首先,是批判地创新、创立。

在马克思看来,批判和建树并不是对立的,甚至是建树的前提。他的创立是全面的,他说过:私人劳动的二重性"是首先由我批判地证明了的"③,"这是批判地理解问题的全部秘密。"④ 正所谓"不破不立,破字当头,立在其中"。在批判的基础上建树的情况还有很多,例如,通过批判李嘉图价值理论的破产,研究和揭示了生产力发展一定阶段商品价值的转型;通过分析批判"斯密教条"和"萨伊公式",不仅研究、创立了科学的社会总资本再生产的理论,而且还由此而考察了事物内在规定在具体条件下的表现,从而阐明了价值规定如何在具体条件下进一步外化、异化,等等。

其次,是批判地叙述,即是要"通过批判使一门科学达到能把它辩证

---

① "人的心是很奇怪的东西,特别是当人们把心放在钱袋里的时候"。(《资本论》第1卷,人民出版社1975年版,第255页;2004年版,第262页。)

② 《评论家季刊》说:"资本逃避动乱和纷争,它的本性是胆怯的。这是真的,但还不是全部真理。资本害怕没有利润或利润太少,就象自然界害怕真空一样。一旦有适当的利润,资本就胆大起来。如果有10%的利润,它就保证到处被使用;有20%的利润,它就活跃起来;有50%的利润,它就铤而走险;为了100%的利润,它就敢践踏一切人间法律;有300%的利润,它就敢犯任何罪行,甚至冒绞首的危险。如果动乱和纷争能带来利润,它就会鼓励动乱和纷争。走私和贩卖奴隶就是证明。"(托·约·登宁《工联和罢工》1860年伦敦版第35、36页)(转引自《资本论》第1卷,人民出版社1975年版,第829页脚注(250);2004年版,第871页脚注(250)。)

③ 《资本论》第1卷,人民出版社1975年版,第55页;2004年版,第54—55页。

④ 《马克思恩格斯〈资本论〉书信集》,人民出版社1976年版,第250页。

地叙述出来的那种水平"①。只要认真地看过《资本论》的人都会为其中富有文采和条理的表述折服，即使是马克思主义的敌人，对此也不乏赞美之词。一篇俄国的评论也认为：马克思"叙述的特点是通俗易懂，明确，尽管探究对象的科学水平很高却非常生动。"② 他用科学的方法来组织思想材料，使材料的组织和运用恰到好处，能动，彼此联系有机，也就是说，他以科学的叙述方法赋予材料以生命力、扩张力、影响力。特别必须注意的是他运用从抽象上升到具体的方法，从深化到外化的方法，从一般到特殊的方法等，建造了一个庞大复杂而有序、有逻辑张力的理论体系。

再次，自我批判，自我超越性的批判。与资产阶级经济学的非历史性截然不同的是，马克思以特殊的逻辑方法来表现客观对象的历史发展、自我批判。因此，这一体系通过紧密联系的三大阶段，将客观对象的发展阶段区分开来又联系起来，将基本理论与对象的具体发展联系起来，实际上是对事物本身的发展即新陈代谢的逻辑反映，理论的新陈代谢意味着对原有逻辑阶段的否定、表现它的升级换代。客观对象自身的发展、升级换代，都是对其以前状态的否定和批判。相应的，反映这种对象发展的理论的发展和转型，一方面是对资产阶级古典学派基础理论一成不变的批判，另一方面也是对已有规定的自我否定批判。这是一种扬弃，它没有因为否定了某些规定而减少了什么，反而因为阶段的上升、条件的回归而增加了、丰富了原有的规定，显示了"真理是个过程"③，"真理不是在开端，而是在终点，更确切地说，是在继续中。真理不是最初的印象"④。这种情况，就是像黑格尔《逻辑学》所说的"辩证的前进运动"，它没有"丢下什么，而且还带着一切收获物。使自己的内部不断丰富充实起来"。⑤ 只有马克思，才这样在具体科学的一个逻辑系统中，以自我否定、自我批判的方式实际地解决了各个阶段转型发展而又一脉相承的难题，这是史无前例的，敢于自我超越、自我批判，这也是史无前例的。

---

① 《马克思恩格斯〈资本论〉书信集》，人民出版社 1976 年版，第 123 页。

② 转引自《资本论》第 1 卷，人民出版社 1975 年版，第 19 页脚注（1）；2004 年版，第 19 页脚注（1）。

③ 列宁：《哲学笔记》，人民出版社 1974 年版，第 215 页。

④ 列宁：《哲学笔记》，1974 年版，第 182 页。

⑤ 转引自列宁：《哲学笔记》，人民出版社 1974 年版，第 250 页。

四、科学批判的客观依据

科学批判是一种很严肃的事情，特别是狭义的对他批判，要能够打中被批判对象的要害，必须有理、有据、有度，而且不是停留在字面上，仅限于精准地再现对象，它要实际发挥具有摧毁力的作用，要以理论武装大众，必定要具备充分的说服力。

马克思撰写《资本论》的时候，资本主义仍处于上升时期，资产阶级还"具有革命性"①，但是，马克思却在对它进行全面深入研究的基础上，发现其必然灭亡的征兆和趋势。面对势力强大的对象，向全世界宣布它必定灭亡，要使这种理论能够在无数责难和攻击中站得住脚并扩大影响力，对广大的劳动大众有说服力，这不仅需要有极大的理论批判的勇气，更需要有丰富可靠的客观依据。

不言而喻，马克思面对的，一方面是非常复杂的、历史发展的对象，实力越来越强大的资产阶级及其国家机器、已经经营了几百年的庞大资产阶级学者群体及其理论。马克思认为："在一切社会形式中都有一种一定的生产支配着其它一切生产的地位和影响，因而它的关系也决定其他一切关系的地位和影响。这是一种普照的光，它掩盖了一切其它色彩，改变着它们的特点。这是一种特殊的以太，它决定着它里面显露出来的一切存在的比重。"② 资本、资产阶级国家及其意识形态，已经是一种影响一切、改变一切的"普照之光"，很难抗衡。这种上层建筑、特别是其意识形态，已经掌控了整个社会的一切法权、解释权、话语控制权、甚至审美权等，另一方面是长期在传统所有制下艰难挣扎、一直受到统治阶级灌输的"传统观念"③的误导、深受社会表象蒙蔽、只有部分刚刚觉醒但缺乏文化知识、缺乏科学理论指导、没有组织好的无产阶级大众。要改变这一切，非有来自无产阶级一方科学而彻底的批判不可，并且首先是科学理论的批判。④ 但是，马克思也发现：理论"批判的武器当然不能代替武器的批判，

---

① 《马克思恩格斯全集》第 26 卷第 I 册，人民出版社 1972 年版，第 314 页。
② 《马克思恩格斯全集》第 46 卷上册，人民出版社 1979 年版，第 45 页。
③ 马克思　恩格斯：《共产党宣言》，《马克思恩格斯选集》第 1 卷，人民出版社 1995 年版，第 293 页。
④ 《共产党宣言》已经指出，非无产阶级的批判家也曾批判过资本主义，其余的各种社会主义理论也都不是真正代表无产阶级来批判资本主义。

物质力量只能用物质力量来摧毁；但是理论一经掌握群众，也会变成物质力量。理论只要说服人，就能掌握群众；而理论只要彻底，就能说服人。所谓彻底，就是抓住事物的根本。"① 要抓住事物的根本，当然要客观地历史地研究事物，指出在其运动中孕育着越来越强大的被否定因素。也就是说，批判要有客观根据。

事物或对象之所以能够批判，主要的原因还在内部，即内部的否定性。这是事物发展的辩证法决定的。没有这种否定性，即使有外部的批判，也很难完全被批判倒。资本运动就是这样，它在开始运动的时候，就已经孕育着否定性的因素，而且随着资本运动的发展、阶段上升，这种否定性因素日益强大。在资本运动的各个阶段中，这种否定性因素就已经开始发挥作用，以至于能够从理论上和实践上被批判。我们看到，空想社会主义对资本主义的批判，就是依据资本运动中出现的这种否定性因素。而马克思批判地指出资本终将被剥夺的时候，也是根据它的内部因素："这种剥夺是通过资本主义生产本身的内在规律的作用，即通过资本的集中进行的。"② 这种否定性因素既导致对象的阶段发展，又是在上升的阶段表现得比较明显，所以，马克思就着重揭示上升阶段对原有阶段的自我批判。

我们已经看到，批判有不同的机制、手筋，③ 相应的有不同的维度、力度。马克思对资本运动、资本主义制度的批判也是这样，在不同的地方、时候各有不同的表现。有些批判针对的是局部的、短期的现象，有的是针对根本性的规律和本质、长期发展趋势。

对资本主义社会中普遍、大量、长期存在的资产阶级对劳动大众的残酷剥削和压迫，在资本主义上升时期是人所共知的。即使是资本主义最忠诚的卫道士、辩护人，也不能不承认和间或对那些唯利是图、剥削无所不用其极的资本家有所批评。在马克思这里，这类批判当然也有，并且时时处处存在。但是，对马克思来说，这种批判尽管重要，但它还只是贴近现实而能唤起无产阶级的痛感，只能让工人知道自己的不幸，还不能教育工人了解遭受这种痛苦的根源，也不能使工人形成阶级意识，了解自己的艰

---

① 马克思：《〈黑格尔法哲学批判〉导言》，《马克思恩格斯选集》第 1 卷，人民出版社 1995 年版，第 9 页。

② 《资本论》第 1 卷，人民出版社 1975 年版，第 831 页；2004 年版，第 873—874 页。

③ 这里借用围棋术语。它指的是在关键的、对全局有潜在的、较深影响的地方先行落子。

巨而光荣的使命。所以，他更重视批判的是那种资产阶级不愿意承认、普通大众看不到的东西，特别是产生各种错误、罪恶的内在规定，还有批判地指出发展的趋势等等。相对而言，前者是情景批判，后者是制度批判。大量的情景批判构成全程批判的重要内容，但制度批判是全方位的，是各处批判的综合和深化、提升。这样看来，马克思的科学批判是情景批判和制度批判的统一。没有情景批判，不能激起利益的计较和义愤，没有制度批判，就不能抓住根本和趋势。其批判不仅要直面被批判的对象，还要面向劳苦大众，与劳苦大众的利益连接在一起。这样看来，制度批判是根本性的批判，是《资本论》科学批判的主线。马克思的制度批判，主要是指向社会总资本、指向资本主义制度。只有这种批判，才能揭示资本主义发展的历史趋势。

马克思的制度批判主要是根据和运用他创立的辩证唯物主义和历史唯物主义，并通过实证的研究进行的。因此，他能在对象运行如日中天的时候把握并论证它必然灭亡的客观根据。

对唯物辩证法，人们一般都认为，对立统一规律是最重要的。这当然没错，但这仍比较抽象。在具体研究的场合，特别是在研究社会历史的发展过程时，要阐明对象的由生到灭，主要运用的是否定之否定规律。所以，马克思认为："辩证法在对现存事物的肯定的理解中同时包含对现存事物的否定的理解，即对现存事物的必然灭亡的理解；辩证法对每一种既成的形式都是从不断的运动中，因而也是从它的暂时性方面去理解"①。之所以这样，因为其存在和发展的根据会变，而导致这种变化的则是其中包含的肯定因素和否定因素，两者的矛盾斗争具有一定的规律。所以，只要论证客观对象是受这种规律支配的历史发展过程，只要阐明这些规律作用或运行的条件变化了，它们就要被另外的规律所代替。这种规律就是对象存在和发展的根据。在这方面，马克思的研究和阐述是十分出色的，以至于俄国资产阶级学者考夫曼也十分佩服和推崇。他这样评价马克思的研究："在马克思看来，只有一件事情是重要的，那就是发现他所研究的那些现象的规律。而且他认为重要的，不仅是在这些现象具有完成形式和处于一定时期内可见到的联系中的时候支配着它们的那种规律。在他看来，最重要的是这些现象变化的规律，这些现象发展的规律，即它们由一种形式过渡到另一种除此而外形式，由一种联系秩序过渡到另一种联系秩序的规律。他一发现了这个规律，就详细地来考察这个规律在社会生活中表现

---

① 《资本论》第 1 卷，人民出版社 1975 年版，第 25 页；2004 年版，第 22 页。

出来的各种后果……所以马克思竭力去做的只是一件事：通过准确的科学研究来证明一定的社会关系秩序的必然性，同时尽可能完善地指出那些作为他的出发点和根据的事实。为了这个目的，只要证明现有秩序的必然性，同时证明这种秩序不可避免地要过渡到另一种秩序的必然性就完全够了，马克思把社会运动看作受一定规律支配的自然历史过程，……一旦生活经过了一定的发展时期，由一定阶段进入另一阶段时，它就开始受另外的规律支配。……马克思给自己提出的目的是，从这个观点出发去研究和说明资本主义经济制度，这样，他只不过是极其科学地表述了任何对经济生活进行准确的研究必须具有的目的……这种研究的科学价值在于阐明了支配着一定社会机体的产生、生存、发展和死亡以及为另一更高的机体所代替的特殊规律。马克思的这本书确实具有这种价值"①。

从上引书评来看，考夫曼真的看懂了《资本论》的内容，而且也相当地理解它的方法。对此，马克思也感到很满意。的确，马克思就是在充分肯定资本运动在一定的历史时期有存在和发展根据的基础上来否定它的。他肯定，资本有"文明面"："资本的文明面之一是，它榨取剩余劳动的方式和条件，同以前的奴隶制、农奴制等形式相比，都更有利于生产力的发展，有利于社会关系的发展，有利于更高级的新形态的各种要素的创造。"② 这里提出的三个"有利于"的评价不可谓不优，而且与生产力、社会关系的发展以及新社会形态要素创造的高度相联系，不可谓不高。在别的地方，他也有相关的论述，说明"资本的文明化趋势"③、"资本的伟大文明作用"④。正因为它是历史的，所以它也必然历史地丧失其原有依据。正如恩格斯说："一切依次更替的历史状态都只是人类社会由低级到高级的无穷发展进程中的暂时阶段。每一个阶段都是必然的，因此，对它发生的那个时代和那些条件说来，都有它存在的理由；但是对它自己内部逐渐发展起来的新的、更高的条件来说，它就变成过时的和没有存在的理由了；它不得不让位于更高的阶段，而这个更高的阶段也要走向衰落和灭亡。"⑤

---

① 《资本论》第 1 卷，人民出版社 1975 年版，第 23—24 页；2004 年版，第 21 页。

② 《资本论》第 3 卷，人民出版社 1975 年版，第 925—926 页；2004 年版，第 927—928 页。

③ 《马克思恩格斯全集》第 46 卷上册，人民出版社 1979 年版，第 398 页。

④ 《马克思恩格斯全集》第 46 卷上册，人民出版社 1979 年版，第 393 页。

⑤ 恩格斯：《路德维希·费尔巴哈和德国古典哲学的终结》《马克思恩格斯选集》第 4 卷，人民出版社 1995 版，第 217 页。

马克思并不满足于这样阐释资本运动、资本主义制度必然灭亡，——这多少带有哲学味道、思辨性，——他还在全面研究资本运动的过程中，以更丰富的客观事实以及官方公布的材料来表明这个过程的野蛮性。他深刻地论证："资本发展成为一种强制关系，迫使工人阶级超出自身生活需要的狭隘范围而从事更多的劳动。作为别人辛勤劳动的制造者，作为剩余劳动的榨取者和劳动力的剥削者，资本在精力、贪婪和效率方面，远远超过了以往一切以直接强制劳动为基础的生产制度。"① 如果说，这是对第八章"工作日"披露的大量具体材料的总结，那么，还可再看看第十三章"机器和大工业"中更为丰富的资本通过机器来吮吸工人的剩余劳动、甚至极度压榨工人家属的材料，看看第二十三、四章在资本主义积累、原始积累过程中对工人犯下的滔天罪行，还有第三卷第五章第Ⅱ节"靠牺牲工人而实现的劳动条件的节约"中的举证："资本主义生产尽管非常吝啬，但对人身材料却非常浪费"②。尽管这些由官方和资产阶级学者自己披露的材料，暴露的仅仅是冰山之一角，但也足以说明资本运动、资本主义制度的罪恶。这种论证与他对资本的肯定并不矛盾，因为后者的这种进步仅仅是就这三个方面同以前的社会形态相比的，并且还是针对"榨取剩余劳动的方式和条件"而言的。这些批判表明， "资产阶级不能统治下去了，……社会再不能在它统治下生存下去了，就是说，它的生存不再同社会相容了。"③

如果一种对象内部不存在致命的要害、其弊病的根源显示不充分，批判它是难易奏效的，封建的、小资产阶级的、真正的、空想的等种种社会主义在批判资本主义的时候，他们各自代表的阶级对资本主义的批判就是这样。

在马克思批判资本主义的时候，资本主义已经经过了初始、初级阶段了，机器大工业已经进入较高的发展阶段，资本关系也已经高度发达。这个时候它各种各样的潜能都充分发挥，各种矛盾、否定因素也都较充分地表现，并且工人阶级的力量更加强大和集中，已经有了一定的阶级组织，有了自己的主张。他选择英国作为典型，因为它是工业较发达的国家，是资本主义生产已经完全确立的地方，有丰富的社会统计，有专门的委员会

---

① 《资本论》第 1 卷，人民出版社 1975 年版，第 344 页；2004 年版，第 359 页。
② 《资本论》第 3 卷，人民出版社 1975 年版，第 102 页；2004 年版，第 101 页。
③ 马克思 恩格斯：《共产党宣言》，《马克思恩格斯选集》第 1 卷，人民出版社 1995 版，第 284 页。

去调查经济状况，全权去揭发真相。① 从《资本论》特别是第三卷的研究看，客观对象已经成熟而典型化了。

如果从一国范围看，② 资本主义的典型化至少有几个重要特征：首先，工业革命已经进入较高的发展阶段，重化工业即有资本机构成高的部门纷纷出现，各个部门有机构成的差别、资本周转的差别已经拉大。各个部门、各种资本之间的竞争已经十分激烈，需要社会经济体制的改革和调整。其次，劳资两大阶级的矛盾和对立长期化、尖锐化、深刻化；资产阶级和土地所有者阶级的矛盾，已经从最初的主要矛盾下降为次要矛盾，两者已经联合起来共同剥削和对付工人阶级。再次，商品经济进入较高的发展阶段，商品扩大化，各种必要的机制、杠杆都已经典型化、发挥作用，流通的发展产生形形色色的假象，内在关系在外化过程中被颠倒表现，并且达到相当高的程度。这些情况至少有几种主要结果，一是导致价值的转型、利润率平均化，它解决了生产力发展需要与资本运动之间的矛盾、解决了资本内部关系的矛盾，是资本主义经济体制的重大改革；二是平均利润率下降趋势已经形成，三是资本运动带有周期性，危机对整个社会的破坏、特别是对工人阶级的严重摧残，已经证明资产阶级的革命性已经开始消失；四是产业后备军已经日益庞大，资本积累的一般规律已经显现，两大阶级贫富两极分化形成并且扩大化，两大阶级的对抗开始尖锐，同时，无产阶级已经作为一个独立的社会力量登上历史舞台，公开提出自己的政治经济主张，等等。

这些基本特征当然是经过很长的时间才形成和巩固的，所以，这个过程必然包含着对他批判和自我批判。即以生产力高度发展而言，它既是在对传统生产方式批判的过程中实现的，例如在农业领域，"一方面使农业合理化，从而第一次使农业有可能按社会化的方式经营，另一方面，把土地所有权弄成荒谬的东西，——这是资本主义生产方式的巨大功绩。"③ ——显然，这是对封建的生产方式、生产关系的批判，即对他批判。——同时，它的发展也包含着自身一定的进步，以渐进的方式、特殊的经济体制改革，即通过利润率的平均化、价值转型的机制让有机构成

---

① 《资本论》第 1 卷，人民出版社 1975 年版，第 8—9 页；2004 年版，第 9 页。

② 马克思非常重视世界市场与资本运动的关系，有意在《资本论》续篇中研究世界市场，但在《资本论》的实际研究中，还是集中精力和篇幅将它暂时撇开，不过也有必要的提示。

③ 《资本论》第 3 卷，人民出版社 1975 年版，第 697 页；2004 年版，第 697 页。

高、周转周期长但资本密集、技术密集的大资本能够获得平均利润，并逐渐成为整个社会总资本的主导，告别"还不发达的资本主义生产方式"①。整个社会总资本的有机构成越来越高，资本运动已经脱离了原先追逐短平快、靠个体单打独斗、追逐个别利润的老套路，各个单个资本越来越意识到自己是社会总资本的一个分子。——这就是一种自我批判。——再看阶级对立，它所包含的批判性在不同的发展阶段也是有所变化的，资产阶级与土地所有者的矛盾相对淡化了，与无产阶级的矛盾上升了。毫无疑问，这些都是必须反映的对他批判和自我批判。只有这样，反映或再现才是客观的、真实的。

马克思不仅站在历史发展的制高点上对客观对象发展过程展现的现象和本质、规律、趋势展开全方位的对他批判，还以特殊的逻辑反映了客观过程的自我批判。资本运动中包含的自我批判，尽管是自然发生的、歪打正着的、当事人无意中发生的，是以巨大的浪费、波动、破坏而推进的，但仍是资本运动中自发的调整。它可发生在同一发展阶段，但主要发生在不同的发展阶段。前者主要是指发生在同一发展阶段的经济周期，后者则指不同阶段的上升。众所周知，资本运动的周期运动，特别是其中的危机，给全社会，尤其是劳动大众带来巨大的灾难，所以马克思必然给予全力的批判。但马克思仍然看到这是资本运动的自我调整，在调节生产与消费、科学技术发展与生产、消费转型升级方面具有一定的推动作用。至于发展阶段的上升，马克思发现，这是资本运动在追逐平均利润过程中的歪打正着，它促进了社会生产及需要结构的转型升级。这种客观过程是一般资产阶级学者不理解的，在他们各人的著作中不能反映的，只是在一代又一代的理论传承中而不自觉地有所表示。

马克思的科学批判还针对资产阶级经济学。无论是古典经济学，还是庸俗经济学，它们所提出的理论虽然是主观的，但已经成了学说史上具有客观性的东西了，都是资产阶级理论武库中的武器。在一定的时间点内，它们都是确定的、客观存在的。对马克思和无产阶级来说，无论是资产阶级古典政治经济学所包含的某些合理成分，还是整个资产阶级经济学所表现的庸俗成分，都包含着必须批判的东西，作为一种已经成文的东西，它们表现了某种表象。所以，马克思说：社会表面上的"种种形式恰好形成资产阶级经济学的各种范畴。对于这个历史上一定的社会生产方式……来

---

① 《资本论》第3卷，人民出版社1975年版，第883页；2004年版，第886页。

说，这些范畴是有社会效力的、因而是客观的思维形式。"① ——这不是说，他们的思维是客观的，而是说，这种思维是客观存在的，不能无视它的影响。马克思认为，庸俗经济学的理论"他们是从［社会的］统治部分即资本家的立场出发的，因此他们的论述不是素朴的和客观的，而是辩护论的。"② 也就是说，它全都在一定的意义上表现了资本运动的客观需要，并且也构成资本运动的一大特色，都是客观存在的，都成了摆在马克思面前成了确定的被研究、被批判的对象。

诚然，作为进入研究过程的客观对象，也是经过处理了的，成了理论对象，具有一定的主观性。马克思虽然也深入实际，但他更多地是在大英博物馆中研究反映客观的资本运动的文献材料，而这些文字材料虽然与系统的理论有所不同，但大都是由资产阶级学者整理和撰写的，作为资料，与后者一样都构成马克思批判的思想材料，而资产阶级经济学以理论的形式表现出来的，大都是资本运动某个浅表层面、片面的表现，以及某些它无法找到内在联系的内在规定的堆积。所以，它自然构成马克思政治经济学批判的重要的客观存在的对象。

资产阶级经济理论作为被批判的对象，与实际的资本运动一样，也是既有需要被批判的方面，还有值得借鉴的一面。这些都是客观存在的。作为对资本运动、资本主义的热烈拥护者、鼓吹者，资产阶级学者的立场是十分坚定的。从阶级的观点看，这是不言而喻的。不过，也不能以为他们一无是处。所以，马克思的科学批判对资产阶级学者的经济理论并非一棍子打死。即使是对庸俗经济学家，他也是有分析的。例如对萨伊的巴师夏，他认为："萨伊同例如巴师夏比较起来还算是一个批评家，还算无所偏袒，因为他在斯密的著作里发现的矛盾相对说来还是未发展的，而巴师夏却是一个职业的调和论者和辩护论者，……再加上，庸俗政治经济学在其较早的发展阶段，找到的材料还没有完全加工好，因此它本身在参与解决经济问题的时候还或多或少地从政治经济学的观点出发，例如萨伊就是这样"③。由此观之，他发现了庸俗经济学有不同的发展阶段，且各个阶段的庸俗性又彼此有所不同。

对古典经济学更是如此。对后者，马克思的批判与众不同。因为它包

---

① 《资本论》第 1 卷，人民出版社 1975 年版，第 93 页；2004 年版，第 93 页。
② 《马克思恩格斯全集》第 26 卷第Ⅲ册，人民出版社 1974 年版，第 499 页。
③ 《马克思恩格斯全集》第 26 卷第Ⅲ册，人民出版社 1974 年版，第 343 页。

含着合理内核，并且在其错误中甚至还有某种"天才的东西"①，例如斯密的某些理论。这些都是客观存在的，马克思充分重视的。马克思不仅客观地评价、批判资产阶级古典学派的某个经济学家，吸收其合理内核，从其局限中悟出新方向，② 从其错误中吸取教训，还从历史联系即从不同时代的经济学家构成的整体的角度来考察整个资产阶级经济学。如果从单个资产阶级学者、而不是从由资产阶级经济学来看，他们充其量只能反映客观过程的某些缓慢的变化，而不能正确地反映它的转型发展。马克思说过："从配第到休谟为止，这个理论只是根据作者生活的那个时代的需要，一部分一部分地——零零碎碎地——发展起来的。"③ 显然，他不仅批判地发现了这些"零零碎碎"，而且发现了它们之间的客观的、历史的联系，在肯定这种发展具有一定的自我批判性质的同时，批判其断续性及由此产生的逻辑跳跃。

一种理论的成熟，与广泛地吸收别种理论中客观存在的合理成分有很大关系。马克思主义经济理论的形成和发展，就是在批判地吸收其合理内核的基础上进行的。

马克思对古典经济学的批判，并非就文本论事，而是将后者与特定时代的客观情况、特别是与资本运动的批判性相联系。因为资本运动的批判性只是在特定时期、特定条件下才发挥得比较充分。这与资产阶级地位的夺取和巩固有直接关系，主要是在资本主义处于上升时期，阶级斗争尚处于次要矛盾的时候。从十九世纪三十年代开始，随着资产阶级革命性的消退，它的这种批判性也逐步消退，代之而起的是保守性，从而使庸俗经济学占据统治地位。这也决定了《资本论》科学批判意蕴、情调的转变，从对资产阶级古典学派肯定为主、否定为辅转向对庸俗经济学否定为主。

---

① 《马克思恩格斯全集》第 26 卷第 I 册，人民出版社 1972 年版，第 67 页。

② "如果亚·斯密的分析达到了这一步，那末，离全部问题的解决也就相差无几了。他已经接近问题的实质，因为他已经指出，社会全部年产品由以构成的商品资本中的一种商品资本（生产资料）的某些价值部分，虽然形成从事这种生产的单个工人和资本家的收入，但并不形成社会收入的组成部分，而另一种商品资本（消费资料）的价值部分，虽然对它的单个所有者即在这个投资领域内活动的资本家来说，形成资本价值，但只形成社会收入的一部分。"（《资本论》第 2 卷，人民出版社 1975 年版，第 409 页；2004 年版，第 409 页。）

③ 马克思致马·柯瓦列夫斯。《马克思恩格斯全集》第 34 卷，人民出版社 1972 年版，第 343 页。

五、科学批判的特定主体

批判是由一定主体实施的，这个主体的特质决定着批判的深度和广度、价值与尺度。一定主体要进行有意识、有能力、有方向、有力度、有激情的破，首先要能自我批判，以确定批判立场，打铁先要自身硬。面对各种批判对象，他必须撇清与它们的关系，特别是出身于非无产阶级阵营的知识分子，更要先检讨和批判自己原有的阶级，坚定地站到无产阶级这边来。对他来说，对他批判同时是灵魂的洗礼，是世界观的改造和立场的改变，改变的不仅是原有的生态，还有他们的眼界、价值，激发的是信仰、信心、斗志和创造力；其次要有一定主体批判意识和能力，了解批判的方向，掌握强有力的批判武器，才能进行有力度的破。

科学批判必定有一定的对象，一方面是客观对象，即是资本运动及与它相适应的制度、维护它的意识形态；另一方面是主观对象，直接针对资产阶级学者，同时也会间接地作用于劳动大众。因为对资本运动、资本主义制度、资产阶级学者的批判，必然对劳动大众有深刻的影响，形成一定的启蒙、① 教育、引导、矫正和组织作用。这客观上也是对主体的批判目的及效果的检验和激励。

但是，批判是否必要、可行、有效，并非完全取决于批判主体的主观意识、行为。只有在批判主体已经具备了一定的力量、准备，确定了批判的对象和方向，并且被批判的对象本身已经充分暴露其内在的弊病时，批判才能奏效。如果被批判的对象力量强大，顽固地进行反批判，批判主体就必须聚集起更加强大的力量，甚至要经过较长时间各种形式的批判，包括理论的和武器的批判。

不言而喻，马克思主义经济学、特别是《资本论》的科学批判与马克思这个批判主体的个体属性有关，与他所代表的无产阶级的崛起有关，与所批判的对象及其所处的社会时空条件有关。

马克思出身富有家庭，他的父系中有五代是犹太拉比，母系中更多代是欧洲大拉比。可见，他不是因为穷困潦倒、遭受阶级压迫才"仇富"，

---

① "所谓的启蒙，本质就是在新的社会制度诞生前，对维护旧制度的意识形态进行批判、颠覆。任何深刻的革命，都必须包含着启蒙。"（梁孝："革命中的启蒙：人民觉醒、人民民主和社会改造——对'救亡压倒启蒙'论的质疑"，《马克思主义研究》2017 年第 11 期第 118 页。）

才愤世嫉俗。① 因为他有异才，1848 年 4 月普鲁士政坛著名的康普豪森任总理后做的第一件事就是想延揽他入阁，只因这时他已经自觉成了共产主义者，并与恩格斯写出向整个旧世界挑战的《共产党宣言》才作罢。②

冰冻三尺，非一日之寒。马克思批判意识的形成是在其少年时期。马克思从小就勤奋学习、独立思考，虽然受过资产阶级教育的熏陶，但他却令人意外地在中学时代的学习中，就批判了资本主义社会普遍存在的为个人物质利益选择职业的思想倾向，确立了为大众福利而劳动的志向。在 17 岁中学毕业时的一篇作文《青年在选择职业时的考虑》中，已经表现了他的伟大情操、情怀："在选择职业时，我们应该遵循的主要指针是人类的幸福和我们自身的完美。……人们只有为同时代人的完美、为他们的幸福而工作，才能使自己也达到完美。……如果我们选择了最能为人类福利而劳动的职业，那么，重担就不能把我们压倒，因为这是为大家而献身；那时我们所感到的就不是可怜的、有限的、自私的乐趣，我们的幸福将属于千百万人，我们的事业将默默地、但是永恒发挥作用地存在下去，而面对我们的骨灰，高尚的人们将洒下热泪。"③

诚然，以天下为己任的情怀在历代的一些知识分子那里都可以发现，但突出为人类福利而劳动，将自己的幸福归属于千百万人，并将它与个人的完美联系起来，却是马克思特有的。资产阶级的教育就是培养精致的个人主义者，但马克思却反其道而行之，在为自己和为他人之间，马克思选择了为他人，在他人中，又明确地选择了为千百万人而献身。不言而喻，这千百万人当然是具体的，是被压迫剥削的劳苦大众，而不是抽象的一切人。

诚然，为大众的幸福而劳动与进行批判之间似乎没有内在联系。但是，在资本主义社会，特别是其初期，劳动大众饱受残酷剥削压迫，对心怀天下的人，这种联系就相当内在而牢固了。无产阶级所受的苦难是那样沉重，连正直的资产阶级学者都看不下去了。不批判旧世界，劳苦大众如何能得到解放而享受幸福。实际上，无产阶级并没有哪个人赋予马克思批判的使命，倒是他自觉地承担起这种批判的重任。

---

① 拉比，犹太人中的特别阶层，智者的象征。参看韩毓海：《伟大也要有人懂——少年读马克思》，中国少年儿童出版社 2014 年版，第 12 页。

② 韩毓海：《伟大也要有人懂——少年读马克思》中国少年儿童出版社 2014 年版，第 34 页。

③ 《马克思恩格斯全集》第 40 卷，人民出版社 1982 年版，第 4、7 页。

正是本着这种初衷、初心，他一开始学术生涯的时候，就培养起批判的精神。马克思科学研究的生涯就批判的生涯，是始终不渝而逐步调整方向的批判过程。

在其博士论文《德谟克利特的自然哲学和伊壁鸠鲁的自然哲学的差别》中，他已经开始批判了这两人认识的片面性。① 随后，他的这种批判精神不断发酵，向多个领域发展，包括在哲学、经济学、社会主义等领域进行科学批判和改造、创新。

马克思批判意识的形成和确定，还得益于他的知识丰富结构多维。他批判地博览群书，从中了解社会历史发展的方向。批判地全面地吸收各种有益的文化、理论。列宁说："如果你们要问，为什么马克思的学说能够掌握最革命阶级的千百万人的心灵，那你们只能得到一个回答：这是因为马克思依靠了人类在资本主义制度下所获得的全部知识的坚固基础；马克思研究了人类社会发展的规律，认识到资本主义的发展必然导致共产主义，而主要的是他完全依据对资本主义社会所作的最确切、最缜密和最深刻的研究，借助于充分掌握以往的科学所提供的全部知识而证实了这个结论。凡是人类社会所创造的一切，他都有批判地重新加以探讨，任何一点也没有忽略过去。凡是人类思想所建树的一切，他都放在工人运动中检验过，重新加以探讨，加以批判，从而得出了那些被资产阶级狭隘性所限制或被资产阶级偏见束缚住的人所不能得出的结论。"② 他还说：马克思主义"并没有抛弃资产阶级时代最宝贵的成就，相反地却吸收和改造了两千多年来人类思想和文化发展中的一切有价值的东西。"③ 为了研究俄国的土地所有制，他在 50 岁的时候还认真地学习俄文。正因为有这样的文化修养，他的批判才能总揽全局、鞭辟入里、细致入微。

马克思当然也将这种批判精神贯彻到自己的实践中。在他一开始职业生涯的时候，就站在劳动人民一边，与侵犯穷苦人民利益的势力作斗争。他在《政治经济学批判。序言》中说，是林木盗窃案的辩论、自由贸易和

---

① "这样的看法，奠定了他后来写《资本论》的一个基本态度，这种态度就是'批判'"（韩毓海：《伟大也要有人懂——少年读马克思》中国少年儿童出版社 2014年版，第 26 页。）

② 列宁：《青年团的任务》，《列宁选集》第 4 卷，人民出版社 1995 年版，第 284—285 页。

③ 列宁：《关于无产阶级文化》，《列宁选集》第 4 卷，人民出版社 1995 年版，第 229 页。

保护关税的辩论，促使他去研究经济问题，① 在最初的研究中，他已经自觉地拿起批判的武器。

这种理论的批判导致马克思思想认识和立场的转变，到写作《〈黑格尔法哲学批判〉导言》时，他已经完成了从唯心主义向唯物主义、从革命民主主义向共产主义的转变。

马克思之所以能够创立新的世界观、方法论、一系列新的经典理论，还因为有恩格斯的无私帮助，包括经济上的和实践经验上的。他深情地对恩格斯说："没有你，我永远不能完成这部著作。坦白地向你说，我的良心经常象被梦魇压着一样感到沉重，因为你的卓越才能主要是为了我才浪费在经商上面，才让它荒废，而且还要分担我的一切琐碎和担忧。"② 正是有恩格斯的帮助，马克思才得以维持生计，能够专心研究的写作。列宁曾说过："古老的传说中有各种非常动人的友谊故事。欧洲无产阶级可以说，它的科学是由这两位学者和战士创造的，他们的关系超过了古人关于人类友谊的一切最动人的传说。"③ 不仅如此，恩格斯本人亲自经营着一家工厂，有直接的经验。所以马克思还向恩格斯请教具体的生产经营情况。例如工厂机器实际的折旧方法。

马克思生活在当时的世界经济中心，除了充分地利用大英博物馆的丰富藏书、统计资料外，他还眼观六路，纵览世界经济风云，经常为美国《每日论坛报》撰稿。这些经济研究扩大了他的眼界，使他形成宏大的世界观，并将它与一国、特别是英国的资本运动紧密联系起来。因此，他的资本理论才具有上升的动力和逻辑。

对资本运动的批判主体并非仅仅马克思恩格斯个人这种主观主体，从根本上看，从实质上看，他们的批判还是特定客观主体对资本主义批判的理论反映。

在资本主义发展史上，在马克思恩格斯之前，曾经有很多人批判过资本主义、批判资本运动，也有不少这样的文献。因为资本运动对工人阶级的剥削和压迫实在太露骨、太残酷、太多了，以至于连被推翻的统治阶级思想家"为了拉拢人民，贵族们把无产阶级的乞食袋当作旗帜来挥舞。"他们也装模作样地批判资本主义，"似乎他们已经不关心自身的利益，只

---

① 《马克思恩格斯选集》第 1 卷，人民出版社 1995 年版，第 32 页。

② 《马克思恩格斯〈资本论〉书信集》，人民出版社 1976 年版，第 212 页。

③ 列宁：《弗里德里希·恩格斯》，《列宁选集》第 1 卷，人民出版社 1995 年版，第 95 页。

是为了被剥削的工人阶级的利益才去写对资产阶级的控诉书。"① 类似的批判家还有很多，有反动的社会主义（包括封建的社会主义、小资产阶级的社会主义、德国的或"真正"的社会主义），有保守的或资产阶级的社会主义，都曾批判资本主义，但是，它们的批判都十分肤浅，都避重就轻，而且都或者要回归以前的社会，或者要仍然保留资本主义社会。之所以这样，因为他们并非代表个人进行批判，而是代表某个阶级的社会思潮。也就是说，进行这些批判的主观主体，实际上只是一种客观主体的代表，而这些客观主体作为阶级绝非被压迫剥削的无产阶级。即使是空想社会主义，虽然"他们也意识到，他们的计划主要是代表工人阶级这一受苦最深的阶级的利益。在他们的心目中，无产阶级只是一个受苦最深的阶级。"所以，"他们看不到无产阶级方面的任何历史主动性"，② 因而在实际上并不代表无产阶级，而是"以为自己是高高超乎这种阶级对立之上的"③ 整个社会的代表，而结果是谁也代表不了，更遑论代表无产阶级了。

与此不同，马克思和恩格斯对旧世界的批判，是代表无产阶级的批判。他公开宣称"这种批判代表一个阶级而论，它能代表的只是这样一个阶级，这个阶级的历史使命是推翻资本主义生产方式和最后消灭阶级。这个阶级就是无产阶级。"④ 显然，他所代表的，并非处于自在阶段无产阶级的相对盲目的批判，——无产阶级对资本主义社会的批判，是与资本对他们的统治同时开始的，尽管当时处于较低的阶段，但已经越来越充分地显示出他们批判的勇气和能量，——而是已经被资本运动所组织、训练的、作为自为阶级的、有明确目标的批判，他们是处于社会最底层，遭受苦难最深的阶级，但却是先进生产力的重要因素，因而是最革命的阶级。

要使一种理论具有批判性，它的批判的理论家必定要有丰富而敏锐的发现力、辨别力、判断力，还要有高超的分析力、思辨力等，但最重要的是有新的先进的立场、理论、方法和胆略等。在阶级社会中，这又取决于他所从属的阶级。毛主席说："在阶级社会中，每个人都在一定的社会地位中生活，各种思想无不打上阶级的烙印。"⑤ 这种阶级烙印又决定着各个理论家从事批判活动的方向和力度、持久性、科学性、彻底性。在阶级社

---

① 《马克思恩格斯选集》第 1 卷，人民出版社 1995 年版，第 295 页。
② 《马克思恩格斯选集》第 1 卷，人民出版社 1995 年版，第 303 页。
③ 《马克思恩格斯选集》第 1 卷，人民出版社 1995 年版，第 303 页。
④ 《资本论》第 1 卷，人民出版社 1975 年版，第 19 页；2004 年版，第 18 页。
⑤ 《实践论》，《毛泽东选集》第 1 卷，人民出版社 1965 年版，第 272 页。

会中，对社会科学的研究者来说，阶级立场是最基本、最重要的立场，它决定研究的目的、所要完成的使命、研究的方向以及所包含的情感。马克思很重视研究目的，特别指明："本书的最终目的就是揭示现代社会的经济运动规律"①。与阶级利益相联系，这种规律决不会是某些个别的、短期的规律，而是整个社会经济运动的根本性规律。只有揭示这样的规律，才能彻底唤醒和动员无产阶级。恩格斯说："马克思首先是一个革命家。他毕生的真正使命，就是以这种或那种方式参加推翻资本主义社会及其所建立的国家设施的事业，参加现代无产阶级的解放事业，正是他第一次使现代无产阶级意识到自身的地位和需要，意识到自身解放的条件。斗争是他的生命要素。"② 为此，他必定不会花费过多的精力和篇幅去研究与无产阶级需要无关的东西，更不会将着重点放在资本家兴趣的问题上。所以，阶级立场还决定着研究的方向。

马克思越是自觉地、深入地投身到无产阶级的解放事业，越是深入地研究资本运动，越是发现无产阶级的革命性、③ 伟大力量和奋斗精神，越是培养起他对无产阶级的深挚感情，越是自觉地承担起无产阶级批判代表的责任。他很真诚地说："工人阶级永远可以把我当做一个忠诚的先锋战士。"④

无产阶级的代表和批判的责任培育他坚强的意志和毅力。他充分意识到批判任务的艰巨和必然要付出的代价，但却义无反顾，坚持不懈。他不无自豪地向友人诉说："我不得不利用我还能工作的每时每刻来完成我的著作，为了它，我已经牺牲了我的健康、幸福和家庭。"⑤ 自从他坚定地劳苦大众大声疾呼，与当局作对，他的生计就日益艰难，以至于贫病交加，债务缠身，甚至有子女病亡，但他都坚持不懈。马克思曾向恩格斯说："未必有人会在这样缺乏货币的情况下来写关于'货币'的文章!"⑥ 但是，出于无产阶级的立场和情感，他仍义无反顾地将这一切都坚强地承担起来，毫不犹疑。

马克思之成为对资本主义的空前全面彻底、强势的批判家，与他的那

---

① 《资本论》第 1 卷，人民出版社 1975 年版，第《资本论》11 页；2004 年版，第 10 页。

② 《马克思恩格斯选集》第 3 卷，人民出版社 1995 年版，第 777 页。

③ "工人阶级要不是革命的，就什么也不是。"《马克思恩格斯〈资本论〉书信集》人民出版社 1974 年版，第 191 页。

④ 《马克思恩格斯〈资本论〉书信集》人民出版社 1974 年版，第 189 页。

⑤ 《马克思恩格斯〈资本论〉书信集》人民出版社 1974 年版，第 209 页。

⑥ 《马克思恩格斯〈资本论〉书信集》，人民出版社 1976 年版，第 141 页。

个特殊的时代有紧密关系。那是阶级分化最激烈的时代，是斗争最激烈的时代，是最能造出杰出人物并决定他们归宿的时代。正如《共产党宣言》所说："在阶级斗争接近决战的时期，统治阶级内部的、整个旧社会内部的瓦解过程，就达到非常强烈、非常尖锐的程度，甚至使得统治阶级中的一小部分人脱离统治阶级而归附于革命的阶级，即掌握着未来的阶级。所以，正像过去贵族中有一部分人转到资产阶级方面一样，现在资产阶级中也有一部分人，特别是已经提高到从理论上认识整个历史运动这一水平的一部分资产阶级思想家，转到无产阶级方面来了。"① 马克思和恩格斯等人，就是基于为劳动大众谋福利的初衷，并且"从理论上认识整个历史运动"而转到无产阶级方面来的思想家、理论家、革命家，他们对资产阶级的思想尤其是其根本性的错误了如指掌，因而是能在批判的基础上探索新的理论、带着理论批判武器对旧阵营实行攻击的批判家。

马克思不仅是个知识分子，还是个实践家、战士。自从他确立了无产阶级世界观、革命情感之后，他就将书房与社会、工厂、工人紧密联系起来。只要有可能和机会，他就亲身深入工人群众中，深入工人运动，直接了解和指导工人运动。因此能够了解他们的疾苦，发现和论证无产阶级不仅所受苦难最深重的阶级，还是最革命最先进的阶级，有巨大的推动历史发展的能量，同时也身负解放全人类的重任。正是居于这样的实践和认识，他才能和恩格斯一起，参加改组正义者同盟，并将它的名称改为共产主义者同盟，并受同盟的委托，为它撰写《共产党宣言》。后来，他还成了"国际工人协会"即第一国际的灵魂，协会的第一个《宣言》及许多决议、声明和宣言都出自他的手笔。马克思把各个国家的工人运动统一起来，竭力把各种非无产阶级的即马克思主义以前的社会主义……纳入共同行动的轨道，并同所有这些派别和学派的理论进行斗争，从而为各个国家的工人阶级制订了统一的无产阶级斗争策略。对 1871 年巴黎公社，马克思更是对它的经验和教训做过极其深刻、准确、出色而有影响的、革命的分析。②

六、政治经济学批判性是马克思恩格斯对古典经济学批判性的继承

政治经济学不是"普世"适用的理论，它在创立之初，就是为资产阶

---

① 《马克思恩格斯选集》第 1 卷，人民出版社 1995 年版，第 282 页。

② 列宁：《卡尔·马克思》《列宁选集》第 2 卷，人民出版社 1995 年，第 417 页。

级服务的，所以有强烈的阶级性。

马克思经济理论的科学批判，从其代表无产阶级实施的、专门指向资本主义、资产阶级经济学而言，当然是特殊的。但特殊也包含着一般，从其一般性而言，则是对资产阶级古典学派政治经济学具有的某种批判性的批判继承和发展。既然它的合理内核可以继承，那么这种合理内核包含的批判性当然也要继承。

资产阶级学者创立政治经济学，其目的就是要为资产阶级的发财致富服务，因而要批判不利于资产阶级的制度和理论。这是处于上升时期的资本运动批判性所赋予的，也是特定的历史条件所造就的，也因为他们所代表的资产阶级在历史上曾经起过革命的作用。正因为客观过程具有批判性，所以这个过程的代表在一定程度上、一定时期内也具有一定的批判性。

不过，并非整个资产阶级经济学都始终具有批判性。由于产生时代及资产阶级发展的需要的原因，资产阶级经济学经历了从资产阶级古典经济学到庸俗经济学的演变。这里所谓的资产阶级古典学派，并非当代西方经济学眼中以马歇尔为主的古典经济学。尽管两者都带有"古典"的前缀，但后者根本不具有前者的批判性。在马克思的时代，古典经济学是与庸俗经济学相对而言的。"我断然指出，我所说的古典政治经济学，是指从威·配第以来的一切这样的经济学，这种经济学与庸俗经济学相反，研究了资产阶级生产关系的内部联系。而庸俗经济学却只是在表面的联系内兜圈子，它为了对可以说是最粗浅的现象作出似是而非的解释，为了适应资产阶级的日常需要，……只限于把资产阶级生产当事人关于他们自己的最美好世界的陈腐而自负的看法加以系统化，赋以学究气味，并且宣布为永恒的真理。"① 马克思称古典学派为"批判的政治经济学家"②。

资产阶级古典学派之所以具有批判性，是因为当时工业资产阶级的先进性质所决定。马克思发现，它"表现了上升的资本主义社会的观点"③，是为"还具有革命性的资产阶级"④ 立言的。并且，还因为这个时候资产阶级和无产阶级的阶级斗争还处于潜伏状态，所以它的理论家有必要也有

---

① 《资本论》第 1 卷，人民出版社 1975 年版，第 98 页脚注（32）；2004 年版，第 99 页脚注（32）。

② 《马克思恩格斯全集》第 26 卷第Ⅲ册，人民出版社 1974 年版，第 559 页。

③ 《马克思恩格斯全集》第 26 卷第Ⅰ册，人民出版社 1972 年版，第 279 页。

④ 《马克思恩格斯全集》第 26 卷第Ⅰ册，人民出版社 1972 年版，第 314 页。

可能对其前辈的研究实施一定程度的批判和超越。既然这个时候它的"使命只是表明在资本主义生产关系下如何获得财富",它就要深入最重要的经济发展过程内部,研究隐藏其中的规律。在这个阶段,经济发展过程的重心已经从流通过程转移到生产过程,因而必然要批判已经过时的重商主义等理论。重商主义从根本上说,代表的主要是商业资本家的利益,虽然商业资本家随着客观经济过程的发展而失去对经济过程的主导性,但他们已经过时的理论如果不批判,势必会对产业资本家的行为造成思想混乱。因此,为了产业资本家的利益,他们的理论家既要论证商业必须服从工业,也要让过时的重商主义理论退出历史舞台。对此,马克思肯定地说:"现代经济学不断与货币主义和重商主义作斗争,……攻击这种主义是一种纯粹的幻想和完全虚构的理论"①。人们不难发现,斯密在《国富论》中对重商主义有过较广泛的批判。

还有,当时社会的主要矛盾还不是两大对立阶级的斗争,而是资产阶级与大土地所有者阶级的矛盾。那时的土地所有者阶级利用其对土地所有权的垄断,要求生产性的资产阶级为其提供越来越多的各种地租。并且后者还提出一系列鼓吹不劳而获的理论,例如马尔萨斯在19世纪二十年代初期曾力图"维护这样一种分工:让实际从事生产的资本家承担积累的任务,而让另一些参加剩余价值分配的人,如土地贵族、领受国家和教会俸禄的人等等承担挥霍的任务。"② 在占统治地位的工业资本家看来,这不仅是对他们利益的侵夺,还必然严重削弱他们的积累能力。因此,工业资产阶级及其理论家当然要加以批判。"那些早就变得享乐成性和善于交际的资本家先生们不由得大叫起来。他们的代言人之一,一个李嘉图派叫道:马尔萨斯先生鼓吹高额地租、高额税收等等,……'这个过程与其说会促进生产,不如说会阻碍生产。而且让一部分人过着游手好闲的生活,只是为了去鞭策另一些人,这也不是十分公正的。'"③ 在李嘉图的时代,资本运动的发展已经趋向典型,因而使之得以将政治经济学推向资产阶级所能达到的顶峰,并提出土地国有化的主张,表现出很强的批判力。

资产阶级经济学着手从两方面进行批判:一方面,它深入研究资产阶级生产关系的内部联系,并且提出了关于劳动价值论和资本理论等一系列

---

① 《马克思恩格斯全集》第 13 卷,人民出版社 1962 年版,第 149 页。
② 《资本论》第 1 卷,人民出版社 1975 年版,第 653 页;2004 年版,第 687 页。
③ 参见《资本论》第 1 卷,人民出版社 1975 年版,第 653 页;2004 年版,第 687 页。

有一定科学价值的理论规定。这些理论较合理地回答了社会财富的源泉是劳动，这是对以前重商学派认为来自流通的批判；另一方面，在此基础上，他们还透过利润、利息、地租等形式研究其实质，正如马克思所说：比较成熟的"古典经济学把利息归结为利润的一部分，把地租归结为超过平均利润的余额，使这二者在剩余价值中合在一起；此外，把流通过程当作单纯的形态变化来说明；最后，在直接生产过程中把商品的价值和剩余价值归结为劳动；这样，它就把……那些虚伪的假象和错觉，把财富的不同社会要素互相间的这种独立化和硬化，把这种物的人格化和生产关系的物化，把日常生活中的这个宗教揭穿了。这是古典经济学的伟大功绩。"①可见，这种功绩不仅在于批判了以往学者在流通领域寻找社会财富源泉的错误，而且在客观上批判了将"四种化"即把"虚伪的假象和错觉、财富的不同社会要素互相间的这种独立化和硬化，物的人格化和生产关系的物化，日常生活中的这个宗教"奉为圭臬的庸俗经济学的错误。实际上，古典经济学并没有针对性地进行批判，只不过把握住价值和剩余价值的真正源泉是劳动这一关键。但仅此一点，马克思就给予很高的评价。

这样看来，在那个时候，新兴的工业资产阶级一方面要研究生产过程的内在规律，这是前人没有进入的领域，因而是批判地创立新的理论；另一方面还要批判旧的理论如重商主义等，以及为土地所有者阶级辩护的理论。因此，在这种理论一诞生的时候，就已经带有批判的任务。正如马克思所说："从1820年到1830年，……这是李嘉图的理论庸俗化和传播的时期，同时也是他的理论同旧的学派进行斗争的时期。"②

古典政治经济学的批判在不同的发展阶段、不同语境中有不同的对象、任务与表现。在以斯密为代表的发展阶段，它的主要批判对象是重商主义。这种批判涉及对象、方法、内容，是全方位的。

首先，是对其对象的批判。重商主义以流通过程为对象，它"从流通过程独立化为商业资本运动时呈现出来的表面现象出发，因此只是抓住了假象。"它虽然后来也提出过一些有意思的东西，强调对外贸易的作用，但归根到底都只能解释一些表面现象，不能从根本上说明资产阶级发财致富的秘密。对此，古典学派决不苟同，而是以生产过程为对象。马克思说："真正的现代经济科学，只是当理论研究从流通过程转向生产过程的

---

① 《资本论》第3卷，人民出版社1975年版，第938—939页；2004年版，第940页。

② 《资本论》第1卷，人民出版社1975年版，第17页；2004年版，第16页。

时候才开始。"① 可以说，早期古典政治经济学对生产过程的研究是具有开拓性的、超越性的。

其次，是对其方法的批判，重商主义只是现象描述，而斯密为代表的古典学派则将研究的视野深入到生产过程的内部，并且还已经开始引进抽象分析，连马克思也称之为"生理学研究"。

再次，是对其内容的批判。重商主义认为通过多卖少买可以增加财富，而古典学派则不以为然，认为财富的源泉是生产过程中的劳动，并且在无意中区分了创造使用价值的具体劳动和创造价值的劳动（他们还没有抽象劳动的概念），从而提出劳动价值论的一些抽象规定。"把商品归结于二重形式的劳动，即把使用价值归结于实在劳动或合乎目的的生产活动，把交换价值归结于劳动时间或相同的社会劳动，是古典政治经济学一个半世纪以上的研究得出的批判性的最后成果"②。在此基础上，他们甚至发现了许多重商主义所不可能理解的财富增长的秘密。

虽然这时古典政治经济学的批判是比较全面的，有的甚至还不乏深刻，但这个时期古典学派的理论还比较粗浅，最重要的是由于主客观方面的原因，斯密的各种理论都存在着重大的缺陷。这决定了它对重商主义批判缺乏足够的力度和深度。从批判的实质看，由于它所代表的工业资产阶级与所批判对象的矛盾并非对抗性的，所以他的批判主要是从超越的意义上体现的，比较温和，尚不能体现资本主义作为上升的、先进的阶级所应有的战斗性。只是伴随着资本主义进入较为发展阶段，古典政治经济学的批判性才典型化，进一步张扬而进入它的高级阶段。在这个经济时代，产业资本占据社会经济的主导地位，商业资本则处于从属地位。与此相适应，这时的资产阶级古典学派更具有旺盛的生命力，自然也具有较强的批判性。由于重商主义已经式微，由于资产阶级与无产阶级的矛盾尚处潜伏状态，资产阶级与土地所有者阶级的矛盾成了主要矛盾，同时，资产阶级面对的不仅有产业结构如何在新的技术基础上转型发展的问题，还有如何增加资本积累的问题等。而斯密的理论是建立在工场手工业发展的基础上的，并且充满着矛盾，因而已经无法适应新时代产业发展的要求，因而这个新的经济时代的理论家，一方面要全方位地发掘工业发展的可能潜力，另一方面要解决面对的现实阻力。为此，以李嘉图为代表的成熟期的古典学派，至少要进行两个方面的破和立：一是克服斯密理论中特别是价值理

---

① 《资本论》第 3 卷，人民出版社 1975 年版，第 376 页；2004 年版，第 376 页。
② 《马克思恩格斯全集》第 13 卷，人民出版社 1962 年版，第 41 页。

论的明显矛盾，这属于自我批判；二是对当时相当猖獗的土地所有者及其理论的深入批判，这是对异己对象或他者的批判。

众所周知，李嘉图所处的经济时代是现在人们所说的工业化第一阶段，相对于斯密的工场手工业时代，无论生产力还是生产关系都有长足的发展，因而斯密理论中的先天不足以及时代局限都有必要批判和超越。

首先，他研究的是大工业和自由竞争基础上的资本运动。他明确指出，价值量决定于劳动时间这一规定，只适用于这样的商品，"这些商品可以由工业任意增加，它们的生产受无限制竞争的支配"。他实际上认为，"价值规律的充分发展，要以大工业和自由竞争的社会、即现代社会为前提。"①

其次，在研究方法上，他既克服了斯密的二重性，强化了斯密的"生理学研究"，又以它为出发点和基础。"李嘉图著作的这两章包含着他对以往政治经济学的全部批判，他在这里同亚·斯密的贯穿其全部著作的内在观察法和外在观察法之间的矛盾断然决裂，而且通过这种批判得出一些崭新的惊人结果。……它们简明扼要地批判了那些连篇累牍、把人引入歧途的老观念，从分散的各种各样的现象中吸取并集中了最本质的东西，使整个资产阶级经济体系都从属于一个基本规律。……"②

再次，其理论内容则坚持劳动是创造价值的唯一源泉，并且刻意将这种理论贯穿到其他比较具体的理论中。对此，马克思认为"具有科学的合理性和巨大的历史价值"③。

李嘉图对斯密的批判是建立在对政治经济学基本理论、特别是劳动价值论的空前科学认识的基础上，正因为有这样的基础，他不仅批判了斯密的错误，而且对同时代资产阶级学者的错误也有批判，但其最出众的还是他对土地所有者及其理论的批判。这种批判与其说是理论的，还不如说是实践的。不言而喻，正确的实践是批判的，科学理论是开放性的理论，特别是研究开放性发展过程的理论更是这样。

但是，"英国古典政治经济学是属于阶级斗争不发展的时期的。它的最后的伟大的代表李嘉图，终于有意识地把阶级利益的对立、工资和利润的对立、利润和地租的对立当作他的研究的出发点，因为他天真地把这种对立看作社会的自然规律。这样，资产阶级的经济科学也就达到了它的不

---

① 《马克思恩格斯全集》第13卷，人民出版社1962年版，第50页。
② 《马克思恩格斯全集》第26卷第Ⅱ册，人民出版社1974年版，第187页。
③ 《马克思恩格斯全集》第26卷第Ⅱ册，人民出版社1974年版，第183页。

可逾越的界限。"① 社会发展阶段的特征决定古典经济学研究任务的性质和界限，一旦这个阶段上升，古典经济学科学研究和批判的任务也就完结了。

古典经济学最初的批判性引起马克思的充分重视和肯定，因为这是一个新兴的、上升的阶级对待没落腐朽阶级的一种批判态度，符合历史发展的客观要求，也符合新思想新理论诞生的要求。马克思从来都重视有历史和文化价值的东西，所以，他对古典学派的批判精神也必然要吸纳的。

他高度评价了资产阶级古典学派的批判性：

其一，有明显的历史性。一方面是具有时代性："英国古典政治经济学是属于阶级斗争不发展的时期的。"② 一旦这个历史时期结束，原先的主要矛盾发生转化，资产阶级、土地所有者阶级和无产阶级的对立尖锐化，资产阶级学者的任务就发生根本的变化。18 世纪 20 年代以后，世界性的经济危机爆发，法国和英国的资产阶级夺得了政权。"从那时起，阶级斗争在实践方面和理论方面采取了日益鲜明的和带有威胁性的形式。它敲响了科学的资产阶级经济学的丧钟。现在问题不再是这个或那个原理是否正确，而是它对资本有利还是有害，方便还是不方便，违背警章还是不违背警章。不偏不倚的研究让位于豢养的文丐的争斗，公正无私的科学探讨让位于辩护士的坏心恶意。"③ 由是，原先的古典学派开始庸俗化，随之，它固有的值得肯定的批判性就走向衰微了。另一方面是具有阶段性：斯密和李嘉图所处的经济时代不同，所以批判的主要对象不同。这又导致李嘉图在对斯密的批判中发展了政治经济学，增加了对内批判——因为斯密与李嘉图同样代表工业资产阶级——的内容，而在一定程度上使古典政治经济学包含有自我批判的维度。但这种历史性也决定了它要接受历史、后来理论家的批判。这实际上表明，对一种历史性科学来说，最有力的批判是历史发展。一旦它经不起历史发展的检验，它就难逃破产的命运，也难逃被异己他者的狭义批判。

其二，具有一定的战斗性。李嘉图代表工业资产阶级的利益，特别反对土地所有者从资产阶级手里攫取日益增加的地租，以至于表达了废除土地所有权的强烈愿望。马克思客观地评价说："李嘉图所说的废除土地所有权，即把土地所有权变为国家所有权，把地租交付给国家而不是交给地

---

① 《资本论》第 1 卷，人民出版社 1975 年版，第 17 页；2004 年版，第 16 页。
② 《资本论》第 1 卷，人民出版社 1975 年版，第 17 页；2004 年版，第 16 页。
③ 《资本论》第 1 卷，人民出版社 1975 年版，第 18 页；2004 年版，第 17 页。

主，是一种理想，是资本从它最内在的本质中产生的内心愿望。"① 由于这种批判具有战斗性，特别是以一元化的劳动价值论为依据，所以也包含强大的批判其他不劳而获的剥削者的逻辑，从而引起其他资产阶级学者的恐惧，凯里其至给李嘉图加上了"共产主义之父"的罪名："李嘉图先生的体系是一个制造纷争的体系……整个体系具有挑动阶级之间和民族之间的仇恨的倾向……他的著作是那些企图用平分土地、战争和掠夺的手段来攫取政权的蛊惑者们的真正手册。"② 可见，李嘉图的批判性已经内在地包含着导致自己阶级灭亡、自己理论破产的逻辑，只不过他自己没有意识到。从这种意义看，对这种批判性的批判更有理论意义。

但是，马克思也结合它的产生、发展、破产对它进行更深的批判，分析它的先天不足及衰微的原因。

首先，它所代表的资产阶级的批判能力有限。毕竟他们本身就是资本家，其研究终受资产阶级狭隘眼界的限制，所以理论先天不足，科学性非常有限，批判显得苍白无力，就像戴着镣铐跳舞。之所以这样，当然还有更深刻的原因。英国利用其各方面的优势在国际贸易中长期获得巨大利益，决定了资产阶级学者不能不受流通表象的影响，英国的资产阶级革命不彻底，相当地保留了大土地所有者的利益，共同的私有利益决定了资产阶级学者对后者的批判不能不有所顾忌，总是投鼠忌器。

其次，它的研究对象发育是逐渐成熟的。在17世纪初，英国的工场手工业还刚刚渡过少年期，法国还是落后的农业国。与此同时，西欧资本主义也只处于初级阶段。因此，这种对象的内在规定还未充分发展，还未成熟和典型。这种"不太发达的……经济关系必然要在头脑里产生混乱"③，无论如何也不可能产生真正科学的理论，充其量只能有一些不成系统的初步探索，即使有上述那种批判，也因为不彻底而像蜻蜓点水。

再次，它的方法还很朴素和简单。众所周知，洛克哲学对资产阶级古典学派的影响巨大，他把事物的性质分为"第一性的质"和"第二性的质"的哲学方法成了古典学派的哲学基础，但他并没有论证两者之间的联系，因此，受这种二重方法影响很深的斯密所形成的二重研究之间也没有联系，因而留下许多矛盾。他的价值规定有四种之多，互相矛盾，即使其中正确的那一种，也存在瑕疵，如何能有力地批判他人的相关理论规定。

---

① 《马克思恩格斯全集》第26卷，第Ⅲ册，人民出版社1976年版，第523页。
② 《马克思恩格斯全集》第26卷第Ⅱ册，人民出版社1974年版，第183页。
③ 《马克思恩格斯〈资本论〉书信集》，人民出版社1976年版，第159页。

而李嘉图虽然有意解决这种联系，但仍不得要领，只是"单调地、形式地把同一些原则运用于各种各样凭外表拿来的材料或者为这些原则进行辩护"①，实际上并没有超越斯密。

续次，即使是古典政治经济学，它的理论并不完全科学。斯密受社会表面上各种"收入"混为一体的影响而提出的"斯密教条"，简单地套用最表象的"收入"范畴来解释对象的深层的规定，不但不能科学地研究收入，而且谬误流传，遗害至今，连李嘉图也陷入这一窠臼。所以马克思说："甚至古典经济学的最优秀的代表，——从资产阶级的观点出发，必然是这样，——也还或多或少地被束缚在他们曾批判地予以揭穿的假象世界里，因而，都或多或少地陷入不彻底性、半途而废和没有解决的矛盾中。"②

最后，也是最重要的，资产阶级古典经济学的批判性还从根本上受其阶级性、客观过程发展的阶段性（时代性）的制约。他们作为剥削阶级，其最初批判的对象并非绝对异己，即使是土地所有者阶级，与资产阶级本质上都是剥削阶级，后者最多只是要从前者剥削的剩余价值中分得一杯羹，并不会对它所缔造的资本主义制度造成致命的伤害、打击。因此，对它的批判多多少少保留着些许温和。对资产阶级阶级来说，最恐怖的是无产阶级，但在古典学派尚有批判性的时候，无产阶级还没有锻炼成一个成熟的阶级，甚至还是他们对付土地所有者阶级的同盟军。所以，资产阶级学者的批判具有时代性，即仅限于两大对立阶级的斗争尚未尖锐化的时代。到了 1830 年，最终决定一切的危机发生了。"法国和英国的资产阶级夺得了政权。从那时起，阶级斗争在实践方面和理论方面采取了日益鲜明的和带有威胁性的形式。它敲响了科学的资产阶级经济学的丧钟。"③ 从此，资产阶级经济学有限的批判性就消失了。批判性一消失，理论的科学性也就式微了。

总之，资产阶级古典学派的研究终究受资产阶级狭隘利益及眼界的限制，因而理论的科学性非常有限，相关的批判也是隔靴搔痒。特别是当无产阶级开始觉醒和崛起，社会的主要矛盾从资产阶级与土地所有者阶级之间的矛盾转变为资产阶级和无产阶级的矛盾以后，资产阶级便转而与土地所有者阶级结成联盟，其经济学没有了批判的对象，最终失去批判性。如

---

① 《马克思恩格斯全集》第 26 卷，第 Ⅱ 册，人民出版社 1973 年版，第 186 页。
② 《资本论》第 3 卷，人民出版社 1975 年版，第 939 页；2004 年版，第 940 页。
③ 《资本论》第 1 卷，人民出版社 1975 年版，第 18 页；2004 年版，第 17 页。

果说其后继者还有反对什么，充其量只剩下向马克思主义经济学猖吠而已。随着其批判力的消失，它的辩证思维能力也完全消失了。①

虽然资产阶级古典学派走向破产，但政治经济学的批判性被马克思继承，在代表工人阶级的政治经济学批判中复活。② 因为批判的客观主体已经发生了根本的改变，不再是一个剥削阶级对另一个剥削阶级的批判，而是被剥削阶级对一切剥削阶级的批判，因而不像资产阶级学者那样投鼠忌器。在批判继承的基础上，马克思重建了批判的范式，重建批判的对象和方法，将批判的矛头直接对向资本主义、资产阶级学者的理论，并且包含了一般的和特殊的批判，包含了对他的和自我的批判，从而建立系统的科学批判体系，使自己的理论体系具有无限的活力和张力，对整个人类社会的深刻影响力，对无产阶级和广大的劳动大众来说，还具有无限的号召力、鼓舞力。

如果从真正的科学批判的本性看，资产阶级古典学派的理论对不同利益集团如商业资本家、土地所有者等的批评还不能算为真正的批判，因为它瞻前顾后、缩手缩脚，而且不彻底，甚至有些是歪打正着，充其量只具有一定的批判性。批判性与批判不同，前者是品格属性，后者是则是行为属性。古典学派充其量只具有一定程度的批判性，但这只是其政治经济学的附带属性，它不敢也没有专门地实施批判。

在《资本论》中，一般的批判性转化为具体的批判。这是一种全新的批判，它表现为新的批判主体的成长，已经从感性批判进入理论批判，表现为它对被批判对象及其理论的深度认识，意味着批判者的理论成熟和有战斗力、有分析说服力。因此，说马克思在一般性批判的意义上继承了资产阶级古典学派的批判性，只是从批判史的连续性意义看的。从特殊批判的角度看，两者的性质根本不同，不仅对象不同，而且所运用的方法、时机内容、所表达的价值、目的等，都完全不同。

---

① 《资本论》第 1 卷，人民出版社 1975 年版，第 16 页；2004 年版，第 15 页。

② "《资本论》在德国工人阶级广大范围内迅速得到理解，是对我的劳动的最好的报酬。一个在经济方面站在资产阶级立场上的人，维也纳的工厂主迈尔先生，在普法战争期间发行的一本小册子中说得很对：被认为是德国世袭财产的卓越的理论思维能力，已在德国的所谓有教养的阶级中完全消失了，但在德国工人阶级中复活了。"（《资本论》第 1 卷，人民出版社 1975 年版，第 16 页；2004 年版，第 15 页。）

第一篇
对象与方法研究的科学批判

《资本论》的研究对象与科学批判的对象既是同一的，又有所不同。就同一而言，对象是通过批判而确定的。就不同而言，批判的范围更广。列宁说过："马克思……他从各个社会经济形态中取出一个形态……加以研究，并根据大量材料……对这个形态的活动规律和发展规律作了极其详尽的分析。这个分析仅限于社会成员之间的生产关系。"这就是《资本论》的骨骼，"可是全部问题在于马克思并不以这个骨骼为满足，并不仅以通常意义的"经济理论"为限；虽然他完全用生产关系来说明该社会形态的构成和发展，但又随时随地地探究与这种生产关系相适应的上层建筑，使骨骼有血有肉。"① 如果说《资本论》的正面研究主要集中在这个"骨骼"，那么，科学批判就还指向资本主义制度、资产阶级经济学，即"血肉"部分。

《资本论》的方法与科学批判的方法也一样，既是同一的，又有所不同。就同一而言，都是辩证分析、历史考察、逻辑再现，并且与批判结合。就不同而言，科学批判有特殊的手法，例如直接的和间接的批判，价值与情感的表现与批判等。

---

① 《列宁选集》第 1 卷，人民出版社 1995 年版，第 9 页。

第一章 《资本论》对象的确定与科学批判

与《资本论》的其他基本理论都有特定的对象一样，科学批判作为基本理论当然也有特定的批判对象。——如果联系一定的批判主体，这种特定的批判对象在有些地方也可以称为被批判对象。例如，对马克思来说，资本运动就是被批判对象，这与理论的研究对象是一样的。——它批判的客观的总体的资本运动、资本主义经济制度，虽然也是其他基本理论研究的对象，但着力的角度有所不同，基本理论着重对客观对象某一方面的具体再现，而批判则侧重表现主观批判主体对客观对象的态度。前者说明对象是什么（质）、为什么是什么（本质）、内在的本质如何表现，后者则表明批判主体对被批判对象以及维护它的资产阶级经济学的态度、批判的价值和方式。所以，这种批判对象的总体结构与其他基本理论还有很大的不同。这一对象的确定，本身就是批判的。

《资本论》研究对象的确定是通过批判不断演进的过程，从《政治经济学批判。导言》开始，经过《政治经济学批判。第一分册》，最终在《资本论》序言中完成。

一、通过批判确定研究方向

客观对象是十分复杂的，它包括无数的假象，呈现的是迂回曲折的发展路线，还因为交叉关系而包含其他不同性质的过程，等等。从复杂的研究对象结构中选取最重要的部分，本身就是批判的过程，并且也是确定研究方向的过程。

而且，要研究资本运动，可以有很多入口，或者说很多方向。重商主义是从流通入口，注重流通，认为流通是增殖的源泉、路径。但后来的资产阶级古典学派却发现，应从生产入手。马克思继承了后者的这一合理内核，同时又批判后者在这方面的错误。

首先，在《政治经济学批判》导言一开头就这样写道："摆在面前的对象，首先是物质生产。"① 在分析生产与交换的关系时，他一再强调：只要从总体上而不是从片面形式上看，"过程总是从生产重新开始。交换和消费是不能支配作用的东西，那是自明之理。……因此，一定的生产决定一定的消费，分配，交换和这些不同要素相互间的一定关系。"② 由是，必须着重研究生产。很显然，这是对重商主义重流通、轻生产的批判。

其次，在《政治经济学批判》导言的开头，马克思又批判斯密和李嘉图将脱离社会的单个的孤立的猎人和渔夫当作出发点的错误。他指出，这"应归入18世纪鲁宾逊故事的毫无想象力的虚构"。不过，他并没有因此而将它等同于笑话，他发现，这种虚构并非纯粹个别人的观念产生的，而是一定历史的产物："这种18世纪的个人，一方面是封建社会形式解体的产物，另一方面是16世纪以来新兴生产力的产物"③，特别是18世纪的产物。因为正是在这样的时代，对极端自私并崇尚自由放任的资本家来说，"社会结合的各种形式，对个人说来，才只是达到他私人目的的手段，才是外在的必然性。"④ ——很显然，正是基于这种基本性的错误，他们才会提出所谓的独立"经济人假设"。——对此，马克思从历史和现实两个方面进行了深刻的批判。他指出："我们愈往前追溯历史，个人，也就是进行生产的个人，就显得愈不独立，愈从属于一个更大的整体"⑤。如果说，这是一种人对人的依赖，是显性的，在这种形态下，人的生产能力只是在狭窄的范围内和孤立的地点上发展着。那么，在资本主义社会，它就转变为"以物的依赖性为基础的人的独立性，……在这种形态下，才形成普遍的社会物质变换，全面的关系，多方面的需求以及全面的能力的体系。"⑥ 显然，在这个时代，人与人的关系与历史上的任何时代相比都要深刻和广泛，只不过它是通过物而建立的关系，并且被物的关系所掩盖，因而，在资产阶级及其学者的眼界中，个人与社会的关系就黯淡了。

由此可见，马克思不仅批判了资产阶级经济学忽略社会关系的错误，而且明确了要透过物的关系来研究人的关系，尤其是阶级关系。正如恩格斯所说："经济学所研究的不是物，而是人和人之间的关系，归根到底是

---

① 《马克思恩格斯全集》第46卷上册，人民出版社1979年版，第18页。
② 《马克思恩格斯全集》第46卷上册，人民出版社1979年版，第37页。
③ 《马克思恩格斯全集》第46卷上册，人民出版社1979年版，第20—21页。
④ 《马克思恩格斯全集》第46卷上册，人民出版社1979年版，第21页。
⑤ 《马克思恩格斯全集》第46卷上册，人民出版社1979年版，第21页。
⑥ 《马克思恩格斯全集》第46卷上册，人民出版社1979年版，第104页。

阶级和阶级之间的关系；可是这些关系总是同物结合着，并且作为物出现。"①

这里的批判虽然篇幅不多，但已经足以表明，马克思的研究不仅眼界宏大，而且透过个别的表面现象，刻意研究广泛、深入的联系，特别是阶级关系。它发现并揭露了人与人之间的关系的阶级性质，由此反衬单个人之间的自然关系理论的狭隘、萎缩和主观表面性，所以，它的理论意义非凡。

再次，在《政治经济学批判》导言中，马克思还批判资产阶级经济学将本质不同的一般过程与特殊过程混为一谈的错误。他认为：经济研究的本题是现代资产阶级生产。虽然这是特定历史时代的生产，但它包含着一些一般过程的规定。"生产的一切时代有某些共同标志，共同规定。生产一般是一个抽象，……是一个合理的抽象。不过，这个一般，或者说，经过比较而抽出来的共同点，本身就是有许多组成部分的、分别有不同规定的东西。其中有些属于一切时代，另一些是几个时代共有的，[有些]规定是最新时代和最古时代共有的，没有它们，任何生产都无从设想"②。这些属于一切时代、几个时代的共同规定，是一般过程的规定，包括生产力和生产关系方面的规定。它们虽然包含在特定时代的过程中，但与特定时代的过程却有本质的不同，两者不能混为一谈。但是，资产阶级学者却有意无意地"忘记了本质的差别。而忘记这种差别，正是那些证明现存社会关系永存与和谐的现代经济学家的全部智慧所在。"③ 因此一举，"资产阶级关系就被乘机当作社会一般的颠扑不破的自然规律偷偷地塞了进来。这是整套手法的多少有意识的目的。"④

续次，批判资产阶级学者将资本主义和前资本主义混为一谈的错误。资本主义并非空降而来的，它是前资本主义社会解体的产物，当然保留着后者某些孑遗，例如商品生产。但是，因为这样，资产阶级学者就自觉不自觉地将资本主义前后的社会混为一体，这种错误，连李嘉图都犯过，并且也被马克思批判过。⑤ 不言而喻，马克思集中精力研究是"已经形成的、

---

① 《马克思恩格斯选集》第 2 卷，人民出版社 1995 年版，第 44 页。
② 《马克思恩格斯全集》第 46 卷上册，人民出版社 1979 年版，第 22 页。
③ 《马克思恩格斯全集》第 46 卷上册，人民出版社 1979 年版，第 22 页。
④ 《马克思恩格斯全集》第 46 卷上册，人民出版社 1979 年版，第 24 页。
⑤ "他犯了时代错误，他竟让原始的渔夫和猎人在计算他们的劳动工具时去查看 1817 年伦敦交易所通用的年息表。"（《资本论》第 1 卷，人民出版社 1975 年版，第 93 页脚注（29）；2004 年版，第 94 页脚注（29）。）

在自身基础上运动的资产阶级社会"① 的最关键过程，并且还只研究它的典型形态，即马克思时代的资本运动。

不过，这并不意味着单单考察当时最为发达的资本运动，还有必要溯及它的起点和初级阶段。一方面，资本运动中最基本的规定是长期发展过程的产物，不研究最初的规定，很难深入地了解其发展演变的轨迹和方向，从而难以发掘其历史发展的规律，以便修正它的波动和曲折，以真正发现它的典型形态。正如恩格斯说："历史从哪里开始，思想进程也应当从哪里开始，而思想进程的进一步发展不过是历史过程在抽象的、理论上前后一贯的形式上的反映；这种反映是经过修正的，然而是按照现实的历史过程本身的规律修正的，这时，每一个要素可以在它完全成熟而具有典型性的发展点上加以考察。"② 另一方面，科学研究和批判所运用的逻辑方法，同时也是运用历史的方法。马克思说："对我们来说更为重要的是，我们的方法表明必然包含着历史考察之点，也就是说，表明仅仅作为生产过程的历史形式的资产阶级经济，包含着超越自己的、对早先的历史生产方式加以说明之点。因此，要揭示资产阶级经济的规律，无须描述生产关系的真实历史。但是，把这些生产关系作为历史上已经形成的关系来正确地加以考察和推断，总是会得出这样一些原始的方程式，……这些方程式会说明在这个制度以前存在的过去。这样，这些启示连同对现代的正确理解，也给我们提供了一把理解过去的钥匙……。另一方面，这种正确的考察同样会得出预示着生产关系的现代形式被扬弃之点，从而预示着未来的先兆，变易的运动。一方面，如果说资产阶级前的阶段表现为仅仅是历史的，即已经被扬弃的前提，那么，现代的生产条件就表现为正在扬弃自身，从而正在为新社会制度创造历史前提的生产条件。"③ 之所以能够这样做，不是出自研究者、批判者的知性、悟性、理性，而是客观过程的内在属性所决定。正如列宁所说："谁不知道，考察任何一个社会现象的发展过程，总会在这个现象中发现过去的遗迹、现在的基础和将来的萌芽呢?"④

还有，由于典型的资本运动包含着一般过程，且一般过程的某些共同

---

① 《马克思恩格斯全集》第 46 卷上册，人民出版社 1979 年版，第 206 页。

② 《马克思恩格斯选集》第 2 卷，人民出版社 1995 年版，第 43 页。

③ 《马克思恩格斯全集》第 46 卷上册，人民出版社 1979 年版，第 458 页。

④ 《列宁选集》第 1 卷，人民出版社 1995 年第 46 页。

规定非常重要，"没有它们，任何生产都无从设想"①，所以，考察资本运动这一特殊过程，也必须同时考察一般过程，只不过不能将两者混为一谈。这样，科学批判既要针对特殊过程，也要涉及一般过程。当然，两类批判的方向和价值肯定有所不同。对特殊过程，马克思是站在对立面进行批判，是一种对他批判，但不是全盘否定。对一般过程，情况就不同了。其中的共同规定是一般社会生产的规定，对不同的社会形态都不是可有可无的，但它又是与时俱进的，不断地自我更新，在发展阶段上升的时候，适时地自我批判。所以，不能从外部、从对立面否定他，而要从外部反映它的自我批判。

最后，在《政治经济学批判》导言中马克思还批判资产阶级经济学总体上偏重考察表象："肤浅的表象是：在生产中，社会成员占有（开发，改造）自然产品供人类需要；分配决定个人分取这些产品的比例；交换给个人带来它享用分配给他的一份去换取的那些特殊产品；最后，在消费中，产品变成享受的对象，个人占有的对象。……因而，生产表现为起点，消费表现为终点，分配和交换表现为中间环节，这中间环节又是二重的，因为分配被规定为从社会出发的要素，交换被规定为从个人出发的要素。……"② 这样看，似乎很全面，但却只是过程中人与物的关系"肤浅的表象"的简单描述，根本没有涉及各个环节的内在规律、人与人之间的生产关系，以及各个环节之间的内在联系。

这种总的"肤浅的表象"对资产阶级经济学的不良影响是深刻而致命的，马克思指出：照资产阶级经济学家的意见，"生产不同于分配等等（参看穆勒的著作），应当被描写成局限在脱离历史而独立的永恒自然规律之内的事情，于是资产阶级关系就被乘机当作社会一般的颠扑不破的自然规律偷偷地塞了进来。这是整套手法的多少有意识的目的。反之，在分配上，好像人们事实上可以随心所欲。即使根本不谈生产和分配的这种粗暴割裂与生产与分配的现实关系，下面这一点总应当是一开始就明白的：无论在不同社会阶段上分配如何不同，总是可以像在生产中那样提出一些共同的规定来，可以把一切历史差别混合和融化在一般人类规律之中。"③ 虽然言简意赅，但已经将这种联系的片面性、表面性概括得很清楚了。由此可见，资产阶级经济学将生产与分配"粗暴割裂"开来，把分配当作与生

---

① 《马克思恩格斯全集》第46卷上册，人民出版社1979年版，第22页。
② 《马克思恩格斯全集》第46卷上册，人民出版社1979年版，第26页。
③ 《马克思恩格斯全集》第46卷上册，人民出版社1979年版，第24页。

产并列的独立自主的领域，一方面将生产归结为"脱离历史而独立的永恒自然规律之内的事情"，只是生产力的问题，否认它包含的生产关系，另一方面，虽然认为分配是社会性的过程，但又认为它"决定于社会的偶然情况"①，将它归结为"把一切历史差别混合和融化在一般人类规律"。似乎一方面是自然规律，另一方面是没有社会形态差别的社会规律，全都具有一般性、永恒性。

在批判基础上，马克思全面深入地分析了生产、交换、分配、消费的内在关系，强调生产对其他环节的决定性作用，全面地研究了生产关系，从而将政治经济学研究的对象定位在生产关系上。同时指出它们都包含一般过程和特殊过程的规律，分配是生产的反面。② 这在《资本论》特别是终篇都有充分而深入的分析。显然，这是根据是唯物主义历史观做出的选择和处理。

资产阶级经济学的对象之所以存在着这些严重的错误，当然有其根本原因，即其依据的是唯心史观。早在 1847 年的《哲学的贫困》中，马克思就已经指出："经济学家们的论证方式是非常奇怪的。他们认为只有两种制度：一种是人为的，一种是天然的。封建制度是人为的，资产阶级制度是天然的。"③ 所谓天然的，即是永恒不变的。由是，他们就必然不能区分资本主义发展的历史阶段，不能正确认识个体与总体的关系，物的关系与人的、阶级的关系，一般过程与特殊过程的关系，过程的各个环节之间的关系。进而言之，这种自然观还决定了他们各种观念，特别是经济观的狭隘性。斯密著名的"看不见的手"实际上就是一种自然的力量，它调节各个自私的市场主体，就是个典型。他认为，私人生产者"所盘算的也只是他自己的利益。在这场合，像在其他许多场合一样，他受着一只看不见的手的指导，去尽力达到一个并非他本意想要达到的目的。……他追求自己的利益，往往使他能比在真正出于本意的情况下更有效地促进社会的利益。"④ 在他看来，"看不见的手"这种自然的力量调节着无数的个体行为，最终自然形成最好的自然秩序。这种观念不仅限制着他自己的研究，而且谬种流传，荼毒广泛、长久。

---

① 《马克思恩格斯全集》第 46 卷上册，人民出版社 1979 年版，第 26 页。

② 《资本论》第 3 卷，人民出版社 1975 年版，第 925、993 页；2004 年版，第 927、994 页。

③ 《马克思恩格斯选集》第 1 卷，人民出版社 1995 年，第 151 页。

④ 斯密：《国民财富的性质和原因研究》下册，商务出版社 1972 年版，第 27 页。

综上所述，《导言》通过对资产阶级经济学的批判，马克思确定了以社会性的现代物质生产为研究对象，它包含社会性质不同但又相互影响的一般过程和特殊过程，是生产、交换、分配、消费四个环节统一的过程，并且突出生产的主导和决定地位。

二、通过批判确定研究对象

在《导言》确定了研究资本的生产为主要方向之后，马克思在此后的《政治经济学批判。第一分册》中，就开始对生产过程的实际研究。但是，这并不意味着实际的逻辑过程一开始就要考察生产过程。

在经济思想史上，斯密的《国民财富的性质和原因研究》的确是一开始就研究分工。在他看来，资本家要发财致富，就要提高劳动生产率，为此，最简单的、直接的办法就是分工。但是，分工是复杂的现象，有家庭内部的分工，工厂内部的分工，也有社会范围内的分工，即使撇开家庭内部的分工，单以工场内部的分工看，它以不同的生产要素及其所有制为前提，以生产的规模、生产资料的效能、劳动者的熟练程度、自然条件等为前提。就社会内部的分工而言，则还以不同的社会需要之间的比例及其变动、生产的社会组织、科学技术的发展水平、经济形式、劳动力的流动等为前提。所以，在研究分工之前，有一系列的问题要先行研究。

而且，因为物质生产不是单一的过程，包含从生产资料的储备，生产者的劳动，到产品的产出、保管、运输等一系列的过程，其间涉及的关系、过程非常复杂。并且，它是流动性的，其中的劳动能形成价值，本身却非凝固态的价值，① 而资本主义生产占统治地位的社会的财富，却表现为"庞大的商品堆积"，具有价值形式。所以从分工开始不合逻辑。这也表明，从生产过程的结果、社会财富及其形式开始是对斯密逻辑混乱的批判。

马克思发现，在资本主义社会，作为直接生产过程的结果，并非表现为一般的产品，而是表现为商品。所以，在《政治经济学批判。第一分册》开头，马克思是这样写的："最初一看，资产阶级的财富表现为一个

---

① "处于流动状态的人类劳动力或人类劳动形成价值，但本身不是价值。它在凝固的状态中，在物化的形式上才成为价值。"（《资本论》第 1 卷，人民出版社 1975 年版，第 65 页；2004 年版，第 65 页。）

惊人庞大的商品堆积，单个的商品则表现为这种财富的原素存在。"① 这种情况与《资本论》第一卷的开篇完全相同。②

与《政治经济学批判。第一分册》不同，在《资本论》第一卷，马克思有个十分重要的序言。对这个序言，人们可以从不同的角度解读，但从批判及与对象关联的角度看，其中有两个非常重要的论述：

其一，突出资产阶级财富的商品形式，批判前人忽视价值形式的研究："以货币形式为其完成形态的价值形式，是极无内容和极其简单的。然而，两千多年来人类智慧在这方面进行探讨的努力，并未得到什么结果，而对更有内容和更复杂的形式的分析，却至少已接近于成功。为什么会这样呢？因为已经发育的身体比身体的细胞容易研究些。"③ 对缺乏抽象力的资产阶级学者来说，"已经发育的身体"可以直观，容易形成浅表性的先入之见，而其复杂性、混沌性和多变性又足以让浅薄的研究者迷茫于表象，很容易忽略其中包含最简单、最基本、最普遍的东西，不会想到要将它抽出，更不会想到要将它设置为再现这个复杂总体的逻辑起点。

在马克思看来，这个价值形式的研究并非可有可无，而是对整个理论的发展具有十分重大的意义。马克思告诉恩格斯说：关于价值形式的研究"对全书来说是太有决定意义了。经济学家先生们一向忽视了这样一件极其简单的事实，20 码麻布 = 1 件上衣这一形式，只是 20 码麻布 = 2 英镑这一形式的基础，所以，最简单的商品形式——在这种形式中，商品的价值还没有表现为对其他一切商品的关系，而只是表现为和它自己的天然形式不相同的东西——就包含着货币形式的全部秘密，因此也就包含着萌芽状态的劳动产品的一切资产阶级形式的全部秘密。"④ 正因为这样，它不仅维系着全书的研究，而且可以成为全书研究的起点，并且与整个过程和终点紧密联系。

马克思认为，即使是简单的价值形式，也不是一览无余的关系：20 码麻布 = 1 件上衣。它不是一般的等式，而是一种表现一定经济关系的行为形式。作为一种经济形式，并不是很容易分析的。因为它既简单，又内涵丰富，并且会发展变化。既是直接的，有可直接观察的一面，又是间接的，不可直接观察，需要抽象分析。"分析经济形式，既不能用显微镜，

---

① 《马克思恩格斯全集》第 13 卷，人民出版社 1962 年版，第 15 页；

② 《资本论》第 1 卷，人民出版社 1975 年版，第 47 页；2004 年版，第 47 页。

③ 《资本论》第 1 卷，人民出版社 1975 年版，第 7—8 页；2004 年版，第 7—8 页。

④ 《马克思和恩格斯〈资本论〉书信集》，人民出版社 1976 年版，第 215—216 页。

也不能用化学试剂。二者都必须用抽象力来代替。而对资产阶级社会说来，劳动产品的商品形式，或者商品的价值形式，就是经济的细胞形式。在浅薄的人看来，分析这种形式好像是斤斤一些琐事。这的确是琐事，但这是显微镜下的解剖所要做的那种琐事。"① 所谓"浅薄的人"，当然就是指那些不屑于这种层层深入分解分析的资产阶级学者。马克思一方面说"不能用显微镜"，另一方面又说是在"显微镜下的解剖"，两者指的不是同一件事，并不矛盾。前者实际上是在强调，经济的细胞形式包含有内在的东西，结构复杂，不能像做实验那样直接观察。后者则强调，要从复杂、混沌的资产阶级财富总体的运动过程中抽出"20 码麻布 = 1 件上衣"这样的价值形式，并且深入其中，只有借助辩证思维，才能析出内在规定，并对这种内在规定再进行细致入微的解剖。而且，科学研究既要掌握对象具体，还要再"把它当作一个精神上的具体再现出来"②。也只有依靠思维和借助于逻辑。在《资本论》中，马克思通过层层分析，指出价值形式是无差别的人类劳动的等同性的价值性质的物的形式。可见，说价值形式"极无内容和极其简单"，不仅是它的直接表现，还在于它同时是一种很简单的内在规定。这正是《政治经济学批判。导言》关于政治经济学的方法中所论述的，"在分析中达到越来越简单的概念；从表象中的具体达到越来越稀薄的抽象，直到我达到一些最简单的规定。"③ 换言之，价值形式并非仅仅直接性的表象形态，它同时还包含着间接性的规定。

正是在这一研究的推进过程中，马克思揭示了价值形式包含着货币形式的全部秘密、资本的全部秘密，还包含着一系列的开创性研究。

马克思说："万事开头难，每门科学都是如此"④。他特地以很难研究的价值形式研究为开头，充分表现了追求真理的勇气和智慧，表明了要在研究和揭示其历史发展的逻辑和规律的同时，实现对前人、特别是资产阶级学者的批判和超越。

其二，阐明研究对象及其选择、研究条件。序言还明确地说："我要在本书研究的，是资本主义生产方式以及和它相适应的生产关系和交换关系。"⑤ 不言而喻，这是在论述《资本论》的研究对象。如果我们联系它

① 《资本论》第 1 卷，人民出版社 1975 年版，第 7—8 页；2004 年版，第 8 页。
② 《马克思恩格斯全集》第 46 卷上册，人民出版社 1979 年版，第 38 页。
③ 《马克思恩格斯全集》第 46 卷上册，人民出版社 1979 年版，第 38 页。
④ 《资本论》第 1 卷，人民出版社 1975 年版，第 7 页；2004 年版，第 7 页。
⑤ 《资本论》第 1 卷，人民出版社 1975 年版，第 8 页；2004 年版，第 8 页。

的上下文，就应意识到，这是有讲究的。先看这一句的前句："物理学家是在自然过程表现得最确实、最少受干扰的地方考察自然过程的，或者，如有可能，是在保证过程以其纯粹形态进行的条件下从事实验的"，这显然是在说明必须在比较严格的条件下进行研究。再看这一句的后句："到现在为止，这种生产方式的典型地点是英国。因此，我在理论阐述上主要用英国作为例证"。前后两句都表明，他要研究的不是所有国家的资本运动，而是要研究典型对象。

在特定的条件下研究典型对象，一方面是对研究条件的合理设置，另一方面是对客观对象的科学选择。换句话说，《资本论》的研究对象包含了条件和客观对象的处理，离开了这些，所谓的研究对象就是抽象的、非历史的。而要这样做，不能离开科学批判。

研究典型对象并不意味着它只是关于一个国家的特定时期的情况。典型之谓，乃在于它是从许许多多发展水平不同的同类对象中抽象出来的，忽视了这一族群，它就无所谓典型了。所以，马克思不无幽默地说："如果德国读者看到英国工农业工人所处的境况而伪善地耸耸肩膀，或者以德国的情况远不是那样坏而乐观地自我安慰，那我就要大声地对他说：这正是说的阁下的事情！"① 很形象地表明了这个典型对象具有一般性。

关于条件的合理设置，且放在后面再说，这里先来看与此相联系的典型对象的形成。

研究的典型对象并不一定全部构成研究对象。因为它太庞杂了，所以一定要经过科学的处理，要考察其典型形态，除了要对它去伪存真外，还要去粗取精。这当然与研究主体的各种观念有直接的关系。也就是说，要经过批判地处理。马克思说："观念的东西不外是移入人的头脑并在人的头脑中改造过的物质的东西而已。"② 显然，这种改造过的对象，与客观对象并不完全相同。在不同阶级的经济学家那里，甚至有很大的区别。在马克思这里，两者基本上是一致的，但理论对象又是有所取舍的，作为典型对象，有一定的抽象性。

对象的选择体现了批判性。他是德国人，但不选择德国为对象，更不选择法国、美国，而选择英国。因为后者不典型、成熟。典型、成熟的标准是什么？是资本运动的规律。"问题在于这些规律本身，在于这些以铁的必然性发生作用并且正在实现的趋势。工业较发达的国家向工业较不发

① 《资本论》第1卷，人民出版社1975年版，第8页；2004年版，第8页。
② 《资本论》第1卷，人民出版社1975年版，第24页；2004年版，第22页。

达的国家所显示的，只是后者未来的景象。"① 也就是说，选择对象是有条件的。恩格斯在介绍马克思的研究对象时说："政治经济学是现代资产阶级社会的理论分析，因此它以发达的资产阶级关系为前提"，只有这样，才能对每一个要素"在它完全成熟而具有典范形式的发展点上加以考察。"②

作为典型的英国资本运动，当然是有历史条件的。资本运动的形成和发展并非一朝一夕之功，也非一朝形成、一成不变的，更非仅仅一国的现象。从各资本主义国家总体发展看，有"资本的形成史"，也有"资本的现代史"，后者是"受资本统治的生产方式的实际体系"③；有典型的和非典型的形态、也有成熟的和非成熟的形态。因而不宜将它们统统捆在一起进行研究，只能考察其典型而成熟的形态。所以，19世纪中叶的英国资本运动是这种典型的不二选择。

人们普遍注意马克思主义政治经济学研究对象的国别性，但却往往忽视其研究对象的时代性。只有在那个时候，英国才是世界资本主义的龙头老大。在序言中，马克思列举了它发展所达到的地步：是"资本主义生产已经在……那里完全确立的地方，"在那里"有起抗衡作用的工厂法"，不像西欧大陆所有其他国家，"古老的陈旧的生产方式以及伴随着它们的过时的社会关系和政治关系还在苟延残喘。"④ 此外，它还有比德国和西欧大陆其他国家丰富得多的社会统计。它甚至它还敢于把帷幕稍稍揭开，让人们刚刚能够窥见幕内美杜莎的头：定期指派有全权去揭发真相的委员会去调查经济状况，能够派出内行、公正、坚决的工厂视察员、编写《公共卫生》报告的英国医生、调查女工童工受剥削的情况以及居住和营养条件等等的英国调查委员。它敢于为了自己的切身利益，把一切可以由法律控制的、妨害工人阶级发展的障碍除去。⑤ 之所以这样，因为在英国，变革过程已经十分明显。

不过，这还不是这个典型对象的全部。实际的资本运动还包括世界市场。对现代——马克思时代——资本来说，"创造世界市场的趋势已经直

---

① 《资本论》第1卷，人民出版社1975年版，第8页；2004年版，第8页。
② 《马克思恩格斯选集》第2卷，人民出版社1995年版，第36、43页。
③ 《马克思恩格斯全集》第46卷上册，人民出版社1979年版，第456页。
④ 《资本论》第1卷，人民出版社1975年版，第11页；2004年版，第9页。
⑤ 《资本论》第1卷，人民出版社1975年版，第11页；2004年版，第11页。

接包含在资本的概念本身中。"① 对英国资本来说，这不仅仅是一种趋势，而是现实。到 19 世纪中叶，它已经建立起了庞大的世界市场。没有世界市场，就没有英国的资本运动。对它来说，"世界市场不仅是同存在于国内市场以外的一切外国市场相联系的国内市场，而且同时也是作为本国市场的构成部分的一切外国市场的国内市场。"② 有鉴于此，马克思也曾想将考察世界市场安排为整个理论的末篇。③ 只不过后来为了更集中地研究政治经济学的精髓部分，才将它忍痛撇开。④ 但在他的总体思路中，这是整个理论中不可忽略的重要组成部分。也就是说，《资本论》对这个典型对象的研究，是以它与世界市场的紧密联系为前提条件的。

经济与政治紧密联系，政治是经济的集中表现。英国资本到处开疆拓土，当然要依靠国家暴力。这就决定了它不仅仅是个经济发达的国家，还是个对外侵略成性的老牌帝国主义——指其对外侵略扩张，还不是垄断的帝国主义。——它在 1840 年对中国发动鸦片战争，战胜了腐朽的清王朝，不仅获得许多特权，还获得 2100 万两白银的战争赔款。马克思说：对华"鸦片战争，为英国商业打开了中国的门户。新开辟的市场，给予当时已经存在的蓬勃发展，特别是棉纺织业的发展以新的推动"⑤。到 19 世纪中叶，英国资本主义的魔爪伸向世界的各个角落，侵占、统治了世界的很多国家，号称"日不落帝国"。所以，正因为有这种世界联系、世界霸权，它才成为典型。

关于《资本论》的研究对象，人们大都将注意力集中在其中所说的"生产方式"如何理解，各种各样的研究文献可谓汗牛充栋，但大都将它当成一个单层面的东西，对"和它相适应的生产关系和交换关系"同样也是这样看。但实际上，在《资本论》中，在有的地方是与生产通用的："这里所以把英国摆在首要地位，是因为英国是资本主义生产的典型代表，而且对于我们所研究的问题来说，只有英国才有不断公布的官方统计材

---

① 《马克思恩格斯全集》第 46 卷上册，人民出版社 1979 年版，第 391 页。

② 《马克思恩格斯全集》第 46 卷上册，人民出版社 1979 年版，第 238 页。

③ 《马克思恩格斯全集》第 46 卷上册，人民出版社 1979 年版，第 219 页。

④ 马克思告诉路德维西·库格曼说："这一卷的内容就是英国人称为'政治经济学原理'的东西。这是精髓（同第一部分合起来）"。（《马克思恩格斯〈资本论〉书信集》，人民出版社 1976 年版，第 170 页。）

⑤ 《资本论》第 3 卷，人民出版社 1975 年版，第 458 页；2004 年版，第 458 页。

料。"① ——其中的"生产"显然是对序言中"生产方式"的一个很有针对性的注解。再联系马克思倾注了很多心血的法文版《资本论》第一卷的提法，我们当可这样理解。在法文版序言中，"英国是这种生产方式的典型地点"已经改为"资本主义生产的典型地点"②。显然，这里所说的生产方式与生产是同义的，指的是生产的方式，例如分散而独立进行的生产，或者很多人集中在一起分工协作的生产，运用简单工具或者是运用复杂机器进行的生产等，并非哲学意义的、与社会形态相对应的生产方式，因而是一种可以直接考察的过程，因而是一种直接性对象，或直接对象。在《资本论》中，马克思在别的地方也曾经使用过"直接对象"③。

在《资本论》的范畴体系中，一般的范畴都具有多种二重性的统一：直接性与间接性的统一，一般性与特殊性的统一，抽象性与具体性的统一等，它们都分属不同层面。像资本，马克思既说它是生产关系，又说它表现为一定的物。前者是间接性的，后者是直接性的；像货币，既可以是作为一般的货币，又可以是作为资本的货币，前者是一般性的，后者是特殊性的。生产方式也是这样，是直接性与间接性的统一。

人们往往将政治经济学意义的生产方式与哲学意义的生产方式混为一谈，也习惯于将政治经济学意义的生产关系与哲学意义的生产关系混为一谈，因而必定在理解"和它相适应的生产关系和交换关系"时陷入困顿中。众所周知，马克思主义政治经济学的对象是生产关系，交换关系与生产关系分属不同层面，因此，如何理解这样并列就是个难题。

关于生产关系，有一定马克思主义理论素养的人马上就会想到马克思《政治经济学批判。序言》中的论述："人们在自己生活的社会生产中发生一定的、必然的、不以他们的意志为转移的关系，即同他们的物质生产力的一定发展阶段相适合的生产关系。这些生产关系的总和构成社会的经济结构，即有法律和政治的上层建筑竖立其上并有一定的社会意识形式与之相适应的现实基础。"④ 很显然，这里主要是就生产过程而言的，涉及的是

① 《资本论》第 1 卷，人民出版社 1975 年版，第 268 页脚注（48）；2004 年版，第 278 页脚注（48）。

② 《资本论》法文版第 1 卷，中国社会科学出版社 1983 年版，第 2 页。

③ "资本在不同阶段所具有的不同形式，它在反复循环中时而采取时而抛弃的不同形式，在那里没有加以考虑。现在它们就成为我们研究的直接对象了。"（《资本论》第 2 卷，人民出版社 1975 年版，第 32 页；2004 年版，第 32 页。）

④ 《马克思恩格斯选集》第 1 卷，人民出版社 1995 年版，第 32，33 页。

整个社会生产，联系其后文："我们概括地加以研究的亚细亚的、古代的、封建的和现代的生产制度可以看作是社会经济形态史上演进的几个时代"①，而亚细亚的、古代的、封建的社会中，没有典型的流通过程。但是，在《资本论》中，马克思还有一个说法："在商品生产者的社会里，一般的社会生产关系是这样的：生产者把他们的产品当作商品，从而当作价值来对待，而且通过这种物的形式，把他们的私人劳动当作等同的人类劳动来互相发生关系。"② 在后面，他还这样说："流通是商品所有者的全部相互关系的总和。在流通以外，商品所有者只同他自己的商品发生关系。"③ 可见，这种"社会生产关系"是通过流通而建构的。这样看来，《序言》和《资本论》的两种说法似乎有区别。

但是，只要认真地品味《序言》，就应该意识到，那里提出的生产关系，有两个特征：一是与生产力、上层建筑相对的，是一般意义的；二是涵盖一切社会形态，是抽象的。所以不是特指的资本主义生产关系，而是一般的、哲学意义的生产关系。从这种意义看，大可不必涉及流通。

而《资本论》作为政治经济学的经典著作，研究的是具体的资本运动。它包含生产、流通、分配、消费等环节，包含复杂而广泛的经济关系。这和哲学意义的生产关系虽然有联系，但两者是特殊学科和一般学科对象之间的关系，是一般与特殊、抽象与具体的关系，就像一般的"水果"和特殊的"苹果"的关系一样。从科学方法论的角度看，它们分属两个不同的层面，后者可以涵盖但不可代替前者。

让人感到困惑的还有，这里将生产关系与交换关系并列。众所周知，在传统的政治经济学中，生产关系包括：（一）生产资料的所有制形式；（二）由此产生的各种不同社会集团在生产中的地位以及他们的相互关系；（三）完全以它们为转移的产品分配形式。④ 只考察生产过程中的关系，没有包含"交换"。如果我们意识到这是哲学意义的、作为历史唯物主义范畴的生产关系，那么这种困惑就不再存在了。

从《资本论》的实际情况看，资本运动是从购买劳动力和生产资料开

① 《马克思恩格斯选集》第1卷，人民出版社1995年版，第32，33页。
② 《资本论》第1卷，人民出版社1975年版，第96页；2004年版，第97页。
③ 《资本论》第1卷，人民出版社1975年版，第188页；2004年版，第192页。
④ 斯大林：《苏联社会主义经济问题》，人民出版社1979年版，第58页。他还特地说明，这个定义中没有"交换"一词，因为它通常被许多人了解为商品交换，这种交换不是一切社会形态而只是某些社会形态所特有的现象。

始的，因此绝对离不开流通。它研究的不仅有一般的交换，而且有特殊的资本流通。恩格斯在《反杜林论》中说："政治经济学，从最广义的意义上说，是研究人类社会中支配物质生活资料的生产和交换的规律的科学。生产和交换是两种不同的职能。……这两种职能在每一瞬间都互相制约，并且互相影响"①。生产和流通两种过程尽管各有自身特殊的规律，但又是"每一瞬间"都不能分离的。所以，马克思将生产过程和流通过程统一起来考察，将生产关系和交换关系并列在一起，就是必然的。由此可见，这里所说的"和它相适应的生产关系和交换关系"，并非作为《资本论》研究对象的生产关系，而是与交换关系同一层面的关系，是直接性的关系。在生产过程中，当然有直接性的生产关系，除了劳动者之间的分工协作关系外，还有在共同劳动过程中的管理与被管理的关系，马克思称之为管理的"一般的职能"②。

由此观之，第一卷序言中所说的研究对象，生产方式是直接性的对象，和它相适应的生产关系和交换关系当然也应该是直接性的对象，或曰直接对象。

有直接对象当然就有间接对象。与直接性对象可以直接考察的属性相比，间接对象是不可直观的，它是隐藏在直接性对象背后、里层的规定，包括本质和规律等内在规定，包括短期局部的和长期总体的规律。在第一卷序言中，马克思很明确地宣称："本书的最终目的就是揭示现代社会的经济运动规律"③。很显然，这是一种长期的、总体的规律，这种规律当然不是直观的、直接性的。

但是，间接性对象与直接性对象有自然形式的"可感觉的粗糙的对象性"④ 外观不同，不能就某个物进行分析，只能从不同物之间的相互关系中才能探索到其中包含的秘密。即以商品价值为例，"每一个商品不管你怎样颠来倒去，它作为价值物总是不可捉摸的。……商品只有作为同一的社会单位即人类劳动的表现才具有价值对象性，……价值对象性只能在商品同商品的社会关系中表现出来。我们实际上也是从商品的交换价值或交换关系出发，才探索到隐藏在其中的商品价值。"⑤ 所以，理论对象中的间

① 《反杜林论》，《马克思恩格斯选集》第3卷，人民出版社1972年版，186页。
② 《资本论》第1卷，人民出版社1975年版，第367页；2004年版，第384页。
③ 《资本论》第1卷，人民出版社1975年版，第11页；2004年版，第11页。
④ 《资本论》第1卷，人民出版社1975年版，第61页；2004年版，第61页。
⑤ 《资本论》第1卷，人民出版社1975年版，第61页；2004年版，第61页。

接对象，必须从相互关系、内在来把握。

从直接性和间接性二重性统一的意义来看，《资本论》的典型对象除了上述的外部特征外，从其一国内部看，因为它是典型的，其中的矛盾才是充分发展的，否定的因素才是完备的，从而历史发展的趋势才是清晰的。这就决定了理论要再现的，是当时已经达到较为发达阶段的英国资本运动。它有几个重要的规定：首先，资本运动的规律、积累的规律已经充分成熟，积累的历史趋势、实现困难的趋势、分配关系与生产力对立①的趋势均已经显现；其次，资本关系已经典型而成熟，劳资两大阶级的矛盾和对立尖锐化、长期化、深刻化；资产阶级和土地所有者阶级的矛盾，已经从最初的主要矛盾下降为次要矛盾，两者已经联合起来共同剥削和对付工人阶级。再次，随着发展阶段的上升，工业革命已经进入较高的发展阶段，重化工业即有资本机构成高的部门纷纷出现，各个部门有机构成的差别、资本周转的差别已经拉大。各个部门、各种资本之间的竞争已经十分激烈，需要社会经济体制的改革和调整。续次，商品经济进入较高的发展阶段，商品扩大化，各种必要的机制、杠杆都已经典型化、发挥作用，流通的发展产生形形色色的假象，就像在激流中必然出现泡沫一样，内在关系在外化过程中被颠倒表现，并且达到相当高的程度。② 这些情况至少有几种主要结果：一是导致价值的转型、利润率平均化，它解决了生产力发展需要与资本运动之间的矛盾、解决了资本内部关系的矛盾，是资本主义经济体制的重大改革；二是平均利润率下降趋势已经形成，三是资本运动带有周期性，危机对整个社会的破坏、特别是对工人阶级的严重摧残，已经证明资产阶级的革命性已经开始消失；四是产业后备军已经日益庞大，

---

① 在《资本论》终篇，马克思不再一般地强调生产力和资本主义生产关系的矛盾，而是突出分配关系与生产力的矛盾。"一定的历史形式达到一定的成熟阶段就会被抛弃，并让位给较高级的形式。当一方面分配关系，因而与之相适应的生产关系的一定的历史形式，和另一方面生产力，生产能力及其要素的发展，这二者之间的矛盾和对立扩大和加深时，就表明这样的危机时刻已经到来。这时，在生产的物质发展和它的社会形式之间就发生冲突。"（《资本论》第 3 卷，人民出版社 1975 年版，第 999 页；2004 年版，第 1000 页。）

② "资本主义生产方式的神秘化，社会关系的物化，物质生产关系和它的历史社会规定性直接融合在一起的现象已经完成：这是一个着了魔的、颠倒的、倒立着的世界。在这个世界里，资本先生和土地太太，作为社会的人物，同时又作为单纯的物，在兴妖作怪。"（《资本论》第 3 卷，人民出版社 1975 年版，第 938 页。；2004 年版，第 940 页）

两大阶级两极分化形成并且扩大化，两大阶级的对开对抗已经开始尖锐，资本积累的一般规律已经显现，同时，无产阶级已经作为一个独立的社会力量登上历史舞台，公开提出自己的政治经济主张，等等。

三、批判对象的复杂结构

任何事物或对象都是由一定的成分、因素构成的，都是历史发展的，都与特定的条件紧密联系，在具有同一性的场合、时候，不仅这些不同的成分、因素之间的关系形成了范围大小不同、功能强弱不同的各种结构，它们与所处发展阶段以及各自与运动条件之间的关系也都由于联系方式不同，也形成不同形态的结构。有些构成是有机的，联系比较紧密，也有些是混成的，联系比较松散。但无论是哪一种，都有同一性，构成同一的对象或事物、过程。结构是决定事物、对象性质的重要东西，也是区别一对象与另一对象——无论是不同类的还是同一类型的对象——的重要根据。而复杂结构的各种成分、要素及其变化，决定着其整体功能的发挥、发展趋势，也左右着对象的自我评价、来自他者的批判。要充分地了解对象，批判对象，就不能不了解它的结构及其特征。

《资本论》批判的对象是资本运动、资本主义经济制度，以及资产阶级经济学，其中有客观的成分，也有主观的成分，但它们是紧密联系的，所以并不妨碍它们形成有机的三位一体结构。

说这个三位一体结构是有机的而非混成的结构，因为它们有内在的联系。资本运动与资本主义制度本质上是一体的。资本运动构成资本主义经济制度的经济基础，资本主义经济制度则是资本运动的历史平台。批判资本运动，就是要在揭示资本运动的同时，指出其历史性、否定性的发展，而资本运动是因资本主义私有经济制度才典型化、成熟化而成"普照之光"的，所以，斩草除根，必然要批判这种经济制度。而"经济学家无非是这些规律的代言人和辩护人，那么，这种阐述同时也就是对全部经济学文献的批判。"① 后者虽然是主观形态的东西，但不过是前者的肤浅的甚至是扭曲的反映，它作为一种理论的东西，无论是哪个学派，全都将客观过程中最肮脏的东西用最光鲜的浮光掠影掩盖起来，将不同性质的过程混淆起来，而恰恰是这样的东西，却能够给资本家的发财致富提供最实用方法和辩护，同时毒害舆论，给雇佣工人的是混沌的表象和安于现状的安慰。

---

① 恩格斯语。《马克思恩格斯选集》第 2 卷，人民出版社 1995 年版，第 40 页。

所以它与客观对象的实质、本质之间并没有巨大的差距。

诚然，资本运动和资本主义经济制度的运行中，在一定的程度上也要遵循社会生产力、商品经济发展、社会发展的需要，并且也组织和锻炼了工人阶级。因此，资产阶级经济学也在理论上有一定程度上总结和反映。对此，马克思也做了充分的肯定，并在批判的基础上加以继承和吸收。

在这个三位一体结构中，最关键部分是资本运动。是它创造了资本主义经济制度，又在后者的支持下迅速发展而成了整个社会的"普照之光"，也是它培养、豢养了一批自己阶级的经济学家为自己的发财致富服务。所以是这个结构的中心、重心。

我们已经知道，资本运动有典型的与非典型的形态，尽管非典型形态的部分在整个资本主义体系中占多数，而且彼此之间充满着你死我活的竞争，但始终是以典型形态的对象为主导的结构。所以，《资本论》主要研究的并非这种结构，而是 19 世纪中叶英国的资本运动这一典型结构。

就此而言，它也是一个复杂的结构，有不同的维度、阶段。

首先，典型对象是个历史性的结构。撇开"资本的形成史"不说，单从"资本的现代史"来看，它也有其萌芽、发展、和灭亡的过程。

众所周知，在《资本论》第一卷，马克思依次考察了协作、工场手工业、机器大工业时期的资本运动，显示出它的三个发展阶段。如果说人们对此是十分熟悉的，那么对与此相关的发展阶段研究则未必是熟悉的。

大体上看，与协作相对应的，是资本主义生产的起点。马克思说："较多的工人在同一时间、同一空间（或者说同一劳动场所），为了生产同种商品，在同一资本家的指挥下工作，这在历史上和逻辑上都是资本主义生产的起点。就生产方式本身来说，例如初期的工场手工业，除了同一资本同时雇用的工人较多而外，和行会手工业几乎没有什么区别。行会师傅的作坊只是扩大了而已。"① 与资本主义前的情况相比，这个阶段的生产方式虽然没有什么本质上的变化，但已有较多的雇佣工人。可见，生产具有二重性：既有资本主义性质，又具有行会作坊性质。

与初期的工场手工业相比，"以分工为基础的协作，在工场手工业上取得了自己的典型形态。这种协作，作为资本主义生产过程的特殊形式，在真正的工场手工业时期居统治地位。这个时期大约从十六世纪中叶到十

---

① 《资本论》第 1 卷，人民出版社 1975 年版，第 358 页；2004 年版，第 374 页。

八世纪末叶。"① 在这个阶段，工场中的生产方式已经发生了较大的变化。一方面，分工已经"固定为系统的分工"②，劳动过程的社会组织发生了根本的变化；另一方面，生产工具细分化，产生了独立的机器，由此，生产进入了有机的即完成形态的工场手工业阶段。这就是资本主义的初级阶段。在这个时期，资本家剥削的主要是绝对剩余价值。在《资本论》中，马克思还多次提到"资本主义生产的幼年时期"③，并指出它的几个特征：还没有出现世界性的经济危机，英国工厂盛行着骇人听闻的现象：尽管工人从事过度劳动，夜以继日地干活，而报酬却微乎其微，"资本构成的变化还极其缓慢。"④ 其影响是，资产阶级经济学的理论还只具雏形，而且，"不太发达的……经济关系必然要在头脑里产生混乱。"⑤

当独立的机器被真正的机器体系代替之后，资本运动就进入了机器大工业阶段。"工场手工业生产和机器生产之间一开始就存在着本质的区别。在工场手工业中，单个的或成组的工人，必须用自己的手工工具来完成每一个特殊的局部过程。如果说工人会适应这个过程，那末这个过程也就事先适应了工人。在机器生产中，这个主观的分工原则消失了。在这里，整个过程是客观地按其本身的性质分解为各个组成阶段，每个局部过程如何完成和各个局部过程如何结合的问题，由力学、化学等等在技术上的应用来解决"⑥。而且，机器本身也是由机器生产出来的。"劳动资料取得机器这种物质存在方式，要求以自然力来代替人力，以自觉应用自然科学来代替从经验中得出的成规。"⑦ 很显然，这是资本主义比较发展的阶段。在这个阶段，资本家经营的已经主要是相对剩余价值的生产了。在第一卷，马克思考察的主要还侧重于单个资本，但在第三卷，他则侧重于考察部门资本的运动。从这种意义看，他又将机器大生产再分为两个阶段；在其发展水平较低时期，轻纺工业占统治地位，不仅社会资本的有机构成比较低，

---

① 《资本论》第 1 卷，人民出版社 1975 年版，第 373 页；2004 年版，第 390 页，新版将前版"末叶"改译为"最后 30 多年"。

② 《资本论》第 1 卷，人民出版社 1975 年版，第 374 页；2004 年版，第 392 页。

③ 《资本论》第 1 卷，人民出版社 1975 年版，第 616、694 页；2004 年版，第 647、729 页。

④ 《资本论》第 1 卷，人民出版社 1975 年版，第 694 页；2004 年版，第 729 页。

⑤ 《马克思和恩格斯〈资本论〉书信集》，人民出版社 1976 年版，第 159 页。

⑥ 《资本论》第 1 卷，人民出版社 1975 年版，第 417 页；2004 年版，第 436—437 页。

⑦ 《资本论》第 1 卷，人民出版社 1975 年版，第 423 页；2004 年版，第 443 页。

而且各部门有机构成的差别不大；随着重化工业的发展，不仅整个社会生产力的发展水平较高，社会总资本的有机构成明显提高，而且各部门资本有机构成的差别也扩大了。大体看来，这是从 19 世纪三、四十年代开始的。这与前所未有的世界性经济危机的爆发也有内在联系。在《资本论》第二版跋中，马克思这样说："大工业只是从 1825 年的危机才开始它的现代生活的周期循环，就证明了""大工业刚刚脱离幼年时期"①。

将自由资本主义区分为"较不发达阶段"和"较为发达的阶段"②，前者就是它的"幼年时期"或"资本主义生产方式的历史初期"③，我们不妨把它称为"资本主义初级阶段"。这一阶段是个很长的发展时期，虽然生产力发展迅速，但与后来的发展相比，是相对缓慢的。其时的资本运动也不是很典型，主要矛盾是资产阶级与土地所有者阶级的矛盾，劳资之间的矛盾还表现为个别工厂的资本和雇佣劳动的关系；商品经济的各种机制、体制虽然已经基本具备，但还没有经过转型。只是在进入机器大工业的较高阶段，即重化工业已经发展、价值已经转型、利润率平均化已经定型、资本关系已经深化之后，资产阶级与土地所有者的矛盾下降、整个社会的两大对立阶级的矛盾上升为主要矛盾，资本主义才进入比较发展的阶段。两个阶段的分界大约在 1830 年。④ 和后来的较为发达的阶段相比，初级阶段资本运动的规定虽然显得简单和不成熟，但基本规定已经定型，并且包含着进一步发展的趋势。

马克思说："社会史上的各个时代，正如地球史上各个时代一样，是不能划出抽象的严格的界限的。"⑤ 尽管这样，但不同时代的区别却是明明白白的。同样的道理，自由资本主义初级阶段较为发达的阶段之间虽然也没有严格的界限，但社会的阶段上升是以生产力的急剧发展为动力、为标志的，在漫长的资本主义初级阶段中后期，有些部门生产力有了突飞猛进

---

① 《资本论》第 1 卷，人民出版社 1975 年版，第 17、16 页；2004 年版，第 17、16 页。

② 《马克思恩格斯全集》第 48 卷，人民出版社 1985 年版，第 37 页。

③ 《资本论》第 1 卷，人民出版社 1975 年版，第 694、651 页；2004 年版，第 729、685 页。

④ 《资本论》第 1 卷，人民出版社 1975 年版，第 17 页；2004 年版，第 17 页。

⑤ 《资本论》第 1 卷，人民出版社 1975 年版，第 408 页；2004 年版，第 427——428 页。

的发展，① 因而显出了发展阶段的区分。

资本的运动过程在其"起点"时期、"幼年"时期、"成熟"时期的活动范围、条件当然有很大不同的，运行的方式、体制必然也有不同。即在同一发展阶段，在景气和萧条时期的运动也有不同。离开一定的发展阶段、发展状态，就不能准确地反映历史的发展。

客观的资本运动经历的这几个主要发展阶段，形成了资本运动的历史结构、历史横坐标。马克思根据他发现和论证的唯物主义历史观，发现了资本运动的这种这些不同的发展阶段，并在一部著作中②以特殊的逻辑方法反映它的阶段性上升，揭示资本运动内容或规定的变化。他认为，资本运动的这种历史发展，表明它能够进行自我批判。

马克思论证，这种阶段性的转型发展，既有外部因素起作用，更有赖于内在规定自身的完善和丰富。在不同的发展阶段，资本的社会性、资本与雇佣劳动之间的关系以及这些属性、关系的表现形式，都很不一样。这种变化并非一般的"发展"，而是"转型"。所谓的转型，是在原有的基础上发生变化，有层次、有阶段，不割断历史，是升级换代，不同于位移、一般的变化，而且比较发展的形式所包含的内容只能是由比较不发展的形式逐步发展起来的。可见，分阶段的研究是达到逐步接近当时的现实的必要步骤。分阶段的研究自然就形成不同的逻辑阶段。如果联系他的研究目的：揭示现代社会资本运动的规律，那么，我们应该意识到，他的研究重点是第三阶段，因为只有在这个阶段，资本运动的内在规定、发展趋势才是暴露得最清晰的。

对此，资产阶级经济学者囿于其唯心史观，当然是不能认识的，但是，如果从历代资产阶级学者的著作的联系看，多少还是可以看出一些端倪的。所以马克思说："从配第开始到休谟为止，这个理论只是根据作者生活的那个时代的需要，一部分一部分地——零零碎碎——发展起来的。"③ 也就是说，只有站在历史发展的制高点上俯视整个资本运动的现代史，才能发现历代资产阶级学者无意中零零碎碎、断断续续构建的联系。

其次，不言而喻，典型的资本运动是特殊过程，但对它的研究却不能

---

① 《资本论》第3卷，人民出版社1975年版，第420—423页；2004年版，第438—440页。

② 在后来才有的经济思想史专著之前的资产阶级学者的个人著作中，都不能正确地反映资本运动的历史发展。

③ 《马克思恩格斯〈资本论〉书信集》，人民出版社1976年版，第358页。

不涉及一般过程。从实际过程看，两者是你中有我，我中有你，这种关系当然形成了一种结构形态，也要进入理论研究的范围。

所谓的一般，不能单独存在，只能寓于特殊之中。但是，马克思发现并考察的并非仅仅这一种一般和特殊，而是有两类三种：一类是同体系的，包括体系的和典型的两种，体系的是指整个资本主义体系的资本运动，是同类事物或对象范围中的一般和特殊、例如整个资本主义体系中的一般和特殊，像英国和其他资本主义国家都有共同的一般，但与其他资本主义国家相比，它本身就是特殊。典型的指的是一个具体国家的资本运动，像马克思考察的英国的资本一般、资本特殊。显然，这两种都是同一资本主义体系的，只不过范围不同。前者可称为"体系结构"，后者可称为"典型结构"。另一类是不同种类事物或对象的一般和特殊，这是一种不同于资本主义体系的一般过程，① 其中最典型的莫过于商品生产，它并非一种社会特有。马克思说："商品生产和商品流通是极不相同的生产方式都具有的现象，尽管它们在范围和作用方面各不相同。"② 因为这种结构是一种具体的存在，所以可称其为"具体结构"。

资本运动是通过生产商品来生产剩余价值，通过发展生产力来提高对剩余价值的剥削程度。而商品生产、发展生产力是不同的社会形态都存在的客观过程，只是程度不同而已。离开了这些一般过程，特殊过程也就不存在了，其"生产都无从设想"③ 了。所以，资本主义发展阶段的上升，同一阶段的发展，都与一般过程的发展紧密联系。

但是，《资本论》研究的是典型对象，是生产关系，虽然要涉及生产力的发展，涉及上层建筑的关系，但不能将后者也当成研究对象。对此，马克思是有说明的："商品是使用价值，即满足人的某种需要的物。这是商品的物质的方面，这方面在极不相同的生产时期可以是共同的，因此不属于政治经济学的研究范围。使用价值一旦由于现代生产关系而发生形态变化，或者它本身影响现代生产关系并使之发生形态变化，它就属于政治

---

① 关于这三种一般与特殊的关系的论证，请参看陈俊明主笔专著："政治经济学批判——从《资本论》到《帝国主义论》"，中央编译出版社 2006 年版，绪论第三节。

② 《资本论》第 1 卷，人民出版社 1975 年版，第 133 页脚注（73）；2004 年版，第 136 页脚注（73）。

③ 《马克思恩格斯全集》第 46 卷上册，人民出版社 1979 年版，第 22 页。

经济学的范围了。"① 可见，研究对象与进入研究范围的对象并非等同的。研究范围可以构成研究的平台、背景，进入研究范围的并非只有典型对象，也可以有一些其他对象，但在这个平台中、背景下，它被考察的并非自然属性，而是因为现代生产关系而发生变化的属性，即社会属性。不仅商品的使用价值是这样，生产力发展、工业化发展等一般过程也是这样。它们与典型对象的关系就构成具体形态的结构。

再次，马克思研究的典型对象本身不仅历史较长，而且规模很大，职能很多，是个复杂的结构。

从其存在和运动的规模看，有单个资本和表现为各个部门资本总和的社会总资本。所谓的社会总资本，"由社会资本的各个独立部分的运动的总和，即各个单个资本的周转的总和构成。"② 在资本主义发展的较早时期，资本运动总是表现为单个资本的运动，它们与社会总资本的联系并不明显。在分析相对剩余价值生产的时候，马克思指出，社会总资本运动的趋势是将工人的必要劳动时间不断减少，而相应地延长剩余劳动时间。为此就要提高整个社会的劳动生产率，但对单个资本家来说，这跟他并没有关系。"当一个资本家提高劳动生产力来使例如衬衫便宜的时候，他决不是必然抱有相应地降低劳动力的价值，从而减少必要劳动时间的目的；但是只要他最终促成这个结果，他也就促成一般剩余价值率的提高。"③ 当资本运动发展到较为发达的阶段时，情况发生了变化。马克思说："随着大工业的发展，出现在市场上的货币资本，会越来越不由个别的资本家来代表，即越来越不由市场上现有资本的这个部分或那个部分的所有者来代表"。④

资本运动的目的是攫取剩余价值，这是依靠它的生产准备、生产、实现等职能而获得的。在资本主义初级阶段，单个生产资本大都要依次完成三项职能：供⑤、产、销，因而有货币资本、生产资本、商品资本的区分，

---

① 《马克思恩格斯全集》第46卷下册，人民出版社1980年版，第411页。关于《资本论》研究对象与研究范围的区别，早在20世纪80年代田光先生已经在《经济研究》上撰文论证过。关于《资本论》的研究对象是资本主义生产本身，田光也在《中国社会科学》上撰文论述过。

② 《资本论》第2卷，人民出版社1975年版，第390页；2004年版，第390页。

③ 《资本论》第1卷，人民出版社1975年版，第351页；2004年版，第367页。

④ 《马克思恩格斯全集》第26卷第Ⅲ册，人民出版社1975年版，第515页。这里论述的也是关于社会总资本运动的外在表现形式。

⑤ 供应，这里不是对市场供应商品，而是对内供应生产资料和劳动力。

形成单个资本的职能结构。后来，随着经济的发展，这些职能都独立化了，并形成与生产资本相对立的商业资本、生息资本。这样，也就形成了社会总资本的部门结构。再进一步看，资本除了投入工业外，还要投入农业，而农业资本也实现了产业化经营。这样，就形成了包含工、商、农、银等资本在内的大的"部门结构"。在资本彼此竞争的同时，资本运动还利用信用发展起了股份公司，形成了所有权与使用权的"两权分离"，而职能的独立化发展还更导致货币资本的金融化，这些过程复合作用的结果，又催生了虚拟的经济，而与实体经济形成了另一种结构："虚实结构"。

在资本主义社会，还有一种更重要的结构：所有制结构。首先，所有的土地都是私有的。虽然后者与前者在剩余价值的分割上此长彼短而格格不入，但大土地私有制是大资本私有制、资本运动的基础，并且还通过农业资本而紧密联系，因而两者共同构成了资本主义社会的所有制结构。其次，在资本主义较为发达阶段，在社会上不仅有许许多多的独立运作的中小资本，还有数量庞大的股份资本。

最后，《资本论》的典型对象并非全部都是资本这种客体，还有推动资本运动的各种主体，因而有主客体结构。资本是一种生产关系，虽然它表现为一定量资本的运动，是客观的，是遵循一定规律的运动，但归根到底是通过人的活动而进行的。所以研究资本运动不能不考察人的行为，人之间的关系。在第一卷序言中，马克思还特地提到"一定的阶级关系和利益的承担者。……不管个人在主观上怎样超脱各种关系，他在社会意义上总是这些关系的产物。"① 没有不同的主体，哪来的各种关系？尽管这些主体都融入客体之中，但客体资本的运动绝对离不开各种主体的观念和行为。科学的资本理论所要再现的具体，并非仅仅是客体，还包括客体与主体之间的关系。在涉及人与之间的关系时，人们大都习惯于将它归结为资本家使雇佣工人的关系。如果从剩余价值的生产过程看，情况的确如此。如果从剩余价值的实现、分割及其表现来看，那么主要就是资本家之间的关系了。所以，这种主客体结构不是单向度的，而是多维的。有各个领域的资本家之间的关系，以及他们与土地所有者之间的关系。在生产领域，"有决定意义的产业部门"② 的资本家与其他部门资本家的关系，在同一个部门，有拥有占优势产量的生产条件的资本家与其他资本家的关系。前者拥有决定市场价值的优势地位。在流通领域，同样有大小资本家之间的关

---

① 《资本论》第 1 卷，人民出版社 1975 年版，第 12 页；2004 年版，第 10 页。
② 《资本论》第 3 卷，人民出版社 1975 年版，第 138 页；2004 年版，第 137 页。

系，有生息资本家与其他资本家之间的关系，等等。尽管两大对立阶级的关系是决定性的，但在社会表面上，它却被各种资本家的关系所掩盖、扭曲。

资本主义经济制度以生产资料资本主义私有制为经济基础，是大私有制的制度化，同时还包含资本主义的上层建筑。就其本身而言，它是个不断变化的结构。

在《资本论》序言中，马克思说："甚至在统治阶级中间也已经透露出一种模糊的感觉：现在的社会不是坚实的结晶体，而是一个能够变化并且经常处于变化过程中的机体。"① 与他们这种模糊的感觉不同，他是根据唯物主义历史观来研究资本主义制度的，他认为，这是个多维的、变动的结构，对其作用必须辩证地看待、批判。

这个多维的结构有多维的联系和功能，在《资本论》中，马克思关注的重点的只是经济基础和上层建筑之间的作用与反作用职能关系结构。

这个变动的结构在其发展的不同阶段，有不同的历史存在价值。但从总的看来，它的主要功能是以制度化的方式来确定资本对雇佣劳动乃至对全社会的绝对统治。在《政治经济学批判。导言》中，马克思已经指出："在一切社会形式中都有一种一定的生产决定其他一切生产的地位和影响，因而它的关系也决定其他一切关系的地位和影响。这是一种普照的光，它掩盖了一切其他色彩，改变着它们的特点。这是一种特殊的以太，它决定着它里面显露出来的一切存在的比重。"② 资本主义生产关系之所以能成为这样的全社会的"普照之光"，一方面是因为它的实力、影响力强大，全方位地控制了上层建筑，另一方面，还有赖于上层建筑的反作用职能。

资本主义经济制度还适时助力资本运动，为其保驾护航。资本作为一种经济力量，其实力是逐步壮大的，并且不是一开始就与高度发展的科学技术紧密结合的，但却是一开始就与经济制度紧密联系、紧密结合在一起的。且不说资本如何利用国家暴力来进行原始积累，——"资本的前史。这种剥夺包含一系列的暴力方法，其中我们只考察了那些具有划时代意义的资本原始积累的方法。对直接生产者的剥夺，是用最残酷无情的野蛮手段，在最下流、最龌龊、最卑鄙和最可恶的贪欲的驱使下完成的"③，是以资产阶级的国家暴力为后盾和前驱的，——在资本主义初级阶段，资本的

---

① 《资本论》第1卷，人民出版社1975年版，第12页；2004年版，第10—13页。
② 《马克思恩格斯全集》第46卷上册，人民出版社1979年版，第44页。
③ 《资本论》第1卷，人民出版社1975年版，第830页；2004年版，第873页。

力量也还不够强大，自然需要国家政权的支持，而资产阶级的国家政权也自觉地发挥其袒护使命。例如，为了满足资本家榨取工人剩余劳动时间的需要，资本家的国家就颁布最低工作日的法令。"资本在它的萌芽时期，由于刚刚出世，不能单纯依靠经济关系的力量，还要依靠国家政权的帮助才能确保自己榨取足够的剩余劳动的权利"①。"从十四世纪中叶至十七世纪末，资本借国家政权的力量力图迫使成年工人接受的工作日的延长程度，同十九世纪下半叶国家在某些地方为了限制儿童血液变成资本而对劳动时间规定的界限大体相一致，这是很自然的了。"②

资本关系越是强大，就越能控制整个政权机构，越能控制上层建筑，同时，上层建筑对资本运动的反作用也越是全面周到，以至于在对资本家观念的提炼、提升方面，发挥特别的作用。马克思早就发现："一个阶级是社会上占统治地位的物质力量，同时也是社会上占统治地位的精神力量。支配着物质生产资料的阶级，同时也支配着精神生产资料，因此，那些没有精神生产资料的人的思想，一般地是隶属于这个阶级的。占统治地位的思想不过是占统治地位的物质关系在观念上的表现，不过是以思想的形式表现出来的占统治地位的物质关系；因而，这就是那些使某一个阶级成为统治阶级的关系在观念上的表现，因而这也就是这个阶级的统治的思想。此外，构成统治阶级的各个人也都具有意识，因而他们也会思维；既然他们作为一个阶级进行统治，并且决定着某一历史时代的整个面貌，那么不言而喻，他们在这个历史时代的一切领域中也会这样做，就是说，他们还……作为思想的生产者进行统治，他们调节着自己时代的思想的生产和分配；而这就意味着他们的思想是一个时代的占统治地位的思想。"③

只有正确地了解资本主义经济制度的历史结构和它与资本运动的职能关系结构，对它的批判才有针对性、辩证性。

同样的，资产阶级经济学是不断发展变化的，也是复杂的结构。在资本运动发展的不同时代，都曾有适应当时资本需要的理论。重商主义、重农学派、古典学派，到后来的庸俗经济学，都在一定的时期各领风骚，但也都不断地破产。对这些派别的理论，马克思分别采取不同的态度，都将它们与特定时代资产阶级的需要联系起来。在第二版跋中，他明确地指出时代内容的改变对资产阶级经济学的决定性影响：在爆发了世界性的经济

---

① 《资本论》第 1 卷，人民出版社 1975 年版，第 300 页；2004 年版，第 312 页。
② 《资本论》第 1 卷，人民出版社 1975 年版，第 301 页；2004 年版，第 313 页。
③ 《马克思恩格斯选集》第 1 卷，人民出版社 1995 年版，第 98—99 页。

危机、法国和英国的资产阶级夺得了政权之后，"从那时起，阶级斗争在实践方面和理论方面采取了日益鲜明的和带有威胁性的形式。它敲响了科学的资产阶级经济学的丧钟。"① 可见，在阶级斗争对资产阶级还不具有威胁性的时候，资产阶级经济学家还有一定的科学性可言，但当这种威胁性因世界性的经济危机和资产阶级夺得政权而日益明显之后，资产阶级经济学猛然意识到，真正的科学研究对资本的作用与为资本辩护相比，已经不再重要了，从这个时候起，资产阶级经济学就开始全面彻底地庸俗化了。

不过，马克思并不认为此前的经济学都是科学的，无论对资产阶级古典学派和还是之前的经济学，无论对整个学派还是对其中的某个经济学家，他都联系客观过程的不同发展阶段，阐明它们的结构及演化。

不可否认，资产阶级学者的著作也都有一定的历史性及结构。古典经济学经历过不同的发展阶段，这些阶段的特征都深深地影响着当时的经济学家。每个经济学家都具有双重身份，既是资产阶级分子，又是有一定研究的科学家。这样的双重身份都深刻地影响他们的研究，使他们的理论具有科学性与庸俗性的二重性结构，其典型是斯密。马克思发现，虽然斯密本人非常天真地活动于不断的矛盾之中，但他"探索各种经济范畴的内在联系，或者说，资产阶级经济制度的隐蔽结构。"② 这是他作为科学家的探索。但是他也"按照联系在竞争现象中表面上所表现的那个样子，也就是按照它在非科学的观察者眼中，同样在那些被实际卷入资产阶级生产过程并同这一过程有实际利害关系的人们眼中所表现的那个样子，把联系提出来。"③ 总的看来，马克思认为，斯密二重的理论中，错误在广度上占优势，在他的研究中，科学家成分少于资本家成分。正是通过这种结构分析，他发现并批判其中包含的庸俗成分及其与后来的庸俗经济学的联系。

至于李嘉图，情况有所不同。马克思充分肯定其《政治经济学及赋税原理》的头两章："这两章包含着他对以往政治经济学的全部批判，他在这里同亚·斯密的贯串其全部著作的内在观察法和外在观察法之间的矛盾断然决裂，而且通过这种批判得出了一些崭新的惊人结果。因此，这头两章给人以高度的理论享受，因为它们简明扼要地批判了那些连篇累牍、把人引入歧途的老观念，从分散的各种各样的现象中吸取并集中了最本质的东西，使整个资产阶级经济体系都从属于一个基本规律。这头两章由于其

---

① 《马克思恩格斯选集》第 1 卷，人民出版社 1995 年版，第 18 页。
② 《马克思恩格斯全集》第 26 卷第Ⅱ册，人民出版社 1975 年版，第 181–182 页。
③ 《马克思恩格斯全集》第 26 卷，第Ⅱ册，人民出版社 1973 年版，第 182 页。

独创性、基本观点一致、简单、集中、深刻、新颖和洗炼而给人以理论上的满足"①。他充分肯定：在李嘉图那里，科学性与阶级性是统一的。"李嘉图的毫无顾忌不仅是科学上的诚实，而且从他的立场来说也是科学上的必要。因此对李嘉图来说，生产力的进一步发展究竟是毁灭土地所有权还是毁灭工人，这是无关紧要的。如果这种进步使工业资产阶级的资本贬值，李嘉图也是欢迎的。如果劳动生产力的发展使现有的固定资本贬值一半，那将怎样呢？——李嘉图说，——要知道人类劳动生产率却因此提高了一倍。这就是科学上的诚实。如果说李嘉图的观点整个说来符合工业资产阶级的利益，这只是因为工业资产阶级的利益符合生产的利益"②。但是，他又指出："李嘉图的研究方法，一方面具有科学的合理性和巨大的历史价值，另一方面，它在科学上的缺陷也是很明显的"③，特别是他理论结构的错误。如果说，李嘉图的理论表达了正处于上升时期的资产阶级的需要，有一定的合理性、科学性，那么，他的方法错误则是非科学的。"他犯了时代错误，他竟让原始的渔夫和猎人在计算他们的劳动工具时去查看 1817 年伦敦交易所通用的年息表。看来，除了资产阶级社会形式外，'欧文先生的平行四边形'是他所知道的唯一的社会形式。"④

从对这两个代表人物的评价可以看出，在结构分析的基础上批判资产阶级古典学派，不仅能够精准地批判，更有说服力，而且能从中筛选出合理内核而继承。

关于庸俗经济学，他也不是一棍子打死，说它毫无根据，而是在全面深入批判的时候，还指出它有一定的表象依据。

四、研究、批判典型对象的联系条件

为了阐明经济学研究必须运用抽象力，马克思在序言中举例说："物理学家是在自然过程表现得最确实、最少受干扰的地方考察自然过程的，或者，如有可能，是在保证过程以其纯粹形态进行的条件下从事实验

---

① 《马克思恩格斯全集》第 26 卷，第 II 册，人民出版社 1973 年版，第 186 页。
② 《马克思恩格斯全集》第 26 卷，第 II 册，人民出版社 1973 年版，第 125 页。
③ 《马克思恩格斯全集》第 26 卷，第 II 册，人民出版社 1973 年版，第 183 页。
④ 《资本论》第 1 卷，人民出版社 1975 年版，第 93 页脚注（29）；2004 年版，第 94 页脚注（29）。

的"①，这显然是在说明必须在比较严格的或者说比较抽象的条件下，才能形成典型对象，同时也表明典型对象是与一定的条件相联系的。

典型对象是客观对象的理论抽象。它以客观对象为蓝本，而客观对象的存在和发展本身是有条件的，所以典型的理论对象也应有条件。

资本、资本主义经济制度，当然都是在一定条件下运行的，而资产阶级经济学也是要反映这些条件的，并且也只有在合理的条件下才有某种程度的合理性可言。要反映和批判客观的运动，除了直接地指向它们的实际运动，还要批判运动的条件。要批判资产阶级经济学，除了要分析相关的文献，还应涉及它们的形成条件，哪怕是这些学者潜意识中的、非系统的、经验式的等形形色色的条件。

马克思说："资本是和各种条件联结在一起的过程，……是和外部条件联结在一起的过程。"② 既是联结在一起，就不可将它们彼此分开，分开后就不再能进行正常运动。既然有外部条件，当然也有内部条件了，全都不可忽视。此外，还要有一定的历史条件、前提条件。

所谓的历史条件，即"现代资产阶级社会建立的历史条件"③，这是不能由一个国家、一个阶级、一个较短的时期所能创造的。在19世纪，资本运动已经是世界性的现象和过程，所以不能离开这种现象和过程来看英国的资本运动，就像不能离开整个有机体来看局部肢体一样。④ 资本运动当然要有生产力和生产关系、上层建筑等方面的条件。从生产力的发展条件看，"作为资本关系的基础和起点的已有的劳动生产率，不是自然的恩惠，而是几十万年历史的恩惠。"⑤ 从生产关系方面看，必须有大量的自由得一无所有的劳动力、大量的原始积累资本，这些都不是单靠一国在短期内能够办到的。从上层建筑看，还要封建的经济制度已经走到尽头，等等。资本运动必定要采取一定的经济形式，只有通过大规模地发展商品生产，才能生产大量的剩余价值。可见，商品生产也是资本运动的必要条件。而商品生产的大规模、深入发展，也是历史的。资本运动只有在商品经济正常

---

① 《资本论》第1卷，人民出版社1975年版，第8页；2004年版，第8页。

② 《马克思恩格斯全集》第46卷上册，人民出版社1979年版，第390页。

③ 《资本论》第1卷，人民出版社1975年版，第15页；2004年版，第15页。

④ "一个活的有机体的官能和肢体……只有在它们的统一体里，它们才是肢体和器官，它们对于那有机的统一体是有联系的，决非毫不相干的。"（黑格尔：《小逻辑》，§135附释，商务出版社，1980年版，第288页。）一旦离开了有机体，这些肢体器官就不再是原有的活的肢体器官了，只是一种标本、样品而已。

⑤ 《资本论》第1卷，人民出版社1975年版，第560页；2004年版，第586页。

运行的时候才能实现其剥削的剩余价值。资本要进行原始积累，对外扩张、侵略、剥削就是其重要的路径依赖，这也是它运动的世界性的、长期性的历史条件。

但是，这些历史条件的存在并不意味着它们全都要巨细无遗地进入理论过程，如果这样，整个理论过程将会变得十分庞杂而让读者堕入云山雾罩之中。所以，马克思是将它们当作确定的前提存而不论的。显然，经过这样特别处理的思想材料而形成的典型对象当然具有抽象性——这里的抽象性与透过现象抽出本质的那种抽象性有所不同，而是与实际的具体的对象有区别。

所谓内部条件，指的是资本运动本身的条件，有的与资本运动共始终，有的则要看情况而定。例如，总量是否足够，是资本能否正常运转的必要条件；① 资本家"在平均条件以及平均的智力水平和合乎目的的活动"，资本家的日常观念（见后文论证），是资本能否正常运转的充分条件；不断地吮吸剩余劳动，是资本保持生命力的根本条件；② 积累是扩大再生产的重要条件；正常流动，是资本循环和周转的重要条件；在较为发达的阶段，"健康的、正常的"利润率，③ 是资本运动的前提条件。还有雇佣工人的状况，资本家之间的竞争状况、资本自由流动等等。如此等等，不一而足。细较起来，这些条件其实本身就是资本运动的重要内容，只不过它们并非时时处处全都自然而然地完全自动具备，当其中全部或部分条件有所欠缺的时候而导致运转不灵时，它们就变成了条件。例如当资本家发现某个领域的利润率较高，但在不了解进入的投资门槛而轻率进入，因

---

① "不是任何一个货币额或价值额都可以转化为资本。相反地，这种转化的前提是单个货币所有者或商品所有者手中有一定的最低限额的货币或交换价值。""单个的货币所有者或商品所有者要蜕化为资本家而必须握有的最低限度价值额，在资本主义生产的不同发展阶段上是不同的，而在一定的发展阶段上，在不同的生产部门内，也由于它们的特殊的技术条件而各不相同。还在资本主义生产初期，某些生产部门所需要的最低限额的资本就不是在单个人手中所能找到的。"（《资本论》第 1 卷，人民出版社 1975 年版，第 341，343 页；2004 年版，第 356，358 页。）

② "资本是死劳动，它象吸血鬼一样，只有吮吸活劳动才有生命，吮吸的活劳动越多，它的生命就越旺盛。"（《资本论》第 1 卷，人民出版社 1975 年版，第 260 页；2004 年版，第 269 页。）

③ 《资本论》第 3 卷，人民出版社 1975 年版，第 284 页；2004 年版，第 284 页。

而资金不能维持正常运转；这个时候他就会意识到资本总量是必要条件了。① 当他不了解生产条件的变化、市场条件变化而故步自封，导致竞争力下降，这个时候"平均的智力水平"就成了这个资本正常运转的充分条件了。显然，这些条件都是长期发挥存在并作用的。此外，也有些条件是阶段性的。例如，对单个资本来说，在不同的发展阶段，其运行、剥削的条件是有所不同的。在初级阶段的初期，资本家可以不考虑工作日的长度，但在有了一定的发展之后，工作日就难以任意延长了。

所谓的外部条件，也很重要。有的与它的运动共始终，有的则在一定的阶段、时段、时点影响更大。

如币值相对稳定，产销大体适应，市场比较发达，大量的自由得一无所有的劳动力、大量的资本、比较高的相对劳动生产率等，还要国家不受侵略、没有天灾人祸等等。这些条件，实际上也就是资本运动的具体环境、平台、范围、限制、边界。一旦自身的或外界的条件变化，例如实力的增加或有新的过程、因素的影响或侵入，其运动的限制和边界也就随之变化。这些外部条件有的属于一般过程，有的属于特殊过程。

资本主义经济制度的运行的发挥作用当然也要有一定的条件。无论在什么样的社会形态中，它都是与生产力、上层建筑的其他方面紧密联系的，所以生产力、上层建筑其他方面就是它必不可少的存在和联系条件。经济制度就其作为上层建筑的重要领域而言，并非对全部有产阶级都一视同仁。因为国会中有不同的派别，分别代表不同集团、部门资产阶级的利益，对某一集团、部门有利的法律并非轻易通过。例如英国 19 世纪"谷物法"的通过和废除，最初对土地所有者阶级和后来对资产阶级的利益是不同的。从国内看，如果发生革命或内乱，它就不能正常运转。从与其他国家的关系看，它对外发动战争而获得的巨大利益，必然对国内的资本运动有重大的促进作用，这样的事情是所有列强都干过的。反之，如果发生外敌入侵，像第二次世界大战，德国轰炸，英国的整个国家机器运转对资本运动就不像平时那样有效。当然，这是后话。

资产阶级经济学本身也包含一定的条件。且不说其中某种经济理论的产生有一定的时代、国别条件，——如魁奈的《经济表》不可能产生于 19 世纪工业发达的英国，——就其总体看，大都在自觉不自觉地设定、隐含一些条件。有的条件比较合理，有的则不合理。有的经过论证，有的则阙

---

① 例如纺织漂染行业的利润率奇高，但投资门槛也很高，有很多人没有充分调研和充足资本时就匆忙进入，很快就被淘汰。

如，而且最要命的是缺乏时间维度、成本限制。

众所周知，资产阶级经济学也有几个很重要的条件，其中最著名、最蹩脚的是"理性经济人"假设。所谓的假设，实质上就是一种预设的前提、条件。在资产阶级经济学中，这个假设是最基本的假设，是贯穿其理论的假设，是非常重要的假设，但是，它却是臆测的，没有经过论证和检验的。对此，马克思不无轻蔑地揶揄道："在资产阶级社会中，流行着一种法律上的假定，认为每个人作为商品的买者都具有百科全书般的商品知识。"① 将不可能当成现实，是一种想当然。将应然当成必然，在逻辑上则是一种武断。假使有这种"理性经济人"，但在缺乏必要的资本的时候，他就既不可能称为经济人，更不可能有理性。可见，设置条件的不可任意、任性，而要合理，有度。在批判这种经济学的时候，不能不同时批判这些假设。

典型对象作为理论对象，就是如马克思所说的，经过大脑处理过的客观对象，是经过去伪存真、去粗取精等方法改造制作过的，即如上面分析过的，具有众多复杂特征的比较完整的对象。它是客观对象的理论反映，与它同一，又有所区别。

既然资本运动需要有一定的历史条件、客观条件、主观条件，那么对它的理论研究也相应地需要反映这些条件的作用，在批判的时候，则需要联系这些条件，分析这些条件产生、具备或消失等情况对资本运动的正负面影响。除此以外，在理论研究和再现的过程中，也需要设置一定的条件。与客观条件相对，这是一些主观的、理论性的研究条件。它们的设置，都与理论的再现和批判紧密联系，所以要全面理解《资本论》的典型对象，不能不了解它的条件设置。

在《资本论》中，马克思设定条件十分严谨，并且种类多样，但却都有事实依据。除了客观对象的运动条件外，还有一类是在处理思想材料时的特别安排。

在理论上，不仅要反映这些客观存在的条件，为了论述的方便和可能，也要有主观设定一些条件。就后者而言，从对研究过程的影响来看，其中有些是全局性的，有的是阶段性的。例如，在论述了劳动有简单劳动和复杂劳动的区分之后，考虑到两者的区分和联系时时处处都存在，需要不得不断地折算，因此，马克思就这样设定："为了简便起见，我们以后

---

① 《资本论》第1卷，人民出版社1975年版，第48页脚注（5）；2004年版，第48页脚注（5）。

把各种劳动力直接当作简单劳动力,这样就省去了简化的麻烦。"① 同样的,考虑到流通的货币有金币、辅币、纸币等,他又这样设定:"为了简单起见,我在本书各处都假定金是货币商品。"② 还有,假定工资是按时足额发放的。马克思指出,事实上是资本家经常克扣工资,但为了考察的方便,又只好这样假定。③

显然,这样设定贯穿全书的条件不仅从逻辑上看是合理的、必要的,而且也在一定程度上符合客观实际,不影响研究的可靠性、科学性。

在研究典型对象的时候,因为资本运动是多方位的、多成分、多维度、多阶段的极其复杂的结构,绝不可能将它胡子眉毛一把抓式地统统摆在一起进行考察,而要按不同的阶段、不同的部分分别研究,按不同的范围逐步扩大。这样就得将整体分割。正如列宁所说:"如果不把不间断的东西割断,不使活生生的东西简单化、粗糙化,不加以割碎,不使之僵化,那么我们就不能想象、表达、测量、描述运动。"④ 但是,这也不能任意割断,而是要按照客观过程发展的状况来处理。马克思说:"分析的进程要求把研究的对象这样割裂开来,而这种割裂也是符合资本主义生产的精神的。"⑤ 但是,割断只是相对的,并非绝对的割绝,就是说,先将它们暂时割断,再逐一研究。而逐一研究并非完全割断,而是后续的研究要包含前一阶段的研究。这样形成的阶段就体现了一种内在的联系。

对这个典型对象,首先要注意的是各个阶段的历史条件。

在理论上全方位反映典型对象,是要讲究逻辑的,而且不是一般的形式逻辑,而是辩证逻辑。马克思说:"对人类生活形式的思索,从而对它的科学分析,总是采取同实际发展相反的道路。这种思索是从事后开始的,就是说,是从发展过程的完成的结果开始的。"⑥ 按照这种逻辑,要再

---

① 《资本论》第 1 卷,人民出版社 1975 年版,第 58 页;2004 年版,第 58 页。

② 《资本论》第 1 卷,人民出版社 1975 年版,第 112 页;2004 年版,第 114 页。

③ "在这里,剩余劳动的延长,只是由于打破剩余劳动的正常界限,剩余劳动的范围的扩大,只是由于侵占了必要劳动时间的范围。虽然这种方法在工资的实际运动中起着重要的作用,但是在这里它应该被排除,因为我们假定,一切商品,包括劳动力在内,都是按其十足的价值买卖的。"(《资本论》第 1 卷,人民出版社 1975 年版,第 349 页;2004 年版,第 365 页。)

④ 列宁《哲学笔记》,人民出版社 1974 年版,第 285 页。

⑤ 《资本论》第 1 卷,人民出版社 1975 年版,第 361—362 页;2004 年版,第 378 页。

⑥ 《资本论》第 1 卷,人民出版社 1975 年版,第 92 页;2004 年版,第 93 页。

现和批判复杂的典型对象具体，不是直接地描述和批判它的"发展过程的完成的结果"——并非资本主义的终结，而是马克思所处时代已经典型化、成熟化的英国资本运动的状况，——但它并非空降到人类社会的，而是在经济发展的过程中根据其内在规定依照特殊的逻辑逐步转型而成的。不了解它的过去，就不了解它的现在。反之，不联系它的现在，也不能了解它的过去。所以"对它的科学分析，总是采取同实际发展相反的道路"，就要从其低级阶段逐步上升到它的较为发达阶段，即"发展过程的完成的结果"。这就意味着反映其起点、初级阶段的时候，是以其较为发达阶段的存在为前提条件的，从而是比较抽象的、即是不够具体的。但这样处理又是必要的，非如此，复杂的对象就无法逻辑地再现。不仅人类的认知发展是从简单到复杂，而且科学研究也必须从简单到复杂。

其次是注意局部对象的依赖条件。

不仅不同历史发展阶段的研究可以形成条件，而且一些同时进行的过程，理论也不可能对它们同时研究和表现，免得逻辑混乱，只能依照这些过程在总体理论过程中的地位依次逐一研究，这样，在研究某一过程的时候，其他的过程也成了此时研究的前提条件了。这样看，与上述那种以阶段性的研究为条件相区别的，还有以局部性的研究为依赖条件。

具体说，资本运动都包含四个环节，从其过程内容看，在时间或空间上都有不同的。只能一个一个环节分开研究，并且要抓住最重要的环节最先研究。这样，在研究生产这一环节的时候，就要将交换、分配、消费等暂时存而不论，当成研究条件。还有，资本运动经历从萌芽、初级阶段，到较为发达阶段，所以只能先从其最初的阶段开始研究，而将后续阶段暂时存而不论，当成研究条件。

现实的资本运动是十分复杂的，有很多错综复杂的情况彼此交织，在资本运动进行到某个环节时，都会遇到各种不确定性，特别是各种商品的价格、供求在每个时点都变动不居，而且经过一段时间还会发生价值革命。但是，从较长的时段看，从总量看，它们又都相对一致。从短期看，这些情况既对资本运动不利，从长期看，又是资本运动的必要条件。正因为如此，在《资本论》中，马克思提出两个假定：供求平衡、等价交换。他说："假如价格确实与价值相偏离，那就必须首先把前者还原为后者，就是说，把这种情况当作偶然情况撇开，这样才能得到以商品交换为基础的资本形成的纯粹现象，才能在考察这个现象时，不致被那些起干扰作用的、与真正的过程不相干的从属情况所迷惑。"他还接着说："而且我们知道，这种还原决不单纯是一种科学的手续。市场价格的不断波动，即它的涨落，会互相补偿，彼此抵销，并且还原为平均价格，而平均价格是市场价格的内在规则。"① 关于供求平衡，他也有论证："供求实际上从来不会一致；……可是，在政治经济学上必须假定供求是一致的。为什么呢？这是为了对各种现象要在它们的合乎规律的、符合它们的概念的形态上来进行考察；也就是说，要撇开由供求变动引起的假象来进行考察。另一方面，为了找出供求变动的实际趋势，就要在一定程度上把这种趋势确定下来。因为各式各样的不平衡具有互相对立的性质，并且因为这些不平衡会彼此接连不断地发生，所以它们会由它们的相反的方向，由它们互相之间的矛盾而互相平衡。这样，……就一个或长或短的时期的整体来看，供求总是一致的；不过这种一致只是作为过去的变动的平均，并且只是作为它们的矛盾的不断运动的结果。"② 不言而喻，这样设定条件不是随意的，是有客观依据的，并且必要的。没有这样的假定条件设置，是无法进行科学研究的。

另外，在每一步考察中，也要对复杂多变的情况进行必要的处理，其中有些条件还有意识地置后安排。例如，关于相对劳动生产率，它是人类长期发展的产物，③ 似乎应该在理论过程的较前处提及，但是，它又必须联系一定的生产资料才能说清楚，所以，马克思就将它安排在第十四章才谈到。也就是说，在前面都是以此为前提条件的。在第五章，马克思在论证剩余价值是如何在等价交换的条件下产生的时候，曾经这样说："包含在劳动力中的过去劳动和劳动力所能提供的活劳动，劳动力一天的维持费和劳动力一天的耗费，是两个完全不同的量。……劳动力维持一天只费半个工作日，而劳动力却能劳动一整天，因此，劳动力使用一天所创造的价值比劳动力自身一天的价值大一倍。"④ 之所以这样，是因为有相对劳动生产率的存在。如果没有结合这一条件的作用，就不能准确地阐述剩余价值的产生。

---

① 《资本论》第 1 卷，人民出版社 1975 年版，第 189 页脚注（37）；2004 年版，第 193 页脚注（37）。

② 《资本论》第 3 卷，人民出版社 1975 年版，第 212 页；2004 年版，第 211 页。

③ "作为资本关系的基础和起点的已有的劳动生产率，不是自然的恩惠，而是几十万年历史的恩惠。"（《资本论》第 1 卷，人民出版社 1975 年版，第 560 页；2004 年版，第 586 页。）

④ 《资本论》第 1 卷，人民出版社 1975 年版，第 219 页；2004 年版，第 225—226 页。

第二章 《资本论》科学批判的方法

科学的政治经济学批判不仅选择、处理对象要运用一定的方法，处理思想材料也要运用一定的方法。这个方法的制定，也与批判紧密联系。正如马克思所说："尽管它的逻辑学性质较多而经济学性质较少，但毕竟是我们研究过程中极其重要的问题。"①

方法是一定主体根据其思维方式自觉不自觉运用的。不同的主体，因为立场不同、世界观不同、价值不同，视野和穿透力不同，各人对方法有很多不同的理解，不仅不同的人，而且同一个人在不同的场合也有不同的理解。从思维方式看，马克思说："整体，当它在头脑中作为被思维的整体而出现时，是思维着的头脑的产物，这个头脑用它所专有的方式掌握世界，而这种方式是不同于对世界的艺术的，宗教的，实践-精神的掌握的。"② 一般而言，艺术的思维方式是形象的，宗教的思维方式是想象的，而实践-精神的思维方式则是抽象的，所以这些方法都有偏颇，都不足为道。实际上，这是马克思对别人思维方式的评价，并不包含自己特有的科学方式。它也坚持以实践为基础，但马克思的实践与黑格尔的实践不同，黑格尔所谓的实践指的是精神活动，而马克思所指谓的实践则是人们的社会活动。科学的思维方式既是主观的，又是客观的，并且具有阶级性，是经验性与理性的统一。它有一定的实践方向、目的，又与对象的特性有关。列宁说："自然界既是具体，又是抽象的，既是现象又是本质，既是瞬间又是关系。"③ 所以就要有相应的方法来研究和表现。由此观之，这种方法是客观的，同时又是思辨的，与单纯从经验的层面来理解方法是不同的。对这种思维方式来说，方法有两个向度：一个是内容和本质，是主体对客观对象的本质和规律的自觉运用；一个是功能和作用，是主体认识和改造客体与主客体关系的工具、手段。④ 两个向度之间的关系，归根到底

---

① 《马克思恩格斯全集》第 46 卷上册，人民出版社 1979 年版，第 445 页。
② 《马克思恩格斯全集》第 46 卷上册，人民出版社 1979 年版，第 39 页。
③ 列宁：《哲学笔记》，人民出版社 1974 年版，第 223 页。
④ 于丁春主编 刘秀华等副主编《哲学方法论》第 4 页，北京出版社 1990 年版。

是"体"和"用"的关系。体是根本，是客观的，不以主体的意志为转移。所以马克思和恩格斯说："我们的叙述方法自然要取决于对象本身的性质。"① 用是派生，主体有较多的主观选择性、随意性。很多人没有从前一种意义来理解方法，因而就忽视了方法的客观性、历史性和辩证性。可见，马克思对前人的方法是持批判态度的。

在马克思之前，资产阶级经济学家并没有关于方法的专门研究，所以无论是研究还是叙述，都具有相当的随意性。他们无论使用什么样的方法，充其量也只能观察、反映客观对象的某些层面和侧面规定，并且不能合理地逻辑地再现客观对象。古典经济学甚至没有意识到逻辑的同一性，"在任何地方也没有明确地和十分有意识地把体现为价值的劳动同体现为产品使用价值的劳动区分开。……它从来没有意识到，劳动的纯粹量的差别是以它们的质的统一或等同为前提的，因而是以它们化为抽象人类劳动为前提的。"②。显然，他们是不讲究方法的。庸俗经济学更不用说了，"只是在表面的联系内兜圈子"③。

反之，马克思主义政治经济学批判的方法与再现的方法一样，首先是客观的、历史的和辩证的，尔后才是有选择的、复合的。而这一切，都是建立在实践、观察对象的基础上，建立是在对方法的研究、批判、继承和发展、科学化上。只是在形成合理的实践选择、运作方式之后，才形成思想材料和处理思想材料的批判和处理方法，即"思维用来掌握具体并把它当作一个精神上的具体再现出来的方式。"④

要全方位地再现一个复杂对象，当然要运用多种方法。在过去的几部《资本论》基本理论具体化的研究中，我们已经探讨过几种方法：从抽象上升到具体的方法、直接性——间接性——直接性与间接性统一的方法、⑤历史与逻辑统一、客体与主体统一、一般和特殊统一⑥等。

---

① 《神圣家族》《马克思恩格斯全集》第2卷，人民出版社1957年版，第7页。
② 《资本论》第1卷，人民出版社1975年版，第97页脚注（31）；2004年版，第98页脚注（31）。
③ 《资本论》第1卷，人民出版社1975年版，第98页脚注（32）；2004年版，第99页脚注（32）。
④ 《马克思恩格斯全集》第46卷上册第38页，人民出版社1979年版。
⑤ 参见陈俊明著：《劳动价值论的具体化》第四章第二、三节。
⑥ 参见陈俊明著：《资本转型论——资本理论的具体化》第四章第一、二、三节。

第一节　通过批判制定科学方法

马克思的科学方法，是建立在唯物主义历史观的基础上的。在《政治经济学批判》序言中，他系统地表述了唯物主义历史观的基本原理。这篇在 1958 年 11 月写的序言是为《政治经济学批判》第一分册的出版而写的序言，首先表明他为解决研究经济问题产生的疑问，是从批判黑格尔的法哲学开始的。马克思说："我写的第一部著作是对黑格尔法哲学的批判性的分析，这部著作的导言曾发表在 1844 年巴黎出版的《德法年鉴》上。"① 在关于社会基本矛盾的问题上，他批判了黑格尔从国家的形式和法的关系自身以及"从所谓人类精神的一般发展来理解"国家的形式和法的关系的错误，创造性提出要以"物质的生活关系的总和"② 为根源，科学地认识生产力与生产关系、经济基础与上层建筑的关系。

对此，列宁也说过："马克思关于社会经济形态发展的自然历史过程这一基本思想，从根本上摧毁了这种以社会学自命的幼稚说教。"③ 在这里，列宁既充分肯定唯物主义历史观对以前那种撇开"特殊社会经济形态"而奢谈什么"一般社会""一般社会的目的和实质""人的本性的需要"等唯心史观错误的批判，又确定这是一种批判的科学方法。

在发现唯物主义历史观的基础上，马克思制定的科学研究方法就必定超凡脱俗。根据唯物主义历史观，"社会经济形态的发展是一种自然历史过程"④，是有生有灭的过程，这就必然要求科学的辩证方法所贯穿的逻辑过程也要反映一定社会经济形态的发展过程的历史性。

反映客观过程的历史性，本身就是对资产阶级经济学的彻底批判。无论后者在资本主义发展的什么阶段，哪个学者为代表，都认为资本主义社会都是个自然过程，而不是历史过程。

反映客观过程的历史性，不外乎历史的或逻辑的两种方法。恩格斯指出：按照历史的方法，即按照政治经济学文献的历史发展所提供的自然线索，虽然有好处，就是比较明确，因为这正是跟随着现实的发展，也比较

---

① 《马克思恩格斯选集》第 2 卷，人民出版社 1995 年版，第 32 页。
② 《马克思恩格斯选集》第 2 卷，人民出版社 1995 年版，第 32 页。
③ 《列宁选集》第 1 卷，人民出版社 1995 年版，第 6 页。
④ 《资本论》第 1 卷，人民出版社 1975 年版，第 12 页；2004 年版，第 10 页译文中在"发展"后增加"理解为"三个字。

通俗，但是，"历史常常是跳跃式地和曲折地前进的，如果必须处处跟随着它，那就势必不仅会注意许多无关紧要的材料，而且也会常常打断思想进程；并且，写经济学史又不能撇开资产阶级社会的历史，这就会使工作漫无止境，因为一切准备工作都还没有做。因此，逻辑的方式是唯一适用的方式。"但是，逻辑的方式有两种，一种是"资产阶级经济学家写他们那些缺乏联系的大部头著作时采用的方法。"它缺乏历史联系，所以曾被康德特别是黑格尔在理论上摧毁。另一种是黑格尔的方法，它"是一切现有逻辑材料中至少可以加以利用的唯一材料。"因为"黑格尔的思维方式不同于所有其他哲学家的地方，就是他的思维方式有巨大的历史感作基础。形式尽管是那么抽象和唯心，他的思想发展却总是与世界历史的发展平行着，……他是第一个想证明历史中有一种发展、有一种内在联系的人"① 不过，它现有的形式是完全不能用的，太晦涩，而且实质是唯心的。所以也必须批判。但是，在马克思之前，"它没有受到过批判，没有被驳倒过；任何反对这位伟大的辩证法家的人都没有能够在这个方法的巍然大厦上打开缺口；"既然这样，"首先应当对黑格尔的方法作一番透彻的批判。"② 即批判其唯心主义性质，将颠倒的东西再颠倒过来。但是，由于他的思维方式总是与世界历史的发展平行着，所以对它不能一棍子打死。恩格斯认为：这是划时代的历史方法，"是新的唯物主义观点的直接的理论前提，单单由于这种历史观，也就为逻辑方法提供了一个出发点。"③ 因而对黑格尔的历史方法必须有选择地批判和继承。显然，"对这个方法的批判不是一件小事，……马克思过去和现在都是唯一能够担当起这样一件工作的人"④。的确，马克思对黑格尔有很深的研究，早就想将黑格尔的哲学"用两三个印张把黑格尔所发现、但同时又加以神秘化的方法中所存在的合理的东西阐述一番，使一般人都能理解。"⑤ 他在《资本论》第二跋中还说："将近三十年以前，当黑格尔辩证法还很流行的时候，我就批判过黑格尔辩证法的神秘方面。""在黑格尔看来，思维过程，即他称为观念而甚至把它变成独立主体的思维过程，是现实事物的创造主，而现实事物只

---

① 《马克思恩格斯选集》第 2 卷，人民出版社 1995 年版，第 42 页。
② 《马克思恩格斯选集》第 2 卷，人民出版社 1995 年版，第 41—42 页。
③ 《马克思恩格斯选集》第 2 卷，人民出版社 1995 年版，第 42 页。
④ 《马克思恩格斯选集》第 2 卷，人民出版社 1995 年版，第 42 页。
⑤ 马克思致恩格斯（1858 年 1 月 24 日）。《马克思恩格斯〈资本论〉书信集》，人民出版社 1976 年版，第 121 页。

是思维过程的外部表现。"所以马克思宣称："我的辩证方法,从根本上来说,不仅和黑格尔的辩证方法不同,而且和它截然相反。"① 要深入彻底地研究和批判资本运动,必须"发展一种比从前所有世界观都更加唯物的世界观。……必须从最顽强的事实出发。"②

针对黑格尔方法这种兼有唯心和辩证的特殊二重性,马克思"从黑格尔逻辑学中把包含着黑格尔在这方面的真正发现的内核剥出来,使辩证方法摆脱它的唯心主义的外壳并把辩证方法在使它成为唯一正确的思想发展形式的简单形态上建立起来。马克思对于政治经济学的批判就是以这个方法作基础的,这个方法的制定,在我们看来是一个其意义不亚于唯物主义基本观点的成果。"③ 可见,恩格斯对马克思通过批判制定的新方法评价极高。

在马克思这里,这个辩证方法既是一般的,又是特指的即应用于理论过程中的辩证方法——辩证逻辑。

恩格斯根据《政治经济学批判。第一分册》的研究,认为政治经济学批判作为一门科学,不能靠经验思维,而是"在抽象思维这个十分崎岖险阻的地域行猎",方法十分重要:"应该用什么方法对待科学?"④ 这与后来马克思在《资本论》序言的论述完全一致。马克思说:"分析经济形式,既不能用显微镜,也不能用化学试剂。二者都必须用抽象力来代替。"⑤ 由此观之,恩格斯这里所说的辩证法,还是特指的有关抽象思维的辩证法,即辩证思维。

马克思理论研究和批判的科学方法本身既是通过批判创立的,本身又是批判的。

首先,他突出辩证法中的否定之否定规律。

从一般的辩证法看,为了配合研究目的的实现,马克思特别强调了它的批判性。他在《资本论》中说:"辩证法,在其合理形态上,引起资产阶级及其夸夸其谈的代言人的恼怒和恐怖,因为辩证法在对现存事物的肯定的理解中同时包含对现存事物的否定的理解,即对现存事物的必然灭亡的理解;辩证法对每一种既成的形式都是从不断的运动中,因而也是从它

---

① 《资本论》第 1 卷,人民出版社 1975 年版,第 25 页;2004 年版,第 22 页。
② 《马克思恩格斯选集》第 2 卷,人民出版社 1995 年版,第 41 页。
③ 《马克思恩格斯选集》第 2 卷,人民出版社 1995 年版,第 43 页。
④ 《马克思恩格斯选集》第 2 卷,人民出版社 1995 年版,第 41 页。
⑤ 《资本论》第 1 卷,人民出版社 1975 年版,第 8 页;2004 年版,第 8 页。

的暂时性方面去理解；辩证法不崇拜任何东西，按其本质来说，它是批判的和革命的。"① 显然，其中"否定的理解""必然灭亡的理解""暂时性的理解"等，——实质上就是唯物辩证法中的否定之否定规律所要求的。——最能体现辩证法的批判性、革命性，对政治经济学批判来说，这是十分准确、中肯而必要的。

按照一般的理解，辩证法最重要的规律是对立统一规律，但是，马克思在将它运用到政治经济学批判的时候，却出人意料地突出唯物辩证法的否定之否定规律，这是值得细究的。之所以这样，因为这是在论述《资本论》、政治经济学批判的方法，而不是一般地论述哲学意义的辩证法。在研究、分析资本运动的时候，对立统一分析当然是必不可少的，像不变资本和可变资本的矛盾、单个资本与社会总资本的矛盾等，但它突出的是矛盾分析，指出对象发展的动力，虽然其中包含着肯定因素与否定因素的矛盾，说明两者的地位会转化，但却不能代替否定之否定规律。在经济思想史上，资产阶级学者早已在一定程度上研究过资本运动、资本主义经济制度包含的矛盾。他们即使也害怕其中的对立性，但因为矛盾是普遍存在的，不以资产阶级学者是否害怕而转移，所以他们在很多场合、很多时候也曾有意无意、自觉不自觉地在一定程度上运用对立统一这种方法来分析研究资本运动。对他们来说，揭露资本主义矛盾只要不从根本上瓦解私有制，哪怕十分激烈，也不是不能接受。所以，他们才会有阶级斗争的理论，尽管并不彻底和完全科学。换句话说，并非只有无产阶级理论家才能运用对立统一规律。但是，对资产阶级学者来说，最多也只是用于剖析其制度的矛盾，但他们无论如何也不敢否定、批判它。反观马克思，他虽然也研究和揭示资本运动、资本主义经济制度的矛盾，但绝不停留在矛盾分析上。对他来说，运用对立统一规律进行分析是必不可少的、必须的，但却是不够的，而要通过抓住矛盾中包含着的否定因素、必然灭亡的因素、暂时性的因素，指出其必然灭亡的趋势和条件。也就是说，在进行政治经济学批判的场合，强调辩证法的否定性、革命性、批判性，这是他的研究目的所决定的，也是马克思主义政治经济学批判的价值所在，是他独特品格的彰显。

其次，他还通过批判黑格尔逻辑学而创立并运用科学的辩证逻辑。

马克思发现，黑格尔的方法除了唯心的前提外，也有许多不合理之处，大多很晦涩，有很多的造作，也不见得都很辩证、彻底，所以不能简

---

① 《资本论》第 1 卷，人民出版社 1975 年版，第 24 页；2004 年版，第 22 页。

单地利用。对此，马克思十分清楚，对它也有批判改造和超越——具体分析见后文。——即使撇开这些缺陷不说，马克思也不是简单地把唯物主义历史观与辩证方法当成彼此外在的东西简单地相加，而是在唯物主义历史观的基础上运用辩证的方法于逻辑过程，形成特殊的辩证逻辑方法，前者融入后者，后者反映前者，从而能选择最能深入反映客观对象的内外规定及其历史变化逻辑的方法，并且能在逻辑发展过程中合理有序地体现这种逻辑。所以，他对客观对象的理论再现是客观性与主观性的统一，他的批判是逻辑性和阶级性、科学性的统一。

恩格斯认为，马克思"第一个把已经被遗忘的辩证方法、它和黑格尔辩证法的联系以及它和黑格尔辩证法的差别重新提到显著的地位，并且同时在《资本论》中把这个方法应用到一种经验科学的事实，即政治经济学的事实上去。他获得了很大的成功"①，这是他的伟大功绩。

再次，辩证的思维方式的批判性除了表现在对黑格尔方法的批判上，还表现在对资产阶级经济学不自觉运用的方法的批判上。除了批判其唯心史观、即将资本主义社会当成一个永恒存在的自然过程外，还批判其完全不了解深化研究的方法、转型的方法、外化表现的方法，在资产阶级古典学派那里，主要表现是"抽象力不足"和"强制抽象"，是理性思维先天不足。在庸俗经济学那里，主要表现是在"在表面的联系内兜圈子"，是肤浅的经验性思维。

从特指的运用于理论过程的辩证法来看，它还必须在逻辑进程中进一步具体化。所以在《政治经济学批判·导言》和《1857—1858年经济学手稿》中，马克思先后提出六种具体的逻辑方法：一般和特殊统一的方法、抽象和具体统一的方法、主体与客体统一的方法、历史与逻辑统一的方法、直接性和间接性统一的方法、结构与功能统一的方法。② 其中有些是经常见诸研究文献的，如抽象和具体统一的方法、历史与逻辑统一的方法，有些是学术界曾经有过一定程度探讨的，如主体与客体统一的方法，有的则是鲜为人知的，如直接性和间接性统一的方法。它们无论在再现具

---

① 恩格斯：《自然辩证法》，《马克思恩格斯选集》第4卷，人民出版社1995年版，第289页。

② 参看陈俊明著：《〈资本论〉劳动价值论的具体化》（中国青年出版社2000年版），《资本转型论——〈资本论〉资本理论的具体化》（社会科学文献出版社2004年版），《政治经济学批判——从〈资本论〉到〈帝国主义论〉》（中央编译出版社2010年版），《〈资本论〉经济行为理论的具体化》（中央编译出版社2010年版）有关马克思科学方法的研究。

体方面，还是在批判方面，都发挥着重大的作用，并且相辅相成。毕竟再现和批判都要组织思想材料，而且批判和再现并非完全独立进行，而是你中有我，我中有你。在《资本论》中，无论采用什么逻辑方法，都是遵循辩证法的一般规律，尤其是否定之否定规律。

这些方法，有的马克思有明示，有的则似乎没有提过，或者另有提法。但只要仔细品味，就不难发现它们的存在和作用。例如，马克思只提"从抽象上升到具体的方法"，没有提过"抽象与具体统一的方法"。但是，从抽象上升到具体的方法与客观对象具有同一性的意义看，其中的抽象和具体并非绝对相互排斥的，在理论过程的终点处，理论已经臻于具体化，但仍有抽象性，毕竟终点范畴是理论的，而且全三卷的研究是撇开许多条件和情景的，只涉及政治经济学的精髓部分。这种情况，只要看看《政治经济学批判。导言》中的分篇计划就清楚了。这种抽象与具体统一的情况普遍存在，当人们在说到"商品"时，既可以特指某个特定的商品，也可以泛指这类商品。前者是具体的，后者则是抽象的。所以列宁说"自然界既是具体，又是抽象的"①。而且，在理论的终点范畴也是抽象性与具体的统一。与起点范畴相比，它是具体的，作为理论范畴，它必定是具有抽象性。考虑到以前著作已经有所涉及，本书不再全部重述自己对这些方法的研究，但对其中的一些方法，考虑到它对马克思的科学批判相当重要，也在本课题研究中反映新的探讨。

在《资本论》中，这些方法，都是与对象有同一性的方法，都适用于再现对象，当然也适用于科学批判。特别是反映对象自身的自我批判。但是，批判既有客观对象的自我批判，也有批判主体的对他批判。就后者而言，是由一定主体实施的，与主体的立场、价值、情感有关，与对客观对象的认识和态度有关，所以，批判还具有一定的主观性，因而还可以有另外的批判方法，如结构再现的方法、条件设置的方法。

第二节　结构再现的方法

任何事物或对象都是结构性的存在和运动，要研究和再现对象，当然要有结构再现的方法。马克思早就发现了资产阶级经济学理论结构的不合理，并有针对性地进行了深入的批判，同时，还致力于科学地再现客观对象的结构。

---

① 列宁：《哲学笔记》，人民出版社 1974 年版，第 223 页。

　　《资本论》研究和批判的理论对象是个复杂的结构，这就决定着要有相应的建构方法，才能以完整复杂的理论结构来再现和批判复杂结构。在一般意识中，这种方法应当就是结构分析的方法。但是，在辩证的逻辑进程中，分析并不是独立进行的，而是与综合紧密联系的，并且有分析的地方，都相应地伴有综合。所以，反映或再现对象复杂结构的方法，不应叫结构分析或结构综合的方法，而应是结构建构或再现的方法，分析和综合都只是运用这种方法的必要手段。这是《资本论》研究的一个重要方面，也是一个不引人注目的环节，所以必须深入地探讨。

一、结构思维与批判

　　马克思说过："资产阶级社会是历史上最发达的和最复杂的生产组织。因此，那些表现它的各种关系的范畴以及对于它的结构的理解，同时也能使我们透视一切已经覆灭的社会形式的结构和生产关系。"① 其中特别强调"表现它的各种关系的范畴以及对于它的结构的理解"，说明理解客观对象的各种关系及其结构的重要性，而各种理论范畴只不过是这些关系和结构的表现。

　　所谓的结构，是对象包含的各元素的关系，包括各自的规模、时间、条件、功能、运行机制、相互距离、相互影响等模型、模式，以及与相关对象的关系。就一个事物或对象来看，结构是决定该事物的质、性质的重要东西，是区别某一对象与另一对象——无论是同类的还是非同类的对象——的重要根据。即使是外表几无差异的双胞胎，两人也因为结构诸元素不同而有一定的差别。结构更是事物的本质性特征，是事物稳定性、变化性的关键，决定事物发展的方向，其根本性变化导致质的变化。例如一个社会的经济基础是以公有制为主体、主导，还是以私有制为主体、主导，决定着该社会形态的结构性质，社会的稳定性和发展方向。即使是非常简单的事物、对象，它也不是单独存在的，本身也是一种历史演变的结构，并且与其他事物或对象形成一定的关系、结构。事物的区别不仅在于质的不同，还在于质的结构不同，例如碳、石墨、金刚石的质都同是碳，但因为它们的结构却殊为不同，而显示为殊为不同的东西；而复杂结构的各种成分、要素及其变化，决定着其整体功能的发挥、发展趋势，也左右着对象的自我评价、来自他者的批判。不了解对象的内外结构，就很难深

---

　　① 《马克思恩格斯全集》第 46 卷上册，人民出版社 1979 年版，第 43 页。

刻地了解、批判该对象。马克思一方面批判了资产阶级学者的非历史的结构思维，另一方面也形成、建构了自己的结构性思维方式。

在马克思主义理论中，结构不仅仅是共时态的，而且更重要的是历时态的。它反映和再现的现代的资本运动，意在揭示其发展趋势。所以，这是一种能动的结构认识、思维，比一般质、本质的认识、思维更为复杂、高级、准确，也更为科学、有趣而引人入胜。

正是基于这样的思维，马克思非常重视对资本运动结构的研究。他在《政治经济学批判·序言》中提出的著名的唯物主义历史观，就很突出地显现着结构思维的科学性："这些生产关系的总和构成社会的经济结构，即有法律的和政治的上层建筑竖立其上并有一定的社会意识形式与之相适应的现实基础。"① 在《政治经济学批判·导言》中，他还说："那些表现它的各种关系的范畴以及对于它的结构的理解，同时也能使我们透视一切已经覆灭的社会形式的结构和生产关系。"②

在经济学史上，资产阶级学者也曾经有意无意地接触到资本的结构，③但是，由于立场观念、基本理论和方法等的根本缺陷，从总体来看，整个资产阶级经济学对资本的认识，大多崇尚资本拜物教，认为有资本就有一切，④ 陷于质和量思维的框框内。囿于此，他们对结构的理解和反映，既混乱、简单又片面，都流于肤浅。对此，马克思有过深入的批评。

马克思总结了经济学在它产生时期在历史上走的道路："十七世纪的经济学家总是从生动的整体，从人口，民族，国家，若干国家等等开始；但是他们最后总是从分析中找出一些具有决定意义的抽象的一般的关系，如分工，货币，价值等等。这些个别要素一旦多少确定下来和抽象出来，从劳动，分工，需要交换价值等等这些简单的东西上升到国家，国际交换

---

① 《马克思恩格斯选集》第 2 卷，人民出版社 1995 年版，第 32 页。

② 《马克思恩格斯全集》第 46 卷上册，人民出版社 1979 年版，第 43 页。

③ 例如"在重农学派的魁奈那里，固定资本和流动资本的区别表现为'原预付'和'年预付'。他正确地把这种区别说成是生产资本即并入直接生产过程的资本内部的区别。"而斯密就将它们普遍化，不过，"在斯密那里，'年预付'就成为流动资本，'原预付'就成为固定资本了。"（《资本论》第 2 卷，人民出版社 1975 年版，第 211—212 页；2004 年版，第 211 页）

④ "只要有货币，以后随便购买什么，都没有困难。""一个有资力购买葡萄酒的国家，总会获得它所需要的葡萄酒；一个有资力购买金银的国家，决不会缺少那些金属。"（斯密：《国民财富的性质和原因研究》下册，商务出版社 1972 年版，第 2，7页。）

和世界市场的各种经济学体系就开始出现了。"① 很显然，这是从配第开始的，② 他从生动的整体开始，但面对的是多种结构混杂的混沌表象，没有经过必要的梳理和甄别，就将包含着各种混杂物的、混沌一团的各种结构一锅烩，探究的步骤、程序太乱。这和后来的经济学家一样，都缺乏抽象力。③ 我们已经知道，资本运动作为一个世界性的体系是非常庞大、混杂的结构，在没有经过处理，就这样急急忙忙地从混沌的表象中蒸馏出来的抽象规定必然不纯净，不彻底，就像将化合物与混合物当成同一种东西一起投入蒸馏器或反应堆等装置很难得出科学的研究效果一样。如果说由此析出分工、货币、价值等个别要素是必要的，但不能区分一般的分工、货币、价值和特殊的分工、货币、价值，——或者说将作为一般交换媒介的货币与作为资本的货币混为一谈，——那么，再由此直接上升到复杂总体，缺乏必要的中介从第一步抽象直接上升到第二步的总体，达到的国家、国际交换及世界市场这一种比较具体的结构，这又表明他不了解研究的科学方法，将各种抽象规定的结构与复杂总体的结构混为一谈。

上面这一段话，是人们经常引用的，但大都没有从结构的视阈中来理解，这就有失深刻了。而结构思维则让我们领悟到，从抽象上升到具体的方法所涉及的，并非仅仅整个理论过程的结构，还涉及抽象规定的结构、具体规定的结构。以及这两个结构之间的关系，即如何由此及彼地上升。这样看来，由于第一个结构没有弄清，就直接跳到第二个结构，结果是两种结构都没有弄清，整体结构更没弄清。"他们还没有把问题在初级形式上解决，就先在复杂化了的形式上进行探讨"。④ 这既是抽象力不足，又是强制抽象，——即不经过任何中介直接将具体的东西当成抽象的规定，而与后者直接联系。由于抽象的东西具有一般性，具体的东西则具有特殊性，所以，从他们的做法可以看出，在他们的观念意识中，根本不能区分抽象与具体、一般和特殊，一般性和特殊性。

必须看到，资产阶级学者方法的错误是以基本观念的错误为基础的。

---

① 《马克思恩格斯全集》第 46 卷上册，人民出版社 1979 年版，第 38 页。

② 参看沈志求："论马克思《导言》中从抽象上升到具体的方法"（《中国人民大学学报》1987 年第 3 期。）

③ 李嘉图"缺乏抽象力，他在考察商品价值时无法忘掉利润这个从竞争领域来到他面前的事实。"（《马克思恩格斯全集》第 26 卷第 II 册，人民出版社 1973 年版，第 211 页。）

④ 《马克思恩格斯全集》第 13 卷，人民出版社 1962 年版，第 47 页。

在《政治经济学批判》导言中，马克思在论证了特殊的"现代资本主义生产"和"生产一般"的"本质差别"之后说："忘记这种差别，正是那些证明现存社会关系永存与和谐的现代经济学家的全部智慧所在。"① 正因为这样，他们对事物或对象的结构认识，就不存在一般和特殊两种维度、结构、特别是性质的维度、结构。或者说，他们理解的对象结构，充其量只有成分、成分要素等实体范畴的实质维度、结构，而没有性质范畴的维度、结构。但他们实际上又涉及这两种抽象程度不同的结构，结果必然将这种性质不同而又混为一体的结构混为一谈。这样的研究，对客观对象的结构必然很难有全方位多维度的分析。

早期古典学派的这种结构混乱当然也影响着发展期的斯密。马克思指出：斯密"天真地一方面用资本主义生产当事人的眼光来看待事物，完全按照这种当事人所看到和所设想的样子，……按照事物实际上呈现出来的样子，来描绘事物，另一方面，在有些地方也揭示了现象的更为深刻的联系"②，"斯密在阐述了他所研究的对象的内在联系之后，突然又被表面现象所迷惑，被竞争中表现出来的事物联系所迷惑，而在竞争中一切总是表现为颠倒的、头足倒置的。"但是，马克思并没有完全否定他的这两方面研究。"一方面，他试图深入研究资产阶级社会的内部生理学，另一方面，他试图既要部分地第一次描写这个社会外部表现出来的生活形式，描述它外部表现出来的联系，又要部分地……第一次在语言和思维过程中把它们再现出来。……因为两个任务是各自独立进行的，所以这里就出现了完全矛盾的表述方法：一种方法或多或少正确地表达了内在联系，另一种方法同样合理地，并且缺乏任何内在关系地，——和前一种理解方法没有任何联系地——表达了外部表现出来的联系。"③ 由此可见，他是将内部生理学揭示的"内在部分"与外部现象学描述的"外在部分"④ 完全分开了，没有意识到两者形成了一种特殊的具体结构。

李嘉图的著作根本没有重视结构。"李嘉图的理论完全包括在他这部著作的前六章中。我说的这部著作的错误结构，就是指这一部分。另一部分（论货币的那部分除外）是实际运用、解释和补充，按其内容的性质来说是杂乱地放在那里的，根本不要求有什么结构。但是理论部分（前六

---

① 《马克思恩格斯全集》第 46 卷上册，人民出版社 1979 年版，第 22 页。
② 《马克思恩格斯全集》第 26 卷第 II 册，人民出版社 1973 年版，第 243 页。
③ 《马克思恩格斯全集》第 26 卷第 II 册，人民出版社 1973 年版，第 182 页。
④ 《马克思恩格斯全集》第 26 卷第 II 册，人民出版社 1973 年版，第 182 页。

章）的错误结构并不是偶然的，而是由李嘉图的研究方法本身和他给自己的研究提出的特定任务决定的。这种结构表现了这种研究方法本身在科学上的缺陷。"① 不过，他也发现了斯密的上述结构性错误，并致力于"同亚·斯密的贯串其全部著作的内在观察法和外在观察法之间的矛盾断然决裂"②，努力将其"内在部分"与"外在部分"③ 统一起来。但是，他却不懂得如何在理论上实现"内在部分"向"外在部分"的过渡。通过对李嘉图的批判，马克思创造性地解决了"内在部分"和"外在部分"的统一方式，即要经过一系列的中介，逐步实现规定的转型、在外部的折射。

至于庸俗经济学派则只是在社会的表面上兜圈子，④ 将本来已经够复杂的客观对象结构增添上神秘的色彩。总的看来，他们根本不懂得结构不同层次的差别和联系。在他们看来，对象是几近平面的。

马克思对资产阶级经济学有个总的判断："所有经济学家都犯了一个错误：他们不是就剩余价值的纯粹形式，不是就剩余价值本身，而是就利润和地租这些特殊形式来考察剩余价值。由此必然会产生……理论谬误"⑤。对此，人们一般都是从一般和特殊的关系视阈来理解马克思的这一批判，这当然是正确的，但却不够。实际上，剩余价值的纯粹形式与具体形式两者之间的关系也是一种结构形态。虽然两者是同一实体的名与实，但在资本主义初级阶段和较为发达阶段，其历史内涵却有很大的不同，不可混淆。由于资产阶级经济学在社会上占统治地位，它的影响极广极深，所以必须先批判它，才能创立新的理论。因此，马克思除了对客观对象进行修正和改造外，还对资产阶级学者造成的乱象实施拨乱反正。——这与上述的对客观存在的乱象、假象的修正和改造不同，是对人为的乱象、假象的批判和重新研究。马克思对现实过程的修正和改造提供了对其结构认识的许多新维度，但他并不满足于这些，还结合对资产阶级学者理论批判而增加结构认识的新维度、增加了批判和价值的向度。

马克思根据这种批判，在对客观对象的各种成分的要素等实体解构的基础上，对客观对象的性质进行多维度全方位的分析，并且最后导致思想

---

① 《马克思恩格斯全集》第 26 卷第 II 册，人民出版社 1973 年版，第 184—185 页。

② 《马克思恩格斯全集》第 26 卷第 II 册，人民出版社 1973 年版，第 186 页。

③ 《马克思恩格斯全集》第 26 卷第 II 册，人民出版社 1973 年版，第 182 页。

④ 《资本论》第 1 卷，人民出版社 1976 年版，第 98 页脚注（32）；2004 年版，第 99 页脚注（32）。

⑤ 《马克思恩格斯全集》第 26 卷第 I 册，人民出版社 1972 年版，第 7 页。

材料的重构。修正和改造之后形成的结构虽然比较纯粹了，但仍是一种需要进一步分析的结构，以揭示其中的成分、要素、性质所包含的规定，尔后还要将它们重新整合起来，还原这个结构。所谓的还原，也非简单地像搭积木那样合并，而是阐明其各种规定的联系。同时，还要还原各种结构之间的关系。

马克思很重视并且致力于用特殊的方法实现对象结构的理论再现，在整部书稿完成①的时候，他对恩格斯说：《资本论》的"结构，整个的内部联系是德国科学的辉煌成就"②。他不无自豪地宣称：《资本论》是"一个艺术的整体；"③ 这个整体的结构当然是严密完整的，这是他特别运用的科学再现和科学批判方法的杰出结晶。

二、解构与梳理

马克思说：《资本论》"是辩证地分解了的整体的著作"④。所谓"辩证地分解"，就是辩证地解构对象。⑤ 所谓的解构，并不等于肢解，更不是盲目的，解构就是一种批判。为此，首要的是正确地理解客观对象，分解其复杂混乱的结构，目的是将附加在结构上的混合物撇开，再弄清其结构的主要成分及其功能。与资产阶级学者不同，马克思对客观对象的解构，不仅眼光独到，而且经过精心的修正和改造，形成自己独特的理论结构。

构建理论结构，首要的是对客观的研究对象结构的研究分析。只有充分解析、了解客观对象的结构，对它进行去粗取精、去伪存真、截弯取直⑥的改造制作。解构之后的材料并非全属同一过程，所以要将混搭在一

---

① 马克思1866年2月12日致恩格斯的信中说："关于这本'可诅咒的'书，它的情况是，12月底已经完成。……我正好于1月1日开始誊写和润色"。他在信中说，"单是讨论地租的倒数第二章，按现在的结构看，就几乎构成一部书。"可见，这指的是全书。(《马克思恩格斯〈资本论〉书信集》人民出版社1976年版，第202页。)

② 《马克思恩格斯〈资本论〉书信集》人民出版社1976年版，第202页。

③ 《马克思恩格斯〈资本论〉书信集》人民出版社1976年版，第196页。

④ 《马克思恩格斯〈资本论〉书信集》人民出版社1976年版，第196页。

⑤ 本研究只是在把原结构解体肢解还原成每个局部的基本原始单位的意义上借用"解构"这一术语，而与解构主义无关。

⑥ "历史常常是跳跃式地和曲折地前进的，如果必须处处跟随着它，那就势必不仅会注意许多无关紧要的材料，而且也会常常打断思想进程；"(《马克思恩格斯选集》第2卷，人民出版社1995年版，第42页。)

起的各种材料进行一定的梳理。

马克思在《资本论》序言中说："我在本书研究的，是资本主义生产方式以及和它相适应的生产关系和交换关系。"① 所谓的关系，必定发生在不同的主体之间，因而就是一种主体的关系结构。但是，除了有生产中不同主体之间发生的、流动的关系外，还有生产过程外部不同主体的关系，但他们之间不是直接的活动交换，而是通过一定的凝结的"物"作为媒介部进行交换，才有交换关系。在资本主义社会表面上，这种物即资产阶级财富。但这种"原生态"的"商品堆积"包罗万象，结构十分复杂。不仅有许多种结构交错融合，而且各种类型的结构都很复杂。所以，马克思首先要对客观对象进行分解。

马克思发现，客观对象的复杂性既在于其内部的各种关系，又在于其与外部的关系。即使是像英国资本运动这样的典型对象，也是以非典型对象以及其他性质的对象的存在和联系为前提的。就与后者的联系而言，包含有与其他同类对象、非同类对象混成的结构；还包含有与一般过程彼此相互依存的有机的结构。资本运动就是这样有许许多多结构相互杂乱交错的混合体，并且呈现为混沌的表象。马克思对它的批判性解构，就是要将对象交错缠绕、混合的各种结构分解开来，梳理清楚，从混成的结构中提取有机的结构，再从有机的结构中析出本体主干，并从中分清主次，在此基础上，再分解其关键部分的结构，理顺内部关系。

经过一系列的解构，马克思分离并发现了对象的一系列结构，并指出这些结构的组成部分各个部分在其中的占比关系。

首先，是体系内的结构，主要是单个国家与其他资本主义国家的关系结构。众所周知，客观的资本运动是个由许多国家的资本运动构成的庞大体系，这些国家的资本运动，自然而然地形成了资本主义体系的整体结构。在这个体系的整体结构中，各个成分的发展水平差别决定人们对它们不能等量齐观。对马克思而言，他注重考察的只是当时最为发展的资本运动。这样，就从整体结构中分离出典型对象的结构。他认为："工业较发达的国家向工业较不发达的国家所显示的，只是后者未来的景象。"② 所以这种结构既能代表整个资本主义体系，又与后者有所不同。可见，体系的整体结构由典型对象与非典型对象构成，并且由典型对象主导。

其次，体系外的结构，主要是典型对象与其他非资本主义国家之间的

---

① 《资本论》第 1 卷，人民出版社 1976 年版，第 8 页；2004 年版，第 8 页。

② 《资本论》第 1 卷，人民出版社 1976 年版，第 8 页；2004 年版，第 8 页。

关系。这种体系不是单独存在的，它离不开与体系外的国家，否则，就没有了国际间的经济交流、压迫和统治的对象。这样看，这个体系与体系外的国家就有构成了世界性的体系结构。不言而喻，这种结构实际上是由资本主义体系结构统治的。在前一个世纪中，资本主义体系是由英国这个典型对象为首、为代表的。

再次，典型对象本身的结构，它包含了一系列的结构。资本主义体系内的典型对象指的当然不是单个资本，而是社会总资本。它包含着许多职能资本形式，生产资本在其中处于核心和主导的地位，其他的资本形式从属于它。这些资本形式就构成了的总资本的职能形式结构。

在社会总资本中，能够生产剩余价值的只是产业资本。它由许许多多的产业部门构成，从产业的角度看，就是产业结构。在资本主义发展的不同阶段，各种产业部门之间的关系是不同的，起初，是劳动密集型部门起主导作用，但到了较为发展阶段，不仅是由资本密集型产业，而且发展为由"有决定意义的产业部门"① 主导。

各个部门分别生产社会所需要的各种商品，表面看，这样形成的是产品结构，但由于这些社会需要在量上是有一定比例的，所以这种比例关系实际上构成了一种社会需要结构。在不同的发展阶段，这种社会需要结构，或者说比例关系结构是不同的。

就单个资本来看，最典型的是能直接生产剩余价值的生产资本。这种资本的运行有三种职能：购买、生产、销售，因而要同时分为三个部分，先后经历购买阶段、生产阶段、销售阶段，执行三种职能，其中以生产阶段最为关键。这样看来，就有了资本的职能结构。

产业资本与商业资本是社会总资本的"核心构造"②，相对而言，生息资本就是外围的构造。但是由于生息资本与生俱来的虚拟资本的发展，就使得社会总资本同时具有另一种结构形态，它由实体资本和虚拟资本共同构成的现实资本结构。如果从资本运动的态势看，它并非直线运动的，在一个较长的时间内，一定要经历周期性的波动，从而形成周期性的运动结构。

最后，对象的具体结构。典型对象不是单独运行的，一方面，资本通过生产商品来生产剩余价值，通过发展大工业来提高生产剩余价值。如果说，商品生产能提高资本运动的效益，那么工业化则是提高其运行效率的

---

① 《资本论》第 3 卷，人民出版社 1976 年版，第 138 页；2004 年版，第 137 页。
② 《资本论》第 3 卷，人民出版社 1976 年版，第 297 页；2004 年版，第 297 页。

最佳手段。显然，和特殊的资本运动不同，商品生产、工业化这些过程是跨社会形态的，因而是一般过程。由此观之，特殊资本运动只有紧密联系一般过程才是具体的，真实的。换言之，特殊过程与一般过程的统一形成了资本运动的具体结构。另一方面，资本又不能单独发挥作用，还要通过许多资本家的操作和雇佣工人的劳动，因而有人与物的关系、资本家之间的关系、资本家与雇佣工人的关系等关系结构。其中，有一般过程的关系，也有特殊过程的关系，而资本家对雇佣工人的剥削关系是资本运动中最重要的结构。但是，虽然这种结构是相当隐秘的，但作为本质的东西是一定要"在现象的表面上显示出来。"① 不过，在流通、竞争中，它总是颠倒表现的，即表现为资本、土地、劳动共同创造价值。这样他就不仅揭示了内在的剩余价值与其外化、异化了的收入形式所结成的内外结构，而且分解了它的社会表象结构。

具体的资本运动还是与特殊国度的社会、政治、文化紧密结合在一起的，不言而喻，前者是后者的经济基础，后者是前者的上层建筑。经济基础与上层建筑构成的自然是社会形态的结构。

大体看来，客观对象的复杂结构具有以下几个特点：

首先，它由多维的结构共同构成，不管是宏观的，还是微观的，全都是多维的，并且混杂在一起。它们或者是彼此有所区别彼此交错，或者是你中有我，我中有你，所以，要批判地区分和把握，却决不能因为不同类型的结构混为一体而将它们混为一谈。

其次，众多结构中有显性的，也有隐性的。资本运动包含的看得见的人与物、人与人的关系，这是显形的、直接性的。在其背后，还隐藏着一种看不见的阶级剥削关系，这是一种隐性结构，它只能通过相互关系而表现，所以是间接性的。这种隐性的结构很多，例如"剩余价值和剩余价值率相对地说是看不见的东西，是要通过研究加以揭示的本质的东西。利润率，从而剩余价值的形式即利润，却会在现象的表面上显示出来。"② 由于对象各个部分之间的竞争关系，内部结构在外化的时候往往颠倒表现，而且外部表象具有直观性，极具迷惑性，就如太阳绕地球转极具迷惑性一样，所以直观的考察很难从中发现历史发展的结构。

再次，资本运动是历史发展的，所以这个复杂结构的稳定性是相对的、有条件的。整体的历史发展既受各种结构之间关系变化的影响，更受

① 《资本论》第 3 卷，人民出版社 1976 年版，第 51 页；2004 年版，第 51 页。

② 《资本论》第 3 卷，人民出版社 1975 年版，第 51 页；2004 年版，第 51 页。

起主导作用的结构的发展所影响。同时，主要结构因运动条件的改变而发生的变化，也影响相关结构的变化。例如各个资本家集团的关系结构的变化，就导致利润率的平均化，后者又导致剩余价值在资产阶级内部分割关系结构的变化。所谓的广泛联系，归根到底是不同结构之间的广泛联系。

三、修正与改造

在批判地解构的基础上，还要再对典型对象进行由表及里的透析、探索其由此及彼的联系、变化，最后还要按一定的理论逻辑进行整合，借用哲学术语，也可称之为重构。才能以科学的方法来反映、再现这一结构。

马克思说："观念的东西不外是移入人的头脑并在人的头脑中改造过的物质的东西而已。"① 他的理论结构既与原生态的客观结构同一，又与之有所不同。客观结构是杂芜混乱的，理论结构是条分缕析的，突出重点的。更重要的是，后者以逻辑的形式来表现对象的内部结构及其外部表现、历史发展。

解构和梳理只是创造了研究的基本条件，或者说，只是理清了主要结构之间的关系，并不意味着要对全部结构都进行研究，并一下子就将它们全部再现，反之，还要根据研究目的和程序从中筛选出最重要的结构来研究，而所选定的典型的研究对象的主要结构，也远非清澈透明，而是一团混沌的社会表象。所以还要进一步加工改造，使之便于研究。对典型的研究对象也要去弯取直，去粗取精、去伪存真，只有这样，才能进一步由此及彼、由表及里。也就是说，"这种反映是经过修正的，然而是按照现实的历史过程本身的规律修正的，这时，每一个要素可以在它完全成熟而具有典型性的发展点上加以考察。"②

理论结构除了要修正客观结构，还要在一定的意义上改造它。这种改造深受研究者世界观、方法论的影响，与资产阶级学者那种按照资本运动当事人的眼界、需要进行的改造不同，马克思的这种改造是有客观依据的，是有条件的。

有关清理导致人们乱想、遐想的乱象、假象的修正和改造的工作主要有这些：

其一，将体系外的结构撇开，尽管它与体系外的结构共同构成一个大

---

① 《资本论》第 1 卷，人民出版社 1976 年版，第 25 页；2004 年版，第 22 页。
② 《马克思恩格斯选集》第 2 卷，人民出版社 1995 年版，第 43 页。

背景，对典型对象的运行影响很大，但对典型对象来说，它毕竟是次要的，只有在体系内的结构研究清楚后才能回过头来一起考察它。

其二，将资本主义体系中的非典型结构撇开，牢牢抓住典型对象。只有这样，研究才有代表性、典型性，对象的"每一个要素可以在它完全成熟而具有典型性的发展点上加以考察"①。换句话说，典型对象应该是处于比较发展的阶段，生产力、生产关系发展水平是当时最高的，其中的各种规定都是最丰富而具体的。这样，通过它，才可以透视它以前的社会形态，也可以回顾它经历的发展阶段，并避免将不同发展阶段的各种规定混为一谈。

其三，清理典型对象中包含的杂质和偶然事件、次要结构。典型对象的社会表象是混沌的，它包含的各种结构都在发挥或大或小的作用，并且互为前提，互相渗透、缠绕、影响，混为一体，对它决不能采用大杂烩一锅煮的方式处理，而必须"经过更切近的规定"②，必须将这些混杂在典型对象中的杂乱结构、次要结构清理掉，而且大部分不再回放。

典型对象的发展也不是一马平川、直线式的，恩格斯说："历史常常是跳跃式地和曲折地前进的，如果必须处处跟随着它，那就势必不仅会注意许多无关紧要的材料，而且也会常常打断思想进程"，所以恩格斯认定，不能采用单纯历史的方法，"逻辑的方式是唯一适用的方式。……历史从哪里开始，思想进程也应当从哪里开始，而思想进程的进一步发展不过是历史过程在抽象的、理论上前后一贯的形式上的反映;"③ 只有将无关紧要的事件撇开，才能突出主要过程。这样处理的结果，让人们发现，混沌表象是一种不断偏离又不断回归主流趋向的发展趋势，是无数偶然事件与必然趋势构成的结构，或者也可以说是主要方向和次要表现统一的结构。

其四，将相对静态的典型对象动态化，使之呈现一种历史发展结构。就资本运动本身来看，其发展是分阶段的。尽管在社会表面上看不出来，理论过程却必须有所反映，以动态的过程、或者说在结构的演变过程中来修正这种"结果"。任何过程都有其起点，之后又都有不同的发展阶段。马克思根据资本主义各方面的发展状况，明确提出它的"幼年时期"或

---

① 《马克思恩格斯选集》第 2 卷，人民出版社 1995 年版，第 43 页。
② 《马克思恩格斯全集》第 46 卷上册，人民出版社 1979 年版，第 37 页。
③ 《马克思恩格斯选集》第 2 卷，人民出版社 1995 年版，第 43 页。

"资本主义生产方式的历史初期"①，实质上就是资本主义起点和初级阶段，还将资本主义区分为"较不发达的阶段"和"较为发达的阶段"②。这样，他就揭示了资本主义的历史发展阶段结构。

在马克思的改造计划中，还有一个典型对象生前、本身、身后三阶段所构成的演变结构。他说："我们的方法表明必然包含着历史考察之点，也就是说，表明仅仅作为生产过程的历史形式的资产阶级经济，包含着超越自己的、对早先的历史生产方式加以说明之点。……这种正确的考察同样会得出预示着生产关系的现代形式被扬弃之点，从而预示着未来的先兆，变易的运动。一方面，如果说资产阶级前的阶段表现为仅仅是历史的，即已经被扬弃的前提，那么，现代的生产条件就表现为正在扬弃自身，从而正在为新社会制度创造历史前提的生产条件。"③ 这是一种更为宏观的涉及三个社会形态的结构。

其五，对"三位一体"表象的改造。在社会表面上，资本——利息，土地——地租，劳动——工资，三个环节似乎平起平坐，资本、土地、劳动彼此等量齐观，与此相适应，就形成了资本、土地、劳动三者构成的要素结构和分配结构。马克思却改变了这种结构的要素表面关系，指出资本是重中之重，"资本是资产阶级社会的支配一切的经济权力。它必须成为起点又成为终点，必须放在土地所有制之前来说明。""因此，把经济范畴按它们在历史上起作用的先后次序来安排是不行的，错误的。"④ 根据这种改造，一方面要刻意突出"整个的内部联系"⑤ 即内容结构，抓住最主要的东西，安排好主次。反映这些结构关系的范畴如何安排，要遵循一定的逻辑规律，都必须既能突出"普照之光"范畴的作用和地位，又能反映整个结构如何随着这个主导性范畴的转型发展而发展；另一方面，还要安排好著作的"外部结构"⑥，各个部分的论述篇幅、标题、阐述方式、重点的突出等等的处理。

其六，在客观对象的运行过程中，最引人注目的是流通，是流通资

---

① 《资本论》第 1 卷，人民出版社 1975 年版，第 694、651 页；2004 年版，第 729、685 页。

② 《马克思恩格斯全集》第 48 卷，人民出版社 1985 年版，第 37 页。

③ 《马克思恩格斯全集》第 46 卷上册，人民出版社 1979 年版，第 458 页。

④ 《马克思恩格斯全集》第 46 卷上册，人民出版社 1979 年版，第 45 页。

⑤ 《马克思恩格斯〈资本论〉书信集》人民出版社 1976 年版，第 202 页。

⑥ 《马克思恩格斯〈资本论〉书信集》人民出版社 1976 年版，第 224 页。

本，而不是生产资本。但是马克思却不以为然，他认为，在生产与交换、分配、消费的关系中，"生产既支配着生产的对立规定上的自身，也支配着其他要素。"① 所以，他突出产业资本，将研究重心放在生产过程，并且安排在第一卷，形成以产业资本为中心、重心的资本形式结构。——表面看，这种结构是资产阶级学者研究的并无不同，但各个要素的比例关系、生产在整个结构中的占比很不同。在他的结构模型中，不仅揭示结构的构成，更重要的是揭示各种成分在结构中的占比，及其作用、占比升降。——诚然，他也认为，产业资本和商业资本都是"资本的核心构造"②，但生产是决定性的。道理很简单，流通是可以直接观察的，包含的关系比较表面，而生产过程则复杂得多，隐藏着剩余价值生产的秘密、阶级之间的关系。这样，这种核心构造的成分及其占比关系就彻底揭示了。突出重点关键领域，自然就形成以生产为中心的职能结构。

其七，在社会表面上，人们只看见单个资本的运动，而资本的运动又表现为物的运动，但马克思却更重视社会总资本的再生产运动。由此，他才发现物的运动后面包含着人的关系，"归根到底是阶级和阶级之间的关系"③。在《资本论》中，从物与物的关系结构开始，揭示了人与物的关系结构，再进一步揭示人与人的关系结构、到扩大研究对象范围揭示更深层的阶级与阶级的关系结构，一层比一层深，但后面的这些结构都表现为物与物的结构，这样，简单的社会表面的资本运动就复杂化了，层次化了，并且与内在规定联系上了。

最后，客观对象是统一的、连续的，但是，马克思将资本运动的整体过程割断了，并使之呈现出结构特征来。马克思说："分析的进程要求把研究的对象这样割裂开来，而这种割裂也是符合资本主义生产的精神的。"④ 这样做不仅对研究，而且对理论叙述来说，都是必要的。但是，马克思的割断不是将它零碎化，只不过是将同时进行的过程或环节分开研究和论述，并且最终还是将它们统一起来，从而形成了资本的职能结构、速度结构、周期变化结构等。

很显然，这样系统的结构修正和改造，不仅让李嘉图的理论相形见

① 《马克思恩格斯全集》第 46 卷上册，人民出版社 1979 年版，第 36—37 页。
② 《资本论》第 3 卷，人民出版社 1976 年版，第 297 页；2004 年版，第 297 页。
③ 《马克思恩格斯选集》第 2 卷，人民出版社 1995 年版，第 44 页。
④ 《资本论》第 1 卷，人民出版社 1975 年版，第 361—362 页；2004 年版，第 378 页。

细，而且形成了一个层次分明，联系合理的科学结构。就此而言，它既是创造性的，更是批判性的。

四、分析与重构

修正和改造之后形成的结构虽然比较纯粹了，但仍是一种需要进一步分析，以揭示其中的成分、要素、性质所包含的规定，尔后还要将它们重新整合起来，还原客观对象总结构。所谓的还原，也非简单地合并，而是在阐明各种规定的逻辑联系的基础上，将它们重构，以新的理论结构还原各种结构之间的内在关系。

首先，是对实质成分、要素的结构分析与重构。

在一般的辩证逻辑著作中，分析就是解构，从一定的意义看，这是没错的。但分析并不一定是解构，在解构后，还有一层一层地深入分析与重构。在《资本论》中，对特定结构的解构之后，还对其各种成分进行深入的分析，对商品价值的分析就是典型的一例。商品价值有质、量和社会尺度的规定，这些规定是可以观察度量的，因而是直接性的规定。但是，马克思并不满足于这些规定，他还深入揭示其中包含的本质规定，阐明其本质是生产者之间交换劳动的关系。但是，这种关系不是直接表现的，是被商品这种物的外壳掩盖的，不能感觉，只能通过研究才揭示的，所以是间接性的规定。这样，"人们自己的一定的社会关系，但它在人们面前采取了物与物的关系的虚幻形式。"① 或者说，价值的本质关系在社会表面上颠倒地表现为物的关系这种现象。现象是直接性的，但它又是间接性的本质的表现，所以是直接性与间接性的统一。显然，他不是简单地从质、量、度、本质、现象等规定的综合来反映商品价值的结构，而是根据其内在联系将它们联结为"直接性——间接性——直接性与间接性统一"的结构，从而重构了价值的结构。

资本的价值也是这样。资本作为一种高次方的价值，其质是能够带来剩余价值的特种价值，它同样有量的规定，也有度规定，"即单个货币所有者或商品所有者手中有一定的最低限额的货币或交换价值。"② 这是从单个资本的角度看的，至于一个领域的总量，则要符合一定的社会需要，即一定的比例关系，超过的部分就不能发挥正常资本的作用。资本的本质是

---

① 《资本论》第 1 卷，人民出版社 1976 年版，第 89 页；2004 年版，第 90 页。
② 《资本论》第 1 卷，人民出版社 1976 年版，第 341 页；2004 年版，第 356 页。

攫取剩余价值，它同样是不会直接表现，是被现象掩盖的、间接性的东西，不仅在社会表面上，而且在资产阶级生产当事人、资产阶级学者的意识中都表现为收入。在流通中，资本与收入没有什么区别："对一个人来说是收入的东西，对另一个人来说则是资本"。① 而且，在他们看来，工人的工资是收入，土地所有者的地租也是收入。这样一来，资本的本质就被完全颠倒了，成了与工资一样的收入。这样，马克思通过竞争和流通造成假象，就将内在的本质与外在的社会表象联系起来了。但他又指出，这种现象已经不是最初的那种混沌表象了，而是内在规定的外化和异化。收入作为表象当然是直接性的，但由于它表现本质关系，又具有间接性，是"直接性与间接性的统一"。从混杂的表象中解构出生产资本，再层层分析出质、量、度、本质，最终再以本质解释现象，这样先去伪存真、去粗取精、由表及里，再反过来结合原先暂时撇开的各种条件或因素，由内到外、有精到粗、由真到伪，就重构了资本的结构。

由此观之，马克思建构结构的方法与通常理解的结构分析有所不同，它修正和改造了简单的表象，既解构了对象的结构，又重新整合了对象的要素及其规定，形成新的结构。这就是理论的重构，是对象各种规定的批判性重建。

其次，是对主要运动结构的分析与重构。马克思依次深入地分析资本的生产、流通、总过程，其间又有一系列的结构分析。关于剩余价值的生产，从绝对剩余价值，到相对剩余价值，无不分析得鞭辟入里，而且在论述两者的统一的第五篇，也不是简单地将两者综合，而是结合相对劳动生产率、劳动力价格的变化将两者整合起来，实现了剩余价值理论的重构。至于总过程的分析也不是简单地将生产与流通统一，而是"揭示和说明资本运动过程作为整体考察时所产生的各种具体形式"②，由此分析剩余价值在社会表面上如何表现，从而在总体上重构资本运动的结构。

再次，是性质结构的分析与重构。

客观对象不仅有实质结构，还有性质结构，即两种不同性质的过程、规定共同组成的结构。马克思早已指出："生产的一切时代有某些共同标志，共同规定。……其中有些属于一切时代，另一些是几个时代共有的，[有些] 规定是最新时代和最古时代共有的，没有它们，任何生产都无从

---

① 《资本论》第 3 卷，人民出版社 1976 年版，第 955 页；2004 年版，第 957 页。
② 《资本论》第 3 卷，人民出版社 1975 年版，第 29 页；2004 年版，第 29 页。

设想;"① 显然，一切时代的生产就是一般过程，那些一切时代的规定就是一般过程的规定。这显然是与资本运动不同的结构。而"一般的东西，……是一种同特殊事物和个别事物的形式并存的、特殊的现实形式。"② 不过，资本运动与它的性质不同，发展方向不同，存续时间不同，而且功能不同，而且发展的依据和条件不同，不可混为一谈。但在社会表面上，客观对象作为一个具体过程，却是一般过程的结构和特殊过程的结构融为一体，因而造成一种假象，好像一般过程的结构和特殊过程的结构没有本质的区别。资产阶级学者正是基于这种混沌表象，将两种不同性质的过程混为一谈。所以马克思说："忘记这种差别，正是那些证明现存社会关系永存与和谐的现代经济学家的全部智慧所在。"③ 但是，正如一般只能寓于特殊之中一样，一般过程也不能单独存在，只能寓于特殊过程之中，在资本主义社会中与资本运动结合。实际上，资本运动离不开它：一方面，它以一般过程为载体，通过生产商品来生产剩余价值，通过发展大工业来提高生产剩余价值的效率。由于一般过程比较简单和基本，因此，无论在研究资本主义初级阶段剩余价值的生产之前，还是在研究较为发达阶段剩余价值的转型之前，马克思都先研究一般的商品生产、工业化及其转型发展；另一方面，特殊过程还借助一般过程的各种机制、规律而运动，具体说，就是借助价值规律、流通等在社会表面上表现为一般过程。例如，资本剥削雇佣劳动的关系是典型对象中隐秘最深的本质关系，但通过劳动力在流通领域中的买卖，它就被颠倒地表现为一般的等价交换关系了。

除了这种一般过程和特殊过程的性质结构的分析和重构外，马克思还对一系列的范畴进行同样的分析和重构：

商品的性质结构：一般商品和特殊商品的重构。一般商品的结构比较简单，是用于交换的劳动产品。特殊商品则很复杂，在其具体形态上有两种，一是资本的产品，其结构中包含有必要劳动的价值和剩余价值，二是作为借贷的资本本身。在对两种商品进行深入分析的基础上，马克思又阐明，资本运动不仅仍然遵循着一般商品交换的规律，而且使之转型，在一定的发展阶段上，使价值转型为生产价格。显然，阐明一般商品和特殊商品在新条件下的转型实质上就是一种重构。

---

① 《马克思恩格斯全集》第 46 卷上册，人民出版社 1979 年版，第 22 页。
② 《马克思恩格斯全集》第 46 卷上册，人民出版社 1979 年版，第 445 页。
③ 《马克思恩格斯全集》第 46 卷上册，人民出版社 1979 年版，第 22 页。

此外，马克思还涉及一系列范畴的性质结构：货币的性质结构——包含一般货币与特殊的作为资本的货币；经济主体及其行为的性质结构——一般商品生产者与资本家的行为；收入的性质结构——一般的劳动者收入与特殊的利息、地租的收入等。马克思对它们都是从两种不同性质的角度分别分析，并从相互关系的角度重新整合、重构其整体结构。这些多是基于批判性研究而揭示的，所以都具有批判性。

由于一般过程和特殊过程是两种性质不同的过程，所以，解构分析后的重构与上面看到的本质颠倒表现为现象的重构统一不同，其重构是表明两者的转型后的统一，即一般过程特殊化，特殊过程一般化，从动态的观点看，就是一般过程和特殊过程都分别受对方的吸引而改变各自原有发展方向，相互接近、就像平行四边形的对角线一样，以至于让人看不出两者的区别。

这样看来，这种性质结构的分析，已经超出成分结构的观察视阈，它不是单项的，而是多项重叠的，已经形成了一种新的观察和表述维度。

再次，是多维、多向结构的整合、重构，还原各种结构之间的关系。

对象是发展的，理论对各种结构的分析不仅有一定时点的，而且有长期的结构内容的演变。如果将一定时期的结构比作框框，那么一个框框的历史发展轨迹就像条条了。这里不妨分别称之为"框框结构"和"条条结构"。《资本论》典型对象的结构是多维的，从而是很多"条条"的相互联系、结合。但马克思不是在形成许多理论的框框、条条之后再将它们综合起来，而是根据各种结构的相互联系，适时地整合它们，在不同的研究阶段阐明最重要结构的演变发展对其他结构发展的影响。

在第一逻辑阶段，即象征资本主义起点的开篇，他从表现为庞大商品堆积的资产阶级财富中抽出简单商品，将它的资本关系暂时撇开，这样就区别了一般的商品和特殊的商品即资产阶级财富。当然，在这里他着重考察的是一般的商品、货币、劳动等，但还经常提示"在我们的资本主义社会里"①。没有这样的大背景，对一般的商品和货币无论怎样的深度发掘，也不能揭示其中包含的使用价值与价值、私人劳动与社会劳动、具体劳动与抽象劳动、物的人格化与人格的物化这四种对立②的萌芽。

在研究资本主义初级阶段单个资本运动第二逻辑阶段的情况似乎不同，似乎全都是研究特殊过程。其实不然，只要仔细看，不难发现，都有

①　《资本论》第1卷，人民出版社1976年版，第57页；2004年版，第57页。
②　《资本论》第1卷，人民出版社1976年版，第133页；2004年版，第135页。

一般过程的研究。例如，在开始研究剩余价值生产的时候涉及的"劳动过程，……是人类生活的一切社会形式所共有的。"① 很显然，这是一种一般过程。与此相匹配的是单个资本、单个资本家的经济行为等结构的研究。

在研究资本主义较为发展阶段社会总资本运动的第三逻辑阶段，也是从一般过程的研究开始的，即价值转型发展的研究。在这一过程中，马克思还同时展开对总体资本家、它的经济行为等结构的研究。

可见，这种结构的分析与重构是相互关联而开放的。只要条件发生变化，这些框框结构、条条结构及其关系也都会随之变化。

与显性的资本运动的职能结构研究相比，《资本论》历史发展的结构是隐性的。显性的结构是一般人都能看出来的，而隐性的结构却需要科学研究才能揭示。就此而言，马克思的这种研究是其前人无法望其项背的，是批判性的。

阶段的上升，总是结合一定的条件、中介而实现的。这些中介，既有生产力方面的、也包含生产关系方面的因素，它们各自都具有不同的结构，并且是有较大变化的，正因为有它们的介入并成为过程发展的重要内容，才导致对象的转型升级。只有这样，才能科学地再现现实资本结构转型的实际情况。这样的转型，既是历史的，又是逻辑的，是马克思理论结构的一大特点和优点，它使资产阶级学者的理论相形见绌，也使一般的哲学方法论相形见绌。

这样的阶段上升过程，正好体现了从理论从小到大、从简单到复杂，由低级到高级的发展程序，正如马克思所说的："材料的生命一旦观念地反映出来，呈现在我们面前的就好像是一个先验的结构了。"②

《资本论》这种构建结构的方法是辩证逻辑的分析与综合的具体化和超越。它既将后者分别考察对象各个方面的作用发挥到极致，又使分析具有深入解剖提炼的意义，并且还赋予综合以更新的建构功能。

续次，《资本论》的理论结构还是个批判的结构。它既以"政治经济学批判"为副标题，就要处处结合批判而论述。就此而言，马克思的批判已经不仅仅反映对象的自我批判，而是站在对象的对立面来批判对象。③

---

① 《资本论》第1卷，人民出版社1976年版，第208—209页；2004年版，第215页。

② 《资本论》第1卷，人民出版社1976年版，第24—25页，2004年版；第22页。

③ 参看拙文：《政治经济学的批判性》从古典学派到马克思（《当代经济研究》2013年第6期）。

所以，这种批判的结构不是原生的，而是批判主体刻意附加的。它使《资本论》的理论结构具有两种向度：再现和批判。

《资本论》对资本主义的批判是自始至终的，是全方位的。首先，它贯穿于再现的过程中，无论是关于特殊过程、还是一般过程的各个阶段、各个层面，无不是破立结合，不失时机和场合，针对性很强地批判某种理论观点。其次，它还发挥着特别的作用，即通过批判反映资本运动社会表现的资产阶级学者的理论，而阐明自己揭示的资本运动内在规定如何在社会表面上外化、异化，以及这些颠倒反映的理论如何随着资本运动阶段的发展而臻于极致，结合流通和竞争阐明这种错误观念产生的必然性和条件。再次，它还通过批判资本运动如何背离社会化大生产的客观要求，预示未来社会如何顺应这些要求，从而提出论证未来社会的若干主要经济特征，从而宣示科学批判的价值。

这种批判同样有分析与重构。仅从对"斯密教条"的批判来看，马克思曾风趣地把这种批判戏称为"幕间曲"，并说要"一直演奏到结束"。① 的确，在《资本论》中，马克思在适当的地方都分析批判其非常不合理的结构，并且往往起到先破后立的作用，② 到终篇，他又将它与臭名昭著的"三位一体公式"这个更离谱的结构联系起来，将后者当作前者的更为外在的、颠倒的"必然的和最后的表现"③，从而在重构它的同时，也重构对它的批判。

最后，这种结构的分析与重构是开放性的。马克思都是在一定的条件下考察这些结构的，只要条件发生变化，这些框框结构、条条结构也都会随之变化。例如，一旦加进了垄断，原来研究的结构必然随之演变。由于资产阶级学者将资本主义社会当成天然的社会，所以根本不会考虑它的根本性转变。与此不同，《资本论》的理论结构则不仅是许多"条条"相互交错融合的立体性的结构，而且是开放性的，就像许多五湖四海的水流汇集的流动的大河，是开放的。但是，类比只能到此为止，支流汇入主流是自然过程，而一般过程与特殊过程的汇集却是社会过程。

总之，按照《资本论》构建结构的方法构建的理论结构虽然"好像是

---

① 《马克思恩格斯全集》第26卷第Ⅰ册，人民出版社1972年版，第258页。

② 参看陈俊明著：《〈资本论〉基本理论在终篇的具体化》——〈资本论〉终篇再研究》中央编译出版社2012年版，第八章。

③ 《资本论》第3卷，人民出版社1976年版，第951页，2004年版；第953页。

一个先验的结构"①，与客观对象的现实结构并不完全相同，却更合理、透彻地再现客观对象的现实结构，而且具有开放性、批判性。它将人们看得见的东西整理得条分缕析，更将它蕴涵的根据、条件对未来社会的价值等等人们看不见的东西也按照逻辑发展合理地揭示和展现出来。突出《资本论》结构分析的视阈，将使人们在深刻认识资本运动的同时，还使其思维方式产生飞跃，学会用它来认识其他一切事物和运动。

第三节　研究条件的设置

马克思主义的经济理论体系是对象、方法、内容的统一，而对象的选择确定、方法的运用、内容的发展，又与研究条件的设定及变化紧密联系。离开了一定的研究条件，不仅不能正确地再现客观对象及其运动，而且也难以进行有针对性的、具有上升综合功能的科学批判，同时，也难以再现对象运动的条件和逻辑，展示科学批判的逻辑及合理性边界。从这种意义看，研究条件的设置也是科学再现和科学批判的重要方法。

一、《资本论》的研究有严格的条件设置

绝大多数政治经济学教科书及研究现实经济问题的各种论著在论证或引用《资本论》的某些论断时，几乎全都没有提及它们的条件，似乎它们无论在什么时候、场合都是不变的、适用的。这显然是不正确的。马克思说过："叙述的辩证形式只有明了自己的界限时才是正确的。"② 研究条件就是这样的界限。恩格斯针对法国政论家杰维尔介绍《资本论》不注意其条件的做法这样评价："他逐字逐句地复述马克思的概括性原理，而对这些原理的前提却只是一笔带过。结果把这些原理的意思往往给歪曲了，所以我在校阅的时候常常产生想反驳马克思的某些原理的念头，其实在原著中由于前面作了阐述，这些原理具有非常明确的界限"，"他在表达马克思的结论时常常把条件完全忽略了，而这些结论只有在这些条件下才是正确的。"③ 可见，恩格斯十分强调将《资本论》原理的内容与前提、条件紧密联系在一起，并且将前提、条件确定为理论科学性的界限，认为它们深

---

① 《资本论》第 1 卷，人民出版社 1975 年版，第 24 页，2004 年版；第 22 页。
② 《马克思恩格斯全集》第 46 卷下册，人民出版社 1980 年版，第 513—514 页。
③ 《马克思恩格斯〈资本论〉书信集》，人民出版社 1976 年版，第 423、427 页。

刻地影响着理论的客观性、科学性，研究的合理性、逻辑性，这是对马克思理论极为重要的提示。与理论规定的形成和发展相比，研究条件虽然似乎不起眼，但却创造了特定的理论氛围或语境，提供了相关理论的背书，也为理论发展创造了必要的条件。

马克思说："资本是和各种条件联结在一起的过程，……是和外部条件联结在一起的过程。"①，所以，《资本论》研究条件的设置和变化，并非完全是马克思的主观安排，而是对客观对象固有运行条件及其变化的反映。客观对象的存在和发展本身是有条件的，这些条件，实际上也就是资本运动的具体环境、平台、载体、范围、限制、边界，以及社会总资本的各个部分之间的关系等。这些条件，或者同时、或者先后、或者直接、或者间接地影响资本运动。无论就社会总资本总体来看，还是就其中单个的资本来看，没有一定的外部条件，它的运行就不能正常进行。就其外部而言，有个复杂的资本主义体系，整个世界市场，还有各种发展水平不同的国家。对一国的资本运动来说，这就是其正常或非正常运动的条件。一旦自身的或外界的条件变化，例如实力的增加或有新的过程、因素的影响或侵入，其运动的限制和边界也就随之变化。因此，为了避免理论条理的拥挤、交叉、混乱，这些条件当然不能一下子就全部捆绑在一起，同时进入研究过程，只能按照它们对客观对象运动的影响，安排在理论过程中的相关地方，从而有的早些出现、联系，有的稍后联系。这样，就有一些条件在理论的发展过程暂时还未涉及的时候，马克思是将它们当作潜在的研究条件存而不论。例如，无论从总资本还是从单个资本看，都需要达到一定的数量，而且，"只有当生产资料和生活资料的所有者在市场上找到出卖自己劳动力的自由工人的时候，资本才产生"②，并且还要有一系列针对工人的法律来强制自由劳动力进入资本家的工厂③和不得不忍受极低的工资，同时，还要生产力发展水平达到一定的高度，已经开拓了广大的国际市场等条件。但是，在第一卷论述货币转化为资本的时候，这些情况都不能马上涉及。这样处理，这样安排研究条件，无论从研究还是从再现、批判看，都是必须的。

---

① 《马克思恩格斯全集》第 46 卷上册，人民出版社 1979 年版，第 390 页。

② 《资本论》第 1 卷，人民出版社 1975 年版，第 193 页；2004 年版，第 198 页。

③ "单是在一极有劳动条件作为资本出现，在另一极有除了劳动力以外没有东西可出卖的人，还是不够的。这还不足以迫使他们自愿地出卖自己。"（《资本论》第 1卷，人民出版社 1975 年版，第 805 页；2004 年版，第 846 页。）

就客观对象自身而言，是个复杂的结构，从整体看，其发展是历史的，所以有时间结构，如过程的起点、初级阶段、较为发达阶段等；从其规模看，有单个资本、部门资本和社会总资本的区分，前者既是相对独立的，又绝对依赖于后两者。从相互关系看，单个资本各个部分的存在和发展都依赖于其他部分的存在和发展，对前者而言，后者就是存在发展的条件。它包含的生产、交换、分配、消费等职能阶段，彼此都是互为条件的。

资本运动是具体的，它虽然是在特殊的社会形态中才典型化和成熟的，是一种特殊过程，但并非纯粹的特殊过程，与它同时存在和运行的，还有不以特殊社会形态为转移的一般过程，如商品生产和工业化，不仅一般过程寓于特殊过程之中，而且特殊过程也离不开、包含着一般过程。虽然特殊过程不能与一般过程混为一谈，但却彼此相互独立，互为条件。离开了一般的商品生产，特殊过程就生产不出剩余价值来，反之，离开了特殊的资本运动，商品生产就不能典型化。

以上这些互为条件的情况表明，理论过程在考察其中的某一个方面时，要以其他方面为研究条件。

客观对象结构的复杂性决定了对它的研究而须根据对象运动的历史、各历史阶段的主要成分的变化等情况而逐步展开。这就决定了对某一阶段、对象规模等的研究必须以其他阶段、对象规模等存在暂时不论为条件。现实的资本运动中各种不同的结构同时存在并相互作用，也决定了对它们只能分别考察。马克思说："分析的进程要求把研究的对象这样割裂开来，而这种割裂也是符合资本主义生产的精神的。"① 当然，这种分割不是完全主观的。科学研究总要从复杂的结构中首先析出主线、主导成分，如果不将次要的、从属的成分、过程暂时撇开，并将它们当成条件暂时存而不论，就不能突出重点、优先考察关键成分、环节，以提出主导性范畴。正是设置了这样的研究条件，才提供了逐步考察对象各个过程、部分的可能。

《资本论》研究条件的设置和变化，还是处理思想材料的必要手段。具体的客观对象不是纯粹的，其各个部分都是真伪、粗细、表里、彼此等方面的统一体，在科学研究还没有开始对它们解构分析之前，它们甚至是混沌的混合体。如果不先将"伪、粗、表、彼"等东西暂时撇开，并将它

---

① 《资本论》第 1 卷，人民出版社 1975 年版，第 361—362 页；2004 年版，第 378 页。

们作为研究条件，就不能将对象中的"真、精、里"等规定析出，并扩展至"彼"。正是在这样的研究条件下，才使理论规定特别是内在规定的形成成为可能。

研究方法的选择和运用也离不开条件。

马克思在《资本论》中已经明确地说明，他使用的方法是唯物辩证法。虽然这是最根本的方法，但它的运用并非没有或不需要条件，其根本原则是实事求是，一切从实际出发，具体问题具体分析。无论是实事还是具体问题，都是在特定条件下发生的，所以这一方法的运用已经包含了对条件的处理，不仅一切以时间地点条件为转移，而且也由研究材料的复杂变化决定。"研究必须充分地占有材料，分析它的各种发展形式，探寻这些形式的内在联系。"① 但是，由于历史常常是跳跃式地和曲折地前进的，经常出现许多无关紧要的材料，如果处处跟随着它，势必经常打断思想进程，并使工作漫无止境，因此，只能运用逻辑的方法。换句话说，逻辑的方法以"摆脱历史的形式以及起扰乱作用的偶然性"为条件。正是在这种条件下，思想进程的"反映是经过修正的，然而是按照现实的历史过程本身的规律修正的，这时，每一个要素可以在它完全成熟而具有典型性的发展点上加以考察。"②

唯物辩证法又是比较抽象的，所以在具体运用的时候，又表现为很多层次的方法，并且同样需要条件。例如，从抽象上升到具体的方法，它所由以形成的抽象规定就是将复杂的具体对象中的许多具体条件暂时撇开即以为条件而形成的，在考察其中质的规定时，又将其本质规定也暂时撇开，并以此为前提。

二、《资本论》研究条件的形成及变化

《资本论》的研究进程中所设置的研究条件多种多样，如果从与全局的关系看，可以分为两类：一类是总体性的、全书始终不变的。马克思说明，《资本论》中"涉及到的人，只是经济范畴的人格化，是一定的阶级关系和利益的承担者。"③ 这似乎是一种"阶级人假设"，其实不然，在资产阶级社会，阶级关系、阶级利益的对立是普遍的、客观的、无可争议的

① 《资本论》第 1 卷，人民出版社 1975 年版，第 23 页；2004 年版，第 21 页。
② 《马克思恩格斯选集》第 2 卷，人民出版社 1995 年版，第 43 页。
③ 《资本论》第 1 卷，人民出版社 1975 年版，第 12 页；2004 年版，第 10 页。

存在，所以它是研究社会政治经济的一个必要前提、条件，而不是假设，因为它无可置疑。——很显然，这样给定前提，与资产阶级学者的那种个体"经济人假设"完全不同。① ——在研究货币的时候，他又说明："为了简单起见，我在本书各处都假定金是货币商品。"② 关于资本家，马克思也有一个假定：他们都"在平均条件以及平均的智力水平和合乎目的的活动下"③ 运用其资本，并且都有足够的资本量。类似的条件还有很多，它们都贯穿始终。另一类是局部的、会变动的，一个条件提出后只管一定的语境，随后还会变化。这种条件在全书随处可见。

《资本论》的研究条件有些是马克思直接指示的，或者表现为"前提"，或者通过"假定""假设"而提出。当然，这些"假定""假设"，都不是随意的，而是对象运动条件的反映。其中，有的先提出，有的在论述进程中的逐步提出。有些是没有明示的，它们或者间接形成，通过抽象、舍象等方式而形成；或者是潜在的，只有仔细品读思考才能发现。

在《资本论》中，明确指示的条件比比皆是。他在考察单个商品的时候提出的"社会必要劳动时间"就有"在现有的社会正常的生产条件下"，"在社会平均的劳动熟练程度和劳动强度下"这些重要条件。后面还进一步假定："单个商品是当作该种商品的平均样品"④。在这个研究条件下，考察的是只能是同种商品。如果忽视这个条件，对此后的一系列规定的理解就必然有偏差。对明示的前置的条件，读者大都比较注意，但对后置的条件，却很容易忽略。但是，不注意这些研究条件，孤立地理解其中的某一部分论述，就必然产生误解，望文生义。

《资本论》对象结构的复杂性，决定了研究必然要有很多隐匿的条件，它们的形成、存在的方式多种多样：

其一，通过抽象形成，如从资产阶级财富整体中抽象出一个细胞或元素，而以整体部分的存在为前提、为条件。这一抽象，就意味着规定了一系列的研究条件：一，撇开了特殊的资本主义生产关系，但仍然保留了一般的生产关系；二，抽去商品的总量规定、特殊的形态、使用价值规定；

---

① 马克思揶揄道："在资产阶级社会中，流行着一种法律上的假定，认为每个人作为商品的买者都具有百科全书般的商品知识。"（《资本论》第1卷，人民出版社1975年版，第48页脚注（5）；2004年版，第48页页脚注（5））

② 《资本论》第1卷，人民出版社1975年版，第112页；2004年版，第114页。

③ 《资本论》第3卷，人民出版社1975年版，第378页；2004年版，第378页。

④ 《资本论》第1卷，人民出版社1975年版，第52页；2004年版，第52页。

三，将社会对它们的需要即各种社会需要的品种及其量撇开了；四，撇开了生产各种商品的生产条件的差别，实际上也是撇开了各种商品的生产力发展水平差异，撇开了经济发展阶段的差别；四，暂时撇开了商品的所有权规定，从而撇开了商品生产者主体及其差别；五，暂时撇开了流通和各个生产者之间的竞争，从而撇开价值和价格的差别，撇开了种种颠倒的假象。换句话说，这些"暂时撇开"实际上就是设定了一系列的研究条件。但是，这些条件的撇开是暂时的，是暂时存而不论，以后全都要论的。这意味着这种单个商品具有双重性质，既是资产阶级财富的细胞、元素，同时还是一般的商品。这样，也表明一般过程的存在和作用。这一系列研究条件，在这里都是潜在的，但又都扎扎实实地发挥着重大的作用，不可忽略。例如，在第一章，在论述有用劳动的形式经常变换时，我们看到这样的说明："一看就知道，在我们资本主义社会里，随着劳动需求方向的改变，总有一定部分的人类劳动时而采取缝的形式，时而采取织的形式。"①由此可见，这种有用劳动并非资本主义以前长期存在的简单劳动。

其二，通过对象的解构和舍象而形成。在《资本论》的起点，单个商品并非结晶般的单体，而是多因素的统一体，由于单个商品是平均样品，所以可以将其所有权因素撇开。但即使在这种条件下，也不可能同时分析价值和使用价值这两个因素，只能将其中的一个暂时舍象掉，先分析另一个。正如中国古代章回小说经常出现的："花开两枝，话分两头，先按下一头不表，单说重要的一头"。对资本运动，也是先舍象流通、分配，研究最重要的生产过程。这样，舍象就产生了一个个新的研究条件。换句话说，就是以暂时撇开的另外因素、过程、阶段等为条件。这样一层层地地解构，才达到较深层的价值。

其三，在选择确定典型对象的时候就已确定存而不论的因素。典型对象在一定的大背景中运动，既与资本主义体系中、又与体系外的其他对象、因素发生关系。但是，如果研究过程始终纠结于这些相互关系，对典型对象的研究就很难进行。就像物理学家做实验一样，"是在自然过程表现得最确实、最少受干扰的地方考察自然过程的，或者，如有可能，是在保证过程以其纯粹形态进行的条件下从事实验的。"②这样将体系的、非典型部分的影响撇开，实际上也就是提出了一个重要条件。

这样通过或明或隐的方式形成的研究条件，有的是对象本身固有的成

---

① 《资本论》第1卷，人民出版社1975年版，第57页；2004年版，第57页。

② 《资本论》第1卷，人民出版社1975年版，第8页；2004年版，第8页。

分，只不过在有的场合暂时存而不论，像特殊的资本关系在第一研究阶段被暂时撇开；有的虽非对象固有的，但却与对象融为一体，如一般过程；有的是始终潜在而发挥作用的，如国际大背景；有的是临时撇开的，如劳动生产率等。它们构成对象运动的必要条件、充分条件、临时条件，发挥着巨大的作用。

《资本论》的研究条件是会变化的，而且变化是有规律的。除了那些始终不变的基本条件外，其余的条件在一个地方设立意味着它在另外的地方还会再恢复，以至于整个过程的研究条件不断变化。

首先，是在同一个研究阶段中的回归、还原，这主要是指舍象条件的还原。例如，在第一章第一节在考察了交换价值与价值的关系之后，马克思就将交换价值这种形式暂时撇开。正是在这种条件下，他才得以揭示了价值各种一般规定。此后，到第三节他就让这种条件回归："现在我们必须回到价值的这种表现形式。"① 无论是暂时撇开还是逐步还原，都造成了一种特殊的研究条件，形成研究的边界，影响理论的内容。

其次，是阶段性的回归、还原，即将过程开始时设定的条件在不同的研究阶段分期分批地引进研究过程。有些条件是阶段性的，只有在特定的阶段才进入或回归研究过程。例如资本关系，在开篇，基本上是暂时撇开的，但从第二篇起，就回归研究过程了。在考察完单个资本的运动之后，只有结合工业化的升级、资本和劳动力的全面流动等条件或中介，才能进入第三研究阶段，考察自由资本主义较为发展阶段社会总资本的运动。经过这样一个阶段一个阶段地还原，就一步一步地接近还原总体对象。

再次，是过程性的回归、还原，这是对整个研究过程而言的。有些条件作为长期固定的前提始终存在，不到时候，它们对理论发展的实际作用是存而不论的。马克思说："凡在对象开始时不是作为过程的前提和条件出现的东西，在过程结束时也不可能出现。但是另一方面，一切作为前提和条件的东西，在过程结束时则必然出现。"② 如果这些前提和条件出现，就意味着一个新的逻辑圆圈开始了。第三卷末篇说："在描述生产关系的物化和生产关系对生产当事人的独立化时，我们没有谈到，这些联系由于世界市场，世界市场行情，……繁荣和危机的交替，会按怎样的方式对生产当事人表现为不可抗拒的、自发地统治着他们的自然规律，并且作为盲目的必然性对他们发生作用。……我们只需要把资本主义生产方式的内部

---

① 《资本论》第 1 卷，人民出版社 1975 年版，第 61 页；2004 年版，第 61 页。

② 《马克思恩格斯全集》第 46 卷下册第 262 页，人民出版社 1980 年版。

组织，在它的可说是理想的平均形式中表现出来。"① 按照理论发展的逻辑，进一步的研究应逐步让这些条件回归研究过程。在他原拟的五册计划中，考察完一国资本运动之后，还要考察资本主义生产的国际关系，国际分工，国际交换，输出和输入，汇率，世界市场和危机等，② 只不过后来马克思有意专门研究英国的资本运动，而有意将后面这些环节或问题留给别人、后人"在已经打好的基础上去探讨"③。

三、研究条件的变化与科学批判的发展

在《资本论》中，研究条件是不断变化的。也就是说，研究条件的设置既包含它们在理论过程的不同阶段、地方提出、发挥作用，还包括它们的变化，或者是原有条件的放松、放弃，或者在另外的地方、阶段或增加、或演变，使理论环境发生变化，而导致原有的理论规定发生变化。人们不难发现，研究条件的多少与理论规定的具体化、复杂程度成反比，越是抽象的规定，研究条件越是严格。与终点处相比，起点的研究条件最为严苛和复杂。在第三卷开头处马克思说：理论"同资本在社会表面上，在各种资本的互相作用中，在竞争中，以及在生产当事人自己的通常意识中所表现出来的形式，……一步一步地接近"，与此相适应，对这些颠倒的表现形式的科学批判也越来越突出和集中、具体化。

在《资本论》中，研究条件或者是客观情况决定的，或者是理论研究的需要确定的，而这些都是会变化的，所以除了前述的"总体的、全书始终不变的"的以外，其他条件都是会变化的。它们的变化，有的是被放松了、回归了，进入研究过程后变成必须结合研究的内容了。例如资本关系，在第一阶段被暂时撇开，但到第二逻辑阶段，就成了最重要的研究对象了。有的是因为有其他阶段、条件的产生而改变的。例如，第二逻辑阶段考察的单个资本有机构成、周转周期的区别，到了第三逻辑阶段，就转变为不同领域有机构成、周转周期的差别，如此等等。

研究条件的变化，必然引起原有理论规定内容的变化。在这些变化中，有的是增加了新的规定，有的改变了原有的规定，有的是颠倒了原有

---

① 《资本论》第 3 卷，人民出版社 1975 年版，第 939 页；2004 年版，第 941 页。

② 《马克思恩格斯全集》第 46 卷上册，人民出版社 1979 年版，第 46 页。

③ 马克思致库格曼，《马克思恩格斯〈资本论〉书信集》，人民出版社 1976 年版，第 170 页。

的规定，还有的是产生了新的逻辑过程。这些变化，既发生在同一研究阶段，也发生在不同的研究阶段、研究过程。通过这些变化，理论过程的内容丰富了，规定比较具体了，科学批判也从批判对客观对象内部规定转向批判内在规定在外部的颠倒表现。

首先，条件变化增加了新理论规定。这即使在同一研究阶段中也有很多，例如，在假定工人的必要劳动时间不变的条件下，考察资本家如何想方设法延长工作日的长度，以生产绝对剩余价值；尔后，在假定工作日的长度不变的条件下，考察资本家如何缩短工人的必要劳动时间，以生产相对剩余价值。再后来，就将两种情况统一起来考察剩余价值的生产。这样，剩余价值的规定就丰富了。由是，也深化了对资本和雇佣劳动的本质关系的科学批判。

其次，条件变化改变原有规定。它不仅因研究阶段不同而变化，在同一研究阶段也能发生。例如，在暂时撇开交换的条件下，商品价值量的货币表现就是价格，但一加进交换，如果不是从很长时间来看，价值与价格就必定在质和量上发生背离。随着研究阶段的上升，这种变化就更大了。在第一研究阶段，马克思暂时将资本关系抽出撇开，但从第四章开始，资本关系回归研究过程，从而开始了第二研究阶段。在这里，前面所涉及的流通形式的许多规定都发生变化了："货币羽化为资本的流通形式，是和前面阐明的所有关于商品、价值、货币和流通本身的性质的规律相矛盾的。"① 对象社会性质的确定当然是至关重要的条件，它对自身运行的影响是决定性的，所以这种变化是必然的发生的。在考察社会总资本运动的第三研究阶段，随着生产力的转型发展、资本关系的深化，利润率的平均化等条件变化，价值就转化为生产价格了。显然，这样改变并非推翻此前的规定，而是使之更加丰富和具体。

特殊过程的发展改变一般过程的规定是明显的，而一般过程的发展作为条件的改变对特殊过程的规定虽不那么明显，却十分重要。在开篇，研究的是抽象的单个生产者，生产条件、生产率的变化可以暂时撇开，而在研究单个资本运动的场合，生产条件、生产率就是不可忽视的。在第二研究阶段，因为加进了生产条件，劳动生产率就是相对的劳动生产率了。众所周知，马克思创造性地在在价值规律的基础上揭示了剩余价值的真正来源，有个重要条件，即论证劳动力作为商品的买卖及它的实际使用所创造的价值大于它自身的价值。但单单这样解释还不够，还需要说明为什么

---

① 《资本论》第 1 卷，人民出版社 1975 年版，第 177 页；2004 年版，第 182 页。

"劳动力一天的维持费和劳动力一天的耗费，是两个完全不同的量"①，换句话说，这里隐含着一个非常重要的条件，即一定的相对劳动生产率。在第五章，马克思已经论述了劳动过程需要有一定的生产资料，实际上已经涉及了这种条件，只不过为考察绝对剩余价值生产的方便而将劳动生产率的变化暂时撇开或后置了，只是在研究过相对剩余价值的生产之后，他才将这种条件在第四篇第 14 章提出来："没有一定程度的劳动生产率，工人就没有这种可供支配的时间"②。显然，相对劳动生产率的形成和提高是属于一般过程的事情，这种条件对资本运动是至关重要的。可见，只有这样根据全书的逻辑发展来发现相应的研究条件及其作用，才能真正理解《资本论》相关规定的发展。进一步看，理论的这样发展还是批判的，一方面是理论的自我发展，自我更新，另一方面，是对客观对象的批判也更加深入。

再次，研究条件的变化使原有规定颠倒表现。科学研究透过现象揭示的本质，是抽象性的、看不见的。但是，这样的抽象的本质规定是否彻底、科学，必须经过检验。但因其无形，看不见，难于直接检验，所以只能将其与原先暂时舍象的条件结合而还原。能还原并能由此说明现实，就是客观的、合理的。反之，就是不彻底的。何况研究所暂时撇开的东西是对象固有的，有很多是不能永久撇开的，必须按照一定的程序使之回归研究过程。按照马克思的说明，在探索到对象的内在本质之后，"行程又得从那里回过头来"说明表象，但是这回它"已不是一个混沌的关于整体的表象，而是一个具有许多规定和关系的丰富的总体"③了。也就是说，科学研究既要深化，又要外化，是深化与外化的统一。④而且，从唯物辩证法来看，本质规定本身一定要发挥作用，一定要在社会表面上表现出来。也就是说，资本的"内部有机生命"一定要"进入外部的生活关系"⑤中。所谓的"内部有机生命"实质上就是各种内部主体之间的关系。但是，外部的生活关系都是在流通中、在主体之间的竞争中，而流通与生产不同，展现的都是表象，"在竞争中，从而在竞争当事人的意识中，一切

---

① 《资本论》第 1 卷，人民出版社 1975 年版，第 219 页；2004 年版，第 225 页。

② 《资本论》第 1 卷，人民出版社 1975 年版，第 559 页；2004 年版，第 585 页。

③ 《马克思恩格斯全集》第 46 卷上册，人民出版社 1979 年版，第 38 页。

④ 参看陈俊明："《资本论》：深化与外化的统一"（《中国人民大学报》2006 年第 5 期。

⑤ 《资本论》第 3 卷，人民出版社 1975 年版，第 52 页；2004 年版，第 52 页。

都以颠倒的形式表现出来"①，这些表象虽然"是和这种关系的内在的、本质的、但是隐蔽着的基本内容以及与之相适应的概念大不相同的，并且事实上是颠倒的和相反的"②，但却是内在本质的外在表现，所以，马克思在第三卷用了巨大的篇幅来阐明流通、资本家之间的竞争导致内在规定的颠倒表现。

实际上，论述这种内在规定的颠倒表现，在第一研究阶段就已经有了。在暂时撇开交换关系发掘出商品中包含的价值之后，马克思又将交换关系这一条件重新纳入研究过程，阐明人们在自己劳动中的社会关系并非直接表现，而是在交换中颠倒地"表现为人们之间的物的关系和物之间的社会关系。"③ 这种情况在第二研究阶段也有，即资本家剥削雇佣工人的本质关系在流通中被颠倒表现为工人的劳动力与资本之间的平等交易。至于第三阶段，这种论述就更多了。在这里，在流通之上还加进了资本家观念这些原先被暂时撇开的条件。马克思指出，流通不仅将一切真相都掩盖了，而竞争将内在规定都颠倒表现了，并且，这些颠倒还形成了资本家的"奇特的观念"④ 和"流行的思维形式"⑤，其最集中的表现就是著名的"三位一体公式"，它把资本家和土地所有者联合剥削工人的关系，颠倒表现为三种生产要素共同创造价值的关系，并使之进一步表现为收入决定价值的关系。⑥ 科学研究阐明本质的颠倒表现，实际上是对本质规定的扩充，因为"假象的东西是本质的一个规定，本质的一个方面，本质的一个环节。本质具有某种假象。"⑦ "形式是本质的。本质是有形式的"。⑧ 因为假象掩盖本质，颠倒地表现本质，所以常被资产阶级学者夸大并津津乐道，所以结合流通、资本家的观念这些条件来阐明这些转化，并深入批判之，也构成了科学批判的重要内容。与在不同的条件下逐步再现对象总体的过程相适应，马克思也在不同的条件下进行科学批判，随着条件的放松或回归研究过程，再现的对象越来越具体，批判也越来越具体。了解了研究条

---

① 《资本论》第 3 卷，人民出版社 1975 年版，第 250 页；2004 年版，第 250 页。
② 《资本论》第 3 卷，人民出版社 1975 年版，第 233 页；2004 年版，第 231 页。
③ 《资本论》第 1 卷，人民出版社 1975 年版，第 89 页；2004 年版，第 90 页。
④ 《资本论》第 3 卷，人民出版社 1975 年版，第 257 页；2004 年版，第 256 页。
⑤ 《资本论》第 1 卷，人民出版社 1975 年版，第 593 页；2004 年版，第 621 页。
⑥ 参看陈俊明著"《资本论》基本理论在终篇的具体化——《资本论》终篇再研究"第八章第二节，中央编译出版社 2012 年版。
⑦ 列宁：《哲学笔记》，人民出版社 1974 年版，第 134、137 页。
⑧ 列宁：《哲学笔记》，人民出版社 1974 年版，第 151 页。

件的设置、处理与再现、批判的联系，我们就应认识到，对萨伊公式的批判，只能安排在终篇再现对象总体在社会表面上的表象时进行，不可提前、错位。因为批判萨伊公式就是这种颠倒的社会表象的理论反映。正是在这种意义上，我们可以说终篇是《资本论》科学批判的具体化。

最后，条件的变化还导致理论的开放性发展。不言而喻，理论是要发展、会发展的。就马克思的资本理论而言，它在一定逻辑阶段形成、完善后，上升到新的逻辑阶段，有赖于条件的变化，包括研究对象的范围的扩大、各种主体的关系复杂、对象的运动条件变化等，换句话说，这些都是原先暂时撇开的，作为研究条件存在的。就整体理论而言，当然是要继续发展的。其发展重要机制就是结合新的研究条件。马克思十分明确他研究的具体对象是什么，他认为：科学研究"总是采取同实际发展相反的道路。这种思索是从事后开始的，就是说，是从发展过程的完成的结果开始的。"① 对他来说，这个具有典型形态的"完成的结果"只是 19 世纪中叶英国的资本运动，而他是"反过来"写的。就此而言，他的研究和批判是完成了。恩格斯曾说过：《资本论》"第一卷表明，资本家怎样从工人那里榨取剩余价值"，第二卷则论述剩余价值的流通，"第三卷所阐述的就是剩余价值的分配规律。而讲完了剩余价值的生产、流通和分配，也就结束了剩余价值的整个生涯，此外对它就没有更多的东西好谈了。"② 即使这样，还有许多原先还未涉及的领域，例如从经济到政治社会、从一国到多国的关系等，都需要进一步研究。即使这些内容都按照计划全部完成，那也不过是全方位地再现了对象当时的具体。只要客观对象没有结束自己的历史行程，其发展的条件就会变化，马克思主义政治经济学批判就还需要发展，而路径依然是条件的变化。这些条件包括对象本身属性的变化，如它从自由资本主义阶段进入帝国主义阶段，垄断与竞争并存等，而外部条件的变化则是单一的资本主义世界市场被社会主义国家、发展中国家打破等情况。列宁正是根据资本主义发展的 19 世纪末 20 世纪初新的国际国内经济政治条件的变化，来考察资本主义怎样进入帝国主义阶段的。

总之，正是通过这些研究条件及其变化，才能表现资本运动的大背景的影响，表现它与一般过程的相互促进，表现其内部因素、诸如资本家的实力、行为路径、彼此竞争、经验观念的变化导致的资本流动对总体资本运动的决定性影响，使之逐步典型化、成熟化，表现出过程性、阶段性、

① 《资本论》第 1 卷，人民出版社 1975 年版，第 92 页；2004 年版，第 93 页。
② 《马克思恩格斯全集》第 22 卷，人民出版社 1965 年版，第 511 页。

时段性、时点性、表象性，表现资本运动因阶段和条件变化而转型。同样的，通过这些研究条件的变化，对垄断资本运动的科学批判，也进入一个新的逻辑阶段。

第二篇
总的科学批判

马克思在《1861—1863 年经济学手稿》——即《剩余价值理论》中有个 [总的评论]："所有经济学家都犯了一个错误：他们不是就剩余价值的纯粹形式，不是就剩余价值本身，而是就利润和地租这些特殊形式来考察剩余价值。由此必然会产生哪些理论谬误，这将在第三章中得到更充分的揭示，那里要分析以利润形式出现的剩余价值所采取的完全转化了的形式。"① 在整个研究的开端处提出这样一个"总的评论"，具有画龙点睛、提纲挈领的作用，意义非凡。有这样的先例，《资本论》作为理论再现和政治经济学批判的统一，当然也有必要这样安排。

现在通用的《资本论》第一卷，是再版过多次的版本，所以有五篇序言两篇跋，分别由马克思和恩格斯撰写。在马克思逝世之后，恩格斯整理编辑马克思《资本论》的遗稿，出版了《资本论》第二、第三卷，并且为这两卷著作撰写了很长的序言。这些序言和跋既向读者介绍著作的写作、修改和出版的状况，又明示了《资本论》的研究对象和研究方法、全书结构，具有全书研究和批判"总的提示"的作用。与马克思自己撰写的一版序言和二版跋一样，恩格斯撰写的几篇序言也有独立的科学批判价值。它们除了介绍了编辑的情况外，还针对一系列重大的理论问题进行科学批判。在恩格斯这里，主要是针对马克思身后的资产阶级学者。

和《剩余价值理论》有所不同，这些序言和跋突出地表明，他们是以无产阶级代表的身份进行批判的，而且涉及的对象很全面：客观的资本运动、资本主义制度、主观的资产阶级经济学，表达了他们所代表的无产阶

① 《马克思恩格斯全集》第 26 卷第 I 册，人民出版社 1972 年版，第 7 页。《马克思恩格斯全集》第 33 卷的译文有所修改："所有经济学家都犯了一个错误：他们不是纯粹地就剩余价值本身，而是在利润和地租这些特殊形式上来考察剩余价值。由此会产生哪些必然的理论谬误，这将在第三章中得到更充分的揭示，那里要分析剩余价值作为利润所采取的完全转化了的形式。"（人民出版社 2004 年版，第 7 页。）但两版的意思完全一样。

级的价值、情感、意志。与正文相比，这些序言和跋虽然比较简短，但批判却是全方位的，包括古典经济学和庸俗经济学的对象、方法和主要理论。从《资本论》全三卷的政治经济学批判来看，是提示了"总的科学批判"。

第三章 《资本论》序言、跋中的 "总的科学批判"

马克思为第一卷分别为德文版和法文版各撰写一篇序言和一篇跋。这是人们最为熟悉和重视的，它们包含着极为丰富而深刻的思想和方法，也向世人提示着该著作的价值和理论目的。所以我们的研究也要先在这里驻足探索。

由于德文版的序言和跋都写得很详细，而法文版序言和跋写得比较简短，所以我们主要研究德文版的序言和跋。但法文版的序言和跋言简意赅，意蕴隽永，也不可忽视。例如在法文版序言中，他突出了所使用方法的独创性和学术性："我所使用的分析方法至今还没有人在经济问题上运用过，这就使前几章读起来相当困难。"在这里，他还有一句流传和影响极广、感人至深的名言："在科学上没有平坦的大道，只有不畏劳苦沿着陡峭山路攀登的人，才有希望达到光辉的顶点。"① 这既是对追求真理的读者的警示和激励，也是他自身艰苦工作和为无产阶级攀登高峰的志向的深刻写照。

第一节 第一版序言的科学批判

政治经济学批判是《资本论》的副标题，《资本论》的 1. 科学批判贯穿全书的正论即理论再现，赋予、突出了理论再现的灵魂、价值和方向，所以必须紧密联系政治经济学批判来理解《资本论》的理论，以及这个序言。

在第一版序言开头，马克思阐明了它既是《政治经济学批判。第一分册》的"续篇"，又将后者包含在内："前书的内容已经概述在这一卷的第一章中。这样做不仅是为了联贯和完整，叙述方式也改进了。在情况许可的范围内，前书只是略略提到的许多论点，这里都作了进一步的阐述；相

① 《资本论》第1卷，人民出版社1975年版，第26页；2004年版，第24页。

反地，前书已经详细阐述的论点，这里只略略提到。"① 这给人们一个重要提示，必须紧密联系政治经济学批判来理解《资本论》的这个序言。

对这个序言，人们最关注的莫过于马克思关于研究对象的表述："我要在本书研究的，是资本主义生产方式以及和它相适应的生产关系和交换关系。"② 所以大多数人都很自然地将注意力集中在如何理解其中所涉及的生产方式、生产关系、分配关系及其关系上，而忽视了这里的科学批判。但如果联系《资本论》的副标题：政治经济学批判，那么还应意识到在这里有对资本运动、资产阶级学者展开的批判。如果从对客观对象的选定和批判、对资产阶级经济学的批判来看，将会领悟到，这里所涉及的内涵相当丰富。对总体对象的批判，涉及对典型对象与非典型对象、对上层建筑、对经济主体的批判等，对资产阶级经济学的批判涉及面很广，包括古典经济学、庸俗经济学。

在序言中，至少包含三个部分的批判。

一、价值形式研究的科学批判

在序言中，马克思这样说："万事开头难，每门科学都是如此。所以本书第一章，特别是分析商品的部分，是最难理解的。……以货币形式为其完成形态的价值形式，是极无内容和极其简单的。然而，两千多年来人类智慧在这方面进行探讨的努力，并未得到什么结果，而对更有内容和更复杂的形式的分析，却至少已接近于成功。"③ 接着他又说："对资产阶级社会说来，劳动产品的商品形式，或者商品的价值形式，就是经济的细胞形式。"④ 可见，这里说的不是两千多年前已经存在的那种价值形式，而是资产阶级社会的商品的价值形式。它作为一种"细胞形式"，是从整个资本主义经济总体中抽出的。尽管它两千多年前就已经存在，并且发展到"以货币形式为其完成形态"，但是，它在两千年前还不具备它的充分发达形态中包含的那些规定，就像马克思在《政治经济学批判。导言》中说的那种简单范畴一样，其中"不发展的具体可以已经实现，而那些通过较具体的范畴在精神上表现出来的较多方面的联系和关系还没有产生；而比较

---

① 《资本论》第 1 卷，人民出版社 1975 年版，第 7 页；2004 年版，第 7 页。
② 《资本论》第 1 卷，人民出版社 1975 年版，第 8 页；2004 年版，第 8 页。
③ 《资本论》第 1 卷，人民出版社 1975 年版，第 7—8 页；2004 年版，第 7 页。
④ 《资本论》第 1 卷，人民出版社 1975 年版，第 8 页；2004 年版，第 8 页。

发展的具体则把这个范畴当作一种从属关系保存下来。"① 显然，后者指的是"更有内容和更复杂的形式"，也就是说，这是个历史性的范畴，它是从简单发展到复杂的，因此，在研究中必须充分意识到它在不同历史时期所表现的东西之间的区别和联系。

资本主义社会的商品的结构非常复杂，就不同历史时期看，有简单形态的，也有复杂形态的，就性质而言，有一般的，也有特殊的，等等。无论它们彼此之间有多大的区别和联系，作为商品全都具有价值形式。但是，由它们的形态和性质区别所决定，各种商品的价值形式必定有很大的区别。"细胞"和"总体"的区分就从不同的方面表现了两者之间的复杂关系。在实际过程中，是总体形态和细胞形态——从总体中抽出的，——即同一对象不同部分（总体和细胞）的关系，细胞包含着总体的基因；在理论过程中，是同一对象的不同层面的关系（抽象与具体）的关系，简单价值形式是复杂价值形式的萌芽，复杂形式是简单形式的完成形态。所以，序言的阐述涉及两个紧密联系而又相对独立的层次，一是总体对象中的细胞，一是总体对象本身。考察它，是要由简单对象而上升到复杂对象。所以，序言的阐述涉及两个层次，一是总体对象中的细胞，一是总体对象本身。

作为一种"细胞形式"，当然不能单独存在，而要依存于整个资本主义经济总体。进一步看，既然是整个理论的开头，就一定与总体对象有关。所以，考察它，是要由简单对象而上升到复杂对象。序言对资本主义经济总体的科学批判，首先是对价值形式作为客观对象细胞的研究和批判。

在马克思看来，价值形式虽然不起眼，但作为发展的形式，它包含着非常复杂规定的萌芽："20 码麻布＝1 件上衣这一形式，只是 20 码麻布＝2 英镑这一形式的基础，所以，最简单的商品形式——在这种形式中，商品的价值还没有表现为对其他一切商品的关系，而只是表现为和它自己的天然形式不相同的东西——就包含着货币形式的全部秘密，因此也就包含着萌芽状态的劳动产品的一切资产阶级形式的全部秘密。"② 所以，这是至关重要的问题。不过，考虑到在第一章马上就要详细地论述，所以马克思在序言中只说了"以货币为其完成形态的价值形式""极无内容和极其简单

---

① 《马克思恩格斯全集》第 46 卷上册，人民出版社 1979 年版，第 40 页。

② 《马克思和恩格斯〈资本论〉书信集》，人民出版社 1976 年版，第 215—216 页。

的""商品的价值形式，就是经济的细胞形式"等寥寥数语，语焉不详，既调动了读者的注意力，还让人莫名其妙。之所以这样处理，是因为价值形式有多种发展形式，有多样性规定，必须逐步展开，很难在开头一下子讲清楚。所以他安排在第一章详细地论述。这样，反而有引人入胜的意味。但为了便于理解在价值形式研究中包含的科学批判，这里有必要根据《资本论》正文的相关论述做些说明。

关于价值形式，马克思在不同的地方有不同的表述，但它们又有内在的联系。

在第一章第一节，马克思在析出商品包含的价值之后说："研究的进程会使我们再把交换价值当作价值的必然的表现方式或表现形式来考察，但现在，我们应该首先不管这种形式来考察价值。"① 这是正文关于价值形式的第一次表述，从"交换价值当作价值的必然的表现方式或表现形式"来看，它是价值的表现形式。

再看第一章第三节，其标题是："价值形式或交换价值"，可见，在看得见的、直接性的意义上，价值形式和交换价值是一回事。但在文中，马克思又说：商品"具有二重的形式，即自然形式和价值形式。"② 与看得见的自然形式相比，这里的价值形式是看不见的，是在交换中才表现出来的形式。只要认真品味，在马克思所举的两个等式中，我们就可发现有"看得见"的和"看不见"的两种价值形式：

x 量商品 A＝y 量商品 B，或 x 量商品 A 值 y 量商品 B。
（20 码麻布＝1 件上衣，或 20 码麻布值 1 件上衣。）③

在第一个等式中，价值形式首先是一种商品的交换价值，这的确很简单，似乎没有必要多加分析。从字面看，20 码麻布＝1 件上衣，或 20 码麻布值 1 件上衣，这二两个等式是等价的。但是，只要认真品味，不难发现，"＝"和"值"是有差别的。"等于"1 件上衣，指的是物与物交换，"值"1 件上衣，突出的是"值"，包含的内容就不同了，指的就是商品交换了。因为上衣已经不是麻布所有者交换的目的，只是代表一个和使用价值不同的"值"、一个进一步交换的中介。显然，应该在这种意义上来理解"二

---

① 《资本论》第 1 卷，人民出版社 1975 年版，第 51 页；2004 年版，第 51 页。
② 《资本论》第 1 卷，人民出版社 1975 年版，第 61 页；2004 年版，第 61 页。
③ 《资本论》第 1 卷，人民出版社 1975 年版，第 62 页；2004 年版，第 62 页。

重形式"中的"价值形式"。当然，这种意义的价值形式还是直接性的。

这样，马克思通过"="向"值"的转变，透过这个直接性的"价值形式"，透过麻布和上衣各自在交换中的地位和交换目的来进一步考察它，从而发现其中包含的看不见的东西：无差别的人类劳动的等同性即价值性质的物的形式，这"是一种很古怪的东西，充满形而上学的微妙和神学的怪诞。"它使产品转化为商品，"变成一个可感觉而又超感觉的物"①。之所以这样，因为它本质上是无差别的人类劳动的等同性的物的形式。这样看来，它就不是表面看来"极无内容和极其简单"东西，而是很值得研究的对象了。就"x 量商品 A＝y 量商品 B"看，它一览无余，可以通过一般经验思维理解的东西，是直接性的；就其能使物品转化为商品的这种属性看，它不可捉摸，只有运用理论思维和批判思维才能理解，是间接性。后者虽然也是"极无内容和极其简单"的，但它却是《政治经济学批判。导言》指的那种"稀薄的抽象，……最简单的规定。"② 这样看来，它是一个复杂的结构，是既简单又不简单。两千多年来人类智慧在这方面进行探讨的努力，并未得到什么结果，就因为不懂得它的二重性存在，不懂得"="向"值"的转变包含着多大的进步：交换历史的进步、理论研究的进步。

马克思发现，在最初的交换中，交换者大都进行物物交换，但随着需要的变化，交换的目的就发生变化了。这种变化是历史演进的，有四种形态，最后才以货币为其完成形式。越是考察它的发展形式，越能发现这种内在的价值形式存在的客观性、社会性、必要性、演化的必然性，及其与外在的价值形式的区别，越能发现麻布或任一种商品不只与上衣交换，而是与整个商品世界发生联系。

马克思不仅考察了价值形式的四种发展形式，而且还进一步分析和批判它所产生的拜物教性质；在存在着一般的社会分工和生产资料私有制的条件下，生产者的劳动是片面的，但他的需要是全面的，所以就需要交换。但人们不能直接交换劳动，只能通过交换他们的劳动产品来交换，这样人与人之间的关系就颠倒地转变为物与物之间的关系。本来，是劳动形成价值，表现为价值形式，是人支配价值。但是，在价值形式独立化、特别是采取货币形式后，情况就颠倒了，变成了价值形式这种特殊的"价值

---

① 《资本论》第 1 卷，人民出版社 1975 年版，第 87 页；2004 年版，第 88 页。
② 《马克思恩格斯全集》第 46 卷上册，人民出版社 1979 年版，第 37 页。

物"支配人,① 甚至会"使一部分经济学家受到迷惑"②。马克思认为,虽然这种颠倒是必然发生的,对交换、生产、某些经济主体的发展有一定的积极意义,但在造成劳动的异化以及异化的发展上,对大部分劳动者、对生产也具有相当大的消极意义。所以必须对这种颠倒进行批判。但是,既然在特定的社会经济条件下它是必然发生的,要消灭它,就必须先消灭这些社会经济条件。这样,对价值形式的批判就内在地包含着对资本主义经济制度的彻底批判。

马克思的研究表明,价值形式是不断演化的,包括从简单的价值形式,到扩大的价值形式、一般的价值形式、货币形式的演化,也包括进一步从货币形式演化到资本形式,从实体资本到虚拟资本。这一过程,表现了价值形式在资本主义社会中的演变,体现了它的自我批判,它的必然发展,而这种批判又不是简单地推翻,而是辩证地否定。

但是,马克思并不满足于这样的再现,他还进一步指出:"在产品的价值形式中,已经包含着整个资本主义生产形式、资本家和雇佣工人的对立、产业后备军和危机的萌芽"③。从其发展揭示其包含的内在矛盾发展的趋势,而这种矛盾在一定社会经济条件的深化和激化又必然导致资本主义的灭亡,这样代表无产阶级进行的批判当然是对他批判。

由此可见,马克思对客观对象的批判并非全部是对他批判,还包含科学地反映对象客观进行的自我批判。与对他批判相比,资本的自我批判是自发实施的,是通过激烈的竞争、周期性的波动、以巨大的损失、花费为代价的,有相当大的时间成本而且是被动实施的,是在资本运动的逻辑允许的轨道内进行的,并且最终还不可能完全改变已经不适应生产力发展根本要求的生产关系。

由此可见,马克思的分析既是一种发现、再现,也是一种批判,批判表面化、静止化、孤立化的价值形式掩盖、扭曲了内在的、复杂的价值形式,还反映了客观对象的自我批判。

---

① "在交换者看来,他们本身的社会运动具有物的运动形式。不是他们控制这一运动,而是他们受这一运动控制。"(《资本论》第 1 卷,人民出版社 1975 年版,第 91 页;2004 年版,第 91 页。)

② 《资本论》第 1 卷,人民出版社 1975 年版,第 99 页;2004 年版,第 100 页。

③ 《马克思恩格斯选集》第 3 卷,人民出版社 1995 年版,第 661 页。

二、总体对象研究的科学批判

马克思不仅仅揭示了价值形式的二重性，还将它与总体对象联系起来。从篇幅看，第一版序言主要是阐述《资本论》对总体对象的研究和批判，因为后者是"更有内容和更复杂的形式"。

客观对象作为具体的总体是相当复杂的，是类存在物，是个由许多发展程度不同的国家构成的体系，因而不能胡子眉毛一把抓式地将它们混搭在一起，而必须从中筛选出典型性的代表来研究。马克思说：就像"物理学家是在自然过程表现得最确实、最少受干扰的地方考察自然过程"一样，"我要在本书研究的，是资本主义生产方式以及和它相适应的生产关系和交换关系。到现在为止，这种生产方式的典型地点是英国。因此，我在理论阐述上主要用英国作为例证。"① 这一论述在说明《资本论》的研究对象的同时，也说明要选择其中的典型对象。

关于研究对象，且不说它与历来的资产阶级经济学的区别以及对后者的批判，仅就这种表述，也已经显示了它的批判性，区分对象的直接性和间接性，先从直接性入手。

人们在谈到这一表述时，总是先入为主地以现在通行哲学教科书的概念来理解，因而纠结于其中的"生产方式、生产关系、交换关系"等概念及其关系，将哲学意义的和政治经济学意义的概念混为一谈，纠结于《资本论》不同地方运用这些概念时所包含的内涵之不同。同时，也大都忽视"和它相适应"的特别限定。因此，这些考据虽然有特定的学术价值，但也容易因此导致对《资本论》对象的理解彼此相左。但是，当我们注意到《资本论》第一卷法文版将德文版中的"这种生产方式的典型地点是英国"译为"英国是这种生产的典型地点"②，而"生产"是直接性的，因而"和它相适应"的生产关系和交换关系也都是直接性的。这样，它们之间似乎存在的一定程度的包含就都不存在了，也就是说，在直接性意义上，生产方式并不是生产关系和生产力的统一，生产关系也不是生产、交换、分配、消费等四种关系的统一，这样，原先的一切迷茫疑惑就都消失了。从这样的意义看，"相适应"才是好理解的。如果硬将"生产方式"当成上位概念，那么生产关系作为下位概念，两者就不是"相适应"的关系，

① 《资本论》第 1 卷，人民出版社 1975 年版，第 8 页；2004 年版，第 8 页。
② 《资本论》第 1 卷法文版，中国社会科学出版社 1983 年版，第 8 页。

而是"属种"关系了。在上面的研究中，我们已经看到，价值形式有直接性和间接性两个层面，同样的道理，生产方式、生产关系、交换关系等也都有这样的二重性。所以确定研究对象的直接性入手，意味着由此还要进入其间接性的层面。

进一步看，这个研究对象不是泛指的，而是特指的，是典型对象。在19世纪中叶，资本主义生产方式在西欧已经普遍的存在，但各自的发展程度并不相同，所以不能一概而论，不能等量齐观，全都同时研究。

确定这样的典型对象，当然与科学批判紧密联系，也充溢着批判精神。

所谓的典型，是相对而言的，一方面，从与同类对象相对来看，是从整个资本主义世界体系中抽出来的，是整个资本主义世界的代表，但这并不意味着它等同于后者；这种典型的确定，决不能主观随意。另一方面，是从所选择对象自身的不同发展阶段来看的。资本主义生产方式作为客观对象的存续是个很长的历史过程，不能等到它寿终正寝的时候才来研究，而研究和反映它的理论的篇幅即使再宏大，也不可能将其完全再现。一个研究者倾其毕生精力，充其量也只能研究其某个时期的运动，马克思也不例外，其研究和再现仍然不可能是全时态的，全景式的，巨细无遗的，更不可能一下子将它和盘托出，而只能研究其中最重要、最能体现全程发展的最基本的部分。这种典型对象的选择确定，当然是批判的结果。

之所以要选择英国为典型，有诸多原因和批判：

其一，是英国资本主义是整个资本主义世界中"工业较发达的国家"①，也是资本关系较发达的国家。马克思举纸张生产为例说："我们可以详细而有益地研究以不同生产资料为基础的不同生产方式之间的区别，以及社会生产关系同这些生产方式之间的联系，因为德国旧造纸业为我们提供了这一部门的手工业生产的典型，十七世纪荷兰和十八世纪法国提供了真正工场手工业的典型，而现代英国提供了自动生产的典型"②。只有这样"自动生产的典型"才是资本主义生产的典型，才能使基本矛盾、主要矛盾成熟、尖锐化并将它们充分地展示出来。但马克思还说明，这种典型对象的研究也与其他资本主义国家有关系。英国当时"所显示的，只是后者未来的景象。"针对德国读者的伪善和盲目乐观，他"大声地对他说：

① 《资本论》第1卷，人民出版社1975年版，第418—419页；2004年版，第438页。

② 《资本论》第1卷，人民出版社1975年版，第8页；2004年版，第8页。

这正是说的阁下的事情!"①

其二,在英国,"资本主义生产的自然规律所引起的社会对抗的发展程度"很高,并且"这些规律本身"在被资本关系控制后,不是按照它自身固有的逻辑发展,而是呈现出"以铁的必然性发生作用并且正在实现的趋势"②。本来,"生产的自然规律"对社会发展是有利的,但"资本主义生产的自然规律"却会引起社会对抗的发展。伴随着资本主义生产在英国的完全确立,资产阶级与无产阶级的阶级矛盾也迅速尖锐化。它向资本主义较不发达国家显示的,不仅有生产发展,还有社会对抗的发展。在充分肯定资本主义生产关系对生产力发展的积极作用的时候,马克思总能看到它及其上层建筑对劳动大众的消极作用。

其三,阶级斗争的发展迫使英国在的社会发展的某些方面与德国和西欧大陆其他国家相比较为发达。这个时候的资产阶级是真老虎,工厂主对工人穷凶极恶,大有榨尽工人血汗,"使社会的生命根源受到威胁"③ 的趋势。物极必反,这当然引起工人阶级不断增长的反抗,"迫使国家强制缩短劳动时间,并且首先为真正的工厂强行规定正常工作日"④,而工人阶级的反抗也很激烈。为了挽救整个民族不至于彻底孱弱化,防止阶级斗争演化为内战,资产阶级的社会不得不制定对工厂主"起抗衡作用的工厂法"。而且,统治阶级为了能比较清楚地了解社会经济的发展状况,也有必要掌握比较丰富的社会统计,所以当时英国的社会统计很丰富。政府和议会还会定期指派委员会去调查经济状况,这些委员会也有全权去揭发真相,工厂视察员、编写《公共卫生》报告的英国医生、调查女工童工受剥削的情况以及居住和营养条件等等的英国调查委员也比较内行、公正、坚决。⑤可见英国的资产阶级还是比较成熟的,这同时也反衬西欧大陆其他资本主义国家的不堪,特别是德国,"不仅苦于资本主义生产的发展,而且苦于资本主义生产不发展。除了现代的灾难而外,压迫着我们的还有许多遗留下来的灾难,这些灾难的产生,是由于古老的陈旧的生产方式以及伴随着它们的过时的社会关系和政治关系还在苟延残喘。"⑥ 更有甚者,德国的统

---

① 《资本论》第 1 卷,人民出版社 1975 年版,第 8 页;2004 年版,第 8 页。
② 《资本论》第 1 卷,人民出版社 1975 年版,第 8 页;2004 年版,第 8 页。
③ 《资本论》第 1 卷,人民出版社 1975 年版,第 448 页;2004 年版,第 471 页。
④ 《资本论》第 1 卷,人民出版社 1975 年版,第 449 页;2004 年版,第 471 页。
⑤ 《资本论》第 1 卷,人民出版社 1975 年版,第 11 页;2004 年版,第 9 页。
⑥ 《资本论》第 1 卷,人民出版社 1975 年版,第 11 页;2004 年版,第 9 页。

治阶级却还有意掩盖工人所受的灾难，"用隐身帽紧紧遮住眼睛和耳朵，以便有可能否认妖怪的存在。"① 在马克思笔下，英国的情况不尽人意，而德国则是毫无人意。

其四，社会变革的内在要求已经显现。马克思发现："正像十八世纪美国独立战争给欧洲中产阶级敲起了警钟一样，十九世纪美国南北战争又给欧洲工人阶级敲起了警钟。在英国，变革过程已经十分明显。它达到一定程度后，一定会波及大陆。"② 连英国女王驻外使节都坦率地承认："在欧洲大陆的一切文明国家，现有的劳资关系的变革同英国一样明显，一样不可避免。"对此，马克思评论道："这是时代的标志，不是用紫衣黑袍遮掩得了的。这并不是说明天就会出现奇迹。但这表明，甚至在统治阶级中间也已经透露出一种模糊的感觉：现在的社会不是坚实的结晶体，而是一个能够变化并且经常处于变化过程中的机体。"③

在批判中确定典型对象，确定后当然要对它进行批判，尽管序言的篇幅有限，但马克思仍刻意对它实施最强烈的批判。

首先，批判地指出资本主义这种"社会经济形态的发展是一种自然历史过程。"④ 既是自然的，——但这里的"自然"并不能归结为自然规律，⑤ ——在一定条件下有其发生和存在的必然性；又是历史的，必然要失去生存依据而灭亡。这一论断，是对资本主义的最严厉的批判。在资产阶级学者意识中，资本主义是永恒的。"经济学家们……认为只有两种制度：一种是人为的，一种是天然的。封建制度是人为的，资产阶级制度是天然的。"所以，马克思的论断不啻是对资本主义及其御用学者的挑战和宣判。所以，列宁认为，这就是《资本论》的基本思想。⑥ 这个基本思想包含着极其丰富的内涵，它的产生本身就是一个科学的批判："马克思关于社会经济形态发展的自然历史过程这一基本思想，从根本上摧毁了这种

---

① 《资本论》第 1 卷，人民出版社 1975 年版，第 11 页；2004 年版，第 9 页。

② 《资本论》第 1 卷，人民出版社 1975 年版，第 11 页；2004 年版，第 9 页。

③ 《资本论》第 1 卷，人民出版社 1975 年版，第 12 页；2004 年版，第 10 页。

④ 《资本论》第 1 卷，人民出版社 1975 年版，第 12 页；2004 年版，第 10 页。

⑤ 恩格斯说："在我们看来，所谓的'经济规律'并不是永恒的自然规律，而是既会产生又会消失的历史性规律"。（《马克思恩格斯〈资本论〉书信集》，人民出版社 1976 年版，第 191 页。）

⑥ 《列宁选集》第 1 卷，人民出版社 1995 年版，第 5 页。）

以社会学自命的幼稚说教。"① 后者"根本谈不上把社会发展看作自然历史过程。"② 不仅如此，它的研究和论证也是批判的结果。列宁认为："马克思……从各个社会经济形态中取出一个形态（即商品经济体系）加以研究，并根据大量材料……对这个形态的活动规律和发展规律作了极其详尽的分析。这个分析仅限于社会成员之间的生产关系。……使人们有可能看到商品社会经济组织怎样发展，怎样变成资本主义社会经济组织而造成资产阶级和无产阶级这两个对抗的（这已经是在生产关系范围内）阶级，怎样提高社会劳动生产率，从而带进一个与这一资本主义组织本身的基础处于不可调和的矛盾地位的因素。"③

其次，马克思认为资本主义这一历史过程可以缩短："一个社会即使探索到了本身运动的自然规律，……它还是既不能跳过也不能用法令取消自然的发展阶段。但是它能缩短和减轻分娩的痛苦。"④ 尽管这个"社会"即客观过程是"不能跳过也不能用法令取消自然的发展阶段"，但它作为一个历史阶段，并非可以像封建社会那样延续千年，而是可以缩短的、必须缩短的。探索这个过程的规律就是为了将它缩短，而且还会"减轻分娩的痛苦"。所谓的"缩短和减轻"是相对的，而且主要是相对于资本主义原始积累而言的。在研究了这种原始积累并预示它的历史趋势时，马克思这样说："以个人自己劳动为基础的分散的私有制转化为资本主义私有制，同事实上已经以社会生产为基础的资本主义所有制转化为公有制比较起来，自然是一个长久得多、艰苦得多、困难得多的过程。前者是少数掠夺者剥夺人民群众，后者是人民群众剥夺少数掠夺者。"⑤ 可见，能够缩短这个过程并减轻分娩痛苦的，是广大的人民群众对剥夺者的剥夺。而人民群众又靠工人阶级来领导，所以这个进程也与无产阶级的觉悟和成熟、组织程度相联系。马克思说："变革过程将采取较残酷的还是较人道的形式，那要看工人阶级自身的发展程度而定。"⑥ 而工人的发展程度还与他们对资本主义的认识水平及其组织、领袖的发展水平紧密联系，无论哪一项，都

① 《列宁选集》第 1 卷，人民出版社 1995 年版，第 6 页。
② 《列宁选集》第 1 卷，人民出版社 1995 年版，第 5 页。
③ 《列宁选集》第 1 卷，人民出版社 1995 年版，第 9 页。
④ 《资本论》第 1 卷，人民出版社 1975 年版，第 11 页；2004 年版，第 10 页。
⑤ 《资本论》第 1 卷，人民出版社 1975 年版，第 832 页；2004 年版，第 874—875 页。
⑥ 《资本论》第 1 卷，人民出版社 1975 年版，第 11 页；2004 年版，第 9 页。

取决于科学理论的创立和向广大劳动大众的灌输。正因为这样，马克思和恩格斯不惜耗费毕生精力来研究资本运动。马克思宣称："本书的最终目的就是揭示现代社会的经济运动规律"，这样，他就将对客观对象的批判与研究目的紧密联系起来了。不过，如果望文生义地将"最终目的"理解为只要"揭示"就行，那就大错特错了。马克思早已说过："哲学家们只是用不同的方式解释世界，问题在于改变世界。"① 很显然，揭示规律当然就要运用规律，所以，揭示规律相当于认识世界，解释世界，但认识的根本目的是改造世界。这就意味着离不开无产阶级这个主体的斗争。

再次，批判要抓住要害，即生产资料资本主义所有制，并且涉及其上层建筑。马克思举例说："英国高教会宁愿饶恕对它的三十九个信条中的三十八个信条展开的攻击，而不饶恕对它的现金收入的三十九分之一进行的攻击。在今天，同批评传统的财产关系相比，无神论本身是一种很轻的罪。"② 这个例子不仅将资产阶级社会的上层建筑决心维护私有制的形象很生动地表现出来，突出了无产阶级批判资本运动的根本目标是消灭私有制，实际上已经涉及其上层建筑。对此，列宁有个很生动的解说，他认为，研究资本主义生产关系是"《资本论》的骨骼"，"可是……马克思并不以这个骨骼为满足，……虽然他完全用生产关系来说明该社会形态的构成和发展，但又随时随地探究与这种生产关系相适应的上层建筑，使骨骼有血有肉。"③

哪里有压迫，哪里就有反抗，压迫越残酷，反抗越有力。资本运动的发展不断地提供这样的证明，对此，也引起统治阶级的重视："现在的统治阶级，不管有没有较高尚的动机，也不得不为了自己的切身利益，把一切可以由法律控制的、妨害工人阶级发展的障碍除去。"④ 之所以这样，因为资本的发展既以工人的发展为条件，又限制工人的发展，如果任由资本率性而为，工人阶级的发展被抑制，则资本运动也必被动受限制。所以资本主义的上层建筑必然为其长治久安而要给资本运动这匹野马套上缰绳，使之能与整个资产阶级的发展需要相适应。这种情况当然会引起马克思的重视，并在必要的范围内研究和批判。

最后，既然典型对象是从整个资本主义体系中筛选出来的，那就意味

---

① 《马克思恩格斯选集》第 1 卷，人民出版社 1995 年版，第 57 页。
② 《资本论》第 1 卷，人民出版社 1975 年版，第 12 页；2004 年版，第 10 页。
③ 《列宁选集》第 1 卷，人民出版社 1995 年版，第 9 页。
④ 《资本论》第 1 卷，人民出版社 1975 年版，第 11 页；2004 年版，第 9 页。

着它以整个资本主义体系为大背景，而以英国为典型，也意味着它执整个资本主义世界的牛耳，并形成了以它为首的世界经济大格局。所以，这样处理，虽然研究的是政治经济学的"精髓"① 部分，但它是以整个大背景和英国主导的大格局为前提条件，只不过暂时将它存而不论罢了。这也意味着它潜在地包含着向原先计划的"五篇结构"中"（4）生产的国际关系。国际分工，国际交换。输出和输入。汇率。（5）世界市场和危机"上升的逻辑。② 这样的材料处理，批判的虽然是英国的资本运动，但板子还是打在整个资本主义体系身上。

三、对资产阶级经济学研究的科学批判

资产阶级经济学与资本运动如影随形，坚决地维护资本主义制度，所以《资本论》的科学批判当然也指向资产阶级经济学。在第一版序言中，主要有三个方面的批判。虽然简短，却很有力。

第一，批判忽视价值形式研究。在这里，马克思并非一般地直接分析资产阶级经济学的对象如何不科学，而是一开始就指出其缺陷，而这种缺陷忽略的是事关全局的，有这样的缺陷，整体对象当然是不科学的。从字面看，他批评的是两千多年的人类智慧，似乎没有特别指资产阶级学者。在两千多年的人类发展过程中，自然经济占统治地位的时间占绝大多数，商品生产不发达、不典型，人们不重视价值形式是自然而然的。但是，当商品经济在资本关系的催化下已经有了较充分发展的时候，它的存在已经相当普遍和经常，特别是它的完成形式已经从货币发展为资本之后，资产阶级学者却没去研究它，这就显出其理论的缺陷了。他们的最突出的代表斯密和李嘉图，始终"把价值形式看成一种完全无关紧要的东西或在商品本性之外存在的东西"③，完全没有意识到考察价值形式的理论意义，没有意识到它与整体对象的关系，也没有意识到它关系到如何选择研究的切入口等重要问题。马克思指出，关于价值形式的研究"对全书来说是太有决定意义了。经济学家先生们一向忽视了这样一件极其简单的事实，20 码麻布＝1 件上衣这一形式，……包含着萌芽状态的劳动产品的一切资产阶级

---

① 《马克思恩格斯〈资本论〉书信集》，人民出版社 1976 年版，第 170 页。
② 《马克思恩格斯全集》第 46 卷上册，人民出版社 1979 年版，第 46 页。
③ 《资本论》第 1 卷，人民出版社 1975 年版，第 98 页脚注（32）；2004 年版，第 99 页脚注（32）。

形式的全部秘密。"① 他们自始就只见森林，不见树木，不能科学地处理森林和树木的关系，将它们混为一谈，自然不会想到要将从"森林"中抽出"树木"，将它设置为再现这个复杂总体（森林）的起点。在《政治经济学批判·导言》中，马克思就已指出，"十七世纪的经济学家总是从生动的整体，从人口，民族，国家，若干国家等等开始"②，将发展水平不同的几个资本主义国家放在一起研究，将纯正物与混合物混为一体，这样怎么能有比较准确的抽象。虽然"他们最后总是从分析中找出一些具有决定意义的抽象的一般的关系，如分工，货币，价值等等"③，但是，这样得出的"价值"就只是不同性质的历史过程的"商品价值"的统称，并不纯粹。而后来的李嘉图同样是这样，他既不能区分不同时代、不同性质的价值，也不能区分资本主义不发展阶段的价值，"当他……考察商品价值时，一开始就……受到各种具体关系的限制"——这些"具体关系"指的又是资本运动较为发达阶段的关系，——所以"抽象还不够深刻，不够完全"④，因而不可能纯粹。

"为什么会这样呢？因为已经发育的身体比身体的细胞容易研究些。"⑤有多方面的原因：

其一，迷惑于客观对象的复杂性、混沌性和多变性的表象，容易形成关于对象的肤浅性先入之见，看不到总体对象是由无数个别对象所构成的，不能明确地区分对象总体和它的细胞形式，从而没有意识到细胞研究与总体对象研究的内在、必然关系。就此而言，他们还不如亚里士多德。亚里士多德也曾考察过这样的交换关系："5 张床 = 1 间屋"⑥。可见，他至少是关注过这价值形式，而资产阶级学者居然不了解亚里士多德的这一发现。正是通过批判亚里士多德浅尝即止的探索，他发现了研究和批判总体资本运动的切入点，发现了它的二重性。

其二，资产阶级学者的非历史观。就亚里士多德看，他不能深入研究价值形式，有深刻的历史原因。"亚里士多德不能从价值形式本身看出，在商品价值形式中，一切劳动都表现为等同的人类劳动，因而是同等意义

---

① 《马克思和恩格斯〈资本论〉书信集》，人民出版社 1976 年版，第 215—216 页。

② 《马克思恩格斯全集》第 46 卷上册，人民出版社 1979 年版，第 38 页。

③ 《马克思恩格斯全集》第 46 卷上册，人民出版社 1979 年版，第 38 页。

④ 《马克思恩格斯全集》第 26 卷第 II 册，人民出版社 1973 年版，第 112 页。

⑤ 《资本论》第 1 卷，人民出版社 1975 年版，第 8 页；2004 年版，第 8 页。

⑥ 《资本论》第 1 卷，人民出版社 1975 年版，第 74 页；2004 年版，第 74 页。

的劳动，这是因为希腊社会是建立在奴隶劳动的基础上的，因而是以人们之间以及他们的劳动力之间的不平等为自然基础的。价值表现的秘密，即一切劳动由于而且只是由于都是一般人类劳动而具有的等同性和同等意义，只有在人类平等概念已经成为国民的牢固的成见的时候，才能揭示出来。"① 如果说，在亚里士多德的时代，这种内在的东西还没萌芽，不能深入认识，情有可原，那么，在资本主义时代，它已经典型和成熟，而资产阶级学者却因为历史观的缺陷而忽视它，不能深入地研究它，就不可饶恕了。以货币为其完成形式的价值形式的奇特之处还在于，它在成为资本的一般形式的时候，仍然保持着一般的货币形式，将作为货币的货币和作为资本的货币混为一体。由是，资产阶级学者就将一般形式和特殊形式等同起来。对此，马克思批判地指出："劳动产品的价值形式是资产阶级生产方式的最抽象的、但也是最一般的形式，这就使资产阶级生产方式成为一种特殊的社会生产类型，因而同时具有历史的特征。因此，如果把资产阶级生产方式误认为是社会生产的永恒的自然形式，那就必然会忽略价值形式的特殊性，从而忽略商品形式及其进一步发展——货币形式、资本形式等等的特殊性。"②

其三，历代的资产阶级学者都是见物不见人。在他们看来，交换无非是物的运动。资产阶级学者根本无意研究"20 码麻布 = 1 件上衣"，他们关注的是货币作为资本的运动。恩格斯早已指出："一个贯穿着整个经济学并在资产阶级经济学家头脑中引起过可怕混乱的特殊事实的例子，这个事实就是：经济学所研究的不是物，而是人和人之间的关系，归根到底是阶级和阶级之间的关系；可是这些关系总是同物结合着，并且作为物出现。"③ 由于发现人与人的关系归根到底是阶级关系，所以马克思在序言中还说：这里所"涉及到的人，只是经济范畴的人格化，是一定的阶级关系和利益的承担者。"④ 也就是说，物的关系包含着、掩盖着人的关系、阶级关系，而阶级关系和阶级利益都是要有承担者的，他们既追求经济利益，

---

① 《资本论》第 1 卷，人民出版社 1975 年版，第 74—75 页；2004 年版，第 75 页。

② 《资本论》第 1 卷，人民出版社 1975 年版，第 98 页脚注（32）；2004 年版，第 99 页脚注（32）。

③ 恩格斯早已指出："一个贯穿着整个经济学并在资产阶级经济学家头脑中引起过可怕混乱的特殊事实的例子，这个事实就是：经济学所研究的不是物，而是人和人之间的关系，归根到底是阶级和阶级之间的关系；可是这些关系总是同物结合着，并且作为物出现。"（《马克思恩格斯选集》第 2 卷，人民出版社 1995 年版，第 44 页。）

④ 《资本论》第 1 卷，人民出版社 1975 年版，第 12 页；2004 年版，第 10 页。

更追求阶级利益，阶级利益是经济利益的保证，经济利益是阶级利益的实现。与此不同，马克思对物的分析实际上是指向阶级分析。由此，马克思还批判地指出，典型对象作为一个过程不是单纯的物这种客体的运动，是有不同阶级的主体参与的，从而就将主体也纳入研究对象之中。他在提出了基本思想之后，还进一步说："不管个人在主观上怎样超脱各种关系，他在社会意义上总是这些关系的产物。"① 他之所以这样说，是因为资产阶级及其御用学者全都有意将阶级关系掩盖起来，一方面竭尽全力发展资本关系，另一方面将这种关系的阶级性质掩盖掉、淡化掉。因此，他特别强调必须将在经济过程中的各色人等都与特定的社会经济关系紧密联系。

其四，还受低级的思维方式所困，不懂得分析经济形式不能用经验思维，而要用抽象力：马克思指出，资产阶级学者专注"已经发育的身体"而忽视身体的细胞，"因为已经发育的身体比身体的细胞容易研究些。"这是典型的形象思维、经验思维。② "已经发育的身体"可以直观，容易研究，而身体的细胞却是肉眼看不见的，不能用形象思维、经验思维去把握。——这里所说的"经验"，不是实践出真知的那种经验，而是一种借用，指的是单纯根据现象观察现象的思维方式，例如根据太阳东升西落的现象断定太阳围绕地球转而思考日地关系，从这种意义看，"地心说"就是经验思维的典型。而庸俗经济学"只是在表面的联系内兜圈子，……对可以说是最粗浅的现象作出似是而非的解释"③，就是经验思维的代表。——他们不懂得，"分析经济形式，既不能用显微镜，也不能用化学试剂。二者都必须用抽象力来代替。而对资产阶级社会说来，劳动产品的商品形式，或者商品的价值形式，就是经济的细胞形式。……这是显微镜下的解剖所要做的那种琐事。"④ 也就是说，要用抽象思维、辩证思维才能把握。

马克思认为，虽然亚里士多德看到了"5 张床＝1 间屋"这种直接性的"价值形式"，但没有"进一步的分析"，深入其内层。亚里士多德看到，"这样不同种的物是不能通约的"。既如此，两者是不能交换的。但现

---

① 《资本论》第 1 卷，人民出版社 1975 年版，第 12 页；2004 年版，第 10 页。

② 有人称这种思维方式为"自然性思维"。参见冯周卓　左高山主编：《批判思维与论辩》，北京大学出版社，2015 年版，第 16 页。

③ 《资本论》第 1 卷，人民出版社 1975 年版，第 98 页脚注（32）；2004 年版，第 99 页脚注（32）。

④ 《资本论》第 1 卷，人民出版社 1975 年版，第 8 页；2004 年版，第 8 页。

实过程中两者却可以交换，因而必定存在着一种让它们能够通约的东西，但这种东西是什么呢？对此，他感到迷茫。但只要承认 5 张床和 1 间屋各自的所有者是正常的主体，看到这样的交换的确是现实，就应该意识到这两种不同的物之间存在着同一的、能够由以进行通约的东西，只不过它不是直接显现在这些主体面前。这正好表明，价值形式并不仅仅有直接的外在的形式，还有间接的内在的形式。同样的，资产阶级学者即使在有意无意考察商品交换的时候，也不能从中发现商品这个"经济的细胞形式"的复杂结构，因而很容易忽略其中包含的看不见的、最简单、最基本的东西。也就是说，他们没有从直接性的价值形式即一个商品和另一个商品的交换中，发现其中包含的商品的价值形式，——因为是在相互关系中表现的，并且是要通过分析才能析出的，所以是间接性的。——或者说，他们没有发现二重的价值形式。

资产阶级学者思维方式低级、对思维方式研究不够重视，是有传统的。影响深远的 17 世纪的经济学家只顾思考如何帮助资本家尽快发财致富，只见森林，不见树木。这种情况正如恩格斯所说的，注意画面，忽视细节。"虽然正确地把握了现象的总画面的一般性质，却不足以说明构成这幅总画面的各个细节；而……要是不知道这些细节，就看不清总画面"，可见这种思考还是"原始的、素朴的"①、模糊的。对缺乏辩证思维、特别是结构思维的人来说，他们的对象总是直观的，很难发现其固有的由细胞、肢体构成的结构，也没有意识到思维进程应由简单一步一步地上升到复杂。

第二，特别批判德国资产阶级经济学。

马克思之所以突出批判德国资产阶级经济学，因为最早的《资本论》第一卷是以德文发行的，主要面对德国读者。而且，当时德国的资本运动正处于初级阶段。"在资本主义生产已经在我们那里完全确立的地方，例如在真正的工厂里，由于没有起抗衡作用的工厂法，情况比英国要坏得多。在其他一切方面，我们也同西欧大陆所有其他国家一样，……除了现代的灾难而外，压迫着我们的还有许多遗留下来的灾难，……过时的社会关系和政治关系还在苟延残喘。不仅活人使我们受苦，而且死人也使我们受苦。死人抓住活人！"② 也就是说，德国的资产阶级经济学家面对的是不

---

① 《马克思恩格斯选集》第 3 卷，人民出版社 1995 年版，第 359 页。
② 《资本论》第 1 卷，人民出版社 1975 年版，第 11 页；2004 年版，第 9 页。

成熟的资本主义，"不太发达的……经济关系必然要在头脑里产生混乱"①。德国的资产阶级经济学就是这样混乱的经济学。因为"死人"以及它抓住的"活人"让工人阶级受苦，让整个社会同时蒙受现代的和过去的灾难，由是，德国的资产阶级经济学自然还有一重与众不同的任务："柏修斯需要一顶隐身帽来追捕妖怪。我们却用隐身帽紧紧遮住眼睛和耳朵，以便有可能否认妖怪的存在。"② 针对这种情况，马克思坚决地警告它："决不要在这上面欺骗自己。"③ 这个自己，指的当然是德国资产阶级经济学家。

德国资产阶级学者处于现代和过去混杂的时代，不仅受这种特殊的社会经济条件的影响，而且他们自身的身份也受这种客观条件的影响，也被"死人抓住"。对这一点，在第二版跋中有进一步的说明，为了了解方便，有必要在这里也结合进来领会。

在第二版跋中，马克思说明，因为德国资产阶级学者是用"包围着他们的小资产阶级世界的精神去解释"④ 资本运动的，就像小孩子无法理解大人的想法、做法一样，小资产阶级也很难解释资产阶级的行为。所以，其经济理论当然会受小资产阶级眼界的限制而曲解典型的资本运动。而且，"在德国，直到现在，政治经济学一直是外来的科学。……政治经济学在我国缺乏生存的基础。它作为成品从英国和法国输入；德国的政治经济学教授一直是学生。别国的现实在理论上的表现，在他们手中变成了教条集成，……他们不能把在科学上无能为力的感觉完全压制下去，……于是就企图用博通文史的美装，或用无关材料的混合物来加以掩饰。这种材料是从所谓官房学……抄袭来的。"⑤ 既用小资的精神来曲解，又用无关的材料来混合，对这样不伦不类的经济学，马克思的批判和嘲笑真够辛辣。

再次，批判资产阶级经济学对私有制的维护。

马克思说："在政治经济学领域内，自由的科学研究遇到的敌人，不只是它在一切其他领域内遇到的敌人。"⑥ 表面看，政治经济学研究物质财富的生产、交换、分配、消费中的物质利益问题，如果单纯研究其中某一环节的直接性的关系，看到的可能都是等价的、合理的，但如果全面地研

---

① 《马克思恩格斯〈资本论〉书信集》，人民出版社 1976 年版，第 159 页。
② 《资本论》第 1 卷，人民出版社 1975 年版，第 11 页；2004 年版，第 9 页。
③ 《资本论》第 1 卷，人民出版社 1975 年版，第 11 页；2004 年版，第 9 页。
④ 《资本论》第 1 卷，人民出版社 1975 年版，第 15 页；2004 年版，第 15 页。
⑤ 《资本论》第 1 卷，人民出版社 1975 年版，第 15 页；2004 年版，第 15 页。
⑥ 《资本论》第 1 卷，人民出版社 1975 年版，第 12 页；2004 年版，第 10 页。

究这四个环节之间的关系，就会发现其中包含的间接性的关系，并且最终要涉及生产资料所有制关系。所以政治经济学与其他科学不同，与阶级的经济利益紧密联系。在资产阶级经济学家还能进行"自由的科学研究"的时候，它就曾经为维护资产阶级的利益而批判大土地私有制，从而遭受大土地所有者的激烈反对。同时，也曾受到同一阶级内部不同利益集团的反对，例如以李嘉图为代表的古典经济学因为鼓吹为生产而生产，而遭受中小资产阶级的反对。

但是，一旦资产阶级最终获得政权，为了维护资本主义所有制，资产阶级学者就告别了"自由的科学研究"，反过来反对马克思的科学研究。因为它只为工人和劳动大众的经济利益而高举消灭私有制的大旗，肯定会受到全部剥削阶级的极力反对。所以，在这里马克思还说："政治经济学所研究的材料的特殊性，把人们心中最激烈、最卑鄙、最恶劣的感情，把代表私人利益的复仇女神召唤到战场上来反对自由的科学研究。"① 政治经济学所研究的特殊材料是不同主体之间的物质利益关系，归根到底是阶级的经济关系，就是所有制关系。这种情况正如《共产党宣言》批判资产阶级所说的，"谈到古代所有制的时候你们所能理解的，谈到封建所有制的时候你们所能理解的，一谈到资产阶级所有制你们就再也不能理解了。"② 而恰恰是资产阶级所有制，才是历史上最厉害而又披上迷人的"平等"外衣的剥削制度。

最后，用自己的科学结构批判资产阶级经济学的结构。

在这里，马克思预示了《资本论》的结构："这部著作的第二卷将探讨资本的流通过程（第二册）和总过程的各种形式（第三册），第三卷即最后一卷（第四册）将探讨理论史。"③ 显然，前三册就是现行的三卷。

对这个结构的批判性，我国《资本论》研究的老前辈王亚南先生早已分析过。他结合第三卷开头的说明，指出这个结构突出资本范畴，这显然与资产阶级庸俗经济学者"三位一体公式"形成尖锐的对照。后者将资本、土地、劳动这三个没有任何共同点的因素平等并列，掩盖了资本对劳动的统治。

王老先生还指出，表面看，这似乎与资产阶级经济学的生产、流通、分配"三分法结构"相似，其实不然。后者只是一般地看待生产、流通、

① 《资本论》第1卷，人民出版社1975年版，第12页；2004年版，第10页。
② 《马克思恩格斯选集》第1卷，人民出版社1995版，第289页。
③ 《资本论》第1卷，人民出版社1975年版，第12页；2004年版，第13页。

分配这些关系，不肯触及其资本主义的特性，而马克思抓住资本这个统治范畴，明确规定了它所生产、流通、分配的是剩余价值，并且规定了谁生产、谁分配，从而将资本关系揭露出来。

王老先生还指出，剩余价值的生产、流通、分配，体现了马克思的研究和叙述的科学方法。反观资产阶级经济学，则是用社会表面上的颠倒错乱现象来掩盖本质关系。① 显然，马克思不是用自己的理论结构来作为评判是否科学的标准，而是用建构自己的科学的理论结构来反衬资产阶级经济学理论结构的外表性和杂乱性。

第二节 《资本论》第二版跋的科学批判

与《资本论》第一版序言侧重阐明和批判客观对象有所不同，第二版跋则突出批判主体的批判方法：首先是历史方法，区别对待不同发展阶段、国家的资本运动和资产阶级经济学；其次是研究方法，批判要坚持唯物辩证法；再次是叙述方法，追求通俗易懂、连贯一体的叙述，在叙述中对资产阶级经济学进行直接的批判和间接的批判。这些都是极为重要的理论资源，具有深刻的理论意义和现实意义。

一、区别对待不同发展阶段、国家的资本运动、资产阶级经济学

历史唯物主义强调，任何社会过程都是历史发展的，而历史发展又是有阶段的。马克思看待、批判资本主义，秉持的就是这种观点、方法。据此，在《资本论》第二版跋，马克思不仅强调资本主义是"历史上过渡的发展阶段"，而且这个大过程本身也有不同的发展阶段。发展阶段不同，社会的主要矛盾当然不同，它决定着被主要矛盾制约的社会经济发展状况具有阶段的特征，也决定着不同阶段的统治阶级思想、理论存在着一定的差异。当然，也体现了资本主义社会是从较低阶段上升到较为发达阶段的必然性、逻辑，因而也体现了资本主义的自我批判。在资本主义的不同发展阶段，无产阶级对资本主义、资产阶级及其经济理论的态度也有不同。

决定这些不同发展阶段的，是生产力发展的升级以及社会主要矛盾的转换。就英国而言，从 1820 年到 1830 年，资本主义进入较为发达阶段的

---

① 王亚南：《资本论》研究，上海人民出版社 1973 年版，第 39—42 页。

特征还不很明显，一方面，"大工业刚刚脱离幼年时期；大工业只是从
1825 年的危机才开始它的现代生活的周期循环，就证明了这一点。另一方
面，资本和劳动之间的阶级斗争被推到后面：在政治方面是由于纠合在神
圣同盟周围的政府和封建主同资产阶级所领导的人民大众之间发生了纠
纷；在经济方面是由于工业资本和贵族土地所有权之间发生了纷争。"只
是到"1830 年，最终决定一切的危机发生了。"①

在这里，马克思告诉读者，《资本论》研究的对象是历史发展的，即
使是典型对象，也有其"幼年时期"和"资本主义生产的一定成熟阶
段"②，或者说，有其初级阶段和较为发达阶段。弄清对象有不同的发展阶
段很重要，它意味着对象是通过阶段上升实现历史发展的，也包含这样的
提示：他要再现的主要是较为发达阶段的对象，要批判的也主要是这一阶
段的对象。由于这种上升是资本借助生产力的发展、通过自身的力量和运
行逻辑而实现的，是资本在一定的时期内还具有自我革新、自我批判的表
现，所以，马克思的科学批判也包含客观地反映对象的这种自我批判。

在这里，马克思还告诉读者，大约在 1830 年以后，英国社会的主要矛
盾已经从封建主同资产阶级、贵族土地所有权同工业资本之间的矛盾转变
为资产阶级和无产阶级之间的矛盾。

政治是经济的集中表现，当"法国和英国的资产阶级夺得了政权。从
那时起，阶级斗争在实践方面和理论方面采取了日益鲜明的和带有威胁性
的形式。"③ 这些论述，将典型对象置于更为具体的条件下来研究，这也是
不可忽略的。虽然在《资本论》三卷中，还没有实际结合、但也是以政权
等上层建筑的存在和影响为前提的。只有这样，典型对象才是有"骨骼"
"有血有肉"④ 的。

资本主义的阶段上升，资产阶级对工人的剥削统治程度也随之提升。
所以，对它的科学批判也有所不同。由于西欧资本主义国家分别处于不同
的发展阶段，对它们的批判也应有所不同。在这里，马克思还指出，德国
的资本主义经济发展比英国迟，所以"在资本主义生产方式的对抗性质在
法英两国通过历史斗争而明显地暴露出来以后，资本主义生产方式才在德

---

① 《资本论》第 1 卷，人民出版社 1975 年版，第 16—17 页；2004 年版，第 17 页。
② 《资本论》第 1 卷，人民出版社 1975 年版，第 331 页；2004 年版，第 346 页。
③ 《资本论》第 1 卷，人民出版社 1975 年版，第 17 页；2004 年版，第 17 页。
④ 《列宁选集》第 1 卷，人民出版社 1995 年版，第 9 页。

国成熟起来"①。

与此相适应，不同国家的资产阶级经济学也各有不同。在这里，马克思不仅区分了英国的和德国的两部分，对英国这一部分又以阶级斗争状况区分为两个不同时期。"英国古典政治经济学是属于阶级斗争不发展的时期的。它的最后的伟大的代表李嘉图，终于有意识地把阶级利益的对立、工资和利润的对立、利润和地租的对立当作他的研究的出发点，因为他天真地把这种对立看作社会的自然规律。这样，资产阶级的经济科学也就达到了它的不可逾越的界限。"② 但李嘉图有意无意地将阶级矛盾当成自然现象，将它永久化而无意研究它的原因和斗争的条件，不仅表明他天然地具有错误的历史观，葬送了其理论进一步发展的可能，也在根本上导致其理论错误的产生。显然，李嘉图的科学研究中，已经内在地包含着错误的倾向。在他之后，资产阶级经济学就彻底走向庸俗化了。

从马克思的分析可以看出，来自资本运动内部的客观批判，使各个阶段资产阶级学者的经济理论陷入困境。在生产力转型发展进入一个新的阶段，资本运动从1825年的危机开始了它的现代生活的周期循环，这些客观条件的变化导致资本运动也随之发生变化，需要有新的理论解释新阶段的新现象，但是，原有的资产阶级古典经济学却故步自封，以至于破产，并成了整个资产阶级经济学庸俗化的催化剂。而法国和英国的资产阶级夺得了政权之后，"阶级斗争在实践方面和理论方面采取了日益鲜明的和带有威胁性的形式。它敲响了科学的资产阶级经济学的丧钟。现在问题不再是这个或那个原理是否正确，而是它对资本有利还是有害，方便还是不方便，违背警章还是不违背警章。不偏不倚的研究让位于豢养的文丐的争斗，公正无私的科学探讨让位于辩护士的坏心恶意。"③ 从此，庸俗化资产阶级经济学就成了主流了。

因此，马克思确定地说："只要政治经济学是资产阶级的政治经济学，就是说，只要它把资本主义制度不是看作历史上过渡的发展阶段，而是看作社会生产的绝对的最后的形式，那就只有在阶级斗争处于潜伏状态或只是在个别的现象上表现出来的时候，它还能够是科学。"④ 一旦资本主义进入较为发达阶段，情况就必然发生变化。实际上，也有一些先知先觉的

---

① 《资本论》第1卷，人民出版社1975年版，第19页；2004年版，第18页。
② 《资本论》第1卷，人民出版社1975年版，第17页；2004年版，第16页。
③ 《资本论》第1卷，人民出版社1975年版，第17页；2004年版，第17页。
④ 《资本论》第1卷，人民出版社1975年版，第17页；2004年版，第16页。

人，已经看到了这一点。"在李嘉图活着的时候，就有一个和他对立的人西斯蒙第批判资产阶级的经济科学了。"①

但庸俗经济学家也并非铁板一块，马克思还发现，也有一些"还要求有科学地位、不愿单纯充当统治阶级的诡辩家和献媚者的人，力图使资本的政治经济学同这时已不容忽视的无产阶级的要求调和起来。于是，以约翰·穆勒为最著名代表的毫无生气的混合主义产生了。"②"在这种情况下，资产阶级政治经济学的代表人物分成了两派。一派是精明的、贪利的实践家，他们聚集在庸俗经济学辩护论的最浅薄的因而也是最成功的代表巴师夏的旗帜下。另一派是以经济学教授资望自负的人，他们追随约·穆勒，企图调和不能调和的东西。"③ 可见，马克思对庸俗经济学并非一棍子打死，对约翰·穆勒，多少还是有一点正面的评价。至少他还有独立的人格，"不愿单纯充当统治阶级的诡辩家和献媚者"，因而还能看到并承认无产阶级的要求，看到资产阶级对这种要求的拒斥，而力图将两者调和起来。在自由资本主义仍然上升的阶段，这种混合主义对资产阶级阶级的影响是微不足道的，而对无产阶级则具有腐蚀、欺骗的作用。在阶级斗争接近尖锐化的时候，这种腐蚀和欺骗的作用也越大。

在这里，马克思还突出地批判了德国的资本运动和与其相适应的资产阶级经济学的落后。因为德国的经济与英国相比处于不同的经济时代。"在资本主义生产方式的对抗性质在法英两国通过历史斗争而明显地暴露出来以后，资本主义生产方式才在德国成熟起来，……因此，当资产阶级政治经济学作为一门科学看来在德国有可能产生的时候，它又成为不可能了。""德国人在资产阶级经济学衰落时期，也同在它的古典时期一样，始终只是学生、盲从者和模仿者，是外国大商行的小贩。""德国社会特殊的历史发展，排除了'资产阶级'经济学在德国取得任何独创的成就的可能性，但是没有排除对它进行批判的可能性。"④ 因为这个时候的德国无产阶级比德国资产阶级已经有了更明确的阶级意识，并且有科学的理论指导。

马克思客观地说：在德国，直到现在，政治经济学一直是外来的科学。德国的"专家还是命运不好。当他们能够公正无私地研究政治经济学时，在德国的现实中没有现代的经济关系。而当这种关系出现时，他们所

---

① 《资本论》第 1 卷，人民出版社 1975 年版，第 17 页；2004 年版，第 16 页。
② 《资本论》第 1 卷，人民出版社 1975 年版，第 17 页；2004 年版，第 17 页。
③ 《资本论》第 1 卷，人民出版社 1975 年版，第 18 页；2004 年版，第 18 页。
④ 《资本论》第 1 卷，人民出版社 1975 年版，第 19 页；2004 年版，第 18 页。

处的境况已经不再容许他们在资产阶级的视野之内进行公正无私的研究了。"之所以这样，客观上是因为它生不逢时。只是从 1848 年起，资本主义生产在德国才迅速地发展起来，也就是说，1848 年以前，在德国的现实中没有现代的经济关系。经济关系也不够发达，存在决定意识，"不太发达的德国经济关系必然要在头脑里产生混乱"①，不可能产生现代的资产阶级经济学。② 在 1848 年以后，"他们所处的境况已经不再容许他们在资产阶级的视野之内进行公正无私的研究了。"③ 如果从主观上看，则有立场和方法等问题。德国的资产阶级经济学并非独创，而是从英国那里贩来的。马克思这样评论："别国的现实在理论上的表现，在他们手中变成了教条集成，被他们用包围着他们的小资产阶级世界的精神去解释，就是说，被曲解了。"正因为这样，它不仅把英法等国的资本理论教条化，还用"小资产阶级世界的精神"来曲解，形成了大资产阶级和小资产阶级思想的大杂烩。而且，德国的资产阶级学者"不能把在科学上无能为力的感觉完全压制下去，他们不安地意识到，他们必须在一个实际上不熟悉的领域内充当先生，于是就企图用博通文史的美装，或用无关材料的混合物来加以掩饰。这种材料是从所谓官房学……抄袭来的"④，是各种知识材料的混合物。恩格斯也说："这种著作就其乏味、肤浅、空洞、冗长和抄袭情况来说，只有德国的长篇小说才能与之相比。"⑤

马克思联系英国、德国当时的资本运动不同时期的状况来评判这两国的资产阶级经济学，这是很有意义的。它表明，任何经济思想都是当时经济发展状况的某种反映。

二、科学方法的批判性

在第二版跋中，马克思比较集中地介绍了他应用的方法，其中同样洋溢着浓浓的批判性。

---

① 《马克思 恩格斯〈资本论〉书信集》，人民出版社 1976 年版，第 159 页。
② "德国社会（诚然很晚）正由封建自然经济，或者至少是由这种经济占优势，逐渐过渡到资本主义经济，但是教授们的一只脚却仍然站在旧的垃圾上，这是很自然的。"（马克思："评阿·瓦格纳的'政治经济学教科书'"。《马克思恩格斯全集》第 19 卷，人民出版社 1963 年版，第 414—415 页。）
③ 《资本论》第 1 卷，人民出版社 1975 年版，第 16 页；2004 年版，第 16 页。
④ 《资本论》第 1 卷，人民出版社 1975 年版，第 15 页；2004 年版，第 15 页。
⑤ 《马克思恩格斯选集》第 2 卷，人民出版社 1995 年版，第 37 页。

在第一版序言中，马克思已经说明，经济学的研究需要抽象力。但对这种抽象力及其运用，那里还没有充分的阐述。在这里，他进一步指出，这种抽象力，实际上就是一种理论思维能力。

关于理论思维能力，恩格斯在《反杜林论》旧序中专门阐述，它与经验不同。说过："一个民族要想站在科学的最高峰，就一刻也不能没有理论思维。"①

当然，这种能力的运用还需一定的方法，而运用思维能力的主体对思维与存在的不同看法，又形成这种方法的基础。换句话说，有奠定在唯物主义基础上的，也有奠定在唯心主义基础上的思维方法。

在马克思看来，思维方法不仅有唯物的、唯心的、辩证的、素朴的或经验的等等不同，因为教育、社会流传、自身发展需要等原因，还有阶级的区别，甚至还有历史发展阶段的区别。在第二版跋中，他特地引用一个维也纳的工厂主迈尔在普法战争期间发行的一本小册子中的话："被认为是德国世袭财产的卓越的理论思维能力，已在德国的所谓有教养的阶级中完全消失了，但在德国工人阶级中复活了。"② 尽管迈尔是工厂主，骨子里蔑视工人阶级，认为他们不配拥有卓越的思维能力，但他却不得不承认，德国的工人阶级已经拥有这种卓越的理论思维能力，并发出"所谓有教养的阶级"丧失卓越理论思维能力的哀叹。这表明，思维能力是有阶级性的，其发展是有阶段性的，是可被批判继承的。当资产阶级还是革命的阶级时，它还能拥有理论思维能力，一旦它丧失革命性，这种能力也就随之丧失了。但这还不可怕，毕竟这还是自身的丧失，可怕的是对立方成为革命阶级而获得这种思维能力。从时间上看，这本小册子发表于1871年，其时《资本论》已经出版了好几年。所以，这个工厂主最感可怕的，是这种卓越的理论思维能力在代表工人阶级的马克思《资本论》中复活。这样的复活不是在松散工人中，而是集中体现在工人阶级代表的科学理论中。显然，马克思对此不仅是赞同的，在借此强调理论思维能力及其品位的重要性的同时，还以德国工人阶级继承了这种能力而感到由衷的高兴。实际上，也是由此表示，《资本论》就是"卓越的理论思维能力"的具体运用。同样面对"所谓有教养的阶级"丧失卓越理论思维能力，工厂主迈尔表明的只是一种哀叹，马克思则是用《资本论》这样的重磅武器来标示这种能力的复活，表达了对"所谓有教养的阶级"理论思维能力消失的批判。

① 《马克思恩格斯选集》第4卷，人民出版社1995年版，第285页。
② 《资本论》第1卷，人民出版社1975年版，第15页；2004年版，第15页。

在工人阶级中复活的卓越的理论思维能力，实际上就是马克思运用的唯物辩证法。它是在对诸种错误思维方式的科学批判基础上建立起来的。主要是批判黑格尔辩证法的唯心性和神秘性。

在第二版跋中，他明确地说："将近三十年以前，当黑格尔辩证法还很流行的时候，我就批判过黑格尔辩证法的神秘方面。"指出黑格尔的"辩证法，在其神秘形式上，成了德国的时髦东西，因为它似乎使现存事物显得光彩。"① 但这种神秘性妨碍了这种辩证法的普及推广，更不能改变现存事物失色的命运。不过，他并不因此而将它完全否定，他发现："辩证法在黑格尔手中神秘化了，但这决不妨碍他第一个全面地有意识地叙述了辩证法的一般运动形式。在他那里，辩证法是倒立着的。必须把它倒过来，以便发现神秘外壳中的合理内核。"② 在对它进行根本性的批判和改造之后，他创立了唯物辩证法："我的辩证方法，从根本上来说，不仅和黑格尔的辩证方法不同，而且和它截然相反。在黑格尔看来，思维过程，即他称为观念而甚至把它变成独立主体的思维过程，是现实事物的创造主，而现实事物只是思维过程的外部表现。我的看法则相反，观念的东西不外是移入人的头脑并在人的头脑中改造过的物质的东西而已。"③ 无疑的，这种颠倒就是一种批判，是一种解构，因为有批判，不仅出发点截然相反，而且整个理论体系也被马克思重构了。

由此观之，马克思的辩证法，首先是客观唯物的。它虽然是思维着的头脑的产物，但并不是"自我产生着的概念的产物，而是把直观和表象加工成概念这一过程的产物。"④ 作为工人阶级的科学思维，客观唯物的性质最为根本。不言而喻，这种特性是对黑格尔"实证唯心主义"⑤ 的根本性批判。

其次，它是历史的，要反映对象历史发展的逻辑。关于理论历史性的重要意义和马克思在这方面的批判，恩格斯有很深刻的评论："黑格尔的思维方式……有巨大的历史感作基础。形式尽管是那么抽象和唯心，他的思想发展却总是与世界历史的发展平行着，而后者按他的本意只是前者的验证。真正的关系因此颠倒了，头脚倒置了，"不过，"他是第一个想证明

---

① 《资本论》第 1 卷，人民出版社 1975 年版，第 25 页；2004 年版，第 22 页。
② 《资本论》第 1 卷，人民出版社 1975 年版，第 25 页；2004 年版，第 22 页。
③ 《资本论》第 1 卷，人民出版社 1975 年版，第 25 页；2004 年版，第 22 页。
④ 《马克思恩格斯全集》第 46 卷上册，人民出版社 1979 年版，第 39 页。
⑤ 《马克思恩格斯文集》第 1 卷，人民出版社 2009 年版，第 510 页脚注。

历史中有一种发展、有一种内在联系的人，……他的基本观点的宏伟，就是在今天也还值得钦佩。"恩格斯认为："这个划时代的历史观是新的唯物主义观点的直接的理论前提，单单由于这种历史观，也就为逻辑方法提供了一个出发点。"① 也就是说，这种逻辑本身就是历史的。但这种历史，不是像历史书籍那样叙述历史，而是以逻辑的方式反映客观对象的历史发展，包括其中包含的发展逻辑。换句话说，逻辑过程本身以自身的逻辑与历史统一，来逻辑地反映客观对象发展过程的逻辑与历史统一。显然，这与黑格尔的逻辑与历史统一的方法是有区别的。

再次，它是辩证的，因而是批判的。一般而言，辩证法强调矛盾的对立统一，突出运动和普遍联系，但这是从一般的意义来看的。而在研究资本运动的时候，就不能只作一般的对立统一分析、普遍联系分析，因为马克思并不满足于一般地阐明资本运动的矛盾，而是要揭示资本运动为何、如何被否定的。所以，在第二版跋中，马克思说："辩证法，在其合理形态上，引起资产阶级及其夸夸其谈的代言人的恼怒和恐怖，因为辩证法在对现存事物的肯定的理解中同时包含对现存事物的否定的理解，即对现存事物的必然灭亡的理解；辩证法对每一种既成的形式都是从不断的运动中，因而也是从它的暂时性方面去理解；辩证法不崇拜任何东西，按其本质来说，它是批判的和革命的。"② 虽然从肯定到否定，也是对立统一分析，但它突出了否定、批判和革命的品格，让无产阶级学会和掌握批判及必要的武器，因而与黑格尔的辩证法彻底划清了界限，从而引起了资产阶级及其学者恼怒和恐怖。如果只是一般地分析资本运动的矛盾，资产阶级及其代言人也有做过，虽然做的不好。如果马克思仅有矛盾分析，他们就不会而感到恼怒和恐怖了。

最重要的，它是无产阶级的。在社会经济领域中，社会批判绝非个人的事情，能够对一定对象进行彻底科学批判的人，除了他个人的各种素质、品质外，还一定有自己的阶级立场。在阶级社会中，来自对立阶级的批判才是最令人恐惧的。而无产阶级以它所处的特殊地位和利益、以它所拥有的最广大的人数、以它是最先进生产力的代表，以它具有最广阔的视野、最深的洞察力，对资产阶级及其制度的刻骨仇恨，具有最强的批判精神和力量。但一方面，它的队伍需要扩大，因而需要有自己的代表，以便能够掌握和运用这种辩证唯物的逻辑思维来再现客观对象，另一方面，马

---

① 《马克思恩格斯选集》第 2 卷，人民出版社 1995 年版，第 42 页。
② 《资本论》第 1 卷，人民出版社 1975 年版，第 24 页；2004 年版，第 22 页。

克思也自觉自愿地站在无产阶级的立场上，代表它对旧的所有制关系以及由此产生的观念进行批判。他曾在给友人的信中说："工人阶级永远可以把我当作一个忠诚的先锋战士。"① 在这里，他又自豪地宣称："就这种批判代表一个阶级而论，它能代表的只是这样一个阶级，这个阶级的历史使命是推翻资本主义生产方式和最后消灭阶级。这个阶级就是无产阶级。"②

这样的科学思维方式，显然是对资产阶级经济学家非科学的思维方式的批判。对这种思维方式，恩格斯给予极高的评价："马克思对于政治经济学的批判就是以这个方法作基础的，这个方法的制定，在我们看来是一个其意义不亚于唯物主义基本观点的成果。"③

在这里，马克思还特地阐述了科学研究方法："研究必须充分地占有材料，分析它的各种发展形式，探寻这些形式的内在联系。"这一句话似乎很直白，实际上包含着很多玄机，不能作一般化理解。只要联系这一说明的上下文，即它是在俄国学者考夫曼的一大段评论之后提出的，就应该意识到，这种研究方法的实质既是实证的，还是辩证的、历史的、批判的。

关于"充分占有材料"，指的不仅仅是思想材料，还有实际材料。思想材料包含当时的材料，也包括思想史的材料。占有思想史材料，既可以了解前人对相关问题的不同看法，还可以由此透视他们研究的客观对象的发展。至于实际材料，那就看研究者的立场和眼界了。站在资产阶级的立场上，看到的是别的企业如何赚钱，看到的是眼前的事情。但站在无产阶级的立场上，则眼界开阔、长远，既注意一国的情事，又联系世界的情势，还会因为自身的发展、与其他阶级的联系的发展，而要注意经济的发展史。要真正了解资本运动，就一定要了解它的发展史。当然，实际材料经过处理最后都变成了思想材料，但它在理论过程中发挥的作用非常重要。马克思说："思维过程本身是在一定的条件中生长起来的，它本身是一个自然过程。"④ 所以充分占有和研究材料，是思维过程发展的重要条件。这些条件包含客观条件和理论条件，其中客观条件主要是内外资本运动的具体状况。换言之，思想材料包括过往的经济思想史的和经济史的材料，包括当时的经济思想和经济状况材料。一般说，材料越充分，研究越

① 《马克思恩格斯〈资本论〉书信集》，人民出版社 1976 年版，第 189 页。
② 《资本论》第 1 卷，人民出版社 1975 年版，第 18 页；2004 年版，第 18 页。
③ 《马克思恩格斯选集》第 2 卷，人民出版社 1995 年版，第 43 页。
④ 《马克思恩格斯〈资本论〉书信集》，人民出版社 1976 年版，第 282 页。

可靠。不过，材料是不断发掘和增加的，而且良莠并存。正如恩格斯所说："历史常常是跳跃式地和曲折地前进的，如果必须处处跟随着它，那就势必不仅会注意许多无关紧要的材料，而且也会常常打断思想进程；并且，写经济学史又不能撇开资产阶级社会的历史，这就会使工作漫无止境，因为一切准备工作都还没有做。"① 所以，占有材料还得科学地处理材料，将无关宏旨、可能引起思维混乱的各种材料撇开。但是，对经济研究来说，最重要的却是抓准、将眼界放宽。这可以从考夫曼的评论中看出。他不仅在这一段评论中把马克思运用的实际方法描述得相当恰当，② 而且还从必然性变化的角度相当精准地论述了《资本论》的基本思想："马克思竭力去做的只是一件事：通过准确的科学研究来证明一定的社会关系秩序的必然性，同时尽可能完善地指出那些作为他的出发点和根据的事实。为了这个目的，只要证明现有秩序的必然性，同时证明这种秩序不可避免地要过渡到另一种秩序的必然性就完全够了，而不管人们相信或不相信，意识到或没有意识到这种过渡。"③ 虽然考夫曼没有明确地分析马克思是如何进行实证的科学研究，但我们从中却可以发现，马克思所这运用的材料不仅是共时态的，而且是历时态的，不仅是阶段性的，而且是过程性的。

考夫曼作为一个资产阶级学者，从心底根本不可能赞同马克思的价值观和理论倾向，但他却根据对《资本论》第一卷、《政治经济学批判。序言》的深入理解，能够认识到这一点，并且认可这一点，的确表明他有一定的理论良知，也表明马克思的这种历史观体现了一种无与伦比的科学逻辑，有巨大的说服力、影响力。他还肯定："马克思给自己提出的目的是，从这个观点出发去研究和说明资本主义经济制度，这样，他只不过是极其科学地表述了任何对经济生活进行准确的研究必须具有的目的……这种研究的科学价值在于阐明了支配着一定社会机体的产生、生存、发展和死亡以及为另一更高的机体所代替的特殊规律。马克思的这本书确实具有这种价值"④。尽管考夫曼不适应"德国辩证法"的叙述方式，但却十分了解这种叙述中透露的基本思想，并公正地承认这本书的科学价值。可见，只有正确理解马克思的科学方法，才能深入理解马克思的基本思想和基本逻辑。

---

① 《马克思恩格斯选集》第 2 卷，人民出版社 1995 年版，第 43 页。
② 《资本论》第 1 卷，人民出版社 1975 年版，第 23 页；2004 年版，第 21 页。
③ 《资本论》第 1 卷，人民出版社 1975 年版，第 20 页；2004 年版，第 20 页。
④ 《资本论》第 1 卷，人民出版社 1975 年版，第 23 页；2004 年版，第 21 页。

无数人读过《资本论》《政治经济学批判》序言，也都站在无产阶级的立场上，对其中关于历史唯物主义的话都很熟悉，但绝大多数人对《资本论》《序言》的认识还达不到考夫曼的水平。这的确令人汗颜，也很值得深思的。

充分占有材料，不仅是研究资本运动实际过程的需要，而且也是论证过程客观性的必要。在论证中，不但要有丰富的历史资料，而且时时要有实证材料的验证。正如恩格斯所说："采用这个方法时，逻辑的发展完全不必限于纯抽象的领域。相反，它需要历史的例证，需要不断接触现实。因此这里插入了各种各样的例证，有的指出各个社会发展阶段上的现实历史进程，有的指出经济文献，以便从头追溯明确作出经济关系的各种规定的过程。"①

充分占有思想材料，还意味着科学处理的必要。古典经济学如李嘉图之辈也曾收集不少的思想材料，但基于唯心史观，不能很好地筛选处理，以至于将孤立的猎人、渔夫与1817年伦敦交易所通用的年息表联系起来。马克思批判了他的错误，当然很注意将收集到的各种材料进行分类，首先将关于"资本的形成史"②和"已经形成的、在自身基础上运动的资产阶级社会"③的材料分开。研究不能胡子眉毛一把抓，在选定了研究对象之后，还要按照一定的逻辑来处理它们，以及它们运动的各种条件，将它们分门别类，安排它们各自的出场次序以及上升条件。也就是说，先要对有关后者的材料进行去粗取精、去伪存真的改造制作，即马克思所说的"经过更切近的规定"④。再从总体中抽出个别、从复杂中提取简单、从高级回溯低级，这就必须运用抽象力。否则，将复杂的对象、条件与简单的对象条件混搭在一起，即使在某种意义上能获得一些共同的规定，也是不科学的，十七世纪的经济学家就是这样。对此，马克思说："例如在经济学上从作为全部社会生产行为的基础和主体开始，似乎是正确的。但是，更仔细地考察起来，这是错误的。"⑤

关于"分析它的各种发展形式"，当然是指客观对象的发展形式。考察对象的发展形式，是立足当时，追溯以往，放眼未来，换句话说，是从

---

① 《马克思恩格斯选集》第2卷，人民出版社1995年版，第45页。
② 《马克思恩格斯全集》第46卷上册，人民出版社1979年版，第456页。
③ 《马克思恩格斯全集》第46卷上册，人民出版社1979年版，第206页。
④ 《马克思恩格斯全集》第46卷上册，人民出版社1979年版，第37页。
⑤ 《马克思恩格斯全集》第46卷上册，人民出版社1979年版，第37页。

其起点开始，将起点与现实、未来联系起来。这是资产阶级学者不愿意做并感到疑惑的，他们囿于其唯心史观，将资本主义当成是自然的过程，因而不会去考察它的发展形式。所以，这样的研究，就包含着对资产阶级经济学的批判和超越。在《资本论》中，客观对象是历史发展的，有不同的但又彼此连续的发展阶段。正如恩格斯所说："我们的理论……是一连串互相衔接的阶段的那种发展过程的阐明"①。

就以对价值形式的研究为例，它涉及许多实证材料和理论材料。实证材料就是在历史上早已发生的商品交换：x 量商品 A＝y 量商品 B，以及在此基础上发展起来的货币、资本等特殊形式。正是在这个问题上，资产阶级学者却熟视无睹。"像亚·斯密和李嘉图，把价值形式看成一种完全无关紧要的东西或在商品本性之外存在的东西。……如果把资产阶级生产方式误认为是社会生产的永恒的自然形式，那就必然会忽略价值形式的特殊性，从而忽略商品形式及其进一步发展——货币形式、资本形式等等的特殊性。"② 显然，分析对象的发展形式，与批判对象是紧密联系的。

关于"探寻这些形式的内在联系"，至少应该包含两方面意思：一是各种形式的内在联系，二是这些形式的内在联系。占有材料、分析其发展形式，只是研究的手段，其进一步的目的是要揭示其内在联系。但是，内在联系有很多侧面、层面、阶段，所以需要有科学的方法才能揭示和连接。

要进行这样的探寻，非运用抽象力进行科学抽象不可。马克思的科学抽象一方面是对"唯象"的批判，所谓的"唯象"，即是围绕表面现象的联系内兜圈子。讲得好听一点，这可以归入经验式的思维，像"地心说"那样的只看表面现象、将表面现象的重复当成规律，其典型就是庸俗经济学。在后面的研究中，我们将会着重分析马克思对它及其所依仗的经验性思维的批判。另一方面是对古典经济学的批判。在经济思想史上，斯密、李嘉图等人虽然也运用了一定的抽象力，并发现、描述了价值规律、资本运动规律，这些都可以说是内在联系。但是，他们的抽象力的运用存在问题，一方面，是"抽象力不足"，"抽象还不够深刻，不够完全"③，没有将该抽象的因素抽象掉，"还没有把问题在初级形式上解决，就先在复杂

---

① 《马克思恩格斯〈资本论〉书信集》，人民出版社 1976 年版，第 475 页。

② 《资本论》第 1 卷，人民出版社 1975 年版，第 98 页脚注（32）；2004 年版，第 99 页脚注（32）。

③ 《马克思恩格斯全集》第 26 卷第 Ⅱ 册，人民出版社 1973 年版，第 112 页。

化了的形式上进行探讨"①，结果是所揭示的内在联系并不彻底科学；另一方面，在李嘉图克服其前人不重视各种形式内在联系之间的关系的弊病之后，又企图将它们直接连接起来，即将比较具体的关系也强制地当成比较抽象的关系，并强行将它与比较抽象的关系联系起来，也就是说，"他的抽象是形式的，本身是虚假的。"② 以致造成前后不同形式的内在联系之间联系的中断。

马克思在批判斯密和李嘉图错误或不足的时候，也发现他们研究的意义。在此基础上，他对有关客观对象的材料进行了一系列的科学处理，分别考察不同规模的对象的内在联系，并科学地这些内在联系通过一定的中介联系起来，实现了内在联系的转型升级，使不同逻辑阶段揭示的规定一脉相承，不断丰富而臻于具体化。可见，马克思的科学抽象并非单方面从具体现象入手进行分析，揭示其内部规定，还有揭示不同历史阶段的有内在联系的现象之间的关系。正是这种内在联系的建立和合理运用，才赋予他的理论以历史与逻辑的统一性，并切实地批判了资产阶级古典学派逻辑中断的错误。在第二版跋中，马克思还特地引用学界的评论，来阐明他的理论的这一特点："1871 年，基辅大学政治经济学教授尼·季别尔先生在他的《李嘉图的价值和资本理论》一书中就已经证明，我的价值、货币和资本理论就其要点来说是斯密—李嘉图学说的必然的发展。使西欧读者在阅读他的这本出色的著作时感到惊异的，是纯理论观点的始终一贯。"③这是很不容易的，也是破天荒的，是马克思"把辩证方法应用于政治经济学的第一次尝试"④。

三、叙述方法的批判性

马克思的科学方法包括研究方法和叙述方法，关于叙述方法，马克思非常重视，他自信地说："没有人会比我本人更严厉地评论《资本论》的文字上的缺点。"⑤ 恩格斯也认为：他以唯物辩证法为指导，"实际上出色

① 《马克思恩格斯全集》第 13 卷，人民出版社 1963 年版，第 47 页。
② 《马克思恩格斯全集》第 26 卷第 Ⅱ 册，人民出版社 1973 年版，第 112 页。
③ 《资本论》第 1 卷，人民出版社 1975 年版，第 19 页；2004 年版，第 19 页。
④ 《马克思恩格斯〈资本论〉书信集》，人民出版社 1976 年版，第 239 页。
⑤ 《资本论》第 1 卷，人民出版社 1975 年版，第 18 页脚注（1）；2004 年版，第 19 页脚注（1）。前后两版的表述有调整，但意思一样。

地叙述了劳动和资本的关系，这个问题在这里第一次得到充分而又互相联系的叙述。"① 恩格斯还很有针对性地提出的非常中肯的建议，也使他叙述的明确性有更大的提升。

《资本论》的科学叙述使它具有非常的影响力。同马克思的观点完全敌对的《星期六评论》在其关于《资本论》德文第一版的短评中说道：它的叙述方法"甚至使最枯燥无味的政治经济学问题具有一种独特的魅力。"② 1872 年 4 月 20 日的《圣彼得堡消息报》也说："除了少数太专门的部分以外，叙述的特点是通俗易懂，明确，尽管研究对象的科学水平很高却非常生动。"这篇评论还坦率地挖苦"大多数德国学者"，说"这些学者……用含糊不清、枯燥无味的语言写书，以致普通人看了脑袋都要裂开。"③ 当然，这篇评论也只是从通俗易懂的表达方式论事着眼。但是，如果意识到马克思的叙述并非仅仅生动地叙事，还洋溢着明确的价值、充满着对资本主义制度、资产阶级学者的深刻批判，并且水平还很高，那么，这种极高品位而富有学术性、批判性的叙述"对现代德国民族主义自由主义教授的著作的读者说来，要裂开的是和脑袋完全不同的东西"④ 了，文字变成炸弹，而且直击资本运动及其理论的要害。

马克思的科学叙述实际上也是对有些资产阶级学者的反衬。他批评《韦斯明斯特评论》上一些经济论文通篇都是些老生常谈，"竭力用假科学的行话来点缀自己的胡诌。这种假科学性决不会使内容（它本身等于零）更为明白易懂。正好相反。它妙就妙在使读者高深莫测，使读者绞尽脑汁，最后才得出一个使人放心的结论：这些吓人的话所包藏的不过是一些口头禅而已。"⑤ 诚然，马克思也曾赞赏过李嘉图：其著作的"头两章给人以高度的理论享受，因为它们简明扼要地批判了那些连篇累牍、把人引入歧途的老观念，从分散的各种各样的现象中吸取并集中了最本质的东西，使整个资产阶级经济体系都从属于一个基本规律。这头两章由于其独创性、基本观点一致、简单、集中、深刻、新颖和洗炼而给人以理论上的满足，"但是，他又指出，它并非一贯到底，"再往下读这本著作时这种理论

---

① 《马克思恩格斯〈资本论〉书信集》，人民出版社 1976 年版，第 224 页。

② 转引自《马克思恩格斯〈资本论〉书信集》，人民出版社 1976 年版，第 283 页。

③ 《资本论》第 1 卷，人民出版社 1975 年版，第 19 页脚注（1）；2004 年版，第 19 页脚注（1）。

④ 《资本论》第 1 卷，人民出版社 1975 年版，第 19 页脚注（1）；2004 年版，第 19 页。

⑤ 《马克思恩格斯〈资本论〉书信集》，人民出版社 1976 年版，第 274—275 页。

上的满足就必然会消失。总的说来令人感到疲倦和乏味。进一步的阐述已经不再是思想的进一步发展了。"① 可见，叙述不仅要明确易懂，更重要的是始终一贯。

一般而言，叙述就是平铺直叙，应该是价值无涉。但马克思的叙述却骨子里带有批判性。它要体现辩证法的批判精神，就必然在论证、论述过程中融入激情、激愤，让文字变成檄文、投枪和炸弹，射向资本主义制度、资本运动、资产阶级经济学，所以堪称是工人阶级的圣经。

马克思叙述采取多种方法来表现理论的批判性。

首先，直接的批判，这是不言而喻的。有的似乎平直的叙述，实际上是字字血、声声泪。在工作日、机器大工业、资本主义积累和原始积累等章节中，字里行间都渗透着浓浓的无产阶级感情，都充满着对资本罪恶的控诉和批判。但更重要和直接的，是分析论证资本运动对工人阶级造成的巨大灾难，指出其不可避免地要被消灭，剥夺者要被剥夺。同时也直接地批判维护资本主义制度的资产阶级经济学的伪科学性、欺骗性。

其次，间接的批判，它又包含两个方面。一方面是针对客观对象，通过深入的研究，阐明资本运动的规律和条件，阐明它在发展达到一定阶段，就不再符合生产力全面迅速发展的要求，从而间接地批判其存在的合理性。就此而言，马克思甚至不惜用巨大的篇幅来描述生产力如何发展的规律——如社会总资本再生产的规律——和图景，客观地反映资本运动如何从顺应、推动生产力发展，到破坏、限制生产力发展的条件的演化过程。另一方面针对资产阶级经济学，深入地批判资产阶级学者的浅薄、虚伪、误打误撞。就后者而言，既有通过揭示资本运动的客观规律来反衬资产阶级经济学的错误，又有通过巧妙的逻辑安排，来给庸人制造理解的陷阱。这种方法既能把复杂的对象运动"科学地……表达出来"，还能造成特别的效果。例如，针对比较抽象的规定与比较具体的现象之间的差距产生的人们认识的矛盾，他告诉恩格斯："如果我想把所有这一类怀疑都预先打消，那我就会损害整个辩证的阐述方法。相反地，这种方法有一种好处，它可以到处都给那些家伙设下陷阱，迫使他们过早地暴露出他们的愚蠢。"② 对此，马克思不无得意地对友人说：这是"通过叙述方式本身使庸俗观点无计可施"③。

---

① 《马克思恩格斯全集》第 26 卷第 Ⅱ 册，人民出版社 1973 年版，第 186 页。
② 《马克思恩格斯〈资本论〉书信集》，人民出版社 1976 年版，第 219 页。
③ 《马克思恩格斯〈资本论〉书信集》，人民出版社 1976 年版，第 234 页。

诚然，马克思也坦诚地说："万事开头难，每门科学都是如此。所以本书第一章，特别是分析商品的部分，是最难理解的。"① 也许因为这样，也有些"博学的作家"抱怨马克思"对他们的理解能力要求过高。"② 实际上，除了第一章外，其他章节都很通俗，而且，马克思对第一章也是尽量写得通俗易懂，对工人来说，并不困难。甚至工厂主也能看懂。马克思的叙述方法使《资本论》产生极大的社会影响。他很自信地说，不仅"《资本论》在德国工人阶级广大范围内迅速得到理解，"③"工人，甚至工厂主和商人都懂得我的书，并且了解得很清楚"④。最意想不到的是，竟然还有一些资产阶级学者通过这种具有特色的叙述深入了解《资本论》所表达的历史辩证法。俄国的考夫曼甚至还在述评中很客观又很辩证地介绍、评价了马克思的研究和叙述。

以上说的是代表无产阶级的对他批判，此外，还有客观描述资本运动的自我批判。就后者而言，这既散见于相关章节的描述中，例如资本为了攫取超额剩余价值，而主动地采用新的生产方式，这就是一种自我改进。但资本运动自我批判并不仅仅表现在这种鸡零狗碎的革新上，而表现在为适应因资本有机构成较大程度的提高而采取的机制、体制的创新上，例如价值结构的转型，从 c+v+m 转型为 k+p（p 为利润）。这种转型，表明资本适应生产力的发展而自我批判。在理论上表明这样的转型、自我批判，当然要借助一定的中介，因而不能在一章一节一处的论述中，而要跨越篇章。

根据第二版跋的相关论述、《资本论》的实际运用，以及马克思书信中的提示，我们至少应有几方面的认识：

其一，有思辨的、先验的形式，又能联系现实的理论再现，但其实质是对唯心主义的批判。特别是对商品价值形式的分析，层层深入，有些表述相当抽象，例如说"价值是无差别的人类劳动的等同性的物的形式"等，很典型的欧洲式表述，让不习惯这种思维方式的人乍一看来莫名其妙。从这种表述形式看，的确与黑格尔很相像。在第二版跋中，马克思公开承认："我是这位大思想家的学生，并且在关于价值理论的一章中，有

---

① 《资本论》第 1 卷，人民出版社 1975 年版，第 7 页；2004 年版，第 7 页。
② 《马克思恩格斯〈资本论〉书信集》，人民出版社 1976 年版，第 283 页。
③ 《资本论》第 1 卷，人民出版社 1975 年版，第 15 页；2004 年版，第 15 页。
④ 《马克思恩格斯〈资本论〉书信集》，人民出版社 1976 年版，第 283 页。

些地方我甚至卖弄起黑格尔特有的表达方式。"① 而且，从抽象上升到具体，呈现的好像是一个先验的结构。但马克思很明确地说："我的阐述方法和黑格尔不同，因为我是唯物主义者，黑格尔是唯心主义者。黑格尔的辩证法是一切辩证法的基本形式，但是，只有在剥去它的神秘形式之后才是这样，而这恰恰是我的方法的特点。"② 他很确定地说明，理论过程的"叙述方法自然要取决于对象本身的性质。"③

其二，是材料特殊处理、结构的科学化。马克思自豪地说："不论我的著作有什么缺点，它们却有一个长处，即它们是一个艺术的整体"④。《资本论》的"结构，整个内联系是德国科学的辉煌成就"⑤。也就是说，它表述的任何一个理论观点都是整个理论体系的组成部分，都必须与整个理论体系联系起来理解才是正确的。这个整体既表现为有内外联系的层面结构，也表现为有转型发展的几个阶段性结构。这样，它在形式上必然会不断地造成一些联系实际的困难，但是，这不是辩证叙述的缺陷，反而有特殊的功能，可以到处给庸俗经济学家设下陷阱，迫使他们过早暴露出他们的愚蠢。而且，这样的结构变化，还有一个特殊的作用，即反映客观过程的历史发展及其逻辑。

其三，是与条件合理安排紧密联系。理论思维不是头脑的任意活动，在《资本论》中，"思维过程本身是在一定的条件中成长起来的"⑥，叙述不过是这一过程反映。它不能将一切思想材料一下子就和盘托出，而是随条件（含研究阶段）的变化不断推进的。这样，在不同的条件下、阶段中，所叙述的同一规定既有不同的内容，又一脉相承，表现为升级的关系。在叙述过程中，条件是必不可少的。马克思说过："叙述的辩证形式只有明了自己的界限时才是正确的。"⑦ 也就是说，叙述是要设置界限的。

其四，叙述既是为了理论再现，还是为了进行科学批判。在《资本论》中，叙述并非一般的叙事，更多是揭示、解释、提示等。揭示对象的运动规律、本质，并用之以解释现象、表象，深入浅出，转型升级提示发

---

① 《资本论》第 1 卷，人民出版社 1975 年版，第 24 页；2004 年版，第 22 页。
② 《马克思恩格斯〈资本论〉书信集》，人民出版社 1976 年版，第 254 页。
③ 《神圣家族》（《马克思恩格斯全集》第 2 卷，人民出版社 1957 年版，第 7 页）。
④ 《马克思恩格斯〈资本论〉书信集》，人民出版社 1976 年版，第 196 页。
⑤ 《马克思恩格斯〈资本论〉书信集》，人民出版社 1976 年版，第 202 页。
⑥ 《马克思恩格斯〈资本论〉书信集》，人民出版社 1976 年版，第 282 页。
⑦ 《马克思恩格斯全集》第 46 卷下册，人民出版社 1980 年版，第 513—514 页。

展趋势。但《资本论》有个副标题——政治经济学批判，因此，叙述的过程，无处不渗透着、实施着批判。也就是说，叙述包括"正面的叙述"和"倾向性的结论"①。

其五，叙述方法本身就是辩证方法。马克思说得很清楚："'材料中的自由运动'只不过是对一种处理材料的方法——即辩证方法——的描述而已。"② 所谓在"材料中的自由运动"，一方面是有用的材料充分，另一方面是不受它们困惑，在对它们筛选梳理的基础上自主灵活地运用，按照自己的研究目的、价值观，充分调动它们，有静态的分析，又有动态的探讨。全书的叙述不拘一格，包含着比较不通俗的部分，这是"对象的抽象性质"所决定的，"可是只要科学的基础一奠定，通俗化也就容易了。"③此外，整部著作都很通俗，连工人都能读懂。

其六，《资本论》的叙述是"事后思索"的特别逻辑反向倒推，从简单到复杂。马克思说："对人类生活形式的思索，从而对它的科学分析，总是采取同实际发展相反的道路。这种思索是从事后开始的，就是说，是从发展过程的完成的结果开始的。"④ 他生活在资本主义较为发达的阶段，其时对象已经成熟而典型化，价值已经转型、利润率已经平均化并且倾向下降。在完全了解其中的奥秘之后，因为这些现象相当复杂，如果一开头就将最复杂的东西端出来，那就必然造成阐释的困难，所以他的叙述只能反向进行。要阐明利润率平均化，就要先阐明什么是利润率，为此，又要先阐明它如何从剩余价值率转化而来，一路倒推，直至简单商品。实际上就是从对象简单的、直接的、抽象的细胞开始，不断地上升，直到"发展过程的完成的结果"，简单说，就是从抽象上升到具体。因此，这样的叙述就使材料按一定逻辑发展的内在要求推进，"材料的生命一旦观念地反映出来，呈现在我们面前的就好像是一个先验的结构了。"⑤ 反观资产阶级经济学，全都结构松散，缺乏内在联系。

其七，《资本论》的叙述当然要借助一般的术语，但它还依靠马克思自己创立的新的范畴，如劳动二重性、剩余价值、不变资本、可变资本、剩余价值率、资本有机构成等全新的革命性的范畴。这些范畴大都反映对

---

① 《马克思恩格斯〈资本论〉书信集》，人民出版社 1976 年版，第 244 页。
② 《马克思恩格斯〈资本论〉书信集》，人民出版社 1976 年版，第 311 页。
③ 《马克思恩格斯〈资本论〉书信集》，人民出版社 1976 年版，第 170—171 页。
④ 《资本论》第 1 卷，人民出版社 1975 年版，第 91 页；2004 年版，第 93 页。
⑤ 《资本论》第 1 卷，人民出版社 1975 年版，第 23 页；2004 年版，第 22 页。

象的内在规定，从而不能直接表现对象的外在表象。反观李嘉图以后的资产阶级经济学，它的理论则是由一系列直接表现对象外在表象的流行术语连接的。当然，《资本论》既要再现对象具体，自然也要反映对象的社会表象，因此，就要考虑自己的术语在什么样的情况下如何与流行的术语对接，让人知道他所说的正是资产阶级经济学所说的那些情况。也就是说，要对那些粗俗的表象、观念加以科学的改造，将它们从"平凡生活的范畴"转变为科学的范畴，① 并将它摆在科学的政治经济学范畴体系中的合理位置上，表明内在规定会因为竞争和人为的因素而颠倒地表现为这些表象、观念。也只有这样，才能"同英法两国的经济学家的用语一致"②，以便说明资产阶级学者的错误，澄清由此产生的各种混乱，说明产生这种错误、混乱的主、客观条件及理论渊源。

其八，这样的叙述还体现了无产阶级思维的客观性、辩证性。明确、准确的叙述本身似乎是没有阶级性的，但这只是指一般的思维。但是，对政治经济学这门阶级性极强的科学来说，要求的当然不能是一般的思维，而要有科学的思维方式，才能有科学的叙述方法。这就要求思维者要能够客观、公正、不偏不倚的研究，有较宽的眼界，但对资产阶级学者来说，这却是不容易做到的。所以马克思说："就是最优秀的经济学家，甚至李嘉图本人一当走上通常的资产阶级思维的道路，便陷于纯粹幼稚的妄谈。"③ 在马克思看来，资产阶级思维和无产阶级思维是有根本区别的。

其九，《资本论》的叙述方法马克思的首创，是"通过批判使一门科学第一次达到能把它辩证地叙述出来的水平"④。是"把辩证方法应用于政治经济学的第一次尝试"⑤。在法文版序言中，他还说："我所使用的分析方法至今还没有人在经济问题上运用过，这就使前几章读起来相当困难。"⑥

综上所述，《资本论》的叙述方法充满着科学的批判。

---

① 卢森贝：《〈资本论〉注释》第二卷，三联书店 1963 年版，第 118 页。

② 《资本论》第 1 卷，人民出版社 1975 年版，第 649 页脚注（33）；2004 年版，第 682 页脚注（33）。

③ 《马克思恩格斯〈资本论〉书信集》，人民出版社 1976 年版，第 129 页。

④ 《马克思恩格斯〈资本论〉书信集》，人民出版社 1976 年版，第 123 页。

⑤ 《马克思恩格斯〈资本论〉书信集》，人民出版社 1976 年版，第 239 页。

⑥ 《资本论》第 1 卷，人民出版社 1975 年版，第 26 页；2004 年版，第 24 页。

第三节　恩格斯五个序言的科学批判

恩格斯曾先后为《资本论》撰写了五篇序言——第一卷第三版、英文版、第四版序言，第二卷序言，第三卷序言。这些序言在介绍《资本论》手稿的编辑之外，也提示了原著写作的经济背景，并从编辑的角度提示了马克思研究和处理思想材料的科学方法，提示了《资本论》对工人运动的巨大影响。同时，他也与马克思一样，怀有批判情结，总是有意在相关的地方直接间接地批判资产阶级学者的理论，除了涉及其内容要害外，还特地从表述方面批判其肤浅。深入了解这一些，对我们全面研究了解马克思的科学批判有直接的指导意义。

一、《资本论》第一卷三个序言的科学批判

在马克思逝世之后，恩格斯在编辑出版《资本论》第一卷德文第三版、英文版、德文第四版的时候，都分别给这些版本撰写序言。这三篇序言虽然篇幅都不很长，但总的看来，在科学批判方面，对马克思的论述和批判也有进一步明晰的阐释。

首先，抓住要害批判资产阶级经济学。资产阶级经济学的错误有很多，但在对客观存在的剩余价值的认识上，全都犯了同样的错误。在前面，我们已经看到，马克思在《1861—1863 年经济学手稿》中有个［总的评论］："所有经济学家都犯了一个错误：他们不是就剩余价值的纯粹形式，……而是就利润和地租这些特殊形式来考察剩余价值。"① 他强调要区别剩余价值一般、抽象和特殊、具体，需先研究"剩余价值的纯粹形式"，再考察它的"完全转化了的形式"。

马克思的这个总的评论，恩格斯也有同样的看法，并且将它通俗化了。在《资本论》第三版序言——马克思逝世之后的 1883 年 11 月写的——中，他又有进一步的提法。他说："古典政治经济学虽然完全知道，利润和地租都不过是工人必须向自己雇主提供的产品中无酬部分（雇主是这部分产品的第一个占有者，但不是它的最后的唯一的所有者）的一部分、一份，但即使这样，它也从来没有超出通常关于利润和地租的概念，从来没有把产品中这个无酬部分（马克思称它为剩余产品），就其总和即

① 《马克思恩格斯全集》第 26 卷第 I 册，人民出版社 1972 年版，第 7 页。

当作一个整体来研究过，因此，也从来没有对它的起源和性质，对制约着它的价值的以后分配的那些规律有一个清楚的理解。"① 显然，他从剩余价值的总和即"一个整体"来解释剩余价值的一般形式，从它的"一部分、一份"来解释利润、利息和地租，——而古典政治经济学虽然在一定程度上知道这种区别，但却将它们有意无意地混为一谈，因而就不可能真正清楚地理解它的起源和性质以及分配的规律了。——这样一来，就使人们对剩余价值一般、抽象和特殊、具体的区分更加清晰和通俗了。道理很简单，即使人们不懂得一般与特殊、抽象与具体的区别，至少也能够认识总体与部分的区别。这也提醒人们，只有从整体来把握剩余价值，才能了解它的起源和性质，才能理解"制约着它的价值的以后分配的那些规律"。据此，我们理应意识到，《资本论》第一、二卷，第三的前三篇，主要是考察剩余价值的"整体"，而第三卷的四、五、六篇，则是考察它的各个部分。显然，这对解释、理解《资本论》是大有裨益的。当然，区别一般和抽象、特殊和具体的认识，比起区别整体和部分的认识，应该说更深刻、更有学理性，但后者却更形象、感性，更容易被辩证思维能力不强的一般读者理解。只要了解这一点，从后一种意义来理解就更为具体。可以说，这与马克思《1861—1863年经济学手稿》中那个"总的评论"是异曲同工的。从批判的角度看，说它突出了"总的批判"，是其焕彩之笔也未尝不可。

其二，批判资产阶级学者的学风、文风。

众所周知，《资本论》有非常多的引证，有的在正文中，有的在脚注中，都发挥着恰到好处的作用，并且也体现了他科学、严谨的文风。恩格斯对此十分欣赏，他在全面审看了这些引文注释之后，区分了《资本论》处理引文的两种情况：在单纯叙述和描写事实的地方，引文（例如引用英国蓝皮书）自然是作为简单的例证。而在引证其他经济学家的理论观点的地方，情况就不同了。"这种引证只是为了确定：一种在发展过程中产生的经济思想，是什么地方、什么时候、什么人第一次明确地提出的。这里考虑的只是，所提到的经济见解在科学史上是有意义的，能够多少恰当地从理论上表现当时的经济状况。至于这种见解从作者的观点来看是否还有绝对的或相对的意义，或者完全成为历史上的东西，那是毫无关系的。因此，这些引证只是从经济科学的历史中摘引下来作为正文的注解，从时间和首倡者两方面说明经济理论中各个比较重要的成就。这种工作在这样一

---

① 《资本论》第1卷，人民出版社1975年版，第35页；2004年版，第33页。

种科学上是很必要的，"恩格斯强调这一点，一方面证明马克思的科学研究的诚实，不贪功，另一方面，也是对资产阶级学者的批判，"这种科学的历史著作家们一直只是以怀有偏见、不学无术、追名逐利而著称。"①由此观之，引证不是小事，而是关系理论是否科学创新、立论是否公正，论证是否合理到位的原则性问题。关于这一点，《资本论》第二、三卷的序言中还有更多的说明和有针对性的批判。

其三，批判德国资产阶级经济学的术语。

任何科学都要运用一定的术语表述，有的术语表达对象运动的情景、情形，有的在理论过程中却有更重大的使命，是整个理论网络中的纽结。在政治经济学中，表现生产关系的一定侧面的术语，就是范畴。

在《资本论》中，马克思提出一系列新的术语、范畴，如价值形式、劳动二重性……、相对劳动生产率、资本有机构成等，导致这门科学的革命。尽管他也大量使用资产阶级经济学长期以来广泛使用的术语，但那是在揭示了对象的内在规定之后论证它们在社会表面上的颠倒表现时才使用的。恩格斯《资本论》英文版序言中说："某些术语的应用，不仅同它们在日常生活中的含义不同，而且和它们在普通政治经济学中的含义也不同。但这是不可避免的。一门科学提出的每一种新见解，都包含着这门科学的术语的革命。化学是最好的例证"。政治经济学这个资产阶级经济学家经营几百年的领域中，"通常满足于照搬工商业生活上的术语并运用这些术语，完全看不到这样做会使自己局限于这些术语所表达的观念的狭小范围。"②这些术语已经形成、普及化而定型，转变为资产阶级经济学的特有范畴，谬种流传，影响、束缚着一代又一代的经济学家，使后者的理论"为既有的经济范畴所束缚……而陷入令人不快的矛盾"③。

但是，这种情况在资产阶级学者那里却是不可避免的。因此，受到马克思、恩格斯的彻底批判就是不可避免的。在批判过程中，马克思对整个资产阶级经济学的术语、范畴体系进行全面的识别，有的继承，但有新解释，有的坚决、彻底地批判。同时也在适当的地方提出一些新的、本质上不同的理论范畴，与资产阶级经济学的术语形成巨大的区别。"不言而喻，把现代资本主义生产只看作是人类经济史上一个暂时阶段的理论所使用的

①　《资本论》第 1 卷，人民出版社 1975 年版，第 32 页；2004 年版，第 30 页。

②　《资本论》第 1 卷，人民出版社 1975 年版，第 34，35 页；2004 年版，第 32，33 页。

③　《资本论》第 2 卷，人民出版社 1975 年版，第 17 页；2004 年版，第 17 页。

术语，和把这种生产形式看作是永恒的最终阶段的那些作者所惯用的术语，必然是不同的。"① ——诚然，资产阶级经济学的所有范畴都有其产生的客观条件，它所解释的是社会表象，在这些客观条件没有根本改变之前，即使是被事实和理论证明是错误的术语，它也仍然发挥效力，所以，马克思对它的批判并非简单地抛弃，而是借助一定的中介以自己创新的理论范畴来合理地反映它所解释的社会表象。当然，这是后话。——在资产阶级经济学那里，有些术语的提出是随心所欲的。

在第三版序言中，恩格斯这样写道：我不"把德国经济学家惯用的一些行话弄到《资本论》里面来。例如，这样一种费解的行话：把通过支付现金而让别人为自己劳动的人叫做劳动给予者，把为了工资而让别人取走自己的劳动的人叫做劳动受取者。"② 直白地说，就是把"支付现金的人"叫做"劳动给予者"，把"受取工资或受取现金的人"叫做"劳动受取者"，看来，德国经济学家是将付出工资剥削劳动力叫做"给予劳动"。明明是工人给予资本家劳动力（但在社会表面上却表现为给予劳动），他们却说成是资本家"给予劳动"；按此说法，如果资本家不支付现金，工人就无法劳动，也就无法生存，所以，这是"给予劳动的机会"，是造福工人了。这不是完全颠倒了吗？这需要有多大的勇气和无耻才能说得出来啊。所以，恩格斯接着说："法文 travail〔劳动〕在日常生活中也有'职业'的意思。但是，如果有个经济学家把资本家叫做 donneur de travail〔劳动给予者〕，把工人叫做 receveur de travail〔劳动受取者〕，法国人当然会把他看作疯子。"③ 显然，德国经济学的行话连法国、英国经济学都不能认同。相比较而言，后者还没有无耻到将资本家叫做"劳动给予者"、把工人叫做"劳动收取者"以便将两者的阶级对立掩盖的地步。马克思在第二版中说："德国的政治经济学教授一直是学生。别国的现实在理论上的表现，在他们手中变成了教条集成，被他们用包围着他们的小资产阶级世界的精神去解释，就是说，被曲解了。他们不能把在科学上无能为力的感觉完全压制下去，他们不安地意识到，他们必须在一个实际上不熟悉的领域内充当先生，于是就企图用博通文史的美装，或用无关材料的混合物来加以掩饰。"④ 就上述的那种曲解看，德国的政治经济学教授比英国的资产

① 《资本论》第 1 卷，人民出版社 1975 年版，第 35 页；2004 年版，第 33 页。
② 《资本论》第 1 卷，人民出版社 1975 年版，第 31 页；2004 年版，第 29 页。
③ 《资本论》第 1 卷，人民出版社 1975 年版，第 31 页；2004 年版，第 29 页。
④ 《资本论》第 1 卷，人民出版社 1975 年版，第 15 页；2004 年版，第 15 页。

阶级学者更为庸俗、甚至离谱。对此，恩格斯指出，这种曲解将这种混合并不成功，以至于法国人会将它当成"疯子"。

二、《资本论》第二卷序言的科学批判

与恩格斯为第一卷撰写的三个序言相比，第二卷序言是比较长的。大体看来，马克思在第一版序言、跋中的批判主要针对客观对象，而恩格斯则侧重批判资产阶级经济学。从实际效果看，他编辑出版第二卷，就是对付资产阶级学者的重要武器。在此之前，不断有人质疑第二卷手稿的存在，例如意大利经济学家阿基尔·洛里亚甚至以小人之心，度君子之腹，揶揄马克思从未打算写《资本论》续篇的说法。所以，第二卷的出版，是对这些宵小的直接打击。

在第二卷序言中，恩格斯接过马克思的批判武器，为捍卫和宣传马克思主义而对资产阶级学者进行直接的、毫不留情的批判。在这里，他敏锐地发现，资产阶级学者想把水搅混，将马克思的剩余价值理论与他们的各种"利润""租"等理论混为一谈，来诋毁马克思的科学创见和理论。因为这个问题涉及马克思主义政治经济学的最根本问题，所以恩格斯煞费苦心，在这里进行两项工作：通过批判洛贝尔图斯对马克思所谓剽窃的谰言，进而批判古典经济学及李嘉图学派的错误；通过阐明资产阶级学者关于剩余价值实体来源的肤浅考察及其与马克思科学的剩余价值理论之间的比较，论证马克思科学的剩余价值理论是政治经济学的重大革命。

先来了解恩格斯的批判。这个批判既针对洛贝尔图斯，也涉及古典经济学。

恩格斯说："资本主义制度下的人类生产剩余价值已经有几百年了，他们渐渐想到剩余价值起源的问题。"[①] 其中后半句说的剩余价值，并非科学意义的剩余价值，而是相当于马克思语境中的剩余价值实体，并且大多是指的是"量"，与科学意义的剩余价值包含的规定有很大的差异，所以是"相当于"意义的"剩余价值"。在一切资本家和资产阶级学者眼中、理论中，绝对没有剩余价值的概念，只有原预付增殖额及其在社会表面上的表现如利润、利息、地租、收入等相关表述，鉴于它们都是马克思所说的剩余价值那个价值实体的一部分，在这种意义上，马克思也将资产阶级学者关于这个增殖额的理论收入他的《剩余价值理论》中。必须了解这种

---

① 《资本论》第 2 卷，人民出版社 1975 年版，第 15 页；2004 年版，第 13 页。

"相当于"意义的"剩余价值",才不会产生不必要的误解。

关于剩余价值理论,在比较研究方面,第二卷序言对资产阶级经济学的批判至少涉及这几个问题:洛贝尔图斯的指责错在哪里,谁最早提出剩余价值这一范畴,马克思的剩余价值理论和其他人的研究最根本的差别在哪里,理论的科学性是什么,等等。这里不仅有立场的问题,有思维方式的问题,还有研究领域等问题。

在第二卷序言中,恩格斯举历史实例明确地说,早在洛贝尔图斯之前,就有各种各样的看法提出来,在经济思想史上,重商主义最早根据流通领域的现象提出这个增殖额来自"产品价值的追加"的看法,但后来詹姆斯·斯图亚特、斯密、李嘉图都曾批判过这种观点,而且斯密、李嘉图还从生产领域入手,看到利润(即那个增殖额)的真正来源。对此,马克思有很高的评价。而洛贝尔图斯不仅没有更早、更高明,反而更庸俗。但他作为德国庸俗经济学家与众不同的地方,却不知羞耻地自诩已经阐明了"资本家的剩余价值是从哪里产生的"问题,并说"本质上和马克思一样,不过更简单,更明了"①,是马克思"剽窃"了他的创见。他还恬不知耻地"自封为剩余价值理论的真正创始人"②。一个统治阶级的官方大臣居然懂得"剩余价值",知道它来源于资本家对工人的剥削,而统治阶级竟然让这个"异己分子"当了大臣。这事的确让人匪夷所思。实际上,洛贝尔图斯(1805—1875),他在十九世纪中叶那些自以为有惊人发现的书信,都是在资产阶级经济学开始庸俗化以后写的。他的立场和出场背景,决定了他不可能科学地揭示剩余价值的本质。

恩格斯指出,一种科学理论的创立,必须要有坚实的理论基础。"李嘉图关于剩余价值的见解是建立在一种新价值理论的基础上的,……这种价值理论成了以后一切经济科学的出发点。"③也就是说,没有新的价值理论做基础,做出发点,有关"剩余价值"的见解是不科学的。但恰恰在这一点上,洛贝尔图斯却根本不具备。恩格斯还进一步说,李嘉图在其新价值理论的基础上,引申出新创造的价值在工人和资本家之间进行分配,"他甚至确立了关于工资和剩余价值(在利润形式上理解的剩余价值)的

---

① 转引自《资本论》第 2 卷,人民出版社 1975 年版,第 11 页;2004 年版,第 12 页。

② 转引自《资本论》第 2 卷,人民出版社 1975 年版,第 12 页;2004 年版,第 12 页。

③ 《资本论》第 2 卷,人民出版社 1975 年版,第 16 页;2004 年版,第 15—16 页。

相互关系的一些主要规律，尽管他的理解过于一般化（马克思《资本论》第 1 卷第 15 章），他还指出，地租是在一定条件下产生的超过利润的余额。——在上述各点中，洛贝尔图斯没有任何一点超过李嘉图。李嘉图理论的内在矛盾，——这些矛盾使李嘉图学派遭到破产，——要末洛贝尔图斯毫无所知，要末只是导致他提出一些乌托邦的要求……，而不是寻求经济学上的解决。"① 恩格斯对他的批判可是够辛辣而入骨的。

恩格斯说明，马克思很早的时候就已经了解了科学意义剩余价值："马克思在没有洛贝尔图斯的任何帮助下，不仅已经非常清楚地知道'资本家的剩余价值'是从哪里'产生'的，而且已经非常清楚地知道它是怎样'产生'的。这一点，从 1847 年的《哲学的贫困》和 1847 年在布鲁塞尔所作的、1849 年发表在《新莱茵报》第 264—269 号上的关于雇佣劳动与资本的讲演，可以得到证明。1859 年前后，马克思才从拉萨尔那里知道还有洛贝尔图斯这样一个经济学家，后来他在英国博物馆看到了洛贝尔图斯的《第三封社会问题书简》。"② 对这个书简，马克思还在《剩余价值理论》中有过批判："洛贝尔图斯先生首先研究在土地占有和资本占有还没有分离的国家中是什么情况，并且在这里得出重要的结论说：租（他所谓租，是指全部剩余价值）只等于无酬劳动，或无酬劳动借以表现的产品量。"③ 所谓"土地占有和资本占有还没有分离的国家"，指的是"死人抓住活人"的德国，因而这个"租"包含封建地租和资本主义地租及资本家的利润，这显然与马克思研究英国这个典型对象所揭示的剩余价值不同。研究对象不纯粹，其科学性当然谈不上。如果说，马克思在这个问题上的确有所师承的话，那也只是斯密和李嘉图，他们对此早有比较深入的研究和成果，无需再从洛贝尔图斯这个后生小辈那里获得什么东西。当洛贝尔图斯 1879 年自鸣得意地吹嘘他的重大发现被马克思剽窃的时候，马克思研究剩余价值已经几十年了。马克思 1843 年开始研究经济学时，洛贝尔图斯并不出名。在 1849 年当了柏林议员之后，议会制度已经决定他不可能有为工人讲话的言论自由，他的官方立场也决定他不能同情工人阶级，而且他也没有什么利益或理想决定他为了工人阶级而背叛官方的立场。恩格斯说："洛贝尔图斯在他的剩余价值中，或者更确切些说，在他的'租'中，

---

① 《资本论》第 2 卷，人民出版社 1975 年版，第 16 页；2004 年版，第 16 页。

② 《资本论》第 2 卷，人民出版社 1975 年版，第 12 页；2004 年版，第 12 页。

③ 转引自《资本论》第 2 卷，人民出版社 1975 年版，第 13 页；2004 年版，第 13 页。

只是重新发现了一种陈词滥调。"① 他还指出："洛贝尔图斯的眼界没有超出普鲁士的国界"②，他"突然当了大臣"之后，关于"租"的说法是与"关于旧普鲁士的土地所有权应该从资本压迫下解放出来的建议"当然是有直接联系的。恩格斯认为，这是彻头彻尾乌托邦的。这让人们想起《共产党宣言》中批判的封建的社会主义。

进一步看，洛贝尔图斯根本没有意识到这种社会表面上的"租"与科学理论中表现内部关系的"专门范畴"的剩余价值存在着根本的区别。就此而言，他和所有的资产阶级学者都一样。恩格斯引用马克思的话说："斯密并没有把剩余价值本身作为一个专门范畴同它在利润和地租中所具有的特殊形式区别开来。斯密尤其是李嘉图在研究中的许多错误和缺点，都是由此而产生的。"③ 问题的关键就在这里，难点也在这里。在马克思的理论中，剩余价值根本不是在社会表面上表现出来的东西，而是看不见的。"剩余价值和剩余价值率相对地说是看不见的东西，是要通过研究加以揭示的本质的东西。利润率，从而剩余价值的形式即利润，却会在现象的表面上显示出来。"④ 剩余价值这种看不见的本质的东西，而利润却只是从资本量的投入与产出的差额中看出，是一种量的规定，是可以看得见的东西。前者的揭示不是通过一般的归纳分析即可得出，需要有一系列的抽象。在没有实现从经验性思维向理性思维转变的之前，即使古典经济学"自由的科学研究"也是盲人摸象，摸的既是表象，又是局部，马克思以前的经济学家所做的全都可以归入这个范围。

恩格斯还顺藤摸瓜，批判地指出洛贝尔图斯"把商业危机的原因解释为工人阶级的消费不足，这种说法在西斯蒙第的《政治经济学新原理》第四卷第四章中已经可以看到。只是西斯蒙第在这个问题上始终注意到世界市场，而洛贝尔图斯的眼界却没有超出普鲁士的国界。洛贝尔图斯关于工资来源于资本还是来源于收入的那些思辨议论，属于经院哲学的范围，并且已经在这个《资本论》第二卷的第三篇完全澄清了。"⑤

关于剩余价值理论的研究，恩格斯在这里还特别提到一件事，马克思

① 《资本论》第 2 卷，人民出版社 1975 年版，第 23 页；2004 年版，第 23 页。

② 《资本论》第 2 卷，人民出版社 1975 年版，第 23 页；2004 年版，第 23 页。

③ 转引自《资本论》第 2 卷，人民出版社 1975 年版，第 15 页；2004 年版，第 15 页。

④ 《资本论》第 3 卷，人民出版社 1975 年版，第 51 页；2004 年版，第 51 页。

⑤ 《资本论》第 2 卷，人民出版社 1975 年版，第 23 页；2004 年版，第 23 页。

在研究并提出纯粹剩余价值的时候也发现，在经济思想史上，有一本小册子曾提出"工人的剩余劳动"这一说法。马克思认为："这本几乎没有人知道的小册子，……包含一个超过李嘉图的本质上的进步。它直接把剩余价值，或李嘉图所说的'利润'（常常也把它叫做剩余产品），或这本小册子作者所说的利息，看作 surplus labour，剩余劳动……。把体现在剩余产品中的剩余价值归结为剩余劳动，同把价值归结为劳动是一样重要的。"他能从量的剩余触及其实质，这的确是重要的进步。但是，按照科学研究的规范，这种进步要不至于昙花一现，还必须有两个方面的研究支撑：一是要建立在一定的理论基础上，像李嘉图的"新价值理论基础上"①一样；另一是阐明新的理论范畴与既有的经济范畴之间的联系，并且不是像李嘉图那样"强制抽象"式地联系，而是"平滑"地转型联系。显然，在第一点上，这本小册子作者并没有提供，否则马克思一定会加以介绍和评价，恩格斯甚至说："这一点是洛贝尔图斯始终没有理解的。"②而第二点则是他越不过的陷阱。"这位作者为既有的经济范畴所束缚。就像李嘉图由于把剩余价值同利润混淆起来而陷入令人不快的矛盾一样，他也由于把剩余价值命名为资本利息而陷入同样的矛盾"③。在这里，恩格斯继续说明：剩余价值和利润、地租的区别和联系，马克思是在第三卷中论证的，他指出："从理解一般剩余价值到理解剩余价值转化为利润和地租，从而理解剩余价值在资本家阶级内部进行分配的规律，需要经过多少中间环节。"④

　　这位作者虽然距离真理之门还有相当一段自己尚不知道的路程，但马克思仍然认为："他在以下方面超过了李嘉图：首先，他把一切剩余价值都归结为剩余劳动，其次，他虽然把剩余价值叫做资本利息，同时又强调指出，他把'资本利息'理解为剩余劳动的一般形式，而与剩余劳动的特殊形式，地租、货币利息和企业利润相区别。但是，他还是把这些特殊形式之一的名称'利息'，当作一般形式的名称。这就足以使他重新陷入经济学的费解的行话（手稿中用的是《slang》）中。"⑤显然，这本小册子虽然相对于李嘉图是进步了，但和科学的剩余价值理论相比还有相当大的距离。它只是提出一个相对比较科学的概念，而且很有可能是一般性剩余

① 《资本论》第 2 卷，人民出版社 1975 年版，第 16 页；2004 年版，第 15 页。
② 《资本论》第 2 卷，人民出版社 1975 年版，第 22 页；2004 年版，第 22 页。
③ 《资本论》第 2 卷，人民出版社 1975 年版，第 17 页；2004 年版，第 17 页。
④ 《资本论》第 2 卷，人民出版社 1975 年版，第 15 页；2004 年版，第 15 页。
⑤ 《资本论》第 2 卷，人民出版社 1975 年版，第 18 页；2004 年版，第 17—18 页。

劳动，而非资本主义社会特有的剩余价值。至于如何论证，建立在什么样的理论基础上，如何上升、展开、转型和接受实际的检验等，统统没有涉及。无论是斯密、李嘉图，还是这本小册子作者的"自由的科学研究"，全都不了解这个转化过程。尽管这样，他们三人在这方面的各种贡献，洛贝尔图斯这样的后生小辈都是无法企及的，更遑论有什么理论的积淀、基础。洛贝尔图斯1851年的"第三封社会问题书简"中根本没有提出"剩余价值"这一范畴，只有"租"的概念，它是将社会表面上普遍存在的地租和利润相加而产生的，因而也是属于描述社会表象的概念。由此可见，洛贝尔图斯知道的"租"只是"剩余价值"在社会表面上表现出来的形式，属于现象形态的东西。

再来了解恩格斯对马克思剩余价值理论的评价。

恩格斯这样设问："马克思关于剩余价值说了什么新东西呢？为什么马克思的剩余价值理论，好像晴天霹雳震动了一切文明国家，而所有他的包括洛贝尔图斯在内的社会主义前辈们的理论，却没有发生过什么作用呢？"[1] 对此，他做了几步分析：

首先，他通过化学史上"燃素说"被"氧气说"替代的事例说明如何才算革命性的创新。尽管普利斯特列、舍勒、拉瓦锡三人都析出一种原先被人们广泛称为"燃素"的气体，但前二人都不知道这就是氧气，而拉瓦锡却根据这种事实研究了燃素说化学，发现这是一种新的元素与燃烧物体化合，"这样，他才使过去在燃素说形式上倒立着的全部化学正立过来了。"[2] 恩格斯认为："在剩余价值理论方面，马克思与他的前人的关系，正如拉瓦锡与普利斯特列和舍勒的关系一样。在马克思以前很久，人们就已经确定我们现在称为剩余价值的那部分产品价值的存在；……但是到这里人们就止步不前了。其中有些人，即资产阶级古典经济学家，至多只研究了劳动产品在工人和生产资料所有者之间分配的数量比例。"[3] 他说明：马克思在前人认为已有答案的地方，他却认为只是问题所在。他与那本小册子的作者不同，提出一个新的经济学范畴——剩余价值，"以绝对的形式把它说出来并确定下来。"[4] 它反映的不仅仅是一定的价值量，更重要的是其中包含的本质关系，即在一定社会条件下剩余价值生产者与其所有者

---

① 《资本论》第2卷，人民出版社1975年版，第20页；2004年版，第19页。

② 《资本论》第2卷，人民出版社1975年版，第21页；2004年版，第20—21页。

③ 《资本论》第2卷，人民出版社1975年版，第21页；2004年版，第21页。

④ 《资本论》第2卷，人民出版社1975年版，第17页；2004年版，第17页。

的特殊关系，从而将一般的剩余劳动——马克思在《资本论》第三卷论证，剩余劳动有一般的和特殊的两种，两者的性质完全不同。①——与特殊的剩余劳动区别开来，以专门研究特殊的资本运动中的剩余劳动，与它的各种表现形式完全区别开。更重要的是，确定了它在整个理论体系中的核心地位，以此来安排全书的理论结构：一卷研究剩余价值的实质、本质和生产，二卷研究剩余价值的实现，三卷研究剩余价值的社会表现，即它在不同集团之间的分割及分割后各个部分的个别社会表象、总体社会表象。

其次，如果说前人只是简单地确认一种经济事实，那么，马克思则不仅认为这样一种事实必须有相应的科学范畴来反映，还要进行必要而充分的论证和检验。这就要以科学的价值理论为基础，"根据这种事实，他研究了全部既有的经济范畴，正像拉瓦锡根据氧气研究了燃素说化学的各种既有的范畴一样"②，从而导致了"全部经济学发生革命"。恩格斯根据已经出版的《资本论》第一卷，全面地总结了马克思从基础理论到剩余价值理论本身的革命性创新，即以剩余价值的客观存在为基本事实，通过价值理论的科学化，研究商品和货币的关系，研究货币向资本的转化，并证明这种转化是以劳动力的买卖为基础的，进而研究了剩余价值形成的实际过程。有了这些创造性的研究，又必然导致一系列更为系统的、深刻的理论创新。——同时也随机批判李嘉图、李嘉图学派、洛贝尔图斯的相关错误，——这些创新，解决了让资产阶级古典学派破产的两大难题，其中有一个在第一卷已经解决，另一个安排在第三卷（序言中有详细的论述，这里不需重述）。马克思科学的剩余价值理论的科学性既包含剩余价值这一基本范畴的创立，还包括它的转型、转型中的创新。

再次，研究了前人不仅没有想过，也根本无法解决的一系列转型问题。马克思的剩余价值理论不是封闭的理论，是会转型的理论。一方面，资本运动是历史发展的，所以，有绝对剩余价值和相对剩余价值的区分，在资本运动的不同发展阶段，剩余价值的内涵也有不同。另一方面，它包含的本质规定是要外化的，"这个价值额，按照马克思首先发现的一些十分独特的规律，分割为利润和地租这样一些特殊的转化形式。这些规律将要在第三卷中加以阐述。在那里将第一次说明，从理解一般剩余价值到理

---

① 见《资本论》第 3 卷，人民出版社 1975 年版，第 37 章、49 章；2004 年版，第 37 章、49 章。

② 《资本论》第 2 卷，人民出版社 1975 年版，第 21—22 页；2004 年版，第 22 页。

解剩余价值转化为利润和地租，从而理解剩余价值在资本家阶级内部进行分配的规律，需要经过多少中间环节。"① 此外，利润和地租等形式在社会表面上还会进一步转化表现。

还有，这个理论之所以能够"像晴天霹雳震动了一切文明国家"，因为它深刻、彻底，并且与工人运动有联系。如果说，十九世纪20年代李嘉图学派的社会主义者为无产阶级的利益曾经利用李嘉图的价值理论和"剩余价值"理论来反对资本主义生产，② 但没有引起整个资本主义世界的恐慌，那么，马克思的价值理论、剩余价值理论对资产阶级经济学的批判、对资本主义制度的批判、对工人阶级的教育作用就完全不同了。马克思在给恩格斯的信中曾说：当劳动时间决定价值这一点像在李嘉图本人那里一样还不明确的时候，它并没有引起统治阶级的不安，"但是，一旦把它同劳动日和劳动日的变化正确地联系起来时，他们就感到这种说明是新的和非常令人不愉快了。"③ 马克思的剩余价值理论就是这样，能够很明确、很系统、很科学地同劳动日及其变化正确地联系。

综合起来看，恩格斯在批判资产阶级经济学，包括资产阶级古典学派和像洛贝尔图斯这样的错误的过程中，提示了科学的剩余价值理论的几个非常重要的理论原则：

其一，马克思是站在无产阶级的立场上来研究和创立剩余价值理论的。只有站在无产阶级的立场上，才能有历史发展的观念，才能创立科学的剩余价值理论。

其二，研究生产过程而创立其核心规定，就如恩格斯介绍的：研究劳动力创造价值的属性，研究剩余价值的实际形成过程。④

其三，方法很重要。不言而喻，辩证法为其最基本的方法，但它还有更具体的方法体系，科学设定研究条件很重要，如以劳动力的买卖为前提，以相对劳动生产率为条件。运用抽象力是极其重要的一种，阐明剩余价值不是从流通、分配领域中抽象出来的，而是从生产过程的研究抽象出来的，

其四，有科学的理论基础。除了劳动价值论外，还有劳动力商品理论、资本理论、生产过程理论。

---

① 《资本论》第2卷，人民出版社1975年版，第15页；2004年版，第15页。
② 《资本论》第2卷，人民出版社1975年版，第18页；2004年版，第18页。
③ 《马克思恩格斯〈资本论〉书信集》，人民出版社1976年版，第249页。
④ 《资本论》第2卷，人民出版社1975年版，第21页；2004年版，第22页。

其五，有一系列重大的内容创新。恩格斯说："资产阶级古典经济学家，至多只研究了劳动产品在工人和生产资料所有者之间分配的数量比例。"① 他们历来重视量的分析，归根到底是表象分析。而马克思则先确定其质，并深入研究其本质。所以他的剩余价值是看不见的本质的东西，这是其关键性特征。在此基础上，再"以绝对的形式"提出新的理论范畴"并确定下来"，而且还要阐明这种本质与其外在表现的关系，这是理论联系实际，不过要经过很多中间环节。这些都是史无前例的创新，也是对抽象理论的科学检验。

其六，具有强有力、针对性的批判性，而且是横扫一切资产阶级经济学，让它们与马克思主义的科学理论相形见绌。

最后，功能和影响极大。恩格斯用讲故事的办法来阐明理论创新的必要条件、充分条件，来宣扬马克思剩余价值理论的革命性，很彻底，很有说服力，既有对宵小的批判，更有对大众的启迪，影响深远、广大。

破字当头，立在其中。恩格斯通过批判洛贝尔图斯，还意在突出马克思在创立科学的剩余价值理论方面对政治经济学的重大意义。恩格斯对洛贝尔图斯的批判堪称马克思主义政治经济学批判的典范。

三、《资本论》第三卷序言的科学批判

恩格斯在 1884 年整理出版了《资本论》第二卷之后，又过了 10 年，才整理出版了《资本论》第三卷。其中的艰辛恐怕只有仔细读过这一卷的人才能稍微了解。在长期整理书稿的过程中，恩格斯多次与友人谈到这个第三卷。他 1885 年在整理、研究马克思遗稿过程中，曾分别对几个友人谈对它的总体评价："我钻研得越深，就越觉得《资本论》第三册伟大，……一个人有了这么巨大的发现，实行了这么完全和彻底的科学革命，竟会把它们在自己身边搁置二十年之久，这几乎是不可想象的。"② 他断定：它"一定会使整个经济学发生彻底的变革，并将引起巨大的反响"③，"这对整个经济学确实是一场闻所未闻的变革。"④

恩格斯还在将它与第一卷、第二卷相比较，认为这一卷兼有前两卷的

① 《资本论》第 2 卷，人民出版社 1975 年版，第 21 页；2004 年版，第 21 页。
② 《马克思恩格斯〈资本论〉书信集》，人民出版社 1976 年版，第 457 页。
③ 《马克思恩格斯〈资本论〉书信集》，人民出版社 1976 年版，第 458 页。
④ 《马克思恩格斯〈资本论〉书信集》，人民出版社 1976 年版，第 458 页。

特点：批判性和学术性。恩格斯认为，与第二卷侧重于学术性的研究相比，"第三卷则又是雷鸣电闪，因为它第一次总的联系中考察了全部资本主义生产，完全驳倒了全部官方的资产阶级经济学。"① 不仅如此，它还将批判的矛头直指资本主义制度。至于学术性，他认为"这是一部光彩夺目的著作，在学术上甚至超过第一卷。"② 在这里，马克思解决了使资产阶级古典学派破产的一大难题，"在第一卷里还不能加以探讨的这一方面的问题（指价值理论），在第三卷的第一至第四篇已有明确的阐述。"③ 而且，还在批判的过程中，导致各种基本理论臻于具体化。不言而喻，这一卷的研究对象比第一卷宏大得多，很多条件也都随之放松了，或者说早先暂时撇开的条件都纷纷加入了研究过程。所以研究和批判的内容更为具体了。

（一）

在第二卷序言的末尾，恩格斯在批判了洛贝尔图斯的错误之后，又回过头来批判李嘉图学派：1830 年左右，李嘉图学派在剩余价值问题上碰壁了。恩格斯指出，使李嘉图学派破产的，有以下两点：

第一，劳动是价值的尺度。但是，活劳动在和资本进行交换时，它的价值小于所交换的物化劳动。

第二，按照李嘉图的价值规律，假定其他一切条件相同，两个资本使用等量的、有同样报酬的活劳动，在相同的时间内会生产价值相等的产品，也会生产相等的剩余价值或利润。

李嘉图及其学派之所以过不了这两个坎，因为其理论既是非历史的，又是非逻辑的。

说是非历史的，因为他不懂得这些情况是在不同的历史阶段发生的，不能用比较抽象的理论去解释已经发展了的事实。资本获得利润，这是资本运动一开始就发生的事情，但几代资产阶级古典学家、即使是其优秀代表李嘉图，都无法在价值规律的基础上解释客观上已经存在的利润的来源。一个重要原因，就是它的价值理论是不够科学的，一成不变的，因而是非历史的，非逻辑的。资产阶级古典学派的这一错误，马克思引以为戒，并在《资本论》第一卷科学地解决了。如果像人们普遍认为的那样，

---

① 《马克思恩格斯〈资本论〉书信集》，人民出版社 1976 年版，第 461 页。
② 《马克思恩格斯〈资本论〉书信集》，人民出版社 1976 年版，第 462 页。
③ 《马克思恩格斯〈资本论〉书信集》，人民出版社 1976 年版，第 571 页。

仅仅将它归结为科学地区分了劳动力和劳动的结果，那是不够的。只要进一步看到劳动力成为商品的历史原因，就可发现，作为社会性的现象，它不是资本主义社会以前就普遍存在的。也就是说，只有结合资本关系，才能揭示劳动力从自然存在转变为商品。随着历史进入新的发展阶段，理论研究也就要进入一个新的逻辑阶段。对资产阶级古典学派来说，理论过程是没有阶段划分的。所以是非历史的、非逻辑的。

至于恩格斯这里所说的第二个问题，即如何证明："相等的平均利润率怎样能够并且必须不仅不违反价值规律，而且反而要以价值规律为基础来形成"①。这实际上就是上述的第二个难题。——后来，中外学术界将这个问题归结为价值转型。——这显然不是发生在资本主义初级阶段，而是在其较为发达的阶段。只是在这样的阶段上，才有不同部门的个别利润率需要平均的问题。在其他条件相同的情况下，不同的利润率是与不同的产业部门的资本有机构成（平均）和周转时间构成相联系的。在资本主义初级阶段，生产力水平普遍较低，各部门的有机构成相差不像较为发达阶段那样大，所以这样的差别并不突出。但在李嘉图所处时代，这个差别就已经开始为各个部门的资本家感觉到了，并且被长期自发进行的资本运动解决了。可是，按照原有的价值理论，却不能合理地解释这种重要现象。既然李嘉图已经提出问题，寄希望于聪明的人去解决，那么对这个实际问题，理论当然也不能回避。既然资产阶级经济学不能解决，那么马克思就当仁不让地出场了，并且在很早的时候就已经出色地解决了。

这是在《1863—1865年经济学手稿》中已经解决了的。虽然这部后来构成《资本论》第三卷的手稿没有及时出版，但实际上马克思在给恩格斯的信中已经明确地表达了这个信息。他在1865年7月31日给恩格斯的信中说："再写三章就可以结束理论部分（前三册）。然后还得再写第四册，即历史文献部分；对我来说这是最容易的一部分，因为所有的问题都在前三册中解决了，最后这一册大半是以历史的形式重述一遍。但我不能下决心在一个完整的东西还没有摆在我面前时，就送出任何一部分。"② 在这封信中，他还强调自己的著作是"一个艺术的整体"。对此，后来他还就此对恩格斯说，要"科学地把它表达出来"，就要先解决几个问题和几个前提。"如果我想把所有这一类怀疑都预先打消，那我就会损害整个辩证的

---

① 《资本论》第3卷，人民出版社1975年版，第12页；2004年版，第12页。
② 《马克思恩格斯〈资本论〉书信集》，人民出版社1976年版，第196页。

阐述方法。"①

所谓"艺术的整体",意味着其中的任何一部分都是有机联系的,并且构成完美的整体。只要根据这一"艺术整体"的提示深入钻研现行的《资本论》第三卷,特别是将前三篇紧密联系起来领会,应该不难了解其中的各个理论节点环环相扣,导致基本理论进一步转型。换句话说,研究价值转型的问题涉及面很广,不是单单在价值规定上做文章就可实现的,还必须有对象范围的扩大、方法的创新,并且联系资本家的观念,包括单个资本家和全体资本家的日常观念,他们的成本概念以及固定资本、流动资本等概念,联系新的历史条件即第二次产业革命导致的不同部门有机构成、周转时间构成的差别扩大等。所以,在第二卷序言中,恩格斯说:"这个第二卷的卓越的研究,以及这种研究在至今几乎还没有人进入的领域内所取得的崭新成果,仅仅是第三卷的内容的引言"②,具有很强的点化作用,需要认真品味。

在将《资本论》第二卷整理完即将出版的时候,恩格斯在序言中预告:"马克思在《批判》手稿中,已经解决了这个矛盾;按照《资本论》的计划,这个问题要在第三卷来解决。第三卷的出版,还要过几个月。"③只是由于有太多客观原因的影响,这部第三卷直至1894年才正式出版。只要我们正确而充分地理解马克思逻辑与历史统一的方法,就不难意识到,这个第三卷研究的已经不再是资本运动的初级阶段单个资本的运动,而是其较为发达阶段社会总资本的运动。只有在这样的理论语境中,这个难题才能科学地解决。

从恩格斯在《资本论》第二卷的序言可以看出,《资本论》的价值转型实际上有两次,也正是因为不能实现这两次转型,资产阶级古典学派破产了。所以这个问题极端重要,是对象内在规定转型升级及其外化转型理论表现的必要关节。一方面,它是政治经济学基本理论对经济发展阶段上升的适应性反映,是一种理论升级;另一方面,是基本理论内在规定逐步接近社会表象的中介环节,更是对资产阶级古典学派的批判和超越。它是理论阶段的上升,是理论过程的第二次转型。如果说第一次转型是从一般商品价值转变为特殊的商品——蕴含着剩余价值,表现了资本主义起点的简单商品生产向资本主义初级阶段的商品生产的转型,那么第二次转型则

① 《马克思恩格斯〈资本论〉书信集》,人民出版社1976年版,第219页。
② 《资本论》第2卷,人民出版社1975年版,第25页;2004年版,第25页。
③ 《资本论》第2卷,人民出版社1975年版,第25页;2004年版,第24页。

是进一步转型，表现资本主义初级阶段的商品生产向资本主义较为发达阶段的商品生产转型。这次转型，使整个理论体系越来越接近当时的具体的资本运动。如果联系资产阶级古典学派的彻底破产，那么可以形象地说，这是一个非常重要而"惊险的跳跃"，因为它没有"跳跃"上新的理论平台，只能在原有的理论平台上陷于破产。可见，恩格斯在序言中提出它，实际上是预示了第三卷的重要理论创新和对资产阶级经济学的科学批判。同时，这也表明，这个理论转型是否成功，是检验理论是否具有现实性的一个极其重要的试金石。

（二）

两次转型都事关基本理论与重大、不可回避的现实的联系，所以也引起许多学者的关注和研究。很遗憾的是，马克思已经不能亲自参加这个问题引起的论战，因而批判资产阶级学者在这个问题上的错误，就只能由恩格斯来承担了。很显然，这个问题的解决不仅需要一系列的中介，动静更大，影响更广，也因为更为接近现实而更加困难。不过，这也引起一些人的注意，也在此一展身手，意图借此一鸣惊人。为便于比较，恩格斯择取几个有代表性的研究，简略地进行分析。但在这个地方，他还强调，解决这个问题不能"从主观原因或客观原因出发"，而要"从科学原因出发"①。所以，仅仅根据现象提出问题、提出思路是不够的，必须在理论过程中根据理论发展的逻辑来论证价值理论与新的经济现象之间的必然联系。

第一个是威·勒克西斯。照他看来，那个矛盾只有在以下的场合才可能解决，那就是："放弃用劳动来计量各种商品价值的做法，而只考察商品生产的整体，只考察它在整个资本家阶级和整个工人阶级之间的分配……工人阶级从总产品中只获得一定的部分……落到资本家手里的另一部分，照马克思说来，形成剩余产品，也就是……剩余价值。然后，资本家阶级的各个成员把这全部剩余价值在他们自己中间进行分配，但不是按照他们所使用的工人的人数，而是按照各人所投的资本的量进行分配；而且把土地也作为资本价值计算在内。"也就是说，他已经知道要从总量的角度来看问题，有宏观意识。这样看结果就会发现，"因为剩余价值的损益会在资本家阶级内部互相抵销，所以，剩余价值的总量同一切价格都和

① 《资本论》第 3 卷，人民出版社 1975 年版，第 12 页；2004 年版，第 12 页。

商品的观念价值成比例时一样。"

恩格斯评论道："问题在这里远没有得到解决，尽管已经含糊地、肤浅地，然而大体上正确地被提出来了。"① ——只是提出而已，谈不上解决。简单地提出问题和科学地解决问题是根本不能相提并论的。而且，威·勒克西斯还只是提到"落到资本家手里的另一部分"，根本不知道这是剩余价值，更遑论从剩余价值到利润的转化路径。这个威·勒克西斯虽然发现，工人与资本家相比处于不利地位，不能像后者那样可高于买价出售，结果就使总产品的一部分价值转移到资本家阶级手中。这样说似乎会和马克思的剩余价值理论得出相同的结果，不过，仔细想一想就会发现，它还是没有讲明利润率平均化的问题。不过，对资产阶级学者来说，能提出问题，而不是诋毁对这个问题的研究，已经是很出人们意外了。

恩格斯认为：在马克思以后，"第一个真正试图回答问题的人，是康拉德·施米特博士"②。他的《在马克思的价值规律基础上的平均利润率》（狄茨出版社 1889 年斯图加特版）——也就是说，他在马克思 1863 年已经解决了这个问题时才出生，而且是在 1889 年才涉及这个问题——试图把形成市场价格的细节既同价值规律又同平均利润率协调起来。他认为，产业资本家为了获得利润必须投资，以使用一定量的物化劳动，其他每个产业资本家都如此。对资本家来说，制造他占有的剩余产品的必要劳动，只是那种已经积累在他的资本中的过去劳动。——问题就出在这里——所以，剩余产品是按照生产它们所必需的资本的比例来互相交换的，而不是按照实际体现在它们里面的劳动的比例来互相交换的。这样，每个资本单位所应得的份额，就等于生产出来的全部剩余价值的总和除以所使用的资本的总和。因此，相等的资本在相等的期间内会提供相等的利润，而达到这一点的方法是，把剩余产品的这样计算的成本价格即平均利润，加到那个有酬产品的成本价格上，并按照这个已经提高的价格来出售这两个产品，即有酬产品和无酬产品。这样，尽管施米特认为单个商品的平均价格是按照价值规律决定的，但平均利润率还是形成了。

对此，恩格斯评论道："这种构思非常巧妙，完全是按照黑格尔的模式作出的，但是它也和多数黑格尔式的构思一样，是不正确的。如果价值规律对平均价格也直接适用，那末，剩余产品同有酬产品就没有区别，二

① 《资本论》第3卷，人民出版社1975年版，第13页；2004年版，第13页。
② 康拉德·施米特（1863—1932）。德国经济学家、哲学家，其活动初期赞同马克思的经济学说，后来改变立场。

者都必须按照制造它们所需要的、已经消耗在它们上面的社会必要劳动来出售。"①

　　进一步看，按照这种见解，构成资本的那种积累起来的过去劳动，也形成价值，所以是比它自身更大的价值的源泉，这实际上已经滑到物化劳动创造价值的泥潭里去了。价值规律则确认，只有活劳动才具有这种属性。资本家期望按照自己资本的量的比例来取得相等的利润，因而把他们预付的资本看作是他们利润的一种成本价格，这是大家知道的。但是，如果施米特利用这个想法，借此来把那个按平均利润率计算的价格同价值规律协调起来，那末，他就把价值规律本身抛弃了。或者是，积累的劳动和活的劳动一起形成价值。如果是这样，价值规律就不适用了。或者是，积累的劳动不形成价值。如果是这样，施米特的论证就同价值规律不相容。②但要完成这一惊险的跳跃，其基础只能是劳动价值论。背离价值规律来谈价值的转型，无异于建空中楼阁。不过，恩格斯也认为，撇开施米特认为积累劳动也形成价值的错误不说，他多少也懂得从《资本论》的前两卷中得出各种进一步的结论。只不过在已经接近达到目的的地方，走上了歧途。恩格斯这样评价，应该说是比较客气的。只要读懂《资本论》第三卷的前三篇，就可发现，要在价值规律的基础上论证价值转型，必须有相当复杂的中介，还必须涉及资本家的观念及经验，首先得解决剩余价值与利润的关系。

　　恩格斯还看到施米特在以后的一篇文章中也试图用另一种方法来解决问题。这种方法可以归结为：平均利润率是由于竞争形成的，因为竞争使资本由利润不足的生产部门转移到有超额利润的生产部门。他试图证明，利润的这种平均化就是，生产过多的商品的出售价格归结为社会按价值规律能为这种商品支付的那种价值尺度。但是，他却不能提供这方面的论证。恩格斯还说："为什么这样做也不能达到目的，这从马克思在本卷所作的说明中可以看得很清楚。"③ 因为平均化的机制是建立在价值规律基础上的，所以，不结合具体条件来研究市场价值是如何决定的，就难以论证了。只要深入了解马克思在第三卷特别是第十章所作的说明后就可以看得很清楚，马克思的论证才是令人信服的。

---

① 《资本论》第3卷，人民出版社1975年版，第16页；2004年版，第15—16页。
② 《资本论》第3卷，人民出版社1975年版，第16页；2004年版，第16页。
③ 《资本论》第3卷，人民出版社1975年版，第17页；2004年版，第17页。

继施米特之后，彼·法尔曼①——他同样在马克思 1863 年解决了这个问题时才出生——也曾尝试解决这个问题，他在面对价值理论与利润和所使用的总资本量成正比这种经验的矛盾时的解释是：一方面，利润的存在只同资本联结在一起；……没有相等的利润率，资本主义生产就不可能存在；在这种生产形式的前提下，在利润率已定时，每一单个资本家获得的利润量，只能取决于他的资本的量。另一方面，利润是由剩余价值即无酬劳动构成的。那么，在数量上取决于劳动剥削程度的剩余价值，又怎样转化为在数量上取决于所需资本量的利润呢？恩格斯用马克思的术语概括他的解释：有机构成高的部门，商品高于它的价值出售，反之，则低于它的价值出售，平均构成的部门可按照它们的真正价值出售。他还说：这种情况并没有否定价值原理，"因为当一些商品的价格提高到价值以上时，另一些商品的价格就按相同的程度降低到价值以下，所以价格的总额仍然和价值的总额相等……'归根到底'这种不一致就消失了。"他认为，这种不一致是一种"干扰"；"不过，在精确的科学上，人们从来不把可以估计到的干扰看成是对一个规律的否定。"

恩格斯认为：这个法尔曼——出生于 1863 年，在其出生之时，马克思已经解决了利润率平均化的问题——虽然在这里实际上已经接触到了问题的关键。但是，要明确地解决这个问题，需要有许多中间环节，而他却不了解、更不能论证。"不仅是法尔曼使他的发现处于不完善的形式，而且是他对于马克思的叙述的理解和他自己在这种理解的基础上对这种叙述提出的一般批评，具有不可否认的缺陷。"②理论研究与某种理论设想是不同的，后者可以大胆地提出论点，但未必能加以科学论证，而前者则既要提出论点，更要有详细的论证、论据、检验。而且，提出和研究的时间也很重要，最先提出的最有学术价值，后来的研究若没有新意、深度，就毫无理论价值。恩格斯之所以在马克思早有系统研究和理论阐述之后还提及施米特和彼·法尔曼这两位的研究，可能因为马克思的文稿长期没有整理出版，此二人不知，也意在阐明只提出某种观点虽然有意义，但他们却疏于论证。

如果说，威·勒克西斯和施米特、彼·法尔曼对价值转型问题的看法还是比较积极的、善意的。所以恩格斯对他们的评价还是比较宽容。但对那些坚决与马克思为敌的人，恩格斯的态度可取不一样了。在这里，恩格

---

① 彼·法尔曼，1863 年生，美国化学家，写有平均利润率的文章。

② 《资本论》第 3 卷，人民出版社 1975 年版，第 19 页；2004 年版，第 18 页。

斯批判了三个人：

一个是尤利乌斯·沃尔弗。恩格斯发现，"虽然许多人也对这个问题感兴趣，但是他们总是害怕碰钉子。"不过，"凡是有机会在难题面前出丑的时候，总是少不了苏黎世的尤利乌斯·沃尔弗教授先生。"① 他借用马克思的特有范畴，颠倒地解释了马克思的理论："在可变资本不变而不变资本增加时，剩余价值必然增加，这和马克思所说的一致。"显然，他是将剩余价值的增加完全归功于不变资本的增加这种谰言诬加到马克思头上——对此，恩格斯说："马克思在第一卷的上百个地方说了正好相反的话"②。——正是基于这种有意的曲解，沃尔弗洋洋得意地宣称：相等的资本支出产生相等的剩余价值（利润），同样，相等的劳动支出产生相等的剩余价值（按量计算），"一个怎样同另一个协调一致呢？可是马克思不承认问题的这种提法。他无疑已经（在第 3 卷中）证明，这第二个论断并不是价值规律的必然结果，它甚至同他的价值规律相矛盾，因此……应该干脆推翻。"③ 原来，这个尤利乌斯·沃尔弗，不是来解决问题的，而是来攻击马克思的。但这种攻击的手法却对马克思的无端曲解。

一个是阿基尔·洛里亚。他在诋毁马克思的队伍中可谓独树一帜。他先是将马克思的唯物主义历史观庸俗化，再称这是他在 1883 年马克思刚去世之后他自己的发现。在这样干之后，他就又回到利润率的问题上来。但是，他认为，马克思的剩余价值理论是同利润率普遍相等这个事实绝对不能相容的。不过，对这个在他看来马克思不能解决的问题，他提出了一个非常新颖的解决方案：非生产资本能够分别向从因为投在工资上较多而获得较多受益的资本家那里抽取不同的利润、利息，使生产资本和非生产资本的利润率都一样。对此，恩格斯挪揄洛里亚道："他并没有把秘密泄露给我们：这种'非生产资本'究竟从何处得到权力，使它不仅可以从工业家手里抢走他们的超过这个平均利润率的额外利润，而且还把这些额外利润塞进自己的腰包，就像土地所有者把租地农场主的超额利润作为地租塞进自己的腰包完全一样。按照这种说法，事实上是商人向工业家征收一种同地租完全类似的贡赋，并由此形成平均利润率。"他根本没有证明，"商业资本具有一种魔力，能够在一般利润率尚未形成以前，就把超过一般利

① 《资本论》第 3 卷，人民出版社 1975 年版，第 19 页；2004 年版，第 18—19 页。
② 《资本论》第 3 卷，人民出版社 1975 年版，第 19 页；2004 年版，第 19 页。
③ 转引自《资本论》第 3 卷，人民出版社 1975 年版，第 20 页；2004 年版，第 20 页。

润率的全部超额剩余价值吸取过来，并把它转化为自己的地租，而在这样做的时候并不需要有任何土地所有权。"[1]

最后，恩格斯将批判的矛头指向美国的乔治·斯蒂贝林，他是医学博士，但他不甘愿仅仅当一个医生，还想当经济学家。对这个问题，他提出了一个似是而非的答案：他假定不变资本和可变资本的比率不同的两个等量资本，用一个符号 x 来表示两者不变资本和可变资本比率的差，再将两个生产资本的剩余价值率分别写成 m/v 和 $m/(v+x)$。——在这里，他利用 x 将两个资本中可变资本量的差偷偷地转换为有机构成比率的差。经过这一转换，问题似乎就可解了。对此，恩格斯指出："尽管以上的计算很巧妙，很清楚，但我们还是不得不向斯蒂贝林博士先生提出一个问题：他怎么知道工厂 I 生产的剩余价值总量恰好等于工厂 II 生产的剩余价值总量？关于 c、v、y 和 x，也就是关于计算上的其他一切因素，他清楚地告诉我们说，它们对这两个工厂来说都是相等的，但关于 m 却只字不提。但是无论如何不能因为他用代数符号 m 来代表这里的两个剩余价值量，就得出它们是相等的。相反地，因为斯蒂贝林先生直接把利润 p 和剩余价值等同起来，所以这一点正好是他应当加以证明的。"但他从一开始就把"应当证明的事情当作前提了"。恩格斯嘲笑说："斯蒂贝林先生不辞劳苦，不惜工本，在这种错误计算的基础上，作出了堆积如山的计算，公之于众。我可以向他作出令人放心的保证，几乎他的所有计算都是错误的"[2]。

说到价值的计算，我们很自然地想到恩格斯 16 年前的《反杜林论》，[3]在那里，他已经说明，单个商品的价值是不可直接计算的。[4] 价值不可直

---

① 《资本论》第 3 卷，人民出版社 1975 年版，第 23 页；2004 年版，第 23 页。

② 《资本论》第 3 卷，人民出版社 1975 年版，第 26 页；2004 年版，第 26 页。

③ 恩格斯在 1878 年 5 月写《反杜林论》第三篇，相距 1894 年 4 月写"《资本论》第三卷序言"已过了 16 年。

④ 在《反杜林论》中，恩格斯阐明，在存在着商品交换的社会里，私人劳动中包含的社会劳动不是直接用劳动时间计算的，"只能迂回地、相对地通过另外一个代表等量的社会劳动时间的商品把它表现出来"。（《马克思恩格斯选集》第 3 卷，人民出版社 1995 年版，第 658 页。）在《1957—1858 年经济学手稿》中，马克思早就说过："由劳动时间决定的商品价值，只是商品的平均价值。只要平均数是作为一个时期的平均数计算出来的，例如，按二十五年的咖啡价格平均计算，一磅咖啡值一先令，那么平均数就表现为外在的抽象；但是，如果承认平均数同时又是商品价格在一定时期内所经历的波动的推动力和运动原则，那么平均数就是十分现实的。"（《马克思恩格斯全集》第 46 卷上册，人民出版社 1979 年版，第 80 页。）

接计算，价值转型当然也不能直接计算。① 不言而喻，价值转型的时间肯定比价值确定的时间更长，因而更难直接计算，只能通过长期的、涉及许多部门的利润率平均化过程来理解。

虽然斯蒂贝林的错误早已被人识破、不被承认，但恩格斯对他批判则一针见血、更加彻底。

（三）

恩格斯之所以只批判威·勒克西斯、康拉德·施米特、彼·法尔曼、尤利乌斯·沃尔弗、阿基尔·洛里亚、乔治·斯蒂贝林这六个资产阶级学者在价值转型问题上的错误，因为这个问题令人望而生畏，很少人涉足，而这六个人的观点在当时是有代表性的。如果撇开在经济学说史的地位和影响不谈，他们中间有的虽然也多少提出一些有价值的想法，但提出论点是一回事，科学论证又是一回事，离解决问题尚有很大的距离。至于错误的观点和方法，则足见资产阶级学者立场、思维的偏狭。恩格斯对它们的批判虽然着墨不多，但都打中要害。

如果从总的看来，恩格斯对他们的批判还都分别强调了一些很重要的方法原则和理论观点。

对威·勒克西斯的批判已经指出，要考察社会总资本的运动，不能离开对单个资本的考察。两种运动虽然有区别，但有内在联系。单个资本作为社会总资本的细胞，包含着后者的一系列基本规定的基因。没有它，社会总资本就是空中楼阁。

对康拉德·施米特的批判又表明，按照黑格尔的模式来解决现实问题是行不通的。而且，站在资本家的立场上来思考问题必然会受其狭隘的阶级眼界所限制。"价值规律从一开始就同那种由资本主义思想方法产生的见解相反。"② 后者更看重资本的作用，从而将创造价值的属性赋予过去的

---

① 恩格斯说："在现实中，利润率是根据各行各业、各个年度的各种不同情况而变化的，一般利润只是作为许多行业和许多年度的平均数而存在。……它们没有任何其他的现实性，而只是一种近似值，一种倾向，一种平均数，但不是直接的现实。其所以如此，部分地是由于它们所起的作用和其他规律同时起的作用相互交错在一起，而部分地也由于它们作为概念的特性。"（《马克思恩格斯全集》第39卷上册，人民出版社1974年版，第409页。）

② 《资本论》第3卷，人民出版社1975年版，第16页；2004年版，第16页。

物化劳动。

必须注意的是，恩格斯特别针对法尔曼的误解，即认为人们可以到马克思的著作中去找一些不变的、现成的、永远适用的定义，指出在马克思的理论中，并不存在着这样一成不变的、永远适用的定义，反之，"在事物及其互相关系不是被看作固定的东西，而是被看作可变的东西的时候，它们在思想上的反映，概念，会同样发生变化和变形；我们不能把它们限定在僵硬的定义中，而是要在它们的历史的或逻辑的形成过程中来加以阐明。"① 之所以有这样的差别，因为所依据的逻辑不同。在形式逻辑中，概念是一成不变的，否则，就是违背了同一律。"是就是，不是就不是；除此以外，都是鬼话。……初看起来，这种思维方式对我们来说似乎……是合乎所谓常识的。然而，常识在日常应用的范围内虽然是极可尊敬的东西，但它一跨入广阔的研究领域，就会碰到极为惊人的变故。……它每一次迟早都要达到一个界限，一超过这个界限，它就会变成片面的、狭隘的、抽象的，并且陷入无法解决的矛盾，因为它看到一个一个的事物，忘记它们互相间的联系；看到它们的存在，忘记它们的生成和消逝；看到它们的静止，忘记它们的运动；"② 这样的规则当然不能说出错，问题是在什么地方运用概念，在什么意义上使用概念。一旦超出叙事的范围、超出相对静态的范围，一旦要运用概念来阐明历史发展的事物的各种规定、过程的各个侧面，就要运用辩证逻辑。这也表明，法尔曼是要用形式逻辑的概念来反映历史发展的对象、过程。只要简单地坚守这种形式逻辑，即使他大胆新奇地猜测到不同商品的价格与其价值的不一致归根到底会消失，但由于他不理解逻辑运用的要义，不懂得辩证逻辑，就一定不能合理地论证这种观点，更不懂得如何来检验这种观点。实际上，上面恩格斯的论述可以看出，解决这个问题不仅涉及运用什么样的逻辑，而且更重要的是要看到过程的历史变化。由此观之，恩格斯在论及利润率平均化的时候强调《资本论》的概念是对象历史发展的反映，是个"历史的或逻辑的形成过程"，理论和批判意义非凡。它表明，用僵硬的价值定义是不能解释生产力发展导致利润率平均化现实。法尔曼根本不理解，《资本论》第一卷价值概念的内容是会发展的、转型的，不了解第一卷和第三卷所考察的资本运动已经不同。而且，只要深入细致地研读《资本论》第三卷特别是第十章，就可发现，这里的价值范畴的内涵已经比开篇处的论述丰富得多了。

---

① 《资本论》第 3 卷，人民出版社 1975 年版，第 17 页；2004 年版，第 17 页。
② 《马克思恩格斯选集》第 3 卷，人民出版社 1995 年版，第 360 页。

它结合原先暂时撇开的社会需要，① 论证整个部门的商品的价值总量规定。

恩格斯在 1884 年编辑出版的《资本论》第二卷序言中提出这个使资产阶级古典学派破产的难题并说明："马克思在《批判》手稿中，已经解决了这个矛盾；按照《资本论》的计划，这个问题要在第三卷来解决。"他接着说："这个第二卷的卓越的研究，以及这种研究在至今几乎还没有人进入的领域内所取得的崭新成果，仅仅是第三卷的内容的引言，而第三卷，将阐明马克思对资本主义基础上的社会再生产过程的研究的最终结论。"② 以他对马克思整体理论的深刻而系统的掌握，非常了解要解决这个问题非要有一系列的理论"引言"或理论准备不可，没有第二卷那些"至今几乎还没有人进入的领域内所取得的崭新成果"，是不可能解决这个问题的。可见，在这里，需要的既有理论"引言"，还要有逻辑的转换，更要发展阶段升级换代的联系。无论是康拉德·施米特，还是法尔曼，都全然不了解这些，更遑论循序渐进地论证了。

对恩格斯认为，尤利乌斯·沃尔弗根本不是在解决问题，而是在攻击马克思，故意将马克思的最重要的最重要观点颠倒。在这一点上，乔治·斯蒂贝林也是一样。针对这种公然的颠倒，恩格斯强调："一个人如想研究科学问题，首先要在利用著作的时候学会按照作者写的原样去阅读这些著作，首先要在阅读时，不把著作中原来没有的东西塞进去。"③ 不过，斯蒂贝林也有不一样的地方，他自创了让人眼花缭乱的计算，将水搞混。恩格斯在指出他的错误之后说道："无论如何不能因为他用代数符号 m 来代表这里的两个剩余价值量，就得出它们是相等的"④，这不仅是对斯蒂贝林的直接批判，实际上提出一个非常重要的批判原则，要注意资产阶级经济学滥用数学，同样的数学符号来掩盖不同的量。

最后，关于阿基尔·洛里亚，撇开他对马克思理论的无知和攻击不说，他将利润率平均化的机制归结为一种非经济的魔术师的魔力。透过对

---

① 价值以使用价值的存在为前提，"当我们只是说到单个商品时，我们可以假定，存在着对这种特定商品的需要，——它的量已经包含在它的价格中，——而用不着进一步考察这个待满足的需要的量。但是，只要一方面有了整个生产部门的产品，另一方面又有了社会需要，这个量就是一个重要的因素了。因此，现在有必要考察一下这个社会需要的规模，即社会需要的量。"（《资本论》第 3 卷，人民出版社 1975 年版，第 206 页；2004 年版，第 206 页。）

② 《资本论》第 2 卷，人民出版社 1975 年版，第 25 页；2004 年版，第 24，25 页。

③ 《资本论》第 3 卷，人民出版社 1975 年版，第 26 页；2004 年版，第 26 页。

④ 《资本论》第 3 卷，人民出版社 1975 年版，第 25 页；2004 年版，第 25 页。

这种狂想臆测的追问，恩格斯实际上是向人们指出，离开马克思的科学方法和科学研究，要解决这个世纪难题，只能求助于与经济无关的魔力。如果再看看恩格斯在《资本论》第三卷增补中的论述，这个洛里亚只承认有价格存在，根本不承认价格波动后面存在着价值。他就像夏虫一样，根本不知道、不承认冬天有冰的存在。这种情况、秉性，在当代资产阶级学者那里，也是完全一样的。

第三篇
第一逻辑阶段的科学批判

正像《政治经济学批判。第一分册》的科学批判是贯穿在理论研究的进程中一样，《资本论》正文的科学批判也是随着科学研究一起发展的。

在前面，我们已经知道，马克思研究和批判的客观对象是历史发展的。它既有人们常说的历史内容的积淀，更主要的是客观对象自身的不断演变。大体看来，它表现为发展阶段的上升。一般而言，客观对象的发展变化首先是规模的变化，包括客体和主体，都是从个别到部分到整体，随着规模的变化，其结构也会相应地发生变化，发展阶段随之上升。其次是随着各种联系的拓展，运动条件变化了，包括自身作为特殊过程的存在条件，以及它所依托的一般过程及其条件的增加；再次是对象内在规律、本质的变化，从萌芽到典型，从内化到外化、异化等等。与此相适应，理论的逻辑进程、包括科学批判也要反映这种变化。

在创立了唯物主义历史观、科学的剩余价值理论并在此基础上发现资本主义发展的历史趋势之后，马克思要向世界、特别是劳动大众宣示这些发现，当然要将研究再现和批判的重点集中在资本运动的最发达形态上。也只有研究这样的对象，揭示其运动规律、本质及表现，才具有现实的批判意义。但是，从思维和逻辑的发展看，也不能一开头就将这种具体研究和盘托出，而要一步一步来，只有阐明这个对象的过去及其包含的发展逻辑，才能阐明它的现在和将来的发展趋势。这样的理论的逻辑发展，才能与历史的发展相一致。

任何过程都是由小到大、从低级到高级地发展的，资本运动亦然。虽然《资本论》三卷分别考察资本运动的三个不同的阶段，它们之间表现的似乎是先后发生的职能，但是，只要深入地思考研究对象的范围、各自运动的条件等，就不难发现整个逻辑过程分为三个逻辑阶段，从资本主义起点简单商品的运动，到资本主义初级阶段单个资本的运动，再到资本主义较为发达阶段社会总资本的运动，这样从简单到复杂、个别到整体、低级到高级地上升的过程，不同于共时态的叙事，是一个具有批判性的历时态的逻辑结构。这样处理，思想"材料的生命一旦观念地反映出来，呈现在我们面前的就好像是一个先验的结构了"①。

在《政治经济学批判。序言》中，马克思已经确定："在研究经济范畴的发展时，……应当时刻把握住：不论在现实中或在头脑中，主体——这里是现代资产阶级社会——都是既定的"②。但是，资产阶级社会与资本主义是有区别的两个概念，后者是特殊的，前者则包含着一般过程，从而是具体的。所以，《资本论》理论再现和科学批判的对象并不仅仅局限于研究对象本身，还涉及与它的运动紧密联系的一般过程、各种条件。一般过程及某些相关条件虽然不是政治经济学的研究和批判的对象，但从它们成为特殊过程的"物质承担者"这一点来看，又有必要进入政治经济学的研究和批判的范围。在现实过程中，与特殊过程一样，一般过程的范围也会扩大和发展。或者"由于现代生产关系而发生形态变化，或者它本身影响现代生产关系并使之发生变化"③。虽然各自变化的根据和规律不同，但它们之间的相互影响是不容小觑的。后者作为生产力及其运行形式，是特殊过程的载体和促进力量，同时也受前者的发展制约。客观对象的运动是特殊过程，但却离不开一般过程。一般过程既受特殊过程的制约，又有独立于特殊过程的一般规律。所以，尽管一般过程不是《资本论》的研究对象，但也因其在与资本关系的互动、互怼中"为形式关系所改变或表现为改变这种形式关系的东西"④ 而进入它的研究范围。

① 《资本论》第 1 卷，人民出版社 1975 年版，第 24—25 页；2004 年版，第 22 页。
② 《马克思恩格斯全集》第 46 卷上册，人民出版社 1979 年版，第 44 页。
③ 《马克思恩格斯全集》第 46 卷下册，人民出版社 1980 年版，第 411 页。
④ 《马克思恩格斯全集》第 46 卷下册，人民出版社 1980 年版，第 383 页。

第四章　简单商品研究的科学批判

马克思的《资本论》是"一个艺术的整体"①，第一逻辑阶段也是这样，并且与第二、三逻辑阶段的对象、方法、内容一脉相承。既如此，也就不能离开它的特定对象来理解它。

从字面看，《资本论》的第一篇是全书的第一逻辑阶段，它以商品和货币为篇名。在这里，马克思通过考察"W—W"，提出、奠定了科学的劳动价值论的基本规定②——如果从这里的劳动价值论所体现的逻辑属性以及进一步发展看，它还应该包含劳动如何创造价值的规定。关于后者，因为涉及生产资料，而第一章是将它暂时撇开的，所以还暂且不涉及，——和货币理论。这两种理论虽有区别，但又紧密联系，毕竟货币就是一般商品内在价值的外部独立化、独占化的表现，只不过两种理论的对象结构和功能及其发展有所不同，所以马克思将它们分开、依次研究。这里，我们也按照这种逻辑顺序，分两个部分研究。

第一节　起点及切入点选择的科学批判

第一逻辑阶段的起点，对"一个艺术的整体"来说，既有切入口的选择问题，又关系到与终点的关系。在辩证的逻辑体系中，起点与终点是内在联系的，起点是潜在的终点，终点是向起点的回归，既是完全展开的起点，又高于起点。要确定这个起点，的确让人煞费苦心，要找到研究它的切入点，更要通盘考虑，还要突出它的特色。它包含着起点和切入点的选择确定，起点与整个理论体系的内在关系等重要关节。在这方面，马克思

---

① 《马克思恩格斯〈资本论〉书信集》，人民出版社1976年版，第196页。

② 之所以说是基本规定，因为开篇关于劳动价值论的论述只是在研究简单商品运动的条件下形成的，所以还比较抽象。马克思说："李嘉图所以有片面性，是因为他总想证明不同的经济范畴或关系同价值理论并不矛盾，而不是相反地从这个基础出发，去阐明这些范畴以及它们的表面上的矛盾，换句话说，去揭示这个基础本身的发展。"（《马克思恩格斯全集》第26卷第Ⅱ册，人民出版社1973年版，第164页）。随着研究对象、研究条件的发展变化，它的各种规定也会不断地丰富发展、转型。

的处理是与对资产阶级经济学的批判紧密结合的。

在《资本论》第一版序言中，马克思提出"万事开头难，每门科学都是如此"，就是这种苦心孤诣的坦陈。值得注意的是，在说了这句话之后，他紧接着就批判了两千多年来人类智慧在价值形式方面进行的探讨上并未得到什么结果，这同时也是在批判资产阶级经济学不理解价值形式探讨与开头的关系，预示在《资本论》的起点以及研究它的切入点，解决这个"极无内容和极其简单的"而又让前人不能或无意解决的难题。

一、起点选择的科学批判

古典学派政治经济学的起点很不统一，能够称得上有一定体系的当属斯密和李嘉图。斯密以分工为起点，在李嘉图那里，起点则是价值。

斯密《国民财富的性质及原因研究》是从分工开始研究的。① 在他看来，在小私有制条件下，分工必然提高生产率和产量，从而必然产生交换，而交换又要遵循一定的法则，即按一定的尺度交换。这样似乎顺理成章，但分工以不同种类的劳动同时存在并相互联系为前提，以与不同的生产资料联系为前提，受生产资料的效能、规模和工人的技能、知识、习惯的影响，因而分工有简单协作的分工，还有复杂分工，还有不同行业的分工。而这又受生产资料的效能、规模和工人的技能、知识、习惯的影响很大。所以，在研究分工之前，还应该有一系列的问题要先行研究，最终必定要回溯到最简单的元素上。可见斯密这种研究范式是不合逻辑的。而且，无论是哪种劳动，都是流动状态的，"处于流动状态的人类劳动力或人类劳动形成价值，但本身不是价值。"② 由于它是流动状态的，具有不确定性，不宜在开头研究。何况它还离不开生产资料，离不开劳动者的有用劳动以及劳动者与生产资料的比例关系等。不仅生产不同的商品所使用的生产资料的效能和规模都是不同的，与它们相联系的流动状态的各种劳动又各有不同，因此它们的总体效率各有不同且很难比较，充其量只能在生产同种的劳动中才能比较，但同种劳动在彼此分散进行的情况下又是很难比较的。与凝结一定价值的商品相比，这种流动状态的劳动是复杂的、多

---

① "但斯密有时也犯糊涂，偶尔重复他的老师亚·弗格森的话，谴责了分工。"（见《资本论》第 1 卷，人民出版社 1975 年版，第 142 页脚注（78）；2004 年版，第 145 页脚注（78）。）

② 《资本论》第 1 卷，人民出版社 1975 年版，第 65 页；2004 年版，第 65 页。

变的，不能作为起点范畴。由此可见，从商品交换开始，一方面体现了马克思叙述逻辑的合理性，另一方面也是在反衬、批判斯密以分工为切入口开始的错误。

而李嘉图的《政治经济学及赋税原理》则是从价值开始研究的，似乎与价值形式挂上钩，这虽比斯密进了一步，但他忽视了价值形式与商品价值的联系。因为他："把价值形式看成一种完全无关紧要的东西或在商品本性之外存在的东西。"① 而且，价值是看不见的东西，只是对象的一种内在规定，不能成为对象。一开始就将这种性质不清而且看不见的东西当成对象摆出来，至少是不合逻辑的。进一步看，李嘉图还将分属不同发展阶段的价值和生产价格当成一回事，同样不合理。马克思说："李嘉图（随斯密之后）把价值和生产费用混淆在一起；我已经在'政治经济学批判'和'资本论'的注释中明确地指出，价值和生产价格（它只是在货币上表现出生产费用）是不相符合的。"②

有鉴于此，马克思特地说他不是从价值开始，而是从商品开始。"对我来说，对象既不是'价值'，也不是'交换价值'，而是商品。"③ 在《资本论》开头，他这样写道："资本主义生产方式占统治地位的社会的财富，表现为'庞大的商品堆积'，单个的商品表现为这种财富的元素形式。因此，我们的研究就从分析商品开始。"④

从资产阶级财富总体中抽出单个商品，是抽象力运用的突出表现。

首先，这个总体财富是经过处理的。在社会表面上，在流通中，在资本家的意识中，资产阶级财富并非表现为资本，而是"收入"。所谓的收入，在资本家看来，凡是得到的货币都是收入。不仅有产阶级获得的利润、利息、地租等形式的剩余价值是收入，而且从市场上回流的资本也是收入，连工人的出卖劳动力所获得的工资也表现为收入。在他们狭隘的阶级眼界中，这些不同性质的收入、不同功能的货币回流，⑤ 都是财富。例如斯密，就是天真地"用资本主义生产当事人的眼光来看待事物，完全按照这种当事人所看到和所设想的样子，按照事物决定这种当事人的实践活

① 《资本论》第 1 卷，人民出版社 1975 年版，第 98 页脚注（32）；2004 年版，第 99 页脚注（32）。

② 《马克思恩格斯全集》第 19 卷，人民出版社 1979 年版，第 400 页。

③ 《马克思恩格斯全集》第 19 卷，人民出版社 1979 年版，第 400 页。

④ 《资本论》第 1 卷，人民出版社 1975 年版，第 47 页；2004 年版，第 47 页。

⑤ 参看《资本论》第 2 卷，人民出版社 1975 年版，第 403 页；2004 年版，第 403 页。有关收入的研究再请看后文。

动的情况，按照事物实际上呈现出来的样子，来描绘事物"①。因此，马克思有必要对总体"财富"这个"混沌的关于整体的表象，经过更切近的规定"②，至少从中将工资剥离出来，还原其剥削本性，才不至于将一般的商品也归入这种资产阶级财富当中。但这也意味着，研究过程最终要向这个表现为"收入"的财富总体靠拢而臻于具体化。

其次，起点处的这个商品，是从资产阶级财富中抽出的，因而具有抽象性、一般性。它既可是这种，也可以是任意一种商品，所以具有一般性。但它只能代表一种商品，并且是"该种商品的平均样品"③，因此，它的生产条件、它的生产量、它与社会需要的关系，在这里就全都不考虑了，被暂时抽象了。而且，这一抽，虽然暂时抽去了特殊的资本关系了，是一种简单商品，④但一般性的规定仍然存在。在暂时抽去特殊的生产关系之后，它还保留着一般的生产关系，仍然可以对它作深入的研究。像它是一般经济行为的产物，以满足一定的社会需要为前提等。

再次，这种抽象不是本质的抽象。在一般人看来，抽象的东西就是看不见的，而本质、规律是看不见的，由是，就将商品视为本质性的东西。但是，这里的商品虽然不专指哪种商品，却仍然"是一个外界的对象，一个靠自己的属性来满足人的某种需要的物"⑤，有质的规定，是"单个"，有量的规定，质和量的规定都属于直接性的规定，这就表明，这种单个商品是直接性范围内的抽象，绝非人们常识中的"本质的抽象"，本质的东西无论如何也不能有量的规定。就此而言，它应该是直接性的，是直接性范围内的极度抽象，而非间接性的。在辩证逻辑中，抽象性与直接性并非对立的，而可以兼容。黑格尔在其《逻辑学》的序言中，就专门论证了这种特性。⑥这样的属性，对资产阶级经济学是难以想象的。

续次，这种单个商品既是资本主义起点上的商品，同时从"透视"或"超越"的意义看，也可以看作是资本主义以前就有的那种商品。所以，这一抽就使它具有双重性：既是特殊商品，又是一般商品。马克思确定

① 《马克思恩格斯全集》第26卷第Ⅱ册，人民出版社1973年版，第242页。

② 《马克思恩格斯全集》第46卷上册，人民出版社1979年版，第37页。

③ 《资本论》第1卷，人民出版社1975年版，第52页；2004年版，第52页。

④ "如果要对'商品'这个最简单的经济的具体物进行分析，那就必须把一切不涉及这个分析对象的关系放在一边。"（《马克思恩格斯全集》第19卷，人民出版社1979年版，第413页。）

⑤ 《资本论》第1卷，人民出版社1975年版，第47页；2004年版，第47页。

⑥ 黑格尔：《逻辑学》上卷，商务出版社1977年版，第66页。

《资本论》起点的商品是资产阶级财富的细胞，只不过因为它是从这种财富中抽象出来而暂时撇开它的资本主义属性，这也是对资产阶级经济学家混淆一般和特殊的批判："古典经济学总是把特殊形态和一般形态混淆起来，所以在这种经济学中对特殊形态的研究是乱七八糟的。"① 显然，古典经济学家运用的是典型的形而上学的思维方式，在形而上学者那里，"是就是，不是就不是；除此以外，都是鬼话。"在他们看来，"一个事物不能同时是自身又是别的东西。正和负是绝对互相排斥的；原因和结果也同样是处于僵硬的相互对立中。"② 在马克思这里，由于遵循的逻辑不同，情况也就不同了，由于这个商品被暂时抽去了特殊的资本关系，所以，它也具有一定的一般性。但是，这并非没有任何性质区别的一般，而是以特殊资本关系为背景的一般，所以，由此可透视以前的商品，但又不能归结为以前的商品。

最后，研究的是资本主义社会中的一般商品，是"已经发育的身体"的"细胞"，"是充分发达了的商品，而不是在两个原始共同体之间的自然形成的物物交换中刚在艰难地发展着的商品"③。"细胞"是与"已经发育的身体"相对的，也是相连的，研究细胞，就一定要连带着研究身体。相对于身体而言，细胞具有个别性、抽象性、一般性，而发育的身体则具有总体性、具体性、特殊性。资产阶级学者只重视研究发育的身体，不重视身体的细胞。既不懂得如何研究，也将一般性和特殊性混为一谈。

总之，作为整个逻辑过程的起点，单个商品是对象总体的细胞，它不能单独存在，但这里暂时将其与总体分割开来研究，是未展开的总体，包含着进一步发展的复杂规定的萌芽。只有这种选择的起点，才能"同延续和终点连结起来。"④

这种商品虽然十分抽象，但对它的分析解构表明，它包含着许多资产阶级学者未解的基因密码。它的价值实体是什么、为什么是什么、在社会表面上怎样表现等问题，这些都是政治经济学中至关重要的问题。马克思说过："比如资本，如果没有雇佣劳动，价值，货币，价格等等，它就什

---

① 《马克思和恩格斯〈资本论〉书信集》，人民出版社 1976 年版，第 225 页。

② 恩格斯《反杜林论》，《马克思恩格斯选集》第 3 卷，人民出版社 1995 版，第 360 页。

③ 恩格斯语，《马克思恩格斯选集》第 2 卷，人民出版社 1995 年版，第 44 页。

④ 列宁：《哲学笔记》，人民出版社 1974 年版，第 324 页。

么也不是。"① 而这些都是资产阶级学者只有初涉而没有彻底解决的。而且，它还是货币、资本的最初表现，② 这也就是说，开篇的研究是要导向并最终转化为对"已经发育的身体"的研究的。确切地说，开篇研究的细胞、简单的价值形式，并非存在于资本运动之外、或资本主义以前的那种简单商品及其交换，而是资产阶级财富的细胞。他很确定地说："在资产阶级生产方式内部，简单流通本身只是作为资本的前提和以资本为前提而存在的。"③ 由此观之，从这种最简单的细胞开始，逐步扩大到对象总体。不仅是对象范围的扩大，还包含有对象性质的变化。这样处理思想材料，使研究的对象范围不断地扩大，使之成为能够反映客观对象历史发展的逻辑体系，并在理论过程的终点处完整地再现"已经发育的身体"。

单个商品是资产阶级财富的细胞，它身上固有的否定性，就是资产阶级财富否定性的萌芽。所以，批判资本，自然要从批判商品开始。

诚然，商品生产是社会经济发展不可逾越的一个阶段。因而，它的产生和发展，是必然的、必要的，似乎不能批判。但是，批判并非针对它产生的必然性和对一定阶段的社会经济发展的必要性，而是指出它自身包含的否定性。

在《资本论》开篇，马克思揭示了商品的两种不同性质的否定性：一是被否定，一是自我否定。他追溯商品价值形式的历史发展，从单的、偶然的到扩大的总和的、再到一般的，最后发展为货币形式，第一种形式被第二种形式否定，第二种形式被第三种形式否定，第三种又被货币形式否定。"在第一种形式过渡到第二种形式，第二种形式过渡到第三种形式的时候，都发生了本质的变化。"④ 可见，这就是否定，就是批判。但这种批判是在同一的经济形式中按一定的需要自然、自动发生的，所以是自我批判。另外一种批判的性质就不同了，这是马克思站在社会历史发展的制高点上，站在无产阶级的立场上，对资本运动的批判。由此观之，单个商品作为简单商品，虽然可提供他人所需要的使用价值，但随着市场的扩大，

---

① 《马克思恩格斯全集》第46卷上册，人民出版社1979年版，第37页。

② "商品流通是资本的起点。商品生产和发达的商品流通，即贸易，是资本产生的历史前提。……如果撇开商品流通的物质内容，撇开各种使用价值的交换，只考察这一过程所造成的经济形式，我们就会发现，货币是这一过程的最后产物。商品流通的这个最后产物是资本的最初的表现形式。……货币是资本的最初的表现形式"（《资本论》第1卷，人民出版社1975年版，第167—168页；2004年版，第171页。）

③ 《马克思恩格斯全集》第46卷下册，人民出版社1980年版，第514页。

④ 《资本论》第1卷，人民出版社1975年版，第86页；2004年版，第87页。

也包含着交换的困难，这也是必须批判的。"交换的扩大和加深的历史过程，使商品本性中潜伏着的使用价值和价值的对立发展起来。"①　即使交换顺利，它自身包含的等同的人类劳动的凝结，也只能间接地表现。这既是它的优点，也是它的缺点。私人劳动的特殊的社会性质只有在这种交换中才表现出来，这就从根本上产生了私人劳动与社会劳动之间的矛盾。"因此，在生产者面前，他们的私人劳动的社会关系就表现为现在这个样子，就是说，不是表现为人们在自己劳动中的直接的社会关系，而是表现为人们之间的物的关系和物之间的社会关系。"②　这种颠倒掩盖了本质关系，虽然具有客观性、必然性，但对一般的经济主体肯定不是好事。不过，对"资本家幼虫"③　来说，却是好事。正是这种颠倒的表象的发展，形成了资本家的经验性的浅表认知，"这种种形式恰好形成资产阶级经济学的各种范畴。对于这个历史上一定的社会生产方式即商品生产的生产关系来说，这些范畴是有社会效力的、因而是客观的思维形式。"④　虽然在资本主义起点，这还只是一种简单的拜物教性质，但它"充满形而上学的微妙和神学的怪诞"⑤，因而孕育着更为极端的形式。这里的分析表明，商品作为资产阶级财富的细胞，它的价值已经内在地包含着获取一切商品的权力，是资本的最佳表现形式，具有资本的基因。并且，进一步的分析还表明，"商品内在的使用价值和价值的对立，私人劳动同时必须表现为直接社会劳动的对立，特殊的具体的劳动同时只是当作抽象的一般的劳动的对立，物的人格化和人格的物化的对立，——这种内在的矛盾在商品形态变化的对立中取得了发展的运动形式。因此，这些形式包含着危机的可能性"⑥，从简单流通的观点来看，这仅仅是可能性，但只要意识到这个简单商品是资产阶级财富的细胞，那么，它就内在地包含着发展为现实性条件和必然性。

二、切入点选择的科学批判

在确定了单个商品为起点之后，还要解决如何研究它的问题。很显

---

①　《资本论》第 1 卷，人民出版社 1975 年版，第 105 页；2004 年版，第 106 页。
②　《资本论》第 1 卷，人民出版社 1975 年版，第 89—90 页；2004 年版，第 90 页。
③　《资本论》第 1 卷，人民出版社 1975 年版，第 189 页；2004 年版，第 193 页。
④　《资本论》第 1 卷，人民出版社 1975 年版，第 93 页；2004 年版，第 93 页。
⑤　《资本论》第 1 卷，人民出版社 1975 年版，第 87 页；2004 年版，第 88 页。
⑥　《资本论》第 1 卷，人民出版社 1975 年版，第 133 页；2004 年版，第 135 页。

然，单个商品是没有办法研究的，不管你怎样颠来倒去，它只具有使用价值，而"作为价值物总是不可捉摸的。"① 所以，马克思并不是单纯地分析某个商品，而是分析它与其他商品的交换关系即 $W_A—W_B$（因为人们不会用一物换回同一物，所以该式也可简化为 W—W），只有这样，才能将静态的东西动态化，运用抽象力对它进行辩证分析。

在第一章，W—W 的研究比比皆是，从一开始说"交换价值首先表现为一种使用价值同另一种使用价值相交换的量的关系或比例"，到第四节②，都是在考察 W—W（或 $W_A—W_B$）。

W—W，实际上就是商品交换。之所以必要从商品交换开始，而不是先从生产过程开始研究，因为这是资本运动的一个必要前提。马克思在《直接生产过程的结果》中说："对于这种历史发展来说，商品交换，商品贸易是产生条件之一"③。由此观之，第一、二篇都是在研究资本运动的条件，同时也为资本理论培植理论的根本。④

以 W—W 为切入口，还因为单个商品 W 是相对静态的东西，与总体对象的运动——在最典型的形态上就是资本运动总公式：G—W—G'——这种动态过程很难联系上。而 W—W 本身则是个动态的过程，已经潜在地包含着发展的必要和逻辑。如果从整个第一章来看，马克思实际上是从一个商品与另一个商品的交换过程即 $W_A—W_B$ 开始的，到第三节指明货币形式的起源，就已经转变为 $W_A—G—W_B$（同样可简化为 W—G—W）了。而第二章则研究这个转化的实际历史，第三章则研究货币在 W—G—W 中的职能。所以，总起来看，第一篇研究的对象应该是 W—G—W 这个运动过程。只要加进——或者说让原先暂时撇开的研究条件——特殊的生产关系、生产条件，它就可自然而然地转变为 G—W—G'。而且，W—W 和 G—W—G' 一样，都是历史发展的，个别发展为总体，总体发展为一般、货币形式；而价值形式也会从一般的货币发展为特殊的货币即资本。所以，以此为研究入口的科学性是不言而喻的。

虽然与第二、第三个逻辑阶段相比，第一逻辑阶段研究和批判的对象

---

① 《资本论》第 1 卷，人民出版社 1975 年版，第 61 页；2004 年版，第 61 页。

② 第一章第四节论述的"商品拜物较的性质及其秘密"，也是研究商品之间的社会关系。而且，在德文版第一卷中，马克思还将它归入等价形式的第四个特点（《马克思和恩格斯〈资本论〉书信集》，人民出版社 1976 年版，第 221 页。）

③ 《马克思恩格斯全集》第 49 卷，人民出版社 1982 年版，第 4 页。

④ 之所以不说是奠定基础，而说培植根本，因为根本是有机的，可与枝干一起成长。

比较简单，但从它的内涵看，W—W 的研究并不简单：

一、它是资本主义社会中经常、大量发生的交换的缩影。在《资本论》中，"商品形式是资产阶级生产的最一般的和最不发达的形式"①，它的成熟、典型化只是在资本主义社会中。在第一篇，马克思曾在几处提醒：这里研究的背景是"在我们的资本主义社会"②，尽管可以从分析它的偶然的、个别的形式开始，但研究的并非自然经济条件下偶尔发生的交换，而是资本主义社会中大量复杂交换的最简单、抽象形态，尽管它和资本主义以前的 W—W、W—G—W 很相像，但却拥有深刻的内涵，两者不可同日而语。不过，它与资本主义以前存在的简单商品也有紧密联系。在马克思的范畴体系中，单个商品这种简单范畴的内涵并非单一，它"可以表现一个比较不发展的整体的处于支配地位的关系，或者可以表现一个比较发展的整体的从属关系"③。只是在前一种意义上，马克思得以阐明"商品和商品交换怎样和为什么由于商品内在的价值属性必然要造成商品和货币的对立"④，但立足点归根到底却是后一种意义。只有这样，它才能"使我们透视一切已经覆灭的社会形式的结构和生产关系。"马克思认为，"人体解剖对于猴类解剖是一把钥匙。低等动物身上表露的高等动物的徵兆，反而只有在高等动物本身已被认识之后才能理解。"⑤ 由此可见，《资本论》开篇研究的是资本主义社会中的简单商品。如果将它理解为资本主义以前的商品，那么，就会闹出"猴体解剖"是"人体解剖"的钥匙的笑话。这也意味着，只有研究资本主义社会中的简单商品，才能理解资本主义以前的简单商品。但在资产阶级学者的观念中，却无论如何也不能做出这种区分。⑥

二、它是资本运动的缩影。这个过程造成了一种新的经济形式，通过一定媒介而产生的不同主体的交换形式。这个形式不仅形式了一种经济关系，而且也形成了不同的经济主体、经济利益、经济秩序等。这个形式表

---

① 《资本论》第 1 卷，人民出版社 1975 年版，第 99 页；2004 年版，第 100 页。

② 《资本论》第 1 卷，人民出版社 1975 年版，第 57 页；2004 年版，第 57 页。

③ 《马克思恩格斯全集》第 46 卷上册，人民出版社 1979 年版，第 40 页。

④ 《资本论》第 2 卷，人民出版社 1975 年版，第 22 页；2004 年版，第 22 页。

⑤ 《马克思恩格斯全集》第 46 卷上册，人民出版社 1979 年版，第 43 页。

⑥ 李嘉图的非历史观使他把劳动的资产阶级形式看成是社会劳动的永恒的自然形式，"让原始的渔夫和原始的猎人……按照物化在鱼和野味的交换价值中的劳动时间的比例交换鱼和野味"而"犯了时代的错误"。(《马克思恩格斯全集》第 13 卷人民出版社 1979 年版，第 50 页。)

明，要从其他经济主体手中获得一定的利益，就必须经过平等的交换，而不能像有些人利用宗法体制以非经济的手段获得（具体分析见下文）。这正好是资本运动的基本条件。在马克思后来提出的资本运动总公式：G—W—G′中，也与 W—G—W 一样，包含买和卖两个紧密联系的环节。正是由此出发，才能进一步阐明 G—W—G′这种更为复杂的过程。

　　三、就 W—W 看，——它当然不同于直接的物物交换，物与物交换双方各自重视的是物的不同使用价值，但在 W—W 中，人们重视的已经是其中包含的等同的东西，——双方都是从资产阶级财富中抽出的简单商品，都内在地包含着资产阶级财富的基因。在《1861—1863 年经济学手稿》中写道："作为我们出发点的，是在资产阶级社会的表面上出现的商品，它表现为最简单的经济关系，资产阶级财富的要素。对商品的分析也说明了它的存在包含着一定的历史条件。"① 可见，它们都与一定的生产条件、生产关系相结合，从而都包含着一定的所有权、主体意志、② 社会需要、剩余价值等要件，即如《导言》所说的那些"通过较具体的范畴在精神上表现出来的较多方面的联系和关系"③。但因为这样一抽，就将这些具有特殊性的要件、因素都暂时撇开了，但其一般性的要件仍然存在着，例如一般的生产关系、一般的社会需要，没有它，产品就不能交换、成不了商品。甚至有些要件也暂时撇开了，例如生产条件就随着使用价值的暂时是抽去而暂不考察。④ 不过，即使这样，随着研究和批判的拓展，有些特殊的要件也会逐步进入理论过程中，例如第三章分析"W—W"的"惊险的跳跃"时，社会需要已经明明白白地摆在人们面前了。

　　四、W_A—W_B（或 W—W）的研究还包含着科学批判。所谓的 W_A—W_B，在一定的意义上就是价值形式。在序言中，马克思明确地说，对价值形式，两千多年来人类智慧包括有一定贡献的资产阶级古典学派在这方面进行探讨的努力，并未得到什么结果。诚然，马克思也发现并充分肯定亚

---

　　① 《马克思恩格斯全集》第 47 卷，人民出版社 1979 年版，第 37 页。
　　② "一方只有符合另一方的意志，就是说每一方只有通过双方共同一致的意志行为，才能让渡自己的商品，占有别人的商品。可见，他们必须彼此承认对方是私有者。"（《资本论》第 1 卷，人民出版社 1975 年版，第 101 页；2004 年版，第 103 页。）
　　③ 《马克思恩格斯全集》第 46 卷上册，人民出版社 1979 年版，第 41 页。
　　④ "如果我们把劳动产品的使用价值抽去，那末也就是把产品成为使用价值的物质组成部分和形式抽去。"（《资本论》第 1 卷，人民出版社 1975 年版，第 51 页；2004 年版，第 51 页）。使用价值的物质组成部分包含着转移的生产条件。

里士多德"最早分析了价值形式"① 的研究。但同时也指出了亚里士多德由于缺乏辩证思维能力、缺乏研究和解决这个问题的历史条件，不懂得价值形式有二重性，实际上是将内在的价值形式与外在的价值形式混为一谈了。相比之下，马克思对资产阶级经济学在这个问题上茫然无知的批判更为激烈。在进入资本主义社会之后，由于商品生产和商品交换已经趋于成熟和典型化，并且包含着许多秘密，资产阶级学者却将研究它当成"斤斤于一些琐事"，在有条件和有必要研究的时候却将它置若罔闻，表现了学术上的迟钝和抽象力的阙如，以及历史观的错误，以至于造成理论体系的重大缺陷。而且，这种缺陷还使得后者面对复杂庞大的对象不知所措，找不到正确的切入口。

不仅如此，马克思还进一步指出资产阶级学者在这个问题的研究上的几种错误：其一，是对象混乱，都不能正确区分交换价值、价值形式、价值、价格等混为一谈。② 其二，在方法上是抽象力不足，一方面，"……抽象还不够深刻，不够完全，因而当他……考察商品价值时，一开始就同样受到各种具体关系的限制"③，另一方面，他们的抽象浅尝即止，不能在析出价值的基础上继续深入，探索什么劳动形成价值、怎样形成价值、为什么形成为价值，当然，更不能想象还有价值这种看不见的内在规定如何在社会表面上表现的问题。其三，他们既见物不见人，又受资产阶级眼界的限制，"按照联系在竞争现象中表面上所表现的那个样子，也就是按照它在非科学的观察者眼中，同样在那些被实际卷入资产阶级生产过程并同这一过程有实际利害关系的人们眼中所表现的那个样子，把联系提出来。"④ 他特别指出，"商品世界具有的拜物教性质或劳动的社会规定所具有的物的外观，……使一部分经济学家受到迷惑"，沉迷于"货币主义的幻觉"⑤。其四，更根本的是历史观的错误："恰恰是古典政治经济学的最优秀的代表人物，像亚·斯密和李嘉图，把价值形式看成一种完全无关紧要的东西或在商品本性之外存在的东西。"这是因为他们"把资产阶级生产

① 《资本论》第 1 卷，人民出版社 1975 年版，第 74 页；2004 年版，第 74 页。

② 对这些区分，恩格斯说过："读一读亚当·斯密或其他某位著名的官方经济学家的著作，看看交换价值和使用价值使这些先生受了多大折磨，看看把两者分清并理解它们每个特有的规定性对这些人来说是多么困难，然后再把马克思的简单明了的说明与之对比一下。"（《马克思恩格斯选集》第 2 卷，人民出版社 1995 年版，第 45 页。）

③ 《马克思恩格斯全集》第 26 卷，第 Ⅱ 册，人民出版社 1973 年版，第 112 页。

④ 《马克思恩格斯全集》第 26 卷，第 Ⅱ 册，人民出版社 1973 年版，第 182 页。

⑤ 《资本论》第 1 卷，人民出版社 1975 年版，第 99 页；2004 年版，第 100，101 页。

方式误认为是社会生产的永恒的自然形式"，因而"必然会忽略价值形式的特殊性，从而忽略商品形式及其进一步发展——货币形式、资本形式等等的特殊性。"①

马克思还指出，关于价值形式的研究虽然历来遭人忽视，但却很重要。他告诉恩格斯：关于价值形式的研究"对全书来说是太有决定意义了。……最简单的商品形式……就包含着货币形式的全部秘密，因此也就包含着萌芽状态的劳动产品的一切资产阶级形式的全部秘密。"② 由此可见，关于价值形式的研究是后面研究的基础，并且还包含着后者的萌芽，也是全书科学批判的开端。正是基于对这一研究的赞同，恩格斯也说："价值形式的阐述揭示了全部资产阶级垃圾自身"③。

第二节　W_A—W_B 考察的科学批判

一个产品，孤立地考察，它绝没有交换价值，只有同另一种商品发生价值关系或交换关系时，才取得一个特别的、不同于它的自然形式的表现形式，它才具有这种交换价值形式。④ 交换的最简单形式，就是 W_A—W_B。可见，起点 W 与自产自销的产品不同，是从这个 W_A—W_B 中选择出来的。这也决定了，要考察这个商品，离不开这个 W_A—W_B。在这个关系中，W_A 是价值要表现的，W_B 是要表现价值的，一旦后者变成货币，前者内在的东西就演变为外在的东西了。

一、在 W_A—W_B 的交换关系中考察 W_A 的科学批判

商品是不同所有者用于交换的劳动产品，只有交换，它才成其为商品。因此，只有通过单个商品与另外的商品之间的交换才能发现、揭示包含其中的秘密。所以，说是考察单个商品 W_A，实质是通过考察交换式：W_A—W_B 而进行的。这个交换式也就是《资本论》第一篇首先考察的最简单的交换关系。

---

① 《资本论》第 1 卷，人民出版社 1975 年版，第 98 页脚注（32）；2004 年版，第 99 页脚注（32）。
② 《马克思和恩格斯〈资本论〉书信集》，人民出版社 1976 年版，第 215—216 页。
③ 《马克思和恩格斯〈资本论〉书信集》，人民出版社 1976 年版，第 217 页。
④ 《资本论》第 1 卷，人民出版社 1975 年版，第 75 页；2004 年版，第 76 页。

在开篇，马克思研究 $W_A—W_B$，分别从不同的层面依次进行考察：

首先，是研究直接性的 $W_A—W_B$：一种使用价值同另一种使用价值相交换的量的关系或比例，也就是交换价值。他这里也不是单单分析两种商品的交换，而是 W_A 同一系列其他商品的交换，相当于第一章第三节研究的扩大的价值形式。如果联系第三节的标题："价值形式或交换价值"，用一个"或"将交换价值与价值形式等同，联系那里肯定亚里士多德考察"5 张床＝1 间屋"是"最早分析了价值形式"①，就应意识到考察 $W_A—W_B$，就是在研究价值形式。——在给恩格斯的信中，马克思也这样写道："价值形式或价值的独立表现形式＝交换价值。"② ——但是，这种价值形式是一目了然的，外在的，有量的规定，因而是直接性的。

其次，是透过 $W_A—W_B$，研究隐藏其中的共同的东西。他研究的 $W_A—W_B$，W_B 并不限于哪种特定的商品，而是逐步将过程的连续性、商品的品种增加、替代等情况加了进来，从商品堆中任意拮取一种，以此说明：W_A（一夸特小麦）有许多种有效的交换价值，"既然 x 量鞋油、y 量绸缎、z 量金等等都是一夸特小麦的交换价值，那末，x 量鞋油、y 量绸缎、z 量金等等就必定是能够互相代替的或同样大的交换价值"③，都表示一个等同的东西，而这个"等同的东西"显然不是一种量，而应该是一种质，不是 W_A，这些交换价值（价值形式）只能是可以与它相区别的某种内容的表现方式，"表现形式"，这种"内容"当然不同于 W_A 和 W_B，是看不见的，内在于 W_A 中的，要被表现的"劳动产品的价值性质的形式"④。这样一来，内在的与各种商品等同的东西就被析出来了。但它又不是直接表现的，而是通过 W_B 来表现的。马克思很明确地说："我们实际上也是从商品的交换价值或交换关系出发，才探索到隐藏在其中的商品价值。"⑤ 这样，就从考察直接性的价值形式或交换价值，到深入其中揭示隐藏其中的价值，揭示出了交换中两种商品之间等同的但又看不见的东西，即"劳动产品的等同的价值对象性这种物的形式"⑥。而看不见的东西，就不再是直接性的，而是间接性的了。

---

① 《资本论》第 1 卷，人民出版社 1975 年版，第 74 页；2004 年版，第 74 页。
② 《马克思和恩格斯〈资本论〉书信集》，人民出版社 1976 年版，第 221 页。
③ 《资本论》第 1 卷，人民出版社 1975 年版，第 49 页；2004 年版，第 49 页。
④ 《资本论》第 1 卷，人民出版社 1975 年版，第 90 页；2004 年版，第 91 页。
⑤ 《资本论》第 1 卷，人民出版社 1975 年版，第 61 页；2004 年版，第 61 页。
⑥ 《资本论》第 1 卷，人民出版社 1975 年版，第 88 页；2004 年版，第 89 页。

为了更好地考察这种被掩盖的价值实体，他将 W_A—W_B 这个交换形式暂时撇开，① 专门研究价值实体的质、量、社会尺度及其与劳动的关系。

在这个 W_A—W_B 中，W_A 的价值是要被表现的，所以马克思称之为相对价值形式。在研究它的时候，马克思设置了必要的条件："如果我们把劳动产品的使用价值抽去，那末也就是把那些使劳动产品成为使用价值的物质组成部分和形式抽去。……它们的一切可以感觉到的属性都消失了。它们也不再是木匠劳动、瓦匠劳动、纺纱劳动，或其他某种一定的生产劳动的产品了。随着劳动产品的有用性质的消失，体现在劳动产品中的各种劳动的有用性质也消失了，因而这些劳动的各种具体形式也消失了。各种劳动不再有什么差别，全都化为相同的人类劳动，抽象人类劳动。"② 也就是说，他把有用劳动暂时撇开的同时，也将商品中包含的物质组成部分撇开了，只是在进入第三篇考察一般的生产劳动过程时，他才将有用劳动纳入研究过程。因此一举，这个商品"一切可以感觉到的属性都消失了"，连与别的商品交换的比例关系也暂时消失了，剩下的只是不能感觉的属性了，这就是价值属性。

这一步非常重要，"要发现一个商品的简单价值表现怎样隐藏在两个商品的价值关系中，首先必须完全撇开这个价值关系的量的方面来考察这个关系。人们通常的做法正好相反，他们在价值关系中只看到两种商品的一定量彼此相等的比例。他们忽略了，不同物的量只有化为同一单位后，才能在量上互相比较。不同物的量只有作为同一单位的表现，才是同名称的，因而是可通约的。"③ 可见，这是批判了资产阶级古典学派忽略 W_A 的质来考察量的一种错误。

从不同具体形式的劳动中抽象出劳动一般，这并非难事，斯密已经做过。"亚当·斯密大大地前进了一步，他抛开了创造财富的活动的一切规定性，——干脆就是劳动，既不是工业劳动，又不是商业劳动，也不是农业劳动，而既是这种劳动，又是那种劳动，有了创造财富的活动的抽象一般性，……是劳动一般，然而是作为过去的，物化的劳动。"④ 但是，他还

---

① "研究的进程会使我们再把交换价值当作价值的必然的表现方式或表现形式来考察，但现在，我们应该首先不管这种形式来考察价值。"（《资本论》第1卷，人民出版社1975年版，第51页；2004年版，第51页。）

② 《资本论》第1卷，人民出版社1975年版，第50—51页；2004年版，第51页。

③ 《资本论》第1卷，人民出版社1975年版，第63页；2004年版，第63—64页。

④ 《马克思恩格斯全集》第46卷上册，人民出版社1979年版，第41页。

将这种劳动与"创造财富"联系在一起，而所谓的财富，就是使用价值。因此，他的抽象充其量只达到有用劳动或具体劳动这一层。具体劳动或有用劳动虽然具有抽象性，但却只是各种各样的有用劳动的统称，它以各种劳动区别的存在为前提。而马克思却超出斯密的抽象空间，更进一步将"各种劳动的有用性质"也暂时撇开，达到抽象劳动这一层面。不经过这样处理，就不可能精确地规定这种劳动的量。所以马克思还这样批评："古典政治经济学在任何地方也没有明确地和十分有意识地把体现为价值的劳动同体现为产品使用价值的劳动区分开。当然，古典政治经济学事实上是这样区分的，因为它有时从量的方面，有时从质的方面来考察劳动。但是，它从来没有意识到，劳动的纯粹量的差别是以它们的质的统一或等同为前提的，因而是以它们化为抽象人类劳动为前提的。"①

马克思在确定这种价值的质，即无差别的人类劳动的单纯凝结之后，又确定其量的规定，即所凝结的劳动量。接着又阐明，这种量不是个别劳动的时间量，而应该是社会必要劳动的时间量，这就规定了量的社会尺度。在此基础上，他又进一步考察了决定商品使用价值和价值的特征的劳动：有用劳动和抽象劳动。他自豪地说："商品中包含的劳动的这种二重性，是首先由我批判地证明了的。这一点是理解政治经济学的枢纽"②。实际上，资产阶级学者也曾粗略地探讨过劳动的这种二重性。在《政治经济学批判》"把商品归结于二重形式的劳动，即把使用价值归结于实在劳动或合乎目的的生产活动，把交换价值归结于劳动时间或相同的社会劳动，是古典政治经济学一个半世纪以上的研究得出的批判性的最后成果；"③ 但是，他分析了许多位经济学家的相关理论，发现他们都没有真正了解创造价值的抽象劳动。即使是深受马克思称道的本·富兰克林，似乎已经涉及抽象劳动，"但是，因为他不是把交换价值中所包含的劳动当作抽象一般的、由个人劳动的全面转移而产生的社会劳动来阐明，他就必然看不到货币就是这种被转移了的劳动的直接存在形式。"④ 就是说，看不到劳动的抽象实质是个人劳动经过全面转移而转化为社会劳动。而李嘉图虽然坚持交换价值决定于劳动时间这一规定，但对"决定价值的这种'劳动'的性

---

① 《资本论》第 1 卷，人民出版社 1975 年版，第 98 页脚注（31）；2004 年版，98 页脚注（31）。

② 《资本论》第 1 卷，人民出版社 1975 年版，第 55 页；2004 年版，第 54—55 页。

③ 《马克思恩格斯全集》第 13 卷，人民出版社 1979 年版，第 41 页。

④ 《马克思恩格斯全集》第 13 卷，人民出版社 1979 年版，第 46 页。

质，李嘉图并没有进一步研究。"① 而且，他的价值理论是一成不变的，不会发展的，所以遇到现实问题就一筹莫展、陷于破产了。

但是，这样分析，尽管已经析出统一的质，比资产阶级学者高明得多，但无论是质、量，还是度，都还是直接性的东西，至少是可以感觉的，最多只是解决了什么样的劳动形成价值的问题。因此，这种结构还只是直接性的结构，还没有解决这样的劳动为什么要形成为价值、怎样形成价值的问题。也就是说，这种结构的揭示还有待于深入。不过，如果仅仅就这个处于相对价值形式地位的单个商品 W_A 看，无论你怎样分析，都不能发现问题。所以，应该回到 W_A——W_B 即价值形式上来。马克思说："我们实际上也是从商品的交换价值或交换关系出发，才探索到隐藏在其中的商品价值。现在我们必须回到价值的这种表现形式"②。

在 W_A——W_B 中考察 W_A，与在抽象的条件下单独考察 W_A 的时候有所不同，后者并没有使它具有与它的自然形式不同的价值形式。就是说，其中的价值是自在的，未被表现的。但是，"在一个商品和另一个商品的价值关系中，情形就不是这样。在这里，一个商品的价值性质通过该商品与另一个商品的关系而显露出来。"③ 由是，W_A 内在的价值外化了，得到独立的表现。不过，它不是像照镜子那样，直接表现，而是要表现在另一种商品的使用价值上，也就是说，要外化并物化。同样的，它凝结的抽象劳动也要表现在另一中商品的有用劳动上，包含的社会劳动要表现在另一种商品的个别劳动上。

由于交换的序列延长了，W_A 包含的个别劳动的复杂程度也被背后的社会过程折算了，在一定比例上转变成了社会劳动，从而取得了社会性，并随着交换的扩大逐步失去偶然性、个别性、简单性，而具有扩大性和总和性。这样看，在这种关系中，相对价值形式的质、量、度等规定虽然都是确定的，绝对的，但其表现都是相对的。

二、在 W_A—W_B 的交换关系中考察 W_B 的科学批判

马克思开篇对在 W_A—W_B 这种关系中的商品 W_A 的研究和科学批判之后，又转向对 W_B 的研究，但不是把它当成与 W_A 不同的商品来对待，而是

---

① 《马克思恩格斯全集》第 26 卷第 Ⅱ 册，人民出版社 1973 年版，第 180 页。
② 《资本论》第 1 卷，人民出版社 1975 年版，第 61 页；2004 年版，第 61 页。
③ 《资本论》第 1 卷，人民出版社 1975 年版，第 64 页；2004 年版，第 65 页。

把它当成 W_A 的价值表现，主要是研究 W_A 间接性的价值形式在交换过程中如何表现。

马克思发现，即使是直接性的价值形式，也是历史发展的，于是，他依次研究了简单的或偶然的、扩大的或总体的、一般的、货币等四种直接性的价值形式。

他阐明，在 W_A—W_B 中，W_B 最初只是提供了一种参照物，"只有不同种商品的等价表现才使形成价值的劳动的这种特殊性质显示出来"①，可见，W_B 在无意中担任了另外一种角色，专门表现 W_A 的价值。由是，W_B 在交换中取得了能与另一个商品直接交换的形式，从而使它的使用价值的有用形式获得一种特殊的属性，在价值表现中取得等价物的地位。W_B 上衣是"价值承担者"，虽然它的这种属性即使把它穿破了也是看不出来的。"在麻布的价值关系中，上衣只是显示出这一方面，也就是当作物体化的价值，当作价值体。"② 由于 W_A—W_B 这种关系，W_A 和 W_B 这两种商品就不再是彼此无关的了，W_B 不再仅仅是参照物了，而变成了 W_A 的价值的专职表现形式或外化。

由此，这种处于等价形式地位的 W_B 就产生了三个特点：它的使用价值成为它的对立面即价值的表现形式，具体劳动成为它的对立面即抽象人类劳动的表现形式，私人劳动成为它的对立面的形式，成为直接社会形式的劳动。而这三个特点都与它的自然形式即使用价值形式（例如上衣或其他物品）紧密相连，因而又使后者产生了谜的性质："既然一物的属性不是由该物同他物的关系产生，而只是在这种关系中表现出来，因此上衣似乎天然具有等价形式，天然具有能与其他商品直接交换的属性，……从这里就产生了等价形式的谜的性质，这种性质只是在等价形式以货币这种完成的形态出现在政治经济学家的面前的时候，才为他的资产阶级的短浅的眼光所注意。"③ 不言而喻，马克思正是发现并批判了资产阶级学者的这种眼光的短浅——将这当成"一些琐事"所造成的缺陷，才动用优越的抽象力来解剖"经济的细胞形式"④。

马克思还指出，由于 W_A 的价值只能通过 W_B 的使用价值形式来表现，

---

① 《资本论》第 1 卷，人民出版社 1975 年版，第 65 页；2004 年版，第 65 页。

② 《资本论》第 1 卷，人民出版社 1975 年版，第 66 页；2004 年版，第 66 页。

③ 《资本论》第 1 卷，人民出版社 1975 年版，第 72 页；2004 年版，第 73 页。新版将前版的"既然"改译为"因为"，但意思不变）。

④ 《资本论》第 1 卷，人民出版社 1975 年版，第 8 页；2004 年版，第 8 页。

W_A 的价值量也只能用后者的价值量来表现。对在 W_A—W_B 关系中 W_B "只具有某物即某种使用价值的单纯的量的形式这一事实的肤浅了解，使贝利同他的许多先驱者和后继者都误认为价值表现只是一种量的关系。其实，商品的等价形式不包含价值的量的规定。"① 资产阶级学者从不研究这种形式，当然所以不懂得等价形式的这种特性。

由此可见，间接性的价值形式只不过是凝结在商品中的无差别的人类劳动的外在表现形式，而这种表现不能由 W_A 自己直接承担，只能通过 W_B 的自然形式来表现，或者说，通过 W_B 的自然形式而外化、硬化和独立化，这些外化、硬化和独立化虽然是同时完成的，但因为其表现形式的发展变化并最终表现为货币而显出一定的差别，并最终因为货币的自然形式异于劳动凝结，并反过来用其自然形式来控制劳动而表现为一种特殊的异化。货币作为价值形式的完成形式，本身是直接性的，但它同时是间接性的价值形式的代表，因而是直接性的价值形式与间接性的价值形式的统一。

就 W_A—W_B 看，也就是从交换关系或交换的考察看，研究的条件有所放松，随着过程的重复进行、扩大、常态化，经济主体的关系凸现了，趋于复杂了，两个单个商品所有者之间的偶然关系就消失了。因而马克思研究有许多更新颖深刻的揭示，批判也较具体：

W_A—W_B，特别在扩大的关系转化为一般的关系即 W_A（W_{A2}、W_{A3}、W_{A4}、……W_{An}）—W_B 的交换关系之后，W_B 代表的是一般的等价形式，"处于能与其他一切商品直接交换的形式，或者说，处于直接的社会的形式"②，它所代表的劳动成了社会劳动的化身。这样的交换与偶然的交换不同，已经开始表现为一定的社会经济关系，所以意义重大：

首先，它表现了复杂的社会关系：一是它不仅体现了不同主体的主体间性，更将这种主体间性限定在经济和法律的范围内。因为与他人交换，私有产品（包括其使用价值和价值）的所有权就在外部得到确认和实现。在自给自足的生产中，产品没有交换，所以它的所有权并不被人们充分注意。但是，在交换中，所有权的维护和经济实现对各个所有者至关重要的事情。交换不仅要符合自己的意志，还要符合对方的意志："为了使这些物作为商品彼此发生关系，商品监护人必须作为有自己的意志体现在这些物中的人彼此发生关系，因此，一方只有符合另一方的意志，就是说每一方只有通过双方共同一致的意志行为，才能让渡自己的商品，占有别人的

---

① 《资本论》第 1 卷，人民出版社 1975 年版，第 70 页；2004 年版，第 71 页。

② 《资本论》第 1 卷，人民出版社 1975 年版，第 84 页；2004 年版，第 85 页。

商品。可见，他们必须彼此承认对方是私有者。这种具有契约形式的（不管这种契约是不是用法律固定下来的）法权关系，是一种反映着经济关系的意志关系。这种法权关系或意志关系的内容是由这种经济关系本身决定的。"① 由是，就产生了一种私有者之间的经济关系。它决定他们之间的意志关系、法权关系。也决定了在商品生产中，私人生产者不能只追求个人利益的最大化，还要考虑他人的利益和意志，是通过利他来实现自利。② ——这实际上也是对古典学派最基本理念的批判。不过，这里研究的一般的商品交换，不是那种仅仅拥有劳动力的一方在不得已条件下的交换。在后一场合，出卖劳动力一方的意志和利益表达并不受另一方的重视，因而这种平等仅仅表现为一种形式。——二是使 W_A 的所有者交换的目标不再局限于特殊的使用价值上，而是追求一般的等价物。有了 W_B，就可以买到任何其他商品，实现自己的多种需要。三是超出狭小的个人劳动范围实现了一定程度的社会分工，它将导致交换经常化、这种社会分工的长期化、规模化，特别是生产 W_B 的长期化、规模化，其个别劳动转化为社会劳动，它不仅仅是这种劳动与另一种劳动的交换，而是导致隐藏在私人劳动中的一般的人类劳动被发现，并被社会承认，也就是说，交换并通过另一种商品来表现价值 "实际上是把不同种商品所包含的不同种劳动化为它们的共同东西，化为一般人类劳动。"③ 实际上也是将 W_A 中包含的个别劳动转化为一般人类劳动、社会劳动。四是导致个人劳动的各种规定发生变化：就 W_A 自身看，其凝结的劳动是自在的、绝对的，在没有产生 W_A—W_B 的交换之前，表现的只是现在劳动与过去劳动（使用的生产资料）的关系，劳动是自然形态的，劳动量是用时间直接计量的，它们都是自在自为的、绝对的。但 W_A—W_B 却改变了这一切，W_B 的劳动时间是社会的，其他的劳动都不再用时间直接计量，因此一举，产品变成商品，一切都变成是相对的了。

可见，通过这种交换过程的研究，马克思透过物与物的关系发掘人与人的关系，批判了资产阶级学者见物不见人的错误，创建了一种全新而科学的经济理论。

其次，在 W_A——W_B 这种关系中，由于 W_A 自身的价值都要通过 W_B 来

---

① 《资本论》第 1 卷，人民出版社 1975 年版，第 102 页；2004 年版，第 103 页。

② 经济博弈论相信，人类的经济行为具有利他性。但这只是在相当抽象的条件下才是正确的，因而与马克思所说的兼顾他人的意志和利益的性质不同。

③ 《资本论》第 1 卷，人民出版社 1975 年版，第 65 页；2004 年版，第 65 页。

表现，是相对的价值形式，与此相联系，它的价值量也是相对的价值量，要通过 W_B 的价值量来表现，不再是由自身决定，已经变为相对的，不仅要看 W_B 是否具有它一样的价值量，并且还要看 W_A 和 W_B 两者的生产力是否发生变化，以及变化的方向、幅度。不言而喻，这些情况在 W_A—W_B（W_{B2}、W_{B3}、W_{B4}、……W_{Bn}）的交换关系中，更会受到同样的影响。而且，在这一过程中，还实现了复杂劳动与简单劳动的折算，无论是同种劳动之间，还是不同种劳动之间，都是这样。马克思说："各种劳动化为当作它们的计量单位的简单劳动的不同比例，是在生产者背后由社会过程决定的，因而在他们看来，似乎是由习惯确定的。"① 显然，交换过程就是这样的"生产者背后的社会过程"。

再次，W_A—W_B 这种交换关系还将本质规定颠倒表现。上面已经说明，在 W_A—W_B 这种关系中，W_A 中包含的价值是内在的，不可捉摸的，不能自己表现自己，而要用 W_B 的自然形式表现。这样一来，"潜藏在商品中的使用价值和价值的内部对立，就通过外部对立，即通过两个商品的关系表现出来了"②。由是，不仅"人类劳动的等同性，取得了劳动产品的等同的价值对象性这种物的形式；用劳动的持续时间来计量的人类劳动力的耗费，取得了劳动产品的价值量的形式；最后，劳动的那些社会规定借以实现的生产者的关系，取得了劳动产品的社会关系的形式"③，而且，"价值对象性这种物的形式"、生产者的关系，都还要进一步外化为一定的自然形式，这样一来，内在的价值对象性就被掩盖、颠倒表现了，"人们自己的一定的社会关系，但它在人们面前采取了物与物的关系的虚幻形式。"④ 由于一般的人都被这种"物与物的关系的虚幻形式"所迷惑，而追逐这种物的表现，特别是当黄金排挤别的商品取得这种表现的固定的、独占的形式，它就特别耀眼，被人崇拜和追求，似乎它生来就具有这种性质，以至于不了解它只是别的商品的"价值对象性的物的形式"的颠倒表现，所以马克思称这种颠倒为拜物教性质，并指出："商品世界具有的拜物教性质或劳动的社会规定所具有的物的外观，……使一部分经济学家受到迷惑"⑤。可见，马克思揭示了这样累进的颠倒：人类劳动的等同性，颠倒地表现为劳

① 《资本论》第 1 卷，人民出版社 1975 年版，第 58 页；2004 年版，第 58 页。
② 《资本论》第 1 卷，人民出版社 1975 年版，第 76 页；2004 年版，第 77 页。
③ 《资本论》第 1 卷，人民出版社 1975 年版，第 88 页；2004 年版，第 89 页。
④ 《资本论》第 1 卷，人民出版社 1975 年版，第 89 页；2004 年版，第 89 页。
⑤ 《资本论》第 1 卷，人民出版社 1975 年版，第 99 页；2004 年版，第 100 页。

动产品的等同的价值对象性这种物的形式，而这种看不见的价值物又进一步颠倒地表现为外在的黄金这种耀眼的形式。在《资本论》终篇，他还联系这里的研究说："在论述资本主义生产方式甚至商品生产的最简单的范畴时，在论述商品和货币时，我们已经指出了一种神秘性质，它把在生产中以财富的各种物质要素作为承担者的社会关系，变成这些物本身的属性（商品），并且更直截了当地把生产关系本身变成物（货币）。一切已经有商品生产和货币流通的社会形态，都有这种颠倒。"①

总之，在《资本论》开篇，价值形式并非一个内容不变的概念。从单个商品看，它是与自然形式相对的价值形式。② 与看得见的自然形式不同，这里的价值形式看不见的，因而是间接性的。从与其他商品的关系看：1、"20 码麻布＝1 件上衣，或 20 码麻布值 1 件上衣"，就是一种简单的、个别的或偶然的价值形式。作为一种可以直接考察的形式，"是极无内容和极其简单的"，因而是直接性的；2、在 W_A——W_B 交换中，W_A 是内在的价值要表现的，它是不可直接观察的，马克思称之为"相对价值形式"，是间接性的；3、W_B 表现了 W_A 内含的无差别的人类劳动的凝结，虽然处于等价形式的地位，但却是 W_A 的独立化价值形式，是外在于商品 W_A 的，是"同商品界本身相脱离而自身作为一个商品又同商品界并存的交换价值"③，是用 W_B 的直接性的、独立的、外在形式表现 W_A 间接性的内在价值，所以是直接性与间接性的统一。可见，价值形式很难把握、研究。特别是简单的价值形式，马克思说："一切价值形式的秘密都隐藏在这个简单的价值形式中。因此，分析这个形式确实困难。"④ 伴随着直接性的价值形式的形态发展，间接性的价值形式内涵也不断丰富，而直接性与间接性统一的价值形式又趋于简单和统一，即通通表现为外化的、硬化和独立化的货币。

这种"以货币形式为其完成形态的价值形式"已经存在两千多年，是

---

① 《资本论》第 3 卷，人民出版社 1975 年版，第 934—935 页；2004 年版，第936 页。

② "商品是以铁、麻布、小麦等等使用价值或商品体的形式出现的。……它们所以是商品，只因为它们是二重物，既是使用物品又是价值承担者。……只是由于它们具有二重的形式，即自然形式和价值形式。"《资本论》第 1 卷，人民出版社 1975 年版，第 61 页；2004 年版，第 61 页。

③ 马克思：《政治经济学批判（1857—1858 手稿）》，《马克思恩格斯全集》第30 卷，人民出版社 1995 年版，第 95 页。《马克思恩格斯全集》第 46 卷上册，人民出版社 1979 年版，第 90 页。

④ 《资本论》第 1 卷，人民出版社 1975 年版，第 62 页；2004 年版，第 62 页。

历史的，又是现实的。从这种意义看，不是资本主义社会独有的，是跨社会形态的、相当普通的关系，因而是具有一般性的经济现象。同时，它在资本主义社会中又变得十分复杂的。不言而喻，马克思研究的并非它最原始状态，而是与资本运动紧密联系的，作为资本运动基础的价值形式。——无论如何也不能说：两千年前的"20 码麻布＝1 件上衣"这一价值形式或交换价值，是资本运动的基础。——它是资本主义社会"已经发育的身体"的"细胞"，这与其他社会形态又有不同，所以具有特殊性。换句话说，它既是一般的，又是特殊的、历史的。

对 W_A—W_B 实行多层面、多维度的研究，本身就体现了"抽象力运用"的辩证性、历史性，这是资产阶级学者经验性思维方式难以理解、更难以望其项背的。恩格斯也说过："庸人确实不习惯于这种抽象思维，而且一定不会为价值形式去伤脑筋。"[①]

在《资本论》开篇头章论证内在规定的物化、外化、异化，对全书来说，还具有十分重大的意义，实际上是指向终篇的批判，为终篇的批判埋下伏笔。

第三节　价值形式研究的科学批判与创建

除了批判资产阶级学者对价值形式麻木不仁、没有研究外，马克思在开篇还批判了他们的其他错误。资产阶级学者在关于商品价值、交换价值、使用价值等方面的错误及其造成的困难，还有很多，在《政治经济学批判。第一分册》和其他地方，马克思已有分析批判过，这里就不再重述。这里，仅涉及相关的问题。

关于价值和价值量，资产阶级学者有很多误解。从表面看，是因为有商品交换才产生价值和价值量。这种表象很容易让肤浅的人产生错觉。马克思指出："这正是重商主义者和他们的现代复兴者费里埃、加尼耳之流的错觉，也是他们的反对者现代自由贸易贩子巴师夏之流的错觉。……在他们看来，商品的价值和价值量只存在于由交换关系引起的表现中，也就是只存在于每日行情表中。"[②] 对此，马克思则科学地论证，只有劳动的凝结才能形成价值实体，而交换无非是将商品中隐藏的价值实体表现出来而已。"我们的分析表明，商品的价值形式或价值表现由商品价值的本性产

---

① 《马克思和恩格斯〈资本论〉书信集》，人民出版社 1976 年版，第 213 页。
② 《资本论》第 1 卷，人民出版社 1975 年版，第 75—76 页；2004 年版，第 76 页。

生，而不是相反"①。

他还指出："庸俗经济学先假设一种商品（在这里是指劳动）的价值，然后再用这种价值去决定其他商品的价值。"例如德斯杜特说过，凡是构成财富的东西都"代表创造它们的劳动"。但是另一方面，他又说，这一切东西的"两种不同的价值"（使用价值和交换价值）来自"劳动的价值"。马克思说，这样，"他就陷入庸俗经济学的平庸浅薄之中了。"② 关于劳动没有价值，马克思在工资理论中还有更全面深入的批判。

他还阐明，尽管资产阶级古典学派也研究了价值，并且知道价值是劳动创造的，但是，他们"从来没有意识到，劳动的纯粹量的差别是以它们的质的统一或等同为前提的，因而是以它们化为抽象人类劳动为前提的。"③ 这不仅是理论观点的错误，而且是研究方法的缺陷。

在这里，马克思批判得较多的是资产阶级经济学受商品价值的颠倒表现迷惑。他发现，这种颠倒表现具有历史性质，并且具有巨大而广泛的影响力，因而在一定的历史阶段是必然存在和发挥作用的，并且必然被一定的理论反映出来："商品世界具有的拜物教性质或劳动的社会规定所具有的物的外观，……使一部分经济学家受到迷惑"④，不仅较早的货币主义有"金银天然是货币"的奇思妙想，而且蔑视货币主义的现代经济学，一当它考察资本，它的拜物教也是很明显的，至于重农主义，更沉迷在地租是由土地而不是由社会产生的幻觉中。⑤

在马克思以前，商品的一般拜物教性质已经存在，因为比较简单，还比较容易看穿。但是，在资本主义时代，特别在资本这种比较具体的形式中，拜物教性质则是占统治地位的、从而是典型的形式。正是发现并批判了资产阶级学者忽视研究价值形式（"$W_A—W_B$"）以及受社会表象迷惑、"在表面的联系内兜圈子，"满足于"对最粗浅的现象作出似是而非的解释"的错误，马克思才深入研究这一价值形式。诚然，他说过：资产阶级古典"政治经济学曾经分析了价值和价值量（虽然不充分），揭示了这些

---

① 《资本论》第 1 卷，人民出版社 1975 年版，第 75 页；2004 年版，第 76 页。

② 《资本论》第 1 卷，人民出版社 1975 年版，第 97 页脚注（31）；2004 年版，第 98 页脚注（31）。

③ 《资本论》第 1 卷，人民出版社 1975 年版，第 97 页脚注（31）；2004 年版，第 98 页脚注（31）。

④ 《资本论》第 1 卷，人民出版社 1975 年版，第 99 页；2004 年版，第 100 页。

⑤ 《资本论》第 1 卷，人民出版社 1975 年版，第 100 页；2004 年版，第 101 页。

形式所掩盖的内容。但它甚至从来也没有提出过这样的问题：为什么这一内容要采取这种形式呢?"① 所谓"揭示了这些形式所掩盖的内容"，就是深化研究，而阐明"为什么这一内容要采取这种形式"，则是指出内容的外化表现。这是两个紧密联系的问题，也可以说是二位一体的任务，但是资产阶级古典学派却撇开价值形式（"$W_A—W_B$"），着重分析价值和价值量，所以第一步没有走好，也不可能走好，第二步则从来没有想过、提过。

正是因为通过深入的科学批判，马克思的研究不仅透过表象进入内部，揭示本质关系，而且通过批判而接近社会表象，阐明商品的内在规定在社会表面上是如何表现的。

社会表面上的表象是客观存在的。相对于内在规定来说，其外在的颠倒表现虽然只是一种假象，但却是客观的。就如地球围绕太阳转是本质，是真相，太阳绕地球转是假象一样，但我们不能说这种假象是不存在的，所以"太阳绕地球转"是不存在的。相对于地球人来说，"太阳绕地球转"这种现象是永远存在的。这并不奇怪，因为地球人是站在地球上看太阳每日东升西落的。对彻底科学的天文学而言，既要揭示地球围绕太阳公转的本质——因为看不见，而且它决定地球系星球的运转，——还要合理地说明在地球人看来，这种本质会因为地球的自转而颠倒地表现为"太阳绕地球转"。只有这样，它才是真正的科学。同样的道理，经济科学也必须这样既深入挖掘看不见的本质，又要阐明本质的外在表现。辩证法认为，"假象的东西是本质的一个规定，本质的一个方面，本质的一个环节。本质具有某种假象。"② 所以揭示本质不能忽视本质的表现，特别是像"泡沫"一样的颠倒表现。这意味着科学理论既要深入揭示事物的本质，反映本质规定与其表现形式之间的差距，还要阐明本质如何表现而实现内外两者的统一。只有这样，科学理论才是完整的，客观的。③ 实际上，在理论进程中，所谓的内在规定，总是在暂时撇开许多条件、关系的条件下形成的，因而是抽象的，它虽然能够揭示对象的本质、规律，但以其抽象性，却与客观对象固有的存在表象相去甚远，单有这些还不能再现客观对象总

---

① 《资本论》第1卷，人民出版社1975年版，第97页；2004年版，第98页。

② 列宁：《哲学笔记》，人民出版社1974年版，第134、137页。

③ 马克思指出，斯密的二重方法即"生理学研究"和"现象学研究"尽管不彻底，但都是合理的，但两者之间却没有任何联系。见《马克思恩格斯全集》第26卷第Ⅱ册，人民出版社1973年版，第182页。

体。所以理论不能满足于揭示事物的内在规定，还必须在理论进程的发展中，重新结合前面暂时撇开的条件、关系，使之接近现实，使内在规定与外化表现统一。也就是说，理论研究的"去伪存真、去粗取精、由此及彼、由表及里"，并不是将"伪""粗""此""表"永远去掉，而是暂时存而不论，最后还得回归研究过程以完整再现对象"现实存在的形式"①。这样的研究方法、叙述方法，无论对以前、还是当代的资产阶级学者来说，都是莫名其妙的。

马克思也认为：正如一般人只能看到太阳东升西落一样，资产阶级学者也只能简单地复制商品、货币、资本拜物教性质的表象，"这种种形式恰好形成资产阶级经济学的各种范畴。对于这个历史上一定的社会生产方式即商品生产的生产关系来说，这些范畴是有社会效力的、因而是客观的思维形式。"② 资产阶级学者所看到的这类现象，在资本主义社会是必然产生的，所以，在马克思看来，他们的相关理论作为对客观对象某个侧面的直接反映，也不是简单地推翻了事，而成了发现问题的重要环节。但是，也不能说他们的反映有一定的客观性，毕竟他们还有意用它来为本阶级的利益服务，特别是在庸俗经济学，"他们是从［社会的］统治部分即资本家的立场出发的，因此他们的论述不是素朴的和客观的，而是辩护论的。"③ 正因为马克思看到并批判了资产阶级经济学的这些范畴所反映的现象及其局限性、欺骗性，发现它的表象性以及与对象内在规定的联系，才能真正全面地再现这种社会表象，并创立了一种全新的、科学的理论再现范式。

在《资本论》开篇头章论证内在规定的物化、外化、异化，对全书来说，还具有十分重大的意义，实际上是指向终篇的批判，为终篇的批判埋下伏笔。

在马克思这里，批判与创新、创建是形影不离的。对价值形式的考察，不仅充满着科学批判，而且充满着科学创新和创建。

就像"顺藤摸瓜"或"刨根究底"一样，这个研究进程通过考察交换价值或价值形式，以此为入口，由此及彼、由表及里地从价值到劳动、从商品到货币拓展，相继创立了一系列极其重要的理论。

其一，考察价值形式，实际上是关于经济形式的研究。他说："只考

---

① 《马克思恩格斯全集》第 26 卷第 Ⅲ 册，人民出版社 1975 年版，第 536 页。
② 《资本论》第 1 卷，人民出版社 1975 年版，第 93 页；2004 年版，第 93 页。
③ 《马克思恩格斯全集》第 26 卷第 Ⅲ 册，人民出版社 1974 年版，第 499 页。

察这一过程所造成的经济形式，我们就会发现，货币是这一过程的最后产物。商品流通的这个最后产物是资本的最初的表现形式。"① 其中，明确地提出"考察这一过程所造成的经济形式"，突出了经济过程与"经济形式"的区别。所谓的形式，必是内容的表现。可见，他是将过程的内容与形式区分开来的，同时，也提示开篇的研究主要集中在经济形式上，而将经济内容暂时撇开。

关于经济的社会形式规定，马克思在手稿中是这样说的："只要考察的是形式规定——而且这种形式规定是经济规定，是个人借以互相发生交往关系的规定，是他们的社会职能或彼此之间的社会关系的指示器……只要考察的是纯粹形式，即关系的经济方面，……那么，在我们面前出现的就只是形式上不同的三种要素：关系的主体即交换者，他们处在同一规定中；他们交换的对象，交换价值，等价物，它们不仅相等，而且必须确实相等，还要被认为相等；最后，交换行为本身即媒介作用，通过这种媒介作用，主体才表现为交换者，相等的人，而他们的客体则表现为等价物，相等的东西。"② 显然，它指的是通过商品交换这种经济形式发生的交往关系。交换把"彼此独立的私人劳动的特殊的社会性质表现为它们作为人类劳动而彼此相等，并且采取劳动产品的价值性质的形式"③，还进一步颠倒反映成劳动产品本身的物的性质，再通过这种物的形式，把他们的私人劳动当作等同的人类劳动来互相发生关系。④ 所以，马克思主要是从商品流通来解说社会经济形式的。⑤

其二，考察价值形式，涉及商品的所有权因素。第一章研究的单个商品，是该种商品的平均样品，所以，没有突出特定的所有权人。在暂时将交换关系这种形式撇开、或者说在单纯考察一个商品的时候，它的所有权也随之暂时撇开了。或者说，这里暂时撇开了经济主体与商品所有权的关

---

① 《资本论》第 1 卷，人民出版社 1975 年版，第 167—168 页；2004 年版，第171 页。

② 《马克思恩格斯全集》第 46 卷上册，人民出版社 1979 年版，第 192—193 页。

③ 《资本论》第 1 卷，人民出版社 1975 年版，第 91 页；2004 年版，第 91—92 页。

④ 《资本论》第 1 卷，人民出版社 1975 年版，第 88—89、96 页；2004 年版，第89、97 页。

⑤ "如果撇开商品流通的物质内容，撇开各种使用价值的交换，只考察这一过程所造成的经济形式，我们就会发现，货币是这一过程的最后产物。"（《资本论》第 1卷，人民出版社 1975 年版，第 167 页；2004 年版，第 171 页）这里明确讲经济形式是流通过程所造成的。

系。但是，尽管这样，在"20码麻布＝1件上衣"的交换中，麻布和上衣一定是有所有者的。否则，交换就不可能进行。这也表明，商品除了有价值和使用价值两个因素外，还有一个很重要的因素——所有权。在理论研究过程中，在最初的场合可以暂时对客观对象的某些因素存而不论，但并不意味着对象没有这些因素。随着理论的发展，这些因素就有必要回归研究过程。实际上，在第三节考察价值形式的时候，"商品所有者"出场了：在资本主义社会，"商品形式成为劳动产品的一般形式，从而人们彼此作为商品所有者的关系成为占统治地位的社会关系"①，这也意味着商品的所有权因素回归研究过程了。在第二章，马克思就讲得更清楚了："商品不能自己到市场去，不能自己去交换。因此，我们必须找寻它的监护人，商品所有者。"② 如果客体没有所有权因素，就不会产生相应的主体所有权，阳光、空气等本身不具备所有权，谁也不能主张对它们的所有权。商品的所有权是客观存在的，在商品经济条件下，这是不言而喻的，所以，在理论过程中，这是必须反映的，不可或缺的。《资本论》研究资本运动，其根本目的是要论证资本，尤其是生产资料的私有权必须消灭，而资本、生产资料本身，全都是商品。如果商品没有所有权因素，那么资本、生产资料的所有权也就无从谈起了。所以，在开篇反映商品的所有权的存在，是全书至关重要的。③ 产业资本家之所以能够攫取剩余价值，最根本的就是他有资本的所有权，商业资本家、货币资本家、土地所有者之所以能参与剩余价值的分割，也是因为他们有资本、土地的所有权。在一定的意义上，《资本论》就是论证资本所有权的历史性，论证它被消灭的必然性。由此观之，开篇关于所有权的论述在全书中的作用是十分重要的。④

其三，预示出场的经济主体的二重性。与经济主体的研究相联系，他实际上已经让人们看到，除了一般的商品所有者以外，还看到另一个人的身影——"资本家幼虫"⑤，也就是说，这里的商品生产者具有二重性：从一般性看，是独立的商品所有者，从特殊性看，是"资本家幼虫"，但无论是哪一种，都既是所有者，又是交换者。用于交换的劳动产品，能够交

---

① 《资本论》第1卷，人民出版社1975年版，第75页；2004年版，第75页。

② 《资本论》第1卷，人民出版社1975年版，第102页；2004年版，第103页。

③ 关于商品的因素，可参见陈俊明著：《〈资本论〉劳动价值论的具体化》，中国青年出版社2000年版，第五章第二节。

④ 它还涉及其他重要的理论关键，有兴趣的读者还可以参看陈俊明著：《〈资本论〉劳动价值论的具体化》（中国青年出版社2000年版）第五章第二节。

⑤ 《资本论》第1卷，人民出版社1975年版，第189页；2004年版，第193页。

换，因为有不同的使用价值；能够比较，因为其中有等同的价值，能够交换，还因为它有所有权。

其四，关于价值形式的研究，实际上已经表现了马克思突破资产阶级学者见物不见人的旧思维，既研究物的关系，又从中揭示人与人之间的关系，建立了一种新的研究范式。他阐明，无论是麻布，还是上衣，都是一定主体劳动的产物，所以它并非一种单纯的自然物，而是一种社会物，其中包含着主体与客体的关系，或者说体现了一种主体性。而且，它们不会自己跑到市场上去交换，都要经过所有者的同意才能交换，这就表明，商品的所有者"必须彼此承认对方是私有者。"这样，商品交换就变成了不同所有者之间的交换，从而超越原先的主体性，发展为主体间性。但这种主体间性不是哲学意义的，它是一种"具有契约形式的（不管这种契约是不是用法律固定下来的）法权关系，是一种反映着经济关系的意志关系。"① 也就是说，是一种经济关系，并且包含着法权关系、意志关系。正是建立了这种人与人之间的经济关系，马克思才能进一步研究私有主体之间的差别，从而研究阶级关系。

其五，创立了一种全新的研究和叙述模式：他以 W_A—W_B 为研究的切入口，但在从中析出共同的东西之后，就暂时将这种交换关系撇开："研究的进程会使我们再把交换价值当作价值的必然的表现方式或表现形式来考察，但现在，我们应该首先不管这种形式来考察价值。"② 在这种前提下，对 W_A 的考察只着重看其包含的价值实体。但这还只是其内在的、要被表现的"相对价值形式"，还不是独立存在并外化的价值。简而言之，他是先确立 W_A—W_B，以此为切入口，在此基础上研究 W_A 中包含的共同的东西之后，再研究 W_B。这种模式，不仅在开篇头章屡屡有效运用，在《资本论》全书中也经常运用，例如第二卷前三章考察三种形式的资本循环，就是这样。这样分析，只要你读懂，就会倍觉结构、条理清晰。

在从总体上了解了价值形式研究的必要性、特殊性、创新性、批判性之后，我们就可具体地分析马克思研究和批判的结构、逻辑程序。

其六，建立了科学的劳动价值论的一般基础。不研究价值形式，就不能彻底地批判资产阶级经济学。马克思在第一版序言中特别指出："对资产阶级社会说来，劳动产品的商品形式，或者商品的价值形式，就是经济

---

① 《资本论》第 1 卷，人民出版社 1975 年版，第 102 页；2004 年版，第 103 页。
② 《资本论》第 1 卷，人民出版社 1975 年版，第 51 页；2004 年版，第 51 页。

的细胞形式。在浅薄的人看来，分析这种形式好像是斤斤于一些琐事。"①资产阶级学者很不屑于这种琐事，正好说明他们不理解这种研究的重要性。而且，价值形式的存在和影响还导致商品拜物教性质的产生，导致内在规定在社会表面上的颠倒表现。而这种颠倒表现又是产生资本家、资产阶级学者一系列错误观念的重要原因。所以，这里的批判还是全书的科学批判的路由器和根基。从上面的分析可以看出，正是通过对价值形式的研究，马克思提出了一系列劳动价值论的基本规定。

从直接性的、到间接性的、再到直接性与间接性统一的价值形式的研究过程，是个由表及里、又由里及外——之所以这样说，因为回过来达到的"外"与"表"不同，——涉及劳动价值论的一些最重要的内容，实际上就是劳动价值论的研究。② 从这里的研究对象和研究条件看，实际上还预示，随着对象范围的扩大、研究条件的变化，劳动价值论的这些基本规定会不断丰富、具体化。

关于劳动价值论，马克思的批判性创建是很多的，也是人们所熟悉的。但如果结合对象范围、研究条件的变化来看，还需注意到这几个要点：

他按照"事后思索"的方法，根据典型对象所具有的因素，在起点处全面地阐明它们的抽象形态。既然资本毫无例外的都具有使用价值、价值、所有权的因素，那么在起点处也要一一阐明，并且要显出其独特的创造性特征。据此，我们应该注意到这里的一系列鲜为人知的论述。

在这里，商品的使用价值并非特定的、具体的种类，而是泛指的，所以，既是直接性的，又有抽象性。在这里，价值当然是看不见的，不可捉摸的，抽象的，但它有量的规定，不是本质性的规定，同样是直接性的。这样，无论是使用价值还是价值，都是抽象性与直接性统一。在第一章，因为没有涉及具体的交换过程，所以没有具体地论证商品的所有权因素，但他提到"商品所有者的关系"③。有所有者的关系存在，相应地就有所有

① 《资本论》第 1 卷，人民出版社 1975 年版，第 7—8 页；2004 年版，第 8 页。

② 学术界长期以来大都以为，这是在第一卷第一章中完成的。从严格的意义看，这种说法并不准确。恩格斯说："马克思研究了劳动形成价值的特性，第一次确定了什么样的劳动形成价值，为什么形成价值以及怎样形成价值，并确定了价值不外就是这种劳动的凝固"（《资本论》第 2 卷，人民出版社 1975 年版，第 22 页；2004 年版，第 21 页。）显然，关于劳动怎样形成价值的问题是在第五章才阐述的。

③ 《资本论》第 1 卷，人民出版社 1975 年版，第 75 页；2004 年版，第 75 页。

权因素存在。没有所有权的东西是不会有所有者的，阳光、空气没有所有权因素，自然没有所有者。在手稿中，他有这样说过："在交换之前就存在着的商品的所有权，即对于那种不是通过流通而占有的商品的所有权，或者不如说，对于那种还要进入流通的商品的所有权，就表现为直接从商品占有者的劳动中产生的所有权"①。在《资本论》中，商品、货币、资本是一脉相承的，商品作为资产阶级财富的细胞，如果没有所有权因素，那么货币、资本的所有权因素就难以论证了。②

在这里，他阐述的有用劳动或具体劳动与单个商品的生产有紧密的联系，就是说，它考察的是个别劳动，并且非专指哪一种形式的劳动，既可以是工业劳动，也可以是农业劳动。所以它既有具体性，还有抽象性。虽然它也具有一定的抽象性，但它又与生产使用价值相联系，因而只可归结为一般劳动，或劳动一般。所以这种抽象性与抽象劳动的抽象性属于不同的层次，不可混淆。这种抽象性还表明，随着劳动规模的扩大，它现有的规定就会发生变化，逐步具体化。

既然是有用劳动决定商品的使用价值，抽象劳动决定商品的价值，那么商品的所有权也应该是由劳动所有权决定的。可见，劳动的属性不仅仅是二重。既然在资本家的工厂里，"工人在资本家的监督下劳动，他的劳动属于资本家"③，那么，生产资产阶级财富细胞的劳动也必须有所有权的属性。据此，马克思研究、揭示了"具有二重表现的劳动的二重性质"④。所谓的"二重表现"，指的是有用劳动和抽象劳动，所谓的"二重性质"，指的是社会有用性和社会等同性。由此观之，他说广泛的商品交换使"生产者的私人劳动真正取得了二重的社会性质"，实际上已经揭示了劳动的私有性质，或者说，劳动有所有权属性。不言而喻，私人性也是一种社会性质。商品交换之所以必要、可行，就因为它们的劳动都有社会有用性、社会等同性、私人性，三者缺一不可。很显然，在私人生产者进行劳动的场合，劳动所有权归属劳动者，它决定了商品有所有权因素。不过，这里涉及的三重社会性质，是与单个劳动相联系的，随着研究对象范围的扩

① 《马克思恩格斯全集》第46卷下册，人民出版社1980年版，第462页。
② 参看陈俊明著：《〈资本论〉劳动价值论的具体化》，中国青年出版社2000年版，第五章第二节。
③ 《资本论》第1卷，人民出版社1975年版，第210页；2004年版，第216页。
④ 《资本论》第1卷，人民出版社1975年版，第97页脚注（31）；2004年版，第98页脚注（31）。

大，个别人的劳动变成集体劳动，它们的内容也会随之变化。就劳动的所有权属性而言，并非始终与提供劳动的单个劳动者相结合，在工人出卖了劳动力之后，劳动所有权就与劳动者分离而属于资本家了，可见，阐明劳动的所有权属性是十分重要的。①

在这里，他阐述的社会必要劳动时间是与单个商品的生产相联系的，并且假定这种商品是该种商品的平均样品，这就将一系列因素暂时撇开了，因此是关于商品价值的个量规定。随着研究对象范围的扩大、暂时撇开的研究条件的逐步回归，它的规定必然要发生变化，乃至形成商品价值的总量规定。

他这里阐述的劳动生产率变化与单个商品价值量的关系，也是暂时撇开了与其他同类商品的关系，一旦结合这种关系，劳动生产力与创造价值的抽象劳动的关系就发生变化了，呈现为简单劳动与复杂劳动的关系。这样的创见，这里屡见不鲜。囿于篇幅，仅提这几点。

还要看到，这里研究虽然是实体性的对象，但因为联系到交换，也已经初步涉及虚拟性的规定。

众所周知，马克思充分地论证了价值实体抽象劳动的凝结。但鲜为人知的是他还论证了价值除了有实体性外，还有虚拟性。在研究产生商品的拜物教性质原因的时候，他这样分析："劳动产品分裂为有用物和价值物，实际上只是发生在交换已经十分广泛和十分重要的时候，那时有用物是为了交换而生产的，因而物的价值性质还在生产时就被注意到了。"② 照理说，物品"还在生产时"，无差别的人类劳动尚在凝结过程中，甚至还没有完成，但"物的价值性质"却已经被注意到并赋予了。尽管生产者还不至于认为刚开始生产的物品已经与出卖的商品都有一样的价值，但实际上在观念中已经是要将它出卖并且具有已经实现的商品一样的价值。为什么会这样？因为反作用。马克思在分析商品交换的历史时生产说："商品交换是在共同体的尽头，在它们与别的共同体或其成员接触的地方开始的。但是物一旦对外成为商品，由于反作用，它们在共同体内部也成为商品。"③ 很显然，由于生产出来的物品已经用于交换，成了商品，其余的尚未进入交换、甚至不用于交换的物品，也会"由于反作用"而成为商品。

---

① 参看陈俊明著：《〈资本论〉劳动价值论的具体化》，中国青年出版社 2000 年版，第五章第三节。

② 《资本论》第 1 卷，人民出版社 1975 年版，第 90 页；2004 年版，第 90 页。

③ 《资本论》第 1 卷，人民出版社 1975 年版，第 106 页；2004 年版，第 107 页。

了解了这个道理之后，我们就应该意识到，"在交换已经十分广泛和十分重要的时候，那时有用物是为了交换而生产的"，一旦对外成为商品，其余的物品也会"由于反作用……也成为商品"。显然，这些商品是虚拟的，可能的。从而生产它们所耗费的无差别的人类劳动尽管并未因交换而被抽象，还是具有抽象性、虚拟性。由此观之，这里的抽象劳动还具有一定的虚拟性。当它们最终交换成功的时候，这种虚拟性就转化为实体性。如果它们最终没有交换成功，产品成不了商品，无差别的人类劳动的凝结也无法转变为抽象劳动。

由于这种虚拟性的发生在商品生产的历史条件下既然有一定的根据，所以它就不能被归结为负面的规定。只要这种过程不断顺利进行，一定经济主体的这种观念就会转变为一种预期，使他继续生产一定数量的某种使用价值，同时也在其中凝结了一定的劳动时间，形成一定的价值实体。可见，虚拟性是与预期紧密联系的。如果没有这种虚拟的预期，经济主体大概不会大量地生产。但是，只有这种虚拟性在生产条件、社会需要没有发生重大变化的时候，才是良性的，与生产联系的，因而是适度的，一旦产品卖不出去，这种虚拟性就变成虚假性了。

还要看到，那部分已经生产的商品中包含的社会必要劳动，虽然因为尚未卖出而具有一定的虚拟性，在假定单个商品是该种商品的平均样品的条件下，这种虚拟性与实体性是统一的。所以这种虚拟性价值与资本主义较为发达阶段已经定型的虚拟资本的性质并不相同。后一种预期因为与实体脱离，所以能够放大与实体的差距。这种差距发展一定程度，就产生泡沫。

第五章　货币研究的科学批判

在马克思这里，对客观对象的科学处理既体现在对象范围的扩大上，也体现在研究条件的变化上，更体现为思想材料的合理组织安排以及内容的升级上，这样，在观念上反映的思想材料就必然是不断变化的。在开篇，也有这种情况。

开篇对 W_A——W_B 总体的考察，不仅突出其主体性、主体间性、历史性，以及各种规定的相对性，包括质、量、度、本质及其表现的相对性，而且随着条件的改变，对象发生变化，这些属性和规定也发生变化。

"那位还只是资本家幼虫的货币所有者，必须按商品的价值购买商品，按商品的价值出卖商品，但他在过程终了时必须取出比他投入的价值更大的价值。"①

第一节　结合商品交换实际过程研究货币

马克思关于 W_A—W_B 结构的研究不仅本身包含着价值、劳动等各种结构的揭示，特别是价值结构的内外联系，而且还内在地包含着进一步演变的逻辑。一方面，由此导出货币的研究，以揭示货币的实质、性质及其演变。马克思在研究 W_A——W_B 这种结构的时候也说："我们要做资产阶级经济学从来没有打算做的事情：指明这种货币形式的起源，就是说，探讨商品价值关系中包含的价值表现，怎样从最简单的最不显眼的样子一直发展到炫目的货币形式。这样，货币的谜就会随着消失。"②

另一方面，W_A—W_B 这种结构的研究还导致对象范围的扩大，条件的变化。在开篇首章第 3 节，马克思研究的 W_A—W_B，无论是简单的、个别的、还是扩大的、总和的价值形式，以及一般的价值形式，指的大都是没有媒介的交换。但随着 W_A—W_B 交换过程的扩大和常态化，必定使 W_B 逐渐

---

① 《资本论》第 1 卷，人民出版社 1975 年版，第 189 页；2004 年版，第 193—194 页。

② 《资本论》第 1 卷，人民出版社 1975 年版，第 61 页；2004 年版，第 62 页。

固定在某种特定的商品上，从而产生了货币形式。这样，他的研究就从 W_A—W_B 转化为 W_A—W_G。一旦黄金在商品世界的价值表现中独占了 W_G 这个地位，它就成为货币商品 G。货币与作为特殊商品的黄金的自然形式相结合，虽然在它承担一般等价形式时与其他的等价形式的性质没有什么差别，但却使交换过程的结构发生重大的变化。从此以后，W_A—W_B 就一分为二，转化为 W_A—W_G（G），W_G（G）—$W_{B(C、D\cdots\cdots)}$，或 W_A—G，G—$W_{B(C、D\cdots\cdots)}$ 了，就是说，各个经济主体不再直接地以物易物，而是先卖出获得货币之后，再买回所需要的商品。这样，与货币 G 相对的，已不再是某种单个商品，而是有无数种商品，而且各种商品的交易量都很大，同时，交易的场所迅速扩大，进入交易的经济主体数量也急剧增加，产生了各种各样的竞争。慢慢地，货币"商品形式成为劳动产品的一般形式，从而人们彼此作为商品所有者的关系成为占统治地位的社会关系。"[①] 其结果，在交换过程的结构发生变化的同时，也使交换过程的功能和性质发生了巨大的变化。

马克思依次不厌其烦地解构了 W_A——W_B 的几种模型，进而从 W_A——W_B 过渡到 W_A—G—$W_{B(C、D\cdots\cdots)}$，即从一般的商品交换过渡到以货币为媒介的流通。但他通过分析发现，W_A—G—$W_{B(C、D\cdots\cdots)}$ 虽然是为买而卖，但买卖分为两个阶段：W_A—G 和 G—$W_{B(C、D\cdots\cdots)}$，或 W_A—G·G—$W_{B(C、D\cdots\cdots)}$（"·"表示时间休止、空间分离），即并不都是在同一地点先后完成。由于这种分离，货币 G 的作用和地位发生了重大的变化，同时也使交换过程的变化固定。他批判地论证："流通成了巨大的社会蒸馏器，一切东西抛到里面去，再出来时都成为货币的结晶。"[②] 正是广泛、长久的交换使黄金独占了货币的地位，不仅成了交换的中介，而且是强势的[③]即既不可替代、不可须臾离开、全方位、全时空发挥作用的中介，使一些交换的不可能变成可能、不方便变成方便，而且成了交换的目的。"随着商品流通的最初发展，把第一形态变化的产物，商品的转化形式或它的金蛹保留在自己手

---

① 《资本论》第 1 卷，人民出版社 1975 年版，第 75 页；2004 年版，第 75 页。

② 《资本论》第 1 卷，人民出版社 1975 年版，第 152 页；2004 年版，第 155 页。

③ "如果货币是把我同人的生活，把我同社会，同自然界和人们联结起来的纽带，那么货币难道不是一切纽带的纽带吗？它难道不能够把一切纽带解开和连接在一起吗？因此，它难道不也是通用的分离剂吗？它既是地地道道的辅币，也是地地道道的粘合剂；它是社会的电化学势。"（马克思：《1844 年经济学哲学手稿》，人民出版社 2000 年版，第 143—144 页。《马克思恩格斯全集》第 42 卷，人民出版社 1995 年版，第 153 页。）

中的必要性和欲望也发展起来了。出售商品不是为了购买商品，而是为了用货币形式来代替商品形式。这一形式变换从物质变换的单纯媒介变成了目的本身"①，并且还不再受流通的约束。

不仅如此，它还从一般的中介发展成"物的神经，社会的抵押品"。货币本来是私人劳动社会性质的间接表现，是一种社会性的东西，但它掌握在私人手中，"社会权力就成为私人的私有权力。"② 这种权力的积累越多，它所体现的社会权力越大。马克思在脚注中引用的莎士比亚《雅典的泰门》的台词，很形象地表明了黄金在社会生活中的显赫地位。简而言之，货币既是交易的中介，与商品交换紧密联系，又是独立的势力，似乎与商品交换没有直接联系。

早在《政治经济学批判·第一分册》初稿中，马克思已经说明："一旦金和银……发展成为价值尺度和流通手段……，它们就无须依赖社会的协助和意志而成为货币。它们的权力表现为一种天命，……货币从奴仆变成了主人"③。随着生产社会性的发展，交换也发展起来，货币的这种权力也按同一程度增长，并且越来越独立。由于这种独立化，它除了在商品交换中发挥作用外，还超越商品交换，广泛地进入其他领域，在一定的条件下，甚至演化出各种各样的形式，到处横冲直撞。

这样，马克思区分了两种货币形式：一种是作为交换中介的货币，一种是"扬弃了一切中介形式"的货币。在简单商品交换的场合，这两种货币可以是一致的，也可以是不一致的。当一方交换者拥有较高的生产力在一段时间内有较多的产品，全部卖出后，只要动用其中一部分货币就可而换回足够满足自己的需要的商品，这部分货币就是一般的作为交换中介的货币，而其余的货币则可以储存起来，不再作为交换的媒介，而成为"扬弃中介的形式"。尽管后者随时都可以投入流通成为交换中介的货币，但它在不执行这种流通手段职能的时候，这种货币作为一般等价物，还具有支付手段、贮藏手段、世界货币等职能。这与其他任何在历史上曾经起过等价物作用的商品根本不同。

在马克思这里，两种货币的区别是很明显的。随着经济过程的发展，

---

① 《资本论》第 1 卷，人民出版社 1975 年版，第 150 页；2004 年版，第 153 页。"货币从手段变为目的，并且使其他商品降了级"。（马克思：《政治经济学批判。第一分册》初稿片段，《马克思恩格斯全集》第 31 卷，人民出版社 1998 年版，第 334 页。）

② 《资本论》第 1 卷，人民出版社 1975 年版，第 152 页；2004 年版，第 156 页。

③ 《马克思恩格斯全集》第 31 卷，人民出版社 1998 年版，第 376—377 页。

对有些经济主体来说，他由于拥有较多"扬弃了一切中介形式"的货币，就开始据此而拥有傲视别人、支配别人的社会权力，从而使两者的不一致突显了。正是基于这种研判，马克思在从 $W_a—W_g—W_b$ 的研究中析出货币 G 之后，就侧重研究独立形态的货币 G 在流通中的职能，也就是考察货币 G 在 $W_A—G$ 和 $G—W_B$ 这两个行为中的作用。

简而言之，马克思货币理论的演进始终结合实际经济过程，无论是其形成、职能的发展，还是关于货币作为独立因素对经济发展的作用发展，都紧密结合经济过程。但在《资本论》的开篇，这又不是他当时所处时代的实际过程，而是暂时撇开资本关系的简单商品交换过程。换句话说，研究的是一般的或简单的货币。恩格斯在第二卷序言中说：马克思的研究不仅仅破解货币之谜，同时还建立了科学的货币理论："研究商品和货币的关系，并且论证了商品和商品交换怎样和为什么由于商品内在的价值属性必然要造成商品和货币的对立。他的建立在这个基础上的货币理论是第一个详尽无遗的货币理论"①。说它是详尽无遗，不仅因为它在开篇有对简单、一般货币的形成、职能进行了逻辑的论证、历史的论证，还在后续的篇章中结合资本关系研究特殊货币，考察它们的衍生形态如信用票据、有价证券的相对独立发展及其对实体经济的双重影响等问题。

在《资本论》的逻辑进程中，研究这种独立化的货币与研究商品虽然紧密联系，但有其独立的意义。正因为有这样的区分，才可能有作为一般流通媒介的货币与作为资本的货币的性质区分。换句话说，它使货币拥有者开始分化，大部分人只用它来交换商品以满足一般的生活需要，少数人则可以用之获取其他的利益。

第二节　批判资产阶级经济学的货币理论

与马克思的货币理论不同，资产阶级经济学的货币理论在相当长的时期内存在的一系列先天不足：一是没有意识到货币有一般货币和特殊货币的本质区分，二是没有看到一般货币的形成和职能与商品交换过程的紧密联系，三是不能看到它凌驾于一般商品交换之上，从一般的中介发展为一种至关重要的独立范畴——具有新功能相当发达的货币，四是不能发现独立化的货币包含着向复杂货币转型的基因、逻辑，将追随着资本关系的发

---

① 恩格斯语，《资本论》第 2 卷，人民出版社 1975 年版，第 22 页；2004 年版，第 22 页。

展而转型。

在《资本论》中，马克思从研究 W_A——W_B 的发展而阐明了货币如何产生、阐明了货币的本质是一般商品价值在外部的独立化表现，并且最终与自然形式的黄金相结合，阐明了价值形式、交换价值、货币、黄金、用黄金表现的价值（价格）等范畴之间的区别和联系，再论证作为等价物从偶然的外来商品发展到最终固定在黄金上的历史过程，来批判资产阶级学者的错误。

与马克思的研究、论述程序——先事后思索尔后再顺序叙述——不同，资产阶级学者的做法是"从货币的完成的形态出发而从后往前分析商品"[1]，这样当然会被完成形态的货币及其作用的社会表象的迷惑。在他们那里，不仅"中介运动在它本身的结果中消失了，而且没有留下任何痕迹"[2]，当然不能真正认识货币的产生和实质，更不能正确认识独立化的货币的各种职能对商品交换产生的影响。以上所说的那些先天不足，都与离开交换过程的发展有关：

首先，不了解商品交换与货币的关系，从而不了解货币的实质，特别是以黄金为表现形式的货币的实质。

马克思说："困难不在于了解货币是商品，而在于了解商品怎样、为什么、通过什么成为货币。"[3] 为此，必须全面深入地考察商品交换过程。马克思在开篇第一章第三节开头处曾说："在这里，我们要做资产阶级经济学从来没有打算做的事情：指明这种货币形式的起源，就是说，探讨商品价值关系中包含的价值表现，怎样从最简单的最不显眼的样子一直发展到炫目的货币形式。这样，货币的谜就会随着消失。"[4] 离开交换过程、价值形式或交换价值来谈货币，无异于缘木求鱼，但这恰恰是资产阶级经济学所没打算做的事情，它仅仅根据已有的货币现象就来谈论货币，根本无视长期、广泛的商品交换发展与货币的产生之间的关系，只看到已经产生并影响力巨大的现成的货币。

在实行金本为制的时代，金银的自然形式及其万能的作用对活跃在流通领域中的资本家及其学者的影响太大了，由此产生了诸多的错误：

一种是，将黄金与其成为货币的形成历史割断，直接就成熟而典型化

---

① 《资本论》第 1 卷，人民出版社 1975 年版，第 108 页；2004 年版，第 109 页。

② 《资本论》第 1 卷，人民出版社 1975 年版，第 111 页；2004 年版，第 112 页。

③ 《资本论》第 1 卷，人民出版社 1975 年版，第 110 页；2004 年版，第 112 页。

④ 《资本论》第 1 卷，人民出版社 1975 年版，第 61 页；2004 年版，第 62 页。

的黄金来认识货币。本来，黄金是因为交换的发展才逐步称为货币的，但是，它一旦成为货币，就不管是否经过交换或流通的蒸馏器，"一从地底下出来，就是一切人类劳动的直接化身。"① 之所以这样，因为在刚挖出来的黄金前面，市面上已经有黄金承担着流通货币的职能。既然先前的黄金已经成为货币，那么刚出土的黄金也可以成为货币了。这样的简单比较让人们很容易将黄金逐步取代别的商品占据货币地位的交换过程忽略了，以为黄金天然是货币了。这就是著名的"货币金属论"。对此，马克思的研究货币理论的时候，当然注意到了。他在《政治经济学批判·第一分册》中已经进行了针锋相对的批判："自然界并不出产货币，正如自然界并不出产银行家或汇率一样。"② 在《资本论》还论证：货币是商品交换的必然的和最后产物，是商品价值表现与金属自然形式相结合的完成形式，因而"金银天然不是货币，但货币天然是金银"，从根本上批判了这种货币金属论的错误。

因为脱离交换过程，这种错误还衍生出一系列的错误：

一种是，是将货币与商品交换脱钩，以至于认为在货币消失后商品仍可存在。这是小资产阶级社会主义者的观点。马克思批评道：他们"既想使商品生产永恒化，又想废除'货币和商品的对立'，就是说废除货币本身，因为货币只是存在于这种对立中。"③ 他们不知道商品与货币紧密联系，随着劳动产品转化为商品，商品就在同一程度上转化为货币。

一种是，以为金属作为货币是人们的一致的想象所赋予的价值。由于不了解货币是在长期、广泛的 W_A——W_B 过程中由 W_B 转化而来的，更不知道 W_B 是 W_A 的内在价值与使用价值的自然形式相脱离而独立化表现，是从特定经济时代、地方的特种商品逐步被淘汰而确立、固定的，有人不仅以为"金和银，一从地底下出来，就是一切人类劳动的直接化身"④，而且认为金银是通过人们的想象而具有价值的，例如洛克说："由于银具有适于作货币的质，人们就一致同意给银一种想象的价值。"⑤ 显然，这些认识是

---

① 《资本论》第 1 卷，人民出版社 1975 年版，第 111 页；2004 年版，第 112 页。

② 马克思：《政治经济学批判。第一分册》，《马克思恩格斯全集》第 31 卷，人民出版社 1998 年版，第 550 页。

③ 《资本论》第 1 卷，人民出版社 1975 年版，第 105 页脚注（40）；2004 年版，第 106 页脚注（40）。

④ 《资本论》第 1 卷，人民出版社 1975 年版，第 111 页；2004 年版，第 112 页。

⑤ 转引自《资本论》第 1 卷，人民出版社 1975 年版，第 108 页脚注（46）；2004 年版，第 110 页脚注（46）。

一种想当然的解释。对此，马克思这样批评道："对于交换过程使之转化为货币的那个商品，交换过程给予它的，不是它的价值，而是它的特殊的价值形式。有人由于把这两种规定混淆起来，曾误认为金银的价值是想象的。"① 很显然，洛克的错误是双重的，一是以为价值是交换给予的，即因交换才产生。但实际上，如果不是先有劳动的凝结、价值实体的产生，无论怎样交换，都不可能有价值的产生。其错之二，以为价值是想象的。在社会表面上，货币在交换过程中的作用转瞬即逝，这也引起不明真相的人的遐想。

一种是，"由于货币在某些职能上可以用它本身的单纯的符号来代替，又产生了另一种误解，以为货币是一种单纯符号。……当人们把物在一定的生产方式的基础上取得的社会性质，或者说，把劳动的社会规定在一定的生产方式的基础上取得的物质性质说成是单纯的符号时，他们就把这些性质说成是人随意思考的产物。"这就是著名的"货币名目论"，它根本否认货币所具有的实际价值，显然，他们不仅将货币的某种职能与货币本身混为一谈了，而且将货币归结为这种职能的符号形式。针对这种符号说，马克思还特别指出，在一定的意义上说货币作为商品是人类劳动凝结的符号："物的货币形式是物本身以外的东西，它只是隐藏在物后面的人的关系的表现形式。从这个意义上说，每个商品都是一个符号，因为它作为价值只是耗费在它上面的人类劳动的物质外壳。"② 显然，此符号非彼符号，两者的性质和包含的意旨相去甚远：前者是混淆和取代意义的，后者是特指意义的。资产阶级学者根本不能理解后一意义的"符号"，将后者归结为前者，当然是必须批判的。

马克思特别提到欧文，指出他不了解"为什么货币不能直接代表劳动时间本身，……或者说，为什么私人劳动不能看成是直接的社会劳动，不能看成是它自身的对立面。"③ 他所推崇的"劳动货币"，同戏票一样，实际上不是"货币"。欧文以直接社会化劳动为前提，就是说，以一种与商品生产截然相反的生产。马克思进一步指出，这种主观性的错误有其特定的目的："这是十八世纪流行的启蒙方法，其目的是要在人们还不能解释

①　《资本论》第 1 卷，人民出版社 1975 年版，第 108 页；2004 年版，第 110 页。

②　《资本论》第 1 卷，人民出版社 1975 年版，第 108—109 页；2004 年版，第110—111，110 页。

③　《资本论》第 1 卷，人民出版社 1975 年版，第 112 页脚注（51）；2004 年版，第 114 页脚注（51）。

人的关系的谜一般的形态的产生过程时，至少暂时把这种形态的奇异外观除掉。"在这里，马克思不仅批判了将货币主观地当成一种符号的错误，而且指出它的非历史性，因为这种符号不能表现"劳动的社会规定在一定的生产方式的基础上取得的物质性质"①。

除了上述那种实质与特殊表现形式的混同、实质与某种职能的符号形式混同外，还有看不到货币与一般商品价值的关系的错误。尽管斯密也认为货币是一种商品，但他并没有真正理解货币的起源，只是着眼于货币作为流通手段的职能。要解决"商品怎样、为什么、通过什么成为货币"这些问题，首要的是建立科学的价值理论，并且着眼于研究商品交换过程。所以，在这个问题上，斯密能？只有起步，因为没有正确的价值理论，他始终没能突破资产阶级的狭隘眼界，深受流通表象的影响。在《政治经济学批判·第一分册》中也说："古典经济学……对于货币就是从它作为流通手段的形式规定性上来认定，而不是从它作为货币的形式规定性上来认定。"② 但由于不理解决定这种"流通手段的形式规定性"的内容是什么，"它甚至从来也没有提出过这样的问题：为什么这一内容要采取这种形式呢？为什么劳动表现为价值，用劳动时间计算的劳动量表现为劳动产品的价值量呢？"③ 这样，它当然不能提出货币作为货币的形式规定性是什么的问题。

它本来有机会触及这些问题，但它却因为没有正确的历史观，不知道货币的真正起源，而接近问题实质的时候停步了。马克思不无遗憾地说："资产阶级经济学家即使怀着最良好的愿望，甚至在他们已经掌握真理的时候，也是本能地沿着错误的道路走的。"④

如果说，以上所列举的错误还没有突破一般商品交换和货币的范围，那么，由于历史观的错误，资产阶级学者还将一般的货币和特殊的货币混为一谈。马克思发现，在"资产阶级生产的萌芽阶段……真正的资产阶级的经济领域是商品流通的领域。所以他们从这个基本领域的观点来判断资产阶级生产的整个错综复杂的过程，混淆了货币和资本。"⑤ 也就是说，他

---

① 《资本论》第 1 卷，人民出版社 1975 年版，第 110 页；2004 年版，第 111 页。
② 《马克思恩格斯全集》第 31 卷，人民出版社 1998 年版，第 554 页。
③ 《资本论》第 1 卷，人民出版社 1975 年版，第 97 页；2004 年版，第 98 页。
④ 《马克思和恩格斯〈资本论〉书信集》，人民出版社 1976 年版，第 333 页。
⑤ 马克思：《政治经济学批判。第一分册》，《马克思恩格斯全集》第 31 卷，人民出版社 1998 年版，第 553 页。

们将资本主义萌芽阶段占统治地位的货币当成整个资本主义都占统治地位的资本——因为后者在很多场合都表现为货币。——这虽然错误，但是，这与他们当时所出的发展阶段相匹配，并且也"以粗鄙而质朴的形式吐露了资产阶级生产的秘密：资产阶级生产受交换价值支配。但是，后来的古典学派却"由于唯恐染上货币主义的偏见，长期对货币流通现象失去判断能力"①，这表明他们并不真正理解货币。这种错误不仅毒害着社会的舆论和认知，还极大地限制了资产阶级经济学自身，使它饱尝这种混淆一般和特殊的错误所造成的后果。

总之，资产阶级学者货币理论的错误既有根本性的，也有局部性的。有的与基本理论的缺陷紧密相关，有的则与观察者的思维、眼界有关。而这些失误又全都受其唯心主义历史观的约束。

在《资本论》中，这些错误都受到应有的批判，有些是直接的显性的批判，有的是间接的反衬式的批判。无论采用哪种方式，都是马克思理论发展和深化以及科学批判的重要机制。所以，了解了这种批判，不仅能更深刻地理解他的正面论述，还能更好地把握他的理论的创新、超越之点，更能凸现劳动价值论对货币理论的基础作用。对此，马克思很明确地说："我和李嘉图之间的差别，李嘉图实际上把劳动只是当做价值量的尺度来考察，因而他看不到自己的价值理论和货币的本质之间的任何联系。"② 由此，我们就可以有更深地品味，至少可以发现，货币是多样性的统一，作为一般商品内在价值的外部独立化表现的完成形式，所有的资产阶级学者全都不能理解，作为一种单纯的社会财富，它的各种功能却被资本家及其学者着迷和放大，作为一种功能被人发挥到极致的社会财富，因它长期存在的，这也让资产阶级学者对它产生极大的误解。

其次，不了解独立化货币与交换过程形式变化的关系。

资产阶级学者既对商品和商品的交换关系即 W_A—W_G 结构缺乏科学的深入研究，不能真正理解货币的实质，还对商品交换形式的变化即 W_A—G—W_B 结构缺乏深刻研究，只简单地根据货币在某些领域的作用来断言它的功能，不能全面理解货币的职能对交换发展的作用，并且形成传统。③

---

① 马克思：《政治经济学批判。第一分册》，《马克思恩格斯全集》第31卷，人民出版社1998年版，第554页。

② 《马克思恩格斯全集》第19卷，人民出版社1963年版，第400页。

③ 在经济学说史上，人们称这种分裂为"二分法"。参看赵准：《探究货币——马克思货币理论研究》，京华出版社2000年版，第6页。

针对这种情况，马克思指出：他们不仅大部分对两种货币的区分不甚了了，对作为中介的职能也了解不全，"甚至最优秀的货币问题著作家，对货币的各种职能的理解也是很模糊的"①，更遑论从对 W_A—$G \cdot G$—W_B 的解构中发现货币地位和职能的变化。在《资本论》中，他列举并批判了多种这类错误的看法：

第一种，不了解货币的价值尺度以"观念的或想象的形式"发挥职能，将货币所表现的内在价值尺度与价格标准混淆起来。马克思说明："货币作为价值尺度，是商品内在的价值尺度即劳动时间的必然表现形式"②，但它又用黄金来表现。而所谓的价格标准，则是对黄金本身而言的，是一种技术上的计量单位。前者是用黄金表现，后者是表现黄金重量，表现的东西性质不同，但两者都离不开黄金，所以人们很容易将两者混为一谈。"货币在执行价值尺度的职能时，只是想象的或观念的货币。这种情况引起了种种最荒谬的学说。"③ 在《政治经济学批判》中，他曾专设一节批判这些谬论，其中有财政大臣的错误理论和做法，有贝克来主教的追问，有斯图亚特的发挥，有某些银行辩护人的添乱等，对此，马克思针锋相对地指出："这里一方面混淆了价值尺度和价格标准，另一方面混淆了作为价值尺度的金银和作为流通手段的金银。"④ 他还指出："在英国的著作中，价值尺度（measure of value）和价格标准（standard of value）这两个概念极为混乱。它们的职能，从而它们的名称，经常被混淆起来。"⑤ 富拉顿甚至认为："就我们的国内交换来说，通常由金币和银币执行的各种货币职能，同样可以有效地由不兑现的纸币的流通来执行，而这种纸币除依法获得的人为的约定的价值外，没有任何别的价值。我想，这个事实是任何人都不能否认的。只要纸币发行量保持在应有的限度内，这种价值就完全能适合于内在价值的目的，甚至使价值标准成为多余。"⑥ 这

---

① 《资本论》第 1 卷，人民出版社 1975 年版，第 148 页脚注（84）；2004 年版，第 151 页脚注（84）。

② 《资本论》第 1 卷，人民出版社 1975 年版，第 112 页；2004 年版，第 114 页。

③ 《资本论》第 1 卷，人民出版社 1975 年版，第 114 页；2004 年版，第 116 页。

④ 马克思：《政治经济学批判。第一分册》，《马克思恩格斯全集》第 31 卷，人民出版社 1998 年版，第 472 页。

⑤ 《资本论》第 1 卷，人民出版社 1975 年版，第 116 页脚注（55）；2004 年版，第 118 页脚注（55）。

⑥ 转引自《资本论》第 1 卷，人民出版社 1975 年版，第 148 页脚注（84）；2004 年版，第 154 页脚注（84）。

就是说，由于货币商品在流通中可以被单纯的价值符号代替，作为价值尺度和价格标准的货币商品就成为多余的了！这种错误，在斯密那里也存在，同样受到马克思的批判。①

造成这些误解或混乱的原因很多，从主观上说，是因为他们对货币职能的理解比较片面，更不了解价值尺度是观念上的尺度，等等。从客观上看，"在镑、塔勒、法郎、杜卡特等货币名称上，价值关系的任何痕迹都消失了。由于货币名称既表示商品价值，同时又表示某一金属重量即货币标准的等分，对这些神秘记号的秘密含意的了解就更加混乱了。"② 还有，货币在执行价值尺度职能的时候，人们又是在观念上用黄金及其标准来衡量的。这样就使商品内在包含的已经凝结的劳动时间转化为它值几盎司黄金。由于"价格或商品价值在观念上转化成的金量，现在用金标准的货币名称或法定的计算名称来表现了。"③

由于这种混淆，他们又很自然地产生这样的困难："既然劳动时间是价值的内在尺度，为什么除了劳动时间之外还有另一种外在尺度呢？为什么交换价值发展成为价格呢？为什么一切商品都用一种分离出来的商品来估计自己的价值，因而使这一商品变成交换价值的最适当的存在，变成货币呢？这是格雷应该解决的问题。他不去解决这个问题，反而去空想商品能够直接当作社会劳动产品而相互发生关系。……既然格雷把商品中所包含的劳动时间直接当作社会劳动时间，那他就是把这种劳动时间当作共同的劳动时间，或直接联合起来的个人的劳动时间。"④

第二种，忽视商品形式或商品形态变化导致不理解商品价值实现的困难。"人们对这种形式变换之所以理解得很差，除了对价值概念本身不清楚以外，是因为商品的每次形式变换都是通过两种商品即普通商品和货币商品的交换实现的。如果我们只注意商品和金的交换这个物质因素，那就

---

① 马克思说：斯密"把作为内在尺度同时又构成价值实体的那个价值尺度，同称货币的价值尺度这个意义上的价值尺度混淆起来。由此就试图找到一个价值不变的商品作为后一种意义上的尺度，把它当作其他商品的不变尺度——这是一个化圆为方问题。"（《马克思恩格斯全集》第一版第26卷第1册，人民出版社1972年版，第140页。或《马克思恩格斯全集》第二版第33卷，人民出版社2004年版，第136页。）

② 《资本论》第1卷，人民出版社1975年版，第119页；2004年版，第121页。

③ 《资本论》第1卷，人民出版社1975年版，第118页；2004年版，第121页。

④ 马克思：《政治经济学批判。第一分册》，《马克思恩格斯全集》第31卷，人民出版社1998年版，第479页。

会恰恰看不到应该看到的东西，即形式发生了怎样的变化。"① 不重视其中非物质因素的形态变化，当然不能意识到在 $W_A—G·G—W_B$ 这些形式中 G 对交换的双重影响，由此产生了错误的理论。"由于 W—G—W 不仅分裂为两个孤立的过程，而且同时也表现出两者在运动中的统一，于是就得出结论说，买和卖之间只有统一，没有分裂，——这种思想方法是要由逻辑学而不是由经济学来批判的。"②

马克思指出，第一形态变化 $W_A—G$ 是"惊险的跳跃。这个跳跃如果不成功，摔坏的不是商品，但一定是商品所有者。"③ 显然，这是典型的"只注意商品和金的交换这个物质因素"，将间接的商品交换误解为直接的产品交换。这就是马克思所说的："有一种最愚蠢不过的教条：商品流通必然造成买和卖的平衡，因为每一次卖同时就是买，反过来也是一样。如果这是指实际完成的卖的次数等于买的次数，那是毫无意义的同义反复。但这种教条是要证明，卖者会把自己的买者带到市场上来。"④ 这种看法将成功的交换与所有的交换混为一谈，显然是一种诡辩，所以要由逻辑学来批判。其次，不理解 $G—W_B$ 并非一次性的。因为生产者只提供单方面的产品，所以他常常是大批地卖，而他的需要又是多方面的，这又迫使他要将卖出所得到的货币，分散在许多次买上。而且谁也不会因为自己已经卖，就得马上买，于是买卖中间会形成"一个休止点"⑤。因为看不到这种形式的时间和次数规定，又有人竟因为买卖的同一性而否认内部的统一是运动于外部的对立中，而"断然否认危机"⑥。马克思说："一方面，我们看到，商品交换怎样打破了直接的产品交换的个人的和地方的限制，发展了人类劳动的物质变换。另一方面，又有整整一系列不受当事人控制的天然的社会联系发展起来。"⑦ 显然，他们是看到第一方面，没看到第二方面。

---

① 《资本论》第 1 卷，人民出版社 1975 年版，第 122—123 页；2004 年版，第 125 页。

② 马克思：《政治经济学批判。第一分册》，《马克思恩格斯全集》第 31 卷，人民出版社 1998 年版，第 491 页。

③ 《资本论》第 1 卷，人民出版社 1975 年版，第 124 页；2004 年版，第 127 页。

④ 《资本论》第 1 卷，人民出版社 1975 年版，第 132 页；2004 年版，第 135 页。

⑤ 《资本论》第 1 卷，人民出版社 1975 年版，第 132 页；2004 年版，第 135 页。

⑥ 《资本论》第 1 卷，人民出版社 1975 年版，第 133 页脚注（73）；2004 年版，第 136 页脚注（73）。

⑦ 《资本论》第 1 卷，人民出版社 1975 年版，第 131—132 页；2004 年版，第 134 页。

在这里，马克思不仅强调，决不能忽视交换的时间、空间、个人、次数等方面规定，还预示在商品形态变化的对立中包含着危机的可能性："商品内在的使用价值和价值的对立，私人劳动同时必须表现为直接社会劳动的对立，特殊的具体的劳动同时只是当作抽象的一般的劳动的对立，物的人格化和人格的物化的对立，——这种内在的矛盾在商品形态变化的对立中取得了发展的运动形式。因此，这些形式包含着危机的可能性，但仅仅是可能性。"① 不难看出，这种商品的形态变化即 W_A—G、G—W_B，正是交换价值、价值形式的发展形式。通过研究这种商品的形态变化，马克思发现和批判了资产阶级学者的种种错误，并由此发现价值实现的困难和商品形态变化中包含的危机可能性。

第三种，迷惑于个别现象导致"货币数量论"谬误流传。马克思似乎已经预感到这种理论将会谬种流传，贻害久远，所以花很大的篇幅分析批判它。

他指出，"货币数量论"是"一种错觉"②。由于货币在 W_A—G、G—W_B 这两个阶段或行为中不断地变换所有者，"作为流通手段却不断地留在流通领域，不断地那里流动。于是产生了一个问题，究竟有多少货币不断地被流通领域吸收。"③ 本来，这个问题并不复杂，也不难解释，"商品世界的流通过程所需要的流通手段量，已经由商品的价格总额决定了。"④ 其中包括各种商品的总量和价格，尽管商品和货币金的价值都会发生变化，但这种变化只是由它作为价值尺度的职能引起的，并非由它的流通手段职能引起，所以黄金货币数量的这种变化与作为流通手段的货币数量无关。但是，"由于对发现新的金银矿以后出现的事实做了片面的考察，在十七世纪，特别是在十八世纪，有人得出了错误的结论，以为商品价格上涨是因为有更多的金银充当了流通手段。"⑤ 当然，从动态的观点看，商品数量和价格的变动，货币的币值和流通速度，都对所需货币总量有很大影响。但是，由于忽略货币的实质和流通速度，在资产阶级理论界竟认为"商品价格决定于流通手段量，而流通手段量又决定于一个国家现有的货币材料量，这种错觉在它的最初的代表者那里是建立在下面这个荒谬的假

---

① 《资本论》第 1 卷，人民出版社 1975 年版，第 133 页；2004 年版，第 135 页。
② 《资本论》第 1 卷，人民出版社 1975 年版，第 143 页；2004 年版，第 146 页。
③ 《资本论》第 1 卷，人民出版社 1975 年版，第 136 页；2004 年版，第 139 页。
④ 《资本论》第 1 卷，人民出版社 1975 年版，第 137 页；2004 年版，第 139 页。
⑤ 《资本论》第 1 卷，人民出版社 1975 年版，第 138 页；2004 年版，第 140 页。

设上的：在进入流通过程时，商品没有价格，货币也没有价值，然后在这个过程内，商品堆的一定部分同金属堆的相应部分相交换。"① 这种错觉的产生，除了资产阶级学者的立场和基本观念以外，一个重要原因没有研究价值形式，不能正确地了解价值，也不能对货币的本质有科学的认识，从而以为"商品没有价格，货币也没有价值"。此外，又有研究方法的失误，——科学的研究方法以研究条件和假设的合理设定为前提。——正因为这样，它当然只能根据社会表面上的流通手段量的变化现象，来看待商品价格的上下波动。可见，这里的批判包含资产阶级经济学货币理论的对象、方法和内容等部分，是全方位的。

早在《政治经济学批判·第一分册》中，马克思就已经用了很大的篇幅批判了"货币数量论"，指出："由于摆在古典经济学面前的，首先是作为流通的支配形式的金属流通，所以它就把金属货币理解为铸币，而把金属铸币理解为单纯的价值符号。于是，按照价值符号的流通规律，提出了这样的原理：商品价格决定于流通中的货币量，而不是相反地流通中的货币量决定于商品价格。"② 由于休谟就是 18 世纪持这种观点的最重要的代表人物，所以马克思以休谟为代表，分析了这一学说的历史背景：所考察的仅仅是贵金属本身的价值发生革命的时代，也就是价值尺度发生革命的时代。自从美洲矿山发现以来，随着金属货币量的增加同时发生的商品价格的提高，它所造成的表面现象是，在商品交换价值不变时价格随流通手段量的增减而变化。另一方面，如果流通中价值符号量降到必要水平之下或升到必要水平之上，那末，这个价值符号量就通过商品价格的降低或提高被强制地化为那个必要水平。在这两种情况下，似乎是同一原因产生同一结果，休谟就紧紧地抓住了这种表面现象。

对此，马克思是这样评价的："要对流通手段量和商品价格变动之间的关系进行任何科学研究，必须假定货币材料的价值是一定的。"③ 休谟恰恰不懂得这一方法论原则，"将片面观察到的事实不加批判地变成一般原

① 《资本论》第 1 卷，人民出版社 1975 年版，第 143 页；2004 年版，第 146 页，译文稍有不同，但意思不变。

② 马克思：《政治经济学批判。第一分册》，《马克思恩格斯全集》第 31 卷，人民出版社 1998 年版，第 555 页。

③ 马克思：《政治经济学批判。第一分册》，《马克思恩格斯全集》第 31 卷，人民出版社 1998 年版，第 555 页。

理"①。他同时还指出："为了仔细研究货币流通，一方面需要可靠的商品价格史，另一方面需要关于流通手段的膨胀和紧缩、贵金属的输入和输出等等官方的连续不断的统计，这样的资料只有在银行业充分发展时才能产生，而休谟同十八世纪的所有其他著作家一样，都缺少这些资料。"② 在此基础上，马克思紧接着还批判了李嘉图承袭"货币数量论"的错误。

在《资本论》中，马克思还进一步在相关的地方进行针对性的批判：他们不懂得在考察货币流通量的时候，"必须假设金的价值是既定的，实际上在估量价格的一瞬间，金的价值确实也是既定的。"③ 他还"举出商品价格史上最重要的几种组合"，来说明商品价格、货币流通速度、货币量等的变化之间的关系：只要"考察一个较长的时期，我们就会发现：在每一国家中流通的货币量的平均水平比我们根据表面现象所预料的要稳定得多；除了周期地由生产危机和商业危机引起的，以及偶尔由货币价值本身的变动引起的强烈震动时期以外，流通的货币量偏离这一平均水平的程度，比我们根据表面现象所预料的要小得多。"④ 显然，这是对休谟缺乏长期历史资料分析所做错误结论的批判。

表面看，"货币数量论"只是在如何计量流通中的货币量的问题上存在错误，但其本质是否认商品价值的存在，由于其手法是通过将客观的包含着许多职能的货币归结为主观设计的符号，将特定时期的个别现象当成普遍规律，将简单商品流通与资本运动中的商品流通混为一谈等等，所以包含着进一步扩大的外延空间，可以让一国的货币当局、主流舆论随意投放货币，搅混市场，所以谬种流传，至今仍很有影响力。因此，马克思对它的批判十分必要和重要。⑤

① 马克思：《政治经济学批判。第一分册》，《马克思恩格斯全集》第31卷，人民出版社1998年版，第558页。
② 马克思：《政治经济学批判。第一分册》，《马克思恩格斯全集》第31卷，人民出版社1998年版，第557页。
③ 《资本论》第1卷，人民出版社1975年版，第138页；2004年版，第140—141页。
④ 《资本论》第1卷，人民出版社1975年版，第142页；2004年版，第145页。
⑤ 恩格斯曾说："有些东西是马克思为了科学研究的完整性而写的，对于理解剩余价值理论以及由此得出的结论（……）并不是必要的，如货币流通量等等就是如此。"（《马克思和恩格斯〈资本论〉书信集》，人民出版社1976年版，第422页。）从马克思理论的主线看，也许是这样，但如果从政治经济学批判的角度看，关于"货币数量论"的分析批判，就具有非凡的意义了。

马克思阐明，"货币数量论"谬种流传，先后有休谟、李嘉图等。对休谟的错误，他分析道：15—17 世纪美洲的黄金、白银的生产费用减少，且大量流入欧洲，以致欧洲的商品价格随着从美洲输入的金银数量的增加而提高，但这只是一种现象，但"休谟……把片面观察到的事实不加批判地变成一般原理，得出结论说，商品价格或货币价值不是决定于一国中存在的货币的绝对数量，而是决定于实际进入流通的金银数量，"马克思指出，这是一种颠倒："金银的货币存在完全从它们在社会交换过程中的职能产生，这一点被解释成：金银靠一种社会职能才有自己的价值，从而才有自己的价值量。这样一来，金银就是没有价值的东西，不过它们在流通过程中作为商品的代表获得一个虚拟的价值量。它们经过流通过程不是转化为货币，而是转化为价值。"[①]

对李嘉图，马克思公正地指出，他本来"认为在货币价值已定的前提下，流通手段的数量决定于商品的价格，并且把作为价值符号的货币看成一定金量的符号，"但他却受其不合理的研究方法掣肘，在考察国际贵金属的流通表象的时候，"突然离开了他说明问题的正路而采取了相反的见解……，由于引进了无关的观点便使问题混乱不清了。"[②] 李嘉图的这种自相矛盾，既表明了他"基本思想的渺小"[③]，还表现了他"强制抽象"方法的错误，硬用他的抽象理论解释实际现象。也许是考虑到李嘉图是资本主义较为发达阶段的经济学家，涉及较多具体的关系，所以马克思在《资本论》开篇中暂不批判。[④] 由此观之，马克思对这种"货币数量论"的批判是一种历史结构，而这里仅仅是形成这个结构的第一阶段。

第四种，不了解货币的独立性而误解货币的支付手段职能。本来，无论从实际还是从理论看，都是货币从交换形式中独立出来后，才培育出支付手段的职能，但资本家和他们的某些学者却将这种关系弄颠倒了。马克

---

① 《马克思恩格斯全集》第 31 卷，人民出版社 1998 年版，第 558 页。马克思：《政治经济学批判。第一分册》，《马克思恩格斯全集》第 13 卷，人民出版社 1962 年版，第 153—154 页。

② 《马克思恩格斯全集》第 31 卷，人民出版社 1998 年版，第 566 页。马克思：《政治经济学批判。第一分册》，《马克思恩格斯全集》第 13 卷，人民出版社 1962 年版，第 161 页。

③ 《马克思恩格斯全集》第 31 卷，人民出版社 1998 年版，第 569 页。马克思：《政治经济学批判。第一分册》，《马克思恩格斯全集》第 13 卷，人民出版社 1962 年版，第 161 页。

④ 在《政治经济学批判。第一分册》中却有比较详细的阐述。

思说：当货币危机发生后，"商品的使用价值变得毫无价值，而商品的价值在它自己的价值形式面前消失了。昨天，资产者还被繁荣所陶醉，怀着启蒙的骄傲，宣称货币是空虚的幻想。只有商品才是货币。今天，他们在世界市场上到处叫嚷，只有货币才是商品！"① 如果说，对资本家来说，这样混淆了信用主义和货币主义是属于比较低级的错误，那么，马克思进一步指出，在资产阶级学者这里，将货币的支付职能当成货币的起源则属于高级错误了："麦克劳德先生虽然以教条式地下定义而自鸣得意，可是他这样不理解最基本的经济关系，竟认为货币起源于最发达的货币形式，即支付手段的形式。他说：因为人们需要相互的服务并不总是同时的，而且价值量也不相等，'于是第一人就要对第二人支付一些差额或一定量的服务，——这就是债务'。这个债务的债主需要第三人的服务，但第三人并不直接需要他的服务，于是他'把第一人欠他的债转给第三人。债券就这样从一个人的手里转到另一个人的手里，——这就是流通……当一个人得到用金属货币表示的债券时，他不仅能够支配原来债务人的服务，而且能够支配整个生产社会的服务'。"② 马克思还发现，这种先有支付手段才有货币的颠倒认识还发生在西尼耳身上，他说："因为一切东西的价值在一定时期内都会发生变动，所以人们就选了价值最少变动而且最能长久保持一定平均购买力的东西作为支付手段。于是，货币变成了价值的表现或代表。"对此，马克思指出："事实正好相反。正因为金银之类已经变成货币，即变成独立的交换价值的存在，它们才变成一般支付手段。在对于货币价值量的稳定性发生西尼耳先生所提到的那种顾虑的时期，即在货币为形势所迫而确定为一般支付手段的时期，恰好也是货币价值量的波动被发现的时期。"③

马克思还发现，布阿吉尔贝尔，由于"对于只是观念上的和只是瞬息间的货币形式有所偏爱。以前他对流通手段如此，现在对支付手段也是如此。他又没有看到的是，货币从它的观念的形式直接变为它的外在现实，他没有看到坚硬的货币已经隐伏在仅仅是想像的价值尺度中了。他说，货币只是商品本身的形式，这一点表现在批发贸易上，在那里，'商品被估

---

① 《资本论》第 1 卷，人民出版社 1975 年版，第 159 页；2004 年版，第 162 页。

② 马克思：《政治经济学批判。第一分册》，《马克思恩格斯全集》第 31 卷，人民出版社 1998 年版，第 541 页脚注①。

③ 马克思：《政治经济学批判。第一分册》，《马克思恩格斯全集》第 31 卷，人民出版社 1998 年版，第 538 页脚注③。

价'之后，交换是在没有货币参与的情况下进行的。"① 正是针对这种错误，马克思在论证货币在执行支付手段职能时，虽然以信用为前提，但必须时时准备着"直接地从计算货币的纯粹观念形态变成坚硬的货币"②。

马克思还发现，在19世纪，"英国大部分著作家都把完全遵循另一种规律的银行券流通，同价值符号或强制通用的国家纸币的流通混为一谈。……李嘉图同他的前辈一样，把银行券流通或信用货币流通同单纯的价值符号流通混为一谈。"③ 这些资产阶级学者是将货币的支付手段职能与信用货币混为一谈了。所以他确定："在以下的研究中要把握住，我们所谈的只是从商品交换直接产生出来的那些货币形式，而不是属于生产过程较高阶段的那些货币形式，如信用货币。"④ 因为"信用货币属于社会生产过程的较高阶段，它受完全不同的规律支配。"⑤ 在《资本论》中，他也强调："信用货币产生的条件，我们从简单商品流通的观点来看还是根本不知道的。但不妨顺便提一下，正如本来意义的纸币是从货币作为流通手段的职能中产生出来一样，信用货币的自然根源是货币作为支付手段的职能。"⑥

结合《资本论》第一篇和《政治经济学批判（第一分册）》对资产阶级学者货币理论的批判，可以看出，马克思主要围绕上面的这两个方面进行的。一是批判其将货币与交换价值、交换过程分离开，从而不了解货币的实质、本质，二是批判其不了解货币从交换过程中脱颖而出之后，反过来充分利用其职能推动交换过程向纵深的发展，他们只了解货币的某个职能。不言而喻，作为 $W_A—G—W_B$ 过程中单纯等价物的货币决没有作为

---

① 马克思：《政治经济学批判。第一分册》，《马克思恩格斯全集》第31卷，人民出版社1998年版，第541页脚注②。

② 《资本论》第1卷，人民出版社1975年版，第158页；2004年版，第162页。

③ 马克思：《政治经济学批判。第一分册》，《马克思恩格斯全集》第31卷，人民出版社1998年版，第564页。《马克思恩格斯全集》第13卷，人民出版社1962年版，第159—160页。

④ 马克思：《政治经济学批判。第一分册》，《马克思恩格斯全集》第31卷，人民出版社1998年版，第458页。《马克思恩格斯全集》第13卷，人民出版社1962年版，第54页。

⑤ 马克思：《政治经济学批判。第一分册》，《马克思恩格斯全集》第31卷，人民出版社1998年版，第510页。《马克思恩格斯全集》第13卷，人民出版社1962年版，第106页。

⑥ 《资本论》第1卷，人民出版社1975年版，第146页；2004年版，第149页。

G—W$_B$ 过程中"扬弃了一切中介的形式……变成了主人"① 的货币所能具有的职能、属性。但是，也不能说他们完全不理解独立货币的作用，倒不如说他们总是将简单流通的货币与资本主义较为发达阶段的货币混为一谈，将个别现象与普遍规律混为一谈。马克思明确指出："总的说来，这些著作家观察货币，不是首先从抽象的形态上，看货币怎样在简单商品流通内部发展和怎样经历着发展过程的商品本身的关系中成长起来。因此，他们在同商品相对立的货币所具有的抽象的形式规定性和隐藏着资本、收入等等这样一些更具体的关系的货币规定性之间总是摇摆不定。"② 正因为这样，他们的货币理论充其量只能算是一种碎片化思想的杂拌。

第三节　货币研究的批判性创建

大体看来，《资本论》开篇的批判主要是围绕商品货币理论而展开的，因为暂时撇开资本关系，所以这里除个别地方外还未涉及资本关系、资本主义制度，只触及部分资产阶级学者的理论或思想，也就是关于一般货币的看法。

恩格斯在《资本论》第二卷序言中概括地说："马克思……研究商品和货币的关系，并且论证了商品和商品交换怎样和为什么由于商品内在的价值属性必然要造成商品和货币的对立。他的建立在这个基础上的货币理论是第一个详尽无遗的货币理论，今天已为大家所默认了。"③ 这就告诉人们，货币的产生、性质实际上是与商品的研究、科学的劳动价值论的创立紧密联系的。但是，详尽无遗的货币理论当然不能没有关于货币产生的研究，所以，它当然也属于这种货币理论的。在《资本论》中，开篇的货币理论主要研究简单商品交换中商品与货币的关系，它至少包括两个部分：货币的产生及实质，货币的职能。就其产生而言，它本质上是商品内在价值性质的外部独立性的最后表现，没有交换，已经凝结的劳动时间就不会转化为价值，从这种意义看，它是因交换过程而转化的，——不是交换产

---

① 马克思：《政治经济学批判。第一分册》初稿片段，《马克思恩格斯全集》第31卷，人民出版社1998年版，第377页。《马克思恩格斯全集》第46卷下册，人民出版社1980年版，第493页。

② 马克思：《政治经济学批判。第一分册》，《马克思恩格斯全集》第31卷，人民出版社1998年版，第582页。

③ 《资本论》第2卷，人民出版社1975年版，第22页；2004年版，第22页。

生价值实体，而是交换导致价值实体转化为货币。就其职能看，它又是独立于交换过程的，只有作为"扬弃了一切中介的形式"的货币，才可能具有全面的职能。道理很简单，作为交换过程中介还未独立化的货币，例如一件上衣，是很难在观念上发挥价值尺度职能的，更谈不上支付手段、贮藏货币、世界货币的职能。可见，马克思的货币理论既从交换过程中来，又反过来以独立的身份凌驾于交换过程上。只有这样，才能理解货币的完全规定。马克思说："在货币作为货币的完全规定性上理解货币特别困难——政治经济学企图回避这些困难，办法是抓住货币的一种规定而忘记另一种规定，而当它面临一种规定时又求助于另一种规定"①。

从理论研究的角度看，有两种不同理论规定的货币。尽管是同样的货币，但在不同的研究者眼中，却可能有不同的看法。在资产阶级学者那里，两者是没有区别的，因而在涉及一种货币时，也将另一种也掺杂进来。

（一）批判同时伴有创新发展。

科学的批判与创新发展是紧密联系在一起的，货币理论的批判也是这样。在开篇，既然货币理论主要涉及两个方面，批判和发展也是这样。

关于货币的形成和实质，在批判资产阶级学者错误的同时，马克思创新是很明显的。正是有感于前人因忽视对价值形式的研究而导致价值理论先天不足，他的研究始终盯住交换过程、价值形式，在阐明商品内在的价值如何、通过什么外化而表现为货币，从而在创建科学的价值理论的同时，也奠定了科学的货币理论的基础。必须注意的是，他对商品拜物教性质的研究，实际上是瞄准货币拜物教性质、资本拜物教性质的。由于金和银独占了一般等价物的地位，"金和银，一从地底下出来，就是一切人类劳动的直接化身。货币的魔术就是由此而来的。……因此，货币拜物教的谜就是商品拜物教的谜，只不过变得明显了，耀眼了。"② 至于资本和土地的拜物教性质，马克思就径直设问："现代经济学，一当它考察资本，它的拜物教不是也很明显吗？认为地租是由土地而不是由社会产生的重农主义幻觉，又破灭了多久呢？"③ 可见，关于商品拜物教性质的研究，潜在地

---

① 马克思：《政治经济学批判（1857—1858 手稿）》，《马克思恩格斯全集》第30卷，人民出版社1995年版，第193页，或《马克思恩格斯全集》第46卷上册，人民出版社1979年版，第190页。

② 《资本论》第1卷，人民出版社1975年版，第111页；2004年版，第113页。

③ 《资本论》第1卷，人民出版社1975年版，第100页；2004年版，第101页。

包含着一系列复杂拜物教性质研究的萌芽。这种萌芽在随着研究阶段的上升而不断典型化、复杂化。

关于独立化的货币，在马克思的时代，资产阶级学者根本没有专门研究。如果说，劳动价值论在其粗糙、残缺形态上，是资产阶级学者首先提出来的，因而是先知先觉者，那么，他们在货币理论上就是后知后觉的了。据赵准研究："为人公认的首先改变了'货币面纱观'分析传统的人是瑞典学者魏克塞尔。他在《利息与价格》（1898）及《国民经济学讲义》（1901—1906）中推翻了萨伊定律和'货币面纱观'，……将实物分析与货币分析结合起来，实现了西方经济学由传统的实物分析向现代的货币分析的过渡。"但是，由于语言上存在的隔阂，直到1930年大萧条后，才为人知。① 可见，马克思是研究独立化货币的先驱。独立化的货币及其运动虽然已经成为一种与简单的商品交换有很大不同的运动，以至于有人提出了货币经济的概念，甚至还将自然经济、货币经济和信用经济互相对立起来。虽然马克思批评了这种看法，但他也不否认货币经济是一种"不同生产当事人或生产者之间的同经济相适应的交易方式，""是一切商品生产所共有的"②。货币不仅具有简单商品交换中的一般等价物的属性，还有后者所没有的更为丰富的规定和作用。

就货币本身而言，马克思指出：

商品总是由一定质量的劳动提供的，但货币未必如此，它的活动流域并不限于正常的流通。"从货币上就看不出它究竟怎样落到货币所有者的手中，究竟是由什么东西转化来的。货币没有臭味，无论它从哪里来。"③ 既然它的获得与来路无关，即使有"臭味"也可以通过流通洗去——这表明流通可以洗钱。——马克思还说："从货币身上看不出它是由什么东西变成的，……流通成了巨大的社会蒸馏器，一切东西抛到里面去，再出来时都成为货币的结晶。连圣徒的遗骨也不能抗拒这种炼金术，更不用说那

---

① 赵准：《探究货币——马克思货币理论研究》，京华出版社2000年9月版，第19页。

② 《资本论》第2卷，人民出版社1975年版，第133页；2004年版，第132、133页。

③ 《资本论》第1卷，人民出版社1975年版，第129页；2004年版，第131—132页。

些人间交易范围之外的不那么粗陋的圣物了。"① 这就意味着它并非总是正常的人类劳动凝结的外部独立化表现，在一定的场合，也未必与正常流通联系，也意味着它的活动领域会超出流通领域。在《政治经济学批判（1857—1858年手稿）》中，他还这样说："货币本来是一切价值的代表；在实践中情况却颠倒过来，一切实在的产品和劳动竟成为货币的代表。"② 在信用支付的时候，"货币变成契约上的一般商品。地租、赋税等等由实物交纳转化为货币支付。"③

货币独立化后，就可以不受时间空间的限制，自由流动。它还与一般商品不同，商品在交换后就退出流通，进入消费，而货币若不被贮藏，就一直在流通领域中活动，"不断地沉淀在商品空出来的流通位置上。"④ 即使是供给量过多了，它也只是暂时沉淀下来，随时可以再投入流通。"货币贮藏的蓄水池，对于流通中的货币来说，既是排水渠，又是引水渠；因此，货币永远不会溢出它的流通的渠道。"⑤ 而且，它和作为流通中介的货币不同，它的量不完全受商品价格总量的限制，在有一定流通速度的时候，一定量的货币可以推动价值大得多的商品的交换。

与一般商品不同，实行金本位制条件下的货币有三种特有的职能形态：观念的或想象的、象征的、实在的。其中观念的职能似乎很简单，但实际上包含着一个非常的要素：主体，只有人作为经济主体才有观念。货币在执行观念的职能时，涉及持币者和持货者两个主体。了解这个并非不言而喻的要素，对此后理论进程的发展是个很重要的关键。——在后面我们就会看到，随着交换的发展，这两个主体的地位并非完全相同，持币者往往占据主导地位。不了解一定主导主体的观念在剩余价值转化为利润过

---

① 《资本论》第1卷，人民出版社1975年版，第151—152页；2004年版，第155页。在这里的脚注（92），马克思还引用索福克勒斯《安提戈涅》的几句诗："人间再也没有像金钱这样坏的东西到处流通，这东西可以使城邦毁灭，使人们被赶出家乡，把善良的人教坏，使他们走上邪路，作些可耻的事，甚至叫人为非作歹，干出种种罪行。"

② 马克思：《政治经济学批判（1857—1858手稿）》，《马克思恩格斯全集》第30卷，人民出版社1995年版，第99页，或《马克思恩格斯全集》第46卷上册，人民出版社1979年版，第94—95页。

③ 《资本论》第1卷，人民出版社1975年版，第161页；2004年版，第164页。

④ 《资本论》第1卷，人民出版社1975年版，第132页；2004年版，第134页。

⑤ 《资本论》第1卷，人民出版社1975年版，第154页；2004年版，第157—158页。

程中的作用,就很难理解利润及其在不同范围内的平均化。这是后话,暂且按下不说。——还有象征的形态,黄金既然可以由法定的纸币象征性地替代,就意味着它也可以由经济过程产生的相关票据象征性地替代。至于实在性的职能形态,在这里,马克思还特地说明:"信用货币产生的条件,我们从简单商品流通的观点来看还是根本不知道的。但不妨顺便提一下,正如本来意义的纸币是从货币作为流通手段的职能中产生出来一样,信用货币的自然根源是货币作为支付手段的职能。"① 信用关系产生之后,很快就因其经济而方便而迅速扩大,个别的信用行为变成了社会规模的信用事业,"随着信用事业的扩大,货币作为支付手段的职能也在扩大。"② 马克思虽然只研究金本位制下的独立化的货币,但他已经发现,还有其他的货币制度一定会发展起来。信用并非只与赊购赊销相联系,随着资本主义信用制度的发展,货币还表现为各种各样的票据、有价证券。也就是说,除了原有的三种形态外,在象征的、实在的(支付手段)形态中已经包含着并必然衍生出虚拟的形态。而虚拟的形态不仅同时兼具象征的、实在形态的功能,又不能完全归结为这些功能,例如有价证券、资本的虚拟性,其扩张和转型是这些原始的功能难以望其项背的。在 1857 年,马克思已经发现:"货币在决定利率和金融市场方向所起的作用是很惊人的,是与政治经济学的所有规律完全矛盾的。"③

正因为货币有独立性,所以在资本关系下才能成为资本运动的"第一推动力"和"持续动力"。所以突出货币这种独立性的理论意义重大。

就独立化货币的作用而言,马克思不仅全面地分析其职能,而且就事论事地揭示一系列人们语中所无,意中所无的规定:

首先,指出它使为交换而生产成为普遍现象。货币独立后,交换方便了,这可使人们从事片面的劳动而满足广泛的需要,所以这种交换必然在广度和深度上很快发展。"在交换已经十分广泛和十分重要的时候,那时有用物是为了交换而生产的,因而物的价值性质还在生产时就被注意到了。"④ 也就是说,至少有一部分劳动产品必定是有意为了交换而生产的。独立化的货币对大量广泛交换的促进作用是不言而喻的。不过,从马克思

---

① 《资本论》第 1 卷,人民出版社 1975 年版,第 146 页;2004 年版,第 149 页。

② 《资本论》第 1 卷,人民出版社 1975 年版,第 160 页;2004 年版,第 163—164 页。

③ 《马克思和恩格斯〈资本论〉书信集》,人民出版社 1976 年版,第 98 页。

④ 《资本论》第 1 卷,人民出版社 1975 年版,第 90 页;2004 年版,第 90 页。

的论述看，这还只是指物质产品生产的商品化、普遍化，还不包括劳动力作为商品的买卖。

其次，阐明它使生产者成为三位一体的经济主体。在不发生交换的时候，生产者只生产满足自己需要的东西，对他来说，在没有受到剥夺的情况下，劳动和产品天然属于他。他不是交换者，所有者的身份当然不突出。但在交换比较发达的时候，情况变化了。他的产品主要是用来交换的。因而其所有者的身份突出了，成了根本性的东西。如果不是所有者，只是生产者，尽管他生产了产品，但却不能将它拿去交换，因而成不了交换者。所有者之所以能拥有这个商品，最重要的是因为他拥有生产这个商品的条件，换言之，生产这个商品的生产资料的所有权也属于他。① 为了货币，他必须生产，因为分工，他必须交换，为了交换，他必须拥有。这样，生产者、所有者、交换者三位一体的经济主体就形成了。

再次，说明交换不仅使部分交易者在一定的时间内成了单纯的货币持有者，而且将不同生产者之间的差别凸现出来。有的生产者的产量较多，通过交换得到的货币除了能够买回自己需要的物品外，还有剩余。对他来说，这些剩余的货币不再仅仅满足他本人换回别人劳动的需要，而是可以转化为控制别人劳动的条件。他能够换回货币，这只表明他的个别劳动已经转化为社会劳动，但当获得的货币仅仅能够买回供自己需要的物品时，这些货币还只是一般的财富，在他除了买回自己需要的商品还有较多剩余的货币时，这些剩余的货币就有可能成为特殊的社会财富，成为控制别人

---

① 生产资料就是资源，和西方学者历来强调"资源稀缺"不同，马克思这里没有涉及资源是否稀缺的问题。他没有直接论述这个问题，不是不重视它。在研究规模很小的生产过程时，没有必要涉及这个问题。但是马克思并没有忽视资源稀缺的问题，不过，他是将资源与所有权紧密联系起来，与一定的主体紧密联系起来，并突出地说明，在资本主义社会中，根本的问题是从事生产劳动的生产者最缺乏生产资料的所有权。了解了这一点，我们就不难了解资产阶级学者的别有用心：他们撇开资源所有权和特定主体的关系，站在资本家的立场上来看待自然资源和市场的稀缺，并将这两种资源无限扩大为一般的资源。实际上，资本家从来不缺乏雇佣工人和资本，只缺乏原料和市场。他们坚持这种似是而非的说法，无非是要掩盖工人对生产资料所有权的稀缺这种最基本的事实。

个别劳动的重要条件了。①

续次，阐明独立化的货币 G 产生了一系列有别于其他商品的几种专门职能：

其一，独立化的货币以观念的商品价格表现了商品的价值，解决了价值规律的表现问题。

就概念而言，价格是价值的货币表现，但价格不仅有质的规定，还有量的规定："价格，即商品向货币送去的秋波，表明货币可以转化的限度，即指明货币本身的量。"② 由于货币本身的量是由黄金来表现的，在表现价格方面，黄金只执行价格标准的职能。正是在批判资产阶级学者混淆这两种职能的基础上，马克思明确地研究了货币的这种价值尺度职能。

必须注意的是，这种职能并非简单的给商品标价，它涉及价值如何表现的问题。资产阶级学者根本没有意识到必须解决这个问题。"在李嘉图本人那里找不到关于价值和价值形式即交换价值之间的内部联系的任何说明"③，因而必然不能真正了解价值如何、或通过什么而表现的问题，当然也就不能真正地说明价值规律的作用。在古典经济学那里，已经对价值规律有一定的认识和揭示，斯密还将它的调节形象地比喻为"看不见的手"。但是，这种看法尚不尽合理，它表明人们无法看到价值规律的作用，尽管资本家也知道通过长期商品价格的变化了解背后价值的变化。④ 但是，它并没有的理论上打通价值与价格联系的关节。在实际过程中，尽管价值规律是内在的，但并非某种"怪力乱神"⑤，它一定要表现出来，才能发挥作

---

① "实际上，我只有在可以出卖的东西的时候才有私有财产，……我的大礼服，只有当我还能处理、抵押或出卖它时，只有当它还是买卖的物品时，才是我的私有财产。它失去这一特性并成为破衣服之后，对我来说，它还可以保留一些特性。……不过，任何经济学家也不会想到把这件大礼服列为我的私有财产，因为它不能使我支配任何甚至是最少量的他人劳动。"（《德意志意识形态》，《马克思恩格斯全集》第 3 卷，人民出版社 1962 年版，第 254 页。）

② 《资本论》第 1 卷，人民出版社 1975 年版，第 129 页；2004 年版，第 131 页。

③ 《资本论》第 1 卷，人民出版社 1975 年版，第 101 页脚注（36）；2004 年版，第 102 页脚注（36）。

④ "市场价格的不断波动，即它的涨落，会互相补偿，彼此抵销，并且还原为平均价格，而平均价格是市场价格的内在规则。这个规则是从事一切需要较长时间经营的企业的商人或工业家的指南。所以他们知道，就整个一段较长的时期来看，商品实际上既不是低于也不是高于平均价格，而是按照平均价格出售的。"（《资本论》第 1 卷，人民出版社 1975 年版，第 189 页脚注（37）；2004 年版，第 193 页脚注（37）。）

⑤ "子不语怪力乱神"。（《论语·述而》）

用，只不过不是直接表现。相应的，在理论上对此就应有所反映。就此而言，古典经济学的反映还是半截子的。马克思发现并批判了古典学派的错误，所以，他既要揭示看不见的规律，还要阐明这种规律通过什么而表现。他说明：规律的表现是颠倒的，"如果事物的表现形式和事物的本质会直接合而为一，一切科学就都成为多余的了"①。既然货币是商品内在价值的外部独立化表现，那么内在的价值规律也要通过外化的东西来表现。换句话说，它通过价格的变动来表现。价格与价值不同，既是一种观念性的东西，在实现后又是一种实实在在的货币，是看得见的、可直接计量的。科学的价值理论既要揭示价值规律，又要阐明它的特殊表现方式，缺一不可。马克思将货币的价值尺度的论述摆在首位，有多方面的意义，其中一点，就是要说明，价值通过货币表现，价格就是它的社会表现。人们可以通过长期的价格及其变动了解价值。

其二，马克思发现，在货币（G）产生后，在克服了商品交换困难的同时，还产生了另外的困难，指出 W_A——W_G 即"商品价值从商品体跳到金体上，像我在别处说过的，是商品的惊险的跳跃。"② 所谓的"金体"，当然是独立化的货币。在第三章第二节研究货币流通手段职能的时候，马克思用了很长的段落阐明这种"惊险的跳跃"是很有深意的。虽然直接地看，是在分析商品出卖的困难，但结合本节的主题，实际上是在阐明货币在独立化后对商品交换的双重作用："一方面，它打破了直接的产品交换的个人的和地方的限制，发展了人类劳动的物质变换。另一方面，又有整整一系列不受当事人控制的天然的社会联系发展起来。"③ 如果说，前一方面的意思是不言而喻的，那么，后一方面的意思就深刻得多，丰富得多，但必须紧密联系货币的作用才能体会到。

他指出，交换者"为了把货币吸引出来"，他的商品必须满足一定的需要，这决定了他在劳动耗费是否有意义。只有符合社会需要或他人需要的劳动，其凝结才能形成价值。在第一章，马克思已经假定"单个商品是当作该种商品的平均样品"，这同时也假定了它是符合一定的社会需要的，或者说将后者暂时存而不论的。在这里，他又再次涉及这一重要条件。货

① 《资本论》第3卷，人民出版社1975年版，第923页；2004年版，第925页。
② 《资本论》第1卷，人民出版社1975年版，第124页；2004年版，第127页。
③ 《资本论》第1卷，人民出版社1975年版，第131—132页；2004年版，第134页。

币在这里"充当社会劳动的单个化身"①，代表着一定的社会需要。可见，实现"惊险跳跃"的条件就是产品要符合一定的社会需要。

他还指出，一定的社会需要并非只能通过一种商品来满足，"某种产品今天满足一种社会需要，明天就可能全部地或部分地被一种类似的产品排挤掉。"② 显然，要获得货币，生产者必须及时地实行产品的转换，将单一生产行为转化为可替代性行为。

更为重要的是，这里还阐明商品价值量社会尺度的变化，使价值规律更为丰富。在考察单个商品的时候，马克思假定它是改种商品的平均样品，这就意味着这里提出的社会必要劳动量的规定还只是一种"个量"的尺度规定，同时意味着这种平均样品能够及时地卖出去，即符合一定的社会需要。但是，随着交换的发展，W_A—W_B（货币）两端的数量都必定增加，但不是同一幅度增加。我们发现，在第一章第三节，马克思都假定 W_A—W_B 两端的数量不变，但在论证 W_B 转化为 W_G 并考察了 W_G 即货币 G 的职能之后，就将原先产量多少及其符合一定的社会需要量的假定当成一个新的条件结合考察了。在这里，他先从使用价值量和社会需要的关系说明："社会对麻布的需要，像对其他各种东西的需要一样，是有限度的，如果他的竞争者已经满足了这种需要，我们这位朋友的产品就成为多余的、过剩的，因而是无用的了。"③ 众所周知，使用价值要满足一定的社会需要，因此，一旦社会对它不再需要，它就不再有社会的使用价值。从而它的个别劳动时间就不再能表现为价值了。再从该种商品的价值总量与社会所分配的劳动时间总量的关系看："假定市场上的每一块麻布都只包含社会必要劳动时间。即使这样，这些麻布的总数仍然可能包含耗费过多的劳动时间。如果市场的胃口不能以每码 2 先令的正常价格吞下麻布的总量，这就证明，在全部社会劳动时间中，以织麻布的形式耗费的时间太多了。"④ 道理很清楚，价值要实现，就要有相应的社会劳动时间来与它交换，——值得注意的是，马克思这里用 2 先令来表现一码麻布的价格，即它包含价值的货币表现，用 2n（n 为市场对麻布的需要总量）先令来表现社会所能支付的购买麻布的劳动时间总量。——若它的价值总量超过社会所能支付的劳动时间总量，即使它的个别劳动时间是社会必要劳动时间，

---

① 《资本论》第 1 卷，人民出版社 1975 年版，第 158 页；2004 年版，第 161 页。
② 《资本论》第 1 卷，人民出版社 1975 年版，第 125 页；2004 年版，第 127 页。
③ 《资本论》第 1 卷，人民出版社 1975 年版，第 125 页；2004 年版，第 128 页。
④ 《资本论》第 1 卷，人民出版社 1975 年版，第 126 页；2004 年版，第 128 页。

也不可能全部实现，至少有一部分不能实现，即不能从 2n 先令中分得一部分。否则，社会对其他商品的需要就不能得到满足。由此可见，一种商品的价值除了有个量规定外，还有一定的总量规定。既然每种商品都只能占用一定的社会劳动总量，那么，各种商品的劳动时间之间就必然存在着一定的比例关系。如果一种商品的总量超过一定的社会需要总量，就是破坏了供给方的比例关系。当然，这种规定在这里还没有充分地论证，尚未充分明朗化，毕竟与这里的研究对象及条件还不具备。① 还要看到，在这里马克思已经指出，不同的生产者之间，即使撇开他们劳动状况的差别不说，也会因为社会必要劳动时间"个量达标、总量超标"而不能及时地获得相应的预期的货币而有很大的差别。有的会因为没钱而不能买到满足自己需要的商品，以至于影响他的生活和再生产。

还要看到，马克思对简单的商品交换中包含着经济危机可能性的分析，也是以货币的独立化为前提的。他指出，商品内在的四种对立会"在商品形态变化的对立中取得了发展的运动形式。因此，这些形式包含着危机的可能性"②，所谓商品形态变化的对立中取得的发展的运动形式，就是以货币的运动形式为代表的。不同所有者之间直接的物物交换，也包含着四种对立，但绝不会包含着危机的可能性。正是这种货币形式，才能放大了这种可能性，并且包含着将这种可能性转变为现实性的基因，只要有一定生产关系的介入，它就具有现实的必然性。

其三，研究货币的支付手段职能，指出它形成了一种新型的交易模式，建立了一种新型的与一般买卖关系不同的货币关系。阐明它的产生信用的条件，是因为"交换的不断重复使交换成为有规则社会过程"③，而且有"同样一些交易总是在同一些人中间反复进行"，这些人相互比较熟悉，容易形成信用，在此基础上，在他们之间可以产生买卖条件的调整，"一个商品所有者出售他现有的商品，而另一个商品所有者却只是作为货币的代表或作为未来货币的代表来购买这种商品。卖者成为债权人，买者成为债务人。"④ 在手稿中，马克思已经发现："随着信用事业的发展，……货币作为支付手段所起的作用，就其范围来说，超过了货币作为流通手段，作为买卖的中介所起的作用。……在大规模交易领域里几乎只表现为一般

---

① 具体的论证马克思安排在《资本论》第三卷第十章。
② 《资本论》第 1 卷，人民出版社 1975 年版，第 133 页；2004 年版，第 135 页。
③ 《资本论》第 1 卷，人民出版社 1975 年版，第 106 页；2004 年版，第 107 页。
④ 《资本论》第 1 卷，人民出版社 1975 年版，第 155 页；2004 年版，第 159 页。

支付手段。"① 尤其是在发生货币危机时，更需要它"作为抽象财富的化身"②。

关于这种职能的研究，包含着一系列的新论点：

一是扩展了体现着经济关系的法权关系，不仅有共同的意志行为，还有共同的信用行为。信用关系既是一种主体性的关系，——即赊购或赊销主体与未来收入（客体）的关系，——还是主体间性的关系，即赊购和赊销双方主体之间的关系，它实质上是一种借贷关系的胚芽。没有提出和研究这种关系，就很难研究更为复杂的关系。在考察单个资本的场合，前者的意义较大，在考察社会总资本的场合，后者的意义重大。赊购，实质上是使用价值实现的通融，赊销，则是价值实现的通融。所以，这里的货币理论已经潜在地包含着向金融理论发展的萌芽。马克思说："最简单的商品形式……就包含着货币形式的全部秘密"③，不言而喻，比最简单的商品形式复杂的货币形式，所包含的秘密则更多，更复杂。

二是阐明了价值形态的变化可以有不同的期限，有当期支付的，也有定期支付的。直接地看，这是降低了交易的成本，间接地看，这是买卖条件的调整，使一方主体未来的货币购买力可以提前在当期实现。因为它可"使那些作为货币或商品的单纯代表而进入流通过程的、即代表着未来货币或未来商品的买者或卖者，具有现实的买者或卖者的效力。"④ 这样做，对供货方必然有一定的好处，否则他们何至于冒对方违约的风险这么做。不言而喻，这是有利息的，但在这里，利息作为一个新的复杂范畴还没有提出研究的条件，所以马克思暂时撇开了。

三是将当期清算的买卖关系转变为定期清算的债务关系。马克思认为，这种信用关系"一开始就不是那样愉快，并且能够更牢固地结晶起来。"⑤

四是因有这种职能，必然产生"一个接一个的支付的锁链或事后进行

---

① 马克思：《政治经济学批判。第一分册》，《马克思恩格斯全集》第31卷，人民出版社1998年版，第317页。

② 马克思：《政治经济学批判。第一分册》，《马克思恩格斯全集》第31卷，人民出版社1998年版，第318页。

③ 《马克思恩格斯〈资本论〉书信集》，人民出版社1976年版，第216页。

④ 马克思：《政治经济学批判。第一分册》，《马克思恩格斯全集》第31卷，人民出版社1998年版，第533页。《马克思恩格斯全集》第13卷，人民出版社1998年版，第129页。

⑤ 《资本论》第1卷，人民出版社1975年版，第156页；2004年版，第159页。

的第一形态变化的锁链"，这"同我们前面考察的形态变化系列的交错，有着本质的区别。在流通手段的流通中，卖者和买者的联系不仅仅被表现出来，而且这种联系本身只是在货币流通中产生，并且是与货币流通一同产生。相反地，支付手段的运动则表现了一种在这种运动之前已经现成地存在的社会联系。"① 与这种联系的存在和发展相适应，支付集中于同一地点，"使这些支付互相抵销的专门机构和方法就自然地发展起来。"② 显然，后来的银行等货币机构就是从这些专门机构演变而来的。

五是在这种职能中，货币发挥着多方面的功能，与观念的（想象的）、象征的形态相比，实在的货币的产生所要求的条件更复杂得多，从而所具有的功能也发达得多，甚至包含着其他方面的职能。先是在决定所卖商品的价格上执行价值尺度的职能，再执行观念的购买手段的职能。在债务人这里，流通手段转化为贮藏货币，货币不再是过程的媒介。在支付日期到来时，它才执行支付手段的职能。不过，开篇还只是研究简单的货币形式，所以还暂时没有涉及与信用关系紧密联系的利息。

六是可能因支付链条的断裂而导致危机的发生。货币作为支付手段与作为流通手段同样积极的和约束的作用：一方面，在专门机构及方法有一定发展的地方，它可使相关的各种支付互相抵销，可减少实际支付的真金白银，另一方面，当这些机构整个被打乱的时候，一个接一个的支付链条断裂时，就会发生一般的货币危机，即"所任何普遍的生产危机和商业危机的一个特殊阶段，"——而不是被"称为货币危机的特种危机"，后者只是对工业和商业发生反作用。这种危机的运动中心是货币资本，因此它的直接范围是银行、交易所和财政。③ ——马克思指出，"这种货币危机只有在一个接一个的支付的锁链和抵销支付的人为制度获得充分发展的地方，才会发生。"④ 也就是说，在简单商品交换的时代，这种危机也只具有可能性。

七是它具有较大的发展空间，"随着信用事业的扩大，货币作为支付手段的职能也在扩大。作为支付手段的货币取得了它特有的各种存在形

① 《资本论》第 1 卷，人民出版社 1975 年版，第 157—158 页；2004 年版，第 161 页。

② 《资本论》第 1 卷，人民出版社 1975 年版，第 158 页；2004 年版，第 161 页。

③ 《资本论》第 1 卷，人民出版社 1975 年版，第 158 页脚注（99）；2004 年版，第 162 页脚注（99）。

④ 《资本论》第 1 卷，人民出版社 1975 年版，第 158 页；2004 年版，第 163—164 页。

式，并以这些形式占据了大规模交易的领域，而金银铸币则主要被挤到小额贸易的领域之内。"① 从这种职能形态中，还产生了信用货币。这是价值尺度、流通手段两种职能形态不能相比的。它还会越出商品流通领域，"变成契约上的一般商品。"②

值得注意的是，在这里，马克思还比较详细地论述资本主义社会发生的特种货币危机的景象，这与对货币作为流通手段时发生的危机的研究显然不同。马克思很重视一般过程与特殊过程的性质区别，绝不会将两者等量齐观，而在这里却在特别区分了两种不同性质的货币危机之后，还饶有兴趣地谈论特殊的货币危机，应该是有特殊匠心的。他应该是在告诉人们，一般的货币危机是特殊的货币危机的基础，只要在资本关系中，就一定会转化为特殊的货币危机。换句话说，这是在预示这种一般的货币危机包含着进一步发展的逻辑。只要我们注意到支付手段的发展同时也发展了信用关系，而信用关系的发展就必然超出简单的赊购赊销，而发展起信用货币。因为"信用货币的自然根源是货币作为支付手段的职能。"③ 但支付手段的职能形态并非始终都限于赊购赊销的合同，在生产关系变化、流通条件调整的时候，将会扩大自己的活动领域，广泛利用货币的象征性职能，采用票据、证券等方式，而后者从形式的信用关系演变出实际的非信用关系，像各种有价证券，最初都是以一定的有法律保障的信用基础，但随着投机和虚拟经济的发展，又都必然发展出非信用的行为来。

关于货币三种形态五种职能的论述，虽然只涉及简单商品交换条件下已经独立化的货币，但却包含着非常丰富的规定和内容。

大体看来，关于货币的这三种特有职能形态的研究表明，货币的独立化使货币的本质和职能都能取得较大的发展空间。它包含的各种职能或属性虽然在实际过程中各有所司，但彼此又都统一于实在的货币。货币的本质是商品内在价值的外化、独立化表现，它体现一般经济主体之间的关系，但它既能通过观念的价值尺度职能表现商品的价值，形成一定的价格，又能通过象征性的流通手段职能使购买者能实现商品的使用价值，还能通过实在性的支付手段职能超越个别主体之间的单纯的即时的商品买卖，实现买卖方式的变化，从一般的方便个别交换者之间的交换中介变成

---

① 《资本论》第 1 卷，人民出版社 1975 年版，第 160 页；2004 年版，第 161—162 页。

② 《资本论》第 1 卷，人民出版社 1975 年版，第 161 页；2004 年版，第 164 页。

③ 《资本论》第 1 卷，人民出版社 1975 年版，第 146 页；2004 年版，第 149 页。

独立化的能实现性质转化的货币，并由此而"得到进一步的发展；……取得更深刻的规定"①，从而能有进一步发展。让货币持有者对货币的理解从瞬间即逝的中介变成一种社会权力，"从奴仆变成了主人。它从商品的区区帮手变成了商品的上帝"②，并且能够不断积累而长久不变质。

货币的独立化还包含复杂对象复杂规定的萌芽。虽然开篇研究的独立化货币与简单商品流通的期间相符合，但它已经包含着更为发展对象的复杂规定的萌芽。既然简单商品中已经包含着一系列复杂规定的萌芽，那么，这种独立化的货币就更胜一筹了。如上所述，阐明货币的观念形态职能包含的主体的观念，将是论述剩余价值率转化为利润率、利润率平均化的关键；阐明在它的流通手段职能中包含着危机的可能性，又是论证资本主义的必要理论准备，其中象征性职能表明，既然可以用辅币、纸币象征性地替代黄金，意味着象征性的替代品是可以多样化的，那么在一定条件下，也可以用其他有价证券、票据来替代货币。至于货币的实在形态，不仅表明流通形式已经多样化，有一次性的，有重复性的，有即期的，有定期的等，也表明货币可以脱离流通，超出流通，更重要的是表明货币是"一般劳动的直接化身，……是一切现实劳动的总汇。"③ 这与它后来成为资本运动的"第一推动力"、"持续动力"有更为直接的联系。所以马克思说："货币的这种属性，使货币同时成为资本的已实现的和始终可以实现的形式，成为资本的始终有效的表现形式。这个属性在贵金属流出时表现得特别明显；这个属性使资本在历史上最初只以货币的形式出现；最后，这个属性说明了货币和利息率的关系以及货币对利息率的影响。"④ 只有货币的独立化，才能形成和发展起这些职能或属性，也才能适应一定生产关

---

① 马克思：《政治经济学批判。第一分册》初稿片段，《马克思恩格斯全集》第31卷，人民出版社1998年版，第373页。《马克思恩格斯全集》第46卷下册，人民出版社1980年版，第489页。

② 马克思：《政治经济学批判。第一分册》，《马克思恩格斯全集》第31卷，人民出版社1998年版，第519页。《马克思恩格斯全集》第13卷，人民出版社1962年版，第115页。

③ 马克思：《政治经济学批判。第一分册》，《马克思恩格斯全集》第31卷，人民出版社1998年版，第519页。《马克思恩格斯全集》第13卷，人民出版社1962年版，第114页。

④ 马克思：《政治经济学批判（1857—1858手稿）》，《马克思恩格斯全集》第30卷，人民出版社1995年版，第95页。《马克思恩格斯全集》第46卷上册，人民出版社1979年版，第90页。

系而转变为资本。可以说，论证货币的独立化是迈向资本的必要步骤。

而且，货币的独立化还使商品原本统一的三个因素产生分离倾向。商品包含有使用价值、价值和所有权等三个因素，——商品的所有权因素与使用价值、价值彼此联系，没有所有权，就不能用于交换，就没有社会的使用价值，也没有价值。但所有权不是有用劳动、抽象劳动创造的，与使用价值、价值有明显的区别。① ——在现金支付的时候，三个因素全部同时转移到购买者手中，但在实行定期支付的时候，情况变化了。"在每一次买和卖的行为上，既然有交换过程发生，就一定有物品被让出去。所售物品的所有权总是要被放弃。但人们不会放弃它的价值。在卖的场合，商品被放弃了，但它的价值没有被放弃，它以货币的形式或以债券或支付凭证的形式被收回来，在这里，债券或支付凭证不过是货币的另一种形式罢了。在买的场合，货币被放弃了，但它的价值没有被放弃，它以商品的形式得到补偿。"② 显然，这样一种所有权与价值的相对分离具有巨大的发展潜能。随着这种商品的剩余价值、所有权和价值的"两权分离"，必然使流通领域产生一系列的变化、泡沫，使市场主体分化，产生危机的可能。

货币的独立化包含着历史发展的逻辑。马克思说："如果考察一下货币，我们就会看到，货币是以商品交换发展到一定高度为前提的。货币的各种特殊形式，即单纯的商品等价物，或流通手段，或支付手段、贮藏货币和世界货币，按其中这种或那种职能的不同作用范围和相对占优势的情况，表示社会生产过程的极不相同的阶段。"③ 由此可见，马克思并非将这些职能等量齐观，而是在分析其职能差异的同时揭示其中包含的历史发展的逻辑。不过，这种历史分析的对象只是简单商品流通，所以它只是马克思为研究复杂对象而打下的基础理论，是其著名的"事后思考的"最初步骤，是在暂时撇开一系列具体的关系、条件的语境中提出的。而这些关系和条件又必将随着理论对象、研究条件的变化而逐步回归研究过程，商品流通从简单向复杂的发展，这些理论规定必将进一步发展，以符合新条件下商品流通的具体实际。实际上，从 W——G——W 的分析已经展示，它不是一次性的，所以，在其连续的买卖中，已经包含 G——W——G 的流

① 参看陈俊明著：《〈资本论〉劳动价值论的具体化》，中国青年出版社 2000 年版，第五章。

② 《资本论》第 3 卷，人民出版社 1975 年版，第 386 页；2004 年版，第 386 页。这里论述的是一般商品交换。

③ 《资本论》第 1 卷，人民出版社 1975 年版，第 193 页；2004 年版，第 198 页。

通形式，只要加进必要的条件，如相对劳动生产率、雇佣劳动等因素，就很容易实现向 G——W——G' 的转化。

第一篇关于一般过程的研究只涉及流通过程，抽象了生产过程。虽然这是因为在资本运动的起点，生产并不起主导作用，但并不意味着马克思忽略了生产过程与流通过程的关系、忽略了货币对生产过程的影响。在后面的研究中，他还特地研究这个问题。例如，在研究单个资本的再生产（流通）时，就专门提到准备金。在考察社会总资本再生产，也专门考察货币流通对实现的影响。

（二）科学批判的理论结构也是一种批判性创建。

货币所以能成为马克思考察的重要对象，成为《资本论》的一个重要范畴，是因为它与商品一样，也是一种固定的实体。

货币是《资本论》的几个重要范畴之一，它的研究和批判当然有一定的结构。在了解了马克思对资产阶级经济学货币思想（谈不上是理论）的批判之后，我们就可以来探索这种结构的批判性创建。

在《政治经济学批判》第一分册的初稿中，马克思曾经提示要"像以前以商品为出发点那样，现在以交换价值本身——它的独立化是流通过程的结果——为出发点"①。这虽然是初稿中提法，但从其后续的研究看，马克思的确很重视这种独立化形式。如果没有这种独立化，它在实现交换后，便"退回到自己作为尺度和流通手段的两种职能上。作为单纯的货币，它不超出这个规定。"② 也就是说。如果是非独立化的货币，它只能有两种职能，而作为独立化的货币，则还有实在形态的贮藏、支付手段、国际货币等项职能，并且还具有向更高级的职能演化的可能和逻辑。

不仅如此，使单个商品相比，独立化货币决不是"单个"的。在无论是简单的还是扩大的价值形式，进入交换的商品都是少数。但是，黄金作为独立化的货币之后，它就不是仅在少数的交换场合起作用，而是进入无数的交换过程，因而是巨量的。第二章关于黄金从诸多充当一般等价物的商品中脱颖而出、独占鳌头的分析就可看出，它是大量出现在市场上的。

---

① 马克思：《政治经济学批判。第一分册》初稿片段，《马克思恩格斯全集》第31卷，人民出版社1998年版，第380页。《马克思恩格斯全集》第46卷下册，人民出版社1980年版，第495页。

② 马克思：《政治经济学批判。第一分册》初稿片段，《马克思恩格斯全集》第31卷，人民出版社1998年版，第383页。《马克思恩格斯全集》第46卷下册，人民出版社1980年版，第498页。

这意味着研究对象从职能单一的单个商品 W_B 发展到独立化货币 G，虽然从表面看都同样是交换的中介，但其中一些新的职能已经产生，而且各种"职能作用范围或相对占优势的情况"① 已经不同，这也意味着其各种规定的内容都有所变化。

在阐明独立化货币运动因其职能结构历史演化的过程中，马克思还揭示它包含着比商品更为深刻的经济关系，以及对经济发展、经济转型的作用。对象发展了，其内在规定当然也会随之发展，同时其在社会表面上的颠倒表现也会进一步发展。

和职能单一的简单货币不同，独立化货币的职能形态多样化，其结构也发生重大的变化：

它的质虽然仍是商品价值的外化表现，但其量的规定已经发生变化。已经不是个量了，而是一种总量规定。不言而喻，它要表现进入交换的商品总量所包含的价值，因而由这些价值总量决定。但这个总量同时它还受货币作为流通手段、支付手段的流通速度的影响，因而"这个总额就等于待实现的商品价格总额加上到期的支付总额，减去彼此抵销的支付，最后减去同一货币交替地时而充当流通手段、时而充当支付手段的流通次数。"② 显然，这个量并非单由商品总价值决定，还受货币方面的影响，而货币的作为流通手段、支付手段的流通速度、相互抵销的支付等因素所形成的限度就是其总量的社会尺度规定。

独立化货币所包含的本质也发生了变化。社会上不再只有生产者或交换者之间交换劳动的关系，还出现了货币持有者。与前两者不同的是，后者持币并非转瞬即逝。他们"出售商品不是为了购买商品，而是为了用货币形式来代替商品形式。这一形式变换从物质变换的单纯媒介变成了目的本身。……于是货币硬化为贮藏货币，商品出售者成为货币贮藏者。"③ 撇开"货币储藏狂"不说，当生产者或交换者在换回的货币没有立即进入生产过程的时候，他并不从事生产行为或交换行为，因此他们在概念上不属于生产者和交换者。他们持有货币，不是为了消费，而是为了利用它获得更多的物质利益。这表明社会的生产关系已经复杂化了，也蕴含着货币所有者独立化、一部分社会财富凌驾于生产和交换过程的倾向。和简单商品一样，独立化货币的本质关系在社会表面上也会颠倒表现，都表现为货币

---

① 《资本论》第 1 卷，人民出版社 1975 年版，第 193 页；2004 年版，第 198 页。
② 《资本论》第 1 卷，人民出版社 1975 年版，第 159 页；2004 年版，第 163 页。
③ 《资本论》第 1 卷，人民出版社 1975 年版，第 150 页；2004 年版，第 153 页。

关系，都被金灿灿的黄金所掩盖。"货币作为现存的和起作用的价值概念把一切事物都混淆和替换了，所以它是一切事物的普遍的混淆和替换，从而是颠倒的世界，是一切自然的性质和人的性质的混淆和替换。"① 从这种意义看，即使是简单货币，除了有三大形态五种职能外，还有一种颠倒本质的功能，这实质上是商品拜物教性质的进一步发展。

这种颠倒性功能还衍生出其他的类似功能：

它改变了人们的财富观，从重物质财富转变为重金钱财富。独立化货币既是社会财富，有了货币，就可以买到一切，这必然吸引人们的拥有欲望，而"贮藏货币的欲望按其本性是没有止境的。在质的方面，或按形式来说，货币是无限的，也就是说，是物质财富的一般代表，因为它能直接转化成任何商品。但是在量的方面，每一个现实的货币额又是有限的，因而只是作用有限的购买手段。货币的这种量的有限性和质的无限性之间的矛盾，迫使货币贮藏者不断地从事息息法斯式的积累劳动。"②

它颠覆了商品交换包含的平等性，表面看，它消弭了一切地位、身份的差别，但实质上是以拥有货币量的多少为标准重塑了生产者、交换者乃至一切社会成员的关系，从而将简单商品生产条件下的那种平等交换关系解构，使拥有大量货币的人的社会地位明显高于持币少的人。他的货币越多，就可以扩大生产，"他生产的越多，他能卖的也就越多。"③

上面我们已经看到，以货币为出发点的研究在《资本论》中的研究篇幅不很大，但无论是科学批判还是正面叙述，内容都很丰富，并且紧密联系、同时进行，所以批判和建造的结构可以是同一的。不过，从逻辑上看，这里的批判也有其特殊的逻辑。因此，我们应该从一般的即与正面叙述紧密联系的意义上来看批判的结构，也应该从特殊的即批判本身来了解其结构。

对象的结构是复杂的、非单一的，决定了对它的批判结构也是复杂的、非单一的。

上面我们已经看到，《资本论》的科学批判有两类，一类是直接的批判，一类是间接的批判。在货币理论的批判方面，情况也是这样。换言之，这里的批判结构是由两种批判组成的。

---

① 《马克思恩格斯全集》第 42 卷，人民出版社 1979 年版，第 155 页。
② 《资本论》第 1 卷，人民出版社 1975 年版，第 153 页；2004 年版，第 156 页，译文稍变，意思不变。
③ 《资本论》第 1 卷，人民出版社 1975 年版，第 154 页；2004 年版，第 157 页。

　　马克思面对多种多样的文献资料，他只能从中筛选出有代表性的、有影响的思想或学者来评论和批判。这些历经几代的资产阶级学者的理论观点或思想，彼此并非同属一个时期的一个学派，都服务于某个时期的资产阶级某一集团，有时几种不同的思想还彼此攻讦。随着这些集团在社会经济中地位的变化，他们各自的观点也发生变化。其中，有些带有随机性和不确定性，有的则比较系统，如古典学派。这就决定了对它们批判不连贯和统一。有的是在相关的场合，结合论述而提及、简单批评，比较零散，而对有代表性的古典经济学的货币理论的批判则比较集中、着力。前者犹如敲边鼓，后者则如擂鼓心。这样看来，这种批判的结构由这两部分组成。

　　无论是古典学派还是其他理论派别，不管他们如何变化，如何彼此龃龉，在很多基本原则方面全都保持惊人的一致。特别是其唯心主义的历史观，使他们都不能认识到货币是一种社会历史现象，不能认识货币有社会性质的属性。这种非历史观的代表是资产阶级学者，它贯穿其全部理论的始终、表里，当然也贯穿在其货币理论中。其主要表现混淆性质的货币，混淆处于不同发展阶段的同一性质的货币。在开篇，马克思主要研究一般的货币，所以主要是进行前一种批判，但在适当的时候也涉及后一种批判。例如他指出，麦克劳德先生不理解最基本的经济关系，竟认为货币起源于最发达的货币形式，即支付手段的形式。① 可见，这里的基础性批判也呈现出结构性的特征。

　　如果说，从字面及篇幅看，第一章的论述似乎有超社会形态的感觉。——但这只是错觉，只要仔细阅读，不难发现其中它以资本主义社会为背景。——那么，在第三章，特别是第三节，就有多处地方很明显地突出这一背景。但是，马克思并没有因此将不同性质的货币混为一谈。也就是说，在他的货币理论是由两个部分组成的：一个是一般的货币，一个是特殊的货币，尽管特殊的货币在经济过程中往往表现为一般的货币，但这只是一种表象。这种货币结构，是全部资产阶级学者都不理解的，因为他们都将一般过程与特殊过程混为一谈。与此不同，马克思在研究货币的时候，特别是研究独立化的货币时，更着重区分它们。在开篇，他着重研究和批判的是一般的货币，而不是特殊的货币。但在后面，他研究和批判的

---

　　① 马克思：《政治经济学批判。第一分册》，《马克思恩格斯全集》第31卷，人民出版社1998年版，第541页脚注①。马克思：《政治经济学批判。第一分册》，《马克思恩格斯全集》第13卷，人民出版社1962年版，第150页。

主要乃是特殊的货币即资本了。所以，马克思货币理论的科学批判有基础性的批判和具体性的批判。

在了解了这几种科学批判的结构，即直接批判和间接批判统一、敲边鼓与擂鼓心统一、基础性的和具体性批判统一等相关总体性的批判结构之后，我们就有必要和可能进一步探讨马克思货币理论中对主流的古典学派货币理论科学批判的结构。

从前面的研讨可以知道，马克思开篇在特定条件下提出的货币理论包含货币的实质和独立化的货币的职能两个部分，与此相对应，对古典经济学货币理论的批判也分为两个部分，因此批判的结构包含这两个部分。这是通过研究"$W_A—W_G（G）—W_B$"或"$W_A—G—W_B$"结构完成的。

在开篇，马克思先将"$W—G—W$"解构为"$W—G$"和"$G—W$"，再分别先后考察"$W—G$"和"$G—W$"。第一章先考察 $W_A—G$，论证金属货币的形成和实质，第二章论证 G 独立化的历史必然性，第三章再着重考察 $G—W_B$。

先看货币实质方面科学批判的结构。

"$W—G$"的研究一方面阐明了内在的商品价值如何物化、外化，另一方面也意在阐明"货币是商品"，以及"商品怎样、为什么、通过什么成为货币。"① 很明显，这是在建立商品价值理论与货币理论之间的内在联系，也是对古典学派的间接批判。马克思很明确地说："我和李嘉图之间的差别，李嘉图实际上把劳动只是当做价值量的尺度来考察，因而他看不到自己的价值理论和货币的本质之间的任何联系。"② 所以，"$W—G$"是正面研究的结构，也是批判的结构。

他在《政治经济学批判。第一分册》中说："古典经济学把货币首先在它的流动形式上，作为在商品形态上变化本身内部产生而又消失的交换价值形式来理解，……从它作为流通手段的形式规定性上来认定，而不是从它作为货币的形式规定性上来认定"，马克思还进一步指出这种缺陷的发展趋势："如果流通手段本身在它作为铸币的职能上被孤立起来，它就会像我们已经看到的那样转化为价值符号。"并且会因为"作为流通的支配形式的"是金属货币，"所以它就把金属货币理解为铸币，而把金属铸币理解为单纯的价值符号。于是，按照价值符号的流通规律，商品价格决定于流通中的货币量而不是相反地流通中的货币量决定于商品价格这一原

---

① 《资本论》第 1 卷，人民出版社 1975 年版，第 110 页；2004 年版，第 112 页。
② 《马克思恩格斯全集》第 19 卷，人民出版社 1963 年版，第 400 页。

理就被提出来了。"① 也就是说，它沿着"瞬间的简单中介"——"金属货币"——"货币符号论"——"货币数量论"的路径发展，一个导向下一个，直至背离其初衷，即从原先认为货币的价值是由生产、再生产它的劳动时间决定的，倒向货币量来决定商品价格量。如果暂时撇开"货币数量论"如何使货币价值的本质颠倒表现，先就其产生来看，不难发现这一整条路径都是"在表面的联系内兜圈子"②，"按照联系在竞争现象中表面上所表现的那个样子，也就是按照它在非科学的观察者眼中，同样在那些被实际卷入资产阶级生产过程并同这一过程有实际利害关系的人们眼中所表现的那个样子，把联系提出来"③，因而必然走向与"生理学"研究相互对立。这样批判，在《资本论》中首次将古典学派理论不同层面的矛盾结构展示出来。

本来，联系 W—G—W 这一形式或过程是完全必要的，古典学派已经这样做了，但它却把这一过程简单地归结为商品价值形态的变化，将货币归结为交换的媒介。它既不能发现货币的全面规定，当然也就看不到货币对经济关系的扩大和深化，以及对经济发展的一系列重要作用，并且还将其中流通手段的职能简单化了，由此还导致一系列的错误。显然，古典经济学家们看待 W—G—W 这一形式只是从过程的表象，而没有深入过程之中，只是从表象中得出一种一望而知的规定，并由此否认其他规定的存在。可见，古典学派对 W—G—W 这一形式的理解是很狭隘和肤浅的，有点像"成也萧何，败也萧何"，能从交换过程看货币的形成，是其成，不能从同一过程看货币的全部形式规定性，是其败。它让人们看到古典学派既缺乏"抽象力"，又"长期对货币流通现象失去判断能力"④。这实际上是批判地指出，古典学派只是简单地延续"两千多年来人类智慧在这方面进行探讨的努力。并未取得什么结果"⑤。这也表明，对价值形式的一般的

---

① 《政治经济学批判。第一分册》《马克思恩格斯全集》第 13 卷，人民出版社 1962 年版，第 150 页。《马克思恩格斯全集》第 31 卷，人民出版社 1998 年版，第 554—555 页。

② 《资本论》第 1 卷，人民出版社 1975 年版，第 98 页脚注（31）；2004 年版，第 99 页脚注（31）。

③ 《马克思恩格斯全集》第 26 卷第 II 册，人民出版社 1975 年版，第 182 页。

④ 马克思：《政治经济学批判。第一分册》，《马克思恩格斯全集》第 31 卷，人民出版社 1998 年版，第 554 页。马克思：《政治经济学批判。第一分册》，《马克思恩格斯全集》第 13 卷，人民出版社 1962 年版，第 149 页。

⑤ 《资本论》第 1 卷，人民出版社 1975 年版，第 7 页；2004 年版，第 8 页。

表面现象观察是无济于事的。

马克思还指出，李嘉图之所以会犯这样的错误，除了唯心历史观决定的对象混杂外，还有方法的错误。一方面，他的抽象不彻底，另一方面是他的过度抽象，"硬用他的抽象理论解释实际现象"①。

古典学派虽然已经提出货币是商品价值的外化、物化，但却不了解价值的本质是生产者之间的关系，因而也不了解货币的本质。在开篇马克思正是通过对价值形式的深入研究，科学地揭示了货币的实质、本质，建立了整个货币理论的基础，奠定了对古典学派货币理论批判的基础，也是对它的间接批判。

再看对独立化货币研究的批判结构。

独立化货币的研究和"G—W"紧密联系。这里的研究同样充满着批判精神。既然资产阶级学者忽视深入地研究价值形式的重要性，不能由此揭示研究货币的实质和本质，当然也不能充分地研究货币如何以独立化的身份凌驾于交换过程之上，反过来作用于交换过程。这样一变，研究结构随之变化。与"W—G"有所不同，"G—W"这种结构的重心是在 G 上，G 既产生于 W—G—W 过程，又独立于 W—G—W。与此相适应，所体现的关系也将发生变化。——在《政治经济学批判。第一分册》和《资本论》开篇中，马克思区分了简单的一般的生产关系和"涉及发展程度较高的生产关系"②，并着重研究前者。所以这种关系的变化仍然是简单的、一般的生产关系。——在"W—G"中，G 是交换的产物，货币是副产品，商品所有者起主导作用；而在"G—W"中，随着货币独立化，货币所有者起主导作用。

由于古典学派对货币只是"从它作为流通手段的形式规定性上"③ 来认定，因而不能正确地认识它的职能及职能形态，当然更不能意识到它的流通手段只是它的一种象征性形态，不能发现"G—W"包含着危机的可能性，庸俗学者甚至认为卖者会将买者带到市场上来。对此，马克思在进

---

① 马克思：《政治经济学批判。第一分册》，《马克思恩格斯全集》第 31 卷，人民出版社 1998 年版，第 572 页。《马克思恩格斯全集》第 13 卷，人民出版社 1962 年版，第 167 页。

② 马克思：《政治经济学批判。第一分册》初稿片段，《马克思恩格斯全集》第 31 卷，人民出版社 1998 年版，第 347 页。

③ 《马克思恩格斯全集》第 31 卷，人民出版社 1998 年版，第 554—555 页。马克思：《政治经济学批判（第一分册）》，《马克思恩格斯全集》第 13 卷，人民出版社 1962 年版，第 150 页。

行直接批判的同时，还创造性地提出货币有三种不同的表现形态，从而构成了货币三位一体的职能形态结构。可见，对资产阶级经济学货币理论的间接批判包含有三位一体的职能形态结构。

马克思还将对古典学派这种片面性、表面性的直接、间接批判引向深入，深入地研究货币的各种职能，及其历史演化。他阐明："货币的各种特殊形式，即单纯的商品等价物，或流通手段，或支付手段、贮藏货币和世界货币，按其中这种或那种职能的不同作用范围和相对占优势的情况，表示社会生产过程的极不相同的阶段。"他还说明："根据经验，不很发达的商品流通就足以促使所有这些形式的形成。"① 显然，即使在简单形态的独立化货币中，也已经包含着阶段性演化的逻辑。他还指出，其支付手段职能已经蕴含着进一步演化的逻辑。随着简单的独立化货币上升为复杂的独立化货币，各种"职能的作用范围和相对占优势的情况"也要发生变化，甚至必然演化出新型的职能，改变原有的"职能的作用范围和相对占优势的情况"的结构。这样，马克思展示了对象的两种历史发展结构：一种是"不很发达的商品流通"时代的"极不相同阶段"，另一种是"不很发达的商品流通"和"涉及发展程度较高的生产关系"② 的商品流通。这当然也是对资产阶级学者简单认识的单一结构的批判。

---

① 《资本论》第 1 卷，人民出版社 1975 年版，第 193 页；2004 年版，第 198 页。
② 马克思：《政治经济学批判。第一分册》初稿片段，《马克思恩格斯全集》第 31 卷，人民出版社 1998 年版，第 347 页。

第四篇
第二逻辑阶段的科学批判

在暂时撇开特殊资本关系的条件下全面深入地研究一般的 W—G—W 形成的一般商品、货币的理论细致入微，抓住了、解剖了研究复杂对象最的根本的东西，还包含着进一步发展的萌芽和逻辑，既是全方位的大创建，还是深广度空前的大批判，为研究阶段的上升奠定了坚实的基础、健全的根本和发展的逻辑，不仅可以对资本运动的实质、性质进行全面深入的研究，而且能够顺理成章地进入第二研究阶段，进行全方位的批判。

第二逻辑阶段研究的是资本和剩余价值，正是在这里，无产阶级经济学对资产阶级经济学展开彻底的全方位的批判和碾压。为此，《资本论》还浓缩、凝聚《剩余价值理论史》的科学批判。在这里，有批判地继承，更有直接间接地批判，还有自我批判。

第二逻辑阶段研究的是资本主义初级阶段单个资本的运动，之所以先研究它，因为较为发达的资本运动是在单个资本运动基础上发展起来的。

单个资本运动有几种不同的职能，在现实过程中，这些职能是同时存在并发挥作用的，但研究和论述、批判只能逐一涉及，而将其他职能暂时撇开。这里也根据《资本论》的安排，逐一研究其中的科学批判。

在这个逻辑阶段，单个资本是基本职能还没有分化、并且同时发挥的资本，所以必须同时研究。总的看来，这些不同的职能中，有更为关键和根本性的职能，即生产，它在职能体系中居主导地位，所以，马克思理所当然地要先研究和批判它，在此基础上再研究和批判其流通、分配。资本运动当然是要有先决的、基本条件的，其中有的可随研究的拓展而相机提出，有的则必须在研究最主要的运动阶段之前先行研究，劳动力的买卖虽然在流通领域中进行，但没有这种买卖，资本运动就无从进行，所以，在研究和批判资本主义生产过程之前，必须先行将这一发生在流通领域的问题当成前提条件来研究。

大体看来，《资本论》关于单个资本运动的研究包括三个部分：其一，第一卷第三篇到第六篇，暂时撇开流通过程，主要研究资本的生产过程，这是最重要的，涉及的时间较长，但主要不是从再生产的角度看的；其二，第二卷第一到第二篇，主要研究单个资本的流通过程，主要是从再生产的角度来看的；其三，第三卷第一篇，主要研究利润如何在单个资本的各个组成部分中平均分配。——恩格斯说过："第三卷所阐述的就是剩余价值的分配规律。"① 显然，他指的是整个第三卷。所以，该卷的第一篇无疑也是研究剩余价值分配的。但是，乍一看来，第三卷第一篇研究的是剩余价值转化为利润和剩余价值率转化为利润率，似乎不涉及分配，似乎只是为后面研究分配做准备。按照资产阶级学者的解释，分配是三大阶级之间的事情，但马克思认为，工人并没有参加分配，他们获得工资，只是出卖劳动力的获得的对价。而出卖劳动力并不属于分配领域，而是属于流通领域。按照一般政治经济学教科书的解释，剩余价值的分配是剩余价值在不同资本家集团之间的分割，似乎不是一个资本家给自己资本的各个部分分配。但是，马克思在手稿中已经指出："资本家把得到的利润——他也许很不了解利润的起源——平均地分配在他的支出的一切部分上，而完全撇开它们的质的区别。"② 很显然，这样研究和叙述在逻辑上是很有必要的，它为进一步研究打下了科学的基础。因为实际上，在资本主义较为发达阶段，分配已超越各个资本范围、各个资本部门范围，而演变为整个社会总资本的各个部分按其在社会总资本中的份额分割到多少利润。在这个阶段，"出现的一切关系，从简单商品的观点来看，或者从那种在再生产过程中作为商品资本执行职能的资本的观点来看，都是不合理的。"③ 在资本主义生产当事人及其理论家看来，利润是全部预付资本带来的。也就是说，每个部分的资本，不管是所用的、还是所费的部分，都要计算所应得的利润，因而可以说，这里实际上是在研究利润在单个资本中如何在各个组成部分中平均化的问题。因为在资本家看来，他的全部资本，包括预付而尚未转移价值的部分，都能获得与其他部分资本一样的利润，都能自行增殖。只有这样理解，才能将单个资本利润率的平均化与社会总资本利润率的平均化紧密联系起来。——由于这三个部分分别在三卷中研究，人们大都没有发现它们全都属于资本主义初级阶段的单个资本运动，是其同时并列而又分主次、依次继起的三种职能阶段。但只要认真品味，不难了解到，第一卷这几篇考察的大都是资本主义初级阶段单个资本的运动。诚然，在这里也研究了机器大工业，但并未涉及有机构成、周转时间构成相

---

① 《马克思恩格斯全集》第22卷，人民出版社1965年版，第511页。
② 《马克思恩格斯全集》第46卷下册，人民出版社1980年版，第64页。
③ 《资本论》第3卷，人民出版社1975年版，第396页；2004年版，第396页。

差很大的不同资本，因而是价值还没有转型之前的资本运动。而在第二卷，马克思很明确地提示，第一、二两篇研究的单个资本的循环他和周转。至于第三卷第一篇，很显然也是研究单个资本。马克思发现，社会总资本的运动是建立在利润率平均化基础上的。所以，以上这些篇章所研究的资本运动，都还没有达到这样的发展阶段。

由此可见，《资本论》的结构有显性的和隐性两大类，显性的是资本生产过程、流通过程、总过程三个部分，这是共时态的；隐性的是资本运动的起点、初级阶段、较为发达阶段等三个发展阶段，这是历时态的。与后者相适应，各个阶段分别研究了资本家幼虫、资本家蝴蝶、整个资产阶级的经济行为。但是，无论是哪种结构，都不可能同时考察，只能依过程和对象职能的重要性分别先后研究。不言而喻，生产过程是资本运动最重要的职能和阶段，所以，必须最先研究。为了研究的方便和可能，其他职能和阶段都只能暂时存而不论。

第一逻辑阶段和第二逻辑阶段的区别，不仅有上面分析的研究对象的性质、规模等方面的变化，批判方式的变化，还体现在研究条件的变化、科学批判的变化以及由此导致的理论内容的变化。

第二逻辑阶段是第一逻辑阶段与第三逻辑阶段的中介，承上启下，实现理论的首次转型，也为第二次转型做必要准备。

第六章 货币转化为资本研究的科学批判

从第二篇开始，《资本论》就开始研究真正的实际的资本运动。但因资本的提出是连接着抽象度较高的商品和货币，所以，第二篇第四章刚开始研究的资本，还不可能是发展充分、规定具体的，还只是资本主义初级阶段单个资本的运动，并且还没有进入资本运动的核心领域，还是在研究它的运行条件，包括历史的和现实的条件。虽然与第一逻辑阶段一样，考察和批判的仍然是流通，但特殊的资本关系已经回归研究过程，所以这里的客观主体已经不再是"资本家幼虫"，而是已经"变为蝴蝶"① 的资本家。

一、研究对象的批判性处理

要研究资本，就不能不研究和批判资产阶级学者的资本理论。

在经济学说史上，资产阶级学者曾广泛地研究过资本。由于眼界和各个时期的特殊任务不同，代表资产阶级不同集团、领域的资产阶级学者的说法也多种多样。但是，总的看来，他们的资本概念都是非历史的，缺乏逻辑层次的，因而往往将它的不同逻辑属性、不同逻辑阶段规定混为一谈。

早期资产阶级学者的粗浅认识就不用说了，后来的古典学派和庸俗经济学各自的看法就有很大区别。但无论差别多大，他们都"为资本主义生产代理人的观念所束缚，陷入了双重的、但是互为条件的概念的混淆。一方面，他们把资本从一种关系变成一种物，变成'商品储备'（这时他们已经忘掉商品本身不单纯是物），这些商品由于被用作新劳动的生产条件而被称为资本，并按其再生产方式被称为流动资本。另一方面，他们又把物变成资本，即把表现在物上并通过物表现的社会关系，看成物本身只要作为要素加入劳动过程或工艺过程就具有的属性。"② 不仅如此，他们还受

---

① 《资本论》第 1 卷，人民出版社 1975 年版，第 189 页；2004 年版，第 194 页。
② 《马克思恩格斯全集》第 26 卷第Ⅲ册，人民出版社 1974 年版，第 300 页。

流通假象的影响，根据自己狭隘经验，将资本与货币收入混为一谈，以至于认为：资本就是收入，或者说，"对一个人来说是收入的东西，对另一个人来说则是资本"①。在他们的观念中、理论中，这些规定是没有区别的、通行的，因而是混乱的。

此外，他们还有一个共同点："没有把资本看作是一种关系。他们不可能这样看待资本，因为他们没有同时把资本看作是历史上暂时的、相对的而不是绝对的生产形式。"② 诚然，古典经济学者并没有那么浅薄，至少他们还看到资本和雇佣劳动的关系。马克思肯定，斯密已经意识到资本是对他人劳动的支配权。③ 但他又认为，这只是资本积累发生以前的事情。

诚然，古典政治经济学也能粗略地反映其所处经济时代的资本运动，也提出一些真知灼见，发现并研究资本运动的重要环节——生产过程，但它往往将一般过程与特殊过程混为一谈，将不同的经济时代混为一谈，将有科学意义的见解与带有庸俗性的见解混为一谈，以至于科学见解不彻底、非辩证、不能转型。

至于庸俗经济学，"只是在表面的联系内兜圈子，它为了对可以说是最粗浅的现象作出似是而非的解释，为了适应资产阶级的日常需要，……只限于把资产阶级生产当事人关于他们自己的最美好世界的陈腐而自负的看法加以系统化，赋以学究气味，并且宣布为永恒的真理。"④ 具体地说，就是将资本与收入画等号。

针对资产阶级经济学的这些问题、错误，马克思都相应地进行了直接的分析批判。在此基础上，他创建了全新的资本理论。与前者不同。马克思的资本理论是由此从抽象上升到具体、经历不同的逻辑阶段、不同的逻辑层次、通过种种中介逐步接近历史发展的、与国际资本运动紧密联系的社会总资本。资本作为具体概念，其具体化就是个不断发展的过程。马克思在开篇也已经告诉人们，他对资本的实际研究与理论上反映的次序是相反的。所以，在《资本论》中，作为具体范畴，资本是其较为发达阶段多样性规定的统一，其规定在终篇才臻于具体化。但在理论过程中，他却倒过来，是从抽象到具体地研究资本的。所以，他在第二篇提出的这种资

---

① 《资本论》第 3 卷，人民出版社 1975 年版，第 955 页；2004 年版，第 957 页。

② 《马克思恩格斯全集》第 26 卷第 Ⅲ 册，人民出版社 1974 年版，第 301 页。

③ 《马克思恩格斯全集》第 46 卷上册，人民出版社 1979 年版，第 293 页。

④ 《资本论》第 1 卷，人民出版社 1975 年版，第 98 页脚注（32）；2004 年版，第 99 页脚注（32）。

本，相对于具体的总体对象而言，是最基本的东西，是抽象的。马克思也明说：这里是"分析资本的基本形式，分析决定现代社会的经济组织的资本形式"①。在这里，资本的职能还没有分化，从而主体也没有分化，甚至发展阶段也没有分化。

这样处理和安排，当然是抽象力的运用。既然这样，在了解这一对象的时候，就不能忘记，客观对象作为"实在主体仍然是在头脑之外保持着它的独立性；只要这个头脑还仅仅是思辨地，理论地活动着。因此，就是在理论方法上，主体，即社会，也一定要经常作为前提浮现在表象面前。"②

马克思对客观对象的科学处理有很多程序。先是从社会总资本中抽出最为典型的、最有代表性的产业资本来研究，再从中抽出单个资本来研究。如果说，商品是总体对象的细胞，那么这里的资本就应该是总体对象的最重要的肢体。对单个资本，还是分层次的，并且各个层面的规定紧密联系。这样从简单到复杂，从抽象上升到具体，既符合逻辑，也很有必要的，否则，逻辑就混乱了。

这样处理思想材料，体现了马克思研究的历史性。他发现，在资本主义达到初级阶段，资本运动主要是以单个资本为代表的，而在较为发达阶段，情况不一样了。马克思说："随着大工业的发展，出现在市场上的货币资本，会越来越不由个别的资本家来代表，即越来越不由市场上现有资本的这个部分或那个部分的所有者来代表"③。在较为发达阶段，利润率已经平均化，尽管在实际的生产过程中，直接发挥职能的还是单个资本，但是，随着工业化的转型升级，各个资本既要追求高效率又要实现经济效益的相对平等，必然要通过价值的转型来调整各个资本之间的关系。由是，他们都"意识到自己是一种社会权力；每个资本家都按照他在社会总资本中占有的份额而分享这种权力。"④ 从而剩余价值的生产已经不再以单个资本为转移，一切资本已经都意识到它们不仅是单个的存在，更是整体性的存在。与此相区别，在资本主义初级阶段，一个行业的技术不是很复杂，资本构成相差不很大，一旦有新的技术出现，很快就会推广。"价值由劳

---

① 《资本论》第 1 卷，人民出版社 1975 年版，第 186 页；2004 年版，第 191 页。

② 《马克思恩格斯全集》第 46 卷上册，人民出版社 1979 年版，第 39 页。

③ 《马克思恩格斯全集》第 26 卷第 Ⅲ 册第 515 页，人民出版社 1975 年版。这里论述的也是关于社会总资本运动的外在表现形式。

④ 《资本论》第 3 卷，人民出版社 1975 年版，第 218 页；2004 年版，第 217 页。

动时间决定的规律，既会使采用新方法的资本家感觉到，他必须低于商品的社会价值来出售自己的商品，又会作为竞争的强制规律，迫使他的竞争者也采用新的生产方式。"① 这样处理研究对象，正好体现了社会总资本的运动是个历时态的过程。

这样处理思想材料，也包含、体现了典型对象其他非典型对象的关系。任何对象的运动都离不开一定的空间或背景、平台、与他者的关系，因而都有与后者构成一定的大结构。资本运动也是这样，一国资本离不开一定的生产力水平、世界市场、世界资本主义体系中的竞争，也就是说，资本运动是包含一国资本和世界各国资本关系的大结构。对这样极其复杂的结构，在一国资本结构没有厘清之前，还不能清楚地解构和重构。所以，在《资本论》终篇，在论述资本运动及其当事人行为的时候说，他没有谈到 "世界市场，世界市场行情，市场价格的变动，信用的期限，工商业的周期，繁荣和危机的交替，会按怎样的方式对生产当事人表现为不可抗拒的、自发地统治着他们的自然规律，并且作为盲目的必然性对他们发生作用"，只是将它们当成必要的因素暂时撇开，之所以这样，"是因为竞争的实际运动不在我们的研究计划之内，我们只需要把资本主义生产方式的内部组织，在它的可说是理想的平均形式中表现出来。"② 既撇开总体对象与其他国家资本的关系，也撇开一国资本运动中的波动性。因为英国资本运动当时最发达，因而可以成为典型。所谓的典型总是与非典型相比较而存在的，但只有在研究完典型对象之后，才有可能研究它与其他非典型对象的关系。所以，无论是第二逻辑阶段，还是第三逻辑阶段，马克思都撇开了其他非典型对象。

这样处理思想材料，也包含并体现了特殊过程与一般过程的关系。一般过程的发展，本质上是生产力的发展，它制约、影响着资本运动，反之，资本运动也会或者推动、或者阻碍一般过程的发展。

这样处理思想材料，也包含并体现了资本运动所需要的社会经济条件，其中有的可预先明确提出，有的则是在相关场合相机提出。例如劳动力的买卖，"单是在一极有劳动条件作为资本出现，在另一极有除了劳动力以外没有东西可出卖的人，还是不够的。这还不足以迫使他们自愿地出

---

① 《资本论》第 1 卷，人民出版社 1975 年版，第 354—355 页；2004 年版，第 370—371 页。

② 《资本论》第 3 卷，人民出版社 1975 年版，第 939 页；2004 年版，第 941 页。

卖自己"，所以，资产阶级"需要并运用了国家权力。"① 对后者，马克思是安排在后面才涉及的。

马克思对资本运动的研究还有一个重大特点，即透过物的运动研究主体的行为。在这里，他突出了作为"资本家幼虫的货币所有者"和变为蝴蝶的资本家的行为领域不同，后者"必须在流通领域中，又必须不在流通领域中。"② 关于主体的研究，马克思早在《关于费尔巴哈的提纲》中已经提出：对对象、现实、感性，不能只是从客体的或者直观的形式去理解，而必须"把它们当作感性的人的活动，当作实践去理解，……从主体方面去理解。"③ 在第二逻辑阶段的研究中，马克思都是这样，在研究资本运动的时候很重视资本家的行为。

与资产阶级经济学不同，马克思研究资本运动，更重视的还是人与人之间的关系，不仅是资本家与雇佣工人的关系，还有资本家之间的关系。恩格斯正如所说："经济学所研究的不是物，而是人和人之间的关系，归根到底是阶级和阶级之间的关系；可是这些关系总是同物结合着，并且作为物出现。"④ 但是，只见物不见人、不见阶级关系、将人的关系归结为物的关系却是"贯穿着整个经济学并在资产阶级经济学家头脑中引起过可怕混乱的特殊事实"⑤。

总之，马克思研究的资本，是个很复杂的一环套一环的巨型结构。其中有一国资本和世界资本的关系，在一国资本中，有产业资本和商业资本、生息资本的关系，产业资本中有单个资本和社会总资本的关系，单个资本中有生产过程、流通过程、分配过程的关系，资本运动有物与人的关系，其中有资本家之间的关系，有资本家与雇佣工人的关系等等，有内在规定与外在表现形式的关系等等，就一国资本而言，它还是历时态的，有几个生产力水平不同的发展阶段。马克思还发现，18 世纪中叶，英国已经开始出现了垄断的萌芽，并且与国家权力结合在一起。因此，他已经预示，自由资本主义将发展为垄断资本主义，从而揭示了这种运动的更大的历史结构。这样的研究对象，正好与资产阶级经济学的对象含混形成鲜明

---

① 《资本论》第 1 卷，人民出版社 1975 年版，第 805，806 页；2004 年版，第 846，847 页。

② 《资本论》第 1 卷，人民出版社 1975 年版，第 189 页；2004 年版，第 194 页。

③ 《马克思恩格斯选集》第 1 卷，人民出版社 1995 年版，第 54 页。

④ 《马克思恩格斯选集》第 2 卷，人民出版社 1995 年版，第 44 页。

⑤ 《马克思恩格斯选集》第 2 卷，人民出版社 1995 年版，第 44 页。

的对比，使之相形见绌。这样看来，马克思在逻辑阶段上升的时候对客观对象的科学处理实际上就是对资产阶级学者对象混乱的批判。

但这个具体的总资本的运动，极其复杂多变，决不能一开始就做总体性研究，只能一步一步地从其最简单的、最基本的部分即单个资本的运动开始，并且先研究它的运动条件，并且主要是最基本的条件。马克思认为，在资本运动的几个环节中，最重要的莫过于生产，但生产需要一系列的条件。即使在资本主义初级阶段，生产也是在科学技术有一定发展的条件下进行的，须要有大量的原始资本，① 同时需要有大量的雇佣工人，也需要有一定经验的资本家，并且还需要有一定的市场和法制条件等。但在刚开始研究和论述的时候，有些条件涉及问题太多，只能暂时撇开，但有的则不可避免。其中需最先研究的，就是劳动力的买卖，这是货币转化为资本的首要条件。而第二篇所研究的资本的总公式、资本总公式的矛盾，就是为了引出劳动力的买卖。所以，这整个第二篇，都是在研究这个资本运动的基本条件。

二、四个方面的批判

如果说，对第二篇研究的资本的特别处理和批判，要通过反复认真地品味、在字里行间穿梭游弋才能领悟，那么，马克思的实际研究开始的对客观的资本运动条件、为资本运动维护的资产阶级经济学进行的批判，则比较容易看清了。如果说，在第一逻辑阶段，批判及其火力相对缓和，大都是间接的批判，那么，从此以后，批判就是公开的明火执仗。在这里，我们可以很清楚地看到，直接的批判对正面叙述的重要作用。

在这里，马克思主要从四个方面进行比较集中的批判。

首先，严格区分了作为货币的货币和作为资本的货币，批判了资产阶级经济学将两者混为一谈的错误。

马克思揶揄道："麦克库洛赫之流，在理论上陷入困境的情况下，例如在考察生产过剩问题时，还是把资本家变成了善良的市民，好象他关心的只是使用价值，好像他真正象狼一般贪求的，只是皮靴、帽子、鸡蛋、

---

① 在资本主义较为发达阶段，信贷发达，资本不成问题，但在初级阶段，信贷不发达，所以要依靠原始积累。

印花布以及其他各种极为平常的使用价值。"① 这是指出麦克库洛赫之流将资本这种特殊的货币与一般的作为流通媒介的货币画等号了。

与此不同，马克思分析了 W—G—W 和 G—W—G' 的根本性质区别，并由此导出剩余价值的概念、资本的特殊规定。这两个式子，一个体现了一般的商品运动，另一个表现在是特殊的资本运动，"G—W—G"（G—W—G'的雏形），与著名的"资本总公式"相对，可以称"W—G—W"为"商品总公式"。从过程性质的视阈看，这是严格地区分了一般过程和特殊过程。它标志着理论研究和批判上升到一个新的阶段，展开了新的视阈，从而能进入更深的层面，进行更有针对性、更有力的批判。不仅有对资产阶级经济学的批判，还有自我的批判和超越，即在某种程度上使原有的理论规定更加具体，离具体对象更近。

诚然，马克思也说："商品流通是资本的起点。……货币是这一过程的最后产物。商品流通的这个最后产物是资本的最初的表现形式。"② "资本在历史上起初到处是以货币形式，……现在每一个新资本最初仍然是作为货币出现在舞台上"③。但是，尽管这样，货币与资本还是有本质的区别。就像可以说"金银天然不是货币，货币天然是金银"一样，也可以说货币天然不是资本，而资本天然是货币。在经济发展史上，货币的资历比资本老得多。它的产生，在相当长的时间内，与资本并非必然的联系。只是在资本关系下，在一定的条件下，货币才转化为资本。关键在于为什么使用货币，怎样使用货币。

当然，从他的货币理论看，他研究的并非资本主义社会以前长期存在的那种一般货币，而是内在地包含着向资本运动转化的发展程度很高的货币。这样的货币，当然是独立化的货币，并且不仅仅发挥价值尺度和流通手段职能。实际上，在这种独立化货币的贮藏手段、支付手段职能——马克思称它们是"第三种规定"④ ——上，已经潜在地包含着进一步发展的萌芽和逻辑。在他看来，这个第三种规定不仅包含着第一、第二种流通的

---

① 《资本论》第 1 卷，人民出版社 1975 年版，第 175 页脚注（9）；2004 年版，第 179 页脚注（9）。

② 《资本论》第 1 卷，人民出版社 1976 年版，第 167 页；2004 年版，第 171 页。

③ 《资本论》第 1 卷，人民出版社 1976 年版，第 167—168 页；2004 年版，第 171—172 页。

④ 《马克思恩格斯全集》第 30 卷，人民出版社 1995 年版，第 175 页。《马克思恩格斯全集》第 46 卷上册，人民出版社 1979 年版，第 173 页。

规定，而且还"要起生产的作用"。在一定的条件下，还"是社会形式发展的条件和发展一切生产力即物质生产力和精神生产力的主动轮。"① 不过，尽管这样，从社会性质看，独立化的货币与特殊的货币两者还是有根本区别的。

他一方面指出，商品流通的直接形式是 W—G—W，商品转化为货币，货币再转化为商品，为买而卖。另一方面还指出，资本最初表现为货币，货币转化为商品，商品再转化为货币，为卖而买。从流通表面看，两者"都分成同样两个对立阶段：W—G（卖）和 G—W（买）。在其中每一个阶段上，都是同样的两个物的因素即商品和货币互相对立，都是扮演同样两种经济角色的两个人即买者和卖者互相对立。这两个循环的每一个都是同样两个对立阶段的统一，这种统一在这两种情形下都是通过三个当事人的登场而实现的：一个只是卖，一个只是买，一个既买又卖。"② 这种情况，正好构成资本家和资产阶级学者将资本和货币等量齐观的经验性现象。

对此，马克思指出，作为货币的货币和作为资本的货币的区别，首先是它们具有不同的流通形式。而恰恰是 G—W—G 和 W—G—W 这两种循环的形式上的区别，同时也将隐藏在这种形式上的区别后面的内容上的区别暴露出来了。

从两者的流通次序看，与简单商品流通不同，资本的投入以买开始，以卖结束，通过出卖这同一商品，从流通中再取回货币。货币只是被预付出去，最后总是流回到起点。最重要的是，投入量与流回量不同，后者对前者有一个增加额，这就是剩余价值。因此，这样的过程不像商品交换那样只是一次性的，而是没有限度的。由是，"作为这一运动的有意识的承担者，货币所有者变成了资本家。"经济主体就不再是"资本家幼虫"的货币所有者，已经"变为蝴蝶"③，身份性质已经蜕变。

马克思还特别强调："在 G—W—G 流通中，商品和货币这二者仅仅是价值本身的不同存在方式：货币是它的一般存在方式，商品是它的特殊的也可以说只是化了装的存在方式。价值不断地从一种形式转化为另一种形

---

① 《马克思恩格斯全集》第30卷，人民出版社1995年版，第176页。《马克思恩格斯全集》第46卷上册，人民出版社1979年版，第173页。

② 《资本论》第1卷，人民出版社1975年版，第169页；2004年版，第171页。

③ 《资本论》第1卷，人民出版社1975年版，第189页；2004年版，第194页。

式，在这个运动中永不消失，从而变成一个自动的主体。"① 这个价值不断地扩大自己，但只有在货币形式上才能把自身的同一性确定下来，以便于比较有无增殖。这也意味着货币必须增殖且回流。但是，也因为这样，这样回流又造成一种假象，似乎是自身同自身发生关系。马克思批判地指出："资本的最初解释者重商主义者就是这样来描绘资本的。"②

在这里，马克思还特别加注了亚里士多德关于经济与货殖的分析。在亚里士多德看来，经济是一种谋生术，只限于取得生活所必要的并且对家庭或国家有用的物品，而货殖是另一种谋生术。他发现，"商品交易按其性质来说不属于货殖范围"。他又说，随着交换的扩大和货币的发明，"物物交换必然发展成为商品交易，而后者一反它的最初的宗旨，成了货殖，成了赚钱术。"这样，货殖与经济的区别是："对货殖来说，流通是财富的源泉。货殖似乎是围绕着货币转，因为货币是这种交换的起点和终点。因此，货殖所追求的财富也是无限的。"③ 换句话说，前者只求财富（使用价值）的有限满足，后者则求财产（价值）的无限增加。他能看到经济作为一般的谋生术与货殖作为特殊的谋生术的区别，看到简单流通与资本流通的区别，主要在于目的及其限度，这是有意义的。马克思从散见于亚里士多德《政治学》中的相关论述收集起来，从他的并适当地将他的意思加以归纳，可见对其相当重视。在这里，马克思虽没有加以评论，但亚里士多德认为，对货殖来说，流通是财富的源泉。这当然是十分错误的。他将经济简单地归结为目的有限的谋生术，可见其眼界是狭隘的。而且，他根本没有意识到经济主体、经济关系对增殖的作用。将增殖归结为货币的特殊作用，即"货"之"殖"，更有货币拜物教的味道。

其次，马克思还批判了关于剩余价值来源的错误看法。不言而喻，这些看法都是资产阶级学者的错觉。

从"W—G—W"到"G—W—G'"，对象运动的基本规定已经发生了重大的变化。马克思指出："货币羽化为资本的流通形式，是和前面阐明的所有关于商品、价值、货币和流通本身的性质的规律相矛盾的。……

---

① 《资本论》第1卷，人民出版社1975年版，第175页；2004年版，第179—180页。

② 《资本论》第1卷，人民出版社1975年版，第177页；2004年版，第181页。

③ 《资本论》第1卷，人民出版社1975年版，第174页脚注（6）；2004年版，第178页脚注（6）。

是用什么魔法使这一过程的性质改变的呢？"① 如何解决这个矛盾，如何找到解决这个矛盾的关键，是对价值理论科学性的检验，也是对资产阶级学者某些奇谈怪论的批判。

G—W—G'首先表现为流通过程，所以，马克思就从此着手进行分析。

交换无非是等价的和非等价的。要在等价交换的条件下解决这个问题，当然只能从使用价值方面去发挥想象力。例如法国的孔狄亚克②，为了"试图把商品流通说成是剩余价值的源泉"，他竟把使用价值和交换价值混淆起来："当事人双方……如果真的总是等量的价值交换，那任何一方都不会得到利益。但双方都得到利益，或都应该得到利益。为什么呢？物的价值只在于物和我们的需要的关系。……我们是要把自己用不着的东西拿去卖，以取得自己需要的东西；我们是要以少换多……"③ 这种说法的错误是很明显的、多方面的：不仅将使用价值和交换价值混淆起来，而且还将商品交换归结为仅仅是剩余产品的交换，将交换看成是不同主观评价的使用价值之间的交换，将不同时代的商品交换为一谈等。但它没有受到应有的批判，所以仍经常为后来的经济学家重复，例如有的人说："贸易使产品增添价值，因为同一产品在消费者手里比在生产者手里具有更大的价值，因此，严格说来，贸易应看作是一种生产活动。"④ 马克思揶揄他们说："人们购买商品不是付两次钱：一次是为了它的使用价值，一次是为了它的价值。"⑤

等价交换不能说明问题，用不等价交换也不能说明问题。即使是"洪水期前"的商业资本和高利贷资本，它们的运动是在流通领域内进行的，也根本不能生成剩余价值。这一点连古典学者拉姆赛也已经看到："在通常的市场条件下，利润不是由交换产生的。如果利润不是先前就已存在，

---

① 《资本论》第1卷，人民出版社1975年版，第177——178页；2004年版，第182页。

② 孔狄亚克（1715——1780）：法国经济学家和自然神论哲学家，感觉论者，认为物的价值由物的有用性决定。(《资本论》第1卷人名索引，人民出版社1975年版，第893页；2004年版，第978页。)

③ 转引自《资本论》第1卷，人民出版社1975年版，第181页；2004年版，第185页。

④ 转引自《资本论》第1卷，人民出版社1975年版，第182页；2004年版，第186页。

⑤ 《资本论》第1卷，人民出版社1975年版，第182页；2004年版，第186页。

那末，在这种交易以后也不会有。"① 借同一阵营的人来批判，效果出乎意料的好。不过，仍有人企图用偷偷加进一些不相干的东西进行狡辩。例如托伦斯②说："有效的需求在于，消费者通过直接的或间接的交换能够和愿意〈！〉付给商品的部分，大于生产它们时所耗费的资本的一切组成部分。"③ 对此，马克思分析说："在流通中，生产者和消费者只是作为卖者和买者相对立。说生产者得到剩余价值是由于消费者付的钱超过了商品的价值，那不过是把商品所有者作为卖者享有贵卖的特权这个简单的命题加以伪装罢了。"④

到此为止，还只是就"在流通中"而言的。在这个领域，时时处处产生着大量的假象、泡沫，从而导致资产阶级学者产生许多错觉和浅见。因此，马克思当然要费神费力地对这些误解和错觉、特别是对资本如何增殖的奇特见解进行批判。

由此马克思肯定，剩余价值不能从流通领域的交换中产生。但他又指出，剩余价值也不能不在流通中产生，因为"流通是商品所有者的全部相互关系的总和。在流通以外，商品所有者只同他自己的商品发生关系。"⑤ ——显然，这是单个生产者独立生产商品的过程，因而是简单商品生产的过程，——这意味着只能在与其他商品所有者的关系中，才能赚到剩余价值。马克思说："我们那位还只是资本家幼虫的货币所有者，必须按商品的价值购买商品，按商品的价值出卖商品，但他在过程终了时必须取出比他投入的价值更大的价值。他变为蝴蝶，必须在流通领域中，又必须不在流通领域中。这就是问题的条件。这里是罗陀斯，就在这里跳罢！"⑥

必须注意的是，这里提出的只是一种条件，还不是根本原因。剩余价值产生的根本原因不在流通中。不能满足这样条件的理论，就没有科学性

---

① 转引自《资本论》第 1 卷，人民出版社 1975 年版，第 188 页脚注（36）；2004 年版，第 192 页脚注（36）。

② 托伦斯（1780—1864）英国资产阶级经济学家。（《资本论》第 1 卷人名索引，人民出版社 1975 年版，第 904 页；2004 年版，第 997 页。）

③ 转引自《资本论》第 1 卷，人民出版社 1975 年版，第 184 页；2004 年版，第 188 页。

④ 《资本论》第 1 卷，人民出版社 1975 年版，第 184 页；2004 年版，第 188 页。

⑤ 《资本论》第 1 卷，人民出版社 1975 年版，第 188 页；2004 年版，第 192 页。

⑥ 《资本论》第 1 卷，人民出版社 1975 年版，第 189 页；2004 年版，第 193—194 页。

可言。在这方面，资产阶级经济学根本是始料不及的。所以，这个条件的提出，实际上也是将资产阶级经济学推上绝境。

再次，批判资产阶级经济学将劳动与劳动力混为一谈的错误。

既然简单商品生产不能产生这种增殖，那么就要意识到这只是更为复杂、发展的商品生产才有可能。既然剩余价值不能因交换产生，那么，就只有着眼于交换的商品。既然商品的价值是不变的，那么只能从使用价值方面去寻找奥秘。而一般商品的使用都与价值的增殖没有关系，那么出路就在于克服从简单商品生产的观点看问题的局限，去寻找一种特殊的商品，它的使用具有特殊的功能。由是，马克思就发现："这种变化只能从这种商品的使用价值本身，即从这种商品的使用上产生。要从商品的使用上取得价值，我们的货币所有者就必须幸运地在流通领域内即在市场上发现这样一种商品，它的使用价值本身具有成为价值源泉的特殊属性，因此，它的实际使用本身就是劳动的物化，从而是价值的创造。货币所有者在市场上找到了这种特殊商品，这就是劳动能力或劳动力。"①

在这里，马克思虽然也是从流通领域、从商品的使用价值方面去思考，但他看重的并非流通领域中的交换，而是它参与交换的一种特殊的商品——劳动力。反之，资产阶级经济学却以为工人出卖的只是劳动，根本没有劳动力商品的概念。所以，这样的创建不仅是对资产阶级学者的那种奇思怪想对立的，而且是对整个资产阶级经济学的根本性批判。

这样，马克思通过批判，从等价交换，到不等价交换，从价值到使用价值，从一般商品，到特殊商品，终于找到了解决问题的根本条件。

在经济学说史上，马克思首次提出劳动力商品的概念，这是极其重大而新颖的创见，是在批判的基础上提出的。在此之前，资产阶级学者都认为工人出卖的是劳动，从而获得的是全部劳动的报酬，从而没有为资本家留下剩余价值。这些论述，是众所周知的，这里无需再复述。

最后，批判地指出流通领域制造虚假表象。

在《资本论》第一篇，马克思已经阐明，流通是个巨大的社会蒸馏器，第二篇还接着阐明，流通领域还是个巨大的假象制造器。"庸俗的自由贸易论者用来判断资本和雇佣劳动的社会的那些观点、概念和标准就是从这个领域得出的"②。

---

① 《资本论》第 1 卷，人民出版社 1975 年版，第 190 页；2004 年版，第 194—195 页。

② 《资本论》第 1 卷，人民出版社 1975 年版，第 200 页；2004 年版，第 205 页。

在这里，他首先指出，流通以其特殊的机制将一般货币与特殊货币混为一体，因为"商品流通的这个最后产物是资本的最初的表现形式"①，从经历两个买与卖阶段、投入货币都有购买看，两者似乎没有根本的差别。由是，他多方面分析了前后两者的形式相同中包含着内容的差异，批判了流通制造的假象。

在这里，流通还会让交换主体产生一种感觉："交换是双方都得到好处的交易"，似乎这种好处包括使用价值和价值增加，从而产生剩余价值是双方都得到的好处的看法。对此，马克思指出，"这种形式变换并不包含价值量的改变。"② 他举谷物和葡萄酒相交换的例子，说明双方各自都可得到更多的谷物和葡萄酒，但交换价值量都没有增加，因而没有剩余价值的产生。这里至少涉及两个资产阶级学者，一个是德斯杜特·德·特拉西，一个是李嘉图。马克思指出，前者将得到好处与得到剩余价值混为一谈了，是偷换概念，后者是李嘉图的比较利益理论。显然，李嘉图也是用利益一词来掩盖使用价值和价值的区别，明明只涉及使用价值的增加，却有意曲解为价值的增加。——顺便说一下，如果说它只是比较通俗地表明流通的好处，那还有些意思，但后人却将这种意思无限夸大，形成了对外贸易理论的基础，并完全撇开使用价值和价值的区别而奢谈外贸的好处，这就将有些意思变得没有意思了。还必须看到，马克思这里虽然也说："就使用价值来看，交换双方显然都能得到好处。双方都是让渡对自己没有使用价值的商品，而得到自己需要使用的商品。但好处可能不止是这一点。卖葡萄酒买谷物的 A，在同样的劳动时间内，大概会比种植谷物的 B 酿出更多的葡萄酒，而种植谷物的 B，在同样的劳动时间内，大概会比酿酒的 A 生产出更多的谷物。可见，与两人不进行交换而各自都不得不为自己生产葡萄酒和谷物相比，用同样的交换价值，A 能得到更多的谷物，B 能得到更多的葡萄酒。"③ 但仔细分析起来就不难发现，这与李嘉图的比较优势理论根本不同。马克思专论国内贸易，因为他在这里只考察一国的资本运动。所以，他这里只是指双方使用价值的增加，而不涉及交换价值的增加。而李嘉图指的是国际贸易，因此涉及国际分工是否合理、是否实力相当、是否弱肉强食的问题。

在这里，针对流通中供求不一致时，可能产生价格高于价值的情况，

---

① 《资本论》第 1 卷，人民出版社 1975 年版，第 167 页；2004 年版，第 171 页。
② 《资本论》第 1 卷，人民出版社 1975 年版，第 180 页；2004 年版，第 184 页。
③ 《资本论》第 1 卷，人民出版社 1975 年版，第 179 页；2004 年版，第 183 页。

指出这也是一种假象，只是就个别时点、地点而言，不足以说明剩余价值的产生。"连根本不懂什么是价值的庸俗经济学，每当它想依照自己的方式来纯粹地观察现象的时候，也都假定供求是一致的，就是说，假定供求的影响是完全不存在的。因此，就使用价值来看，交换双方都能得到利益，但在交换价值上，双方都不能得到利益。……交换就其纯粹形态来说是等价物的交换，因此，不是增大价值的手段。"①

在这里，他还指出：流通会使交换主体产生不同的满足，似乎交换只是互通有无。马克思指出，这种情况仅仅局限于商品交换还不发达、商品率不高的时代。但随着商品生产的发展，情况发生了变化。也就是说，流通会将不同经济时代的界限打乱，让人产生误解。这种误解当然会在资产阶级学者的理论中体现。例如，孔狄亚克说："当事人双方总是用较小的价值去换取较大的价值……如果真的总是等量的价值交换，那任何一方都不会得到利益。"马克思嘲笑他同时犯了两种错误："孔狄亚克不但把使用价值和交换价值混在一起，而且十分幼稚地把商品生产发达的社会硬说成是这样一种状态：生产者自己生产自己的生存资料，而只把满足自己需要以后的余额即剩余物投入流通。"②

在这里，他还说明，流通会给交换"偷偷加进一些不相干的东西"③。交换总是不同主体之间的交换，而因为实力和经验不同，就会产生并运用某种特权、某种伎俩、某种欺骗，让一些主体能够高于商品价值出卖商品，低于商品价值购买商品，即通常所说的"贱买贵卖"，似乎由此也会产生剩余价值。对此，马克思先从客观方面来分析，阐明这些由流通造成的假象有一定的主体因素在内，而这种流通主体不能简单地理解为个人，而属于"人格化的范畴"④。同时，又指出，"在流通中，生产者和消费者只是作为卖者和买者相对立。说生产者得到剩余价值是由于消费者付的钱超过了商品的价值，那不过是把商品所有者作为卖者享有贵卖的特权这个简单的命题加以伪装罢了。"⑤

在这里，马克思还特别分析了流通以其特有的形式平等，掩盖劳动力

---

① 《资本论》第 1 卷，人民出版社 1975 年版，第 180—181 页；2004 年版，第 184—185 页。

② 《资本论》第 1 卷，人民出版社 1975 年版，第 181 页；2004 年版，第 186 页。

③ 《资本论》第 1 卷，人民出版社 1975 年版，第 184 页；2004 年版，第 188 页。

④ 《资本论》第 1 卷，人民出版社 1975 年版，第 185 页；2004 年版，第 189 页。

⑤ 《资本论》第 1 卷，人民出版社 1975 年版，第 184 页；2004 年版，第 188 页。

买卖的实际不平等。① 流通将必有的中介完全掩盖了，显示的完全是表象。"劳动力的买和卖是在流通领域或商品交换领域的界限以内进行的，这个领域确实是天赋人权的真正乐园。那里占统治地位的只是自由、平等、所有权和边沁。自由！因为商品例如劳动力的买者和卖者，只取决于自己的自由意志。他们是作为自由的、在法律上平等的人缔结契约的。……平等！因为他们彼此只是作为商品所有者发生关系，用等价物交换等价物。所有权！因为他们都只支配自己的东西。边沁！因为双方都只顾自己。使他们连在一起并发生关系的唯一力量，是他们的利己心，是他们的特殊利益，是他们的私人利益。正因为人人只顾自己，谁也不管别人"，因为这些，流通还造成了一个更大的假象，似乎它能够在"预定的和谐下，……完成着互惠互利、共同有益、全体有利的事业。"② 在开篇，马克思已经论证了广泛的 W—W 即商品交换必然产生神秘性，但这种神秘性要发展、放大、永久化，还需资本关系的介入。而资本关系介入的首道程序，便是劳动力商品化、普遍化。因为"资本主义时代的特点是，对工人本身来说，劳动力是归他所有的一种商品的形式，他的劳动因而具有雇佣劳动的形式。另一方面，正是从这时起，劳动产品的商品形式才普遍化。"③ 在劳动力买卖这方面，自由、平等、所有权和边沁等四个维度中，所有权是最重要的。因为它，这种交换具有所有权的确认和转移，在法权关系下进行，体现了交换者双方的意志，而带上法律的光环，更使这种假象进一步合法化、在资本关系下永久化。联系《资本论》后面关于工资、资本再生产的研究和论述，我们更可以看到，这种假象对资本运动的巨大作用。④

---

① "资本和劳动的交换，在人们的感觉上，最初完全同其他一切商品的买卖一样。买者付出一定量的货币，卖者付出与货币不同的物品。"(《资本论》第 1 卷，人民出版社 1975 年版，第 591 页；2004 年版，第 619—620 页。)

② 《资本论》第 1 卷，人民出版社 1975 年版，第 199 页；2004 年版，第 205 页。

③ 《资本论》第 1 卷，人民出版社 1975 年版，第 193 页脚注（41）；2004 年版，第 198 页脚注（41）。

④ "这种表现形式掩盖了现实关系，正好显示出它的反面。工人和资本家的一切法权观念，资本主义生产方式的一切神秘性，这一生产方式所产生的一切自由幻觉，庸俗经济学的一切辩护遁词，都是以这个表现形式为依据的。"(《资本论》第 1 卷，人民出版社 1975 年版，第 591 页；2004 年版，第 619 页。)

三、批判性的创建

马克思的科学批判并非仅仅表现在对他批判上，也表现在客观对象的自我批判上。同时，还表现了他的批判性创建上。在第二篇，有这样两类创建：

其一，创造性反映对象的自我批判。

只要客观对象在运动，就有新陈代谢，就有一定的自我批判。实际上，在资本主义起点，简单商品发展为货币，这就是自我批判。但无论从历史还是从逻辑看，这只是发生在同一发展阶段的自我批判。但是，从一般的货币到特殊的货币，资本关系已经成长、介入，并开始使原有的关系转型，所以不再是简单的发展了，而是与不同阶段上升联系的转型发展。由于历史观的错误，在各个资产阶级学者那里，这种历史阶段的转型上升是没有的，只是在不同历史时期的资产阶级学者的著作中才有断断续续、零零碎碎的反映。① 显然，这种历史性，他们是在无意中表现的，只局限在表现资本主义阶段的历史发展上，或者说，充其量只是表现了资本主义在其存续阶段的自我批判。从根本上说，这是马克思站在历史发展的制高点上，俯视资产阶级学者的思想、理论，客观地发掘其中断断续续的历史联系才发现的，并且在《资本论》这部著作中，阐述的明明白白。反映对象的这种自我批判，表现了对象的自我否定，对科学的理论的研究来说，是非常必要的。由于这是从无产阶级的立场来观察、表现的，是从客观的、历史发展的角度来反映的，没有阶级偏见的，所以，这还能反映劳动的政治经济学的公正无私和科学性。从客观过程看，从资本主义起点的简单商品生产到资本主义初级阶段的资本运动，是客观的资本运动的首次转型。如果从逻辑发展看，这是理论的首次转型，是为进一步的转型打基础、做准备。人们大都只重视价值向生产价格的转型，却忽略了这里的初始转型。当然，转型不是一蹴而就的，第二篇还只是转型的开端，但从货币到资本，或者更准确地说，从作为潜在资本的货币到实际的资本，已经是实实在在的、并将带动一系列变化的转型。

---

① 马克思说："我主张资本的理论，即现代社会结构的理论。从配第开始到休谟为止，这个理论只是根据作者生活的那个时代的需要，一部分一部分地——零零碎碎地——发展起来的。"（马克思致马克西莫维奇·柯瓦列夫斯基。《马克思恩格斯全集》第 34 卷，人民出版社 1972 年版，第 343 页。）

其二，诸多批判性创建。

在开篇，马克思说劳动的二重性是由他"批判地证明了的"，在第二篇，他也有诸多批判地创建。

在这里，批判地阐明了剩余价值的产生。马克思通过对"W—G—W"和"G—W—G"本质差别的分析，批判了混淆两类不同性质的过程的错误，同时还指出，"G—W—G"并非货币换货币的没有目的的荒唐活动，而是有量的增加，所以 G 变为 G'，从而"G—W—G"变为"G—W—G'"。马克思将其中的增殖额命名为剩余价值。在这里，虽然还只是从 G 的增殖来看剩余价值，但已经很明确，这个增殖额与原预付 G 有直接的关系。"G—W—G'"中的 G 已经不是早先的"W—G—W"中的 G，"一个新的社会灵魂已经进入它的身体"①，正像幼虫蜕变为蝴蝶一样，货币已经蜕变为资本。

与此相联系，在这里，他还进一步提出了"资本总公式"②。他论证，"G—W—G'"这种为贵卖而买的运动是各种资本共有的，"因此，价值成了处于过程中的价值，成了处于过程中的货币，从而也就成了资本。"而且，这里考察的是资本的纯粹形式。他说："我们在分析资本的基本形式，分析决定现代社会的经济组织的资本形式时，开始根本不提资本的常见的、所谓洪水期前的形态，即商业资本和高利贷资本。"③ 所以，这里的"资本总公式"是一种比较抽象的形态。

与抽象的资本相联系，其增殖额即剩余价值当然也是抽象的。这一点非常重要。他在《1861—1863 年经济学手稿》一开头就说："所有经济学家都犯了一个错误：他们不是就剩余价值的纯粹形式，不是就剩余价值本身，而是就利润和地租这些特殊形式来考察剩余价值。"④ 在第一卷出版后不久，又在给恩格斯的信中说："我的书最好的地方是：……（2）研究剩余价值时，撇开了它的特殊形态——利润、利息、地租等等。"⑤ 后来又将它称为"这部书的三个崭新的因素"之一。⑥

很显然，剩余价值和资本总公式的提出，是紧密联系的：剩余价值以

① 《资本论》第 1 卷，人民出版社 1975 年版，第 814 页；2004 年版，第 855 页。
② 《资本论》第 1 卷，人民出版社 1975 年版，第 177 页；2004 年版，第 187 页。
③ 《资本论》第 1 卷，人民出版社 1975 年版，第 186 页；2004 年版，第 191 页。
④ 《马克思恩格斯全集》第 26 卷第 Ⅰ 册，人民出版社 1972 年版，第 7 页。
⑤ 《马克思恩格斯〈资本论〉书信集》，人民出版社 1976 年版，第 225 页。
⑥ 《马克思恩格斯〈资本论〉书信集》，人民出版社 1976 年版，第 249 页。

资本运动为原因，同时又是资本运动的原因。道理很简单，没有资本运动，就没有剩余价值；反之，没有剩余价值，也就没有资本运动。资本运动一开始就是本着增殖而投入的，并且已经显示了资本运动的无限扩张性。

第二逻辑阶段提出的这个资本总公式具有抽象性，所以并非一成不变的。一方面，G—W—G' 这个公式只包含两个流通环节，比较简单。但马克思已经指出，剩余价值既在流通中，又不在流通中。可见，这个总公式蕴含着非流通过程，只不过在第二篇没有具体研究而已。从第三篇开始，他就要带人们进入生产领域了。在第二逻辑阶段，还研究资本流通，这样，资本总公式就要变成有生产过程为中介的 G—W（Pm+A）…P…W' —G'。另一方面，在较为发达的阶段，由于货币资本的独立化，并发展为生息资本，资本的所有权与经营权分离，在社会表面上，生产过程这个中介被掩盖了，以至于 G—G—W（Pm+A）…P…W' —G' ——G' 又进一步演变为 G—G'。在资本运动当事人的意识中，在资产阶级经济学中，这才是资本运动的最具体的典型。

在这里，通过披露亚里士多德关于财富与财产的区别的看法，马克思实际上是在告诉人们，资本不是一般的财富，而是特殊的财产。一般而言，财富总是与使用价值联系在一起的，而财产则主要表现为价值。由此观之，从作为财富细胞的商品到货币，再到资本，变化是逐步放大的。商品包含着价值，货币是价值的独立化的外部表现，资本是作为主体的价值。——在第四章开头，他先说资本的最初表现形式是货币。在比较两个公式的时候，又进一步说，它不表现为被储藏的僵化的货币，而是要不断地运动，但又不仅仅在流通过程中，而是"既在流通中，又不在流通中。"它的主体是一定量的价值，"它不断地交替采取货币形式和商品形式，改变着自己的量"①，而且作为资本的货币是要回流的，回流时还要带来剩余价值，并且是无限次的，是"谋取利润的无休止的运动"②。——这个过程，顺理成章，逐步转型。从整个理论过程看，这是逐步淡化使用价值而突出价值，逐步向终点范畴（收入）接近靠拢。

在这里，他坚持在价值规律的基础上来研究剩余价值的产生，但又指出"资本的形成不能用商品价格与商品价值的偏离来说明。假如价格确实与价值相偏离，那就必须首先把前者还原为后者，就是说，把这种情况当

---

① 《资本论》第 1 卷，人民出版社 1975 年版，第 176 页；2004 年版，第 180 页。
② 《资本论》第 1 卷，人民出版社 1975 年版，第 175 页；2004 年版，第 179 页。

作偶然情况撇开，这样才能得到以商品交换为基础的资本形成的纯粹现象，才能在考察这个现象时，不致被那些起干扰作用的、与真正的过程不相干的从属情况所迷惑。"①

在这里，他还论证了价值范畴与交换价值、平均价格、市场价格等概念之间的关系。让我们先回顾他在第三章的论述：价值规律是内在的，不能直接表现，而是通过价格不断地背离价值、又不断地回归价值而表现。"商品的价值量表现着一种必然的、商品形成过程内在的同社会劳动时间的关系。随着价值量转化为价格，这种必然的关系就表现为商品同在它之外存在的货币商品的交换比例。这种交换比例既可以表现商品的价值量，也可以表现比它大或小的量，在一定条件下，商品就是按这种较大或较小的量来让渡的。可见，价格和价值量之间的量的不一致的可能性，或者价格偏离价值量的可能性，已经包含在价格形式本身中。但这并不是这种形式的缺点，相反地，却使这种形式成为这样一种生产方式的适当形式，在这种生产方式下，规则只能作为没有规则性的盲目起作用的平均数规律来为自己开辟道路。"② 在这里，他又进一步指出，"市场价格的不断波动，即它的涨落，会互相补偿，彼此抵销，并且还原为平均价格，而平均价格是市场价格的内在规则。"不过，这种平均价格还不是价值，因为"这个规则是从事一切需要较长时间经营的企业的商人或工业家的指南。所以他们知道，就整个一段较长的时期来看，商品实际上既不是低于也不是高于平均价格，而是按照平均价格出售的。"③ 这里的论述包含的内容很丰富，首先，它指出，价值规律作为一种规则是一种在不断波动中蕴含的平均数规律；其次，不断波动、平均的周期是一段较长的时期，也就是说不能简单地通过不长时间内的市场价格波动来理解价值；④ 再次，这种连商人都能够了解并作为行为指南的东西，肯定不是价值，充其量只是马克思称为

① 《资本论》第1卷，人民出版社1975年版，第189页脚注（37）；2004年版，第193页脚注（37）。

② 《资本论》第1卷，人民出版社1975年版，第120页；2004年版，第122—123页。

③ 《资本论》第1卷，人民出版社1975年版，第189页脚注（37）；2004年版，第193页脚注（37）。

④ 在《资本论》第3卷第十章中，马克思区分了价值规律运行的几种时间规定：较短的"时点"，很多时点构成较长的"时段"，较多时段构成更长的"时期"。详见后文的研究。

交换价值的东西。① 这样看来，马克思在区分了价值和交换价值之后，在这里又区分了相当于交换价值的"平均价格"与市场价格，从而丰富了价值规律的理论。亚·斯密、李嘉图等人虽然早已研究过价值，但他们并不真正理解价值。所以马克思还说："平均价格并不像亚·斯密、李嘉图等人所认为的那样，直接与商品的价值量相一致。"② 在前面，我们已经看到，内在的价值决定包含着总量规定，随着资本主义进入较为发达阶段，这种总量规定就更加复杂和难以把握。

在这里，他论证了分工与不同工种的比较。

在开篇，马克思研究的交换，大都是因一般分工，一种商品可以和别的任意商品相交换，是一种互通有无的交换。在这里，他还专门研究特殊分工产生的交换。他举例说：因为分工，使得专门生产葡萄酒的 A 和专门生产谷物的 B 在相同的劳动时间内，都能比"两人不进行交换而各自都不得不为自己生产葡萄酒和谷物相比，用同样的交换价值，A 能得到更多的谷物，B 能得到更多的葡萄酒。因此，就使用价值来看，可以说，'交换是双方都得到好处的交易'"③。这里的研究与李嘉图生产葡萄酒和生产毛呢各自都有相对"比较优势"的理论最大的区别在于，后者是为了论证不同国家之间的交换对各国都有好处而提出的，它掩盖了不同国家之间的不平等分工。很显然，生产葡萄酒和生产毛呢的条件和劳动复杂程度是不同的，这样分工，就有可能将劳动复杂程度较低的国家永远限制在比较低端、耗费自然资源较多的分工上。与此不同，马克思这里讲的是一国内部的交换，没有涉及不同国家之间的分工，对此，只要联系他对研究对象的处理就可明白了。

在这里，他强调："我们只把人理解为人格化的范畴，而不是理解为个人。"④ 因此，他将资本家归结为资本的人格化，但又不是降低而是突出资本家的作用。在第二章已经提出商品要有"体现自己意志的"监护人，第三章，他又提出了"物的人格化"和"人格的物化"这一对矛盾，阐明

---

① 马歇尔提出和论证的"均衡价格"，实际上就是一种"平均价格"，但他否认价值的存在。可见，内在的价值与均衡价格、平均价格并不是一回事。若以为"平均价格"就是价值，资本家也已经通过经验了解，那么价值就不会那么抽象和神秘了。

② 《资本论》第 1 卷，人民出版社 1975 年版，第 189 页脚注（37）；2004 年版，第 194 页脚注（37）。

③ 《资本论》第 1 卷，人民出版社 1975 年版，第 179 页；2004 年版，第 183 页。

④ 《资本论》第 1 卷，人民出版社 1975 年版，第 185 页；2004 年版，第 189 页。

两者并非同一回事，都突出了经济主体的地位和作用。在这里，他又从人格化的高度来看待资本家，资本家是"人格化的、有意志和意识的资本"①，他已经从"资本家幼虫""变为蝴蝶"，很敏锐地找到一种特殊的商品——劳动力。与资本的人格化相匹配，劳动者就是劳动力的人格化。这样，原先两种商品所有者的对立就变为资本家和雇佣工人之间的对立。在对立中，总有比较强势的一方，而工人恰恰不是强者，市场上的平等交换并不意味着两者地位的平等，一方有生产资料，一方只有一张皮，让人来鞣，"劳动能力不卖出去，对工人就毫无用处"②。

在这里，他创造性地提出了劳动力商品这一范畴。

在经济发展史上，劳动力并不是自然成为商品的，要使它大规模、经常性地成为商品实现在市场上，需要有一定的条件。即要剥夺大量生产者的生产条件，并通过一定的法律将他们赶到市场上去。这样的过程，实际上就是现代资本产生的过程。但它并非单纯依靠自己的经济力量，为了更快地积累，它还依靠另一种经济力——社会暴力。③ 因为这个过程早于资本自身的积累过程，所以马克思称之为资本主义原始积累。为了突出重点和叙述方便，马克思将它安排在资本积累之后才专门研究。

在论证了劳动力成为商品的历史条件之后，马克思还论证了劳动力的所有权、价值和使用价值等方面的规定。劳动者必须是自由的，与买者的法律地位是平等的，才能"在让渡自己的劳动力时不放弃自己对它的所有权"④，并且始终只出卖一定的时间，否则，他就成了奴隶。因为劳动力是商品，所以有这种所有权规定。这种所有权表明了劳动者的人身是自由的。由此可见，开篇关于商品所有权的规定至关重要，不论述它的存在和作用，劳动力作为商品的所有权就无由提出。

在这里，通过研究劳动力的规定，马克思将商品使用价值的作用发挥到极致，指出"它的使用价值本身具有成为价值源泉的特殊属性，因此，它的实际使用本身就是劳动的物化，从而是价值的创造。货币所有者在市

---

① 《资本论》第 1 卷，人民出版社 1975 年版，第 174 页；2004 年版，第 178 页。

② 《资本论》第 1 卷，人民出版社 1975 年版，第 196—197 页；2004 年版，第 201—202 页。

③ "利用集中的有组织的社会暴力，来大力促进从封建生产方式向资本主义生产方式的转变过程，缩短过渡时间。暴力是每一个孕育着新社会的旧社会的助产婆。暴力本身就是一种经济力。"（《资本论》第 1 卷，人民出版社 1975 年版，第 819 页；2004 年版，第 861 页。）

④ 《资本论》第 1 卷，人民出版社 1975 年版，第 191 页；2004 年版，第 196 页。

场上找到了这种特殊商品，这就是劳动能力或劳动力。"① 在《政治经济学批判。第一分册》中，他已说明，使用价值并非政治经济学的研究对象，但在一定的条件下也可以进入政治经济学的研究范围。② 在这里，他考察的不是一般商品的使用价值，而是特殊商品劳动力的使用价值，因而它不是从满足一般需要的属性来考虑，而是从劳动力的使用能够创造价值的属性来考察，因而它不仅可以进入研究范围，而且它还具有特别重要的理论意义。人们在谈及剩余价值的来源时，都强调商品二因素理论的巨大作用，这固然没错，但却不能突出在这个问题上考察使用价值的更为重要的意义。不言而喻，这里关于劳动力的价值、使用价值的论述都是很出色的，但应该说更为突出的是劳动力的使用价值，没有它，就不能阐明劳动力的使用具有创造价值的功能，从而不能论证剩余价值的来源。所以，这完全是神来之笔。从这种意义可以说，论证劳动力的使用价值对整个理论发展发挥着枢纽的作用，也是马克思引以为自豪的地方。正因为这样，他还这样说："在我看来，使用价值起着一种与在以往的政治经济学中完全不同的重要作用"③。可见，这里的研究，还是对前人立场、眼界、笔力所限的超越和批判。

　　但到此为止，还只是表明这种特殊的商品具有特殊的属性，要说明这种属性对购买者有何好处，还要进一步阐明它自身的价值。由是，马克思又创造性地研究并提出了劳动力的价值规定。④ 诚然，资产阶级经济学在断定工人出卖劳动的时候，也曾经讨论过"劳动"的价值，但劳动是决定价值的东西，所以说它有价值最终必然循环论证。⑤ 显然，这里的规定就是对这种错误的间接批判。在这里，马克思还指出，与一般商品不同，劳

---

① 《资本论》第 1 卷，人民出版社 1975 年版，第 190 页；2004 年版，第 195 页，新版译文稍有变化，但意思不变。

② "……作为使用价值的使用价值，不属于政治经济学的研究范围。只有当使用价值本身是形式规定的时候，它才属于后者的研究范围。它直接是表现一定的经济关系即交换价值的物质基础。"（《马克思恩格斯全集》第 13 卷，人民出版社 1962 年版，第 16 页。）

③ 《马克思恩格斯全集》第 19 卷，人民出版社 1963 年版，第 414 页。

④ "工人同资本相交换的（尽管在工人面前相继代表这个资本的是各种资本家），是他的全部劳动能力，比如说，在三十年内耗费的劳动能力。工人的劳动能力是部分地逐渐得到支付的，同样他也是部分地逐渐出卖这种劳动能力的。"（《马克思恩格斯全集》第 47 卷，人民出版社 1979 年版，第 114 页。）

⑤ 在《剩余价值理论》中，马克思早已分析批判了这种错误。

动力的价值不是在出卖之际就实现的，而是在劳动了一段时间之后才获得的。所以，到处都是工人给资本家以信贷。

必须注意的是，这里的批判性、创造性研究还仅仅是个开端，它的提出，内在地包含着一系列的前提条件。首先是劳动力的价值与它的使用所创造的价值在量上有一个差额。如果没有这个差额，资本家即使发现它有创造价值的属性也不会购买它。显然，这个前提条件又涉及一系列的条件，例如相对劳动生产率，它又以必要数量的生产资料为前提等。囿于表述的逻辑合理性，这里暂时撇开了这一系列条件。由此可见，劳动力商品的提出，已经蕴含了、调动着许多必然要研究的和将要陆续回归的条件，以及所要解决的难题，如价值规律与剩余价值规律之间矛盾这个让资产阶级古典学派破产的难题。所以，也是政治经济学发展的一级枢纽。

实际上，就在这一篇的末尾，马克思已经指示：要离开流通领域，进入生产领域。劳动力的买卖只是发生在流通领域，而流通领域仅仅提供建立某种关系，没有也不可能产生剩余价值。所以，对资本运动来说，劳动力是必不可少的，还只是必要条件。因而不能停留在流通中，从流通领域以外寻找充分条件，也就是说，有了劳动力，资本运动的条件还不充分。正所谓"既在流通中，又不在流通中"。凡要生产，不仅要有生产者，还要有生产资料。"二者在彼此分离的情况下只在可能性上是生产因素。凡要进行生产，就必须使它们结合起来。实行这种结合的特殊方式和方法，使社会结构区分为各个不同的经济时期。"① 所以，马克思就进一步研究资本运动的充分条件，即生产资料及其变化。

熟悉并信服马克思主义政治经济学的人自然懂得，劳动力商品的研究是成功解决让资产阶级古典学派破产的一大难题的关键，是马克思政治经济学的重要内容。如果我们从全书理论发展的角度看，这一理论内容还成了理论进一步按合理化的逻辑发展的必要条件。由此观之，我们在了解《资本论》研究条件的处理时，应该意识到一定的理论规定在整个理论过程中本身也有可能成为理论发展的必要条件。

---

① "不论生产的社会形式如何，劳动者和生产资料始终是生产的因素。……但是，二者在彼此分离的情况下只在可能性上是生产因素。凡要进行生产，就必须使它们结合起来。实行这种结合的特殊方式和方法，使社会结构区分为各个不同的经济时期。"（《资本论》第2卷，人民出版社1975年版，第44页；2004年版，第44页。）

第七章　剩余价值生产研究的科学批判

在第二篇，马克思说："如果撇开商品流通的物质内容，撇开各种使用价值的交换，只考察这一过程所造成的经济形式，我们就会发现，货币是这一过程的最后产物。"① 这是告诉读者，W—G—W 是暂时不包括生产过程的，同样的道理，G—W—G'也是"只考察这一过程所造成的经济形式"，将生产过程暂时撇开。在论述了这一过程的关键环节之后，理所当然地要回过头来考察生产过程。

从第一逻辑阶段到第二逻辑阶段，是一种理论的上升，但真正的上升是从第三篇开始的。

相对于第一逻辑阶段，第二逻辑阶段的研究对象的范围、研究条件都发生变化了，而且对象运动的领域也变化了，因而必然导致理论的发展、转型。

在这里，依次考察对象的运动经历的生产、流通、分配等三大领域。之所以突出资本生产过程的研究，因为它特别重要。在《政治经济学批判。导言》中，他已经论证：在资本运动的生产、流通、分配、消费几个紧密联系、同时而又依次连续进行的环节中，生产具有决定性的作用。"生产既支配着与其他要素相对而言的生产自身，也支配着其他要素。过程总是从生产重新开始。交换和消费不能是起支配作用的东西，这不言而喻的。分配，作为产品的分配，也是这样。而作为生产要素的分配，它本身就是生产的一个要素。因此，一定的生产决定一定的消费，分配，交换和这些不同要素相互间的一定关系。"② 在生产过程中，资产阶级生产资料所有制发挥了极其重大的作用，既是奠基性、根本性、决定性的，又是引领性的，还是终极性的。

在《资本论》中，马克思特地阐明了资本在生产过程与流通过程中的表现在资本家观念上的和实际运动的不同："资本在流通过程中，只有在同整个过程发生联系的情况下，在出发点同时就是复归点的时候，在 G—

---

① 《资本论》第 1 卷，人民出版社 1975 年版，第 167 页；2004 年版，第 171 页。
② 《马克思恩格斯全集》第 46 卷上册，人民出版社 1979 年版，第 36—37 页。

G′或 W—W′中，才作为资本出现（它在生产过程中作为资本出现，则是由于工人从属于资本家，由于生产剩余价值）。……在现实的运动中，资本并不是在流通过程中，而只是在生产过程中，在剥削劳动力的过程中，才作为资本存在。"① 所以，他特别强调，生产过程才是资本运动的核心领域。

资本的生产过程作为特殊过程，与一般过程紧密联系，你中有我，我中有你，相互作用。

第一节 资本生产过程的对他批判与自我批判

在《资本论》中，对资本运动的展示、反映是全方位的，所体现的价值也是全面的，并非全是负面的。尽管剩余价值的生产过程对雇佣工人来说极其残酷、血腥、充满无尽的灾难，但马克思对它在发展生产力、在经济的历史发展方面的作用并未全盘否定，而是相当客观地反映了资本运动对生产力发展的积极推动作用，反映了资本运动的发展。相对于旧的生产方式，即使资本运动的初级阶段，也是有优越性的，发展这样的优越性，当然是一种批判。为了配合资本的发展，资产阶级学者还及时批判了维护旧秩序的理论。在进一步的发展过程中，资本为了更大的利益，在发展经济方面也不断地超越自身，在客观上也形成了自我批判的机制。

一、对旧生产方式及相应经济关系的实际批判

马克思很早的时候就已经论证："任何生产力都是一种既得的力量，以往的活动的产物。所以生产力是人们的实践能力的结果，但是这种能力本身决定于人们所处的条件，决定于先前已经获得的生产力，决定于……由前一代人创立的社会形式"，同时还论证："人们借以进行生产、消费和交换的经济形式是暂时的和历史性的形式。随着新的生产力的获得，人们便改变自己的生产方式，而随着生产方式的改变，他们便改变所有不过是这一特定生产方式的必然关系的经济关系。"② 资本运动作为后一代人批判

① 《资本论》第 3 卷，人民出版社 1975 年版，第 383—384 页；2004 年版，第 383—384 页。

② 马克思致巴·瓦·安年柯夫（1946 年 12 月 28 日）（《马克思恩格斯〈资本论〉书信集》，人民出版社 1976 年版，第 16、17 页。）

地继承了以往社会的生产力，也一定要对前一代人的生产方式有所改变。从本质上看，改变就是批判，这是在原有技术基础上的改变、批判。

首先，对旧生产方式的改变、批判。

旧生产方式就是小生产的生产方式，关于它的特点和作用，马克思这样说："劳动者对他的生产资料的私有权是小生产的基础，而小生产又是发展社会生产和劳动者本人的自由个性的必要条件。……但是，只有在劳动者是自己使用的劳动条件的自由私有者，农民是自己耕种的土地的自由私有者，手工业者是自己运用自如的工具的自由私有者的地方，它才得到充分发展，才显示出它的全部力量，才获得适当的典型的形式。"在他看来，个人自由固然重要，但并非与一定历史阶段的社会生产力的自由发展都始终相容。"这种生产方式是以土地及其他生产资料的分散为前提的。它既排斥生产资料的积聚，也排斥协作，排斥同一生产过程内部的分工，排斥社会对自然的统治和支配，排斥社会生产力的自由发展。它只同生产和社会的狭隘的自然产生的界限相容。"① 所以，它作为一种历史过程，必将被更为发达的历史阶段的生产力批判和替代。

诚然，在资本主义初级阶段，"资本起初是在历史上既有的技术条件下使劳动服从自己的。因此，它并没有直接改变生产方式"②，——这里的"生产方式"指的是技术与劳动的结合，所以是直接性的。——尽管这样，资本还是在很多方面批判了、改变了以前的生产方式，提高了相对劳动生产率。

不言而喻，"作为资本关系的基础和起点的已有的劳动生产率，不是自然的恩惠，而是几十万年历史的恩惠。"③ 可见，资本运动所运用的生产率一开始就已经是相对的。即使是资本主义初级阶段的资本运动，也有很多提高它的方式。

它扩大了生产的规模。众所周知，在资本家的工厂同时雇用了较多的工人，因而劳动过程扩大了自己的规模并提供了较大量的产品。在这样的"劳动场所"实际从事劳动的，已经不再是有生产资料的单个经济主体，而是已经丧失了生产资料同时也丧失了劳动所有权的雇佣工人。而主导整个过程的，则是从"幼虫"转化为"蝴蝶"的资本家，如果单单从直接性的劳动过程看，改变是相当大的。

---

① 《资本论》第 1 卷，人民出版社 1975 年版，第 830 页；2004 年版，第 872 页。
② 《资本论》第 1 卷，人民出版社 1975 年版，第 344 页；2004 年版，第 359 页。
③ 《资本论》第 1 卷，人民出版社 1975 年版，第 560 页；2004 年版，第 586 页。

在分析简单劳动过程和资本主义生产过程之间区别的时候，马克思说："就劳动过程是纯粹个人的劳动过程来说，同一劳动者是把后来彼此分离开来的一切职能结合在一起的。当他为了自己的生活目的对自然物实行个人占有时，他是自己支配自己的。后来他成为被支配者。单个人如果不在自己的头脑的支配下使自己的肌肉活动起来，就不能对自然发生作用。正如在自然机体中头和手组成一体一样，劳动过程把脑力劳动和体力劳动结合在一起了。后来它们分离开来，直到处于敌对的对立状态。产品从个体生产者的直接产品转化为社会产品，转化为总体工人即结合劳动人员的共同产品。总体工人的各个成员较直接地或者较间接地作用于劳动对象。"① 显然，私人生产者自己支配的劳动过程与资本家支配的劳动过程完全不同。两者劳动的状况即它的占有、自由、体力与智力的结合状况、产品的归属等都是相反的。

在考察资本家工厂的劳动之前，马克思已经论证过劳动者"自己支配自己"的最一般规定："劳动过程结束时得到的结果，在这个过程开始时就已经在劳动者的表象中存在着，即已经观念地存在着。他不仅使自然物发生形式变化，同时他还在自然物中实现自己的目的，这个目的是他所知道的，是作为规律决定着他的活动的方式和方法的，他必须使他的意志服从这个目的。但是这种服从不是孤立的行为。除了从事劳动的那些器官紧张之外，在整个劳动时间内还需要有作为注意力表现出来的有目的的意志，而且，劳动的内容及其方式和方法越是不能吸引劳动者，劳动者越是不能把劳动当作他自己体力和智力的活动来享受，就越需要这种意志。"② 简单说，劳动者有自己的观念、劳动目的、方式和方法、意志，还能享受劳动。这样，他就提出了一种参照，以比对资本控制下的劳动。当劳动者的劳动被资本家支配、属于资本家时，情况发生根本的变化，劳动结果的观念、目的转变为资本家的意识，劳动的方式和方法由资本家控制，劳动者不再享受劳动，只剩下忍受被支配的意志。

尽管资本家所属的集体劳动改变了个别劳动的一切，改变了劳动者对劳动的态度，但是，对当时的社会生产力的发展来说，却是有利的。从它训练了劳动者来看，对劳动者的长期发展在客观上也是有利的。

如果就集体劳动的过程来看，生产规模的扩大必然极大地提高了劳动

---

① 《资本论》第 1 卷，人民出版社 1975 年版，第 555—556 页；2004 年版，第 581—582 页。

② 《资本论》第 1 卷，人民出版社 1975 年版，第 202 页；2004 年版，第 208 页。

生产率。

它创造了一种隶属于资本的集体力。在协作这一章中，马克思分析说："同时雇用的许多工人的总工作日除以工人人数，本身就是一天的社会平均劳动。"① 可以节约生产资料和生产场所，同时"创造了一种生产力，这种生产力本身必然是集体力。"② 协作还会产生"由社会劳动过程的性质产生并属于社会劳动过程的特殊职能"③，同时也会提高个人的作用效率。很显然，这些都是对原先生产方式的批判和超越。

集体劳动还"使农业合理化，从而第一次使农业有可能按社会化的方式经营"④，"资本主义生产方式的重要结果之一是，它一方面使农业由社会最不发达部分的单纯经验的和机械地沿袭下来的经营方法，在私有制条件下一般能够做到的范围内，转化为农艺学的自觉的科学的应用"⑤。

简单协作必然会演变，产生分工和管理，它对提高劳动生产率的作用是不言而喻的。

协作、集体劳动还导致生产资料使用的节约。使劳动过程具有连续性和多面性，使劳动对象更快通过各个工序，缩短制造总产品所必要的劳动时间；使不同的工作可以同时进行。

在"既有的技术条件下"进行的简单协作对以往生产方式的改变、批判是不彻底、不全面的，在这种情况下，劳动对资本隶属还只是形式的，资本的趋利性决定它要进一步改变。而在协作基础上发展起来的工场手工业的分工，也会进一步改变先前生产方式那种生产资料结构简单、动力原始、场所狭窄等不可避免的生产条件束缚。

的确，在简单协作基础上发展起了分工协作，在造成了局部工人的同时，使劳动工具"分化"和"专门化""简化、改进和多样化"，"这样，工场手工业时期也就同时创造了机器的物质条件之一，因为机器就是由许多简单工具结合而成的。"⑥ 这样的改变，已经超出原有的技术基础，所以是带有根本性质的改变、批判。

其次，对旧社会经济制度的改变、批判。

---

① 《资本论》第 1 卷，人民出版社 1975 年版，第 359 页；2004 年版，第 375 页。

② 《资本论》第 1 卷，人民出版社 1975 年版，第 362 页；2004 年版，第 378 页。

③ 《资本论》第 1 卷，人民出版社 1975 年版，第 368 页；2004 年版，第 384 页。

④ 《资本论》第 3 卷，人民出版社 1975 年版，第 697 页；2004 年版，第 697 页。

⑤ 《资本论》第 3 卷，人民出版社 1975 年版，第 696 页；2004 年版，第 696—697 页。

⑥ 《资本论》第 1 卷，人民出版社 1975 年版，第 379 页；2004 年版，第 396 页。

即使在资本运动的初级阶段，资产阶级已经基本上完成了原始积累，已经建立起了生产资料资本主义所有制。这就是对封建的生产资料所有制的否定和批判。马克思在论述资本主义原始积累的时候指出，小生产"发展到一定的程度，就造成了消灭它自身的物质手段。从这时起，社会内部感到受它束缚的力量和激情，就活动起来。这种生产方式必然要被消灭，而且已经在消灭。它的消灭，个人的分散的生产资料转化为社会的积聚的生产资料，从而多数人的小财产转化为少数人的大财产"①。这个过程，在城市实施的结果，是工业资本家的实力迅速膨胀，在农村实施的结果，是大土地私有制的形成，但不是大地主私有制，而是大土地所有者阶级的形成。

无论是工业还是农业，都离不开使用土地。而土地都有所有权的垄断，这就必然产生大土地所有者与使用土地的资本家之间的矛盾。尽管这种矛盾是整个资本家和土地所有者两大阶级的事，但它却是资本主义初级阶段的主要矛盾。换言之，每个资本家，无论是工业资本家，还是农业资本家，都有一个与土地所有者的租地关系。所以，在考察单个资本运动的时候，也不能不放眼《资本论》其他地方关于这种矛盾的论述。尽管这种关系是在利润率平均化之后才得以完满解决的，但作为资本主义初级阶段的主要矛盾，我们在研读马克思第二逻辑阶段的研究时，也有必要联系。

在这方面，资本主义社会和以往的社会有所不同，"这个生产方式的前提，一方面是直接生产者从土地的单纯附属物（在依附农、农奴、奴隶等形式上）的地位解放出来，另一方面是人民群众的土地被剥夺。"因此，"资本主义生产方式产生时遇到的土地所有权形式，是同它不相适应的。同它相适应的形式，是它自己使农业从属于资本之后才创造出来的；因此，封建的土地所有权，氏族的所有权，或马尔克公社的小农所有权，不管它们的法律形式如何不同，都转化为同这种生产方式相适应的经济形式。资本主义生产方式的重要结果之一是，……它一方面使土地所有权从统治和从属的关系下完全解放出来，另一方面又使作为劳动条件的土地同土地所有权和土地所有者完全分离，土地对土地所有者来说只代表一定的货币税，这是他凭他的垄断权，从产业资本家即租地农场主那里征收来的；……这样，土地所有权就取得了纯粹经济的形式，因为它摆脱了它以前的一切政治的和社会的装饰物和混杂物，简单地说，就是摆脱了一切传统的附属物，而这种附属物，象我们以后将要看到的那样，在产业资本家

———————

① 《资本论》第 1 卷，人民出版社 1975 年版，第 830 页；2004 年版，第 873 页。

自己及其理论代言人同土地所有权进行激烈斗争时，曾被斥责为无用的和荒谬的赘瘤。……把土地所有权弄成荒谬的东西，——这是资本主义生产方式的巨大功绩。"① 尽管和小生产相比，封建的土地私有制已经是较大的私有制了，但它与资本主义土地所有制相比，简直是小巫见大巫。资本不仅批判了以往的土地制度，还改造了它。资本主义土地所有制和以前封建土地私有制有个重大的区别，它突出了土地所有权、所有者与土地的分离，"以致在苏格兰拥有土地所有权的土地所有者，可以在君士坦丁堡度过他的一生。"② 这在使"土地所有权取得纯粹经济的形式"的同时，也改变了土地所有者与农业工人的联系，增加了农业资本家和土地所有者的关系，这也就在倾覆了旧的土地关系的同时，还产生了农业资本家与土地所有者之间的矛盾。

再次，批判封建地主余孽的思想。

地主阶级是不生产阶级，而资产阶级就其作为生产当事人来说，是生产的。从理论上讲，地主阶级以及后来转化而成的土地所有者垄断了土地所有权，而资本家则垄断了资本的所有权。这就决定了产业资本家必须向土地所有者交纳数量不菲的地租以承租土地的使用权，从而削弱了产业资本家的积累能力。对这种情况，产业资本家包括租地农场主都怨声载道，但土地所有者却极力维护。马克思阐明，马尔萨斯在 19 世纪二十年代初期曾极力维护这样一种分工：让实际从事生产的资本家承担积累的任务，而让另一些参加剩余价值分配的人，如土地贵族、领受国家和教会俸禄的人等等承担挥霍的任务。马尔萨斯说，最重要的就是"把支出欲和积累欲分开"。对此，"那些早就变得享乐成性和善于交际的资本家先生们不由得大叫起来。他们的代言人之一，一个李嘉图派叫道：马尔萨斯先生鼓吹高额地租、高额税收等等，难道是为了让非生产消费者来不断地刺激工业家！"③

在资本主义初级阶段，因为经济利益的对立，对资产阶级来说，土地所有者是异己，所以，对后者的这种批判，是一种对他批判。

---

① 《资本论》第 3 卷，人民出版社 1975 年版，第 696—697 页；2004 年版，第 696—697 页。

② 《资本论》第 3 卷，人民出版社 1975 年版，第 697 页；2004 年版，第 697 页。

③ 《资本论》第 1 卷，人民出版社 1975 年版，第 653 页；2004 年版，第 653 页。

二、发展生产力过程的自我批判

剩余价值的生产过程是在一定的生产力、资本关系条件下进行的，随着生产力的发展，资本关系也会相应发展，导致发展阶段的上升，并且还会使同一个历史发展阶段呈现为不同的小阶段。就《资本论》第一卷来看，在研究社会总资本的再生产之前，马克思研究的协作、工场手工业、机器大工业，涉及了较长的历史时期，大体看来，其中的协作、工场手工业对应的是资本主义起点的情况，而机器大工业则相当于资本主义初级阶段。机器大工业是个比较宽泛的概念，包括从最初的用机器生产机器，到后来的重化工业发展。而第十三章研究的机器大工业还只是一般的、初级的，各个部门的技术构成相差不大。按照马克思的考证，只是随着十九世纪最初几十年机器生产的发展，机器才实际上逐渐掌握了工具机的制造。但只是到了最近几十年，由于大规模的铁路建设和远洋航运事业的发展，用来制造原动机的庞大机器才产生出来。[①] 可见，只是到重化工业占据主导地位、价值已经相应的转化为生产价格、利润率已经平均化的时候，资本主义才上升到较为发达的阶段。马克思在第一卷第二版跋中也曾说过："从 1820 年到 1830 年，……一方面，大工业刚刚脱离幼年时期；大工业只是从 1825 年的危机才开始它的现代生活的周期循环，就证明了这一点。另一方面，资本和劳动之间的阶级斗争被推到后面：在政治方面是由于纠合在神圣同盟周围的政府和封建主同资产阶级所领导的人民大众之间发生了纠纷；在经济方面是由于工业资本和贵族土地所有权之间发生了纷争。"[②] 也就是说，当时工人阶级与资产阶级的矛盾还没有上升为社会的主要矛盾。

从协作到工场手工业、再到机器大工业，好像是自然发生的，顺理成章的，其实不然，其实质是资本的自我否定，即为了更好、更多地攫取剩

[①] 《资本论》第 1 卷，人民出版社 1975 年版，第 422 页；2004 年版，第 442 页。众所周知，在第三篇第六章，马克思研究的是绝对剩余价值生产，联系的是生产率比较低下的情况，但在这里，他也提到英国的钢铁生产：在曼彻斯特的大机器制造厂内可以看到，被庞大的机器像刨花一样削下的铁屑堆积如山，傍晚用大车运到炼铁厂去，第二天变成铁锭再运回来。（《资本论》第 1 卷，人民出版社 1975 年版，第 232 页；2004 年版，第 239 页。）

[②] 《资本论》第 1 卷，人民出版社 1975 年版，第 16—17 页；2004 年版，第 16—17 页。

余价值，它不甘愿老是简单地延用旧的生产力、不合时宜的直接性的生产关系，而自觉不自觉地抛弃、改变它们，用更新、更有利的方式替代它们。这既是资本有意识组织实施的，也是资本利用一般过程的发展所致的变化。既然它是通过提高劳动生产率来提高剩余价值率，那么决定劳动生产率变化的各种情况，它都会充分地利用。除了生产的客观条件改变外，还涉及主观条件的变化，这些变化虽然都是资本自觉不自觉组织的，但却有利于一般过程的发展，因而构成其运动过程中的自我批判。

从协作到工场手工业、再到机器大工业，阶段的上升既发生在一般过程中，也发生在特殊过程中。这里主要是从一般过程的几个主要方面，来综合地分析工场手工业对协作、机器大工业对工场手工业的两次否定和超越。

首先，是劳动资料的改变。

马克思十分重视劳动资料的经济发展过程中的作用。他和恩格斯早在《共产党宣言》中说过："资产阶级除非对生产工具，从而对生产关系，从而对全部社会关系不断地进行革命，否则就不能生存下去。……生产的不断变革，一切社会状况不停的动荡，永远的不安定和变动，这就是资产阶级时代不同于过去一切时代的地方。"① 他们发现，生产工具的革命，对资产阶级是生死攸关的。在《资本论》中，马克思关于劳动资料的论述就更具体了。他在第五章这样断言："各种经济时代的区别，不在于生产什么，而在于怎样生产，用什么劳动资料生产。劳动资料不仅是人类劳动力发展的测量器，而且是劳动借以进行的社会关系的指示器。在劳动资料中，机械性的劳动资料……比只是充当劳动对象的容器的劳动资料更能显示一个社会生产时代的具有决定意义的特征。"② 这里说劳动资料是"劳动力发展的测量器"、"社会关系的指示器"，还比较抽象，但第十一、十二、十三等三章的论述，就将它具体化了。显然，工场手工业的劳动资料与协作阶段相比，已经发生了重大的变化，"劳动工具的分化和劳动工具的专门化，是工场手工业的特征"③。在其发展的后期，还更多地出现了机器这样机械性的劳动资料。而机器大工业阶段的劳动资料，则是由机器生产出来的。"大工业把巨大的自然力和自然科学并入生产过程，必然大大提高劳动生

① 《马克思恩格斯选集》第 1 卷，人民出版社 1995 年版，第 275 页。
② 《资本论》第 1 卷，人民出版社 1975 年版，第 204 页；2004 年版，第 210 页。
③ 《资本论》第 1 卷，人民出版社 1975 年版，第 378 页；2004 年版，第 396 页。

产率，这一点是一目了然的。"① 而且，在论述机器大工业的时候，马克思还强调机器包含"历史的要素"②，即它是历史发展的，就是说，它是不断被改造、改进的，因而是不断被批判的。"现代工业从来不把某一生产过程的现存形式看成和当作最后的形式。因此，现代工业的技术基础是革命的，而所有以往的生产方式的技术基础本质上是保守的。"③ 之所以能这样，一个很重要的原因，就是机器大工业能利用科学和自然力。④ 而科学技术的发展具有跳跃性，可按几何级数发展。生产资料的规模和效能直接影响工人的平均熟练程度，科学的发展水平和它在工艺上应用的程度，以及自然条件的利用，所以能大幅度地提高劳动生产率。在《资本论》中，有关改变劳动资料对生产力的发展和推动作用、展示生产力发展的水平的论述非常丰富，这里就毋庸赘言了。结果很明显，有较好组织分工、较多生产资料、较大规模的工场手工业一旦兴起，简单协作就被挤掉了。同样的道理，劳动生产率高、资本投入量大、生产资料的效能高且规模大、科学技术和自然力利用程度高的机器大工业，很快就让各方面都逊色的工场手工业退出历史舞台。⑤ 机器大工业的发展还会向上游部门扩展，"随着机器生产在一个工业部门的扩大，给这个工业部门提供生产资料的那些部门的生产首先会增加。"⑥ 在这里，相关的论述是很多的。

其次，是劳动的性质、功能、规模发生巨大的变化，这是由与劳动资料的改变相匹配的"生产过程的结合"即劳动过程的组织形式变化来实现的。

和简单协作不同，工场手工业是有分工的，而分工既由产品生产的工艺所决定，也由劳动资料造成的不同操作所决定。"一旦劳动过程的不同操作彼此分离，并且每一种局部操作在局部工人手中获得最合适的因而是

---

① 《资本论》第 1 卷，人民出版社 1975 年版，第 424 页；2004 年版，第 444 页。

② 《资本论》第 1 卷，人民出版社 1975 年版，第 409 页；2004 年版，第 409 页。

③ 《资本论》第 1 卷，人民出版社 1975 年版，第 533 页；2004 年版，第 560 页。

④ "劳动资料取得机器这种物质存在方式，要求以自然力来代替人力，以自觉应用自然科学来代替从经验中得出的成规。"（《资本论》第 1 卷，人民出版社 1975 年版，第 423 页；2004 年版，第 443 页。）

⑤ "随着工厂制度的发展和随之而来的农业的变革，不仅所有其他工业部门的生产规模扩大了，而且它们的性质也发生了变化。……这样一来，从旧的分工中产生的工场手工业组织的坚固结晶就逐渐溶解，并不断发生变化。"（《资本论》第 1 卷，人民出版社 1975 年版，第 505 页；2004 年版，第 531 页。）

⑥ 《资本论》第 1 卷，人民出版社 1975 年版，第 485 页；2004 年版，第 510 页。

专门的形式，过去用于不同目的的工具就必然要发生变化"①，在分化和专门化的基础上，再简化、改进和多样化。

协作是生产条件不变条件下的集体劳动，它产生的集体力，虽然能显著地提高劳动生产率，但这种生产方式仍然是粗放的，仅在一定的时期内适合资本的要求。所以，只要有可能，资本就要突破它。不再将协作看成是许多个别劳动者的集合，而是在他们中间实行分工，从而使原先的集体劳动"发生了本质的变化"②。如果说简单协作的集体劳动是没有分工的，有点像人海战术，因而可以说是粗放型的，那么，在工场手工业的场合，因为有分工，有精细的组织，它就是集约型的了。但是，由于工人们分别从事专门的操作，逐渐地失去了全面地从事原有手工业的习惯和能力，也变成局部的工人，并且固化了。不过，尽管他们的劳动虽然成了片面的劳动，他们使用专门部件进行生产的能力和方法却都提高了、巩固了、积累了，而且相互联系还使整体工人发生深刻的变化。各个工人的工作彼此独立而又连贯，"各种劳动因而各个工人之间的这种直接的互相依赖，迫使每个工人在自己的职能上只使用必要的时间，因此在这里形成了和独立手工业中，甚至和简单协作中完全不同的连续性、划一性、规则性、秩序性，特别是劳动强度。"③ 在这里，还因为生产过程中不同工种、工序等的区别，在它们之间形成一定的比例，作为预先地、有计划地起作用的规则，以资本家对人的绝对权威为而实施。所以马克思这样评价工场手工业：它的"分工不仅只是为资本家而不是为工人发展社会劳动生产力，而且靠使各个工人畸形化来发展社会劳动生产力。它生产了资本统治劳动的新条件。因此，一方面，它表现为社会经济形成过程中的历史进步和必要的发展因素，另一方面，它又是文明的、精巧的剥削手段。"④

而且，机器生产的发展还要求"原料和半成品的加工就越分越细，因而社会生产部门也就越来越多样化。机器生产同工场手工业相比使社会分工获得无比广阔的发展，因为它使它所占领的行业的生产力得到无比巨大的增加。"⑤

---

① 《资本论》第 1 卷，人民出版社 1975 年版，第 378 页；2004 年版，第 395—396 页。

② 《资本论》第 1 卷，人民出版社 1975 年版，第 373 页；2004 年版，第 391 页。

③ 《资本论》第 1 卷，人民出版社 1975 年版，第 383 页；2004 年版，第 400 页。

④ 《资本论》第 1 卷，人民出版社 1975 年版，第 403 页；2004 年版，第 422 页。

⑤ 《资本论》第 1 卷，人民出版社 1975 年版，第 487 页；2004 年版，第 512 页。

机器大工业的发展，对工人劳动的影响更深远。"就机器使肌肉力成为多余的东西来说，机器成了一种使用没有肌肉力或身体发育不成熟而四肢比较灵活的工人的手段。"① 同时，也造成工人劳动的不断变换。"现代工业通过机器、化学过程和其他方法，使工人的职能和劳动过程的社会结合不断地随着生产的技术基础发生变革。这样，它也同样不断地使社会内部的分工发生革命，不断地把大量资本和大批工人从一个生产部门投到另一个生产部门。因此，大工业的本性决定了劳动的变换、职能的更动和工人的全面流动性。"② 这种变换方式对工人来说当然是灾难性的，一方面，转换工种必然产生较高的代价，另一方面，机器使很多操作性劳动简单化，可以不再只使用成年男工，而将女工和童工都纳入它的剥削体系。"资本主义使用机器的第一个口号是妇女劳动和儿童劳动！这样一来，这种代替劳动和工人的有力手段，就立即变成了这样一种手段，它使工人家庭全体成员不分男女老少都受资本的直接统治，从而使雇佣工人人数增加。"③ 换句话说，就是体力劳动简单化、易变换而流动化、可替代而大众化。但从客观的意义看，却也包含有一定的进步意义："大工业……使下面这一点成为生死攸关的问题：承认劳动的变换，从而承认工人尽可能多方面的发展是社会生产的普遍规律，并且使各种关系适应于这个规律的正常实现。大工业还使下面这一点成为生死攸关的问题：……用那种把不同社会职能当作互相交替的活动方式的全面发展的个人，来代替只是承担一种社会局部职能的局部个人。"④ 不过，这是在劳动变换的意义上说的，指的是生产能力的特殊意义的"全面发展"，并非当今人们常说的"人的全面发展"。所以，工人劳动的这种发展，是带血带泪的。

机器大工业还使"生产过程的智力同体力劳动相分离，智力变成资本支配劳动的权力，是在以机器为基础的大工业中完成的。"⑤ 这是对协作、工场手工业时期已经形成的总体工人的重要改变，或者说，使"总体工人即结合工人的构成也发生了根本的变革。"⑥ 在这个经济时代，从事生产劳

---

① 《资本论》第1卷，人民出版社1975年版，第433页；2004年版，第453页。

② 《资本论》第1卷，人民出版社1975年版，第534页；2004年版，第560页。

③ 《资本论》第1卷，人民出版社1975年版，第433页；2004年版，第453—454页。

④ 《资本论》第1卷，人民出版社1975年版，第533—534页；2004年版，第561页。

⑤ 《资本论》第1卷，人民出版社1975年版，第464页；2004年版，第487页。

⑥ 《资本论》第1卷，人民出版社1975年版，第505页；2004年版，第531页。

动的，不一定要在生产现场亲自动手，只要他完成产品生产所属的某一种职能就行了。这样，总体工人的范围就扩大了，从而劳动的内涵也增加了。

再次，生产过程的社会结合形式不断推陈出新。

如果说，劳动资料作为"社会关系的指示器"，其改革、升级，的确表现了两大阶级关系的深化和复杂化，尽管不那么直接，那么，生产过程的社会结合形式的变化，就能直接地改变这种社会关系。

凡要进行生产，既要是人与物的结合，还要有人与人的结合。在开篇，马克思已经阐明，劳动的社会结合是提高劳动生产率的一个重要因素。不过，因为考察的只是简单的商品生产，是独立的小生产者，所以那里对社会结合尚未详细说明。在考察资本运动的时候，马克思就详细地考察了这种"劳动的社会结合"形式的发展了。

人与人的结合，既可以表现为规模一定的生产组织，也可以表现为一定社会组织生产的非硬性规定的形式。前者主要表现为组织内部成员的关系，后者则表现为该组织与其他组织的关系。从直接性的一般过程的角度看，可以归结为生产组织内部的分工协作和社会内部的分工合作两类。

从表面看，生产组织内部的分工，是不同的参与者之间的分工，但这种分工不是自由搭配的，而是由资本家安排的。这样的安排，实际上就是管理。而资本家主导的管理，一开始就具有二重性，既是一种由管理社会劳动过程的性质产生的一般职能，同时也是剥削社会劳动过程的特殊职能，因而也是由剥削者和被剥削的工人之间不可避免的对抗决定的。① 前者属于一般过程的管理，后者则是特殊过程的管理。在雇佣工人形式隶属于资本的不同时期，在形式隶属向实际隶属资本之后的各个时期，这两种管理的形式和内容、方式都是不断被批判和取代的，所以也具有历史性。

在研究协作时，马克思已经看到，简单协作就是一种结合的劳动，它是在资本家支配下劳动的，资本家的指挥是劳动过程进行所必要的条件，是生产的社会结合构成的重要方面。协作不能缺少资本家的命令，就像在战场上不能缺少指挥员的命令一样。在简单协作的场合，资本家已经发明了管理，并且直接管理。这是"这是实际的劳动过程由于隶属于资本而经受的第一个变化。这种变化是自然发生的。"② 正因为这样，它所形成的由管理者和被管理者共同构成的社会劳动组织还比较简单。在这种集体劳动

---

① 《资本论》第 1 卷，人民出版社 1975 年版，第 368 页；2004 年版，第 384 页。
② 《资本论》第 1 卷，人民出版社 1975 年版，第 372 页；2004 年版，第 388 页。

中，工人是被管理的，从属于资本家的，他们作为劳动过程的主体，只是从属主体，而资本家则是主导主体。"在简单协作中，资本家在单个工人面前代表社会劳动体的统一和意志"①。

但是，简单协作的社会结合并非只有资本家和雇佣工人这两层，资本家的管理也需要帮手，"正如军队需要军官和军士一样，在同一资本指挥下共同工作的大量工人也需要工业上的军官（经理）和军士（监工），在劳动过程中以资本的名义进行指挥。监督工作固定为他们的专职。"② 这样的社会结合是金字塔型的结构。

随着工具的改造、发展变化，工场手工业取代协作，必然产生分工的升级，生产的社会结合也随之变化。"工场手工业分工通过手工业活动的分解，劳动工具的专门化，局部工人的形成以及局部工人在一个总机构中的分组和结合，造成了社会生产过程的质的划分和量的比例，从而创立了社会劳动的一定组织，这样就同时发展了新的、社会的劳动生产力。"③ 所谓的"分组和结合"，不是简单的分工，而是既分工有结合，这是要通过一定的组织，并由一定的主体控制才能实现的。显然，这种社会劳动的组织就是资本家出资组建的企业，即"资本家所占有的总机构"，而控制这个企业的只能是资本家本人，"资本家对人的绝对权威"④。

生产资料的规模扩大、效能优化增加，都要求改变简单协作原有的管理方式、方法。"工场手工业的分工不仅使社会总体工人的不同性质的器官简单化和多样化，而且也为这些器官的数量大小，即为从事每种专门职能的工人小组的相对人数或相对量，创立了数学上固定的比例。工场手工业的分工在发展社会劳动过程的质的划分的同时，也发展了它的量的规则和比例性。"⑤ 很显然，工场手工业的生产组织就体现了这种质的划分和量的比例，并将它当成铁的规律。

工场手工业依据分工必然造成一类所谓的非熟练工人，从而将工人按各自的熟练程度划分，形成了熟练工人和非熟练工人的等级制度，即劳动力的等级制度，与此相适应，是工资的等级制度。也就是说，在工场手工

---

① 《资本论》第 1 卷，人民出版社 1975 年版，第 400 页；2004 年版，第 418 页。

② 《资本论》第 1 卷，人民出版社 1975 年版，第 369 页；2004 年版，第 385 页。

③ 《资本论》第 1 卷，人民出版社 1975 年版，第 403 页；2004 年版，第 421—422 页。

④ 《资本论》第 1 卷，人民出版社 1975 年版，第 394 页；2004 年版，第 412 页，新版译文有调整，但内容不变。

⑤ 《资本论》第 1 卷，人民出版社 1975 年版，第 384 页；2004 年版，第 401 页。

业的进一步发展中，生产工人的"分组和结合"已经不仅仅是劳动过程的质的划分和量的比例，还融入熟练工人与非熟练工人的等级制度。

简而言之，依据工场手工业确立的资本主义的分工制度建立起来的管理体制，无论在一般生产过程的管理上，还是在对特殊过程即具有对抗性质的管理上，都比简单协作的管理更有利于劳动生产率的提高、剩余价值率的提高。由于这种变化是通过资本家的意识、意志、计划而实施的，相对于简单协作，可以说是实际的劳动过程由于隶属于资本而经受的第二个变化。从后者对前者的扬弃看，也可以说是资本运动的自我批判。

很快，机器大工业就"从技术上推翻了旧的分工制度"①，产生了更新的、更深刻的分工制度，实现了生产组织的更多创新。"科学、巨大的自然力、社会的群众性劳动都体现在机器体系中"②，换句话说，机器体系解构了、重构了社会的群众性劳动组织。

在工场手工业中，单个的或成组的工人，只是用自己的手工工具来完成每一个特殊的局部过程。但"在机器生产中，这个主观的分工原则消失了。在这里，整个过程是客观地按其本身的性质分解为各个组成阶段，每个局部过程如何完成和各个局部过程如何结合的问题，由力学、化学等等在技术上的应用来解决"③。

由于机器的使用，很多操作性劳动轻便化、简单化，结果是很多成年男工被女工和童工替代了，这样，工厂的劳动大军的结构便复杂化了，不再是成年男工所构成，而成了各种年龄的男女个体组成的特殊劳动体构成。各个部分相互制约、联系，这种变化的直接结果是为资本家"创造了一种兵营式的纪律。这种纪律发展成为完整的工厂制度，并且使前面已经提到的监督劳动得到充分发展，同时使那种把工人划分为劳工和监工，划分为普通工业士兵和工业军士的现象得到充分发展。"④　这样，现代生产的社会结合就演变为真正的工厂制度。这是工场手工业的那种金字塔式监督传统在工厂里的延续，并且在机器大工业中是"被资本当作剥削劳动力的手段，在更令人厌恶的形式上得到了系统的恢复和巩固。"⑤

机器的生产也并非全都使用庞大复杂、动力巨大的机器体系，它也需

---

① 《资本论》第 1 卷，人民出版社 1975 年版，第 462 页；2004 年版，第 485 页。
② 《资本论》第 1 卷，人民出版社 1975 年版，第 464 页；2004 年版，第 487 页。
③ 《资本论》第 1 卷，人民出版社 1975 年版，第 417 页；2004 年版，第 437 页。
④ 《资本论》第 1 卷，人民出版社 1975 年版，第 464 页；2004 年版，第 488 页。
⑤ 《资本论》第 1 卷，人民出版社 1975 年版，第 462 页；2004 年版，第 485 页。

要有许许多多的小部件、零件的生产相匹配。后者并不需要全都集中在工厂中生产，而可以分散在外面生产。这样，机器大工业不再将工人全都束缚在工厂里，而将家庭劳动变成工厂的分支机构，"通过许多无形的线调动着另一支散居在大城市和农村的家庭工人大军。"① 这样一来，新的生产组织的结构就更复杂了，包含工厂内的和工厂外的、直接的和间接的、有形的和无形的队伍。如果再加上因它的排斥而造成的失业大军，而这个失业大军又随时准备补充进来，那这种生产组织结构就更变幻莫测了。

在一般的生产过程中，生产者的智力与体力是紧密结合在一起的，但资本主义的生产过程却将智力与体力分离了，在这里，"智力作为别人的财产和统治工人的力量同工人相对立。这个分离过程在简单协作中开始，在工场手工业中得到发展，在大工业中完成。" 两者分离的开始——发展——完成，是在同一的过程中实施的，可见是不断地自我批判。"这种分离在简单协作中，资本家在单个工人面前代表社会劳动体的统一和意志，工场手工业使工人畸形发展，变成局部工人，大工业则把科学作为一种独立的生产能力与劳动分离开来，并迫使它为资本服务。"②

马克思还充分肯定一国机器大工业的发展对世界市场的影响，而后者也会相应地反作用于本国工业市场。"大工业造成的新的世界市场关系也引起产品的精致和多样化。不仅有更多的外国消费品同本国的产品相交换，而且还有更多的外国原料、材料、半成品等作为生产资料进入本国工业。随着这种世界市场关系的发展，运输业对劳动的需求增加了，而且运输业又分成许多新的下属部门。"③ 从一国到影响世界，是一种进步，也是一种自我批判。

续次，有利于商品经济的发展。

商品经济最初是在有产品剩余的时候才出现的，它的发展有赖于劳动生产率的提高。从协作到工场手工业，再到机器大工业，劳动生产率不断提高，从而进入交换的商品才真正丰富。"分析比较一下手工业或工场手工业生产的商品的价格和机器生产的同种商品的价格，一般可以得出这样的结论：在机器产品中，由劳动资料转来的价值组成部分相对地说是增大了，但绝对地说是减少了"④，从而使商品价值降低。只有这样，才有利于

---

① 《资本论》第 1 卷，人民出版社 1975 年版，第 506 页；2004 年版，第 531 页。
② 《资本论》第 1 卷，人民出版社 1975 年版，第 400 页；2004 年版，第 418 页。
③ 《资本论》第 1 卷，人民出版社 1975 年版，第 487 页；2004 年版，第 512 页。
④ 《资本论》第 1 卷，人民出版社 1975 年版，第 427 页；2004 年版，第 448 页。

商品经济的发展。在很早的时候，李嘉图就已经发现：价值量决定于劳动时间这一规定，只适用于这样的商品，"这些商品可以由工业任意增加，它们的生产受无限制竞争的支配"对此，马克思这样评价，李嘉图认为"价值规律的充分发展，要以大工业和自由竞争的社会、即现代社会为前提。"①

机器生产还会产生一些全新的生产部门，从而增加了市场层次和规模，推进了商品经济向广度和深度发展，同时也推动世界市场的发展。"大工业造成的新的世界市场关系也引起产品的精致和多样化。不仅有更多的外国消费品同本国的产品相交换，而且还有更多的外国原料、材料、半成品等作为生产资料进入本国工业。随着这种世界市场关系的发展，运输业对劳动的需求增加了，而且运输业又分成许多新的下属部门。"②

最后，推进农业的发展。

资本运动必然向农业领域推进，在那里建立资本主义生产关系。如果说协作、工场手工业等生产方式对农业的影响不是很大，那么，机器大工业对农业发展的影响就非常巨大。在第一卷，马克思虽然没有全面深入地阐述自己的研究和发现，但也充分肯定大工业在农业领域内发挥着革命性的作用：造成农业工人"过剩"，减少农村人口，消灭农民，形成农业工人；用科学耕种取代旧式经营，为"农业和工业在它们对立发展的形式的基础上的联合，创造了物质前提。"并且强制地把人与土地之间的"物质变换作为调节社会生产的规律，并在一种同人的充分发展相适合的形式上系统地建立起来。"③

从上面的分析大体可以看出，协作——工场手工业——机器大工业这三个阶段的演进，既是历史的，又是逻辑的，在历史进程中包含着一定的逻辑；而马克思叙述的逻辑进程，也是历史的。

不言而喻，资本运动的历史进步，就是它的自我批判。但是，哪个徽章都有两面。资本运动的这种发展，同时也伴随着自然生态、社会生态、国际关系生态的破坏。对雇佣工人来说，这些进步也在训练工人阶级的同时，也必然导致对他们的更大、更严酷的剥削、压迫。这些，都是明显的，是罄竹难书的。这里没有专门论及，是要安排在后文中痛陈。

---

①　转引自《马克思恩格斯全集》第 13 卷，人民出版社 1962 年版，第 50 页。
②　《资本论》第 1 卷，人民出版社 1975 年版，第 487 页；2004 年版，第 512 页。
③　《资本论》第 1 卷，人民出版社 1975 年版，第 552 页；2004 年版，第 579 页。

第二节　剩余价值生产过程批判

对剩余价值的生产过程，马克思倾注了极大的精力研究，进行了全方位的批判，但主要是集中在它对工人阶级的剥削压迫摧残的批判。至于它对生产力发展、社会生态、自然生态的破坏，马克思在这里也有所批判，但主要安排在第三卷。所以我们也将在本书第九章中阐述。

现实的剩余价值是绝对剩余价值和相对剩余价值的统一，因为它比较复杂、具体，要阐明它的生产，在逻辑上应当倒过来先研究绝对剩余价值、相对剩余价值。这样做，一方面反映了资本运动的发展逻辑，即从比较简单低级的绝对剩余价值生产开始，从而具有历史性，另一方面也逻辑地反映了客观过程的历史发展。马克思说："绝对剩余价值的生产构成资本主义体系的一般基础，并且是相对剩余价值生产的起点。"而相对剩余价值的生产，"这种生产方式连同它的方法、手段和条件本身，最初是在劳动在形式上隶属于资本的基础上自发地产生和发展的。"① 但是，两种剩余价值不仅其生产方式是先后出现的，而且从其都运用相对劳动生产率和超过必要劳动时间看，在实际上也是同时存在的。所以马克思还说："绝对剩余价值是相对的，因为它以劳动生产率发展到能够把必要劳动时间限制为工作日的一个部分为前提。"因为资本运动是建立在相对劳动生产率基础上的，所以，"相对剩余价值是绝对的，因为它以工作日的绝对延长超过工人本身生存所必需的劳动时间以上为前提。"② 既然已经超出必要劳动时间，那么生产的剩余价值就还具有绝对性。当然，作为生产的方式，两者有明显的不同。

剩余价值的实体是剩余劳动，它的生产过程是一般劳动过程与价值增殖过程的统一，所以，研究它，就是要考察资本关系对劳动所有权的占有、劳动生产力（生产条件）、外延量（工作日）、内涵量（强度）变化的影响，对工人阶级劳动和生存条件的影响。

在资本主义初级阶段，资本运动还主要是以单个资本为行为主体。"我们在考察这个过程时始终只能以某个领域中使用一定数量的某个个别资本为对象。"③

---

① 《资本论》第 1 卷，人民出版社 1975 年版，第 557 页；2004 年版，第 583 页。
② 《资本论》第 1 卷，人民出版社 1975 年版，第 557 页；2004 年版，第 584 页。
③ 《马克思恩格斯全集》第 47 卷，人民出版社 1979 年版，第 269 页。

大体看来，这主要是在第十五章研究的。在第十五章，马克思在假定劳动力价值不变的条件下，研究了劳动的内涵量（强度）、外延量（工作日）、生产条件（劳动生产力）各自变或不变的四种组合。其第一种：工作日的长度和劳动强度不变，劳动生产力（生产条件）可变，主要是指第四篇研究相对剩余价值生产的情况。第三种：劳动生产力和劳动强度不变，工作日可变，实际上是指第三篇研究绝对剩余价值生产的情况。第四种：劳动的持续时间、劳动生产力和劳动强度同时变化，主要是指第五篇研究绝对剩余价值和相对剩余价值统一的情况。而第二种：工作日和劳动生产力不变，劳动强度可变，则在第四篇中涉及。

一、资本占有劳动、剩余劳动批判

在第二篇末尾，马克思还这样写道："一离开这个简单流通领域或商品交换领域，……就会看到，……原来的货币所有者成了资本家，昂首前行；劳动力所有者成了他的工人，尾随于后。一个笑容满面，雄心勃勃；一个战战兢兢，畏缩不前，像在市场上出卖了自己的皮一样，只有一个前途——让人家来鞣。"① 既然工人自由得一无所有，劳动力没有出卖就等于零，这种"残酷的自然必然性"② 使他们在还没有进入生产场所之前就已经预感到苦难在等待着他们。

一旦离开"嘈杂的、表面的、有目共睹的"流通领域，进入"隐蔽的生产场所"，"不仅可以看到资本是怎样进行生产的，还可以看到资本本身是怎样被生产出来的。赚钱的秘密最后一定会暴露出来。"③ 这是预示了生产领域在生产剩余价值的同时，也将流通领域形成的带有虚假的"自由、平等、所有权、边沁"表象的资本关系，转化为真实的血腥的资本关系。

资本家在流通领域不仅购买了大量的劳动力，而且还采购了大量的生产资料。在第二卷，马克思说："凡要进行生产，就必须使它们结合起来。实行这种结合的特殊方式和方法，使社会结构区分为各个不同的经济时期。"④ 资本家实行的结合方式，和以前社会有很大的不同，是在资本主义

---

① 《资本论》第 1 卷，人民出版社 1975 年版，第 200 页；2004 年版，第 205 页。
② 《资本论》第 1 卷，人民出版社 1975 年版，第 197 页；2004 年版，第 202 页。
③ 《资本论》第 1 卷，人民出版社 1975 年版，第 199 页；2004 年版，第 204 页。
④ 《资本论》第 2 卷，人民出版社 1975 年版，第 44 页；2004 年版，第 44 页。

所有制的基础上，将劳动并入资本。①

工人作为单个的人，尽管劳动力的所有权仍然保留在自己手里，但它的使用权即劳动却已经被资本家购得而拥有。所以，在劳动过程中，劳动的诸多特性都发生了变化。尽管从表面上看，劳动作为一种力的活动受雇佣工人自己控制，劳动过程结束时得到的结果也已经在雇佣工人观念中存在着，但他们必须服从资本家的管理，所以归根到底全都被资本家控制着，因而雇佣工人根本不能"把劳动当作他自己体力和智力的活动来享受"②。不仅如此，"工人在资本家的监督下劳动，他的劳动属于资本家。资本家进行监视，使劳动正常进行，""资本家购买了劳动力，就把劳动本身当作活的酵母，并入同样属于他的各种形成产品的死的要素。从资本家的观点看来，劳动过程只是消费他所购买的劳动力商品，而他只有把生产资料加到劳动力上才能消费劳动力。劳动过程是资本家购买的各种物之间的过程，是归他所有的各种物之间的过程。因此，这个过程的产品归他所有，正象他的酒窖内处于发酵过程的产品归他所有一样。"③ 劳动属于资本家，劳动过程创造的价值当然也属于资本家。这是某些资产阶级学者也不能否认的，④ 只不过他们也许认为这是一种正常和的和公平的交易。

按一般的商品交换，商品一旦卖出，就属于购买者。如果工人出卖的是劳动，劳动当然要全部属于资本家。但是，马克思论证，劳动是在劳动过程中才实施的行为，在没有进入劳动之前，是不能被工人出卖的。所以，工人出卖的是劳动力，获得的是劳动力的价值。但劳动力的使用即劳动却可以创造价值，而资本家购买它——在他的观念中，是购买劳动——也真的是看中劳动创造价值的特殊属性。

由于资本家购买了至少比所继承的生产方式更为优良和大量的生产资

---

① "他们一进入劳动过程，便并入资本。"（《资本论》第 1 卷，人民出版社 1975 年版，第 370 页；2004 年版，第 386—387 页。）

② 《资本论》第 1 卷，人民出版社 1975 年版，第 201 页；2004 年版，第 208 页。

③ 《资本论》第 1 卷，人民出版社 1975 年版，第 210 页；2004 年版，第 216—217 页。

④ 詹姆斯·穆勒在《政治经济学原理》第 70、71 页上写道："当工人是为工资而劳动时，资本家就不仅是资本的〈这里是指生产资料的〉所有者，而且是劳动的所有者。如果人们像通常那样，把用来支付工资的东西也包括在资本的概念中，那末撇开资本来谈劳动就是荒谬的。在这个意义上，资本一词包括资本和劳动二者。"（《资本论》第 1 卷，人民出版社 1975 年版，第 210 页脚注（10）；2004 年版，第 217 页脚注（10））。

料，所使用劳动的生产率是相对的劳动生产率。———一般说，劳动生产率是多种因素共同决定的，但在科学技术不够发达的时代，生产资料无疑是其中最重要的因素。———在第三篇，考虑到这里研究的是劳动生产力不变、劳动强度不变、工作日可变的情况，马克思没有直接结合相对劳动生产率，而是将它安排在第五篇论述。但是，这并不意味着它可有可无，更不意味着它与剩余价值产生的论述无关。不言而喻，剩余价值的生产是与当时最先进的生产条件紧密联系的。正是隐含了这种暂时撇开的条件，工人才能用工作日的一定时间就可以生产出相当于自己劳动力价值的价值。马克思强调："具有决定意义的，是这个商品独特的使用价值，即它是价值的源泉，并且是大于它自身的价值的源泉。这就是资本家希望劳动力提供的独特的服务。"正因为如此，"包含在劳动力中的过去劳动和劳动力所能提供的活劳动，劳动力一天的维持费和劳动力一天的耗费，"才"是两个完全不同的量。……劳动力使用一天所创造的价值比劳动力自身一天的价值大一倍。"① 马克思称生产劳动力维持费的劳动时间为必要劳动时间，其余的时间为剩余劳动时间。可见，只有结合劳动生产率这一条件，才能在价值规律的基础上阐明剩余价值的产生，揭示"隐蔽的生产场所"中隐蔽的剥削工人的秘密。

这样看来，似乎必要劳动时间并不属于资本家了。其实不然，必要劳动时间创造的价值等于劳动力的价值，并不等于工人与资本家分享劳动所创造的价值，反之，这只意味着资本家在支配、占有全部劳动并将其产品出卖之后，才从中取出一部分付给工人劳动力的价值。对再生产的劳动力价值，是先整个占有、再用其中一部分返还。

马克思在分析劳动力作为商品的买卖时已经说过："和其他任何商品的价值一样，它的价值在它进入流通以前就已确定，"而"力的让渡和力的实际表现即力作为使用价值的存在，在时间上是互相分开的。"因此，这种交易就变成了工人单方给资本家提供无担保的信贷，"对于这类先通过出售而在形式上让渡使用价值、后在实际上向买者转让使用价值的商品来说，买者的货币通常执行支付手段的职能。在资本主义生产方式占统治地位的一切国家里，给劳动力支付报酬，是在它按购买契约所规定的时间发挥作用以后，例如在每周的周末。因此，到处都是工人把劳动力的使用价值预付给资本家；工人在得到买者支付他的劳动力价格以前，就让买者

---

① 《资本论》第 1 卷，人民出版社 1975 年版，第 219 页；2004 年版，第 226 页。

消费他的劳动力，因此，到处都是工人给资本家以信贷。"①

如果从再生产的意义看，资本家是在卖出产品之后再支付劳动力价值的，所以他并没有动用自己的资本。这是典型的空手套白狼。"过程本身必定把工人不断地当作自己劳动力的卖者投回商品市场，同时又把工人自己的产品不断地变成资本家的购买手段。实际上，工人在把自己出卖给资本家以前就已经属于资本了。工人经济上的隶属地位，是由他的卖身行为的周期更新、雇主的更换和劳动的市场价格的变动造成的，同时又被这些事实所掩盖。"②

再进一步看，资本家购买的不只是一个人的劳动力，而是一大批工人，他们是作为"结合劳动力"进入资本家的工场、工厂的。结合劳动力的使用，就是整体劳动，它提供的是劳动的社会生产力，比单个工人的劳动更有效率。"作为协作的人，作为一个工作机体的肢体，他们本身只不过是资本的一种特殊存在方式。……只要把工人置于一定的条件下，劳动的社会生产力就无须支付报酬而发挥出来，而资本正是把工人置于这样的条件之下的。因为劳动的社会生产力不费资本分文，另一方面，又因为工人在他的劳动本身属于资本以前不能发挥这种生产力，所以劳动的社会生产力好像是资本天然具有的生产力，是资本内在的生产力。"③ 如果说资本家所运用的相对劳动生产率及其提高，起初主要是靠投入数量不菲的资本方获得的生产资料的规模和效能，那么，在拥有了很多劳动力所形成的"结合的劳动力"之后，就获得了更可观的"劳动的社会生产力"，而且是"不费资本分文"的，从而对他所拥有的劳动生产率发挥了放大或提升作用，同时减少了工人的必要劳动时间。

资本通过市场交易获得劳动力一个工作日的使用权，又通过所使用的相对劳动生产率而使工人的必要劳动时间只限于工作日的一个不大的部分，从而占有工人在剩余劳动时间内创造的价值，即剩余价值。显然，这样的研究深刻地揭示了资本剥削的秘密。诚然，资本家这样做，并没有违背商品交换、生产力发展的客观规律。正如马克思认为所说：劳动力的买卖"这种情况对买者特别的幸运，对卖者也绝不是不公平。"④ 但是，这只

---

① 《资本论》第 1 卷，人民出版社 1975 年版，第 197 页；2004 年版，第 202 页。
② 《资本论》第 1 卷，人民出版社 1975 年版，第 633—634 页；2004 年版，第 666 页。
③ 《资本论》第 1 卷，人民出版社 1975 年版，第 370 页；2004 年版，第 387 页。
④ 《资本论》第 1 卷，人民出版社 1975 年版，第 219 页；2004 年版，第 226 页。

是形式的、表面的平等，而且，单单一个生产过程看，这样的生产所剥削的剩余价值也是有限的。必须看到，这里说的商品交换、生产力发展是建立在资本主义制度基础上的，是以大量劳动力"自由得一无所有"为前提的。在这样的条件下，对工人一般地谈什么公平、正义是没有意义的。而且，更重要的是，在资本主义社会，表面的现象后面全部是相反的东西。

二、绝对剩余价值生产批判

在第五、六章的研究中，马克思只是阐明了剩余价值的实质、如何产生的问题，实际上是在研究其性与质，即指出它实质上是雇佣工人剩余劳动创造的价值。质的问题解决了，就该开始量的研究，包括绝对量和相对量。这又与资本的所有者即经济主体的行为有直接的关系。

生产资本的运动不是自动的，而是通过其所有者运行的。虽然说资本家是资本的人格化，但资本是需要人格化的，而资本家对剩余价值的攫取欲望是无限的，手段也是不断翻新的。这样的过程对雇佣工人的影响是深刻的，既使劳动力的素质不断提升，又使劳动者陷入无边无际的苦难中。对这样复杂的、历史性的过程，当然不能笼统地批判，而应该将它解构，从其最基本的事实开始批判，逐步上升到对它比较成熟状态的批判，即使在资本主义初级阶段，也是这样。换句话说，即使在资本主义初级阶段，事情也不是始终一成不变的，从劳动对资本的隶属关系看，经历过从形式隶属到实际隶属的发展。无论从历史发展还是从逻辑发展看，马克思都是从最基本的情况开始。

他发现："制靴和纺纱的特定方式和方法起初也不会因为资本家的插手就发生变化"，同样的，"起初，资本家在市场上找到什么样的劳动力就得使用什么样的劳动力，因而劳动在还没有资本家的时期是怎样的，资本家就得采用怎样的劳动。由劳动从属于资本而引起的生产方式本身的变化，以后才能发生，因而以后再来考察。"[1] 也就是说，那时的生产条件和生产劳动都是最简单的。马克思发现，在这种情况下，资本家仍然能够生产剩余价值，其最有效的剥削办法就是延长劳动时间。因此，他就以此为条件，来考察绝对剩余价值的生产。

工人的生产劳动是不仅是具体的有用劳动，生产使用价值，还要生产价值、剩余价值。在论证了价值的形成过程、价值增殖过程之后，他又区

---

[1] 《资本论》第 1 卷，人民出版社 1975 年版，第 209 页；2004 年版，第 216 页。

分了不变资本和可变资本，提出了用剩余价值率来衡量对劳动力的剥削程度，——在这些方面对资产阶级古典学派的批判容在本章第四节分析——但是，马克思在第 2 版还加注说："剩余价值率虽然是劳动力剥削程度的准确表现，但并不是剥削的绝对量的表现。例如，假定必要劳动=5 小时，剩余劳动=5 小时，则剥削程度=100%，这里剥削量是 5 小时。但是如果必要劳动=6 小时，剩余劳动=6 小时，剥削程度仍然是 100%，剥削量却增加了 20%，由 5 小时增加到 6 小时。"① 所以，有必要专门考察资本家如何剥削剩余价值的绝对量。这是在著名的"工作日"章中研究和披露的。在这个逻辑阶段，他研究的是单个资本的运动，即它与其雇佣工人的关系。

关于工作日的研究，马克思曾经说：当劳动时间决定价值这一点像在李嘉图的书里那样还"不明确"的时候，它并没有引起庸俗经济学家的不安。"但是，一旦把它同工作日和工作日的变化准确地联系起来时，他们就感觉到这是一种非常令人不愉快而又全新的说明。"② 在第八章，马克思的确这样做了，联系基本理论来批判实际状况，从而让被批判者"不愉快"。这样的批判，一方面针对李嘉图的"不明确"，另一方面又直指狡黠而贪婪的资本家。这样，才能激起雇佣工人的共鸣。

联系劳动时间决定价值，在这里主要是分析在不同的时间段所创造的价值及其关系。换句话说，马克思论证，在剩余劳动时间内创造价值的，只能是雇佣工人的劳动。

在这里，他先确定了必要劳动时间的长度，在其他条件不变的情况下，它是一个一定量。但由此还不能确定工作日的量。或者说，工作日的量是个必然超出劳动时间的可变量。"它的总长度随着剩余劳动的长度或持续时间而变化。"③

但是，它的变化是有界限的，其最低界限是工人从事必要劳动的时间。这种时间是由多种因素决定的，其中还包含着"一个历史的和道德的因素"④，往往使劳动力的价值高于劳动力的身体界限。在最好的情况下，这也是资本家所能接受的经济界限。一旦超出这个界限，绝对剩余价值就

---

① 《资本论》第 1 卷，人民出版社 1975 年版，第 244 页脚注（30a）；2004 年版，第 252 页脚注（30a）。

② 《马克思恩格斯〈资本论〉书信集》，人民出版社 1976 年版，第 249 页。

③ 《资本论》第 1 卷，人民出版社 1975 年版，第 259 页；2004 年版，第 268 页。

④ 《资本论》第 1 卷，人民出版社 1975 年版，第 194 页；2004 年版，第 199 页。

产生了。"把工作日延长，使之超出工人只生产自己劳动力价值的等价物的那个点，并由资本占有这部分剩余劳动，这就是绝对剩余价值的生产。……绝对剩余价值的生产只同工作日的长度有关"①。

从工作日的延长看，工人生产绝对剩余价值的时间是有弹性的。这一点资本家非常清楚。所以，他要竭尽全力将它延长到极度。这就涉及工作日的最高界限。这个界限包含两个方面，一方面，是劳动力的身体界限，指的是他的身体能力发挥的极限，即他在一个 24 小时的自然日内所能支出一定量的生命力，显然，它必定高于必要劳动时间这一界限，资本家购买它就是看中这个差额的。另一方面，是工作日的社会道德界限。资本家虽然很想、但也不能逼迫工人不休息地劳动 24 小时，因为工人总是要吃饭睡觉和满足一些确定需要，还必须有时间满足精神的和社会的需要，这种需要的范围和数量由一般的文化状况决定。这就是一种社会的界限，它明显低于工人劳动力的身体界限。"因此，工作日是在身体界限和社会界限之内变动的。但是这两个界限都有极大的伸缩性，有极大的变动余地。"② 但是，确定实际工作日时间是向社会界限靠、还是往身体界限靠，以及靠近程度的，不是工人，而是资本家，因为工人的劳动力已经卖给资本家了。

很显然，资本家是人格化的资本，"他的灵魂就是资本的灵魂。而资本只有一种生活本能，这就是增殖自身，获取剩余价值，……资本是死劳动，它像吸血鬼一样，只有吮吸活劳动才有生命，吮吸的活劳动越多，它的生命就越旺盛。"③ 因此，他必然尽力使工作日不仅超出必要劳动时间，而且超出工作日的社会界限，往劳动力的身体界限靠，致使工人不得不进行超负荷劳动。也就是说，资本家攫取的，不仅是工人的剩余劳动，而且是超负荷的剩余劳动。绝对剩余价值就是由此产生而急剧增加的。

资本家这样做，当然会引起工人的不满。马克思站在工人的立场上，代表工人向资本家提出抗议：资本家迫使工人超出"正常耐力和健康发展所容许的限度内使用"他的劳动力，在一天内使用掉"三天还恢复不过来的劳动力"，这不是"使用"，而是"劫夺"工人的劳动力，将一天变成三天，不仅劫夺劳动时间，还增加了劳动强度而劫夺了劳动力本身，已经违反劳资之间的契约和商品交换的规律了。

马克思还进一步说，所谓的商品交换规律对劳动力的买卖其实是存在

---

① 《资本论》第 1 卷，人民出版社 1975 年版，第 557 页；2004 年版，第 583 页。
② 《资本论》第 1 卷，人民出版社 1975 年版，第 260 页；2004 年版，第 269 页。
③ 《资本论》第 1 卷，人民出版社 1975 年版，第 260 页；2004 年版，第 269 页。

着缺陷的："我们看到，撇开伸缩性很大的界限不说，商品交换的性质本身没有给工作日规定任何界限，因而没有给剩余劳动规定任何界限。"① 可见，它只对普通商品有效，对劳动力这种特殊商品一个工作日买卖的公平性却不能保证有效，无论它在有些人意识中怎样"万能"，但它不能给工作日规定任何界限，这就总是给强势的资本运动规律以可乘之机。"资本家要坚持他作为买者的权利，他尽量延长工作日，如果可能，就把一个工作日变成两个工作日。"② 诚然，商品交换规律也在形式上赋予工人主张将工作日限制在一定的、正常量之内的权利。这样，资本的权利与工人的权利相对抗，但是，对抗是以实力为根据的，尽管工人极力抗争，但最终总是失败。其结果又会激起资本家更疯狂的报复。

在这里，马克思还有一句耐人寻味的话："如果在一个社会经济形态中占优势的不是产品的交换价值"③，表明一个社会中总有一个占优势的规律在发挥主导作用。这是一种极其重要的理论观点和思想方法，它告诫人们，不要以为规律是无拘无束地发挥作用的，同时也警示世人，一个社会经济形态中，必有多种规律同时发挥作用，它们彼此联系，而又彼此矛盾，不要以为各种规律是平起平坐的，其中必有一种占优势地位、统治地位的规律在引领、控制、限制着其他规律的作用。在《导言》中，马克思已经提出："在一切社会形式中都有一种一定的生产支配着其它一切生产的地位和影响，因而它的关系也决定其他一切关系的地位和影响。这是一种普照的光，它掩盖了一切其它色彩，改变着它们的特点。"④ 但是，历来的中外资产阶级学者都有意无意地否认这种规律之间的关系，片面地将商品交换规律当成惟一的"无形的手"，鼓吹只要按照价值规律办事，就无往而不利，其本质就是要掩盖资本运动的规律对商品交换规律的引领、控制、限制。只要了解了这种规律之间的关系，人们就很容易发现，只有在流通领域，价值规律才多少表现出一点形式的平等，一旦离开这个领域，它就完完全全被资本运动的规律"掩盖了色彩"，"改变了特点"。

很显然，在资本主义社会中，占优势的规律绝对不是商品交换的规律，而是资本运动的规律。

为了批判资本运动对工人的剥削，马克思还将它与此前的徭役劳动相

① 《资本论》第1卷，人民出版社1975年版，第262页；2004年版，第271页。
② 《资本论》第1卷，人民出版社1975年版，第262页；2004年版，第271页。
③ 《资本论》第1卷，人民出版社1975年版，第263页；2004年版，第272页。
④ 《马克思恩格斯全集》第46卷上册，人民出版社1979年版，第45页。

比，资本运动的规律有一个很大的特点，能够将"剩余劳动和必要劳动融合在一起"，让人看不出，工人每时每刻都为资本家提供剩余劳动，例如，他在一分钟内为自己劳动 30 秒，为资本家劳动 30 秒，两者的区别根本看不出。这样，剩余价值的实际存在和真相就被掩盖了。

马克思还发现：资本对绝对剩余价值的攫取，因为有资产阶级国家的倾力支持，在不同的时期有不同的方法。"资本在它的萌芽时期，由于刚刚出世，不能单纯依靠经济关系的力量，还要依靠国家政权的帮助才能确保自己榨取足够的剩余劳动的权利，它在那时提出的要求，同它在成年时期不得不忍痛做出的让步比较起来，诚然是很有限的。"[1] 即使在进入资本主义初级阶段后，资本仍然"借国家政权的力量力图迫使成年工人接受的工作日的延长程度"[2]。其典型是从十四世纪起一直到十八世纪中叶的劳工法。当时的劳工法（爱德华三世二十三年即 1349 年）力图强制地延长工作日。[3] 其借口是鼠疫猖獗，死了很多人。但在在长达四个多世纪的时间内，所谓的"鼠疫猖獗"已经不再存在，资本家还是利用他们的国家机器，将工人阶级的一点可怜的要求击得粉碎。只是在过了几个世纪之后，情况发生了很大的变化，一方面，是工人的觉醒和反抗，发生着"一天比一天更带威胁性地高涨着的工人运动"，另一方面，是工人受摧残已经到了极度，实际上是"国家的生命力遭到根本的摧残。"[4] 于是，资产阶级的国家不得不反过来通过工厂法"强制地缩短工作日"[5]，实行"对工作日的强制的限制，来节制资本无限度地榨取劳动力的渴望。"[6]

但是，工厂法毕竟是资本家和土地所有者的国家颁布的，所以决不会过度地限制资本家的贪欲，只不过稍微有所限制而已。而且，据一些工厂视察员报告，工厂主还会通过提前上工、侵犯工人的吃饭时间、额外增加剩余劳动时间：星期一至星期五：早 6 时前 15 分钟、晚 6 时后 15 分钟、早饭 10 分钟、午饭 20 分钟，即 60 分钟/日，5 日共计：300 分钟；星期六：早 6 时前 15 分钟、早饭 10 分钟、下午 2 时后 15 分钟；1 周共计：340 分钟。"这里捞一点时间，那里捞一点时间，一天多出一小时，一年 12 个

---

① 《资本论》第 1 卷，人民出版社 1975 年版，第 300 页；2004 年版，第 312 页。
② 《资本论》第 1 卷，人民出版社 1975 年版，第 301 页；2004 年版，第 313 页。
③ 《资本论》第 1 卷，人民出版社 1975 年版，第 300 页；2004 年版，第 312 页。
④ 《资本论》第 1 卷，人民出版社 1975 年版，第 267 页；2004 年版，第 277 页。
⑤ 《资本论》第 1 卷，人民出版社 1975 年版，第 300 页；2004 年版，第 312 页。
⑥ 《资本论》第 1 卷，人民出版社 1975 年版，第 267 页；2004 年版，第 276—277 页。

月就变成 13 个月了。"① "靠超过法定时间的过度劳动获得额外利润，对许多工厂主来说是一个难于抗拒的巨大诱惑。"为此，资本甚至"零敲碎打地偷窃"工人吃饭时间和休息时间。② 对剩余劳动的贪欲急剧地膨胀，竟使资本家不顾廉耻。

马克思还发现，在延长工作日方面，竟然还有一些行业根本不受法律的约束。他举官方文件为例：1860 年 1 月 14 日，郡治安法官布罗顿先生在诺定昂市会议厅主持的一次集会上说，从事花边生产的那部分城市居民过着极其贫穷痛苦的生活，其困苦程度是文明世界的其他地方所没有见过的……9 岁到 10 岁的孩子，在大清早 2、3、4 点钟就从肮脏的床上被拉起来，为了勉强糊口，不得不一直干到夜里 10、11、12 点钟。③ 在这样的部门，不仅有长达 18 个钟头的工作日，还使用童工。

在一些可以不使用成年男工的行业，这种情况大量存在。在陶器业、火柴制造业、壁纸工厂、面包业、农业、女时装工，这些行业"对于妇女无论如何要比男子更为适宜"④，所以资本家大量地使用廉价的童工、少女、妇女。那里劳动条件极其恶劣，劳动时间特别长，有的还没有得到应得的工钱。这对工人的影响是致命的，工人们未老先衰，寿命短促，迟钝而又贫血；她们常患消化不良症、肝脏病、肾脏病和风湿症，表明体质极为虚弱。但她们最常患的是胸腔病：肺炎、肺结核、支气管炎和哮喘病。在涉及的这些行业中，都有官方文件披露的悲惨事实。

马克思还列举很多案例，讲到工人们被迫连续长时间地劳动，有鉴于此，马克思满怀悲愤地说："如果但丁还在，他一定会发现，他所想象的最残酷的地狱也赶不上这种制造业中的情景。"⑤ 这不仅是倾诉资本运动对工人的残酷剥削，更是对资本运动的批判。

资本家竭尽全力的延长工作日，既是其对剩余价值的贪欲所致，也是资本的本性决定。"把工作日延长到自然日的界限以外，延长到夜间，只

---

① 转引自《资本论》第 1 卷，人民出版社 1975 年版，第 269 页；2004 年版，第 278—279 页。

② 《资本论》第 1 卷，人民出版社 1975 年版，第 271 页；2004 年版，第 281 页。

③ 转引自《资本论》第 1 卷，人民出版社 1975 年版，第 272 页；2004 年版，第 282 页。

④ 《资本论》第 1 卷，人民出版社 1975 年版，第 284 页脚注（89）；2004 年版，第 295 页脚注（89）。

⑤ 《资本论》第 1 卷，人民出版社 1975 年版，第 275—276 页；2004 年版，第 286 页。

是一种缓和的办法，只能大致满足一下吸血鬼吮吸劳动鲜血的欲望。因此，在一昼夜 24 小时内都占有劳动，是资本主义生产的内在要求。"① 对资本家来说，机器不能闲置，闲置了就是没有发挥作用。但是，一个工人不可能昼夜劳动，于是，资本家发明了换班制度，并且不限于成年男工。

夜工对工人当然有极大的害处。撇开这一点不说，须知 "昼夜 24 小时不断的生产过程，为打破名义上的工作日界限提供了极大的方便。" 马克思引用官方《童工调查委员会》的报告说："儿童昼夜轮班做工的办法，……都会使工作日极度延长。这种延长在许多场合不仅骇人听闻，而且简直令人难以置信。"② 类似的报告还有很多，马克思将它们安排在脚注中披露。

对换班制度，资本家不仅乐此不疲，并且主要使用童工做夜班。他们还振振有词，说什么在温度大约介于 86°至 90°之间的情况下，这些男孩根本不感到酷热难熬。他们认为，连续做夜工并没有害处，定期轮换做夜工倒可能有害处。他们反对禁止 18 岁以下的少年做夜工，因为这会增加费用。这就是唯一的理由。

在第八章中，有很多的正文和脚注都引用官方文件，来证明资本对工人过度劳动、对绝对剩余价值的追逐。"资本由于无限度地盲目追逐剩余劳动，象狼一般地贪求剩余劳动，不仅突破了工作日的道德极限，而且突破了工作日的纯粹身体的极限。它侵占人体成长、发育和维持健康所需要的时间。它掠夺工人呼吸新鲜空气和接触阳光所需要的时间。它克扣吃饭时间，……资本是不管劳动力的寿命长短的。它唯一关心的是在一个工作日内最大限度地使用劳动力。"③

但是，工人的过度劳动导致他们的寿命严重缩短，他们的生存质量极度降低，虽然统治阶级中也有人表示过某种担忧，但资本家根本不在乎。"我死后哪怕洪水滔天！这就是每个资本家和每个资本家国家的口号。因此，资本是根本不关心工人的健康和寿命的，除非社会迫使它去关心。人们为体力和智力的衰退、夭折、过度劳动的折磨而愤愤不平，资本却回答说：既然这种痛苦会增加我们的快乐（利润），我们又何必为此苦恼呢?"

---

① 《资本论》第 1 卷，人民出版社 1975 年版，第 286 页；2004 年版，第 297 页。

② 转引自《资本论》第 1 卷，人民出版社 1975 年版，第 287 页；2004 年版，第 299 页。

③ 《资本论》第 1 卷，人民出版社 1975 年版，第 294—295 页；2004 年版，第 306—307 页。

但是，马克思也发现，"总的说来，这也并不取决于个别资本家的善意或恶意。自由竞争使资本主义生产的内在规律作为外在的强制规律对每个资本家起作用。"①

资本当然需要保持就业工人人数的稳定，可是，资本家从来不感到这是个问题。"棉纺织业有90年的历史……在英国经历了三代人，却吞没了九代纺织工人。"② 所以，对外人来说的问题，对资本家来说，已经有了解决的方案，"过度劳动使伦敦的面包工人不断丧生，可是伦敦的劳动市场总是挤满来自德国和其他地方的人，等着去面包房送死。"③ 在英国，资本具有巨大的权威，劳动力的道德和自然、年龄上性别、昼和夜、本地和外地（国）等等界限，统统不在眼里，统统被摧毁。

哪里有压迫，哪里就有反抗！他们的反抗针对的就是工作日的缩短和限定。从18世纪最后30多年大工业出现以来，工人的反抗有增无减，而且似乎取得了资本家的一些让步。但是，马克思辛辣地指出，这只是一种骗局。"三十年来，工人所争得的让步完全是有名无实的。从1802年到1833年，议会颁布了5个劳动法，但是议会非常狡猾，它没有批准一文钱用于强制地实施这些法令，……这些法令只是一纸空文。"④ 实际上，这个时候的资本家已经完全成熟、非常强大了，不再需要国家政权的保驾护航了，甚至讨厌国家的某些干预。殊不知"立法者根本不想触犯资本榨取成年劳动力的自由，"于是提出一个别出心裁的"儿童分两班做工的方案"⑤。但是他们甚至不体谅立法者对他们的温情，并对政府的宽厚的限制口出狂言，而且他们确实把政府吓住了，竟然建议把儿童年龄的界限从13岁降为12岁。这样，资本家就可以堂而皇之地使用12岁以上的童工了。

---

① 《资本论》第1卷，人民出版社1975年版，第300页；2004年版，第311—312页。

② 转引自《资本论》第1卷，人民出版社1975年版，第297页；2004年版，第308页。

③ 《资本论》第1卷，人民出版社1975年版，第296页；2004年版，第308页。

④ 《资本论》第1卷，人民出版社1975年版，第308页；2004年版，第321页。

⑤ "9岁到13岁的儿童分成两班，一班从早晨5点半到午后1点半，另一班从午后1点半到晚上8点半，等等。""议会决定，未满11岁的儿童从1834年3月1日起，未满12岁的儿童从1835年3月1日起，未满13岁的儿童从1836年3月1日起，不得在工厂从事8小时以上的劳动！"这种对"资本"如此宽厚的"自由主义"，……"但是资本毫不体谅，掀起了一个叫嚷了好几年的鼓动运动。"（转引自《资本论》第1卷，人民出版社1975年版，第310页；2004年版，第322—323页。）

马克思仔细研究了 1833—1864 年英国的工厂立法过程，发现立法的进步"是作为现代生产方式的自然规律从现存的关系中逐渐发展起来的。它们的制定、被正式承认以及由国家予以公布，是长期阶级斗争的结果"①，具有一定的必然性，但也让资本家"得到某种'退步'作补偿"，即在他们的敦促下，下院把可以雇用的儿童的最低年龄从 9 岁减为 8 岁。② 虽然经过斗争，1847 年 6 月 8 日新工厂法终于通过了，该法规定，从 1848 年 5 月 1 日起，工作日限制为 10 小时。但是，资本先发制人，想使这个法令在 1848 年 5 月 1 日不能完全实行。而且利用 1846—1847 年爆发的可怕危机，工厂主先生们先是普遍把工资降低了 10%，在工作日缩短为 11 小时的时候，工资又降低 8 又 1/3%，最后工作日缩短为 10 小时，工资降低的百分比再增加一倍。凡是在情况允许的地方，工资至少降低了 25%。③ 实际上，即使是新工厂法，也是有利于资本家的，因为它并没有限制 18 岁以上的男工的工作日；从 1833 年以来，早晨 5 点半至晚上 8 点半这 15 小时的时间始终是法定"日"，在这个界限以内，少年和妇女可以在法律规定的条件下，起先劳动 12 小时，后来劳动 10 小时。但是，即使是这样，工厂主们依然心有不甘。利用经济权力恢复成年男工的夜班，而且还钻法律的空子，挤占工人的吃饭时间。④

不言而喻，工人们是在工资（实质是劳动力价值）不变的条件下争取十小时工作日，但是，工厂主们却污蔑说，工人歹徒们请愿的目的是想用 10 小时的劳动取得 12 小时的工资。而实际情况却反过来。"他们支配劳动力 12 小时或 15 小时，而只支付 10 小时的工资！这就是问题的实质，这就是工厂主所解释的十小时工作日法令！"⑤

马克思披露，工厂主和采取一系列的办法，将工人的连续劳动时间拆开，以造成不超过连续劳动十小时的假象。所以，工人们提出，所谓十小时工作日法令只是一场骗局，只是议会的欺诈行为，根本就未存在过！

马克思发现："在工厂大亨们被迫服从不可避免的东西并且同它和解之后，资本的抵抗力量就逐渐削弱了，而同时，工人阶级的进攻力量则随

---

① 《资本论》第 1 卷，人民出版社 1975 年版，第 313 页；2004 年版，第 326 页。

② 《资本论》第 1 卷，人民出版社 1975 年版，第 314 页；2004 年版，第 326 页。

③ 《资本论》第 1 卷，人民出版社 1975 年版，第 315 页；2004 年版，第 327—328 页。

④ 《资本论》第 1 卷，人民出版社 1975 年版，第 317 页；2004 年版，第 329—330 页。

⑤ 《资本论》第 1 卷，人民出版社 1975 年版，第 323 页；2004 年版，第 336 页。

着他们在没有直接利害关系的社会阶层中的同盟者的增加而大为加强。这就是从 1860 年以来进步较快的原因。"① 这既是充分肯定工人阶级的阶级斗争是维护自己阶级利益的强有力手段，也是揭示经济进步的根本动力，经济进步必须包含工人阶级利益的进步。工人必须看到，他"只要还有一块肉、一根筋、一滴血可供榨取"，吸血鬼就决不罢休。为了"抵御"折磨他们的毒蛇，工人必须把他们的头聚在一起，作为一个阶级来强行争得一项国家法律，一个强有力的社会屏障，使自己不致再通过自愿与资本缔结的契约而把自己和后代卖出去送死和受奴役。②

如果说，通过绝对地延长必要劳动时间是特定时代的产物，那么，随着这个时代上升到另一个更为发达的时代，绝对剩余价值的生产仍然构成资本主义体系的一般基础，在资本主义社会中始终存在。之所以这样，根本的原因就是生产资料的资本主义所有制。资本家之所以如此强势，如此毫无顾忌地为所欲为，全都是因为它的背后有成熟而强大的资本主义所有制，而这种所有制又有自己出钱豢养的军队、警察、法院。

由此观之，马克思对绝对剩余价值生产的批判，矛头对准的不仅有客观的资本运动、资本家，还有保护它们的上层建筑。

在第三篇的最后，马克思还特地作了个总结，分别从不同的角度来阐明经济关系的一系列深刻变化：

首先，从与劳动本身的规定相比较看。劳动本来是劳动者自己指挥自己的，但在资本主义"生产过程中，资本发展成为对劳动，即对发挥作用的劳动力或工人本身的指挥权。"③ 这是生产劳动自主性质的改变。

其次，从与流通过程相比看。在流通过程中，资本与劳动力的关系至少在表面上看是平等的。但是，进入生产过程后，"资本发展成为一种强制关系，迫使工人阶级超出自身生活需要的狭隘范围而从事更多的劳动。作为别人辛勤劳动的制造者，作为剩余劳动的榨取者和劳动力的剥削者，资本在精力、贪婪和效率方面，远远超过了以往一切以直接强制劳动为基础的生产制度。"④ 指挥是为了强制，强制是为了榨取剩余价值。这是劳动与资本表面平等关系的改变。

---

① 《资本论》第 1 卷，人民出版社 1975 年版，第 328 页；2004 年版，第 342 页。

② 《资本论》第 1 卷，人民出版社 1975 年版，第 334—335 页；2004 年版，第 349 页。

③ 《资本论》第 1 卷，人民出版社 1975 年版，第 343 页；2004 年版，第 359 页。

④ 《资本论》第 1 卷，人民出版社 1975 年版，第 344 页；2004 年版，第 359 页。

再次，从与生产资料的关系看。从一般的劳动过程看，是工人使用生产资料，将生产资料当成生产的手段。但是，从价值增殖过程的观点来考察生产过程，情形就不同了。"生产资料立即转化为吮吸他人劳动的手段。不再是工人使用生产资料，而是生产资料使用工人了。不是工人把生产资料当作自己生产活动的物质要素来消费，而是生产资料把工人当作自己的生活过程的酵母来消费，……生产资料变成了榨取他人劳动和剩余劳动的合法权和强制权。"马克思称这是一种"颠倒，死劳动和活劳动、价值和创造价值的力之间的关系的倒置"①。

三、相对剩余价值生产批判

在第三篇开头处，马克思假定"由劳动从属于资本而引起的生产方式本身的变化，以后才能发生，因而以后再来考察。"② 在考察过绝对剩余价值的生产后，研究条件就要发生变化了。所以，在第四篇，他在工作日不变、在劳动力价值不变的条件下，考察生产方式的变化看剩余价值生产的变化。从客观上看，资本不会长时间地延用以前的生产条件来生产剩余价值。在这种情况下，不仅劳动本身的质量，而且劳动结合的社会形式等也要发生变化，随之，剩余价值的结构也会发生变化。对这种情况，理论当然要结合研究条件的逐步变化来反映。

对资本家来说，延长工作日是有其极限的。一方面，工人的体力、智力的使用有极限，另一方面，工人的反抗越来越厉害。此外，还有国家法律名义上的限制。所以，资本家必定要、也一定会找到增加剩余价值生产的门道，在工作日一定的时候，改变工作日中必要劳动和剩余劳动的划分，即压缩必要劳动时间，相对地延长剩余劳动时间。

从实际过程看，资本家通常是通过降低工人工资来改变必要劳动和剩余劳动比例的，但马克思在这里却将这种情况淡化，假定工人获得十足的劳动力价值。这样，资本家就只有一种方法，即减少劳动力价值再生产的时间。为此，也只有一种途径：提高劳动生产力，并且"扩展到同生产必要生活资料有关的生产部门，以致使属于必要生活资料范围、从而构成劳

---

① 《资本论》第 1 卷，人民出版社 1975 年版，第 344 页；2004 年版，第 359—360 页。

② 《资本论》第 1 卷，人民出版社 1975 年版，第 209 页；2004 年版，第 216 页。

动力价值要素的商品便宜"①。其结果是劳动力的价值下降，必要劳动时间相应缩短，从而剩余劳动时间相对增加。与原有的绝对延长工作日来生产剩余价值相区别，这是相对延长剩余劳动时间，所生产的是相对剩余价值。马克思说："提高劳动生产力来使商品便宜，并通过商品便宜来使工人本身便宜，是资本的内在的冲动和经常的趋势。"②

提高劳动生产力是一般过程发展的主要内容，但它作为一般过程却是要有载体的。在资本主义社会，只能以资本运动为其载体。与此相适应，资本关系也将它的发展扭向仅仅对自己有利的一端。

马克思发现，尽管各个资本家对这种经常的趋势是不理解的，因为这是全体资本家共同努力的结果，而他们各自提高劳动生产率的直接目的是获得超额剩余价值。"价值由劳动时间决定的规律，既会使采用新方法的资本家感觉到，他必须低于商品的社会价值来出售自己的商品，又会作为竞争的强制规律，迫使他的竞争者也采用新的生产方式。"③ 各个资本家提高劳动生产率的结果，既在客观上促成了相对剩余价值的形成，又在主观上获得了超额剩余价值。

本来，提高劳动生产率从而降低劳动力的价值，可以直接缩短工作日，但是，"在资本主义生产条件下，通过发展劳动生产力来节约劳动，目的绝不是为了缩短工作日。"④ 因而，这种从一般意义来看的社会经济进步对工人却没有任何好处。反之，劳动生产率的提高却对工人造成直接间接的伤害。

资本家提高劳动生产率，经历过几个不同发展阶段。在《资本论》中，马克思分别研究了协作、工场手工业和机器大工业这三个阶段。

关于简单协作，马克思的研究有个前提："就生产方式本身来说，例如初期的工场手工业，除了同一资本同时雇用的工人较多而外，和行会手工业几乎没有什么区别。行会师傅的作坊只是扩大了而已。"⑤ 初期的工场手工业尚且如此，更遑论简单协作了。但是，这不意味着协作和初期的工场手工业没有劳动生产率的提高。在这个发展阶段，资本家雇用了许多工

———————

① 《资本论》第1卷，人民出版社1975年版，第355页；2004年版，第371页。
② 《资本论》第1卷，人民出版社1975年版，第355页；2004年版，第371页。
③ 《资本论》第1卷，人民出版社1975年版，第354—355页；2004年版，第370—371页。
④ 《资本论》第1卷，人民出版社1975年版，第356页；2004年版，第372页。
⑤ 《资本论》第1卷，人民出版社1975年版，第358页；2004年版，第374页。

人。这种量的区别很快就产生质的差别。大量的工人一起劳动，会形成一种平均劳动力。"同时雇用的许多工人的总工作日除以工人人数，本身就是一天的社会平均劳动。"对资本家来说，这是十分重要的。"只有当他作为资本家进行生产，同时使用许多工人，从而一开始就推动社会平均劳动的时候，价值增殖规律才会完全实现。"①

协作形成的"结合劳动"不仅"提高了个人生产力，而且创造了一种生产力，这种生产力本身必然是集体力。"② 对资本有重大影响，在《1861—1863 年经济学手稿》中，马克思还这样写道："协作所产生的社会生产力是无偿的。单个工人，或者确切些说，单个劳动能力是得到报酬的，而且只是作为孤立的劳动能力得到的。他们的协作和由此产生的生产力并没有得到报酬。资本家支付工资给 360 个工人；但他并没有支付工资给 360 个工人的协作：因为资本与劳动能力的交换是在资本和单个劳动能力之间进行的。……协作这种社会劳动的社会生产力，表现为资本的生产力，而不是表现为劳动的生产力。"③

协作当然需要统一的指挥，"一旦从属于资本的劳动成为协作劳动，这种管理、监督和调节的职能就成为资本的职能。这种管理的职能作为资本的特殊职能取得了特殊的性质。"④ 马克思指出，从生产过程的动机和目的看，这种管理是"一种由社会劳动过程的性质产生并属于社会劳动过程的特殊职能，它同时也是剥削社会劳动过程的职能，因而也是由剥削者和他所剥削的原料之间不可避免的对抗决定的。"从过程的结果看，雇佣工人职能上的联系只存在于他们之外，因此，"他们劳动的联系，在观念上作为资本家的计划，在实践中作为资本家的权威，作为他人意志——他们的活动必须服从这个意志的目的——的权力，而和他们相对立。"⑤ 从其内容看，是二重的，从其形式看，则是专制的。无论从哪种意义看，工人一进入劳动过程，就并入资本，他们作为社会工人所发挥的生产力，本是社会的生产力，但却表现为、变成了资本的内在生产力。所以，"劳动过程的这种社会形式表现为资本通过提高劳动过程的生产力来更有利地剥削劳

①《资本论》第 1 卷，人民出版社 1975 年版，第 360 页；2004 年版，第 376 页。

②《资本论》第 1 卷，人民出版社 1975 年版，第 362 页；2004 年版，第 378 页。

③《马克思恩格斯全集》第 47 卷，人民出版社 1979 年版，第 297 页。

④《资本论》第 1 卷，人民出版社 1975 年版，第 367—368 页；2004 年版，第 384 页。

⑤《资本论》第 1 卷，人民出版社 1975 年版，第 367—368 页；2004 年版，第 384，385 页。

动过程的一种方法。"但是，尽管资本家的贪婪本性决定了其观念和能力的偏狭，但也在一定程度上也体现了社会劳动过程的性质，因此，它已经包含着"资本主义生产方式表现为劳动过程转化为社会过程的历史必然性"①。

马克思还发现，在对协作的管理中，已经产生了一个固定的管理层。"正如起初当资本家的资本一达到开始真正的资本主义生产所需要的最低限额时，他便摆脱体力劳动一样，现在他把直接和经常监督单个工人和工人小组的职能交给了特种的雇佣工人。正如军队需要军官和军士一样，在同一资本指挥下共同工作的大量工人也需要工业上的军官（经理）和军士（监工），在劳动过程中以资本的名义进行指挥。监督工作固定为他们的专职。"②在资本家直接管理的时候，工人劳动的智力和体力已经分离，并且处于对立状态。现在，从工人中分离出经理和监工，并实质固定化为专门的管理职能，从理论上看，实际上就是管理二重性的分化和独立化，即剥削社会劳动过程的职能和调节社会劳动过程的职能的分化和独立化。由于经理和监工的职能是从社会劳动过程的性质产生的，对生产是必要的，因此他们也构成集体劳动的一部分，这样一来，总体工人就被解构为直接地和间接地作用于劳动对象的两部分，从而形成总体工人的新结构。

必须看到，"工业上的军官（经理）和军士（监工）"的出现，在使工人阶级分化的同时，也使人们的认识产生了一定的混乱：将资本家的曾经的管理与经理、监工的管理的不同性质混淆了。这种情况又必然被庸俗经济学大肆渲染，将实施对抗性管理的资本家和实施调节性管理的经理（企业家）混为一体。正是针对这种情况，马克思批判道：政治经济学家"在考察资本主义生产方式时，却把从共同的劳动过程的性质产生的管理职能，同从这一过程的资本主义性质因而从对抗性质产生的管理职能混为一谈。"③

如果说，简单协作"在人和物方面的材料都是现成的"，其所导致的劳动生产率提高，主要依赖于"生产过程的社会结合"，那么，在工场手工业中，"很快就发生了本质的变化。"④

---

① 《资本论》第 1 卷，人民出版社 1975 年版，第 372 页；2004 年版，第 389 页。
② 《资本论》第 1 卷，人民出版社 1975 年版，第 369 页；2004 年版，第 385 页。
③ 《资本论》第 1 卷，人民出版社 1975 年版，第 369 页；2004 年版，第 386 页。
④ 《资本论》第 1 卷，人民出版社 1975 年版，第 373 页；2004 年版，第 390—391 页。

工场手工业是建立在分工基础上的，"一方面工场手工业在生产过程中引进了分工，或者进一步发展了分工，另一方面它又把过去分开的手工业结合在一起。"① 因此，这种场合的劳动生产力比简单协作要高得多。首先，它改变了工人的劳动，各个工人不再进行全面的、全程的劳动，而是只从事一种局部的简单的操作。其次，因为分工，工种细分，工具也要细分，并因此而得到改良。"劳动工具的分化和劳动工具的专门化，是工场手工业的特征"②，"工场手工业时期通过劳动工具适合于局部工人的专门的特殊职能，使劳动工具简化、改进和多样化。"③

再次，形成局部工人在一个总机构中的分组和结合。直接的结果是"造成了社会生产过程的质的划分和量的比例，从而创立了社会劳动的一定组织，这样就同时发展了新的、社会的劳动生产力。"④

这些变化对资本家的好处极大，但对工人的伤害极大：

首先，工人成了局部工人，他的劳动力沦落为终身从事这种细分化的工具局部操作的片面的器官。对资本家来说，好处还在于工人可以不断积累技艺，但对工人来说，"工场手工业把工人变成畸形物，它压抑工人的多种多样的生产志趣和生产才能，人为地培植工人片面的技巧，……起初，工人因为没有生产商品的物质资料，把劳动力卖给资本，现在，他个人的劳动力不卖给资本，就得不到利用。它只有在一种联系中才发挥作用，这种联系只有在它出卖以后，在资本家的工场中才存在。工场手工业工人按其自然的性质没有能力做一件独立的工作，他只能作为资本家工场的附属物进行生产活动。……分工在工场手工业工人的身上打上了他们是资本的财产的烙印。"⑤

其次，这样分工能多方有效地提高劳动强度和劳动生产率，这或者是"由于增加了一定时间内劳动力的支出，也就是提高了劳动强度，或者是由于减少了劳动力的非生产耗费。"⑥ 在论述绝对剩余价值的时候，马克思已经指出剩余劳动时间的过度延长迫使工人从事过度的高强度劳动，在这

---

① 《资本论》第 1 卷，人民出版社 1975 年版，第 375 页；2004 年版，第 392 页。

② 《资本论》第 1 卷，人民出版社 1975 年版，第 378 页；2004 年版，第 396 页。

③ 《资本论》第 1 卷，人民出版社 1975 年版，第 379 页；2004 年版，第 396 页。

④ 《资本论》第 1 卷，人民出版社 1975 年版，第 403 页；2004 年版，第 421—422 页。

⑤ 《资本论》第 1 卷，人民出版社 1975 年版，第 399 页；2004 年版，第 417—418 页。

⑥ 《资本论》第 1 卷，人民出版社 1975 年版，第 378 页；2004 年版，第 395 页。

里，工人的劳动强度则是由于"每次由静止到运动所需要的力量的额外消耗，为已经达到的正常速度在较长时间的持续所补偿。另一方面，不断从事单调的劳动，会妨碍精力的集中和焕发，因为精力是在活动本身的变换中得到恢复和刺激的。"① 换句话说，这样高强度而单调的劳动，很容易产生疲劳。如果说，在协作的场合，指的是剩余劳动时间内的劳动强度，在工场手工业中，指的是每个时点的劳动强度。和劳动生产率的提高不同，劳动强度提高，劳动力的价值也应随之提高。但是，资本家却没有将这种劳动强度的提高带来的效益支付给工人，所以，这是变相将劳动力的价值降低了。

再次，它发展起了劳动力的等级制度。"由于总体工人的各种职能有的比较简单，有的比较复杂，有的比较低级，有的比较高级，因此他的器官，即各个劳动力，需要极不相同的教育程度，从而具有极不相同的价值。因此，工场手工业发展了劳动力的等级制度，与此相适应的是工资的等级制度。"② 这种等级制度既限制了工人劳动的全面发展，又限制了他们的技艺发展。

续次，它还导致工人智力不能得到正常发展。"在等级制度的阶梯的旁边，工人简单地分为熟练工人和非熟练工人。对后者说来完全不需要学习费用，而对前者说来，由于职能的简化，学习费用比手工业者要低。在这两种场合，劳动力的价值都降低了。"③ 不仅这样，马克思还指出："某种智力上和身体上的畸形化，甚至同整个社会的分工也是分不开的。"④ 这种情况，连斯密也看到并感到忧虑："终生从事少数简单操作的人……没有机会运用自己的智力……他的迟钝和无知就达到无以复加的地步。"⑤ 作为一个科学家，斯密甚至就此提出建议，由国家来实行国民教育。

最后，工场手工业的分工发展了资本家对工人的绝对权威，并且发展了物质生产过程的智力与体力的对立。"局部工人所失去的东西，都集中在和他们对立的资本上面了。工场手工业分工的产物，就是物质生产过程的智力作为别人的财产和统治工人的力量同工人相对立。这个分离过程在

① 《资本论》第 1 卷，人民出版社 1975 年版，第 378 页；2004 年版，第 395 页。
② 《资本论》第 1 卷，人民出版社 1975 年版，第 388 页；2004 年版，第 405 页。
③ 《资本论》第 1 卷，人民出版社 1975 年版，第 388 页；2004 年版，第 406 页。
④ 《资本论》第 1 卷，人民出版社 1975 年版，第 402 页；2004 年版，第 420 页。
⑤ 转引自《资本论》第 1 卷，人民出版社 1975 年版，第 401 页；2004 年版，第 419 页。

简单协作中开始，在工场手工业中得到发展，在大工业中完成。在简单协作中，资本家在单个工人面前代表社会劳动体的统一和意志，工场手工业使工人畸形发展，变成局部工人，大工业则把科学作为一种独立的生产能力与劳动分离开来，并迫使它为资本服务。"① 在资本主义工厂制度中，这种对立是不可逆的，因而处于恶性循环中。

尽管工场手工业为资本创造了文明的、精巧的剥削手段，并且在一定意义上表现为社会经济形成过程中的历史进步和必要的发展因素，但它仍然与当时较狭隘的技术基础相联系，并且资本还不能完全控制工人。② 不过，在工场手工业分工的基础上，生产工具的专门化已经达到相当发展的地步，以至于生产出机器。"大工业最初的科学要素和技术要素就是……在工场手工业时期发展起来的。"③ 一旦机器由机器来生产，大工业时代就开启了。

不言而喻，在 19 世纪中叶，机器体系是最高级的劳动资料，是历史发展的，能"以自然力来代替人力，以自觉应用自然科学来代替从经验中得出的成规。"④ 而且，它虽然只有通过社会化的劳动才发生作用，但却因为社会化的劳动而放大了作用。所以，它的应用包含提高劳动生产率的各种要素，能大幅度地提高劳动生产率、相对剩余价值率，是资本运动的最合适而重要的载体。

但是，机器体系的资本主义运用在发展和推动资本运动、教育和训练工人阶级的同时，也比以往任何时候都给工人的生存、发展带来巨大的灾难。所以，"必须把社会生产过程的发展所造成的较大的生产率同这个过程的资本主义剥削所造成的较大的生产率区别开来。"⑤

对资本家来说，应用机器体系是有诸多利益的，但对工人来说，则是更深刻的奴役。在这方面，马克思分析了四种情况：使用女工童工、工作日延长、劳动强化、排挤工人。

第一种，是使用女工、童工。"就机器使肌肉力成为多余的东西来说，

---

① 《资本论》第 1 卷，人民出版社 1975 年版，第 400 页；2004 年版，第 418 页。

② "由于手工业的熟练仍然是工场手工业的基础，同时在工场手工业中执行职能的总机构没有任何不依赖工人本身的客观骨骼，所以资本不得不经常同工人的不服从行为作斗争。"（《资本论》第 1 卷，人民出版社 1975 年版，第 406 页；2004 年版，第 425 页。）

③ 《资本论》第 1 卷，人民出版社 1975 年版，第 414 页；2004 年版，第 433 页。

④ 《资本论》第 1 卷，人民出版社 1975 年版，第 423 页；2004 年版，第 443 页。

⑤ 《资本论》第 1 卷，人民出版社 1975 年版，第 463 页；2004 年版，第 486 页。

机器成了一种使用没有肌肉力或身体发育不成熟而四肢比较灵活的工人的手段。因此，资本主义使用机器的第一个口号是妇女劳动和儿童劳动！"① 这样一来，不仅可雇用的工人人数增加，而且可雇用的工人范围也扩大到工人家庭的其他成员，直接增加了可供资本剥削的人身材料。

资本家使用女工、童工，竟然超越道德界限，甚至在煤矿和其他矿井使用裸体的妇女和少女，而且往往让她们同男子混在一起。而进入工厂的少年工，不仅要像其父辈一样受剥削，其未成熟的身体还要受摧残，智力被荒废。即使后来的法律对此作了限制，但工厂主根本反对、并回避执行这种法令。② 而女工则因为做工，不能顾家，子女出生后的死亡率奇高。

使用女工童工的结果，一方面直接导致工人数量的增加，另一方面导致工人供养人口的减少。这些都直接导致工人劳动力价值普遍降低。劳动力的价值决定于维持成年男工个人所必需的劳动时间，还决定于维持其家庭所必需的劳动时间。在广泛使用工人家庭中的妇女、儿童之后，维持工人家庭成员所必需的劳动时间就分摊到他全家人的身上了。由是，成年男工的劳动力价值就随之贬值了。同时，工人的全家的劳动都属于资本家，都要为资本家提供剩余劳动。这种情况一旦出现，就很难逆转，而且因是普遍存在的现象，所以又导致一些关系的变化。为了维持全家的生存，工人不得不忍痛出卖妻子儿女的劳动力。这样一来，工人和资本家之间的契约关系就转变为工人家庭和资本家的契约关系了。工人虽然没有任何生产资料，身无长物可以出卖，且拖家带口，但却将被逼他们出卖给资本家当牛做马，"成了奴隶贩卖者"③，有家有口，让他们似乎已经不再是一无所有的自由人了。"机器引起的劳动力买者和卖者之间的法权关系的革命，使全部交易本身失去了自由人之间的契约的外表"④。对工人来说，这是万不得已的，而且反过来祸及自身。所以，这种自由买卖的契约外表包含的是工人极度的辛酸和无奈。所以马克思说：降低工资"作为系统的手段，用来在每一时刻内榨取更多的劳动或不断地加强对劳动力的剥削。"⑤

第二种，工作日的延长。机器作为资本的承担者，"成了把工作日延

---

① 《资本论》第1卷，人民出版社1975年版，第433页；2004年版，第453页。

② 《资本论》第1卷，人民出版社1975年版，第438—439页；2004年版，第460页。

③ 《资本论》第1卷，人民出版社1975年版，第434页；2004年版，第455页。

④ 《资本论》第1卷，人民出版社1975年版，第436页；2004年版，第457页。

⑤ 《资本论》第1卷，人民出版社1975年版，第459页；2004年版，第482页。

长到超过一切自然界限的最有力的手段。一方面，它创造了新条件，使资本能够任意发展自己这种一贯的倾向，另一方面，它创造了新动机，使资本增强了对别人劳动的贪欲。"①

就此，马克思分析了以下六种情况：

其一，机器的使用可以压制工人的反抗。机器的运动和活动离开工人而独立了，成为一种工业上的永动机，只要有人推动和维护，它就可以不停顿地进行生产。"劳动资料作为资本——而且作为资本，自动机在资本家身上获得了意识和意志——就具有一种欲望，力图把有反抗性但又有伸缩性的人的自然界限的反抗压到最低限度。而且，由于在机器上劳动看来很容易，由于妇女和儿童比较温顺驯服，这种反抗无疑减小了。"② 所以，资本家使用机器不停顿地生产，同时也是利用机器不停顿地压制工人的反抗。

其二，"机器执行职能的期限越长，分担机器加进的价值的产品量就越大，机器加到单个商品上的价值部分就越小。而机器的有效寿命，显然取决于工作日的长度或每天劳动过程的长度乘以劳动过程反复进行的日数。"③ 在这里，马克思说的不是资本家要尽量使机器延长其寿命，而是要在一定的使用年限内尽量让机器执行职能。在其有效寿命期限内，使用得越多、越久，其效率越高。机器是有价值的，它的再生产与其使用的时间有关。在一天中使用 16 小时，比在一天只使用 8 小时，机器价值再生产的速度就会加快一倍，并且前者可以用后者一半时间内吮吸下同量的剩余劳动。所以，资本家当然要尽量延长工作日。

其三，机器有无形损耗和有形损耗。它使用的年限越长，无形损耗的危险越大。因为新的更好的机器不断地出现，"机器总价值的再生产时期越短，无形损耗的危险就越小，而工作日越长，这个再生产时期就越短。在某个生产部门最初采用机器时，那些使机器更便宜地再生产出来的新方法，那些不仅涉及机器的个别部分或装置，而且涉及机器的整个构造的改良，会接连不断地出现。因此，在机器的最初的生活期，这种延长工作日的特别动机也最强烈。"④ 正是居于这种考虑，资本家自然会想方设法延长

① 《资本论》第 1 卷，人民出版社 1975 年版，第 442 页；2004 年版，第 463 页。
② 《资本论》第 1 卷，人民出版社 1975 年版，第 442 页；2004 年版，第 464 页。
③ 《资本论》第 1 卷，人民出版社 1975 年版，第 443 页；2004 年版，第 464—465 页。
④ 《资本论》第 1 卷，人民出版社 1975 年版，第 444 页；2004 年版，第 466 页。

工作日，

其四，让不变资本充分地发挥作用。已经投在机器和厂房上的不变资本占总资本的相当大部分，它们只有在开工的时候才能吮吸活劳动，才有生命力。开工的时间越长，原有的机器厂房价值并没有增加，但吮吸活劳动却越多。"一旦资本同活劳动的接触被中断，它就会丧失使用价值和交换价值。"①

其五，最先使用新机器的资本家可比别的资本家拥有更高的生产力，因而可获得超额剩余价值。"在机器生产还被垄断的这个过渡时期，利润特别高，而资本家也就企图尽量延长工作日来彻底利用这个'初恋时期'。高额的利润激起对更多利润的贪欲。"②

其六，机器在普遍使用后，同量的投资中，不变资本部分增加了，可变资本部分相应地减少了。但这并不意味着所使用的劳动量减少了。资本家可以在可变资本不变的时候，通过延长劳动时间来增加剩余价值的生产。"利用机器生产剩余价值包含着一个内在的矛盾：在一定量资本所提供的剩余价值的两个因素中，机器要提高一个因素，要提高剩余价值率，就只有减少另一个因素，减少工人人数。"③ 在这种情况下，为了弥补人数的相对减少，资本家就必然拼命延长在业的工人的工作日。除此之外，没有他途。

本来，在第四篇，马克思是以工作日不变为前提，来为考察劳动生产力的变化对相对剩余价值生产的影响。在研究协作、工场手工业的时候，也的确没有放松这一条件。但在这里，在考察资本家如何利用机器来剥削工人的时候，却不得不将这一条件放松了。从客观过程看，这是必然的，从理论过程看，这种条件的调整，也可以理解为向第五篇研究——在那里，工作日、劳动生产力、劳动强度等条件都是依次可变的——的过渡。

第三种，劳动的强化。

物极必反，资本家过度使用机器，危及工人的生命、社会生态，以至于社会不能不加以限制，制定了正常的工作日。在这种情况下，资本家必然另辟蹊径，增强工人的劳动强度，从外延量转化为内含量，从而使"相对剩余价值的性质也发生了变化。"④ 与原先通过提高劳动生产力的办法不

---

① 《资本论》第 1 卷，人民出版社 1975 年版，第 445 页；2004 年版，第 467 页。
② 《资本论》第 1 卷，人民出版社 1975 年版，第 446 页；2004 年版，第 468 页。
③ 《资本论》第 1 卷，人民出版社 1975 年版，第 446 页；2004 年版，第 468 页。
④ 《资本论》第 1 卷，人民出版社 1975 年版，第 449 页；2004 年版，第 471 页。

同，通过增加劳动强度的方法，可以"迫使工人在同样的时间内增加劳动消耗，提高劳动力的紧张程度，更紧密地填满劳动时间的空隙，也就是说，使劳动凝缩到只有在缩短了的工作日中才能达到的程度。"①

资本家增加工人劳动强度的办法有很多，② 在这里，马克思主要指出两种办法："一种是提高机器的速度，另一种是扩大同一个工人看管的机器数量，即扩大工人的劳动范围。"③ 马克思指出，加强劳动强度使资本家的财富获得巨大的增长，但却极度损害了工人的健康和利益。

对资本家来说，应用机器体系不是无条件的，而是有限度的。它的使用一方面是劳动力的价值降低，相对延长工人的剩余劳动时间。另一方面，也是为了取代劳动力，节约可变资本。但是，"由于资本支付的是所使用的劳动力的价值，因此，对资本来说，只有在机器的价值和它所代替的劳动力的价值之间存在差额的情况下，才会使用机器。"④ 资本家使用机器，并非为了发展社会生产，而是为了自己更有利地剥削。马克思分析道，"在一些较老的发达国家，机器本身在某些产业部门的使用，会造成其他部门的劳动过剩，以致其他部门的工资降到劳动力价值以下，从而阻碍机器的应用"⑤。在存在着大量还没有被限制雇用的廉价的童工、女工的地方、时候，对资本家来说，使用机器反而会使生产变贵。所以，"在英国，直到现在还有时不用马而用妇女在运河上拉纤等等，因为生产马和机器所需要的劳动是一个数学上的已知量，而维持过剩人口中的妇女所需要的劳动，却是微不足道的。因此，恰恰是英国这个机器国家，比任何地方都更无耻地为了卑鄙的目的而浪费人力。"⑥

资本家利用机器同时实现了两个紧密联系的目的：一是增加了剩余价值，二是压制工人。"机器使儿童和妇女以压倒的多数加入结合劳动人员中，终于打破了男工在工场手工业时期还进行的对资本专制的反抗。"⑦ "变得空虚了的单个机器工人的局部技巧，在科学面前，在巨大的自然力

① 《资本论》第 1 卷，人民出版社 1975 年版，第 449 页；2004 年版，第 472 页。
② 马克思已经发现，协作会产生一种竞争心和特有的精力振奋，从而提高每个人的个人工作效率。在考察计件工资的时候也指出，资本家还通过这种办法来提高工人的劳动强度。
③ 《资本论》第 1 卷，人民出版社 1975 年版，第 452 页；2004 年版，第 474 页。
④ 《资本论》第 1 卷，人民出版社 1975 年版，第 431 页；2004 年版，第 451 页。
⑤ 《资本论》第 1 卷，人民出版社 1975 年版，第 431 页；2004 年版，第 452 页。
⑥ 《资本论》第 1 卷，人民出版社 1975 年版，第 432 页；2004 年版，第 453 页。
⑦ 《资本论》第 1 卷，人民出版社 1975 年版，第 441 页；2004 年版，第 463 页。

面前，在社会的群众性劳动面前，作为微不足道的附属品而消失了"①。对资本家来说，这是一举数得。

第四种，利用机器替代和排挤工人。机器不仅利用女工和童工来排挤成年男工，还直接替代和排挤成年男工。"劳动资料一作为机器出现，立刻就成了工人本身的竞争者。……分工使这种劳动力片面化，使它只具有操纵局部工具的特定技能。一旦工具由机器来操纵，劳动力的交换价值就随同它的使用价值一起消失。工人就象停止流通的纸币一样卖不出去。工人阶级的一部分就这样被机器变成了过剩的人口，……另一部分则涌向所有比较容易进去的工业部门，充斥劳动市场，从而使劳动力的价格降低到它的价值以下。"② ——这种情况表明，相对过剩人口在机器大工业还没有发展到较高阶段的时候就已经产生。——马克思发现：机器体系并非一下子全部改造所有的生产领域，有的是逐步蚕食，有的则如鲸吞。在"机器逐渐地占据某一生产领域的地方，它给同它竞争的工人阶层造成慢性的贫困。世界历史上再没有比英国手工织布工人缓慢的毁灭过程更为可怕的景象了，这个过程拖延了几十年之久，直到 1838 年才结束。在这些织布工人中，许多人饿死了，许多人长期地每天靠 2 又 1/2 便士维持一家人的生活。而在过渡迅速完成的地方，机器的影响则是广泛的和急性的。与此相反，英国的棉纺织机在东印度的影响却是急性的。③ 在这里，他还说："可见，资本主义生产方式使劳动条件和劳动产品具有的与工人相独立、相异化的形态，随着机器的发展而发展成为完全的对立。"④ 而且这种情况一旦发生，就是不可逆转的。因为资本很快就发现，这是对付工人的一大制胜法宝。这种情况，即使是身为资产阶级学者的李嘉图，也是承认的。⑤

---

① 《资本论》第 1 卷，人民出版社 1975 年版，第 464 页；2004 年版，第 487 页。

② 《资本论》第 1 卷，人民出版社 1975 年版，第 471—472 页；2004 年版，第 495—496 页。

③ 《资本论》第 1 卷，人民出版社 1975 年版，第 472 页；2004 年版，第 496 页。

④ 《资本论》第 1 卷，人民出版社 1975 年版，第 473 页；2004 年版，第 497 页。

⑤ 李嘉图原来在这个问题上也曾有糊涂观点。但后来他进行了自我批评，在他的《政治经济学与赋税原理》（华夏出版社 2005 年版）的第 31 章中承认以前的看法错误，并说："劳动者认为机器的使用往往对他们不利，这一观点并非基于成见和错误，而是符合政治经济学的正确原理的。"（见该书第 278，280 页）马克思也注意到李嘉图的这种变化（《资本论》第 1 卷，人民出版社 1975 年版，第 479 页脚注（213）；2004 年版，第 504 页脚注（213））。参看孟氧著《〈资本论〉历史典据注释》，中国人民大学出版社 2005 年版，第 308 页。

当然，工人也不是逆来顺受的。起初，他们天真地认为自己是受机器排挤了。于是，自然就出现了工人对机器的暴烈反抗。但是，资本家并没有丝毫的犹疑和退却，反而更加广泛地使用机器、改进机器。机器"被资本公开地有意识地宣布为一种和工人敌对的力量并加以利用。机器成了镇压工人反抗资本专制的周期性暴动和罢工等等的最强有力的武器。"① 对这种情况，马克思分析指出，并不是机器排挤工人，而是机器的资本主义应用排挤工人。"同机器的资本主义应用不可分离的矛盾和对抗是不存在的，因为这些矛盾和对抗不是从机器本身产生的，而是从机器的资本主义应用产生的！"② 正是有资本关系，才使机器的应用产生极大的反作用："因为机器就其本身来说缩短劳动时间，而它的资本主义应用延长工作日；因为机器本身减轻劳动，而它的资本主义应用提高劳动强度；因为机器本身是人对自然力的胜利，而它的资本主义应用使人受自然力奴役；因为机器本身增加生产者的财富，而它的资本主义应用使生产者变成需要救济的贫民"③。

被机器排挤游离出来的工人"离开他们原来的劳动范围就不值钱了，只能在少数低级的、因而始终是人员充斥和工资微薄的劳动部门去找出路"④，有的甚至找不到出路而穷愁潦倒，在没有找到新的工作岗位前就堕落丧亡了。

马克思还指出，机器的资本主义应用还使城门之火殃及池鱼。因为被资本家应用机器排挤的工人失去了生活资料的购买能力，如果他们的数量很大，而且延续的时间比较久，那就一定会降低对生活资料的消费需求，从而使提供生活资料的部门、包括还没有使用机器的生产部门也不能不将工人"游离"出去、抛向街头。

机器的资本主义应用除了在工业领域助长资本家对工人的剥削压迫外，也给农业劳动者造成巨大的灾难。"在农业中，……生产过程的资本主义转化同时表现为生产者的殉难历史，劳动资料同时表现为奴役工人、剥削工人和使工人贫困的手段，劳动过程的社会结合同时表现为对工人个人的活力、自由和独立的有组织的压制。……在现代农业中，……劳动生

---

① 《资本论》第 1 卷，人民出版社 1975 年版，第 476—477 页；2004 年版，第501 页。

② 《资本论》第 1 卷，人民出版社 1975 年版，第 483 页；2004 年版，第 508 页。

③ 《资本论》第 1 卷，人民出版社 1975 年版，第 483 页；2004 年版，第 508 页。

④ 《资本论》第 1 卷，人民出版社 1975 年版，第 483 页；2004 年版，第 507 页。

产力的提高和劳动量的增大是以劳动力本身的破坏和衰退为代价的。"① 不仅对农业劳动者，对农业的发展也具有负面作用："破坏着人和土地之间的物质变换，也就是使人以衣食形式消费掉的土地的组成部分不能回到土地，从而破坏土地持久肥力的永恒的自然条件。""资本主义农业的任何进步，都不仅是掠夺劳动者的技巧的进步，而且是掠夺土地的技巧的进步，在一定时期内提高土地肥力的任何进步，同时也是破坏土地肥力持久源泉的进步。"②

资本主义机器大工业的发展还导致资本的对外扩张。"机器产品的便宜和交通运输业的变革是夺取国外市场的武器。机器生产摧毁国外市场的手工业产品，迫使这些市场变成它的原料产地。例如东印度就被迫为大不列颠生产棉花、羊毛、大麻、黄麻、靛蓝等。大工业国工人的不断'过剩'，大大促进了国外移民和把外国变成殖民地，变成宗主国的原料产地，例如澳大利亚就变成了羊毛产地。一种和机器生产中心相适应的新的国际分工产生了，它使地球的一部分成为主要从事农业的生产地区，以服务于另一部分主要从事工业的生产地区。"③ 从这里的分析可以看出，英国的资本运动作为典型对象，是与对世界市场的剥削紧密联系的。尽管这个问题的深入研究按计划不能在这里进行，但这却是个必须涉及并引起注意的，它关系到资本概念的具体化。在《政治经济学批判（1857—1858 年手稿）》中，马克思已经提出：资本对外扩张"从本质上来说，就是推广以资本为基础的生产或与资本相适应的生产方式。创造世界市场的趋势已经直接包含在资本的概念本身中。"④ 而这种趋势又是肇始于资本主义机器大工业的发展。所以，这些论述包含着进一步发展的理论逻辑。

从手工工场进化到使用机器的大工厂，生产组织也随之完善，形成功能强大的资本主义工厂制度。

在考察资本怎样通过机器体系作为系统的手段来"增加剥削的人身材料""侵吞工人的全部生活时间""在每一时刻内榨取更多的劳动或不断地

① 《资本论》第 1 卷，人民出版社 1975 年版，第 552 页；2004 年版，第 579 页。

② 《资本论》第 1 卷，人民出版社 1975 年版，第 552—553 页；2004 年版，第 579—580 页。

③ 《资本论》第 1 卷，人民出版社 1975 年版，第 494—495 页；2004 年版，第 519—520 页。

④ 《马克思恩格斯全集》第 46 卷上册，人民出版社 1979 年版，第 391 页。

加强对劳动力的剥削"① 之后，马克思又转过来考察工厂的整体。工厂是机器体系的必要载体，是机器体系资本主义应用的最发达的形式。而资本家在建立工厂的时候，还将资本关系融入机器的使用中，并以制度的方式确立工人对资本的实际隶属。

很显然，机器并非单纯的物，而是资本，它统治着工人。马克思特地引用一位自动工厂的尤尔博士的一种说法：工厂"一个由无数机械的和有自我意识的器官组成的庞大的自动机，这些器官为了生产同一个物品而协调地不间断地活动，因此它们都受一个自行发动的动力的支配"。在尤尔看来，自动机本身是主体，而工人只是作为有意识的器官与自动机的无意识的器官并列，而且和后者一同受中心动力的支配。尤尔也喜欢把产生运动的中心机器不仅描写成自动机，而且描写成专制君主。虽然尤尔还有其他庸俗的看法，但这种说法却在无意中突出了机器支配工人这一要害。所以马克思认为，这种说法表明了机器的资本主义应用以及现代工厂制度的特征。② 不过，马克思还有更科学的表达："工人实际上隶属于资本。"

他分析了几种情况：

其一，资本使机器长久地全面地支配、绑架而折磨工人。和工场手工业不同，工厂的分工首先把工人分配到各种专门机器上去，让他们终身服侍一台机器，变成局部机器的一部分。"在工厂中，死机构独立于工人而存在，工人被当作活的附属物并入死机构。"③ 他还说："机器劳动极度地损害了神经系统，同时它又压抑肌肉的多方面运动，侵吞身体和精神上的一切自由活动。甚至减轻劳动也成了折磨人的手段，因为机器不是使工人摆脱劳动，而是使工人的劳动毫无内容。"④ "变得空虚了的单个机器工人的局部技巧，在科学面前，在巨大的自然力面前，在社会的群众性劳动面前，作为微不足道的附属品而消失了；科学、巨大的自然力、社会的群众性劳动都体现在机器体系中，并同机器体系一道构成'主人'的权力。"⑤

其二，资本为适应机器的运行，将劳动分工结构按等级分化。和工场

---

① 《资本论》第 1 卷，人民出版社 1975 年版，第 459 页；2004 年版，第 482 页。

② 《资本论》第 1 卷，人民出版社 1975 年版，第 460 页；2004 年版，第 483 页。尤尔，英国化学家，庸俗经济学家。

③ 《资本论》第 1 卷，人民出版社 1975 年版，第 463 页；2004 年版，第 486 页。

④ 《资本论》第 1 卷，人民出版社 1975 年版，第 463 页；2004 年版，第 486—487 页。

⑤ 《资本论》第 1 卷，人民出版社 1975 年版，第 464 页；2004 年版，第 487 页。

手工业不同，机器大工业的工厂将工人分为几个等级，有"高级工人"，有"主要工人"，其余的是打下手的工人，等级森严。① 另外，还根据工人的年龄、性别差别以及操作和管理的差别，"创造了一种兵营式的纪律。这种纪律发展成为完整的工厂制度，并且使前面已经提到的监督劳动得到充分发展，同时使那种把工人划分为劳工和监工，划分为普通工业士兵和工业军士的现象得到充分发展。"② 这样，在机器大工业的基础上，"生产过程的智力同体力劳动相分离，智力变成资本支配劳动的权力……完成"③了。由于工厂的运动是从机器出发，因此打下手的工人可以经常、迅速地更换，以至于工人更加不能独立地依靠自己的体力、智力与资本家抗衡，反而要依赖工厂才能生存。

其三，资本利用机器运行的规则性实行对工人管理的专制，特别是扣罚工资。"资本在工厂法典中……通过私人立法独断地确立了对工人的专制。这种法典只是对劳动过程实行社会调节的资本主义讽刺画，……奴隶监督者的鞭子被监工的罚金簿代替了。自然，一切处罚都简化成罚款和扣工资"④。工资是工人养家的本钱，克扣工资，等于掐住了工人的咽喉。

其四，资本使机器工厂变成"温和的监狱"。使用机器必然产生人为的高温，充满原料碎屑的空气，震耳欲聋的喧嚣等等，这些都时刻损害工人的一切感官，更不用说工人在密集的机器中间所冒的生命危险了。之所以这样，因为资本家为了节约生产资料，不愿意在"工厂劳动的物质条件"即治理工厂污染方面进行投资。所以马克思指出："社会生产资料的节约只是在工厂制度的温和适宜的气候下才成熟起来的，这种节约在资本手中却同时变成了对工人在劳动时的生活条件系统的掠夺，也就是对空间、空气、阳光以及对保护工人在生产过程中人身安全和健康的设备系统的掠夺，至于工人的福利设施就根本谈不上了。"⑤ 这样看，它其实一点也不"温和"。

资本主义国家的法律维护工厂制度。

工厂制度当然是资本家按照使用机器的必要而制定的，它之所以能成

---

① 《资本论》第1卷，人民出版社1975年版，第461页；2004年版，第484页。

② 《资本论》第1卷，人民出版社1975年版，第464页；2004年版，第488页。

③ 《资本论》第1卷，人民出版社1975年版，第464页；2004年版，第487页。

④ 《资本论》第1卷，人民出版社1975年版，第465页；2004年版，第488—489页。

⑤ 《资本论》第1卷，人民出版社1975年版，第467页；2004年版，第491页。

为制度，一方面因资本家是"工业的司令官"①，有资本，更重要的另一方面是有资产阶级的国家为其撑腰。资本家太贪婪、太野蛮，太把自己的利益看得至高无上，太为所欲为，不把工人的利益方在眼里了，"骇人听闻的最疯狂的资本主义剥削在那里为所欲为"②的结果，往往是工人的大面积的伤亡、反抗，如果没有国家的支持，资本家的工厂随时都会被人数众多的工人所摧毁。

但是，英国资产阶级的国家在资本家干得太出格并且已经获得极大利益的时候，也姗姗来迟地不得不地制定一些约束资本家行为的法律，撇开1802年到1833年颁布的5个只是"一纸空文"③的劳动法不说，单就19世纪40—60年代的新工厂法——它们虽然是在进入资本主义较为发达阶段时颁布的，但针对还主要是此前轻纺工业的情况④——的有关卫生条款和教育条款来看，对资本家的约束也是微不足道、软弱无力的。

马克思指出，有关卫生的条款不仅使用了使资本家容易规避的措辞，而且内容非常贫乏。无非几项清洁卫生、通风和危险机器防护的措施。"工厂法的这个部分清楚地表明，资本主义生产方式按其本质来说，只要超过一定的限度就拒绝任何合理的改良。……卫生机关、工业调查委员会、工厂视察员，都一再强调500立方呎的必要性，又一再述说不可能强迫资本接受这一点。"⑤

关于工厂法的教育条款，虽然也是乏善可陈，但还是把初等教育宣布为劳动的强制性条件。不过，它的实行却被资本家大打折扣。马克思引用苏格兰工厂视察员约翰·金凯德爵士的报告说，工厂教师自己就不识字，不会填写花名册，更没有教书能力。⑥

马克思指出，虽然工厂法的颁布有其客观条件，是生产力发展的要求，但最后决定资本家执行状况的，只是"两方面的情况：第一，经验不断反复证明，如果资本只是在社会范围的个别点上受到国家的监督，它就

---

① 《资本论》第1卷，人民出版社1975年版，第369页；2004年版，第386页。

② 《资本论》第1卷，人民出版社1975年版，第537页；2004年版，第564页。

③ 《资本论》第1卷，人民出版社1975年版，第308页；2004年版，第321页。

④ "工厂法从一个只在机器生产的最初产物即纺纱业和织布业中实行的法律，发展成为一切社会生产中普遍实行的法律"。（《资本论》第1卷，人民出版社1975年版，第537页；2004年版，第564页。）

⑤ 《资本论》第1卷，人民出版社1975年版，第528页；2004年版，第554—555页。

⑥ 《资本论》第1卷，人民出版社1975年版，第440页；2004年版，第463页。

会在其他点上更加无限度地把损失捞回来；第二，资本家自己叫喊着要求平等的竞争条件，即要求对劳动的剥削实行平等的限制。"① 也就是说，资本家即使遭受一点点损失，也要无限度地在别的地方找到更大的补偿，并且即使这一点点损失也必须所有的资本家都一起承担，结果是引起全体资本家对这些限制的共同抵制。

工厂法是资产阶级的国家为了调整资产阶级和工人阶级矛盾而制定和普遍推行的。它的问世从反面表征着两大阶级的矛盾、资本主义的基本矛盾已经日益尖锐。"我们已经看到，这个绝对的矛盾怎样破坏着工人生活的一切安宁、稳定和保障，使工人面临这样的威胁：在劳动资料被夺走的同时，生活资料也不断被夺走，在他的局部职能变成过剩的同时，他本身也变成过剩的东西；我们已经看到，这个矛盾怎样通过工人阶级的不断牺牲、劳动力的无限度的浪费以及社会无政府状态的洗劫而放纵地表现出来。这是消极的方面。"② 从积极的方面看，这也表明："它在使生产过程的物质条件及其社会结合成熟的同时，也使生产过程的资本主义形式的矛盾和对抗成熟起来，因此也同时使新社会的形成要素和旧社会的变革要素成熟起来。"③

四、具体剩余价值生产批判

我们已经知道，马克思研究剩余价值的生产，有工作日长度、劳动生产力、劳动强度等三个主要变化条件。在第三篇，马克思假定劳动生产力、劳动强度不变，研究工作日的变化对绝对剩余价值生产的影响。在第四篇，又假定工作日不变，劳动生产力、劳动强度随生产方式而变化——劳动强度的变化主要在机器和大工业中研究，——研究工作日不变对相对剩余价值生产的影响。这样，在理论上，绝对剩余价值生产与相对剩余价值生产分开研究，就在逻辑上形成两个不同的经济范畴。这样看，它们各自都带有抽象性。但它们的性质是完全一样的，所以必须将它们统一起来，形成比较具体的剩余价值——但还不是在社会表面上具体表现的利

---

① 《资本论》第 1 卷，人民出版社 1975 年版，第 537 页；2004 年版，第 564 页。
② 《资本论》第 1 卷，人民出版社 1975 年版，第 534 页；2004 年版，第 560—561 页。
③ 《资本论》第 1 卷，人民出版社 1975 年版，第 550 页；2004 年版，第 576—577 页。

润、利息、地租等更为具体的形式。——在做了这些研究之后，自然而然地要放松研究条件，或者说让这些条件回归理论过程，结合起来统一研究。

实际上，在资本家的意识和行为中，剩余价值作为原预付的增殖部分，是没有区别的，是统一的，最多只是攫取方式的不同。可见，马克思理论研究的上升，即在第五篇研究绝对剩余价值和相对剩余价值，实质上是两种剩余价值的统一，即具体的剩余价值，这正是理论对现实的再现，也是政治经济学批判的发展。

在《经济学手稿（1861—1863年）》中，马克思曾这样安排："在相对剩余价值之后，应该把绝对剩余价值和相对剩余价值结合起来考察。然后考察剩余价值提高和下降的比例。"此外，还有"考察生产方式本身在变为资本主义生产方式时所经历的变化，不再只是劳动过程在形式上从属于资本。……使过去的劳动成为资本的那些社会生产关系的特定形式，是与物质生产过程的一定发展阶段和生产的一定的物质条件相适应的，但是这些生产条件自身又只是在历史上形成的，……这些生产条件的产生和发展与资本本身的起源相一致，""应当说明，资本在多大程度上是生产的，并要考察与此有关的生产劳动和非生产劳动的问题。"① 显然，这些内容在现行版《资本论》第一卷的第五篇中，大体上都是这样安排的。在对客观过程的政治经济学批判方面，在这里，主要涉及剩余价值的起源、条件和本质，剩余价值量的变化，剩余价值量的比率等几个问题，分别在第14、15、16章中批判。

在第14章，除了剩余价值量的变化、剩余价值量的比率外，上述的几个问题都涉及了，主要批判资本的"生产性"。

在这里，马克思说："李嘉图从来没有考虑到剩余价值的起源。他把剩余价值看作资本主义生产方式固有的东西，而资本主义生产方式在他看来是社会生产的自然形式。……这些资产阶级经济学家实际上具有正确的本能，懂得过于深入地研究剩余价值的起源这个爆炸性问题是非常危险的。"② 在这一章的后面提到这个问题，实际上是在提示，本章前面就是论述这个问题的，是在前两篇研究基础上的进一步研究、总结。由此观之，14章进行了三个方面的科学批判。

首先批判的，是资本主义生产劳动。

---

① 《马克思恩格斯全集》第47卷，人民出版社1979年版，第351—352页。
② 《资本论》第1卷，人民出版社1975年版，第563页；2004年版，第590页。

在此前的研究中，马克思已经科学地论证，剩余价值来源于资本在一定生产条件下使用和占有的工人的剩余劳动，本质上是资本和雇用劳动之间的关系。对协作、工场手工业、机器大工业的研究过程显示，资本所剥削的工人，并非全是一线的体力劳动者，还包括一些脑力劳动者。他们一起构成"总体工人"。所以第五篇一开始先论述生产劳动，说明资本主义下生产劳动者的范围扩大了，总体工人包含"直接地或者间接地作用于劳动对象"① 的工人。

在《经济学手稿（1861—1863 年）》中，马克思早已研究过这个问题："资本主义生产方式的特点，恰恰在于它把各种不同的劳动，因而也把脑力劳动和体力劳动，或者说，把以脑力劳动为主或者以体力劳动为主的各种劳动分离开来，分配给不同的人。但是，这一点并不妨碍物质产品是所有这些人的共同劳动的产品，或者说，并不妨碍他们的共同劳动的产品体现在物质财富中"，这是从劳动过程的角度看的，所以他接着又从价值增殖的角度说明："这一分离也丝毫不妨碍：这些人中的每一个人对资本的关系是雇佣劳动者的关系，是在这个特定意义上的生产工人的关系。"② 总的看来，这里还只是就物质生产过程来看，所以比较好理解。

在《资本论》第一卷第 14 章，马克思还注意到非物质生产领域的工人。他举例说："如果可以在物质生产领域以外举一个例子，那末，一个教员只有当他不仅训练孩子的头脑，而且还为校董的发财致富劳碌时，他才是生产工人。校董不把他的资本投入香肠工厂，而投入教育工厂，这并不使事情有任何改变。"③ 可见，在这个校董看来，被雇用的人生产香肠还是训练孩子的头脑并不重要，重要的是要能为他提供剩余价值。只有这样的工人，校董才认为他是生产工人。对劳动者来说，资本家和校董们认为是生产工人并不是一个简单的名称问题，实际上决定着他能否为资本家、校董赚钱而被他们雇用。

论述资本主义生产过程中生产劳动概念范围的扩大和缩小，批判的旨趣、味道相当浓厚。扩大，表明资本剥削的规模扩大；缩小，表明资本、资本家的剥削的职能突出、提升，它决定着资本的生产性。

由此，他还进一步说明："生产工人的概念决不只包含……工人和劳动产品之间的关系，而且还包含一种特殊社会的、历史地产生的生产关

---

① 《资本论》第 1 卷，人民出版社 1975 年版，第 556 页；2004 年版，第 582 页。
② 《马克思恩格斯全集》第 48 卷，人民出版社 1985 年版，第 63 页。
③ 《资本论》第 1 卷，人民出版社 1975 年版，第 556 页；2004 年版，第 582 页。

系。"也就是说，生产工人不仅要生产商品，更要为资本家生产剩余价值。如果联系上面引用《经济学手稿（1861—1863 年）》的那段话，我们就应该意识到，这是关于"资本在多大程度上是生产的，并要考察与此有关的生产劳动和非生产劳动的问题。"① 也就是说，这种"特殊社会的、历史地产生的生产关系"决定了判定一种经济行为是否生产的标准：只有能提供剩余价值的，才是"生产的"，否则，就是非生产的。与此相关，又有了判定生产者的劳动是否具有生产性的标准：只有能提供剩余价值的，才是"生产的"，否则，就是非生产的。一切以资本家能否得到剩余价值为标准。如果资本家花费一大笔资金雇用一大堆专为其个人享受服务的仆役，尽管这些仆役也提供了劳动，但没有为他提供剩余价值，这种投入就不具生产性，这些仆役也不是生产工人。可见，资本的生产性本质就是劳动的剥削性。

马克思紧接着上面这句话，又继续说："这种生产关系把工人变成资本增殖的直接手段。所以，成为生产工人不是一种幸福，而是一种不幸。"② 很显然，这是马克思站在工人的立场上对资本主义生产的批判，并且很清楚地表明，这不是从"工人和劳动产品之间关系"的角度看的，而是从资本家和雇佣工人关系的角度看的。所以，这样的"生产劳动"性质和涉及的范围是由"特殊社会的、历史地产生的生产关系"所规定的。在资本主义社会，这是理所当然的、无可置疑的，但是镌刻着资本烙印的。

这样看来，关于生产劳动，涉及物质生产领域和非物质生产领域，涉及资本家的看法和资产阶级学者的看法，当然，也有马克思对它的看法以及对资本家、资产阶级学者看法的批判。因为它们不能简单地根据一般的形式逻辑的方法来阐明，而且与这里研究的对生产过程的批判有一定的距离，所以这里暂不涉及，放在后面（本章第四节）再来分析。

其次，在第 14 章，马克思将绝对剩余价值和相对剩余价值生产统一起来考察，有理论再现的意义，也有批判的意义，它与劳动对资本隶属关系的发展紧密联系。

从理论的再现看，是要表现对象的历史与现实统一。在实际上，工作日的延长是相对于必要劳动时间而言的，所以，绝对剩余价值既是历史的存在，又是现实的存在。而提高劳动生产力是生产剩余价值的前提，所以相对剩余价值也是历史的存在和现实的存在。由此可见，绝对剩余价值和

---

① 《马克思恩格斯全集》第 47 卷，人民出版社 1979 年版，第 351—352 页。

② 《资本论》第 1 卷，人民出版社 1975 年版，第 556 页；2004 年版，第 582 页。

相对剩余价值在历史上和现实中是统一的，所以在理论上就要用抽象与具体的统一来反映。

但是，这并不意味着两者没有区别。"如果注意一下剩余价值的运动，这种表面上的同一性就消失了。在资本主义生产方式一旦确立并成为普遍的生产方式的情况下，只要涉及到剩余价值率的提高，绝对剩余价值和相对剩余价值之间的差别就可以感觉到了。"① 作为历史运动，它早于相对剩余价值的生产。这种历史运动，正好表现了它们的历史差别及历史发展。

从理论批判看，一方面是在批判资本家剥削剩余价值，不仅延长工作日、提高劳动生产力，还提高劳动强度，并且无所不用其极。另一方面是批判地指出，剩余价值生产的历史发展，实质上是资本本质的发展和完善，也就是劳动对资本的隶属从形式隶属发展为实际隶属。他先阐明"绝对剩余价值的生产构成资本主义体系的一般基础，并且是相对剩余价值生产的起点。"接着又继续说，生产相对剩余价值光有这个起点、基础还不够，还需要"以特殊的资本主义的生产方式为前提"，而这个前提"连同它的方法、手段和条件本身，最初是在劳动在形式上隶属于资本的基础上自发地产生和发展的。劳动对资本的这种形式上的隶属，又让位于劳动对资本的实际上的隶属。"② 显然，剩余价值生产的历史发展，归根到底就是劳动对资本的隶属程度的历史发展。这样的过程，既表现了资本运动发展的阶段性，又表现了这种转变目标是劳动对资本的实际隶属。

关于"劳动在形式上隶属于资本"和"劳动对资本的实际上的隶属"的区别，这里讲得不多，所以联系手稿的论述很有必要。在《经济学手稿（1861—1863年）》手稿中，马克思对劳动形式上从属于资本有比较详细的论述。在那里，他阐述了劳动在形式上从属于资本的一些规定：

劳动在形式上从属于资本，是与以前的剥削方式相比较而言的，指的是劳动受资本家支配。"劳动过程，从而劳动和工人本身，在所有这些方面都受到资本的监督和支配。我把这称作劳动过程在形式上从属于资本。"③ 这是从生产关系方面看的。

从生产力方面看，最初的劳动产品的"个人性质还完全有可能存在"。但是，随着分工的发展，劳动产品的任何"个人性质"都消失了。④ "在

① 《资本论》第1卷，人民出版社1975年版，第558页；2004年版，第584页。
② 《资本论》第1卷，人民出版社1975年版，第557页；2004年版，第583页。
③ 《马克思恩格斯全集》第47卷，人民出版社，1979年版，第101页。
④ 《马克思恩格斯全集》第47卷，人民出版社，1979年版，第332页。

劳动形式上从属于资本时，劳动条件没有进一步的变化；它们仍然是劳动材料和劳动资料（如果从它们的物质方面考察）。但是，在新的生产方式下，在资本主义生产所实现的生产方式的革命中，这些劳动条件的面貌却改变了。"① 在简单协作和工场手工业中，有了共同使用的设备如厂房。在机器大工厂里，更有了必须共同推动的劳动工具如机器等。"劳动对资本的从属不再是单纯形式上的从属，而是会改变生产方式本身，于是资本主义的生产方式就成为特殊的生产方式。"② 由于已经有了"密集产生的协作"，生产方式有所改变条件，所以不再是"单纯形式上的从属"③。随着简单协作发展为工场手工业，再发展为机器大工业，生产方式已经发生根本性的改变，劳动对资本的从属就变为实际上的从属了。

再次，剩余价值生产的"自然基础"批判。剩余价值的生产与一定的劳动生产率水平有关。在前面，为了分析方便，我们已经从分析研究的条件设置以及资本运动的充分条件的角度涉及这一点。在这里，只要从科学批判的角度来领会，就应该领会到，只是"从最一般的意义来说"，劳动生产率水平才是剩余价值的"自然基础"④。只要从"特殊社会的、历史地产生的生产关系"出发，就应该领会到，"作为资本关系的基础和起点的已有的劳动生产率，不是自然的恩惠，而是几十万年历史的恩惠。"⑤ 可见，无论从一般的还是特殊的角度看，它都不是剩余价值生产的起源，充其量只是为生产者有一定量的剩余劳动时间提供可能性、条件，"绝不能提供它的现实性。"⑥ 但是，庸俗经济学家却将条件、可能性混同于起源，认为"利润……来自劳动生产力"⑦。所以，马克思的科学批判是有针对性的。有关的分析见本章第三节。

在第 15 章，马克思结合三个条件的变化组合，通过分析剩余价值量的变化，批判资本的剥削和对等价交换原则的违背。

在第 14 章，马克思将绝对剩余价值与相对剩余价值综合起来考察，但主要考察剩余价值的本质，即资本关系，即劳动对资本的隶属。在第 15

① 《马克思恩格斯全集》第 47 卷，人民出版社，1979 年版，第 516 页。
② 《马克思恩格斯全集》第 47 卷，人民出版社，1979 年版，第 298 页。
③ 《马克思恩格斯全集》第 47 卷，人民出版社，1979 年版，第 298 页。
④ 《资本论》第 1 卷，人民出版社 1975 年版，第 559 页；2004 年版，第 585 页。
⑤ 《资本论》第 1 卷，人民出版社 1975 年版，第 560 页；2004 年版，第 586 页。
⑥ 《资本论》第 1 卷，人民出版社 1975 年版，第 562 页；2004 年版，第 588 页。
⑦ 转引自《资本论》第 1 卷，人民出版社 1975 年版，第 564 页；2004 年版，第 591 页。

章，马克思则主要就价值产品考察劳动力价格和剩余价值量的变化。在这里，他将原来与剩余价值生产分别联系的工作日长度、劳动强度、劳动生产力等三个因素或条件都归拢在一起，分别通过它们的四个不同变化组合，考察剩余价值量的变化。这个再现过程，同样包含着科学批判。总的看来，这里在劳动力价值不变的前提下，围绕剩余价值量的批判主要有这几点：

先看第一种组合：工作日长度、劳动强度不变，劳动生产力可变。在此，我们无须重述马克思表述的三个规律，只是领悟、突出其中的科学批判。

他指出，在工人创造的价值产品的价值总量不变的条件下，在劳动力价值不变的条件下，它与剩余价值两部分是此长彼短的，"劳动力的价值和剩余价值按照相反的方向变化。"[①] 显然，单纯研究剩余价值本身的各种规定，与将它与劳动力价值联系起来考察，所揭示的内容是不同的。在前一场合，阐明了剩余价值的来源、本质，在后一场合，则指出它与劳动力价值的对立关系，更清楚地表明了两大阶级利益的对抗性。

在劳动力的价值和剩余价值反向变动关系中，是哪一方的变动引起另一方的变动呢？对此，马克思还接着指出，在工作日长度、劳动强度不变的条件下，"剩余价值量的任何变化都是由劳动力价值量的相反的变化而引起的。"[②] 也就是说，在这个关系中，剩余价值是一种因变量，劳动力价值是自变量。只有减少劳动力价值量，才能增加剩余价值量。在假定劳动力价值不变的条件下，讨论劳动力价值的减少，似乎是矛盾的，但是，劳动力价值是由再生产劳动力的必要劳动时间决定的，在前者不变的时候，后者却是可变的。但这却不是由工人决定的，而是由资本家决定的。只有资本家提高劳动生产率的共同行为，才能导致工人的必要劳动时间的普遍减少。尽管这是间接性的，但对工人来说，却是资本家在等价交换的幌子下实施的剥削。"相对地说，即同剩余价值比较起来，劳动力的价值还是不断下降，从而工人和资本家的生活状况之间的鸿沟越来越深。"[③] 必须注意的是，马克思在这里所列举的三个规律，实际上是李嘉图最先表述的——它存在的缺点及其原因，本章第三节再分析。——资产阶级学者分

---

① 《资本论》第 1 卷，人民出版社 1975 年版，第 568 页；2004 年版，第 594 页。
② 《资本论》第 1 卷，人民出版社 1975 年版，第 570 页；2004 年版，第 596 页。
③ 《资本论》第 1 卷，人民出版社 1975 年版，第 571 页；2004 年版，第 597—598 页。

析资本家的剥削，是不带阶级性的。马克思这是以子之矛，攻子之盾。

次看第二种组合：工作日长度、劳动生产力不变，劳动强度可变。

在这里，马克思指出，劳动强度的提高与劳动生产力提高不同："如果劳动时数不变，强度较大的工作日就体现为较多的价值产品"①，而劳动生产力的提高在一个企业中却不会"体现为较多的价值产品"。不过，一般的劳动都有一定的强度，因而整个社会有一个平均的正常强度，这样，强度较大的劳动就会高于社会的正常强度，强度越高，偏离程度越大。但是，劳动强度的提高未必同步地体现为较高的劳动力价值。最后的情况是劳动力价格有所提高，"但不一定要超过它的价值。相反地，在劳动力价格提高时，劳动力价格还可能降低到劳动力的价值以下。"② 显然，这样的结果就使工人不能补偿劳动力的加速损耗，对工人是不利的。但是，这对资本家却是福利，一方面是资本家克扣了工人的部分劳动力价值而赚钱，另一方面，会使各个资本家都竞相提高工人的劳动强度。"如果一切产业部门的劳动强度都同时相等地提高，新的提高了的强度就成为普通的社会的正常强度，因而不再被算作外延量。"③ 这就无异于所有的工人都要过多地损耗劳动力且得不到相应的补偿。这种情况还会使劳动强度较高的国家赚取更多的钱。"一个国家的强度较大的工作日，比另一个国家的强度较小的工作日，表现为更大的货币额。"④

再看第三种组合：劳动生产力、劳动强度不变，工作日长度可变。

如果工作日缩短了，就会减少剩余价值，但资本家仍然有办法避免损失，因为这种情况的发生是以劳动生产力、劳动强度不变为前提的，是马克思为理论分析假设的，但资本家并不是理论家，他剥削剩余价值不会遵守这种假设，反之，却会使劳动生产力、劳动强度发生变化。

如果工作日延长了，相对剩余价值就产生了。而且，工作日的延长一方面会使价值产品增加，从而使剩余价值增加。另一方面还会导致劳动强度实际增加。"与工作日的延长密不可分的劳动力的更大损耗，在一定点内，可以用增多的报酬来补偿。超过这一点，损耗便以几何级数增加，同

---

① 《资本论》第 1 卷，人民出版社 1975 年版，第 573 页；2004 年版，第 599 页。

② 《资本论》第 1 卷，人民出版社 1975 年版，第 573 页；2004 年版，第 599—600 页。

③ 《资本论》第 1 卷，人民出版社 1975 年版，第 574 页；2004 年版，第 600 页。

④ 《资本论》第 1 卷，人民出版社 1975 年版，第 574 页；2004 年版，第 600 页。

时劳动力再生产和发挥作用的一切正常条件就遭到破坏。"① 以算术级数的提高劳动力价格,无论如何也不能补偿几何级数的损耗,所以,这实际上是破坏了劳动力正常补偿的机制,破坏了劳动力正常买卖的至少是表面的公平,并且也破坏了劳动力与资本的正常交换规则、机制。但这却是很多人都不知道的,只有工人才有亲身体验。由于这是资本家经常使用的方法,所以它在很快损害工人健康的同时,也很快增加资本家的非法收入。

最后看第四种组合:工作日长度、劳动生产力、劳动强度同时变化。

马克思阐明,尽管还有许多种可能的组合,这几个因素可能同时变化,即使变化的程度、方向不一致,但都可以根据这三种组合所做的解释来分析一切可能的情况。所以,他主要分析两种情况:

1. 劳动生产力降低,同时工作日延长。

他的分析表明:在这种情况下,即使剩余价值的比例量降低,它的绝对量仍可保持不变;即使剩余价值的绝对量增加,它的比例量仍可保持不变;并且,工作日延长到一定的程度时,剩余价值的比例量和绝对量都可能增加。②

2. 劳动强度和劳动生产力提高,同时工作日缩短。

他的分析表明:劳动生产力越是增长,工作日就越能缩短;而工作日越是缩短,劳动强度就越能增加。③ 所以,对资本家来说,工作日的缩短是有限度的,而对工人来说,劳动强度的增加在而是无限度的。

大体看来,第15章分析的四种组合,将前几篇研究的情况都概括包含在内了。它深刻地揭露资本家对雇佣工人残酷剥削,通过减少劳动力再生产的劳动时间来降低劳动力价值,是在价值规律等价交换的幌子下实施的剥削;同时,资本家又通过提高工人的劳动强度,克扣了工人的部分劳动力价值,破坏了劳动力再生产的正常条件和机制,这又间接地破坏了价值规律等价交换规则。这样的剥削,更加隐蔽更加深刻。

第16章也是研究剩余价值量的比率。在第15章研究的语境中,剩余价值量是不确定的,在价值产品确定的时候,与劳动力价值之间是显性的此长彼短关系,关于隐性的对后者的挤占克扣关系,关注的是剥削量的多少。而在第16章的语境中,剩余价值量是确定的,劳动力价值量也是确定

---

① 《资本论》第1卷,人民出版社1975年版,第575—576页;2004年版,第602页。

② 《资本论》第1卷,人民出版社1975年版,第577页;2004年版,第603页。

③ 《资本论》第1卷,人民出版社1975年版,第578页;2004年版,第604页。

的，但关注的是两者的比率，是剥削程度的高低。体现的是本质关系。为此，联系几组相关的范畴，考察它们之间的关系的几种表现。

在第 16 章，马克思分析比较了剩余价值率的各种公式：

Ⅰ. 剩余价值/可变资本＝剩余价值/劳动力价值＝剩余劳动/必要劳动

Ⅱ. 剩余劳动/工作日＝剩余价值/产品价值＝剩余产品/总产品

Ⅲ. 剩余价值/劳动力价值＝剩余劳动/必要劳动＝无酬劳动/有酬劳动

在这三组公式中，都包含价值、时间、付酬、产品等形态。

很显然，马克思列举的三组公式中，第Ⅰ组是科学的，包含价值的比率和时间的比率，"这些互相替代的公式在概念上是严格的。"① 如果将时间体现为价值，我们就可发现，不仅它们的分子剩余价值、剩余劳动是等值的，而分母可变资本、劳动力价值、必要劳动也是等值的，而且分子与分母之间的关系都是工人的必要劳动和剩余劳动之间的关系，可以科学地表明资本的剥削程度。

但是，在资产阶级古典政治经济学中，马克思看到了第Ⅱ组公式。② 其中的分母都比分子大了，因此，整个公式所表现的比率就都降低了。而且它表现的是工人和资本家之间的关系，"好像资本家和劳动者互相分配产品或产品价值，可实际上资本主义制度下的劳动者对他们的劳动产品丝毫不能过问。"③ 这与第Ⅰ、Ⅲ组公式所表现的关系根本不同。所以马克思指出：在第Ⅱ组 "所有这些公式中，实际的劳动剥削程度或剩余价值率是虚假地被表现出来的。"④ 之所以这样，因为在现实过程的表面，是全部预付资本都能够自行增殖。在现实过程中，必要劳动和剩余劳动并非截然分开的，并且两段时间总是表现为一个工作日。——在《资本论》第三卷，马克思有详细的分析。——也就是说，这个第Ⅱ组公式，是表现 "资本自行增殖" 的 "虚假的规律"⑤。但是，这种 "虚假"，并非见光即死、一刺

① 《资本论》第 1 卷，人民出版社 1975 年版，第 580 页；2004 年版，第 607 页。

② 马克思在法文版《资本论》里，在第 18 章提出第Ⅱ组公式的地方，给其中的 "剩余劳动" 了个注释，并说这是 "因为剩余劳动的概念在资产阶级政治经济学了表述得不清楚。" 而且，它更没有剩余价值的概念，所以，这并不意味着这里的 "剩余劳动"、"剩余价值" 等是资产阶级经济学的范畴。只不过在还没有论及利润之前，暂时用它们来代替资产阶级在生产过程中获得的利益。

③ [苏] 卢森贝著　赵本斋　朱培兴译：《〈资本论〉注释》第一卷，生活·读书·新知三联书店 1963 年版，第 299 页。

④ 《资本论》第 1 卷，人民出版社 1975 年版，第 580 页；2004 年版，第 608 页。

⑤ 《资本论》第 1 卷，人民出版社 1975 年版，第 581 页；2004 年版，第 608 页。

即破的虚幻的东西，而是相对于第Ⅰ组公式而言的。马克思发现：第Ⅱ组公式"这种表现方式其实是从资本主义生产方式本身中产生的，"只要资本主义存在，它就存在并骗人。它"……掩盖了资本关系的特殊性质，即掩盖了可变资本与活劳动力的交换，以及与此相适应的工人与产品的分离。代替的是一种协作关系的假象，仿佛工人和资本家在这种协作关系中是按照产品的不同的形成要素的比例来分配产品的。"① 可见，端出这组公式实际上就是批判资本运动过程会产生假象。理解这一点十分重要，它表明，资本一开始运动，就必然产生假象，即使在还没有竞争，还没有进入流通过程，同样会产生假象，产生假象是资本运动的天然组成部分。揭示资本运动的本质，是对它的批判，阐明这种本质会表现为某种假象，并分析它的错误，也是对它进行科学批判的重要内容。把古典政治经济学中的这组公式端出来，实际上就是对这种表现方式的直接反映。关于资产阶级古典学派的这种错误，在本章第三节再继续批判。

马克思还根据第Ⅰ组公式派生出第Ⅲ组公式。在其中增加了一个公式：无酬劳动/有酬劳动。他说明："这个公式会引起一种误解，好像资本家是向劳动而不是向劳动力支付报酬，但是这种误解经过前面的说明已经消除了。"所以"无酬劳动/有酬劳动这个公式只是剩余劳动/必要劳动这个公式的通俗的表述。"② ——虽然通俗的表述与错误的距离并不大，但它比较简单、明了，容易为大多数人接受，所以在有的场合也可以借助它来弱弱地、有限地表达某些比较深刻的意思。——因为资本家获得工人的剩余劳动是无须给付报酬的，也就是说"他无偿地获得了劳动力的这种利用。在这个意义上，剩余劳动可以称为无酬劳动。"③ 在此基础上，马克思进一步说："资本不仅……是对劳动的支配权。按其本质来说，它是对无酬劳动的支配权。……资本自行增殖的秘密归结为资本对别人的一定数量的无酬劳动的支配权。"④

显然，这样的批判，从本质到本质的表象，具有很浓的阶级道德的批判性，又超越道德批判的范围，是对客观对象本质规定否定性的揭示，因而是辩证的批判。

---

① 《资本论》第1卷，人民出版社1975年版，第582页；2004年版，第610页。
② 《资本论》第1卷，人民出版社1975年版，第583页；2004年版，第610—611页。
③ 《资本论》第1卷，人民出版社1975年版，第583页；2004年版，第611页。
④ 《资本论》第1卷，人民出版社1975年版，第584页；2004年版，第611页。

五、工资理论的科学批判

到第 16 章为止，单个资本剩余价值生产的研究和科学批判似乎已经完成，但接着马克思却在第七篇出人意料地研究工资。在这里。第一句话就是 "在资产阶级社会的表面上，工人的工资表现为劳动的价格，表现为对一定量劳动支付的一定量货币。"① 似乎研究的范畴已经超出资本的生产过程。在资产阶级经济学中，工资属于分配范畴。这样看，更强化了工资不属于生产领域的日常经验或常识。但是，在马克思的政治经济学批判中，经济范畴是多样性的统一，有内在规定，也有内在规定的外在表现等。在这里，虽然说工资是资产阶级社会表面上的假象，但马克思并非在停留在社会表面上来研究它，而是从劳动力价值的颠倒表现形式看它，将它与劳动力的价值紧密联系，是从与剩余价值生产联系看的。从这种意义看，它既不属于分配范畴，也与流通领域中的劳动力买卖不同。在这里，它所表现——尽管是颠倒表现——的劳动力价值，与剩余价值有直接的量的此长彼短②和相对量的高低关系，它的各种形式，如计时工资、计件工资，都是从与加强资本家对剩余价值的生产紧密联系、而不是从与利润、地租等其他分配形式拼盘的角度看的，所以属于生产过程，是剩余价值生产理论的重要组成部分。但是，由于它表现为工资形式，而工资在社会表面上又与利润、利息、地租等分配形式并列，所以极具分配假象。因此，将它从资产阶级经济学限定的分配领域中剥离出来，将它安排在剩余价值的生产领域中研究，既是对客观过程的批判，也是对资产阶级经济学的批判。国内外学术界关于它的研究，可谓汗牛充栋，相当全面深刻，但都从其必要性、深刻性、新颖性等方面阐释，而专门从科学批判的意义上来理解却不多。所以，从批判的角度来研究它，将有利于深化和拓展对剩余价值理论批判性的领会。

研读过《资本论》的人都应该知道，马克思对将工资安排在资本主义生产过程中来研究颇为自豪，将它与劳动二重性、抽象的剩余价值研究并

---

① 《资本论》第 1 卷，人民出版社 1975 年版，第 585 页；2004 年版，第 613 页。

② "第十五章叙述过的关于劳动力价格和剩余价值的量的变化的规律，只须改变一下形式，就转化为工资规律。"（《资本论》第 1 卷，人民出版社 1975 年版，第 594 页；2004 年版，第 623 页。）由此观之，第 15 章已经包含着在第六篇继续研究工资的逻辑，所以第六篇与第 15 章是一脉相承的。

称为三个崭新的因素。① 这种崭新性本身就具有批判性，但是，首先不是对似是而非理论的批判，而是对这些理论所反映的客观现象的批判。所以，这里当然要先考察它。在本章第三节，再来研究马克思对资产阶级经济学相关理论的批判。

马克思认为，工资表现为"劳动的价格"是一种社会表象，是在社会表面上表现出来的东西，是"日常生活中"单凭经验感受、没有经过理论改造的俚语村言，绝非科学的、真实的存在。所以，马克思抓住这种表象进行了深入的批判：

如果劳动真有价格，那么它应该是劳动的价值的货币表现。但劳动的价值由什么决定呢？只能由劳动决定。可见，这样一种循环决定的东西是不存在的。

如果工人能够出卖劳动，那这种劳动一定要事先就已经存在，并归工人所有。但工人在市场上的时候，还没有提供劳动，因而没有东西可供出卖。在进入工厂之后，他的劳动已经属于资本家了，不能被它出卖了。

如果劳动有价值，那必然是一整天劳动的价值。当它全部被支付给劳动者之后，购买"劳动"的人就什么也没有剩下了。如果它没有被全部支付给劳动者，那么购买"劳动"就不是公平的。这样，购买"劳动"就会"或者消灭那个正是在资本主义生产的基础上才自由展开的价值规律，或者消灭那种正是以雇佣劳动为基础的资本主义生产本身。"②

劳动有活劳动和物化劳动，前者是流动状态的东西，不能决定商品价值。后者是固定的东西，但只要劳动生产力发生较大的变化，商品价值会相应降低，原来已经凝结了的物化劳动已经不再能成为社会必要劳动，根本不能决定该种商品的价值。

由此可见，工人出卖的只能是劳动力价值，而不是劳动，因而工资本应是劳动力价值的表现，但在社会表面上却转化为工资是"劳动的价格"。但是，这种转化又不是空穴来风，作为一种现象，有其产生的原因。他这样分析：

资本和劳动交换，首先符合法权上对等的公式："我给，为了你做；我做，为了你给"③。其次，因为劳动力的使用价值和价值与一般商品不同，它的使用就是价值的创造，"所以'劳动的价值'、'劳动的价格'这

---

① 《马克思恩格斯〈资本论〉书信集》，人民出版社 1976 年版，第 249 页。
② 《资本论》第 1 卷，人民出版社 1975 年版，第 586 页；2004 年版，第 614 页。
③ 《资本论》第 1 卷，人民出版社 1975 年版，第 591 页；2004 年版，第 620 页。

种用语，似乎并不比'棉花的价值'、'棉花的价格'这种用语更不合理。"① 而且，在货币充当支付手段的时候，就是交易后支付的，所以劳动后获得报酬，也符合交易规则。再者，一般人并不了解劳动是劳动力的使用，两者不同，更不知道劳动具有形成价值的属性。所以很容易将两者混为一谈。还有，从工人来看，他根本不懂得工资只是必要劳动的报酬，以为是全天劳动的报酬。而资本家又极力掩饰，将利润完全归结为流通中的贱买贵买，否认对工人的剥削。最后，计件工资和计时工资这两种工资形式都表明，工人劳动得多、工资就高。正因为这样，无论是资本家还是工人，都凭日常经验以为双方交换的是资本和劳动。

但是，单凭日常经验是不够的。恩格斯说："常识在日常应用的范围内虽然是极可尊敬的东西，但它一跨入广阔的研究领域，就会碰到极为惊人的变故。"② 所以，马克思根本不为这些常识所反映的现象所迷惑，指出这些原因都是"从生产关系本身中产生的。"③ 也就是说，工资这种社会表象不是在刺破后就不存在的泡沫，而是内部的生产关系必然产生的表象。这就将批判的矛头刺穿社会表象造成的泡沫，直达其背后的资本关系。他还指出，这种"常识"在资本主义社会表面，已经形成了不可取消的、不忽视的、固定的用语，在这种用语中，"价值概念不但完全消失，而且转化为它的反面。"④ 虽然指的是用语，但实质上是指用语所表现的现象。所以，完全可以说，劳动工资是资本主义本质关系的颠倒表现形式。

马克思在全面地批判了资本家购买劳动的假象，批判了劳动力买卖所体现的资产阶级法权，阐明了劳动力价值颠倒表现为工资的必然性之后，还进一步指出，这种颠倒对资本运动的特殊重要性：它消灭"工作日分为必要劳动和剩余劳动、分为有酬劳动和无酬劳动的一切痕迹。全部劳动都表现为有酬劳动。"⑤ "这种表现形式掩盖了现实关系，正好显示出它的反面。工人和资本家的一切法权观念，资本主义生产方式的一切神秘性，这一生产方式所产生的一切自由幻觉，庸俗经济学的一切辩护遁词，都是以

---

① 《资本论》第 1 卷，人民出版社 1975 年版，第 591 页；2004 年版，第 620 页。

② 《反杜林论》《马克思恩格斯选集》第 3 卷，人民出版社 1995 年版，第 360 页。

③ 《资本论》第 1 卷，人民出版社 1975 年版，第 587 页；2004 年版，第 616 页。

④ 《资本论》第 1 卷，人民出版社 1975 年版，第 587—588 页；2004 年版，第 616 页。

⑤ 《资本论》第 1 卷，人民出版社 1975 年版，第 590 页；2004 年版，第 619 页。

这个表现形式为依据的。"①

必须注意的是，在第 17 章有两个地方谈到本质与现象的关系：

其一，"工资是劳动的价值"作为资产阶级经济学的用语，"是一个虚幻的用语，……是从生产关系本身中产生的。是本质关系的表现形式范畴。"② 这表明这个虚幻用语所表现的社会表象与资本主义生产关系这种本质有着内在的联系，即前者是后者表现形式。

其二，在最后又说："'劳动的价值和价格'或'工资'这个表现形式不同于它所表现的本质关系，即劳动力的价值和价格"③，表明"工资是劳动的价值"这种现象和"工资是劳动力的价值"这种本质规定的关系。

显然，这样的颠倒不是偶然的，无关紧要的，相反，这是资本关系的一种必然表现，它借工资这种特有的转化形式将劳动力价值这种本质颠倒表现，来颠倒表现资本剥削雇佣劳动这种本质关系。

在《资本论》第一逻辑阶段，我们已经看到关于本质关系颠倒表现的论述、论证，在这里，我们又看到相同的论证。所以马克思接着说："我们关于一切表现形式和隐藏在它们背后的基础所说的话，在这里也是适用的。前者是直接地自发地作为流行的思维形式再生产出来的，而后者只有通过科学才能揭示出来。"④ 不过，第二逻辑阶段揭示的本质是剩余价值，它的颠倒表现是利润。所以，"工资是劳动力的价值"颠倒表现为"工资是劳动的价值"还只是达到利润这种颠倒的重要依据、必要步骤。

工资的颠倒表现还没有完成，它还以其具体形式进一步将颠倒表现进行到底。⑤ 工资有两种具体形式：计时工资和计件工资。它们都只是"名义工资"，它们"转变成的生活资料的量"才是"实际工资"⑥。

所谓的计时工资，就是按一定的时间计算的工资。有日工资、周工资等表现劳动力日价值、周价值等的形式，是工资的进一步"转化形式"。日工资、周工资等工资总额又可以转化为"劳动小时的价格"，本来，"劳

① 《资本论》第 1 卷，人民出版社 1975 年版，第 591 页；2004 年版，第 619 页。

② 《资本论》第 1 卷，人民出版社 1975 年版，第 588 页；2004 年版，第 616 页。

③ 《资本论》第 1 卷，人民出版社 1975 年版，第 593 页；2004 年版，第 621 页。

④ 《资本论》第 1 卷，人民出版社 1975 年版，第 593 页；2004 年版，第 621—622 页。

⑤ "在本质形式上已经阐明的事情，再在表现形式上重复一遍，那是徒劳无益的。"（《资本论》第 1 卷，人民出版社 1975 年版，第 594 页；2004 年版，第 623 页。）可见，工资与计时工资、计件工资是本质与表现形式的关系。

⑥ 《资本论》第 1 卷，人民出版社 1975 年版，第 594 页；2004 年版，第 623 页。

动小时的价格"是工资总额的进一步转化，但它一旦形成，又可与日工资总额有不同的变化。如果工作日延长，日工资总额可以保持不变，但劳动价格却下降了。反之，"即使劳动价格不变或甚至下降，日工资或周工资也可以增加。"① 这是因为工人的劳动内含量或外延量增加了，或者家庭成员的劳动量增加了。"因此，存在着不减少名义上的日工资或周工资而降低劳动价格的各种方法。"② 这些办法资本家当然是非常熟悉和经常使用的。

计时工资转化为劳动价格，也成了资本家加强剥削的方法。

计时工资的运用并不意味着工人一定要劳动一整天或一整周，如果他的劳动时间不足一整天或一整周，虽然劳动价格不变，但收入却减少了。"现在资本家不让工人做满维持自身生存所必需的劳动时间，也能从工人身上榨取一定量的剩余劳动。他可以破坏就业方面的任何规则性，完全按照自己的方便、意愿和眼前利益，使最惊人的过度劳动同相对的或完全的失业互相交替。"③

马克思阐明，即使是劳动价格不变，由于工作日超出普通的长度，它就会降低到正常水平以下。虽然超过这个工作日长度界限有额外的报酬，但往往低得可怜。这样，工作日越长，工资越低，工人为争得足够养家糊口的工资，就不得不去挣额外的报酬，从而进一步降低劳动价格。"劳动价格的低廉在这里起了刺激劳动时间延长的作用。"④ 更有甚者，它还造成劳动供给高于劳动力的供给，以至于造成工人之间的竞争，使资本家能够乘机压低"劳动价格"。

计时工资转化为劳动价格，也成了资本家竞争的手段。"劳动价格的无酬部分不需要计算在商品价格内。它可以赠送给商品购买者。这是竞争促成的第一步。竞争迫使完成的第二步是，至少把延长工作日而产生的异常的剩余价值的一部分也不包括在商品的出售价格中。异常低廉的商品出售价格就是以这样的方式形成的，最初是偶然的，以后就逐渐固定下来，并且从此成为劳动时间过长而工资极低的不变基础，而原先它却是这些情况所造成的结果。"⑤ 马克思还特别指出，资本家不愿意承认，无论是不延

---

① 《资本论》第 1 卷，人民出版社 1975 年版，第 595 页；2004 年版，第 624 页。
② 《资本论》第 1 卷，人民出版社 1975 年版，第 596 页；2004 年版，第 625 页。
③ 《资本论》第 1 卷，人民出版社 1975 年版，第 597 页；2004 年版，第 627 页。
④ 《资本论》第 1 卷，人民出版社 1975 年版，第 600 页；2004 年版，第 629 页。
⑤ 《资本论》第 1 卷，人民出版社 1975 年版，第 601 页；2004 年版，第 630 页。

长的工作日，还是其额外延长部分，都包含着无酬劳动。

计时工资还会转化为计件工资。

表面看，计件工资与计时工资不同，似乎工人出卖的不是活劳动，而是物化在产品中的劳动，似乎这种劳动的价格是由生产者的工作效率决定的。但马克思批判地指出，"计件工资无非是计时工资的转化形式，正如计时工资是劳动力的价值或价格的转化形式一样。"① 这里的批判十分重要，它指出："工资支付形式的区别丝毫没有改变工资的本质，虽然其中一种形式可以比另一种形式更有利于资本主义生产的发展。"②

由于与它相联系的，是产品质量的控制，所以它成了"克扣工资和进行资本主义欺诈的最丰富的源泉。"由于对每件产品预先规定的劳动时间，是被当作生产这种商品的社会必要劳动时间来支付报酬的，所以它还"给资本家提供了一个十分确定的计算劳动强度的尺度。"③ 由于它以工资形式控制了劳动的质量和强度，"对劳动的监督大部分就成为多余的了"。采用这种工资形式，就很方便实行包工制和工头制对家庭劳动实行严格的监督，由是，它"形成前面所说的现代家庭劳动的基础，也形成层层剥削和压迫的制度的基础。"④

实行计件工资制，对资本家来说，一方面使他更容易提高劳动强度和控制产品质量，另一方面在诱导工人延长劳动时间的同时降低劳动力价格。对工人来说，则让他们产生了"多劳多得，少劳少得，不劳不得"的形式公平而实际不公平的"法权意识"，产生了"各尽所能""为自己"劳动"自由幻觉"。这"一方面促进了工人个性的发展，从而促进了自由精神、独立性和自我监督能力的发展；但另一方面也促进了他们之间的互相竞争。"⑤

正是基于全面深入地研究，马克思认为，"计件工资是最适合资本主义生产方式的工资形式。"⑥

在工资篇，第18、19章都是研究名义工资，来阐明它作为劳动力价值的不合理的、颠倒的表现形式如何成了资本家剥削剩余价值的工具，在第

---

① 《资本论》第1卷，人民出版社1975年版，第603页；2004年版，第633页。
② 《资本论》第1卷，人民出版社1975年版，第604页；2004年版，第634页。
③ 《资本论》第1卷，人民出版社1975年版，第605页；2004年版，第636页。
④ 《资本论》第1卷，人民出版社1975年版，第606页；2004年版，第636页。
⑤ 《资本论》第1卷，人民出版社1975年版，第608页；2004年版，第639页。
⑥ 《资本论》第1卷，人民出版社1975年版，第609页；2004年版，第640页。

20 章，马克思就要从比较不同国民实际工资的角度，阐明这种颠倒表现如何掩盖实质、本质关系。因为名义的货币工资代表不同的购买力，所以第 20 章就只能从实际工资来比较考察。

为适应考察的范围扩大，马克思认为："在比较国民工资时，必须考虑到决定劳动力的价值量的变化的一切因素：……在对日工资作了这样换算以后，还必须把计时工资换算为计件工资，因为只有计件工资才是计算劳动生产率和劳动内含量的尺度。"① 在此基础上，他说明，不同国家的中等劳动强度不同，"有的国家高些，有的国家低些。于是各国的平均数形成一个阶梯，它的计量单位是世界劳动的平均单位。因此，强度较大的国民劳动比强度较小的国民劳动，会在同一时间内生产出更多的价值，而这又表现为更多的货币。"② 就此，马克思发现，价值规律在国际上运用的发生了更大的变化：在一般情况下，"生产效率较高的国民劳动在世界市场上也被算作强度较大的劳动。"③

但是，因为这里考察的是实际工资，所以还要意识到，更多的货币未必能购买到一个正常劳动力的再生产所需要的生活资料。换句话说，资本主义发达国家的工人劳动强度虽然比较不发达国家较高，其名义工资相应较高，但会因妇女劳动和儿童劳动的作用而减少，而能够购买到的劳动力再生产所需要的生活必需品、工人的教育费等所涉及范围较大，结果是其较高的名义工资所体现的实际工资不相匹配。换句话说，相对于发达国家，不发达国家工人的"名义工资，即表现为货币的劳动力的等价物，在前一种国家会比在后一种国家高；但这决不是说，实际工资即供工人支配的生活资料也是这样。"④ 而且，就"相对的劳动价格，即同剩余价值和产品价值相比较的劳动价格"而言，"在后一种国家却比在前一种国家高。"⑤ 在这里，马克思还以实例来佐证。这就表明，资本主义较为发达国家的工人受资本的剥削更深更重。

总的看来，马克思不是就整个国民收入来考察工资与利润、利息、地租之间的分割依据及其比例，而是从剩余价值的生产过程来考察工资作为

① 《资本论》第 1 卷，人民出版社 1975 年版，第 613 页；2004 年版，第 644—645 页。

② 《资本论》第 1 卷，人民出版社 1975 年版，第 614 页；2004 年版，第 645 页。

③ 《资本论》第 1 卷，人民出版社 1975 年版，第 614 页；2004 年版，第 645 页。

④ 《资本论》第 1 卷，人民出版社 1975 年版，第 614 页；2004 年版，第 645—646 页。

⑤ 《资本论》第 1 卷，人民出版社 1975 年版，第 615 页；2004 年版，第 646 页。

劳动力价值的"外在的"①表现形式如何强化和深化剩余价值的生产。马克思指出，从劳动力价值转化为工资，工资再转化为计时工资和计件工资，一步一步地变形，甚至变"性"，——从被剥削的形式变为很有"按劳分配"模样的计件工资形式，似乎已经不再是资本主义性质的，——所谓的"转化形式"，实际上就是远离并掩盖本质或真相的形式。

对工资的研究，既是再现它如何和为何将劳动力价值颠倒表现，又是批判它如何和为何掩盖资本关系，批判它与实际关系的背离，指出它对维护资本主义生产方式的神秘性、对支持资产阶级经济学的辩护性、对工人实施麻醉欺骗等的重要性，都属于批判范畴。所以，相对理论再现而言，在第 17 章，批判的意蕴更比再现强。

无论从客观的剩余价值生产过程，还是从过程的主导主体资本家的行为来看，生产过程都是资本运动的最重要阶段。如果说，一般生产的目的是满足社会的需要，那么剩余价值生产的目的却是满足资本攫取剩余价值的需要。资本只有吮吸剩余价值才有生命，吮吸得越多，生命力越旺盛。资本是天生的啮齿食肉动物和吸血鬼，但它又不满足于有肉可食、有血可吸，还醉心于食肉吸血效率的提高。所以千方百计地从直接生产过程增加剩余劳动的时间、提高剩余劳动的效率，甚至利用工资这种社会表象来提高剥削程度。资本的三大形态：生产资本、货币资本、商品资本，尤以生产资本最为根本。从根本上看，那个时代的资本运动只有在生产过程中才更有活力、魅力、影响力。

剩余价值的生产并不单纯是剩余价值量的增加，更根本的是资本关系的繁盛。资本运动在生产力发展上下功夫，是与资本关系的发展紧密联系的。实际上，生产力和生产关系的发展并非两股道上跑的车，而是同一过程的两个对不同研究者来说才存在的侧面。随着生产力的发展，资本关系也随之迅速发展。

第三节　资产阶级学者资本生产理论批判

资产阶级经济学家当然是为资本服务的。一方面，他们要研究资本运动的规律，为资本家的发财致富提供理论指导，另一方面，他们还作为资本运动辩护士，会竭尽全力地为资本辩护。生产过程是资本运动的最重要

---

① 《资本论》第 1 卷，人民出版社 1975 年版，第 613 页；2004 年版，第 644 页。

领域，所以，资产阶级学者在这里也早有耕耘，在不同的时期形成不同的学派。对此，马克思当然有针对性的批判。

但是，《资本论》有自己的任务，不能紧追资产阶级学者的足迹去批判它，而是另辟蹊径，在走自己路。固然，破是立的前提，但批判、破，首先是在研究过程中进行的，[①] 在建构包含研究过程在内的叙述过程时，批判的内容必须服从逻辑发展的次序。而且，在批判性地创新时，也是抓住资产阶级经济学的相关理论进行批判。这些批判，有的安排在行文中，也有的安排在脚注中。因为涉及的人和著作太多，我们的研究只能择其要者，看马克思如何对它们进行批判。而且，因为马克思资本理论的逻辑发展与资产阶级经济学不同，所以，对资产阶级经济学生产理论的批判，就应当放眼第二逻辑阶段，——它研究资本主义初级阶段单个资本的运动，主要是生产，——主要针对其有关资本本性和本质、剩余价值生产等方面的理论观点进行批判。

一、对资产阶级经济学有关资本本性、资本本质观点的批判

资产阶级经济学从古典学派开始才以生产过程为主要研究领域。可是，它一开始就是笼统地研究生产过程，也就是将一般过程和特殊过程混为一谈。根据其唯心史观，它又将生产过程看成是只有工具和生产的社会组织形式变化而没有阶段升级的过程。后来才发展起来并占优势的庸俗经济学同样陷于这一雷池、窠臼。与对象的混乱相匹配，其方法或者是"抽象力不足"、"强制抽象"，或者是"抓住现象的表面来反对现象的规律"[②]。对此，前面已经阐释过，无须赘言，这里着重研究马克思对资产阶级经济学生产理论由这种研究对象的混搭、方法的不合理所造成的错误所进行的批判。

在《资本论》第一卷中，从第三篇开始研究以单个资本为代表的资本主义生产过程，表面看似乎没有摆脱资产阶级经济学生产、流通、分配的研究路径，但与后者却根本不同。它以单个资本为对象，将社会总资本的运动暂时存而不论，以生产方式的演变为阶梯、以资本职能的转变为顺序，而且紧扣资本关系即资本主义生产关系的历史发展而循序渐进、成

---

① 例如在《政治经济学批判（1857—1858年手稿）》中，就是先批判普鲁东信徒阿尔弗勒德·达里蒙的流通理论、价值理论，才开始劳动价值论论述的。

② 《资本论》第1卷，人民出版社1975年版，第341页；2004年版，第356页。

熟、深化，这是对资产阶级经济学那样结构混乱的一种批判。

政治经济学资本的生产理论研究的范围比较广，但首要的莫过于资本的生产性①及其包含的本质关系，而最根本的是生产过程的研究。资本的生产过程是价值形成过程和价值增殖过程的统一，是资本生产性的形成和完善。在《资本论》第一卷的第三——六篇，马克思在对这些方面进行了充分研究的过程中，也不乏针对资产阶级学者关于资本的本性、本质的有关论述进行批判。

资本的本性是什么？简单说，就是要获得剩余价值。正如"只有为资本家生产剩余价值或者为资本的自行增殖服务的工人，才是生产工人"②一样，只有能够生产剩余价值的，才是生产的资本，反之，就什么也不是。而要增殖，就必须具备必要的和充分的条件，即生产资料和劳动力，并将它们结合起来，进行劳动。换句话说，资本必须形成与雇佣工人在生产剩余价值上的统属关系，这是一种被种种现象隐蔽的本质关系。而这种本质关系的形成，又有赖于与增殖职能相匹配的特定的结构：可变资本和不变资本的关系。这样看来，资本就是一种通过一定物来支配他人的劳动来为资本家增殖的生产关系。

反观资产阶级学者，他们对资本的理解却很肤浅和表面。在分析价值增殖过程之前，马克思先特地指出"熟悉庸俗经济学的资本家"的头脑中，资本是什么样的东西："他预付自己货币的意图是要由此生出更多的货币。"显然，他是将资本看成是实现自己赚钱"意图"的东西。若不能实现这种意图，就不愿意生产。他的资本是节制自己的挥霍而节省出来的，所以"要人们想到他的节欲。"他给了工人材料，是用自己的生产资料，棉花和纱锭，对社会和由他供给生活资料的工人本身进行了莫大的服务，这当然要有回报。对这些浅薄的说辞，马克思都一一给予不乏幽默和俏皮的批驳。③ 但这些批驳还仅仅是盛宴前的小菜，它导出的是更全面深入的批判。如果联系进一步的研究，人们不难发现，这些错误观念都有庸俗经济学相关理论的支持。

---

① "资本的生产性（即使仅仅考察劳动对资本的形式上的从属），首先在于强迫进行剩余劳动，强迫进行超过直接需要的劳动。"（《马克思恩格斯全集》第48卷，人民出版社1985年版，第37页。）

② 《资本论》第1卷，人民出版社1975年版，第556页；2004年版，第582页。

③ 《资本论》第1卷，人民出版社1975年版，第217—219页；2004年版，第223—225页。

资本家认为，"他预付自己货币的意图是要由此生出更多的货币。"对此，马克思在研究资本总公式的时候已经分析批判过了。

资本家还"将资本看成是实现自己赚钱'意图'的东西"，是一种能自行增殖的东西，这种观念当然也形成庸俗经济学家的观念，并经过他们加工反过来灌输进资本家的"意图"中。① 在这里，马克思再次突出资本家及其理论家的观念、"意图"，必须重视。它与资本家的行为有直接的关系，从而与理论发展有直接关系，在后面，我们将发现，马克思就是以它为中介，阐明剩余价值如何转化为利润。

在资本家的观念中，预付的货币并不以其实际形态为转移，它可以转化为一切形态的资本，包括不变资本。在《政治经济学批判·导言》中，马克思早已指出：他们总是"单纯从资本的物质方面来理解资本，把资本看成生产工具，完全抛开使生产工具变为资本的经济形式，这就使经济学家们纠缠在种种困难之中。"② 在《资本论》中，马克思又再次批判这种谬论。在第五章，在考察一般过程、说到劳动与自然之间的关系时，马克思加了一个脚注："根据这种非常合乎逻辑的理由，托伦斯上校在野蛮人用的石头上发现了资本的起源。'在野蛮人用来投掷他所追逐的野兽的第一块石头上，在他用来打落他用手摘不到的果实的第一根棍子上，我们看到占有一物以取得另一物的情形，这样我们就发现了资本的起源。'"③ 在他看来，原始人的所用的石头、棍子，都是原生态的资本，一种没有资本关系的资本。显然，托伦斯是将一般的生产过程的工具与特殊的资本混为一谈了。这是逻辑的混乱。对此，马克思在这里虽然没有展开批判，但已经清楚地表明，野蛮人用的第一根棍子、第一块石头都与资本无关，因而非常不合逻辑。马克思还举庸俗的让·巴·萨伊为例："他想从生产资料（土地、工具、皮革等等）的使用价值在劳动过程中所提供的'生产服

---

① 美国有一部通行的教本称："资本以什么形式再现是无关紧要的。"人们生存和安乐所必需的各种食物、衣服和住房同样会发生变化。它们时时被消费掉，而它们的价值则作为它们给予人的肉体和精神的新力量再现出来，从而形成新的资本，再用于生产过程。对此，马克思指出："这种把'价值'换成'力量'，以及全部伪善的含糊其辞，掩盖着这样一种显然徒劳的企图：想从预付价值的单纯再现中得出剩余价值。"（《资本论》第 1 卷，人民出版社 1975 年版，第 234 页脚注（25）；2004 年版，第 241 页脚注（25）。）

② 《马克思恩格斯全集》第 46 卷下册，人民出版社 1980 年版，第 89 页。

③ 《资本论》第 1 卷，人民出版社 1975 年版，第 209 页脚注（9）；2004 年版，第 215 页脚注（9）。

务', 引出剩余价值（利息、利润、地租）。"①

　　除了李嘉图以外，几乎全部资产阶级学者都认为生产资料也能自行增殖。在他们头脑中，"生产资料即纱锭等的价值同它们的自行增殖或每天吸取他人一定量的无偿劳动的资本属性这样紧密地溶合在一起，以致卡莱尔公司的老板真的以为，在出卖工厂时，要支付给他的不仅是纱锭的价值，而且还有它们的价值增殖"②。对此，马克思指出，这是一个"天真的笑话"，是"资本主义生产所固有的并成为其特征的这种颠倒，死劳动和活劳动、价值和创造价值的力之间的关系的倒置反映在资本家头脑中的"③痼疾。

　　资本家将资本等同于"节欲"，最典型的代表是纳骚·威·西尼耳，他"庄严地声称：'我用节欲一词来代替被看作生产工具的资本一词。'"马克思不无幽默地说："这真是庸俗经济学的'发现'的不可超越的标本！"④ 为什么说资本是"节欲"呢？因为资本家的"谷物不只是吃掉，而且还用来播种，这是资本家的节欲！葡萄酒保留一个时期用以发酵，这是资本家的节欲！资本家'把生产工具贷给〈！〉工人'，也就是说，把生产工具同劳动力合并在一起作为资本来增殖，而不把蒸汽机、棉花、铁路、肥料、挽马等等吃光，或者按照庸俗经济学家的幼稚说法，不把'它们的价值'变成奢侈品和其他消费资料挥霍掉，这就是资本家在掠夺自己的欲望。"⑤

　　不仅庸俗经济学这样看，连资产阶级古典学派也有这种糊涂观点。在《政治经济学批判。导言》中，马克思已经指出："在李嘉图看来，资本是节约的结果。这一点已经表明，他不懂得资本的产生过程和再生产过程。"⑥ 只要站在资产阶级的立场上，就必然受资产阶级狭隘眼界的限制。

――――――――――

　　① 《资本论》第 1 卷，人民出版社 1975 年版，第 232 页脚注（22）；2004 年版，第 239 页脚注（22）。

　　② 《资本论》第 1 卷，人民出版社 1975 年版，第 345 页；2004 年版，第 360—361 页。

　　③ 《资本论》第 1 卷，人民出版社 1975 年版，第 345 页；2004 年版，第 360 页。

　　④ 《资本论》第 1 卷，人民出版社 1975 年版，第 654 页；2004 年版，第 688—689 页。

　　⑤ 《资本论》第 1 卷，人民出版社 1975 年版，第 655 页；2004 年版，第 689 页。

　　⑥ 《马克思恩格斯全集》第 46 卷下册，人民出版社 1980 年版，第 48 页。在《马克思恩格斯全集》第 30 卷，人民出版社 1995 年版，第 552 页，前版的"不懂得"改译为"误解了"。

资本家还认为他的"节欲"为工人提供生产资料，从而能够进行劳动，所以资本就是为工人"服务"，并且似乎是等价的服务。对此，马克思指出，工人不仅没有得到服务，而且他在创造了自己劳动力价值给自己的同时，还为资本家创造了丰厚的剩余价值。

以上的分析表明，这些资产阶级学者对资本的理解非常错误，或者将作为资本的货币与作为货币的货币混为一谈；或者将资本与工具混为一谈，并且将不同社会性质的工具混为一谈；或者将资本等同于节制个人享受欲望，并将它等同于对社会和工人的"等价服务"。对这些奇谈怪论，马克思并不是单纯用自己的理论来批判，——这是必要的，它可从正面分析其错误，——还用很通俗、诙谐的语言循着它的逻辑，将它导向自相矛盾或立论的失据、谬误。你不是说资本是节欲吗？可是，"在一无所有的地方，皇帝也会丧失他的权力。不管他禁欲的功劳有多大，也没有东西可以用来付给禁欲以额外的报偿"①。马克思对资产阶级古典学派和庸俗经济学派的批判是截然不同的，对前者是讲理，分析其理论的缺陷及产生这些缺陷的原因、条件，对后者则已经难以讲道理，正所谓对"夏虫不可以语冰"，"道不同，不相为谋"，所以就采用归谬法，揭露其缺陷弊病及不合一般人的道理。这种批判方式，在他的科学批判中发挥着巨大的作用，对资产阶级经济学具有非常大的杀伤力。当然，必要的时候，他也有摆事实。

资本是一种生产关系，是两大阶级之间的关系，是雇佣工人对资本的隶属关系。但这是庸俗经济学不承认的。为了批判它，马克思在正面论述资本占有劳动的同时，还借助资产阶级学者的某些言论来批判它。

在研究特殊过程的时候，在涉及资本家消费劳动力过程时，他也发现有的资产阶级学者如舍尔比利埃早已注意到资本对劳动及产品的占有："产品在转化为资本以前就被占有了；这种转化并没有使它们摆脱那种占有。""无产者为换取一定量的生活资料出卖自己的劳动，也就完全放弃了对产品的任何分享。……产品完全归提供原料和生活资料的资本家所有。这是占有规律的严格结果，相反地，这个规律的基本原则却是每个劳动者对自己产品拥有专门的所有权。"詹姆斯·穆勒在《政治经济学原理》中也写道："当工人是为工资而劳动时，资本家就不仅是资本的〈这里是指生产资料的〉所有者，而且是劳动的所有者。……撇开资本来谈劳动就是

---

① 《资本论》第1卷，人民出版社1975年版，第217页；2004年版，第223—224页。

荒谬的。在这个意义上，资本一词包括资本和劳动二者。"① 这样看，实际上已经触及资本与雇用劳动的关系了。当然，某些资产阶级经济学家偶尔写出一些有价值的东西，并不意味着他们有科学的良心，充其量只是表明，他们不能完全睁着眼睛说瞎话。反之，马克思能够这样从浩如烟海的文献中找到这些有点意思的语句，不仅充分表现了他的公正坦荡，而且是以子之矛，攻子之盾，让它难堪。

即使个别资产阶级学者已经看到资本对劳动及其产品的占有，但这种看法也不完全科学，似乎全部预付资本在生产过程中都能发挥这样的作用。要解决这个问题，就必须进一步了解资本的结构。但是，在资产阶级经济学中，只有固定资本和流动资本这样的结构描述，而流动资本除了那部分在账面上用于购买劳动力的资本外，还包括购买原材料的资本。显然，这样的资本结构描述只是表层的，现象态的，这也说明，资产阶级经济学根本不能正确地解释哪一部分资本与劳动的关系。由此观之，只有马克思在第六章不变资本和可变资本的研究，才科学地从本质上解决了资本和劳动的关系。这也是对资产阶级经济学的间接批判。

资本与雇佣劳动之间的关系，决定了它的生产性。也就是说只有占有雇佣劳动所创造的剩余价值，它才是生产的。但与生产性紧密联系的，还有效率的问题。不言而喻，创造的剩余价值越多，资本的生产性越强。但是，在资本家、资产阶级学者意识中，所有的增殖都是全部资本带来的，所以，他们就直接将剩余价值——他们根本没有剩余价值的概念，——当成全部资本的增殖额，从而形成了利润概念。这样，他们必然用利润与全部预付资本的比率之高低来评判资本生产性的高低。尽管他们这样做是意识和经验之所然，但却是有问题的、错误的，这里涉及的是生产资料能否创造利润的问题。对此，马克思批判地指出："我们可以由此了解庸俗的让·巴·萨伊的荒诞无稽了：他想从生产资料（土地、工具、皮革等等）的使用价值在劳动过程中所提供的'生产服务'，引出剩余价值（利息、利润、地租）。"② 进一步看，若按照资产阶级学者的算法，资本的增殖率（利润率）永远不会高于 100%。这种算法当然是错误的。马克思指出，"要对这个过程进行纯粹的分析，必须把产品价值中只是不变资本价值的

---

① 《资本论》第 1 卷，人民出版社 1975 年版，第 210 页脚注（10）；2004 年版，第 217 页脚注（10）。
② 《资本论》第 1 卷，人民出版社 1975 年版，第 232 页脚注（22）；2004 年版，第 39 页脚注（22）。

再现的那一部分完全抽去，就是说，必须使不变资本 $c = 0$。为此，这里要运用数学上的一条定律，就是数学上运算变量和常量的定律，即运算常量同变量相加减的定律。"① 他接着说："乍一看来，假定不变资本等于 0 是很奇怪的。但在日常生活中人们经常这样做。"② 他举例说："一定的化学过程固然需要蒸馏器及其他容器，但这并不妨碍我们在分析时把蒸馏器抽去。如果仅仅就价值创造和价值变化本身进行考察，……那么那末生产资料……的性质如何是没有关系的，……这种物质的价值如何也是没有关系的。……都不会影响价值创造和价值变化的过程。"③ 这样批判，指出资产阶级学者连起码的计算规则都不懂，而且将价值创造的条件和原因混为一谈了，的确能打中其要害。

总而言之，资产阶级学者对资本的生产性——即剥削剩余价值的本性——及其效率高低的看法都是错误的——尽管产生这种错误的条件在现实中必然存在，并且有重大的经济意义，——对其结构及本质的看法也都是错误的。

二、资产阶级经济学生产理论批判

马克思不仅在研究一般资本的时候批判古典经济学、庸俗经济学关于资本的观点，而且在研究资本生产过程的时候，也批判资产阶级学者的资本生产理论。

撇开重商主义不说，自资产阶级古典学派起，资产阶级学者将生产过程定为研究的重点领域，以便为资产阶级发财致富服务，李嘉图就是他们的突出代表。但是，即使有这种意识，也有很多他们难以跨越的问题阻碍其深入研究。

资产阶级学者既是学者，但本身又是资本家。作为具有一定科学性的学者，他眼光相对长远，作为资本家，则眼界绝对狭隘。兼有这两种身份，使他们必定站在资产阶级的立场上，从而使他们的理论有不可克服的先天不足。

首先，没有科学的基础理论。研究比较具体的对象和过程，特别是向

---

① 《资本论》第 1 卷，人民出版社 1975 年版，第 240 页；2004 年版，第 247 页。
② 《资本论》第 1 卷，人民出版社 1975 年版，第 241 页；2004 年版，第 248 页。
③ 《资本论》第 1 卷，人民出版社 1975 年版，第 241—242 页；2004 年版，第 248—249 页。

资本理论，需要奠定在一定的基础理论上。但是，古典学派最先提出的价值理论并不完全科学，不能论证劳动二重性，不能区分劳动力和劳动，不知道有用劳动能够转移生产资料的价值、抽象劳动创造新价值，从而不能解释剩余价值的生产，导致学派的破产。对此，马克思早在《政治经济学批判。第一分册》中已经批判过。在《资本论》的这个研究阶段，马克思没有再进行直接的批判，而是正面论证了科学的劳动价值论，在它的基础上来说明剩余价值的生产。但对古典学派来说，这是无声的批判，使它相形见绌。

其次，不能区分一般过程和特殊过程。对这种错误，马克思也早已在《政治经济学批判。导言》中批判过。在《资本论》第五章，马克思一开始就有意在研究中表现自己的实际区分："虽然使用价值或财物的生产是为了资本家，并且是在资本家的监督下进行的，但是这并不改变这种生产的一般性质。所以，劳动过程首先要撇开各种特定的社会形式来加以考察。"① 从批判的意义看，这是有针对性的。在此基础上，他进一步指出，将两种性质不同的过程混为一谈必然导致逻辑的混乱。马克思关于劳动是怎样形成价值的研究是史无前例的，资产阶级学者根本不懂得，这样，它又如何能研究超过必要劳动时间的价值增殖过程？他们的很多错误提法，例如什么"最后一小时"，资本是"节欲"等奇谈怪论，就与此有很大的关系。

由于不能区分一般过程和特殊过程，资本家和资产阶级学者都将劳动的集体创造力当成是资本的创造力。这种混淆，还表现在将管理的二重性混淆。他们都"把从共同的劳动过程的性质产生的管理职能，同从这一过程的资本主义性质因而从对抗性质产生的管理职能混为一谈。"②

马克思还指出，他们不了解单个资本的生产与社会化大生产之间的关系，像"亚·斯密那样，认为这种社会分工和工场手工业分工的区别只是主观的，也就是说，只是对观察者才存在的，因为观察者在工场手工业中一眼就可以在空间上看到各种各样局部劳动，而在社会生产中，各种局部劳动分散在广大的面上，每个特殊部门都雇用大量的人，因而使这种联系模糊不清。"③ 可见，像斯密这样的学者，单凭肉眼所见，无论如何也不能

---

① 《资本论》第 1 卷，人民出版社 1975 年版，第 201 页；2004 年版，第 207 页。
② 《资本论》第 1 卷，人民出版社 1975 年版，第 369 页；2004 年版，第 386 页。
③ 《资本论》第 1 卷，人民出版社 1975 年版，第 393 页；2004 年版，第 410—411 页。

了解社会化大生产的格局和内在规定。"资产阶级意识一方面把工场手工业分工，把工人终生固定从事某种局部操作，把局部工人绝对服从资本，歌颂为提高劳动生产力的劳动组织，同时又同样高声地责骂对社会生产过程的任何有意识的社会监督和调节，把这些说成是侵犯资本家个人的不可侵犯的财产权、自由和自决的'独创性'。"①

再次，资产阶级经济学家不懂得剩余价值的起源，从而把剩余价值和利润混淆起来。在他们看来，无论是生产资本、商业资本，都能获得利润，而商业利润又只是从流通中的贱买贵卖，这样，利润似乎就与生产过程无关了。在西尼耳在他那本《政治经济学大纲》一书中，他还"'发现'利润来源于资本家的劳动，利息来源于资本家的禁欲主义。"②

资产阶级学者也有意回避起源的研究。如果说，"李嘉图从来没有考虑到剩余价值的起源。他把剩余价值看作资本主义生产方式固有的东西，而资本主义生产方式在他看来是社会生产的自然形式。"③ 如果说，李嘉图认为这个问题没有必要考虑的，因为"天然如此"，那么，其他人则是有意回避的，"这些资产阶级经济学家实际上具有正确的本能，懂得过于深入地研究剩余价值的源这个爆炸性问题是非常危险的。"④

但是，剩余价值的起源问题却是不可回避的。起源实际上就是该实体的源泉，所以它包含着这种实体的来龙去脉。从现实看，这是对资本运动的客观反映。没有剩余价值，资本就不再是真正的现代的资本。在逻辑上，这是承上启下的关键。因为有它，价值理论得到检验，因为有它，进一步的研究方能有据展开。从批判的意义看，它关系到它的获得、积累是否具有合法性，关系到对不同阶级的各种学派理论的态度。

与剩余价值起源联系的，还有对生产劳动的看法。"对生产劳动的这种观点，是从亚·斯密对剩余价值的起源的看法，因而是从他对资本的实质的看法，自然而然地得出来的。"⑤ 所以，在《资本论》中，马克思还

---

① 《资本论》第 1 卷，人民出版社 1975 年版，第 395 页；2004 年版，第 412—413 页。

② 《资本论》第 1 卷，人民出版社 1975 年版，第 256 页脚注（33）；2004 年版，第 264 页脚注（33）。

③ 《资本论》第 1 卷，人民出版社 1975 年版，第 563 页；2004 年版，第 590 页。

④ 《资本论》第 1 卷，人民出版社 1975 年版，第 564 页；2004 年版，第 590 页。

⑤ "对生产劳动的这种观点，是从亚·斯密对剩余价值的起源的看法，因而是从他对资本的实质的看法，自然而然地得出来的。"（《马克思恩格斯全集》第 26 卷第 I 册，人民出版社 1972 年版，第 143—144 页。）

提到了资产阶级学者关于生产劳动的理论："古典政治经济学一直把剩余价值的生产看作生产工人的决定性的特征。"① 对这个问题，马克思在《剩余价值理论》中已经有较详细的研究，所以这里只是简单地提一提。尽管这样，也可以从他的论述中了解到，他对重农学派将生产劳动局限于农业劳动的看法是持批判态度的，并且认为古典政治经济学对它的看法是历史发展的。

与剩余价值起源联系的，也与剩余价值生产的一般基础有关系。所谓的一般基础，涉及面较广。但首要的是比例关系。他阐明："不同的生产领域经常力求保持平衡，一方面因为，每一个商品生产者都必须生产一种使用价值，即满足一种特殊的社会需要，而这种需要的范围在量上是不同的，一种内在联系把各种不同的需要量连结成一个自然的体系；另一方面因为，商品的价值规律决定社会在它所支配的全部劳动时间中能够用多少时间去生产每一种特殊商品。"② 在第三卷，他就特地强调剩余价值的生产须以符合这种比例关系为前提。③

以上几方面基础、基本理论的错误必然导致具体的生产研究的失误。在《政治经济学批判·导言》中，马克思分析批判了资产阶级经济学生产理论两个错误：其一是混淆一般的生产过程和特殊的生产过程。马克思认为，具体的单个资本运动并非纯粹的过程，包含着一般过程的规定。但这只是包含，并不是混同，它的本质还是特殊过程。决不能忘记这种本质区别。其二，资产阶级经济学将研究生产过程作为总论部分，研究（1）进行生产所必不可缺少的条件。摆出一切生产的基本要素，将几个十分简单的规定，扩展成浅薄的同义反复。（2）或多或少促进生产的条件，还有某

---

① 《资本论》第 1 卷，人民出版社 1975 年版，第 556 页；2004 年版，第 583 页。

② 《资本论》第 1 卷，人民出版社 1975 年版，第 394 页；2004 年版，第 412 页。

③ "不仅在每个商品上只使用必要的劳动时间，而且在社会总劳动时间中，也只把必要的比例量使用在不同类的商品上。……为了满足社会需要，只有这样多的劳动时间才是必要的。……这些条件适用于剩余价值本身，而不管它采取什么特殊的形式。""例如，棉织品按比例来说生产过多了，虽然在这个棉织品总产品中只体现了一定条件下为生产这个总产品所必要的劳动时间。但是，总的来说，这个特殊部门消耗的社会劳动已经过多；就是说，产品的一部分已经没有用处。因此，只有当全部产品是按必要的比例进行生产时，它们才能卖出去。"（《资本论》第 3 卷，人民出版社1975 年版，第 716—717 页；2004 年版，第 716—717 页。）只有这样，生产出来的剩余价值才能实现。

一些种族的素质，气候，自然条件等，① 认为"生产决定于一般的自然规律"②。显然，这是将生产等同于一般的财富创造，完全抽去特殊的生产关系。这些错误的具体表现，散见在各个资产阶级学者的著述中，马克思在研究资本的生产过程的时候，也在适当的地方给予必要的批判。

剩余价值的生产当然要有一定的生产力基础，马克思说："没有一定程度的劳动生产率，工人就没有这种可供支配的时间，而没有这种剩余时间，就不可能有剩余劳动，从而不可能有资本家"，正是从这种意义看，"可以说剩余价值有一个自然基础，但这只是从最一般的意义来说"③的——而资本运动是个特殊过程——，马克思接着说，"绝不应该像有时发生的情况那样，把神秘的观念同这种自然发生的劳动生产率联系起来。"④ 这让人们很自然地想起他在《导言》中对资产阶级经济学的总论部分的批判。这个总论在谈到或多或少促进生产的条件中，还有某一些种族的素质，气候，自然条件等。在那里，马克思分析指出，这些资产阶级学者并非在谈论生产的条件，实际上是别有用意："照他们的意见，生产……应当被描写成局限在脱离历史而独立的永恒自然规律之内的事情，于是资产阶级关系就被乘机当作社会一般的颠扑不破的自然规律偷偷地塞了进来。"⑤ 他继续分析道，劳动生产率是同自然条件相联系的。但不能因此就将它归结为自然生产率。"作为资本关系的基础和起点的已有的劳动生产率，不是自然的恩惠，而是几十万年历史的恩惠。"⑥ 而且，"良好的自然条件始终只提供剩余劳动的可能性，从而只提供剩余价值或剩余产品的可能性，而绝不能提供它的现实性。……产业越进步，这一自然界限就越退缩。"⑦

但是，资产阶级学者不仅有意将基础与自然联系起来，而且将它与源泉混为一谈，穆勒就是这样。他认为："利润不是来自交换这种偶然的事情，而是来自劳动生产力；不管交换是否发生，一个国家的总利润总是由劳动生产力决定的。如果没有职业的区分，那就既没有买，也没有卖，但

① 《马克思恩格斯全集》第 46 卷上册，人民出版社 1979 年版，第 23、24 页。
② 《马克思恩格斯全集》第 46 卷上册，人民出版社 1979 年版，第 26 页。
③ 《资本论》第 1 卷，人民出版社 1975 年版，第 559 页；2004 年版，第 585 页。
④ 《资本论》第 1 卷，人民出版社 1975 年版，第 559 页；2004 年版，第 585 页。
⑤ 《马克思恩格斯全集》第 46 卷上册，人民出版社 1979 年版，第 24 页。
⑥ 《资本论》第 1 卷，人民出版社 1975 年版，第 560 页；2004 年版，第 586 页。
⑦ 《资本论》第 1 卷，人民出版社 1975 年版，第 562 页；2004 年版，第 588—589 页。

是利润依然存在"。① 这样看来，他就是"把神秘的观念同这种自然发生的劳动生产率联系起来"② 的那种人了。马克思认为，他不将利润的来源归结为交换，的确比重商主义"高明"，但他既没有意识到劳动力的买卖对利润产生的重要作用，根本不了解利润与剩余价值的区别，又用劳动生产力来说明利润（即剩余价值）的产生。这不仅是将条件与来源混为一谈了，而且是"清楚地论证了资本主义生产甚至在它不存在的时候也总是存在的以后，又完全合乎逻辑地证明，资本主义生产在它存在的时候也是不存在的。"③

生产有一般的生产，也有特殊的生产。资产阶级学者对这两种生产的研究都是错误连连。

生产首先要有分工，对此，斯密算是比较重视的，也有一定的例证，但总的来说尚属粗浅。而且，"斯密有时也犯糊涂，偶尔重复他的老师亚·弗格森的话，谴责了分工。"④ 所以马克思说："关于分工，亚·斯密没有提出任何一个新原理。人们把他看作工场手工业时期集大成的政治经济学家，是因为他特别强调分工。他认为机器只起了从属作用，这种说法在大工业初期遭到罗德戴尔的反驳，在往后的发展时期又遭到尤尔的反驳。亚·斯密还把工具的分化同机器的发明混为一谈。"⑤

分工可以提高劳动生产率，而分工是由资本家主持的。这就产生对生产过程的管理。但是，资产阶级"政治经济学家……在考察资本主义生产方式时，却把从共同的劳动过程的性质产生的管理职能，同从这一过程的资本主义性质因而从对抗性质产生的管理职能混为一谈。资本家所以是资本家，并不是因为他是工业的领导人，相反，他所以成为工业的司令官，因为他是资本家。"⑥ 很显然，这种混淆，本质上是一般过程与特殊过程混淆的翻版。

分工是与生产条件的使用紧密联系的，分工促成了生产资料对工人劳

① 转引自《资本论》第 1 卷，人民出版社 1975 年版，第 564 页；2004 年版，第 591 页。

② 《资本论》第 1 卷，人民出版社 1975 年版，第 559 页；2004 年版，第 585 页。

③ 《资本论》第 1 卷，人民出版社 1975 年版，第 566 页；2004 年版，第 592 页。

④ 《资本论》第 1 卷，人民出版社 1975 年版，第 142 页脚注（78）；2004 年版，第 145 页脚注（78）。

⑤ 《资本论》第 1 卷，人民出版社 1975 年版，第 386 页脚注（44）；2004 年版，第 404 页脚注（44）。

⑥ 《资本论》第 1 卷，人民出版社 1975 年版，第 369 页；2004 年版，第 386 页。

动的吮吸，但是，资产阶级意识却"把工场手工业分工，把工人终生固定从事某种局部操作，把局部工人绝对服从资本，歌颂为提高劳动生产力的劳动组织"①。马克思发现，有的资产阶级学者还"有一种天真的信念，认为资本家个人在分工方面先验地运用了有发明能力的天才。这种信念还只保存在如罗雪尔先生那样的德国教授中间，在罗雪尔看来，分工是从资本家的丘必特式的脑袋中现成地跳出来的，因此他以'各种各样的工资'来酬谢资本家。实行分工的程度取决于钱袋的大小，而不取决于天才的大小。"②

在经济发展的一定阶段，机器大工业就发展起来了。资本家当然会很好地利用，"科学不费资本家'分文'，但这丝毫不妨碍他们去利用科学。资本像吞并别人的劳动一样，吞并'别人的'科学。"③ 资产阶级利用科学和自然力发展机器大工业，这本来是发展生产力的一个巨大成就，但是，狭隘的阶级利益又使它在吞并了由此产生的一切利益的同时，给雇佣工人造成了巨大的损失和伤害。

在维护资产阶级利益的时候，资产阶级学者从来不缺场，从来不顾面子。在这方面，资产阶级学者同时做了两方面的工作。一方面对其极力献计献策、吹捧，在"西尼耳看来，机器规模的扩大，使工作日的不断延长成为'合乎愿望的事情'。"④ 为了"充当斗士去反对新颁布的工厂法和比工厂法更激进的争取十小时工作日运动"⑤，他提出了一个著名的"最后一小时"的奇谈怪论：因为在工作日的前 10 小时只生产生产资料的价值，工人只在工作日的最后一小时才给企业主提供纯利润。如果"劳动时间每天缩短 1 小时，纯利润就会消失，缩短 1 又 1/2 小时，总利润也会消失。"⑥ 对此，马克思利用西尼耳的例证分析：如果工人的工资和他提供的剩余价值是同样大的价值，那末，工人显然是在 5 又 3/4 小时内生产自己

---

① 《资本论》第 1 卷，人民出版社 1975 年版，第 395 页；2004 年版，第 412 页，新版译文有改变，但意思不变。

② 《资本论》第 1 卷，人民出版社 1975 年版，第 403 页脚注（75）；2004 年版，第 421 页脚注（75）。

③ 《资本论》第 1 卷，人民出版社 1975 年版，第 424 页脚注（108）；2004 年版，第 444 页脚注（108）。

④ 《资本论》第 1 卷，人民出版社 1975 年版，第 445 页；2004 年版，第 467 页。

⑤ 《资本论》第 1 卷，人民出版社 1975 年版，第 251 页；2004 年版，第 259 页。

⑥ 转引自《资本论》第 1 卷，人民出版社 1975 年版，第 251—252 页；2004 年版，第 259 页。

的工资，但是，生产工资的第二个劳动小时同最初一个劳动小时一样，都是一个通常的劳动小时。这样，纺纱工人怎么能在 1 个劳动小时内生产出代表 5 又 3/4 个劳动小时的棉纱价值呢？他阐明：正由于工人"纺纱，棉花和纱锭的价值才自行转移到棉纱上去。这种结果是靠他的劳动的质，而不是靠他的劳动的量造成的。"① 西尼尔根本不懂得有用劳动转移生产资料价值、抽象劳动创造价值的道理。马克思还指出，西尼尔忘记了，在提出这个谬论的一年前，他还"'发现'利润来源于资本家的劳动，利息来源于资本家的禁欲主义。"② 而且，马克思还举《工厂视察员报告。截至 1855 年 4 月 30 日为止的半年》的报告来批判他："从 1848 年起，工厂视察员在半年一次的《报告》中一直拿'最后的'、'致命的一小时'来嘲弄工厂主。"例如，豪威耳先生在 1855 年 5 月 31 日的工厂视察报告中说：'假如下面这种巧妙的计算〈他引证西尼耳〉是正确的，联合王国的所有棉纺织厂从 1850 年起就已经赔本了。'"③

另一方面极力掩饰资本对工人的压迫。在研究绝对剩余价值生产、论证资本家竭力延长工作日的时候，马克思已经指出："英国有一派经济学家为了替资本效劳，猛烈攻击工人顽固不化"④，称工人"天生是好逸恶劳的，我们从我（英）国工场手工业工人的行为就不幸地体验到这一点"⑤，称工人"懒惰、放荡和对自由奢望"⑥，极力为延长工作日辩护。在研究机器大工业必然给资本家创造延长工作日的新条件和新动机的时候，马克思又指出这些辩护论者的无耻：面对工人的反抗，他们又都旗帜鲜明地为资本家呐喊助威，尤尔就是其中的代表。"他到处宣扬机器的迅速发展对工人如何有利，然后又警告工人说，他们的反抗和罢工等等会加速机器的发

① 《资本论》第 1 卷，人民出版社 1975 年版，第 254 页；2004 年版，第 262 页。

② 《资本论》第 1 卷，人民出版社 1975 年版，第 256 页脚注（33）；2004 年版，第 264 页脚注（33）。

③ 《资本论》第 1 卷，人民出版社 1975 年版，第 255 页脚注（32a）；2004 年版，第 263 页脚注（32a）。

④ 《资本论》第 1 卷，人民出版社 1975 年版，第 304 页；2004 年版，第 316 页。

⑤ 转引自《资本论》第 1 卷，人民出版社 1975 年版，第 305 页；2004 年版，第 317 页。

⑥ 转引自《资本论》第 1 卷，人民出版社 1975 年版，第 306 页；2004 年版，第 318 页。

展。"① 马克思还指出："这位安慰家又为儿童的低工资辩护：'这阻止了父母们过早地把他们的孩子送进工厂'。尤尔的整个著作是一部维护无限制的工作日的辩护书。"②

机器的使用必然导致工人的失业。对此，资产阶级学者也极力掩饰。"詹姆斯·穆勒、麦克库洛赫、托伦斯、西尼耳、约翰·斯图亚特·穆勒等一系列资产阶级经济学家断言，所有排挤工人的机器，总是同时地而且必然地游离出相应的资本，去如数雇用这些被排挤的工人。"③ 对此，马克思当然要针锋相对地批判。在这里，他特地加了个脚注："李嘉图起初也有这种观点，但是后来，由于他特有的科学的公正态度和热爱真理，断然收回了这种观点。"④ 根据马克思的指引，我们看到，李嘉图在分析了使用机器的结果得出的结论是："劳动者认为机器的使用往往对他们不利，这一观点……是符合政治经济学的正确原理的。"⑤ 这样用他们自己阶级的经济学家来批判他们，别有一番效果。与此同时，他自己也有针对性的批判。一方面用实际分析来批判，说明使用机器要增加投资，在总资本不变的情况下，"机器每改良一次，这笔资本雇用的工人也就减少一次。"⑥ 另一方面再分析制造新机器的情况，在局部似乎会雇用较多的机械工人，但总体上看也不会达到此前使用的工人数。针对这些辩护士偷换概念，说机器游离工人是游离出这些工人的生活资料，但它会变成用来雇用工人的资本，他指出，他们并没有提供必要的证明，"反而用他们经过考验的供求规律证明了，机器不仅在采用它的生产部门，而且还在没有采用它的生产部门把工人抛向街头。"⑦ 更糟糕的是，这些因分工变得没有其他技能的人，离开他们原来的劳动范围就不值钱了，只能在少数低级的、因而始终是人员充斥和工资微薄的劳动部门去找出路。马克思还从其他方面对这些辩护士进行批判，因为文多，所以就不再赘录。

---

① 转引自《资本论》第 1 卷，人民出版社 1975 年版，第 478 页；2004 年版，第 503 页。

② 《资本论》第 1 卷，人民出版社 1975 年版，第 479 页；2004 年版，第 503 页。

③ 《资本论》第 1 卷，人民出版社 1975 年版，第 479 页；2004 年版，第 504 页。

④ 《资本论》第 1 卷，人民出版社 1975 年版，第 479 页脚注（213）；2004 年版，第 504 页脚注（213）。

⑤ 李嘉图著　周杰译：《政治经济学及赋税原理》，华夏出版社 2005 年版，第 280 页。

⑥ 《资本论》第 1 卷，人民出版社 1975 年版，第 480 页；2004 年版，第 505 页。

⑦ 《资本论》第 1 卷，人民出版社 1975 年版，第 482 页；2004 年版，第 507 页。

当然，马克思并非对使用机器有微词，他只是指出，机器的资本主义运用降低了机器作为先进的生产资料所应有的积极作用，反而对工人阶级会造成了极大的伤害，只是批判资产阶级辩护士的无耻。

在分别考察工作日长度对绝对剩余价值、劳动生产力高低对相对剩余价值的生产之后，马克思又将工作日长度、劳动生产力、劳动强度等因素统一起来，考察统一的具体的剩余价值生产。在这里，他在一系列假设条件下分别研究四种最主要的组合中，考察劳动力和剩余价值的关系。在第一个组合即工作日长度不变、劳动强度不变、劳动生产力可变的研究中，他列出了三个规律，并指出，这些都是李嘉图第一个严密表述的（当然李嘉图根本没有劳动力价值、剩余价值等概念）。他在肯定李嘉图的贡献后，也指出了其中存在的缺点。1. "他把这些规律所适用的各种特殊条件看作是资本主义生产的理所当然的、普遍的和唯一的条件。"① 也就是把特殊过程的规律当成一般过程的规律。2. "同其他一切经济学家一样，李嘉图从不研究剩余价值本身，……这一点在更大的程度上损害了他的分析。因此，他把剩余价值率的各种规律同利润率的各种规律直接混为一谈。"② 之所以这样，因为"李嘉图本人没有弄清楚［资本主义生产］过程，而且他作为资产者也不可能弄清楚这个过程。"③

在这里，马克思还发现，"一切反对缩短工作日的陈词滥调"④ 都是从表象看问题，都认定工作日缩短同时会缩短剩余劳动时间，而有意无意地回避劳动强度和劳动生产力会同时提高。这种错误连李嘉图也不能避免。

在这里，马克思还揭露："当李嘉图等人不顾最惹人注目的事实，把工作日的不变量当作他们全部研究的基础时，马尔萨斯却强调工作日的延长，……但是马尔萨斯为之效劳的保守利益使他看不到，随着机器的异常的发展以及对妇女劳动和儿童劳动的剥削，无限度地延长工作日必定会使工人阶级的很大一部分'过剩'，特别是在战争的需求和英国对世界市场的垄断消失的时候。用永恒的自然规律去解释这种'人口过剩'，当然比用资本主义生产的纯粹历史的自然规律去解释更便利，更符合马尔萨斯真

---

① 《资本论》第 1 卷，人民出版社 1975 年版，第 572 页；2004 年版，第 598 页。
② 《资本论》第 1 卷，人民出版社 1975 年版，第 572 页；2004 年版，第 598 页。
③ 《马克思恩格斯全集》第 46 卷下册，人民出版社 1980 年版，第 46 页。
④ 《资本论》第 1 卷，人民出版社 1975 年版，第 574 页；2004 年版，第 601 页。

正牧师般地崇拜的统治阶级的利益。"①

在考察剩余价值率的各种公式时，马克思再次批判了资产阶级经济学不能区分利润和剩余价值所导致的错误，即将剩余产品与总产品相比较。这样得出的不是剩余价值率，而是利润率，并且一定低于100%。关于这种错误，马克思后面还有全面深入的分析，这里暂不多说。

在资产阶级经济学中，工资与利润、利息、地租都是分配领域的范畴。但马克思却在生产过程中来研究它，这无疑是对一切资产阶级经济学的直接批判。

在这里，他指出："古典政治经济学毫无批判地从日常生活中借用了'劳动的价格'这个范畴"②。从而表明资产阶级经济学不能区分劳动力和劳动，不了解事物的本质规定表面上表现的东西。因为这个问题前面已经谈到，所以这里从略。

当然，马克思也发现，资产阶级古典学派也曾依照价值理论的逻辑，企图论证劳动的价格如何决定的问题，虽然不可避免地走入循环论证，"但从来没有发现，分析的进程不仅已从劳动的市场价格推移到它的假想的价值，而且又把这个劳动价值本身化为劳动力的价值。"如果能将它明确地表述出来，那倒是一个了不起的创见，但是，"古典政治经济学没有意识到自己的分析所得出的这个结果，"因为这不是他们在坚实而科学的基础理论指导下获得的，而是在不知不觉中靠拢的。所以，它不能珍惜这一成果并由此前进，反而受资产阶级狭隘眼界的限制，"毫无批判地采用'劳动的价值'，'劳动的自然价格'等等范畴，把它们当作所考察的价值关系的最后的、适当的用语，结果就……陷入了无法解决的混乱和矛盾中，同时替庸俗经济学的在原则上只忠于假象的浅薄理论提供了牢固的活动基础。"③这再一次证明马克思对他们的评价："资产阶级经济学家即使怀着最良好的愿望，甚至在他们已经掌握真理的时候，也是本能地沿着错误的道路走的。"④

资产阶级经济学关于生产过程的研究，还有很多谬误，在这个研究阶段虽有涉及，但可能是顺带提出，有的与当时的语境联系不紧，所以马克

---

① 《资本论》第1卷，人民出版社1975年版，第578页脚注（15）；2004年版，第604页脚注（15）。

② 《资本论》第1卷，人民出版社1975年版，第588页；2004年版，第616页。

③ 《资本论》第1卷，人民出版社1975年版，第589页；2004年版，第617页。

④ 《马克思恩格斯〈资本论〉书信集》，人民出版社1976年版，第333页。

思没有详细地批判，只是略微地提一提。例如资产阶级古典学派"把工作日看作不变量"，亚·斯密"就反过来得出一个错误的论断：劳动的价值是不变的，虽然生活资料的价值会变化，因而对工人来说，同一个工作日会表现为较多或较少的货币。"①

第四节 资本生产过程研究的批判性创建

有破当然有立，在研究和再现剩余价值生产的过程中，马克思有系统的、重大的、突破性的创见、创建。有的是针对资产阶级经济学的科学批判，有的是相对于自身的自我批判。有的在特殊过程的研究，有的在一般过程的研究中。其中有的是相对于第一逻辑阶段的上升，有的是第二逻辑阶段中批判性的创建。既涉及基本理论，更多的是有关具体问题的研究。

《资本论》的第一卷研究资本的生产过程，但只是从第五章开始，才真正研究生产过程。之所以这样，因为在研究生产过程之前，必须有最基本的理论研究，为此，必先从劳动凝固物的关系探讨其中包含的人的关系，在物的等价交换基础上析出劳动、价值的最基本规定，从形式的等价交换析出货币范畴，再从货币演绎出资本，才能进入实际的生产过程，即剩余价值的生产过程，——其本质是劳动对资本的隶属。

第二逻辑阶段研究的是单个资本的运动，针对的是特殊过程，似乎不再有一般过程的研究。其实不然，实际的资本运动过程是一般过程和特殊过程的统一，两种过程相互依存，当它们能相互促进的时候，过程就是健康的，反之则反是。不言而喻，没有机器大工业，资本主义的发展就不能典型化。正因为这样，对特殊过程的研究与对一般过程的研究是同时进行的。所以，批判性的创建也是同时进行的。

一、一般过程研究的批判性创建

大体看来，在第一篇，马克思创立了科学的劳动价值论，其中最重要的是"批判地证明"了劳动二重性，并指出"这一点是理解政治经济学的枢纽"②。关于劳动价值论，恩格斯在《资本论》第二卷序言中阐明："李

---

① 《资本论》第 1 卷，人民出版社 1975 年版，第 592 页；2004 年版，第 620—621 页。

② 《资本论》第 1 卷，人民出版社 1975 年版，第 55 页；2004 年版，第 55 页。

嘉图的价值理论本身必须首先加以批判。于是，马克思研究了劳动形成价值的特性，第一次确定了什么样的劳动形成价值，为什么形成价值以及怎样形成价值，并确定了价值不外就是这种劳动的凝固"①。由于他提示了劳动价值论的主要内容，人们大都将劳动价值论归结为价值理论，除少数研究者外，② 人们很少研究劳动本身。但这却是不可忽视的。从现实看，剩余价值是生产劳动创造出来的。要在逻辑上顺理成章地研究剩余价值，必先研究生产劳动；要研究生产劳动，当然得先研究劳动。而价值是劳动的凝结，要研究价值形成的问题，也必须先研究劳动本身的特性。由于第一篇研究的是商品和货币，所以这些问题，马克思都是在第二逻辑阶段按部就班地提出并研究的。

关于劳动，虽然斯密曾经从分工的角度研究过，但对劳动的特性却没有涉及。而其他的资产阶级学者对此的研究也很荒疏。与此相反，马克思深入的研究。在《1844 年经济学哲学手稿》中，他"从工人方面③——即从一般过程——来考察劳动：

"劳动这种生命活动、这种生产生活本身对人说来不过是满足他的需要即维持肉体生存的需要的手段。而生产生活本来就是类生活。"④ ——指出劳动要满足人类生活的需要。

人的劳动"使自己的生命活动本身变成自己的意志和意识的对象。他的生命活动是有意识的。……他的活动才是自由的活动。"⑤ ——指出劳动是有意志、有意识的、自由的活动。

"人的生产是全面的；……人甚至不受肉体需要的支配也进行生产，并且只有不受这种需要的支配时才进行真正的生产；……人再生产整个自然界；……自由地对待自己的产品。……懂得按照任何一个种的尺度来进行生产，并且懂得怎样处处都把内在的尺度运用到对象上去；因此，人也按照美的规律来建造。"⑥ ——指出劳动的全面性、创造性。

这样的考察，是前所未有的。

---

① 《资本论》第 2 卷，人民出版社 1975 年版，第 22 页；2004 年版，第 21 页。

② 钱津较早全面地研究了《资本论》的劳动理论，见《劳动论》，企业管理出版社 1994 年版；并见陈俊明著：《〈资本论〉劳动价值论的具体化》中国青年出版社 2000 年版。

③ 《马克思恩格斯全集》第 42 卷，人民出版社 1979 年版，第 100 页。

④ 《马克思恩格斯全集》第 42 卷，人民出版社 1979 年版，第 96 页。

⑤ 《马克思恩格斯全集》第 42 卷，人民出版社 1979 年版，第 96 页。

⑥ 《马克思恩格斯全集》第 42 卷，人民出版社 1979 年版，第 96—97 页。

在《资本论》第五章中，对劳动又有进一步的研究。为了研究方便，马克思还是首先"撇开各种特定的社会形式"① 来详细地考察劳动力的使用即劳动。前一《手稿》中有些规定，在这里虽然仍有体现，例如要有一定的意志、意识、目的等，但已经转换角度，不谈最初的动物式的本能的劳动形式，不是与动物的某种"劳动"相比较，而是与他人的劳动相比较。而且，现在工人是作为他自己的劳动力的卖者出现在商品市场上，已经有相当水平的智力。所以，这种劳动在改变身外的自然时，"也同时改变他自身的自然，使自身的自然中沉睡着的潜力发挥出来，并且使这种力的活动受他自己控制。"② ——这指的是劳动的自主性，自由性。

马克思以建筑师为例，说明"劳动过程结束时得到的结果，在这个过程开始时就已经在劳动者的表象中存在着，即已经观念地存在着。"③ ——劳动不仅是有意识的活动，有一定观念指导。

他之所以使自然物发生形式变化，是因为要使这种变化实现自己的目的。这种目的不仅仅是形式已经变化了的产品，还包括能"把劳动当作他自己体力和智力的活动来享受"④ 的过程。——这是指自由劳动对劳动者的意义，既有产品的享受，又有自身发展的享受。

这个目的不仅仅是一种观念的东西，还"作为规律决定着他的活动的方式和方法"。

这个目的还要求有"服从"于它的意志，以能在整个劳动时间内表现为一定的注意力。而且，"劳动的内容及其方式和方法越是不能吸引劳动者，劳动者越是不能把劳动当作他自己体力和智力的活动来享受，就越需要这种意志。"⑤ ——劳动的目的性决定着劳动的方式方法及克服困难的意志。

在后面，马克思还有进一步的论述："就劳动过程是纯粹个人的劳动过程来说，同一劳动者是把后来彼此分离开来的一切职能结合在一起的。当他为了自己的生活目的对自然物实行个人占有时，他是自己支配自己的。……单个人如果不在自己的头脑的支配下使自己的肌肉活动起来，就

---

① 《资本论》第 1 卷，人民出版社 1975 年版，第 201 页；2004 年版，第 207 页。
② 《资本论》第 1 卷，人民出版社 1975 年版，第 202 页；2004 年版，第 208 页。
③ 《资本论》第 1 卷，人民出版社 1975 年版，第 202 页；2004 年版，第 208 页。
④ 《资本论》第 1 卷，人民出版社 1975 年版，第 202 页；2004 年版，第 208 页。
⑤ 《资本论》第 1 卷，人民出版社 1975 年版，第 202 页；2004 年版，第 208 页。

不能对自然发生作用。……劳动过程把脑力劳动和体力劳动结合在一起了。"① ——这是劳动的自主性、脑力与体力的统一性。

这样研究劳动的特性，是对开篇关于劳动研究的深化，也足见马克思对劳动及劳动者的重视和尊重、热爱。其目的很明显，就是要与资本关系奴役下的劳动相比较，要论证一般的自主性劳动在资本关系下是如何转变为隶属性劳动的。

从第五章开始，马克思结合生产资料的使用研究生产劳动。但他还特地在脚注中强调：这是"从简单劳动过程的观点得出的生产劳动的定义"②，这意味着在这里它还只是简单劳动过程中的生产劳动，指的是活劳动，是满足自己需要的、自主的劳动，所以，其劳动及产品的所有权是归属劳动者自己的。

在这里，对劳动的研究有两个重要的变化，一是结合生产资料，二是规模大，从私人劳动转变为集体劳动。先看前一个变化；

与开篇暂时撇开商品的"物质组成部分和形式"③ 从而撇开有用劳动不同，第二逻辑阶段所考察的劳动是借助于一定的工具、作用于一定的对象而进行的。而且，"一般说来，劳动过程只要稍有一点发展，就已经需要经过加工的劳动资料。"④ 马克思特别强调，工具即劳动资料对劳动的巨大作用："各种经济时代的区别，不在于生产什么，而在于怎样生产，用什么劳动资料生产。劳动资料不仅是人类劳动力发展的测量器，而且是劳动借以进行的社会关系的指示器。"⑤

有工具还需有对象，"在劳动过程中，人的活动借助劳动资料使劳动对象发生预定的变化。过程消失在产品中。……劳动与劳动对象结合在一起。劳动物化了，而对象被加工了。在劳动者方面曾以动的形式表现出来的东西，现在在产品方面作为静的属性，以存在的形式表现出来。"⑥ 从产品使用价值的形成看，虽然劳动资料并未进入其中，但不可否认，在劳动

---

① 《资本论》第 1 卷，人民出版社 1975 年版，第 555 页；2004 年版，第 581—582 页。

② 《资本论》第 1 卷，人民出版社 1975 年版，第 205 页脚注（7）；2004 年版，第 211 页脚注（7）。

③ 《资本论》第 1 卷，人民出版社 1975 年版，第 51 页；2004 年版，第 51 页。撇开商品的物质组成部分当然也随之撇开有用劳动。

④ 《资本论》第 1 卷，人民出版社 1975 年版，第 204 页；2004 年版，第 210 页。

⑤ 《资本论》第 1 卷，人民出版社 1975 年版，第 204 页；2004 年版，第 210 页。

⑥ 《资本论》第 1 卷，人民出版社 1975 年版，第 205 页；2004 年版，第 211 页。

过程中，它发挥着重大的作用。因此，马克思还说：“如果整个过程从其结果的角度，从产品的角度加以考察，那末劳动资料和劳动对象表现为生产资料，劳动本身则表现为生产劳动。”① 在这里，他一方面将劳动资料和劳动对象统一起来，归结为生产资料，归结为“过去劳动”222②。这些变化对商品生产的影响，稍后即可看到。

再看后一个变化，私人劳动变成集体劳动。

从马克思对一般的劳动过程的研究看，其对象主要是个别劳动。他说：“劳动过程，就我们在上面把它描述为它的简单的抽象的要素来说，……是人和自然之间的物质变换的一般条件，……因此，它不以人类生活的任何形式为转移，……它是人类生活的一切社会形式所共有的。因此，我们不必来叙述一个劳动者与其他劳动者的关系。”③ 同样的道理，研究一般的价值形成过程，也可以从单个生产者的角度来分析。在分析过这一切之后，关于一般过程的研究，马克思就转而考察由许多劳动者组成的集体劳动。

在这个逻辑阶段，马克思分别考察了简单协作、工场手工业、机器大工业中的集体劳动。集体劳动并非个别劳动的简单加总，量的变化必然导致质和结构的变化。

先看简单协作中集体劳动。

集体劳动创造了一种集体力。一方面，由于许多力量融合为一个总的力量而产生的新力量，就像“一个骑兵连的进攻力量或一个步兵团的抵抗力量，与单个骑兵分散展开的进攻力量的总和或单个步兵分散展开的抵抗力量的总和有本质的差别”④ 一样；另一方面，在集体劳动中，“单是社会接触就会引起竞争心和特有的精力振奋，从而提高每个人的个人工作效率。”⑤ 即使在简单协作条件下，集体劳动也会使劳动的性质发生巨大的变化，使之具有连续性、多面性、节约性，使它既能够扩大劳动的空间，能创造效用巨大、规模惊人的使用价值，如开凿运河、修建铁路、建设水电站等宏大工程。

---

① 《资本论》第 1 卷，人民出版社 1975 年版，第 205 页；2004 年版，第 211 页。
② 《资本论》第 1 卷，人民出版社 1975 年版，第 206 页；2004 年版，第 212 页。
③ 《资本论》第 1 卷，人民出版社 1975 年版，第 208—209 页；2004 年版，第 215 页。
④ 《资本论》第 1 卷，人民出版社 1975 年版，第 362 页；2004 年版，第 378 页。
⑤ 《资本论》第 1 卷，人民出版社 1975 年版，第 362—363 页；2004 年版，第 379 页。

既然劳动与劳动过程的物质条件紧密联系，那么集体劳动对集体使用的生产资料的状况也有紧密联系。它在增大共同使用的生产资料规模的同时，也使劳动的空间、从而使生产资料的使用和损耗明显减少了，结果又使它们"取得了社会劳动的条件或劳动的社会条件这种性质。"①

集体劳动还会使劳动分化出管理职能。"一切规模较大的直接社会劳动或共同劳动，都或多或少地需要指挥，以协调个人的活动，并执行生产总体的运动——不同于这一总体的独立器官的运动——所产生的各种一般职能。"②

再看工场手工业中的集体劳动。

这种集体劳动不是人海战术，而是有精细分工的。这种精细分工受劳动工具的性质、数量的制约，形成为不同的工种、等级的相互联系，形成以智力支出为主和体力支出为主的劳动之间的联系，内部和外部的联系，表现为复杂的结构。

最后看机器大工业中的集体劳动。

这种集体劳动因机器的使用而扩大了规模，将童工、女工、家庭劳动者都囊括进来，因而结构更为庞杂。它降低了劳动的复杂程度，劳动强度——撇开机器的资本主义使用不说，——从而增加了劳动的全面流动性。它还训练了劳动者的组织性、纪律性，形成了集体劳动的工厂制度。

私人劳动被集体劳动批判，集体劳动又自动地自我批判，即使从一般过程的角度看，这些阐述也推动着理论的升级、具体化。很多人结合的劳动、与生产资料结合的劳动的研究，还包含着劳动价值论基本规定的一系列变化。

首先，由于联系生产资料来考察商品生产，自然而然地就要阐明生产资料是一种过去劳动，从而关系到现行活劳动和过去劳动的关系分析。这样，这是在论证：劳动不仅是具体劳动和抽象劳动的区别和统一，并且由此而产生了活劳动与过去劳动（物化劳动）的区别和统一。

尽管劳动资料没有进入产品的使用价值中，但它不是从天而降的，而是以前劳动创造的，所以，是过去的劳动，它包括劳动资料和劳动对象两个部分。马克思以棉花的生产为例，棉花是劳动对象，纱锭和纺纱机是劳动资料，"生产棉花本身和生产所消耗的纱锭量所必须完成的劳动过程，以及最后用棉花和纱锭生产棉纱所必须完成的劳动过程，看成是同一个劳

① 《资本论》第 1 卷，人民出版社 1975 年版，第 361 页；2004 年版，第 377 页。
② 《资本论》第 1 卷，人民出版社 1975 年版，第 367 页；2004 年版，第 384 页。

动过程的前后相继的不同阶段。……包含在劳动材料和劳动资料中的劳动时间，完全可以看成是在纺纱过程的早期阶段耗费的，是在最后以纺纱形式加进的劳动之前耗费的。"① 由此可见，过去劳动当然是物化劳动，但物化劳动并不完全是过去劳动，它还包括现行活劳动的物化。

其次，在这个逻辑阶段，由于结合了生产资料，具体劳动的"社会有用性"就有了新的阐释。在开篇，有用劳动具有抽象性，一方面，是所有的具体劳动的抽象，是个人独立进行的，自己支配自己，而且是暂时撇开生产资料的，另一方面，其社会有用性也是抽象的，主要是指它要符合一般的社会需要，并且不是"多余的、过剩的，因而是无用的"②，而且是由这个生产者已经熟悉而能够满足的。在这里，有用劳动已不再是私人独立进行的，而是在资本家企业中的集体劳动。是较大规模的，从而呈现为不同的结构，从而能够实施管理而分工。即使在简单协作的场合，也必然有体力、智力的区分；在工场手工业的场合，又有各种各样的分工，使用各种各样的工具；在机器大工业的场合，劳动的规模更大，体力与智力分流，劳动具有流动性而"全面发展"，等等。"分工在发展社会劳动过程的质的划分的同时，也发展了它的量的规则和比例性。"③ 由是，这种集体劳动的社会有用性就不是单个工人所能掌握的。但从另一个方面看，"劳动者在有计划地同别人共同工作中，摆脱了他的个人局限，并发挥出他的种属能力"④，却更能直接地体现劳动的社会性。

由于联系生产资料来考察，马克思就进一步阐明，具体劳动在生产过程中能将劳动资料和劳动对象即已经物化的过去劳动的相应部分凝成的价值转移到劳动产品中。在这里，他还分析了有用劳动转移生产资料价值的几种情况，特别是机器全部进入每一个劳动过程，但只是部分进入同时进行的价值形成过程的情况。这是创造性地论证商品价值的形成过程，开辟了前人没有踏进过的新的研究领域。可见这里集体的具体劳动除了能将劳动对象改造为新的使用价值外，还具有转移生产资料价值的新的社会功能。这是第一逻辑阶段所没有、也不宜提出的，所以是理论的自我批判、自我发展。

再次，从劳动的"社会等同性"来看，与个别劳动总是偏离"社会平

---

① 《资本论》第 1 卷，人民出版社 1975 年版，第 213 页；2004 年版，第 319 页。
② 《资本论》第 1 卷，人民出版社 1975 年版，第 125 页；2004 年版，第 128 页。
③ 《资本论》第 1 卷，人民出版社 1975 年版，第 384 页；2004 年版，第 401 页。
④ 《资本论》第 1 卷，人民出版社 1975 年版，第 366 页；2004 年版，第 382 页

均"水平不同，集体劳动本身就是一种社会平均劳动。在暂时撇开资本关系的条件下，"许多工人的总工作日除以工人人数，本身就是一天的社会平均劳动。"① 这种情况并非理论推论，而是有"实际经验"② 可佐证的。在前面，我们看到的是："价值量由劳动时间决定是一个隐藏在商品相对价值的表面运动后面的秘密"③，"市场价格的不断波动，即它的涨落，会互相补偿，彼此抵销，并且还原为平均价格，而平均价格是市场价格的内在规则。"④ 在这里，因为劳动是集体劳动，是"社会平均劳动"，所以在不与外部发生竞争的时候即可以平均，从而"社会平均劳动"、价值规定并不那么神秘和不可控。在开篇，抽象劳动是不同种劳动在交换过程中形成的，但在这里，劳动的抽象已经在生产过程中已经先一步实行。这样的分析表明，劳动的抽象首先在集体劳动中、尔后才在整个社会交换的范围内进行。前者既发展了后者，又与后者产生差异、矛盾。这样，它的抽象性、社会等同性内容就更加丰富了。但同时，这种等同性的形成范围仍然局限在单个企业内。这就意味着它还要继续发展。

更重要的是，在论述活劳动和过去劳动的区别和联系的基础上，马克思又阐明集体劳动作为抽象劳动，具有创造价值的属性，从而解决了劳动如何形成价值的问题。这是劳动价值论的重要内容，资产阶级经济学根本就没有考察过。他以纺纱为例："在劳动过程中，劳动不断由动的形式转为存在形式，由运动形式转为物质形式。一小时终了时，纺纱运动就表现为一定量的棉纱，于是一定量的劳动，即一个劳动小时，物化在棉花中。我们说劳动小时，就是纺纱工人的生命力在一小时内的耗费，因为在这里，纺纱劳动只有作为劳动力的耗费，而……具有意义。"⑤ "他通过自己的劳动加进价值，……是由于他的劳动是一般的抽象的社会劳动；他加进

---

① 《资本论》第 1 卷，人民出版社 1975 年版，第 359 页；2004 年版，第 375 页。

② "诡辩家和献媚者艾德蒙·伯克甚至根据他当租地农场主的实际经验也懂得，只要有五个雇农'这样小的队伍'，劳动的所有个人差别就会消失，因此任意五个成年英国雇农在一起，和其他任何五个英国雇农一样，可以在同样的时间内完成同样多的劳动。"（转引自《资本论》第 1 卷，人民出版社 1975 年版，第 359 页；2004 年版，第 375 页。）

③ 《资本论》第 1 卷，人民出版社 1975 年版，第 92 页；2004 年版，第 92—93 页。

④ 《资本论》第 1 卷，人民出版社 1975 年版，第 189 页脚注（37）；2004 年版，第 193 页脚注（37）。

⑤ 《资本论》第 1 卷，人民出版社 1975 年版，第 214 页；2004 年版，第 221 页。

一定的价值量，……是因为他的劳动持续了一定的时间。"① 这样，他最终解决了价值如何形成的问题：他阐明，工人现时的活劳动并不仅仅表现为有用劳动，同时还包含抽象劳动，前者将后者的凝结则物化在劳动产品中，形成新价值。这样，他就阐明，商品价值包含有用劳动转移的生产资料价值和抽象劳动凝结的新价值，从而阐明了价值形成的过程。这是劳动二重性理论的重大发展。

续次，由于确定了生产资料价值是过去劳动的物化，开篇论述的价值实体已经显得抽象了。无差别的人类劳动的等同性的物的形式，并不仅仅是活劳动的凝结，还包含有过去劳动的转移，这两种劳动时间的凝结都参与形成商品的价值。这样，价值就结构化了，比较具体了。这不但是研究各种价值构成及其变化的重要关键，而且直接关系到包含两种劳动的价值如何形成的问题。从上面的分析看，马克思已经创造性地解决这个问题了。由此可见，要完整地阐释价值如何形成的问题，不仅必须先阐明价值的结构，而且要联系劳动二重性规定的发展。人们往往注意到后一关键，而忽略前一关键。显然，无论李嘉图，还是他以前或以后的其他资产阶级经济学家，都完全没有这些方面的分析研究。②

最后，在这里，原先私人所有的劳动（生产关系范畴）与社会劳动（生产力范畴）的矛盾——社会的基本矛盾③——也发展变化了。由于企业集体劳动属于资本家（属生产关系范畴），尽管在内部"保持比例数或比例的铁的规律使一定数量的工人从事一定的职能"非常必要，但这种私人占有与社会化大生产（属生产力范畴）格格不入，所以，"在商品生产者及其生产资料在社会不同劳动部门中的分配上，偶然性和任意性发挥着自己的杂乱无章的作用"④。也就是说，这种基本矛盾已经升级了。

---

① 《资本论》第 1 卷，人民出版社 1975 年版，第 226 页；2004 年版，第 233 页。

② 《资本论》第 1 卷，人民出版社 1975 年版，第 232 页脚注（21）；2004 年版，第 238 页脚注（21）。

③ 社会的基本矛盾应该体现生产力是生产关系的矛盾，因为社会劳动属于生产力范畴，所以，在社会劳动与私人劳动这对基本矛盾中，私人劳动应该属生产关系范畴。参看陈俊明著：《〈资本论〉劳动价值论的具体化》，中国青年出版社 2000 年版，第 139—140 页。

④ 《资本论》第 1 卷，人民出版社 1975 年版，第 394 页；2004 年版，第 412 页。

二、特殊过程研究的批判性创建

开篇研究的简单商品是资产阶级财富的细胞，因而与它相对应的个别劳动就应该是社会总劳动的元素，所以，开篇的研究已经潜在地包含着向社会总劳动演进的逻辑。在进入第二逻辑阶段之后，研究的是资本主义初级阶段单个资本的运动。对象不仅范围扩大，而且资本主义性质开始突出。因而在理论上就必须着重考察和阐明，资本关系这种"普照之光"必然使一些一般过程的规定转性。

首先，大量的劳动者是在出卖了劳动力之后才被资本家组成一个劳动集体的，这种情况开创了一个新的时代。① 一旦大量的劳动力普遍成了商品，并且不可避免、不可改变，资本关系就成了占统治地位的生产关系，小商品生产就转变为资本主义大商品生产了。

其次，由于出卖劳动力的工人是自由的，所以劳动力就成了一种与众不同的商品：只出卖一段时间的使用价值，而劳动力的所有权始终不出卖。在资本主义初级阶段，劳动力主要是体力支出为主的，是没有区别的，是经常转换的，不存在着替代性的问题。劳动力是一种新的商品：不是用于个人消费，具有创造价值的属性，它的消费不是本身的消灭，可以再生产出来，而且越用越好。它的价值决定与众不同，包含着维持、延续、学习费用。并且有自然的和社会历史的两种界限。相对劳动生产率缩短了劳动力再生产的时间，它的价值只需一个工作日的一部分时间即必要劳动时间就可再生产出来，剩余劳动时间生产的价值与劳动力的主人无关。

其三，劳动力的买卖导致了商品交换关系的根本性改变，产生了一种"形式上的平等"但"实际上的不平等"。这正是资产阶级权利的典型体现。马克思说："以商品生产和商品流通为基础的占有规律或私有权规律，通过它本身的内在的、不可避免的辩证法转变为自己的直接对立物。"② 在工资理论中马克思已经指出，如果工人出卖的是劳动，那么就会"消

---

① "资本主义时代的特点是，对工人本身来说，劳动力是归他所有的一种商品的形式，他的劳动因而具有雇佣劳动的形式。另一方面，正是从这时起，劳动产品的商品形式才普遍化。"（《资本论》第1卷，人民出版社1975年版，第193页脚注（41）；2004年版，第198页脚注（41）。）

② 《资本论》第1卷，人民出版社1975年版，第640页；2004年版，第673页。

灭……以雇佣劳动为基础的资本主义生产本身"①，也就是说，资产阶级权利或法权的本质就是不平等的。它以平等为形式，来掩盖不平等的内容。

其四，从劳动的社会性质来看，集体劳动的所有权已经不属于劳动者，而归属资本家，并且从形式的隶属进一步转化为实际的隶属。这是劳动属性的最重要变化。雇佣工人"一进入劳动过程，便并入资本。……作为一个工作机体的肢体，他们本身只不过是资本的一种特殊存在方式。"②"工人在资本家的监督下劳动，他的劳动属于资本家。"③

其五，价值结构进一步变化，从活劳动加物化劳动转变为物化劳动加必要劳动再加剩余劳动，用代号表示，就是 c+v+m。

在第二逻辑阶段，最重要的是资本理论的建立。在研究资本的生产过程方面，马克思的批判性创见、创建实在是太多了：

其一，在第五章研究劳动过程的时候，创造性地研究了价值形成过程。在此基础上，论证它必然转化为价值增殖过程。

马克思这样界定价值增殖过程："不外是超过一定点而延长了的价值形成过程。如果价值形成过程只持续到这样一点，即资本所支付的劳动力价值恰好为新的等价物所补偿，那就是单纯的价值形成过程。如果价值形成过程超过这一点，那就成为价值增殖过程。"④ 我们已经知道，资本使用的劳动一开始就具有一定发展水平的相对劳动生产率，所以在一个工作日中，价值形成过程一定会"超过一定点而延长"，从而转变为价值增殖过程。尽管马克思是在后面的论述中才明确地提及相对劳动生产率，但它是作为一个先决条件始终存在的。我们在这里理解他的理论时，不能忽略这些先决条件。在前面，我们已经提及相对劳动生产率，但为了论述的紧凑，没有较详细的说明。在论证马克思的重要创见、创建时，就有必要驻足了解了。

在《资本论》中，有这样的论述："如果工人需要用他的全部时间来生产维持他自己和他的家庭所必需的生活资料，那末他就没有时间来无偿地为第三者劳动。没有一定程度的劳动生产率，工人就没有这种可供支配

---

① 《资本论》第 1 卷，人民出版社 1975 年版，第 586 页；2004 年版，第 614 页。

② 《资本论》第 1 卷，人民出版社 1975 年版，第 370 页；2004 年版，第 386—387 页。

③ 《资本论》第 1 卷，人民出版社 1975 年版，第 210 页；2004 年版，第 216 页。

④ 《资本论》第 1 卷，人民出版社 1975 年版，第 221 页；2004 年版，第 227 页。

的时间，而没有这种剩余时间，就不可能有剩余劳动，从而不可能有资本家，"① 在《1861—1863 年经济学手稿》中，马克思还根据是否能提供剩余产品区分了绝对劳动生产率和相对劳动生产率。马克思说："资本家阶级的存在，从而资本的存在本身，是以劳动生产率为基础的，但不是以绝对的劳动生产率为基础，而是以相对的劳动生产率为基础。如果一个工作日只够维持一个劳动者的生活，……那末，绝对地说，这一劳动是生产的，因为它能够再生产即不断补偿它所消费的价值（这个价值额等于它自己的劳动能力的价值）。但是，从资本主义意义上来说，这种劳动就不是生产的，因为它不生产任何剩余价值。" 所以，对资本运动来说，"……这种生产率是以相对的生产率为基础的，即工人不仅补偿原有价值，而且创造新价值；他在自己的产品中物化的劳动时间，比维持他作为一个工人生存所需的产品中物化的劳动时间要多。这种生产的雇佣劳动也就是资本存在的基础。"② 由此可见，正因为有了相对劳动生产率，工人的一天的劳动才会出现超过必要劳动时间的剩余劳动时间。马克思在第五章论证剩余价值产生的时候说："包含在劳动力中的过去劳动和劳动力所能提供的活劳动，劳动力一天的维持费和劳动力一天的耗费，是两个完全不同的量。"③ 对此，人们都很熟悉，但却没有意识到，这种情况的出现，是以相对劳动生产率为基础的。要在价值规律的基础上科学地论证了剩余价值的生产，这一条件是万万不可或缺的。但是，由于这一条件在《资本论》中是安排在第五篇第十四章才提出的，人们往往没有将它们与第五章的论述联系起来。这样，也就难以了解《资本论》研究内容与研究条件之间的关系，从而没有意识到这样一个包含着隐性条件和内容之间关系的结构存在，实际上没有正确理解马克思的批判性创见。如果说，解决剩余价值产生的必要条件是论证"劳动力一天的维持费小于劳动力一天的耗费"，那么充分条件就是阐明相对生产率的预先存在。这个问题在政治经济学中是关键性的枢纽，不能解决，政治经济学就难言进一步推进和科学化。资产阶级古典学派根本不了解这些，当然会陷于破产。

其二，资本本质结构的研究。在区分了价值的转移、再现和创造之后，不变资本和可变资本的范畴就顺理成章地提出了。这样区分，实质上是将资本解构并按其在增值过程中的功能重构了。在社会表面上，在资本

---

① 《资本论》第 1 卷，人民出版社 1975 年版，第 559 页；2004 年版，第 585 页。
② 《马克思恩格斯全集》第 1 卷，人民出版社 1972 年版，第 143 页。
③ 《资本论》第 1 卷，人民出版社 1975 年版，第 219 页；2004 年版，第 225 页。

家的意识中，每一镑资本都是同质的，都既可以用于购买劳动力，也可以购买生产资料，没有区别。但马克思将它解构了，不再把它看成同一体，而是透过社会表象深入其中，揭示其各个部分在价值增殖过程中的不同功能，指出这种功能是资本最根本的、最重要的功能，这样，就在解构的基础上从新的角度揭示了资本这种结构。

任何事物或过程都是由不同成分构成的，各个成分之间的关系就构成一定的结构性存在、运动。但结构有内在的和外在的两种，内在的结构决定着事物或对象的本质。只有深入分析其内部结构，才能科学地揭示资本的本质。马克思发现，资本的不同部分在吮吸劳动上发挥的职能是不同的。转化为生产资料的资本价值会完全再现在产品的价值中，没有发生变化。反之，只有转化为劳动力的那部分资本才能与活劳动发生关系，通过活劳动再生产出来并且增殖。在此基础上，他科学地揭示了资本的内在结构：不变资本和可变资本。说它是内在的结构，因为它不是在社会表面上表现出来的，反而是被社会表象所掩盖的，所以这是本质性的结构。对这种结构，资本家及其御用学者从来都没有也不可能发现。在他们的意识或观念中，只有固定资本和流动资本的形式结构。

这种本质结构的揭示，在理论上有巨大的意义，是资本理论进一步发展的一级重要枢纽。只有这样，后续的理论研究才得以合逻辑地展现。

马克思还指出，资本的内在冲动和外在压力使得资本结构具有不稳定性。对剩余价值的追逐迫使资本家不断地采用最先进的生产方式以提高劳动生产率，但这样一来，在预付资本量一定的时候，就要增加不变资本的投入，相应减少可变资本。"在同一生产部门内，这一比例是随着生产过程的技术基础和社会结合的变化而变化的。"[1] "正是这种资本没有意识到的矛盾又重新推动资本拼命延长工作日，以便不仅增加相对剩余劳动，而且增加绝对剩余劳动，来弥补被剥削的工人人数的相对减少。"[2]

其三，创造性地提出剩余价值率，用以评定资本的剥削程度。马克思证明，不变资本只是生产剩余价值的条件，在生产过程中原有的价值量不会发生任何变化，所以当然与剥削劳动者没有关系。——这是极其重要的理论创建，围绕这一规定，经济学界进行了持久的论战，形成真马克思主义与假马克思主义两大阵营。这个规定，至今仍然是判断真假马克思主义的重要标准。——既然只有可变资本才会发生价值的变化，那么它的相对

---

[1] 《资本论》第 1 卷，人民出版社 1975 年版，第 340 页；2004 年版，第 355 页。

[2] 《资本论》第 1 卷，人民出版社 1975 年版，第 447 页；2004 年版，第 469 页。

价值增殖或剩余价值的相对量才能真正表现剥削效率。这个相对量就是剩余价值率。这个剩余价值率的提出，也是至关重要的理论关键。它作为马克思主义政治经济学的范畴，既是对客观现实的理论再现，还在政治经济学理论的发展过程中发挥着必不可少的中介作用。古典经济学根本不懂得理论必须发展，发展须要一定的中介的道理，所以其理论在最后的情况下也是僵硬的，难以发展的。

其四，创造性地提出必要劳动和剩余劳动范畴。基于可变资本和剩余价值关系的分析，很自然地就会导出必要劳动和剩余劳动的关系分析。从此，劳动的结构也变化了，不仅仅有用劳动和抽象劳动这种二重性形式的结构，还有必要劳动和剩余劳动这种此消彼长的关系结构。很显然，这种结构的揭示，使可变资本和剩余价值的关系有了新的内容：一方面，从剩余价值是可变资本转化的劳动力带来关系看，两者是原因与结果的关系结构；另一方面，从两者共同构成价值产品的关系看，又有彼此消长的关系。

其五，关于工作日的研究，不仅是批判性创新，而且本身就是批判。马克思说过："当劳动时间决定价值这一点像在李嘉图本人那里一样还'不明确'的时候，它并没有引起这些人（指罗雪尔之流。——引者注）不安。但是，一旦把它同劳动日和劳动日的变化正确地联系起来时，他们就感觉到这种说明是新的和非常令人不愉快的了。"① 在这方面，马克思不是单纯地考察工作日，而是将它与劳动力价值的补偿时间联系起来。他用拟人的手法，提出劳动力"纯粹的身体界限"概念，即劳动者身体休养生息的时间，相当于必要劳动时间："每天必须有一部分时间休息、睡觉，人还必须有一部分时间满足身体的其他需要，如吃饭、盥洗、穿衣等等。"② 很显然，一旦工作日超出这个界限，绝对剩余价值就产生了。但它还有另外的界限——社会界限。"工作日是在身体界限和社会界限之内变动的。但是这两个界限都有极大的伸缩性，有极大的变动余地。"③ 显然，这和研究劳动力的买卖时提出的规定有所不同，在此之前是单纯从平等交换的角度来论证，体现了买卖"双方共同一致的意志行为"④。而在进入资本家的工厂之后，流通的规则悄然改变了，"双方共同一致的意志行为"

① 《马克思恩格斯〈资本论〉书信集》，人民出版社 1976 年版，第 249 页。
② 《资本论》第 1 卷，人民出版社 1975 年版，第 260 页；2004 年版，第 269 页。
③ 《资本论》第 1 卷，人民出版社 1975 年版，第 260 页；2004 年版，第 269 页。
④ 《资本论》第 1 卷，人民出版社 1975 年版，第 102 页；2004 年版，第 103 页。

就变味了。因为在确定工作日的时候，资本家的意志已经占上风。当然，工人也会据理力争，并且也有根据，但资本家也有权利，"于是这里出现了二律背反，权利同权利相对抗，而这两种权利都同样是商品交换规律所承认的。在平等的权利之间，力量就起决定作用。"① 但是，工人已经"像在市场上出卖了自己的皮一样"，他就"只有一个前途——让人家来鞣。"② 由是，劳动力价值在转变为必要劳动时间之后，又进一步转变为在整个工作日中的一定份额，它完全由购买者、使用者资本家确定，远离资本家认可的工作日的社会界限即最高界限，而尽量向劳动力"纯粹的身体界限"靠。

其六，提出有关剩余价值量、与预付可变资本量、剩余价值率相互关系的三个规律，并且论证可能的变换："在一定量剩余价值的生产上，一种因素的减少可以由另一种因素的增加来补偿。"③ 因为"资本所能榨取的劳动的供给，并不取决于工人的供给。"这就将劳动的供给与劳动力的供给区分开来。这是资产阶级学者一无所知的。④ 这是因为资产阶级学者根本没有剩余价值这样的概念，他们所知道的只有利润、利润率，而且社会表面也没有这样的现象。

揭示这些规律不仅是批判性的创建，而且还包含着一系列的理论转型。他还指出："这一规律同一切以表面现象为根据的经验显然是矛盾的。"马克思认为，这个问题涉及抽象的基础理论与现实的不一致关系，所以既与基础理论的科学性有关，又与它的现实性有关。他还指出："尽管古典经济学从来没有表述过这一规律，但是它却本能地坚持这一规律，因为这个规律是一般价值规律的必然结果。古典经济学企图用强制的抽象法把这个规律从现象的矛盾中拯救以后我们会看到，李嘉图学派是怎样被这块拦路石绊倒的。"反之，"'确实什么也没有学到'的庸俗经济学，在

---

① 《资本论》第 1 卷，人民出版社 1975 年版，第 262 页；2004 年版，第 271—272 页。

② 《资本论》第 1 卷，人民出版社 1975 年版，第 200 页；2004 年版，第 205 页。

③ 《资本论》第 1 卷，人民出版社 1975 年版，第 337 页；2004 年版，第 352 页。

④ "这个基本规律看来是庸俗经济学的先生们所不知道的。他们与阿基米德相反，认为在需求和供给决定劳动的市场价格这一点上，发现了一个不是使世界运动而是使世界静止的支点。"（《资本论》第 1 卷，人民出版社 1975 年版，第 337 页脚注（202）；2004 年版，第 353 页脚注（202）。）

这里也象在其他各处一样，抓住了现象的外表来反对现象的规律。"①

其七，提出资本的最低限额。这既有关资本的功能，也有关资本的规模。他提出："不是任何一个货币额或价值额都可以转化为资本。相反地，这种转化的前提是单个货币所有者或商品所有者手中有一定的最低限额的货币或交换价值。"它包括可变资本和不变资本的最低限额。

其八，提出资本家与企业家的根本区别："资本主义生产发展到一定高度，就要求资本家能够把他充当资本家即人格化的资本的全部时间，都用来占有从而控制别人的劳动，用来出售这种劳动的产品。"② 由于有些资本家多多少少也直接参加到生产过程中去，执行一定的管理职能，因而使这种区分模糊了，以至于使人们将这两种性质根本不同的职能混为一谈。所以，这种区别十分重要。它告诉人们，考察资本家的行为，必须将其执行的一般过程的职能剥离出去。同时也是提醒世人，别有用心的人一定会将两者混为一体，将资本家与一般的企业家混为一体，将水搅浑，以便鼓吹资本家也有参加劳动。

其九，揭示二重性的资本关系：其一，是一种强势的指挥权："在生产过程中，资本发展成为对劳动，即对发挥作用的劳动力或工人本身的指挥权。"③ 其二，是一种强制剥削关系："资本发展成为一种强制关系，迫使工人阶级超出自身生活需要的狭隘范围而从事更多的劳动。作为别人辛勤劳动的制造者，作为剩余劳动的榨取者和劳动力的剥削者，资本在精力、贪婪和效率方面，远远超过了以往一切以直接强制劳动为基础的生产制度。"④

其十，提出绝对剩余价值和相对剩余价值、超额剩余价值的概念，这也是对剩余价值进行结构分析。与绝对剩余价值和相对剩余价值的区分相适应，自然而然地就要分别考察不同的生产方法。可以说，资本家在延长工作日攫取绝对剩余价值方面是无所不用其极的，并且在提高劳动生产率攫取相对剩余价值方面更是竭尽全力的。从绝对剩余价值到相对剩余价值，剩余价值就结构化了，理论也比较具体了。它们的提出不仅与生产方式的发展有关，而且表现了历史的发展。在后面，马克思还论证："绝对

① 《资本论》第 1 卷，人民出版社 1975 年版，第 340—341 页；2004 年版，第 355—356 页。

② 《资本论》第 1 卷，人民出版社 1975 年版，第 342 页；2004 年版，第 357 页。

③ 《资本论》第 1 卷，人民出版社 1975 年版，第 343 页；2004 年版，第 359 页。

④ 《资本论》第 1 卷，人民出版社 1975 年版，第 344 页；2004 年版，第 359 页。

剩余价值的生产是资本主义体系的一般基础，并且是相对剩余价值生产的起点。"① 如果说相对剩余价值是要整个社会的大多数单个资本的协同行为才能形成，那么超额剩余价值的生产则主要是单个资本家的独立行为而取得。不过，对超额剩余价值的追逐也非只是某个资本家意识中的动机，而是所有具备一定实力的资本家都会极力争取的，"每个资本家都抱有提高劳动生产力来使商品便宜的动机。"② 从这种意义看，它也是社会性的存在。

其十一，阐明资本家个别行为与社会总资本总体趋势之间的关系。在第十章，为了阐明相对剩余价值的形成机制，马克思区分了单个资本和社会总资本。他指出，虽然相对剩余价值是通过提高劳动生产率、从而相对地降低劳动力的价值而实现的，但各个资本家提高劳动生产率却只是在追逐超额剩余价值，似乎与相对剩余价值的形成无关。但由于"构成劳动力价值要素的商品"③ 涉及许许多多生活资料的生产部门，从而劳动力价值的降低是整个社会无数单个资本协同行为的结果，结果是，无心插柳柳成行，许多看似无关的主观行为在客观上竟然共同形成了相对剩余价值的形成。马克思指出，相对剩余价值的生产是"资本的一般的、必然的趋势"④，"资本主义生产的内在规律"是一定要表现出来的，但又不是直接表现，而是间接地表现为"单个资本的外部运动，"并且"作为竞争的强制规律发生作用，……成为单个资本家意识中的动机。"⑤ 这样看来，在生产相对剩余价值上，社会总资本与单个资本的关系，就是"资本的一般的、必然的趋势"同"这种趋势的表现形式"⑥ 的关系。

马克思接着说道："只有了解了资本的内在本性，才能对竞争进行科学的分析，正像只有认识了天体的实际的、但又直接感觉不到的运动的人，才能了解天体的表面运动一样。"⑦ 显然，这与该句前面的"单个资本家"是不同的，他以天体来表征，指的是应该是社会总资本。因为在这个逻辑阶段，研究的是单个资本的运动，社会总资本的概念还未正式提出，

---

① 《资本论》第 1 卷，人民出版社 1975 年版，第 557 页；2004 年版，第 583 页。
② 《资本论》第 1 卷，人民出版社 1975 年版，第 353 页；2004 年版，第 369 页。
③ 《资本论》第 1 卷，人民出版社 1975 年版，第 355 页；2004 年版，第 371 页。
④ 《资本论》第 1 卷，人民出版社 1975 年版，第 352 页；2004 年版，第 368 页。
⑤ 《资本论》第 1 卷，人民出版社 1975 年版，第 352 页；2004 年版，第 368 页。
⑥ 《资本论》第 1 卷，人民出版社 1975 年版，第 352 页；2004 年版，第 368 页。
⑦ 《资本论》第 1 卷，人民出版社 1975 年版，第 352 页；2004 年版，第 368 页。

所以暂用一般的资本来表达如天体一般宏观的社会总资本。

在社会表面上，人们看不见有什么社会总资本的存在，只看见无数单个资本的活动。特别是在资本主义初级阶段，单个资本家之间的联系相对松散，而资产阶级学者又有意无意地视而不见。但是，没有前者，没有它代表整个资产阶级管理国家政权，单个资本怎么能够迅速地发展？怎么能够迫使国家制定专门针对工人阶级的法律并且根据需要采取统一的行动来扑杀工人阶级的反抗？它就像地心引力一样，看不见却一直发挥着巨大的作用。不知道它的存在，不了解它的发展趋势，就根本不了解资本运动。

关于社会总资本，第二卷是这样论述的："社会资本的运动，由社会资本的各个独立部分的运动的总和，即各个单个资本的周转的总和构成。"① "各个单个资本的循环是互相交错的，是互为前提、互为条件的，而且正是在这种交错中形成社会总资本的运动。"② 由此观之，单个资本与社会总资本是个体与总体的关系。但在这里，情况有所不同，是"资本的一般的、必然的趋势"与"这种趋势的表现形式"的关系。

其十二，发现资本家为了追逐剩余价值，既精明而富有改革精神："他用内行的狡黠的眼光物色到了适合于他的特殊行业（如纺纱、制靴等等）的生产资料和劳动力。"③ 他极力促使"这种劳动力必须以通常的平均的紧张程度，以社会上通常的强度来耗费。资本家小心翼翼地注视着这一点，正如他小心翼翼地注视着不让有一分钟不劳动而白白浪费掉一样。……最后，他不允许不合理地消费原料和劳动资料，……因为浪费了的原料或劳动资料是多耗费的物化劳动量，不能算数，不加入形成价值的产品中。"④ 资本家也意识到，"必须变革劳动过程的技术条件和社会条件，从而变革生产方式本身，以提高劳动生产力，"⑤ 来生产相对剩余价值。无论对生产条件和生产者，还是对两者的组合模式，他们都富有改革精神，尽管这是对剩余价值的贪欲和外部竞争迫使的，而且他们的改革也是有限度的。但是马克思也指出，资本家的改革在客观上并非都是积极的。例如他创造性地使用轮班制，用女工、童工来代替成年男工，用计件工资制

---

① 《资本论》第 2 卷，人民出版社 1975 年版，第 390 页；2004 年版，第 390 页。
② 《资本论》第 2 卷，人民出版社 1975 年版，第 392 页；2004 年版，第 392 页。
③ 《资本论》第 1 卷，人民出版社 1975 年版，第 209 页；2004 年版，第 215—216 页。
④ 《资本论》第 1 卷，人民出版社 1975 年版，第 222 页；2004 年版，第 228—229 页。
⑤ 《资本论》第 1 卷，人民出版社 1975 年版，第 350 页；2004 年版，第 366 页。

等，对工人的家庭就是一种灾难。

其十三，提出了最终产品的概念。在阐明相对剩余价值生产的时候，马克思指出："商品的价值不仅取决于使商品取得最终形式的那种劳动的量，而且还取决于该商品的生产资料所包含的劳动量。"① 最终形式的商品，就是最终产品，指的是那些最终进入消费者消费的商品。由于劳动大众占整个社会人口的绝大多数，所以这个概念还与劳动大众的消费状况紧密联系。提出这一概念之所以重要，因为只有这种商品的消费才能与社会上最广大的消费群体的社会需要相联系。在一个时期内，钢铁等生产资料生产得再多，如果不能及时地转化为劳动大众的最终产品并被他们消费，就有可能相对过剩。显然，这是个社会性的概念，但对单个资本家来说，产品只要能卖出去，就是最终产品，就是满足了"有效需求"，所以他们是无法理解的这一概念。而且，与这种最终产品相对的，是初级产品、经过一定加工的中间产品。可见，它们的区分，对后面分析再生产是十分必要的。

其十四，提出了个别价值和社会价值的差别。"商品的现实价值不是它的个别价值，而是它的社会价值，就是说，它的现实价值不是用生产者在个别场合生产它所实际花费的劳动时间来计量，而是用生产它所必需的社会劳动时间来计量。"② 但是，个别价值并非不重要，它是资本家参与竞争的重要基础，也是其计算超额剩余价值的重要参数。一旦生产率提高，个别价值低于社会价值，且数量较大，为了竞争，资本家就"要高于商品的个别价值但又低于它的社会价值来出售商品"③，以获得超额剩余价值。但也由于竞争，社会价值趋向个别价值，成了新的社会价值。结果超额剩余价值也随之消失。

其十五，研究了生产力特别高的劳动与价值创造的关系。在开篇，马克思曾经阐明，劳动生产力与抽象劳动无关："生产力的变化本身丝毫也不会影响表现为价值的劳动。既然生产力属于劳动的具体有用形式，它自然不再同抽去了具体有用形式的劳动有关。"④ 但是，在第十章阐述相对剩余价值产生的机制时，他提到"生产力特别高的劳动起了自乘的劳动的作

---

① 《资本论》第 1 卷，人民出版社 1975 年版，第 351 页；2004 年版，第 367 页。
② 《资本论》第 1 卷，人民出版社 1975 年版，第 353 页；2004 年版，第 369 页。
③ 《资本论》第 1 卷，人民出版社 1975 年版，第 353 页；2004 年版，第 369 页。
④ 《资本论》第 1 卷，人民出版社 1975 年版，第 60 页；2004 年版，第 60 页。

用，或者说，在同样的时间内，它所创造的价值比同种社会平均劳动要多。"① 之所以这样，因为研究对象范围变大了。在考察抽象的单个商品的时候，涉及的是抽象的个别生产者。在这种情况下，他的个别劳动就其形成价值的属性看，本身就是社会平均劳动，生产力的变化对它的影响没有其他劳动可比。自己跟自己比，当然无法显出高低、多少。道理很简单，它所形成的个别价值就是社会价值。而在考察资本运动的时候，情况不同了。同时生产同种商品的有很多单个资本，当一个资本使用的是生产力特别高的劳动，而其他资本使用的是平均生产力水平的劳动，两种劳动的生产力水平各自创造价值的能力当然也不同，生产力特别高的劳动起了自乘的劳动的作用。所谓自乘的劳动，就是复杂劳动，而复杂劳动在同样的时间内创造的价值当然要比一般劳动要多。

其十六，从生产过程的二重性论证管理的二重性。资本家的工场、工厂集中了大量的工人进行集体劳动，所以需要一定的管理。但是，尽管是工人的集体劳动，管理者却不是工人，而是资本家，因为要管的，不仅仅是一般的集体劳动过程，还是特殊的价值增殖过程。"资本家的管理不仅是一种由社会劳动过程的性质产生并属于社会劳动过程的特殊职能，它同时也是剥削社会劳动过程的职能，因而也是由剥削者和他所剥削的原料之间不可避免的对抗决定的。"② 这种管理不仅是专制的，而且有代理人。资本家"把直接和经常监督单个工人和工人小组的职能交给了特种的雇佣工人。……在劳动过程中以资本的名义进行指挥。监督工作固定为他们的专职。"③ 这些代理人本身虽然不是资本家，但却听命于资本家，代表资本家的权威。

其十七，全方位地考察了分工，包括工场（企业）内部的和社会内部的分工。马克思关于分工的全方位研究是资产阶级学者难以望其项背的。他们"只是从工场手工业的观点来考察社会分工，……同这种着重量和交换价值的观点截然相反，古典古代的著作家只注重质和使用价值。"④ 只重视交换价值及其量，钻到钱眼里，眼界当然狭小逼仄。与此相反，马克思站在历史发展的制高点上，眼有大视野、胸有大格局，从简单分工到复杂分工，再到机器大工业主导的分工，从时间的节约、效益的提升、劳动质

---

① 《资本论》第 1 卷，人民出版社 1975 年版，第 354 页；2004 年版，第 370 页。
② 《资本论》第 1 卷，人民出版社 1975 年版，第 368 页；2004 年版，第 384 页。
③ 《资本论》第 1 卷，人民出版社 1975 年版，第 369 页；2004 年版，第 385 页。
④ 《资本论》第 1 卷，人民出版社 1975 年版，第 404 页；2004 年版，第 422 页。

量的提高、劳动资料的演变、生产力的发展、特别是从生产关系的发展等方位，来全面分析各种分工对社会经济发展的重大意义，并且全面地比较了工场（企业）内部的分工和社会内部的分工的联系、区别。不仅从社会内部分工的角度看前者，还从更大的范围看社会内部的分工："在工场手工业时期，世界市场的扩大和殖民制度（二者属于工场手工业时期的一般存在条件），为社会内部的分工提供了丰富的材料。"① 这些研究，通过阐明资本主义条件下社会内部的分工中不同的生产领域经常力求保持平衡的客观要求："只是在事后作为一种内在的、无声的自然必然性起着作用，这种自然必然性可以在市场价格的晴雨表的变动中觉察出来，并克服着商品生产者的无规则的任意行动。"② 充分地表达了社会化大生产条件下微观经济计划化和宏观经济计划化的必要性和优越性。

其十八，提出机器包含着"历史的要素"③。马克思在这里加了个脚注说："十八世纪的任何发明，很少是属于某一个人的。……社会人的生产器官的形成史，即每一个特殊社会组织的物质基础的形成史，难道不值得……注意吗？而且，这样一部历史不是更容易写出来吗？" 如果没有意识到机器发展的社会性、历史性，就是唯心主义的，"那种排除历史过程的、抽象的自然科学的唯物主义的缺点，每当它的代表越出自己的专业范围时，就在他们的抽象的和唯心主义的观念中立刻显露出来。"④ 资产阶级学者就是这样，见物不见人，从而将物的发展变化当成是自然发生的。他们不懂得，机器和机器体系是根本不同的。机器体系是用机器制造出来的，它不可能出现在工场手工业时代。"劳动资料取得机器这种物质存在方式，要求以自然力来代替人力，以自觉应用自然科学来代替从经验中得出的成规。" 它的体系化，与人的历史发展有关，而且"只有通过直接社会化的或共同的劳动才发生作用。"⑤ 可见，强调机器发展的历史要素是一个非常重要的论点。

其十九，分析机器价值向产品的转移。在论证有用劳动对劳动对象和劳动资料价值的分别处理时，马克思已经指出："我们在正文中看到，例

---

① 《资本论》第1卷，人民出版社1975年版，第392页；2004年版，第410页。

② 《资本论》第1卷，人民出版社1975年版，第394页；2004年版，第412页。

③ 《资本论》第1卷，人民出版社1975年版，第409页；2004年版，第428页。

④ 《资本论》第1卷，人民出版社1975年版，第409—410页脚注（89）；2004年版，第429页脚注（89）。

⑤ 《资本论》第1卷，人民出版社1975年版，第423页；2004年版，第443页。

如机器是全部进入每一个劳动过程，但只是部分进入同时进行的价值增殖过程。……无论李嘉图，还是在他以前或以后的其他任何经济学家，都没有把劳动的两个方面准确地区分开来，自然更没有对这两方面在价值形成上所起的不同作用作出分析。"① 在研究机器大工业的时候，他又进一步阐述了这种作用，并且指出，已经转移了部分价值的机器并仍然在发挥作用，但却不需要付出相应的代价，"同未经人类加工就已经存在的自然力完全一样。机器的生产作用范围越是比工具大，它的无偿服务的范围也就越是比工具大。只是在大工业中，人才学会让自己过去的、已经物化的劳动的产品大规模地、象自然力那样无偿地发生作用。"② 在这里，他又再一次强调："机器象不变资本的任何其他组成部分一样，并不生产新价值，因而不可能加进称作'利息'的新价值。"③

　　其二十，分析机器的资本主义使用会产生一系列的问题。首先，是指出它使用的界限，这一点，在前面已经涉及的，这里不再重述。其次，是指出它的利用包含着一个内在矛盾："在一定量资本所提供的剩余价值的两个因素中，机器要提高一个因素，要提高剩余价值率，就只有减少另一个因素，减少工人人数。"他接着说："一旦机器生产的商品的价值随着机器在一个工业部门普遍应用而成为所有同类商品的起调节作用的社会价值，这种内在的矛盾就会表现出来；但正是这种资本没有意识到的矛盾又重新推动资本拼命延长工作日，以便不仅增加相对剩余劳动，而且增加绝对剩余劳动，来弥补被剥削的工人人数的相对减少。"④ 这指的显然是资本主义较为发达阶段的情况，——马克思安排在第三逻辑阶段研究——但在资本主义初级阶段，只冒出一点萌芽。这里说"资本没有意识到的矛盾"，就表明这种情况并不典型。所以，这样说至少有两方面的意义：一是预示了这种矛盾已经包含在机器大工业的发展逻辑中，将会逐步尖锐并典型化，预示在后面研究；二是指出在这个初级阶段，虽然资本家没有意识到这个矛盾，但却会因为可变资本的相对减少而采取相应的措施，即拼命延长工作日、强化劳动强度，来增加绝对剩余劳动、相对剩余劳动的供给，

---

　　① 《资本论》第1卷，人民出版社1975年版，第231页脚注（21）；2004年版，第238页脚注（21）。

　　② 《资本论》第1卷，人民出版社1975年版，第425页；2004年版，第445页。

　　③ 《资本论》第1卷，人民出版社1975年版，第427页脚注（110）；2004年版，第447页脚注（110）。

　　④ 《资本论》第1卷，人民出版社1975年版，第446—447页；2004年版，第469页。

这显然是指单个资本企图从内部通过自己的改善管理来解决矛盾，而尚未涉及与外部其他资本的关系。这也同样预示在后面进一步研究。再次，是指出机器的资本主义应用会产生很多矛盾："因为机器就其本身来说缩短劳动时间，而它的资本主义应用延长工作日；因为机器本身减轻劳动，而它的资本主义应用提高劳动强度；因为机器本身是人对自然力的胜利，而它的资本主义应用使人受自然力奴役；因为机器本身增加生产者的财富，而它的资本主义应用使生产者变成需要救济的贫民"①，等等。续次，指出机器的资本主义使用还会导致社会生产部门的多样化：既有机器生产部门，"随着机器生产在一个工业部门的扩大，给这个工业部门提供生产资料的那些部门的生产首先会增加"②，也有原料、半成品、工具、运输等部门，甚至还有奢侈品生产部门等。最后，还指出会使工人阶级中越来越大的部分有可能被用于非生产劳动，特别是使旧式家庭奴隶在"仆役阶级"③。

其二十一，指出机器与企业制度发展的关系。机器体系总要有一定的载体，这就是工厂，而工厂并不单纯是一个空间，它是由资本组织的，资本家支配的，有很多的工人，还有一系列的制度。实际上是一定的大工业实体。马克思认为，"有组织的机器体系"是"工厂的躯体"，而工厂则是一个"整体"④，包括"机器的资本主义应用以及现代工厂制度"⑤。这种工厂制度既建立在一定的技术基础上，又反过来对大工业的发展具有十分重大的意义："一旦工厂制度达到一定的广度和一定的成熟程度，特别是一旦它自己的技术基础即机器本身也用机器来生产，……总之，一旦与大工业相适应的一般生产条件形成起来，这种生产方式就获得一种弹力，一种突然地跳跃式地扩展的能力，只有原料和销售市场才是它的限制。"⑥ 一国的原料和市场是有限的，这就决定了大工业的迅速发展和周期性循环：工厂制度使大工业"巨大的跳跃式的扩展能力和它对世界市场的依赖，必然造成热病似的生产，并随之造成市场商品充斥，而当市场收缩时，就出

---

① 《资本论》第 1 卷，人民出版社 1975 年版，第 483 页；2004 年版，第 508 页。
② 《资本论》第 1 卷，人民出版社 1975 年版，第 485 页；2004 年版，第 570 页。
③ 《资本论》第 1 卷，人民出版社 1975 年版，第 488 页；2004 年版，第 513 页。
④ 《资本论》第 1 卷，人民出版社 1975 年版，第 459 页；2004 年版，第 481，482 页。
⑤ 《资本论》第 1 卷，人民出版社 1975 年版，第 460 页；2004 年版，第 483 页。
⑥ 《资本论》第 1 卷，人民出版社 1975 年版，第 494 页；2004 年版，第 518—519 页。

现瘫痪状态。工业的生命按照中常活跃、繁荣、生产过剩、危机、停滞这几个时期的顺序而不断地转换。由于工业循环的这种周期变换，机器生产使工人在就业上并从而在生活上遭遇的无保障和不稳定状态，已成为正常的现象。"①

其二十二，揭示大工业发展对经济主体的培育机制。在资本运动中，资本家是主导主体，大工业是在资本关系的哺育下繁盛起来的，它也给资本家以巨大的利益和权力，让资本家有机会"像吞并别人的劳动一样，吞并'别人的'科学。"② 而机器大工业的耗费巨大，这也"迫使资本家在生产费用上面精打细算。"③ 大工业的发展更教会资本家如何利用机器体系来地对工人实行专制，让他们学会利用机器来将工人的妻子儿女也变成他们的剥削对象，用机器来排挤和吸引工人，建立起一支产业后备军，来对现役产业军施压。教会他们利用国家政权的力量来镇压工人的反抗。机器大工业的发展当然也加剧资本家之间原来就有的竞争，迫使他们更多地压低工人的工资来进行竞争。

机器大工业的发展对工人阶级也有全面深刻的影响。它按照自己发展的需要改造了工人的各种结构，使"总体工人即结合工人的构成也发生了根本的变革。"④ 有成年男工、女工、童工、家庭劳动的工人等，在工厂的成年男工中，又有劳工、技工和监工等层级，他们在生产过程中的地位各有不同。它要求工人有一定的文化，"把初等教育宣布为劳动的强制性条件"，促使工厂法增加教育条款，"第一次证明了智育和体育同体力劳动相结合的可能性，从而也证明了体力劳动同智育和体育相结合的可能性。"⑤ 大工业的发展还要求劳动的流动，"用适应于不断变动的劳动需求而可以随意支配的人员，来代替那些适应于资本的不断变动的剥削需要而处于后备状态的、可供支配的、大量的贫穷工人人口；用那种把不同社会职能当作互相交替的活动方式的全面发展的个人，来代替只是承担一种社会局部职能的局部个人。"⑥ 当然，这种流动、全面发展仍然处于以体力支出为主

---

① 《资本论》第 1 卷，人民出版社 1975 年版，第 497 页；2004 年版，第 522 页。

② 《资本论》第 1 卷，人民出版社 1975 年版，第 424 页脚注（108）；2004 年版，第 444 页脚注（108）。

③ 《资本论》第 1 卷，人民出版社 1975 年版，第 452 页；2004 年版，第 474 页。

④ 《资本论》第 1 卷，人民出版社 1975 年版，第 505 页；2004 年版，第 531 页。

⑤ 《资本论》第 1 卷，人民出版社 1975 年版，第 529 页；2004 年版，第 555—556 页。

⑥ 《资本论》第 1 卷，人民出版社 1975 年版，第 535 页；2004 年版，第 561 页。

的操作层面，并且总是伴随着失业和暂时不适应的恐惧。最有意义的是，机器大工业的发展在将工人组织进现代产业中的时候，还训练了工人组织性、战斗性，让他们逐步深入地认识资本的本质，认识自身的力量。它还使"汇集在各大中心的城市人口越来越占优势，……聚集着社会的历史动力"①。

其二十三，通过批判揭示了大工业发展与环境的关系。马克思指出：资本主义大工业的发展"破坏着人和土地之间的物质变换，也就是使人以衣食形式消费掉的土地的组成部分不能回到土地，从而破坏土地持久肥力的永恒的自然条件。这样，它同时就破坏城市工人的身体健康和农村工人的精神生活。"② 通过这种批判，马克思强调了人与自然之间的物质变换的重要性。③ 他的这一思想是一以贯之的。在终篇，也说明未来社会物质生产领域内的"自由只能是：社会化的人，联合起来的生产者，将合理地调节他们和自然之间的物质变换……"④。在这里，他同时还指出"资本主义生产……又强制地把这种物质变换作为调节社会生产的规律，并在一种同人的充分发展相适合的形式上系统地建立起来。"⑤ 之所以这样，因为资本运动也需要建立在人与自然的关系良性发展的基础上。对资本主义社会来说，社会的理智总是事后才起作用的，并且需要一个相当长的时间、相当大的代价才能逐步趋向实现。

其二十四，提出总体工人的概念。在研究集体劳动的基础上，马克思顺理成章地提出了总体工人的概念。马克思所说的总体工人，并非一个规模性概念，而是一个结构性概念。他说："构成工场手工业活机构的结合总体工人，"起初是"由这些片面的局部工人组成"⑥ 的，主要从事以体力支出为主的劳动，他们被分为不同的等级，后来还分化出、并包含了脑力支出为主的劳动者，并且还包含非物质生产领域中为资本家提供剩余价值的人。因为对资本运动来说，"生产工人的概念决不只包含活动和效果之间的关系，工人和劳动产品之间的关系，而且还包含一种特殊社会的、

---

① 《资本论》第 1 卷，人民出版社 1975 年版，第 552 页；2004 年版，第 579 页。

② 《资本论》第 1 卷，人民出版社 1975 年版，第 552 页；2004 年版，第 579 页。

③ 它与国外流行的"可持续发展"观念有所不同，不是强调没有阶级、民族区别的"代际关系"，而是就同一时期的人与环境的关系而言的，说的是当时的资本主义大工业发展对自然环境、对城乡工人身心持续的、不可逆的、灾难性的破坏。

④ 《资本论》第 3 卷，人民出版社 1975 年版，第 926 页；2004 年版，第 928 页。

⑤ 《资本论》第 1 卷，人民出版社 1975 年版，第 552 页；2004 年版，第 579 页。

⑥ 《资本论》第 1 卷，人民出版社 1975 年版，第 376 页；2004 年版，第 393 页。

历史地产生的生产关系。"① 从生产力发展看，概念所涉及的范围扩大了，从生产关系的发展看，概念所涉及的范围却缩小了。这两种看法并非不兼容，因为生产力和生产关系始终是统一的，只不过在不同的经济时代，主导主体及其观念有所不同而已。在资本运动产生以后，再也不能延用以前的观点来看问题，而要从是否满足资本家发财致富的目的来提出标准。"生产工人的概念决不只包含活动和效果之间的关系"，"不止包含"，就意味着已经"包含"活动和效果之间的关系，但还要"包含"由资本关系决定的活动和非物质效果的关系。

其二十五，在提出总体工人概念的基础上，论证了生产劳动概念发展的必要性。在第五章首次提出生产劳动概念时，马克思还特地阐明："这个从简单劳动过程的观点得出的生产劳动的定义，对于资本主义生产过程是绝对不够的。"② 所以，他还要从资本增殖过程的观点来阐明它的发展。在第十四章研究总体工人的范围，将为资本家提供剩余价值纳入生产劳动、生产工人的范围。这实际上是说明，资本剥削生产劳动，已经拓展到"物质生产领域以外"了，并且形成了资本家的日常观念，所以"古典政治经济学一直把剩余价值的生产看作生产工人的决定性的特征。"③ 这种情况，与利润来自全部资本、包括不变资本的观念是一样的。也就是说，不同的时代有不同的观念。"因此，这里出现的一切关系，从简单商品的观点来看，……是不合理的。"④

在这方面，马克思在手稿中有极深入的研究，但在《资本论》中，论述较少。所以我们也就不宜将他在手稿中的相关论述汇集在这里加以评述。

其二十六，在论证具体剩余价值的时候提出产业发展、资本关系发展的阶段性。他指出："绝对剩余价值的生产构成资本主义体系的一般基础，并且是相对剩余价值生产的起点。……绝对剩余价值的生产只同工作日的长度有关；相对剩余价值的生产使劳动的技术过程和社会组织发生根本的

---

① 《资本论》第 1 卷，人民出版社 1975 年版，第 556 页；2004 年版，第 582 页。

② 《资本论》第 1 卷，人民出版社 1975 年版，第 205 页脚注（7）；2004 年版，第 211 页脚注（7）。

③ 《资本论》第 1 卷，人民出版社 1975 年版，第 556 页；2004 年版，第 582—583 页。

④ 《资本论》第 3 卷，人民出版社 1975 年版，第 396 页；2004 年版，第 396 页。

革命。"① 可见前者早于后者，两者的区别在于生产的方式不同。换句话说，因为生产剩余价值的方式不同，决定了劳动对资本的隶属程度不同，资本关系的发展表现出的不同历史阶段。

再从关于相对剩余价值生产的方式演进看，《资本论》又分别研究了协作、工场手工业、机器和大工业等三个阶段。如果说"相对剩余价值的生产以特殊的资本主义的生产方式为前提"，那么协作并不涉及生产资料本身技术性质的高低，可见"特殊的资本主义的生产方式"是从工场手工业阶段才真正开始的。但是，这种变化并非在全部生产部门同时齐头并进的，而是逐步展开的。马克思提醒人们注意："特殊的资本主义的生产方式一旦掌握整整一个生产部门，它就不再是单纯生产相对剩余价值的手段，而一旦掌握所有决定性的生产部门，那就更是如此。这时它成了生产过程的普遍的、在社会上占统治地位的形式。"② 这实际上是点出，当资本还忙于"单纯生产相对剩余价值"的时候，这种生产方式还没有完全"掌握整整一个生产部门"，但是，在资本"一旦掌握整整一个生产部门，它就不再是单纯生产相对剩余价值的手段，而一旦掌握所有决定性的生产部门"的时候，生产的就已经是具体的剩余价值——绝对剩余价值与相对剩余价值的统一，——很显然，这个阶段已经明显高于前面的历史阶段。由此可见，他是将生产方式的演进、产业发展的演进、资本运动的演进结合起来，阐明资本运动发展的三个历史阶段。

其二十七，论述资本的生产性与劳动生产率的关系。资本的生产性，归根到底就是劳动对资本的实际隶属。要实现并稳定这种隶属关系，提高劳动生产率是重要条件。马克思说："如果工人需要用他的全部时间来生产维持他自己和他的家庭所必需的生活资料，那末他就没有时间来无偿地为第三者劳动。没有一定程度的劳动生产率，工人就没有这种可供支配的时间，而没有这种剩余时间，就不可能有剩余劳动，从而不可能有资本家"③。可见，这种"一定程度的劳动生产率"，在资本运动开始之前就已经存在了，在绝对剩余价值生产的时候就已经存在了，在资本刚开始运动的时候，尽管"由劳动从属于资本而引起的生产方式本身的变化"④ 还没有发生，但生产方式已经发展达到一定的程度，能让工人提供一定的剩余

---

① 《资本论》第 1 卷，人民出版社 1975 年版，第 557 页；2004 年版，第 583 页。
② 《资本论》第 1 卷，人民出版社 1975 年版，第 558 页；2004 年版，第 584 页。
③ 《资本论》第 1 卷，人民出版社 1975 年版，第 559 页；2004 年版，第 585 页。
④ 《资本论》第 1 卷，人民出版社 1975 年版，第 209 页；2004 年版，第 216 页。

劳动。所以马克思说："作为资本关系的基础和起点的已有的劳动生产率，不是自然的恩惠，而是几十万年历史的恩惠。"① 而生产相对剩余价值的特殊的资本主义的生产方式，正是在这是基础上"自发地产生和发展起来的"②。只有这样，劳动对资本的形式上的隶属，才转变为实际的隶属。

其二十八，论证劳动强度的提高超过一定点后是几何级数的耗费。增加劳动强度，就是"迫使工人在同样的时间内增加劳动消耗，提高劳动力的紧张程度，更紧密地填满劳动时间的空隙"③。这样一来，劳动的内含量增加了。但因为工资是预先确定的，所以这是对工人的额外剥削，从而使"相对剩余价值的性质也发生了变化。"④ 但是，马克思发现：劳动强度的额外增加往往与工作日的延长相联系，这对工人的损害更是不可弥补。这种"与工作日的延长密不可分的劳动力的更大损耗，在一定点内，可以用增多的报酬来补偿。超过这一点，损耗便以几何级数增加，同时劳动力再生产和发挥作用的一切正常条件就遭到破坏。"⑤ 即使有些微相应的补偿，但对工人所受的损害却很难在短时间内恢复，如果经常这样，则必然从根本上摧毁工人的生命和健康。只有站在工人的立场上，才能发现资本对工人的这种摧残。

其二十九，创造性地提出，从社会的角度来看，劳动生产率"还随同劳动的节约而增长。这种节约不仅包括生产资料的节约，而且还包括一切无用劳动的免除。"还指出劳动生产率的提高有两种观察角度："资本主义生产方式迫使单个企业实行节约，但是它的无政府状态的竞争制度却造成社会生产资料和劳动力的最大的浪费，而且也产生了无数现在是必不可少的、但就其本身来说是多余的职能。"⑥

其三十，将工资纳入生产过程中研究。这是马克思感到颇为自豪的创见之一。他发现，在社会表面上，工人在生产过程之后获得工资，与资本家获得利润、土地所有者获得地租都表现为收入，而资本家和资产阶级学者全都据此不约而同地将工资与利润、地租都归入收入范畴，将工人也归入收入获得者参与分配。针对这种情况，他批判地指出，工资只是劳动力

① 《资本论》第 1 卷，人民出版社 1975 年版，第 560 页；2004 年版，第 586 页。
② 《资本论》第 1 卷，人民出版社 1975 年版，第 557 页；2004 年版，第 583 页。
③ 《资本论》第 1 卷，人民出版社 1975 年版，第 449 页；2004 年版，第 472 页。
④ 《资本论》第 1 卷，人民出版社 1975 年版，第 449 页；2004 年版，第 471 页。
⑤ 《资本论》第 1 卷，人民出版社 1975 年版，第 575—576 页；2004 年版，第 602 页。
⑥ 《资本论》第 1 卷，人民出版社 1975 年版，第 579 页；2004 年版，第 605 页。

价值的社会表象，并据此将它归结为必要劳动所创造的价值，而与剩余劳动、剩余价值联系起来考察。这样研究的必要性是十分明显的，只有阐明劳动力的价值只限于工人整个工作日创造的价值一部分，才能合理地解释剩余价值是工人剩余劳动创造的价值。而资本家及资产阶级学者都强调工资是全部劳动的报酬，从而剩余价值是资本自行增值的结果。可见，在研究资本的生产过程时来研究工资，这不仅是对资产阶级经济学的有力批判，本身也是一种批判性的重要创建。

其三十一，指出计时工资转化为劳动价格、并进一步转化为计件工资，是资本家加强对工人剥削的方法，是提高劳动强度和控制产品质量，"最适合资本主义生产方式的工资形式。"① 并且指出计时工资、计件工资的实施会强化工人出卖劳动的假象。②

其三十二，结合国际竞争论证价值规律在国际上运用的变化：在一般情况下，"只要生产效率较高的国家没有因竞争而被迫把它们的商品的出售价格降低到和商品的价值相等的程度，生产效率较高的国民劳动在世界市场上也被算作强度较大的劳动。"③ 但是，如果将它们的单位商品所表现的"按各自的国际价值而不同的货币额"来比较的话，情况却有不同："货币的相对价值在资本主义生产方式较发达的国家里，比在资本主义生产方式不太发达的国家里要小。"④

其三十三，研究工资的国民差异，在设定的条件下，"强度较大的国民劳动比强度较小的国民劳动，会在同一时间内生产出更多的价值，而这又表现为更多的货币。"⑤ 但就"相对的劳动价格，即同剩余价值和产品价值相比较的劳动价格"而言，"在后一种国家却比在前一种国家高。"⑥ 之所以这样，因为前者指的是名义工资，后者指的是实际工资。

---

① 《资本论》第 1 卷，人民出版社 1975 年版，第 609 页；2004 年版，第 640 页。
② "工资的实际运动显示出一些现象，似乎证明被支付的不是劳动力的价值，而是它的职能即劳动本身的价值。这些现象可以归纳为两大类：第一，工资随着工作日长度的变化而变化。……第二，执行同一职能的不同工人的工资间存在着个人的差别。"（《资本论》第 1 卷，人民出版社 1975 年版，第 593 页；2004 年版，第 621 页。）
③ 《资本论》第 1 卷，人民出版社 1975 年版，第 614 页；2004 年版，第 645 页。
④ 《资本论》第 1 卷，人民出版社 1975 年版，第 614 页；2004 年版，第 645 页。
⑤ 《资本论》第 1 卷，人民出版社 1975 年版，第 614 页；2004 年版，第 645 页。
⑥ 《资本论》第 1 卷，人民出版社 1975 年版，第 615 页；2004 年版，第 646 页。

第八章　资本流通研究的科学批判

资本运动的重要领域除了生产过程外，还有流通领域。在《资本论》第三卷，马克思还称这是"资本的核心构造"①。但流通并非直观性的以货币为媒介的纯粹买卖过程，在《资本论》第二卷，它是包含生产过程在内的资本循环和资本周转过程。马克思在《导言》中说："流通……是从总体上看的交换。"在那里，他不是简单地将交换归结为买卖，而是将交换看成"是生产以及由生产决定的分配一方和消费一方之间的媒介要素"②。在第一卷研究资本的生产过程时，马克思将流通暂时存而不论。在第二卷，流通过程则与生产过程紧密联系，主要阐明流通过程对剩余价值生产的影响。

作为一个客观过程，资本的流通过程本身也具有批判性，包括对他批判和自我批判。马克思充分地肯定了这种批判性。当然，它是为剩余价值的生产服务的，它产生的种种表象掩盖了剩余价值的本质，所以本身也是必须被批判的。流通领域制造的假象当然会被资产阶级学者充分利用，并形成他们特有的理论。对这些理论，马克思当然要全面深入地批判。在批判的基础上，马克思对流通领域的科学研究也有批判性的创建。所有这些，都值得我们深入地研究和领会。

恩格斯说："这一册的内容，几乎只是对资本家阶级内部发生的过程作了极其科学的、非常精确的研究，没有任何东西可供编造空泛的字眼和响亮的词句。"③ "这一卷……在颇大程度上是纯学术性的，很少鼓动材料。"④ "在这一卷里，理论阐发得确实是精辟高深，庸俗的读者不会花力气去深入领会它们并坚持到底的。……对他们来说，第二卷将是一部无法弄懂的书。"⑤ 尽管如此，它同样是充满批判精神的。

---

① 《资本论》第 3 卷，人民出版社 1975 年版，第 297 页；2004 年版，第 297 页。
② 《马克思恩格斯全集》第 46 卷上册，人民出版社 1979 年版，第 36 页。
③ 《马克思恩格斯〈资本论〉书信集》，人民出版社 1976 年版，第 421 页。
④ 《马克思恩格斯〈资本论〉书信集》，人民出版社 1976 年版，第 451 页。
⑤ 《马克思恩格斯〈资本论〉书信集》，人民出版社 1976 年版，第 465 页。

第一节 资本流通过程的对他批判与自我批判

在第二卷第一篇，马克思先研究资本形态变化及其循环，三种循环形式除了包含生产过程外，还包含买卖两个对立阶段，他将三种循环中的买和卖简称为"总流通的形式"或"总流通"："在货币资本的循环中，撇开价值规定不说，总流通的形式是 G—W—G（G—W·W—G）；在生产资本的循环中，同样撇开价值规定不说，总流通的形式却是 W—G—W（W—G·G—W）"①。在商品资本的循环中，总流通的形式是 W′—G′—W。②

在这里，他将分析资本的运动包含流通过程，这个过程虽然不生产剩余价值，只是实现剩余价值，但并非不重要。没有它，整个运动就不能正常进行了，也没有意义了。对资产阶级学者来说，这个过程还有一个极为重要的作用，它表现出来的是流通过程的各种循环和周转，而将生产过程这个中介掩盖了。

如果从批判的角度看，客观的资本流通过程与生产过程一样，也都具有批判性。既然资本流通过程是发展的，那就包含着批判性。这里所涉及的流通过程，并非只是循环中的"总流通"——指的是买和卖两个环节的统一，——而是生产过程和总流通统一意义的流通过程。它既有对一般流通的批判，也有作为特殊过程的自我批判。不仅在客观上是对生产过程的超越，而且对它的抽象性、片面性也是一种批判。即使是从单个资本这个抽象来看，剩余价值的生产也只是其一个循环中的一个阶段，虽然剩余价值已经产生、最重要的资本关系已经产生，但流通过程却显现了它们的局限。就流通过程本身而言，从循环转化为周转，从循环的一个阶段转化为另一个阶段，都是自我批判。

在马克思看来，虽然流通过程"都是有关资产阶级本身中间的相互关

---

① 《资本论》第 2 卷，人民出版社 1975 年版，第 76 页；2004 年版，第 76 页。

② 《资本论》第 2 卷，人民出版社 1975 年版，第 101 页；2004 年版，第 101 页。但在第二篇第七章，还有这样的规定："一定资本的总流通时间，等于它的流通时间和它的生产时间之和。这就是从资本价值以一定的形式预付时起，到处在过程中的资本价值回到同一形式时止的一段时间。"（《资本论》第 2 卷，人民出版社 1975 年版，第 171 页；2004 年版，第 171 页。）因为第七章研究的是资本周转，所以其中的"总流通时间"与第一篇第一——四章的"总流通"有所不同。

系问题"①，对此的"纯学术性"研究大体看"很少鼓动材料"，但仍洋溢着浓浓的批判性。一方面，资本家内部的关系建立在如何更好地剥削工人阶级的基础上，他们的竞争只是表象，其本质归根到底是两大对立阶级的关系。所以，从根本上看，这种"纯学术性"是导向阶级批判的。何况在理论再现的过程中的适当地方，马克思也不失时机地将资本家之间关系的窗户纸捅破，将他们共同的利益揭露出来。另一方面，资本的流通是由资本家经营的，流通本身固有的矛盾、资本家掺杂着的个人意识、习惯，与客观的流通规律都不是时时处处都合拍，等等，这些都是要批判的。还有，流通领域是资本家、资产阶级学者长期经营的地盘，污浊混乱和奇谈怪论很多。因为买卖发生在流通领域，远离生产过程，这当然成了资产阶级经济学施放烟幕弹的绝佳场所。也因为这样，马克思十分重视对这些理论进行批判，在批判过程中，当然有许多批判性的创建。这些都是必须认真研究和继承的。

一、对一般流通的实际批判

在《资本论》第二逻辑阶段开始处（第四章），马克思研究比较了两种不同性质的流通：一般流通 W—G—W 和资本主义流通 G—W—G'。无论前者还是后者，都是不包括生产过程的。即使在这种情况下，他也从形式到内容等方面分析比较了两者的根本区别，表明资本运动的实质和本质，指出"货币羽化为资本的流通形式，是和前面阐明的所有关于商品、价值、货币和流通本身的性质的规律相矛盾的。"② 这实际上就是在阐明资本的流通形式对一般流通的批判。就此而言，一般的流通具有双重意义，一方面是指资本主义初级阶段以前、包含资本主义起点的简单流通，另一方面是指与特殊过程并存并相互影响的一般流通。就前一种意义看，特殊流通对一般流通的批判是历史发展的批判，这是不言而喻的。就后一种意义看，因为一般流通跨越了不同的社会形态，所以后者对前者的批判就既有历史批判的成分，也具有现实的、逻辑的批判成分。为了不至于将两者混为一谈，我们主要研究后一种意义的研究。

在深入地考察剩余价值的生产过程之后，马克思再回过头来，将它与流通过程统一起来研究。所以《资本论》第二卷研究的资本的流通过程是

① 《马克思恩格斯〈资本论〉书信集》，人民出版社 1976 年版，第 427 页。
② 《资本论》第 1 卷，人民出版社 1975 年版，第 177 页；2004 年版，第 182 页。

狭义的，包含生产领域和流通领域两大领域，不是一般理解的买卖过程。对此，马克思在第三卷开头也有明确的说明。① 这种比较具体的流通过程当然是对简单的一般流通过程的批判。

在第二卷，马克思很明确地告诉人们，第一、二篇是研究单个资本的流通，"在第一篇和第二篇，我们考察的，始终只是单个资本，只是社会资本中一个独立部分的运动。"② 有鉴于此，我们将它归入《资本论》的第二逻辑阶段，即研究资本主义初级阶段资本运动的逻辑阶段。在这里，马克思设定了一系列的研究条件，如商品、包括劳动力都按出价值出售等，知道了这些之后，我们就没有必要再重述了。

资本对剩余价值的追逐不是一次性的，而是无限度的。从长期来看，单个资本循环多次的流通过程就是资本周转，"资本的循环，不是当作孤立的行为，而是当作周期性的过程时，叫做资本的周转。"③ 它包含生产和流通两个领域。而这种周转又是由货币资本、生产资本、商品资本的三个循环构成的，每个循环都包含生产和流通两个领域。显然，要研究和阐明资本周转，就必须先研究和阐明资本循环。这是在第一篇完成的。马克思说："在本卷的第一篇，我们考察了资本在它的循环中所采取的不同的形式和这个循环本身的各种形式。除了第一卷所考察的劳动时间，现在又加上了流通时间。"④ 这样的过程与简单商品流通殊为不同。以前独立的直接生产者总认为"买卖所费的时间，就是他们的劳动时间的一种扣除，因而，他们总是（在古代和中世纪）力图把这种事情留到节日去做。"⑤ "当独立的小商品生产者把他们的一部分时间耗费在买卖上的时候，这种时间或者是在他们的生产职能的间歇期间耗费的时间，或者是他们的生产时间的损失。"⑥ 显然，这样的简单流通是不包括生产过程的，或者是与生产过程相排斥的。对小生产者来说，交换仅仅是一种媒介。但是，对资本运动来说，流通却是生产的重要条件，是实现多种转化的领域。

---

① "在第二卷中，特别是把流通过程作为社会再生产过程的媒介来考察的第三篇指出：资本主义生产过程，就整体来看，是生产过程和流通过程的统一。"（《资本论》第3卷，人民出版社1975年版，第29页；2004年版，第29页。）

② 《资本论》第2卷，人民出版社1975年版，第392页；2004年版，第392页。

③ 《资本论》第2卷，人民出版社1975年版，第174页；2004年版，第174页。

④ 《资本论》第2卷，人民出版社1975年版，第391页；2004年版，第391页。

⑤ 《资本论》第2卷，人民出版社1975年版，第147页；2004年版，第147页。

⑥ 《资本论》第2卷，人民出版社1975年版，第150页；2004年版，第149—150页。

首先，看货币资本循环：G—W…P…W′—G′的对他批判。

资本主义流通发源于一般流通，而又殊异于一般流通，是对一般、简单流通的扬弃。

在研究货币转化为资本的时候，马克思已经研究过一般流通与资本流通的联系和区别。商品流通的直接形式是W—G—W，而货币资本的循环却是从G—W开始，最后回到W—G。

从表面看，第一个阶段G—W，在形式上是一般的商品流通行为。但从内容来看，G购买的是生产资料（Pm）及劳动力（A），即G—W分成G—Pm和G—A两部分。因为有生产资料（Pm）及劳动力（A）的质的分割，市场也分成一般的商品市场和特殊的劳动力市场，所以购买的性质完全变了。

特别是G—A，这"是货币资本转化为生产资本的一个具有特征性质的因素"①。这个行为"一经完成，买者就不仅支配着生产一种有用物品所必需的生产资料和劳动力。他……支配着一个比补偿劳动力价值所必需的劳动量更大的劳动量；同时还支配着使这个劳动量实现或物化所必需的生产资料。因此，他支配的各种因素所能生产的物品，比这种物品的生产要素有更大的价值，……或者说，是一个包含剩余价值的商品量。"② G不再是一般的货币，而是转化为货币资本了。同样是货币，但它已不再是一般的货币了，它羽化为资本。马克思再进一步分析："作为资本的独立循环过程的阶段来看，同时又是资本价值由货币形式到生产形式的转化，……可见，在这里首先考察的循环公式中，货币表现为资本价值的第一个承担者，而货币资本也就表现为资本预付的形式。"③ 这表明，这时的货币已经不再执行一般的购买职能，而要扬弃它，购买劳动力，升级为资本的职能。这当然是一种批判。

G—A发展到什么程度，G—Pm也发展到什么程度，从而资本主义商品生产也发展到什么程度。它"越发展，它对主要是直接满足自己需要而只把多余产品转化为商品的任何一种旧生产形式，就越发生破坏和解体的作用。""在它已经扎根的地方，它就会把一切以生产者本人劳动为基础或只把多余产品当作商品出售的商品生产形式尽行破坏。"④ 看来，资本循环

①　《资本论》第2卷，人民出版社1975年版，第36页；2004年版，第36页。

②　《资本论》第2卷，人民出版社1975年版，第34页；2004年版，第34页。

③　《资本论》第2卷，人民出版社1975年版，第34页；2004年版，第35页。

④　《资本论》第2卷，人民出版社1975年版，第43-44页；2004年版，第43页。

与一般流通并非大同小异，更多的是对后者的破坏和解体。

第二个阶段…P…，它使流通过程中断了。反观一般流通，是不包含生产过程的。就此而言，货币资本的循环更是对一般流通的批判。

在生产阶段，资本的价值形式从 G 转变为生产资本 P 了。在这个过程中，劳动力与生产资料相结合了，这种结合产生了一个划时代的剥削方式，"这种剥削方式在它的历史发展中，由于劳动过程的组织和技术的巨大成就，使社会的整个经济结构发生变革，并且不可比拟地超越了以前的一切时期。"①

第三个阶段 W'—G'，要卖出的 W'，已经不是一般的商品，而是带有剩余价值的商品，"作为已经增殖的资本价值的直接由生产过程本身产生的职能存在形式，就成了商品资本。"② 这个"商品能够执行资本的职能，只是由于在它的流通开始以前，它已经现成地从生产过程中取得了资本性质"③，已经带着"资本主义的胎痣"④。这表明整个经济结构已经发生变革，已经取代早先的简单商品经济。

至于 G'，"它是原来以货币预付的价值的复归形式，就是说，回到过程开始时的价值形式。"⑤ 而且，它是复归、回到原先的主体手里。而在简单的商品的场合，货币一旦付出，就不再回流了。进一步从价值量看 G'，它实际上是 G+g，有增殖。表明它是能够"生出货币的货币"⑥ 所以，这是带着增殖额回流，也表明流通的逻辑已经发生重大的变化。

最后，关于总循环 G—W（A+Pm）…P…W′（W+w）—G′（G+g）的研究，在突出产业资本是个循环过程的同时，指出它的循环，一方面要"不停顿地从一个阶段转入另一个阶段，"另一方面又要"在各个循环阶段中在一定的时间内固定下来。"⑦ 这样，它必然要不断地既限定在货币资本、生产资本、商品资本等形式上，经过一段执行职能的时间后，又要不断地抛弃这些资本形式。这种运动方式使它能不断地生产、占有剩余产

① 《资本论》第 2 卷，人民出版社 1975 年版，第 44 页；2004 年版，第 44 页。
② 《资本论》第 2 卷，人民出版社 1975 年版，第 46 页；2004 年版，第 45 页。
③ 《资本论》第 2 卷，人民出版社 1975 年版，第 47 页；2004 年版，第 46 页。
④ 《资本论》第 2 卷，人民出版社 1975 年版，第 48 页；2004 年版，第 47 页。
⑤ 《资本论》第 2 卷，人民出版社 1975 年版，第 52 页；2004 年版，第 51—52 页。
⑥ 《资本论》第 2 卷，人民出版社 1975 年版，第 69 页；2004 年版，第 68 页。
⑦ 《资本论》第 2 卷，人民出版社 1975 年版，第 63、64 页；2004 年版，第 63、64 页。但马克思也看到有一些独立的产业部门如交通或邮政、电讯等部门是例外。（《资本论》第 2 卷，人民出版社 1975 年版，第 65 页；2004 年版，第 64 页。）

品、剩余价值，从而能迅速地发展壮大，成为决定生产的资本主义性质的资本形式。"随着产业资本支配社会的生产，技术和劳动过程的社会组织就会发生变革，从而社会的经济历史类型也会发生变革。"这不仅是指资本主义社会本身，还针对以前社会形态中一般流通及某种资本形式，"那几种在产业资本以前，在已成过去的或正在衰落的社会生产状态中就已出现的资本，不仅要从属于产业资本，要和产业资本相适应来改变它们的职能的机构，而且只能在产业资本的基础上运动，从而要和它们的这个基础同生死共存亡。"① 换句话说，产业资本的循环、运动对它们的批判，还包含着对它们的改造、迫使它们"和产业资本相适应"。

其次，看生产资本的循环的对他批判：P…W′—G′—W…P，它表示剩余价值的再生产过程。从实质上看，它根本不同于简单流通。

生产资本循环有两种：如果已经实现的剩余价值全部用于资本家的个人消费，就是简单再生产。反之，如果已经实现的剩余价值全部用于积累，就是扩大再生产。无论是哪种再生产，都不再是简单的商品流通，因为"流淌"的已经是资本的"血液"。

在简单再生产的情况下，从 W′—G′这个环节看，无论生产出来的产品是否可分离，它们在观念上都可当作原资本价值和剩余价值两个组成部分分别流通，② 因而作为生产过程中介的总流通 W′—G′—W，可分离出 W—G—W 和 w—g—w 两个不同的流通序列，它们"都属于普通商品流通。"③ 这样一来，就看不到资本关系了。但这只是表象，马克思说："我们不要忽略这件小事：W 是资本家有付出任何代价就得到的一个商品价值，是剩余劳动的化身，因此，它原来就是作为商品资本 W′没的一个组成部分出场的。所以，这个 W 本身按它的存在来说，就和处在过程中的资本价值的循环联结在一起。"④ 无论是 W—G—W 还是 w—g—w，都是从 W′—G′—W 中分离出来的。这也表明，资本的循环虽包含一般流通，但不归结为一般

---

① 《资本论》第 2 卷，人民出版社 1975 年版，第 66—67 页；2004 年版，第 66 页。

② "如果商品产品比如说是一台价值 500 镑并具有同样价值构成的机器，那末，虽然这台机器的价值的一部分＝78 镑是剩余价值，但是这 78 镑只存在于总机器中；它不可能分成资本价值和剩余价值，除非把机器敲碎，而这样就连同它的使用价值一起把它的价值也毁掉了。因此，价值的两个组成部分只能观念地用商品体的各个组成部分来表示，""它的价值的各个组成部分实际上是观念地分割开来的。"（《资本论》第 2 卷，人民出版社 1975 年版，第 78，79 页；2004 年版，第 78，79 页。）

③ 《资本论》第 2 卷，人民出版社 1975 年版，第 79 页；2004 年版，第 79 页。

④ 《资本论》第 2 卷，人民出版社 1975 年版，第 81 页；2004 年版，第 81 页。

流通，而是将它纳入资本循环的范围来利用。

再看 G′—W 这个环节，G′只是过去劳动的货币表现，与一般流通中的 G 不同。对工人来说，"这个货币不仅是工人过去劳动的货币形式，同时还是取得正在实现的同时劳动或将来实现的未来劳动的凭证。"① 资本家将他的已经实现的过去劳动的一部分来支付给工人，这更是对一般货币和一般交换的否定。

马克思还指出：以前的小商品生产以维持生产者的生存为目的，但生产资本的循环却绝对排斥这种简单的目的，"货币资本转化为生产资本，就是为生产商品而购买商品。只有消费是这种生产消费，它才进入资本本身的循环；而这种消费的条件是，通过这样消费掉的商品生产出剩余价值。"② 很显然，前者的商品主要进入个人消费，而后者则既可以进入个人消费，也可能进入生产消费，并且"这个过程是以生产消费为先导和媒介的。"③ 其中有的甚至可以直接投放到原来的生产过程中。从整个社会生产来看，它的量还占大头。也就是说，它排斥单纯为个人消费为目的的生产。

在 W—G—W 作为一般流通的场合，W—G 之后并不一定马上进行 G—W，其间可能有一段或长或短的"休止点"④，"谁也不会因为自己已经卖，就得马上买。"⑤ 不言而喻，这种情况资本家是绝不可接受的、鄙夷的。他的生产资本的循环不仅各个环节一环扣一环，而且作为再生产也是连续进行的。很显然，这种连续性也是对 W—G—W 作为一般流通间断性的一种批判。

为了实现规模扩大的再生产，必须先进行货币积累。但这种情况与一般流通的"休止点"不同。马克思说："货币贮藏的过程本身，它是一切商品生产所共有的，而只有在不发达的、资本主义以前的商品生产形式中，才为贮藏货币而贮藏货币。而在这里，贮藏货币表现为货币资本的形式，货币贮藏表现为随着资本积累暂时发生的过程，这是因为而且只是因为货币在这里充当潜在的货币资本"⑥。换句话说，只是让用于储藏的货币

---

① 《资本论》第 2 卷，人民出版社 1975 年版，第 84 页；2004 年版，第 84 页。
② 《资本论》第 2 卷，人民出版社 1975 年版，第 87—88 页；2004 年版，第 87 页。
③ 《资本论》第 2 卷，人民出版社 1975 年版，第 89 页；2004 年版，第 89 页。
④ 《资本论》第 1 卷，人民出版社 1975 年版，第 132 页；2004 年版，第 135 页。
⑤ 《资本论》第 1 卷，人民出版社 1975 年版，第 133 页；2004 年版，第 135 页。
⑥ 《资本论》第 2 卷，人民出版社 1975 年版，第 98 页；2004 年版，第 97 页。

暂时退出，但生产仍然按原规模进行。在经过几次循环之后，储藏的货币就变成积累的资本，用于购买劳动力和生产资料。而且，这部分暂时储藏的货币，也不会白白地安放在保险柜里，而会以债权的形式发挥作用。或者存入银行，或者换成有价证券，让它们生息。这样处理，虽然与生产资本的循环无关，也是能够适度增殖的。不过，资本家也许会将它充当准备金，"用来消除循环中出现的干扰。"①

总的看来，第Ⅰ、Ⅱ循环形式都强调连续性，而连续性的重要条件是中介。第Ⅰ循环形式以生产为中介，主要阐明剩余产品、剩余价值的来龙去脉，Ⅱ循环形式以总流通为中介，主要阐明生产和再生产的条件。这些都是一般流通所不具备的。

再次，看商品资本循环地对他批判。

在 W′—G′—W…P…W′ 这个循环中，总流通不仅摆在首位，其起点还不是一般商品，"即使循环以相同的规模更新，起点 W 也必须用 W′ 来表示，"也"不是以资本价值开始，而是以商品形式上增大了的资本价值开始，因而一开始就不仅包含商品形式的资本价值的循环，而且包含剩余价值的循环。"② W′作为表现资本关系的起点，对整个循环起着决定性的作用。它"表现为全部商品产品的已经增殖的资本成为起点，并具有运动着的资本即商品资本的形式。只是在这个商品资本转化为货币以后，这个运动才分成资本的运动和收入的运动。"由此可见，它还是整个社会总资本运动的最基本形式，因为"在这个形式上，社会总产品的分配（一方面分为个人消费基金，另一方面分为再生产基金），同任何单个商品资本的产品的特殊分配一样，已经包含在资本的循环中。"③ 这样的循环形式，从其内容看，不仅与一般流通的规则不同，而且是对这种规则的批判和超越。

在这个循环中，"W′是作为运动的起点、经过点和终点，因此，它总是存在着。它是再生产过程的经常性的条件。"④ 这种情况，表明这个循环始终是资本的循环，而且是已经增殖了的资本循环，完全是对一般流通等价交换的否定。

---

① 《资本论》第 2 卷，人民出版社 1975 年版，第 99 页；2004 年版，第 98 页。

② 《资本论》第 2 卷，人民出版社 1975 年版，第 102 页；2004 年版，第 102 页。

③ 《资本论》第 2 卷，人民出版社 1975 年版，第 109 页；2004 年版，第 109 页。新版译文有调整，但意思不变。

④ 《资本论》第 2 卷，人民出版社 1975 年版，第 110 页；2004 年版，第 109 页。

一般的流通 W—G—W 最多只"包含四个极和三个登场人物。"① 规模狭小、关系简单，这样的流通只与简单商品生产相联系。反之，商品资本的循环则突破这种限制，与大规模的交换相联系。马克思论证，这个循环的特征都表明它已超出它作为一个单个资本的孤立循环的范围，实际上是以萌芽状态体现着社会总资本的生产、交换、分配、消费等方面的运动。它以 W'的全部卖出为前提，所以"循环本身就要求我们不仅把它看作循环的一般形式，……因而不仅看作一切单个产业资本共有的运动形式，而且同时看作各单个资本的总和即资本家阶级的总资本的运动形式，在这个运动中，每一个单个产业资本的运动，都只表现为一个部分运动，和其他部分运动交织在一起，并且受它们制约。"②

最后，在分别考察了资本的三种循环形式之后，马克思又将它们统一起来考察。从中我们也可以看到对他批判。

"实际上，任何一个单个产业资本都是同时处在所有这三种循环中。这三种循环，三种资本形态的这些再生产形式，是连续地并列进行的。"③所以，它们之间的"全部区别表现为单纯形式上的区别，或者说，表现为单纯主观上的、只对考察者才存在的区别。"④ 也就是说，这是从考察的需要而对思想材料进行的加工处理。这样做之所以必要和科学，因为非如此便无法深入细致地研究。正如列宁所说："如果不把不间断的东西割断，不使活生生的东西简单化、粗糙化，不加以割碎，不使之僵化，那么我们就不能想象、表达、测量、描述运动。"⑤ 这样处理思想材料，当然不能随心所欲，必须有一定的客观依据。从实际上情况看，任何一定数量的货币资本投入经营，都要经历供、产、销这三个阶段，形成一定的循环。如果观察生产资本和商品资本，同样可看到相应的循环。这种情况就像人们在观察一个有机体的时候，往往将它分解为不同的部分，以便深入考察一样。这些不同部分具有不同的功能，实际上并非形式的区别。所以，这种割断不仅是研究和考察的需要，不仅带有主观性，还具有客观性："分析的进程要求把研究对象这样割裂开来，而这种割裂也是符合资本主义生产

① 《资本论》第 1 卷，人民出版社 1975 年版，第 130 页；2004 年版，第 133 页。
② 《资本论》第 2 卷，人民出版社 1975 年版，第 112—113 页；2004 年版，第 112 页。
③ 《资本论》第 2 卷，人民出版社 1975 年版，第 117 页；2004 年版，第 117 页。
④ 《资本论》第 2 卷，人民出版社 1975 年版，第 117 页；2004 年版，第 117 页。
⑤ 列宁：《哲学笔记》，人民出版社 1974 年版，第 285 页。

的精神的。"① 由此观之，无论是三个循环本身，还是其中都包含的总流通，全都具有资本的属性，而与一般流通不同，都是对后者的批判性超越。

马克思还指出，产业资本的现实循环作为三种形式循环的统一，还在一定程度上包含了一般流通："在产业资本或者作为货币或者作为商品执行职能的流通过程内，产业资本不论作为货币资本还是作为商品资本的循环，是和各种不同的社会生产方式的商品流通交错在一起的，只要这些生产方式同时是商品生产。"② 这表明，资本运动无论在像英国这样的典型资本主义国家一国内，还是在世界范围内，都不是纯而又纯的。但这不是资本循环的缺陷，反而"是产业资本流通过程的特点。"它既批判、又利用一切非资本性质的流通。"它的趋势是尽可能使一切生产转化为商品生产；它实现这种趋势的主要手段，正是把一切生产卷入它的流通过程；而发达的商品生产本身就是资本主义的商品生产。"③

一般流通及其各种规律的存在及其作用，并不能限制、反而有利于产业资本的现实循环，马克思指出："一般商品流通的规律，只有在资本流通过程形成简单流通行为的序列时，才是适用的，而在简单流通行为的序列形成单个产业资本循环的职能上确定的阶段时，却是不适用的。"④ 特别是资本在循环过程中各个不同的组成部分的补偿问题，是"不能从商品流通的简单的形态变化的交错得到说明"⑤ 的。对资本循环来说，一般商品流通的规律的作用是有限的，增殖规律才是根本的。

资本循环有对一般流通的批判，资本周转也有对一般流通的批判。

资本运动是不断循环的，"资本的循环，不是当作孤立的行为，而是当作周期性的过程时，叫做资本的周转。这种周转的持续时间，由资本的生产时间和资本的流通时间之和决定。……包含着同一资本价值的增殖过程或生产过程更新、重复的时间。"⑥ 在考察资本循环时，马克思还没有涉

---

① 《资本论》第 1 卷，人民出版社 1975 年版，第 361—362 页；2004 年版，第 378 页。

② 《资本论》第 2 卷，人民出版社 1975 年版，第 126 页；2004 年版，第 126 页。

③ 《资本论》第 2 卷，人民出版社 1975 年版，第 127 页；2004 年版，第 127 页。

④ 《资本论》第 2 卷，人民出版社 1975 年版，第 130 页；2004 年版，第 129—130 页。

⑤ 《资本论》第 2 卷，人民出版社 1975 年版，第 132 页；2004 年版，第 131 页。

⑥ 《资本论》第 2 卷，人民出版社 1975 年版，第 174 页；2004 年版，第 174 页，"包含着"改译为"计量"，但整句意思不变。

及固定资本和流动资本的区别，自然也没有涉及固定资本循环的特殊规定，所以可以看成是全部预付资本一次投入一次就循环完毕。① 在这种情况下，资本周转一次，剩余价值就生产一次。在一定的时间内，周转的次数越多，剩余价值的生产次数也越多。反观一般流通 W—G—W，它表现的只是商品的使用价值一次性的交换，根本不包含循环的规定，更没有周期性增殖的规定。显然，资本家是不屑于做这样的事情的。

资本周转是多次的资本循环，但是，即使是单个资本，也并非所有的资本部分都一样经过一次循环就能够完全回流，其相当大的一部分要经过几次循环才能全部回流。这样，各部分资本价值回流的时间就有不同，有的长些，有的短些。那些资本价值一次投入、多次循环（周转）才能全部回流的，就是固定资本。它们转化而成的固定资产即其使用价值形态要在比较长期的生产过程中发挥职能，其价值也只能一部分一部分地在几个周转周期中通过折旧的方式回流，从而当然不能按照一般的商品流通那样一次回流。

一个资本周转周期包含流通时间和生产时间两部分。如果说，与资本循环中的流通一样，周转中的流通也表现了对一般商品流通的批判，那么周转中的生产过程遵循的规律就与它没有关系了。不仅如此，由于各个部门生产时间不一致，有的相差很大，还使得它们各自生产的产品提供到市场上的时间相差很大，以至于时时出现各种各样的缺口和紊乱，从而使一般流通规律不能正常发挥作用。人们往往忽视了，一般流通规律是以市场上有相对一致的供求关系存在为前提的，而资本周转周期的不一致往往造成市场上供求关系的不一致，包括时间的不一致、结构包括供给结构、需求结构的不一致等，从而造成价格忽高忽低，长期背离价值，甚至一般流通规律的失灵。

二、资本流通过程的自我批判

马克思说："资本作为自行增殖的价值，……是一种运动，是一个经过各个不同阶段的循环过程，这个过程本身又包含循环过程的三种不同的

---

① 胡世祯教授 1991 年在《财经理论与实践》就已经提醒人们注意固定资本循环的特殊性问题，只有这样，才符合《资本论》原意的。见胡世祯著：《〈资本论〉研究文集》，暨南大学出版社 2017 年版，第 199 页。

形式。因此，它只能理解为运动，而不能理解为静止物。"① 这句话很好地说明了资本循环的自我批判，通过更换、抛弃、替代、排斥等方式批判。

首先，在循环的各个阶段，都有商品形式、货币形式的更换。就以第Ⅰ形式看，在 G—W 阶段是抛弃货币形式，采取商品形式。"在总循环过程中采取而又抛弃这些形式并在每一个形式中执行相应职能"②，"抛弃"就是批判的一种方式，不抛弃，就不能运动。

其次，职能形式的转换。在剩余价值实现之后，资本家还不能马上就将它资本化，必须经过一个货币贮藏的过程。"在这里，货币贮藏表现为一种包含在资本主义积累过程中，随着它发生，但同时又和它有本质区别的要素。因为潜在的货币资本的形成并不使再生产过程本身扩大。"③ 但是资本家绝不甘愿这些"潜在的货币资本"以贮藏货币的形式存在，对他们来说，钱是要时时刻刻都要生钱的。所以他们必然抛弃它的贮藏职能，使之"转化为债权"，这样，"这个货币和投在有息证券等等上面的货币一样，不进入循环的再生产过程，虽然它可以进入其他单个产业资本的循环。"④ 不消极贮藏而转化，也是一种批判的方式。

再次，阶段的更替。我们看到，第Ⅰ、Ⅱ形式的循环有起点、中介、终点，第Ⅲ种形式的循环有起点、经过点、终点，"资本的循环过程是不断的中断，是离开一个阶段，进入下一个阶段；是抛弃一种形式，存在于另一种形式；其中每一个阶段不仅以另一个阶段为条件，而且同时排斥另一个阶段。"⑤ 中断是必要的，不这样就不能执行相应的职能，只不过停留的时间不能超过平均量。但排斥、离开和抛弃上一个阶段也是必要的，不这样资本就不能执行其他职能，所以完成职能后就必须及时地转入下一个阶段。一个阶段上升到另一个阶段，也是抛弃、批判。但这是自我批判，因为两个阶段都是同一性质的。

续次，当循环进到终点，就又要复归起点。但无论是 G—G'，还是 P…P'、W'—W"，都要回到起点，并且都是带有收获物的回归，从而高于起点，实现循环的目的。终点不是简单地回归起点，当然是对起点的

---

① 《资本论》第 2 卷，人民出版社 1975 年版，第 122 页；2004 年版，第 121—122 页。

② 《资本论》第 2 卷，人民出版社 1975 年版，第 63 页；2004 年版，第 63 页。

③ 《资本论》第 2 卷，人民出版社 1975 年版，第 91—92 页；2004 年版，第 91 页。

④ 《资本论》第 2 卷，人民出版社 1975 年版，第 92 页；2004 年版，第 92 页。

⑤ 《资本论》第 2 卷，人民出版社 1975 年版，第 118 页；2004 年版，第 118 页。

批判。

还有，循环形式之间的批判。先看货币资本循环对资本总公式的批判。货币资本总循环：$G—W=(A+Pm) \cdots P \cdots W'(W+w)—G'(G+g)$，以流通为中介，而资本总公式：$G—W—G'$是一切资本，包括生产、商业、货币资本运动的总公式，却没有中介，所以两者之间有着"本质的差别"①。在总公式中，资本只有货币和商品形式，在货币资本循环则专指生产资本的形式和运动。这种差别并不仅仅反映着理论的发展、超越，也反映资本主义初级阶段现实资本对以往赚钱方式的批判和对实体经济的偏好。

再看生产资本循环对货币资本循环的批判。马克思这样写道："在$G \cdots G'$中，G是资本价值的原有形式，资本价值抛弃这种形式，是为了再取得这种形式。在$P \cdots W'—G'—W \cdots P$中，G只是在过程中取得的形式，还在过程中就又被抛弃。货币形式在这里只表现为资本的转瞬即逝的独立的价值形式；作为W'的资本，渴望取得这种形式，而作为G'的资本，一旦蛹化为这种形式，则渴望放弃它，以便再转化为生产资本的形式。……资本价值的货币形式在它的循环的第一种形式（货币资本循环）中具有的独立性这种外观，在这第二种形式中消失了，因此，这第二种形式就是对形式Ⅰ的批判，并且把它归结为不过是一个特殊的形式。"② 其中，赫然写着"对形式Ⅰ的批判""抛弃""放弃"，这是职能形式的批判。

由此观之，第Ⅲ种形式对第Ⅱ种形式的"批判、放弃"也不难理解了。资本价值的生产形式已经生产出的剩余价值，表现为剩余产品，必须尽快全部卖出，放弃剩余产品的形式。第Ⅲ种形式：$W'—C'—W \cdots G \cdots W'$，与第Ⅰ、Ⅱ形式相比，即使不看形式，就其内容看，起点是W'，"以商品形式上增大了的资本价值开始，它一开始就不仅包含商品形式的资本价值的循环，而且包含剩余价值的循环。"③ 而第Ⅰ、Ⅱ形式的起点永远都是G、P，而不是G'、P'。"如果简单再生产以这种形式进行，在终点就会出现一个和起点上一样大的W'。如果一部分剩余价值进入资本循环，在终点出现的虽然不是W'，而是W''，一个更大的W'，但下一个循环会再次以W'开始，不过和前一个循环相比，那是一个更大的W'，它用更大的已经

---

① 《资本论》第2卷，人民出版社1975年版，第60页；2004年版，第60页。

② 《资本论》第2卷，人民出版社1975年版，第86页；2004年版，第86页。

③ 《资本论》第2卷，人民出版社1975年版，第102页；2004年版，第102页。

积累的资本价值，因此也是用较大的新生产的剩余价值，开始它的新的循环。"① 这个更大的 W′中包含有剩余产品，所以这个循环包含有生产消费和个人消费。"W′…W′是唯一的这样的一个循环，在这个循环中，原来预付的资本价值只形成运动始极的一部分，因而运动一开始就表明是产业资本的总和运动，既是补偿生产资本的那部分产品的运动，又是形成剩余产品的那部分产品（通常部分作为收入花掉，部分要用作积累要素）的运动"②，从而包含着资本家的个人消费。这些，都是对 I、II 形式的超越。或者说，I、II 形式中单个资本的独立运动的实质在第 III 种形式中消失了，因此，这第 III 种形式就是对形式 I、II 的批判。

还看产业资本现实循环对三个循环形式的批判。三个循环都是全部资本孤注一掷式地投入一种循环中，尽管都实现了资本的增殖，但它们都有缺陷，都要等一个循环他完成之后，才能再进行下一个循环。在进行一个阶段的时候，下一个阶段就暂时停止运动了，这样就必然产生中断。对资本家来说，生产资料断断续续地发挥职能是决不可接受的。所以"三个形式的现实的统一"的总循环③拒绝中断，而是要保持运动的连续性。或者说，用连续性来批判中断。它将全部资本分为三个部分，让它们同时进行循环。这样，从总体来看，"资本的循环过程是不断的中断，是离开一个阶段，进入下一个阶段；是抛弃一种形式，存在于另一种形式；其中每一个阶段不仅以另一个阶段为条件，而且同时排斥另一个阶段。"④ 这样就形成了运动的连续性。"连续性是资本主义生产的特征，是由资本主义生产的技术基础所决定的，虽然这种连续性并不总是可以无条件地达到的。"⑤

最后，资本周转对资本循环的批判。根据马克思的分析，我们可以从几个方面来了解周转对循环局限的破坏。

他在考察资本周转的时候，研究对象的范围已经扩大，联系其他的同类资本的关系来考察单个资本的循环。资本家的投资要有一定的数量，达到一定的标准。在第一卷，马克思已经阐明："不是任何一个货币额或价值额都可以转化为资本。相反地，这种转化的前提是单个货币所有者或商品所有者手中有一定的最低限额的货币或交换价值。"并且指出，只有超

---

① 《资本论》第 2 卷，人民出版社 1975 年版，第 102 页；2004 年版，第 102 页。
② 《资本论》第 2 卷，人民出版社 1975 年版，第 113 页；2004 年版，第 113 页。
③ 《资本论》第 2 卷，人民出版社 1975 年版，第 117 页；2004 年版，第 117 页。
④ 《资本论》第 2 卷，人民出版社 1975 年版，第 118 页；2004 年版，第 118 页。
⑤ 《资本论》第 2 卷，人民出版社 1975 年版，第 118 页；2004 年版，第 118 页。

出可变资本的最低限额，并且大大超过了中世纪的最高限额时，才可能完成从小业主到资本家的转变。① 但那只是就单个资本而言的。在第二卷，他进一步联系资本家之间的竞争，又指出："按照不同企业中生产的发展，投资有一个标准最低限额，达不到这个限额，一个企业就没有竞争能力。这个标准最低限额本身，随着资本主义生产的发展而不断增长，因此不是固定的。但是，在每一次的标准最低限额和不断扩大的标准最高限额之间，有许多中间阶段，形成一个允许有极不相同的投资程度的中位。"② 可见，这种最低限额规定是变化的，不断地向高标准方向移动，但一般是趋向中位。最低限额只是一条及格线，只涉及起步要求，但在激烈的竞争中，要不被淘汰，至少要达到中位线。

资本循环和资本周转作为理论范畴都具有一定的历史性，尽管第二逻辑阶段考察的都是资本主义初级阶段的单个资本运动，但正如有协作、工场手工业和机器大工业，机器大工业又有不同的阶段一样，资本循环与资本周转所反映的产业发展水平也有不同。在这一阶段的较早时期，固定资本的使用较少，从而资本价值运动的速度还不能从循环形式中表现出来，而在较为发达时期，使用较多固定资本的情况就是比较普遍的，且对资本运动的影响较大，这种时期的演变所体现的生产力水平、生产关系成熟程度，正是历史批判性发展的重要表现。对此理论当然必须重点反映。所以，从理论逻辑的发展反映的历史发展来看，这也是批判。

资本的连续周期性循环就是周转。这种连续性对一次性的循环来说，也是一种批判。在考察完资本的具体循环之后，马克思详细地阐明了一次总循环的时间结构及相关费用。但是，现实的资本运动是追逐剩余价值的无限次周转，而周转的时间结构及相关费用也发生了一系列的转型，所以，相对而言，循环是比较简单和抽象的。

就资本的总循环来看，资本家要将资本分为三个部分，各个部分在分别进入同一阶段的时候，时间是没有区别的。但是，在资本周转的场合，并非所有的部分的周转速度都一样，因而表现为不同的形式：固定资本和流动资本。这样的区分与货币资本、生产资本、商品资本这三种循环形式显然不同。也就是说，在资本周转的场合，资本从总体上看是分为固定资本和流动资本的，而不是分为货币资本、生产资本、商品资本。而且，说

---

① 《资本论》第 1 卷，人民出版社 1975 年版，第 341—342 页；2004 年版，第 356 页。

② 《资本论》第 2 卷，人民出版社 1975 年版，第 286 页；2004 年版，第 286 页。

周期性的循环就是周转，但周转还是指不包含剩余价值的预付资本的周转，所以，它指的只是货币资本或生产资本的周转。并且，在产品形成上，主要还是指生产资本，① 只有它才区分为固定资本和流动资本。

资本周转总是指一定时期内的周转。一般而言，资本家大都以一年为期的计量单位。"这个计量单位的自然基础是，在温带这个资本主义生产的祖国，最重要的农产品都是一年收获一次。"② 这个时间决定了周转的速度，它对资本周转是最重要的条件之一。对资本循环来说，这个速度并不存在。离开这个既定时间来谈周转，在理论上就像是在讲没有期限的多次循环，只知道要采取三种循环形式、经过三个阶段、不能中断、要经历什么样的时间、付出多少费用等，而不涉及各个阶段要花费多少时间，所以在实际上资本家之间行为效率很难比较。在其他条件不变的情况下，一个在一年内循环一次，和另一个在三个月内循环一次，可能剩余价值的绝对量可以比较，但剩余价值的相对量就很难比较。

周转有周期，周期有时间规定，一般是指一年期内的周转次数。周转速度越快、次数越多，同量资本所发挥的作用越大。"由于卖的速度不同，同一个资本价值就会以极不相同的程度作为产品形成要素和价值形成要素起作用，再生产的规模也会以极不相同的程度扩大或者缩小。……流通过程推动了新的潜能，它们影响资本的作用程度，影响资本的扩张和收缩，而和资本的价值量无关。"③ 如果结合预付的和实际使用的资本的区别，那么周转还"改变了为一年的生产过程而预付的资本和能够不断在一定生产期间例如一周内使用的资本之间的比例。"④ 再从剩余价值的再生产来看，周转速度越高，资本的生产性越强、效率越高。可见，从周转的角度看，流通虽然不创造价值，但周转却以其特有的功能对一定时间内的价值创造有着重要的意义。

---

① "至于循环 I 和循环 II，那末，在主要是研究周转对剩余价值的形成的影响时，我们应该抓住前者；而在主要是研究周转对产品的形成的影响时，我们就应该抓住后者。"（《资本论》第 2 卷，人民出版社 1975 年版，第 173 页；2004 年版，第 173 页。）

② 《资本论》第 2 卷，人民出版社 1975 年版，第 174 页；2004 年版，第 174 页。

③ 《资本论》第 2 卷，人民出版社 1975 年版，第 48—49 页；2004 年版，第 48 页。新版译文有改动，但意思不变。这一论断虽然是在第一章提出的，但它涉及的是"再生产"，所以也与资本周转有关。

④ 《资本论》第 2 卷，人民出版社 1975 年版，第 336 页；2004 年版，第 335 页。

"单个循环在资本的生活中只形成一个不断重复的段落，也就是一个周期。"① 资本周转是多次的资本循环。即使是现实的总循环，剩余价值也是循环一次生产一次。资本周转克服了这种弊病，产生一种新的连续性，即不是一个循环阶段接一个循环阶段，而是一个循环接一个循环。

与单纯的资本循环不同，在周转的场合，资本循环的表现是不一样的。"在形式Ⅱ（P…P）中，过程的更新，即再生产过程，表现为现实的，而在形式Ⅰ中，只表现为可能的。"而形式Ⅲ则不仅表现为现实的，而且表现为扩大的，"在形式Ⅲ中，开始过程的资本价值不是预付的资本价值，而是已经增殖的资本价值"②。

在三种形式的资本循环中，都包含着总流通，但流通始终都没有创造价值的职能。对资本家来说，这是一种消极的限制。不过，在考察资本循环的时候，涉及的主要还是要花费什么样的时间和费用等问题。③ 与此不同，考察资本周转时，一定时间内的周转速度就是比较重要而突出的问题了。

在资本循环的场合，对资本家来说，哪一部分资本执行哪种循环，是没有区别的。在现实过程中，三个循环形式统一了，表现出来的只是供、产、销三种职能的货币、生产、商品等资本形式。但这种资本职能结构并不适合资本价值的周转。所以在现实的周转过程中，会产生另一种资本形式结构：固定资本和流动资本。它们不仅在不同的时间以不同的方式完成各种形式的循环，而且还将资本内在的本质结构即不变资本和可变资本的关系掩盖了。除了这种形式结构外，还有周转时间构成即劳动期间和流通期间长短不同的各种配置情况也会影响资本周转。而且，各种"循环期间及其组成部分的不同比例"，也会"对生产过程本身的范围和年剩余价值率"产生不同的影响。马克思还告诉人们，资本周转还使资本循环的形式发生一些变化："在各种形式的这种运动和相继更替中，一定量的资本怎样同时（尽管按不同的比例）分成生产资本、货币资本和商品资本这些不同的形式，以致不仅这些形式互相交替，而且总资本价值的不同部分也不

---

① 《资本论》第2卷，人民出版社1975年版，第174页；2004年版，第174页。
② 《资本论》第2卷，人民出版社1975年版，第172页；2004年版，第172页。
③ 原苏联学者卢森贝已发现："把资本的运动只当成循环而加以探讨的情况下，关于资本运动速度的问题尚不存在，它的运动速度同资本形式的更替没有任何关系。"（赵本斋 翟松年译《〈资本论〉注释》第二卷，生活读书新知三联书店1963年版，第112页。）

断地并存于这些不同的状态中，并执行职能。特别是货币资本表示出一种在第一卷里没有讲过的特性。在这里揭示了一些规律，按照这些规律，一定量资本的大小不等的组成部分，必须按照周转的条件，不断地以货币资本的形式预付和更新，以便使一个定量的生产资本能够不断地执行职能。"①

资本周转过程是发展的，所以本身也会产生自我批判。

在社会表面上，在资本家意识中，资本周转就是全部预付资本的周转，但是，这只是表面现象。马克思在研究预付资本总周转的时候指出，资本周转是资本价值的周转，而不同形式的资本部分的周转是不同的。如果从 G—G'循环形式来看，各个部分资本"不仅有量的差别，而且有质的差别。"② 固定资本是一次性投入经过多次折旧摊提而回收的，流动资本（包括流动不变资本与可变资本）则是一次性投入经过一次循环就回收的。如果在一年中流动资本周转数次，结果尽管在同样的时间内固定资本的价值只折旧几份之一的价值，总资本的价值也可以在不到一年就全部周转一次。这样，在劳动期间比较长的场合，固定资本已经预付了，但又是分次周转的，因此，资本家比较重视流动资本的周转和预付。马克思指出，流动资本包含一部分不变资本，这与固定资本的情况一样，所以，最让资本家关心的是流动资本中的工资部分（即可变资本）的预付和周转。从客观上看，可变资本周转得越快，一定时间内剩余价值的重复生产次数也越多。这样，问题就从全部预付资本的周转演变为可变资本部分的预付和周转。尽管资本家并不承认可变资本的存在，但经验却告诉他，全部资本的预付和周转是重要的，但工资的预付和周转更为具体，而成为日常经营的实务。在《资本论》终篇，马克思指出："如果……在直接生产过程中考察资本，把它看作是剩余劳动的吸取者，那末，这种关系还是非常简单的，实际的联系会强使这个过程的承担者即资本家本身接受，并且还被他们意识到。"③ 同样的道理，实际的联系也会强迫资本家意识到资本周转与可变资本周转的区别。可见，马克思对可变资本周转的研究不仅从过程内部阐明了周转的实质，而且也在一定的侧面上反映了资本家经营理念、方

---

① 《资本论》第 2 卷，人民出版社 1975 年版，第 391—392 页；2004 年版，第 391—392 页。

② 《资本论》第 2 卷，人民出版社 1975 年版，第 204 页；2004 年版，第 204 页。

③ 《资本论》第 3 卷，人民出版社 1975 年版，第 935 页；2004 年版，第 936—937 页。

式转变。这种转变当然具有批判性。

第二节 资本流通过程批判

剩余价值是在资本的流通过程中实现的，这个过程虽然不生产剩余价值，但它却为剩余价值的生产和实现创造了条件。"在商品生产中，流通和生产本身一样必要，从而流通当事人也和生产当事人一样必要。再生产过程包含资本的两种职能，因而也包含这两种职能有人代表的必要性"①。但是，只要是与剩余价值相联系的，对马克思、对无产阶级来说，就都是必须批判的。

我们已经知道，资本的流通过程包含着生产过程，是资本循环过程的周期性的不断重复。所以，对它的科学批判自然要先从资本循环着手。

一、资本循环批判

我们已经知道，资本"总循环是它的三个形式的现实的统一。"② 但是在实际过程中，这三个循环形式还是有区别的，就像有机体中的各个系统的活动彼此有区别、并且与有机体整体有区别一样。所以，马克思对这三个循环形式分别研究，并且对它们进行深入的批判。我们也已经知道，在研究资本周转之前，关于循环的研究是以资本一次投入一次完全回流为条件的。

对货币资本的循环，马克思十分重视第一个环节或阶段：G—W，但主要不是 G—Pm，而是 G—A，他把它看作"是资本主义生产方式的特征。"③ 这是因为 A 的使用是劳动，其中包含有必要劳动和剩余劳动。由于资本家用货币购买了劳动力，这些货币就转化为货币资本。不仅如此，资本家的这一行为还要符合一个重要比例："要购买的生产资料的数量和规模，必须足以使这个劳动量得到充分的利用。"④ 这样配置生产资料和劳动力，足显资本家的精明，也足显资本家的贪婪。"换句话说，生产资料的数量，必须足以吸收劳动量，足以通过这个劳动量转化为产品。如果没

---

① 《资本论》第 2 卷，人民出版社 1975 年版，第 144 页；2004 年版，第 143 页。
② 《资本论》第 2 卷，人民出版社 1975 年版，第 117 页；2004 年版，第 117 页。
③ 《资本论》第 2 卷，人民出版社 1975 年版，第 36 页；2004 年版，第 36 页。
④ 《资本论》第 2 卷，人民出版社 1975 年版，第 33 页；2004 年版，第 33 页。

有充分的生产资料，买者所支配的超额劳动就不能得到利用；他对于这种超额劳动的支配权就没有用处。"①

马克思还指出，G—A 还有另外一个表象性的特征：由于劳动力的买卖在社会表面上表现为劳动的买卖，而且是以工资的形式用货币购买的，所以"这一点被认为是货币经济的标志。"② 马克思指出，这种"特征或标志"是不合理的："作为价值形成要素的劳动本身不能具有价值，从而，一定量劳动也不能具有在它的价格上，在它和一定量货币的等价上表现出来的价值。"③ 如果劳动能出卖，这种情况就不会引人注目、成为特征。实际上，能"成为特征的，并不是劳动力这种商品能够买卖，而是劳动力成为商品。"④

马克思还进一步指出，之所以会有这种特征，或者说，产生 G—W＝A+Pm 行为的基础的，是分配，"是生产要素本身的分配，其中物的因素集中在一方，劳动力则与物的因素相分离，处在另一方。"⑤

货币资本循环的第二阶段是生产资本的职能，即 W…P…W′，或者 W＝A+Pm…P…W′。⑥ 这个阶段从 W＝A+Pm 开始，表明两种要素结合起来以生产资本的形式一起进入生产过程，这样一来，…P…则成了资本主义生产过程，它生产出来的 W′，已经是"孕育着剩余价值的商品"⑦。对这样的生产，马克思的批判是无情的、也是客观的：这是"划时代的剥削方式，这种剥削方式在它的历史发展中，由于劳动过程的组织和技术的巨大成就，使社会的整个经济结构发生变革，并且不可比拟地超越了以前的一切时期。"⑧

货币资本循环的第三阶段是 W′—G′，其中的 W′，带着"资本主义的胎痣"即一个增殖额 w——剩余产品，但它只归资本家所有。由于 W′—

---

① 《资本论》第 2 卷，人民出版社 1975 年版，第 34 页；2004 年版，第 34 页。

② 《资本论》第 2 卷，人民出版社 1975 年版，第 36 页；2004 年版，第 36 页。

③ 《资本论》第 2 卷，人民出版社 1975 年版，第 36 页；2004 年版，第 36 页。

④ 《资本论》第 2 卷，人民出版社 1975 年版，第 37 页；2004 年版，第 37 页。

⑤ 《资本论》第 2 卷，人民出版社 1975 年版，第 40 页；2004 年版，第 40 页。

⑥ 必须区分货币资本循环中生产资本的职能与生产资本的循环。前者从两种商品的结合开始，到生产出包含剩余价值的剩余产品为止。而生产资本的循环则是"…P…"。

⑦ 《资本论》第 2 卷，人民出版社 1975 年版，第 45 页；2004 年版，第 45 页，新版将前版"孕育着"改译为"包含着"。

⑧ 《资本论》第 2 卷，人民出版社 1975 年版，第 44 页；2004 年版，第 44 页。

G'处于流通过程中，所以，"这里表现出的只是结果，而没有表现出造成这个结果的过程的媒介。"① 特别在 G'"这个货币额的简单存在上，这个货币额借以产生的媒介已经消失，因为不同的资本组成部分在生产过程中所具有的特殊差别的任何痕迹都已经消失"② 了。

正因为这样，马克思认为货币资本的循环"最明白地表示出资本主义生产的动机就是赚钱。"对这种循环来说，"生产过程只是为了赚钱而不可缺少的中间环节，只是为了赚钱而必须干的倒霉事。"③ 他还进一步说：它还"是产业资本循环的最片面、从而最明显和最典型的表现形式；""在形式上具有欺骗性，带有一种虚幻的性质，这是由预付的价值和增殖的价值都以货币这个等价形式存在而产生的。"④ 这种批判够辛辣的了。

对生产资本的循环，马克思分别从简单再生产和扩大再生产两类过程来批判。

在简单再生产的情况下，资本家将剩余产品全部用于生活消费，这样，从表面看，不仅 w—g—w，而且 W—G—W 都属于简单流通。本来，W 和 w 都是 W'的一部分，但因为它们分离开了，其流通就都表现为一般流通。这样就自然地将资本流通的实质掩盖了，从而看不到资本关系了。但是，从实质上看，情况就不同了。对此，马克思深刻地指出："w 是资本家没有付出任何代价就得到的一个商品价值，是剩余劳动的化身，因此，它原来就是作为商品资本 W'的一个组成部分出场的。所以，这个 w 本身按它的存在来说，就和处在过程中的资本价值的循环联结在一起。"⑤ 至于 W—G—W，由于有资本家的存在为前提，所以也会和资本运动联系起来。进一步说，这是"作为一般流通的一个部分的资本循环和作为一个独立循环的环节的资本循环之间的关系，"⑥ 但它在社会表面上被一般流通的表象掩盖了。这样，马克思就指出，资本不仅要剥削工人，还会利用一般流通来掩盖剥削。既要当婊子，又要立牌坊。

---

① 《资本论》第 2 卷，人民出版社 1975 年版，第 54 页；2004 年版，第 53 页。
② 《资本论》第 2 卷，人民出版社 1975 年版，第 54 页；2004 年版，第 54 页。
③ 《资本论》第 2 卷，人民出版社 1975 年版，第 68 页；2004 年版，第 67 页。在这里，恩格斯还接着写道："因此，一切资本主义生产方式的国家，都周期地患一种狂想病，企图不用生产过程作媒介而赚到钱。"
④ 《资本论》第 2 卷，人民出版社 1975 年版，第 71，72 页；2004 年版，第 70，72 页。
⑤ 《资本论》第 2 卷，人民出版社 1975 年版，第 81 页；2004 年版，第 81 页。
⑥ 《资本论》第 2 卷，人民出版社 1975 年版，第 82 页；2004 年版，第 82 页。

以上是考察生产资本循环的中介：W'—G'—W中的W'—G'，接着，在考察其中的G'—W时，马克思还批判了这样几种情况：

工人得到的工资，实际上是"资本家用工人过去劳动的一部分，作为工人取得自己未来劳动的凭证付给工人。工人自己的同时劳动或未来劳动，形成还不存在的储备，对工人过去劳动就是用这种储备支付的。"① 这个原理，虽然在第一卷已经从再生产的角度提出，但这里是从单个资本循环的角度再次提出的。

他又批判地指出，在生产资本的循环过程中，潜伏着危机。我们已经知道，一般流通包含着危机的可能性，但在资本循环中，资本关系的存在已经是前提，在这种条件下，即使在简单再生产的流通中，也会爆发危机。资本循环是一环扣一环的，一旦某个环节出问题，循环就中断。但这种内在规定只是一种理想状态中的规定，并不是无条件即可实现的。在简单商品生产条件下，生产者和消费者数量众多，而产品量少，市场也相对熟悉。反之，在资本主义初级阶段，资本运动一开始就是大规模的生产。一方面，资本家生产的目的是攫取剩余价值，所以规模越大越好，"资本主义生产所生产出的商品量的多少，取决于这种生产的规模和不断扩大生产规模的需要，而不取决于需求和供给、待满足的需要的预定范围。"② 另一方面，流通并不会将他们的提供的商品全部迅速地卖给消费者。生产厂商是大量生产的，他不能像小生产者那样逐渐地向消费者一件一件地推销产品，而是将它们卖给别的产业资本家和大商人。而且，也只有大商人，财大气粗，有能力支付这些商品的价钱、经营大量商品的买卖。"产品只要卖出，在资本主义生产者看来，一切就都正常。他所代表的资本价值的循环就不会中断。"③ 于是就立刻进行再生产。但是，"商品的一大部分只是表面上进入消费，实际上是堆积在转卖者的手中没有卖掉，事实上仍然留在市场上。这时，商品的潮流一浪一浪涌来，最后终于发现，以前涌入的潮流只是表面上被消费吞没。商品资本在市场上互相争夺位置。后涌入的商品，为了卖掉只好降低价格出售。以前涌入的商品还没有变成现金，支付期限却已经到来。商品持有者不得不宣告无力支付，或者为了支付不得不给价就卖。这种出售同需求的实际状况绝对无关。同它有关的，只是

---

① 《资本论》第2卷，人民出版社1975年版，第84—85页；2004年版，第84页。

② 《资本论》第2卷，人民出版社1975年版，第88—89页；2004年版，第88页。

③ 《资本论》第2卷，人民出版社1975年版，第89页；2004年版，第88—89页。

支付的需求，……于是危机爆发了。"① 危机的爆发表明资本主义基本矛盾尖锐化了，也表明资本家已经无法控制社会生产了。所以，它是对资本主义生产关系的深刻批判，也是对原有经济结构、经济发展方式的深刻批判。

假定资本家将剩余价值全部用于积累，再生产就是规模扩大的。

它的扩大是因为积累的资本化，这样，"它和用来开始第一次循环的货币资本相比，是一个更大的货币资本，但是，一旦它作为预付货币资本执行职能，它由剩余价值资本化而增大的一切关系便都消失了。这个起源在它用来开始循环的货币资本的形式中消失了。"② 既依靠新的货币资本来增加数量，又以生产资本循环的形式将这个货币资本形式掩盖。只有马克思才揭示出生产资本的这种掩盖或颠倒的另类职能，揭示它的表面性和欺骗性。

对商品资本循环的批判。

和第Ⅰ、Ⅱ形式的循环不同，商品资本的循环以带有剩余价值的 W'为起点的总流通开始。马克思的分析表明，商品资本的循环与生产资本的循环不同，突出了流通，似乎流通决定生产、生产的规模和性质。③ 他指出："在公式Ⅲ中，市场上的商品是生产过程和再生产过程的经常性的前提。因此，如果专门注意这个公式，生产过程的一切要素就好像都是来自商品流通，只是由商品构成。这种片面的看法忽视了生产过程的那些与商品要素无关的要素。"④ 这种批判可谓一针见血。

这个循环的起点 W'是包含着剩余价值（其社会表象是利润）的。但是，在循环过程中，全部商品产品包括剩余产品和其他产品都一样被卖掉。在出售的时候，人们并不管哪一部分是 w，哪一部分是 W。这样，"在考察商品资本时，利润有时被忘记，在说到作为总体的生产循环时，商品资本不过作为商品出现；而在说到价值的组成部分时，商品资本则作为商品资本出现。"⑤ 马克思心思缜密，商品资本循环的这种混淆和掩盖功

---

① 《资本论》第 2 卷，人民出版社 1975 年版，第 89 页；2004 年版，第 89 页。

② 《资本论》第 2 卷，人民出版社 1975 年版，第 93 页；2004 年版，第 93 页。

③ 参看［苏］卢森贝著　赵本斋　翟松年译《〈资本论〉注释》第二卷，生活读书新知三联书店 1963 年版，第 88 页。

④ 《资本论》第 2 卷，人民出版社 1975 年版，第 115 页；2004 年版，第 114 页。

⑤ 《资本论》第 2 卷，人民出版社 1975 年版，第 108 页；2004 年版，第 107—108 页。

能，当然逃不脱他慧眼和投枪。

在分别批判了三种资本循环之后，马克思接着就说："实际上，任何一个单个产业资本都是同时处在所有这三种循环中。这三种循环，三种资本形态的这些再生产形式，是连续地并列进行的。……可见，在这里，总循环是它的三个形式的现实的统一。"① 但是，这个总循环也不是没有问题的。

他指出，这个总循环要连续正常进行，是有条件的。但这些条件同时会转变为限制。

首先，形式Ⅰ可能因为货币"从营业退出"② 而结束；形式Ⅱ也可能因为危机而中断；形式Ⅲ当然也不会一帆风顺，但它会碰到价值革命，所以"只有在价值革命按某种方式得到克服和抵销时，才能够存在和继续存在。"道理很简单，"如果社会资本的价值发生价值革命，他个人的资本就可能受到这一革命的损害而归于灭亡，因为它已经不能适应这个价值运动的条件。价值革命越是尖锐，越是频繁，独立价值的那种自动的、以天然的自然过程的威力来发生作用的运动，就越是和资本家个人的先见和打算背道而驰，正常的生产过程就越是屈服于不正常的投机，单个资本的存在就越是要冒巨大的危险。因此，这些周期性的价值革命证实了它们似乎应该否定的东西，即证实了价值作为资本所获得的、通过自身的运动而保持和加强的独立性。"③

其次，总循环要连续进行，必须将总资本按照技术构成将单个产业资本按一定的比例分割为三个部分，——这里不妨称之为总循环构成，——并列存在，以便让它们同时执行职能。这样一来，过程是连续了，但真正执行的资本规模却缩小了。这不仅是用空间换时间，而是减少了执行剩余价值生产职能的资本。但是，一旦资本家将三个部分全部同时投入，而技术构成发生变动。下一轮总循环构成就得马上变化，资本家是否能及时地跟进，既取决于他的资本量，还取决于他的资源转换能力。一般而言，技术是经常变动不居的，所以，资本家在大多数情况下只能以不变应万变。

再次，总循环要连续进行，其中的任何一种循环都不能中断。"在一个阶段上的任何停滞，不仅会使这个停滞的资本部分的总循环，而且会使

---

① 《资本论》第 2 卷，人民出版社 1975 年版，第 117 页；2004 年版，第 117 页。
② 《资本论》第 2 卷，人民出版社 1975 年版，第 107 页；2004 年版，第 107 页。
③ 《资本论》第 2 卷，人民出版社 1975 年版，第 122 页；2004 年版，第 122 页。

整个单个资本的总循环发生或大或小的停滞。"① 马克思指出："就各个单个资本来说，再生产的连续性有时或多或少地会发生中断。第一，价值总量在不同的时期往往以不等的部分分配在各个不同阶段和职能形式中。第二，这些部分可以按照所生产的商品的性质，即按照资本投入的特殊的生产领域，进行不同的分配。第三，在有季节性的生产部门，不论是由于自然条件（如农业、捕鲱鱼等），还是由于习惯（例如在所谓季节劳动上），连续性可能或多或少地发生中断。在工厂和矿山中，过程是最规则地、最划一地进行的。但是，各生产部门之间的这种差别，不会引起循环过程的一般形式的差别。"②

在批判资本循环的时候，马克思还发现，单个资本循环包含着一个资本家自己不能解决的矛盾："资本家以货币形式投入流通的价值，小于他从流通中取出的价值，这是因为他以商品形式投入流通的价值，大于他以商品形式从流通中取出的价值。"③ 这个差额越大，他赚的钱就越多。如果没有这个差额，他的投资就没有赚钱。如果两者相等，他的资本也没有增殖。但他要赚钱，又必须按照价值规律行事，他的商品不能高于其价值出售。

不言而喻，价值相当于 c+v+m 的 W' 全部卖出，从一方面看，这是对市场产生了供给，从另一方面看，它的各个部分也就应有相应的需求来吸收。但工人的需求充其量只相当于 v，而资本家的需求却不能等于 c+m。如果他将 m 全部吃光，再生产就不能扩大。所以他不仅要积累，还要留准备金，这些都要从 m 中挤出。结果，就产生了供给与需求不相匹配。这种情况表明，对单个资本家来说，资本循环是难以为继的。但是，这也表明，单个资本的循环还要以社会总资本的运动为条件。

二、资本周转批判

周转是单个资本运动的重要方式，它是预付资本价值的周转，所以主要是货币资本和生产资本的周转。但在研究产品、剩余价值的周期性生产时，应当主要考察生产资本的循环。

---

① 《资本论》第 2 卷，人民出版社 1975 年版，第 120 页；2004 年版，第 120 页。
② 《资本论》第 2 卷，人民出版社 1975 年版，第 121 页；2004 年版，第 121 页。
③ 《资本论》第 2 卷，人民出版社 1975 年版，第 134 页；2004 年版，第 133—134 页。

资本家预付的资本价值要不断地保值和增殖，必须不断地回流。但它的不同组成部分的价值转移或再生产的方式和速度各有不同，从而表现为不同的资本的形式。"这两种新形式是资本由流通过程得到的，并且会对资本周转的形式发生影响。"① 这两种资本形式就是固定资本和流动资本。

两种资本形式周转的区别，是执行资本的不同职能产生的：不变资本在一个周转周期中，一部分价值固定在劳动资料中。它是一次性投入生产过程，但其价值要经过几个周期才能全部周转给产品上。劳动资料越耐用，固定资本价值固定在生产过程中的时间就越长。这样，这部分不变资本就取得了固定资本的形式。

不变资本中的另一部分转化为劳动对象，包括原料、辅助材料等，这些劳动对象经过劳动的改造制作，在变成了完成的商品时也将其价值转移到商品中，并且离开了生产过程。这部分不变资本价值不固定在生产过程中，所以就表现为流动资本形式。

资本家还投入可变资本用来购买劳动力，从形式上看，它每天都将再生产出来的自身的全部价值、生产出来的剩余价值全部转移到产品上去。"不管劳动力和不变资本中非固定资本的组成部分就价值的形成来说是多么不同，它的价值的这种周转方式却和这些部分相同"②，所以也表现为流动资本。

这样看来，固定资本和流动资本的区分是由资本的各个部分价值的转移方式不同决定的，所以这两种资本形式是在客观的周转过程中区分和产生的，因而是一种客观存在。

现实的资本周转，在资本家意识中的周转，实际上就是两种形式的资本的周转。所以马克思对资本周转的批判，首当其冲的当然是这两种资本形式。

首先，批判这些资本形式的表象性，扭曲、掩盖真相和本质。

客观存在并不等于真理，很多现象也是客观存在的，但却是掩盖真理的。固定资本和流动资本作为资本形式，是与流通紧密联系的，因而不是表现资本本质关系的范畴，所以马克思不在研究资本的生产过程时、而在研究资本流通过程的场合研究这两种资本形式，并称之为它们的区别是"形式区别"，而与生产过程中不变资本和可变资本的"本质区别"相区分。

---

① 《资本论》第2卷，人民出版社1975年版，第175页；2004年版，第175页。
② 《资本论》第2卷，人民出版社1975年版，第185页；2004年版，第184页。

关于固定资本，马克思既发现它具有独特的价值转移方式，又特别注意考察"这个资本部分的流通"，并强调它"是独特的流通。"① 并指出，这个资本部分一方面属于生产资本，在生产过程中作为劳动资料执行职能，另一方面只有部分资本转移到产品中，并在流通中实现，"进行流通的只是它的价值，并且这种流通是逐步地、一部分一部分进行的，和从它那里转移到作为商品进行流通的产品中去的价值相一致。"② 他还进一步说："完成的产品，……就脱离生产过程，作为商品从生产领域转移到流通领域。……作为商品储备的组成部分进行流通。"③ "这个价值是由资本家一次投入流通的；但它只是通过固定资本一部分一部分地加进商品的价值部分的实现，而一部分一部分地、逐渐地再从流通中取出的。"④ 由此可见，导致产生固定资本和流动资本区别的，不仅是资本价值转移的不同方式，——它们发生在生产过程中，——还要"从生产领域转移到流通领域"，"进行流通"，即不只是单纯的价值转移，而是价值实现。"因此，这种劳动资料的价值这时获得双重存在。其中一部分仍然束缚在它的属于生产过程的使用形式或实物形式上，另一部分则作为货币，脱离这个形式。"但又不能马上被使用，而是在劳动资料全部更新之前，"它的价值先以货币准备金的形式逐渐积累起来。"⑤

至于构成流动资本的一部分不变资本和可变资本，其价值都是一次性投入又一次性全部转移、再现在商品价值中，"经过流通领域的两个形态变化，并通过这种不断的更新，不断并入生产过程。"⑥

之所以强调进入流通，一方面因为劳动资料、劳动对象的价值转移到产品上去这一点，两者并没有区别，区别的是所转移的价值的实现方式不同，一种是部分价值流回实现，是"独特的流通"，一种是全部价值流回实现，都是发生在流通领域；另一方面因为流通领域远离生产领域，不容易与生产领域中的本质关系产生联系，而且流通中的竞争还会产生很多泡

---

① 《资本论》第 2 卷，人民出版社 1975 年版，第 177 页；2004 年版，第 177 页。

② 《资本论》第 2 卷，人民出版社 1975 年版，第 177 页；2004 年版，第 177 页。

③ 《资本论》第 2 卷，人民出版社 1975 年版，第 176—177 页；2004 年版，第 176—177 页。

④ 《资本论》第 2 卷，人民出版社 1975 年版，第 188 页；2004 年版，第 188 页。

⑤ 《资本论》第 2 卷，人民出版社 1975 年版，第 183 页；2004 年版，第 182，183 页。

⑥ 《资本论》第 2 卷，人民出版社 1975 年版，第 184—185 页；2004 年版，第 184 页。

沫、假象，将固有的本质关系掩盖。所以流通过程直接表现出来的东西，尽管具有某种程度的客观性，但一定是表面的、肤浅的。

在实际的资本运动中，固定资本和流动资本的区分早在资本家那里已有确定的经验，且重农学派和斯密也早有研究，而不变资本和可变资本的区分却只是马克思通过科学研究之后才提出的。马克思在第一卷中科学地论证，不变资本和可变资本的区别是本质的区别，两者的关系是资本的本质结构。这种本质区别、本质结构是内在的，真正体现不同部分资本职能的，是资本运动与生俱来的，但它不会直接地表现出来，所以在马克思之前没人发现、揭示，而资本这种外在的形式区别则突出地在社会表面上表现出来。换句话说，外在的形式早已将内在的本质区别掩盖得严严实实。

马克思还发现，固定资本转化成的劳动资料如机器是要维修的，但在不同资本家那里，所使用的维修劳动不同，从而费用不同，"机器等等在一个资本家手里可以使用到平均时期以上，在另一个资本家手里却不能使用这样长的时间。一个资本家的修理费用会高于平均数，另一个资本家的修理费用会低于平均数，如此等等。但是，由损耗和修理费用决定的商品加价，却是一样的，都是由平均数决定的。因此，一个资本家由这种价格追加得到的，比他实际追加的要多，另一个资本家则要少。这种情况，和其他一切造成同一生产部门的不同资本家在劳动力剥削相等时获得不等利润的情况一样，使人难于理解剩余价值的真正性质。"①

马克思之所以在研究、揭示了资本运动的本质结构之后又来研究资本的形式，并不是要比资产阶级学者多揭示出资本的一种结构，而是要阐明资本结构的复杂性、层次性，不可将它们等量齐观，以及批判外在的形式结构对内在的本质结构的掩盖、颠倒。

其次，批判这种资本形式区别的主观性、阶级性。必须看到，这种区分和产生也与资本家的经验和用心有关。从客观看，资本虽有灵性，但不会以物的形态自我表达，要有人格化的所有者、监护人、经营者为其代言，它们转化成的生产要素的职能不同，转移的方式不同，是由资本家由经验安排和区分的。而资本家也是在经营过程中逐步形成经验，例如机器的使用必须维修，而机器不会说话，但"经验会把投在一定生产部门的固定资本在平均寿命期间遇到的这种事故和所需要的维修劳动的平均量表示

---

① 《资本论》第 2 卷，人民出版社 1975 年版，第 199 页；2004 年版，第 198 页。

出来。"① 既然资本的各个部分有不同的职能和转移、实现方式，并被资本家的经营经验区分开来，那么自然要将它们分别命名，而且并非一开始就是统一不变的。例如魁奈最先命名的'原预付'和'年预付'，亚·斯密就把它们普遍化，"说成是'固定'资本和'流动'资本"②。

从主观看，对资本家来说，只凭经验命名。在他们的经验中，任何一个资本分子都是一样的，转化为劳动资料、劳动对象和劳动力的资本都是一样的资本，没有职能的不同、本质的不同，可以互相替代换位，这 100 镑既可以用在这里，也可以用在那里，因此就只能按照各部分价值的转移流回方式来区分。在他们的经验中，既然购买工人劳动力的资本和转化为劳动对象的资本都具有同样的价值流动方式，而与转化为劳动资料的资本不同，他们就很自然地分别赋予相应部分资本以流动资本和固定资本的概念了。而且，作为主导主体，他们还一定会将这种看法传输给整个社会，让工人也接受，不能发现被剥削的秘密和根源。可见，这一组概念的形成也具有主观性、阶级性、欺骗性。

再次，批判资本家对资本形式认识的杂乱性。马克思指出，资本家们并不真正了解固定资本，或者说，在他们观念中的固定资本是存在歧义的。资本家不是理论家，所以他们的各种看法只是通过不同的经济学家来表述的。——关于马克思对资产阶级经济学资本周转理论的批判，这里暂不涉及，在本章第三节再做分析——例如将"劳动资料在物质上所具有的某些"自然属性如物理不动性或固定性"看成是固定资本的直接属性，例如像房屋具有的物理不动性。"③ 又因轮船是流动的而将它看成是流动资本。或者，他们"把那种由价值流通引起的经济的形式规定性，和物质的属性混同起来"，这就把社会关系当成自然关系。实际上，"只有在资本主义生产方式下，以劳动过程性质为基础的劳动资料和劳动对象的区别，"才"以固定资本和流动资本的形式反映出来。只是因为如此，那种执行劳动资料职能的东西，才成为固定资本。"也就是说，一物的物质属性并不注定它只能充当劳动资料，在有的场合，也可以充当原料、生活资料。"它是不是固定资本，就要根据它的职能的不同来决定。"还有，把资本在

---

① 《资本论》第 2 卷，人民出版社 1975 年版，第 196 页；2004 年版，第 196 页，新版译文有调整，但意思不变。

② 《资本论》第 2 卷，人民出版社 1975 年版，第 399 页；2004 年版，第 399—400 页。

③ 《资本论》第 2 卷，人民出版社 1975 年版，第 180 页；2004 年版，第 180 页。

生产过程中固定时间的长短作为划分固定资本与流动资本的标准。他们不知道，"资本的这种固定存在，在时间上是长短不等的，但这并不造.成固定资本和流动资本的区别。"①

这些混乱之所以产生，有多方面的原因，但是，不知道资本循环与资本周转的区别是其中重要的一个。马克思在考察资本循环的时候就已经指出，资本必须固定在一个阶段执行职能，"一切资本在执行生产资本的职能时，都固定在生产过程中，因而生产资本的一切要素，不管它们的物质形式、职能和价值流通方式如何，也都是如此。"② 在执行职能之后才能进入下一个阶段，并且必须一个阶段接一个阶段地流动。在第八章研究资本周转的时候他又指出："我们曾经一般地说过，全部资本价值是处在不断流通之中，因此从这个意义上说，一切资本都是流动资本。"③。也就是说，既要固定又要流动。很显然，这些地方所说的固定、流动是从一般性的角度看的，都是专指资本的循环过程，并且三种循环形式都是这样，与周转过程中固定资本、流动资本所体现的固定、流动并非一回事。

续次，批判资本年周转次数掩盖可变资本周转次数。马克思已经阐明，在固定资本组成部分周转一次的时间内，流动资本周转多次。如果劳动资料十年才完全更新一次，固定资本一年内就只周转 0.1 次。但是，在一年时间内可变资本包括流动不变资本却可以周转多次，这样，总资本的价值总周转就不必等到十年、而很可能在一年左右即可周转一次。假定为一年总资本周转一次，资本家就会以此为据，说他一年才赚一次钱。但是，根据马克思的分析，生产剩余价值的是劳动者的剩余劳动，而雇用劳动力的可变资本在一年内可以周转多次，这就表明他一年内多次赚取剩余价值。可见，总资本的周转次数将可变资本的周转次数掩盖了，冲淡了。

更次，批判流动资本周转掩盖可变资本周转。固定资本周转周期很长，这就限制了总资本的周转速度。要总体上提高总资本的周转速度，就必须提高流动资本的周转速度。但在社会表面上，这种情况的结果就好像是总的流动资本周转速度的提高是增加资本收益的关键。马克思举例说明，两个资本家在一年内都使用同量的可变资本，每周都推动同量的劳动力，榨出同量的剩余价值，剩余价值率都是 100%，但 A 一年周转 10 次，而 B 一年周转 1 次，结果 A 的年剩余价值率是 1000%，而 B 则只有 100%，

① 《资本论》第 2 卷，人民出版社 1975 年版，第 181 页；2004 年版，第 181 页。
② 《资本论》第 2 卷，人民出版社 1975 年版，第 181 页；2004 年版，第 181 页。
③ 《资本论》第 2 卷，人民出版社 1975 年版，第 177 页；2004 年版，第 177 页。

相差 900%。"这个现象当然会产生这样的印象：似乎剩余价值率不仅取决于可变资本所推动的劳动力的量和剥削程度，而且还取决于某些从流通过程中产生的不可理解的影响；这个现象实际上也是被人这样解释的"①。

对此，马克思指出，流动资本包括流动不变资本和可变资本，表面看，两者的周转方式是一致的，但两者却有本质的区别。流动不变资本的周转再快，也不能生产出剩余价值，但是，可变资本就不同了，它的周转速度直接决定了剩余价值的生产速度。马克思指出，可变资本的周转与流动不变资本不同，后者无论预付多少，价值都是不变的。而可变资本则能够在周转中创造补偿的价值和剩余价值。而且，生产剩余价值的，并非预付的可变资本，而是实际使用的可变资本。"为一定期间而预付的可变资本在多大程度上转化为所使用的可变资本，即实际执行职能和发挥作用的可变资本，……只是看它在多大程度上在劳动过程中实际执行职能。在可变资本的一部分被预付，只是为了在以后时间被使用的这段间隔时间，这部分可变资本对劳动过程来说等于没有一样，因此，对价值和剩余价值的形成也没有影响。"② 所以，只要 B 资本实际使用的可变资本也与 A 一样大，结果就完全一样。

由此可见，资本的总周转不仅将流动资本的周转掩盖了，而且将流动资本中预付可变资本的周转与使用可变资本的区别掩盖了，将真正发挥作用的职能资本与只是作为条件的不发挥作用的资本的区别掩盖了。

最后，批判资本周转掩盖剩余价值的流通。

在考察资本周转的时候，剩余价值是暂时撇开的。③ 在阐明了总资本中的固定资本和流动资本、流动资本中的可变资本、预付可变资本和实际使用的可变资本等各种区别及其周转的特点，并批判了总资本的周转掩盖可变资本、实际使用可变资本的周转之后，马克思又进一步研究剩余价值的流通，批判资本周转对它的掩盖。

剩余价值的流通包括它的实现和使用，实现了以后被资本家消费掉的部分，就不再进入资本周转过程了。而没有被消费的部分，就继续留在周转过程中。但是，它与可变资本不同，完全是无酬劳动的凝结。并且在一

---

① 《资本论》第 2 卷，人民出版社 1975 年版，第 331 页；2004 年版，第 330 页。
② 《资本论》第 2 卷，人民出版社 1975 年版，第 333 页；2004 年版，第 332 页。
③ "我们要研究的首先是资本价值的周转，而不是和它一起同时周转的剩余价值的周转，所以，暂且撇开后者不说。"（《资本论》第 2 卷，人民出版社 1975 年版，第 186 页；2004 年版，第 186 页。）

个周转周期实现之后，可以重复使用，或者用于积累，或者充当用于维修固定资本的预付资本，也就是说，已经实现的剩余价值可以资本化。"不仅积累的资本，而且连一部分原预付资本，也可以仅仅是资本化的剩余价值。"① 而且，只要不断地周转，原预付资本的价值也会全部都是剩余价值的资本化。

一般而言，资本周转是原预付资本价值的周转，只要它的价值流回了，总资本就是周转了一次。但尽管原预付资本价值的一次流回不仅包含着可变资本的多次周转，而且还包含着剩余价值的多次实现，并有一部分用于扩大再生产。在第一卷，马克思已经指出，扩大再生产有内含的和外延的两种，都是规模的扩大。在这里，他又指出："剩余价值转化为资本，按其实际内容来说，就是规模扩大的再生产过程，而不论这种扩大是从外延面表现为在旧工厂之外添设新工厂，还是从内含方面表现为扩充原有的生产规模。"② 关于内含扩大再生产，有一种规模小部分地扩大，就此，他指出了多种情况，这些，都可以更加强对劳动的剥削，可以在不增加固定资本的条件下扩大，同时还使它的"周转期间则相应地缩短"③。还有一种是规模外延扩大的同时还伴有内含的扩大，这就需要有一定的货币积累。显然，剩余价值实现的这些情况资本价值的总周转是无法显现的。

单个资本的周转表现的只是单个资本家的经营状况，只要周转顺利实现了，资本家的经营就是成功的。显然，这种周转是以其他资本的正常周转为前提的。但是，正常周转还需要有别的前提。在考察剩余价值流通的场合，每个周期都产生的剩余价值都需要相应数量的货币来支付，这就相应地要求社会必须有不断增长的货币量。在使用金属货币且该国是黄金生产国的情况下，在不能因货币流通速度加快、货币作为支付手段职能的扩大而在各个资本家之间相互抵消的情况下，这些新增的货币需要多少，从哪里来，单单根据单个资本家的周转，不仅是无法实现，也无法表现。

如果资本家将一部分剩余价值用来扩大再生产，又可能有两种情况：一是实际的积累，二是货币准备金形式的积累。这些情况，资本周转也是无法表现的。

剩余价值周转得越快，年剩余价值率就越高。但是，资本周转显示出来的，却只是年利润率。后者是一年的增殖额与全部预付资本的比率，所

---

① 《资本论》第 2 卷，人民出版社 1975 年版，第 356 页；2004 年版，第 355 页。
② 《资本论》第 2 卷，人民出版社 1975 年版，第 356 页；2004 年版，第 355 页。
③ 《资本论》第 2 卷，人民出版社 1975 年版，第 357 页；2004 年版，第 356 页。

以大大低于年剩余价值。可见，资本周转在将年剩余价值率掩盖的同时，还将它颠倒地表现为年利润率了。

马克思还研究了另外一种情况，"一旦信用发展起来，原预付资本和资本化的剩余价值的关系就更加复杂。"一个资本家可以使用别的资本家储蓄在银行里的剩余价值，前者"无非是一个把他们占有的剩余价值资本化的代理人罢了。"① 这种情况表明，单个资本的运动与其他资本、或者说与社会总资本的关系密切了。或者说，信用的发展还导致剩余价值利用在社会范围内的扩大化。"当剩余价值的实现更加频繁，剩余价值生产的规模更加扩大时，新的货币资本即作为资本的货币投入货币市场的比例也会增加，其中至少有一大部分会重新被吸收来扩大生产。"② 这也是资本周转所无法表现的。

资本家处理剩余价值的方式还会因为信用的发展而发生改变，他们不会将已经实现但暂时不用的剩余价值全都放在保险箱里，而会将它存在银行或贷放出去，从而取得"由法定证件确认的资本家对第三者的索取权（法律证书）。……只要它是未来的资本，它就是资本家对社会未来的追加的年生产所持有的追加的和备用的法律证书。"③

马克思还以另外的方式——字面上是撇开不说，但实际上是有意指出——来提示不同资本家剩余价值流通的关系："由于流通中的各种冒险行为，一个资本家夺取了其他资本家的一部分剩余价值，……例如，A 攫取的并作为货币资本积累的一部分剩余价值，可以是 B 的一部分剩余价值，这部分剩余价值不会流回到 B 的手里。"④ 显然，这也是资本周转不能显示的。

总而言之，各个资本家剩余价值在流通中产生的形形色色的激流漩涡，都被资本周转表面的静流掩盖了。

第三节　资产阶级学者资本流通理论批判

流通领域在客观上是资本生产领域的延伸，是连接生产过程使之不断

---

① 《资本论》第 2 卷，人民出版社 1975 年版，第 356 页；2004 年版，第 355 页。

② 《资本论》第 2 卷，人民出版社 1975 年版，第 357—358 页；2004 年版，第 356 页。

③ 《资本论》第 2 卷，人民出版社 1975 年版，第 358 页；2004 年版，第 357 页。

④ 《资本论》第 2 卷，人民出版社 1975 年版，第 388 页；2004 年版，第 386—387 页。

进行的过程，是社会关系形成和扩大的过程，是生产领域产生的本质的外化、异化，以特殊方式展示生产过程内在规定的过程。如果联系资本的人格化，它又是资产阶级最先经营的领域，是资产阶级学者最先考察的领域，同时又是他们受其异相迷惑、进而夸大利用这些异相而制造混乱的领域。由于他们大都将它孤立起来观察，还因为他们对生产过程的内在本质、内在规律没有真正的了解，所以很难将生产领域的研究与流通领域的研究科学地联系起来。结果自然像盲人摸象一样，片面而肤浅。所以，他们资本流通理论的基础是不科学的、甚至是非科学的，流通理论本身是零碎的、表面的、片面的。但是，他们的研究也不是一无是处，在有的场合或问题上，除了刻意的、庸俗的辩护外，他们中也有人（例如斯密）通过错误的方式或错误的理论来反映资本运动的表象，就后者而言，也有一定的理论价值。所有这些，当然会被马克思深入批判。与对客观过程的批判不同，对具有主观形态且以辩护、掩盖、歪曲为乐事的资产阶级经济学、资产阶级学者，马克思除了客观地评述外，也加上主观的评判。

一、资产阶级经济学资本循环理论批判

在第二卷开头处，马克思说："资本在不同阶段所具有的不同形式，它在反复循环中时而采取时而抛弃的不同形式，……它们就成为我们研究的直接对象了。"[①] 所谓的直接对象，就是可以直接观察的对象，具有直接性。如果说，直接性的生产过程还可以让人看到资本家对雇佣工人的剥削和压迫，那么直接性的流通过程就将这一切全都掩盖了。对马克思来说，这个直接性对象包含着间接对象，是本质关系在流通领域的进一步发展，但对工人来说，这是个令人迷茫的迷宫、哈哈镜、万花筒，对资产阶级学者来说，这却是可以随意翻云覆雨的领域。

在研究资本循环的过程中，马克思从总体的和个别的两个层面对资产阶级经济学展开批判。

先看总体的批判：

在现实过程中，资本循环是三种形式的资本循环的统一，三种循环的"全部区别表现为单纯形式上的区别，或者说，表现为单纯主观上的、只对考察者才存在的区别。"[②] 马克思之所以分别考察三种循环形式，一方面

① 《资本论》第 2 卷，人民出版社 1975 年版，第 32 页；2004 年版，第 32 页。
② 《资本论》第 2 卷，人民出版社 1975 年版，第 117 页；2004 年版，第 117 页。

有科学研究的原因，必须将复杂的对象按其不同部分的不同运行进行割断处理，以免将不同部分的特殊规定、规律混为一谈。这种方法，前面已经分析过，这里不再重述。另一方面也有批判的原因，因为资产阶级学者也都分别以这三种循环形式为基础。他们这样做，是出于对资本循环的片面、片断看法，所以马克思有必要逐一追踪，方能逐一批判。

但是，资产阶级学者并不能在联系资本总循环的基础上来对它们逐一研究，而是根据他们所代表的不同利益集团的眼界来考察这些资本形式。总的看来，"经济学家既不区分不同的循环形式，也不分别考察它们和资本周转的关系。他们通常是考察 G…G′形式，因为这个形式支配着单个资本家，即使货币只是在计算货币的形式上成为出发点，这个形式也对他的计算有用。另一些人则从生产要素形式上的支出出发，一直考察到收回，但是对收回的形式是商品还是货币则闭口不谈。""另一些人则从 W′（形式Ⅲ）开始"①。在这个问题上，他们是只见树木，不见森林，但各有侧重。

马克思指出，重商主义者注意的是货币资本的循环：重商主义"这个体系以 G—W…P…W′—G′公式作为基础"，将资本运动当成一般的消费过程，它鼓吹"资本家个人只应该和工人一样消费，资本家国家应该把它们的商品让给其他比较愚昧的国家去消费和进行消费过程，而相反地应该把生产消费当作自己的终生事业。这种说教在形式上和内容上往往使人想起教父们类似的禁欲戒条。"②

马克思指出，"以 G′=G+g 为结果的公式 G—W…P…W′—G′，在形式上具有欺骗性，带有一种虚幻的性质，……这个公式强调的是……过程的货币形式，……强调的是资本家所有的金银数量的增加。"但是，即使是这样，重商主义的最初形式货币主义却还将其中的"W…P…W′"撇开，只注重"G—W—G′这个没有概念的形式"③，它把增殖仅仅归结为流通行为的结果；而后来"更为发展的重商主义"，则"把 G—W…P…W′—G′肯定为唯一的形式"，这样，"它就成了更为发展的重商主义体系的基础"④。在他们看来，赚钱第一，省钱第二。

资产阶级古典学派则重视生产资本的循环，这"是古典经济学用来考

① 《资本论》第 2 卷，人民出版社 1975 年版，第 173 页；2004 年版，第 173 页。
② 《资本论》第 2 卷，人民出版社 1975 年版，第 70 页；2004 年版，第 70 页。
③ 《资本论》第 2 卷，人民出版社 1975 年版，第 72—73 页；2004 年版，第 72 页。
④ 《资本论》第 2 卷，人民出版社 1975 年版，第 73 页；2004 年版，第 72 页。

察产业资本循环过程的形式。"① 这当然有其合理性，但由于它孤立地看待这个形式，所以也使它"更加容易忽视生产过程的确定的资本主义形式，而把生产本身说成是过程的目的，好像就是要尽可能多和尽可能便宜地进行生产，要使产品去交换尽可能多样的其他产品"②。

关于商品资本的循环，除了魁奈以外，所有的资产阶级学者都不重视。对魁奈以它为基础提出《经济表》这种做法，马克思给予极高的评价，称它"显示出他的伟大的正确的见识"③。不过，魁奈在这个基础上的研究，并不完全正确。他不能正确地了解工业部门的地位，不能正确对待资产阶级的作用，不能正确地理解商品经济。

以上所列举的各个学派各自偏好某个资本循环形式，但都忘了这些循环形式实际上都只是统一的总循环的一个方面。这是以偏概全。

资产阶级学者对现实资本总循环的实质和运动条件的理解也有很多错误。例如贝利，根本不了解产业资本的运动本身就是价值的运动，不了解运动条件对它的影响，从而不能理解价值革命对它的影响。马克思批判道："把价值的独立性看作是单纯抽象的人忘记了，产业资本的运动就是这种抽象的实现。在这里，价值经过不同的形式，不同的运动，在其中它保存自己，同时使自己增殖，增大。"④ 他还指出，尽管从资本的单纯运动看，可以暂时不考虑可能发生的价值革命对它的影响，或者说，单个资本"在它作为独立价值完成它的循环过程时，因而只有在价值革命按某种方式得到克服和抵销时，才能够存在和继续存在。"⑤ 这就涉及各个时期的商品价值是否具有同一性，但是，贝利却"丝毫没有觉察到"⑥。这里批判虽然是贝利，但与贝利一样对价值及其循环条件存在着"总的误解"、不承认价值独立性的庸俗学者，在资产阶级学者中大有人在。所以这就是在批判庸俗经济学。

在这里，马克思还批判了将一般商品流通与资本循环混淆起来的错误：没有发现的两者的区别和联系，以及后者对前者的"侵入"、改造和控制。他分析道，产业资本的循环"是和各种不同的社会生产方式的商品

① 《资本论》第 2 卷，人民出版社 1975 年版，第 100 页；2004 年版，第 100 页。
② 《资本论》第 2 卷，人民出版社 1975 年版，第 107 页；2004 年版，第 107 页。
③ 《资本论》第 2 卷，人民出版社 1975 年版，第 115 页；2004 年版，第 115 页。
④ 《资本论》第 2 卷，人民出版社 1975 年版，第 122 页；2004 年版，第 122 页。
⑤ 《资本论》第 2 卷，人民出版社 1975 年版，第 122 页；2004 年版，第 122 页。
⑥ 《资本论》第 2 卷，人民出版社 1975 年版，第 123 页；2004 年版，第 123 页。

流通交错在一起的，只要这些生产方式同时是商品生产"，并且"商品来源的全面性，市场作为世界市场而存在，是产业资本流通过程的特点。"① 所以不能因为这样就以为它与这些一般的商品流通就是同样性质的过程。他还进一步阐明："一般商品流通的规律，只有在资本流通过程形成简单流通行为的序列时，才是适用的，而在简单流通行为的序列形成单个产业资本循环的职能上确定的阶段时，却是不适用的。"②

马克思还指出，上述错误引发了德国历史学派的错误：把自然经济、货币经济和信用经济作为社会生产的三个具有特征的经济运动形式而互相对立起来。对此，马克思分析了它的三个错误：第一，"这三个形式并不代表对等的发展阶段。所谓信用经济本身只是货币经济的一种形式，……货币经济和信用经济只适用于资本主义生产的不同发展阶段，决不是和自然经济对立的两种不同的独立的交易形式。"③ 也就是说，这是对发展阶段的莫大误解。"第二，因为人们在货币经济和信用经济这两个范畴上强调的并且作为特征提出的，……是不同生产当事人或生产者之间的同经济相适应的交易方式，"如果以这样的标准看，摆在第一位的，就应该是交换经济，"而不是自然经济"④ 了。自然，这是对判断发展阶段标准的莫大误解。第三，马克思又进一步指出它的根本性错误：将资本主义生产当作规模较大的商品货币经济，而与其他"货币经济"混为一谈。它完全将资本主义生产的社会性质与一般商品生产的社会性质混同了，但实际上是前者决定后者，"后者是由前者产生的。"⑤

对总循环存在错误理解，对个别循环的认识就必然错误。

关于货币资本的循环，资产阶级学者的错误认识是十分明显的。其最基本的错误是将一般的流通和特殊的流通混为一谈。如果说，在生产领域，一般过程和特殊过程的运动方向有比较明显的不同，例如，"机器就其本身来说缩短劳动时间，而它的资本主义应用延长工作日；……机器本身减轻劳动，而它的资本主义应用提高劳动强度；……机器本身是人对自

---

① 《资本论》第 2 卷，人民出版社 1975 年版，第 126，127 页；2004 年版，第 126，127 页。

② 《资本论》第 2 卷，人民出版社 1975 年版，第 130 页；2004 年版，第 129—130 页。

③ 《资本论》第 2 卷，人民出版社 1975 年版，第 132—133 页；2004 年版，第 132 页。

④ 《资本论》第 2 卷，人民出版社 1975 年版，第 133 页；2004 年版，第 133 页。

⑤ 《资本论》第 2 卷，人民出版社 1975 年版，第 133 页；2004 年版，第 133 页。

然力的胜利，而它的资本主义应用使人受自然力奴役；……机器本身增加生产者的财富，而它的资本主义应用使生产者变成需要救济的贫民"①，如此等等，只要不带阶级的偏见，要了解这些差别是不难的。但是，流通过程是一个表象的领域，在这里，一切都是变动不居的，一切都是形式的，"这个领域确实是天赋人权的真正乐园。那里占统治地位的只是自由、平等、所有权和边沁。"② 在这里，一般的货币和特殊的货币在购买商品的时候都执行一样的职能。这种表象不仅给资产阶级经济学以理论的支撑，而且给它以经验的验证。正是在此基础上，产生了一系列的错误：

首先，对货币资本的理解是错误的。货币资本虽然表现为一般的货币，但不是作为一般的货币执行职能。马克思指出：资产阶级学者"通常有两种平行的或彼此交叉的错误。第一，资本价值作为货币资本执行的各种职能，这些正是由于它处于货币形式而能够执行的职能，被错误地认为是从它的资本性质产生的。其实，这些职能只是来源于资本价值的货币状态，来源于它的货币表现形式。"这是指他们将一般货币的职能与特殊货币的职能混为一谈了。第二，他们又将货币和资本的社会性质的区别抽掉了，从而"使货币职能同时成为资本职能的这种货币职能的特殊内容，被认为是从货币的本性产生的（因此，把货币和资本混为一谈了）。其实，货币要执行这种职能，例如这里完成 G—A 行为，需要一定的社会条件，而这种社会条件在简单商品流通和相应的货币流通中是根本不存在的。"③

其次，对货币资本循环第一环节 G—A 的性质和实质认识不清。马克思指出："G—A 是货币资本转化为生产资本的一个具有特征性质的因素，因为它是以货币形式预付的价值得以实际转化为资本，转化为生产剩余价值的价值的重要条件。"④ 但在资产阶级经济学那里，G—A 却与一般的G—W 没有什么区别。更有甚者，"G—A 被认为是所谓货币经济的特征或标志，是因为在这里劳动是它的所有者的商品，因而货币是买者——就是说，是因为有了这种货币关系（即人类活动的买卖）。"⑤

再次，马克思还阐明，资本家获得的 G′中包含 G 和 g，g 是作为收入消费掉的，没有进入资本循环。但"庸俗经济学把不进入资本循环的流

① 《资本论》第 1 卷，人民出版社 1975 年版，第 483 页；2004 年版，第 508 页。
② 《资本论》第 1 卷，人民出版社 1975 年版，第 199 页；2004 年版，第 204 页。
③ 《资本论》第 2 卷，人民出版社 1975 年版，第 39 页；2004 年版，第 39 页。
④ 《资本论》第 2 卷，人民出版社 1975 年版，第 36 页；2004 年版，第 36 页。
⑤ 《资本论》第 2 卷，人民出版社 1975 年版，第 37 页；2004 年版，第 37 页。

通，即价值产品中作为收入消费的那个部分的流通，说成是资本特有的循环，这就典型地说明他们是多么痴呆。"① 不能区分生产消费与个人消费，当然是痴呆。

关于生产资本的循环，资产阶级学者的错误也很明显。他们重视生产过程，自然不重视作为中介的总循环，会认为在 P…W′—G′（G+g）—W…P 中"G 和 g 只是转瞬即逝的流通手段，"这样，"货币和货币资本的特性都可能被忽视，全部过程也显得简单和自然"；而且，"在考察商品资本时，利润有时被忘记，在说到作为总体的生产循环时，商品资本不过作为商品出现；而在说到价值的组成部分时，商品资本则作为商品资本出现。"②

再看庸俗经济学，它只是"把资本主义的生产过程看作单纯的商品生产，看作用于某种消费的使用价值的生产，而资本家生产这些商品，照庸俗经济学的错误论断，不过是为了用具有别种使用价值的商品来代替或者交换这些商品。"③ 这样，它就将生产资本循环的特殊社会性质抽掉了，将它的增殖目的完全掩盖了。

对这两种错误，马克思分析了其产生的原因："产业资本在生产领域只能存在于和一般生产过程，从而也和非资本主义的生产过程相适应的构成中，同样，它在流通领域也只能存在于两种和流通领域相适应的形式，即商品形式和货币形式中。……在这里，货币职能和商品职能所以同时又是货币资本的职能和商品资本的职能，只是由于它们作为产业资本在循环过程不同阶段上所要完成的职能的形式是互相联系的。"简单说，就是特殊过程与一般过程并存共生，但又有根本的区别，资产阶级学者不了解这种情况，或者有意利用、夸大这种情况来混淆视听，所以，"企图从货币和商品的资本性质得出表明货币所以是货币，商品所以是商品的特征的那些属性和职能，是错误的；反过来，企图从生产资本采取的生产资料这一存在方式得出生产资本的属性，同样是错误的。"④

马克思研究生产的资本循环，直接的目的是考察循环连续的规律和条件。他发现，生产与消费有内在联系。"货币资本转化为生产资本，就是

---

① 《资本论》第 2 卷，人民出版社 1975 年版，第 82 页；2004 年版，第 82 页。
② 《资本论》第 2 卷，人民出版社 1975 年版，第 107—108 页；2004 年版，第 107—108 页。
③ 《资本论》第 2 卷，人民出版社 1975 年版，第 81 页；2004 年版，第 80—81 页。
④ 《资本论》第 2 卷，人民出版社 1975 年版，第 95 页；2004 年版，第 95 页。

为生产商品而购买商品。只有消费是这种生产消费，它才进入资本本身的循环；而这种消费的条件是，通过这样消费掉的商品生产出剩余价值。"显然，资本主义生产和"以维持生产者的生存为目的的生产，甚至商品生产，是很不相同的。这样一种由剩余价值的生产所决定的用商品代替商品，和本来的产品交换（只是以货币为媒介）完全不同。"① 因为它是大批量生产的，而且只能由大商人直接购买，这样就造成生产与最终消费的脱节。"可是，经济学家们竟以此证明生产过剩是没有可能的。"② 可见，他们有意混淆一般过程和特殊过程，竟然是为了否认经济危机的可能性。

关于商品资本的循环，它的运动特点也使部分资产阶级学者产生迷茫，以为流通能够提供生产过程所需要的一切，以至于片面地强调流通的作用。"在公式Ⅲ中，市场上的商品是生产过程和再生产过程的经常性的前提。因此，如果专门注意这个公式，生产过程的一切要素就好象都是来自商品流通，只是由商品构成。这种片面的看法忽视了生产过程的那些与商品要素无关的要素。"③ 但是，实际上这些要素按什么样的比例匹配、各种主体的作用、劳动者与生产资料"结合的特殊方式和方法"④ 从而生产关系的状况等，都不是市场能够提供的。而且，马克思还指出，提供要素还包含一个量和时间的规定。在撇开外贸的条件下，即使劳动生产率不变，市场是否能够立即提供足够的要素量，也是个问题。所以，流通并非万能。

在简单再生产的情况下，无论生产出来的产品是否可分离，它们在观念上都可当作资本原价值和剩余价值两个组成部分分别流通，⑤ 因而作为生产过程中介的总流通 W′—G′—W，可分离出 W—G—W 和 w—g—w 两个不同的流通序列，它们"都属于普通商品流通。"⑥ 这样一来，就看不到资

---

① 《资本论》第 2 卷，人民出版社 1975 年版，第 88 页；2004 年版，第 87 页。

② 《资本论》第 2 卷，人民出版社 1975 年版，第 88 页；2004 年版，第 87 页。

③ 《资本论》第 2 卷，人民出版社 1975 年版，第 115 页；2004 年版，第 114 页。

④ 《资本论》第 2 卷，人民出版社 1975 年版，第 44 页；2004 年版，第 44 页。

⑤ "如果商品产品比如说是一台价值 500 镑并具有同样价值构成的机器，那末，虽然这台机器的价值的一部分=78 镑是剩余价值，但是这 78 镑只存在于总机器中；它不可能分成资本价值和剩余价值，除非把机器敲碎，而这样就连同它的使用价值一起把它的价值也毁掉了。因此，价值的两个组成部分只能观念地用商品体的各个组成部分来表示，""它的价值的各个组成部分实际上是观念地分割开来的。"（《资本论》第 2 卷，人民出版社 1975 年版，第 78、79 页；2004 年版，第 78、79 页。）

⑥ 《资本论》第 2 卷，人民出版社 1975 年版，第 79 页；2004 年版，第 79 页。

本关系了。但这只是表象，马克思说："我们不要忽略这件小事：w 是资本家没有付出任何代价就得到的一个商品价值，是剩余劳动的化身，因此，它原来就是作为商品资本 W′的一个组成部分出场的。所以，这个 w 本身按它的存在来说，就和处在过程中的资本价值的循环联结在一起。"①

二、资产阶级经济学资本周转理论批判

关于资本周转，资产阶级经济学也有很多错误。

其一，资产阶级"经济学家既不区分不同的循环形式，也不分别考察它们和资本周转的关系。"② 在前面，马克思已经考察了资本循环 I、II、III 等三个形式，在这里，他又指出，形式 III 不适宜用来考察资本周转，"至于循环 I 和循环 II，那末，在主要是研究周转对剩余价值的形成的影响时，我们应该抓住前者；而在主要是研究周转对产品的形成的影响时，我们就应该抓住后者。"但是，就有的资产阶级学者（查默斯）却"从 W′（形式 III）开始"，他甚至不知道："因为资本的周转总是以货币形式或商品形式的资本价值的预付开始，并且总是使循环中的资本价值回到它预付时的形式。"③ 不了解应该考察什么，怎么可能正确地考察出什么。

其二，不能正确地区分固定资本和流动资本。

当然，也有资产阶级学者在客观上是从形式 I 或主要是形式 II 来考察的。不过，他们面对周转中产生两种不同的形式：固定资本和流动资本，尽管已经意识到这种区别的实际重要性。"固定资本是为较长时间预付到生产过程中去的，也许要经过许多年才有更新的必要"④，但对它们的认识却不正确，并且也别有用意。

首先，"把固定资本和流动资本的范畴混同于不变资本和可变资本"⑤，或者说，用前者来掩盖、否定后者。很显然，这是根本性的错误。不变资本和可变资本的区分是马克思根据资本对剩余价值生产的不同职能而提出的，它表明只有可变资本才是剩余价值的真正来源，固定资本只是创造剩余价值的必要条件。因为剩余价值作为一种本质规定在生产过程中是被掩

---

① 《资本论》第 2 卷，人民出版社 1975 年版，第 81 页；2004 年版，第 81 页。
② 《资本论》第 2 卷，人民出版社 1975 年版，第 173 页；2004 年版，第 173 页。
③ 《资本论》第 2 卷，人民出版社 1975 年版，第 173 页；2004 年版，第 173 页。
④ 《资本论》第 2 卷，人民出版社 1975 年版，第 258 页；2004 年版，第 258 页。
⑤ 《资本论》第 2 卷，人民出版社 1975 年版，第 180 页；2004 年版，第 180 页。

盖的，所以，可变资本也是不能直接观察的、内在的。正因为这样，不仅在马克思之前的所有的资产阶级学者都没有这种认识，而且在马克思解释这种本质区别之后，所有的资产阶级学者也全都有意地否认这种区别。反之，固定资本和流动资本则是根据价值的周转形式不同来区分，是生产过程表面可以直观的、外在的。正因为这样，它早已形成资本家的观念，并由资产阶级学者有意在理论上的反映而强化。如果从理论发展来看，是先有固定资本和流动资本范畴在资产阶级经济学中的存在，马克思发现了它的虚假性和一定程度的合理性，再在批判的基础上提出不变资本和可变资本范畴的。

其次，不是从资本价值的周转，而是从物质形式来理解这种区别。马克思指出："全部资本价值是处在不断流通之中，因此从这个意义上说，一切资本都是流动资本。"[1] 同时，"一切资本在执行生产资本的职能时，都固定在生产过程中"[2]，所以，不能从资本在生产过程中执行什么职能来判断是固定资本或流动资本，而必须根据资本价值在一个周转周期的周转特征来区分。为了避免误解，他还特地阐明，只有生产资本才能有这样的区别，并且即使"固定资本的所有权证书"的变更也不会改变这种划分。[3]

在此基础上，他分析了资产阶级学者常犯的几种错误：

"把劳动资料在物质上具有的某些属性，看成固定资本的直接属性"[4]，如物理不动性。但有很多能够移动的物质如船舶却是不折不扣的固定资本。

他们或许还知道，厂房、机器等真正的劳动资料是固定资本，但对另外一些始终固定在生产过程中的生产资料，即辅助材料，也和机器、厂房一样，在物质上不加入产品，"只是按照它们的价值加入产品的价值，成为产品价值的一部分；因此，这种材料的职能被牢牢地限制在生产领域之内，——这种情况曾经使象拉姆赛这样的经济学家（他同时还混淆了固定资本和不变资本）错误地把这部分生产资料列入固定资本的范畴。"[5] 也就是说，拉姆赛等人并不真正了解固定资本的实质。不是以资本价值在一个周转周期的周转特征为标准来区分固定资本和流动资本。

---

① 《资本论》第 2 卷，人民出版社 1975 年版，第 177 页；2004 年版，第 177 页。
② 《资本论》第 2 卷，人民出版社 1975 年版，第 1、181 页；2004 年版，第 181 页。
③ 《资本论》第 2 卷，人民出版社 1975 年版，第 182 页；2004 年版，第 182 页。
④ 《资本论》第 2 卷，人民出版社 1975 年版，第 180 页；2004 年版，第 180 页。
⑤ 《资本论》第 2 卷，人民出版社 1975 年版，第 178 页；2004 年版，第 178 页。

"把那种由价值流通引起的经济的形式规定性，和物质的属性混同起来，好象那些就本身说根本不是资本，只是在一定社会关系内才成为资本的东西，就它们本身说天生就可以是具有一定形式的资本——固定资本或流动资本。"①

把那些在较长期固定在劳动过程中的生产资料因而需要资本家进行相当长期的预付的资本也当作固定资本。但实际上资本的长期固定存在并非造成固定资本和流动资本区别的原因。②

还有人（斯克罗普）"把那种对单个资本家来说由支付期限和信用关系而在流动资本某些部分的流动中引起的差别，和那种由资本性质引起的周转混为一谈。"③ 显然，后者是实际的差别，而前者则只是表面的差别。在还没有考察信用关系的时候就将它拉进研究过程，这必然导致研究的混乱，特别是对固定资本研究的混乱。马克思进一步分析指出，信用关系所影响的，主要是工资支付④和原料、辅助材料价值的流回、重新投入，及其物质储备。"只要流动资本的某些要素必须在生产过程的一个准备阶段（例如木材的干燥）上比其他要素停留得久些，就会在流动资本的周转上产生其他的差别。"所以，"信用制度，……对单个资本家来说，会使周转发生变化。"⑤ 但影响的主要是流动资本部分。

再次，超出生产资本的范围谈这两种资本的对立。"亚·斯密以来的经济学错误地把它们和生产资本的流动部分一起列入流动资本这个范畴。实际上，它们是与生产资本相对立的流通资本，但不是与固定资本相对立的流动资本。"⑥ 也就是说，他们把流动资本与流通资本混为一谈了。

对这些糊涂观念，马克思在分别结合实际过程给以全面深入的分析批判的基础上，还进一步系统地分析几个有代表性的资产阶级学者的理论。

第一个是魁奈。在魁奈的时代，政治经济学还没有发展为一个体系，

---

① 《资本论》第 2 卷，人民出版社 1975 年版，第 180—181 页；2004 年版，第 180 页。

② 《资本论》第 2 卷，人民出版社 1975 年版，第 180 页；2004 年版，第 180 页。

③ 《资本论》第 2 卷，人民出版社 1975 年版，第 208 页；2004 年版，第 208 页。

④ "工人在得到买者支付他的劳动力价格以前，就让买者消费他的劳动力，因此，到处都是工人给资本家以信贷。"（《资本论》第 1 卷，人民出版社 1975 年版，第 197 页；2004 年版，第 202 页。）

⑤ 《资本论》第 2 卷，人民出版社 1975 年版，第 210 页；2004 年版，第 209，210 页。

⑥ 《资本论》第 2 卷，人民出版社 1975 年版，第 187 页；2004 年版，第 187 页。

所以在他那里，并没有固定资本和流动资本的概念。不过，由于他研究的是农业生产资本，只提出与它们相对应的"原预付"和"年预付"概念。但他把这两种资本的区别"归结为它们加入成品的价值的方式不同，从而归结为它们的价值随着产品的价值一起流通的方式不同，并从而归结为它们的补偿或再生产的方式不同"①，而且，他还正确地"把预付在工资上的资本部分正确地列入……'年预付'。"② 在那个年代，能够有这样的见识诚属不易。但马克思也指出："他们不是把劳动力本身，而是把付给农业工人的生活资料……表现为租地农场主使用的生产资本的组成部分。……在他们看来，由劳动加到产品中去的那部分价值……，只是等于付给工人的为维持他们作为劳动力的职能所必须消费的生活资料的价值。他们的理论本身使他们不可能发现不变资本和可变资本的区别。"③ 对魁奈，马克思是有褒有贬，很有分寸。

第二个是斯密。马克思在肯定他使这两个范畴普遍化是对魁奈的进步之后，还充分肯定他有"自己的较为深刻的内在的见解"④，即"正确地把固定资本和流动资本的区别只是归结为生产资本不同组成部分的不同的流通和周转。""因为区别是同价值有关，而不是同物质要素有关。"⑤ 所以这是正确的。在科学史上，这种正确见解是有价值的，但是，斯密这种见解并不是建立在科学研究的基础上，所以很容易发生动摇，更多的场合则是根据粗浅的经验主义的方法所产生的糊涂观念来解释资本的这种形式区别，因而产生了许多错误。

首先，关于固定资本和流动资本的区分标准和范围。

斯密对固定资本和流动资本形式区分没有确定的范围。在他的理论中，无论是生产资本，还是流通资本，都能产生这样的形式区别。在有的场合，他能"正确地把固定资本和流动资本的区别只是归结为生产资本不同组成部分的不同的流通和周转"⑥，但在别的场合，又糊涂了。他说：

---

① 《资本论》第 2 卷，人民出版社 1975 年版，第 211 页；2004 年版，第 211 页。

② 《资本论》第 2 卷，人民出版社 1975 年版，第 236 页；2004 年版，第 236 页。

③ 《资本论》第 2 卷，人民出版社 1975 年版，第 236 页；2004 年版，第 236 页。

④ 《资本论》第 2 卷，人民出版社 1975 年版，第 221 页；2004 年版，第 221 页。

⑤ 《资本论》第 2 卷，人民出版社 1975 年版，第 223 页；2004 年版，第 223，224 页。

⑥ 《资本论》第 2 卷，人民出版社 1975 年版，第 223 页；2004 年版，第 223 页。

"一个商人的资本完全是流动资本"①。很显然，他是混淆了生产资本和流通资本，认为流通资本也有固定资本和流动资本的区分。这样，他就抛弃了重农学派区分原预付和年预付的基础，从而从那里退后了。对此，马克思毫不留情地斥责："在亚·斯密的头脑里，一方面是重农学派所说的区别，另一方面是资本价值在它的循环中所经过的形式的区别。这二者杂乱无章地混在一起。"② 在研究社会总资本实现的场合，马克思还阐明，斯密虽然将重农学派的原预付和年预付确定为固定资本和流动资本，但重农学派还能从租地农场主从留下种子看到"不变资本价值以更新的形式再现出来"，而斯密却看不到这一点，从而把物是否"固定"或"流动"看成是区分固定资本和流动资本的"决定性区别，并且坚持不变。"③

本来，只能就单个资本来考察资本的这种形式区别，但斯密还把固定资本和流动资本既当作一个资本的使用方法，又当作不同资本的使用方法。他一会儿说："一个资本可以有两种不同的使用方法"，就是说，作为流动资本或作为固定资本。一会儿又说："行业不同，它们所使用的固定资本和流动资本之间的比例也极不相同。"④ 显然，后者已经与前者不同了。可见，他时而从资本在不同行业的不同使用方法，时而又从生产资本的不同组成部分来看待资本的这种形式区别。

斯密还以生产要素是否在物质上进入产品作为划分固定资本和流动资本的标准，"把固定资本和流动资本的性质看作是物品固有的性质"⑤。马克思指出，这是"把产品即商品资本在流通领域中通过的、以商品的转手为媒介的纯粹形式上的商品形态变化，同生产资本的不同要素在生产过程中通过的物体上的形态变化相提并论"，"把商品转化为货币和货币转化为商品即卖和买，同生产要素转化为产品混为一谈"⑥。他指出："生产资本的各种要素在劳动过程中的不同作用，只是固定资本和非固定资本的区别

---

① 转引自《资本论》第 2 卷，人民出版社 1975 年版，第 215 页；2004 年版，第 215 页。

② 《资本论》第 2 卷，人民出版社 1975 年版，第 215 页；2004 年版，第 215—216 页。

③ 《资本论》第 2 卷，人民出版社 1975 年版，第 401 页；2004 年版，第 401 页。

④ 转引自《资本论》第 2 卷，人民出版社 1975 年版，第 217 页；2004 年版，第 217 页。

⑤ 《资本论》第 2 卷，人民出版社 1975 年版，第 227 页；2004 年版，第 227 页。

⑥ 《资本论》第 2 卷，人民出版社 1975 年版，第 220 页；2004 年版，第 220 页。

的起点，而不是这种区别本身"①，显然，斯密是将"起点"和"区别本身"混为一谈了。

斯密认为："如果它<资本>被用来获得未来的利润，那末，要获得这个利润，他<所有者>就必须或者保留它，或者放弃它。在前一个场合，它是固定资本；在后一个场合，它是流动资本。"所谓的"保留"、"放弃"，指的是资本是否留在生产过程，是否进入产品中。对此，马克思指出："在这里，首先引人注目的，是关于利润的粗浅的经验主义的观念，这种观念是从普通资本家的看法中得出来的，是和亚·斯密自己的较为深刻的内在的见解完全矛盾的。……因为剩余价值只是通过产品的出售，……通过流通而产生。"马克思进一步指出，"这里所说的利润产生的不同方法，只是对生产资本的不同要素发生的不同作用的错误表达，也就是对它们作为生产要素在劳动过程中发生的不同作用的错误表达。"之所以这样，因为他是站在单个资本家的立场上来看问题的，"对单个资本家具有主观上的意义"②。换句话说，斯密受资本家的粗浅经验的左右，不再坚持他在有的场合的正确观点。

其次，关于流动资本的错误看法。

斯密说，资本家的"资本不断地以一种状态离开他，以另一种状态回到他那里，并且只有通过这样的流通或连续的交换，才能给他提供利润。因此，这种资本可以非常恰当地称为流动资本。"③ 他还说："使用的资本，在仍然保留在它的所有者手中或保持原状时，不会给它的所有者提供收入或利润。"④ 也就是说，要不断地更换所有者。可见，他以通过不断地交换和更换所有者来判断能否产生这种形式区别。⑤ 对此，马克思批判道：斯密是"把生产资本和处于流通领域的资本（商品资本和货币资本），同固

① 《资本论》第2卷，人民出版社1975年版，第220页；2004年版，第220页。
② 《资本论》第2卷，人民出版社1975年版，第221页；2004年版，第221，222页。
③ 转引自《资本论》第2卷，人民出版社1975年版，第214页；2004年版，第214页。
④ 转引自《资本论》第2卷，人民出版社1975年版，第213页；2004年版，第213页。
⑤ 例如，他将种子也归入固定资本的范畴。因为"它从不更换所有者，所以实际上没有进入流通。"（转引自《资本论》第2卷，人民出版社1975年版，第401页；2004年版，第401页。）

定资本和流动资本根本混同起来"① 了。

对斯密的这种奇谈怪论，马克思做了全面的批判。指出他"把流动资本同商品资本和货币资本，也就是同两种根本不属于生产过程的资本形式等同起来"②，从而让它们同时执行生产资本的职能。显然，这是不可能的。还指出他的流动资本撇开了劳动力："引人注目的是，亚·斯密在列举流动资本的组成部分时忘记了劳动力。"之所以这样，"因为斯密在这里把流动资本和商品资本混同起来，所以他不可能把劳动力列入他的流动资本的项目内。因此，在他那里，可变资本以工人用自己的工资购买的商品即生活资料的形式出现。"显然，这是将工人的劳动力与工人的生活资料混为一谈了。马克思指出，"并入生产过程的，是劳动力，是工人本身，而不是工人赖以维持的生活资料。"③ 但是，在斯密那里，流动资本不过是商品资本的另外一个名称。而劳动力在市场上只是商品，不是资本，所以，斯密不可能将它列入商品资本的项目内，"因此，在他那里，可变资本以工人用自己的工资购买的商品即生活资料的形式出现。"④ 这样，他也就将可变资本掩盖起来了。并且，这说法也为庸俗的"劳动基金说"提供了重要理论依据。⑤ 在这里，马克思还联系资本家的观念，阐明它怎样影响着作为资产阶级学者的斯密。

马克思深知，要批判资产阶级学者，不能简单地用自己首先创立的科学理论，而要根据客观事实，所以，他花费很大的篇幅，联系斯密所提出的理论观点逐一进行对照分析。例如对斯密关于固定资本由四类物质组成，流动资本由四项物质组成的说法，逐项分析，指出其分类有的与固定资本、流动资本挂不上钩。这样分解似乎繁琐，但很有必要。在两大很难交集的对立体系之间，只能通过分析客观事实才能进行对话。了解这一点，我们就会知道，这样详细地分析事实，并非罗嗦，而是提升了说服力，很能对方的打中要害，让为他辩护的人难以置喙。

此外，马克思还阐明，斯密的错误与重农学派的错误有关。因为重农

----

① 《资本论》第2卷，人民出版社1975年版，第215页；2004年版，第215页。
② 《资本论》第2卷，人民出版社1975年版，第228页；2004年版，第228页。
③ 《资本论》第2卷，人民出版社1975年版，第231页；2004年版，第231页。
④ 《资本论》第2卷，人民出版社1975年版，第231页；2004年版，第231页。
⑤ "可变资本的物质存在，即它所代表的工人生活资料的量或所谓劳动基金，被虚构为社会财富中受自然锁链束缚的而且不能突破的特殊部分。"（《资本论》第1卷，人民出版社1975年版，第670页；2004年版，第706页。）

学派认为，剩余价值（他们所谓的"纯产品"）是由自然在农业上的"特殊活动（帮助）产生"①，因此，"在他们看来，由劳动加到产品中去的那部分价值（正像原料、劳动工具等不变资本的物质组成部分加到产品中去的那部分价值完全一样），只是等于付给工人的为维持他们作为劳动力的职能所必须消费的生活资料的价值。他们的理论本身使他们不可能发现不变资本和可变资本的区别。"重农学派的这种错误，也对斯密产生了误导。

再次，关于固定资本的错误看法。

在斯密看来，与流动资本不同，固定资本是不要交换和变换所有者的。他说："用来购买有用的机器和劳动工具，或者用来购买这一类东西，这些东西不必更换所有者或进一步流通，就可以提供收入或利润。因此，这种资本可以非常恰当地称为固定资本。"②将资本价值的周转特征与更换所有者、流通混为一谈，真是匪夷所思，也只有斯密才如此肆无忌惮。

思维的错乱还导致其结论的混乱："对一个机器制造厂的厂主来说，机器是产品，会作为商品资本来流通，因此，用亚·斯密的话来说是'会卖掉，会更换所有者，会进一步流通'"③，从而是流动资本。这样，我们又看到，上面所涉及的那种杂乱无章再次出现了。"因此，在亚·斯密看来，同样的东西，按照它们在资本生活过程中所处的地位，既能够作为固定资本（即劳动资料，生产资本的要素）执行职能，又能够作为'流动'资本，商品资本（即离开生产领域，转入流通领域的产品）执行职能。"④

斯密还将是否"固定在劳动工具上"⑤、在物体上是否加入产品来判断是否固定资本的标准。他认为，生产资本的各种要素虽然总是属于同一种类，但有的要素不断地由同一种新的物品组成，因为它要不断地加入产品；有的要素却无需由同一种新的物品来不断替换，因为它没有加入产品，而在许多周内的生产上继续发挥作用。对此，马克思使用归谬法批判，他举采矿业为例，说明"按照亚·斯密自己的定义，在采铜业上使用

---

① 《资本论》第 2 卷，人民出版社 1975 年版，第 237 页；2004 年版，第 237 页。

② 转引自《资本论》第 2 卷，人民出版社 1975 年版，第 218 页；2004 年版，第 218 页。

③ 《资本论》第 2 卷，人民出版社 1975 年版，第 216 页；2004 年版，第 216 页。

④ 《资本论》第 2 卷，人民出版社 1975 年版，第 216 页；2004 年版，第 216 页。

⑤ 转引自《资本论》第 2 卷，人民出版社 1975 年版，第 218 页；2004 年版，第 218 页。

的全部资本只是由固定资本构成的。"① 反之，在纺织业，只要棉花作为生产要素执行职能，资本家就不会将它卖掉。这样，它就不是斯密所说的流动资本了。

斯密还提出一个非常奇怪的结论："任何固定资本最初都来源于流动资本"，究其原因，这是"他把流通资本和流动资本即非固定资本混同起来。……按照他自己的说法，机器作为商品是流动资本的第四部分。因此，说它们来源于流动资本，这只是意味着：它们在执行机器的职能以前，执行过商品资本的职能，但是从物质上说，它们是来源于它们自身；"② 原来，在他看来，机器虽然执行固定资本的职能，从而其价值分期分批地周转，但它曾经是商品资本，来自市场，所以是来源于流动资本。在研究某物作为资本的周转特征时，谈论它有什么样的来源，只会把不同性质的问题搞乱。这也表明他不懂得怎样研究。

斯密"在进一步的叙述中，根据制造机器需要劳动和原料，"又"从流动资本得出固定资本"③。这是把机器的使用引起的机器价值分期分批周转，同机器的制造需要流动资本混为一谈了。而且，就制造机器而言，"不仅需要劳动和原料，即流动资本；也需要劳动资料，即固定资本。"再看生产原料的制造，"同样需要机器等等固定资本，"④ 这样看来，将机器的使用与机器的制造混同，必然不可避免地跌入固定资本和流动资本混同的陷阱中。

更有趣的是，被"斯密列入固定资本项目内"的，还有"获得的有用的才能"即劳动者的"才能"，这是"因为斯密在这里把流动资本和商品资本混同起来，所以他不可能把劳动力列入他的流动资本的项目内。"⑤ 他把劳动力当成工人的生活资料，这属流动资本，而工人的劳动力并入生产过程，当然就是固定资本。

马克思还将斯密错误的批判引向更深的层面：

指出斯密用流通来掩盖了资本的剥削。劳动资料磨损的补偿、材料和

---

① 《资本论》第2卷，人民出版社1975年版，第218页；2004年版，第218—219页。

② 《资本论》第2卷，人民出版社1975年版，第233页；2004年版，第233页。

③ 转引自《资本论》第2卷，人民出版社1975年版，第233页；2004年版，第233—234页。

④ 转引自《资本论》第2卷，人民出版社1975年版，第234页；2004年版，第234页。

⑤ 《资本论》第2卷，人民出版社1975年版，第231页；2004年版，第231页。

劳动力价格的补偿"无论如何不会成为利润的源泉",但斯密却"把这两种情况的共同点——价值的补偿——转化为剩余价值的创造。这里的基础是这种普通的看法:因为剩余价值只是通过产品的出售,通过产品的流通而实现,所以它也只是通过出售,通过流通而产生。"① 这种看法无疑是庸俗的,并且与他的正确看法是矛盾的。

揭示其浓重的资本拜物教性质。斯密"把固定资本和流动资本的性质看作是物品固有的性质。"② 他"告诉我们,流动资本和固定资本是由什么构成的。他列举了构成固定资本和流动资本的物品即物质要素,好像这种规定性是这些物品在物质上天然具有的,而不是由这些物品在资本主义生产过程中的一定职能产生的。"③ 在这个问题上,斯密已经从商品拜物教、货币拜物教上升为资本拜物教了。

指出斯密将工人的生活资料归结为流动资本,完全掩盖了可变资本的性质。马克思指出:他"不是把投在劳动力上的价值,而是把投在工人的生活资料上的价值,规定为生产资本的流动组成部分,那就不可能理解可变资本和不变资本的区别,因而也就不可能理解资本主义生产过程本身。"④ 诚然,在马克思首次揭示劳动力和劳动的本质区分、不变资本和可变资本的本质区分之前,所有的资本家和资产阶级学者都不知道有这些本质区分,斯密当然也不可能有这种观念。但是,这些本质区别是客观存在的,所以当斯密在将这种客观存在用肤浅的术语表述的时候,就已经表明,他已经产生根本认识的谬误,并且一直在其理论体系中占据主导地位,表明"他本人在别处作过的更深刻和正确的阐述并没有取胜,他的这个谬误占了上风。"⑤

指出他的谬种流传,从根本上影响后来的资产阶级学者,"使他的后继者不可能理解投在劳动力上的那部分资本是可变资本部分。……以后的作者甚至走得更远。他们不仅认为,投在劳动力上的那部分资本的具有决定意义的定义在于,它是和固定资本相对立的流动资本,而且还认为,流动资本的本质的定义在于,它是投在工人的生活资料上的资本。"⑥

---

① 《资本论》第 2 卷,人民出版社 1975 年版,第 221 页;2004 年版,第 221 页。
② 《资本论》第 2 卷,人民出版社 1975 年版,第 227 页;2004 年版,第 227 页。
③ 《资本论》第 2 卷,人民出版社 1975 年版,第 226 页;2004 年版,第 226 页。
④ 《资本论》第 2 卷,人民出版社 1975 年版,第 238 页;2004 年版,第 238 页。
⑤ 《资本论》第 2 卷,人民出版社 1975 年版,第 239 页;2004 年版,第 239 页。
⑥ 《资本论》第 2 卷,人民出版社 1975 年版,第 239 页;2004 年版,第 239 页。

如果联系马克思别地方的相关论述，我们应该意识到，斯密在这里所犯的错误，是系统性的，在立场、对象、方法等方面都有根本性的错误。

首先是立场，马克思在这里指出：斯密理论"引人注目的，是关于利润的粗浅的经验主义的观念，这种观念是从普通资本家的看法中得出来的，……仅仅对单个资本家具有主观上的意义，在单个资本家看来，资本的一部分是在这种形式上有用，另一部分则是在那种形式上有用。"①

其次，在斯密的时代，古典经济学刚进入成长期，经济学家们面对许多任务。这种情况决定了斯密研究对象的双重性，既要为资本家发财致富而研究对象的内部结构，一方面，他要"探索各种经济范畴的内在联系，或者说，资产阶级经济制度的隐蔽结构。"另一方面，又要以资本家的眼光来看待客观过程的表象，"按照联系在竞争现象中表面上所表现的那个样子，也就是按照它在非科学的观察者眼中，同样在那些被实际卷入资产阶级生产过程并同这一过程有实际利害关系的人们眼中所表现的那个样子，把联系提出来。……把生活过程中外部表现出来的东西，按照它表现出来的样子加以描写、分类、叙述并归入简单概括的概念规定之中。……他试图既要部分地第一次描写这个社会外部表现出来的生活形式，描述它外部表现出来的联系，又要部分地为这些现象寻找术语和相应的理性概念，也就是说，部分地第一次在语言和思维过程中把它们再现出来。"② 马克思称这两种方法分别为"内在观察法和外在观察法"③ 对这两种方法，"一种方法或多或少正确地表达了内在联系，另一种方法同样合理地，并且缺乏任何内在关系地，——和前一种理解方法没有任何联系地——表达了外部表现出来的联系。"④ 固定资本和流动资本的区分，正是第二种研究的标本。他指出：

"亚·斯密造成的混乱，引起了如下的结果：

1. 固定资本和流动资本的区别，被混同于生产资本和商品资本的区别。例如，同一台机器，作为商品出现在市场时，是流动资本，并入生产过程时，则是固定资本。在这里根本不能理解为什么一种资本会比另一种资本更为固定或更为流动。

2. 一切流动资本，都和投在工资上的或要投在工资上的资本等同起

---

① 《资本论》第 2 卷，人民出版社 1975 年版，第 221 页；2004 年版，第 221 页。
② 《马克思恩格斯全集》第 26 卷第 II 册，人民出版社 1973 年版，第 182 页。
③ 《马克思恩格斯全集》第 26 卷第 II 册，人民出版社 1973 年版，第 186 页。
④ 《马克思恩格斯全集》第 26 卷第 II 册，人民出版社 1973 年版，第 182 页。

来。约翰·斯·穆勒等人就是这样。

3. 可变资本和不变资本的区别，在巴顿、李嘉图等人那里，已经同流动资本和固定资本的区别混同起来，最后完全归结为流动资本和固定资本的区别，例如在拉姆赛那里就是这样。在拉姆赛看来，一切生产资料，原料等等，和劳动资料一样，是固定资本，只有投在工资上的资本才是流动资本。但是，正因为作了这样的归结，所以就不可能理解不变资本和可变资本的真正区别。

4. 一些英国经济学家，特别是苏格兰经济学家，例如麦克劳德、帕特森等人，他们用银行伙计的难以形容的偏见来看待一切事物，把固定资本和流动资本的区别变成"随时可以提取的存款"和"预先通知才可以提取的存款"的区别。①

马克思对斯密的这些理论观点的批判，也包括批判地给以公正的评价。以"更稳定的名称"将重农学派的创见以"抽象范畴固定下来"，这是"他的功绩"②

第三个是李嘉图。

对李嘉图，既要指出他的错误，还在于批判这些错误。批其错，还要批其所以错。

李嘉图在价值理论的研究方面走的路比斯密正确，但与这种内在规定的研究相比，其对外在现象的研究就不如斯密了。在关于资本形式的问题上，不仅完全继承了斯密的观点，而且还走得更远。马克思对李嘉图在这方面错误的科学批判分为三个方面；

首先，从总体上揭示其错误的理论渊源。

李嘉图提出一些比斯密更错误的观点：他把"固定资本耐久程度的这种差别，和这两种资本可能结合的比例的这种多样性""轻率地并列"，而这两种资本指的是"维持劳动的资本和投在工具、机器和建筑物上的资本"。这样，在他看来，"固定资本＝劳动资料，流动资本＝投在劳动上的资本。"③

对此，马克思尖锐地指出，这是从亚·斯密那里的鹦鹉学舌，"一方面把流动资本同可变资本即投在劳动上的那部分生产资本混为一谈。另一

① 《资本论》第2卷，人民出版社1975年版，第254页；2004年版，第254页。
② 《马克思恩格斯全集》第26卷第1册，人民出版社1972年版，第16页。
③ 转引自《资本论》第2卷，人民出版社1975年版，第240页；2004年版，第241页。

方面，由于对立……是从流通过程得出的（斯密的旧有的混乱），就出现了双重错误的规定"：一是把物的耐久程度作为区分固定资本与流动资本的标准。二、由于把固定资本与流动资本结合的比例，同有机构成混同，所以在他那里，"投在劳动材料（原料和辅助材料）上的那部分资本价值，不出现在任何一方。它完全消失了。"换句话说，它不适合放在固定资本方面，也不适合放在流动资本方面。否则，他继承的斯密的混乱就不攻自破了。他有丰富的逻辑本能，知道这种利害，所以，"这部分资本就在他那里消失得无影无踪了。"① 由此可见，马克思这是将李嘉图的错误与斯密的错误联系起来，揭示其错误的理论根源，并且指出，他之所以这样，是出于其"丰富的逻辑本能"②，为了掩盖不能掩盖的东西，只好依自己的逻辑而将不同的规定混为一谈了。

在这里，马克思还看到："如果我们不去洞察资本主义生产过程的内部机构，而是从已有的现象出发来考察，那末，这两种差别事实上就合而为一了。"这就是说，内部机构存在的本质差别与外部现象存在的形式差别会因为不同的研究立场、研究方法、基本理论而有不同。但因为都是资本运动的规定，它们又都会在某个方面上"合二为一"，并且在实际上"对于一般利润率的平均化和价值到生产价格的转化，都发生同等的作用。"③ 但深入思考之后，人们还应发现，需要进一步研究这种本质差别与形式差别的不同和某个方面上"合二为一""发生同等的作用"的机理，从而进一步批判斯密、李嘉图等人在这个后续问题上的错误。

其次，批判李嘉图把流动资本与可变资本混同。

按照李嘉图的说法，既然"投在劳动材料（原料和辅助材料）上的那部分资本价值，不出现在任何一方"，自然就不在流动资本中了，这样，流动资本就只剩下相当于可变资本的部分了，所以，他不仅"把流动资本同可变资本即投在劳动上的那部分生产资本混为一谈"④，而且将流动资本归结为只相当于可变资本部分的资本了。

对此，马克思先从正面指出，资本家投在工资上的资本并不是按不同的期限预付的，反而是工人将自己的劳动预付给资本家的。再进一步指出，可变资本的特征是资本家用死的不变量（即一定量的资本）与活的可

---

① 《资本论》第 2 卷，人民出版社 1975 年版，第 242 页；2004 年版，第 242 页。
② 《资本论》第 2 卷，人民出版社 1975 年版，第 242 页；2004 年版，第 242 页。
③ 《资本论》第 2 卷，人民出版社 1975 年版，第 241 页；2004 年版，第 241 页。
④ 《资本论》第 2 卷，人民出版社 1975 年版，第 241 页；2004 年版，第 241 页。

变量（即会创造大于自身价值的劳动力）相交换。这种情况虽然只与剩余价值的生产有关，但是，如果从流通过程来考察，这部分资本就没有这样的属性，只能根据其价值周转的特征作为流动资本，和投在劳动材料上的部分合在一起，与投在劳动资料上的固定资本相对立。这就是说，考察资本的形式区别，不能与考察资本不同部分在剩余价值的生产上本质区别相混淆。① 但正是在这里，李嘉图不加批判地接受了斯密的混淆，不仅比斯密本人而且比以后的辩护论者产生更大的混淆。因为他既要"维护斯密的内在部分"，又要"反对斯密的外在部分"②，这不仅不可能，反而使其理论的内在部分更加不彻底，外在部分更具有庸俗的成分。可见，马克思这里的批判既指出了李嘉图的混乱及其根源，又阐明这种混乱不解决，还会产生更大的混乱（烦恼）。

马克思接着还指出，可变资本的本质的东西是：资本家用一个一定的、既定的（在这个意义上是不变的）价值量同创造价值的力相交换。这与交换的媒介无关。资本家无论是用货币还是用生活资料付给工人，都不会影响这个本质的规定。这只是改变资本家所预付的价值的存在方式。李嘉图接受了斯密"维持劳动的资本"的错误观点，实际上就是将可变资本的本质规定与交换媒介的形式混为一谈了。如果再联系工人将劳动预付给资本家使用这一实际，就可以发现，并没有所谓的"维持劳动的资本"，只有维持资本的劳动，那么资本家用以与工人交换的媒介形式究竟是货币还是生活资料，就都是无关紧要的了。马克思还指出：把生活资料看成是流动资本，"就会进一步得出结论：工资的数量取决于工人的人数和一定量流动资本的比例。而这正是经济学家爱用的论点，事实上，工人从市场上取得的生活资料量和资本家占有的供自己消费的生活资料量，取决于剩余价值和劳动价格的比例。"③

到此为止，这些论述只是就劳动力及其使用而言的，所以，这样分析批判还要进一步。的确，在后面的论述中，马克思还把劳动力与生产过程中的劳动对象联系起来，发现它们的某种共同规定使资产阶级学者产生的

---

① "资产阶级政治经济学本能地坚持亚·斯密的这种做法，即把'不变资本和可变资本'的范畴混同于'固定资本和流动资本'的范畴，并且不加批判地在一个世纪中一代一代沿用这种做法。"（《资本论》第 2 卷，人民出版社 1975 年版，第 244 页；2004 年版，第 244 页。）

② 《资本论》第 2 卷，人民出版社 1975 年版，第 245 页；2004 年版，第 245 页。

③ 《资本论》第 2 卷，人民出版社 1975 年版，第 253 页；2004 年版，第 253 页。

误解：由于把"投在劳动力上的那部分资本和一部分不变资本（原料和辅助材料）所共有的规定，看作是投在劳动力上的那部分资本的本质规定，"自然就会认为"投在工资上的那部分资本，在物质上也就必然不是由发挥作用的劳动力构成，而是由工人用工资购买的各种物质要素构成，也就是由进入工人消费的那部分社会商品资本构成，即由生活资料构成。"① 为什么会这样，因为劳动力与劳动对象有明显的不同，一个是活的主体，一个是死的客体。要将两者统一为同类项，只能另辟蹊径，而这些资产阶级学者的确也费尽心思，终于切换话题，将劳动力与劳动力的存续条件混为一谈，从而将这些存续条件即"工人用工资购买的各种物质要素"与劳动对象所表现的各种物质要素都归结为物质要素了。但是，这样的混同并不能解决问题，反而将思路搞乱。另辟蹊径的结果是走进死胡同。

再次，批判李嘉图把物的耐用程度当作判断固定资本的标准。他根据生产资料的"物质现实性"②，断定比较耐用的是固定资本，比较不耐用的是流动资本。

马克思分析阐明，固定资本作为物当然要有耐用性，但物的耐用性与固定资本并没有固定的关系。使劳动资料成为固定资本的，也不是它的物的耐用性，物的耐用性决定固定资本的执行职能的时间，是使劳动资料成为固定资本流通方式的物质基础，但不能成为区分固定资本与流动资本的标准。马克思还阐明，同一种物质，例如同种金属，有同样的物理性质、耐用程度，但在生产过程中所起的作用不同，在一个场合作为劳动资料，归入固定资本项目内，而在另一个场合作为劳动对象，则归入流动资本项目内。可见，物质耐用性与资本形式区别无关。

马克思还指出，李嘉图之所以把物的耐用程度当作判断固定资本的标准，还因为他简单地看待耐用性，把固定资本的职能规定的耐用性与制成的物质的耐用性混为一谈。固定资本必须有物的耐用性，但不能反过来说物的耐用性本身不会使它成为固定资本。

在这里，他还说："在那些把商品资本和生产资本的区别混同于流动资本和固定资本的区别的经济学家看来，同一种物质，同一台机器，作为产品是流动资本，作为劳动资料是固定资本。"③ 显然，这样的经济学家就是斯密，他指的是同种机器是作为进入生产过程的生产资料还是作为进入

---

① 《资本论》第 2 卷，人民出版社 1975 年版，第 248 页；2004 年版，第 248 页。
② 《资本论》第 2 卷，人民出版社 1975 年版，第 247 页；2004 年版，第 247 页。
③ 《资本论》第 2 卷，人民出版社 1975 年版，第 246 页；2004 年版，第 246 页。

流通过程的产品而产生的区别。而李嘉图指的是生产过程中同种物质因所起作用不同（是劳动资料还是劳动对象）产生的区别，看来，李嘉图与斯密的观点还是有所不同。

马克思还进一步指出，李嘉图根据生产资料的"物质现实性"及其"物的耐用程度"来看待资本的形式区别，还导致两个更严重的错误：

其一，和他的价值学说完全矛盾，和他实际上是剩余价值理论的利润理论也是完全矛盾。因为他把投在劳动力上的那部分可变资本与投在劳动对象（包括辅助材料）而与固定资本对立的那部分资本（即流动不变资本）混为一体了，把价值的生产和价值的转移混为一谈了。这样一来，"资本主义的生产过程就幸运地变成一个神秘莫测的东西了，产品中包含的剩余价值的起源，也就完全被掩盖起来。"①

其二，"资产阶级经济学特有的拜物教也就由此完成了。这种拜物教把物在社会生产过程中获得的社会的经济的性质，变为一种自然的、由这些物的物质本性产生的性质。"②

不过，马克思客观地还指出，李嘉图考察资本的形式区别，"一般只是限于说明，同量资本投在不同生产部门时分为固定资本和流动资本的不同比例对价值规律会发生什么影响，并且由这种情况引起的工资涨落对价格会发生多大影响。"③ 由此观之，他已经模糊地知道，要解决价值转型问题，必须先了解资本的形式区别。仅此而言，他的"有限"研究还是有一定理论意义的。不过，也由于这种研究的"有限"性，以及奠定在资本的本质区别和形式区别的混同上，也"使他对利润率的研究走上歧途。"④

在作了这些批判之后，马克思还指出，包括李嘉图在内的资产阶级学者在这方面的错误，全都拜斯密造成的混乱所赐。

固定资本和流动资本的区分是因资本周转引起的，也对资本周转发生极大的影响。但马克思还研究了其他影响资本周转的因素。在研究过程

---

① 《资本论》第 2 卷，人民出版社 1975 年版，第 252 页；2004 年版，第 251 页。
② 《资本论》第 2 卷，人民出版社 1975 年版，第 252 页；2004 年版，第 251 页。
③ 《资本论》第 2 卷，人民出版社 1975 年版，第 250 页；2004 年版，第 250 页。
④ 《资本论》第 2 卷，人民出版社 1975 年版，第 253 页；2004 年版，第 253 页。
"由流通过程产生的资本有机构成的差别（固定资本和流动资本）；而生产过程本身内部的资本有机构成的差别，李嘉图在任何地方都没有涉及，或者根本就不知道。就是由于这个缘故，他把价值和费用价格混淆起来了，提出了错误的地租理论，得出了关于利润率提高和降低原因的错误规律等等。"（《马克思恩格斯全集》第 26 卷第 Ⅱ 册，人民出版社 1975 年版，第 423 页。）

中，他指出："麦克库洛赫、詹姆斯·穆勒等人企图把和劳动时间不一致的生产时间说成和劳动时间是一致的，结果导致多么荒谬的理论。而这种企图本身又来源于对价值理论的错误应用。"① 这些错误并非不小心或不注意所致，而是有意为之，包含着更大的错误。最典型而著名的是穆勒，他把陈葡萄酒和新葡萄酒生产时间和劳动时间混为一谈了，而麦克库洛赫将自然作用的时间与劳动时间混为一谈，则是为了论证自然力也能创造商品价值。

他还不忘揶揄这些资产阶级学者，说他们对实际的经济过程很不了解，因而"爱忘记的，特别是不断作为货币资本存在的部分，虽然正是这种情况对理解资产阶级的经济十分必要，因而这种情况本身在实践中也是很重要的。"②

他还指出："对于周转这个机构根本一窍不通的经济学家，总是忽视这一要点：生产要不间断地进行，产业资本就始终只能有一部分实际上加入生产过程。当一部分处在生产期间的时候，另一部分必须总是处在流通期间。换句话说，资本的一部分，只有在另一部分脱离真正的生产而处于商品资本或货币资本形式的条件下，才能作为生产资本执行职能。忽视这一点，也就完全忽视了货币资本的意义和作用。"③ 可见，这些学者并不了解生产。

第四节　资本流通过程研究的批判性创建

马克思对整体资本运动的研究，不是将生产过程与流通过程当成时序先后的过程，而是将它当成是生产过程的外部表现。所以，这里的研究以生产过程内在规定的存在和作用为根本、前提，并与它紧密联系。与资产阶级学者的流通理论相比，这本身就是批判性的创建。

在对资本流通过程的研究中，特别是在批判资产阶级经济学的流通理论过程中，马克思也有很多批判性创建。

流通过程虽然处于社会表面，不如生产过程那样隐蔽，但它同样包含内在规定、规律，它们丰富了资本运动的内在规定，揭示它们与生产过程内在规定的联系，是资产阶级学者没有意识到的问题。流通过程的内在规

---

① 《资本论》第2卷，人民出版社1975年版，第274页；2004年版，第274页。
② 《资本论》第2卷，人民出版社1975年版，第284页；2004年版，第284页。
③ 《资本论》第2卷，人民出版社1975年版，第295页；2004年版，第294页。

定也要外化表现，但这种外化是通过市场竞争而表现的，所以，有待第三卷的研究阐明。

这里的创建既有在对局部对象的分析研究中，也有在对从单个资本流通包括循环、周转与生产过程关系的研究中，两者相比，前者相对显性，可从行文中探得，后者则相对隐性，必须在与生产过程研究的比较中领悟。

这里的研究对象，仍然是单个资本。但随着研究的推进，特别是单个资本周转，为了比较，也联系其他的单个资本。

在这里，马克思既有对客观对象发展新过程研究的批判性创建，也有对原有过程研究的超越，即科学的自我批判。其中，有的是关于一般过程的批判性的创建，有的则是关于特殊过程的批判性的创建。

一、一般过程研究的批判性创建

资本循环、资本周转，虽然都属特殊过程，但它离不开一般过程，包括一般的流通过程。

和起点考察单个生产者不同，第二逻辑阶段考察的商品生产、机器大工业，都具有较大的规模，它决定了一般过程的一系列规定都发生变化。

在这里，马克思指出了商品货币关系内容的转型，它们质和量的变化是明显的。资本通过生产商品而生产剩余价值，剩余价值就包含在商品中，同时，资本不断地采取货币形式，以购买生产资料和劳动力，并在回流后以"自身的同一性"[①] 来检验是否增殖。马克思不仅指出，资本的循环和周转作为特殊的流通，是以一般流通为载体的，所以这些一般流通的规定都存在，而且指出，它们都转型了。商品作为资本主义直接生产过程结果的产品，已经包含着剩余价值。同样的，货币的规定也发生巨大的变化。它既作为一般的货币，发挥流通媒介的职能，又作为特殊的货币，发挥资本的职能，既作为货币的货币，又作为资本的货币，是一身二任，因而很容易被人误解和借此将它们混为一谈。此外，货币还具有另一种职能，即已经实现了的剩余价值的表现。这些论述，都是资产阶级学者所不能提出的。

在这里，他还提出了唯物主义历史观的一个十分重要的原理："不论生产的社会形式如何，劳动者和生产资料始终是生产的因素。……凡要进

---

① 《资本论》第 1 卷，人民出版社 1975 年版，第 176 页；2004 年版，第 180 页。

行生产，就必须使它们结合起来。实行这种结合的特殊方式和方法，使社会结构区分为各个不同的经济时期。"① 只要联系规模的扩大，我们就可发现，这句话包含着许多重要的思想：

首先，他既强调劳动者与生产资料的结合，更强调实行结合的特殊方式和方法。"结合"，指的是劳动者与生产资料的使用相结合，这是任何社会形式都必然发生和存在的，是生产力意义的。而"结合的特殊方式和方法，"指的是与生产资料所有权的结合，这在各种社会形式中都是不同的，是生产关系意义的。所以他紧接着就说："在当前考察的场合，自由工人和他的生产资料的分离，是既定的出发点，并且我们已经看到，二者在资本家手中是怎样和在什么条件下结合起来的——就是作为他的资本的生产的存在方式结合起来的。因此，形成商品的人的要素和物的要素这样结合起来一同进入的现实过程，即生产过程，本身就成为资本的一种职能，成为资本主义的生产过程。"② 显然，"工人与他的生产资料的分离"，指的不是与生产资料本身、而是与生产资料所有权的分离，是以这种分离为"既定的出发点"，在此基础上再由生产资料的所有者资本家将生产资料交付给劳动者实际操作，所以是一种间接的结合。这样，就揭破了生产资料和劳动者在表面上直接结合的表象，所以指出这一点十分重要。

其次，这里提出一个和"生产的社会形式"不同的"社会结构"概念，后者又区分为不同的"经济时期"。很显然，这种社会结构指的应该是社会经济结构，它和"社会形式"相比，它更为具体，前者作为一种形式，表现的是劳动者与生产资料结合的形式，后者则是劳动者与生产资料所有权的结合方式、方法，所以是比较内在的，是决定社会形式性质的社会结构。在马克思看来，社会结构也不是单一的、不变的，在生产资料所有权不变的条件下，劳动者与生产资料的结合方式是会发生变化的。

这里的"社会结构"是从小生产和资本主义大生产这两种"社会结构"中抽象出来的，它告诉人们，社会结构是由"劳动者与生产资料结合的方式和方法"决定的。方式方法不同，社会结构就不同。一方面是指不同性质的社会结构，另一方面也可以指同一种社会的不同结构，就资本主义社会的发展而言，有过不同的结合方式方法。

他之所以不提社会形态而提社会结构，不仅突出这两种要素的结合方式和方法是区分不同社会形态的重要条件，而且另一方面又将一定的社会

① 《资本论》第 2 卷，人民出版社 1975 年版，第 44 页；2004 年版，第 44 页。
② 《资本论》第 2 卷，人民出版社 1975 年版，第 44 页；2004 年版，第 44 页。

结构区分为不同的经济时期。联系上下文的意思不难看出，这里的经济时期和第一卷第五章曾提出的"经济时代"不同，

再次，它突出了资本运动的关键，与后面研究的生产时间有内在的联系。在第五章，他指出：尽管资本运动的流通环节必不可少，尽管生产过程中的非劳动时间也必不可少，但只有真正实现生产资料与劳动力结合的"劳动时间"，才真正能创造价值和剩余价值。①

还有，这里最值得注意的是研究流通过程中的劳动与价值的关系。在第一逻辑阶段，劳动是个别进行的私人劳动，在第二逻辑阶段，劳动首先是生产过程中的集体劳动，包括直接、间接的生产劳动。在这里，总流通过程中的劳动包含商业劳动和保管、运输劳动。对此，马克思分别从社会和单个资本家的角度作了详细的分析。

关于售卖商品的劳动，马克思指出，它只是实现商品"状态的变化"，因此虽然"花费时间和劳动力，但不是为了创造价值，而是为了使价值由一种形式转化为另一种形式。"马克思称这种商业工人的劳动为"燃烧劳动"，"虽然是燃烧过程的一个必要的因素，但并不生热。"② 所以，它并不创造价值。但是，由于"再生产过程本身包含非生产职能"，尽管这种"燃烧劳动"并不生热，但它可以"使社会的劳动力和劳动时间只有更少一部分被束缚在这种非生产职能上。"因而必须从社会的角度来看待这个问题。他举例说，一个商业工人一天工作十小时，无论是八小时的必要劳动，还是两小时的剩余劳动，"一样不生产价值"。但是，"由于这八小时必要劳动，社会产品有一部分转移给他了。第一，和以前一样，从社会的观点看，一个劳动力在十小时内耗费在这个单纯的流通职能上。它不能用于别的目的，不能用于生产劳动。第二，社会对这两小时的剩余劳动没有支付报酬，虽然这种剩余劳动已经由提供这种劳动的这个人耗费了。社会并没有因此占有任何超额的产品或价值。"③ 只要仔细研读这句话，就不难发现，这里强调了"社会"，一方面是"社会对这两小时的剩余劳动没有支付报酬"，另一方面，"由于这八小时必要劳动，社会产品有一部分转移给他了。"显然，从事单纯流通职能的必要劳动是一种特殊的劳动，它没有给社会创造价值，社会却将一部分社会产品"转移给他"。为什么这样，

---

① 《资本论》第 2 卷，人民出版社 1975 年版，第 139—141 页；2004 年版，第 139—141 页。

② 《资本论》第 2 卷，人民出版社 1975 年版，第 147 页；2004 年版，第 147 页。

③ 《资本论》第 2 卷，人民出版社 1975 年版，第 149 页；2004 年版，第 149 页。

因为它是社会必要的。马克思说："如果商品所有者不是资本家，而是独立的直接生产者，那末，买卖所费的时间，就是他们的劳动时间的一种扣除，因而，他们总是（在古代和中世纪）力图把这种事情留到节日去做。"① 对独立的直接生产者来说，虽然是非生产职能，但却是再生产过程中的职能，且买卖所耗费的劳动时间与劳动时间都是自己耗费的时间，所以这种"扣除"是必要的，因而是直接的、可以自己实施的。对资本主义社会来说，这种时间的耗费也可以相当地减少对劳动时间的压缩，能够使"资本在价值增殖上所受的消极限制缩小"②，同样是必要的，但它没有相应的机制来直接扣除，只能通过迂回曲折的"转移"，即通过消费者来支付。由此可见，马克思关于劳动与价值关系的理论中，不仅主要有直接生产领域中的社会必要劳动创造价值的规定，还有单纯执行流通职能的必要劳动转移社会劳动时间的规定。

关于保管劳动，因为它关系到商品使用价值的保存，所以可以看成是生产过程在"在流通中继续进行"③。在这里，马克思通过资本家为商品储备而支出的费用即保管费用的分析来研究保管劳动与价值的关系。

商品的储备是生产过程和再生产过程不断进行的必要条件，它当然要资本家耗费一定量的物化劳动和活劳动。其中，"真正的商品储备"所耗费的劳动具有特殊性。马克思发现，商品储备的结构比较复杂，有的是"非自愿的"，即为了满足一定时期内的需要量，商品必须有一定的储备量，没有它，就没有商品流通，所以是必要的，而这个量是经济主体无法知道的，违背他的意志的。与此不同，自愿的储备是为了投机而囤积居奇，就不是必要的了。进一步看，即使是非自愿的储备，其"储备量要大于平均出售量或平均需求量。不然，超过这个平均量的需求就不能得到满足"④。但是，它也不能超过"正常"的量，"一旦留在流通蓄水池内的商品，不让位给后面涌来的生产浪潮，致使蓄水池泛滥起来，商品储备就会因流通停滞而扩大，"这样，这些费用当然"不加入商品价值，而成为在价值实现时的扣除，即价值损失。"⑤ 这就是不正常的储备。这种分析表明，只要是耗费在"非自愿的""正常的"商品储备上的劳动，就能"在

---

① 《资本论》第 2 卷，人民出版社 1975 年版，第 149 页；2004 年版，第 149 页。
② 《资本论》第 2 卷，人民出版社 1975 年版，第 150 页；2004 年版，第 150 页。
③ 《资本论》第 2 卷，人民出版社 1975 年版，第 154 页；2004 年版，第 154 页。
④ 《资本论》第 2 卷，人民出版社 1975 年版，第 165 页；2004 年版，第 164 页。
⑤ 《资本论》第 2 卷，人民出版社 1975 年版，第 166 页；2004 年版，第 166 页。

一定程度上加入商品价值，因此使商品变贵。"① 马克思很明确地说："对单个资本家来说，它们可以起创造价值的作用，成为他的商品出售价格的一种加价。"他还进一步指出：使用保管劳动所产生的"这些费用追加到商品价格中时，会按照各个资本家分担这些费用的比例进行分配。但是，一切追加价值的劳动也会追加剩余价值，……对单个资本家来说，则可以成为发财致富的源泉。"② 可见，就单个资本家的企业来看，这种劳动与价值的创造是有关系的，而他们的观念、看法就是社会的看法，虽然对社会来说，这是生产上的非生产费用。这种分析还表明，商品的价值决定不单单是生产它的社会必要劳动量，还涉及保管它的一定的劳动量，而后者又关系到一定的"非自愿储备"且"合理"的商品量。由此可见，在资本家的观念中，卖出一万件商品需要有一百件（假定的数量）"非自愿储备"且"合理"的同类商品量相匹配。因此，这一万件商品的社会价值既包含生产它的劳动量，还包含一定的"非自愿储备"商品量中包含的劳动量，也包含保管这一万零一百件商品的劳动量。此外，为保管这些商品所必要的设备而投入的费用（物化劳动量），也应该计算在内。如若不然，商品流通就会受阻，资本家为经营商品买卖客观上必须付出的费用就打水漂了，这是他们无论如何不能接受的。

尽管单个资本家的观念就是社会的观念，是他们迫使社会接受的，但是，这并不意味着他们的观念就可以产生价值。对此，马克思也有明确的阐述："用于这方面的物化劳动或活劳动，不过是社会生产基金或社会消费基金的保管费用的一种变形。由此引起的商品价值的提高，只是把这种费用按比例分配在不同商品上，因为这种费用对不同种商品来说是不同的。储备费用仍然是社会财富的扣除，虽然它是社会财富的存在条件之一。"③ 也就是说，这些保管劳动并不创造"社会生产基金或社会消费基金的保管费用"部分的价值，反而是对整个社会的劳动者所创造的社会生产基金或社会消费基金以保管费用的名目所作的扣除。显然，这部分扣除对资本家来说也"可以成为发财致富的源泉。"④ 由于涉及"对资本家来说"的问题，这里已经涉及特殊过程的规定，但是，这里涉及的是大批量商品的买卖中发生的价值决定，仍然是一般过程的规定。这样看，也便于阐释

---

① 《资本论》第 2 卷，人民出版社 1975 年版，第 156 页；2004 年版，第 156 页。

② 《资本论》第 2 卷，人民出版社 1975 年版，第 154 页；2004 年版，第 154 页。

③ 《资本论》第 2 卷，人民出版社 1975 年版，第 166 页；2004 年版，第 165 页。

④ 《资本论》第 2 卷，人民出版社 1975 年版，第 154 页；2004 年版，第 154 页。

马克思如何根据研究对象范围的扩大、条件的变化来论证价值规定的具体化发展。

关于运输劳动。厂家不是市场,生产的商品的使用价值要成为现实的社会的使用价值,必须通过运输送达消费者。运输虽然不生产使用价值,但"把产品运到市场也就赋予产品新的使用价值"①。在这里马克思指出:"物品的使用价值只是在物品的消费中实现,而物品的消费可以使物品的位置变化成为必要,从而使运输业的追加生产过程成为必要。"运输不仅需要设备,如运输工具、货场仓库等,更需要分类、搬运和运输等劳动,"因此,投在运输业上的生产资本,会部分地由于运输工具的价值转移,部分地由于运输劳动的价值追加,把价值追加到所运输的产品中去。"②

在这里,还包含有丰富的总流通管理思想。因为规模扩大,连带着过程也复杂化了,从比较抽象的生产过程到生产过程和流通过程统一的总流通的结构也复杂化了,从而管理行为也复杂化了。在第一卷,马克思已经指出,资本主义的管理具有二重性,但那指的是生产过程中的管理,是暂时撇开流通的,在第二卷考察总流通的时候,当然也会涉及对流通的管理。与生产过程的管理一样,流通过程中的管理也具有二重性,即一方面是对剩余价值实现的管理,另一方面是对流通作为一般过程的管理。——一般说,管理是企业组织内部的事情,经营才是组织外的事情,但这里涉及的对总流通的管理,实际上仍是指单个资本的运动,尚未与其他资本发生实际的联系。——相对而言,生产过程的流程是相对固定的,管理和剥削的方法、程序、预期比较清晰、可控的,而流通过程的情况则比较容易变动,所以包括生产和流通在内的整个总流通过程的管理就比较复杂和不那么可控了,因而就要以有弹性的预期来管理总流通过程。

纵观前两篇的论述,应该意识到,这里的一般性管理主要是职能的比例、执行条件的管控。首先,是经济主体对人财物供产销相互关系的了解、相关比例的管理。主体须要充分理解三个循环的对立统一关系。认识到每个循环都应离开起点又回归起点,其间各个阶段相互协调,不能脱节,并且规模扩大。关于资本循环的三种形式、各个循环的三个环节、它们之间应有合理的比例、循环包含一定的实现条件,以及流通如何"推动新的潜能"等等规定的揭示,这些客观要求无疑是向人们提出流通的复杂性及管理必须遵循的规则。他说:"连续性是资本主义生产的特征,是由

① 《马克思恩格斯全集》第 46 卷下册,人民出版社 1980 年版,第 43 页。
② 《资本论》第 2 卷,人民出版社 1975 年版,第 168 页;2004 年版,第 168 页。

资本主义生产的技术基础所决定的，虽然这种连续性并不总是可以无条件地达到的。"① 这既是资本主义生产的特征，具有特殊性，也是一般商品生产的特征，具有一般性。他关于流通过程必然产生危机的论述表明，经济主体必须未雨绸缪，不能光有赚钱的预期而无经济动荡的远见，因而总流通的管理必须有充足的准备金。关于价值革命的论述也告诉经济主体，必须有价值革命必定发生的意识，以便能及时应对。各个主体要尽量减少非生产时间，减少流通时间，减少其中的各种费用。他还强调簿记的作用，运输与生产收效的匹配。等等。

其次是各种时间段及其关系的管理，即周转的管理。如果说，在第一篇考察的还是单个经济主体（资本），那么第二篇就已经涉及不同主体（或者也可以说是单个主体不同时期的行为）的比较。研究表明，各个经济主体不能光顾自己的经营，还要注意和其他同类主体同样规模活动的比较，以评判自己经营的效率。他指出，周转时间构成对预付投资量的影响、价格变动对预付投资量的影响，强调经营者手头一定要有必要数量的货币，以应付不时之需。

二、特殊过程研究的批判性创建

由于立场和立足点、目的、理论基础、方法等与资产阶级学者不同，马克思对特殊过程的研究，不仅有深刻的批判，还必然有许多的批判性创建。

（一）资本循环研究的批判性创建

对三种形式的资本循环的统一、交混，虽然资产阶级学者没有在理论上阐明，但在实际研究中，的确有侧重。或者说，他们只是根据各自代表的利益集团的利益，从有限的角度和联系中来考察其中的个别形式。"经济学家既不区分不同的循环形式，也不分别考察它们和资本周转的关系。"② 与此不同，马克思在批判资产阶级学者错误的基础上，在实证考察三个循环统一的总循环的基础上，分别考察三个循环，这就是重大的创建。这是史无前例的，一方面是对三种循环形式的详细深入的考察，相互比较，揭示各自的特点，表现了研究的推进和深入、自我批判，另一方面是分别对资产阶级学者相关考察的批判和超越。后者在前面已经涉及，这

① 《资本论》第 2 卷，人民出版社 1975 年版，第 118 页；2004 年版，第 118 页。
② 《资本论》第 2 卷，人民出版社 1975 年版，第 173 页；2004 年版，第 173 页。

里主要分析前者。

首先，货币资本循环研究中的批判性创建。

货币资本的循环公式是 G—W…P…W′—G′，分别是供、产、销三个阶段。对它的考察，马克思创立了一个极有创意的考察方法：依次考察了这些阶段 G—W、…P…、W′—G′。对 G—W，先从考察 G 开始，再考察 G—A；然后再考察在考察…P…；最后在考察 W′—G′时，也是分别考察 W′、W′—G′、G′。这样，每个因素、过程全都一一研究过。对第二、三种循环形式，也都是这样一项一项分析考察。这样的研究方式是极其新颖的、前无古人的。

货币资本循环包括三个阶段，分别研究货币资本、生产资本、商品资本的运动，但这些资本形式"并不是指这样一些独立的资本，这些独立的资本的职能形成同样独立的、彼此分离的营业部门的内容。在这里，它们只是指产业资本的特殊的职能形式，产业资本是依次采取所有这三种形式的。"①

货币资本循环的第一个阶段 G—W，货币资本对外采购为的是对内供应，是为生产做准备的。对此，马克思发现，资本家的购买生产资料和劳动力很重视两者之间"最具有特征的量的关系"，即"要购买的生产资料的数量和规模，必须足以使这个劳动量得到充分的利用。"② 而且，充分利用的还不是一般的劳动量，因为劳动有必要劳动和剩余劳动之分，如果只能使用工人的必要劳动，"他对于这种超额劳动的支配权就没有用处"③了，所以"这种量的关系一开始就是由一定数量的工人所要耗费的超额劳动即剩余劳动的量决定的。"④ 很显然，这是从直接性的量的分析深入到间接性的本质关系的分析，它将资本家所极力掩盖的真相揭露出来了。

在研究货币资本循环的第二个阶段时，再从特殊过程的角度说明，"在当前考察的场合，自由工人和他的生产资料的分离，是既定的出发点，……二者在资本家手中是怎样和在什么条件下结合起来的——就是作为他的资本的生产的存在方式结合起来的。"这种结合方式既是"一个划时代的剥削方式"，又能造成"劳动过程的组织和技术的巨大成就，使社

---

① 《资本论》第 2 卷，人民出版社 1975 年版，第 63 页；2004 年版，第 63 页。
② 《资本论》第 2 卷，人民出版社 1975 年版，第 33 页；2004 年版，第 33 页。
③ 《资本论》第 2 卷，人民出版社 1975 年版，第 34 页；2004 年版，第 34 页。
④ 《资本论》第 2 卷，人民出版社 1975 年版，第 33 页；2004 年版，第 33 页。

会的整个经济结构发生变革，并且不可比拟地超越了以前的一切时期。"①
在小生产的"社会结构"中，生产资料的所有权属于生产者本人，所以能
与生产者直接结合，而在资本主义的"社会结构"中，生产者没有生产资
料的所有权，所以它要实现这种结合，必须经过生产资料所有权人的允
许。② 如果说，两者必须结合才能进行生产，是一种"自然制约性"——
因为任何生产都必须如此，没有例外，——那么没有生产资料所有权的
人受有生产资料所有权的人的制约，就是一种"社会制约性"。自由工人和
他生产资料的所有权相分离为出发点，两者又以资本的存在方式而结合，
在这种结合方式中，工人丧失了自由，而资本却获得了自由。由此可见，
这实际上是从另一个方位展示的资本主义生产方式，是对第一卷序言中关
于生产方式的具体化。

在研究货币资本循环的第三个阶段时，他先指出 W′ 包含着剩余价
值，带着资本主义胎痣，是一种内部关系。之后，就指出它必须卖掉。
"由于资本抛弃它的商品形式和采取它的货币形式的速度不同，……同一
个资本价值就会以极不相同的程度作为产品形成要素和价值形成要素起作
用，再生产的规模也会以极不相同的程度扩大或者缩小。……流通过程推
动了新的潜能，它们影响资本的作用程度，影响资本的扩张和收缩，而和
资本的价值量无关。"③ 这就说明流通过程与生产过程一样，都包含着、推
动着"潜能"，而且是"新的潜能"。既然有这种潜能存在，马克思当然要
深入研究。在考察资本循环的过程中，他重点研究了流通时间、流通费用
的节约及其条件等关键问题，在考察资本周转的过程中，他研究了流通时
间结构的变化对可变资本节约的影响。

在研究货币资本的总循环时，马克思将三个阶段的"产业资本特殊的
职能形式"的循环统一起来，阐明"只有不停顿地从一个阶段转入另一个
阶段，才能正常进行。"④ 并且说明，"循环本身当然又要求资本在各个循

---

① 《资本论》第 2 卷，人民出版社 1975 年版，第 44 页；2004 年版，第 44 页。
② "正是由于劳动的自然制约性产生出如下的情况：一个除自己的劳动力以外没
有任何其他财产的人，在任何社会的和文化的状态中，都不得不为另一些已经成了劳
动的物质条件的所有者的人做奴隶。他只有得到他们的允许才能劳动，因而只有得到
他们的允许才能生存。"（《哥达纲领批判》（《马克思恩格斯选集》第 3 卷，人民出版
社 1995 年版，第 298 页。）
③ 《资本论》第 2 卷，人民出版社 1975 年版，第 48 页；2004 年版，第 48 页。
④ 《资本论》第 2 卷，人民出版社 1975 年版，第 63 页；2004 年版，第 63 页。

环阶段中在一定的时间内固定下来。"① 可见，产业资本循环是各个阶段都必须暂时停顿，以发挥职能；又不能一直停顿，以保持运动的连续性。在此基础上，他分析了货币资本循环的几大特征："是产业资本循环的最片面、从而最明显和最典型的表现形式；产业资本的目的和动机——价值增殖，赚钱和积累——表现得最为醒目（为贵卖而买）。""始终是产业资本的一般的表现。"② "在形式上具有欺骗性，带有一种虚幻的性质，"③ 它的不断循环"本身已经指出其他的形式。"④ 毋庸置疑，资产阶级学者无论如何也分析出这些特征的。

其次，生产资本研究的批判性创建

生产过程的结果有可能是一大堆商品，也有可能一件不可分割的商品，如果从其使用价值形态看，就很难区分 W 和 w。所以，马克思独出心裁地从价值形态来考察它，这样就能够把它的价值的各个组成部分"观念地分割开来。"⑤ 这样一来，"当商品资本由 W'—G'＝W'—（G+g）而实现时，在 W'—G'中还是共同进行并由同一商品量承担的资本价值和剩余价值的运动，就变成可以分离的运动了，因为现在二者都是货币额，具有独立的形式。"⑥ 这就奠定了分别考察简单再生产和扩大再生产流通形式的基础。他还举建筑业为例，说明资本家实际上也有这样的观念，这就说明，他的观念分析不仅是理论研究的必要，也是有现实依据的。如果从总体研究来看，还可发现，在第二卷，他多次涉及主体的"观念"，是为第三卷研究剩余价值转化为利润奠定了理论基础。由于 W—G—W 和 w—g—w "就一般形式来说，这两个流通序列都属于普通的商品流通"⑦，而资产阶级学者由此将资本运动和一般的商品流通混为一谈，所以，他指出这两种形式上看是"普通的商品流通"，实质上是特殊的资本循环自动分道扬镳的结果，不仅将资产阶级学者搅混的水澄清了，而且将一般和特殊两者的关系澄清了。

在这里，马克思以生产资本循环的形式（P…W'—G'—W…P）首

---

① 《资本论》第 2 卷，人民出版社 1975 年版，第 64 页；2004 年版，第 63 页。
② 《资本论》第 2 卷，人民出版社 1975 年版，第 71 页；2004 年版，第 70 页。
③ 《资本论》第 2 卷，人民出版社 1975 年版，第 72 页；2004 年版，第 72 页。
④ 《资本论》第 2 卷，人民出版社 1975 年版，第 73 页；2004 年版，第 72 页。
⑤ 《资本论》第 2 卷，人民出版社 1975 年版，第 79 页；2004 年版，第 79 页。
⑥ 《资本论》第 2 卷，人民出版社 1975 年版，第 79 页；2004 年版，第 79 页。
⑦ 《资本论》第 2 卷，人民出版社 1975 年版，第 79 页；2004 年版，第 79 页。

次将生产过程与流通过程联系起来，——在第一卷暂时撇开流通过程——考察总流通对生产过程的影响。在这里，他依先例，分别考察 P、W'—G'、G'—W 等环节及其中的要素在简单再生产条件下的各种规定。这种情况无疑是史无前例的。这些无须赘述。

必需注意的是，因为涉及生产和流通两个过程，他就特别研究了资本主义经济危机，并且提出两个极其重要的论点：其一是生产与流通必然脱节，"资本主义生产所生产出的商品量的多少，取决于这种生产的规模和不断扩大生产规模的需要，而不取决于需求和供给、待满足的需要的预定范围。"① 这就进一步阐明了生产的无政府性。其二，大商人的贪婪欲膨胀制造了市场需求的假象。大商人和大产业资本家（大厂主）一样，也有绝对的致富欲，既然从工厂主那里批发来的商品只要能卖出去，就能赚到钱，那么大量的进货，就造成商品"表面上进入消费"② 的表象。他和资产阶级学者不同，能透过表象揭示经济危机发生机理的主观原因是大商家和大厂主贪欲膨胀而导致短视、行为的无节制。必须看到，无论是大厂主，还是大商人，其贪欲都非完全主观的东西，而是资产阶级的本性决定，是客观见诸主观，或者说更准确地说，是客观规律通过一定主体的主观表现而实施。在这里，因为已经联系资本主义生产关系、联系生产与流通，所以对经济危机现实性分析已经比第一卷更加具体。诚然，资本主义经济危机是客观的经济规律，不以人的意志为转移。但它不是像自然规律那样自发地不通过人就可以自然发生的，作为社会性的规律，是"无形的手"，只能通过人的"有形的手"而发作、发挥作用。众所周知，它是资本主义基本经济规律决定的，这个规律又表现为资本家无限追逐剩余价值而导致生产无限扩大的趋势与广大群众消费力相对狭小的矛盾，表现为个别企业生产有组织和整个社会无政府的矛盾。但这样解释经济危机还比较抽象，而这里的研究既阐明生产与流通脱节，还阐明流通中大商人的贪婪以及恐惧亏本对这种脱节的积聚和爆发所产生的放大作用，这就将危机的发生机制阐释得比较具体了。

在这里，他还指出，生产资本循环过程中还会产生一定量的货币贮藏，并区分了"自愿的"和"非自愿的货币贮藏"。"货币资本停留在货币状态中，都是运动中断的结果，不管这种运动中断是合乎目的的还是违

① 《资本论》第 2 卷，人民出版社 1975 年版，第 88—89 页；2004 年版，第 88 页。
② 《资本论》第 2 卷，人民出版社 1975 年版，第 89 页；2004 年版，第 89 页。

反目的的，是自愿的还是非自愿的，是与职能相适应的还是与职能相违背的。"①

对生产资本循环，由于起点和终点都是生产，所以马克思是把它当成再生产过程来研究的。从单个资本的循环演绎出单个资本的周转，或者说，是研究周转的雏形，这当然是一种创举、创建。

在这里，马克思还指出，生产资本循环须要有一定量的准备金。但是，资本家并不会呆板地将它贮藏起来用于消除循环中的干扰。"不言而喻，资本家在急需的时候会不顾他手中的货币的规定职能，而动用他拥有的一切，来保证他的资本的循环过程照常进行。"它虽然"是积累基金的一部分，而它在这里的作用并没有使再生产的规模扩大。"②

显然，这个形式是资产阶级古典学派最感兴趣的，但与马克思的详尽研究相比，却是相形见绌的。

再次，商品资本循环研究中的批判性创建。

在这里，马克思是在与Ⅰ、Ⅱ两种形式的比较中研究的。在重农学派那里，对单个资本的这种循环，并没有专门研究，更谈不上与其他循环形式相比了。这只要看看魁奈的《经济表》就可看出。马克思指出，与Ⅰ、Ⅱ形式不同，这个循环形式的起点是包含剩余产品的商品资本 W'，并且每次循环都是从 W' 开始。此外，他还指出："在这个循环中，W'是作为运动的起点、经过点和终点，因此，它总是存在着。它是再生产过程的经常性的条件。"③ 也就是说，W 生产不足或过多，再生产过程就难以为继、或难以正常进行。

关于商品资本循环，马克思也不是局限在单个资本的范围内，而是发现它与社会总资本运动内在联系："W'…W' 既然在它的始极上已经表明是资本主义商品生产的形式，所以一开始就把生产消费和个人消费包括在内"④，也即是以别的资本运动为前提，指出商品资本循环已经包含社会总资本流通的萌芽。

最后，总循环研究中的批判性创建。

① 《资本论》第 2 卷，人民出版社 1975 年版，第 91 页；2004 年版，第 90 页。
② 《资本论》第 2 卷，人民出版社 1975 年版，第 100 页；2004 年版，第 99 页。
③ 《资本论》第 2 卷，人民出版社 1975 年版，第 110 页；2004 年版，第 109 页。
④ 《资本论》第 2 卷，人民出版社 1975 年版，第 114 页；2004 年版，第 113 页。

　　第四章研究的三个循环现实统一的"总循环"① 与货币资本三种职能形式统一的"总循环"不同，两者相比，后者相对抽象，是形式的，前者则相对具体、是实际的，"总循环是它的三个形式的现实的统一。"② 这一种统一不是简单的彼此外在的并列存在，它们互为条件，互相依赖，是一种系统的构成。"资本的每个不同部分能够依次经过相继进行的各个循环阶段，从一个阶段转到另一个阶段，从一种职能形式转到另一种职能形式，因而，只是由于产业资本作为这些部分的整体同时处在各个不同的阶段和职能中，从而同时经过所有这三个循环。在这里，每一部分的相继进行，是由各部分的并列存在即资本的分割所决定的。"③ 在这里，他既研究各种职能资本形式连续运动的条件，又研究具体的总循环连续运动的条件。

　　从对三个循环形式和总循环前后考察和再现的关系看，形式Ⅰ表明了剩余价值是产业资本运动的目的，但它颠倒地表现为钱能生钱；形式Ⅱ表明了剩余价值的是生产过程的实质，它转化为资本是保存资本的条件，但它颠倒地表现为使用价值的生产，从而与简单商品生产一样不会产生危机；而形式Ⅲ表明了资本运动必须采取商品生产的形式，以及剩余价值的实现条件，但它同样颠倒地表现为生产过程的一切要素都来自商品流通。如果说，所有这些研究都只涉及产业资本循环的某个侧面特征，那么，对总循环的研究则从它们的总体联系来再现产业资本连续性运动的全貌和条件。这些，都是对资产阶级学者片面研究的批判和超越，也是对此前研究的具体化。

　　先是将统一的资本总循环，按职能区分为不同职能形式，在分别考察各种职能形式之后再将它们统一起来，这正是马克思特有的结构再现方法的科学运用。

　　在这里，在提出产业资本运动连续性的特性及其条件的时候，还强调了它特有的价值独立性："只有价值在自己循环的不同阶段（决不是同时存在的，而是相继进行的）保持着它自身的同一性，并且和它自身进行比

---

① "资本在它的任何一种形式和任何一个阶段上的再生产都是连续进行的，就像这些形式的形态变化和依次经过这三个阶段是连续进行的一样。可见，在这里，总循环是它的三个形式的现实的统一。"（《资本论》第 2 卷，人民出版社 1975 年版，第 117 页；2004 年版，第 117 页。）

② 《资本论》第 2 卷，人民出版社 1975 年版，第 117 页；2004 年版，第 117 页。

③ 《资本论》第 2 卷，人民出版社 1975 年版，第 119 页；2004 年版，第 119 页。

较，它才作为资本价值或资本执行职能。"① 显然，独立价值的这种同一性是绝对的，作为单个资本自身比较的标准，它是内部的，即自己与自己比。但是，资本是一种运动，在其运动的过程中，价值却是经常革命的，因为这种革命主要发生在外部，即外部的强势标准与自己比，所以它必然会影响到内部的价值独立性。所以马克思还进一步指出，单个资本保持它的价值独立性的条件："在它作为独立价值完成它的循环过程时，因而只有在价值革命按某种方式得到克服和抵销时，才能够存在和继续存在。"② 克服了价值革命之后，相对性就又转变为绝对性了。

在研究资本循环的流通时间和费用时，马克思还创造性地提出一些特殊过程的特别见解。

流通中的劳动，虽然它不能创造新的价值，可以减少花费在流通上的时间和费用。"当独立的小商品生产者把他们的一部分时间耗费在买卖上的时候，这种时间或者在他们的生产职能的间歇期间耗费的时间，或者是他们的生产时间的损失。"③ 对大量生产的资本家来说，分摊在单个商品上的流通时间就更少了。

进一步看，大商人或商业资本家是雇用商业工人售卖商品的，而后者的劳动也是包含必要劳动和剩余劳动的。马克思在研究了他们的必要劳动之后，还专门说明他们的剩余劳动，社会并没有占有任何超额价值的产品或价值，所以没有支付报酬。"但是，这个人所代表的流通费用减少了"，和这种从"社会的观点"稍有不同，资本家的观点是："既然这个当事人是由资本家使用的，资本家会由于未对这两小时支付报酬而减少他的资本的流通费用，而这种费用是对他的收入的扣除。对资本家来说，这是一种积极的收入，因为他的资本在价值增殖上所受的消极限制缩小了。"④

关于运输，这是"生产过程在流通过程内的继续，并且为了流通过程而继续"⑤，所以运输劳动当然包含着必要劳动和剩余劳动，这是对商品的价值追加。它也"分为工资补偿和剩余价值。"⑥

---

① 《资本论》第 2 卷，人民出版社 1975 年版，第 123 页；2004 年版，第 123 页。
② 《资本论》第 2 卷，人民出版社 1975 年版，第 122 页；2004 年版，第 122 页。
③ 《资本论》第 2 卷，人民出版社 1975 年版，第 150 页；2004 年版，第 150 页。
④ 《资本论》第 2 卷，人民出版社 1975 年版，第 149—150 页；2004 年版，第 149 页。
⑤ 《资本论》第 2 卷，人民出版社 1975 年版，第 170 页；2004 年版，第 170 页。
⑥ 《资本论》第 2 卷，人民出版社 1975 年版，第 168 页；2004 年版，第 168 页。

（二）资本周转研究的批判性创建

关于资本周转的研究，马克思有多方面重大的批判性创建：

首先是论证了科学地研究并确定固定资本和流动资本的科学内涵。他在批判资产阶级经济学关于这组范畴错误的同时，给出正确的阐释。这是众所周知的，无须再赘言。

其次是论证了固定资本和流动资本这组范畴与不变资本和可变资本这组范畴的关系。从客观上看，固定资本是不变资本的一部分，而可变资本是流动资本的一部分，并且原材料等不变资本的一部分也包含在流动资本中。但是，从范畴本身所要表达的内涵看，它们又有性质的不同，在政治经济学理论体系中的地位不同，一组是根据与剩余价值生产的过程中的不同作用来区分的，是资本的本质结构，一组是根据资本周转方式不同来区分的，是资本的形式结构。但是，它们又有部分相互交集。

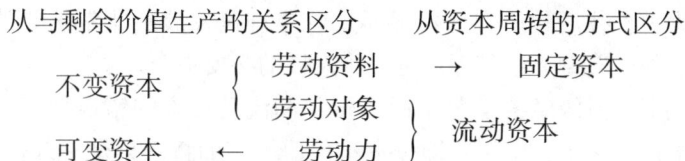

从与剩余价值生产的关系区分　　从资本周转的方式区分

不变资本 { 劳动资料　→　固定资本
劳动对象
可变资本　←　劳动力 } 流动资本

实际上，资产阶级学者全都没有不变资本和可变资本的概念，根本不可能资本的内在结构，只能认识资本的外在形式结构。不过，也应该看到，资产阶级学者的这种认识，并非完全杜撰的，而是对客观过程表面现象、对资本家早已形成的日常观念的理论反映，"是有社会效力的、因而是客观的思维形式"①，尽管是一种比较肤浅的、有一定扭曲的反映，对这样的范畴，马克思不仅要继承其合理的内容，还要科学地阐释，而马克思揭示的本质结构，也是客观的，所以，两组范畴的提出都有客观根据，因而有一定的联系，在理论体系中要处理好它们的出场次序，阐明其理论联系。但是，如果仅仅按上述模式来描述它们的联系，也是有问题的。因为，内在的东西与外在的东西摆在同一层面比较，这种认识充其量只是一种平面思维。如果根据马克思特有的科学方法，即内在规定必定外化，并且一定颠倒地表现，那么就会意识到，先提出并研究不变资本和可变资本这组范畴，再在研究资本流通的场合重新解释固定资本和流动资本这组范畴，将被资产阶级学者扭曲的、附加的杂芜取出掉，将它们从"平凡生活

---

① 《资本论》第 1 卷，人民出版社 1975 年版，第 93 页；2004 年版，第 93 页。

的范畴"转变为科学的范畴,① 并合理地阐明与反映对象内在规定与它的逻辑联系,即内在的本质区别在流通中、竞争中必然颠倒地表现形式的区别。这个过程,正是沿着从抽象上升到具体方法的逻辑发展路径上升的,是系统理论体系中的科学安排。

进一步看,这样处理还体现了理论与实际的联系。在第一逻辑阶段,我们已经看到,马克思通过研究商品拜物教性质,合理地阐明内在规定必定外化,并且在资本主义社会必然颠倒表现。在展开第二逻辑阶段的场合,我们也同样看到这种理论处理方法。既然它反映了资本周转中产生的客观现象,而资本周转又是资本运动必不可少的环节,那么它与内在规定必然存在着必然的联系,是后者的社会表现。这种情况决定着理论必须阐明这种联系的外在表现,以免所揭示的内在规定与客观过程有脱节之嫌。但在这里我们也看到,资本的这种形式区别并不完全真实地表现内在规定,所以,这是一种"虚假"的表现。这是对第一逻辑阶段那种理论反映的进一步发展,往后的研究还将显示,这是理论发展的非常重要的环节,这样从内到外的转型,还是理论进一步发展的必要中介。

在批判资产阶级经济学关于固定资本和流动资本的错误规定基础上,提出科学的区分标准,阐明它即按资本价值周转的特点,是一次投入一次全部周转,还是一次投入分次周转。既科学地揭示其区分依据及各自的内含,又与社会表面上流行的"用语"建立起联系,用"同英法两国的经济学家……一致"② 的用语来批判他们同一用语内容的错误。

他还特地阐明,这种形式区别只适用于生产资本。"它只有在……在生产上使用它的资本家手里,才成为固定资本。"③

他还研究了固定资本要能长期使用,必须追加劳动。"投在这种劳动上的资本,虽然不进入作为产品来源的真正的劳动过程,但是属于流动资本。"他阐明,"投在这种劳动上的资本,属于流动资本中要弥补一般非生产费用的部分,这个部分要按年平均计算,分摊到价值产品中去。"这种劳动中,有一部分是擦洗机器的劳动,资本家往往是利用工人的休息时间进行的,因而是无偿的,由此,资本家一方面节省了这部分擦洗费用,另一方面因为"这种劳动不计算在产品的价格中"。他指出,"这种费用是由

---

① 〔苏〕卢森贝:《〈资本论〉注释》,三联书店1963年版,第2卷第118页。

② 《资本论》第1卷,人民出版社1975年版,第649页脚注(33);2004年版,第682页脚注(33).

③ 《资本论》第2卷,人民出版社1975年版,第179页;2004年版,第179页。

工人用自己的身体来支付的，这是资本自我维持的秘密之一。"同时，他还指出，"这些秘密构成工人对于机器的法律要求权，甚至从资产阶级的法律观点看，也使工人成为机器的共有者"①。但是，资本家无偿霸占了工人的这种劳动后，却从未承认工人对机器的维持作用和共有权。

在研究资本周转时间的时候，马克思创造性地区分了生产过程中的各种时间，劳动时间、非劳动时间、生产期间、劳动期间，还有流通时间等，研究产生这些时间的差别的各种情况，论证这些时间的长短对固定资本和流动资本周转的影响。这样无微不至的研究，是所有的资产阶级学者都没有想到、做到的，有的则是混淆的。这些研究实际上是关于正常资本周转必须遵循的一些规则，但并非轻而易举地实现的。例如流通时间的缩短，资本家是很重视的，但各种信息的交错、运输工具的发展、市场的变化、价格的变动、信用的发展、对经济周期的波动、各个资本家的冒险行动等等，他们都不能统一及时地准确把握。或者说只能通过整体的长期努力和不断地损失，理智才在事后起作用。

马克思不仅研究和提出了以上资产阶级学者可以研究而没有涉及的规定，还研究了他们完全不可能研究的规则。由于他们根本没有可变资本的概念，所以当然不能研究资本周转时间对预付可变资本量的影响，当然也不能阐明可变资本的结构及其对资本周转的影响，从而不能研究预付可变资本和实际使用的可变资本对剩余价值生产的影响，② 更不能研究剩余价值的流通，等等，所有这些，马克思都有详细的研究和按严密逻辑展开的阐述。

在研究资本周转的场合，他发现了劳动期间不同对整个社会生产的影响：有些产品的生产周期很长，在没有投入市场之前要不断地从市场上取走一定量的生产资料，例如像铁路建设，"在一年或一年以上的较长时间内不提供任何生产资料和生活资料，不提供任何有用效果，但会从全年总生产中取走劳动、生产资料和生活资料。"对这种情况，"在资本主义社会，社会的理智总是事后才起作用，因此可能并且必然会不断发生巨大的紊乱。"反之，在"共产主义社会，那末首先，货币资本会完全消失，因

----

① 《资本论》第 2 卷，人民出版社 1975 年版，第 194 页；2004 年版，第 194 页。

② "生产剩余价值的，只是劳动过程中实际使用的资本。一切有关剩余价值的规律，包括在剩余价值率已定时剩余价值量由可变资本相对量决定的规律，也只是适用于这种资本。"（《资本论》第 2 卷，人民出版社 1975 年版，第 332 页；2004 年版，第 331 页。）

而，货币资本所引起的交易上的伪装也会消失。问题就简单地归结为：社会必须预先计算好，能把多少劳动、生产资料和生活资料用在这样一些产业部门而不致受任何损害"①。两相比较，不同社会形态在社会劳动的调节方面孰优孰劣，不言而喻。

最后，我们还必须看到，关于固定资本和流动资本区别的科学研究，在全书中起着十分重大的而又似乎默默无闻的作用。它关系到资本总周转、年剩余价值率、社会总资本的实现（固定资本的补偿）等重大理论问题的论证，并且，它关系到理论的进一步转型。"如果我们不去洞察资本主义生产过程的内部机构，而是从已有的现象出发来考察，那末，这两种差别事实上就合而为一了。当社会剩余价值在投入不同生产部门的资本中间进行分配时，资本的不同预付期间的差别（例如固定资本的不同寿命）和资本的不同的有机构成（从而也是不变资本和可变资本的不同的流通），对于一般利润率的平均化和价值到生产价格的转化，都发生同等的作用。"② 在批判李嘉图的时候就提到利润率的平均化、价值转型，实际上是在提醒人们注意资本的形式区别是理论转型的重要关节、中介。只要联系第三卷，我们还可发现，它与成本价格的关联。在那里，马克思如是说："就成本价格本身的形成来说，只有一个区别会显现出来，即固定资本和流动资本的区别。"③ 也就是说，固定资本与流动资本的差别可在成本价格与全部预付资本之间差别上呈现出来。

---

① 《资本论》第 2 卷，人民出版社 1975 年版，第 350 页；2004 年版，第 349 页。
② 《资本论》第 2 卷，人民出版社 1975 年版，第 241 页；2004 年版，第 241 页。
③ 《资本论》第 3 卷，人民出版社 1975 年版，第 39 页；2004 年版，第 39 页。

第九章 利润分配研究的科学批判

恩格斯说过："第三卷所阐述的就是剩余价值的分配规律。而讲完了剩余价值的生产、流通和分配，也就结束了剩余价值的整个生涯，此外，对它也就没有更多的东西好谈了"①。但在资本主义社会，剩余价值的分配并非如现在人们常说的"分配大蛋糕"那样，而是几个分配当事人——既然资本运动中有"生产当事人"和"流通当事人"②，那么也会有"分配当事人"，——始终有意识地分割属于自己的"剩余价值"。实际上，"剩余价值和剩余价值率相对地说是看不见的东西，是要通过研究加以揭示的本质的东西。利润率，从而剩余价值的形式即利润，却会在现象的表面上显示出来。"③ 作为抽象形态的东西，是不能直接用于分配的，所以在分配之前，一定要转化为比较具体的形式，就像劳动力的价值要转化为工资一样。在资产阶级社会表面上，它是以利润、利息、地租等形式表现的，而且分配是"由职能资本家作为剩余劳动的直接吸取者和一般劳动的使用者来进行分配的。"④ 但是，职能资本家根本不知道、不承认有剩余价值的存在，只知道利润、利息、地租具体形式。所以，阐明这种剩余价值向社会表象的转化实际上是剩余价值分配的题中应由之义。

要阐明这个过程，不能一开始就径直考察包括产业资本、商业资本、生息资本在内的社会总资本，只能从单个资本开始。⑤ 在现实过程中，产业资本家（包括农业资本家）获得平均利润，商业资本家获得商业利润，生息资本家获得利息、土地所有者获得地租。但商业利润、利息、地租都

---

① 《马克思恩格斯全集》第 22 卷，人民出版社 1965 年版，第 511 页。

② "在商品生产中，流通和生产本身一样必要，从而流通当事人也和生产当事人一样必要。"《资本论》第 2 卷，人民出版社 1975 年版，第 144 页；2004 年版，第 144 页。

③ 《资本论》第 3 卷，人民出版社 1975 年版，第 51 页；2004 年版，第 51 页。

④ 《资本论》第 3 卷，人民出版社 1975 年版，第 928 页；2004 年版，第 930 页。

⑤ 马克思在第三卷第二篇这样写道："我们以前当作同一个资本在时间上相继发生的变化来考察的东西，现在要当作不同生产部门各个并存的投资之间同时存在的差别来考察。"（《资本论》第 3 卷，人民出版社 1975 年版，第 161 页；2004 年版，第 161 页。）可见，第一篇研究的是"同一个资本"，也就是"单个资本"。

与平均利润有关。所以，阐明平均利润、平均利润率是阐明这些剩余价值的具体形式的前提，而阐明利润、利润率又是阐明平均利润、平均利润率的前提，为此，就要先阐明剩余价值、剩余价值率怎样转化为利润、利润率。——这就是"事后思索"、反向阐述的路径依赖。但是，要研究剩余价值、剩余价值率转化为利润、利润率，只能以单个资本为对象，不能以社会总资本为对象，因为后者包含商业资本、生息资本等，而后者的商业利润、利息、地租又是不能自动阐释的。还有，也不能以产业资本总体为对象，因为与它相联系的，不是剩余价值，而是平均利润、平均利润率。

单个资本作为社会总资本的细胞，其运行中的各种职能又是相对独立的，而各种职能都有相对应的资本部分，即生产资本、商品资本、货币资本等——实际上产业资本、商业资本、生息资本等资本的具体形式都是从这些职能资本的独立化形态，——在资本家的观念中对资本的增殖都具有同等的作用，所以马克思以此为对象，逐步扩大范围，最终实现研究目的。

在第三卷第一篇，马克思联系资本家的观念详细而深刻地论证了单个资本运动中剩余价值、剩余价值率转化为利润、利润率的必然性和机理，阐明了单个资本的各个组成部分在资本家的观念中如何为整体的增殖而共同发挥作用，并按份均等地计算增殖额，为进一步论证社会总资本对社会总剩余价值的按份分割奠定分析基础。① 不仅这样，这个第一篇关于利润率的研究在有些方面还预示了第三篇关于一般利润率的内容："第一篇所阐述的关于利润率提高和降低的一切规律"，"是一般利润率的规律"；"在每个生产部门中，本部门利润率的波动会持续或长或短的时期，直到这种波动经过一系列提高或降低充分固定下来，能赢得时间来影响一般利润率，从而取得超出局部的意义为止。因此，在这样的空间和时间的界限内，本卷第一篇所阐明的关于利润率的规律同样是适用的。"②

---

① 在《资本论》第一卷研究社会总资本积累过程的场合，马克思已经提到："假定其他一切条件不变，各单个资本，从而生产资料的积聚，会按照它们各自在社会总资本中所占份额的比例而增长。"（《资本论》第 1 卷，人民出版社 1975 年版，第 685—686 页；2004 年版，第 721 页。）

② 《资本论》第 3 卷，人民出版社 1975 年版，第 189、190 页；2004 年版，第 189，190 页。

一、利润分配过程的对他批判

第一篇的篇名是：剩余价值转化为利润和剩余价值率转化为利润率，似乎不是在研究剩余价值的分配，而是在研究剩余价值在社会表面上、在资本家观念中采取什么样的表现形式。如果单纯从字面看，剩余价值的分配与剩余价值转化为利润，的确不同。但是，第三卷一开头已经说明："我们在本卷中将要阐明的资本的各种形式，同资本在社会表面上，在各种资本的互相作用中，在竞争中，以及在生产当事人自己的通常意识中所表现出来的形式，是一步一步地接近了。"① 这实际上是在提示，再现内在规定的表现形式是逐步接近其"社会表面上"完成形式的。而第一章研究的就是这种完成形式的最初转化形式——利润，而利润范畴在资本家观念中或在账簿项目中的形成，又与成本价格有直接关系。至于成本价格，则是所费资本即已经转移到商品价值中的不变资本和可变资本的转化形式。在资本家的观念中，根本没有剩余价值的概念，所以，由他们主持的分配，只能是利润的分配。尽管其实质是剩余价值的分配，但在现实过程中，在社会表面上，分配只表现为利润的分配。在这里，马克思要做的科学批判，不是对利润分配"正名"，只是阐明剩余价值为何、如何颠倒地表现为利润，阐明资本家如何形成利润的观念、利润如何分配到全部预付资本中。

我们已经知道，资本运动本身具有批判性，生产过程和流通过程是这样，分配过程也是这样。在简单商品生产的时代，生产力水平不高，从而各个生产者的生产资料不多，效能不高，全部产品出卖后换回的也只够维持简单再生产，包括生产者劳动力的再生产上。因为剩余产品很少，生产者不会想到它与很少量的生产资料的关系。所以，这种分配关系十分简单。与此不同，单个资本所拥有的生产力水平高得多了，产品量大，剩余价值也就多，所以能够用之以扩大再生产和资本家的奢侈消费，其实质是剩余价值的分配。相对于简单商品生产，这当然是一个进步，是一种对他批判。

还有，从分配的方式看，在简单商品生产者那里，分配是在生产资料私人所有制基础上的产品分配，是生产者自己直接对产品或已经实现了价值的扣除，没有任何转化，没有任何别人插手。而在单个资本运动过程

---

① 《资本论》第 3 卷，人民出版社 1975 年版，第 30 页；2004 年版，第 30 页。

中，分配以生产资料资本所有制为基础，再一般地研究直接的分配已经不够了，因为分配已经不再是生产者自己的事了，并且劳动者取得生活资料本质上并不是分配，而是属于流通过程中的劳动力买卖。诚然，从历史唯物主义的理论观点看，生活资料的获得当然属于分配，但在马克思主义的政治经济学中，分配已经具体化为剩余价值的分配，相对而言，生活资料的分配是广义的、哲学意义的分配，而剩余价值的分配则是狭义的、政治经济学意义的分配。就单个资本而言，剩余价值在分配时还必须以外在的表现形式——利润——在其全部预付资本中按份分摊。

再从参与分配的主体看，在简单商品生产的时代，分配主体是惟一的、独立的。但"在资本主义生产的基础上，工人自己在进入生产过程之后，就成为执行职能的并属于资本家的生产资本的一个组成部分"，只有"资本家才是实际的商品生产者"①。作为资本的一个组成部分，怎么可能有资格与资本家平起平坐地讨论如何分配的问题呢。

在历史发展的视阈中，这种分配方式当然比简单商品生产的分配方式进步，因为它与比较先进、规模巨大的生产力相结合，与日益增加的剩余价值紧密联系。

但是，对简单商品生产分配的批判主要还在于这些剩余价值与生产要素的联系上。

马克思说明：对简单商品生产者来说，商品的生产所耗费的东西和生产本身所耗费的东西是一致的，都是同样的量。反之，"商品使资本家耗费的东西和商品的生产本身所耗费的东西，无疑是两个完全不同的量。商品价值中由剩余价值构成的部分，不需要资本家耗费什么东西，因为它耗费的只是工人的无酬劳动。……对资本家来说，商品的成本价格必然表现为商品本身的实际费用。"② 因为只耗费成本价格，所以他就很自然地认为成本价格能够自动带来资本增殖。

但是，对资本家来说，生产商品所耗费的不仅仅是成本价格部分，还有那些已经投入但还没有转移的固定资本部分。在他的意识或观念中，他的资本的任何部分、任何一个分子特别是那些都与成本价格一样，都没有任何区别，都能自行增殖。这样，他就很自然地认为，增殖部分是他的全部预付资本自行增殖的。他们的这种观念被马尔萨斯直白地表达出来："资本家对于他所预付的资本的一切部分，都期望得到同样的利益。""资

---

① 《资本论》第 3 卷，人民出版社 1975 年版，第 30 页；2004 年版，第 30 页。
② 《资本论》第 3 卷，人民出版社 1975 年版，第 30 页；2004 年版，第 30 页。

本是用来取得利润的。"① 说到底，就是资本家认为增殖部分必须均等地分配给全部预付资本的各个分子。② 而且这种"期望"——它不同于一般的"预期"，即使是合理的预期，各人都有不同，而且也是会随着个别人条件的变化而改变的，——是不变的，并且还会在所有资本家的意识中、行为中形成固定的观念。正是基于这种情况，马克思指出："剩余价值，作为全部预付资本的这样一种观念上的产物，取得了利润这个转化形式。"③ 既然是这样，全部预付资本的各个部分也就理所当然地按份共享这些利润。所以，这句话说的不仅是剩余价值如何转化，而且是说利润这个转化形式谁可共享均占，也就是说，是关于分配范围的问题。进一步看，利润率＝剩余价值/全部预付资本，不仅表明全部资本的增殖率，而且也很清楚地表明剩余价值要按份均分给全部预付资本。

尽管从客观上看，可变资本 v 所转化的雇佣工人的劳动包括必要劳动和剩余劳动，而剩余劳动不费资本家分文，m 只与 v 转化来的剩余劳动有关系。但是，资本家却认为，他的"全部预付资本"（c+v）都能自动带来 m，包括那些投入使用而价值尚未转移的固定资本部分——即马克思政治经济学中的"不变固定资本"④ ——也全都能自行增殖，因此，都必须参加利润的平均，它的各个部分都要求有平等的剥削权利、平等的收益，从而剩余价值必须按照资本各个部分在全部预付资本中的份额平均分配。可见，第一章研究剩余价值转化为利润，实际上是要阐明在资本家的观念中，其预付资本的任何一个分子、部分都能自行增殖，都必须按份参与利润的分配。

尽管资本家的观念仅仅是他们的一种主观看法，但对利润的分配却是至关重要的。道理很简单，利润的分配是由资本家自己决定的。关于这一点，后文还有进一步的分析。

很显然，这不仅迥异于简单商品生产时代的分配关系，而且实际上是

---

① 《资本论》第 3 卷，人民出版社 1975 年版，第 44 页及脚注（4）；2004 年版，第 44 页，脚注（4）。

② "资本。……它在生产过程和分配过程中被保存成使用是为了获得利润。"（托·罗·马尔萨斯《政治经济学定义》，……1853 年伦敦新版第 10 页）"资本是用于生产的财富的一部分，而且一般地说来，它的目的在于获得利润。"（托·查默斯《论政治经济学［和社会的道德状况、道德远景的关系］》1832 年伦敦第 2 版第 75 页）（转引自《马克思恩格斯全集》第 49 卷，人民出版社 1982 年版，第 60 页脚注 134。）

③ 《资本论》第 3 卷，人民出版社 1975 年版，第 44 页；2004 年版，第 43—44 页。

④ 《资本论》第 2 卷，人民出版社 1975 年版，第 362 页；2004 年版，第 361 页。

对后者的一种批判。这种分配关系虽然在雇佣工人看来不合理，非公平，但它符合资本主义的正义原则，——在资本主义社会，"生产当事人之间进行的交易的正义性在于：这种交易是从生产关系中作为自然结果产生出来的。……这个内容，只要与生产方式相适应，相一致，就是正义的；只要与生产方式相矛盾，就是非正义的。"① ——对简单商品生产的生产关系来说，这种取代就是一种批判。

成本价格的观念、账簿项目，不仅让资本家形成超出成本价格的增殖额是利润的观念，而且还让他在生产经营的时候，充分地调动不同部分资本分割利润的功能：在减少生产时间的和流通时间的同时，还十分重视降低商品生产的成本价格。他们所采用的方法很多：周转时间的节约，可以让资本家不增加资本而更充分地激发全部预付资本的潜能，可以让他们减少预付的可变资本、相应地增加实际使用的可变资本等。在生产领域，又有靠牺牲工人而实现的劳动条件的节约，有动力生产、动力传送和建筑物的节约，生产排泄物的利用，由发明而产生的节约等等。② 在资本家意识中，采用这些方法，必然提高整体投资的效率，从而提高全部预付资本的回报，虽然在某些方面会造成对工人的危害，但相对于此前的生产方式，则是一种进步。例如，"野蛮人由于对时间的浪费漠不关心，……他往往用整整一个月的时间来制造一支箭。"③ 而简单商品生产者则没有上述这些节约的条件，虽然资本家是靠牺牲别人来节约的，但节约生产要素就可增加生产要素的使用。这就是进步和批判。从分配的角度看，资本家用增殖额与全部预付资本相比的做法，也表明他很重视物的使用效率，相对于以前的生产方式，这也是一种进步和批判。

二、利润分配过程批判

如果孤立地看，分配是生产过程、流通过程结束之后才能进行的事情。没有剩余价值的生产、实现，当然就没有东西可分配。但是，从上面的分析可以看出，既然生产是各种要素职能发挥的过程和结果，并且资本家"所预付的资本的一切部分，都期望得到同样的利益"，那么这种"期望"并非在生产过程结束的时候才冒出来的。这就表明，分配是一个与生

---

① 《资本论》第3卷，人民出版社1975年版，第379页；2004年版，第379页。

② 见《资本论》第3卷，人民出版社1975年版，第五章。

③ 《资本论》第2卷，人民出版社1975年版，第490页；2004年版，第489页。

产同时进行的过程。它不仅是从结果来看，而是从过程来研究的。或者说，是按照资本家的观念，联系资本在生产过程中自行增殖的职能而实施的分配。

和生产资料的分配不同，生产成果的分配当然是由一定主体主持和实施的。而且这种分配一定要体现这个主体的观念和利益。资本是一种生产关系，当然包含相关主体之间的关系，其中必有一个是占据主导地位的，即主导主体。在资本家和雇佣工人的关系中，资本家是主导主体，在各种资本家集团之中，产业资本家是主导主体。在剩余价值的分配上，更是这样，要体现产业资本家的意志和观念。

"对资本家来说，商品的成本价格必然表现为商品本身的实际费用"。①当资本家将这笔耗费在观念中、在账簿中以成本价格命名的时候，它当然具有一定的主观性，但资本家为补偿所消耗的生产资料价格和所使用的劳动力价格而实际支出的这些耗费，当然是客观的。也就是说，它并非完全有资本家的观念产生，也是由客观的运动所产生。只不过资本家的观念并没有完全将这些耗费——劳动的实际耗费包括必要劳动和剩余劳动——全部包含在内。所以，这种客观性还带有片面性。

从成本价格的客观性来看，它在剩余价值转化为社会表面上的表现形式的过程中，发挥着重大的作用：它形成了一种假象。"在资本主义经济中，成本价格具有一种假象，似乎它是价值生产本身的一个范畴。"② 对此，马克思是这样批判分析的：商品生产所耗费的，无非是一定量的劳动，包括物化劳动和活劳动，后者有包含必要劳动和剩余劳动。物化劳动是转移的不变资本构成，必要劳动的再生产相当于可变资本，所以，实际耗费就是 c+v+m，并且是 c+（v+m），即 m 是 v 转化成的劳动力创造的。

马克思还进一步指出，预付的 c 和 v 和成本价格的中的 c 和 v 不同，后者是已经转移到商品了的。说明预付的 c 只是通过有用劳动的作用，才能够将自己的价值转移到商品中去，体现在商品成本价格中，预付的 c 根本没有对价值的增殖起到任何作用。至于预付的 v，甚至没有参加到生产过程中，而是存放在银行或资本家的钱柜中，它只在所转化的活动力创造了价值并实现之后，再以工资的形式发放给工人。可见，成本价格只是生产后转移了的、价值量相当于所费资本的 c+v，并非那部分实际的在生产前就已经存在的 c+v，只补偿资本的消耗，"同商品的价值形成或同资本的

---

① 《资本论》第 3 卷，人民出版社 1975 年版，第 30 页；2004 年版，第 30 页。
② 《资本论》第 3 卷，人民出版社 1975 年版，第 33 页；2004 年版，第 33 页。

增殖过程毫无关系。"① 但在资本家的观念中，却因为它与进入生产过程前已经存在的 c+v 的价值同量，就把它们混为一谈。但是，他却实实在在地获得了 m，于是，就变成（c+v）+m，似乎 m 是（c+v）自行增殖的结果。这样一来，劳动的耗费就转化为资本的耗费，劳动转移生产资料的原有价值和创造新价值又都表现为资本的消耗和资本的自行增殖。由此，我们不难体会到马克思深邃的目光和精湛的批判能力。这样从几个项目关系的分析，揭示出这种转化所隐含的用意并批判之，的确是令人信服、感叹。

所费资本转化为成本价格这种情况在资本家的观念中还必然进一步发酵、放大。由于资本家根本没有不变资本和可变资本的概念，只有固定资本和流动资本的概念，而固定资本部分价值的转移并不改变它的使用价值形态，——机器和厂房都还在使用，很难确定其中哪一部分是未转移的资本价值还是已经转移的资本价值。"资本家预付总资本时并没有考虑它的各个组成部分在剩余价值的生产上所起的不同作用。"② ——正是由于这个原因，在资本家看来，全部预付资本"虽然只是部分地参加成本价格的形成，但会全部参加剩余价值的形成。"③ 这样，就必然让他产生这样的观念，全部预付资本在其增殖额的生产上的作用是没有区别的。也就是说，他又认为全部预付资本都能够自行增殖。

通过这样批判分析，马克思既阐明了在资本家观念中全部预付资本与剩余价值（表现为增殖额）的关系是怎样产生的，真实关系是怎样颠倒的，又在阐明剩余价值怎样颠倒地表现为利润的过程中，指出在资本家观念中利润是如何在全部预付资本中分配的。这样看来，生产过程既决定利润的产生，同时还决定着利润分配的依据。所以，不能割裂它与分配的联系。

恩格斯说："一切观念都来自经验，都是现实的反映，——正确的或歪曲的反映。"④ 要批倒一种观念，最好的办法是挖出其根源。所以，资本家"观念的产物"作为"歪曲的反映"，归根到底是客观过程表象的反映。因此，马克思既批判资本家的观念，又批判产生这种观念的颠倒及其产生的过程。他指出：利润以自身的外表形式将剩余价值神秘化，不仅仅是资

① 《资本论》第3卷，人民出版社1975年版，第33页；2004年版，第33页。
② 《资本论》第3卷，人民出版社1975年版，第49页；2004年版，第49页。
③ 《资本论》第3卷，人民出版社1975年版，第44页；2004年版，第44页。
④ 恩格斯："《反杜林论》的准备材料"（《马克思恩格斯全集》第20卷，人民出版社1971年版，第661页）。

本家的错误观念所致，究其原因，还是一系列颠倒表象共同发挥作用的结果。其中最主要的是劳动力的价格转化为工资，此外还有固定资本和流动资本范畴这种形式区别对不变资本和可变资本那种本质区别的掩盖，以及成本价格制造的假象。因此，资本家不仅在观念上将利润归结为所用资本自行增殖的结果，即"这个价值增加额来自用资本进行的生产过程，也就是来自资本自身；因为它在生产过程完成以后才存在"①，同时还在经营上将它归结为流通中超过成本价格出售的余额，"是从商品的出售本身产生的。"② 尤其是在竞争中，同种商品在不同的场合、时间往往有许多不同的出售价格，但只要高于成本价格，就有利润。这种经验一方面掩盖了利润与剩余价值之间的真实关系，另一方面也强化了利润来自流通的错觉。由此可见，在资本家的观念中，利润既来自生产过程，又来自流通过程。"对单个资本家来说，由他本人实现的剩余价值，既取决于对劳动的直接剥削，也取决于互相诈骗的行为。"③ 但是，这种糊涂观念也暴露了它的致命伤，即完全不懂得利润的本质和实质。不过，这些观念尽管自相矛盾，但最终都确定地统一于这一点：资本是天生的平等派，每个资本分子都应享有同等的利润。

　　在资本家意识中，既然利润作为资本的增殖额是全部预付资本带来的，那么他也必然要以利润对全部预付资本的比率来衡量资本的增殖率，这个比率就是利润率。在他们的意识中，这种比率的产生是那么的自然、简单、不言而喻，根本无须稍加阐释。但是，在马克思看来，利润率却是剩余价值率的转化形式，从而使"它对总资本的关系获得进一步规定"④，是总资本剥削率的准确表示。"单个资本家……唯一关心的，是剩余价值即他出售自己的商品时所得到的价值余额和生产商品时所预付的总资本的比率。而对这个余额和资本的各个特殊组成部分的特定关系以及这个余额和它们之间的内在联系，他不仅不关心，而且掩盖这个特定关系和这种内在联系，正是他的利益所在。"⑤ 很显然，剩余价值与可变资本的比率，一定小于剩余价值与总资本的比率。经过这一转换，利润率无论如何也是小于100%的，而剩余价值率则大都大于100%。道理很简单，在分子不变的

---

① 《资本论》第3卷，人民出版社1975年版，第42页；2004年版，第42页。
② 《资本论》第3卷，人民出版社1975年版，第46页；2004年版，第46页。
③ 《资本论》第3卷，人民出版社1975年版，第52页；2004年版，第52页。
④ 《资本论》第3卷，人民出版社1975年版，第57页；2004年版，第57页。
⑤ 《资本论》第3卷，人民出版社1975年版，第51页；2004年版，第51页。

条件下，分母越大，分数越小。这对掩盖资本的剥削是十分有利的。

马克思还阐明，利润率的高低与竞争、流通的紧密联系，还使资本家的观念更加混乱，以为利润不仅来自生产领域，是资本的自行增殖，还有资本家的功劳在内。在他们看来，利润率还"取决于……购买原料的人的内行程度；取决于所使用的机器的生产效率、适用程度和便宜程度；取决于生产过程各个阶段的总安排的完善程度，即原料的浪费是否被杜绝，指挥和监督是否简单而有效，等等。……在很大的程度上还要取决于资本家自己或他的经理和职员个人的经营本领。"① 而且两个企业利润率的高低差别，还来源于"经营技巧的差别。这一情况使资本家产生了错觉，使他相信，他的利润不是来自对劳动的剥削，而是至少有一部分也来自与此无关的另外一些事情，特别是来自他个人的活动。"②

此外，他们还认为利润来自流通过程。对此，马克思是这样总结的："在流通过程中，剩余价值的生产和一般价值的生产一样，会获得新的规定；资本会经历它的各种转化的循环；最后，它还会从它的可以说内部的有机生命，进入外部的生活关系，在这些关系中，互相对立的不是资本和劳动，而一方面是资本和资本，另一方面又是单纯作为买者和卖者的个人；流通时间和劳动时间在它们的进程中会互相交错，好像二者同样地决定着剩余价值；资本和雇佣劳动互相对立的最初形式，会由于一些看来与此无关的关系的干扰而被掩盖起来"③。这就告诉人们，由剩余价值向利润、剩余价值率向利润率的转化并不单单是内在规定外化的事情，它们所涉及的关系，比起单纯的生产过程更为复杂混沌。"剩余价值借助利润率而转化为利润形式的方式，只是生产过程中已经发生的主体和客体的颠倒的进一步发展"，经过流通这种外部生活关系的"各种转化和变形"④，资本家必然产生的"相应的颠倒的观念，即歪曲的意识……进一步发展了。"⑤

成本价格作为资本家的一种观念和他账簿中的一个项目，还发挥着一个更大的作用，导致剩余价值转化为利润。由于成本价格造成的假象，致使劳动的耗费转化为资本的耗费，资本的耗费和资本的增殖代替了生产资

---

① 《资本论》第 3 卷，人民出版社 1975 年版，第 155 页；2004 年版，第 154 页。
② 《资本论》第 3 卷，人民出版社 1975 年版，第 156 页；2004 年版，第 155 页。
③ 《资本论》第 3 卷，人民出版社 1975 年版，第 52 页；2004 年版，第 52 页。
④ 《资本论》第 3 卷，人民出版社 1975 年版，第 53 页；2004 年版，第 53 页。
⑤ 《资本论》第 3 卷，人民出版社 1975 年版，第 52 页；2004 年版，第 53—54 页。

料原有价值的转移和新价值的创造。因此，资本家很自然地认为，除了成本价格外，预付资本的其余部分也同样具有和成本价格一样的功能。这样，在他们的观念中，资本的增殖部分就是全部预付资本的产物。在资本和利润的关系中，"资本表现为一种对自身的关系，在这种关系中，资本作为原有的价值额，同它自身创造的新价值相区别。……这种情况是怎样发生的，现在却神秘化了，好像它来自资本本身固有的秘密性质。"①

由于利润与成本价格共同构成商品的价值，所以，两者在量上是此长彼短。这就决定了资本家必定在成本价格的降低上极尽所能，超越极限。在这里，马克思主要分析资本家常用的几种措施。

成本价格包含 c 和 v 两个部分，在假定工人的劳动力价值不变的情况下，不变资本（包括不变固定资本和不变流动资本）使用上的节约，就是必然的、必须的。但是，这种对资本家有百利而无一害的措施，实施起来并非易事。它需要生产规模扩大，"由生产资料的集中及其大规模应用而产生的全部节约，是以工人的聚集和共同工作，即劳动的社会结合这一重要条件为前提的。"② 而且，有的发展还要部分地"和精神生产领域内的进步，特别是和自然科学及其应用方面的进步联系在一起"③。所以，并非单个资本可控。

为了充分利用不变资本，资本家最先想到的就是延长工人的劳动日："现代工业制度下不断增长的增加固定资本的必要性，也就成了唯利是图的资本家延长工作日的一个主要动力。"④ 大体看来，"这种节约的范围包括：使工人挤在一个狭窄的有害健康的场所……；把危险的机器塞进同一些场所而不安装安全设备；对于那些按其性质来说有害健康的生产过程，或对于像采矿业中那样有危险的生产过程，不采取任何预防措施，等等。更不用说缺乏一切对工人来说能使生产过程合乎人性、舒适或至少可以忍受的设备了。……总之，资本主义生产尽管非常吝啬，但对人身材料却非常浪费……；资本主义生产一方面使社会失去的东西，就是另一方面使单个资本家获得的东西。"⑤

我们已经知道，即使劳动力价值不变，资本家也有很多办法来变相降

---

① 《资本论》第 3 卷，人民出版社 1975 年版，第 57 页；2004 年版，第 57 页。
② 《资本论》第 3 卷，人民出版社 1975 年版，第 94 页；2004 年版，第 93 页。
③ 《资本论》第 3 卷，人民出版社 1975 年版，第 97 页；2004 年版，第 97 页。
④ 《资本论》第 3 卷，人民出版社 1975 年版，第 92 页；2004 年版，第 91 页。
⑤ 《资本论》第 3 卷，人民出版社 1975 年版，第 102 页；2004 年版，第 101 页。

低工人的工资。在这里，马克思又这样说："在既包括工资，也包括原料价格、机器磨损等等的成本项目下，无酬劳动的榨取，只是表现为成本中某一项支付上的节约，只是表现为对一定量劳动的支付上的减少；就像由于买进的原料比较便宜或由于机器磨损减少而得到节约完全一样。因此，剩余劳动的榨取，就失去了它的独特性质；它同剩余价值的独特关系也被弄得模糊不清了；正如我们在第一卷第六篇已经指出的，劳动力价值表现为工资形式这一点，又大大促进和助长了上述这种情况。"①

生产商品本来是物化劳动加活劳动（包括必要劳动和剩余劳动）的耗费，但却因为资本家的观念而转化为成本价格（所费资本）的耗费，并进一步转化为全部预付资本的耗费。这似乎是资本家的观念在作祟，但归根到底是客观的资本运动的必然产物。所以，马克思不仅仅批判"资本家的奇特观念"②，还分析批判产生这种观念的客观条件。

三、资产阶级学者利润分配理论批判

在开篇，马克思集中火力批判资本家观念、意识、看法，以至于有些冷落资产阶级学者。所以批判的资产阶级学者追随、粉饰资本家观念的地方反而不多。但是，他还是会在要紧的场合抓住有典型意义的资产阶级学者来批判的。所以，才会提取出马尔萨斯的直白说法。③ 但是，资产阶级学者与资本家还是有所不同的。他们有理论，善于总结提高。马尔萨斯对资本家"期望"的解释，正是资本家意中所有、而语中所无的。所以，必须彻底地批判。在资产阶级学者及资本家的观念中，利润与全部预付资本联系，在这个意义上，利润已经包含分配的内容，不单单是剩余价值的转化形式。

在这里，马克思囿于本章的研究语境，即研究剩余价值的外在表现，所以没有涉及其生产过程、流通过程，因而主要是针对庸俗经济学。而庸俗经济学主要从流通外部来研究利润，所以主要抓住其中的几个比较典型的观点批判。

在分析成本价格颠倒地表现资本增殖额来源的时候，马克思没有多加

① 《资本论》第3卷，人民出版社1975年版，第53页；2004年版，第53页。
② 《资本论》第3卷，人民出版社1975年版，第257页；2004年版，第256页。
③ 参见《资本论》第3卷，人民出版社1975年版，第44页，2004年版第44页马克思正文和脚注（4）的引述。

批判，只是加了个脚注："这个事实在经济学家的头脑中能够引起什么样的混乱，我们已经在第 1 卷第 7 章第三节，以纳·威·西尼耳为例，加以说明了。"①

在上面，我们已经看到，马尔萨斯对资本家观念的直白概括，并借此提出自己的利润范畴。尽管从科学研究所揭示的内在规定来看，资本家和马尔萨斯的利润观念是错误的，但在社会表面上，它却是有一定的现象支撑的，就像对缺乏科学天文学知识的地球人的日常经验支撑"地心说"一样（后文将具体分析）。且不说马克思是在什么样的条件下采用这个经验性术语以及对它进行什么样的改造，只要注意在此之前对成本价格概念的分析，就可发现，这个利润概念既是从资本家的成本价格观念、"资本家账簿上的项目"② 误打误撞引申出来的，又有一定的现象依据，即流通中的假象。可见，这是依据表象说表象。所以，分析其产生的原因和条件，实际上也就是对它所作为范畴及其反映的表象的批判。

在这里，马克思还端出托伦斯的谬论：出售价格超过成本价格的余额或利润的产生是由于：消费者"通过直接的或间接的交换付出的部分，大于生产商品时所耗费的资本的一切组成部分"③。而马尔萨斯还直接以托伦斯的意见作为根据。对此，马克思一针见血地批判道："托伦斯只是用从商品生产领域转移到商品流通领域的办法，来逃避这个无中生有的创造。"这种看法，连同为资产阶级学者的拉姆赛都感到荒唐。④

在这里，针对蒲鲁东的糊涂观念："商品的成本价格构成商品的现实价值，而剩余价值是由于商品高于价值出售产生的，因而，只要商品的出售价格等于它的成本价格，也就是等于在它上面消耗的生产资料的价格加上工资，商品就是按照它的价值出售的。"马克思以实例分析说明："认为只要一切商品都按各自的成本价格出售，结果实际上就会和一切商品都高于各自的成本价格但按各自的价值出售一样，这是完全错误的。"⑤

在这里，他又尖锐地指出，对利润来源的错误认识，还导致资产阶级

---

① 《资本论》第 3 卷，人民出版社 1975 年版，第 41 页脚注（1）；2004 年版，第 41 页脚注（1）。

② 《资本论》第 3 卷，人民出版社 1975 年版，第 33 页；2004 年版，第 33 页。

③ 转引自《资本论》第 3 卷，人民出版社 1975 年版，第 46 页；2004 年版，第 46 页。

④ 《资本论》第 3 卷，人民出版社 1975 年版，第 47 页；2004 年版，第 47 页。

⑤ 转引自《资本论》第 3 卷，人民出版社 1975 年版，第 48 页；2004 年版，第 48 页。

学者在价值创造问题上跌入一个无法解脱的陷阱：“现代经济学家如拉姆赛、马尔萨斯、西尼耳、托伦斯等人也直接用流通的这些现象来证明：资本在它的单纯物质存在上，与它同劳动的社会关系（正是这种关系使它成为资本）无关，是一个与劳动并列而且不以劳动为转移的剩余价值的独立源泉。”① 只要联系《资本论》终篇的研究，人们不难看到，他们是将“资本的单纯物质存在”与“劳动”一样，都看成是剩余价值、从而是价值的独立源泉。按其逻辑和本能，也必然由此及彼地推论出土地也和单纯物质存在的资本一样，是一种独立的价值源泉。由此观之，这里实际上与后面、特别是终篇的研究、批判紧密联系的。

在基本理论上一步错，必导致后续理论的步步错，对利润及其源泉的错误认识必然导致对利润率的错误认识。资产阶级学者在全盘接受资本家的奇特观念之后，没有别的选择。在这方面，马尔萨斯是个代表，所以马克思说，“我们在以后的一章中将会看到，马尔萨斯在试图走这一条路来探寻剩余价值的秘密以及剩余价值和可变资本部分之间的独特关系的秘密时，作了多么滑稽的表演。”②

相信了这种错误，连李嘉图及其学派也难逃自相矛盾的尴尬。“像李嘉图那样的经济学家，坚持一般原理，而不承认比如说世界贸易对利润率的影响。”③ 之所以这样，因为他不懂得抽象的内在规定与具体的实际如何经过一定的中介来联系。至于他的徒子徒孙所形成的学派，情况就更糟糕了。“我们研究李嘉图学派就会知道，把利润率的规律直接表现为剩余价值率的规律，或者相反，完全是一种荒谬的尝试。在资本家的头脑中，这两个规律当然是没有区别的。”④ 看看，为了迎合资本家，他们竟背叛自己原先某些合理的看法。

如果说，“在直接生产过程中，剩余价值的性质会不断在资本家的意识中出现”⑤，尽管很快就消失，那么，对庸俗经济学家来说，连这种意识都没有，只是根据流通、竞争所呈现的表象来看问题，甚至比资本家走得更远，特别在看待影响利润率的因素时，不是从生产过程内部，而是从外

① 《资本论》第 3 卷，人民出版社 1975 年版，第 53 页；2004 年版，第 53 页。
② 《资本论》第 3 卷，人民出版社 1975 年版，第 56 页；2004 年版，第 56 页。他所指的下一章，见《剩余价值理论》第三册第 19 章第 7 节。之所以这样，可能的情况是因为恩格斯编辑第三卷第二章时是从那部分手稿中选择出来的。
③ 《资本论》第 3 卷，人民出版社 1975 年版，第 123 页；2004 年版，第 122 页。
④ 《资本论》第 3 卷，人民出版社 1975 年版，第 54 页；2004 年版，第 54 页。
⑤ 《资本论》第 3 卷，人民出版社 1975 年版，第 52 页；2004 年版，第 52 页。

部来找原因。"由于人们对利润率的性质和利润率同剩余价值率的独特区别一直理解得很不完全,因此,……有些经济学家强调由实际经验得出的、原料价格对利润率的显著影响,而在理论上却作了完全错误的解释(托伦斯)"①。

在这里,马克思还指出并批判了洛贝尔图斯的一个错误:"根据本卷第一篇的论述,可以看出一种见解(洛贝尔图斯)的错误,按照这种见解,资本的量的变化,不会影响利润和资本之间的比率,即不会影响利润率,因为,如果利润量增大,计算利润时作为基础的资本量也会增大,反过来,情况也就相反(这和地租不同,例如,地租增大时,土地面积保持不变)。"② 马克思指出,这个见解是有问题的,只有在两个场合才是正确的。但是,马克思批判地指出,即使在这两个场合,还须要具备一定的条件。洛贝尔图斯既将个别场合当成一切场合,是以偏概全,而且没有标示个别场合的严格的适用性条件,将适用性绝对化,因而是轻率的,至少是不严谨的,同样是以偏概全。

在资产阶级经济学中,根本不存在剩余价值的范畴,只有利润范畴。不过,资产阶级古典学派对利润的看法与庸俗经济学不同,毕竟它在一定程度上看到利润的实质。但是,由于它"为既有的经济范畴所束缚。……把剩余价值同利润混淆起来而陷入令人不快的矛盾"③。它所遇到的使它陷于破产的两大理论难题,都是与利润的名义出现的。在这里,虽然马克思没有直说,但只要联系第二、第三篇的研究,就应该意识到,它与后面更全面、更深入的批判是紧密联系的。

对庸俗经济学来说,因为它从未有过利润实质的研究,"只是在表面的联系内兜圈子",为了适应资产阶级的日常需要,"对可以说是最粗浅的现象作出似是而非的解释"④,所以产生上面那些错误就没有什么奇怪了。相对而言,马尔萨斯能够将资本家"期望"全部预付资本得到同样的利益表述出来,将利润必须在全部预付资本中进行分配这一要义简单地表达出来,歪打正着,也有一定的文化价值。

---

① 《资本论》第3卷,人民出版社1975年版,第123页;2004年版,第123页。
② 《资本论》第3卷,人民出版社1975年版,第156页;2004年版,第155页。
③ 《资本论》第2卷,人民出版社1975年版,第17页;2004年版,第17页。
④ 《资本论》第1卷,人民出版社1975年版,第98页脚注(32);2004年版,第99页脚注(32)。

四、利润分配过程研究的批判性创建

马克思将历史唯物主义的分配具体化，紧密联系生产来阐释分配关系，不再研究一般的产品分配，而是从政治经济学的视阈来专门研究剩余价值的分配。这不仅与资产阶级经济学的收入分配理论不同，而且与一般政治经济学教科书介绍的分配理论不同。这是马克思重大的理论创建。

马克思关于剩余价值分配的研究，又严格遵循理论发展的科学逻辑，从抽象到具体，从个别到总体，紧密联系经济主体的观念和行为，联系竞争和流通，逐步上升、展现。所以这里批判性的创建有很多方面。

首先，研究对象范围、运动领域的变化。直接地看，这里研究的是两个转化，即剩余价值转化为利润、剩余价值率转化为利润率，但其真实目的乃是以被分配实体的转化表现为关键、契机，触及分配的根据，即阐明它在资本的那些部分中分配，这些部分凭什么参与分割。分配的根据是隐蔽的、抽象的，只有通过其外在表现形式的分摊状况，才能透视这种分摊来揭示其中包含的根据。

上面说过，剩余价值的分配根据虽然隐含在社会总资本的运动内部，但社会总资本各个部分对它的分割却只是剩余价值的具体形式：产业利润、商业利润、利息、地租等，要阐明从剩余价值到这些具体形式的转化，不可能发生在研究这些具体形式的场合，只能通过研究单个资本各个部分与剩余价值（即资本增殖额）的关系，来揭示的剩余价值具体形式的最初表现。

为了研究这种转化，马克思突出了资本家的意识、观念，成为从资本流通转入分配的必要中介，从而使对资本运动的反映更为清晰和具体，这和第一、二卷的研究有所不同。

对单个资本家观念的研究，在整个理论过程中发挥着重大的作用，一方面可以借此阐明各种转化的机制，另一方面可以通过资本家的口，说出资本增殖额即剩余价值的分割根据：它的不同组成部分都包含着一种内在要求：将获得同等的增殖率当成自己的天然权利。只要意识到单个资本是社会总资本的细胞，就应意识到它的内在规定实际上是社会总资本内在规定的萌芽。所以，阐明发生于单个资本中的分配根据，实际上是揭示其中包含的社会总资本剩余价值分配总体规定的萌芽。

其次，研究方法的变化。

在这里，是在透过现象揭示本质的基础上，阐明内在的本质规定如何外化表现，或者说，主要不是深化研究，而是借助一定的中介由内向外。这是研究方法上在一定范围内、一定阶段——研究方法一般是全程性的，而这里虽然仍在第二逻辑阶段，但已经与生产过程、流通过程的研究处于不同的阶段——上的变化。相对深化研究而言，这里的方法是外化再现。诚然，《资本论》的外化再现并非起自第三卷，从研究流通过程开始，逻辑过程就开始外化了，主要特征就是不变资本和可变资本的本质区别在流通中转化为固定资本和流动资本的形式区别，并且也涉及资本家的观念。但是，第二卷研究的流通过程也还是比较抽象的，因为那里涉及的剩余价值还是抽象的。而第三卷则不同，剩余价值并不是被几个利益集团直接瓜分的东西，在社会表面上，它分别表现为产业利润、商业利润、利息、地租等形态，并最终统统与工资一起都表现为收入。所以，第三卷才是真正的全面的外化研究。

再次，研究内容的批判性的创建，主要表现在这几个方面：

在这里，突出并研究、批判资本家的观念及其特殊作用。

从剩余价值转化为收入，当然不能一蹴而就，而要"一步一步地接近"①，并须要借助一定的中介，其首要的中介就是成本价格，而成本价格只是资本家的看法。

在第一、二章，马克思多处讲到"对资本家来说""在资本家看来""在资本家的意识中""在资本家的头脑中"，实际上就是在讲资本家的观念。在前面的研究中，我们已经强调阐明，马克思在许多地方讲到"观念"的作用，实际上是在他的整个辩证结构布局中的重要"手筋"，它联系一定的主体，表现该主体的看法、意识、观念，从逻辑发展来看，实际上是指向第三卷论述资本家观念在资本运动中的作用，以免在这里讲述主体观念显得突兀、突然。马克思指出："对资本家来说，商品的成本价格必然表现为商品本身的实际费用。"② 而这种观念也不是臆想的，因为他在生产这个商品的确只耗费这部分实际费用，这是"资本主义生产的特殊性质"③ 的表现，并且构成了资本家账簿上的特别项目。换句话说，这种观念就是对这种具有特殊性质的项目的主观反映。

正是基于这种客观情况和主观观念，资本家又必然在观念上认为，商品价值超过成本价格的增殖额，不仅是成本价格带来的，并且还是全部预

① 《资本论》第 3 卷，人民出版社 1975 年版，第 30 页；2004 年版，第 30 页。
② 《资本论》第 3 卷，人民出版社 1975 年版，第 30 页；2004 年版，第 30 页。
③ 《资本论》第 3 卷，人民出版社 1975 年版，第 33 页；2004 年版，第 33 页。

付资本带来的。由是，又形成了利润的概念。与成本价格一样，利润这种观念，也是"资本主义生产的特殊性质"，也是资本家账簿上的特别项目。所以理论提出这种观念，也是对这种有资本主义"特殊性质的项目"的主观反映。

没有联系这种观念，无论如何也难以论证劳动耗费向成本价格耗费转化，剩余价值向利润的转化。

但是，马克思还指出，观念上的转化实际上是一种神秘化，因为作为资本主义生产的特殊性质的项目，在实际上是错误的：真正的成本价格是劳动的耗费，所以其构成不是 c+v，而是 c+v+m；真正的利润不是 c+v 带来的，而是 v 转化成劳动力的劳动带来的。可见，这种观念的形成和项目化，还发挥着一种掩盖真相的作用。

无论是资本家还是资产阶级学者，都不能科学地认识、批判成本价格和利润，更不能正确地认识自己的观念的性质、作用。可见，在这方面，马克思的研究是批判性的创建。

关于观念的研究，是马克思对经济理论的一个重要的批判性的创建。

观念虽然是主观性的东西，但资本家的观念却有一定的表象依据，并且是由他们的阶级利益、阶级思想和资本主义社会的现实关系决定的。早在《德意志意识形态》中，马克思和恩格斯已经说过："一个阶级是社会上占统治地位的物质力量，同时也是社会上占统治地位的精神力量。支配着物质生产资料的阶级，同时也支配着精神生产资料，"之所以这样，因为"占统治地位的思想不过是占统治地位的物质关系在观念上的表现，不过是以思想的形式表现出来的占统治地位的物质关系；"从整个阶级来看是这样，从个别人来看，也是这样："构成统治阶级的各个人也都具有意识，……既然他们作为一个阶级进行统治，并且决定着某一历史时代的整个面貌，那么不言而喻，他们在这个历史时代的一切领域中也会这样做，……调节着自己时代的思想的生产和分配"①，所以，资本家的这种观念在资本运动中是实实在在发挥作用的。在论述完剩余价值的生产、实现之后，要研究它的分配，只有先阐明资本家个人的意识或观念，才可能进一步从总体上阐明整个资产阶级的观念或意识。马克思要再现的客观对象中，就包含着资本家作为经济主体的观念和行为，所以，在这个场合研究这种观念，是研究资本运动的题中应有之义。这种观念甚至有一种扩张

---

① 马克思 恩格斯《德意志意识形态》，《马克思恩格斯选集》第 1 卷，人民出版社 1995 年版，第 98—99 页。

力，迫使其他阶级也在无意中接受。"在资本主义生产占统治地位的社会内，非资本主义的生产者也受资本主义观念的支配。"①

研究资本家的观念是《资本论》的一大特色，并且对理论体系的发展发挥着重大的作用。没有阐释资本家的观念，特别是"同股同权"的观念、就很难说清楚剩余价值为何转化为利润、利润为何转化为平均利润。当然，资本家的这种观念，指的是有代表性的，有一定客观表象或经验依据的，与个别资本家在个别场合的主观臆测、妄想有根本区别。两者不可混淆。

在这里，马克思还论证了成本价格和利润范畴产生的主观性和客观性，同时也指出，它们是表现外部现象的范畴，是从内到外的枢纽性范畴，剩余价值、剩余价值率是内在的、科学性的，利润、利润率是外在的、世俗化的，但前者必然转化为后者，并被后者所掩盖。

虽然资产阶级古典学派提出一般意义的利润，但在他们那里，这种一般意义的利润又与特殊意义的、社会表面上的利润混为一体，或者说，是本质与现象合而为一的，这就犯了科学研究的大忌："如果事物的表现形式和事物的本质会直接合而为一，一切科学就都成为多余的了"②。反之，在马克思这里，是在揭示事物的本质之后，再论证它在社会表面上必然颠倒表现，既将两者区别开来，又阐明这种外在表现是通过一定的机制、程序而颠倒内在规定的。将它与内在规定联系起来，在一定程度上实现了范畴规定直接性与间接性的统一。至于庸俗经济学，它只在表面联系范围内兜圈子，并未深入论证过这两个范畴的内在涵义，因而与马克思相比是不可同日而语的。

在科学研究和理论再现上，阐明事物内在规定的颠倒表现很有必要。科学能够揭示事物的本质，但却不能消除本质在一定条件下被颠倒的外观。"正像空气形态在科学把空气分解为各种元素之后，仍然作为一种物理的物态继续存在一样。"③ 因此，科学理论不能用本质规定来否定这种颠倒表现。既然这种形式和观念是资本的本质规定的外在表现，是占统治地位的现实存在，那么，科学地反映它，就是理论再现的题中应有之义。

必须看到，马克思在再现资本家这些观念以及这些表现形式的时候，并非持完全肯定的态度，而是同时还批判了它们的肤浅性和世俗性，特别

① 《资本论》第 3 卷，人民出版社 1975 年版，第 47 页；2004 年版，第 47 页。
② 《资本论》第 3 卷，人民出版社 1975 年版，第 923 页；2004 年版，第 925 页。
③ 《资本论》第 1 卷，人民出版社 1975 年版，第 91 页；2004 年版，第 92 页。

是由此他还揭示了这种世俗性意识扩大化的逻辑：在资本家看来，资本的任何一个部分都具有相同的增殖能力，所以在剩余价值以利润的形式对全部预付资本分配时，必须"同股同权"、"平等剥削"①。这样研究和再现，实际上已经表明了利润率在单个资本内部的平均化，从而包含着在社会资本范围内利润率平均化的内在逻辑，这种观念作为整个资产阶级的意识，就形成了利润率在全部社会总资本中平均化的观念基础。也就是说，资本家自然而然地认为，他的资本不管投在哪个部门，都应该取得相同的增殖率。这种研究表明，只要有资本运动，即使在资本主义初级阶段，利润率平均化的萌芽也已经出现了。

在这里，马克思还从量的方面研究利润率的变化。

最先考察的是利润率与剩余价值率之间的关系。马克思提出的利润率的两个计算公式：

$$p'=m/C=m/(c+v),$$

$$p'=m'v/C=m'v/(c+v),$$

很清楚地表达了影响利润率变化的几个因素。他还特地提到年剩余价值率，因为利润率通常是按年计算的。既然资产阶级学者都不知道剩余价值率、年剩余价值率等范畴，那么很显然，马克思的这些研究就是空前的、批判性的创建。

值得注意的是，马克思还发现，只要这些可能的情况，"依次变更 m'v/C 中各个因素的值，并确定这些变化对利润率的影响。这样，我们就会得到一系列不同的情况。"出乎意料的是，马克思发现，"我们可以把这些情况看作同一个资本的依次变化的作用条件，但也可以看作同时并存于不同产业部门或不同国家、为了比较才列在一起的不同的资本。因此，如果把我们所举的某些例子理解为同一个资本在时间上先后出现的状态，这样显得勉强或实际上不可能，那末，只要把它们理解为互相独立的资本在进行比较，这种指责也就可以消除了。"② 显然，他是把不同资本利润率可能的变化与资本运动的发展联系起来了。这对以后研究利润率倾向下降规律是有帮助的。

在这里，《资本论》还研究了周转对利润率的影响。"利润率是按所使用的总资本计算的，但是按一定的时间，实际是按一年计算的。一年内获

---

① 参看陈俊明主笔：《政治经济学批判——从〈资本论〉到〈帝国主义论〉》，中央编译出版社，2006 年版第八章第一节、第十一章第一节。

② 《资本论》第 3 卷，人民出版社 1975 年版，第 62 页；2004 年版，第 62 页。

得和实现的剩余价值或利润对总资本的以百分比计算的比率，就是利润率。"① 所以，要用年剩余价值率代替一个周期的剩余价值率。并提出了这就是年利润率的计算公式：p´=m´nv/C（其中 n 为周转次数，m´n 为年剩余价值率，C＝c+v）。

在这里，马克思还研究了影响利润率变化的因素，包括不变资本使用上的节约、价格的变动的影响等。这些论述十分全面，考虑到了各种可能实现的情况。这也是鲜为人知的。

在这里，在考察与利润率这种特殊过程的时候，他还提出一些关于一般过程的规定。其中必须重视的，是他特别强调一个部门科学技术的进步与另一个部门的联系，强调劳动的社会性质，强调"整个社会分工制度的优点。"② 他还也别指出："一切科学工作，一切发现，一切发明"，都是"一般劳动"，"这种劳动部分地以今人的协作为条件，部分地又以对前人劳动的利用为条件。共同劳动以个人之间的直接协作为前提。"③

在这里，马克思在分析影响利润率高低的因素时，还专门研究了有机原料生产与资本再生产过程不相适应会产生一系列的问题，会引起再生产过程的频繁激变，导致产业资本家的联合调节生产，还会使"有决定意义的部门"从自然界获得的有机原料处于"一种不断重演的变动中"④。不言而喻，这些变化都会改变利润量，影响对全部预付资本的分配。

---

① 这一章是恩格斯论证的。《资本论》第 3 卷，人民出版社 1975 年版，第 253 页；2004 年版，第 252 页。

② 《资本论》第 3 卷，人民出版社 1975 年版，第 97 页；2004 年版，第 96 页。

③ 《资本论》第 3 卷，人民出版社 1975 年版，第 120 页；2004 年版，第 119 页。

④ 《资本论》第 3 卷，人民出版社 1975 年版，第 138 页；2004 年版，第 137 页。

第五篇
第三逻辑阶段的科学批判

《资本论》的第三逻辑阶段主要研究和批判资本主义较为发达阶段社会总资本的运动，包括剩余价值的积累、实现、分配及其表现，同时还在适当的地方批判资本主义经济制度。显然，这样研究本身就是对资产阶级经济学——它也是呈现为生产、流通、分配的结构——的一种批判。①

和初级阶段不同，在这个较为发达的阶段，在社会表面上资本虽然仍以单个资本的形式分别运作，但其运行条件已经发生了巨大的、深刻的变化，各个资本的联系空前紧密，单个资本家之间的关系不再是松散的，已经因运动的内在统一机制而形成较紧密的整体。

规模不断扩大的运动过程突出了资产阶级和工人阶级两大阶级的关系，使工人阶级的地位和境遇更加困窘和苦难，从而阶级对立发展为对抗。这个发展阶段不仅仅是资本运动的黄金时代，同时还是无产阶级作为阶级的力量崛起和斗争的时代。面对日益复杂的经济和阶级矛盾状况，离开了社会总资本总体，资本家个人就难以存活。为了更多地积累，更多地实现剩余价值，更顺利地瓜分剩余价值，更好地欺人、自欺——既要麻痹工人，还要自我安慰——他们必然要拧成一股绳一起行动，"结成真正的共济会团体"②，并依靠资本主义制度共同对付整个工人阶级。

与此同时，在这个阶段，不同资本家之间的竞争关系也突出了，不仅实现更加困难，而且为剩余价值的分割而进行的竞争更加剧烈。各个资本既要追求高效率，又要通过竞争来实现高效益，至少是效益相对平等，资本家们不仅要对内剥削，还要对外竞争，这样，它们必然要通过特殊的机制来调整有机构成、周转时间构成差别较大的资本之间收益不均的关系。所有这些，都使它们不约而同地将自己当作社会总资本的细胞，当作拥有

---

① 王亚南说："人们似乎有理由指出，《资本论》三卷也分别是讲生产、流通与分配，那不也是采取三分法吗？但这是极其表面的看法。"详见王亚南：《〈资本论〉研究》（上海人民出版社 1973 年版，第 40—41 页。）

② 《资本论》第 3 卷，人民出版社 1975 年版，第 221 页；2004 年版，第 220 页。

社会总资本相应份额的部分，"个人在这里不过是作为社会力量的一部分，作为总体的一个原子来发生作用"①，它们不仅是个体独立的，更是整体性存在的，并且认为自己有一种社会权力，都可以"按照他在社会总资本中占有的份额而分享这种权力。"② 所以马克思说："随着大工业的发展，出现在市场上的货币资本，会越来越不由个别的资本家来代表，即越来越不由市场上现有资本的这个部分或那个部分的所有者来代表"。③

社会总资本的运动主要研究剩余价值的积累、实现和社会表现，它们分别在三卷的末篇研究。

考察社会总资本的积累是在《资本论》第一卷第七篇进行的。积累以再生产为基础，所以这里将积累与再生产紧密联系起来，在考察再生产的基础上考察资本积累。再生产包含生产过程和流通过程，为了研究方便，马克思设定了一系列研究条件，主要是暂时撇开流通过程，专门考察生产过程的连续进行。④ 同时，也因为产业资本家是全部剩余价值的所有者，所以研究也"暂时抛开掩盖它的机构的内部作用的一切现象。"⑤ 一般而言，再生产有简单和扩大两大类——撇开非正常的萎缩性再生产不说，——并且单个资本的再生产和社会总资本的再生产、积累又有不同。对这些，马克思在第一卷末篇（即第七篇）都有深入的研究。但是，对前者的考察，却都是与后者联系在一起的，在论证了单个资本再生产的规定、特别是在"考察单个资本家与单个工人"的关系之后，就紧接着"考察资本家阶级和工人阶级"⑥ 的关系。在这里，尽管没有就此设立专门的章节单独考察，但是，单个资本再生产的各种规定与社会总资本再生产的联系是一目了然的。

关于社会总资本的实现过程，《资本论》是安排在第二卷的末篇进行的。与资本积累过程的研究相比，总资本的流通过程属于直接性的过程，但关系却更为复杂，资本家与工人的关系表面化了、简单化了，而资本家

---

① 《资本论》第3卷，人民出版社1975年版，第216页；2004年版，第215页。

② 《资本论》第3卷，人民出版社1975年版，第218页；2004年版，第217页。

③ 《马克思恩格斯全集》第26卷第Ⅲ册，人民出版社1975年版，第515页。这里论述的也是关于社会总资本运动的外在表现形式。

④ "积累的第一个条件，是资本家能够卖掉自己的商品，并把由此得到的绝大部分货币再转化为资本。下面假定资本是按正常的方式完成自己的流通过程的。"（《资本论》第1卷，人民出版社1975年版，第619页；2004年版，第651页）

⑤ 《资本论》第1卷，人民出版社1975年版，第620页；2004年版，第652页。

⑥ 《资本论》第1卷，人民出版社1975年版，第623页；2004年版，第655页。

之间的关系增加了、复杂化了。所以，这里的研究少了些火药味，多了些学术性。从批判的角度看，除了在一些地方有对资本运动的直接的鞭笞外，更多的是从正面阐述了客观的比例关系及平衡条件，以此来反衬资产阶级对资本运动的后知后觉、盲目的和混乱的行为。与生产过程的研究相比，资产阶级学者对流通过程的研究有更多的热情，从而有更多的错误和缺漏。奇怪的是，斯密达到登峰造极的错误谬种流传，被不断地承袭，这当然成了马克思批判的重点。因为资产阶级经济学的缺席，马克思的研究自然成了空前的批判性创建。

至于剩余价值在社会总资本中的分配，马克思是安排在第三卷第一篇以后才真正开始的。他指出，剩余价值作为资本运动的增殖额是在经过外化表现为各种不同的收益形式后，再被分割给各个资本家集团和土地所有者之间的。但他还在三卷第一篇阐明，内在的剩余价值必然要转化为外在的利润，并被单个资本的各个部分同等分享，实现在单个资本范围内的利润率平均化。在此基础上，马克思就得以论证产业资本的各个部分也必然要求实现利润率的平均化，以实现分赃均等化。同时，产业资本还要将自己攫取的总利润（实质为总剩余价值）与商业资本、生息资本、农业资本、土地所有者按一定的规则分享，导致剩余价值的外化形式多样化，并最终表现为收入。

在这里，如果对社会总资本运动的各个阶段中的各种职能行为的科学批判逐一分别考察，虽然能够详细而充分地展示马克思的政治经济学批判的全部内容和内涵，但是，篇幅就会相当扩大，并且难免有重复。所以，只好将有关内容按同类项统一考察，并且主要围绕剩余价值的转型及表象化而拓展。尽管资本家之间存在着大狗、小狗、饱狗、饿狗之间的争斗，但他们对付工人却结成紧密的共济会团体。

值得注意的是，马克思在这里对资产阶级经济学的科学批判比较集中，以很大的篇幅突出地批判了"斯密教条"，特别在第二、三卷的末篇。在第三卷末篇，即全书的终篇，他还集中地批判"萨伊公式"，并且指出它将总收益等同于纯收益的"幻想不过是亚当·斯密以来贯穿整个政治经济学的荒谬教条，即认为商品价值最终会全部分解为收入即工资、利润和地租这样一种教条的必然的和最后的表现。"①

---

① 《资本论》第3卷，人民出版社1975年版，第951页；2004年版，第953页。

第十章　社会总资本积累过程批判

社会总资本的积累依托再生产而进行，即使是简单再生产，也"是积累的一个现实因素"①，更遑论扩大再生产了。所以，要考察积累，就必须先研究再生产，特别是扩大再生产。为此，又必须先考察简单再生产。尽管简单再生产不是资本运动的典型形态，但它是扩大再生产的现实基础。在理论上，对它的研究和批判也是扩大再生产研究和批判的基础。所以马克思先从它开始研究和批判社会总资本的积累。同样的，社会总资本的再生产以单个资本的再生产为基础，为细胞形式，所以在一定的条件下先后考察、批判了单个资本和社会总资本的简单再生产、扩大再生产，并阐明了社会总资本再生产、积累过程的自我批判，在此基础上，再对社会总资本的积累过程、对资产阶级学者的积累理论进行批判，同时，也展现自己对这种积累过程研究的批判性的创建。

第一节　积累过程的自我批判

在第三逻辑阶段，马克思发现并指出，资本主义较为发达阶段，是其上升阶段，所以资本运动仍具有批判性，但这个时候批判的，已经不是简单的商品生产，而是资本主义初级阶段单个资本的运动，所以已经不再是对他批判，而是一种自我批判，它表明了资本运动自身的阶段性发展、趋于成熟，以及对初级阶段的超越。

一、简单再生产的自我批判

关于再生产的考察，马克思首先研究和批判单个资本的简单再生产。

在这里，一开始就这样说："不管生产过程的社会形式怎样，它必须是连续不断的，或者说，必须周而复始地经过同样一些阶段。一个社会不能停止消费，同样，它也不能停止生产。因此，每一个社会生产过程，从

---

① 《资本论》第2卷，人民出版社1975年版，第438页；2004年版，第438页。

经常的联系和它不断更新来看，同时也就是再生产过程。"① 再回顾一下他在前面的研究，在第二逻辑阶段关于资本总公式的研究时，就已经强调资本运动不是一次性的，其追逐剩余价值的过程是无限的，而且，从实际研究来看，也不是单个生产过程。所以，他虽然没有明确地研究单个资本的再生产，但实际上已经包含了再生产的研究，只不过暂时撇开无限连续进行的生产过程的结果与相对有限的一个生产过程的联系。这样看来，这里的研究和批判的确是前面研究和批判的逻辑延伸。

在这里，他提出了一系列重要的理论观点：阐明即使在资本主义初级阶段，生产过程也是连续不断的，是生产资料和生活资料、生产关系的再生产；阐明再生产是资本的再生产，可以消除了孤立过程的种种虚假特征：可变资本是资本家预付的、资本家的启动资本是自有的、工人是独立而自由的，② 工人的消费"表现为一种与资本主义生产过程的本质无关的无谓消耗"，似乎是非生产性的，而实质上是"直接生产的消费"③ ——当然，对资本家及其理论家、受资产阶级权利意识蛊惑的人来说，这些虚假特征是无法看透、承认的。——阐明只要将连续生产和资本家的连续消费联系起来，就可发现一切资本都是无偿占有的他人无酬劳动的物化，"撇开一切积累不说，生产过程的单纯连续或者说简单再生产，经过一个或长或短的时期以后，必然会使任何资本都转化为积累的资本或资本化的剩余价值。"④ 也说明，由于工人总是将自己的劳动力预付给资本家使用的，而且"工人今天的劳动或下半年的劳动是用他上星期的劳动或上半年的劳动来支付的"⑤，所以，实际上资本家的可变资本根本没有使用过，只是储藏在保险箱中，成为"资本家账簿上的项目"⑥。说明资本家与工人的劳动力买卖被产品的商品形式和商品的货币形式掩盖了，从而阐明再生产

① 《资本论》第 1 卷，人民出版社 1975 年版，第 621 页；2004 年版，第 653 页。
② 表面看，工人可以自由地出卖自己的劳动力，但"实际上，工人在把自己出卖给资本家以前就已经属于资本了。"(《资本论》第 1 卷，人民出版社 1975 年版，第 634 页；2004 年版，第 666 页。)
③ 表面看，工人的消费是为了自己的生存，"维持自己劳动力的运转"，但实际上"他的消费资料只是一种生产资料的消费资料，他的个人消费是直接生产的消费。"(《资本论》第 1 卷，人民出版社 1975 年版，第 627 页；2004 年版，第 659—660 页。)
④ 《资本论》第 1 卷，人民出版社 1975 年版，第 625 页；2004 年版，第 657—658 页。
⑤ 《资本论》第 1 卷，人民出版社 1975 年版，第 623 页；2004 年版，第 655 页。
⑥ 《资本论》第 3 卷，人民出版社 1975 年版，第 33 页；2004 年版，第 33 页。

是资本家的再生产，也是雇佣工人的再生产。显然，这些都是对第二逻辑阶段生产过程研究拓展和深化，是生产过程不断更新的再生产对一个生产过程的批判。

但是，毕竟在资本主义较为发达的阶段，单个资本的再生产还是实际存在和发展的，所以这里的研究还表现了对前一阶段单个资本再生产的超越和批判。从生产力的进步方面看，由于这里联系着生产力较高的发展水平，所以即使是简单再生产，其生产的产品中，有"一定量的年产品是属于生产的。这部分本来供生产消费之用的产品，就采取的实物形式来说，大多数不适于个人消费。"① 这种情况表明，在这个阶段，生产资料的再生产比重远远超过生活资料的生产，再生产的产品结构已经发生变化。这种变化实际上表明资本有机构成的提高。再加上资本家之间的竞争，使他们竞相提高资本的有机构成。这是资本主义初级阶段再生产不能比拟的，也是资本运动迅速发展的重要条件之一。而且，在此基础上，总的来看，单个资本的规模也比初级阶段的单个资本大，这是因为，在较为发达阶段，设立单个资本的门槛已经提高不少。"随着资本主义生产方式的发展，在正常条件下经营某种行业所需要的单个资本的最低限量提高了。"②

从生产关系看，是资本关系的再生产，是资本对雇佣工人所有权的再生产。对生产者来说，再生产表明他要不断地出卖劳动力，他的劳动不断地"同他相异化而为资本家所占有，并入资本中了，所以在过程中这种劳动不断物化在别人产品中。"③ 他在生产出产品的同时，还再生产出使自己与产品分离的手段，并永久化。在这个阶段，由于机器的广泛使用，而且结构性能越来越复杂，越来越需要有技艺积累的工人。对资本家来说，工人就是活的机器。"死机器不仅逐日损坏和贬值，而且由于技术不断进步，它的现有数量中的大部分也变得陈旧了，以致在几个月之内可以用新机器来替换而获得利益。"反之，"活机器则相反，它延续的时间越久，历代的技能积累得越多，就越好。"④ 所以，资本家就必然牢牢地将工人控制起来，甚至"通过强制的法律来实现对自由工人的所有权。例如在 1815 年

---

① 《资本论》第 1 卷，人民出版社 1975 年版，第 621 页；2004 年版，第 653 页。

② 《资本论》第 1 卷，人民出版社 1975 年版，第 687 页；2004 年版，第 722 页。

③ 《资本论》第 1 卷，人民出版社 1975 年版，第 626 页；2004 年版，第 658 页。法文版中，这句话有所不同："他的劳动还在过程开始以前就已经异化，成为资本家的财产，并入了资本，所以很清楚，他的劳动在过程中只能实现在迅速离开他的产品中。"（《资本论》第一卷法文版，中国社会科学出版社，1983 年版，第 599 页。）

④ 《资本论》第 1 卷，人民出版社 1975 年版，第 632 页；2004 年版，第 664 页。

以前，英国曾以严厉的刑罚来禁止机器工人向国外迁移"，"竭力把这种熟练的工人阶级的存在算作属于自己的生产条件，并且实际上把这种熟练的工人阶级看作自己的可变资本的实际存在"①。如果说，在工场手工业时期，工人还多少有些独立性，资本家还感到难于驾驭，② 那么，在较为发达阶段，资本规模扩大、有机构成提高，工人更不可能通过自己的劳动获得生产资料，从而与生产资料的所有权永久分离绝缘了，其"独立的假象"③ 就完全消失了。马克思还阐明，在单个资本运动的场合，工人的个人消费具有表面性，是非生产的，是工人个人的事，但再生产却表明，情况完全不同了，"工人的个人消费对他自己来说是非生产的，因为这种消费仅仅是再生产贫困的个人"④。此外，还有一种经济关系逐渐发展，即资本家之间的竞争关系。作为一种法人意义的生产者，——"资本直接从工人身上吸取体现为剩余价值和剩余产品的剩余劳动。因此，在这个意义上，资本可以被看作剩余价值的生产者。"⑤ ——在社会表面上，他们与工人之间的阶级关系是隐性的，而他们之间的经济关系反而是显性的。"在这些关系中，互相对立的不是资本和劳动，而一方面是资本和资本，另一方面又是单纯作为买者和卖者的个人"⑥，这种外部显示出来的关系将内部的关系掩盖起来，所以阶级关系更加扑朔迷离而复杂化。

在较为发达阶段，更重要的是社会总资本的再生产对单个资本再生产的批判。

马克思研究单个资本的再生产，紧密联系着社会总资本再生产的研究。在考察简单再生产的场合，在说到资本家和工人的劳动力买卖关系时，他特别强调："只要我们考察的不是单个资本家和单个工人，而是资本家阶级和工人阶级，不是孤立的商品生产过程，而是在社会范围内不断

---

① 《资本论》第 1 卷，人民出版社 1975 年版，第 630 页；2004 年版，第 662 页。

② 有资本家抱怨说："人类天性的弱点如此之大，以致工人越熟练，就越任性，越难驾驭，因此，工人不驯服的脾气给总机构造成巨大的损害。" 对此，马克思也说："在整个工场手工业时期，都可听到关于工人缺乏纪律的怨言。"（《资本论》第 1 卷，人民出版社 1975 年版，第 407 页；2004 年版，第 425 页。）

③ 《资本论》第 1 卷，人民出版社 1975 年版，第 629 页；2004 年版，第 662 页。

④ 《资本论》第 1 卷，人民出版社 1975 年版，第 629 页；2004 年版，第 661 页。

⑤ 《资本论》第 3 卷，人民出版社 1975 年版，第 927—928 页；2004 年版，第 928 页。

⑥ 《资本论》第 3 卷，人民出版社 1975 年版，第 52 页；2004 年版，第 52 页。

进行的资本主义生产过程，那情况就不同了。"① 首先，就前一场合而言，资本家和工人在市场上都是独立的主体，他们之间的劳动力交换，即使一再进行，但各次交易之间没有必然联系，"他们之间的相互关系，随着他们所签订的契约期满而告结束。要是交易重复进行，那是由于订了新的契约，这同以前的契约完全无关，在这里同一买者和同一卖者再次碰在一起只是偶然的事情。"② 就每个交换行为看，完全可以撇开以前和以后的交换关系。"由于买卖只是在个别人之间进行，所以不可能在这里找到整个社会阶级之间的关系。"③ 反之，在后一种场合，劳动力的买卖是两大阶级之间的关系，已经非常明显了，永久化、社会规模化了。其次，就前一场合，工人的个人消费与资本的再生产无关，因为他经常变换雇主。但在后一场合，情况发生了变化。个人消费已经变味，不再是劳动者个人自己的事情，而是事关资本的再生产。"工人阶级的个人消费，在绝对必需的限度内，只是把资本用来交换劳动力的生活资料再转化为可供资本重新剥削的劳动力。"④ 在前面，马克思已经论证，随着资本主义的发展，在生产过程中，工人对资本从形式隶属转变为实际隶属，在这里，他又进一步论证，这种隶属关系不仅发生在生产过程中，还延伸到个人消费领域。"因此，从社会角度来看，工人阶级，即使在直接劳动过程以外，也同死的劳动工具一样是资本的附属物。甚至工人的个人消费，在一定限度内，也不过是资本再生产过程的一个要素。"⑤

从资本家和工人的个人关系的肇始到两大阶级的关系的演变、定型，是一种发展，也是后者对前者的否定、批判。

二、扩大再生产的自我批判

扩大再生产当然有很多途径，但是在没有论及其他方法之前，最根本、最重要的是积累，即剩余价值的资本化。在这里，马克思将扩大再生产与积累结合起来考察和批判。

---

① 《资本论》第 1 卷，人民出版社 1975 年版，第 627—628 页；2004 年版，第 660 页。

② 《资本论》第 1 卷，人民出版社 1975 年版，第 643 页；2004 年版，第 677 页。

③ 《资本论》第 1 卷，人民出版社 1975 年版，第 643 页；2004 年版，第 677 页。

④ 《资本论》第 1 卷，人民出版社 1975 年版，第 628 页；2004 年版，第 660 页。

⑤ 《资本论》第 1 卷，人民出版社 1975 年版，第 629 页；2004 年版，第 661 页。

从单个资本运动的角度来看。

在资本主义初级阶段，资本运动并非只是简单再生产，即使在没有追加资本的情况下，为了更多地增殖，它即使不增加工人，也会迫使已有工人追加劳动，所以规模也会扩大。在那个阶段，劳动生产率不高，规模不大，生产的扩大主要还依靠活劳动的追加。所以资本家竭尽全力在延长劳动日、增加劳动强度上下功夫。

而在资本主义较为发达阶段，由于机器的大规模使用及升级，生产的扩大主要是通过资本的追加而实现的。但是，所追加的资本本质上仍然是工人所创造的剩余价值。这部分资本化的剩余价值新增加的其结果是双重的：不仅原预付资本，而且追加资本都要带来剩余价值。这样，再生产既实现了再生产的扩大，又实现了积累，将再生产与积累紧密联系起来。这样，"积累就是资本的规模不断扩大的再生产。简单再生产的循环改变了，按照西斯蒙第的说法，变成螺旋形了。"①

马克思进一步阐明了这种扩大的根源：对资本家来说，"工人阶级总是用他们这一年的剩余劳动创造了下一年雇用追加劳动的资本。这就是所谓'资本生资本'。"② 正因为这样，尝到甜头的资产阶级喊出了这样的口号："积累啊，积累啊！……为积累而积累，为生产而生产——古典经济学用这个公式表达了资产阶级时期的历史使命。"③ 与初级阶段不同，在较为发达阶段，生产规模的扩大更为迅速，结构更为高级。

马克思还阐明，在资本运动的不同阶段，积累率和积累量是不同的。在初级阶段，资本家的"致富欲和贪欲作为绝对的欲望占统治地位。"④ 由于生产规模不很大，所以剩余价值不很多，在这样的时候，优先考虑的当然只能是生产。"在机器生产出现以前，工厂主们晚上在酒店聚会时花的费用从来不会超过 6 便士一杯果汁酒和 1 便士一包烟。"奢侈消费不高，虽然积累率高，但也从侧面反映了其积累量不大。但在进入较为发达阶段之后，情况就不同了。"随着资本主义生产方式、积累和财富的发展，资本家不再仅仅是资本的化身。……他把禁欲主义的热望嘲笑为旧式货币贮

---

① 《资本论》第 1 卷，人民出版社 1975 年版，第 637 页；2004 年版，第 671 页。

② 《资本论》第 1 卷，人民出版社 1975 年版，第 639 页；2004 年版，第 672 页。

③ 《资本论》第 1 卷，人民出版社 1975 年版，第 652—653 页；2004 年版，第 686 页。

④ 《资本论》第 1 卷，人民出版社 1975 年版，第 651 页；2004 年版，第 685 页。

藏者的偏见。"① 之所以这样，因为投机盛行，信用发达，"在一定的发展阶段上，已经习以为常的挥霍，作为炫耀富有从而取得信贷的手段，……奢侈被列入资本的交际费用。"② 表面看，这时资本家的积累率似乎不如以前，但实际上积累量之大却是以前无法比拟的，因为资本家财富随着剩余价值的增长而增长了。

马克思看来还阐明，在积累率不变的条件下，随着工业化向广度和深度发展，积累量也可以比以前阶段明显增加。在较为发达的阶段，劳动力的剥削程度、劳动生产率的提高就不用说了，有机构成提高，在生产过程中所用资本和所费资本的差额扩大，预付资本量的增大，都是以前阶段不能比拟的，所以再生产能以更大的规模扩大，而且结构更优。和财富的增长一样，增长规模的扩大、结构的优化，都是一种自我批判。马克思对此的再现和反映，实际上还别有用意：指出资本运动只是在其发展初期，才一味地追求资本量的增加，但到了较为发达阶段，则更重视资本有机构成的提高。这样追求构成优化，相对于资本数量论就是一种自我批判。不过，资本运动的这种改革和由此获得的利益，是以千百万雇佣工人的受惨痛奴役、受巨额损失为代价的。

但是，在社会总资本再生产的场合，情况却有不同，"如果我们考察的不是单个资本家和单个工人，而是他们的整体，即资本家阶级和与它对立的工人阶级，那末，情况就会完全不同了。"③ 在这个阶段，社会总资本的规模急剧扩大，生产力水平迅速提高，市场也随之扩大。与此相适应，一方面，资本的有机构成普遍提高，所以新增加的投资并不会按原有构成追加相应的工人，反之，还会"把追加资本转化为机器，而机器又把这种追加资本的生产者抛向街头，用几个儿童来代替他们。"④ 可见，生产力发展导致资本关系深化。另一方面，市场竞争和资本流动更加激烈，利润率平均化趋势形成，从而导致阶级关系深化和复杂化。——这一方面的研究，马克思安排在第三卷进行。所以这里只简单提一提。

对社会总资本来说，再生产扩大的结果必然是"对过去无酬劳动的所

① 《资本论》第 1 卷，人民出版社 1975 年版，第 651 页；2004 年版，第 684—685 页。
② 《资本论》第 1 卷，人民出版社 1975 年版，第 651 页；2004 年版，第 685 页。
③ 《资本论》第 1 卷，人民出版社 1975 年版，第 643 页；2004 年版，第 676—677 页。
④ 《资本论》第 1 卷，人民出版社 1975 年版，第 639 页；2004 年版，第 672 页。

有权，成为现今以日益扩大的规模占有活的无酬劳动的唯一条件。资本家已经积累的越多，就越能更多地积累。"①

社会总资本的扩大再生产，有一个很重要的创新，就是利用股份制，在很短的时间内迅速集中大量的资本。这是资本吸引资本，是资本经营权的集中，同时也是对中小资本经营权的批判和剥夺，是其个性的消灭。

从简单再生产到扩大再生产，从单个资本到社会总资本，变化的不仅是规模、结构，更重要的是规律。在简单再生产的场合，各个资本家购买工人的劳动力，遵循的是价值规律，尽管这只是现象。马克思在深入研究社会总资本的再生产之后指出，劳动力的公平买卖只是形式，"其内容则是，资本家用他总是不付等价物而占有的别人的已经物化的劳动的一部分，来不断再换取更大量的别人的活劳动。"透过劳动力的等价买卖这种流通过程的表面现象，马克思指出："以商品生产和商品流通为基础的占有规律或私有权规律，通过它本身的内在的、不可避免的辩证法转变为自己的直接对立物。"② 诚然，这种转变在单个资本与工人的劳动力买卖中已经潜在，但却只能在两个阶级之间的连续交易中完全成熟。

不仅如此，由于被剥夺了生产资料，并且永久化，结果是，资产阶级可以不断地用工人自己生产的产品来购买工人的劳动力，现在，工人为了生存，不仅不得不不断地出卖自己的劳动力，而且还要以更大的规模、更复杂的就业结构来为资本的扩大再生产提供更多的劳动力。

单个资本再生产向社会总资本再生产的转变，实际上是后者对前者不够发达关系的否定，也体现了前者向后者发展的必然性。只有在后一场合，才确定工人对资本家阶级的隶属不仅仅是在生产过程中，而且在生产过程以外，工人在"把自己出卖给资本家以前就已经属于资本了。工人经济上的隶属地位，是由他的卖身行为的周期更新、雇主的更换和劳动的市场价格的变动造成的，同时又被这些事实所掩盖。"③

马克思研究社会总资本的扩大再生产，主要是为了阐明积累的一般规律。而积累所致的扩大再生产，又有外延扩大和内含扩大，前者的有机构成不变，后者则不断变化。不言而喻，它们都会引起生产力的发展，导致生产方式的扬弃。

马克思指出："规模扩大的再生产或积累再生产出规模扩大的资本关

---

① 《资本论》第 1 卷，人民出版社 1975 年版，第 639 页；2004 年版，第 673 页。

② 《资本论》第 1 卷，人民出版社 1975 年版，第 640 页；2004 年版，第 673 页。

③ 《资本论》第 1 卷，人民出版社 1975 年版，第 634 页；2004 年版，第 666 页。

系：一极是更多的或更大的资本家，另一极是更多的雇佣工人。"① 这是生产关系的扩大，在有机构成不变的情况下，积累的增长必定按照原有的构成相应地增加工人。在没有新增加的工人包括外来流入的工人还不能满足资本扩张需要的时候，这种生产的扩大可能对工人比较有利，工资会有所提高。但是，即使是这样，也不意味着工人命运的彻底改变。马克思发现：资本"积累过程的机构本身，会在增大资本的同时，增加'勤劳贫民'即雇佣工人的数量，这些雇佣工人不得不把自己的劳动力转化为日益增长的资本的日益增大的增殖力，并且由此把他们对自己所生产的、但已人格化为资本家的产品的从属关系永久化。"② 所以，对工人有利的情况不会延续太久。因为在再生产出的价值产品量一定的时候，工资的提高与剩余价值的减少是同时按照相同的份额发生的。但剩余价值的减少会使资本家的积累能力受到削弱，于是，相反的机制就会被激发，有机构成不变的状态就会被有机构成的提高所代替，并且积累还与特殊的生产方式互相推动，引起资本技术构成的变化，与此同时，在资本积累以外，还有一种更为厉害的机制，即资本集中，会以更大的规模、更快的速度引起再生产的扩大，其结果是工人阶级的贫困化迅速发展。不言而喻，从不变到变化，也是资本运动的自我批判。

第二节　资本积累过程批判

社会总资本再生产过程的特点是扩大再生产，同时也是有机构成不断提高条件下的积累。但是，即使在简单再生产的情况下，剩余价值也是不断地再生产出来的，它为资本积累提供最重要的资本来源。所以，对资本积累的批判，必须从简单再生产开始。再生产过程不是孤立的，即使暂时撇开流通不说，也有投、有产、有出，有客体有主体，主体中有主导的、有从属的，马克思对它们都紧密联系起来进行研究和批判。

一、简单再生产批判

马克思在阐明简单再生产可以消除孤立生产过程的虚假特征的同时，

---

① 《资本论》第 1 卷，人民出版社 1975 年版，第 673—674 页；2004 年版，第 708 页。

② 《资本论》第 1 卷，人民出版社 1975 年版，第 675 页；2004 年版，第 701 页。

还指出它本身是必须批判的，但不是从它单个过程的生产性——已经批判过了，——而是就它的连续性来批判的。乍一看来，在比较的意义上，这种连续性是对孤立过程的批判，显示其虚假。但透过对这些虚假性的批判，马克思还揭示、批判了它——包括单个资本和社会总资本的简单再生产——自身的另外一些属性和存在问题：

其一，它一次投入一定量的预付资本，却能在很长的时间内周期地生产出剩余价值，真是一本万利、旱涝保收，正因为这样，它能使再生产过程在较短的时间内生产的剩余价值很快达到甚至超过原预付资本量。可见，这种过程即使没有扩大，其剥削性是无本的、长期持续的。

其二、它本身也有一定的虚假性。简单再生产之谓，就是剩余价值周期地获得，也被资本家周期地消费掉，由此，剩余价值就转化为资本家的消费基金了，并且好像资本家是为自己的消费而生产一样。针对这种情况，马克思指出："资本家只有作为人格化的资本，他才有历史的价值，才有……历史存在权。也只有这样，他本身的暂时必然性才包含在资本主义生产方式的暂时必然性中。但既然这样，他的动机，也就不是使用价值和享受，而是交换价值和交换价值的增殖了。"① 更何况追逐剩余价值的内在冲动的和竞争的外在压力不断地迫使他必须扩大再生产，从而将这种为消费而生产的假象消除掉。

同样的，从工人方面看，工资也是周期地获得，又被周期地消费掉，似乎工人仅仅生产出自己的劳动基金一样，似乎它是一个固定的量，工人只能在这个额度内消费。——劳动基金是资产阶级学者所提的，马克思当然有对它进行批判。在后面将有涉及，这里暂且一放。——似乎工人习惯于这样一种维持生存的状态，等等。所有这些，都统统是虚假的，

其三，它本身也有一定的虚伪性。再生产过程表明，工人是经过与资本家自愿公平交易之后才进入生产过程的，并且是周期性更新的，因而它能以"雇主的经常变更换以及契约的法律虚构来保持"工人"独立的假象"。但实际情况却相反，它使工人为了劳动力的再生产而无可奈何地不断进入生产过程。所以马克思说："罗马的奴隶是由锁链，雇佣工人则由看不见的线系在自己的所有者手里。"② 只要这个过程继续存在，这种锁链、看不见的线就决不会从资本家手中解脱。明明是工人对资本家的隶属，却以交易的表面自主来展示工人的独立，真是虚伪到家了。

---

① 《资本论》第1卷，人民出版社1975年版，第649页；2004年版，第683页。
② 《资本论》第1卷，人民出版社1975年版，第629页；2004年版，第662页。

其四，马克思还指出，资本主义生产以劳动者和生产资料的所有权分离为前提，而简单再生产则将这种分离不断地再生产出来。它"再生产出劳动力和劳动条件的分离。这样，它就再生产出剥削工人的条件，并使之永久化。"① 这种分离在资本主义社会以前就有过，但那是不经常的、少数的、救急的，而资本主义社会却不仅仅存在着这种分离，而且是社会规模的、经常的、普遍的、长久的分离，并且这种分离不是无意产生的，而是资产阶级有意识地创造条件使它不断地再生产出来，因而是人为的、恶意的。

其五，它使劳动的异化极端化，并且成为常态："工人本身不断地把客观财富当作资本，当作同他相异化的、统治他和剥削他的权力来生产，而资本家同样不断地把劳动力当作主观的、同它本身物化的和实现的资料相分离的、抽象的、只存在于工人身体中的财富源泉来生产"②。在开篇，马克思曾经分析过的商品拜物教性质，实际上是一种异化，但只是一般的异化，只不过没有明言。在这里，他多次谈到异化，这是与资本关系紧密联系的，因而是特殊的、极端的异化。③ 可见，简单再生产是资本关系的再生产，是异化的再生产。很显然，这是批判简单再生产的资本主义性质。

其六，简单再生产过程将工人的生存、劳动力的再生产纳入资本的再生产过程中，从而将工人的个人生活消费转变为资本家的生产消费。"工人的个人消费，不论在工场、工厂等以内或以外，在劳动过程以内或以外进行，都是资本生产和再生产的一个要素，……工人阶级的不断维持和再生产始终是资本再生产的条件。"④ 从单个过程看，工人的个人消费是非生产的，只是维持了工人及其家庭的再生产，或者说是再生产了仍旧贫困的个人。从再生产过程看，它生产了能够创造资本家财富的活的力量，是生产的。

其七，马克思还阐明，资本主义再生产过程最终还表现了持续保有对工人的所有权，即牢牢地将工人捆绑在资本运动的大机构中，推动资本这

---

① 《资本论》第 1 卷，人民出版社 1975 年版，第 633 页；2004 年版，第 665 页。

② 《资本论》第 1 卷，人民出版社 1975 年版，第 626 页；2004 年版，第 659 页。

③ "在资本对雇佣劳动的关系中，劳动即生产活动对它本身的条件和对它本身的产品的关系所表现出来的极端的异化形式，是一个必然的过渡点"。（《马克思恩格斯全集》第 46 卷上册，人民出版社 1979 年版，第 520 页。）

④ 《资本论》第 1 卷，人民出版社 1975 年版，第 628 页；2004 年版，第 660 页。

个"主动轮"① 前进。"这个过程关心的是，……不让这种有自我意识的生产工具跑掉。"② 资本当然是要由工人来推动的，越是复杂、高级的机器，越需要能提供熟练技术的工人，所以"资本家竭力把这种熟练的工人阶级的存在算作属于自己的生产条件，并且实际上把这种熟练的工人阶级看作自己的可变资本的实际存在"③。

其八，让人感到这种再生产与单个生产过程完全一样，周而复始，平静流淌、波澜不惊。但实际上，在资本主义社会，大工业自 1825 年危机开启了它的周期循环，在这种长河中，简单再生产很难长期维持。一旦发生意外或危机，再生产就很有可能中断。所以它实际上已经包含着中断的可能。

其九，简单再生产还以某种法律虚构为保障。资本家与工人劳动力的买卖是有契约的，工人表面"独立的假象是由雇主的经常更换以及契约的法律虚构来保持的"，马克思这句话一针见血，这种契约仅仅是一种"法律虚构"，简单再生产就是以这种"法律虚构"为背景、为基础的。不过，这并不意味着相关的法律是虚构的，不存在的，而是意在阐明，所谓的"法律虚构"只意味着名义上的讲究公平的法律，在发展过程中其实际效果已经不再是公平，因而是一种"法律虚构"。

其十，在资本主义社会，简单再生产虽然时有发生，但不符合资本运动的内在要求。对资产阶级来说，根本不愿意停留在这种状态，而且，实际的资本运动也是不断的扩大再生产。这也从实际上表明，简单再生产不是常态，即使有，也是短暂的、过渡性的，必须、必然被扩大再生产所批判和取代。而且，没有积累，也不能不能保证再生产能够正常进行。

大体看来，对简单再生产的分析批判，是全方位的，涉及它的剥削性、虚假性、虚伪性，对工人的控制性，都带有长久性、极端性、根本性。

二、扩大再生产批判

尽管扩大再生产可以有多种途径实现，除了利用积累而实现的外，还

---

① 《资本论》第 1 卷，人民出版社 1975 年版，第 649 页；2004 年版，第 683 页。
② 《资本论》第 1 卷，人民出版社 1975 年版，第 629 页；2004 年版，第 661—662 页，新版译文有调整，但意思不变。
③ 《资本论》第 1 卷，人民出版社 1975 年版，第 630 页；2004 年版，第 662 页。

有不依靠剩余价值资本化、单单通过降低工资的方法推动更多劳动等手段而实现的，简单说，有积累型的和非积累型的扩大再生产。其中，积累型的最为重要，马克思最先考察它。这是他的研究逻辑所决定的。"我们以前考察了剩余价值怎样从资本产生，现在我们考察资本怎样从剩余价值产生。把剩余价值当作资本使用，或者说，把剩余价值再转化为资本，叫做资本积累。"① 由此可见，突出积累对扩大再生产的重要性，与进一步研究积累的一般规律有极为紧密的联系——如果将扩大再生产的其他路径摆在首位，就与积累的一般规律脱离联系了。——而且，这也是批判的需要所决定的。因为正是积累源泉的问题上，资本家和资产阶级学者有着极其荒谬的看法。但是，必需注意的是，研究积累，并非单纯地考察资本的增殖额部分的运动，而是将它与全部预付资本的再生产联系起来，阐明"资本怎样从剩余价值产生"以致将全部资本的预付性质都彻底转变为剩余价值再生的性质。②

既然是再生产，那就是多次甚至是无数次的，所以这是对简单再生产的批判，同时也是对扩大再生产的批判。但是，马克思对扩大再生产的批判又有新的方位。

首先，批判资本家及其御用学者将积累型的扩大再生产归结为资本家的节欲。在前面，马克思已经批判了资本家的这种说教："要人们想到他的节欲。他本来可以把他的 15 先令挥霍掉。他没有这样做，他生产地消费它们，把它们制成了棉纱"③，并由此得到了剩余价值。在考察扩大再生产的场合，马克思又再次提及这一点："他所征收的贡物中由他积累的部分，据说是他节约下来的，因为他没有把它吃光用尽，也就是说，他执行了他作为资本家的职能，即执行使自己致富的职能。"④ "谷物不只是吃掉，而且还用来播种，这是资本家的节欲！葡萄酒保留一个时期用以发酵，这是资本家的节欲！资本家……把生产工具同劳动力合并在一起作为资本来增殖，而不把蒸汽机、棉花、铁路、肥料、挽马等等吃光，……这就是资本家在掠夺自己的欲望。……够了，世界之所以能生存，无非全靠这个在毗

---

① 《资本论》第 1 卷，人民出版社 1975 年版，第 635 页；2004 年版，第 668 页。
② "政治经济学一般都把资本说成是'用来重新生产剩余价值的积累起来的财富'（转化了的剩余价值或收入），……这种看法不过是用另一种方式来说明全部现存的资本是积累起来的或资本化的利息，因为利息不过是剩余价值的一部分。"（转引自《资本论》第 1 卷，人民出版社 1975 年版，第 644—645 页；2004 年版，第 678 页。）
③ 《资本论》第 1 卷，人民出版社 1975 年版，第 217 页；2004 年版，第 233 页。
④ 《资本论》第 1 卷，人民出版社 1975 年版，第 649 页；2004 年版，第 683 页。

湿奴神前的现代赎罪者资本家的自我修行。"① 他指出，在早期的社会状态下，没有资本家，没有资本家的节欲，也有扩大再生产。可见，将生产的扩大归结为"节欲"毫无道理。诚然，决定剩余价值按什么样的比例分割为消费部分和积累部分，是资本家的"意志行为"，但这并不意味着积累是来自资本家的节约，反之，倒是证明资本家有"绝对的致富欲"②，并且所"节约"并积累的东西来自工人生产的剩余价值。

还要看到，资本家完全不谈积累的结果。针对这种错误，马克思不仅仅是阐明剩余价值在什么条件下、有多少转化为资本的事情，还强调积累资本执行职能的结果，是更多剩余价值的产生。也就是说，他是将积累与积累的结果紧密联系在一起的。进而言之，单单阐明积累来自哪里、积累的成果，还是不够的，因为过程不是一次性的，所以马克思还将积累与再生产结合在一起，这样，不断地积累，积累就成了螺旋形的了。

其次，围绕被用于资本化的剩余价值部分而分析，批判资本家的不断积累是无本万利。在这里，他先以单个资本为例，阐明资本化的剩余价值一开始就不是资本家自有资本预付的，而用于等价购买追加的劳动力和生产资料的那部分货币，更是工人无偿提供而被资本家占有的剩余价值转化而来的，是"用从被征服者那里掠夺来的货币去购买被征服者的商品。"③再从两大阶级之间的交易看，情况也一样，"工人阶级总是用他们这一年的剩余劳动创造了下一年雇用追加劳动的资本。"④ 马克思还进一步阐明，积累扩大了再生产，扩大了的再生产又增加了积累，年复一年长期再生产加积累的结果，必然彻底改变资本的"预付"形式。"在生产的巨流中，全部原预付资本，与直接积累的资本即重新转化为资本……的剩余价值或剩余产品比较起来，总是一个近于消失的量（数学意义上的无限小的量）。"⑤

再次，他阐明，资本家在积累过程中无偿占有的不仅是无酬劳动本身，实质上是它的所有权："对过去无酬劳动的所有权，成为现今以日益扩大的规模占有活的无酬劳动的唯一条件。资本家已经积累的越多，就越

---

① 《资本论》第 1 卷，人民出版社 1975 年版，第 655 页；2004 年版，第 689 页。

② 《资本论》第 1 卷，人民出版社 1975 年版，第 649 页；2004 年版，第 683 页。

③ 《资本论》第 1 卷，人民出版社 1975 年版，第 638—639 页；2004 年版，第 672 页。

④ 《资本论》第 1 卷，人民出版社 1975 年版，第 639 页；2004 年版，第 672 页。

⑤ 《资本论》第 1 卷，人民出版社 1975 年版，第 644 页；2004 年版，第 678 页。

能更多地积累。"① 在这里，马克思还引用了一个英国资产阶级学者孟德维尔的话："富人不同于穷人的地方，不在于占有土地和货币，而在于拥有对劳动的支配权"②。无酬劳动只涉及劳动的报酬性质，而"无酬劳动的所有权"从雇佣工人那里转移到资本家手里，被资本家不断地"占有"，不断地转变为资本家的所有权，对资本家来说，这才是根本。这样的批判，才是抓住了根本。"理论只要彻底，就能说服人。所谓彻底，就是抓住事物的根本。"③ 可见，他的科学批判是步步深入的。

续次，批判资本积累从对无酬劳动的所有权的占有扩大到劳动力所有权的占有。他阐明，即使资本家每一次购买劳动力都是按照商品交换的规律行事，但扩大的再生产过程却每一次都能用工人提供的无酬劳动来购买追加的劳动力和生产资料。可见，扩大再生产在充分地利用价值规律的同时，也破坏了原有的等价交换，使它变为一种形式。只要联系前面的分析，就应该知道："用来交换劳动力的那部分资本本身只是不付等价物而占有的别人劳动产品的一部分"，完全不是等价交换，或者说只是一种形式的等价交换，而扩大再生产过程又表明："这部分资本不仅必须由它的生产者即工人来补偿，而且在补偿时还要加上新的剩余额。这样一来，资本家和工人之间的交换关系，仅仅成为属于流通过程的一种表面现象，成为一种与内容本身无关的并只能使它神秘化的形式。劳动力的不断买卖是形式。其内容则是，资本家用他总是不付等价物而占有的别人的已经物化的劳动的一部分，来不断再换取更大量的别人的活劳动。"④ 这样看来，扩大再生产就包含有更多的恶浊了，它不仅仅是价值增殖的不断扩大，还是资产阶级权利或法权外部形式平等与内部实际不平等的统一的充分体现。

还有，批判资本家为了提高积累量而采用许多危害工人的措施。马克思阐明，在积累率一定时，仍有几种情况决定积累量。其中最重要的手段是提高劳动力的剥削程度，为此，他们有一些特别的办法。一种是将劳动力价值降低，为了增加积累量，资本家们竟然想方设法地降低工人的工资。"在一定限度内，这实际上是把工人的必要消费基金转化为资本的积

① 《资本论》第1卷，人民出版社1975年版，第639页；2004年版，第673页。
② 转引自《资本论》第1卷，人民出版社1975年版，第676页；2004年版，第711页。
③ 马克思：《黑格尔法哲学批判·导言》，《马克思恩格斯选集》第1卷，人民出版社1995年版，第9页。
④ 《资本论》第1卷，人民出版社1975年版，第640页；2004年版，第673页。

累基金。"①　一种是提高劳动强度："由提高劳动力的紧张程度而获得的追加劳动，没有不变资本部分的相应增加，也可以增加剩余产品和剩余价值，即积累的实体。"②　还有一种，在采掘工业、农业中，在自然条件、气候不改变的时候，资本家充分利用劳动力的伸缩性，因为这是人对自然直接作用，这样，即使不预先增加新的资本，也能扩大积累的领域，会成为扩大积累的源泉。"资本一旦合并了形成财富的两个原始要素——劳动力和土地，它便获得了一种扩张的能力，这种能力使资本能把它的积累的要素扩展到超出似乎是由它本身的大小所确定的范围，即超出由体现资本存在的、已经生产的生产资料的价值和数量所确定的范围。"③

资本家还会采用提高劳动生产率水平的办法。劳动生产力提高，相应的剩余产品量也随之增加，商品变得便宜，工人的工资也变得便宜，从而使同量的可变资本可以推动更多的劳动，加快积累。同样的，构成不变资本要素的生产资料也会变得相对便宜，这虽然导致正在执行职能的资本部分地贬值，但是，"只要这种贬值通过竞争被人们痛切地感觉到，主要负担就会落到工人身上，资本家力图用加强对工人剥削的办法来弥补自己的损失。"④

最后，批判积累型扩大再生产对工人阶级带来的消极影响。他既指出，"资本的积累就是无产阶级的增加"⑤，这对增强改造整个社会的阶级力量虽然是有利的，但积累也给无产阶级带来更多的是无穷而巨大的灾难。

三、积累一般规律批判

为了考察和批判资本积累的一般规律，马克思分别就资本有机构成不变、提高两种情况来考察资本积累对生产力、生产关系发展的影响。

他深入地研究了资本、积累和工资的关系，阐明"竞争使资本主义生产方式的内在规律作为外在的强制规律支配着每一个资本家。竞争迫使资

---

① 《资本论》第 1 卷，人民出版社 1975 年版，第 658 页；2004 年版，第 692 页。
② 《资本论》第 1 卷，人民出版社 1975 年版，第 662 页；2004 年版，第 696 页。
③ 《资本论》第 1 卷，人民出版社 1975 年版，第 663 页；2004 年版，第 697 页。
④ 《资本论》第 1 卷，人民出版社 1975 年版，第 664 页；2004 年版，第 699 页。
⑤ 《资本论》第 1 卷，人民出版社 1975 年版，第 674 页；2004 年版，第 709 页。

本家不断扩大自己的资本来维持自己的资本，而他扩大资本只能靠累进的积累。"① 有积累，当然须要有追加的工人。在资本有机构成不变的时候，可变资本也要有所追加，在超过劳动力的供给时，工人的工资就会提高，对资本关系的影响也就比较正面、积极。但是，他也阐明，"用数学上的术语来说：积累量是自变量，工资量是因变量，而不是相反。"② 资本是靠剩余价值来滋养的，一旦工资的提高影响了资本的积累能力，物极必反，就会使工资的提高受到资本家的反击。"在一种不是物质财富为工人的发展需要而存在，相反是工人为现有价值的增殖需要而存在的生产方式下，事情也不可能是别的样子。"③ 这就是资本、积累和工资的关系的实质。

马克思认为，在资本主义较为发达阶段，资本有机构成的变化才是常态。"一旦资本主义制度的一般基础奠定下来，在积累过程中就一定会出现一个时刻，那时社会劳动生产率的发展成为积累的最强有力的杠杆。"④ 而"劳动生产率的增长，……表现为劳动过程的主观因素的量比它的客观因素的量相对减少。"⑤ 资本技术构成的提高，从价值构成来看，就是可变资本部分的相对减少，即有机构成的提高。

资本积累的增加与有机构成的提高是紧密相关的，在再生产过程中，"一定程度的资本积累表现为特殊的资本主义的生产方式的条件，而特殊的资本主义的生产方式又反过来引起资本的加速积累。"特殊的资本主义生产方式就是有较高劳动生产率的生产方式，"这两种经济因素由于这种互相推动的复合关系，引起资本技术构成的变化，从而使资本的可变组成部分同不变组成部分相比越来越小。"⑥ 不断发生的技术构成变化，实际上表明了资本"质的变化"⑦。

在一般情况下，可变资本的增减与工人人数的增减是一致的，所以有机构成的提高必将导致使用工人人数的减少。显然，这对工人是不利的。

本来，技术构成提高，是一种先进生产力，对社会生产力发展水平的

① 《资本论》第 1 卷，人民出版社 1975 年版，第 649—650 页；2004 年版，第 683 页。

② 《资本论》第 1 卷，人民出版社 1975 年版，第 680 页；2004 年版，第 715 页。

③ 《资本论》第 1 卷，人民出版社 1975 年版，第 681 页；2004 年版，第 716—717 页。

④ 《资本论》第 1 卷，人民出版社 1975 年版，第 682 页；2004 年版，第 717 页。

⑤ 《资本论》第 1 卷，人民出版社 1975 年版，第 683 页；2004 年版，第 718 页。

⑥ 《资本论》第 1 卷，人民出版社 1975 年版，第 685 页；2004 年版，第 721 页。

⑦ 《资本论》第 1 卷，人民出版社 1975 年版，第 689 页；2004 年版，第 725 页。

提高是有利的。但是，在特殊过程中，情况却相反，对生产力的主体——雇佣工人不利。这就表明，资本主义生产关系对生产力中重要因素中人的发展已经构成威胁，已经不能全面地促进生产力各种要素的发展了。或者说，它对生产力发展的作用是双重的：一方面是对劳动力的发展不利，另一方面是对其余的要素发展有利。

马克思还阐明，这种情况又因为资本集中而加剧。与资本积聚相比，资本集中可以在很短的时间内就形成数量巨大的资本。"通过集中而在一夜之间集合起来的资本量，同其他资本量一样，不断再生产和增大，只是速度更快，从而成为社会积累的新的强有力的杠杆"，他特别强调："当人们谈到社会积累的增进时，今天已经把集中的作用包括在内。"① 由于有资本集中，资本质的变化更快、更全面了。

对资本集中的研究实际上是对资本积聚的批判。马克思阐明，资本积聚主要是就单个资本而言的，虽然因家庭的分产而使原资本的大树上分出许多枝权，作为新的独立资本执行职能，但却使资本家的数量增加，而且在各个特殊的生产部门中，各个资本家都是独立的和相互竞争的经济主体。这些资本家作为独立的个体，彼此都有独立性而互相排斥。所有这些，都不利于资本的积聚。但资本集中却能克服这种弊病。它不受社会财富绝对增长程度或积累的绝对界限的限制，能使各个资本家相互吸引，能通过竞争这种强制式的道路进行吞并，使小资本变成大资本，还能通过信用这种比较平滑的办法，把许多中小资本很快集中起来，形成特大的资本来办大工程。在这里，马克思有一句经常被人引用的名言："假如必须等待积累去使某些单个资本增长到能够修建铁路的程度，那末恐怕直到今天世界上还没有铁路。但是，集中通过股份公司转瞬之间就把这件事完成了。"② 集中，通过各种办法消灭了中小资本的个性和独立性，消灭了许多中小资本而产生少数大资本。它产生了新的资本组织形式——股份公司。在第三卷，马克思很确定地说，股份公司"直接取得了社会资本（即那些直接联合起来的个人的资本）的形式，而与私人资本相对立，并且它的企业也表现为社会企业，而与私人企业相对立。这是作为私人财产的资本在资本主义生产方式本身范围内的扬弃。"③

---

① 《资本论》第 1 卷，人民出版社 1975 年版，第 689 页；2004 年版，第 724 页。

② 《资本论》第 1 卷，人民出版社 1975 年版，第 688 页；2004 年版，第 724 页。

③ 《资本论》第 3 卷，人民出版社 1975 年版，第 493 页；2004 年版，第 494—495 页。

无论是私人资本的积聚，还是社会总资本的集中，都会导致有机构成的迅速提高，并且导致资本积累的扩大和加速。

有机构成的提高并不等于价值构成与技术构成按同样的比例提高，马克思论证："资本有机构成的变化，不只是同积累的增进或社会财富的增长保持一致的步伐。它们的进展要快得多，因为简单的积累即总资本的绝对扩大，伴随有总资本的各个分子的集中，追加资本的技术变革，也伴随有原资本的技术变革。"① 结果是技术构成的提高比价值构成的提高更快。

马克思还阐明，资本积累引起的有机构成、特别是技术构成的变化是全社会性的，它的影响也是全社会性的、深刻的，不仅在生产力的发展上，而且在对价值构成变化乃至对工人的影响上："就社会总资本来考察，时而它的积累运动引起周期的变化，时而这个运动的各个因素同时分布在各个不同的生产部门。在某些部门，……在有些部门，在另一些部门，……在一切部门中，资本可变部分的增长，从而就业工人人数的增长，总是同过剩人口的激烈波动，同过剩人口的暂时产生结合在一起"②。

马克思也看到，社会总资本的积累会随着积累和生产力的发展而相应地增加可变资本部分，并且也会增加工人阶级的就业人数。但由于技术构成比价值构成的变化更快，幅度更大，过剩人口还会累进地增加："随着已经执行职能的社会资本量的增长及其增长程度的提高，随着生产规模和所使用的工人人数的扩大，随着他们劳动的生产力的发展，随着财富的一切源流的更加广阔和更加充足，资本对工人的更大的吸引力和更大的排斥力互相结合的规模不断扩大，资本有机构成和资本技术形式的变化速度不断加快，那些时而同时地时而交替地被卷入这些变化的生产部门的范围不断增大。因此，工人人口本身在生产出资本积累的同时，也以日益扩大的规模生产出使他们自身成为相对过剩人口的手段。这就是资本主义生产方式所特有的人口规律"③。这一规律与其他规律不同，"可变资本相对量递减的规律和这个规律对雇佣工人阶级状况的影响，曾经被古典学派某些优秀的经济学家感觉到"，例如李嘉图就说："使国家纯收入增加的原因，同

---

① 《资本论》第 1 卷，人民出版社 1975 年版，第 690 页；2004 年版，第 725 页。

② 《资本论》第 1 卷，人民出版社 1975 年版，第 691 页；2004 年版，第 726—727 页。

③ 《资本论》第 1 卷，人民出版社 1975 年版，第 691—692 页；2004 年版，第 727—728 页。

时可以使人口过剩，从而使工人状况恶化。"① 拉姆赛也说："在社会进步的过程中，用于再生产的国民资本的每次增加，对工人状况的影响会越来越小。"② 当然，感觉是感觉到了，却没有真正理解，所以对它不是抱有批判的态度，而只是标示了一种伪善的无奈。

在批判资本积累对工人阶级的消极影响的基础上，马克思还进一步阐明，这种过剩人口是相对于资本增殖需要而产生的，所以是相对的。他指出："如果明天把劳动普遍限制在合理的程度，并且把工人阶级的各个阶层再按年龄和性别进行适当安排，那末，要依照现有的规模继续进行国民生产，目前的工人人口是绝对不够的。"③

相对过剩人口既然在积累或资本主义基础上必然产生，又必然"反过来又成为资本主义积累的杠杆，甚至成为资本主义生产方式存在的一个条件。"④ 它是资本运动的产业后备军，可让资本的收缩或扩张随时提供可供剥削的劳动力。"对资本主义生产来说，人口自然增长所提供的可供支配的劳动力数量是绝对不够的。为了能够自由地活动，它需要有一支不以这种自然限制为转移的产业后备军。"⑤ 除了应对资本运动的周期变化外，它还成了资本家对付工人的一种绝杀器。

马克思分析了这样几种情况：

其一，在一般情况下，利用它加压于在业工人，从内含到外延两方面加强对工人的剥削，在支出同样工资的情况下推动更多的劳动，用童工、女工排挤成年男工，造成相对过剩人口的累进再生产。这样，原先表面上由工人自己主导的劳动力供给现在就转变为实际上由资本家主导的劳动供给，结果是同量可变资本所能推动的劳动在不增加劳动力的情况下反而增

---

① 在这个问题上，李嘉图还非常诚恳地作了一个自我批评："我原先的错误是由于我曾假设每当社会的纯收入增加时，其总收入也会增加，但现在我有理由认为，地主和资本家从中得到收益的那一笔资金可能会增加，而劳动者主要依赖的那笔资金却可能减少。因此，可以得出结论（如果我的观点正确的话）：使国家纯收入提高的原因可能同时使人口过剩并且使劳动者的境况恶化。"（李嘉图著　周杰译：《政治经济学及赋税原理》，华夏出版社 2005 年版，第 278 页。）参看孟氧著　孟小灯编：《〈资本论〉历史典故注释》，中国人民大学出版社 2005 年版，第 308 页。

② 《资本论》第 1 卷，人民出版社 1975 年版，第 692 页脚注（79）；2004 年版，第 728 页脚注（79）。

③ 《资本论》第 1 卷，人民出版社 1975 年版，第 698 页；2004 年版，第 734 页。

④ 《资本论》第 1 卷，人民出版社 1975 年版，第 692 页；2004 年版，第 728 页。

⑤ 《资本论》第 1 卷，人民出版社 1975 年版，第 696 页；2004 年版，第 731 页。

加了。"劳动生产力越是增长，资本造成的劳动供给比资本对工人的需求越是增加得快。……工人阶级的一部分从事过度劳动迫使它的另一部分无事可做，反过来，它的一部分无事可做迫使它的另一部分从事过度劳动，这成了各个资本家致富的手段，同时又按照与社会积累的增进相适应的规模加速了产业后备军的生产。"① 这个概括非常辩证、批判非常深刻。

其二，在经济周期的变动中，利用它来调节工资的变动。由于有社会规模的产业后备军存在，由于经济运行有周期性的波动，就业工人的工资就不是由产业军自身的劳动力价值来调节，"大体说来，工资的一般变动仅仅由同工业周期各个时期的更替相适应的产业后备军的膨胀和收缩来调节。因此，决定工资的一般变动的，不是工人人口绝对数量的变动，而是工人阶级分为现役军和后备军的比例的变动，是过剩人口相对量的增减，是过剩人口时而被吸收、时而又被游离的程度。"② 在经济周期的变动中，产业后备军对现役产业军的施压程度当然不同，在经济停滞和和中等繁荣时期，产业后备军"加压力于现役劳动军，在生产过剩和亢进时期又抑制现役劳动军的要求。所以，相对过剩人口是劳动供求规律借以运动的背景。它把这个规律的作用范围限制在绝对符合资本的剥削欲和统治欲的界限之内。"③ 这样，随着资本的积累，对劳动的需求增加了，但积累又提高了技术构成，从而相对地减少了对劳动的需求，以至于将工人"游离"出来，"与此同时，失业工人的压力又迫使就业工人付出更多的劳动，从而在一定程度上使劳动的供给不依赖于工人的供给。劳动供求规律在这个基础上的运动成全了资本的专制。"④ 由是，资本积累一举数得，资本家其乐融融。

其三，造成了结构复杂而又极其贫困的产业后备军。不言而喻，被资本运动过程排斥的工人在没有重新找到工作之前，其一家人的生活是相当贫困的。他们作为相对过剩人口，经常表现为三种形式：流动的、潜在的、停滞的。所谓的流动，指的是时而有工作，时而被排斥，它的成员数量庞大，因受苦极深寿命很短，但因早婚和多育而更替迅速。⑤ 潜在的，

① 《资本论》第1卷，人民出版社1975年版，第697—698页；2004年版，第733—734页。
② 《资本论》第1卷，人民出版社1975年版，第699页；2004年版，第734页。
③ 《资本论》第1卷，人民出版社1975年版，第701页；2004年版，第736页。
④ 《资本论》第1卷，人民出版社1975年版，第702页；2004年版，第737页。
⑤ 参看《资本论》第1卷，人民出版社1975年版，第704页；2004年版，第739页。

主要指农村人口，他们同样会被农业资本的积累、有机构成的提高所排斥，但却不会像在非农产业中经常大规模的扩充而被吸引，只能等待时机或条件流入城市，"因此，农业工人的工资被压到最低限度，他总是有一只脚陷在需要救济的泥潭里。"① 停滞的，指的是陷于社会最底层的那些人，其中一些有劳动能力的人还"因分工而失去灵活性以致被淘汰"②。显然，所有这些人，都是在极其贫困的状态下被资本当成人质，等待被资本的积累而吸引，并给就业工人的劳动以无形的压力。

正是基于这些深入的阐释，马克思提出了"资本主义积累的绝对的、一般的规律"③，提出了著名的资本主义两极分化理论。④

恩格斯说过：马克思理论"逻辑的发展完全不必限于纯抽象的领域。相反，它需要历史的例证，需要不断接触现实。因此这里插入了各种各样的例证，有的指出各个社会发展阶段上的现实历史进程，有的指出经济文献"⑤，尽管他是在评论《政治经济学批判。第一分册》时这样说的，但马克思在《资本论》中的确是这样做的。在这里，他还以巨大的篇幅列举涉及英格兰、大不列颠、爱尔兰等地资本积累导致劳动大众贫困化的详细材料，来证明资本积累的恶果，他愤怒地写道："在这里，资本主义积累的对抗性质，从而整个资本主义财产关系的对抗性质，表现得如此明显"，就连英国官方也颇有不满。⑥

四、积累历史趋势批判

批判了资本积累绝对的一般的规律之后，马克思顺理成章地预示、批判这一规律的历史发展。既然资本积累是历史发展的，当然有其来龙和去脉。在研究过资本积累的现代发展过程之后，就有必要回过头，追溯其"形成史"，再预示其历史趋势。

---

① 《资本论》第 1 卷，人民出版社 1975 年版，第 705 页；2004 年版，第 740 页。

② 《资本论》第 1 卷，人民出版社 1975 年版，第 706 页；2004 年版，第 741 页。

③ 详见《资本论》第 1 卷，人民出版社 1975 年版，第 707 页；2004 年版，第 742 页。

④ "在一极是财富的积累，同时在另一极，即在把自己的产品作为资本来生产的阶级方面，是贫困、劳动折磨、受奴役、无知、粗野和道德堕落的积累。"（《资本论》第 1 卷，人民出版社 1975 年版，第 708 页；2004 年版，第 743—744 页。）

⑤ 《马克思恩格斯选集》第 2 卷，人民出版社 1995 年版，第 46 页。

⑥ 《资本论》第 1 卷，人民出版社 1975 年版，第 722 页；2004 年版，第 758 页。

在研究简单再生产的时候，马克思已经说过："过程总要从某地某时开始。因此，……下面的情况是可能的：资本家曾经一度依靠某种与别人的无酬劳动无关的原始积累而成为货币所有者，因而能够作为劳动力的购买者进入市场。"① 这就是说，那里的研究是假定资本家有原始积累起来的资本，再进一步阐明："生产过程的单纯连续或者说简单再生产，经过一个或长或短的时期以后，必然会使任何资本都转化为积累的资本或资本化的剩余价值。"②

但是，随着研究进程的发展，由于这个原始积累资本的来路不明，所以以它存在的研究条件终究是要放弃的，并且要认真地研究和阐明它来自何方。

资本家们总是说，他们的资本来源于其祖宗的勤劳和积累："人们在解释这种原始积累的起源的时候，就像在谈过去的奇闻逸事。在很久很久以前有两种人，一种是勤劳的，聪明的，而且首先是节俭的中坚人物，另一种是懒惰的，耗尽了自己的一切，甚至耗费过了头的无赖汉。……于是出现了这样的局面：第一种人积累财富，而第二种人最后除了自己的皮以外没有可出卖的东西。"③ 对此，马克思却指出："在真正的历史上，征服、奴役、劫掠、杀戮，总之，暴力起着巨大的作用。……事实上，原始积累的方法决不是田园诗式的东西。"④

对血腥的原始积累的批判，马克思首先阐明，即使是最初的货币，要转变为资本，也要有可以买的东西，并且对方非卖不可。所以，"这种转化本身只有在一定的情况下才能发生，这些情况归结起来就是：两种极不相同的商品所有者必须互相对立和发生接触；一方面是货币、生产资料和生活资料的所有者，他们要购买别人的劳动力来增殖自己所占有的价值总额；另一方面是自由劳动者，自己劳动力的出卖者，也就是劳动的出卖者。"而所谓的自由劳动者，指的是没有任何生产资料且可以自由地支配自己劳动力的人。所以，资本所有者要购买这种自由劳动力，一定要以

① 《资本论》第1卷，人民出版社1975年版，第624页；2004年版，第656—657页。

② 《资本论》第1卷，人民出版社1975年版，第625页；2004年版，第657—658页。

③ 《资本论》第1卷，人民出版社1975年版，第781页；2004年版，第820—821页。

④ 《资本论》第1卷，人民出版社1975年版，第782页；2004年版，第821页。

"劳动者和劳动实现条件的所有权之间的分离"① 为前提。"因此，所谓原始积累只不过是生产者和生产资料分离的历史过程。这个过程所以表现为'原始的'，因为它形成资本及与之相适应的生产方式的前史。"②

马克思阐明，直接生产者决不是因为懒惰才丧失劳动实现条件的所有权，更不是因为在商品生产中不善于经营而被"无形的手"搞的优胜劣汰所挤兑，只是因为他们只会固守原有的生产方式埋头辛勤劳动，才沦为自由劳动者，只是因为被实力、势力不断强大的资本及其国家权力剥夺了自己劳动实现条件的所有权才贫穷的，"而对他们的这种剥夺的历史是用血和火的文字载入人类编年史的。"③

而这些劳动者之所以能够从封建的和行会的约束下摆脱出来，也与勤劳和聪明无关，而与工业资本家的兴起有关。工业资本家之所以能迅速致富，也不是他们勤劳和善于经营。其"兴起是战胜了封建势力及其令人愤恨的特权的结果，也是战胜了行会及其对生产的自由发展和人对人的自由剥削所加的束缚的结果。但是，工业骑士之所以能够排挤掉佩剑骑士，只是因为他们利用了与自己毫不相干的事件。"④

马克思这些理论的阐述不仅抓住事情的根本，而且是以大量的历史事实为依据的。他抓住了对资产阶级的形成、崛起有关许多重大的事件、变革，指出其中最首要的因素是："大量的人突然被强制地同自己的生存资料分离，被当作不受法律保护的无产者抛向劳动市场。对农业生产者即农民的土地的剥夺，形成全部过程的基础。"⑤ 与此同时，资产阶级还对国有土地、对农村公有土地下手。这一系列剥夺的过程和结果，造成了无数的难民流入城市。但是，"单是在一极有劳动条件作为资本出现，在另一极有除了劳动力以外没有东西可出卖的人，还是不够的。这还不足以迫使他们自愿地出卖自己。"⑥ 所以新兴的资产阶级还利用自己掌握的国家权力，颁布了许多血腥的法律，包括压低工资的法律，强迫丧失生产条件的难民进入工厂。

---

① 《资本论》第 1 卷，人民出版社 1975 年版，第 782 页；2004 年版，第 821 页。
② 《资本论》第 1 卷，人民出版社 1975 年版，第 783 页；2004 年版，第 822 页。
③ 《资本论》第 1 卷，人民出版社 1975 年版，第 782—783 页；2004 年版，第 822 页。
④ 《资本论》第 1 卷，人民出版社 1975 年版，第 783 页；2004 年版，第 822 页。
⑤ 《资本论》第 1 卷，人民出版社 1975 年版，第 784 页；2004 年版，第 823 页。
⑥ 《资本论》第 1 卷，人民出版社 1975 年版，第 805 页；2004 年版，第 846 页。

资本积累在产生无数工人的同时，也产生了大量的工业、农业资本家。

大体看来，"原始积累的不同因素，多少是按时间顺序特别分配在西班牙、葡萄牙、荷兰、法国和英国。在英国，这些因素在十七世纪末系统地综合为殖民制度、国债制度、现代税收制度和保护关税制度。这些方法一部分是以最残酷的暴力为基础，例如殖民制度就是这样。但所有这些方法都利用国家权力，也就是利用集中的有组织的社会暴力，来大力促进从封建生产方式向资本主义生产方式的转变过程，缩短过渡时间。暴力是每一个孕育着新社会的旧社会的助产婆。暴力本身就是一种经济力。"① 没有政权暴力的支持、催化，单纯利用经济的力量来对广大的人民群众进行剥夺，整个转变过程必定会延续更长的时间。

在做了这些分析和披露之后，马克思说了这样一句石破天惊的话："资本来到世间，从头到脚，每个毛孔都滴着血和肮脏的东西。"② 而且还为这句话加了个著名的引证（英国政论家登宁所说）："资本害怕没有利润或利润太少，就像自然界害怕真空一样。一旦有适当的利润，资本就胆大起来。如果有10%的利润，它就保证到处被使用；有20%的利润，它就活跃起来；有50%的利润，它就铤而走险；为了100%的利润，它就敢践踏一切人间法律；有300%的利润，它就敢犯任何罪行，甚至冒绞首的危险。如果动乱和纷争能带来利润，它就会鼓励动乱和纷争。走私和贩卖奴隶就是证明。"③

但是，马克思还阐明，资产阶级不仅剥夺农民、手工业者这样的小生产者，同时还消灭小生产的生产方式。农民、手工业者等小生产者，作为劳动者，是不应该被消灭的。但是，他们作为小私有者，却与小生产的生产方式一起，排斥社会化大生产，这种生产方式"发展到一定的程度，就造成了消灭它自身的物质手段。从这时起，社会内部感到受它束缚的力量和激情，就活动起来。这种生产方式必然要被消灭，而且已经在消灭。"资产阶级及资本主义生产方式正是在消灭小生产这种生产方式的时候崛起的，但是，这一过程将小生产者的生产资料所有权与小生产的生产方式连带在一起剥夺了，并且"对直接生产者的剥夺，是用最残酷无情的野蛮手

---

① 《资本论》第 1 卷，人民出版社 1975 年版，第 819 页；2004 年版，第 861 页。
② 《资本论》第 1 卷，人民出版社 1975 年版，第 829 页；2004 年版，第 871 页。
③ 《资本论》第 1 卷，人民出版社 1975 年版，第 829 页脚注（250）；2004 年版，第 871 页脚注（250）。

段，在最下流、最龌龊、最卑鄙和最可恶的贪欲的驱使下完成的。"①　正是基于以英国为典型的资产阶级原始积累的巨大成功经验，就有资产阶级学者鼓吹将这种经验应用到殖民地去，在那里用暴力建立资本关系。而实际情况也是这样，"在资本家有宗主国的力量作后盾的地方，资本家就企图用暴力清除以自己的劳动为基础的生产方式和占有方式。"②

小生产者是私有者，既然他们能够被剥夺，那么剥夺他们的剥夺者——大私有者资本家——也应该和能够被剥夺。当然后一种剥夺也是因为其生产方式不能适应劳动的进一步社会化。这种社会化要求生产资料的社会使用。所以，新的剥夺对象是资本家。

在马克思看来，资本家作为一个特殊的阶级，与企业家完全不同。后者是企业的管理者，执行的是"共同的劳动过程的性质产生的管理职能"，而前者因为垄断着全部生产资料的所有权，执行的是"从这一过程的资本主义性质因而从对抗性质产生的管理职能"③，作为资本的人格化，他必然要并且能够垄断地获得劳动过程所提供的巨大利益。随着积累过程的发展，资本集中不断进行，生产的社会化规模和程度越来越高，"……劳动资料日益转化为只能共同使用的劳动资料，一切生产资料因作为结合的社会劳动的生产资料使用而日益节省，各国人民日益被卷入世界市场网，从而资本主义制度日益具有国际的性质。"但资本关系的发展与它却越来越不适应：一方面，一个大资本家打倒许多中小资本家，而这种剥夺是通过资本主义的内在规律即资本集中进行的。"随着这种集中或少数资本家对多数资本家的剥夺，……掠夺和垄断这一转化过程的全部利益的资本巨头不断减少"④，这是资本的自我批判，自我淘汰。从生产力发展看，它符合生产社会化发展的要求，从生产关系看，它使资本更加集中，资本家数量减少。总的来看，这已经"最令人鼓舞地为将来由整个社会即全民族来实

① 《资本论》第 1 卷，人民出版社 1975 年版，第 830 页；2004 年版，第 873 页。
② 《资本论》第 1 卷，人民出版社 1975 年版，第 834 页；2004 年版，第 877 页。
③ 《资本论》第 1 卷，人民出版社 1975 年版，第 369 页；2004 年版，第 386 页。诚然，有些资本家也参与"共同的劳动过程的性质产生的管理职能"，但不能这样就将他的一身二任混为一体。"资本主义生产发展到一定高度，就要求资本家能够把他充当资本家即人格化的资本的全部时间，都用来占有从而控制别人的劳动，用来出售这种劳动的产品。"（《资本论》第 1 卷，人民出版社 1975 年版，第 342 页；2004 年版，第 357 页。）
④ 《资本论》第 1 卷，人民出版社 1975 年版，第 831 页；2004 年版，第 874 页。

行剥夺做好了准备。"① 另一方面,劳动大众的"贫困、压迫、奴役、退化和剥削的程度不断加深,而日益壮大的、由资本主义生产过程本身的机构所训练、联合和组织起来的工人阶级的反抗也不断增长。"② 这是剥夺者的被批判。并且结果必然是资本主义生产方式被批判:"资本的垄断成了与这种垄断一起并在这种垄断之下繁盛起来的生产方式的桎梏。生产资料的集中和劳动的社会化,达到了同它们的资本主义外壳不能相容的地步。这个外壳就要炸毁了。资本主义私有制的丧钟就要响了。剥夺者就要被剥夺了。"③ 这就是资本主义积累必然的历史趋势。

有破有立,资本主义生产关系、资本家被剥夺后,当然要有一个全新的生产关系诞生,来取代它们,来适应日益发展的社会化大生产,这就是"在协作和对土地及靠劳动本身生产的生产资料的共同占有的基础上,重新建立个人所有制。"而且,这并不是难事。"以个人自己劳动为基础的分散的私有制转化为资本主义私有制,同事实上已经以社会生产为基础的资本主义所有制转化为公有制比较起来,自然是一个长久得多、艰苦得多、困难得多的过程。前者是少数掠夺者剥夺人民群众,后者是人民群众剥夺少数掠夺者。"④ 必需注意的是,"在生产资料的共同占有的基础上重新建立个人所有制"绝不是倒退到小私有制,而是重新建立一种公有制基础上的"个人劳动所有制"。对此,后文再详细分析。

这整个分析过程及论述结构复杂而鲜明,层出不穷、环环相扣、步步深入,使批判和解剖直达产生罪恶的渊薮——资本主义制度。

第三节 资产阶级经济学积累理论批判

资本主义积累是通过再生产进行的,而再生产过程又有一般的和特殊的两种性质,有主体的行为在内,并且还包含着流通过程,更重要的是还包含着资本来源和增长的秘密。正因为这样,资产阶级学者力图将两种性

① 恩格斯语。《资本论》第 3 卷,人民出版社 1975 年版,第 495 页;2004 年版,第 497 页。

② 《资本论》第 1 卷,人民出版社 1975 年版,第 831 页;2004 年版,第 874 页。

③ 《资本论》第 1 卷,人民出版社 1975 年版,第 831—832 页;2004 年版,第 874 页。

④ 《资本论》第 1 卷,人民出版社 1975 年版,第 832 页;2004 年版,第 874—875 页。2004 年版将"转化为公有制"译为"转化为社会所有制"。

质不同的再生产过程混为一谈，用一般流通过程的等价交换观念和所有权观念来解释再生产和资本积累，竭力突出资本家在积累中的作用。他们有关积累的理论，当然会受到马克思的严厉批判。

一、资产阶级经济学再生产理论批判

在资本再生产问题上，资产阶级学者并没有形成系统的理论，只提出一些星星点点的思想观点——这里用"理论"来概括它，并非抬举它，而是从广义的角度来看的。——在《资本论》中，马克思尽管没有对它们进行系统的批判，但也没有放过它们，并在相关的地方将它们拉出来分析批判。对此，应该从全篇的阐述来了解。主要有这几个方面：

其一，批判一种错误的观点：再生产终将社会总资本中的 c 部分分解掉。再生产是周而复始、连续进行的过程，"在其他条件不变的情况下，社会在例如一年里所消费的生产资料，……只有在实物形式上为数量相等的新物品所替换，社会才能在原有的规模上再生产或保持自己的财富，这些新物品要从年产品总量中分离出来，重新并入生产过程。因此，一定量的年产品是属于生产的。这部分本来供生产消费之用的产品，就采取的实物形式来说，大多数不适于个人消费。"① 很清楚，马克思这句话阐明了年产品的物质结构，它虽复杂，但最终都分别表现为生产资料和消费资料，在价值形态上，又表现为 c、v、m，那些不适于个人消费的产品的价值就是 c，它在物质上是不能被消费的，在价值上是不能被分解的。了解了这一点，就应该意识到，这实际上是对"斯密教条"的批判。

在斯密看来，"虽然每一单个资本分成不变组成部分和可变组成部分，但社会资本只分解为可变资本，或者说，只用来支付工资。"他是这样论证的：资本家购买生产资料 2000 镑，而卖出这些生产资料的资本家用这些回收的钱的一部分"用来支付劳动，依此类推，直到 2000 镑完全用于支付工资，或者这 2000 镑所代表的全部产品都由生产工人消费掉。"这就是著名的、谬种流传而致全部资产阶级经济学蒙难的"斯密教条"。马克思不无讥讽地说："我们看到，这个论据的全部力量就在于把我们推来推去的'依此类推'这几个字。"② 这实际上是批判他的论证不合逻辑，不合科学规范，缺乏说服力，而且很随便。

---

① 《资本论》第 1 卷，人民出版社 1975 年版，第 621 页；2004 年版，第 653 页。
② 《资本论》第 1 卷，人民出版社 1975 年版，第 647 页；2004 年版，第 681 页

本来，斯密是资本主义较早时期的资产阶级经济学家，在他的时代，生产资料的规模不大，所以，他能很轻易地将 c 部分这样依此类推地分解掉。联系这样的时代背景来看，其错误似乎并不达到特别严重和荒谬绝伦的地步，也似乎不应安排在研究资本主义较为发达阶段的社会总资本运动的场合来批判。但因为他已经涉及社会总资本中的 c 部分，而且将 c 分解掉，以至于全部价值都可以分解为三种收入，这种错误不仅为此后的资产阶级经济学家全盘接受，更为后来"萨伊公式"的产生提供了思路。特别是他"使人们形成一种流行的看法，积累仅仅看成剩余产品由生产工人消费"①，所以马克思在考察社会总资本运动的场合对它展开批判。这里对"斯密教条"的批判还只是在社会总资本的积累范围内，在第二、三卷的末篇，他还继续对它进行集束的、集中的批判，即将其主要方面归拢在一起进行集中的批判。

其二，批判认为资本运动是简单再生产的看法。马克思发现："古典经济学从来就喜欢把社会资本看成一个有固定作用程度的固定量"，而且这种偏见居然还在后来的耶利米·边沁手里确立为教条。这个边沁教条认为："生产过程的最普通的现象，如生产过程的突然扩张和收缩，甚至积累本身，都是完全不可理解的。"② 很显然，这种教条根本没有现实依据，在理论上也是说不通的。说资本主义生产没有突然的扩张、收缩、积累，连资本家都会感到惊愕。其实，这样一个错误与下面的另一个错误有紧密的关系。

其三，批判资产阶级及其学者关于"劳动基金"的错误看法。马克思继续分析："边沁本人和马尔萨斯、詹姆斯·穆勒、麦克库洛赫等人都利用这一教条以达到辩护的目的，特别是为了把资本的一部分，即可变资本或可转化为劳动力的资本，说成是一个固定的量。可变资本的物质存在，即它所代表的工人生活资料的量或所谓劳动基金，被虚构为社会财富中受自然锁链束缚的而且不能突破的特殊部分。"③ 对这种错误，马克思是这样分析批判的：

本来，"可变资本不过是劳动者为维持和再生产自己所必需的生活资

---

① 《资本论》第 1 卷，人民出版社 1975 年版，第 646 页；2004 年版，第 680 页。

② 转引自《资本论》第 1 卷，人民出版社 1975 年版，第 669—670 页；2004 年版，第 704 页。

③ 《资本论》第 1 卷，人民出版社 1975 年版，第 670 页；2004 年版，第 704—705 页。

料基金或劳动基金的一种特殊的历史的表现形式",但它在资本主义社会表面上却表现为"在一切社会生产制度下都始终必须由劳动者本身来生产和再生产"的劳动基金,① 他指出,这种错误不仅将个别与一般混为一体,而且将内在规定与外在表现形式混为一谈,"资产阶级经济学家由于头脑狭隘不能区别表现形式和它所表现的东西,他们无视这样一个事实:甚至今天,劳动基金在地球上也只是例外地表现为资本的形式。"②

本来,随着资本运动规模的扩大,可变资本量也随之增大。但是,资产阶级学者却把这种劳动基金 "说成是一个固定的量",并将可变资本的物质存在,"虚构为社会财富中受自然锁链束缚的而且不能突破的特殊部分。"③ 也就是说,"把劳动基金的资本主义界限改写成劳动基金的社会的自然界限"④,是 "上帝和自然强行规定的"⑤。不言而喻,要实现资本家意识中资本运动无限扩张的愿望,没有劳动力的增长是不可思议的,所以认为可变资本的转化形式劳动基金是固定的,根本是荒谬的。

马克思分析说明,资产阶级学者之所以有这样奇怪的想法,根据的只是这样一种极度扭曲的、残酷的 "事实":"一方面,工人对社会财富分为非劳动者的消费和生产资料这一点无权过问。另一方面,工人只有在幸运的例外情况下才有可能靠牺牲富人的 '收入' 来扩大所谓 '劳动基金'。"⑥

其四,批判资产阶级学者为资本家的 "原始资本" 来源辩护的错误。既然所有的资本家都说他们最初的资本是其祖先辛苦劳动节俭积累下来的,大多数人都因懒惰且耗费过头而成为穷人,那么资产阶级学者当然也是这样看的。于是就有了 "经济学中关于原罪的历史"⑦:"大多数人的贫穷和少数人的富有就是从这种原罪开始的;前者无论怎样劳动,除了自己本身以外仍然没有可出卖的东西,而后者虽然早就不再劳动,但他们的财富却不断增加。" 这样的过程是那么的自然和谐、无可辩驳,原始积累 "在温和的政治经济学中,从来就是田园诗占统治地位。" 针对这种无耻的

---

① 《资本论》第 1 卷,人民出版社 1975 年版,第 623 页;2004 年版,第 655 页。

② 《资本论》第 1 卷,人民出版社 1975 年版,第 624 页;2004 年版,第 656 页。

③ 《资本论》第 1 卷,人民出版社 1975 年版,第 670 页;2004 年版,第 705 页。

④ 《资本论》第 1 卷,人民出版社 1975 年版,第 670—671 页;2004 年版,第 705 页。

⑤ 《资本论》第 1 卷,人民出版社 1975 年版,第 671 页;2004 年版,第 706 页。

⑥ 《资本论》第 1 卷,人民出版社 1975 年版,第 670 页;2004 年版,第 705 页。

⑦ 《资本论》第 1 卷,人民出版社 1975 年版,第 781 页;2004 年版,第 820 页。

谰言，马克思愤慨地说："事实上，原始积累的方法决不是田园诗式的东西"①。

其五，批判它将劳资关系篡改为一般的商品交换关系，犯了历史性错误。在批判单个资本运动的场合，马克思已经批判过资产阶级学者对资本家剥削的辩护，在这里，他还针对西斯蒙第的错误："对工人来说，他在劳动前〈应当说：在他自己的劳动带来成果前〉就预先得到他的劳动〈应当说：别的工人的无酬劳动〉的果实"，阐明只要从再生产和两大阶级的关系看，"我们就得应用一个与商品生产完全不同的标准。"② 这就是与商品交换这个标准不适用于资本与劳动力的交换，或者说，在后一场合，这个在资本主义以前就已经出现的等价交换原则在资本运动中，特别是在社会总资本的运动中，已经转化为资本所有权规律了。但是，越是这样，"政治经济学家就越是热心地起劲地把资本主义以前世界的法权观念和所有权观念应用到这个已经完成的资本世界。"③ 对这种错误的批判，前面我们已经看到了，这里就不再详述。

其六，批判将资本关系永久化的谬论。资产阶级当然要使资本运动永久化，它的御用学者也出谋划策，除了维护资本主义制度外，还要使两大阶级的存在永久化。在这方面，资本家及其政治经济学家都认为，必须"使工人阶级永久化"④。与此相联系，资产阶级学者还认为要将工人的个人消费也纳入资本运动的轨道内，并且宣布只有"使资本能消费劳动力所实际必要的那部分工人个人消费，才是生产消费。除此以外，工人为了自己享受而消费的一切都是非生产消费。"⑤ 他们认为：工人只有为资本家实际劳累而消费才是生产的，在工厂外的消费就是非生产的。而且，他们还认为，不要让工人跑掉。他们把机器分为两类，一类是活机器，一类是死机器。活机器越用越好用，死机器很快就会变得陈旧，那么，要将活机器牢牢地控制住，采用什么办法呢？一个李嘉图派认为，"要使工人勤勉地劳动"，"必须尽可能地把工人的工资减到最低限度。"⑥ 此外，还有人提出更狠的看法："绝大部分穷人永远不要无事可做，但要经常花光他们所

① 《资本论》第 1 卷，人民出版社 1975 年版，第 782 页；2004 年版，第 821 页。
② 《资本论》第 1 卷，人民出版社 1975 年版，第 643 页；2004 年版，第 677 页。
③ 《资本论》第 1 卷，人民出版社 1975 年版，第 833 页；2004 年版，第 876 页。
④ 《资本论》第 1 卷，人民出版社 1975 年版，第 629 页；2004 年版，第 661 页。
⑤ 《资本论》第 1 卷，人民出版社 1975 年版，第 629 页；2004 年版，第 661 页。
⑥ 《资本论》第 1 卷，人民出版社 1975 年版，第 653 页；2004 年版，第 687 页。

收入的一切……靠每天劳动为生的人，只有贫困才能激励他们去工作，……要使社会〈当然是非劳动者的社会〉幸福，使人民满足于可怜的处境，就必须使大多数人既无知又贫困。"① 在他们看来，所谓的"社会幸福"是要排除人民幸福的，必须使"人民满足于可怜的处境"。由于这里涉及的已经不是行为和思想的错误了，因此，马克思是从制度上来批判的。"资本主义生产的实际当事人及其胡说八道的思想家不能把生产资料和它们今天所具有的对抗性的社会化装分开来考虑。"② 这就阐明，归根到底，这是制度的问题。对这种制度的批判，只要联系关于资本积累的历史趋势的论证就很清楚了。

其七，批判资产阶级学者颠倒是非黑白。众所周知，机器的使用会增加不变资本，相应地减少可变资本，从而减少对工人的需要。"而经济学辩护士却相反地把这种活动说成是为工人游离资本。"马克思愤慨地指出，"只有到现在我们才能充分地评价辩护士的厚颜无耻。"③ 他们甚至教训工人，"要工人使自己的人数去适应资本增殖的需要"④，一旦工人识破资本增殖的秘密，发现他们自己为工作而进行的竞争是谁造成的，"一旦工人因此试图通过工联等等在就业工人和失业工人之间组织有计划的合作，来消除或削弱资本主义生产的那种自然规律对他们这个阶级所造成的毁灭性的后果，这时，资本和它的献媚者政治经济学家就大吵大叫起来，说这是违反了'永恒的'和所谓'神圣的'供求规律。"⑤

其八，批判维持庞大过剩人口的谬论。资产阶级学者充分意识到并论证，过剩人口对资本主义生产方式具有特别重大的意义。曾任牛津大学政治经济学教授、后来又任英国殖民部官员的赫·梅里威耳说：不能因为危机而让工人移民到国外，"当对劳动的需求刚一恢复时，就会感到劳动不足。人的再生产不管多么快，要把成年工人补充起来，总需要有一代人的时间。可是我们的工厂主的利润主要取决于是否有能力利用畅销的有利时机，……他们必须能够依据市场情况在必要时加强或收缩他们的营业活动，否则他们就决不能在竞争的角逐中保持优势，而这种优势是国家财富

---

① 转引自《资本论》第 1 卷，人民出版社 1975 年版，第 675 页；2004 年版，第 710 页。

② 《资本论》第 1 卷，人民出版社 1975 年版，第 668 页；2004 年版，第 702 页。

③ 《资本论》第 1 卷，人民出版社 1975 年版，第 701 页；2004 年版，第 736 页。

④ 《资本论》第 1 卷，人民出版社 1975 年版，第 707 页；2004 年版，第 742 页。

⑤ 《资本论》第 1 卷，人民出版社 1975 年版，第 702 页；2004 年版，第 737 页。

的基础。"① 马尔萨斯也认为，过剩人口对于现代工业来说是必要的。② 如果说，这些资产阶级学者的看法还只是讲了过剩人口是资本运动的客观需要，那么，马克思则将这种相对过剩人口的产生归结为资本积累的必然产物："工人人口本身在生产出资本积累的同时，也以日益扩大的规模生产出使他们自身成为相对过剩人口的手段。这就是资本主义生产方式所特有的人口规律"③ 这就将对资产阶级学者的批判与对资本主义制度的批判结合起来了。

其九，批判资产阶级经济学的工资由人口数量调节的理论。工资的变动与再生产紧密联系，所以资产阶级经济学也很重视。"经济学……把调节工资的一般变动或调节工人阶级即总劳动力和社会总资本之间的关系的规律，同在各个特殊生产部门之间分配工人人口的规律混为一谈了。"④ 它胡诌工资的高低由工人人口的增减决定："工资的提高刺激工人人口更快地增加，这种增加一直持续到劳动市场充斥，因而资本同工人的供给比较相对不足时为止。工资下降，于是事情走向反面。由于工资的下降，工人人口逐渐减少，以致资本同工人人口比较又相对过剩了，……低工资又会抑制工人阶级的增长。这样一来，就又出现劳动供不应求、工资提高等等情况。"对此，马克思讥讽道："对于发达的资本主义生产是一个多么美好的运动方法啊!"⑤ 马克思还举英国 1849 到 1859 这十年间的实例来批判，当农业工人名义工资提高时，农场主并不"等待这种优厚的报酬促使农业工人繁殖，直到他们的工资不得不重新下降"，须知一代工人的繁殖、成长至少也要经过十几年的，租地农场主绝不可能耐心地等待，而是马上"采用了更多的机器，工人转瞬间又'过剩'了，过剩的比例连租地农场主也感到满意了。同以前相比，现在投入农业的'资本更多了'，并且采取了生产效率更高的形式。这样一来，对劳动的需求不仅相对地下降，而

---

① 转引自《资本论》第 1 卷，人民出版社 1975 年版，第 695 页；2004 年版，第 730 页。

② 《资本论》第 1 卷，人民出版社 1975 年版，第 695 页；2004 年版，第 730 页。

③ 《资本论》第 1 卷，人民出版社 1975 年版，第 692 页；2004 年版，第 727—728 页。

④ 《资本论》第 1 卷，人民出版社 1975 年版，第 700 页；2004 年版，第 735—736 页。

⑤ 《资本论》第 1 卷，人民出版社 1975 年版，第 699 页；2004 年版，第 734—735 页。

且绝对地下降了。"① 当然，马克思也有理论的批判，他阐明，资产阶级经济学将劳动的供给与劳动力混为一谈了。实际上，在劳动力数量不变的时候，资本也能够通过别的途径来增加劳动的供给。所以，"工资的一般变动仅仅由同工业周期各个时期的更替相适应的产业后备军的膨胀和收缩来调节。因此，决定工资的一般变动的，不是工人人口绝对数量的变动，而是工人阶级分为现役军和后备军的比例的变动，是过剩人口相对量的增减，是过剩人口时而被吸收、时而又被游离的程度。"②

其十，批判资本家妄图索取生产资料报酬的错误。"因为过去劳动总是装扮成资本，也就是说，A、B、C 等人的劳动的被人所有总是装扮成非劳动者 X 的自己所有，所以资产者和政治经济学家们对过去劳动的功绩赞扬备至；苏格兰的天才麦克库洛赫甚至认为，过去劳动应当得到特殊的报酬"。对此，马克思是这样批判的：它采取了"同工人本身相异化的形态，即它的资本的形态，虽然这种劳动是工人的过去的和无酬的劳动。"③ 也就是说，他们有意回避了一个重要的关节，这些过去劳动是劳动者创造的，而现在却反过来剥削工人，因而是工人劳动的"异化的形态"。而且，马克思早已阐明，物化劳动是不能创造价值的，它作为死的东西，怎么能再要求什么"特殊的报酬"呢？

二、资产阶级经济学积累理论批判

在考察扩大再生产的实质之后，马克思这样安排："在进一步探讨积累或剩余价值再转化为资本的某些规定以前，我们必须清除古典经济学提出的一种含糊观点。"④ 虽然在这里他指的是积累全部转化为可变资本，但它用于何方还涉及一个来自何方的问题。实际上，积累中的任何问题都是牵一发而动全身的。

首先，将积累资金归结为节欲。"要积累，就必须把一部分剩余产品转化为资本。"⑤ 但是，在这个问题上，即使资产阶级古典学派也缺乏正确的认识，亚·斯密和追随他的经济学家都认为："资本的积累应归功于资

---

① 《资本论》第 1 卷，人民出版社 1975 年版，第 700 页；2004 年版，第 735 页。
② 《资本论》第 1 卷，人民出版社 1975 年版，第 699 页；2004 年版，第 734 页。
③ 《资本论》第 1 卷，人民出版社 1975 年版，第 667 页；2004 年版，第 702 页。
④ 《资本论》第 1 卷，人民出版社 1975 年版，第 645 页；2004 年版，第 679 页。
⑤ 《资本论》第 1 卷，人民出版社 1975 年版，第 637 页；2004 年版，第 670 页。

本家个人的节俭、节约和节欲。"① 资产阶级古典学派尚且如此，庸俗经济学更是以"节欲"来解释积累。马克思批判道："这真是庸俗经济学的'发现'的不可超越的标本！它用阿谀的词句来替换经济学的范畴。"② 针对西尼耳的说法："社会越进步，就越要求节欲"，③ 马克思揶揄道："按照庸俗经济学家的幼稚说法，不把'它们的价值'变成奢侈品和其他消费资料挥霍掉，这就是资本家在掠夺自己的欲望。"④ 当然，资产阶级古典学派的看法与庸俗经济学的看法是有不同的。前者在一定程度上了解了资本家致富秘密，在此基础上提出减少资本家的个人消费，以增加积累率。从量上看，这是有一定道理的，但却将积累归结为资本家的个人意愿、意志。对此，马克思指出：这不是个人的品行所决定的，而是客观的资本运动过程发展决定的，"在资本家那里，这却表现为社会机构的作用，而资本家不过是这个社会机构中的一个主动轮罢了。此外，资本主义生产的发展，使投入工业企业的资本有不断增长的必要，而竞争使资本主义生产方式的内在规律作为外在的强制规律支配着每一个资本家。竞争迫使资本家不断扩大自己的资本来维持自己的资本，而他扩大资本只能靠累进的积累。"⑤ 至于后者，性质就不同了。庸俗经济学家、资本家都认为资本是"节欲"，西尼耳说："我用节欲一词来代替被看作生产工具的资本一词"⑥，对此，马克思嘲笑说："从此劳动过程的一切条件就如数转化成资本家的节欲行为了。"⑦ 资本家既然能节欲，干嘛不再使劲节欲呢？

其次，将积累与资本家的享受对立起来。资产阶级学者将节欲当成积累，将享受与积累对立起来，与实际不符。如果可以积累的量很少，当然有可能出现这种情况。但是，只要一个资本能正常运转，就意味着它已经至少已经跨越投资的最低门槛，能保证资本家所攫取的剩余价值量足够自

---

① 《马克思恩格斯全集》第 26 卷第 1 册，人民出版社 1963 年版，第 37 页。

② 《资本论》第 1 卷，人民出版社 1975 年版，第 654 页；2004 年版，第 688—689 页。

③ 转引自《资本论》第 1 卷，人民出版社 1975 年版，第 655 页；2004 年版，第 689 页。

④ 《资本论》第 1 卷，人民出版社 1975 年版，第 655 页；2004 年版，第 689 页。

⑤ 《资本论》第 1 卷，人民出版社 1975 年版，第 649—650 页；2004 年版，第 683 页。

⑥ 转引自《资本论》第 1 卷，人民出版社 1975 年版，第 654 页；2004 年版，第 688 页。

⑦ 《资本论》第 1 卷，人民出版社 1975 年版，第 655 页；2004 年版，第 689 页。

己的享受，并且水平至少超过他所雇佣的工人一倍以上，否则，他就不是资本家了。虽然古典经济学高喊"积累啊，积累啊！节俭啊，节俭啊"的口号，似乎表明资本家是在压制自家享受的欲望。但在资本主义较为发达阶段，他们已经攫取的剩余价值已经足够多，完全可以使他们的积累与享受并行不悖。而且，"在一定的发展阶段上，已经习以为常的挥霍，作为炫耀富有从而取得信贷的手段，甚至成了'不幸的'资本家营业上的一种必要。奢侈被列入资本的交际费用。……资本家的挥霍仍然和积累一同增加，一方决不会妨害另一方。"① 随着研究的深入和扩展，马克思还发现，这种将积累和消费对立起来的看法在本质上还包含着一种更大的错误。在第二卷，马克思还指出："积累是靠牺牲消费来进行的这种一般的说法，不过是和资本主义生产的本质相矛盾的一种幻想，因为这种幻想假定，资本主义生产的目的和动机是消费，而不是剩余价值的攫取和资本化，即积累。"②

其三，断定积累只用在工人身上。积累就是部分剩余价值转化为资本，而"能够转化为资本的，只是在劳动过程中可使用的物品，即生产资料，以及工人用以维持自身的物品，即生活资料。……剩余价值所以能转化为资本，只是因为剩余产品（它的价值就是剩余价值）已经包含了新资本的物质组成部分。"③ 但是，斯密根据自己根本错误的分析提出极其荒谬的教条："虽然每一单个资本分成不变组成部分和可变组成部分，但社会资本只分解为可变资本，或者说，只用来支付工资。"而李嘉图和一切以后的经济学家也都鹦鹉学舌，重复斯密的错误："加入资本的那部分收入，是由生产工人消费"，换句话说，"所有转化为资本的剩余价值都要成为可变资本了"④，只是用来支付追加工人的工资。如果是这样，积累就只对工人有好处。不言而喻，无论是资本家，还是其他的资产阶级学者，都一定会利用这个教条来欺骗工人，为资本家歌功颂德。资本家更会据此而大言不惭地对工人说："我们工厂主增大你们借以生存的资本，为你们做了我们所能做的事情；而你们必须去做其余的事情，去使你们的人数同生存资

① 《资本论》第 1 卷，人民出版社 1975 年版，第 651 页；2004 年版，第 685 页。
② 《资本论》第 2 卷，人民出版社 1975 年版，第 568 页；2004 年版，第 566 页。
③ 《资本论》第 1 卷，人民出版社 1975 年版，第 637 页；2004 年版，第 670 页。
④ 《资本论》第 1 卷，人民出版社 1975 年版，第 647 页；2004 年版，第 680 页。

料相适应"①。

斯密提出的这个教条，当然不是指单个资本而是指社会总资本的积累。在这样的场合，的确会产生一些迷雾。对此，马克思指出："要是我们只考察年总生产基金，每年的再生产过程是容易理解的。但年生产的各个组成部分都必须投入商品市场，而困难就在这里开始。各个资本的运动和个人收入的运动交错混合在一起，消失在普遍的换位中，……这就迷惑了人们的视线，给我们的研究提出了极其复杂的问题需要解决。"② 特别是在社会表面上，一切价值形态的东西全都表现为"收入"，更将人们的感官遮蔽掉。不幸的是，"斯密正是在困难开始的地方中止了他的研究。"③ 关于这种错误，以及它必然导致的各种谬误，约·穆勒还将它推而广之："从长远来看，资本本身终归要全部分解为工资，当资本因产品出售而得到补偿时，会再转化为工资"④。对这种错误，马克思在第二、三卷末篇还有全面深刻的批判。我们也在后面再来研读。

其四，将积累看成单纯的资本追加。任何投资都是建立在一定的技术基础上的，积累的资本也一样。但"按照经济学家们自己的见解，引起工资提高的，既不是社会财富的现有量，也不是已经取得的资本量，而仅仅是积累的不断增长和它的增长速度。（亚·斯密《国富论》第1篇第8章）"⑤ 很显然，这种说法并不正确，它至少包含两个方面的错误：一是没有考虑到资本积累与资本结构变化的关系，二是将断定资本积累必定引起工资的提高。

先看第一方面的错误。斯密是工场手工业时期的经济学家，在他那个的时代，资本的技术构成不高，且变化很慢，所以"资本积累最初只是表现为资本的量的增大"⑥。但在资本主义较为发达阶段，劳动生产力水平已经很高，并且与积累的发展联动，积累就表现为资本结构的变化。"特殊的资本主义的生产方式随着资本积累而发展，资本积累又随着特殊的资本

---

① 转引自《资本论》第1卷，人民出版社1975年版，第696页；2004年版，第731页。

② 《资本论》第1卷，人民出版社1975年版，第647—648页；2004年版，第681页。

③ 《资本论》第1卷，人民出版社1975年版，第647页；2004年版，第681页。

④ 转引自《资本论》第1卷，人民出版社1975年版，第647页脚注（31）；2004年版，第681页脚注（31）。

⑤ 《资本论》第1卷，人民出版社1975年版，第682页；2004年版，第717页。

⑥ 《资本论》第1卷，人民出版社1975年版，第689页；2004年版，第725页。

主义的生产方式而发展。这两种经济因素由于这种互相推动的复合关系，引起资本技术构成的变化，从而使资本的可变组成部分同不变组成部分相比越来越小。"① 这种结构及其变化，是资产阶级学者看不出来的，因为他们没有不变资本和可变资本本质区分的概念，只有固定资本和流动资本的形式区别，从而没可能提出资本有机构成的范畴。但是，这种本质结构的变化对资本积累的作用却是巨大的。

再看第二方面的错误。积累导致生产的扩大，如果追加的资本有机构成不变，如果市场上劳动者的供给不变，那的确可以引起工资的提高。但是，如果工人的供给很多，社会上存在着等待就业的工人，工人的工资是不可能增加的。如果在业工人提供更多的劳动，或者用女工、童工来代替成年男工，情况也是一样。如果追加的资本有机构成提高，没有增加甚至有可能减少工人，那么情况就是另一样的了。

其五，断定积累可提升工人的工资。斯密绝不可能认识到，资本构成质的变化对工人的影响是巨大的。在有机构成不断提高的情况下，资本积累的不断增长及其速度不断提高未必引起工资的提高。这是斯密所未能预见的。但是，马克思还论证，积累资本的技术构成降低比价值构成的降低还要快，因而将吸收你越来越少的工人，以至于造成规模庞大的相对过剩人口。有了这种背景，工人工资当然不会与积累率保持一致。"资本主义生产的机构已安排好，不让资本的绝对增长伴有劳动总需求的相应增加。……劳动的需求同资本的增长并不是一回事，劳动的供给同工人阶级的增长也不是一回事，所以，这里不是两种彼此独立的力量互相影响。……资本在两方面同时起作用。它的积累一方面扩大对劳动的需求，另一方面又通过'游离'工人来扩大工人的供给，与此同时，失业工人的压力又迫使就业工人付出更多的劳动，从而在一定程度上使劳动的供给不依赖于工人的供给。劳动供求规律在这个基础上的运动成全了资本的专制。"② 关于这方面的论证，上面已经看到，无需再说。

其六，不理解积累对人口发展的影响。明明是资本积累技术构成提高排挤工人，但资产阶级的辩护士还将有机构成提高这种"束缚"不变资本而游离工人的活动，反过来说成是工人游离资本。马克思阐明："可变资本相对量递减的规律和这个规律对雇佣工人阶级状况的影响，曾经被古典

---

① 《资本论》第 1 卷，人民出版社 1975 年版，第 685 页；2004 年版，第 721 页。
② 《资本论》第 1 卷，人民出版社 1975 年版，第 702 页；2004 年版，第 737 页。

学派某些优秀的经济学家感觉到，但是没有被他们所理解。"① 他们能够感觉到，因为这是社会规模的事实，但他们却不敢将积累与相对过剩人口联系起来。感觉与理解是完全不同的，感觉只是认知的开始，理解才较深入，但是还不够，离揭示其中的内在规定还有很长的一段路。② 至于马尔萨斯，他直接就将感觉当成真理了，他认为"过剩人口对于现代工业来说是必要的"③。即使问题还处于感觉阶段，资产阶级"政治经济学这样把工人的相对过剩人口的不断生产宣布为资本主义积累的必要条件之后，"它就直接代表资本家，大言不惭地"对那些因自己创造了追加资本而被抛向街头的'过剩的人'说了如下的话：'我们工厂主增大你们借以生存的资本，为你们做了我们所能做的事情；而你们必须去做其余的事情，去使你们的人数同生存资料相适应'。"④ 最后这一句话十分令人震惊，充分表现了资本积累嗜血本性及对工人的生存及利益的漠视。

马克思指出，经济学还提出了一个教条："资本的运动依存于人口量的绝对运动。"对此，马克思嘲笑说："经济学的上述虚构，把调节工资的一般变动或调节工人阶级即总劳动力和社会总资本之间的关系的规律，同在各个特殊生产部门之间分配工人人口的规律混为一谈了。"⑤ 这个教条的提出，表明它已经衰落了，只能依靠资产阶级经济学杜撰出这样的海市蜃楼般的虚构，来安慰自己、欺骗世人。

其七，颠倒反映积累与经济周期的联系。马克思发现，"现代工业特有的生活过程，由中等活跃、生产高度繁忙、危机和停滞这几个时期构成的、穿插着较小波动的十年一次的周期形式，就是建立在产业后备军或过剩人口的不断形成、或多或少地被吸收、然后再形成这样的基础之上的。而工业周期的阶段变换又补充新的过剩人口，并且成为过剩人口再生产的

① 《资本论》第 1 卷，人民出版社 1975 年版，第 692 页脚注（79）；2004 年版，第 728 页脚注（79）。

② "最勤劳的工人阶层的饥饿痛苦和富人建立在资本主义积累基础上的粗野的或高雅的奢侈浪费之间的内在联系，只有当人们认识了经济规律时才能揭露出来。"（《资本论》第 1 卷，人民出版社 1975 年版，第 721 页；2004 年版，第 757 页。）

③ 转引自《资本论》第 1 卷，人民出版社 1975 年版，第 695 页；2004 年版，第 730 页。

④ 转引自《资本论》第 1 卷，人民出版社 1975 年版，第 696 页；2004 年版，第 731 页。

⑤ 《资本论》第 1 卷，人民出版社 1975 年版，第 700 页；2004 年版，第 735—736 页。

最有力的因素之一。"① 显然，积累、由积累导致的过剩人口、经济周期三者之间有着内在的联系，在经济中等活跃、生产高度繁忙时期，正是实际积累的高峰期，反之，在危机和停滞时期，积累放慢，过剩人口周期性增加。也就是说，相对过剩人口的产生既是常态性，又有周期性。对这种周期性，资产阶级政治经济学不能正确认识，却"把信用的膨胀和收缩，把工业周期各个时期更替这种单纯的征兆，看作是造成这种更替的原因。"② 这与它"把积累的上述现象说成是：在一种情况下是雇佣工人太少，在另一种情况下是雇佣工人太多"③ 一样，都相当的肤浅，相当的颠倒。

其八，批判资产阶级学者根本否认资本主义积累的一般规律，无视工人惨状的冷血和无耻。在论证了资本主义积累的一般规律之后，马克思指出：经济学的智者们竟然"向工人说教，要工人使自己的人数去适应资本增殖的需要"，这不仅表明"他们是多么愚蠢"，而且表明他们完全忽视"这种适应的开头是创造出相对过剩人口或产业后备军，结尾是现役劳动军中不断增大的各阶层的贫困和需要救济的赤贫的死荷重。"④ 马克思还将"十八世纪的一位大经济学著作家、威尼斯的修道士奥特斯"抓出来示众，这个修道士"把资本主义生产的对抗性理解为社会财富的普遍的自然规律"，认为："在一个国家里，经济上的善和经济上的恶总是保持平衡，一些人财富的充裕总是与另一些人财富的贫乏相抵。一些人享有巨大财富，同时总伴有更多得多的其他人被完全剥夺必需品。一个国家的财富同它的人口相适应，而它的贫困则同它的财富相适应。一些人勤劳迫使另一些人懒惰。穷人和懒惰者，是富人和勤劳者所造成的一个必然结果"等等。他将"善、财富充裕、勤劳"等同于资本家，而将"恶、贫困、懒惰"与劳动者画等号，完全暴露了他们对劳动大众的极端仇视。而高教会牧师唐森还鼓吹用饥饿来对待工人："用法律来强制劳动，会引起过多的麻烦、暴力和叫嚣，而饥饿不仅是和平的、无声的和持续不断的压力，而且是刺激勤勉和劳动的最自然的动力，会唤起最大的干劲。"他不仅露骨地宣称工人的贫困是资本家财富的必要条件，更无耻地将它当成是一个自然规律："这似乎是一个自然规律：穷人在一定程度上是轻率的〈也就是说，他们

① 《资本论》第 1 卷，人民出版社 1975 年版，第 694 页；2004 年版，第 729 页。
② 《资本论》第 1 卷，人民出版社 1975 年版，第 694 页；2004 年版，第 730 页。
③ 《资本论》第 1 卷，人民出版社 1975 年版，第 680 页；2004 年版，第 716 页。
④ 《资本论》第 1 卷，人民出版社 1975 年版，第 707 页；2004 年版，第 742—743 页。

是如此轻率，嘴里没有衔着金羹匙就降生到世界上来〉，所以，总是有一些人去担任社会上最卑微、最肮脏和最下贱的职务。于是，人类的幸福基金大大增加，比较高雅的人们解除了烦劳，可以不受干扰地从事比较高尚的职业等等"，他认为"上帝和自然在世界上所创立的这个制度"是"和谐与优美、均称与秩序。"① 可见，阶级立场决定阶级情感，决定阶级眼界。

其九，批判资产阶级学者对原始积累的曲解。"这种原始积累在政治经济学中所起的作用，同原罪在神学中所起的作用几乎是一样的。……人们在解释这种原始积累的起源的时候，就象在谈过去的奇闻逸事。……经济学中关于原罪的历史则向我们揭示，怎么会有人……虽然早就不再劳动，但他们的财富却不断增加。"② 这样，资产阶级学者很轻易地将劳动者在资本主义制度下的贫困根源归咎于劳动者的懒惰和耗费过头，而用资本家的勤劳和节俭来说明其原始财富的积累。马克思除了批判资产阶级学者的这种颠倒外，还指出它的片面："资产阶级历史学家"只认为是资本关系将工人"从行会中解放出来"，而有意忽略"被解放的人只有在他们被剥夺了一切生产资料和旧封建制度给予他们的一切生存保障之后，才能成为他们自身的出卖者"这一极为残酷而普遍的事实。③ 当然，他也针对这些谬误进行详细的有理有据的分析批判。

马克思还指出：资产阶级"政治经济学在原则上把两种极不相同的私有制混同起来了。"与此不同，马克思则将它们区分开来："其中一种是以生产者自己的劳动为基础，另一种是以剥削别人的劳动为基础。它忘记了，后者不仅与前者直接对立，而且只是在前者的坟墓上成长起来的。"④ 在马克思的时代，后者对前者血淋淋的剥夺仍在进行，殷鉴尚未消失。资产阶级学者敢于掩盖血腥的历史，实乃无耻之尤。无论从现实还是从理论看，无论从一般人，还是从马克思主义经济学家的眼光看，这两种私有制的区别，明明白白的，可见，资产阶级学者将两者混为一谈，绝不是认知能力低下，而是别有用心，意在将水搅浑。

---

① 转引自《资本论》第 1 卷，人民出版社 1975 年版，第 709 页；2004 年版，第 745 页。

② 《资本论》第 1 卷，人民出版社 1975 年版，第 781—782 页；2004 年版，第 820 页。

③ 《资本论》第 1 卷，人民出版社 1975 年版，第 783 页；2004 年版，第 822 页。

④ 《资本论》第 1 卷，人民出版社 1975 年版，第 833 页；2004 年版，第 876 页。

　　资产阶级经济学之所以这样混同，从理论上看，就是要"把资本主义以前世界的法权观念和所有权观念应用到这个已经完成的资本世界。"① 换句话说，就是要证明大私有制与小私有制的"法权观念和所有制观念"是一样的，从而"从理论上把资本主义生产方式和它本身的对立面说成是同一的"②。这样，资产阶级剥夺小生产者，就是依据等价交换的法权观念和所有制观念了。"政治经济学家在本国，即在宗主国，……花言巧语地把这种绝对的从属关系描绘成买者和卖者之间的自由契约关系，描绘成同样独立的商品所有者即资本商品所有者和劳动商品所有者之间的自由契约关系。"③ 由是，在他们的理论中，颠倒就产生了："旧欧洲劳动者的劳动条件是怎样被剥夺，从而资本和雇佣劳动是怎样产生的呢？靠一种原始的社会契约。"这是"人类……采用了一种促进资本积累的简单方法"，"这种积累从亚当时代起就被人类当作自己生存的最终的和唯一的目的"，所以，"人类把自己分为资本所有者和劳动所有者……这种分法是自愿协商和结合的结果"④。其理论意图十分清楚，就是要掩盖宗主国原始积累的秘密，显然，这种辩解在历史事实面前是苍白无力的。对此，马克思用一句话将这种说法归谬："人类的大多数为了'积累资本'而自己剥夺了自己。"⑤ 在这里，他还采用以子之矛，攻子之盾的手法，说明威克菲尔德在客观上已经大声宣布了在新大陆发现的一个"秘密：资本主义的生产方式和积累方式，从而资本主义的私有制，是以那种以自己的劳动为基础的私有制的消灭为前提的，也就是说，是以劳动者的被剥夺为前提的。"⑥ 马克思还指出，从这些殖民主义者的实际行动看，就是要将它移植到殖民地普遍广泛地实施，以私有者彼此和平竞争为名义，采取输出国资产阶级的老办法，实施大私有者对小生产者的剥夺，制造相对过剩人口。高喊"和平竞争"的口号，来对小生产者进行血腥的剥夺、制造大量的相对过剩人口，只有资本家才这样厚颜无耻和毒辣。

　　其十，批判对资本本质的掩盖。马克思在批判以威克菲尔德为代表的资产阶级现代殖民理论的过程中，重申"生产资料和生活资料，作为直接

---

　　① 《资本论》第 1 卷，人民出版社 1975 年版，第 833 页；2004 年版，第 876 页。
　　② 《资本论》第 1 卷，人民出版社 1975 年版，第 834 页；2004 年版，第 877 页。
　　③ 《资本论》第 1 卷，人民出版社 1975 年版，第 838 页；2004 年版，第 881 页。
　　④ 转引自《资本论》第 1 卷，人民出版社 1975 年版，第 836 页；2004 年版，第 879 页。
　　⑤ 《资本论》第 1 卷，人民出版社 1975 年版，第 836 页；2004 年版，第 879 页。
　　⑥ 《资本论》第 1 卷，人民出版社 1975 年版，第 843 页；2004 年版，第 887 页。

生产者的财产，不是资本。它们只有在同时还充当剥削和统治工人的手段的条件下，才成为资本。"但是，"在政治经济学家的头脑中，它们的这个资本主义灵魂和它们的物质实体非常紧密地结合在一起，以致在任何情况下，甚至当它们正好是资本的对立面的时候，他也把它们称为资本。"① 很显然，这既是将物与物背后的生产关系混为一体、混为一谈了，也是用物质实体的形式将其中包含的资本本质掩盖了。"资本主义生产的实际当事人及其胡说八道的思想家不能把生产资料和它们今天所具有的对抗性的社会化装分开来考虑。"② ——所谓对抗性的"社会化妆"，指的是生产资料的所有制形式——在这里，马克思还特地引用自己在《雇佣劳动与资本》一书中的一句话来说明，必须把黑人与将他变为奴隶的奴隶制、把纺纱机与使之变成不变资本的资本关系分开来，认识到："黑人就是黑人。只有在一定的关系下，他才成为奴隶。纺纱机是纺棉花的机器。只有在一定的关系下，它才成为资本。脱离了这种关系，它也就不是资本了，……资本是一种社会生产关系。它是一种历史的生产关系。"③

威克菲尔德还"把生产资料为许多互不依赖而独立经营的劳动者个人所有这种分散的现象，称为资本的均分。""如果把资本以相等的份额分给社会的所有成员，那就没有人想要积累多于他能亲手使用的资本了。"④ 这就更荒唐、更不值一驳了。

其十一，批判代表土地所有者利益的马尔萨斯。马尔萨斯是土地所有者的代表，为了自己阶级的利益，"马尔萨斯在本世纪二十年代初期曾维护这样一种分工：让实际从事生产的资本家承担积累的任务，而让另一些参加剩余价值分配的人，如土地贵族、领受国家和教会俸禄的人等等承担挥霍的任务。" 真是厚颜无耻！连资产阶级学者都跳出来反驳：马尔萨斯鼓吹对工业资本家征收高额地租，"这个过程与其说会促进生产，不如说会阻碍生产。而且让一部分人过着游手好闲的生活，只是为了去鞭策另一些人，这也不是十分公正的。"⑤ 马克思一针见血地指出，这是来自资产者

---

① 《资本论》第 1 卷，人民出版社 1975 年版，第 835 页；2004 年版，第 878 页。

② 《资本论》第 1 卷，人民出版社 1975 年版，第 668 页；2004 年版，第 702 页。

③ 《资本论》第 1 卷，人民出版社 1975 年版，第 834 页脚注（256）；2004 年版，第 878 页脚注（256）。

④ 转引自《资本论》第 1 卷，人民出版社 1975 年版，第 835 页；2004 年版，第 878，879 页。

⑤ 转引自《资本论》第 1 卷，人民出版社 1975 年版，第 653 页；2004 年版，第 687 页。

的批判，是狗咬狗，其实质是"关于从工人那里掠夺来的赃物应该怎样在工业资本家和游手好闲的土地所有者等人之间进行分配才最有利于积累……的争论"①。

第四节　资本积累过程研究的批判性创建

社会总资本的积累过程是在再生产基础上进行的，所以马克思先研究再生产过程，再研究积累。与此前的研究相比，这里的研究对象及其运动领域已经发生了变化，所以，这里的批判性的创建内容非常丰富，既有相对于资产阶级经济学的研究，即它从未研究过或从未正确研究过的；也有相对于此前的研究，即研究对象范围及条件变化所致的创新。

这里的批判性的创建当然是有条件的，这些条件前面已经交代过了，不宜重述。

一、再生产过程研究的批判性创建

在资本主义社会中，社会总资本的再生产作为一种运动，是史无前例的，没有可资比较的过程，但是，它作为特殊过程，马克思也发现，它是一般生产力、商品生产发展的载体，所以也包含有社会化大生产、商品生产发展过程中的一些共性的东西。在这里，马克思在说到社会化大生产发展的同时，还说到"商品生产的地基只有在资本主义的形式上才能担负起大规模的生产。"② 这就肯定了它们是与资本运动一起发展的。在研究和批判的过程中，他当然也有相关的批判性创建。但为了避免分析的重复，我们这里就将它们在特殊过程的研究和批判中的创见、创建粘合起来一起说明。只要存有这种意识，人们是很容易认出这里的批判性的创建中，哪些是属于一般过程研究的、哪些是属于特殊过程研究。

在研究生产过程的场合，马克思创造性地从实物及价值两方面研究再生产的起点和终点的来龙去脉。不仅着眼点不同，而且结论也更为深刻。

从社会总资本简单再生产来看，从价值看，投入是 c+v，产出是 c+v+m，从实物看，与单个资本不同，是生产资料和生活资料，而且生产资料居多。"一定量的年产品是属于生产的。这部分本来供生产消费之用的产

①　《资本论》第 1 卷，人民出版社 1975 年版，第 654 页；2004 年版，第 688 页。
②　《资本论》第 1 卷，人民出版社 1975 年版，第 684 页；2004 年版，第 720 页。

品，就采取的实物形式来说，大多数不适于个人消费。"① 直接地看，这似乎是不言而喻的，哪来的批判性。但是，对当时的资产阶级经济学来说，这是异乎寻常的大创建。只要联系魁奈的《经济表》和斯密教条就可知道。尽管魁奈的《经济表》中已有区分物质和货币，但他没有价值理论的支持，也没有不变资本和可变资本的区分，且只重视使用价值形态的纯产品，并且还留有缺陷。而"斯密教条"甚至还倒退了。

在这里，由于考察的是连续性的过程，所以能消除孤立过程所不能体现或掩盖的特征，从而揭示了三大秘密：任何资本都是从剩余价值产生的，工人用下半年的劳动是他已经实现了的上半年的劳动来支付的，工人不是独立的等，同时也阐明了再生产过程如何产生掩盖这些秘密的外表和机制。

在这里，他阐明了再生产过程将客观的劳动条件以及劳动产品和主观的劳动以及劳动力最初的分离，作为生产的结果而不断地生产出来，使之永久化。从而使劳动产品一生产出来，——包括其中转变为劳动条件的部分——就全部被资本家占有而与劳动本身相异化。并且"因为生产过程同时就是资本家消费劳动力的过程，所以工人的产品不仅不断地转化为商品，而且也转化为资本，转化为吸收创造价值的力的价值，转化为购买人身的生活资料，转化为使用生产者的生产资料。"②

在此基础上，马克思联系再生产过程来考察工人的个人消费，透过其个人属性的表象，揭示其实质是"在绝对必需的限度内，……把资本用来交换劳动力的生活资料再转化为可供资本重新剥削的劳动力。……工人的个人消费，不论在工场、工厂等以内或以外，在劳动过程以内或以外进行，都是资本生产和再生产的一个要素"③，提出并论证了再生产将工人的个人消费转化为资本家的生产消费，是资本再生产过程必不可少的要素，从而说明工人的个人消费已经转化为资本的属性。

在这里，他还阐明，工人被一条看不见的线系在资本家的手里。一方面，他们挣一文吃一文，不断消费是以他们劳动力的不断出卖为条件的，这样，资本家就通过工人"生活资料的耗费来保证他们不断重新出现在劳动市场上。"④ 另一方面，是工人的消费是生产了技术熟练、越用越好用的

① 《资本论》第 1 卷，人民出版社 1975 年版，第 621 页；2004 年版，第 653 页。
② 《资本论》第 1 卷，人民出版社 1975 年版，第 626 页；2004 年版，第 658 页。
③ 《资本论》第 1 卷，人民出版社 1975 年版，第 628 页；2004 年版，第 660 页。
④ 《资本论》第 1 卷，人民出版社 1975 年版，第 629 页；2004 年版，第 662 页。

高级劳动力、活的机器。资本家再生产过程"把工人不断地当作自己劳动力的卖者投回商品市场，同时又把工人自己的产品不断地变成资本家的购买手段。"① 通过经济手段将工人玩弄于股掌之间，实际上是掌握了"对自由工人的所有权。"②

从全面深入分析工人不断的个人消费揭示出这种隐蔽很深的实质、本质，非有超人的洞察力和批判力、提炼力不可。

在这里，他所考察的资本运动还是人格化的，包括单个资本家和整个资产阶级，而且主要是整个资产阶级。在此前，马克思主要研究资本利用什么样的转化过程、怎样生产出剩余价值，暂时撇开资本的来源问题，在这里，则通过分析资本家个人怎样不断地消费却能不断地保持原有的资本量。由于结合主体的连续性行为，揭示的规定当然与对单个过程的规定复杂而具体。马克思说："只有从生产过程的不断更新来考察资本主义生产过程，可变资本才会失去从资本家私人基金中预付的价值的性质。"③ 可见，资本家是用"私人基金中预付的"劳动基金来掩盖可变资本的"性质"，并且用"产品的商品形式和商品的货币形式掩饰了这种交易。"④ 这充分体现了资本家的阴险和狡猾。

由于考察了整个资产阶级，情况就又有所不同。在单个资本家购买单个工人劳动力的场合，表现出的是等价交换，且工人经常变换雇主，所以其消费也似乎是自己的事情。但从两大对立阶级的关系看，交换就不是那么简单了。工人的劳动力不卖给这个雇主，就得卖给其他雇主，逃脱不了资本关系的魔爪。

综上所述，马克思通过研究社会总资本与工人阶级的关系，在这里阐明几个重要的转化：工人生产的产品转化为资本家占有的产品，其中一部分再继续转化为生产资料，不断地吮吸工人的劳动；剩余价值转化为资本家的消费基金，可变资本转化为一般性的劳动基金；工人的个人消费转化为资本的生产消费；工人的表面独立性转化为实质的依附性，工人卖身行为不断的更新转化为资本家阶级对工人的永久所有权，或者说工人的劳动力自由买卖权转化为资本的所有权。还有，从考察客观的资本运动转化为考察资本家的行为；从考察单个资本家与工人的关系转化为考察资产阶级

① 《资本论》第 1 卷，人民出版社 1975 年版，第 633 页；2004 年版，第 666 页。
② 《资本论》第 1 卷，人民出版社 1975 年版，第 630 页；2004 年版，第 662 页。
③ 《资本论》第 1 卷，人民出版社 1975 年版，第 624 页；2004 年版，第 656 页。
④ 《资本论》第 1 卷，人民出版社 1975 年版，第 623 页；2004 年版，第 655 页。

与工人阶级的关系。

在研究扩大再生产的过程中，马克思的批判性创建有一般性的，也有特殊性的。

扩大再生产有内含型的，也有外延型的。其中，有的依靠积累，有的在积累率一定的时候依靠别的因素而扩大。马克思在一般地考察积累型的扩大再生产时，提出了一系列的创建：

针对资产阶级学者用节欲来解释扩大再生产源泉的错误，马克思确定剩余价值的资本化是规模和效能扩大再生产的重要来源。阐明它与原有资本异同：不同的是，它全部是工人最新创造的剩余价值，而原有资本则是工人早先创造的剩余价值；相同的是，它与原有资本一样、一起，同时生产出更多的剩余价值。这样，"工人阶级总是用他们这一年的剩余劳动创造了下一年雇用追加劳动的资本。这就是所谓'资本生资本'。"① 对资本家来说，这种"对过去无酬劳动的所有权，成为现今以日益扩大的规模占有活的无酬劳动的唯一条件。……已经积累的越多，就越能更多地积累。"②

针对资产阶级古典学派认为积累全部由生产工人消费的错误，阐明资本化的剩余价值不仅用于追加工人，还有更大部分用于追加生产资料。并指出为了再生产的顺利进行，"一部分年剩余劳动必须用来制造追加的生产资料和生活资料，它们要超过补偿预付资本所需的数量。总之，剩余价值所以能转化为资本，只是因为剩余产品（它的价值就是剩余价值）已经包含了新资本的物质组成部分。"③ 这样的结构分析，比一般的数量分析无疑更令人信服和惊奇。

通过比较单个资本和社会总资本的扩大再生产，揭示其中包含的占有权关系已经变化。在前一场合，"由于买卖只是在个别人之间进行，所以不可能在这里找到整个社会阶级之间的关系"，而在后一种场合，应用的是一个"与商品生产完全不同的标准"，④ 在这里，"商品生产的所有权规

---

① 《资本论》第 1 卷，人民出版社 1975 年版，第 639 页；2004 年版，第 672 页。
② 《资本论》第 1 卷，人民出版社 1975 年版，第 639 页；2004 年版，第 673 页。
③ 《资本论》第 1 卷，人民出版社 1975 年版，第 637 页；2004 年版，第 670 页。
④ 《资本论》第 1 卷，人民出版社 1975 年版，第 643 页；2004 年版，第 677 页。

律"已经"转变为资本主义的占有规律。"必须注意的是，这里的占有，①
并非所有权包含的一种权能，而是所有权的扩张，包括指挥权、控制权和
收益占有权。

马克思还说：资本积累"会表现为资本家的职能。"② 这就将资本积累
与资本家的职能紧密联系起来。的确，积累过程不会自动发生，一定要人
格化，积累率的确定、时机的选择、措施的配套等等，都须要经济主体的
职能。"在其他一切条件不变的情况下，这种分割的比例决定着积累量。
但这种分割是由剩余价值的所有者资本家来进行的。因此，这是他的意志
行为。"③ 积累是他作为资本人格化的意志行为，因为积累，他成了资本主
义"社会机构中的一个主动轮"④。

他还论证，在积累率一定的情况下，资本家也有可能扩大生产。他通
过降低工资、提高劳动强度来提高对劳动力的剥削程度；通过增加劳动更
充分地利用自然力，资本家"一旦合并了形成财富的两个原始要素——劳
动力和土地，"便使资本"获得了一种扩张的能力，这种能力使资本能把
它的积累的要素扩展到超出似乎是由它本身的大小所确定的范围，即超出
由体现资本存在的、已经生产的生产资料的价值和数量所确定的范围。"⑤
由此，马克思阐明，扩大再生产不仅是规模的扩大，还有资本构成的优化
所致的生产资料效能提高而产生价值的增长。

马克思的这些创建、创见主要反映扩大再生产中积累资本的来源、主
客体条件、再生产的实质等规定，在此基础上，他还论证了积累型扩大再
生产的许多重要因素、规定。

其中首要的创建是有机构成范畴的提出。他还把它分为单个资本的、
部门的、社会的三种构成，并说主要围绕社会资本的构成来研究。这也表
明他在这里研究的主要是社会总资本的积累。

---

① 《资本论》第1卷，人民出版社1975年版，第644页；2004年版，第678页。
马克思曾经这样论述过占有与所有权的关系："如果说存在着还只是占有，而没有所有
权的家庭和部落整体，这倒是对的。所以，同所有权相比，这种比较简单的范畴，表
现为比较简单的家庭团体或部落团体的关系。……可以设想一个孤独的野人占有东西。
但是在这种情况下，占有并不是法的关系。"(《马克思恩格斯全集》第46卷上册，人
民出版社1979年版，第39页。)

② 《资本论》第1卷，人民出版社1975年版，第656页；2004年版，第690页。
③ 《资本论》第1卷，人民出版社1975年版，第649页；2004年版，第683页。
④ 《资本论》第1卷，人民出版社1975年版，第649页；2004年版，第683页。
⑤ 《资本论》第1卷，人民出版社1975年版，第663页；2004年版，第697页。

有机构成范畴的提出，是建立在不变资本和可变资本这种本质区别的基础上的，是考察各种生产要素基本的技术、价值关系的必然发展。很显然，资产阶级学者从未有过这种资本的本质区别的概念，只有固定资本和流动资本形成区分的概念，所以根本不可能提出。在给恩格斯的信中，他自豪地说："由于考虑到资本的有机构成，许多一向似乎存在的矛盾都消失了。"① 从马克思的整个理论体系来看，有机构成的提出对论证资本运动内在结构及其变化、资本积累的一般规律和历史趋势、资本流通、利润率平均化及其下降趋势等都发挥着极其重要的作用，也是批判资产阶级经济学的极其重磅的理论武器，是理论发展的重要枢纽。

在这里，他根据资本有机构成的变化来论述资本积累与生产力发展的复合关系，并由此阐明扩大再生产的周期演变规律："积累表现为生产在一定技术基础上的单纯扩大的那种间歇时间缩短了。"② 所谓的单纯扩大，指的是在原有的技术基础上的外延扩大，而间歇时间则是这种扩大持续的时间。这种间歇时间缩短，表明原有的技术基础不再是适用的，已经必须升级或者淘汰，而必须启用新的技术。这样看来，积累是有技术周期的，并且这个周期的时间跨度缩短了。而新的积累是内含扩大的。在这样的阶段，积累的发生不仅与一定量积累资本相联系，从而与一定的生产要素相联系，而且与一定的技术条件相联系。为了竞争和追逐剩余价值，在其他条件不变的情况下，资本家总是尽可能使用比较先进的生产技术，尽可能压缩使用这种先进技术的时间，以便使用更新的先进技术来扩大再生产。"现代工业这种独特的生活过程，我们在人类过去的任何时代都是看不到的，即使在资本主义生产的幼年时期也不可能出现。"③ 进一步看，一种技术基础被更新的技术基础替代，资本积累的品质、速度和能力也就更上一层楼了。换句话说积累的速度更快了、更有效了、结构更佳了。由此，马克思展示了积累与技术基础发展的相互联系阶段性发展的时间结构，这也是扩大再生产发展的时间结构。

马克思还阐明，社会总资本的结构非常复杂，各个部门、各个部分内部的各个企业的发展是不平衡的，"就社会总资本来考察，时而它的积累运动引起周期的变化，时而这个运动的各个因素同时分布在各个不同的生产部门。在某些部门，……在有些部门，……在另一些部门，……在一切

---

① 《马克思恩格斯〈资本论〉书信集》，人民出版社 1976 年版，第 166 页。

② 《资本论》第 1 卷，人民出版社 1975 年版，第 690 页；2004 年版，第 726 页。

③ 《资本论》第 1 卷，人民出版社 1975 年版，第 694 页；2004 年版，第 729 页。

部门中，资本可变部分的增长，从而就业工人人数的增长，总是同过剩人口的激烈波动，同过剩人口的暂时产生结合在一起"①。可见，就整个社会来看，扩大再生产的发展是非常不平衡的，经济结构的变化也是不平衡的。

二、资本主义积累一般规律研究的批判性创建

再生产过程本身的研究包含着科学批判，再生产过程对工人阶级影响的研究必然也包含着科学批判。

资本积累对扩大再生产的影响不仅表现在资本技术构成的提高上、再生产规模及效能的提高上，还表现在对工人阶级的深刻影响上。随着再生产规模的扩大或积累量的增加、结构的升级，也会再生产出规模扩大和结构异形化的资本关系：最初是更多的中小资本家，更多的雇佣工人，后来由于竞争，大多数中小资本家被兼并，逐渐变成少数大资本家，在工人方面，是劳动力供给人数绝对地增长、就业人数相对地下降。

在这里，他提出积累表面看是资本家个人资本数量的增加，但从其扩大对工人的不断剥削看，其本质"是对社会财富世界的征服。它在扩大被剥削的人身材料的数量的同时，也扩大了资本家直接和间接的统治。"②

在这里，马克思在指出资本主义生产方式的绝对规律是生产剩余价值或赚钱的时候，还阐明了工资的本性："劳动力只有在它会把生产资料当作资本来保存，把自身的价值当作资本再生产出来，并且以无酬劳动提供追加资本的源泉的情况下，才能够卖出去。……工资按其本性来说，要求工人不断地提供一定数量的无酬劳动。"③ 表面看，劳动力与资本的交换是等价的，但是，马克思指出，"这一规律甚至从来就要求商品的使用价值各不相同，并且同它们的消费毫无关系，因为消费只是在买卖结束和完成以后才开始的。"④ 而资本在使用它的时候却能够轻而易举地让它不断地提供剩余劳动。所以，这种本性是由资本决定的。

在这里，他从积累和再生产的视阈来看消费，提出了新的个人消费观：个人消费的二重性。就工人的生活消费来说，其形式是个人的，再生

---

① 《资本论》第 1 卷，人民出版社 1975 年版，第 691 页；2004 年版，第 726 页。
② 《资本论》第 1 卷，人民出版社 1975 年版，第 650 页；2004 年版，第 684 页。
③ 《资本论》第 1 卷，人民出版社 1975 年版，第 679 页；2004 年版，第 714 页。
④ 《资本论》第 1 卷，人民出版社 1975 年版，第 641 页；2004 年版，第 675 页。

产贫困的个人,其本质则是资本家的生产消费。就资本家而言,其个人消费是表面看是对其积累的扣除,但其实质是资本家自身的再生产,同时也是资本的再生产。"在一定的发展阶段上,已经习以为常的挥霍,作为炫耀富有从而取得信贷的手段,甚至成了'不幸的'资本家营业上的一种必要。奢侈被列入资本的交际费用。"① 这样,他就拓展了生产关系的内容,消费不仅是生产关系的重要方面,而且会以其外表的自由、个人性质,来掩盖生产关系的本质规定。

在这里,他公正地评价和论证了资本家的历史价值:"资本家只有作为人格化的资本,他才有历史的价值,才有……历史存在权。也只有这样,他本身的暂时必然性才包含在资本主义生产方式的暂时必然性中。""他狂热地追求价值的增殖,肆无忌惮地迫使人类去为生产而生产,从而去发展社会生产力,去创造生产的物质条件",在客观上"能为一个更高级的、以每个人的全面而自由的发展为基本原则的社会形式创造现实基础。"他追求绝对的致富欲的行为,在客观上"表现为社会机构的作用",表现为"这个社会机构中的一个主动轮"②。这种评价,比起资产阶级的自我吹嘘,更加客观,更有历史性。不仅提出了评价资产阶级的历史价值的标准,还表明它的存在权是历史的。

在这里,他提出资本在一定的条件下具有伸缩性和潜能。"资本一旦合并了形成财富的两个原始要素——劳动力和土地,它便获得了一种扩张的能力,这种能力使资本能把它的积累的要素扩展到超出似乎是由它本身的大小所确定的范围,即超出由体现资本存在的、已经生产的生产资料的价值和数量所确定的范围。"③ 而且,这种扩张力是一切资本、包括原有的和新增的部分都具有的。

在这里,他发现,所消费资本和所使用资本的区别,所使用资本"越是整个地被使用而只是部分地被消费,那末,它们就越是象我们在上面说过的自然力如水、蒸汽、空气、电力等等那样,提供无偿的服务。被活劳动抓住并赋予生命的过去劳动的这种无偿服务,会随着积累规模的扩大而积累起来。"④ 这为后来研究固定资本奠定了科学的基础。

在这里,他还提出规模优势论。"生产的规模越是随着预付资本量一

---

① 《资本论》第 1 卷,人民出版社 1975 年版,第 651 页;2004 年版,第 685 页。
② 《资本论》第 1 卷,人民出版社 1975 年版,第 649 页;2004 年版,第 683 页。
③ 《资本论》第 1 卷,人民出版社 1975 年版,第 663 页;2004 年版,第 697 页。
④ 《资本论》第 1 卷,人民出版社 1975 年版,第 667 页;2004 年版,第 702 页。

同扩大，生产的全部发条也就越是开动得有力。"① 从理论的发展来看，这与论证利润率平均化条件下资本越多利润越多有内在的联系。

在这里，他特别突出科学技术对生产力发展的作用："劳动生产力是随着科学和技术的不断进步而不断发展的，……科学和技术使执行职能的资本具有一种不以它的一定量为转移的扩张能力。同时，这种扩张能力对原资本中已进入更新阶段的那一部分也发生反作用。资本以新的形式无代价地合并了在它的旧形式背后所实现的社会进步。"② 他认为，评判劳动生产力水平的高低的标准不是生产的结果，而是根据人与生产资料的关系。"社会劳动生产率的水平就表现为一个工人在一定时间内，以同样的劳动力强度使之转化为产品的生产资料的相对量。"③ "劳动生产率的增长，表现为劳动的量比它所推动的生产资料的量相对减少，或者说，表现为劳动过程的主观因素的量比它的客观因素的量相对减少。"④

在这里，他研究了资本积累与资本集中的区别与联系，阐明了集中消灭单个资本的个体独立性，是"一个资本家打到许多资本家。……少数资本家对多数资本家的剥夺"，它打破社会财富绝对界限的限制，是"资本主义生产本身的内在规律"⑤。阐明资本集中迅速、大幅度地促进社会总资本的扩大再生产，而且"速度更快，从而成为社会积累的新的强有力的杠杆。因此，当人们谈到社会积累的增进时，今天已经把集中的作用包括在内。"⑥ 只要了解扩大再生产会增加剩余价值，从而增强积累的绝对量和相对量，就很容易理解集中向积累的转化。必须注意的是，马克思在论述资本集中的两个杠杆——竞争和信用时，还阐明了它们分别代表两种集中的机制和方式：通过竞争，较大的资本战胜较小的资本，"竞争的结果总是许多较小的资本家垮台，他们的资本一部分转入胜利者手中，一部分归于消灭。"⑦ 这是资本所有权的集中。与此不同，信用"通过一根根无形的线把那些分散在社会表面上的大大小小的货币资金吸引到单个的或联合的资

① 《资本论》第 1 卷，人民出版社 1975 年版，第 668 页；2004 年版，第 703 页。
② 《资本论》第 1 卷，人民出版社 1975 年版，第 664 页；2004 年版，第 698—699 页。
③ 《资本论》第 1 卷，人民出版社 1975 年版，第 682 页；2004 年版，第 718 页。
④ 《资本论》第 1 卷，人民出版社 1975 年版，第 683 页；2004 年版，第 718 页。
⑤ 《资本论》第 1 卷，人民出版社 1975 年版，第 831 页；2004 年版，第 873—874 页。
⑥ 《资本论》第 1 卷，人民出版社 1975 年版，第 689 页；2004 年版，第 724 页。
⑦ 《资本论》第 1 卷，人民出版社 1975 年版，第 687 页；2004 年版，第 722 页。

本家手中"①，涉及的只是经营权，所以这是经营权的联合或集中。它所形成的股份公司的规模虽然取决于参股资本家"拥有的货币资本的界限"，但"这个限制被信用制度和与此相联的联合经营（例如股份公司）打破了。"②

在这里，在论证有机构成理论的时候，他还提出技术构成的提高比价值构成的提高快得多的原理。"不变资本和可变资本之间的差额的增大，同不变资本转化成的生产资料的量和可变资本转化成的劳动力的量之间的差额的增大相比，要慢得多。随着后一个差额的增长，前一个差额也增长，但是增长的程度较小。"③

在此基础上，论证相对过剩人口形成的必然性，提出资本主义特有的人口规律。阐明相对过剩人口的大规模存在"积累或资本主义基础上的财富发展的必然产物，"并且"这种过剩人口反过来又成为资本主义积累的杠杆，甚至成为资本主义生产方式存在的一个条件。"④ 它形成的产业后备军成了资本运动的庞大蓄水库，可不断地为资本的膨胀创造出随时可吸收的劳动力，为其周期的或临时的收缩提供安置场所，以备不时之需。

同时，马克思还阐明："资本主义生产和积累的机构在不断地使这个人数适应资本增殖的需要。这种适应的开头是创造出相对过剩人口或产业后备军，结尾是现役劳动军中不断增大的各阶层的贫困和需要救济的赤贫的死荷重。"⑤ 这种机构（机制）不是单个资本家所能掌握的，是整个社会总资本、整个资产阶级在不知不觉中的共同作用。对这种机构（机制），马克思虽然没有详细地解释，但恩格斯却有阐明：尽管各个资本家的单个意志行为各不相同，但它们的个别行为在共同的赚钱运动中会互相抵消，形成合力，最终"总是会产生一个总的结果，……这个结果又可以看作一个作为整体的、不自觉和不自主地起着作用的力量的产物。……实质上也是服从于同一运动规律的。"也就是说，"各个人的意志……融为一个总的平均数，一个总的合力"。当然，"从这一事实中决不应作出结论说，这些

---

① 《资本论》第 1 卷，人民出版社 1975 年版，第 687 页；2004 年版，第 722 页。
② 《资本论》第 2 卷，人民出版社 1975 年版，第 396 页；2004 年版，第 396 页。
③ 《资本论》第 1 卷，人民出版社 1975 年版，第 684 页；2004 年版，第 719 页。
④ 《资本论》第 1 卷，人民出版社 1975 年版，第 692 页；2004 年版，第 728 页。
⑤ 《资本论》第 1 卷，人民出版社 1975 年版，第 707 页；2004 年版，第 742—743 页。新版将前版"机构"改译为"机制"。

意志等于零。相反地，每个意志都对合力有所贡献，因而包含在这个合力里面"。①

在此基础上，他论证了产业后备军的存在是调节劳动供求规律借以运动的背景，论证了工人劳动力的供给不同于劳动的供给，"劳动的需求同资本的增长并不是一回事，劳动的供给同工人阶级的增长也不是一回事，……劳动供求规律在这个基础上的运动成全了资本的专制。"② 它通过竞争迫使就业工人从事过度劳动，而他们的过度劳动又反过来扩大资本对工人的排挤和游离。"这成了各个资本家致富的手段，同时又按照与社会积累的增进相适应的规模加速了产业后备军的生产。"③

在此基础上，论证了工人阶级分为现役劳动军和产业后备军的结构变动是调节工资变动一般规律的强有力杠杆。

在这里，马克思提出并论证了资本主义积累的绝对的、一般的规律："社会的财富即执行职能的资本越大，它的增长的规模和能力越大，从而无产阶级的绝对数量和他们的劳动生产力越大，产业后备军也就越大。可供支配的劳动力同资本的膨胀力一样，是由同一些原因发展起来的。因此，产业后备军的相对量和财富的力量一同增长。但是同现役劳动军相比，这种后备军越大，常备的过剩人口也就越多，他们的贫困同他们所受的劳动折磨成正比。最后，工人阶级中贫苦阶层和产业后备军越大，官方认为需要救济的贫民也就越多。"但同时阐明，"像其他一切规律一样，这个规律在实现中也会由于各种各样的情况而有所变化"④。这是非常重要的方法论原则，就像价值规律一样，它不是在所有商品交换的各个时点、场合，而是在比较长的时间内起作用和表现的。⑤ 而且，规律是在比较抽象的条件下被揭示的，而规律又是在这些条件下表现的，一旦结合这些条件，或者条件发生变化，规律内容的表现就会随之变化。这种情况，就是恩格斯所说的"力的平行四边形"："历史事变……可以看作一个作为整体

---

① 《马克思恩格斯〈资本论〉书信集》人民出版社 1976 年版，第 501 页。

② 《资本论》第 1 卷，人民出版社 1975 年版，第 702 页；2004 年版，第 737 页。

③ 《资本论》第 1 卷，人民出版社 1975 年版，第 698 页；2004 年版，第 733—734 页。

④ 《资本论》第 1 卷，人民出版社 1975 年版，第 707 页；2004 年版，第 742 页。

⑤ "由劳动时间决定的商品价值，只是商品的平均价值。只要平均数是作为一个时期的平均数计算出来的，例如，按二十五年的咖啡价格平均计算，一磅咖啡值一先令，那么平均数就表现为外在的抽象"。（《马克思恩格斯全集》第 46 卷上册，人民出版社 1979 年版，第 80 页。）

的、不自觉地和不自主地起作用的力量的产物。"①

在此基础上，又论证了资本积累势必导致贫富两极分化的规律。这是资产阶级学者、资本家无论如何不愿意承认的，但又是掩盖不了的。

在这里，他科学地论证了资本运动周期与过剩人口的关系。"现代工业特有的生活过程，由中等活跃、生产高度繁忙、危机和停滞这几个时期构成的……周期形式，就是建立在产业后备军或过剩人口的不断形成、或多或少地被吸收、然后再形成这样的基础之上的。而工业周期的阶段变换又……成为过剩人口再生产的最有力的因素之一。"② 也就是说，两者的相互关系，既使得人口过剩也带有周期性，还使得周期变动的波幅加大。

在论证了资本积累一般规律之后，马克思顺理成章地研究和揭示了资本主义原始积累的秘密。他阐明，资本家赖以自慰的剥削理由，即所谓的"原始积累"，其实是老资本家们通过非常无耻、卑鄙、残忍的、无所不用其极的手段对小生产者生产资料所有权的无耻剥夺，"这种剥夺的历史是用血和火的文字载入人类编年史的。"③

在这里，他还特别区分了以劳动为基础的小私有制和以剥削劳动为基础的大私有制，并且阐明两种私有制的运动规律和典型形式及历史趋势。他阐明：小私有制"只有在劳动者是自己使用的劳动条件的自由私有者，农民是自己耕种的土地的自由私有者，手工业者是自己运用自如的工具的自由私有者的地方，它才得到充分发展，才显示出它的全部力量，才获得适当的典型的形式。"但是，它"只同生产和社会的狭隘的自然产生的界限相容。……它发展到一定的程度，就造成了消灭它自身的物质手段"④，并且最终被消灭。而大私有制也终将被消灭。随着"劳动的进一步社会化，……劳动资料日益转化为只能共同使用的劳动资料，……各国人民日益被卷入世界市场网，从而资本主义制度日益具有国际的性质。"同时，"随着那些掠夺和垄断这一转化过程的全部利益的资本巨头不断减少，……资本的垄断成了与这种垄断一起并在这种垄断之下繁盛起来的生产方式的桎梏。生产资料的集中和劳动的社会化，达到了同它们的资本主义外壳不能相容的地步。……资本主义私有制的丧钟就要响了。剥夺者就

---

① 《马克思恩格斯〈资本论〉书信集》人民出版社 1976 年版，第 501 页。
② 《资本论》第 1 卷，人民出版社 1975 年版，第 694 页；2004 年版，第 730 页。
③ 《资本论》第 1 卷，人民出版社 1975 年版，第 783 页；2004 年版，第 822 页。
④ 《资本论》第 1 卷，人民出版社 1975 年版，第 830 页；2004 年版，第 872 页。

要被剥夺了。"①

在这里，他还科学地预见，代替这个大私有制的，是"重建个人所有制"②。也许是考虑到有些后人可能会断章取义地对此作出误解、曲解，③他还特地阐明：这"是在资本主义时代的成就的基础上……在协作和对土地及靠劳动本身生产的生产资料的共同占有的基础上，重新建立"的，它以生产力高度发展、生产资料共同占有为基础，所以，绝对不是"重建"资本主义以前的那种只与极端低下的生产力相适应的个体的、私人的所有制。且看马克思在这里的说明："从资本主义生产方式产生的资本主义占有方式，从而资本主义的私有制，是对个人的、以自己劳动为基础的私有制的第一个否定。但资本主义生产由于自然过程的必然性，造成了对自身的否定。这是否定的否定。"④ 其中"个人的、以自己劳动为基础的私有制"包含两个语义：自己劳动、私有制，既然不是就生产资料私有制而言的，那么它就只能是"劳动与劳动所有权结合"，即劳动属于劳动者个人，是劳动的个人所有制。很显然，资本主义大私有制是对这种个人劳动所有制的否定，从此，"工人在资本家的监督下劳动，他的劳动属于资本家。"⑤所以是"劳动与劳动所有权的分离"，那么第二个否定就应该是重建"劳动与劳动所有权的结合"的个人劳动所有制。这样的"结合——分离——重建结合"的三段式正好体现了否定之否定的发展。列宁说过："资本主义发展过程，按其纯粹形态来说，确实是从零散的小商品生产的制度和个人劳动所有制开始的（例如在英国）。"⑥ 按照马克思在《哥达纲领批判》中的设想和预示，在未来社会，"除了自己的劳动，谁都不能提供其他任何东西，"⑦ 生产资料是公有的，只有劳动是自己的，所以是劳动与所有权的结合，这当然是劳动个人所有制。根据属于自己的劳动，劳动者只能得

① 《资本论》第 1 卷，人民出版社 1975 年版，第 831—832 页；2004 年版，第 874 页。

② 《资本论》第 1 卷，人民出版社 1975 年版，第 832 页；2004 年版，第 874 页。

③ 的确，有人在有意撇开"否定"什么的情况下，借此大做文章，说什么马克思是要重建生产资料的私人所有制。这显然与马克思的原意背道而驰。也有的人则说是劳动力个人所有制，也与这里的"否定"、"否定之否定"联系不上，更与原文的意思并不匹配。

④ 《资本论》第 1 卷，人民出版社 1975 年版，第 832 页；2004 年版，第 874 页。

⑤ 《资本论》第 1 卷，人民出版社 1975 年版，第 210 页；2004 年版，第 216 页。

⑥ 《列宁选集》第 1 卷，人民出版社 1995 年版，第 45 页脚注。

⑦ 《马克思恩格斯选集》第 3 卷，人民出版社 1995 年版，第 304 页。

到所需要的生活资料，而不能得到其他收益、利益，所以，也可以说是生活资料的个人所有制。

在这里，他在批判威克菲尔德的现代殖民理论的时候，还提出一个必须重视而长期被人忽视的理论观点。针对威克菲尔德发现的一种情况：有一个名叫皮尔的英国资本家把价值 5 万镑资料，包括生活资料和生产资料当作资本从本国输出到澳洲去，还带去了 3000 个工人，但是，达到目的地后，"他们很快就不再是雇佣工人，他们很快就变成独立的农民，甚至在雇佣劳动市场上变成自己原来主人的竞争者。"① 对此马克思评论说："不幸的皮尔先生，他什么都预见到了，就是忘了把英国的生产关系输出到斯旺河去！"② 这种情况表明，当老牌资本主义国家的资本输出到殖民地的时候，并不等于资本关系也同时在那里建立并健全起来。显然，在资本关系尚未建立健全的地方，资本的投入并不意味着资本关系立即发挥作用。或者说，一定的资本量并不直接等于资本关系。要在当时的殖民地建立和发展资本关系，还要有一系列的措施、动作配套，因而会形成一定的空窗期，这正是殖民地资本的原始积累时期，是殖民地资本关系的形成期。可见，马克思说生产资本是一种生产关系，实际上是指典型意义的资本。很显然，刚刚进入殖民地的资本，还不是典型意义的资本。

---

① 转引自《资本论》第 1 卷，人民出版社 1975 年版，第 839 页；2004 年版，第 882 页。

② 《资本论》第 1 卷，人民出版社 1975 年版，第 835 页；2004 年版，第 878 页。

第十一章　社会总资本再生产和 流通过程批判

《资本论》第二卷第三篇关于社会总资本的再生产和流通的研究，列宁称之为实现论。① 如果从第二卷全书来看，它是第一、二篇的直接继续：从单个资本的循环、周转到社会总资本的周转，顺理成章。如果从全三卷来看，它又是第一卷末篇的直接继续，都是研究社会总资本，从其剩余价值的积累到剩余价值的实现。无论从哪种联系看，都是理论观点的具体化发展。

在这里，马克思认为："每一单个资本只是社会总资本中一个独立的、可以说赋有个体生命的部分。社会资本的运动，由社会资本的各个独立部分的运动的总和，即各个单个资本的周转的总和构成。""各个单个资本的循环是互相交错的，是互为前提、互为条件的，而且正是在这种交错中形成社会总资本的运动。"② 所以，社会总资本并非一个统一的铁板一块的机体，而是一个表面松散的但又有内在联系紧密的构造。由于各个单个资本都有相同的利益和行为趋向，所以能够构成一个实体运动。这样看来，社会总资本就具有整体性和分散性。因此，它的运动就很奇异，一方面，作为分散的结构，在各个资本及其"生产资料在社会不同劳动部门中的分配上，偶然性和任意性发挥着自己的杂乱无章的作用。"③ 另一方面，作为整体的结构，要求它的各个领域要保持一定的比例，否则整个社会必将陷入混乱，但因为社会生产的没有统一的计划，社会生产力求保持平衡的客观要求"只是在事后作为一种内在的、无声的自然必然性起着作用，这种自然必然性可以在市场价格的晴雨表的变动中觉察出来，并克服着商品生产

① 《列宁选集》第1卷，人民出版社1995年版，第177页。在《再论实现论问题》中，他还阐明："实现论的任务是什么呢？就是表明社会总资本的再生产和流通是如何进行的。"（《列宁全集》第4卷，人民出版社第2版，第64页。）

② 《资本论》第2卷，人民出版社1975年版，第390，392页；2004年版，第390，392页。

③ 《资本论》第1卷，人民出版社1975年版，第394页；2004年版，第412页。

者的无规则的任意行动。"① 正因为这样，马克思在这里研究和再现的社会总资本的再生产和流通，当然不是它的自觉行动，而是无数单个资本在长期的相互竞争中形成的整体近乎"理想"② 状态的运动规律及其外在表现。

社会总资本的再生产，主要包含生产和流通两大领域，第一卷暂时撇开流通领域，"在第二卷中，特别是把流通过程作为社会再生产过程的媒介来考察的第三篇指出：资本主义生产过程，就整体来看，是生产过程和流通过程的统一。"③ 但是，第一卷已经研究过生产过程了，而第二卷前两篇也已经研究过流通过程了，所以，这里只是从社会总资本的角度将它们统一起来，侧重阐明流通过程必须提供何种必要的条件才能保障整个再生产过程的顺利进行。

这里的研究当然是有条件的。本来，这里考察的是自由资本主义较高发展阶段的社会总资本运动，利润率已经平均，但在第二卷，还没有涉及现实的市场，所以剩余价值转化为利润的问题暂时还没有出现，而且这里考察的社会总资本的比例关系，与分配结构关系不大。除此以外，还有一些假定条件：假定只有资本主义经济，只有两个阶级，没有土地所有者；假定只有产业资本，商业、借贷资本均由其代表；剩余价值是一般形式，还没有具体表现为利润、利息、地租等形式；价值还没有转型，总剩余价值量与总平均利润量、总价值量与总生产价格量是一致的；在考察简单再生产的时候，假定生产技术不变，有机构成也不变；假定产品按价值交换，没有价值革命；假定剩余价值率不变；假定再生产周期为一年一次；假定没有外贸；假定没有信用，资本家都用自己的资本；只有贵金属作流通手段；在第XI节以前，假定固定资本是一年更新一次；在各个考察的场合又有不同的假定；也假定社会生产各个部门之间是按比例发展的等。其中有的条件、假定是为研究的方便和可能而设的，并不是实际情况的表现。在这样的研究条件下，理论当然具有抽象性。

社会总资本的再生产过程的常态是扩大再生产，为了研究它，首先必须从其简单形态开始。"只要有积累，简单再生产总是积累的一部分，所以，可以就简单再生产本身进行考察，它是积累的一个现实因素。"④ 而恰恰是这种形态，包含的问题最多，所以马克思用巨大的篇幅来研究它。

---

① 《资本论》第1卷，人民出版社1975年版，第394页；2004年版，第412页。
② 《资本论》第2卷，人民出版社1975年版，第527页；2004年版，第526页。
③ 《资本论》第3卷，人民出版社1975年版，第29页；2004年版，第29页。
④ 《资本论》第2卷，人民出版社1975年版，第438页；2004年版，第438页。

关于社会总资本的研究，资产阶级经济学的研究很少，可资借鉴的东西不多，反之，却有"斯密教条"贻害无穷，所以马克思对它也用心批判。

第一节　实现过程的自我批判

社会总资本的再生产或流通过程实际上是一种周转过程，它的各种规定比单个资本的周转过程复杂而高级得多，所以是对它的扬弃。作为社会总资本的再生产或实现过程，其常态又是扩大再生产，所以是一种有积累的再生产过程。因而它的各种规定同样也比社会总资本的积累过程复杂。是对它的扬弃。这两种扬弃，都发生在资本运动内部，所以是自我批判。

社会总资本的再生产主要有简单的和扩大的两类。马克思主要研究简单再生产，这是因为，只有简单再生产的基本关系搞清楚了，才能研究扩大再生产。他站在无产阶级的立场上，研究社会总资本简单再生产和扩大再生产的内在规定，指出资产阶级根本不了解这些规定，社会的理智总是在事后才发挥作用，实质就是一种对他批判。

一、单个资本周转批判

马克思研究单个资本的循环、周转的时候，包括简单的和规模扩大的循环、周转，都将许多必要条件暂时舍象掉。在资本的各种职能尚未独立化的时候，各个资本家都要兼顾供、产、销。这虽然有利于资本家的全面经营，但他的资本要一分为三，这样势必减少真正的剩余价值生产的规模。而且，他要兼顾供、产、销，撇开能力的限制，也会因为对各种信息了解的不完全、不及时而存在许多问题和困难。因为人力物力的限制，资本家对产品的生产能够完全控制，但对生产资料的采购、对产品的售卖却难以同样控制。"生产上消费掉的资本，就它的价值来说，怎样由年产品得到补偿？"① 对此，资本家往往根据经验来处理。但这种以不变应万变的经营往往会遇到困难。这实际上已经表明，这种经营方式内部的否定性因素已经因为生产规模的扩大而突出了，表明资本家必须改变经营方式了，或者说，必须自我批判了。

而且，因为是大量生产，若要自己售卖商品，还必须有一大笔资本来

_____

① 《资本论》第 2 卷，人民出版社 1975 年版，第 436 页；2004 年版，第 436 页。

经营，所以，他们往往都将商品批发给大商人。这样，他的商品已经卖出，"再生产过程还可以按相同的或扩大的规模进行"。但商品只到大商人手中，厂家并不知道以后会再卖给谁。同样的道理，厂家所需要的几十、上百种的生产资料，也不是资本家自己到相关的厂家自行采购，也是由经营物资的大商人提供，厂商并不知道来自何方。也就是说，问题只是解决一半。在商品经济条件下，这只能交给大商人去解决。

正因为这样，马克思在研究资本循环的时候，只能做一些假定："说到资本的再生产，我们只要假定，代表资本价值的那部分商品产品，会在流通领域内找到机会再转化为它的生产要素，从而再转化为它的生产资本的形式。同样，我们只要假定，工人和资本家会在市场上找到他们用工资和剩余价值购买的商品。"这实际上也为后面的研究提示了这样研究的抽象性："当我们考察社会总资本及其产品价值时，这种仅仅从形式上来说明的方法，就不够用了。"① 这不仅是理论上的问题，也是实际过程中问题。

大商人承担大批商品的买卖，使厂商得以顺利地卖出商品，回笼资本。"当生意兴隆的时候，资本家埋头赚钱"②。可是，这种表面的顺利也包含着危机，也就是说，"再生产过程排出的商品还没有实际进入个人消费或生产消费"③，即使是简单再生产，由于有大商人的大量采购，厂家因产品已经卖出，就以为他的循环还可以继续进行。如果这种过程扩大了，情况也一样。这样，整个再生产过程就充满繁荣的景象。"但商品的一大部分只是表面上进入消费，实际上是堆积在转卖者的手中没有卖掉，事实上仍然留在市场上。"而大商人为了赚更多的钱，甚至还大量进货，甚至为了抬高价格而囤积居奇。结果，"终于发现，以前涌入的潮流只是表面上被消费吞没。……以前涌入的商品还没有变成现金，支付期限却已经到来。商品持有者不得不宣告无力支付，……于是危机爆发了。"④ 而厂家的生产过程也就被迫中断了。这种情况表明，单个资本的循环依赖于社会总资本的运动。

马克思还阐明，无论是厂家还是商家，都会有储备费用，并且都有正

---

① 《资本论》第 2 卷，人民出版社 1975 年版，第 437—438 页；2004 年版，第 437 页。

② 《资本论》第 1 卷，人民出版社 1975 年版，第 233 页；2004 年版，第 240 页。

③ 《资本论》第 2 卷，人民出版社 1975 年版，第 89 页；2004 年版，第 88 页。

④ 《资本论》第 2 卷，人民出版社 1975 年版，第 89 页；2004 年版，第 89 页。

常形式的和非正常形式的储备。但它们"从形式上是区分不出来的，而且二者都是流通的停滞，所以，这些现象可以互相混同，加上对生产者来说，虽然他的已经转移到商人手中的商品的流通过程发生了停滞，但他的资本的流通过程仍然能够畅通，所以，这些现象更可以使生产当事人本身感到迷惑。如果生产和消费的规模扩大了，在其他条件不变的情况下，商品储备的规模也会扩大。商品储备会同样迅速地被更新和被吸收，但是它的规模更大。因此，商品储备的规模由于流通停滞而扩大的现象，会被误认为是再生产过程扩大的征兆，特别是在现实的运动由于信用制度的发展而变得神秘莫测时，更是这样。"① 这种情况表明，单个资本家，包括厂家和商家，其经营只能凭日常经验，都会经常感受到整个社会的生产和流通状况的威胁。反之，也可以说，社会总资本的运动既是由无数单个资本的运动组成的，但它的内在规定一旦形成，就反过来制约着、调整着单个资本的运动。

除了上述的脱节外，单个资本还有一种不可控的因素，就是运输。商品的使用价值只有在消费者手中才能真正实现，但运输作为独立的资本，其工具的性能、成本等却是生产或流通当事人不能控制的。也就是说，商品生产、运输、买卖等环节要经过不同当事的人，本来紧密的联系就变成了彼此脱节。

由此可见，单个资本的运动包含着对外部的依赖性，具有巨大的风险和不确定性。但如果从社会总资本运动的理想状态看，这是它所要克服的弊病。

在第一卷，马克思已经阐明，资本主义企业（工场、工厂）是有组织的，但各自为战，因而整个社会生产呈现出的是生产的无政府状态。从企业本身来看，这是毫无疑问的。不过，如果资本主义社会生产始终是无政府的、不按照内在的比例发展的，恐怕也有问题。马克思早已说过："要想得到和各种不同的需要量相适应的产品量，就要付出各种不同的和一定量的社会总劳动量。这种按一定比例分配社会劳动的必要性，决不可能被社会生产的一定形式所取消，而可能改变的只是它的表现方式，……只是这些规律借以实现的形式。"② 尽管社会总资本是由无数单个资本的运动共同构成的，因而它在短期内，所表现的是无政府状态。但是从长期看，资

---

① 《资本论》第 2 卷，人民出版社 1975 年版，第 166—167 页；2004 年版，第 166 页。

② 《马克思恩格斯〈资本论〉书信集》，人民出版社 1976 年版，第 282 页。

本主义社会在客观上也是按一定比例生产的。反之，单个资本主义企业从表面看，生产是有组织的，但无论从长期还是从短期看，它都不可能真正知道社会生产的比例关系，所以其本质反而是无政府的。总的看来。社会总资本的运行规则不是哪个单个资本所能自觉实施的。也可以说，这是对单个资本本质上的无政府性质的批判。

单个资本的周转要借助于货币的中介，除了从事金银采掘的资本家，对其他资本家而言，他们都不知道金银采掘的生产情况，并且似乎也不须要知道，不需投入费用。但是，在实行金本为制的时候，没有金银的采掘生产是不可思议的，而它的生产所花费的费用又是不可小觑的。"每年耗费在金银这种流通工具的生产上的劳动力和社会生产资料的总量，对于资本主义生产方式，对于以商品生产为基础的任何生产方式来说，是一项巨大的非生产费用。"① 可见，单个资本的运动过程的许多必要条件是它自身不能解决的。这也须要由社会总资本的运动来解决。换句话说，这也是社会总资本全领域、全天候运动对单个资本运动狭小领域运动的批判。

二、资本积累批判

社会总资本的积累过程可以在理论上单独考察，但在实际过程中却不能单独进行。它的运行，并非资本家愿意积累多少就积累多少，而要受很多制约因素和条件的限制。例如，必须有与积累的资本相匹配的追加的生产资料和生活资料，也就是说："剩余价值所以能转化为资本，只是因为剩余产品（它的价值就是剩余价值）已经包含了新资本的物质组成部分"② 没有后者，积累就不能实际进行。可见，这种条件本身对这种相对独立的运动来说，就是一种批判。这些制约因素或条件，有的来自生产过程本身的，也有来自流通过程的。

在研究生产过程之前研究的流通过程，是仅仅包含买与卖的单纯的流通过程，与此不同，在研究过资本的生产过程及积累过程之后研究的流通过程，是包含生产过程的流通过程。特别是社会总资本的流通过程，更是这样的统一。关于单纯的流通，马克思主要是在第一卷开篇及第四章进行研究的。进入第二卷后，侧重考察的已经是再生产，是生产过程与流通过

---

① 《资本论》第 2 卷，人民出版社 1975 年版，第 384 页；2004 年版，第 382 页。
② 《资本论》第 1 卷，人民出版社 1975 年版，第 636 页；2004 年版，第 670 页。

程的统一。"一定资本的总流通时间，等于它的流通时间和它的生产时间之和。"① 在现实过程中，流通过程的规定已经发生了巨大的变化。在再生产过程中，它不是外在于生产过程，而是嵌入再生产过程中。"在资本主义生产中，……生产过程已经完全建立在流通的基础上，流通也已经成为生产的一个单纯要素，一个过渡阶段，只是作为商品来生产的产品的实现，和作为商品来生产的各种产品生产要素的补偿。"② 在从事剩余价值生产的单个资本家心目中，他所经营的生产过程、积累过程是完整的，但对社会总资本来说，它还不是资本运动的完整形态，它的运动还需要与流通过程一起进行。

相对于社会总资本的再生产，资本的积累过程是不够独立的，其职能是片面的。在实际过程中，积累表现为它还受到流通过程许多方面的制约、批判：

如果从积累过程本身看，它是连续不间断的，并且是不断扩大的，结构是不断优化的。但是，这只是资本家的一厢情愿，现实的再生产过程不断地碾碎他们的这种梦幻。而且，它的实际运动又受经济周期变化的影响。这种变化是所有的资本家在进行积累的时候都无法预见和控制的。但经济周期的变化是与社会总资本的再生产紧密联系的。

从社会总资本各个部分的积累速度和规模、技术构成、时间都是不平衡的，引起的有机构成的变化也是不平衡的。"就社会总资本来考察，时而它的积累运动引起周期的变化，时而这个运动的各个因素同时分布在各个不同的生产部门。在某些部门，由于单纯的积聚，资本的构成发生变化而资本的绝对量没有增长；在有些部门，……在另一些部门，资本时而在一定的技术基础上持续增长，并按照它增长的比例吸引追加的劳动力，时而有机构成发生变化，资本的可变组成部分缩小；……"③ 时而、时而，指的是时间的不平衡，在有些部门，指的是部门的不平衡。就资本积累而言，这是必然的，但就社会总资本的再生产而言，这却会引起再生产的困难。换句话说，社会总资本的再生产的客观要求是平衡发展，否则，再生产就难以为继。可见，就短期看，资本积累与再生产是有矛盾的，这种矛盾日积月累，必然引起经济危机，并通过危机的破坏强制地恢复平衡。

社会总资本的再生产需要遵循一定的比例关系，这是不言而喻的，但

---

① 《资本论》第 2 卷，人民出版社 1975 年版，第 171 页；2004 年版，第 171 页。
② 《资本论》第 3 卷，人民出版社 1975 年版，第 367 页；2004 年版，第 366 页。
③ 《资本论》第 1 卷，人民出版社 1975 年版，第 691 页；2004 年版，第 726 页。

又是不可捉摸的。由于各个企业、部门的生产期间各不相同，投入与产出的期间不同，以至于积累的周期、所需的物质结构与数量、时间各不相同，这种比例关系还是变动的。当各个实际积累的资本家真正投入资本的时候，未必能够及时地买到所需的生产资料。所以"社会必须预先计算好，能把多少劳动、生产资料和生活资料用在这样一些产业部门而不致受任何损害，这些部门，如铁路建设，在一年或一年以上的较长时间内不提供任何生产资料和生活资料，不提供任何有用效果，但会从全年总生产中取走劳动、生产资料和生活资料。相反，在资本主义社会，社会的理智总是事后才起作用，因此可能并且必然会不断发生巨大的紊乱。"① 这种比例关系及其变动，对资本积累是个严峻的考验。凭经验扩大积累的热情往往因为对这种比例关系的盲目而受到惩罚。

资本积累离不开流通。"积累的第一个条件，是资本家能够卖掉自己的商品，并把由此得到的绝大部分货币再转化为资本。"② 没有流通，剩余价值不能实现，就谈不上积累。而且，更重要的是，没有流通，就谈不上购买劳动力、购买更新的和追加的生产资料了。但流通并不是剩余价值实现的乐园。流通是充满变数的领域，只有劳动力的无限供应才是不变的，其他都会变化。因为流通的商品数量巨大，无论是生产资料，还是生活资料，结构都很复杂，并且都在变化之中，更重要的是购买力，包括资本家的购买力和劳动者的购买力都经常发生变动。积累不是个别的过程，既要全部商品的价值、包括剩余价值都顺利实现，又要能够实现物质的更新和追加，此外，还需要原有工人的回流和增加新工人，而这些要素都不可能在生产过程和积累过程中自动解决。在购销两旺的时候，产业资本家埋头生产，努力积累，一门心思地关注怎样用数量不变的可变资本支配更多的劳动量，或者在产业的变动中关注什么样的产业能够更多地积累。但是，产品的流通却经常让他们的商品价值不能完全实现、甚至完全不能实现，以至于让产业资本家怀疑人生。这个时候，他们就会深切地痛感到流通的批判了。由此可知，与再生产直接相关的流通不仅是总体的交换，可使各个厂家实现物质补偿、价值实现，是"巨大的社会蒸馏器"③，而且从更长的历史跨度、更广的视阈看，它还是社会劳动的配置器，是资本积累的调节器。

---

① 《资本论》第 2 卷，人民出版社 1975 年版，第 350 页；2004 年版，第 349 页。
② 《资本论》第 1 卷，人民出版社 1975 年版，第 619 页；2004 年版，第 651 页。
③ 《资本论》第 1 卷，人民出版社 1975 年版，第 152 页；2004 年版，第 155 页。

相对于社会总资本的积累过程，社会总资本的流通过程包含的关系更加复杂。这种"流通关系，即产品所必须通过并由以取得一定社会性质的一定的社会过程；同样，这种性质也包含着生产当事人之间的一定的关系，这种关系决定着他们的产品的价值增殖和产品到生活资料或生产资料的再转化。"① 这种关系不仅仅是资本家阶级与工人阶级之间的关系，还表现为不同的资本家集团之间的关系。就前者而言，阶级剥削的本质是看不见的，在进入生产过程之前，是劳动力的买卖关系；在进入生产过程之后，工人就融入资本之中，表现为资本，他们与生产资料的关系，表现为不同部分资本之间的关系，他们与剩余价值的关系，则表现为资本自己与自己的关系。在生产过程结束之后，"资本家阶级不断地以货币形式发给工人阶级凭据，让他们用来领取由工人阶级生产而为资本家阶级所占有的产品中的一部分。工人也不断地把这些凭据还给资本家阶级，以便从资本家阶级那里取得他自己的产品中属于他自己的那一部分"，但正是流通过程中"产品的商品形式和商品的货币形式掩饰了这种交易。"②。就后者而言，更没有了阶级关系的性质，并且这种关系也形式地表现为一般的商品交换关系。换句话说，正是流通、再生产过程，掩盖了两大阶级的对立关系。这正是资本积累本身所需要而缺乏的功能。

社会总资本的积累离不开相对过剩人口的积累，但相对过剩人口的产生与社会总资本的再生产紧密相关。离开这个再生产过程，相对过剩人口的蓄水池就会变成死水一潭，失去调节功能。

就资本关系的建立和扩大化而言，当然主要集中在剩余价值的生产和资本化的过程中，所以它必然是资本运动的核心，它的本质是资产阶级与工人阶级之间的关系。但资本除了这种最根本的本质的核心外，还有一个更为广泛的"核心构造"③ ——包含产业资本和商业资本。这种构造的运行当然和产业资本不同。此外，资本积累还会受到剩余价值分割的影响。除了这种核心构造之外，还有生息资本、土地所有者等集团要从中分得一杯羹。——这虽然是剩余价值的分配，只不过为了分析的方便，马克思将它另外安排在第三卷阐明，但它实实在在发生在再生产过程中，——它有更广阔的运动领域，有更多的相互关系，不仅有两大对立阶级之间的关系，而且还产生出资本家集团之间的关系。在这样的关系中、场景中，资

---

① 《资本论》第 3 卷，人民出版社 1975 年版，第 995 页；2004 年版，第 996 页。
② 《资本论》第 1 卷，人民出版社 1975 年版，第 623 页；2004 年版，第 655 页。
③ 《资本论》第 3 卷，人民出版社 1975 年版，第 297 页；2004 年版，第 297 页。

本积累的进行就变得复杂起来。即使暂时撇开这些复杂的分配关系，仅就再生产过程而言，也使资本积累发生重大的变化。使之面临不同性质的关系的影响，这些影响既可能是促进性的，也可能是批判性的、甚至是灾难性的。这些关系对积累既能发挥促进作用，也能发挥限制作用。在社会总资本的再生产过程中，积累已经不单单是各个产业资本家自己能够决定的事情了。无数厂家在流通领域中相互碰撞、竞争、吞噬，"由于流通中的各种冒险行为，一个资本家夺取了其他资本家的一部分剩余价值，甚至夺取了他们的一部分资本，因此，在货币资本和生产资本上发生了片面的积累和集中。例如，A 攫取的并作为货币资本积累的一部分剩余价值，可以是 B 的一部分剩余价值，这部分剩余价值不会流回到 B 的手里。"①

对资本家来说，资本积累过程所扩大和深化的资本关系并非直接表现的，更是不能直接示人的，但多少还是能够被人感觉到的。"在直接生产过程中，剩余价值的性质会不断在资本家的意识中出现；……有了一点隐隐约约的感觉"②，工人也经受不尽的灾难、在被训练的过程中逐渐意识到资本的剥削性。可见，资本积累过程掩盖本质关系的功能是有缺陷的。这个缺陷，只有通过再生产领域的流通领域，才能弥补。换言之，再生产过程在掩盖生产过程这种缺陷的同时，实际上也是在批判它存在着缺陷。

社会总资本的再生产包含着生产过程和流通过程，这两个过程都由不同的主体——即各自利益不同的资本主义生产当事人和流通当事人③——支配，有不同的特殊运行规律。所以，在现实过程中两者出现彼此脱节是在所难免的。

第二节　社会总资本再生产过程批判

关于社会总资本的再生产过程，马克思侧重研究各个部门的产品如何实现价值和进行物质补偿，所以列宁称之为"实现论"。但是，这样研究并不意味着资本运动可以按照一定的比例关系进行交换而全部顺利地实

---

① 《资本论》第 2 卷，人民出版社 1975 年版，第 388 页；2004 年版，第 386—387 页。

② 《资本论》第 3 卷，人民出版社 1975 年版，第 52—53 页；2004 年版，第 52—53 页。

③ "在商品生产中，流通和生产本身一样必要，从而流通当事人也和生产当事人一样必要。"（《资本论》第 2 卷，人民出版社 1975 年版，第 144 页；2004 年版，第 143 页。）

现，毋宁说是要阐明资本运动根本无法事先有意识地按照这种比例关系调节各个部门的物质变换并实现其价值，从而阐明它必然是在不断地破坏这种客观的比例关系的长期过程中，以巨大的破坏和浪费歪打正着地维持这种比例。所以，这里的批判与前面有所不同。恩格斯在《反杜林论》中说：马克思的经济科学既有"对资本主义的生产方式进行社会主义的批判，就是说，从反面来表述它的规律，证明这种生产方式由于它本身的发展，正在接近它使自己不可能再存在下去的境地"，也有"把资本主义生产方式和相应的交换形式的规律从正面，即从促进一般的社会目的的方面来加以阐述"①。显然，实现论的科学批判正是采用后一种方法，来反衬资本运动的盲目性和混乱性，以及危机、崩溃的必然性。

一、社会总资本简单再生产过程批判

从理论上看，马克思面对的、要再现的是资本主义扩大再生产，按照他的"事后思索"的方法，必须先研究简单再生产。因为简单再生产是扩大再生产的基础，"只要有积累，简单再生产总是积累的一部分，所以，可以就简单再生产本身进行考察，它是积累的一个现实因素。"② 这不仅是说它不断地创造出再生产的条件，创造出剩余价值，从而创造出原有资本，维持了资本主义生产关系，而且是说它作为生产过程与流通过程的统一，维持了各个部门的相互关系。③ 如果简单再生产的比例关系受到破坏，再生产就不能进行了，遑论扩大再生产。

不过，从一般过程的角度看，简单再生产也是必须批判的。它虽然能够完成物质补偿和价值实现，但这种补偿和实现不能体现需求的变化，也不能体现流通对生产的调节作用与反作用，与社会经济运动发展的客观要求并不适应：它没有总量的增长，没有质的优化，不能满足不断增长的人

---

① 《马克思恩格斯选集》第3卷，人民出版社1995年版，第492页。
② 《资本论》第2卷，人民出版社1975年版，第438页；2004年版，第438页。
③ 在研究第一例扩大再生产图式的时候，马克思也阐明，为了积累，第二年开始时年第Ⅰ部类剩余价值假定有一半即500被积累，那么两大部类再生产的组合结构就变为：Ⅰ、$4000c+1000v+500m=6000$；Ⅱ、$1500c+750v+600m=3000$。在这个图式中，"（$1000v+500m$）Ⅰ或$1500I$（v+m）要由$1500Ⅱc$补偿；这样，第Ⅰ部类留下的是$4000c+500m$，后者要用于积累。（$1000v+500m$）Ⅰ由$1500Ⅱc$来补偿，是简单再生产的一个过程"。（《资本论》第2卷，人民出版社1975年版，第576页；2004年版，第574—575页。）

口的需要；它不能导致整体结构的改变，既与科学技术的发展不相适应，更没有足够的资源推动科学技术的发展；它不能提供积累，而积累是"社会的最重要的进步职能"。① 由于它周期地全部消费掉，所以就无法建立与国外的经济联系。这种封闭式的经济显然是不适宜的。从生产关系的发展看，这种模式也是僵化、停滞的。

再从特殊过程的角度看，它更与资本运动的本性不匹配，它不能成为社会总资本运动的常态。不过，尽管从表面上看，"在资本主义基础上，没有任何积累或规模扩大的再生产，是一种奇怪的假定"②，但是，这并不是虚构，因为"简单再生产是每个规模扩大的年再生产的一部分，并且还是它最重要的一部分"③。所以，对它的批判是以现实运动为依据的。

首先，"简单再生产实质上是以消费为目的的，虽然攫取剩余价值是单个资本家的动机；但是，剩余价值……在这里最终只是用于资本家的个人消费。"但它只能维持规模和结构不变的消费水平，不符合资本家消费结构升级和消费总量增长的要求，更不符合社会总资本力求尽快扩张的客观要求，与资本家无限发财致富的欲望背道而驰。"这种个人消费的动机总是和发财致富的动机本身相伴而生，同时又和它相对立。"④

其次，它虽然是一个总体，但却只是无数单个资本相互交错的总体是碎片的堆积，不是一个统一的整体，就像一大筐子的螃蟹，既可相互抓夹而形成一团，又可各自独立横行。马克思阐明，再生产的完成并非全体资本家统一意志、预先确定好各种部门的比例关系后共同行为的结果，而是在相互竞争、摩擦造成巨大浪费的过程中形成的趋势。

其三，总的再生产过程是生产过程与流通过程的统一，但在这里，主

---

① 《马克思恩格斯选集》第 3 卷，人民出版社 1995 年版，第 663 页。恩格斯还说："劳动产品超出维持劳动的费用而形成剩余，以及社会生产基金和后备基金靠这种剩余而形成和积累，过去和现在都是一切社会的、政治的和智力的发展的基础。"（同上书，第 538 页。）

② 《资本论》第 2 卷，人民出版社 1975 年版，第 438 页；2004 年版，第 438 页。

③ 《资本论》第 2 卷，人民出版社 1975 年版，第 457 页；2004 年版，第 457 页。在后面，马克思也阐明有这种可能："不排斥 10-11 年的产业周期中的某一年的生产总额往往小于前一年的生产总额，……连简单再生产也没有。不仅如此，在人口每年自然增殖的情况下，只有在人数相应地增加的不从事生产的仆役参与代表全部剩余价值的 1500 的消费时，简单再生产才会发生。"（《资本论》第 2 卷，人民出版社 1975 年版，第 589 页；2004 年版，第 587 页。）

④ 《资本论》第 2 卷，人民出版社 1975 年版，第 457 页；2004 年版，第 457 页。

要是"把流通过程作为社会再生产过程的媒介来考察"①，并且着重其形式："我们就要考察作为社会总资本的组成部分的各个单个资本的流通过程（这个过程的总体就是再生产过程的形式），也就是考察这个社会总资本的流通过程。"② 或者说，生产资料、生活资料等社会资源怎样配置的问题。其中有很多内在规定、规律，是资本运动非常重要的领域和流通方式，但它也有一定的缺陷。毕竟流通只是一种媒介，其中的物流、配送、买卖只是表面，其实则包含着消费。离开消费，息息法斯式地物流、配送、买卖就没有意义。各种买卖只是一种形式，其目的是消费。生产过程本身就是消费生产资料和劳动力的过程，劳动者的个人消费是劳动力的再生产，资本家的个人消费是资本家的再生产。③ 这些都是显而易见的。除此以外，还有一种流通手段的消费。在实行金本位制的时代，金的使用量是非常大的，没有金，流通就不可能进行。而金的消费又有赖于而货币金的历史积累④和本身的生产及流通，以应付不断增大的货币流通量，不断增大的磨损货币量。而金的消费和一般商品又有不同，一般商品的使用价值随着消费而消失，可它作为一种"由它的特殊的社会职能产生的形式上的使用价值"⑤ 却不会消失，在流通领域中不断地转手或者沉淀。这种情况表明，再生产是受各种消费限制的。

其四，社会总资本的再生产并非单纯的资本运动，"不仅包括资本的流通，而且也包括一般的商品流通。"⑥ 对前者来说，后者并非可有可无，而是一种一般的基础。资本通过生产商品来生产价值和剩余价值，没有一般的商品流通，就没有特殊的商品流通，而商品流通又必须遵守一般商品生产和交换的规律，特别是价值规律。也就是说，它若违背价值规律，就要受到批判、惩罚。

其五，社会总资本的再生产主要是总产品的运动，包含使用价值的补

---

① 《资本论》第3卷，人民出版社1975年版，第29页；2004年版，第29页。

② 《资本论》第2卷，人民出版社1975年版，第392页；2004年版，第392页。

③ "产品价值的一部分再转化为资本，另一部分进入资本家阶级和工人阶级的个人消费，这在表现出总资本执行职能的结果的产品价值本身内形成一个运动。"（《资本论》第2卷，人民出版社1975年版，第437页；2004年版，第437—438页。）

④ "年产品借以流通的货币量，是社会原有的，是逐渐积累起来的。这个货币量不是当年的价值产品，但是，用来补偿已经磨损的铸币的金是例外。"（《资本论》第2卷，人民出版社1975年版，第537页；2004年版，第536页。）

⑤ 《资本论》第1卷，人民出版社1975年版，第108页；2004年版，第109页。

⑥ 《资本论》第2卷，人民出版社1975年版，第390页；2004年版，第390页。

偿和价值的实现："这个运动不仅是价值补偿，而且是物质补偿，因而既要受社会产品的价值组成部分相互之间的比例的制约，又要受它们的使用价值，它们的物质形式的制约。"① 如果不能摆脱这些制约，再生产就很难继续下去。为此，它必须实现两大部类之间几个重要交换关系的平衡：

Ⅰ(v+m) = Ⅱc。Ⅰ(v+m) 的物质形态是生产资料，不能用于本部类资本家和工人的生活消费；Ⅱc 是生活资料，不能用于本部类的生产资料，所以必须相互交换。

Ⅰ(c+v+m) = Ⅰc+Ⅱc。它表明第Ⅰ部类要生产出满足两大部类对生产资料的需要。

Ⅱ(c+v+m) = Ⅰ(v+m) +Ⅱ(v+m)。它表明第Ⅱ部类要生产出满足两大部类资本家和工人对生活资料的需要。

还有实现第Ⅱ部类中必要生活资料（Ⅱa）和奢侈品（Ⅱb）两个副类与两大部类中不同部分的交换平衡，它既要满足整个社会包括两大部类资本家的雇佣工人的必要生活资料的需要，还要满足两大部类资本家对奢侈品的需要。

其六，还有货币的制约。对资本家来说，他卖出商品，就是为了实现商品的价值，再实现已经耗费物质的补偿，以便进行再生产。但是，他要卖出商品——除了按照订单生产外，——获得货币，还必须预支一笔货币。"对整个资本家阶级来说，为了使他们的剩余价值实现（同时也为了使他们的资本即不变资本和可变资本流通）就必须自己把货币投入流通这样一种说法，不仅不是奇谈怪论，而且还是整个机构的必要条件"② 尽管这种情况被一些表象所掩盖，例如商人、收取地租的土地所有者、收取利息的高利贷者，还有政府及其官吏等，购买时都会支出货币，但只要认真地考察，就不难发现，"他们最初得到并不断地重新得到的货币的来源"③ 归根到底还是产业资本家的剩余价值。此外，还有必要品和奢侈品两个分部类彼此交换所需要的货币。

其七，马克思论证，社会总资本中固定资本的补偿十分复杂，困难重重。因为它是逐步磨损的，而实际补偿是全部更新的，所以不仅补偿的时间跨度较大，而且不可能各个资本都全部同步实施，有的进行更新时，有

① 《资本论》第 2 卷，人民出版社 1975 年版，第 437—438 页；2004 年版，第 438 页。
② 《资本论》第 2 卷，人民出版社 1975 年版，第 469 页；2004 年版，第 469 页。
③ 《资本论》第 2 卷，人民出版社 1975 年版，第 470 页；2004 年版，第 470 页。

的仍在提取折旧金，等等。他以Ⅱc为例，只要实施实物更新的Ⅱc（1）与正进行货币储藏的Ⅱc（2）不相等，不仅整个社会总资本固定资本的更新很难全部完成，而且 I（v+m）= Ⅱc "公式的全部基础，即以不同生产体系之间保持完全的比例平衡为前提的规模不变的再生产，也就遭到彻底破坏。这样，一个困难只是为另一个更麻烦得多的困难所代替。"① 不言而喻，由无数单个资本的交错构成的社会总资本，根本没有一个调节机构来调节这些资本更新的平衡，"因此，尽管是规模不变的再生产，但危机——生产危机——还是会发生。"② 只能通过不断的破坏平衡来不断地趋向大体的平衡。在这里，马克思还指出，当Ⅱc（1）>Ⅱc（2）时，就会发生生产不足，引起价格波动；反之，当Ⅱc（1）<Ⅱc（2）时，就会发生生产过剩，并且也会引起价格变化。他进一步指出，这种过剩还会波及第 I 部类："第 I 部类必须压缩自己的生产，这对该部类的工人和资本家来说，意味着危机；或者第 I 部类提供的产品过剩，这对他们来说，又是危机。这种过剩本身并不是什么祸害，而是利益；但在资本主义生产下，它却是祸害。"③

诚然，这些情况都可以利用外贸来补救，——不过马克思在研究社会总资本再生产的时候，是将外贸暂时撇开的。——但是，将外贸引进来终究是无济于事的，"对外贸易既然不是单纯补偿各种要素（按价值说也是这样），它就只会把矛盾推入更广的范围，为这些矛盾开辟更广阔的活动场所。"④

关于这个问题，马克思还发现，固定资本的补偿不是每年均衡发生的，而是逐年不同的，"如果在某一年数量很大（象人一样，超过平均死亡率），那在下一年就一定会很小。……这种情况，只有用不断的相对的生产过剩来补救；……这种生产过剩等于社会对它本身的再生产所必需的各种物质资料的控制。但是，在资本主义社会内部，这种生产过剩却是无政府状态的一个要素。"⑤ 很显然，这是任何一个资本家都无法预测的，也是社会总资本无法控制的。所以，即使"在固定资本仅仅维持原状的情况

---

① 《资本论》第 2 卷，人民出版社 1975 年版，第 509 页；2004 年版，第 508 页，新版译文有调整，但意思不变。

② 《资本论》第 2 卷，人民出版社 1975 年版，第 525 页；2004 年版，第 524 页。

③ 《资本论》第 2 卷，人民出版社 1975 年版，第 526 页；2004 年版，第 525 页。

④ 《资本论》第 2 卷，人民出版社 1975 年版，第 526 页；2004 年版，第 525 页。

⑤ 《资本论》第 2 卷，人民出版社 1975 年版，第 527 页；2004 年版，第 526 页。

下，在理想的正常生产的前提下，在已经执行职能的社会资本的简单再生产的情况下，这种不平衡也能够发生，并且必然会发生"①。

其八，马克思阐明，社会总资本的再生产或总产品的实现还会造成一系列的假象。例如，Ⅰ（v+m）=Ⅱc，表明两个部类之间的交换必须相等。但这种相等却造成了不变资本可以分解为 v+m——它们社会表面上表现为收入——的表象；再如，Ⅱ（c+v+m）=Ⅱ（v+m）+Ⅰ（v+m），表明第Ⅱ部类的产品要满足两个部类的工人与资本家的个人消费，但这种情况却又造成另一种假象，第Ⅱ部类生产的价值就是当年社会总劳动创造的新价值。"正是这种情况，使亚·斯密断言，年产品的价值分解为 v+m。"② 马克思分析道，实际情况是，第Ⅱ部类生产的价值包含再现的过去劳动所创造的价值和当年劳动新创造的价值，不能因为它们与两个部类新创造的价值量相等就将过去劳动创造的价值也归结为当年劳动新创造的价值。总之，在第二卷末篇，马克思非常详细而深入地考察了社会总资本的流通、剩余价值的实现。提出了再生产的必须遵守的基本关系，这基本上是对社会总资本运动的批判。因为这些基本关系不会自动地实现。

二、社会总资本扩大再生产过程批判

资本主义简单再生产都已经包含着危机的因素，扩大再生产就更是如此。在这里，马克思研究的是"特定意义的资本积累"，即"剩余价值到追加资本的转化，……作为生产基础的资本的扩大。"③

资本家要积累，但有两个问题不好解决：

首先是钱从哪里来？由于技术构成的限制，资本家都要先经过一段时间的货币积累才能真正实施扩大再生产。这样就须要在卖出商品收到钱后不再买回，那么这些货币从哪里来呢？

其次，又有很多资本家要实际扩大再生产，要追加很多的生产资料和劳动力。有庞大的产业后备军存在，劳动力的供给是不成问题的，但追加的生产资料结构又很复杂，数量也各不相同，谁来安排它们的供给？

可见，"再生产扩大的可能性在没有货币的情况下就已经存在；因为

---

① 《资本论》第 2 卷，人民出版社 1975 年版，第 527 页；2004 年版，第 526 页。
② 《资本论》第 2 卷，人民出版社 1975 年版，第 475 页；2004 年版，第 475 页。
③ 《资本论》第 2 卷，人民出版社 1975 年版，第 565 页；2004 年版，第 564 页。

货币本身不是实际再生产的要素。"①

在资本主义社会，要使这些可能性变为现实性，及时地按照资本家的意愿实现扩大再生产，并且不耗费多余的代价，是不可能的。

为了提供两大部类所需要的追加的生产资料，货币积累首先倚重第Ⅰ部类。

这个部类的结构非常复杂，各个部分执行职能的时间不同，而且规模、技术条件、市场关系也不同，所以，就像固定资本的更新一样，每个资本家货币积累花费的时间也是不一样的，从而实际积累的时间、规模也很不一样。这样，即使资本主义机构已经准备好了积累的物质资料和劳动力，也会因为资本家 A、A'、A'' 们为积累货币单纯的卖而不买而无法实施。马克思阐明，这些货币游离于生产过程之外，虽然是暂时的，但只要它作为贮藏的货币，就绝对是非生产的。"它是资本主义生产的一个死荷重"，这显然与"渴望利用这种作为潜在货币资本贮藏起来的剩余价值来取得利润和收入的企图"② 相矛盾的。当然，商品经济的发展也提供了化解这种矛盾的机制——信用。但是，货币资本以这种形式对资本主义生产体系的影响也不容易控制了。他还断定："整个信用机构不断地忙于用各种操作、方法和技术设施，把现实的金属流通限制在一个相对地日益缩小的最小限度，这样，整个机构的人为性质以及扰乱正常的进程的机会也会相应地增加。"③ 如果撇开对"死荷重"的担忧，仅就其数量和结构的复杂性看，那些同属第Ⅰ部类的资本家 B、B'、B''们单方面的买的价值额必须和 A、A'、A'' 们单方面的卖的价值额相等，这也是不容易自动实现的。而且，既然是买卖，既包含着机会，也包含着风险，是一个极为复杂的媒介过程，"商品生产是资本主义生产的一般形式这个事实，……会产生这种生产方式所特有的、使交换从而也使再生产（或者是简单再生产，或者是扩大再生产）得以正常进行的某些条件，而这些条件转变为同样多的造成过程失常的条件，转变为同样多的危机的可能性；因为在这种生产的自发形式中，平衡本身就是一种偶然现象。"④ 因而"过程本身的复杂性，呈现出同样多的造成过程失常的原因。"⑤

---

① 《资本论》第 2 卷，人民出版社 1975 年版，第 552 页；2004 年版，第 551 页。
② 《资本论》第 2 卷，人民出版社 1975 年版，第 562 页；2004 年版，第 561 页。
③ 《资本论》第 2 卷，人民出版社 1975 年版，第 564 页；2004 年版，第 563 页。
④ 《资本论》第 2 卷，人民出版社 1975 年版，第 558 页；2004 年版，第 557 页。
⑤ 《资本论》第 2 卷，人民出版社 1975 年版，第 559 页；2004 年版，第 558 页。

第Ⅰ部类扩大再生产所追加的生产资料，当然要由本部类来生产。"因此，为了从简单再生产过渡到扩大再生产，第Ⅰ部类的生产要能够少为第Ⅱ部类制造不变资本的要素，而相应地多为第Ⅰ部类制造不变资本的要素。"但是，谁来主持这种配置呢？只能通过市场，而市场的调节往往是滞后的，并且是盲目的，实现平衡是要有巨大代价的。所以马克思说："完成这种过渡往往不是没有困难的"①。

第Ⅱ部类的积累也会引起两大部类交换的很多困难。马克思分析道，第Ⅰ部类的剩余价值有一部分用作本部类追加的不变资本，这样与第Ⅱ部类的交换就减少了，生产过剩了，甚至使第Ⅱ部类的简单再生产难以为继。这种情况还会反过来影响第Ⅰ部类的再生产。"第Ⅰ部类的资本家将会发觉，仅仅因为他们有扩大再生产的企图，就连规模不变的再生产也会受到阻碍。"②

马克思还指出，积累必然产生各生产要素的新的组合，"没有这种组合的变化，就根本不可能发生规模扩大的再生产。"③ 但是，由于两大部类紧密联系，牵一发而动全身，要使它们都能扩大再生产，并且产品的价值都能实现，物质都能补偿，必须建立并遵循一系列的比例关系。但对资本运动来说，这却不可能事先就安排好的。

马克思阐明，规模扩大的再生产的必要前提：既定产品的各种要素和简单再生产条件下的组合有所不同，即不再维持简单再生产的各种既定要素的数量，而是改变了它们的质的规定，"并且这种改变是以后随着发生的规模扩大的再生产的物质前提。"④ 在这种条件下，他分别从有机构成不变和提高两种例子的分析中阐明，为适应生产要素组合的改变，两大部类各个部分在部类之间、部类内部交换的比例关系的平衡——为其价值实现和物质补偿——必须遵循的规则。

为了说明问题，马克思先研究两大部类有机构成较低且皆不变的情况，指明必须具备几个条件：

首先，社会总资本的积累倚重于第Ⅰ部类，因为它提供两大部类追加的生产资料，所以 I（v+m）必须大于Ⅱc。可见，对社会总资本的扩大再生产来说，I（v+m）>Ⅱc 是必要条件。

---

① 《资本论》第2卷，人民出版社1975年版，第560页；2004年版，第559页。
② 《资本论》第2卷，人民出版社1975年版，第569页；2004年版，第567页。
③ 《资本论》第2卷，人民出版社1975年版，第570页；2004年版，第569页。
④ 《资本论》第2卷，人民出版社1975年版，第571页；2004年版，第570页。

其次，与Ⅰ（v+m）＞Ⅱc相适应，第Ⅰ部类的交换组合必须重构。相应的，第Ⅱ部类的交换组合也要重构。

再次，这样，虽然第Ⅰ部类可以实际进行积累了，但Ⅱc却有部分不能实现。所以，还不能实现完全平衡，还不是社会总资本积累的充分条件。为了实现两大部类的平衡，第Ⅱ部类的积累率就必须相应地调整。"如果要使事情正常地进行，第Ⅱ部类就必须比第Ⅰ部类积累得快，因为如果不是这样，Ⅰ（v+m）中要与商品Ⅱc交换的部分，就会比它唯一能与之交换的Ⅱc增加得快。"①

再研究两大部类有机构成变化的情况，指出"这种情况的前提是：资本主义生产已经有了显著的发展；……社会劳动的生产力也已经有了显著的发展；生产规模在此以前已经有了显著的扩大；最后，在工人阶级中造成相对人口过剩的所有条件也已经有了发展。"②也就是说，相对于第一例，第二例所处的发展阶段更高。在这种情况下，社会总资本积累的条件和平衡就有新的表现。

对这种情况的研究表明，两大部类的积累除了应遵循Ⅰ（v+m）＞Ⅱc这一规则外，还应该是相互依赖、相辅相成的，是必须平衡的。"就像第Ⅰ部类必须用它的剩余产品为第Ⅱ部类提供追加的不变资本一样，第Ⅱ部类也要在这个意义上为第Ⅰ部类提供追加的可变资本。就可变资本来说，当第Ⅱ部类以必要消费资料的形式再生产它的总产品的大部分，特别是它的剩余产品的大部分时，它就既为第Ⅰ部类又为它自己进行积累了。"③这就为"＞"限定了数量。也就是说，平衡的条件更加具体了。Ⅰ（v+m）不仅要大于Ⅱc，而且要提供两大部类追加的不变资本，"在以资本的增加为基础的生产中，Ⅰ（v+m）必须＝Ⅱc加上再并入资本的那部分剩余产品，加上第Ⅱ部类扩大生产所必需的不变资本的追加部分；而第Ⅱ部类扩大生产的最低限度，就是第Ⅰ部类本身进行实际积累，即实际扩大生产所不可缺少的最低限度。"④用式子表示即是：Ⅰ（v+m）＝Ⅱc+Ⅰ△c+Ⅱ△c（△表示追加），只有这样才能平衡。但在资本主义社会，这种平衡关系是无人认识的。

为此，第Ⅰ部类要与第Ⅱ部类相交换的产品部分，其价值量就应该是

---

① 《资本论》第2卷，人民出版社1975年版，第579页；2004年版，第577页。
② 《资本论》第2卷，人民出版社1975年版，第581页；2004年版，第579页。
③ 《资本论》第2卷，人民出版社1975年版，第584页；2004年版，第583页。
④ 《资本论》第2卷，人民出版社1975年版，第585页；2004年版，第583页。

原有的可变资本 Iv，加上追加的可变资本 I△v，再加上资本家消费的剩余价值 m/x（m/x 表示消费的剩余价值），而第Ⅱ部类除了原有的不变资本Ⅱc 外，还要加上追加的不变资本Ⅱ△c。用式子表示即是：Ⅰ（v+△v+m/x）=Ⅱ（c+△c）

为更全面地阐明问题，马克思还在假定第Ⅰ部类积累率及积累部分的有机构成会变的情况下，考察了Ⅰ（v+1/2m）小于Ⅱc 这种情况。他阐明，在这种场合，第Ⅱ部类没有交换到全部再生产它的不变资本，不能全部实现扩大再生产，为弥补不足部分，必须通过向第Ⅰ部类购买。

在这里，马克思还阐明了积累过程中的货币来自何方的问题，它涉及的几个比例关系的平衡也不是容易了解的。

以上所揭示的这些比例关系的平衡，是资本运动的客观须要，但它隐藏在大量纷繁复杂的运动表象之后，非常难以考察和理解，就连恩格斯也说：马克思这方面的研究"内容很好，但形式却难得可怕。"① 所以，这是所有受"斯密教条"荼毒的资产阶级学者所没有也不可能研究出来的，更是全体资本家根本不了解和不理解的。因此，社会总资本的扩大再生产必定是杂乱无章的，只能花费比较长的时间和相当大的不平衡而损失之后才能在"平均数"的意义上接近这些比例关系的平衡。这期间，还难免发生危机。对此，马克思也有说明："在资本主义积累中，仍然可能发生这样的情况：由于过去的一系列生产期间进行积累的结果，Ⅱc 不仅与Ⅰ（v+m）相等，而且甚至大于Ⅰ（v+m）。这就是说，第Ⅱ部类的生产过剩了，而这只有通过一次大崩溃才能恢复平衡，其结果是资本由第Ⅱ部类转移到第Ⅰ部类。"② 这些比例关系的平衡越是复杂，资本积累就越难按比例正常实施。

第三节　资产阶级学者实现理论批判

在马克思之前，关于社会总资本再生产问题的研究，资产阶级学者留下的东西几乎是乏善可陈。诚然，重农学派的魁奈和斯密也有研究，但是，其成果并不全面系统，且存在着诸多错误。对此，马克思在《资本论》中有深刻的批判，特别是对"斯密教条"进行了全面的分析。

---

① 《马克思恩格斯〈资本论〉书信集》人民出版社 1976 年版，第 581 页。
② 《马克思恩格斯〈资本论〉书信集》人民出版社 1976 年版，第 589 页。

一、重农学派批判

在《资本论》中，马克思对魁奈的《经济表》给予很高的评价。指出他把握住了问题的实质，"是对资本主义生产的第一个系统的理解。产业资本的代表——租地农场主阶级——指导着全部经济运动。农业按资本主义方式经营，就是说，作为大规模的资本主义租地农场主的企业经营；土地的直接耕作者是雇佣工人。生产不仅创造使用物品，而且也创造它们的价值；而生产的动机是获得剩余价值，剩余价值的出生地是生产领域，不是流通领域。在作为以流通为媒介的社会再生产过程的承担者的三个阶级中，'生产'劳动的直接剥削者，剩余价值的生产者，资本主义的租地农场主，和那些剩余价值的单纯占有者区别开来了。"①

对后来的古典经济学家来说，魁奈的这些看法也许不算什么，但魁奈出身于地主阶级，在他之前重商主义占据统治地位，能够有这些看法已经很了不起了。不过，由于他当时所处的法国产业资本的代表还不是工业资产阶级，而是租地农场主阶级，所以他是以"有限的眼界"——资本主义初级阶段租地农场主阶级的眼界——来观察问题，他甚至还"相信他们的封建招牌"②，因而既有阶级局限，还有时代局限。

魁奈认为，"农业是使用人类劳动来生产剩余价值的唯一领域"，认为"这个部门（农业）内，总是同一个自然的再生产过程交织在一起。"③ 很显然，这些观点当然是错误的，表明他的研究对象不科学。他"把一些无关的要素包括在年产品的这个不变资本部分中"④，这又表明他还缺乏应有的科学方法。他没有价值概念，所以也缺乏科学理论的支撑。总的看来，这是一种值得注意但终究是错误的体系。"一种理论体系的标记不同于其他商品的标记的地方，也在于它不仅欺骗买者，而且也往往欺骗卖者。"⑤ 在马克思看来，魁奈在欺骗社会的同时，自己也欺骗了自己。

关于魁奈的《经济表》，在《资本论》中没有全面的分析，但在手稿

---

① 《资本论》第 2 卷，人民出版社 1975 年版，第 399 页；2004 年版，第 399 页。

② 《资本论》第 2 卷，人民出版社 1975 年版，第 399 页；2004 年版，第 399 页。

③ 《资本论》第 2 卷，人民出版社 1975 年版，第 398，399 页；2004 年版，第 398，399 页。

④ 《资本论》第 2 卷，人民出版社 1975 年版，第 398 页；2004 年版，第 398 页。

⑤ 《资本论》第 2 卷，人民出版社 1975 年版，第 399 页；2004 年版，第 399 页。

《剩余价值理论》和在恩格斯《反杜林论》马克思参与撰写的"《批判史》论述"中，他对《经济表》的研究和批判就非常全面而深刻了。他之所以在《资本论》中没有完全展现这种分析批判，——因此，这里没有必要重述马克思在"《批判史》论述"中的批判，——大概是因为它是早期资产阶级古典学派的不成熟理论，与研究资本主义较为发达阶段已经占据统治地位的产业资本的运动，尤其是关于社会总资本的实现论研究联系不紧、不直接有关。如果说有联系的话，那就是作为与"斯密教条"的比较，表明斯密除了个别方面外，相对于《经济表》，其再生产理论包含着许多方面"更加明显"的退步，"而且在某些地方，完全重犯了重农学派的错误。"① 例如他这样说："没有任何等量资本，比租地农场主的等量资本，能推动数量更大的生产劳动。不仅他的雇工是生产工人，而且他的役畜也是生产工人。……在农业中，自然也和人一起劳动；虽然自然的劳动不需任何费用，但是它的产品，和费用最大的工人的产品一样，仍然具有它的价值。……农业中使用的工人和役畜<! >，象制造业中的工人那样，不仅再生产一个等于他们自己消费的价值，或等于使用他们的资本连同资本家的利润的价值；而且还再生产一个更大得多的价值。"② 在他看来，只有农业才能推动自然力，似乎工业不能利用和推动自然力，似乎役畜、自然力与工人一起创造价值和利润。作为发展期资产阶级古典学派的经济学家，这种看法与其身份很不相称。

二、斯密批判

在研究社会总资本积累过程的时候，马克思已经阐明："亚·斯密对再生产过程从而对积累的说明，在很多方面不仅没有比他的前辈特别是重农学派有所进步，甚至有决定性的退步。同本文中所提到的他的错觉有关的是他遗留给政治经济学的极其荒谬的教条：商品的价格由工资、利润（利息）和地租构成，也就是仅仅由工资和剩余价值构成。……关于这一点，我将在本书第二卷第三篇和第三卷第七篇更详细地谈到。"③ 在这里，

---

① 《资本论》第 2 卷，人民出版社 1975 年版，第 399 页；2004 年版，第 400 页。

② 转引自《资本论》第 2 卷，人民出版社 1975 年版，第 400 页；2004 年版，第 400 页。

③ 《资本论》第 1 卷，人民出版社 1975 年版，第 648 页脚注（32）；2004 年版，第 682 页脚注（32）。

我们如期而遇，看到了更详细的、更深入的批判。

在前面，我们已经看到，马克思主要针对斯密的错误："虽然每一单个资本分成不变组成部分和可变组成部分，但社会资本只分解为可变资本，或者说，只用来支付工资。"① 在第二卷第二十章，他又说："按照亚·斯密的说法，社会总产品价值分解为收入，分解为 v+m，就是说，不变资本价值等于零。"② 这种错误，就是谬种流传的、著名的"斯密教条"。对此，马克思在《剩余价值理论》中曾把对教条的批判戏称为"幕间曲"，并说要"一直演奏到结束"。③ 显然，在研究社会总资本简单再生产之前详细地批判这一教条，是承前启后的。之所以要这样不断地批判"斯密教条"的错误，因为这种错误是系统性的、全局性的、根本性的。既与剩余价值积累有关，也与剩余价值再生产有关，还与剩余价值的分割有关，涉及社会总资本运动的所有领域，并且对斯密之后的全部资产阶级学者都产生恶劣而致命的影响。

在这里，马克思先引用斯密关于再生产的一般观点："在每一个社会中，每一种商品的价格最终地分解为这三个部分<工资、利润、地租>之一，或三者全体"；不仅这样分解，斯密还进一步说"工资、利润和地租，是一切收入的三个原始源泉，也是一切交换价值的三个原始源泉。"④ 这样，他就从"分解价值"转换"形成价值"，或者说被分解的价值部分转化为创造价值的源泉了。为此，他又进一步将商品价值中的 C 部分分解掉。当然，这样他也会碰到困难：没有不变资本，社会总资本如何进行再生产呢？

正如一个谎言要用一系列的谎言来辩解一样，为了解决这些难题，斯密使尽浑身解数，不惜降低自己的学者身份，竟然也这样为一个理论错误而提出或调动一系列的理论错误来保护它，甚至用玩弄文字游戏来替代严密而科学的论证。

首先，为了能自圆其说，斯密迂回曲折地将不变资本拉进来。他说："一个大国全体居民的总收入，包括他们的土地和劳动的全部年产品；纯收入是在先扣除固定资本的维持费用，再扣除流动资本的维持费用之后，

① 《资本论》第 1 卷，人民出版社 1975 年版，第 647 页；2004 年版，第 681 页。
② 《资本论》第 2 卷，人民出版社 1975 年版，第 534 页；2004 年版，第 533 页。
③ 《马克思恩格斯全集》第 26 卷第 1 册，人民出版社 1972 年版，第 258 页。
④ 转引自《资本论》第 2 卷，人民出版社 1975 年版，第 401、402 页；2004 年版，第 401，402 页。

余下供他们使用的部分，或者说，是他们可以列入消费储备的部分，即用于生活和享乐而不侵占资本的部分。他们的实际财富同样不是和他们的总收入，而是和他们的纯收入成比例的。"① 其中的总收入除了纯收入外，还包含有一个纯收入"不能侵占执行职能的资本"，显然，后者就是不变资本部分。这是"迂回曲折地把第四个要素，即资本的要素偷偷地塞了进来。这是通过划分总收入和纯收入的区别来达到的。"② 对此，马克思指出："亚·斯密借助'总收入'和'纯收入'的区别这个名词游戏，背弃了自己的理论。"③ 也就是说，他一方面说不变资本也分解为三种收入，另一方面又说三种收入不包括不变资本。但是，斯密并不感到这是非常尴尬的事情，反而自以为是。因为他把"收入"即"日常生活中所说的收入"和"资本收入"混为一谈了。"按照这种观点，全部产品的价值，无论是单个资本家的还是全国的，都会形成某个人的收入；不过一方面是资本收入，另一方面是与此不同的'收入'。因此，在把商品价值分解为它的组成部分时除掉的东西，就又从后门——通过'收入'这个名词的双重含义——引了进来。"④ 他玩弄文字游戏，似乎很机智，但在马克思看来，却十分愚蠢。通过批判斯密混淆"总收入"与"纯收入"、"资本收入"，玩弄收入这个词语的错误，马克思将它们区分开来了。

其次，斯密认为"每一个单个商品——从而合起来构成社会年产品的一切商品（他到处都正确地以资本主义生产为前提）——的价格或交换价值，都是由三个组成部分构成，把交换价值分解为工资、利润和地租"，也可以说："这个教条可以还原为：商品价值＝v+m，即等于预付可变资本的价值加上剩余价值。"⑤ 并且他实际上"向我们泄露了……他对商品价值可以分解成的各个组成部分的片面分析的来源。"⑥ 即使暂时撇开他将不变资本部分也分解掉的错误不说，还包含着以下的错误：

商品价值分解为几个部分，又反过来说分解的几个部分是价值的源泉。表面看，"一定的价值量分解为三个部分"与"三个部分的价值量构

① 转引自《资本论》第2卷，人民出版社1975年版，第402页；2004年版，第402—403页。

② 《资本论》第2卷，人民出版社1975年版，第402页；2004年版，第402页。

③ 《资本论》第2卷，人民出版社1975年版，第403页；2004年版，第403页，新版将前版的"背弃了"改译为"逃了出来"。

④ 《资本论》第2卷，人民出版社1975年版，第403页；2004年版，第403页。

⑤ 《资本论》第2卷，人民出版社1975年版，第410页；2004年版，第410页。

⑥ 《资本论》第2卷，人民出版社1975年版，第412页；2004年版，第412页。

成一定的价值量"就像"1分解为1/6、2/6、3/6"与"1/6、2/6、3/6加起来等于6/6"一样在量上没有区别，但如果演绎为"一定的价值量分解为三个部分"与"三个部分是价值的源泉"就完全不同了，这是偷换概念，将价值量的构成偷换为价值质的源泉。量是可以被分解的，质的源泉却不能被分解。混淆质和量的规定，硬将不可通约的规定直接挂钩，这完全是诡辩。对此，马克思指出："正是在这里，亚·斯密的可笑错误达到了登峰造极的地步：……使收入由'组成部分'变为'一切交换价值的原始源泉'，——而这在他那里是占主导地位的见解"①。

马克思还特别提到："在斯密著作中时常表露的内在的部分"②，提示斯密的头脑有时是清醒的，但是又经常是不清醒的："关于商品价值，他的'内在的'见解不断和他的在广度上占优势的外在的见解纠缠在一起"，也是说，这是批判了斯密理论的自相矛盾，又指出斯密理论的"内在部分"与"外在见解"相比，后者是"在广度上占优势"的。

其三，关于他将不变资本部分也从商品价值中驱逐出去，马克思在大段引用斯密的原话后说："他引导我们由一个生产部门到另一个生产部门，又由另一个生产部门到第三个生产部门。商品的全部价格'直接地'或'最终地'分解为v+m这个论断，不过是一个空洞的遁辞，否则他就得证明，价格直接分解为c（所消费的生产资料的价格）+v+m的商品产品，最后会由这样一类商品产品来补偿，它们全部补偿'所消费的生产资料'，但他们本身相反地只需花费可变资本即投在劳动力上的资本就能生产出来。"③ 在第一卷，马克思对此也这样说："我们看到，这个论据的全部力量就在于把我们推来推去的'依此类推'这几个字。事实上，亚当·斯密正是在困难开始的地方中止了他的研究。"④ 既然斯密的研究不严谨、不合规范，那么由此提出"斯密教条"也是不合逻辑、先天不足的。

对斯密的这个错误，马克思还指出这是来源于他"把年产品的价值和年价值产品等同起来。后者只是过去一年劳动的产品；前者除此以外，还包含在生产年产品时消费掉的、然而是前一年生产的、一部分甚至是前几年生产的一切价值要素——生产资料，它们的价值只是再现而已，就它们

---

① 《资本论》第2卷，人民出版社1975年版，第413页；2004年版，第413页。

② 《资本论》第2卷，人民出版社1975年版，第412页；2004年版，第412页。

③ 《资本论》第2卷，人民出版社1975年版，第414—415页；2004年版，第414—415页。

④ 《资本论》第1卷，人民出版社1975年版，第647页；2004年版，第681页。

的价值来说，它们既不是过去一年间耗费的劳动生产的，也不是它再生产的。"而这种错误又是必然产生的，因为他"没有区分劳动本身的二重性"①，不懂得新价值的创造和生产资料旧价值的转移是不同的。

其四，斯密不能区分几种不同而又交织在一起的流通过程和生产过程，将资本和工人的收入混为一谈。资本家预付——"资本家为生产过程支付的每一个价值，对他来说都是预付，"②——工资购买劳动力，形成工人的工资收入，这样，似乎同一货币执行资本和收入双重职能，从而资本和收入没有区别。对此，马克思阐明，工人出卖劳动力是在流通领域，而资本家是为生产过程支付一个价值。在生产过程中，劳动力并入资本，形成执行职能的资本的一部分，为资本家生产出购买他的劳动力时能够重新支付的资本。在出售商品后，资本家用出售价格的一部分补偿支付的可变资本，也使工人能够重新出卖劳动力。③ 如果只考察流通过程，工人获得收入，以及资本家购买劳动力而再生产资本价值，和劳动力的价值决定并没有关系。总之，尽管工人获得工资收入和资本家预付可变资本在价值量上是相等的，但各自的性质不同，不能混淆。

他还进一步阐明：工人劳动力价值的源泉只能是劳动力，不是收入，更非"维持生产劳动所使用的资本部分"④。而斯密正好颠倒了，他"在这里遭遇的全部不幸，都是'收入'这个范畴造成的。"⑤ 他阐明，"收入，或按原来的用词，就是形成《Revenue》（《revenu》是动词《revenir》的分词，意思是'回来'）"⑥，表面看，资本家商品卖出回收货款，是《Revenue》，工人出卖劳动力获得工资收入，也是《Revenue》。这是用同一个《Revenue》来表达不同性质的东西，将它们混为一谈。

其五，阐明"斯密教条"产生的社会经济基础。马克思指出："错误在这里又是建立在更为深刻而真实的基础上的。资本主义生产的基础是：生产工人把自己的劳动力作为商品卖给资本家，……在资本家手中只作为他的生产资本的一个要素来执行职能。这个属于流通的交易，即劳动力的

---

① 《资本论》第 2 卷，人民出版社 1975 年版，第 418 页；2004 年版，第 418 页。
② 《资本论》第 2 卷，人民出版社 1975 年版，第 421 页；2004 年版，第 420 页。
③ 《资本论》第 2 卷，人民出版社 1975 年版，第 421 页；2004 年版，第 420 页。
④ 转引自《资本论》第 2 卷，人民出版社 1975 年版，第 422 页；2004 年版，第 422 页。
⑤ 《资本论》第 2 卷，人民出版社 1975 年版，第 424 页；2004 年版，第 424 页。
⑥ 《资本论》第 2 卷，人民出版社 1975 年版，第 403 页；2004 年版，第 403 页。

卖和买，不仅引出生产过程，而且也决定生产过程的独特的性质。"① 所以"劳动过程的不同因素……开始就是戴着资本主义生产时期的面具出现的。因此，对商品价值的分析，也直接与这种考虑相一致：一方面这个价值在什么程度之内只是所花费的资本的等价物；另一方面它在什么程度之内是'免费的'、不补偿任何预付资本价值的价值，即剩余价值。从这个观点加以互相比较的各部分商品价值，这样就不知不觉地转化为它的独立的'组成部分'，并且最终地转化为'一切价值的源泉'。进一步的结论是，商品价值由不同种类的收入构成，或'分解为'不同种类的收入，这样一来，不是收入由商品价值组成，而是商品价值由'收入'组成。"②

其六，在研究社会总资本简单再生产的场合，马克思还在相关的地方，例如在第Ⅳ节、第Ⅶ节、第Ⅷ节、第Ⅹ节等场合，都有结合研究的具体情况继续批判"斯密教条"的危害，这也是必须注意的。因为内容庞杂，并且大都意思相近，只是角度不同，若一一分析，恐怕篇幅会增加很多，所以这里没再重述。但是，在这里，我们还有必要注意他在第Ⅸ节对这个教条的另一种表述的错误所作的批判：斯密"还采用了一种更通俗的形式：消费者'最终地'必须把全部产品价值支付给生产者"。马克思指出，"直到现在，这还是政治经济学这门所谓科学的一种公认的常识，甚至是一个永恒真理。"③ 如果斯密指的第Ⅱ部类生产是消费资料，那还说得过去，但是，如果指的是两大部类的产品，那就错了。消费者的支付能力无论如何也不可能买下全部产品的。这一点，连施托尔希都感到难以证明。除非消费者包含个人消费者和生产消费者。"但是，说产品的一部分必须生产地消费，那无非是说，这一部分必须作为资本来执行职能，不能作为收入来消费。"④ 显然，资本执行职能与消费是两种完全不同的概念。

马克思还指出：如果把3000（v+m）只作为收入来考察，"从社会的角度来考察，似乎资本只是由不变资本构成的了。这是因为，原来表现为1500v的东西，现在已经分解为社会收入的一部分，分解为工资即工人阶

① 《资本论》第2卷，人民出版社1975年版，第427页；2004年版，第427页。

② 《资本论》第2卷，人民出版社1975年版，第431—432页；2004年版，第431页。

③ 《资本论》第2卷，人民出版社1975年版，第484—485页；2004年版，第484页。

④ 《资本论》第2卷，人民出版社1975年版，第486页；2004年版，第486页。

级的收入，它的资本性质因此也就消失了。"① 斯密的这种怪论，让人自然而然地想起他的另外一种荒谬说法："社会资本只分解为可变资本，或者说，只用来支付工资"②。这样看来，亚·斯密种下的祸根祸及的首先是自己。他祸害别人，也祸害自己，就此而言，与魁奈的欺骗自己相比，他还走得更远。

对"斯密教条"，马克思的科学批判还没有结束，在《资本论》终篇，他还进一步分析这个教条产生的客观条件，以及它的恶劣影响。（第三卷第七篇对它的批判详见本研究第十二章）。

三、斯密以后的经济学家批判

因为"斯密教条"有其特定的社会经济基础，再加上斯密论述中在特定的意义上包含着一个正确的观点："事物在社会资本即单个资本的总和的运动中的表现，和它从每个个别考察的资本来看的表现，也就是从每一单个资本家角度来看时的表现，是不同的。""对每一单个资本家来说，商品价值分解为1、不变要素（斯密所说的第四要素），2、工资和剩余价值之和，或工资、利润和地租之和。而从社会的观点来看，斯密的第四要素即不变资本价值，就消失了。"③ 所以，这个教条对后来与斯密有一样眼界的资产阶级学者来说，就成了金科玉律了，甚至连李嘉图这样卓越的古典经济学家也不能摆脱他的影响。

如果说，斯密提出的教条是错误的，但他还是"反对从这种论断中必然得出的结论：全部年产品都可以被消费掉。具有独创精神的思想家从来不会作出荒谬的结论"，那么，萨伊和麦克库洛赫之流却忠实地延续这种错误，例如萨伊，他认为：一个人的资本预付就是或曾经是另一个人的收入和纯产品；总产品和纯产品的区别纯粹是主观上的，社会的收入和生产的总价值相等。④

此外，"施托尔希在原则上也接受亚·斯密的学说"。虽然"巴顿、拉姆赛和舍尔比利埃都试图超出斯密的解释。他们失败了，因为他们不能把

---

① 《资本论》第 2 卷，人民出版社 1975 年版，第 487 页；2004 年版，第 486 页。
② 《资本论》第 1 卷，人民出版社 1975 年版，第 647 页；2004 年版，第 681 页。
③ 《资本论》第 2 卷，人民出版社 1975 年版，第 427 页；2004 年版，第 426—427 页。
④ 《资本论》第 2 卷，人民出版社 1975 年版，第 433 页；2004 年版，第 433 页。

不变资本价值和可变资本价值之间的区别，与固定资本和流动资本之间的区别截然分开，从而一开始提出问题就是片面的。"约翰·斯图亚特·穆勒也"重复亚·斯密传给他的后继者们的理论。"结果就是这样："斯密的混乱思想一直延续到今天，他的教条成了政治经济学的正统信条。"①

除了第十九章的批判外，在第二十章的有的场合，马克思还结合相关的研究，批判资产阶级经济学的错误和研究缺失：

在第Ⅳ节，在谈及危机时会减少奢侈品的消费的场合，马克思指出有人由此"认为危机是由于缺少有支付能力的消费或缺少有支付能力的消费者引起的"，并认为这是因为"工人阶级从他们自己的产品中得到的那一部分太小了，只要他们从中得到较大的部分，即提高他们的工资，弊端就可以消除"②。对这种消费不足引起危机的说法，马克思阐明："我们只须指出，危机每一次都恰好有这样一个时期做准备，在这个时期，工资会普遍提高，工人阶级实际上也会从供消费用的那部分年产品中得到较大的一份。按照这些具有健全而'简单'（!）的人类常识的骑士们的观点，这个时期反而把危机消除了。因此，看起来，资本主义生产包含着各种和善意或恶意无关的条件，这些条件只不过让工人阶级暂时享受一下相对的繁荣，而这种繁荣往往只是危机风暴的预兆。"③ 在这里，他实际上是在批判将经济危机的原因归结为消费不足的错误。如果从全书的视阈看，特别是联系第三卷关于利润率倾向下降趋势的研究，我们就应意识到，这里的批判是在为后面的批判做铺垫，以突出危机的根本原因是资本主义基本矛盾。

在第Ⅹ节，他提到："一部分政治经济学家为了摆脱理论上的困难，即对现实联系的理解，求助于这种流行的看法：对一个人是资本的东西，对另一个人就是收入；反过来说也一样。这种看法，只有部分是正确的，如果使它具有普遍意义，那就是完全错误的。"④ 这个错误不仅是以偏概全，而且是完全以流通的表象为依据，将资本在流通过程中所采取的货币形式和作为资本的货币混为一谈，更荒谬的是，认定工人的"劳动力也就

① 《资本论》第2卷，人民出版社1975年版，第434页；2004年版，第434页。
② 转引自《资本论》第2卷，人民出版社1975年版，第456、457页；2004年版，第456、457页。
③ 《资本论》第2卷，人民出版社1975年版，第457页；2004年版，第457页。
④ 《资本论》第2卷，人民出版社1975年版，第490页；2004年版，第489—490页。

是他的商品形式的资本，并且是他的收入的经常来源。"① 对这种错误，马克思先从资本和收入在再生产中的职能区别不同来分析，再从两大部类之间的交换来分析批判，最后又从年产品的交换来分析第Ⅰ部类可变资本的三次转化形态，阐明："因为可变资本总是以某种形式保留在资本家手中，所以无论如何也不能说，它会转化为某人的收入。"②

在第XI节分析固定资本补偿的场合，马克思还批判了整个资产阶级经济学："因为这个问题提出了特殊困难，而且直到现在还没有为政治经济学家研究过"③。

最后，在第ⅩⅢ节，他还批判了德斯杜特·德·特拉西的再生产理论。这个连李嘉图都推崇的资产阶级学者也有关于社会总资本再生产的理论，他把再生产说成是产品实现而取得利润的过程："有人问我，这些产业主怎么能赚取这样大的利润，他们能够从谁手里取得这样大的利润。我回答说：那是因为他们按高于生产成本的价格出卖他们生产的一切产品。"④ 针对他高价出售的三个方向，马克思是这样批判的：

关于资本家彼此都用高价向对方卖出消费品而致富，马克思这样说："资本家所以发财致富，第一，是因为他们在交换供他们私人消费的或者作为收入来消费的那部分剩余价值时，互相欺诈。" 对这种高论，在论证资本总公式矛盾的时候，他就已经批判过了。在这里，他再次说："由于他们人人都这样做，所以结果就和互相按实际价值出售一样。他们不过是用500镑的货币量来使400镑的商品价值流通。这种方法与其说是致富的方法，不如说是变穷的方法，因为他们必须使总财产的一大部分非生产地保持无效的流通手段的形式。"⑤ 这样做，与通货膨胀的结果无异。

德斯杜特的第二招是："他们支付工资……而这一切会通过所有这些人的支出而流回到他们手中。这些人 ｛为购买产品｝ 支付给他们的比他们 ｛资本家｝ 为生产这些产品在工资上所花费的要多。"⑥ 也就是说，支付工

---

① 《资本论》第2卷，人民出版社1975年版，第491页；2004年版，第491页。
② 《资本论》第2卷，人民出版社1975年版，第500页；2004年版，第500页。
③ 《资本论》第2卷，人民出版社1975年版，第509页；2004年版，第508页。
④ 转引自《资本论》第2卷，人民出版社1975年版，第540页；2004年版，第539页。
⑤ 转引自《资本论》第2卷，人民出版社1975年版，第541页；2004年版，第540页。
⑥ 转引自《资本论》第2卷，人民出版社1975年版，第543页；2004年版，第542页。

人 100 镑工资，工人买资本家的商品要 120 镑。但工人是"挣一文吃一文"① 的，他只有 100 镑，从哪里多出来 20 镑呢？

德斯杜特的第三招是对有闲资本家——指生息资本就和土地所有者——用欺骗的方法高价出售产品。但是，"对有闲者的欺骗减少了产业家的损失，但是并不能因此而使他们财富的损失变为他们发财致富的手段。而这个方法也不能长期使用，因为当有闲者每年只收入 100 镑货币时，他们不可能每年都付出 120 镑货币。"②

在研究社会总资本再生产过程中对资产阶级学者相关理论的批判，不仅涉及理论观点，而且联系其研究对象、研究方法，这与资本积累过程研究中的批判是相同的。但也有所不同，因为这里研究的是资本运动的较外层面，涉及更多的是资产阶级不同集团之间的交换关系，所以更多学术性，但是，我们仍然能从这些纷繁复杂的交换过程及关系的揭示中，感受到资本家的各个交换集团如何互相勾结，以完整、充分地实现剩余价值，更能感受到，实现过程的困难及难以克服的弊病，以及资产阶级学者为维护资本家阶级的发财致富而竭尽心智但却又心劳力拙、黔驴技穷，更能体会到马克思批判力的高超、犀利、眼光独到。不了解、不熟悉这些批判，就不能全面深入地领悟马克思理论的科学性及理论发展的动能。

马克思研究社会总资本再生产理论中的这种科学批判，不仅直击资产阶级经济学，而且直击资本运动。对此，列宁在研究实现论的时候，给予很高的评价："'马克思体系'所以带有'论战性'，并不是因为它'有偏向'，而是因为它从理论上确切地阐明了生活中的一切矛盾。……这个体系的'论战性'正是资本主义本身的'论战性'的反映。"③

第四节　资本实现过程研究的批判性创建

在马克思之前，尽管资产阶级学者已经研究过社会总资本的再生产，但并没有真正意义的科学理论，不过，马克思秉持科学研究的敏感和洞察力，仍透过他们磕磕碰碰、蹒蹒跚跚地走过的弯弯曲曲的道路，寻找到通

①　转引自《资本论》第 2 卷，人民出版社 1975 年版，第 498 页；2004 年版，第 497 页。

②　转引自《资本论》第 2 卷，人民出版社 1975 年版，第 548 页；2004 年版，第 547 页。

③　《再论实现论问题》，《列宁全集》第 4 卷，人民出版社 1962 年版，第 68—69 页。

向敲开真理大门、揭示真理及其表现的道路。列宁在全面研究了马克思的实现论之后说:"纠正了斯密的上述两点错误(从产品价值中抛掉不变资本,把个人消费和生产消费混同起来),才使马克思有可能建立起他的关于资本主义社会中社会产品实现的卓越理论。"① 在这里,我们必须探寻马克思在实现论上的批判性创建、创见。

一、关于研究对象的批判性创建

社会总资本的再生产过程,在确定研究对象之后,就要确定切入点。这个切入点就是 W'…W'。很显然,这是在研究资本循环的时候就已经确定了的,而这又"是魁奈《经济表》的基础。"② 但是,魁奈的研究只是选对了这个循环形式,但却将它限定为农产品、将农业当成人类劳动的惟一领域,并且"把一些无关的要素包括在年产品的这个不变资本部分中"③,这样的研究对象怎么可能得出完全科学的理论呢。马克思批判了魁奈的错误,将农产品改为一般商品 W,并且是 W',考察的是包括工农业产品在内的社会总产品的再生产。

与此同时,他还批判了斯密仅仅考察相当于 v+m 的部分,——尽管斯密还偷偷的将 c "从后门……引了进来。但是,只有那些已经存在于产品中的价值组成部分,才能够被'收入'。资本要作为收入拿回来,它就必须事先被用掉。"④ 所以,并非全部回来。可见,斯密研究并非全部 c+v+m。——对斯密的这种错误和漏洞,马克思当然是不吝惜精力分析批判的,并且确定了要研究的 W' 是全部 c+v+m 的再生产。破了当然要立,否则,就会出现垃圾堆,破字当头,立在其中,意味着还要清除掉垃圾并建立新的大厦。正是批判了斯密的错误,让他知道如何避免犯同样的错误,同时

---

① 《列宁选集》第 1 卷,人民出版社 1995 年版,第 177 页。
② 《资本论》第 2 卷,人民出版社 1975 年版,第 115 页;2004 年版,第 115 页。
③ 《资本论》第 2 卷,人民出版社 1975 年版,第 398 页;2004 年版,第 398 页。
④ 《资本论》第 2 卷,人民出版社 1975 年版,第 403 页;2004 年版,第 403 页。

也使马克思发现了理论的空当、盲点，并且找到了敲门砖和入口，① 进而创建了新的理论。

马克思研究 W' 的再生产，是要阐明它的各个部分怎样通过货币的媒介实现其价值（包括其中的剩余价值）、补偿其物质。这个过程，实际上还是两大阶级的生产消费和生活消费、包括必要品和奢侈品的消费过程。这些研究，当然是魁奈和斯密远远不能比的。

马克思研究 W' 的实现，并不仅仅局限在 W' 本身，还涉及货币资本：把"把货币资本作为社会总资本的一个组成部分来考察。""在这里揭示了一些规律，按照这些规律，一定量资本的大小不等的组成部分，必须按照周转的条件，不断地以货币资本的形式预付和更新，以便使一个定量的生产资本能够不断地执行职能。"② 这样，他就要研究货币资本在资本运动中的作用。这也是马克思的一个很重大的批判性创建。原苏联学者卢森贝早已论证，重商主义最推崇货币资本的作用，而斯密则将它贬低了。③ 与他们不同的是，对货币资本，马克思在指出它"表现为发动整个过程的第一推动力"和"持续的动力"④ 的同时，还阐明其动力作用的相对有限性，即"决不能……说，资本执行职能的范围，生产的规模——即使在资本主义的基础上——就其绝对的界限来说，是由执行职能的货币资本的大小决定的。"⑤ 不仅如此，他还进一步分析了几种节约使用货币资本的情况：

第一种：加强从内含和外延加强对劳动力的剥削，提高劳动力的紧张程度，即使不增加货币资本的支出，也能够多方面超出原有货币资本量的作用，激发资本的各种潜能：一是实际降低劳动力的报酬；二是从内含和

---

① "如果亚·斯密的分析达到了这一步，那末，离全部问题的解决也就相差无几了。他已经接近问题的实质，因为他已经指出，社会全部年产品由以构成的商品资本中的一种商品资本（生产资料）的某些价值部分，虽然形成从事这种生产的单个工人和资本家的收入，但并不形成社会收入的组成部分，而另一种商品资本（消费资料）的价值部分，虽然对它的单个所有者即在这个投资领域内活动的资本家来说，形成资本价值，但只形成社会收入的一部分。"（《资本论》第 2 卷，人民出版社 1975 年版，第 409 页；2004 年版，第 409 页。）

② 《资本论》第 2 卷，人民出版社 1975 年版，第 392 页；2004 年版，第 392 页。

③ ［苏］卢森贝著，赵本斋、朱培兴、翟松年、李延栋等译：《〈资本论〉注释》第 2 册，三联出版社 1963 年版，第 187 页。

④ 《资本论》第 2 卷，人民出版社 1975 年版，第 393 页；2004 年版，第 393 页。

⑤ 《资本论》第 2 卷，人民出版社 1975 年版，第 393 页；2004 年版，第 393 页。

外延方面更充分地利用自然物质；三是更有效地利用同一些固定资本，加快其周转。

第二种：多方提高劳动生产力，一，是充分利用各种方法和科学进步，利用自然力，将它们作为要素并入生产过程并充分发挥效能。自然力当然是无需资本家支付费用的；二，是充分利用生产过程的社会结合和工人的熟练程度；三，是可以增加产品的数量，形成新的资本材料，从而形成资本积累扩大的基础；四，是利用资本集中，在不增大社会总资本总量的同时，可以增大股份公司的规模，规模扩大，劳动生产力随之提高。

第三种：缩短周转时间，能推动资本的潜能。

以上各种情况，① 都与货币资本的"第一推动力"和"持续的动力"无关。它们表明："要预付的资本的价值量是确定的。但这个资本作为价值形式要素和产品形成要素的作用大小是可以伸缩，可以变化的。"②

另一方面，马克思还阐明货币资本对资本运动的限制。这里主要指两种情况：一是资本家不能让全部货币资本都执行职能，还要留有一定的部分。可见"能够不断执行生产资本职能的那部分处在过程中的资本价值，总是受必须不断以货币形式与生产资本同时存在的那部分预付资本价值的限制。"③ 这是一种"在货币形式上潜在的和暂歇的资本。"④ 二，是每年的资本运动都有一定数量的货币（全书都假定使用金属货币）磨损须要补偿，为此，社会必须投入一定的劳动来生产这些货币，这是对社会生产规模的限制。对这些限制，马克思认为可以从缩短周转时间及"信用制度和与此相联的联合经营（例如股份公司）"⑤ 来打破。

二、简单再生产研究的批判性创建

研究社会总资本的简单再生产，并提出一系列非常重要的理论观点，是马克思对经济科学的重大贡献。这些理论观点非常新颖而具有批判性，并且主要是有关运动过程的内在规定，所以富有学术性，非常宝贵。这一

---

① 《资本论》第 2 卷，人民出版社 1975 年版，第 394—395 页的八段论述；2004 年版，第 394—395 页。

② 《资本论》第 2 卷，人民出版社 1975 年版，第 396 页；2004 年版，第 396 页。

③ 《资本论》第 2 卷，人民出版社 1975 年版，第 393 页；2004 年版，第 393 页。

④ 《资本论》第 2 卷，人民出版社 1975 年版，第 396 页；2004 年版，第 396 页。

⑤ 《资本论》第 2 卷，人民出版社 1975 年版，第 396 页；2004 年版，第 396 页。

系列批判性的创建涉及研究对象、方法和理论观点等多方面：

在研究对象切入点的选择上，他确定从社会总资本的 W'…W' 入手，通过说明总产品 W' 的各个部分的价值卖到哪里才能实现，又从哪里才能补偿到原来的物质资料以便进行再生产。也就是说，以它们的实现为研究的核心问题。但是，他也不是一开始就将各个部分的交换全部和盘托出，而是依次考察。

这种补偿在前面的研究中，这些都是为研究单个资本的循环周转时作为条件暂时撇开的，但在这里，这些条件都必须回归研究过程。为此，首先要考察的必须是简单再生产过程。

在科学方法的运用上，为了能更精确地探究对象运动的内在规定，马克思仍然设立一系列的研究条件，诸如：

假定只有资本主义经济，只有两个阶级，没有土地所有者；假定只有产业资本，商业、借贷资本均由其代表；剩余价值是一般形式；假定生产技术不变，有机构成也不变；假定产品按价值交换，没有价值革命；假定剩余价值率不变；假定再生产周期为一年一次；假定没有外贸；① 假定没有信用，资本家都用自己的资本；只有贵金属作流通手段；在XI节以前，假定固定资本是一年更新一次；② 在各个考察的场合又有不同的假定。等等。

马克思说："生产条件在不同的年份不是绝对不变的（而假定它们是不变的），那末，规模不变的简单再生产就只是一个抽象。"③ 确定这一点非常重要，它涉及一个非常重要的假定，这种再生产是"理想的"④ 状态。对此，列宁在《再论实现论问题》中在谈到马克思关于社会总资本再生产理论的研究时有个提示："抽象的实现论假设而且应当假设，在资本主义

① "资本主义生产离开对外贸易是根本不行的。但是，假定正常的年再生产规模已定，那也就是假定，对外贸易仅仅是以使用形式或实物形式不同的物品来替换本国的物品，而不影响价值关系，……因而，在分析年再生产的产品价值时，把对外贸易引进来，只能把问题搅乱"。（《资本论》第 2 卷，人民出版社 1975 年版，第 528 页；2004 年版，第 528 页。）

② "在考察社会总产品及其价值时，我们不得不撇开，至少是暂时撇开固定资本在当年因损耗而转移到年产品中去的那部分价值，因为这种固定资本不会在当年重新得到实物补偿。在本章的后面有一节，我们将专门论述这一点。"（《资本论》第 2 卷，人民出版社 1975 年版，第 440 页；2004 年版，第 440 页。）

③ 《资本论》第 2 卷，人民出版社 1975 年版，第 438 页；2004 年版，第 438 页。

④ 《资本论》第 2 卷，人民出版社 1975 年版，第 527 页；2004 年版，第 526 页。

生产的不同部门之间，产品是按比例分配的。但是，实现论这样假设决不是断言资本主义社会中产品总是按比例分配或者能够按比例分配。"在那里他还加了个注释："不但补偿额外价值的产品，而且补偿可变资本……而且……不变资本的产品……都只是在'困难'中，在随着资本主义的发展而日益加剧的经常波动中……实现的。"并且说："因为我们谈的是抽象的实现论……，所以必然得出实现是可能的这种结论。但是在叙述抽象理论时，必须指出实际的实现过程所固有的矛盾。"① 这个提示非常重要，也非常必要。马克思在这里是"把资本主义生产方式和相应的交换形式的规律从正面，即从促进一般的社会目的的方面来加以阐述"②。不知道马克思研究和批判的科学方法，就不知道，科学的抽象、假设，不仅是为了研究的方便，本意还是要将正常的经济运动的客观要求与实际的资本运动相比较。

马克思的社会总资本再生产理论是以科学而系统的劳动价值论、资本结构（不变资本和可变资本）研究为依据的，这是极其重要的，正因为这样，他要分析的社会总资本的各个部分，就是不变资本和可变资本、剩余价值。反之，资产阶级古典学派、特别是斯密，其价值理论不科学，所以不能区别产品的价值和价值产品，其资本结构理论也不科学，只能区分固定资本和流动资本这种形式结构，因而注定了他和所有的资产阶级学者都不能形成科学的实现论。

不过，马克思也公正地指出，斯密还是"碰上了一种非常重要的区别，即生产生产资料的工人和直接生产消费资料的工人之间的区别。"前者的劳动，"既没有为自己，也没有为别人生产出可供消费的产品。因此，这些产品本身并不形成用来提供社会消费基金（'纯收入'只能在其中实现）的那部分年产品的任何要素"③，后者的劳动生产生活资料。这样，他实际上是区分了生产资料的生产和消费资料的生产两大部门。这已经临近问题的门槛，"离全部问题的解决也就相差无几了。他已经接近问题的实质，"④ 但却没有跨越进去。这对马克思来说，也是一种启发。列宁说：正是"纠正了斯密的上述两点错误（从产品价值中抛掉不变资本，把个人消费和生产消费混同起来），才使马克思有可能建立起他的关于资本主义社

① 《列宁全集》第 4 卷，人民出版社 1962 年版，第 60 页及注释②。
② 《马克思恩格斯选集》第 3 卷，人民出版社 1995 年版，第 492 页。
③ 《资本论》第 2 卷，人民出版社 1975 年版，第 405 页；2004 年版，第 405 页。
④ 《资本论》第 2 卷，人民出版社 1975 年版，第 409 页；2004 年版，第 409 页。

会中社会产品实现的卓越理论。"① 这样，马克思将社会生产区分为两大部类：第 I 部类生产生产资料，第 II 部类生产消费资料。每个部类的资本都有不变资本和可变资本，都生产剩余价值。这样，社会总资本的各个部分就清楚了，它们各自应该卖给谁而实现价值，向谁买而补偿物质基本上就都清楚了。诚然，将社会生产区分为两大部类还是比较抽象的，马克思也曾解释："某些产品……既可以供个人消费又可以用作生产资料的事实，丝毫也不会排除这种分类的绝对正确性。这种分类实际上不是假说，而只是事实的表现。……构成不变资本的绝大部分产品，从物质方面来看也是处在不能进入个人消费的形式上。即使它能够进入个人消费，例如农民可以吃掉他的谷种，可以杀掉他的役畜，经济上的限制作用，也会使农民感到这个部分完全象处在不能消费的形式上一样。"② 而且，也只有这样抽象，才能与不变资本、可变资本、剩余价值等比较抽象的范畴相匹配、相提并论。所以，这是一个重大的创见。

这样分析，从方法论上说，是对客观对象的解构和重构。这样就能逐步分析各个部分物质补偿、价值实现的来龙去脉，从总的理论内容看，是建立逐步形成新颖的比例关系平衡的诸种结构。它主要表现为：

$$I (v+m) = II c$$
$$I (c+v+m) = I c+ II c$$
$$II (c+v+m) = I (v+m) + II (v+m)$$
$$II a+ II b = I (v+m) + II (v+m)$$
$$II c① = II c②$$

货币材料的生产等（这些关系前面已有涉及，这里是从不同的侧面来看的）。

这样从产业发展的角度阐明社会总资本的结构，区分了它的第 I、第 II 两大部类，重化、轻工、必要生活资料、奢侈品两个副类，涉及货币生产部门，固定资本的补偿等等，揭示了社会总资本的许多比例关系、平衡关系，这些都是社会化大生产必须遵循的。只要了解这些用等式来表现的平衡关系，就会了解，它们表现了最重要、最基本的关系之间的平衡，以及它所决定的其他重要关系的平衡。

这样的研究，按部就班，条分缕析，紧密相关，有的还是由此及彼，将非常复杂的关系展现的清清楚楚。它既展现了社会化大生产所必须遵循

---

① 《列宁选集》第 1 卷，人民出版社 1995 年版，第 177 页。
② 《资本论》第 3 卷，人民出版社 1975 年版，第 946 页；2004 年版，第 948 页。

的比例关系，又向不怀偏见而聪慧的人展示了实际的资本运动对这些内在的平衡关系的背离，以及它不得不受这些不能离弃的关系的牵引、制约而挣扎，以至于表现出一种迭宕起伏的轨迹。尽管它的形式难得可怕，但只要弄清了条理，却会在领会马克思真意的同时，提升自己的理论水平、智商和逻辑思维能力，坚定自己的无产阶级立场。显然，不仅魁奈的《经济表》与它相形见绌，而且"斯密教条"在它面前也显得黯淡委琐。

在对各种平衡关系的批判性考察中所包含的创建，也是随处可见的。

我们已经知道，$I(v+m)=IIc$ 是最重要的比例平衡关系，但是，它们之间的交换不是直接的物物交换，而是作为商品的流通，所以一定要通过货币的媒介。以此，马克思阐明，所需要的货币是通过第 I 部类、第 II 部类的资本家预付的。"对整个资本家阶级来说，为了使它们的剩余价值实现，就必须自己把货币投入流通这样一种说法，不仅不是奇谈怪论，而且还是整个机构的必要条件。"① 不过，预付的货币也都会完整地回流。由此，他不仅阐明了重要的比例平衡关系，而且阐明了实现这种平衡的过程和条件。

马克思在第一卷已经阐明，享乐成性的资本家，不断提高奢侈品的消费水平。因此奢侈品的生产和消费比例关系是不能忽略的。这样，第 IIm 就分为 IIam（必需品）和 IIbm（奢侈品）两个部分，而第 II 部类也分成 IIa 和 IIb 两个分部类，且都要投入 c 和 v，并且都会生产剩余价值。在此基础上，马克思在经济思想史上首次考察并提出两种比例平衡关系：IIa 分部类的生产要满足两个部类工人和资本家（包括第 I 部类和 IIa、IIb 两个分部类的资本家）的必需品消费，IIb 分部类的生产要满足两个部类资本家（包括第 I 部类和 IIa、IIb 两个分部类的资本家）的奢侈品消费。

关于 IIa 和 IIb 两个分部类的研究，因为涉及消费，所以马克思在批判消费不足引起危机的谬论时，还客观地指出：在经济高涨时期，"工人阶级……也暂时参加了他们通常买不起的各种奢侈品的消费，此外，他们还会参加这类必要消费品的消费，其中绝大部分通常只对资本家阶级来说才是'必要'消费资料，而这些又会引起价格的提高。"② 但是，这只是短暂的现象，充其量只能表明："资本主义生产包含着各种和善意或恶意无关的条件，这些条件只不过让工人阶级暂时享受一下相对的繁荣，而这

---

① 《资本论》第 2 卷，人民出版社 1975 年版，第 469 页；2004 年版，第 469 页。
② 《资本论》第 2 卷，人民出版社 1975 年版，第 456 页；2004 年版，第 456 页。

种繁荣往往只是危机风暴的预兆。"①

必需注意的是，在研究比例关系平衡的问题的场合，批判消费不足引起危机，似乎是研究经济危机的最佳入口，但马克思在这里却没有进一步专门研究。这是因为，在他的理论中，危机的根本原因是资本主义基本矛盾，消费不足只是危机的一个非常粗浅的、连资产阶级学者都能看到的表象原因，还不是根本原因，所以，这样点到为止，留下继续阐述的空间，实际上也包含着对消费不足危机论的批判。

关于第 I 部类不变资本的研究，这完全是资产阶级经济学没有研究的，所以是马克思独创、新颖的。它与其他部分的产品不同，可以直接在本部类内部流通，由本部门的各个部门消费。而且它还和 II m 在第 II 部类内部的消费不同，它进入生产过程，继续发挥作用，而 II m 表现为生活资料，消费后就消失。这种情况还具有一般性，马克思设想的生产资料社会公有的生产，第 I 部类的这部分产品（当然不能再称为不变资本）仍然不断地作为生产资料在本部类内部进行分配。两种性质完全不同的社会都是这样，可见，这是社会化大生产的共同要求。资产阶级学者当然没有机会享受这种独创建造的快感。

关于第 II 部类的产品维持整个社会的生活需要，马克思分别从价值量和从使用价值量的角度来看，从劳动二重性的角度来看，阐明不能单从价值量，而应从各部分的使用价值（Pm、Km）量的相交换来看，既批判了斯密的错误，而且阐明了整个社会过去劳动和当年新的活劳动的交换关系。

关于第 I 部类的产品提供全社会的生产资料，马克思阐明，不能单从价值量相等来看 I （c+v+m）＝ I c+ II c，而应同时看到 II c 的实物是 Km。而且特别强调了，社会的考察方法不能像蒲鲁东那样，只从实物的角度来考察，必须坚持整体的"历史的经济的性质"，看到这些实物本质上全都属单个资本家所有，都打上了资本的烙印。这样，我们看到，在第 VI 节研究 I c 的时候，他指出了 I c 的物质形态具有一般性，在研究 I c+ II c 的时候，他强调了 I （c+v+m）的特殊社会性质。

关于固定资本的补偿，这方面的研究是资产阶级经济学从未问津的。在这里我们没有必要重述马克思的研究，但有必要强调的是，他发现："寿命已经完结因而要用实物补偿的那部分固定资本（这里是指在消费资

---

① 《资本论》第 2 卷，人民出版社 1975 年版，第 457 页；2004 年版，第 457 页。

料生产中执行职能的固定资本）的数量大小，是逐年不同的。"也就是说，对社会总资本来说，这种补偿是不均衡的，这就增加了研究的难度。"假定其他条件不变，消费资料年生产所需的原料、半成品和辅助材料的数量不会因此减少；因此，生产资料的生产总额在一个场合必须增加，在另一个场合必须减少。"对这种情况，社会应该怎么办？"只有用不断的相对的生产过剩来补救；一方面要生产出超过直接需要的一定量固定资本；另一方面，特别是原料等等的储备也要超过每年的直接需要（这一点特别适用于生活资料）。这种生产过剩等于社会对它本身的再生产所必需的各种物质资料的控制。但是，在资本主义社会内部，这种生产过剩却是无政府状态的一个要素。"① 这样看来，这种情况的存在，表明了社会总资本的简单再生产即使在理想的正常生产的前提下，平衡不是绝对的，不平衡也能够发生，并且必然发生。如果撇开周期性的危机，在较平缓的发展期，要完全达到各种比例关系都平衡，首先要有一定的社会条件；其次，还要一定量的储备，以应对不时之需。也就是说，它的完全平衡，不是就一年来看的。

三、扩大再生产研究的批判性创建

在前面，我们已经看到，扩大再生产是社会总资本运动的常态，包含简单再生产的要素和基本条件和要求，所以简单再生产的研究是扩大再生产研究的必要前提。"简单再生产是每个规模扩大的年再生产的一部分，并且还是它最重要的一部分"，"只要有积累，简单再生产总是积累的一部分，所以，可以就简单再生产本身进行考察，它是积累的一个现实因素。""如果只考察价值量，扩大再生产的物质基础是在简单再生产内部生产出来的。"② 资产阶级经济学对它没有科学的研究，对扩大再生产自然也就难以有所作为。所以，马克思对扩大再生产的研究，本身就是批判性的创见、创建。

具体地说，在这里有很多创见、创建。

在这里，研究对象依然是社会总资本，但规模已经不断扩大。因为仍然有两大部类、三种价值形态 c、v、m，所以核心问题仍然是在"理想"

---

① 《资本论》第 2 卷，人民出版社 1975 年版，第 527 页；2004 年版，第 526 页。

② 《资本论》第 2 卷，人民出版社 1975 年版，第 457、438、560 页；2004 年版，第 457、438、559 页。

状态下如何保持变化了的各种必要的比例关系的平衡。

这里的研究当然要有一系列的条件，由于规模有外延的、也有内含的扩大，即生产技术有变，有机构成也有变。

这里的研究方法仍然重视对象的解构和重构。因为积累必然使两个部类的结构都发生变化，"没有这种组合的变化，就根本不可能发生规模扩大的再生产。"① 与简单再生产相比，扩大再生产的结构变化复杂得多。"过程本身的复杂性，呈现出同样多的造成过程失常的原因。"② 为此，马克思深入地分析扩大再生产的必要条件和充分条件，对这些条件及其满足的过程的研究，就构成扩大再生产理论的重要内容。

在前面，我们在论证马克思对社会总资本扩大再生产的批判时，已经根据他从正面阐述的、实现它"正常"进行的必要条件和充分条件，批判资本主义社会的理智总是滞后发挥作用，实际上也是在分析马克思的科学创见、创建。对此，这里无须重述，不过，也有必要深入细部，发掘其中的闪光点。

在研究第Ⅰ部类的积累时，马克思阐明，"特定意义的资本积累"有两种途径：一种是积累的货币资本"用来扩充它们的正在执行职能的资本"，还有一种是"用来创立新的工业企业（这是扩大生产的两种形式）。"③

为了实现简单再生产向扩大再生产的转变，必须有一定数量的货币以及在市场上能够买到的追加的生产资料。马克思论证，这些货币来自准备在将来进行积累的资本家的贮藏，但这样贮藏并不是"直线进行的"，而是"由许多互相对流的运动构成的。"④ 这样阐述，不仅很生动，很能清楚地说明问题，而且区分了"贮藏货币"与"货币贮藏"的性质不同。这种贮藏货币，虽然暂时从流通中取出，但它是"可能的货币资本"，是资本主义性质的，"是资本主义生产过程的一个内在因素"，而且，它不是完全贮藏的，"在信用制度下，所有这些可能的资本，由于它们积聚在银行等等的手中，而成为可供支配的资本、'可贷资本'、货币资本，而且不再是

---

① 《资本论》第2卷，人民出版社1975年版，第570页；2004年版，第569页。

② 《资本论》第2卷，人民出版社1975年版，第559页；2004年版，第558页。

③ 《资本论》第2卷，人民出版社1975年版，第565、555页；2004年版，第564，553—554页。

④ 《资本论》第2卷，人民出版社1975年版，第553页；2004年版，第552，553页。

被动的东西，不再是未来的音乐，而是能动的，生利的东西"①；反之，货币贮藏则是简单商品流通中已经产生了的，是一般性的。

在强调 Im 中有 A、A′、A″的单纯的卖，要有 Im 中 B、B′、B″单纯的买相对应而平衡的同时，还强调要实现货币的回流。"既然平衡的形成是由于买者后来作为出售同等价值额的卖者出现，卖者后来作为购买同等价值额的买者出现，所以，货币会流回到在购买时预付货币的、在重新购买之前先已出售的那一方。"② 如果不能回流，或者不能平衡，就会发生再生产正常进行的条件"转变为……造成过程失常的条件，转变为……危机的可能性"③。对资本家来说，货币回流和与其他资本家的买卖平衡，都是十分重要的。

不仅资本家之间的 Im 中 A、A′、A″和 B、B′、B″的关系，还有在 Iv 和 IIc 的相应价值额交换，即第 I 部类的工人向第 II 部类的资本家购买生活资料，相应的就有第 II 部类的资本家的卖，他们用这些卖出商品而得到的货币再向第 I 部类的资本家购买生产资料，"这个过程，包括三个彼此独立进行但又互相交错在一起的流通过程"，当然是相当复杂的，"过程本身的复杂性，呈现出同样多的造成过程失常的原因。"④ 人们往往只重视资本家之间的买卖，而马克思则还看到工人对生活必需品的购买，以及由此可能引起的失常。这是他的眼光独到之处。

在资本主义较为发达阶段，生产企业都向资本密集型转变，所以，要积累，就要先在生产资料的质、量和结构上做文章，当技术水平不变时，量的增长就很重要。这是通过追加不变资本实现的。为此，第 I 部类必须当仁不让。对此，马克思阐明："因此，为了从简单再生产过渡到扩大再生产，第 I 部类的生产要能够少为第 II 部类制造不变资本的要素，而相应地多为第 I 部类制造不变资本的要素。"对这一后来被学术界称为"生产资料优先增长"的规律，我们应该这样理解：1. 它与一定发展阶段经济增长、经济发展方式的转变有关，从简单再生产向扩大再生产的转变看，这是必要的路径依赖，从扩大再生产从外延型向内含型转变来看，也是必要的路径依赖。由此观之，它当然是一种规律。但是，这并意味着它永远如

---

① 《资本论》第 2 卷，人民出版社 1975 年版，第 556，556 页；2004 年版，第 554，554—555 页。

② 《资本论》第 2 卷，人民出版社 1975 年版，第 557 页；2004 年版，第 556 页。

③ 《资本论》第 2 卷，人民出版社 1975 年版，第 558 页；2004 年版，第 557 页。

④ 《资本论》第 2 卷，人民出版社 1975 年版，第 558 页；2004 年版，第 558 页。

此。规律总是以运行条件紧密联系的，一旦发展阶段、发展条件、发展目的发生变化，它的内容就要随着变化。2. 它归根到底依靠工人的剩余劳动，马克思进一步阐明：扩大再生产的"这种物质基础就是，直接用在第 I 部类生产资料的生产上的、用在第 I 部类潜在的追加资本的创造上的第 I 部类工人的剩余劳动。"① 这种剩余劳动不仅提供剩余价值，更重要的是提供了物质资料；在后面，他还特地阐明是 Im 中 A、A´、A´´等等手中的"剩余产品形式"和"剩余产品的量"②。3. "完成这种过渡往往不是没有困难的，但是，由于第 I 部类的有些产品可以作为生产资料在两个部类起作用这一事实，完成这种过渡就容易些。"③

在研究第 II 部类的积累时，马克思阐明，两大部类的积累必须相互配合，而且必需注意的是，第 II 部类最终产品包括 II m 部分的物质形态全部是生活资料，它不能再进入生产过程，并入生产资本用于实际的积累。所以他提出："第 II 部类的商品的储备，是以第 I 部类的商品先有储备为前提的。如果我们忽视了一方面的这种储备，也就必定忽视另一方面的储备。"并且阐明："我们既然把全部生产列入今年的生产，那也就把今年转到下一年的商品储备包括在内，但是，也就在另一方面把今年从去年得到的商品储备扣除，因此事实上是以一个平均年度的总产品作为我们分析的对象。"④ 最后一句话很重要，考察的是一个几年平均的年度总产品。

马克思还用两个例子来阐明问题，第一例两大部类的有机构成都比较低，第二例则有提高。这样安排，体现着他的苦心孤诣：从第一例看，有机构成不变，从第二例看，有机构成也不变。但若将两例进行比较，就不难看到，两大部类的有机构成都提高了。这表明，考察对象生产的技术水平提高了。可见，这种逻辑发展，表现了资本运动的历史发展。

在这里，马克思还提出一个非常重要的客观性研究原则："在对资本主义机构进行客观分析时，不能利用这个机构所具有的某些特别的污点作为借口，来排除理论上的困难。"⑤ 这充分体现了他的研究的公正和科学，同时也从映射了资产阶级学者的学术不端。

---

① 《资本论》第 2 卷，人民出版社 1975 年版，第 560 页；2004 年版，第 559 页。

② 《资本论》第 2 卷，人民出版社 1975 年版，第 561 页；2004 年版，第 560 页。

③ 《资本论》第 2 卷，人民出版社 1975 年版，第 560 页；2004 年版，第 559 页。

④ 《资本论》第 2 卷，人民出版社 1975 年版，第 570 页；2004 年版，第 568—569 页。

⑤ 《资本论》第 2 卷，人民出版社 1975 年版，第 575 页；2004 年版，第 573 页。

在这里，他还阐明，第Ⅱ部类产品并非只能供作生活资料，也有部分产品可以成为生产资料。"第Ⅱ部类自己再生产一部分不变资本，例如在农业中使用自己生产的种子，……第Ⅱ部类的产品有一部分可以作为生产资料进入第Ⅰ部类，"① 成为第Ⅰ部类的不变资本用料，例如农产品可用于轻工产品的生产原料。由此可见，他的研究心思缜密，滴水不漏。

---

① 《资本论》第2卷，人民出版社1975年版，第589页；2004年版，第588页。

第十二章　资本主义生产总过程批判

马克思在第三卷扉页和目录中，都标示本卷研究的是"资本主义生产的总过程"。但是，这个总过程，并非指生产过程和流通过程的统一。对此，他在在第三卷开头处还有特别的说明："在第一卷中，我们研究的是资本主义生产过程本身作为直接生产过程考察时呈现的各种现象，而撇开了这个过程以外的各种情况引起的一切次要影响。但是，这个直接的生产过程并没有结束资本的生活过程。在现实世界里，它还要由流通过程来补充，而流通过程则是第二卷研究的对象。在第二卷中，特别是把流通过程作为社会再生产过程的媒介来考察的第三篇指出：资本主义生产过程，就整体来看，是生产过程和流通过程的统一。至于这个第三卷的内容，它不能是对于这个统一的一般的考察。相反地，这一卷要揭示和说明资本运动过程作为整体考察时所产生的各种具体形式。"① 可见，是研究总过程"作为整体考察时所产生的各种具体形式"。不言而喻，这些具体指的是产业资本、商业资本、生息资本、农业资本以及它们所赖以存在的大土地所有权，——"土地所有权的垄断是资本主义生产方式的历史前提，并且始终是它的基础"，是同资本运动"相适应"的"所有权形式"② ——这些具体的资本形式、土地所有权形式存在和运动的惟一目的，就是共同努力以最大限度地攫取剩余价值和最大限度地均等瓜分剩余价值。所以恩格斯说："第三卷所阐述的就是剩余价值的分配规律。"③ ——这是理解第三卷的重要指南。——与这些具体形式相适应，被瓜分的剩余价值也表现为几种不同的具体形式。这样，总过程、总过程的各种具体形式，以及剩余价值的各种具体形式就都统一起来了。但是，这种统一与第二卷"把流通过程作为社会再生产过程的媒介"所表现的整体有所不同，是"资本在社会表面上，在各种资本的互相作用中，在竞争中，以及在生产当事人自己的

---

① 《资本论》第 3 卷，人民出版社 1975 年版，第 29 页；2004 年版，第 29 页。
② 《资本论》第 3 卷，人民出版社 1975 年版，第 696 页；2004 年版，第 696 页。
③ 《马克思恩格斯全集》第 22 卷，人民出版社 1965 年版，第 511 页。

通常意识中所表现出来的形式"①。这种形式，在资产阶级学者那里，是表象性的，因而形成的是肤浅的认识，是"庸俗观念的偏狭的和学理主义的表述"②。但在马克思这里，则是内在规定的分化、假象化、独立化和硬化、物化、异化③。所谓的分化，指的是剩余价值分化为各种具体形式而实现；而其余的几个化，则是指这些实现形式的几种进一步表现，它们作为内在规定的具体表现，已经不再是简单直接性的表象，而是直接性与间接性统一的具体理论对象。

从三卷理论的上升、扬弃来看，它们分别揭示剩余价值的本质、实现和它在社会表面上的表现，并且由此及彼。所以，第三卷，特别是终篇，研究的分配是总分配，是剩余价值的生产、流通和分配的统一。④ 但又不是统一的本真形态，而是颠倒表现的异化形态。它是向开头的那种"简单商品"的回归，但又不是商品，而是包罗万象、包含而掩盖真相的"收入"。

在资本主义较为发达阶段，资本和剩余价值的这些具体形式似乎是平起平坐的，但它们各自在总分配过程中所占有的份额、地位却不是自由确定的，其本质是分赃，所以充满着竞争、尔虞我诈，也体现着一定的分割主导和分割规则。这样的过程，本身就具有批判性，并且又是要被批判的。马克思代表无产阶级对这个总分配过程进行了系统的深刻的批判，并且由破而立，进行一系列批判性创建。

第一节　资本主义生产总过程的自我批判

我们已经知道，资本主义生产总过程的实质是总分配。它既是狭义的，是收益的单纯分配，指的是剩余价值在几种所有权形式中的分

---

① 《资本论》第3卷，人民出版社1975年版，第30页；2004年版，第30页。

② 《马克思恩格斯全集》第26卷第Ⅲ册，人民出版社1965年版，第500页。

③ "古典经济学……把商品的价值和剩余价值归结为劳动；这样，它就把上面那些虚伪的假象和错觉，把财富的不同社会要素互相间的这种独立化和硬化，把这种物的人格化和生产关系的物化，把日常生活中的这个宗教揭穿了。"（《资本论》第3卷，人民出版社1975年版，第938—939页；2004年版，第940页。）

④ "从收入形式来看剩余的总分配，就是剩余价值的生产、流通和分配的统一。这种统一，不是各种规定的相加，而是上升，是辩证的统一，是具体化。"（参看陈俊明著：《〈资本论〉基本理论在终篇的具体化——〈资本论〉终篇再研究》，中央编译出版社2012年版，第95页。）

配，——表面看似乎是产业资本家、商业资本家、生息资本家、土地所有者之间共同瓜分剩余价值，但归根结底是不同的所有权形式之间的关系。——又是广义的，从《资本论》的分析看，包含两种意义：一是剩余价值生产、实现后的外化表现，二是"三位一体公式"所谓的分配，它将工人出卖劳动力获得工资也归入分配的范畴。狭义的分配与前面我们已经看到的单个资本中各个部分对剩余价值的索取权显然不同，涉及不同的所有者。而广义的分配则与社会总资本的积累和实现不同。这些不同，是演变、发展、克服，本身就包含着批判。这种批判发生在资本运动过程中，所以是资本的自我批判。虽说"它很少而且只是在特定条件下才能够进行自我批判"①，但在发展的道路上不停步，能够告别以前的状态或阶段，就是一种自我批判。

一、对剩余价值在单个资本中分配批判

关于剩余价值在全部预付资本中的分配，这实际上是马尔萨斯透露的秘密："资本家对于他所预付的资本的一切部分，都期望得到同样的利益。"② 的确，在资本家的观念中，他的投资，不管投在流动资本上，还是投在固定资本上，"都期望得到同样的利益。"不管是还在使用的或已经折旧的固定资本，都能够自行增殖，因而都必须从赢利中分得一部分。正是依据这种观念，他们将赢利美其名曰利润，并且以利润与全部预付资本的比率来确定的利润率来衡量各个资本分子的赢得利润水平，所以，利润率这样确定实际上实现了利润在整个预付资本中的平均化。

利润率这样确定、平均化后，马上就成了检验全部预付资本运行效率的标准，成了"资本主义生产的推动力"③，"因为利润率是资本家实际上唯一关心的事情"④。而且，它还直接将剥削率降低了，还给了资本家某种道义的自我安慰，成了欺骗世人的一个幌子。

在资本运动的初期，赢利就已经有了，并且当时也就被称为利润，赢利率也被称为利润率。因此，斯密也有其利润理论了。

---

① 《马克思恩格斯全集》第 46 卷上册，人民出版社 1979 年版，第 44 页。

② 转引自《资本论》第 3 卷，人民出版社 1975 年版，第 44 页；2004 年版，第 44 页。

③ 《资本论》第 3 卷，人民出版社 1975 年版，第 288 页；2004 年版，第 288 页。

④ 《资本论》第 3 卷，人民出版社 1975 年版，第 187 页；2004 年版，第 187 页。

但是，这时的利润率所包含的内含和关系还比较稀薄，在赢利水平上只体现了单个资本内部各部分资本的关系。而且，其时预付资本中固定资本（其实质为固定不变资本）的投入还相对较少，尽管已经在内部平均化，但它作为一种个别利润率与其他单个资本的利润率差别并不太大，所以它对资产阶级的真正意义还没有充分地体现出来。

在资本主义较为发达阶段，情况发生了重大的变化。随着整个社会的生产力水平不断提高，资本积累的水平也不断提高，资本的有机构成普遍提高，而且发展不平衡，特别是第 I 部类的资本的积累必须更快。不仅在同一部门内部而且在不同部门之间，资本有机构成的差别越来越大，从而周转周期差别的越大。在其他条件不变的情况下，个别资本利润率的差别随之扩大，从而导致资产阶级内部的矛盾的白热化。而且，在这个阶段，两大阶级的对立关系已经升级、尖锐化。在这个时候，社会总资本利润率及其平均化的意义、它所表现的内容已经和初级阶段有很大的不同。

首先，它批判了单个资本家的观念。初级阶段的资本家，关心的只是个别利润率，涉及自家的投资，这是时代的局限，也是个人的局限。实际上也表明初级阶段资产阶级的不成熟。反之，资本主义较为发达阶段的利润率，是涉及的是社会总资本范围内的平均化的利润率，它与先进的生产力相联系，与整个资产阶级相联系，与整个社会的阶级关系相联系。这个时候的资本家，当然也会关心自家的个别利润率，但也关心别家的利润率、社会的平均利润率。"现在，在劳动的剥削程度已定时，一个特殊生产部门生产的剩余价值量，对社会资本的总平均利润，从而对整个资本家阶级，比直接对每个生产部门的资本家更重要。"[1]

其次，在单个资本家——虽然在第一篇研究的也可以看成是全体资本家的代表或细胞——那里，至少在最初，他是全部预付资本的所有者，他自己生产商品也经营商品的出卖，甚至使用的土地也是自家的，所以他无须与别人分享利润，无须考虑地租。但这样包揽一切的结果，是效率和效益都低，从而利润率也低，必须批判、改革。由是，在资本主义较为发达阶段，资本家再也不会这样单打独斗了，而是毅然地批判、结束了以往的生产经营方式，他逐步将一些职能独立化并分离出去，与别人分享利润。这似乎降低了利润率，但职能专业化的结果，效率和效益反而更高了。这样，利润就不再是一般的形态了，而是有产业利润、商业利润、利息、地

---

① 《资本论》第 3 卷，人民出版社 1975 年版，第 188 页；2004 年版，第 188 页。

租等形式了，是"四马分肥"① 了。从根本上看，对资产阶级来说，这是利大于弊的。

其三，在单个资本家那里，利润率的形成仅在资本家一念之间，且在他一家之内，很容易平均化。这样，它对他的生产经营效率的即时检验倒是起作用了，但他只关注自己的个别利润率，只是自己和自己比，不关注左邻右舍、其他行业的利润率，很快就会在与其他资本的竞争中落伍。这样看，这种个别利润率对单个资本家生产经营方向及力度的调节功能就是失灵的，是不可取的，也是不利的。在资本主义较为发达阶段，平均利润率与全体社会总资本有关，并且要经过一段比较长的时期才能形成，一旦形成就在一个较长的时期中不变。"一般利润率的实际变化，在不是例外地由特殊的经济事件引起的时候，总是由一系列延续很长时期的波动所造成的、很晚才出现的结果，这些波动需要有许多时间才能固定成为和平均化为一般利润率的一个变化。"② 这种情况对那些有机构成比较高的投资来说，是比较有利的，从而对社会总资本积累水平的提高、结构的优化是发挥促进作用的。可见，社会总资本在这个阶段已经批判、抛弃了单个资本的那种范围狭小的平均化。

其四，单个资本的利润、利润率与社会总资本的平均利润率各自反映的经济关系有所不同。尽管本质上都是两大阶级的关系，但在形式上却包含着同一资产内部的关系。单个资本的个别利润率，涉及的只是自己的资本与自己的利润的关系。"资本表现为一种对自身的关系，在这种关系中，资本作为原有的价值额，同它自身创造的新价值相区别。"③ 在这一场合，使用的工人越多，获得的剩余价值越多，但是，这种情况只与生产力水平较低相联系，所以，它已不再适应生产力水平的提高了。如果利润率不在社会范围内平均化，则全社会的资本都涌向有机构成相对较低而个别利润率较高的部门，其结果是整个社会经济结构的低级化状态迟迟不能改变，各个资本利大大干、利小不干，必定延缓整个社会的进步。如果说，在资本主义初级阶段，这对资产阶级还是有意义的，那么，在资本主义较为发达阶段，它就不再有积极意义了。在这一阶段，社会发展突出了提高全社会劳动生产率的重要作用，因而对有机构成较高部门的更为倚重。由是社

① 我国解放初期国家规定私有企业的利润分为国家所得税、企业公积金、工人福利费、资方红利等四个部分。这里是借用。
② 《资本论》第 3 卷，人民出版社 1975 年版，第 186 页；2004 年版，第 186 页。
③ 《资本论》第 3 卷，人民出版社 1975 年版，第 57 页；2004 年版，第 57 页。

会不再允许各个资本按照自己原有的个别利润率获得利润，而是将个别利润率平均化，改革的结果是各个资本家"每100预付资本，不管它的构成怎样，每年或在任何期间得到的利润，就是作为总资本一个部分的100在这个期间所得的利润。就利润来说，不同的资本家在这里彼此只是作为一个股份公司的股东发生关系，在这个公司中，按每100资本均衡地分配一份利润。"① 所以平均化的利润率在形式上体现的是各个单个资本与社会总资本的关系，是单个资本参与对总利润的分割。这是对个别利润率所体现的资产阶级关系的批判和改革。

其五，关于单个资本成本价格、利润的研究表明，在资本家的观念中，在社会表面上，利润是全部预付资本带来的，甚至是从商品的出售产生的，而利润率不仅将剩余价值率掩盖了，而且大大小于剩余价值率。但是，单个资本的这种利润、利润率的扭曲、颠倒功能与社会总资本的平均利润、平均利润率相比，简直是小巫见大巫。在资本主义较为发达阶段，"资本的平均化过程"不仅"使商品的相对平均价格同它们的价值相分离，使不同生产部门（完全撇开每个特殊生产部门内的单个投资不说）的平均利润同特殊资本对劳动的实际剥削相分离"，而且使"利润好像只是附带地由对劳动的直接剥削决定的。正常的平均利润本身好像是资本所固有的，同剥削无关"②。这种演变并未局限在产业资本运动的领域中，既然资本的各项职能在这个时候都已经独立化了，这些独立化的资本、土地的所有权形式当然要从产业资本这里分得一杯羹。但是，至少在社会表面上，产业资本还与生产过程有直接联系，可商业资本、生息资本和土地所有权等所有权形式与价值、剩余价值的创造却远远脱钩。由是，它们作为资本运动的要素，便成了源源不断地获得利润、利息、地租的源泉，并且最终成了创造利润、利息、地租的源泉。

二、社会总资本积累过程批判

社会总资本总分配过程非常复杂，其中产业资本中的利润率平均化，决定了各个产业资本家不再能自主地支配各自厂家生产的剩余价值。从不

---

① 《资本论》第3卷，人民出版社1975年版，第177—178页；2004年版，第177—178页。

② 《资本论》第3卷，人民出版社1975年版，第937页；2004年版，第939页，新版将前版的"同剥削无关"改译为"不以剥削为转移"。

同的时期看，社会资本有机构成是不断提高的，所以利润率呈现出下降的趋势。而当商业资本介入分配之后，利润率充分平均化，又使各个产业部门资本的利润率进一步下降。尔后又有生息资本、土地所有权介入，参与瓜分总剩余价值，从而加剧利润率的进一步下降。这种情况对资本积累的影响是双向的，一是不断地销蚀最初的利润率，降低积累率；二是使产业资本的职能专业化，使产业资本家心无旁骛，从而提高积累率。其总的结果是大资本的集中更加迅速，并导致资本过剩、人口过剩、生产过剩同时并进。"所谓的资本过剩，实质上总是指那种利润率的下降不会由利润量的增加得到补偿的资本——新形成的资本嫩芽总是这样——的过剩，或者是指那种自己不能独立行动而以信用形式交给大产业部门的指挥人去支配的资本的过剩。资本的这种过剩是由引起相对过剩人口的同一些情况产生的，因而是相对过剩人口的补充现象，虽然二者处在对立的两极上：一方面是失业的资本，另一方面是失业的工人人口。"① 而"资本的生产过剩，——不是个别商品的生产过剩，虽然资本的生产过剩总是包含着商品的生产过剩，——仅仅是资本的积累过剩。"② 必须注意的是，马克思特别提出总分配会产生"大产业部门的指挥人"，由他们来收拾整理过剩的中小资本，也由他们来主导"有决定意义的产业部门"③ 的发展。显然，总分配过程中的资本积累、资本集中，是建立在单纯资本积累、资本集中基础上的，又是对后者的批判和发展。

我们已经知道，资本积累与资本集中紧密相关，资本集中有个很重要的路径，就是通过信用制度建立股份公司。建立股份公司，最初是为了集中资本，是为了分散风险，后来据说还是为了提供信息以调节社会资本的投资方向。但是，始料不及的是，随着它的不断发展的，一旦股份公司趋于成熟化、典型化，其中包含但最初没有被人注意的一些规定就逐渐显露出来："那种本身建立在社会生产方式的基础上并以生产资料和劳动力的社会集中为前提的资本，在这里直接取得了社会资本（即那些直接联合起来的个人的资本）的形式，而与私人资本相对立，并且它的企业也表现为社会企业，而与私人企业相对立。这是作为私人财产的资本在资本主义生

---

① 《资本论》第 3 卷，人民出版社 1975 年版，第 279—280 页；2004 年版，第 279 页。

② 《资本论》第 3 卷，人民出版社 1975 年版，第 280 页；2004 年版，第 279—280 页。

③ 《资本论》第 3 卷，人民出版社 1975 年版，第 138 页；2004 年版，第 137 页。

产方式本身范围内的扬弃。"① 这种扬弃、否定，是客观的，是内在的，不仅是"一个资本家打倒许多资本家"，是"少数资本家对多数资本家的剥夺"②，而且更进一步，是建立"社会企业"，是在资本主义范围内扬弃"私人企业"。对中小资本家来说，如果凭自己的私人资本加入股份公司变成股份资本，不见得是坏事，但如果意识到还有股份公司的这种扬弃，他就会感到无可奈何、头皮发凉、偏离初衷。

以上是从社会范围看的，如果再从公司内部看，职能从所有者转移到管理者这里，或者说，是所有权与职能分离。"实际执行职能的资本家转化为单纯的经理，即别人的资本的管理人，而资本所有者则转化为单纯的所有者，即单纯的货币资本家。因此，……这个资本所有权这样一来现在就同现实再生产过程中的职能完全分离，正象这种职能在经理身上同资本所有权完全分离一样。……在股份公司内，职能已经同资本所有权相分离，因而劳动也已经完全同生产资料的所有权和剩余劳动的所有权相分离。"③ 这实际上表明管理职能是一种劳动，原来资本家"资本的单纯所有者和资本的使用者"④ 的双重身份一旦分离，资本使用者就不再是资本家了，资本就变成"无所作为的所有权"⑤，就像一个乐队的指挥家与乐器和乐队的所有者分离之后，所有者的所有权除了占有利润外，已经成了无所作为的所有权一样。"资本主义生产本身已经使那种完全同资本所有权分离的指挥劳动比比皆是。因此，这种指挥劳动就无须资本家亲自担任了。"⑥ 在这个发展阶段，资本家已经成了过剩人口了，正像恩格斯所说的："资本家的全部社会职能现在由领工薪的职员来执行了。资本家除了拿红利、持有剪息票、在各种资本家相互争夺彼此的资本的交易所中进行投机以外，再也没有任何其他的社会活动了。资本主义生产方式起初排挤

---

① 《资本论》第3卷，人民出版社1975年版，第493页；2004年版，第494—495页。

② 《资本论》第1卷，人民出版社1975年版，第831页；2004年版，第874页。

③ 《资本论》第3卷，人民出版社1975年版，第493—494页；2004年版，第495页。

④ 《资本论》第3卷，人民出版社1975年版，第421页；2004年版，第421页。

⑤ 《资本论》第3卷，人民出版社1975年版，第426页；2004年版，第426页，"无所作为"表述为"惰性"。

⑥ 《资本论》第3卷，人民出版社1975年版，第435页；2004年版，第434页。

工人，现在却在排挤资本家了，完全像对待工人那样把他们赶到过剩人口中去"①了。从一切都管，到无所事事，这个变化多大呀，这种批判多深啊。必须注意的是，这里涉及的资本家，并非单个资本家，而是股份公司中的所有股东。在资本主义较为发达阶段，股份公司遍地开花，几乎占领一切领域，因而拥有"无所作为所有权"且无所事事的资本家队伍已经非常庞大。所以，这种批判不是针对单个资本家，而是整个资产阶级，至少是其中的相当大一部分人。

马克思又从资本家身份与职能的这种变化中发现资本主义社会发展的临界点："资本主义生产极度发展的这个结果，是资本再转化为生产者的财产所必需的过渡点，不过这种财产不再是各个互相分离的生产者的私有财产，而是联合起来的生产者的财产，即直接的社会财产。另一方面，这是所有那些直到今天还和资本所有权结合在一起的再生产过程中的职能转化为联合起来的生产者的单纯职能，转化为社会职能的过渡点。"②这个过渡点当然不是某一天，只不过预示着资本主义社会发展到这种程度，已经为新的社会做好准备了。因为他这时已经看到垄断的苗头，所以才这么判断。恩格斯更进一步，他在这里还以联合制碱托拉斯的垄断为例，说明："在英国，在这个构成整个化学工业的基础的部门，竞争已经为垄断所代替，并且已经最令人鼓舞地为将来由整个社会即全民族来实行剥夺做好了准备。"③

三、社会总资本实现过程批判

在第一、二卷末篇，相对于第三卷末篇，研究的还是比较内在的对象，剩余价值还没有转型表现，还没有被分配当事人分割。在经过漫长的理论过程对各种所有权形式参与分割剩余价值并取得利润、利息、地租等具体形式的研究之后，在终篇即第三卷末篇又考察它们的统一的最具体形式——收入。这是个理论过程，但它又是现实过程不同阶段发展的理论再现。

---

① 恩格斯：《反杜林论》，《马克思恩格斯选集》第 3 卷，人民出版社 1995 年版，第 629 页。

② 《资本论》第 3 卷，人民出版社 1975 年版，第 493—494 页；2004 年版，第 495 页。

③ 《资本论》第 3 卷，人民出版社 1975 年版，第 495 页；2004 年版，第 497 页。

在资本的现实运动过程中，职能是有阶段之分的，剩余价值有生产——流通——分配等三个阶段，如果不从过程的连续性、反复性看，生产和之后的流通、分配所包含的内容当然是有不同的。不仅当事人不同，有生产当事人、流通当事人、分配当事人，而且他们的职能不同、观念也不同。尽管资本家从来没有剩余价值的概念，但全都有赢利的观念，并且在资本家观念中一开始就表现为利润，同时也表现为收入。但是，在资本运动的不同阶段，对资本家来说，收入这种表现的意义是不同的。收入这种范畴在实际过程中对本质规定掩盖和颠倒的作用虽然都相同，但随着运动阶段的推进，资产阶级社会对它加注的内容肯定要丰富得多。黑格尔曾说过：一句格言在青年口中和阅历丰富的成人口中说出的意义是不同的，[①]"收入"这个俗语（也是资产阶级经济学中的术语）在资本运动的不同阶段的意义也是这样。越是较高的发展阶段，越是接近社会表面，它越具有扭曲、掩盖价值实体真正源泉的意义。在生产过程中，剩余价值正在生产，还没有收入概念；在流通过程中，剩余价值正实现，还没有被分割；但在总分配过程中，收入出现了，在社会表面上，在竞争中，它让工人的工资与资本家的利润、利息、土地所有者的地租都有一样的通俗名称而等同起来，并且还经过"三位一体公式"特有的"训导式的、或多或少教条式的翻译，把这些观念安排在某种合理的秩序中"[②]，而具有更奇特的意义。

在第一卷末篇，马克思假定资本家独立支配全部剩余价值，——情况的确是这样，在产品没有卖出之前，全部剩余价值都在生产资本家的手中，——但在现实过程中，资本家要实现积累，一定是在扣除了商业利润、利息、地租以及自己的消费基金之后才有可能。就此而言，马克思的假定实际上反映的是生产过程刚刚结束时的情况，但终篇结合收入来考察的积累，就是作了必要扣除——暂时撇开税收等社会性的支出——之后表现为收入的那部分积累资本。也就是说，产业资本家实际用于积累的剩余价值是有折有扣的，是以收入的项目或名义转化的。在本来、实质的意义上，积累是剩余价值的资本化，但在社会表面上，情况发生了变化，变成了对资本家收入的克扣。对资本家集团来说，这是很好说出口，也很好听

---

① "正像同一句格言，在完全正确理解了它的青年人口中，总没有阅世很深的成年人的精神中那样的意义和范围，要在成年人那里，这句格言所包含的内容的全部力量才会表达出来。"（黑格尔《逻辑学》上卷，商务印书馆 1977 年版，第 41 页。）

② 《资本论》第 3 卷，人民出版社 1975 年版，第 939 页；2004 年版，第 941 页。

的，更好欺世盗名的。这恰恰表现了资产阶级的成熟和狡猾。

在第二卷末篇，马克思虽然也深入地批判了斯密等资产阶级学者被"收入"弄得神魂颠倒："亚·斯密在这里遭遇的全部不幸，都是'收入'这个范畴造成的。"① 但在那里，还只是从理论上来说明"收入"的多重涵义。而在《资本论》终篇，他就从不同的角度向人们全面地阐明，"现实的运动必然会以颠倒的形式表现出来"②。例如，在现实过程中，"收入和资本这两个固定的规定会互相交换、互换位置，以致从单个资本家来看，它们好象只是相对的规定，而从整个生产过程来看，它们就消失了。……在一个阶段上，它们形成不变资本的一部分，在另一个阶段上，它们供个人消费，因而完全加入收入。这样，人们就可以象亚当·斯密一样认为，不变资本只是商品价值的一个表面的要素，它会在总的联系中消失。"③ 这样，马克思就让人们看到：在资本的竞争中、在流通中、在资本家的观念中，"收入"之所以能决定价值、决定积累、决定实现的客观原因。在掩盖、扭曲过程的实质、本质、规律等方面，总分配比之积累过程、实现过程更胜一筹。

第二节 资本主义生产总过程批判

在第三卷开头，马克思告诉读者："我们在本卷中将要阐明的资本的各种形式"，是"资本在社会表面上，在各种资本的互相作用中，在竞争中，以及在生产当事人自己的通常意识中所表现出来的形式"④。这些形式包括各种资本、土地等的所有权形式，以及与这些形式紧密联系的收益形式。尽管马克思也研究了资本主义以前长期存在的商业资本、生息资本、地租等形式，但他在《政治经济学批判。导言》中已经阐明："在资产阶级社会中……农业越来越变成仅仅是一个工业部门，完全由资本支配。地租也是如此。在土地所有制居于支配地位的一切社会形式中，自然联系还占优势。在资本居于支配地位的社会形式中，社会，历史所创造的因素占优势。不懂资本便不能懂地租。……资本是资产阶级社会的支配一切的经

---

① 《资本论》第2卷，人民出版社1975年版，第424页；2004年版，第424页。
② 《资本论》第3卷，人民出版社1975年版，第983页；2004年版，第985页。
③ 《资本论》第3卷，人民出版社1975年版，第955页；2004年版，第957页。
④ 《资本论》第3卷，人民出版社1975年版，第30页；2004年版，第30页。

济权力。它必须成为起点又成为终点，必须放在土地所有制之前来说明。"① 可见，这里研究的是在资本关系支配之下的地租。同样的道理，商业资本、生息资本作为产业资本某些职能独立化而资本形式，也是从属于产业资本的。道理很简单，商业利润、利息是产业利润派生出来的。在资本主义较为发达阶段，产业利润已经不再是单个资本家的利润，而是平均利润，即利润率平均化后形成的利润。在此基础上，再衍生出商业利润、利息、地租。这些演变、派生，并非和平协议的结果，反之，倒是竞争的产物。但是，它们的竞争，并没有削弱这些资本形式的力量，反而强化了他们之间的联盟，以强力压迫日益发展的工人的反抗。所以，马克思对它们当然要倾注心力加以批判。

一、利润率平均化及其下降趋势批判

在研究资本积累的时候，马克思已经阐明，随着生产力的发展，资本的有机构成必定不断提高，从而可变资本部分不断相对地减少。在其他条件不变的情况下，有机构成越高的部门、企业，利润率都越低。但是，"资本是天生的平等派，就是说，它要求在一切生产领域内剥削劳动的条件都是平等的，把这当作自己的天赋人权"②，因此，对这些部门、企业的资本家来说，这是不可承受的，必然要求大体平均的利润率。在众多资本自发的协同努力下，利润率终于趋于平均化。在这种情况下，"资本就意识到自己是一种社会权力；每个资本家都按照他在社会总资本中占有的份额而分享这种权力。"③ 这一过程是自然发生的，也是必然发生的，有一定的主观性，也有一定的客观性。

就其目的而言，利润率平均化是为满足了资本家追求平等的剥削权利，所以，是污浊的。这是显而易见的，毫无疑义的。对资本家来说，这是主观的愿望。但对资本家阶级来说，这又是客观的要求，客观的事实。由此也表明，资本家的个人愿望尽管具有剥削性，但在资本主义社会，这就是资本主义的"公平""正义"。"只要与生产方式相适应，相一致，就是正义的；只要与生产方式相矛盾，就是非正义的。"④

① 《马克思恩格斯全集》第46卷上册，人民出版社1979年版，第45页。
② 《资本论》第1卷，人民出版社1975年版，第436页；2004年版，第457页。
③ 《资本论》第3卷，人民出版社1975年版，第218页；2004年版，第217页。
④ 《资本论》第3卷，人民出版社1975年版，第379页；2004年版，第379页。

就其过程看，利润率平均化是通过全体资本在各个部门之间的充分流动实现的。资本是逐利的，但"不同生产部门由于投入其中的资本量的有机构成不同，会产生极不相同的利润率。"因此，"资本会从利润率较低的部门抽走，投入利润率较高的其他部门。通过这种不断的流出和流入，总之，通过资本在不同部门之间根据利润率的升降进行的分配，供求之间就会形成这样一种比例，以致不同的生产部门都有相同的平均利润"①。明明是各个资本家竞相追逐较高的利润率，最终却事与愿违，导致社会总资本利润率的平均化并趋向下降，这样的过程不仅十分诡异。马克思论证，流向利润率较高部门的资本往往如过江之鲫，使该部门的资本过多，结果一定是产品供过于求，由是，反作用产生，整体利润率下降。于是又有资本退出，转移到别的利润率更高的部门。不言而喻，这样反复的冲高回落，当然要经过较长的时间，要花费高的时间成本；而且转行是有成本的，所以还要花费巨额的流入流出损失。看到别的资本流向利润率高的部门跟着赚钱，跟进的资本可能就赚不到钱，甚至亏本了。这样折腾的结果，是资本的频繁洗牌，对有些实力不强而跟风的资本家来说，很大的可能是赔了夫人又折兵。

不过，正如工人不断流动会培育出"全面发展的人"一样，资本家在不同部门之间流动，其生产经营在一定意义上也会逐步发展起开来。只不过这样"发展"的成本过高，资本家往往疲于奔命，伤痕累累。因此，事情就转向反面，在中小资本家获得很多生产经营经验的时候，已经有很多人不能再像以往那样取得"健康的、正常的"② 利润了，不得不将资本"交给大产业部门的指挥人去支配"③，而大资本家也将麻烦的管理交给职业经理。这样，他们都同样的成了社会不再需要的"过剩人口"，而且是绝对过剩的人口。

利润率平均化的过程还未结束，商业资本还要参与进来。对此，马克思安排的商业资本的研究中也有批判。且待后文分说。

利润率平均化是资本主义无意识、不自觉实行的经济体制改革，这样，有机构成高的资本不再只与低利润率相伴，能够为社会的技术进步提供支撑。在客观上创造了合理的经济机制，解决了资本的效率提高与效益

---

① 《资本论》第 3 卷，人民出版社 1975 年版，第 218 页；2004 年版，第 218 页。

② 《资本论》第 3 卷，人民出版社 1975 年版，第 284 页；2004 年版，第 284 页。

③ 《资本论》第 3 卷，人民出版社 1975 年版，第 279 页；2004 年版，第 279 页，"大产业部门"重译为"大经营部门"。

降低的矛盾，避免了陷入为追逐利润率而避开高构成投资的窘境。但是，资本家是不计较什么社会进步的，他们这样做，也不是有意而为，而是社会需要决定的，是大势所趋。从经济上看，如果绝大多数资本都涌进并死守在低构成的领域中，不仅彼此自相残杀，而且长期效率低下。对资本家来说，劳动生产率的提高是保持其竞争力的最有效手段，但社会上如果只有极少数高构成的、能够提供先进技术设备的厂家，这样，绝大多数资本提高劳动生产率的努力将受到很大的影响。于是，对先进技术设备的需求反过来成了提升高构成部门投资的重要因素，从而这些投资的利润率就上升了。这样看，高构成部门能够按平均利润率获得平均利润，并不是低构成部门的资本家良心发现，而是经济发展的客观需要所致。

利润率平均化在提升资本运动的品质、改善资本运动的结构的同时，也深化了对整个阶级对工人阶级的剥削和统治。马克思阐明："每一单个资本家，同每一个特殊生产部门的所有资本家总体一样，参与总资本对全体工人阶级的剥削，并参与决定这个剥削的程度，这……是出于直接的经济利害关系，因为在其他一切条件（包括全部预付不变资本的价值）已定的前提下，平均利润率取决于总资本对总劳动的剥削程度。"他还进一步举极端的例子说："一个在本生产部门内完全不使用可变资本，因而完全不使用工人的资本家（事实上这是一个极端的假定），会像一个只使用可变资本，因而把全部资本都投到工资上面的资本家（又是一个极端的假定）一样地关心资本对工人阶级的剥削，并且会像后者一样地从无酬的剩余劳动获取他的利润。"① 这种情况对资本家当然是很有利的。一方面，他们都会以此为"事实依据"，说生产资料创造价值、利润，以此来欺骗工人，也欺骗自己。另一方面，利润率平均化以后，无论哪个部门、哪个企业，不管其雇用多少工人，生产多少剩余价值，最终都是按照同样的平均利润率计算其利润量的。这也表明，每个工人都不仅受雇佣他的那个资本家剥削，还受整个资产阶级的剥削。"因此，我们在这里得到了一个像数学一样精确的证明：为什么资本家在他们的竞争中表现出彼此都是虚伪的兄弟，但面对着整个工人阶级却结成真正的共济会团体。"②

利润率平均化作为一种经济体制、经济机制的改革，是社会生产力的提高引起的，也是在资本积累所致，这些因素又必然促使资本有机构成也随着提高，从而使社会总资本的平均利润率趋向下降。马克思认为：这

---

① 《资本论》第3卷，人民出版社1975年版，第220页；2004年版，第219页。
② 《资本论》第3卷，人民出版社1975年版，第221页；2004年版，第220页。

"是劳动的社会生产力日益发展在资本主义生产方式下所特有的表现。"它
"证明了一种不言而喻的必然性：在资本主义生产方式的发展中，一般的
平均的剩余价值率必然表现为不断下降的一般利润率。"① 对此，资产阶级
经济学也已经看到，"并且在各种自相矛盾的尝试中绞尽脑汁地去解释它。
由于这个规律对资本主义生产极其重要，因此可以说，它是一个秘密，亚
当·斯密以来的全部政治经济学一直围绕着这个秘密的解决兜圈子"②。而
且亚·斯密以来的各种学派之间的区别，也就在于解决这个秘密的不同的
尝试。

　　但是，资产阶级并不会束手无策，在利润的相对量减少的同时会想方
设法增加利润的绝对量。在其他条件不变的情况下，增加总资本量，就会
增加利润的绝对量。"在资本主义生产方式的发展中，一方面表现为利润
率不断下降的趋势，另一方面表现为所占有的剩余价值或利润的绝对量的
不断增加；结果，可变资本和利润的相对减少总的说来是同二者的绝对增
加相适应的。"③ 马克思认为，这是利润率下降规律的一个表现。这个规律
的运行当然是有条件的，即增加的资本总量必须足够大，从而增加的比例
要大于利润率降低的比例。④ 显然，只有少数资本才具有这样的实力。所
以，"一个拥有巨额资本的资本家所赚得的利润量，大于一个表面上赚得
高额利润的小资本家所赚得的利润量。"这不仅可以使他们可以聊以自慰，
还能成为挤垮中小资本的利器，"对竞争的最肤浅的考察表明，在某种情
况下，例如在危机时期，当大资本家要在市场上夺取地盘，排挤小资本家
时，他在实际上就是利用这个办法，即有意识地压低自己的利润率，以便
把小资本家排挤出去。"⑤

　　马克思还阐明，利润率下降的趋势还表现为"资本所生产的商品的价
格下降，同时商品所包含的并通过商品出售所实现的利润量却会相对增

---

　　① 《资本论》第 3 卷，人民出版社 1975 年版，第 237 页；2004 年版，第 237 页。

　　② 《资本论》第 3 卷，人民出版社 1975 年版，第 238 页；2004 年版，第 237—
238 页。

　　③ 《资本论》第 3 卷，人民出版社 1975 年版，第 248 页；2004 年版，第 248 页。

　　④ "换句话说，要使总资本的可变组成部分不仅绝对地保持不变，而且绝对地增
加（尽管它作为总资本的一个部分所占的百分比已经下降），总资本增加的比例必须大
于可变资本所占百分比下降的比例。"（《资本论》第 3 卷，人民出版社 1975 年版，第
248 页；2004 年版，第 248 页。）

　　⑤ 《资本论》第 3 卷，人民出版社 1975 年版，第 250 页；2004 年版，第 250 页。

加。"① 为此，当然要提高劳动生产率，不过，这只有在一定范围内情况才是这样，即只有在单个商品中包含的新追加的活劳动的总和在生产发展过程中大大地绝对减少时，其中包含的无酬劳动的量才会绝对地减少。作为有机构成提高在单个商品的价格中表现出来的形式，这是与商品量较大增加紧密联系的。这当然也成了实力雄厚的大资本家与中小资本家竞争的有力武器。

无论是利润率下降的趋势本身，还是它的两个表现，结果都是饮鸩止渴。

诚然，马克思在第十四章也研究了起反作用的五种原因，但归根到底都不能根本改变利润率下降的趋势。而且，这些原因甚至还加深了资本主义的各种矛盾。就以劳动剥削程度的提高而言，它可以归结为提高相对剩余价值率的办法，但恰恰是这种方法，才是"利润率趋向下降的真正秘密"②。而将工资被压到劳动力的价值以下，这也是有效的办法，可是它激化了两大阶级的矛盾，对资产阶级来说，并非良策。关于对外贸易，这的确是个好办法，但它仍然是双刃剑，在加速积累的同时也加速有机构成的提高。至于相对过剩人口的存在和规模扩大，虽然从短期看，可以抵消这种下降趋势，但从长期看，却会强化生产过剩、资本过剩。

马克思还阐明，利润率倾向下降趋势及其表现，是一种长期的、明显的现象，是资产阶级学者已经感觉到、已经有研究但却众说纷纭、令人莫衷一是的现象，其本质乃是资本主义生产关系——本质性的、而非直接性的——在利润形式上的外在表现，或者说，是资本主义内在矛盾的表现。换句话说，马克思是通过这种表现，来研究这一内部矛盾。在此基础上，他又进一步研究这一内部矛盾的展开。揭示内部矛盾的不可避免和尖锐化，是最有力的理论批判。

首先，利润率趋向下降使剩余价值生产和实现的矛盾展开、激化。一方面，利润率下降，但利润量增长，加速资本的集中和积累，导致剩余价值的生产扩大。另一方面，利润率下降，又表明使用的可变资本相对减少了，因而工人的整体消费能力下降了。马克思说："社会消费力既不是取决于绝对的生产力，也不是取决于绝对的消费力，而是取决于以对抗性的分配关系为基础的消费力；这种分配关系，使社会上大多数人的消费缩小到只能在相当狭小的界限以内变动的最低限度。"如果说这个消费力还包

---

① 《资本论》第 3 卷，人民出版社 1975 年版，第 251 页；2004 年版，第 251 页。
② 《资本论》第 3 卷，人民出版社 1975 年版，第 259 页；2004 年版，第 259 页。

括资本家的消费力，那么它又"受到追求积累的欲望的限制，受到扩大资本和扩大剩余价值生产规模的欲望的限制。"① 尽管"这个内部矛盾力图用扩大生产的外部范围的办法求得解决。但是生产力越发展，它就越和消费关系的狭隘基础发生冲突。"②

其次，利润率趋向下降还导致生产扩大和价值增殖之间的冲突。生产力的发展表现在所用资本方面，既有生产力总量的增加，又有有机构成提高导致可变资本量相对减少；表现在所用劳动力方面，既有劳动生产率发展、剩余劳动增加，又有所用劳动力的减少。这两种运动互为条件，"二者都包含现有资本的贬值，二者都和可变资本同不变资本相比的相对减少同时并进。二者都引起利润率的下降，二者都延缓这种下降。"③ 也就是对利润率起着二重的影响，提高剥削程度可以补偿剥削量的减少，但不能阻止利润率的下降；而生产力提高使生产资料和生活资料便宜，同时又导致现有资本贬值。由是，马克思揭示了这个利润率倾向下降的趋势所暴露的内在矛盾：一方面是资本增值的目的，另一方面是采用的手段导致利润率下降、资本贬值，发展了新的生产力，但却牺牲了现有的生产力。这种目的与手段的矛盾，在周期性的经济危机中表现得最为充分。这样，马克思就通过资本主义内在矛盾的展开，结合利润率倾向下降趋势而论及资本主义经济危机，说明经济危机是这种内在矛盾的必然产物。

再次，利润率趋向下降趋势还导致资本主义生产的主观目的与客观效果的矛盾。资本积累与劳动生产率提高的复合作用导致资本有机构成不断提高，利润率趋向下降，其直接的结果有两个方面：一是资本绝对过剩，尽管利润相对量的降低和利润绝对量的增长是可以并行不悖的，但只有实力强大的资本才能这样，而那些中小资本则没有这种实力，以至于可能在竞争中被大资本家吞并，而越来越高的投资门槛又会限制相当多的中小资本进入，这些资本不得不逐渐被闲置，变成过剩资本。这种过剩表明：这些中小资本"已经不能按照资本主义生产过程的'健康的、正常的'发展所需要的剥削程度来剥削劳动，而这种发展所需要的剥削程度至少要使利润量随着所使用的资本量的增加而增加，从而使利润率不会在资本增加时

---

① 《资本论》第 3 卷，人民出版社 1975 年版，第 272—273 页；2004 年版，第 273 页。

② 《资本论》第 3 卷，人民出版社 1975 年版，第 273 页；2004 年版，第 273 页。

③ 《资本论》第 3 卷，人民出版社 1975 年版，第 276 页；2004 年版，第 276 页。

按同一程度下降，更不会比资本的增加更为迅速地下降。"① 显然，这种因无法得到"健康的、正常的"利润率而"过剩"的资本，在利润率下降的趋势面前，不是相对过剩，而是绝对过剩。对此，马克思讥讽地说："竞争实际上表现为资本家阶级的兄弟情谊，使他们按照各自的投资比例，分配共同的赃物。但是，一旦问题不再是分配利润，而是分配损失，每一个人就力图尽量缩小自己的损失量，……每个资本家要分担多少，要分担到什么程度，这就取决于力量的大小和狡猾的程度了"②。二是人口相对过剩。马克思阐明："资本的这种过剩是由引起相对过剩人口的同一些情况产生的，因而是相对过剩人口的补充现象"③。

在这些科学批判的基础上，马克思又进一步指出了资本主义生产方式的历史局限性。

在研究在资本积累的场合，马克思已经论证过工人人口的相对过剩，在这里，他又结合利润率下降倾向再次阐明："要使全部有劳动能力的人口在生产效率最大的情况下劳动，就是说，要使他们的绝对劳动时间能够由于劳动时间内所使用的不变资本的数量和效率而得到缩短，已经生产出来的生产资料还很不够。"④ 并且，他还阐明，相对人口过剩时产生的资本过剩，还具有绝对性。"只要增加以后的资本同增加以前的资本相比，只生产一样多甚至更少的剩余价值量，那就会发生资本的绝对生产过剩"。在前一场合，说生产过剩是相对的，那是相对于劳动大众而言的，"但是整个资本主义生产方式也只是相对的生产方式，它的限制不是绝对的，"因此，相对于这种生产方式来说，或者说在这种生产方式的基础上，这种过剩就"是绝对的"⑤ 了。由此可见，资本主义已经不再适应生产力的高度发展了。

马克思还阐明，资本不仅是一种经济权力，而且还是一种越来越强大的社会权力。特别是大资本家个人，不但成了"资产阶级社会的受托人，"成了一般的社会的权力的掌管人，而且日益"从这种委托中得到的全部果

---

① 《资本论》第 3 卷，人民出版社 1975 年版，第 284—285 页；2004 年版，第284 页。

② 《资本论》第 3 卷，人民出版社 1975 年版，第 282 页；2004 年版，第 282 页。

③ 《资本论》第 3 卷，人民出版社 1975 年版，第 280 页；2004 年版，第 279 页。

④ 《资本论》第 3 卷，人民出版社 1975 年版，第 287 页；2004 年版，第 287 页。

⑤ 《资本论》第 3 卷，人民出版社 1975 年版，第 280、286 页；2004 年版，第280、286 页。

实装进私囊"①，从而与社会相对立。由此，他断定："由资本形成的一般的社会权力和资本家个人对这些社会生产条件拥有的私人权力之间的矛盾，发展得越来越尖锐，并且包含着这种关系的解体，因为它同时包含着生产条件向一般的、共同的、社会的生产条件的转化。这种转化是由生产力在资本主义生产条件下的发展和实现这种发展的方式所决定的。"②

二、商业资本及商业利润批判

在研究了以产业资本为代表的社会总资本的利润率平均化及其趋向下降的规律之后，马克思就开始考察社会总资本的各种具体形式以及它们所获得的剩余价值的具体表现形式。首当其冲的，是商业资本或商人资本形式及商业利润。这是因为商业资本原本是产业资本中商品资本的独立化、固定化形态，只不过商业资本家自己投入资本，专门经营产业资本家将商品资本转化为货币资本的附带活动，所以也属于"资本的核心构造"③。有投资当然要获利，——并且这本来是产业资本家应该投入资本经营的，而产业资本家对他的全部投资、包括投在商品经营上的资本都是要按份平均计算利润的，——所以商家当然要从产业资本家那里按照产业资本一样的平均利润率获得利润。而产业资本家为了心无旁骛，为了节约投资以提高效率，也乐于与商家这样利润共享。因此，利润率就充分平均化了。

在考察商业资本的时候，为了方便研究，马克思把商品资本的一些独特的职能如运输先抽象掉，使商品资本以纯粹的形式表现出来。

商业资本家的活动只是为了把产业资本家的商品资本转化为货币所必须完成的活动，只是对商品资本在流通过程和再生产过程中的职能起中介作用的活动，将厂家的附带活动，变成自己的专门活动，作为一种特殊投资的业务而独立起来。

但是，马克思认为，商业资本为经营商品的买卖所投入的资本应有一定的限度，不能"超过它的必要的比例"④，即为经营一定量商品的买卖必须预付的资本量。但是，对社会总资本的运动来说，这个比例或度是最难把握的。或者过多，大商场卖少量的商品，造成资本的浪费；或者过少，

---

① 《资本论》第 3 卷，人民出版社 1975 年版，第 296 页；2004 年版，第 296 页。
② 《资本论》第 3 卷，人民出版社 1975 年版，第 294 页；2004 年版，第 294 页。
③ 《资本论》第 3 卷，人民出版社 1975 年版，第 297 页；2004 年版，第 297 页。
④ 《资本论》第 3 卷，人民出版社 1975 年版，第 307 页；2004 年版，第 307 页。

又会造成销售不畅，延迟周转。在这两种情况下，会造成"核心构造"内部利润率的波动。

商业资本的独立化，是社会总资本的专业化分工，它当然要"小于产业资本家在必须亲自从事他的企业的全部商业活动时所需要的这种资本"量，"商人专门从事这种业务，所以，不仅生产者可以把他的商品较早地转化为货币，而且商品资本本身也会比它处在生产者手中的时候更快地完成它的形态变化。"而且它的一次周转，"不仅可以代表一个生产部门许多资本的周转，而且可以代表不同生产部门若干资本的周转。"① 总的来看，它的职能的发挥，虽然不直接生产剩余价值，但却可以改变整个社会产业资本循环和周转的结构，而且缩短了这种循环和周转的时间，从而大大地提升了整个社会总资本生产剩余价值的能力，强化了对雇佣工人的剥削。马克思总结说："既然它有助于流通时间的缩短，它就能间接地有助于产业资本家所生产的剩余价值的增加。既然它有助于市场的扩大，并对资本之间的分工起中介作用，因而使资本能够按更大的规模来经营，它的职能就会提高产业资本的生产效率和促进产业资本的积累。既然它会缩短流通时间，它就会提高剩余价值和预付资本的比率，也就是提高利润率。既然它会把资本的一个较小部分作为货币资本束缚在流通领域中，它就会扩大直接用于生产的那部分资本。"② 由此观之，商业资本的独立化，相对于原先产业资本兼顾生产和销售的情况，是一种超越，也是一种批判。

商业资本当然要获得利润，但它的特殊经营模式却会造成贱买贵卖赚钱的假象。它从厂家那里买到商品，再自行加价，即高于出厂价卖出商品。马克思分析道：从现象上看，商业资本"只采取商品资本和货币资本的形式，而从来不采取生产资本的形式，并且总是处在资本的流通领域中。"③ 针对这些现象，他通过实例分析，阐明厂家要卖出一定量的商品，必须再投入一笔资本，这样就必然增加总资本量，从而降低原有的利润率。而商业资本家的介入投资恰好节省了产业资本家的资本，所以产业资本家只能以原本要降低的利润率来计算出厂价，而商业资本家则名正言顺地以和厂家一样的利润率来计算自己投资的利润率，加在出厂价上。从这种意义看，的确是加价，但不是在生产价格上加价，而是在没有达到"充

---

① 《资本论》第 3 卷，人民出版社 1975 年版，第 307 页；2004 年版，第 307 页。
② 《资本论》第 3 卷，人民出版社 1975 年版，第 312 页；2004 年版，第 312 页。
③ 《资本论》第 3 卷，人民出版社 1975 年版，第 305 页；2004 年版，第 305 页。

分的平均利润"① 的出厂价上的加价，"加价"后只达到该商品应有的生产价格。这样分析，就令人信服地论证了"商人资本决不是别的东西，而只是一部分在流通过程执行职能的产业资本独立化的形式，所以一切和它有关的问题，都必须这样来解决：问题首先要在这个形式上提出，即商人资本所特有的各种现象还没有独立地表现出来，还和产业资本直接联系在一起，作为产业资本的一个部门的现象表现出来"②。换句话说，商业资本是参与产业资本的利润率平均化过程的，这就深刻地批判了肤浅的"加价"说。

针对社会表面上"薄利多销"的虚假现象，马克思还阐明："商业加价的多少，一定资本的商业利润中加到单个商品的生产价格上的部分的大小和不同营业部门的商业资本的周转次数或周转速度成反比。如果一个商人资本一年周转五次，而另一个商人资本一年只能周转一次，那末，前者对同一价值的商品资本的加价，就只有后者对同一价值的商品资本的加价的1/5。"③ 这就是说，部门商业资本周转速度加快，会使商品的销售价格降低。可见，所谓"多销多得利"的现象，"是由仅仅对商业的观察和商人的偏见产生的。"④ "如果我们更精确地考察一下周转时间对价值形成的影响，我们就会回到商品价值由商品中包含的劳动时间决定这一个一般规律和政治经济学的基础上来。"⑤

商业资本预付的资本除了购买厂家的商品及建设商场等设施之类的流通费用外，还要购买工人的劳动力。从类比的角度看，前者相当于产业资本的不变资本，后者则相当于可变资本。前者要获得平均利润，后者亦然。流通领域的劳动有两类，一类是运输、保管等劳动，属于生产过程的延长，所以都会创造价值和剩余价值，还有一类是商业劳动，它虽然没有真正创造价值，⑥ 但他们的劳动也分为必要劳动和剩余劳动两部分。而剩余劳动是不必支付工资的，"他给资本家带来利益，不是因为他直接创造

① 《资本论》第3卷，人民出版社1975年版，第332页；2004年版，第331页，"充分"改译为"十足"。

② 《资本论》第3卷，人民出版社1975年版，第333页；2004年版，第333页。

③ 《资本论》第3卷，人民出版社1975年版，第348页；2004年版，第347页。

④ 《资本论》第3卷，人民出版社1975年版，第343页；2004年版，第342页。

⑤ 《资本论》第3卷，人民出版社1975年版，第349页；2004年版，第348页。

⑥ "至于商品是从生产者手里还是从中间商人手里转移到消费者手里去的，这个情况丝毫也不会增加商品的交换价值。"（《资本论》第3卷，人民出版社1975年版，第311页脚注（38）；2004年版，第311页脚注（38）。）

了剩余价值，而是因为他在完成一部分无酬劳动的时候，帮助资本家减少了实现剩余价值的费用。"① 马克思还阐明，随着社会的发展，这些工人的"劳动能力提高了，但是他们的工资下降了。只要有更多的价值和利润需要实现，资本家就会增加这种工人的人数。这种劳动的增加，始终是剩余价值增加的结果，而决不是剩余价值增加的原因。"②

简而言之，商业资本家的利润来自参与产业资本的利润率平均化，来自所雇佣工人的剩余劳动。可见，这样分析，实际上推翻了商业利润来自贱买贵卖式的加价的假象，批判了商业工人没有为商业资本增殖的表象。

马克思还阐明，商人资本的中介活动既有助于生产资本的运动，也会造成假象。当商品由厂家手中转到商家手中时，它还没有被最后卖掉；也就是说，商品要被卖两次，如果有许多中间商人插手，还可能要卖多次。但是，对生产资本家来说，商品已经卖出，表明有需要，就可继续生产。这不啻造成表象的繁荣，潜伏和掩盖着危机。这种情况，在阐述资本循环的时候，他就已经阐明过了。③ 在这里，他又进一步阐明，信用制度对此还有促进作用：它可使一个商人没有全部卖完商品之前，再次购买。也可使别的商人通过信用来向他购买。"在投机时期，这种流通会显得非常繁荣，……由于商人资本的独立化，它的运动在一定界限内就不受再生产过程的限制，因此，甚至还会驱使再生产过程越出它的各种限制。内部的依赖性和外部的独立性会使商人资本达到这样一点，这时，内部联系要通过暴力即通过一次危机来恢复。"而且"危机最初不是在和直接消费有关的零售商业中暴露和爆发的，而是在批发商业和向它提供社会货币资本的银行中暴露和爆发的。"④

在这里，马克思还批判了周转决定价格的假象。在商业资本的总量已定、它在社会总资本中的相对量已定的情况下，商业资本的利润总量也是已定的。如果商业资本的周转较快，其总利润分摊到商品中的份额也比较少。但是，这种情况在社会表面上却会颠倒地表现为商业资本的周转决定

---

① 《资本论》第 3 卷，人民出版社 1975 年版，第 335 页；2004 年版，第 335 页。

② 《资本论》第 3 卷，人民出版社 1975 年版，第 336 页；2004 年版，第 335 页。

③ "商品的一大部分只是表面上进入消费，实际上是堆积在转卖者的手中没有卖掉，事实上仍然留在市场上。这时，商品的潮流一浪一浪涌来，最后终于发现，以前涌入的潮流只是表面上被消费吞没。……这种出售同需求的实际状况绝对无关。同它有关的，只是支付的需求，只是把商品转化为货币的绝对必要。于是危机爆发了。"（《资本论》第 2 卷，人民出版社 1975 年版，第 89 页；2004 年版，第 89 页。）

④ 《资本论》第 3 卷，人民出版社 1975 年版，第 340 页；2004 年版，第 339 页。

商品价值，以至于引起人们的错觉。可见，马克思的分析澄清了这种由流通产生的迷雾。

除了商品经营资本外，货币经营资本也是商业资本的一种形式。它只经营货币，没有参加剩余价值的生产，但是，它仍然要与商品经营资本一样，按平均利润率获取平均利润。很显然，这也是剩余价值的一部分。

尽管商业资本在社会总资本运动的总过程中发挥着重要作用，但它毕竟"没有加入价值增殖过程"，所以与产业资本相比，充其量只是一种"次要活动"①。

三、生息资本及利息批判

在前面，马克思都假定所有的资本家都使用自有的资本，即都拥有所使用资本的所有权，是所有权与使用权的"两权统一"的资本，并且都是直接投入实体的资本，但实际上并非全部如此。在资本主义较为发达阶段，除了有一部分因不能对抗利润率下降趋向而"过剩"的资本外，实际执行职能的资本也经常有闲置，其中除了部分留做准备金外，其余的都不会贮藏在保险箱中睡大觉，而是选择比较可靠的去处贷放出去，同样的，执行职能的资本家们也经常感到银根吃紧，需要借入资本以应急。由是，在运动过程中，专门用于借贷的资本——资本所有权与使用权的"两权分离"——就应运而生了，相应的，生息资本家——他们是生息资本的人格化——也随之诞生了。

在前面，我们已经论证过，马克思研究的商品诸因素中包含着所有权因素。正因为有这样的理论基础，他才得以在这里研究资本的所有权。

在研究过所有权与使用权的"两权统一"并经营实体经济的资本之后，马克思当然要接着考察这种具有特殊使用价值的商品——生息资本。"它既不是作为货币，也不是作为商品支出的，也就是说，它作为货币预付时，不是去交换商品，它作为商品预付时，不是为取得货币而出售，它是作为资本支出的。"② 对这种资本，马克思着重考察的是其所有权，它留在其生息资本家的手中，而将其使用权贷放出去，在将资本的使用权商品化的同时，也将资本所有权商品化。马克思说："很清楚，100 镑的所有

① 《资本论》第 3 卷，人民出版社 1975 年版，第 325 页；2004 年版，第 325 页，新版将前版的"次要"改译为"次一级"。

② 《资本论》第 3 卷，人民出版社 1975 年版，第 386 页；2004 年版，第 386 页。

权，使其所有者有权把利息，把他的资本生产的利润的一部分，据为己有。"①

生息资本的运行公式是：$G—G'$，从资本的实际运行看，是：$G—G—W—G'—G'$。但由于其中的 $G—W—G'$ 是职能资本家实际运用的，所以对生息资本或借贷资本来说，这种作为商品贷出的资本运行公式应是 $G—G'$。生息资本家不是慈善家，他贷出资本商品，是要有回报的。而职能资本家也不是做义务工，将借来的资本所获得的剩余价值全部都无保留地奉献给货币资本家，他只按借贷合同规定的利息率支付利息。所以 $G—W—G'$ 的 G' 和 $G—G'$ 的 G' 是不同的量。严格地说，$G—G—W—G'—G'$ 应该是 $G_1—G_2—W—G_3'—G_4'$，其中 $G_3' > G_4'$。

在现实过程中，生息资本是那种不执行职能的资本，从这种意义看，它是闲置的状态的，"成为已经停止执行能动职能的货币资本"②。就此而言，撇开那些在经营过程中暂时闲置的资本不说，它的所有者或者是因为它的数量不能达到进入门槛而干瞪眼，或者是因为没有在"平均条件以及平均的智力水平和合乎目的的活动下当作资本使用"③，以至于不能产生"正常的、健康的"利润率，无论是哪种情况，都表明它已经不是健康的正常的资本了，只有另辟蹊径，才能或得重生。——对此，马克思在研究利润率倾向下降趋势的时候已经批判过了。——不过，这些资本家也出于本能，很快就调整观念，自己不再亲自经营，而将资本贷出、当起无所事事的食利者。资本运动这种化腐朽为神奇的自觉的确让人叹为观止。

不过，马克思并没有将这种获利手段当成非正义，他认为，"生产当事人之间进行的交易……是从生产关系中作为自然结果产生出来的。……只要与生产方式相适应，相一致，就是正义的；"④ 也就是说，在资本主义社会，食利是"正义"的。当然，这句话还是有弦外之音的，那就是要消除这种不劳而获，就必须消灭资本主义。

生息资本的运行公式 $G—G'$ 是没有中介的过程，在 $G—G'$ 这种关系上，"资本表现为会生出货币的货币，——在这里，不借助起中介作用的中间运动，已经单纯地作为资本的性质，作为资本的规定性，同资本融合

---

① 《资本论》第 3 卷，人民出版社 1975 年版，第 379 页；2004 年版，第 379 页。
② 《资本论》第 2 卷，人民出版社 1975 年版，第 503 页；2004 年版，第 502 页。
③ 《资本论》第 3 卷，人民出版社 1975 年版，第 378 页；2004 年版，第 378 页。
④ 《资本论》第 3 卷，人民出版社 1975 年版，第 379 页；2004 年版，第 379 页。

在一起。"① 并且一定要回流，回流时还要带着利息。"只要它被贷放出去，……那就无论它是睡着，还是醒着，是在家里，还是在旅途中，利息都会日夜长到它身上来。"② 对资本家来说，资本是有灵性的东西，是能自行增殖的东西，它的这种权能、属性，使它的使用权也和所有权一样也变成了商品，一种特殊的商品。这样，很自然地就会产生假象，似乎这种资本形式可以自动地增殖。针对这种情况，马克思将它归结为资本拜物教："在这里，资本的拜物教形态和资本拜物教的观念已经完成。在 G—G'上，我们看到了资本的没有概念的形式，看到了生产关系的最高度的颠倒和物化"，看到了"资本的神秘化取得了最明显的形式。"③

生息资本虽然是一种特殊的商品，尽管是不是被卖出，而是被贷出，但也与一般的商品一样，在市场上具有价格，这种价格就是其利息。当 100 镑资本贷出时，资本所有者就要向贷入者索要一定的利息，假定利息是 5 镑，那么 100 镑的资本就有 5 镑的价格。

针对这种情况，马克思批判道："利息是资本的价格这种说法，从一开始就是完全不合理的。在这里，商品有了双重价值，先是有价值，然后又有和这个价值不同的价格，而价格是价值的货币表现。……一个价值额怎么能够在它本身的价格之外，在那个要用它本身的货币形式来表示的价格之外，还有一个价格呢？"④ 但是，在社会表面上，在资本家的观念中，在流通中，利息都被归结为资本的价格。如何解释和批判这种情况呢？在这个问题上，首先要确定，价格只是一种社会表象，要解释表象，只有深入了解其本质，再来阐明内在的本质如何颠倒地表现为现象。

马克思透过 G—G' 这个不完整的过程表述式，阐明它是 G_1—G_2—W—G_3'—G_4' 的简略式，这样，G—G' 就转变为 G_1—G_4' 了。由于 G_1=G_2，并且 G_3>G_2'，而 G_4' 不过是 G_3' 的一部分。所以，G_4' 来自 G_3'，其大于 G_1' 的 $\triangle G$ 部分，不是来自流通过程，也不是自身自行增殖的，而是 G_3' 转移来的平均利润的一部分。"在这里，这个 $\triangle G$ 是利息，即平均利润中不是留在执行职能的资本家手中，而是落到货币资本家手中

① 《资本论》第 3 卷，人民出版社 1975 年版，第 386 页；2004 年版，第 386 页。
② 《资本论》第 3 卷，人民出版社 1975 年版，第 443 页；2004 年版，第 443 页。
③ 《资本论》第 3 卷，人民出版社 1975 年版，第 442 页；2004 年版，第 442 页。
④ 《资本论》第 3 卷，人民出版社 1975 年版，第 397 页；2004 年版，第 396—397 页。

的部分。"① 也就是说,利息不外是从产业资本家那里转移过来的一部分平均利润的特别名称,是生息资本作为资本增殖部分的货币表现,不是作为一般商品价值的货币表现。他继续分析道:在产业资本的 $G_2—W—G_3'$ 中,或者在 $G—W—G'$ 中,至少还可以看到资本关系,但在 $G_1—G_4'$ 中,$\triangle G$ 只表现为 G_1 的产物,是货币生出货币,而没有社会关系。"因此,在生息资本上,这个自动的拜物教,即自行增殖的价值,会生出货币的货币,就纯粹地表现出来了,并且在这个形式上再也看不到它的起源的任何痕迹了。社会关系最终成为一种物即货币同它自身的关系。……创造价值,提供利息,成了货币的属性,就象梨树的属性是结梨一样。"②

那么作为平均利润一部分的利息为何要表现为价格呢? 这一方面与观念的变化有关,另一方面与生息资本出现在市场上有关。

就第一方面而言,既与资本家的观念随着时代的发展而变化有关,也与生息资本是具有特殊使用价值的商品有关。在资本主义较为发达阶段,利润率平均化已经典型化,在对资本的需要日益旺盛、且资本的"两权分离"已经定型的时代,资本作为一种能够带来剩余价值的东西,具有特殊的使用价值。正因为这样,资本家对待贷出资本的观念必然发生根本性的转变:"资本作为资本是商品,或者说,我们这里所说的商品是资本。因此,这里出现的一切关系,从简单商品的观点来看,或者从那种在再生产过程中作为商品资本执行职能的资本的观点来看,都是不合理的。"③ 在这个时候,社会经济条件已经发生重大的变化,对象的内在规定在社会表面上的颠倒表现也发生变化,正是基于这种"客观条件",资本家出于充分利用资本的考虑,当然很乐意改变以前时代的观念,根据新的市场现象和自身利益需要而形成新的观念。

就第二方面而言,生息资本家是将货币资本提供到市场上贷出的,并且货币的使用价值是作为资本来让渡的,这种情况让它成了商品,而这些货币资本即使不在生产过程中,也"已经表现为资本所有权本身"这种商品的属性,"这个因素离开资本主义生产过程本身,现在表现在这样的事实上:货币,商品也一样,就其自身来说,潜在地,在可能性上是资本,它们能够作为资本出售"④。再者,它也和一般商品一样,受供求、竞争的

① 《资本论》第3卷,人民出版社1975年版,第392页;2004年版,第392页。
② 《资本论》第3卷,人民出版社1975年版,第441页;2004年版,第441页。
③ 《资本论》第3卷,人民出版社1975年版,第396页;2004年版,第396页。
④ 《资本论》第3卷,人民出版社1975年版,第398页;2004年版,第398页。

调节。马克思还指出，一般商品的供求，偶尔还可能达到平衡，以至于"市场价格这时在它的直接存在上，就已经和那个由生产方式本身的内在规律调节的生产价格相一致，而不只是作为市场价格的运动的平均才是这样。"但是对生息资本的供求来说，这个时候决定利息率的"就是某种没有规律的、任意的东西"①，也就是说，资本价格的变动，受市场供求的影响比一般商品价格还更彻底。这种情况当然会使那些整天根据市场行情行事的资本家、资产阶级学者很容易相信利息是资本价格的假象。

总之，利息本不是资本的价格，但在流通中、在竞争中，在资本家的观念中，它会颠倒表现为资本的价格。这种情况，就像我们前面已经说明的，地球本是围绕太阳公转的，但在缺乏科学知识、只相信日常经验的地球人来说，他们却眼见为实，根据日常观察经验认为太阳围绕地球转，也就是说，将真相颠倒认识了。不过，这并不意味着科学与狭隘经验是对立的，而是再次表明，科学必须既揭示对象的内在规定，又阐明内在规定在社会表面上如何被颠倒表现的。

在职能资本家向生息资本家贷入资本后，这部分资本所攫取的利润就不能全部由职能资本家独占了，他要与生息资本家分享。这样，企业利润就要被分割为企业主收入和利息了。职能资本家与生息资本家这样分赃，对职能资本家来说，还是大有文章可做的。如果职能资本家是利用自有的资本经营，那么他也有理由以生息资本家的身份来从全部企业利润中刨除出利息归自己占有。还有，由于利息率是事先就确定的，这样一来，企业主收入就好像只与利息相对立，与之成此长彼短的反向变动，而不是与工资相对立。这就在掩盖了他职能资本家与雇佣工人的对立的同时，将自己剥削社会劳动的职能转变成企业家管理劳动过程的职能，随之而来的则是企业主收入转变为"监督工资"。"利息对他来说只是表现为资本所有权的果实，表现为抽掉了资本再生产过程的资本自身的果实，即不进行'劳动'，不执行职能的资本的果实；而企业主收入对他来说则只是表现为他用资本所执行的职能的果实，表现为资本的运动和过程的果实，这种过程对他来说现在表现为他自己的活动，而与货币资本家的不活动，不参加生产过程形成对照。"②

---

① 《资本论》第3卷，人民出版社1975年版，第399页；2004年版，第399页，新版将前版的词序调整，但意思不变。

② 《资本论》第3卷，人民出版社1975年版，第420页；2004年版，第420页。新版将前版的"对照"改译为"相对立"。

对这种掩盖和颠倒，马克思当然是很敏感的，也很反感的，是要渗入批判的。他举大型乐队为例，一个乐队需要一指挥，指挥家的指挥是一种生产劳动，但他的指挥与建立在音乐家与乐器所有者之间对立基础上的监督不同。这种监督是由乐队的所有者实施的，是一种"由奴役直接生产者而产生的职能"，但它与那种指挥职能在表象上很相近，因此，"由奴役直接生产者而产生的职能，经常地被人们用作替这种关系本身进行辩护的理由，而对别人的无酬劳动的剥削即占有，也同样经常地被人们说成是资本所有者应得的工资。"① 对此，马克思首先是将两种性质完全不同的行为区分开来，在此基础上，又进一步阐明，奴役性的监督，对企业来说，"资本家作为生产上的管理人员已经成为多余的了，就像资本家本人发展到最高阶段，认为大地主是多余的一样。"② 尽管这样，这种性质的监督不仅没有消失，而且还在股份公司中出现："在资本主义生产的基础上，一种关于管理工资的新的欺诈勾当在股份企业中发展起来，这就是：在实际的经理之外并在他们之上，出现了一批董事和监事。对这些董事和监事来说，管理和监督实际上不过是掠夺股东、发财致富的一个借口而已。"③

生息资本的存在和发展是以信用为基础的，而信用的发展又为虚拟资本的产生提供了土壤。

一笔货币资本贷出后，它的所有权仍然留在所有者手中，而使用权却贷放出去。不言而喻，若借入者没有信用，谁敢于这样贷放资本。可见，信用的存在是生息资本存在的基础。④ 由此观之观之，信用是有积极意义的。但是，在信用的基础上，资本开始虚拟化了：一笔货币资本贷放出去之后，借贷资本家手中握有该笔资本的所有权证书，而职能资本家则将这笔资本投入实际的生产经营中。这样，在社会上就有两笔同量的资本存在，其中一笔是虚拟的。

随着信用和生息资本的发展，作为生息资本家和职能资本家中介的银行业也发展起来。而银行信用的发展又给生息资本的借贷开辟了广阔的地

---

① 《资本论》第 3 卷，人民出版社 1975 年版，第 433 页；2004 年版，第 433 页。

② 《资本论》第 3 卷，人民出版社 1975 年版，第 435 页；2004 年版，第 435 页。

③ 《资本论》第 3 卷，人民出版社 1975 年版，第 438 页；2004 年版，第 438 页。

④ "信用，在它的最简单的表现上，是一种适当的或不适当的信任，它使一个人把一定的资本额，以货币形式或以估计为一定货币价值的商品形式，委托给另一个人，这个资本额到期后一定要偿还。……这种信用通常立有文据，记载着确定的支付日期。"（转引自《资本论》第 3 卷，人民出版社 1975 年版，第 452 页；2004 年版，第 452 页。）

盘，创造了适用的杠杆，形成更新的观念。① 在存贷之外，还发展起了贴现业务，同时借助利息率这一神妙的杠杆，造成收入资本化。所谓收入的资本化，指的是"每一个确定的和有规则的货币收入都可以表现为资本的利息，而不论这种收入是不是由资本生出。"② 这样，一定量银行存款按一定的利息率获得的利息，就被看成是同量资本存在银行按一定的利息率收取的利息了。在收入资本化之后，只要生息资本家手中持有的一定量资本所有权证书在银行贴现，同一笔钱就变成两笔了：一笔由银行家贴现，一笔被职能资本家借得并已投入经营过程中。可见，这部分贴现收入虚拟化了。③ 针对这种虚拟化，马克思还进一步批判道："因此，和资本现实增殖过程的一切联系就彻底消灭干净了。资本是一个自行增殖的自动机的观念就牢固地树立起来了。"④

资本的虚拟化在证券投资中达到极致。证券投资者利用收入的资本化，利用银行利息与证券利息的差距，轻而易举地超过票面价值额出售该证券。假如一张证券的收益率高过银行利息率一倍，持有人就可按高于票面额一倍将它卖出。

马克思批判地指出，资本的虚拟化给予资本家以巨大的想象空间，以至于产生许多颠倒错乱。特别是将工人的工资也看成是利息。这一点在本章第三节还将细谈，这里暂不涉及。

在这里，马克思还专门结合股份制度对资本主义信用制度提出了一系列非常重要的批判。

他首先阐明，信用制度促进股份公司的成立。因为有信用制度，可以发行股票，使生产规模惊人地扩大了。从社会范围看，这是建立了一种与

① "在资本主义生产不很发达的阶段还有某种意义的各种观念，在这里变得完全没有意义了。"（《资本论》第3卷，人民出版社1975年版，第497页；2004年版，第498页。）

② 《资本论》第3卷，人民出版社1975年版，第526页；2004年版，第526页。

③ 在《资本论》中，马克思还阐明了贴现的神奇性，他引用《曼彻斯特卫报》1847年11月24日的报道：伦敦的外销商A托中间商B向曼彻斯特工厂主C购买货物，准备运往东印度的经销商D那里去。B凭C向B开出的以六个月为期的汇票向C支付。B也用向A开出的以六个月为期的汇票使自己得到补偿。货物一经起运，A又凭提单向D开出以六个月为期的汇票。这样，一笔资本变成了四笔同量的资本。（见《资本论》第3卷，人民出版社1975年版，第461—462页；2004年版，第461—462页。）

④ 《资本论》第3卷，人民出版社1975年版，第529页；2004年版，第529页。

私人企业不同的社会企业，并且直接取得了社会资本的形式。马克思认为，"这是作为私人财产的资本在资本主义生产方式本身范围内的扬弃。"①所谓的扬弃，即是既有所保留又有所抛弃，且保留的东西又不全是原版复制，而是有所更新。再从公司内部看，"实际执行职能的资本家转化为单纯的经理，即别人的资本的管理人，而资本所有者则转化为单纯的所有者，即单纯的货币资本家。……而这个资本所有权这样一来现在就同现实再生产过程中的职能完全分离，正象这种职能在经理身上同资本所有权完全分离一样。"② 这样，两种权利分离就发展为两种职能分离了。本来，在私人企业中，权利是与职能紧密联系在一起的，现在，在股份公司这种社会企业内，所有权却与管理职能分离了，对资本运动来说，这是一种进步。但马克思指出，这种进步对资本家来说，不仅包含着被淘汰的暗示，而且还表明了整个资产阶级已经面临着被淘汰的过渡点："资本主义生产极度发展的这个结果，是资本再转化为生产者的财产所必需的过渡点，不过这种财产不再是各个互相分离的生产者的私有财产，而是联合起来的生产者的财产，即直接的社会财产。另一方面，这是所有那些直到今天还和资本所有权结合在一起的再生产过程中的职能转化为联合起来的生产者的单纯职能，转化为社会职能的过渡点。"③

当然，马克思并没有过高地估计这种扬弃、转化，他很清楚，这是"在资本主义生产方式本身范围内的"扬弃，只是处在"过渡点"上，还没有过渡到新的社会形态。而且这是"自我扬弃"，表明资本主义还是有生命力的，还能够自我扬弃。一旦他丧失了这种我扬弃的能力，它的路就走到头了。

他还发现：这个"自行扬弃的矛盾，……首先表现为通向一种新的生产形式的单纯过渡点。它作为这样的矛盾在现象上也会表现出来。它在一定部门中造成了垄断，因而要求国家的干涉。它再生产出了一种新的金融贵族，一种新的寄生虫，——发起人、创业人和徒有其名的董事；并在创立公司、发行股票和进行股票交易方面再生产出了一整套投机和欺诈活动。这是一种没有私有财产控制的私人生产。"④ 很显然，这不是商品经济

---

① 《资本论》第 3 卷，人民出版社 1975 年版，第 493 页；2004 年版，第 495 页。

② 《资本论》第 3 卷，人民出版社 1975 年版，第 493—494 页；2004 年版，第 495 页。

③ 《资本论》第 3 卷，人民出版社 1975 年版，第 494 页；2004 年版，第 495 页。

④ 《资本论》第 3 卷，人民出版社 1975 年版，第 496 页；2004 年版，第 497 页。

中出现的一般性的"普通意义上的""自由竞争的统治下"①的垄断，而是有金融寡头控制的垄断，可见这个发现意义非凡。再联系他撰写第三卷手稿的时间，在1863——1865年间，尽管垄断的大势尚未形成，只是初见端倪，仅露苗头，但他已经敏锐地捕捉到了，并且科学地预见到私人垄断一定会要求国家的支持。由此可见，马克思是已经意识到资本主义的自我扬弃、达到一个过渡点，可能是要进入垄断这样一个新的阶段，还不是到了可能进行社会主义革命的时候。

值得注意的是，恩格斯在编辑这部分文稿的时候，还插进一大段对垄断组织的批判："自马克思写了上面这些话以来，大家知道，一些新的工业企业的形式发展起来了。这些形式代表着股份公司的二次方和三次方。……历来受人称赞的自由竞争已经日暮途穷，必然要自行宣告明显的可耻破产。这种破产表现在：在每个国家里，一定部门的大工业家会联合成一个卡特尔，以便调节生产。……在个别场合，甚至有时会成立国际卡特尔。……在有些部门，只要生产发展的程度允许的话，就把该工业部门的全部生产，集中成为一个大股份公司，实行统一领导。……因此，在英国，在这个构成整个化学工业的基础的部门，竞争已经为垄断所代替，并且已经最令人鼓舞地为将来由整个社会即全民族来实行剥夺做好了准备。"② 正所谓英雄所见略同，两人的见解都非常深刻，而且完全相同。因为那时有大量的实例，所以对垄断组织他看得比马克思更清楚。如果说，马克思那时还只是捕捉到苗头、萌芽，那么，在恩格斯的编辑第三卷的时候，垄断就已经是不可避免的、已经定型了。它的垄断性、腐朽性、过渡性，已经完全充分地暴露出来。也就是说，马克思当时虽然还看不到实势、但已经预见到的趋势，在恩格斯的时代已经明显地表现出来了。这为列宁研究和批判帝国主义奠定了理论基础。

马克思还直接批判资本主义信用："信用为单个资本家或被当作资本家的人，提供在一定界限内绝对支配别人的资本，别人的财产，从而别人的劳动的权利。对社会资本而不是对自己资本的支配权，使他取得了对社会劳动的支配权"，并且"是拿社会的财产，而不是拿自己的财产来进行冒险。……信用使这少数人越来越具有纯粹冒险家的性质。因为财产在这

① 《资本论》第3卷，人民出版社1975年版，第222，251页；2004年版，第221，250页。

② 《资本论》第3卷，人民出版社1975年版，第494—495页；2004年版，第496—497页，新版将"自由竞争"改译为"竞争自由"。

里是以股票的形式存在的，所以它的运动和转移就纯粹变成了交易所赌博的结果；在这种赌博中，小鱼为鲨鱼所吞掉，羊为交易所的狼所吞掉。"①如果说，在资本家和资本家、银行之间，信用可以是双向的，但对工人来说，则只有将劳动力信贷给资本家使用的权利，而没有向资本家要求信用的权利。为什么呢？因为信用是要有基础、担保的，"一个人实际拥有的或公众认为他拥有的资本本身，只是成为信用这个上层建筑的基础。"②

在这里，马克思还对生息资本通过信用而加速的集中进行了批判。他阐明："信用制度表现为生产过剩和商业过度投机的主要杠杆"，生产过剩加剧了大资本对中小资本的剥夺，投机无论成功与失败，都会导致资本的集中。在经济周期的不同阶段，生息资本的供应量不同，利息率当然也不同，这往往会导致波动幅度的加大，这对的资本家来说都是致命的。他批判地指出，这种不同于生产集中的信用集中，对资本运动的作用是双向的，对资本主义生产方式来说，有利也会转化为不利："……信用制度加速了生产力的物质上的发展和世界市场的形成；使这二者作为新生产形式的物质基础发展到一定的高度，是资本主义生产方式的历史使命。同时，信用加速了这种矛盾的暴力的爆发，即危机，因而加强了旧生产方式解体的各种要素。"③

在生息资本大行其道的发展阶段，信用发展为银行信用、形成了银行制度。如果说，信用制度对利润率平均化运动起着重要的中介作用，那么它还是通过银行制度才顺利实施的。"资本的这种社会性质，只是在信用制度和银行制度有了充分发展时才表现出来并完全实现。"④

马克思还阐明，在这个阶段，"银行制度，就其形式的组织和集中来说，……是资本主义生产方式的最精巧和最发达的产物。"⑤ 它的功能不断发展，从单纯经营存贷款业务的普通机构，发展为对商业和工业拥有极大的权力的特殊机构，它虽然不介入工商领域，但却对这些领域的资本运动走向有巨大的影响力、支配控制力，所以马克思说："银行制度造成了社会范围的公共簿记和生产资料的公共的分配的形式，……信用制度和银行

---

① 《资本论》第 3 卷，人民出版社 1975 年版，第 496—497 页；2004 年版，第 497—498 页。

② 《资本论》第 3 卷，人民出版社 1975 年版，第 496 页；2004 年版，第 498 页。

③ 《资本论》第 3 卷，人民出版社 1975 年版，第 499 页；2004 年版，第 500 页。

④ 《资本论》第 3 卷，人民出版社 1975 年版，第 686 页；2004 年版，第 686 页。

⑤ 《资本论》第 3 卷，人民出版社 1975 年版，第 685 页；2004 年版，第 685—686 页。

制度把社会上一切可用的、甚至可能的、尚未积极发挥作用的资本交给产业资本家和商业资本家支配，……因此，信用制度和银行制度扬弃了资本的私人性质，它本身，但也仅仅是就它本身来说，已经包含着资本本身的扬弃。银行制度从私人资本家和高利贷者手中剥夺了资本分配这样一种特殊营业，这样一种社会职能。但是，由于这一点，银行和信用同时又成了使资本主义生产超出它本身界限的最有力的手段"①。在此，他阐明，信用还有分配资本的功能，"是促使资本主义生产方式发展到它所能达到的最高和最后形式的动力。"② 而银行制度还将它从货币资本家、高利贷者那里剥夺过来了，并且"造成了社会范围的公共簿记和生产资料的公共的分配的形式"，就此而言，银行制度是有积极意义的。不过，在资本主义社会，这种手段"也是引起危机和欺诈行为的一种最有效的工具。"并且，它还是被许许多多工商业资本家集体控制的，以生产资料大私有制为基础的，所以，这种"社会范围的公共簿记和生产资料的公共的分配的形式""只是形式而已。"③ 这种形式既极大地促进资本运动的发展，又将这种发展推向过渡点。由此可见，马克思对它的批判是全面的、深刻的，而且具有历史前瞻性。

四、土地所有权及地租批判

《资本论》第六篇的篇名是"超额利润转化为地租"，在这里，马克思一开始就提示："只是在资本所产生的剩余价值的一部分归土地所有者所有的范围内，研究土地所有权的问题。"④ 目的很清楚，就是要"考察资本投入农业而产生的一定的生产关系和交换关系。"⑤ 在第三卷第十章，马克思已经阐明："超额利润还能在下列情况下产生出来：某些生产部门可以不把它们的商品价值转化为生产价格，从而不把它们的利润化为平均利润。在论述地租的那一篇，我们将研究超额利润这两种形式的更进一步的变形。"⑥ 从地租篇的实际理论过程看，的确是这样。但它不是直接针对这

---

① 《资本论》第 3 卷，人民出版社 1975 年版，第 686 页；2004 年版，第 686 页。
② 《资本论》第 3 卷，人民出版社 1975 年版，第 685 页；2004 年版，第 685 页。
③ 《资本论》第 3 卷，人民出版社 1975 年版，第 686 页；2004 年版，第 686 页。
④ 《资本论》第 3 卷，人民出版社 1975 年版，第 693 页；2004 年版，第 693 页。
⑤ 《资本论》第 3 卷，人民出版社 1975 年版，第 694 页；2004 年版，第 694 页。
⑥ 《资本论》第 3 卷，人民出版社 1975 年版，第 222 页；2004 年版，第 221 页。

种超额利润进行研究，而是通过研究农业资本的运行，来看其攫取的剩余价值包含的超额利润转化为地租的问题，所以既包含着农业资本与产业资本的关系，即参与利润率平均化的关系，还包含着它与土地所有者权的关系，即它要向土地所有者交纳地租。

马克思说："地租分析上的全部困难在于，说明农业利润为什么会超过平均利润，……说明这个生产部门所特有的超额的剩余价值"①。所以，这里的研究不是一般地阐明农业资本家必须向土地所有者交纳地租，而是要根据政治经济学的基本理论及其发展，阐明在农业资本家能够获得平均利润的前提下，租用不同级别的自然条件的土地为何能提供级差不同的地租，租用自然条件最差的土地为何能提供绝对地租。

在此前的研究中，马克思都假定"地产＝0"②，这对理论研究来说，是十分必要和重要的，但在实际过程中，任何投资都要使用土地，在资本主义土地私有制条件下，使用土地当然要交纳地租。所以，这里的研究也是从抽象上升到具体的一个重要环节。

这里的研究当然也是有条件的，大体看来，主要有：

1、资本主义已经占领并主导一切产业部门，农业以资本主义生产方式经营，但农业总资本的平均有机构成较产业资本低；农业资本能获得平均利润。真正的地租是为使用土地本身而支付的；撇开一切包括在土地中的混杂物，没有超经济剥削；

2、一国可以使用的土地有限并且其所有权全被土地所有者垄断，了用土地的经营权全被农业资本家垄断，工业资本家不能随意进入；③

3、土地全是没有开垦过的生荒地，都种植小麦；

4、粮食产量有限而社会对粮食的需求不断增加 ｛怎么可能无限？｝，所以粮食价格只能由最坏地块上产品的个别价值决定；

5、撇开竞争、供求关系，纯粹按市场经济的要求确定地租；

6、先研究级差地租的场合，并假定最坏地块（A级地）不交级差地

---

① 《资本论》第3卷，人民出版社1975年版，第882页；2004年版，第885页。
② 《马克思恩格斯〈资本论〉书信集》，人民出版社1976年版，第131页。
③ 经营权的垄断是列宁根据马克思的研究提出的。他提出："在设想资本主义农业组织的时候，必须设想到全部土地被各个私人农场所占用"。又说："土地经营（资本主义的）的垄断。这种垄断是由于土地的有限而产生的，因此是任何资本主义社会的必然现象。这种垄断的结果使粮食价格取决于劣等地的生产条件"。（《列宁全集》第5卷，人民出版社1960年版，第100、104页。这是研究级差地租的重要条件之一。只有这样，才能保证农业投资的利润率不会被平均化掉。）

租，再回过头来研究绝对地租；

7、每次追加的投资都是同量资本投在同样面积的地块；

8、土地的自然条件包括肥力和地理位置，先撇开地理位置差异考察肥力差异产生的地租，再考察地理位置产生的级差地租；

9、农业劳动的熟练、复杂程度不受自然条件变化的影响。

正是在这些条件下，农业投资才有超额利润能转化为地租。

马克思先考察和批判一般的地租，再依次考察级差地租Ⅰ、级差地租Ⅱ、绝对地租。

关于一般地租，他阐明：土地所有权的垄断赋予其所有者可以自己或者出租给他人"利用或滥用"这块土地，地租是这种垄断"在资本主义生产基础上的经济价值，即这种垄断在资本主义生产基础上的实现"①。资本主义的发展对这种垄断是又爱又恨。一方面，这种垄断是资本主义的历史前提、并且始终是它的基础，在此基础上，它"使农业合理化"，另一方面，它又"曾被斥责为无用的和荒谬的赘瘤。"② 因为它将超额利润转变为地租，减少了农业资本家的积累，使得农业资本的有机构成提高缓慢。正因为这样，有些比较激进的资产阶级学者曾经提出将土地国有化的主张。在生产资料资本主义私有制条件下，这虽然是天方夜谭，但多少表达了农业资本受地租限制的愤懑。而资产阶级的国家对此也心领神会，另辟蹊径，"通过把土地所有权转化为〔交给国家〕的地租，资本作为阶级占有了地租，以抵补自己的国库开支，就是说，资本通过迂回的办法占有了它不可能直接拿到手的东西。"③ 从而"把土地所有权弄成荒谬的东西"④。马克思在称赞资产阶级对土地所有权有限批判的同时，也站在无产阶级的立场上不失时机地说：这种进步"是以直接生产者的赤贫为代价而取得的"⑤，指出这"是合理农业的最大障碍之一"。

在这里，马克思还批判了将地租和利息混为一谈的错误。且不说凯里之流的有意混淆（看本章第三节），因为地租表现为土地所有者出租一块土地而每年得到的一定的货币额，还因为"每一个确定的和有规则的货币

---

① 《资本论》第 3 卷，人民出版社 1975 年版，第 695 页；2004 年版，第 695 页。
② 《资本论》第 3 卷，人民出版社 1975 年版，第 697 页；2004 年版，第 697 页。
③ 《马克思恩格斯全集》第 26 卷第Ⅲ册，人民出版社 1975 年版，第 523 页。
④ 《资本论》第 3 卷，人民出版社 1975 年版，第 697 页；2004 年版，第 697 页。
⑤ 《资本论》第 3 卷，人民出版社 1975 年版，第 697 页；2004 年版，第 697 页。

收入都可以表现为资本的利息，而不论这种收入是不是由资本生出。"① 所以从收入的资本化的角度而言，地租的确很像利息。就此而言，它还可以进一步推出地价的规定。马克思分析说，这是不能混淆的，也是一个不合理的说法，不过，他也发现，"在这个不合理的形式的背后，却隐藏着一种现实的生产关系。"② 因为现实的确如此，就像地球的太阳的关系因不同的立场而有差异一样。但是，他还进一步阐明："这个购买价格不是土地的购买价格，而是土地所提供的地租的购买价格，它是按普通利息率计算的。但是，地租的这种资本化是以地租为前提，地租却不能反过来由它本身的资本化而产生并得到说明。在这里，不如说，和出售无关的地租的存在，是出发的前提。"③ 这就是说，凯里根本不了解地租的实质，仅凭其收入形式就将它与利息收入等同起来。

为了更科学地研究，马克思提出要将地租和租金区别开来，因为一些中小农业资本家实际支付给土地所有者的地租中，往往包含一部分租金：包括投入土地的资本的利息、一部分平均利润、工资。可见，土地所有者不仅从农业资本家那里获得地租，而且还吮吸了工人的部分工资，"一个更普遍得多更重要得多的事实是，真正农业工人的工资被压低到它的正常平均水平以下，以致工资的一部分由工人手中扣除下来，变为租金的一个组成部分，从而在地租的伪装下流到土地所有者而不是工人的手中。"④ 换句话说，他们在剥削工人的剩余劳动的同时，还剥削工人的必要劳动。可见，这样区分，实际上也是一种批判。

马克思发现，土地所有者不仅吮吸地租，而且还趁签订新租约的时机，定期地将租地农场主即农业资本家在此前的投资，像一些基础设施、建筑物、土壤的改良等，都变成了自己的财产。"契约规定的租期一满，在土地上实行的各种改良，就要作为和实体即土地不可分离的偶性，变为土地所有者的财产。……在签订新租约时，土地所有者把投入土地的资本的利息，加到真正的地租上"⑤。由于一般租期较长，特别是建筑业，所以一旦契约到期，地租立马补涨。"不要忘记，在通常以九十九年为期的租约期满以后，土地以及土地上的一切建筑物，以及在租佃期内通常增加一

---

① 《资本论》第3卷，人民出版社1975年版，第526页；2004年版，第526页。

② 《资本论》第3卷，人民出版社1975年版，第702页；2004年版，第703页。

③ 《资本论》第3卷，人民出版社1975年版，第703页；2004年版，第703页。

④ 《资本论》第3卷，人民出版社1975年版，第707页；2004年版，第707页。

⑤ 《资本论》第3卷，人民出版社1975年版，第699页；2004年版，第699页。

两倍以上的地租，都会从建筑投机家或他的合法继承人那里，再回到原来那个土地所有者的最后继承人手里。"①

关于级差地租，从批判的角度看，首先是确定生产的资本主义性质：是个别农业资本——这种租地农场主并非单个人，而是"农业总资本的不同组成部分"②的代表，各个农业资本家都分别处于这些不同的组成部分中，——投资于某一具有优越自然条件的特殊地块所具有的较高劳动生产率所产生的、且能够保持较长时间的级差超额利润。一般的产业资本虽然也有不同的部门和企业，它们各有不同级差的生产力，但因为竞争，级差很快就会平均化，但土地产品的生产有所不同，因为经营权较长时间的垄断，因不同自然条件而产生的级差收益很难因竞争而消失。如果不是资本主义的生产，那么已经提高的生产力所创造的价值就根本不会转化为剩余价值。如果没有经营权被农业资本家长期垄断，也不会长期保留这种级差收益。换句话说，没有资本主义生产，没有特殊地块的长期垄断经营，就不会有级差收益。

其次，由于级差地租总是与一定的资本相联系，因而造成一种假象，似乎是这个资本产生的。对此，马克思阐明，这种级差收益"不是产生于所用资本或这个资本所占劳动的生产力的绝对增加"，而是这个资本能利用一种"例外的、有利于提高生产力的自然条件的投资"比其他同类投资相对"相对来说具有较高的生产率。"③所谓"例外的"，即与这个资本支配的劳动无关。

其三，这种地租更不是产生于这种特殊自然条件，"自然力不是超额利润的源泉，而只是超额利润的一种自然基础，因为它是特别高的劳动生产力的自然基础。"④不能将基础与源泉混为一谈。

其四，这种地租也不是产生于这种特殊自然条件的所有权，而是这种具有特殊自然条件的土地所有权被土地所有者个人垄断，他利用这种垄断权将这种级差收益转化为级差地租归土地所有者所有。土地所有权"不是使这个超额利润创造出来的原因，而是使它转化为地租形式的原因，也就是使这一部分利润或这一部分商品价格被土地或瀑布的所有者占有的

---

①　《资本论》第 3 卷，人民出版社 1975 年版，第 873 页；2004 年版，第 876 页。
②　《资本论》第 3 卷，人民出版社 1975 年版，第 761 页；2004 年版，第 761 页。
③　《资本论》第 3 卷，人民出版社 1975 年版，第 728 页；2004 年版，第 728 页。
④　《资本论》第 3 卷，人民出版社 1975 年版，第 728 页；2004 年版，第 728 页。

原因。"①

其五，特殊的自然条件不是劳动产品，照理说没有价值、价格，但在资本主义条件下，它却可以出卖，因而有价格。这种情况，与资本的价格一样，可以说是地租的资本化。

级差地租有Ⅰ和Ⅱ两种形式，其区别主要在于是同时在不同肥力的地块上投资，还是不同时在同一地块上连续投资。如果从投资的过程和效果看，后者可以看成是投资的深度，与耕作技术发展紧密联系，是"集约型"的扩大再生产，② 那么前者则可以看成是投资的广度，是"粗放型"的扩大再生产。

先看级差地租Ⅰ的科学批判。

经验显示，资本似乎都先挑好地耕种，若供给不足，再依次耕种较差的土地。从好到差，形成一个下降序列。李嘉图就是持这种观点的。

对此，马克思阐明，级差地租Ⅰ有两种情况：土地肥力不同产生的级差、土地的地理位置不同产生的级差。两者并不完全相同，可能地理位置很好的地块肥力较差，反之亦然。所以不能笼统地说租地农场主依肥力下降的序列选择土地耕种。他还说明，在资本主义初期，"位置对于耕地的扩大是具有决定意义的。"③

而且，马克思还强调了要以总量为前提，这是鲜为人知的。李嘉图们的那种看法，主要依据是最差土地的产品的个别价格总是决定市场价格。但是，马克思分析道，不一定。马克思认为，先耕种什么级别的土地，不仅取决于起调节作用的市场价格，还取决于它们的产量。他以A、B、C、D来表示最坏到最好地块的顺序，说："不提供地租的最坏土地的生产价格，总是起调节作用的市场价格，虽然在构成上升序列的第Ⅰ表中，只是因为耕种越来越好的土地，起调节作用的市场价格才保持不变。在这种情况下，只要A级土地保持调节作用的程度取决于这种最好土地的产量，最好土地所生产的谷物的价格就起调节的作用。如果B、C、D的产量超过需求，A就会失去调节的作用。……美国的谷物价格也是这样调节英国的谷

---

① 《资本论》第3卷，人民出版社1975年版，第729页；2004年版，第729页。

② "在经济学上，所谓耕作集约化，无非是指资本集中在同一土地上，而不是分散在若干毗连的土地上"。（《资本论》第3卷，人民出版社1975年版，第760页；2004年版，第760页。）

③ 《资本论》第3卷，人民出版社1975年版，第754页；2004年版，第754页。

物价格的。"① 之所以这样，因为产品的数量对商品市场价值的决定起着十分重要的作用。在第三卷第十章，他在论述市场价值决定时，曾提出这样的规定：尽管最好条件、中等条件和最坏条件下生产的产量组合会变化，但"如果某种商品的产量超过了当时社会的需要，社会劳动时间的一部分就浪费掉了，这时，这个商品量在市场上代表的社会劳动量就比它实际包含的社会劳动量小得多。……因此，这些商品必然要低于它们的市场价值出售，其中一部分甚至会根本卖不出去。"② 经验显示的，只是"地心说"，科学研究才能提供"日心说"。由此可见，李嘉图的这几个错误，即不讲条件笼统地说最差土地农产品的个别价格决定市场价格、先耕好地再耕坏地、不重视地理位置、不懂得联系各级土地产量等，全都被马克思推翻了。

还有，马克思批判了土地所有者向整个社会收取贡赋。他举数据阐明："关于级差地租，一般应当指出：市场价值始终超过产品总量的总生产价格。"③ 因为在总量没有超过社会需要的前提下，它的市场生产价格一般是由最坏地块的个别生产价格决定的，因此，较好地块的产品就可高于其个别价格出售，并因此而能提供级差地租。因此，"这是由在资本主义生产方式基础上通过竞争而实现的市场价值所决定的；这种决定产生了一个虚假的社会价值。这种情况是由市场价值规律造成的。土地产品也受这个规律支配。"④ 显然，这个"虚假的社会价值"并非"泡沫"，仍然是价值实体。它之所以被称为"虚假"，因为不是农业部门的劳动所凝结。所以在这一段的后面，他还接着说：这个"被看作消费者的社会对土地产品支付过多的东西，对社会劳动时间在农业生产上的实现来说原来是负数的东西，现在竟然对社会上一部分人即土地所有者来说成为正数了。"⑤ 这句话表明，土地所有者获得的东西，虽然是由社会劳动时间在农业生产的实现所直接支付，但并非农业生产所创造，而是"被看作消费者的社会对土地产品支付过多的东西"。可见，土地所有者是"把一部分社会剩余劳动

---

① 《资本论》第 3 卷，人民出版社 1975 年版，第 742 页；2004 年版，第 742 页。

② 《资本论》第 3 卷，人民出版社 1975 年版，第 209 页；2004 年版，第 208 页。

③ 《资本论》第 3 卷，人民出版社 1975 年版，第 744 页；2004 年版，第 744 页。

④ 《资本论》第 3 卷，人民出版社 1975 年版，第 744—745 页；2004 年版，第 744—745 页。

⑤ 《资本论》第 3 卷，人民出版社 1975 年版，第 745 页；2004 年版，第 745 页。

作为贡赋来占有"①，是"社会以超额利润形式付给大土地所有者的贡献"②。而且，因为他的这种"确定的和有规则的货币收入"，具有资本化收入的形式。对此，马克思还进一步批判，这是资本主义社会的特有现象，在未来社会是一定要消失的。③

再看对级差地租Ⅱ的批判。

和级差地租Ⅰ一样，级差地租Ⅱ也是超额利润的转化形式，实质没有差别。但是超额利润的产生方式却有不同：

一是投资的时间不同：前者是同时向几个同样面积的地块投资，后者是连续（即不同时）向同一地块投资。

二是投资地块的面积及肥力有差异：前者同时投向几块肥力不同的地块，后者分时投向同一地块。

三是投资的技术不同：在前一场合技术不变，主要靠土地肥力；在后一场合技术或高或低或不变。若提高，主要是依靠科学技术的进步。

四是有无涉及生产价格的变化，在前一场合不涉及，在后一场合，有的涉及，有的不涉及。

五是转变为级差地租的方式不同：前者在同一租期内，后者要等到下一租期。

马克思认为，级差地租Ⅱ是以级差地租Ⅰ为前提的。相对而言，级差地租Ⅰ的历史较久，而Ⅱ所需要的科学技术，也不是很早就出现的和普及的。所以，级差地租形式的不同，实际上多少体现了不同时期农业生产经营方式的演变，从较早的粗放到较为发达时期的集约，也催生了不同的地租征收方式。这也可以看成是资本主义的自我批判。不过，这并不表明由以转变为级差地租的超额利润的集约化经营产生之后，早先的粗放式经营就退出历史舞台，反之，两者是同时并存，因为农业资本家的实力并不完全相同，所耕种的土地周边状况也有不同。更何况任何经济的发展都是不平衡的。

和级差地租Ⅰ不同，构成级差地租Ⅱ的那部分超额利润，既不会因其

---

① 《资本论》第3卷，人民出版社1975年版，第874页；2004年版，第877页。

② 《资本论》第3卷，人民出版社1975年版，第817页；2004年版，第819页。

③ "如果说，维持现在的生产方式，但假定级差地租转归国家，土地产品的价格在其他条件相同时就会保持不变，当然是正确的；但如果说，在资本主义生产由联合体代替以后，产品的价值还依旧不变，却是错误的。"（《资本论》第3卷，人民出版社1975年版，第745页；2004年版，第745页。）

他产业资本的竞争而在短期内就被平均化，在租约期间内也不会一形成就被土地所有者收去，而是留在租地农场主手里，这种情况对租地农场主特别当然有利。对这部分超额利润，土地所有者在租约期内无可奈何。所以，租地农场主极力延长租约时间。但是，在接近租约期满的时候，租地农场主一方面会因为农业技术更新周期较长难以经常改进，另一方面还会因为有些基础设施投资的收益需较长时间才能回收的考虑而不愿意在租期将近结束时继续追加投资。如果再结合追加投资可能的生产率下降引起生产价格降低，以至于利润减少、亏损，租地农场主就不会连续均衡地投资。

对土地所有者来说，级差地租Ⅰ在租约期内可以直接收取，而构成级差地租Ⅱ的那些因为劳动生产率提高而产生的超额利润在租约期内则归租地农场主所有，这对土地所有者来说似乎不利。但是，租地农场主为获得不受平均化和不被作为地租的超额利润而连续进行的投资，也会增加土地肥力，并作为土地新增的偶性和土地的自然肥力融合在一起。"如果土地改良的效果比较持久，那末，在租约满期时，人工增进的土地的不同肥力，就会和土地的自然的不同肥力合在一起，因此，地租的评定也就会和不同肥力的各级土地的地租的评定合在一起。"① 这样，在新的租约期中，因为该土地具有更高的肥力，土地所有者就必然提高地租，以便将前期租约得不到的超额利润收入囊中。土地所有权的垄断和使用权的垄断，使肥水不流外人田，只在它们的人格化代表之间轮番流转，时而产生超额利润，时而又将超额利润转化为级差地租Ⅱ。

马克思发现，连续投资产生的超额利润，即使地租率保持不变，"每英亩的产品地租额和货币地租额，从而土地价格，都可能提高。"② 显然，这只对土地所有者有利，对社会，对广大的劳动大众都不利。

为了方便地考察这两种形式的地租，马克思假定最坏地块没有级差地租。但他也批判地指出存在着这样的实际情况：最差地块也要给土地所有者提供级差地租——是级差地租，不是绝对地租。——它产生的原因是多方面的，可能是在较好地块上连续投资的生产率降低，甚至低于最坏地块的生产率；也可能是社会需要的增加使得必须由比最坏地块更差的地块也投入生产，以至于原来的最坏地块变成了较好地块，能够产生级差地租；

---

① 《资本论》第3卷，人民出版社1975年版，第760—761页；2004年版，第761页。

② 《资本论》第3卷，人民出版社1975年版，第771页；2004年版，第771页。

当然也可能是最坏地块的连续投资所致，或者价格提高而追加投资的生产力降低等所致，等等。但土地所有者最关心的，不是有什么原因表现在哪些方面，而是能够从中榨取出级差地租。

最后，马克思批判地阐明，即使在土地上连续投资的生产率是递减的，生产价格是不变的，除了会增加每英亩的地租外，还会相应地产生农产品变贵的结果。"从资本主义生产方式的观点来看，如果为了获得某个产品而必须进行支出，如果对以前无须支付报酬的东西现在必须支付报酬，那末，这个产品就总会变得相对昂贵。"①

马克思说过，资产阶级既要欺骗别人，还要欺骗自己，土地所有者也一样有这样的毛病和嗜好。他们将地租归结为自然肥力，归结为土地的地理位置。对此，马克思当然也是要批判的。他阐明：必须区分产品的使用价值和价值，不能一概而论。"在劳动量已定时，这个产品的大小或量，从而属于这个产品的一个相应部分的价值部分，只取决于这个产品的量，而这个产品的量又是取决于这个既定劳动量的生产率，而不是取决于这个劳动量的大小。至于这种生产率来源于自然还是来源于社会，是完全无关紧要的。只有在这种生产率本身要花费劳动，也就是说要花费资本的时候，它才会使生产费用增加一个新的组成部分，而在它单纯来源于自然的时候，却不是这样。"② 这就是指出，土地所有者将产生地租的条件与源泉混为一谈了。

再看看对绝对地租的批判。

要批判绝对地租，首先要阐明它的产生依据。既然土地所有权是一种客观存在，那么，它必然要体现并实现自身的经济价值。事实也是这样，使用私人的土地，哪怕是肥力最差、位置最次的 A 级地，也不可避免地要向土地所有者要缴交地租。③ 马克思在大英博物馆进行研究的时候，也根据统计材料发现绝对地租是客观存在的。④

绝对地租和级差地租虽然都是一种价值形态的东西，但其来路却不同。

---

① 《资本论》第 3 卷，人民出版社 1975 年版，第 840 页；2004 年版，第 843 页。

② 《资本论》第 3 卷，人民出版社 1975 年版，第 842 页；2004 年版，第 845 页。

③ 只有三种很特殊而偶然的情况下，才会被忽略。马克思分析了三种情况。见《资本论》第 3 卷，人民出版社 1975 年版，第 846—849 页；2004 年版，第 849—852 页。

④ 《马克思和恩格斯〈资本论〉书信集》，人民出版社 1976 年版，第 167 页。

从土地所有权的垄断和经营权的垄断相结合使农业资本家的超额利润转变为级差地租来看，这种超额利润与经营方式、状况多少有点关系，与农业工人的劳动有关系，就此而言，单凭土地所有权的垄断是不可能出现由以转化为级差地租的超额利润的。"在这里，土地所有权只是商品价格中一个没有它的作用就已经产生（确切些说，是由于调节市场价格的生产价格决定于竞争这一点产生的）并转化为超额利润的部分所以会转移的原因"，"并不是创造这个价格组成部分的原因，也不是作为这个组成部分的前提的价格上涨的原因。"①

与此不同，土地所有权的垄断没有别的东西帮助，也绝对要稳稳当当地索取土地的使用费，不管这块土地位于什么地方、有什么样的肥力，是否被人开垦过，凡要使用它，都必须支付地租，否则，土地所有者宁愿将土地荒芜也不出租。② 也就是说，单凭土地所有权，土地所有者就可以坐收绝对地租，而它与土地的区位、肥力、是否出租、是否有投资等都没有关系。所以，马克思说："土地所有权本身已经产生地租。"③ 他进一步说："单纯法律上的土地所有权，不会为土地所有者创造任何地租。但这种所有权使他有权不让别人去经营他的土地，直到经济关系能使土地的利用给他提供一个余额，而不论土地是用于真正的农业还是用于其他生产目的（例如建筑等等）。"④ 但是，如果土地所有者不让人去使用这块土地，他也没有好处，这块土地所有权的经济价值也就不能表现和实现。这对他来说，也不是有利的。仅仅所有权本身就已经产生地租，仅仅所有权本身（即不出租）也不能创造地租，这就是矛盾，"这里是罗陀斯，就在这里跳罢！"⑤ 马克思既然提出问题，当然要解决问题。只要思路穿越现有的逻辑过程，即不限于在这里寻章摘句，我们当可联想起《政治经济学批判。第一分册》的论述。在那里，他曾经提出劳动价值论面临的几大难题，最后一个就是："如果交换价值不过是一个商品所包含的劳动时间，那末，不包含劳动的商品怎么会有交换价值呢？换句话说，纯粹的自然力的交换价值是从哪里来的呢？这个问题将在地租学说中解决。"⑥ 关于马克思如何在

————————

① 《资本论》第3卷，人民出版社1975年版，第851页；2004年版，第854页。

② "在所有文明国家，都有相当大的一部分土地始终无人耕种。"（《资本论》第3卷，人民出版社1975年版，第854页；2004年版，第857页。）

③ 《资本论》第3卷，人民出版社1975年版，第851页；2004年版，第854页。

④ 《资本论》第3卷，人民出版社1975年版，第853页；2004年版，第856页。

⑤ 《资本论》第1卷，人民出版社1975年版，第189页；2004年版，第194页。

⑥ 《马克思恩格斯全集》第13卷，人民出版社1962年版，第53页。

劳动价值论的基础上为解决这个难题的创建，且待本章第四节分析，但必须明白的是，这个矛盾本身已经包含着解决问题的突破口，即土地必须出租给农业资本家，迫使承租土地的农业资本家在使用土地攫取了剩余价值之后从中取出一部分来交纳绝对地租。而农业资本家正是机智地将悬在自己头顶上的"达摩克利斯剑"转而悬挂在整个社会头顶上，迫使社会按照农产品的价值来购买农产品，来向它交纳贡税。"因为有了土地所有权的限制，市场价格必须上涨到一定的程度，使土地除了生产价格外，还能支付一个余额，也就是说，还能支付地租。"① 这就是"土地所有权的本身就已经产生地租"的真实意思。可见，土地所有权的存在和经济价值的实现必然引起 A 级地生产价格上涨。只有这样，最坏的地块租地农场主才能在获得平均利润的基础上向土地所有者交纳绝对地租。

为了能让农业资本家能够保持超过市场生产价格的利润来交纳绝对地租，还需要一定的外力来限制这部分超额利润在农业总资本中的平均化，土地所有权就是这样的外力："这种外力限制资本投入特殊生产部门，只有在完全排斥或部分地排斥剩余价值一般平均化为平均利润的条件下才允许资本投入特殊生产部门，……当资本投在土地上时，和资本相对立的土地所有权，或者说，和资本家相对立的土地所有者，就是作为这样一种外力和限制出现的。"②

土地所有权的绝对存在，从而绝对地租的征收，影响的不仅是农业资本，还有全体资本，因为任何资本的生产经营活动都离不开土地，也就是说，产业资本家、商业资本家、生息资本家，全都要向土地所有者交纳绝对地租。所以，这必然引起资产阶级的强烈不满、诟病，有的比较激进的资产阶级理论家，为了资本家能增加积累和不受限制的考虑，甚至曾经提出土地国有化的口号，只是因为土地所有者阶级的激烈反抗，更因为土地私有制是资本所有制的基础，丝毫不能动摇，正所谓兹事体大，资产阶级最终也只能望洋兴叹，不了了之。与资产阶级敢怒不敢言的态度不同，马克思既已竖起消灭私有制的大旗，对土地所有权及其经济价值的批判当然是不遗余力的。

马克思阐明资本主义土地所有制就是一种限制，而且"正好是对投资的一个限制，正好是对资本在土地上任意增殖的一个限制。"这种限制实

---

① 《资本论》第 3 卷，人民出版社 1975 年版，第 859 页；2004 年版，第 862 页。
② 《资本论》第 3 卷，人民出版社 1975 年版，第 858—859 页；2004 年版，第 861—862 页。

质上是土地所有权的垄断，……"如果没有这种垄断，超额利润就不会转化为地租"①。

土地所有权对投资的限制是绝对的，只有给土地所有者交纳绝对地租，才能获得投资的资格。但这种限制又是相对的："一旦已经允许把土地作为投资场所，土地所有者就不能再对某一块土地上的投资数额施加绝对的限制了。"对投资者来说，在一块地上的农业投资可能还有限，而在上面建筑房屋的投资就难说了。"一旦为了建筑房屋而租下这块土地，承租人在这块土地上想建筑的房屋的高低，就完全由他自己决定了。"②

揭示了土地所有权与绝对地租的关系之后，阐明绝对地租是农产品价值超过生产价格的余额就顺理成章了。这实际上已经将绝对地租的性质摆在人们面前，即它的实质就是农业剩余价值的一部分，是土地所有权的垄断直接攫取的一部分农业剩余价值。但是，它和级差地租包含的那种"虚假的社会价值"不同，是农业部门的劳动者直接创造的剩余价值。

要科学地阐明绝对地租是怎么产生的问题，必须根据科学的基本理论，但这就注定它不是轻而易举的。和那些庸俗经济学将它归结为自然那种低级错误不同，资产阶级古典学派对此也是绞尽脑汁，但却因为种种基本理论的缺陷而碰壁，于是干脆否认它的存在。在这方面，马克思当然有极富创见的批判性的建造。为了分项研究的方便，这一内容且待后文分析。

马克思还阐明，为了更好地利用所承租的土地，农业资本家必定竭力劫夺土地的肥力。同时，也会减少乃至停止不能在租约期内充分得到利润的投资。其结果必然是土地肥力的下降。这对农业的长期发展当然极为不利的。

他还特地说明，有一种土地是比较稀缺的，尤其是可以生产特殊农产品如酿造优质葡萄酒的土地，由于社会对这种优质葡萄酒的需要量很大，其价格就会提得很高，形成一个垄断价格。这种情况当然会被土地所有者充分利用来提高地租，包括级差地租和绝对地租，更会提高该地块的地价。

关于土地价格，马克思也批判地指出，它是不断趋向上升的。地价作为一种资本化的收入，与地租和利率的变化有关，即使地租不变，利率的提高也会使地价提高。它的提高具有刚性，受地租的影响很大，即使在土

---

① 《资本论》第 3 卷，人民出版社 1975 年版，第 846 页；2004 年版，第 849 页。
② 《资本论》第 3 卷，人民出版社 1975 年版，第 862 页；2004 年版，第 865 页。

地产品价格不变时，也会因为投资的增加、较好土地的耕种等原因，而提高，结果，就会导致地价的提高。总的看来，"在提供级差地租的各级土地上，产品中一个越来越大的部分将转化为超额的剩余产品。"①

当然这些条件有时会互相交织，有时又会互相排斥，或者交互地发挥作用。但总的看来，由于社会对土地产品的需要不断增加，而可耕种土地有限，所以地价有日益上涨的趋势。这对社会发展、农业发展都是不利的。

最后，马克思还批判地指出：土地所有权历来有之，"一切土地私有权对农业生产和对土地本身的合理经营、维护和改良"不仅设置了"限制和障碍"，而且还影响到农业人口的发展，"大土地所有制使农业人口减少到不断下降的最低限度，而在他们的对面，则造成不断增长的拥挤在大城市中的工业人口。由此产生了各种条件，这些条件在社会的以及由生活的自然规律决定的物质变换的过程中造成了一个无法弥补的裂缝，于是就造成了地力的浪费，并且这种浪费通过商业而远及国外。"② 大土地所有制还"在劳动力的天然能力躲藏的最后领域，在劳动力作为更新民族生活力的后备力量贮存起来的最后领域，即在农村本身中，破坏了劳动力。"③

五、收入批判

有产阶级的各个集团对总剩余价值瓜分的结果，使剩余价值分解为不同的部分，并采取利润、利息、地租等不同的形式。因为这些资本主义分配当事人根本没有剩余价值的概念，而剩余价值在社会表面上又是看不见的，所以，这样转化表现是自然而然的事情。

但是，这种转化并没有完成，它们只是表现了有产阶级的各个集团所得结果的一种名称，在资本主义分配当事人、特别是资产阶级学者的日常意识中、在竞争中、在资本的相互关系中、在流通中，它们又很自然地与各自所获得的根据联系起来。由是，自然想到利润来自资本、利息也来自资本，地租来自土地。这样，就完成了资本——利润（利息）、土地——地租的因果关系。不过，在社会表面上，不仅有这样表现的关系，还有劳

---

① 《资本论》第 3 卷，人民出版社 1975 年版，第 875 页；2004 年版，第 878 页。

② 《资本论》第 3 卷，人民出版社 1975 年版，第 916 页；2004 年版，第 918—919 页。

③ 《资本论》第 3 卷，人民出版社 1975 年版，第 917 页；2004 年版，第 919 页。

动可以取得工资这样一种因果关系，即劳动——工资。由是，就有了

资本——利润（利息）

土地——地租

劳动——工资

这样的三个并列式，马克思称之为"三位一体公式"。

在他们看来，"不管这些关系在其他方面看起来多么不一致，但它们都有一个共同点：资本逐年为资本家提供利润，土地逐年为土地所有者提供地租，劳动力——在正常条件下，并且在它仍然是可以使用的劳动力的时期内——逐年为工人提供工资。……它们好像是一棵长生树上或者不如说三棵长生树上的每年供人消费的果实，它们形成三个阶级即资本家、土地所有者和工人的常年收入。"① 这样，这些剩余价值的具体形式在进一步转化为收入的同时，也顺带将工人的工资也归结为收入了。

大概是上面这个"三位一体的公式"包含的演变还不够彻底，因为"资本——利润"的关系还会让人隐隐约约想起利润的起源，还不如"资本——利息"那样，"不仅想不到它的起源，而且想到和这个起源完全相反的形式上去了。"② 由于这个原因，资本家们更乐意于用它来代替"资本——利润"，因为在比"资本—利润"表现资本的功能方面，这个公式"取得了它最异化最特别的形式"③，因而彻底得多了。

马克思阐明，这个"三位一体的公式"所表现的虽然是一些现象，但这些现象包含的内容却令人匪夷所思。有些现象，所要表现的内容有限，有的则很丰富。"三位一体的公式"就是一个典型。

关于这个"三位一体的公式"，不仅本身是荒唐的，而且还包藏着资产阶级经济学的许多观念情结、目的用意，对这个让整个资产阶级歇斯底里拥趸的"公式"，马克思了如指掌，他的眼光深邃独到，竟然从无字句处读出许多弦外之音，发现"这个公式应该包括各种收入源泉之间的联系。"④ 所以不惜花费巨大的精力，对它进行全方位的分析批判——且看后文的阐述，——这里，主要就它所体现的收入，分析马克思对它的批判。

---

① 《资本论》第 3 卷，人民出版社 1975 年版，第 928 页；2004 年版，第 930 页，新版将前版的"常年收入"改译为"逐年收入"。

② 《资本论》第 3 卷，人民出版社 1975 年版，第 938 页；2004 年版，第 939 页。

③ 《资本论》第 3 卷，人民出版社 1975 年版，第 937 页；2004 年版，第 939 页。

④ 《资本论》第 3 卷，人民出版社 1975 年版，第 921 页；2004 年版，第 923 页。新版与前版的表述有所不同，但意思不变。

首先，揭露收入这种漂浮在社会最表层的表象将不可统一的东西统一归结为同一个范畴，掩盖了它们之间的本质区别。如果单单对工人来说，他的劳动力价值被叫做工资或者叫被叫做收入，并没有什实质的区别。如果单单对资本家或土地所有者来说，他们的资产收益叫利息、地租还是统一叫做收入，也没有什么本质区别。在这两种场合，说它们没有区别的意义并不大。但是，只要将这三种本质不同的工资、利息、地租都捆绑在一起，并统统叫做收入，对资本家来说，再说它们没有区别就别有意义了，并且意义巨大了。

它将性质根本不同、对立的东西拼凑在一起，将利息、地租、工资都统一归结为收入范畴，意在表明资产阶级、土地所有者阶级、工人阶级都是一样的收入获得者，而不管他们获得过程的艰难程度——资本家只要有资本，完全可以无所事事即可获得利息，土地所有者是这样，甚至"在苏格兰拥有土地所有权的土地所有者，可以在君士坦丁堡度过他的一生。"[1]反之，劳动者却要付出非常艰辛地劳动，才能获得与付出不成比例的工资收入，——使用这些收入的消费结构和质量、数量差别。可见，收入将这一切本质差别、将三大阶级的差别都湮灭了。

它将工人出卖劳动力获得的工资也纳入资本主义分配范围，意在表现三大阶级都共同参与分配的和谐关系。由于"这些收入，是由职能资本家作为剩余劳动的直接吸取者和一般劳动的使用者来进行分配的。"[2]，就又好像是工人也参加有产阶级的分配了，由是，本来的剩余价值的分配、即有产阶级之间分割赃物的特殊性质的分配，就转变成劳动者也参与的一般性质的分配了。但是，实际上工人获得工资只是由于他出卖了劳动力，这显然是属于流通过程的行为，而资本家获得利润，是生产过程中的事情，只不过这个过程的秘密被流通过程掩盖掉而已，并且其利润率在生产之前已经确定了；而利息率、地租率也是在生产过程之前就已经确定了的；最关键的是他们收入的来源不同，"劳动力的、资本的和土地的所有权，就是商品这些不同的价值组成部分所以会分别属于各自的所有者，并把这些价值组成部分转化为他们的收入的原因。"[3] 来源完全不同，各自的性质更加不同。但是，由于它们全都表现为收入，在社会表面上，在收入分配的意义上，上面三个表示因果关系的毫不相干的式子就转变为以"三位一体

---

① 《资本论》第 3 卷，人民出版社 1975 年版，第 697 页；2004 年版，第 697 页。

② 《资本论》第 3 卷，人民出版社 1975 年版，第 928 页；2004 年版，第 930 页。

③ 《资本论》第 3 卷，人民出版社 1975 年版，第 981 页；2004 年版，第 982 页。

的公式"命名的产品分配公式了。

它将资本也归结为收入。在批判资产阶级学者关于社会总资本再生产的错误理论时，马克思已经阐明，收入的特殊形态和获得方式因为用《Revenue》表示而将"资本收入"和"日常生活中所说的收入"混为一谈了。① 而且，在资本家的观念中，"对一个人来说是收入的东西，对另一个人来说则是资本"②。正是这种奇特的观念作祟，他们把社会总资本中的不变资本部分也当作收入而分解掉。"亚·斯密在这里遭遇的全部不幸，都是'收入'这个范畴造成的。"③ 斯密的不幸并非个人的原因，归根到底乃是全体资本家的错觉的影响所致。马克思对这种错误的批判，在前面的研究中，我们已经看到，后面还将阐述其原因。这里必须强调的是，马克思还阐明，在社会表面上，在资本家观念中，在流通中，收入是没有界限的，工资是收入、利润利息是收入、地租是收入，资本包括不变资本也都是收入，流回的货币更是收入，总收入和纯收入没有什么区别，④ 等等，收入是一个大框，什么都可以往里装。收入是一个大黑幕，什么东西颜色、性质差别都可被它掩盖。可见，收入是混沌的表象，是浓厚迷雾，它将一切本质区别、一切界限统统掩盖了、抹平了。

收入作为一种"奇特观念"⑤，在资产阶级经济学中是与"三位一体的公式"紧密联系在一起的，所以，马克思对它的批判离不开对这个公式的批判，对此，我们在后面将有进一步的研究。

其次，分析其产生的条件。收入这种"奇特观念"的产生固然与资本家的日常观念有关，也与社会、流通和竞争的乱象有关。所以，这种观念不是臆想，而是有一定的表象依据，也就是说，在竞争和流通中，它是必然产生的。

就资本家的日常经验看，商品价值的各个组成部分在现实运动中都是作为独立的、并且表现为预先确定的收入量加入的，所以整体看就是由收入构成的。而且，经验表明工资、平均利润、利息、地租作为收入的升降

---

① 《资本论》第 2 卷，人民出版社 1975 年版，第 403 页；2004 年版，第 403 页。

② 《资本论》第 3 卷，人民出版社 1975 年版，第 955 页；2004 年版，第 957 页。

③ 《资本论》第 2 卷，人民出版社 1975 年版，第 424 页；2004 年版，第 424 页。

④ "萨伊先生……认为全部收益，全部总产品，对一个国家来说都可以分解为纯收益，或者同纯收益没有区别，因而这种区别从整个国民的观点来看就不存在了"。（《资本论》第 3 卷，人民出版社 1975 年版，第 951 页；2004 年版，第 952—953 页。）

⑤ 《资本论》第 3 卷，人民出版社 1975 年版，第 257 页；2004 年版，第 256 页。

都会直接导致商品价值的短期的、局部的变动，① 这更形成了它们决定价值的表象，强化了它们决定价值的观念。

同样的，在社会表面上，在交换中也会产生这样的情景，"对一个人来说是收入的东西，对另一个人来说则是资本"。因此，不变资本部分作为"资本的收入"与构成人们消费的收入没有区别，似乎"不变资本只是商品价值的一个表面的要素，它会在总的联系中消失"②。总之，资本家的狭隘经验，竞争中、流通中的各种表象，都将一切价值范畴都归结为收入。

再次，资产阶级经济学的误导所致。古典经济学根本不理解不变资本和可变资本的基本关系，因而不理解剩余价值的性质，并且也不理解劳动在追加新价值时，如何和为何会在新形式上把旧价值保存下来，不理解再生产过程从总资本而不是从单个资本来看时所表现出来的联系，③ 不能正确地从整个社会的再生产过程来看收入和资本这两个固定规定的互相交换、互换位置。而庸俗经济学对这些观念的训导式翻译，更强化了资本家的日常观念和流通中、竞争中产生的这种假象的影响力。就像商品拜物教一样，对资本主义生产方式来说，收入作为一种经济范畴，"是有社会效力的、因而是客观的思维形式。"④ 所以，马克思不是简单地将它一棍子打死，因为它不是内在规定的直接反映就把它排除出理论体系。

最后，指出以它为划分三大阶级关系根据的错误。马克思指出："在考察分配关系时，人们首先是从年产品分为工资、利润和地租这种所谓的事实出发。"很显然，不仅把事实说成这样是错误的，⑤ 而以不同的收入来划分阶级就更加错误。⑥《资本论》全书的研究已经充分证明，划分阶级的惟一依据，只能是生产资料所有制。从来是生产决定分配，而不是相反。当然，如果分配指的是生产资料的分配，那就没错。道理很简单，因为

---

① 《资本论》第 3 卷，人民出版社 1975 年版，第 981-982 页；2004 年版，第 983—984 页。

② 《资本论》第 3 卷，人民出版社 1975 年版，第 955 页；2004 年版，第 957 页。

③ 《资本论》第 3 卷，人民出版社 1975 年版，第 953，954 页；2004 年版，第 955，956 页。

④ 《资本论》第 1 卷，人民出版社 1975 年版，第 93 页；2004 年版，第 93 页。

⑤ 《资本论》第 3 卷，人民出版社 1975 年版，第 993 页；2004 年版，第 994 页。

⑥ "从这个观点来看，例如，医生和官吏也形成两个阶级了，因为他们属于两个不同的社会集团，其中每个集团的成员的收入都来自同一源泉。"（《资本论》第 3 卷，人民出版社 1975 年版，第 1001 页；2004 年版，第 1002 页。）

"这种分配关系赋予生产条件本身及其代表以特殊的社会性质。它们决定着生产的全部性质和全部运动。"①

第三节　资产阶级经济学分配理论批判

第一、二卷主要研究剩余价值总体，而第三卷则侧重研究剩余价值的各个组成部分——利润、利息、地租等。恩格斯在《资本论》第一卷英文版序言中说："古典政治经济学虽然完全知道，利润和地租都不过是工人必须向自己雇主提供的产品中无酬部分（雇主是这部分产品的第一个占有者，但不是它的最后的唯一的所有者）的一部分、一份，但即使这样，它也从来没有超出通常关于利润和地租的概念，从来没有把产品中这个无酬部分（马克思称它为剩余产品），就其总和即当作一个整体来研究过，因此，也从来没有对它的起源和性质，对制约着它的价值的以后分配的那些规律有一个清楚的理解。"② 仔细揣摩，这段话后半句的内容非常丰富，含义也很深刻。在这里，它至少说明对社会总剩余价值与社会总资本关系的研究是极其重要的，不仅关系到剩余价值的起源和性质，包含着制约着它的分配的规律。它表明，在研究剩余价值总分配的时候，不能仅仅就它本身来考察，而应该就它与社会总资本的关系来考察。

诚然，关于剩余价值总体与社会总资本的关系，第一、二卷已经研究得很透彻了，但是，在研究剩余价值总分配的场合，剩余价值并非以抽象的形态、纯粹的实体而表现的，而是以它在社会表面上、在流通中、竞争中、在资本家的相互关系和日常观念中已经转型、扭曲的形态出现的，所以强调这种总资本和总剩余价值的关系，极其必要。既然资产阶级古典经济学家从来没有剩余价值及其总体的概念，他们一开始就是将剩余价值实体与在其社会表面上的扭曲形式混为一谈的，那么，其分配理论的错误一开始就已经铸定了。了解了这些之后，我们对第三卷的科学批判就会有新的理解。

---

① 《资本论》第 3 卷，人民出版社 1975 年版，第 994 页；2004 年版，第 995 页，新版将前版的"性质"改译为"质"。

② 《资本论》第 1 卷，人民出版社 1975 年版，第 35 页；2004 年版，第 33 页。

一、资产阶级经济学利润率平均化理论批判

在单个资本的运动中，利润率的平均化是比较容易的。只需在资本家的账目中、观念中即可形成。对此，即使像马尔萨斯这样的庸俗学者，是很容易理解资本家观念的。他说"资本家对于他所预付的资本的一切部分，都期望得到同样的利益。"① 但是，他们在单个资本的场合能够理解的，在社会总资本的场合就不能理解了。因此，资产阶级学者既根本不了解总体的剩余价值，更不理解社会总资本与总体剩余价值的关系，自然不能根据这种关系来理解总剩余价值在总资本中的平均化，从而不能理解社会总资本的利润率平均化。但是，他们在个别场合，也有相关的研究，这里不妨也将这些研究称作"理论"，虽然是缺乏正确理论基础、不成熟、不成体系的"理论"。

在《资本论》第二卷序言中，恩格斯已经提出："按照李嘉图的价值规律，假定其他一切条件相同，两个资本使用等量的、有同样报酬的活劳动，在相同的时间内会生产价值相等的产品，也会生产相等的剩余价值或利润。但是，……实际上，等额的资本，不论它们使用多少活劳动，总会在相同时间内生产平均的相等的利润。因此，这就和价值规律发生了矛盾。李嘉图已经发现了这个矛盾，但是他的学派同样没有能够解决这个矛盾。"② 显然，这个矛盾，或者是价值理论与现实的矛盾，如果不能解决，就表明价值理论没有现实意义。所以，能否科学地解决它，在一定意义上成了检验价值理论科学性的标准。正因为这样，李嘉图学派在经过努力之后，竟然走向歧途。对此，马克思在科学地解决了这个矛盾之际，一针见血地指出了前人在此处失足的原因："以前的经济学，或者硬是抽掉剩余价值和利润之间、剩余价值率和利润率之间的差别，以便能够保持作为基础的价值规定，或者在放弃这个价值规定的同时，也放弃了对待问题的科学态度的全部基础；以便保持那种在现象上引人注目的差别，——理论家的这种混乱最好不过地表明，那些陷在竞争中，无论如何不能透过竞争的现象来看问题的实际资本家，必然也不能透过假象来认识这个过程的内在

① 转引自《资本论》第3卷，人民出版社1975年版，第44页；2004年版，第43页。

② 《资本论》第2卷，人民出版社1975年版，第24—25页；2004年版，第24页。

本质和内在结构。"① 放弃价值规定的庸俗经济学不必说了，坚持价值规定作为理论基础的古典学派，却很难坚持住这个基础。

马克思知道，李嘉图不仅坚持价值规定，而且要"科学讲清楚：它所阐明和提出的其余范畴……同这个基础、这个出发点适合或矛盾到什么程度；一般说来，只是反映、再现过程的表现形式的科学以及这些表现本身，同资产阶级社会的内在联系即现实生理学所依据的，或者说成为它的出发点的那个基础适合到什么程度"，"把发展了的资产阶级生产关系，因而也把被阐明的政治经济学范畴，同它们的原则即价值规定对质，查清它们同这个原则直接适合到什么程度"②。马克思对他的这种想法十分赞赏："李嘉图的研究方法，……具有科学的合理性和巨大的历史价值，"但是又指出，由于他的价值理论本身不够科学，而且没有解决如何联系实际的问题，"它在科学上的缺陷也是很明显的"③。对价值规律与同量资本获得同量利润的矛盾，他实际上也知道，但是，他根本不了解两者如何才能适合，就直接将它们联系了，结果反而说不清，导致原有理论的破产。马克思认为，李嘉图犯了强制抽象的错误，即将资本主义较为发达阶段具体的竞争领域中的现象当成抽象的东西，与原本抽象的理论基础混为一体。马克思这里的批判实际上已经指出，他所研究的，是作为资本的产品，而不是一般商品。④ 面对这种"资本主义下已经变形的商品"⑤，不仅是李嘉图，其他资产阶级学者也都无法用价值规律来解释。对此，因为在《剩余价值理论》中有很深入的分析，所以在《资本论》中就没有再提，但也阐明，不解决这个矛盾，必定会导致政治经济学陷入困境："政治经济学家，直到现在也没有揭露这个秘密。"他们看到，节省劳动和"更多地使用死劳动（不变资本），都表现为经济上完全合理的行为，……既然生产上所必需的劳动量的减少，不仅不会表现为降低利润，而且在某些条件下反而

---

① 《资本论》第 3 卷，人民出版社 1975 年版，第 189 页；2004 年版，第 188—189 页。

② 《马克思恩格斯全集》第 26 卷第Ⅱ册，人民出版社 1973 年版，第 183，186 页。

③ 《马克思恩格斯全集》第 26 卷第Ⅱ册，人民出版社 1973 年版，第 183 页。

④ "商品按照它们的价值或接近于它们的价值进行的交换，比那种按照它们的生产价格进行的交换，所要求的发展阶段要低得多。而按照它们的生产价格进行的交换，则需要资本主义的发展达到一定的高度。"（《资本论》第 3 卷，人民出版社 1975 年版，第 197—198 页；2004 年版，第 197 页。）尽管这一段话后文还将引用，但为了这里的论证，也有必要先在脚注中提及。

⑤ 《资本论》第 3 卷，人民出版社 1975 年版，第 17 页；2004 年版，第 17 页。

会表现为增加利润的直接源泉，至少对单个资本家来说是这样，那末，活劳动又怎么能是利润的唯一源泉呢？"① 这个困境犹如一个陷阱，使它不能自拔。

要科学地阐述利润率平均化的机制，就必须有科学的市场价值决定的理论为依托。但资产阶级学者却不能解决这个问题。在这里，马克思回顾了施托尔希和李嘉图的争论，指出他们都完全忽略了中等情况。② 但实际上这是不可忽视的。为了批判，也为了阐明问题，马克思详细地论述了市场价值确定的机制。在这里，他在提出总量满足一般社会需要且不变的情况下，决定商品的市场价值变动的几个要素：生产条件的优劣程度、各种生产条件下产品的数量及其个别价值的高低。因为"平等条件满足需求的基本量，决定生产的主要量，从而调节每个特殊生产领域的市场价值。"③所以马克思强调中等条件的产量和价值。再看李嘉图，他根本不懂得这些规定，竟然还认为："在最坏条件下生产的商品能够出售，就证明这样的商品是满足需求所必需的"，对此，马克思嗤之以鼻："这种说法是无济于事的。"④ 马克思关于市场价值决定的研究表明，李嘉图忽视了价格和数量及其变动，这也表明，他对市场价值决定的理解是有缺陷的。针对他不能从总量及其结构的分析来看问题的错误，马克思强调说，一种商品市场价值"决定于为生产这个生产领域的全部商品量即商品总额所需要的劳动，而不决定于这个生产领域内部单个资本家或企业主所需要的特殊劳动时间。"⑤

在这里，马克思还批判了资产阶级学者关于市场价值由供求决定的谬论。他分析道："资本主义生产的实际的内在规律，显然不能由供求的互相作用来说明……，因为这种规律只有在供求不再发生作用时，也就是互

---

① 《资本论》第 3 卷，人民出版社 1975 年版，第 191 页；2004 年版，第 190—191 页。

② "施托尔希和李嘉图在地租问题上的争论……，即市场价值（在他们那里，不如说是市场价格或生产价格）是由最不利条件下生产的商品来调节（李嘉图），还是由最有利条件下生产的商品来调节（施托尔希），这个争论要这样来解决：他们两人都有对的地方和不对的地方，不过他们两人同样都完全忽略了中等情况。"（《资本论》第 3 卷，人民出版社 1975 年版，第 205 页脚注（30）；2004 年版，第 204 页脚注（30）。）

③ 《马克思恩格斯全集》第 26 卷第Ⅲ册，人民出版社 1974 年版，第 523 页。

④ 《资本论》第 3 卷，人民出版社 1975 年版，第 199 页；2004 年版，第 199 页。

⑤ 《马克思恩格斯全集》第 26 卷第Ⅱ册，人民出版社 1973 年版，第 226 页。

相一致时，才纯粹地实现。供求实际上从来不会一致；如果它们达到一致，那也只是偶然现象，所以在科学上等于零，可以看作没有发生过的事情。"① 经济科学要研究的，是大量的、经常发生和存在的经济事实，是一个比较长时期的大量现象，不是短暂时点的个别现象，更不能是对某些鸡毛蒜皮的、偶尔发生的事情的专门研究。在马克思这里，供求绝非某个市场某种商品某个时点的供求关系。资产阶级学者兴趣的是研究个别对象的边际变动，对某个资本家来说，也许有点意义，但对整个社会而言，就没有价值了。实际上，马克思已阐明，"在政治经济学上必须假定供求是一致的。……这是为了对各种现象要在它们的合乎规律的、符合它们的概念的形态上来进行考察；也就是说，要撇开由供求变动引起的假象来进行考察。另一方面，为了找出供求变动的实际趋势，就要在一定程度上把这种趋势确定下来。"② 关于供求关系的研究，后文还将涉及，这里暂略。

在这里，马克思还批判了资产阶级学者对生产价格的错误认识，指出"他们谁也没有说明生产价格同价值的区别"，而且指出，他们理解的生产价格并非发展阶段转型升级后、作为资本的产品来交换的已经转型的商品价值，而是一般的商品的生产价格，并且是"商品价值的一个已经完全表面化的，而且乍看起来是没有概念的形式，是在竞争中表现的形式，因而是存在于庸俗资本家的意识中，也就是存在于庸俗经济学家的意识中的形式。"③ 对象的性质搞错了，理论研究当然没有正确性可言。

二、资产阶级经济学利润率倾向下降趋势理论批判

马克思在考察资本主义较为发达阶段商品价值转型之后，又指出在剩余价值率不变的条件下，劳动生产率的发展必定导致资本有机构成的普遍提高，利润率倾向下降。"因为随着不变资本的物质量的增加，不变资本从而总资本的价值量也会增加，虽然不是按相同的比例增加"，"随着资本主义生产方式的发展，可变资本同不变资本相比，从而同被推动的总资本相比，会相对减少，这是资本主义生产方式的规律。"④ "一般利润率日益

① 《资本论》第 3 卷，人民出版社 1975 年版，第 212 页；2004 年版，第 211 页。
② 《资本论》第 3 卷，人民出版社 1975 年版，第 212 页；2004 年版，第 211 页。
③ 《资本论》第 3 卷，人民出版社 1975 年版，第 221—222 页；2004 年版，第 221 页。
④ 《资本论》第 3 卷，人民出版社 1975 年版，第 236 页；2004 年版，第 236 页。

下降的趋势，只是劳动的社会生产力日益发展在资本主义生产方式下所特有的表现。"①

这个规律的科学研究是要建立在不变资本和可变资本本质区分、有机构成理论的基础上的，建立在剩余价值和利润的区分的基础上，所以资产阶级学者当然不可能发现。不过，他们也"看到了这种现象，并且在各种自相矛盾的尝试中绞尽脑汁地去解释它。由于这个规律对资本主义生产极其重要，因此可以说，它是一个秘密，亚当·斯密以来的全部政治经济学一直围绕着这个秘密的解决兜圈子"②。

马克思还阐明，由于资本积累，整个社会总资本推动和剥削的劳动绝对量也在增大，从而生产的剩余价值也在增大。因此尽管总体来看利润的相对量下降，但绝对量却有增加。不过，"这种双重作用，只是在总资本的增加比利润率下降更为迅速的时候才表现出来。"③ 但要达到这样的效果，"资本增加的比例就必须大于利润率下降的比例。换句话说，要使总资本的可变组成部分不仅绝对地保持不变，而且绝对地增加（尽管它作为总资本的一个部分所占的百分比已经下降），总资本增加的比例必须大于可变资本所占百分比下降的比例。"④ 资产阶级经济学虽然不知道怎样说明利润率倾向下降的规律，但它却也捕捉到这种现象，将它当成一种自我安慰，并且还有多种多样的解释：有的说这是大资本用以排挤小资本的办法，有的说它是商业资本营业扩大的结果，也有的说是工资率提高的结果。⑤ 马克思称之为"存在于竞争当事人头脑中的非常浅薄的观念，"并以罗雪尔为例进行批判。针对罗雪尔的看法："利润率的下降好像是资本增加的结果，好像是资本家由于资本增加而考虑到利润率较低时会赚得较大的利润量的结果"，马克思认为，这是由于罗雪尔"完全不理解一般利润率究竟是怎么回事，并且也是由于这样一种粗浅的观念：价格实际上是通过把一个多少带有任意性的利润量加到商品的实际价值上来决定的。这些观念无论多么粗浅，但它们是必然会产生的，这是因为资本主义生产的内

---

① 《资本论》第 3 卷，人民出版社 1975 年版，第 237 页；2004 年版，第 237 页。
② 《资本论》第 3 卷，人民出版社 1975 年版，第 238 页；2004 年版，第 238 页。
③ 《资本论》第 3 卷，人民出版社 1975 年版，第 248 页；2004 年版，第 248 页。
④ 《资本论》第 3 卷，人民出版社 1975 年版，第 248 页；2004 年版，第 248 页。
⑤ 《资本论》第 3 卷，人民出版社 1975 年版，第 250、267 页；2004 年版，第 250，267 页。

在规律在竞争中是以颠倒的形式表现出来的。"① 用现象、而且是表象来解释现象，——本应是透过现象揭示本质、再通过中介阐明本质的外化转型，再来解释原来的现象，这才是研究和解释的正途。——这只有庸俗经济学家才能敢做并且乐此不疲的，但这样做却只能显示他的浅薄和无能。

马克思还阐明，利润率下降的规律也表现为单个商品价格下降和商品总量所实现的利润率增加。这是因为劳动生产率提高了，虽然导致单个商品中包含的利润量和商品总量的利润率的下降，但因为商品总量的大幅增加，利润总额反而有所增加。这样，在表面上就表现为价格下降和利润增加的表象。因为在资本主义社会，在竞争中，内在规律都以假象表现，"也就是以颠倒的形式表现出来，所以单个资本家会以为：1. 他用降低商品价格的办法来降低他的单个商品的利润，但是由于他所出售的商品的量较大，因此仍然赚到较大的利润；2. 他是先确定单个商品的价格，然后用乘法决定总产品的价格，可是本来的过程是除法的过程……，而且乘法只是作为第二步即以这种除法为前提才是正确的。庸俗经济学家所做的实际上只是把那些为竞争所束缚的资本家的奇特观念，翻译成表面上更理论化、更一般化的语言，并且煞费苦心地论证这些观念是正确的。"② 可以说，资本家打喷嚏了，资产阶级学者就很情愿地跟着吃药。

在资本主义社会，生产力发展的结果引起利润率下降而成为资本主义发展的限制，所以，利润率趋向下降的规律归根到底是资本主义基本矛盾的表现。或者说，马克思是通过利润率趋向下降规律的研究，来表现资本主义的基本矛盾。虽然有一些起反作用的因素，但结果都几乎都有进一步加强利润率下降的趋势，并且由于内部矛盾的展开，还会"延缓新的独立资本的形成，从而表现为对资本主义生产过程发展的威胁；利润率的下降在促进人口过剩的同时，还促进生产过剩、投机、危机和资本过剩。"③ 它甚至让像李嘉图这样的经济学家感觉到："资本主义生产方式在生产力的发展中遇到一种同财富生产本身无关的限制；而这种特有的限制证明了资本主义生产方式的局限性和它的仅仅历史的、过渡的性质；证明了它不是

---

① 《资本论》第 3 卷，人民出版社 1975 年版，第 251 页；2004 年版，第 250—251 页。

② 《资本论》第 3 卷，人民出版社 1975 年版，第 256—257 页；2004 年版，第 256 页。

③ 《资本论》第 3 卷，人民出版社 1975 年版，第 270 页；2004 年版，第 270 页。

财富生产的绝对的生产方式,反而在一定阶段上同财富的进一步发展发生冲突。"① 但是,李嘉图不是将这种限制归咎于资本主义制度,而是归咎于自然,认为自然限制了生产。

马克思还发现,李嘉图及其学派只考察包括利息的产业利润,但其实地租率也有下降的趋势,尽管不排除地租量的增加。马克思还指出:"李嘉图关于产业利润(加上利息)包含全部剩余价值这个假定,从历史上和概念上来说都是错误的。其实,只是资本主义生产的发展,才使 1. 全部利润首先归于产业资本家和商业资本家,然后再行分配;2. 地租归结为超过利润的余额。在这个资本主义的基础上,地租以后还会增加,它是利润……的一部分,但不是这个产物中被资本家装进腰包的那个特殊部分。"②

在这里,针对资产阶级辩护士把资本主义生产"它描写成以享受或者以替资本家生产享受品为直接目的的生产"的怪论,马克思一方面直接指出他们"完全看不到这种生产在其整个内在本质上表现出来的特有性质"的错误,是"把这种生产描写成它本来不是的那个东西",是指鹿为马,另一方面又阐明:"剩余价值的生产……是资本主义生产的直接目的和决定性动机。"③ 这才是一语中的。

在研究利润率趋向下降规律的时候,马克思顺理成章地研究了经济危机的问题,同时也批判了资产阶级学者的相关错误。

马克思这里关于经济危机的论述,与此前的研究有所不同,是在利润率趋向下降的语境中,是与内部矛盾的三个展开相联系、与人口过剩和资本过剩紧密联系的,强调和突出了资本主义基本矛盾的作用,而资产阶级学者对经济危机的理解和解释却是零碎的。由于"资本是由商品构成的,因而资本的生产过剩包含商品的生产过剩。由此产生了这样一种奇怪的现象:否认商品生产过剩的那些经济学家,却承认资本的生产过剩。"④ 他们轻描淡写地把经济危机看成是"不同生产部门之间的不平衡",这仅仅是说,在资本主义生产内部,各个生产部门之间的平衡表现为由不平衡形成的一个不断的过程。这样,深刻的危机就变成是一般的波动了。对此,马

---

① 《资本论》第 3 卷,人民出版社 1975 年版,第 270 页;2004 年版,第 270 页。
② 《资本论》第 3 卷,人民出版社 1975 年版,第 271 页;2004 年版,第 271 页。
③ 《资本论》第 3 卷,人民出版社 1975 年版,第 272 页;2004 年版,第 272 页。
④ 《资本论》第 3 卷,人民出版社 1975 年版,第 286 页;2004 年版,第 285—286 页。

克思阐明，他们有意回避或者对这样的问题感到茫然：在资本主义社会，"全部生产的联系是作为盲目的规律强加于生产当事人，而不是作为由他们的集体的理性所把握、从而受他们支配的规律来使生产过程服从于他们的共同的控制。"① 并且，他们更不愿意正视生产的无限发展与大众消费力有限的矛盾，而实际情况却是 "生活资料和现有的人口相比不是生产得太多了。正好相反。要使大量人口能够体面地、像人一样地生活，生活资料还是生产得太少了。"② 而最根本的是没有也不可能意识到这是资本主义基本矛盾这一根本性原因。针对这些浅薄的见识，马克思在这里阐明："所有否认显而易见的生产过剩现象的意见（它们并不能阻止这种现象的发生）可以归结为：资本主义生产的限制，不是一般生产的限制，因而也不是这种独特的、资本主义的生产方式的限制。但是，这种资本主义生产方式的矛盾正好在于它的这种趋势：使生产力绝对发展，而这种发展和资本在其中运动、并且只能在其中运动的特有的生产条件不断发生冲突。"③ 在这种情况下，经济危机必然周期性地发生："要使劳动资料和生活资料作为按一定的利润率剥削工人的手段起作用，劳动资料和生活资料就周期地生产得太多了。……要使这个过程能够进行下去，不至于不断地发生爆炸，商品就生产得太多了。"④

　　他还具体地阐明："资本主义生产方式的限制表现在：1. 劳动生产力的发展使利润率的下降成为一个规律，这个规律在某一点上和劳动生产力本身的发展发生最强烈的对抗，因而必须不断地通过危机来克服。2. 生产的扩大或缩小，不是取决于……社会地发展了的人的需要之间的关系，而是取决于……一定水平的利润率。因此，当生产的扩大程度在另一个前提下还远为不足的时候，对资本主义生产的限制已经出现了。资本主义生产不是在需要的满足要求停顿时停顿，而是在利润的生产和实现要求停顿时停顿。"⑤ 这样，对资本主义经济危机及资产阶级经济学经济危机理论的批判，就与对资本主义制度的批判紧密联系上了。

---

　　① 《资本论》第 3 卷，人民出版社 1975 年版，第 286 页；2004 年版，第 286 页。
　　② 《资本论》第 3 卷，人民出版社 1975 年版，第 287 页；2004 年版，第 287 页，新版将最后一句重译为："已经生产出来的生产资料还是很不够。"
　　③ 《资本论》第 3 卷，人民出版社 1975 年版，第 286—287 页；2004 年版，第 286 页。
　　④ 《资本论》第 3 卷，人民出版社 1975 年版，第 287 页；2004 年版，第 287 页。
　　⑤ 《资本论》第 3 卷，人民出版社 1975 年版，第 287—288 页；2004 年版，第 287—288 页。

三、资产阶级经济学商业利润理论批判

产业资本及其利润平均化的考察，是在假定剩余价值全部被产业资本家独占和支配的。但是实际过程却不是这样。随着货币资本和商品资本的独立化而与生产资本分离，崇尚"资本是天生的平等派"理念的货币资本和商品资本也要求从产业资本占有的剩余价值中按份分得一杯羹：商业利润和利息。

马克思通过对商业资本进行全面深入的研究，阐明了它参加了产业资本利润率平均化过程，所获得的商业利润是作为资本的"核心构造"所应获得的平均利润的一部分，其本质就是产业部门所生产的剩余价值的一部分。

但是，马克思发现，在社会上，在资产阶级学者那里，对商业资本和商业利润却存在着错误的认识和宣传：

关于商业资本，资产阶级学者的研究不可谓不久，特别是重商主义者。但是，他们重视的只是流通过程，并且只是"从流通过程独立化为商业资本运动时呈现出的表面现象出发，因此只是抓住了假象。"所以，还不是真正的科学研究。"真正的现代经济科学，只是当理论研究从流通过程转向生产过程的时候才开始。"①

至于其他的资产阶级学者："最荒唐的看法莫过于把商人资本……看作是产业资本的一个特殊种类"，对这种误解，只要看看各自的运动方式就一目了然了。对此，马克思指出，"产业资本的转化形式，和不同生产部门各生产资本之间由于不同产业部门的性质不同而造成的物质区别，是有天壤之别的。"②

他还发现："在庸俗经济学家那里这种混淆还有以下两件事作为基础。第一，他没有能力就商业利润的特性来说明商业利润；第二，他力图……把那些首先以商品流通、从而以货币流通为基础的资本主义生产方式的特有形式所产生的商品资本形式和货币资本形式，从而商品经营资本形式和货币经营资本形式，说成是生产过程本身必然产业的形式。"③ 因为他们都在表象的范围内兜圈子。

---

① 《资本论》第3卷，人民出版社1975年版，第376页；2004年版，第376页。
② 《资本论》第3卷，人民出版社1975年版，第361页；2004年版，第360页。
③ 《资本论》第3卷，人民出版社1975年版，第362页；2004年版，第361页。

他还阐明：斯密、李嘉图的古典学派，重视的是产业资本，因为它与创造价值有关，并不重视商业资本，"他们事实上把商人资本完全搁在一边"的，并且"在他们特别论述商人资本的地方，例如在李嘉图论述对外贸易的时候，他们总是力图证明，它不创造价值（因而也不创造剩余价值）。"① 这固然有一定的道理，但仅从创造价值的角度来看待商业资本的运动却有偏颇，资本运动是全方位的、全天候的，如果没有从资本运动的全面性来看，就无法解释商业资本也参与利润率平均化、取得平均利润的事情了。不过，因为没研究，在提到它时，也"把它当作产业资本的一种"②，结果不免流于浅薄而陷入窘境。之所以这样，也是因为在资本主义发展的初期，产业资本家普遍是统一经营供产销的。

关于商业利润，资产阶级学者及资本家的误解就更深了。

首先，在资产阶级学者那里，商业利润有另外的说法，其中尤以"加价"为著名。从现象看，商业资本"不仅要在流通中并通过流通来实现他的利润，而且要在流通中并通过流通才获得他的利润"，这样看，它似乎是来自"对商品价格实行名义上的加价，因而，就全部商品资本来看，也就是高于它的价值出售，并且把商品的名义价值超过它的实际价值的这个余额攫为己有"③。

针对这种说法，马克思阐明："认为商业利润是单纯的加价，是商品价格在名义上高于它的价值的结果，这不过是一种假象。"④ 他分析道，"为什么假定产业资本家是按商品的生产价格把商品卖给商人的呢？……这个假定是以什么为前提的呢？这就是：商业资本……不参加一般利润率的形成。"⑤ 难道商业资本是一种不参加利润的形成而只分享利润的资本？当然不是。如果有这样的资本，那么将会有无数的产业资本都加入到商业资本队伍中来。没有哪一种资本更容易改变为商业资本的了。他举实例阐明，商业资本不过是原先包含在产业资本中的商品资本，它理所当然要参与利润率的平均化。所以，在它独立化而从产业资本中分离出去之后，仍然要与产业资本一起享有同样的利润率。所以商业资本家向产业资本家购买商品是低于其市场生产价格的。所以商业利润是"对产业资本的利润作

① 《资本论》第3卷，人民出版社1975年版，第363页；2004年版，第362页。
② 《资本论》第3卷，人民出版社1975年版，第363页；2004年版，第362页。
③ 《资本论》第3卷，人民出版社1975年版，第315页；2004年版，第315页。
④ 《资本论》第3卷，人民出版社1975年版，第314页；2004年版，第314页。
⑤ 《资本论》第3卷，人民出版社1975年版，第317页；2004年版，第317页。

了一种扣除。"①

其次，认为是商人的个人行为所决定。在这里，马克思还批判了一种荒唐的看法："就单个商品来说，是薄利多销，还是厚利少销，完全取决于商人自己。"对此，他是这样反驳的："他的出售价格有两个界限：一方面是商品的生产价格，这是不由他做主的；另一方面是平均利润率，这也是不由他做主的。"而且，"商人怎么干，完全取决于资本主义生产方式的发展程度，而不是取决于商人的愿望。"②

他又进一步阐明："这种流行的偏见和一切关于利润等等的错误看法一样，"不仅是"由仅仅对商业的观察和商人的偏见产生的，"而且与一些情况有关：

第一，是竞争的假象，例如一个商人为了击败他的对手而廉价出售商品，这当然是由他自己决定的。但这归根到底还是全部商业利润如何在全体商业资本家之间的分配。③

第二，出于某些经济学家的胡说八道，如罗雪尔竟然说这种出售价格的变化是由明智和人道引起的，与生产方式的变革无关。④

第三，如果劳动生产力提高，商品的出售价格降低，刺激了需求，反过来又会提高售价。⑤

8 第四，某个商人为了更迅速地周转而压低售价，这也是与竞争有关。⑥

从这些分析批判可见，这些流行的偏见既是资产阶级学者的曲意的摇唇鼓舌所致，也与流通、竞争的扭曲有关。

再次，认为流通过程能够独立地决定价格。"商人资本的周转对商业价格的影响却会呈现出各种现象，……由于周转的……影响，似乎流通过程本身会在一定范围内不以生产过程为转移而独立地决定商品的价格。"对此，马克思的批判十分简单，但却一针见血、切中要害："一切关于再生产总过程的表面的和颠倒的见解，都来自对商人资本的考察，来自商人

---

① 《资本论》第 3 卷，人民出版社 1975 年版，第 319 页；2004 年版，第 319 页。
② 《资本论》第 3 卷，人民出版社 1975 年版，第 343 页；2004 年版，第 342 页。
③ 《资本论》第 3 卷，人民出版社 1975 年版，第 343 页；2004 年版，第 342 页。
④ 《资本论》第 3 卷，人民出版社 1975 年版，第 344 页；2004 年版，第 343 页。
⑤ 《资本论》第 3 卷，人民出版社 1975 年版，第 344 页；2004 年版，第 343 页。
⑥ 《资本论》第 3 卷，人民出版社 1975 年版，第 344 页；2004 年版，第 343 页。

资本特有的运动在流通当事人头脑中引起的观念。"① 本来，科学而合理的理念应该是"把可以看见的、仅仅是表面的运动归结为内部的现实的运动"，是资本的竞争将商品的"价值转化为生产价格并且进一步转化为商业价格"，但是，"在资本主义生产当事人和流通当事人的头脑中，关于生产规律形成的观念，必然会完全偏离这些规律，必然只是表面运动在意识中的表现。"②

四、资产阶级经济学利息理论批判

在前面，马克思研究的都是实体资本的运行，实际上主要是考察它的运用，即其作为使用价值的使用——作为资本来使用、自行增殖的，但运用这种实体资本的资本家都保有其所有权，或者说，实体资本的使用权与所有权是紧密结合在一起的。这也就是说，拥有这种资本所有权使职能资本家拥有增殖的权力。如果这个职能资本家使用的是向他人借来的资本，那么这个拥有资本所有权的他人就要依据这种所有权向贷入货币资本的职能资本家索取利息。在考察生息资本的场合，马克思突出并考察的就是资本的所有权。

在论证了生息资本运动特点的时候马克思特别批判了蒲鲁东的错误观点。他不懂得货币资本贷放的特殊实质，在他看来，贷放是一件坏事，他将贷放与一般的商品买卖混为一谈，"像蒲鲁东那样，把以货币为媒介的交换即买和卖的简单关系直接运用到这里来，从一开始就是荒诞无稽的。"③ 他没有看到生息资本的特殊性质，不了解资本可以"两权分离"。货币资本家可以将作为资本的货币的使用权贷放出去，作为可以生产剩余价值特殊的商品卖出一段时间，但仍保有该货币资本的所有权。这一点与一般商品殊为不同，一般商品是连同其所有权一起卖出的，但保留了其价值。

与马克思是根据资本运动的内在逻辑来研究资本所有权及其实现不同，英国的吉尔巴特在其《银行业的历史和原理》中将生息资本获得利息当成一种自然正义："一个借钱为了获取利润的人，应该把利润的一部分

---

① 《资本论》第 3 卷，人民出版社 1975 年版，第 349 页；2004 年版，第 348 页。
② 《资本论》第 3 卷，人民出版社 1975 年版，第 350 页；2004 年版，第 348 页。
③ 《资本论》第 3 卷，人民出版社 1975 年版，第 398 页；2004 年版，第 397 页。

给予贷出者，这是一个不言而喻的合乎自然正义的原则。"① 他根本不了解生息资本及其利息的特殊社会性质，将借贷关系行为当成自然产生的、正义的行为。对此，马克思斥之为"荒谬"。所谓的正义与非正义，并非根据交易本身来判断，而要看其与占统治地位的生产方式相适应。"只要与生产方式相适应，相一致，就是正义的；只要与生产方式相矛盾，就是非正义的。在资本主义生产方式的基础上，奴隶制是非正义的；在商品质量上弄虚作假也是非正义的。"② 这是将经济行为曲解为政治行为，将抽象的"永恒正义"原则与具体的特定历史条件下的"正义"混为一谈了。

他还批判蒲鲁东不懂得生息资本的性质。"蒲鲁东显然没有弄清楚这个秘密：生产资本家怎么能够按照商品的价值出售商品（如何平均化为生产价格的问题……），并由此除了取得他投入到交换中去的资本，还能取得利润。"③ 也就是说，他不懂得"资本作为资本已经变成商品，因而出售已经变成贷放，价格已经变成利润的一部分。"④ 这样，他当然不懂得利息是一部分剩余价值转化而来的。

关于生息资本，庸俗经济学家还有许多荒谬的观点：他们"把货币资本看作普遍现象，也就是说，把它应用于全部社会资本，甚至把它当作利润的原因，"对此，马克思批判道："全部资本都转化为货币资本，而没有人购买和使用生产资料即全部资本（除了其中以货币形式存在的相对小的部分以外）借以存在的形式来增殖价值，这当然是荒唐的。"还有，"说什么在资本主义生产方式的基础上，资本不作为生产资本执行职能，即不创造剩余价值……，也会提供利息；说什么没有资本主义生产，资本主义生产方式也会照样进行下去，那就更加荒唐了。"马克思接着说："假如大部分的资本家愿意把他们的资本转化为货币资本，那末，结果就会是货币资本大大贬值和利息率惊人下降；许多人马上就会不可能靠利息来生活，因而会被迫再变为产业资本家。"⑤

生息资本的运动是 G—G'，它把中介过程撇开了，所以，"在生息资

---

① 转引自《资本论》第 3 卷，人民出版社 1975 年版，第 379 页脚注（55）；2004 年版，第 379 页脚注（55）。

② 《资本论》第 3 卷，人民出版社 1975 年版，第 379 页；2004 年版，第 379 页。

③ 《资本论》第 3 卷，人民出版社 1975 年版，第 387 页；2004 年版，第 387 页。

④ 《资本论》第 3 卷，人民出版社 1975 年版，第 388 页；2004 年版，第 388 页。

⑤ 《资本论》第 3 卷，人民出版社 1975 年版，第 424 页；2004 年版，第 424 页。

本的场合，一切都表现为表面的东西"①，这样，资本主义生产关系就被掩盖了。说到这里，他还顺带将亚当·弥勒的怪论端出来："决定物品价格时，无须考虑时间；决定利息时，主要的是考虑时间。"他指出：亚当·弥勒"没有看到，生产时间和流通时间怎样参加商品价格的决定，资本在一定周转时间内的利润率怎样也正好是这样决定的，而利息正好由一定时期的利润的决定来决定。在这里也和通常一样，他的深刻洞察力就在于，看到表面上的尘埃，就狂妄地把这种尘埃说成是神秘莫测的重要的东西。"② 显然，弥勒完全不理解价格是如何决定的，也不了解周转与价格的关系。

由于生息资本的独立化，一部分剩余价值以利息的形式独立化，不论职能资本家使用的是自有的资本，还是借来的资本，利润的一部分都要采取企业主利润和利息的形式。这样，剩余价值的量的分割就转化为质的分割。

利润被职能资本家和生息资本家分割为企业主收入和利息后，在社会上也必然产生一些表象，资产阶级及其理论家，很自然地以这些表象为依据，混淆是非。

由于生息资本家置身于生产过程之外，没有与工人的联系，他们与工人的对立在社会表面上就消失了。同时，在平均利润率已定的条件下，企业主收入与利息相对立，似乎不再与工人对立了。而且，由于资本的所有权与资本职能相分离，在职能资本家看来，企业主收入就成了他作为监督劳动者的工资了。③ 而且，他们还认为："他的企业主收入远不是同雇佣劳动形成某种对立，不仅不是别人的无酬劳动，相反，它本身就是一种工资，是监督工资，……是高于普通雇佣工人工资的工资，……是较复杂的劳动"④。这些情况，让人们完全忘记了资本家的职能，忘记了利润和利息都不过去剩余价值的转化表现形式。对此，马克思有专门的批判。

他阐明，监督和指挥是两种不同性质的活动，因为监督的职能是与工人相对立的，而指挥劳动却是在协调。"人们忘记了：能动资本家只有作

---

① 《资本论》第3卷，人民出版社1975年版，第399页；2004年版，第399页。

② 《资本论》第3卷，人民出版社1975年版，第400页；2004年版，第400页。

③ "在他看来，与利息相反，他的企业主收入是某种同资本的所有权无关的东西，不如说是他作为非所有者，作为劳动者执行职能的结果。"（《资本论》第3卷，人民出版社1975年版，第427页；2004年版，第426—427页。）

④ 《资本论》第3卷，人民出版社1975年版，第427页；2004年版，第427页。

为生产资料的代表同工人相对立，才能执行职能，才能使工人为他的利益而劳动"①。他分析了产生这种混乱的原因：利息与企业主收入的对立，造成了后者表现为监督工资的表象。因为在资本主义社会，资本支配别人劳动的属性已经固定，利息又因此表现为剩余价值的一部分，所以其余的部分就必然表现为"不是由资本本身产生，由同它的、已经以资本利息这个名称取得特殊存在方式的独特社会规定性相分离的生产过程生出的。但是，生产过程同资本相分离，就是一般的劳动过程。因此，同资本所有者相区别的产业资本家，就不是表现为执行职能的资本，而是表现为甚至与资本无关的管理人员，表现为一般劳动过程的简单承担者，……而且是表现为雇佣劳动者。"② 而且，这种假象还被一种事实而强化：因为在那些分工比较发达的营业部门中，"这个利润部分会以经理的薪水的形式纯粹地表现出来，一方面同利润（利息和企业主收入的总和），另一方面同扣除利息以后作为所谓企业主收入留下的那部分利润相独立并且完全分离出来。"③ 他阐明，正是因为这种表象，资本家及资产阶级学者经常用它来替资本主义生产关系进行辩护。

在有些资产阶级学者看来，不仅资本的价格是利息，而且工人的工资也是一种利息，"因而劳动力被看成是提供这种利息的资本。例如，如果一年的工资等于 50 镑，利息率等于 5%，一年的劳动力就被认为是一个等于 1000 镑的资本。资本主义思想方法的错乱在这里达到了顶点，资本的增殖不是用劳动力的被剥削来说明，相反，劳动力的生产性质却用劳动力本身是这样一种神秘的东西即生息资本来说明。"这种错乱谬误很符合资产阶级的胃口，所以源远流长，"在十七世纪下半叶（例如在配第那里），这已经是一种流行的观念，但是一直到今天，一部分是庸俗经济学家，另一部分主要是德国的统计学家，还非常热衷于这个观念。"对这种谬论，马克思指出，工人的劳动力根本不是"生息资本"，"第一，工人必须劳动，才能获得这种利息；第二，他不能通过转让的办法把他的劳动力的资本价值转化为货币。"这种谬论是从生息资本这种资本形式产生的，可见，"生息资本总的说来是各种颠倒错乱行事之母"④。

---

① 《资本论》第 3 卷，人民出版社 1975 年版，第 427—428 页；2004 年版，第 427 页。

② 《资本论》第 3 卷，人民出版社 1975 年版，第 429 页；2004 年版，第 429 页。

③ 《资本论》第 3 卷，人民出版社 1975 年版，第 431 页；2004 年版，第 431 页。

④ 《资本论》第 3 卷，人民出版社 1975 年版，第 528 页；2004 年版，第 528 页。

在这里，马克思在生息资本上完成了资本拜物教形态和观念的时候，还对路德牧师的错觉、普莱斯的荒诞无稽的幻想、皮特和柴尔德的演绎、弥勒的胡说进行了深入和客观的批判。①

对生息资本的认识，与经济发展的水平也有一定的关系。马克思说："一部分政治经济学家，特别是在产业资本还没有充分发展的国家，例如在法国，也坚持认为生息资本是资本的基本形式，并且把例如地租看作只是它的另一种形式，因为借贷形式在这里也占支配地位。这样一来，对资本主义生产方式的内部结构的认识就完全错了"②。

以上就生息资本贷放的特殊实质、生息资本本身的性质、生息资本的运动掩盖了中介过程、生息资本介入实体资本运动产生的假象等方面，研究了马克思对资产阶级学者的各种观点的批判。下面再来看看马克思在关于利息率的规定研究方面对资产阶级学者的批判。

在研究利息率的时候，马克思批判了一些学者坚持所谓的自然利息率的虚幻性："在这个领域中，像经济学家所说的自然利润率和自然工资率那样的自然利息率，是没有的。"③ 这一点，连资产阶级学者马西也都确认。因为利息率是由竞争决定的，取决于贷出者与贷入者的竞争。两者怎样分割利润，"纯粹是经验的、属于偶然性王国的事情。"④ 不能把它和平均利息率混为一谈。

在这里，他在论述有关利息率的规定时，还较集中地批判一些人的错误观点。主要有两个；

一个是"通货学派"的诺曼。关于利息率，他认为取决于商品的供求关系。⑤ 这显然是荒谬的。商品的供求只调节市场价格，在商品的市场价格不变时，利息率依然会变动。

一个是同为"通货学派"的奥维尔斯顿，他认为利息率变动的原因有二，其一是"由于资本价值的变动"，其二是"由于国内现有货币额的变

---

①　见《资本论》第 3 卷，人民出版社 1975 年版，第 443—445、446—447 页；2004 年版，第 443—445、446—448 页。

②　《资本论》第 3 卷，人民出版社 1975 年版，第 688 页；2004 年版，第 688 页。

③　《资本论》第 3 卷，人民出版社 1975 年版，第 406 页；2004 年版，第 406 页。

④　《资本论》第 3 卷，人民出版社 1975 年版，第 408 页；2004 年版，第 408 页。

⑤　转引自《资本论》第 3 卷，人民出版社 1975 年版，第 472 页；2004 年版，第 472 页。

动"。① 但是，所谓的资本价值不就是利息吗？用它的变动来说明利息率的变动，这显然是同义反复，并且这还把利润率变动的原因和利息率变动的原因搅混了。至于第二种原因，马克思指出，这不合逻辑，"虽然高利润率和营业扩大可以是高利息率的原因，但高利息率决不因此就是高额利润的原因。"②

五、资产阶级经济学地租理论批判

资本主义地租与资本主义土地所有制紧密结合，同时又与土地的资本主义经营紧密结合。在这里，土地的使用权和所有权不仅是"两权分离"的，而且"两权"都是被垄断的，在土地出租后，其他资本不能再次进入该地块。如果从实际运作看，是农业资本家向土地所有者租地后投资。所以主要考察农业资本的运动，透过它来考察当时的土地所有权。

在这里，马克思一开始就批判了黑格尔关于土地所有权的观点。"没有什么比黑格尔关于土地私有权的说法更可笑的了。"黑格尔认为每个人都是土地所有者，土地所有权是人与自然的关系，不是一种确定的社会关系，他强调这是人格的实现。马克思指出，他所谓的人格来路不明，而且没有阐明在什么地方确定实现自己意志的界限，所以很难在一块土地上不顾他人的意志硬要体现自己的意志。可见，他的这种"概念"异常天真，"并且证明这个概念对土地所有权的实际性质'一窍不通'，因为这个概念从一开始就错了，就把一个完全确定的、属于资产阶级社会的、关于土地所有权的法律观念，看作绝对的东西。"③ 这个批判表明，在某一地块的使用上，租地农场主的人格和意志必须服从土地所有者的人格和意志。这完全是一种社会关系，不是人与自然的关系。

在这里，马克思还批判了凯里："一方面作为土地所有权的代言人，反对资产阶级经济学家的攻击，一方面又竭力把包含各种对立的资本主义生产制度说成一种'协调'的制度，他们企图把地租这种土地所有权的特有经济表现，说成和利息一样的东西。好像这样一来，土地所有者和资本

---

① 转引自《资本论》第 3 卷，人民出版社 1975 年版，第 474 页；2004 年版，第 474 页。新版将"奥维尔斯顿"改译为"奥弗斯顿"。

② 《资本论》第 3 卷，人民出版社 1975 年版，第 477 页；2004 年版，第 478 页。

③ 《资本论》第 3 卷，人民出版社 1975 年版，第 695 页及脚注（26）；2004 年版，第 695 页脚注（26），新版将前版的"一窍不通"改译为"毫无概念"。

家之间的对立就消失了。"① 这样，就将凯里的阶级立场及他混淆地租与利息的错误暴露出来了。马克思还阐明："在纯粹的状态下，即没有加进投入土地的资本的利息，地租还是可以存在"②，可见资本的利息与地租是不同的。由此，他就又阐明了："土地所有者用这个方法，不仅从不费他们分文的别人的资本获得利息，而且还无偿地得到别人的资本。"③

针对有些人追求"土地所有权的正当性"，像有些人追求利息的"正义性伸张"一样，马克思同样阐明："土地所有权的正当性，和一定生产方式下的一切其他所有权形式的正当性一样，要由生产方式本身具有的历史的暂时的必然性来说明，因而也要由那些由此产生的生产关系和交换关系具有的历史的暂时的必然性来说明。"所以，他宣称："在一定的发展阶段，甚至从资本主义生产方式的观点来看，土地所有权也是多余而且有害的。"④

资产阶级学者在地租研究上的错误，除了对土地所有权的理解不正确外，还表现在对地租本身的理解不正确。

由于地租"表现为土地所有者出租一块土地而每年得到的一定的货币额"，所以它"还可能在另一种形式上和利息相混同，以致它的独特性质为人误解。"⑤ 所谓的"另一种形式"，指的是"资本化的地租"，它与定时定额获得的利息这种"资本化的收入"很相像。所以很容易被人混同。而且，资本化的地租还被用来计算地价，"把地租本身和地租在土地购买者面前采取的利息形式混同起来……必然会得出非常奇怪的错误结论"⑥，并成了某些辩护士替土地所有权辩护的理由。马克思指出，这样做实际上是"用地租的存在来为地租的存在辩护"⑦，根本就是一种同义反复，没有任何理论价值。

针对英国的达夫用商品生产来说明地租的错误，马克思指出，这是"把作为商品和价值的一切产品固有的性质，说成是农产品特有的性质。

---

① 《资本论》第 3 卷，人民出版社 1975 年版，第 701 页；2004 年版，第 701—702 页。

② 《资本论》第 3 卷，人民出版社 1975 年版，第 702 页；2004 年版，第 702 页。

③ 《资本论》第 3 卷，人民出版社 1975 年版，第 702 页；2004 年版，第 702 页。

④ 《资本论》第 3 卷，人民出版社 1975 年版，第 702 页；2004 年版，第 702 页。

⑤ 《资本论》第 3 卷，人民出版社 1975 年版，第 702 页；2004 年版，第 702 页。

⑥ 《资本论》第 3 卷，人民出版社 1975 年版，第 703 页；2004 年版，第 703—704 页。

⑦ 《资本论》第 3 卷，人民出版社 1975 年版，第 704 页；2004 年版，第 704 页。

这种说明，在从价值的一般规定，转到一定的商品价值的实现时，变得更加肤浅。"① 因为这样看并没有抓住根本。马克思是这样分析的：由社会劳动的发展来决定的，是一般商品的特征。而地租由土地所有权决定，所以"地租的特征是：随着农产品发展为价值（商品）的条件和它们的价值借以实现的条件的发展，土地所有权的权力也就发展起来，使它可以从这个不费它一点气力就创造出来的价值中占有一个日益增大的部分，剩余价值中一个日益增大的部分也就转化为地租。"②

关于级差地租 I，存在着向上或向下的级差序列，并非只有向上的级差。但是在威斯特、马尔萨斯、李嘉图等人那里，却认为"级差地租必然是以转到越来越坏的土地或农业肥力越来越下降为前提的。"马克思认为，这是个"错误的假定"，他用事实说话：从十八世纪初叶到中叶，是上升序列，而从十九世纪初（应更精确地指出日期）到 1815 年，是下降序列。③"我们已经看到，在转到越来越好的土地时，能产生级差地租。当较好土地代替以前的较坏土地而处于最低等级时，也能产生级差地租；级差地租可以和农业的进步结合在一起。"④ 而且，耕地肥力的优劣，还受土地地理位置优劣的极大影响。"一块土地可能位置很好，但肥力很差；或者情况相反。这种情况很重要，因为它可以为我们说明一国土地的开垦，为什么会由较好土地转到较坏土地，或者相反。"⑤

在考察各类土地面积的变动与地租总额、地租率的变动的关系时，马克思发现，在耕地中，D（优）级地越多，级差地租总额越大，从而平均级差地租也越多。资本主义统计学以此出发，以为级差地租由土地绝对肥力决定，⑥ 对此，马克思指出，如果是这样，"地租好像不是由不同肥力之

---

① 《资本论》第 3 卷，人民出版社 1975 年版，第 720 页；2004 年版，第 720 页。
② 《资本论》第 3 卷，人民出版社 1975 年版，第 720 页；2004 年版，第 720 页。
③ 《资本论》第 3 卷，人民出版社 1975 年版，第 743，744 页；2004 年版，第 743，744 页。
④ 《资本论》第 3 卷，人民出版社 1975 年版，第 743 页；2004 年版，第 743 页。
⑤ 《资本论》第 3 卷，人民出版社 1975 年版，第 733 页；2004 年版，第 733 页。
⑥ "如果像统计学著作通常在比较同时期的不同国家，或同一国家的不同时期时所做的那样，对总耕地每英亩或每公顷的平均地租进行考察，那末，就会认为，每英亩地租的平均水平，从而地租总额，会按一定的程度（虽然不是按相等的程度而是按一种大得多的程度）和一国农业的绝对的而不是相对的肥力相适应，也就是说，和该国在等面积上平均提供的产量相适应。"（《资本论》第 3 卷，人民出版社 1975 年版，第 752 页；2004 年版，第 752 页。）

间的比率决定的，而是由绝对肥力决定的，这样级差地租的规律就被抛弃了。"①

关于级差地租Ⅱ，马克思在论述了级差地租Ⅰ和Ⅱ的关系，指出"在它的同第Ⅰ形式联系在一起的第Ⅱ形式上，会产生多么复杂的各种组合。"② 并指出："级差地租Ⅱ，在连续投入的几个资本的生产率下降的场合，只有在这些投资只能在最坏土地 A 上进行的时候，才必然会引起生产价格的上涨和生产率的绝对降低。"③ 但是，李嘉图却将这种个别的情况当成正常的情况，并把级差地租Ⅱ的形成，都归结为这种情况。可见，他把级差地租看得十分简单和片面。

在这里，他还批判了一种把级差地租和地租看成是投入土地的资本的利息的错误："有一种非常可笑的理论，认为在一块靠人工获得相对优越性的土地上，地租是利息，而在另一块天然具有这种优越性的土地上，地租却不是利息。（事实上，问题被曲解为这样：因为在一个场合地租和利息实际上是一致的，所以，在另一个场合，当它们实际上不一致时，就必须把地租叫作利息或冒充利息。）"④ 这显然是把土地资本的利息和地租混为一谈了。针对这种谬论，马克思阐明，"土地在投资以后会提供地租，并不是因为已经在土地上进行了投资，而是因为这种投资已经使土地变成一个比以前有更高生产率的投资场所。……一块已经具有这种投资的土地所提供的地租（它在这种情况下提供的利息）也是级差地租，就像这块土地天然具有这种优越性，而另一块土地则必须靠人工才能获得这种优越性一样。"⑤ 只要了解形成更高生产率的时间差别，就不难理解两者的差别了。

在这里，马克思还批判了这样一种错误："凡是反对李嘉图，反对只由劳动决定价值的人，在谈到由土地差别产生的级差地租时，认为在这里决定价值的是自然，而不是劳动；同时认为，土地的位置具有这种决定作用，甚至进一步认为，在耕作中投入土地的资本的利息，也有这种决定作

---

① 《资本论》第 3 卷，人民出版社 1975 年版，第 752 页；2004 年版，第 752 页。
② 《资本论》第 3 卷，人民出版社 1975 年版，第 765 页；2004 年版，第 765—766 页。
③ 《资本论》第 3 卷，人民出版社 1975 年版，第 766 页；2004 年版，第 766 页。
④ 《资本论》第 3 卷，人民出版社 1975 年版，第 841 页；2004 年版，第 844 页。
⑤ 《资本论》第 3 卷，人民出版社 1975 年版，第 841 页；2004 年版，第 844 页。

用。"① 将级差地租的来源归结为自然地力、地理位置，庸俗经济学就是这样将条件和原因混为一谈来欺骗别人和欺骗自己的。针对这种错误，马克思再次强调，自然力作为提高生产率的条件，并不会使生产费用增加。

关于绝对地租，李嘉图根本不承认它的存在。"他认为，除了级差地租，根本不存在什么别的地租"②，之所以这样，一个很重要的原因，是他不了解价值和生产价格的区别，③ 不能在劳动价值论的基础上来论述它的来源，以为承认有绝对地租，就是违背价值规律。还有一个原因，在"要研究土地的占有对土地产品的价值的影响"的时候，"紧接着他却以殖民地为例，假定那里的土地相对地说还处于原始状态中，土地的利用也没有受到土地所有权垄断的限制。"马克思认为，"这是极为荒谬的，因为在那里，既不存在农业上的资本主义生产方式，也不存在和它相适应的土地所有权形式（总的说来，土地所有权实际上并不存在）。"④ 李嘉图这是"顾左右而言他"，不是科学研究的态度。

在这里，马克思还批判了洛贝尔图斯关于货币地租的错误："他把货币地租对一定量土地（例如一英亩土地）的比率，看作是古典经济学在研究地租增减时的一般前提。这又是错误的。古典经济学在对地租的实物形式进行考察时，总是就地租和产品的关系来看地租率；在它把地租作为货币地租进行考察时，总是就地租和预付资本的关系来看地租率，因为事实上这些都是合理的表现。"⑤ 很显然，这是荒唐的误解，"因为这里互相比较的量是不可通约的，一方面是一定的使用价值，是若干平方呎的土地，另一方面是价值，具体地说是剩余价值。……这种说法的意义，就如同说一张 5 镑银行券对地球直径的比率一样。"马克思还接着嘲笑他及他所代表的资本家、土地所有者，"他们已经习惯于在这种关系内活动，所以他们一点也不觉得其中有什么难于理解的地方。一个完全矛盾的现象，对他们来说也决不是什么不可思议的。他们对于那些没有内在联系并且孤立地

---

① 《资本论》第 3 卷，人民出版社 1975 年版，第 842 页；2004 年版，第 845 页。

② 转引自《资本论》第 3 卷，人民出版社 1975 年版，第 731 页；2004 年版，第 731 页。

③ "因为商品的价值和它的生产价格之间的区别一直没有被人理解。"（《资本论》第 3 卷，人民出版社 1975 年版，第 854—855 页；2004 年版，第 857—858 页。）

④ 《资本论》第 3 卷，人民出版社 1975 年版，第 853 页；2004 年版，第 856 页，新版与前版相比，表述有变化，但意思不变。

⑤ 《资本论》第 3 卷，人民出版社 1975 年版，第 877 页脚注（41）；2004 年版，第 880 页脚注（41）。

看是不合理的表现感到如此自在，就象鱼在水中一样。"①

最后，马克思还批判了"土地收益递减规律"。有人提出，"不能靠耕种索荷广场来养活整个英国。"实际上，土地地力减少，与租地农场主在租约期内对土地的过度开发、竭泽而渔有关，资产阶级学者不敢往这里追究，竟然求助于这样一种肤浅的见解，并完全忽视投资与技术进步的关联。所以马克思说："只要处理得当，土地就会不断改良。土地的优点是，各个连续的投资能够带来利益，而不会使以前的投资丧失作用。不过这个优点同时也包含着这些连续投资在收益上产生差额的可能性。"②

六、资产阶级经济学收入理论批判

在论证了剩余价值的分割必然导致其各个组成部分的颠倒表现之后，马克思又阐明，它们还由于在资本的关系中、在竞争中、在流通中、在各种当事人的日常观念中最终转型为统一的表现形式——收入，由此，资产阶级经济学别有用心地将工人出卖劳动力获得的工资也归入收入范畴，从而虚构了一种错误的分配关系公式。马克思说："在考察分配关系时，人们首先是从年产品分为工资、利润和地租这种所谓的事实出发。但是，把事实说成这样是错误的。"③ 所以，马克思当然要专门来分析批判这种收入范畴。

马克思认为，收入的形式作为一种"现实的颠倒借以表现的歪曲形式，自然会在这种生产方式的当事人的观念中再现出来。……庸俗经济学家……实际上只是用［政治经济学语言］翻译了受资本主义生产束缚的资本主义生产承担者的观念、动机等等"，"把这些观念、动机翻译成学理主义的语言"。④ 在阐明剩余价值的各种外在表现形式进一步颠倒地表现为收入后，马克思在终篇就着重批判资产阶级经济学的收入理论。

在第二卷考察社会总资本再生产的时候，马克思已经批判了斯密栽在"收入"范畴上的错误，由此牵出"斯密教条"来批判。在那里，主要是

---

① 《资本论》第 3 卷，人民出版社 1975 年版，第 877—878，878 页；2004 年版，第 880—881。新版 881 页的表述与前版略有不同，但意思不变。

② 《资本论》第 3 卷，人民出版社 1975 年版，第 880 页；2004 年版，第 882，883 页。

③ 《资本论》第 3 卷，人民出版社 1975 年版，第 993 页；2004 年版，第 994 页。

④ 《马克思恩格斯全集》第 26 卷第Ⅲ册，人民出版社 1974 年版，第 499 页。

从社会总资本再生产的角度来批判的，只是当成"幕间曲"，所以意犹未尽，在《资本论》终篇，他又瞄准总分配的方位，与批判资产阶级收入理论相结合，再度批判"斯密教条"，但这回是将它定位为"三位一体的公式"的理论来源来批判的。两者虽有一定的渊源关系，但立足点不同，斯密是受收入这个范畴困扰，① 而创立"三位一体的公式"的萨伊却是由此出发制造混乱。

在终篇，马克思批判的"三位一体的公式"（以下也简称为"公式"）有三个：

1. 资本——利润（包括企业主收入加上利息）；土地——地租；劳动——工资。②

2. 资本——利息；土地——地租；劳动——工资。③

3. 资本——利息；土地所有权（即对土地的私有权，而且是现代的、与资本主义生产方式相适应的土地所有权）——地租；雇佣劳动——工资。④

关于第一个，马克思断定，它"把社会生产过程的一切秘密都包括在内"了，只不过因为"利息表现为资本所固有的、独特的产物，与此相反，企业主收入则表现为不以资本为转移的工资"。所以，这一组公式"可以更确切地归结为"⑤ 第二个。不言而喻，第二个比第一个更加庸俗。

而第三个，马克思是这样说的：因为"像资本一样，雇佣劳动和土地所有权也是历史规定的社会形式；……而且二者都是与资本相适应的、属于同一个社会经济形态的形式。"⑥ 由此观之，在这个社会形态里，它们之间是有联系的。但它把资本、土地所有权、雇佣劳动当成不同收入的源泉，这同样是错误的，它"不愿采取斯密等人用来说明价格要素（更确切地说，价格分解成的各部分）的公式，在这一公式里出现的是'资本—利润'的关系，所有的古典经济学家一般都用这种关系来说明资本关系

---

① "亚·斯密在这里遭遇的全部不幸，都是'收入'这个范畴造成的。"（《资本论》第 2 卷，人民出版社 1975 年版，第 424 页；2004 年版，第 424 页。）

② 《资本论》第 3 卷，人民出版社 1975 年版，第 919 页；2004 年版，第 921 页。

③ 《资本论》第 3 卷，人民出版社 1975 年版，第 919 页；2004 年版，第 921 页。

④ 《资本论》第 3 卷，人民出版社 1975 年版，第 921 页；2004 年版，第 923 页。

⑤ 《资本论》第 3 卷，人民出版社 1975 年版，第 919 页；2004 年版，第 923 页，"更确切"改译为"进一步"。

⑥ 《资本论》第 3 卷，人民出版社 1975 年版，第 921 页；2004 年版，第 923 页。

本身。"①

对第二个，马克思在手稿中是这样说的："在生息资本上，资本表现为它作为货币或商品所具有的价值或剩余价值的独立源泉。而且它是在本身，在自己的物的形式上成为这样的源泉的。……因此，很明显，……庸俗政治经济学宁愿采取'土地—地租，资本—利息，劳动—工资'这样的公式"②。

乍一看来，资本—利息，土地—地租，劳动—工资这个"三位一体的公式"并无什么稀奇，但是，马克思却以卓越的洞察力和分析力将它解构，批判了其错误的结构安排，揭破了其中包含的秘密，揭示了它包含的不可告人的理论目的。

先看对其结构形式的批判：

很显然，这三个关系式都表现了一种横向的关系，意在说明前后项之间的因果关系：利息是资本带来的，地租是土地带来的，工资是劳动带来的。这样，它就将前后项之间的中介过程完全抛开了。而且，无论是资本、还是土地、劳动（应是劳动力），都是生产要素，而利息、地租、工资，都属价值范畴。前后没有关系。"如果一方面摆上一个使用价值，即土地，另一方面摆上一个价值，而且是一个特殊的价值部分，由此形成一种对立，那就是愚蠢的做法。"③

还有，它将"三个不能综合在一起的部分"④ 拼凑在一起了。一个关系式都已经够愚蠢的了，把三个不能综合在一起的部分硬混搭在一起，那就愚不可及了。马克思是这样评判的："每年可供支配的财富的各种所谓源泉，属于完全不同的领域，彼此之间毫无共同之处。它们互相之间的关系，就象公证人的手续费、甜菜和音乐之间的关系一样。"⑤ 进一步看，即使从它们都是生产要素来看，资本还是"属于一定生产方式、属于社会生产过程一定历史形态的形式"，而土地和劳动"在这种物质形式上，是一切生产方式共同具有的，是每一个生产过程的物质要素，而与生产过程的社会形式无关"⑥。

---

① 《马克思恩格斯全集》第 26 卷第Ⅲ册，人民出版社 1974 年版，第 555 页。
② 《马克思恩格斯全集》第 26 卷第Ⅲ册，人民出版社 1974 年版，第 555 页。
③ 《资本论》第 3 卷，人民出版社 1975 年版，第 923 页；2004 年版，第 925 页。
④ 《资本论》第 3 卷，人民出版社 1975 年版，第 923 页；2004 年版，第 925 页。
⑤ 《资本论》第 3 卷，人民出版社 1975 年版，第 920 页；2004 年版，第 922 页。
⑥ 《资本论》第 3 卷，人民出版社 1975 年版，第 922 页；2004 年版，第 924 页。

不过，这个三位一体公式，却通过前后上下的关系，自以为是地构造了一种错误的关系：

资本——→利息（甲—a）
　　　　　↓
土地——→地租（乙—b）
　　　　　↓
劳动——→工资（丙—c）

（箭号——→表示横向前后有因果关系，箭号↓表示纵向上下是同类项关系）①

本来，这三个关系式之间没有丝毫联系，资本、土地、劳动，三者之间更是不可通约的。但是，由于三个关系式的右边都属于价值范畴，左右两边"不仅是不能通约的量之间的关系，而且是完全不同的、彼此毫无关系的、不能互相比较的物之间的关系"，但是，它们却会"因下述缘故而一致起来：事实上，资本也象土地和劳动一样，只是就它的物质实体来看的，因而是单纯作为生产出来的生产资料来看的；这时，它同工人的关系以及它作为价值的性质都被抽象掉了。"② 由是，其结构关系就变成这样了：

资本——→利息（甲—a）
　　　　　↓
土地——→地租（乙—b）
　　　　　↓
劳动——→工资（丙—c）

即甲、乙、丙也都属同类项了。由此，前后、上下的关系式就可以打通了。这种做法，用心良苦，似乎巧妙，却完全不合逻辑。

再看对公式内容的批判：

如果从价值实体来看，利息是剩余价值的一部分，是工人新创造的。但是，在"资本——利息"这个关系式中，价值、剩余价值的创造不见了，只剩下起点与终点的关系，其目的是用来表现起源与结果的关系。其余的两个关系式亦是如此。"不管这些关系在其他方面看起来多么不一致，

---

① 参看陈俊明："《资本论》终篇：科学批判与理论再现的完美统一"（《当代经济研究》2018 年第 10 期）。

② 《资本论》第 3 卷，人民出版社 1975 年版，第 931 页；2004 年版，第 933 页，两版表述略不同，但意思相同。

但它们都有一个共同点：资本逐年为资本家提供利润，土地逐年为土地所有者提供地租，劳动力……逐年为工人提供工资。"马克思接着又说：它们"从下述意义上讲确实是收入的源泉：对资本家来说，资本是一台永久的吸取剩余劳动的抽水机；对土地所有者来说，土地是一块永久的磁石，它会把资本所吸取的剩余价值的一部分吸引过来；最后，劳动则是一个不断更新的条件和不断更新的手段，使工人在工资的名义下取得他所创造的一部分价值，从而取得由这部分价值来计量的一部分社会产品，即必要生活资料。"① 显然，"从下述意义上讲"的"源泉"并非真正意义的源泉，而是不断获得收入的依据。难道能说"抽水机"是水的"源泉"、"磁石"是铁屑的"源泉"？可见，"公式"是将由以获得利息、地租、工资的根据，转换成源泉了。所以，"公式"这是不折不扣的偷换概念。

进一步看，偷换概念还只是提出"生产要素决定论"，而"公式"的最终目的并不在此，而在"收入决定论"。为此，萨伊进行了两方面工作：一是将利息、地租、工资这些相当于（c+v）的部分，归结为收入。这一点也不难，在社会表面上利息、地租、工资都表现为货币收入。但是，社会总产品的价值不仅有（c+v）部分，还有c。所以，二是要将c也归结为收入，这才是难上加难。萨伊仍旧借助于偷换概念，竟然胡说：全部收益，全部总产品，对一个国家来说都可以分解为纯收益，或者同纯收益没有区别，因而这种区别从整个国民的观点来看就不存在了。② 但是，他却没有对此进行充分而必要的论证。他还换个角度说："产品的全部价值分解为各种人的收入，因为任何产品的总价值，都是由促成它的生产的土地所有者、资本家和勤劳者的利润相加而成的。"③ 同样的，他也没有经过论证：c部分怎么被分解为各种人的收入。经过这样分解，再把两者合并起来。至于这种说法能否成立，那是不重要的，重要的是戏法变成了：价值分解为收入，收入决定价值。很显然，这种谬论没有任何理论价值。对此，马克思不无轻蔑地说："对庸俗经济学家来说，只要他达到了这种不能通约的关系，一切就都清楚了，他就不感到还有进一步深思的必要了。

① 《资本论》第 3 卷，人民出版社 1975 年版，第 929 页；2004 年版，第 930，931 页。

② 转引自《资本论》第 3 卷，人民出版社 1975 年版，第 951 页；2004 年版，第 952—953 页。

③ 转引自《资本论》第 2 卷，人民出版社 1975 年版，第 433 页；2004 年版，第 433 页。

因为，他正好达到了资产阶级观念上的‘合理’了。"①

马克思认为，"公式"实际上是制造了一大堆混乱，并把它摆在人们面前，表现的是一个颠倒的世界："在这个表示价值和一般财富的各个组成部分同财富的各种源泉的联系的经济三位一体中，资本主义生产方式的神秘化，社会关系的物化，物质生产关系和它的历史社会规定性直接融合在一起的现象已经完成：这是一个着了魔的、颠倒的、倒立着的世界。在这个世界里，资本先生和土地太太，作为社会的人物，同时又直接作为单纯的物，在兴妖作怪。"②

马克思既论述了萨伊如何煞费苦心而又违背逻辑、违背科学研究规范地抛出荒唐的"公式"，还分析了它产生的必然性。

"公式"的诞生，当然与萨伊的立场和理论基础紧密相关。与斯密、李嘉图等古典经济学家不同，萨伊完全站在资产阶级的立场上，完全没有科学家的品质，只有为资产阶级辩护的本能，完全按照资本家的意愿和口吻说话，他们受资产阶级狭隘眼界的限制，在现象的范围内兜圈子，所以完全不顾及科学研究的规范，不估计逻辑的规范，因而其公式"无非是对实际的生产当事人的日常观念进行训导式的、或多或少教条式的翻译，把这些观念安排在某种合理的秩序中。因此，它会在这个消灭了一切内部联系的三位一体中，为自己的浅薄的妄自尊大，找到自然的不容怀疑的基础，这也同样是自然的事情。同时，这个公式也是符合统治阶级的利益的，因为它宣布统治阶级的收入源泉具有自然的必然性和永恒的合理性，并把这个观点推崇为教条。"③

除了立场以外，还与他的基本理论的先天缺陷有关。马克思分析了"公式"错误的理论根源：

"1. 不理解不变资本和可变资本的基本关系，因而不理解剩余价值的性质，并且也不理解资本主义生产方式的整个基础。……

2. 不理解劳动在追加新价值时，如何和为什么会在新形式上把旧价值保存下来，而不是把这个旧价值重新生产出来。

3. 不理解再生产过程从总资本而不是从单个资本来看时所表现出来的

---

① 《资本论》第3卷，人民出版社1975年版，第924页；2004年版，第926页。
② 《资本论》第3卷，人民出版社1975年版，第938页；2004年版，第940页。
③ 《资本论》第3卷，人民出版社1975年版，第939页；2004年版，第941页。

联系。"①

如果联系再广一些，穿越再远一些，还有：

4. 还有斯密的影响。"这种幻想不过是亚当·斯密以来贯穿整个政治经济学的荒谬教条，即认为商品价值最终会全部分解为收入即工资、利润和地租这样一种教条的必然的和最后的表现。"②

5. 它以"劳动——工资"为基础。马克思在第一卷早就说过："资本主义生产方式的一切神秘性，这一生产方式的一切自由幻觉，庸俗经济学的一切辩护遁词，都是以这个表现形式为依据的"③。在《剩余价值理论》中，马克思也说明，资本——利息、土地——地租这两个关系式，是以劳动——工资为基础的。④

很显然，这些都是政治经济学的最基本的原理，但正是在这方面，资产阶级经济学从来就是有根本缺陷的。

必须看到，对资产阶级经济学家谈科学的政治经济学，只是从学理上分析其错误的理论根源，这是为理论研究的完整性而必须做的，并非是对牛弹琴。

为了更彻底地批判它，马克思还进一步揭示了它产生的客观条件。

第一，"商品价值的各个组成部分是作为独立的收入互相对立的，并且它们作为独立的收入，是与劳动、资本和土地这三种彼此完全不同的生产要素发生关系，因而好像它们就是由这些东西产生的一样。"⑤

第二，经济活动中的复杂现象造成的假象，将内在规定的作用掩盖并颠倒表现了，并且形成了资本家及其御用学者的个别的、短期的"经验"⑥。

在现实的运动中，无论是工资还是利润、利息、地租，都是事先由契

---

① 《资本论》第 3 卷，人民出版社 1975 年版，第 953—954 页；2004 年版，第 955—956 页。

② 《资本论》第 3 卷，人民出版社 1975 年版，第 951 页；2004 年版，第 953 页。

③ 《资本论》第 1 卷，人民出版社 1975 年版，人民出版社 1975 年版，第 591 页；2004 年版，第 619 页。

④ 《马克思恩格斯全集》第Ⅲ册，人民出版社 1974 年版，第 533 页。

⑤ 《资本论》第 3 卷，人民出版社 1975 年版，第 980—981 页；2004 年版，第 982 页。

⑥ "经验再次说明，工资和商品价格之间存在着联系；但原因可以表现为结果，结果也可以表现为原因，这种情况在市场价格的变动上也可以看到。"（《资本论》第 3 卷，人民出版社 1975 年版，第 982 页；2004 年版，第 983 页。）

约规定的存在，似乎它们决定着价值，即使是新积累的资本，也是这样。马克思分析道：在资本主义基础上，即使假定商品价值不变，"现实的运动必然会以颠倒的形式表现出来：好像不是一个已预先规定的价值量分为具有互相独立的收入形式的三部分，而是反过来，好像这个价值量是由独立地、分别地决定的、构成这个价值量的工资、利润和地租这些要素的总和形成。这种假象必然会产生，因为在单个资本及其商品产品的现实运动中，不是商品价值表现为这种分割的前提，而是相反，它所分成的各个组成部分表现为商品价值的前提。"① 而且因为它们的价值加入每种产品的不变资本部分，也成了不变资本的价值形成要素。② 并且资本主义生产方式会"不断再生产物质的产品，而且不断再生产社会的经济关系，即再生产产品形成上的经济的形式规定性。因此，它的结果会不断表现为它的前提，象它的前提会不断表现为它的结果一样。"③

第三，他还阐明，对单个资本家来说，竞争的影响很大：其企业主收入"好像取决于那个以偶然的竞争关系为转移的市场价格超过由上述价格要素决定的内在商品价值而形成的余额；或者，就企业主收入本身作为决定市场价格的要素来说，它本身又好像取决于买者和卖者之间的竞争。"④

第四，他还揭示产生这些颠倒的根本性原因："劳动力的、资本的和土地的所有权，就是商品这些不同的价值组成部分所以会分别属于各自的所有者，并把这些价值组成部分转化为他们的收入的原因。"⑤ 资产阶级学者只是简单地将要素与成果联系起来，根本不知道背后更深层的原因。

这样看来，萨伊"公式"的错误，并非完全空穴来风，而是有一定的社会表象为依据的。而这些社会表象，在资本主义基础上，在竞争中，又是必然产生的。但是，"三位一体的公式"产生的客观条件，只不过是表象性的条件。不过，只要有一定的土壤，产生"三位一体的公式"的客观条件就不会消失，要彻底消除它，就必须铲除它滋生的土壤。

在终篇，马克思不仅通过批判"三位一体的公式"而批判"收入决定价值论"，还由此导出对资本和收入范畴混淆的批判。在社会表面上，"收入与资本这两个固定的规定会互相交换、互换位置，以致从单个资本家来

① 《资本论》第 3 卷，人民出版社 1975 年版，第 983 页；2004 年版，第 985 页。
② 《资本论》第 3 卷，人民出版社 1975 年版，第 986 页；2004 年版，第 987 页。
③ 《资本论》第 3 卷，人民出版社 1975 年版，第 985 页；2004 年版，第 987 页。
④ 《资本论》第 3 卷，人民出版社 1975 年版，第 988 页；2004 年版，第 989 页。
⑤ 《资本论》第 3 卷，人民出版社 1975 年版，第 981 页；2004 年版，第 982 页。

看，它们好像只是相对的规定，而从整个生产过程来看，它们就消失了。"① 如果从表象看，一定量的货币对一个资本家来说是资本，但当它被用于购买生产要素后，对卖出生产资料的资本家来说，就成了收入了。在前者那里，这些货币执行的是货币资本的职能，在后者这里，收回的货币是执行商品资本的职能。尽管职能是可以互换位置的，但是，收入和资本却是"两个固定的规定"②，范畴的性质不能混淆。可见，资产阶级学者、资本家将两者等同起来，实际上是将不同范畴的性质与职能混淆了。马克思还进一步阐明，这种错误与资产阶级的利益有直接关系："一个资本家思考问题完全是由他的利益和他的利己的动机决定的"③。

还有，由于剩余价值"转化为利润和地租，还会出现进一步的混乱。"④ 因为价值的组成部分已经转化为各种独立的收入形式，让人们完全忘记商品的价值是基础。

最后，马克思还批判了两种资产阶级学者的历史观。其一，资本主义"分配关系被认为是自然的关系，是从一切社会生产的性质，从人类生产本身的各种规律产生出来的关系。"这种分配方式是其"最纯粹表现和最高形式的、具有不同色彩的方式。"⑤ 对此，他在指出其抽掉一般和特殊的区别的方法错误之后，直接用资产阶级学者的另一种历史观来批判："更有学识、更有批判意识的人们，虽然承认分配关系的历史发展性质，但同时却更加固执地认为，生产关系本身具有不变的、从人类本性产生出来的、因而与一切历史发展无关的性质。"⑥ 显然，后者的"批判意识"表现有二：一是否认分配关系的自然性；二是将分配关系与生产关系区别开来。表面看，是值得称道的。不过，他们却坚持生产关系是自然的关系，这样一看，上述"意识"的批判性就荡然无存了。原来，它是明修栈道，暗度陈仓，是要说明资本主义生产关系是非历史的，永久长存的，是要通过改革历史性的分配关系来维护自然性的资本主义生产关系。

马克思对这些错误的批判，是先确定生产关系的历史性，说明它是

----

① 《资本论》第 3 卷，人民出版社 1975 年版，第 955 页；2004 年版，第 957 页。

② 《资本论》第 3 卷，人民出版社 1975 年版，第 955 页；2004 年版，第 957 页。

③ 《资本论》第 3 卷，人民出版社 1975 年版，第 986 页；2004 年版，第 988 页，"由……动机决定"改译为"取决于……动机"，意思不变。

④ 《资本论》第 3 卷，人民出版社 1975 年版，第 956 页；2004 年版，第 958 页。

⑤ 《资本论》第 3 卷，人民出版社 1975 年版，第 992 页；2004 年版，第 993 页。

⑥ 《资本论》第 3 卷，人民出版社 1975 年版，第 993 页；2004 年版，第 994 页。

"同这种独特的、历史规定的生产方式相适应的",所以具有历史性,再阐明"分配关系本质上和生产关系是同一的,是生产关系的反面,所以二者都具有同样的历史的暂时的性质。"① 为什么说是其反面?因为生产关系是一种本质性的关系,是被掩盖的,看不见的,而所谓的分配关系,则是社会表面上表现的,并且它将本质关系颠倒表现了。

第四节　资本主义生产总过程研究的批判性创建

在研究资本运动总过程的第三卷,马克思要考察"资本运动过程作为整体考察时所产生的各种具体形式",以及它们"在社会表面上,在各种资本的互相作用中,在竞争中,以及在生产当事人自己的通常意识中所表现出来的形式"②。由此,我们应意识到,研究表现形式的重要性。它一方面涉及如何再现对象的完整性,因为对象的本质与现象是既区别又联系的统一体。真理不仅仅要揭示对象的内在规定,还要阐明内在规定的外在颠倒表现。另一方面,是因为对象的表现形式颠倒地表现本质关系,是资产阶级经济学着重利用来掩盖本质关系的重要依据,所以也成了《资本论》科学批判的重要内容。

作为具体的、总体的形式,它是逐步形成、强化、固定化的,实际上是其初始发端形式的完成形态。这样看来,其发端形式就是总体形式的潜在形式,所以,发端形式包含的各种规定是抽象的,只有终端形式才是完全的。正如列宁所说:"真理不是在开端,而是在终点,更确切地说,是在继续中。真理不是最初的印象"③。正是在这里,我们可以体会、感悟到马克思的诸多批判性创建。

这样的研究和论述,是此前的资产阶级学者或者从未想过的,或者有所涉猎、但流于浅表且错误连绵的。所以,全书到处充满着批判性创建。如果要全部巨细无遗地复述、评述一遍,将会篇幅巨大且缺漏较多,所以,本节只能按照恩格斯所示——第三卷主要研究剩余价值的分配,——根据第一篇以后各篇有关剩余价值分配的论述,来看马克思的批判性创建。

---

① 《资本论》第 3 卷,人民出版社 1975 年版,第 993 页;2004 年版,第 994 页。
② 《资本论》第 3 卷,人民出版社 1975 年版,第 30 页;2004 年版,第 30 页。
③ 列宁:《哲学笔记》,人民出版社 1974 年版,第 182 页。

一、利润率平均化研究的批判性创建

资产阶级经济学是不讲什么历史发展的，因为资产阶级学者认为资本主义社会是"天然的"。因此，他们当然不必要去区分它的发展阶段。对此，马克思视之如草芥。他揶揄李嘉图竟然"让原始的渔夫和原始的猎人一下子就以商品所有者的身份，按照物化在鱼和野味的交换价值中的劳动时间的比例交换鱼和野味。……犯了时代错误，他竟让原始的渔夫和猎人在计算他们的劳动工具时去查看 1817 年伦敦交易所通用的年息表。"① 与此不同，马克思基于唯物主义历史观，很重视社会发展阶段的区分，并且很重视不同发展阶段运动各自的特点。

我们已经知道，《资本论》第三逻辑阶段研究的是资本主义较为发达阶段社会总资本的运动。我们不难发现，在这个逻辑阶段，马克思多处提到发展阶段。例如他说：技术构成"是建立在技术基础上的，它在生产力的一定发展阶段可以看作是已定的。"② 他强调发展阶段，不同国家处于不同的发展阶段，同一个国家也有不同的发展阶段。③

但是，较高的阶段并非横空出世的，而是经历了一定的转型升级阶段才达到的，要经过"爬坡"才能到达。大体看来，第二篇主要是研究从初级阶段上升为较为发达阶段社会总资本运动的转型发展。

在自由资本主义发展过程中，发展阶段的转型升级有两次，一次是转型进入初级阶段，一次是转型进入较为发达阶段。这两个转型阶段都有新的重要的经济现象发生，都要求经济理论能够解释和指导，要求价值理论转型升级，但资产阶级古典学派两次都失败了。对此，恩格斯在《资本论》第二卷序言中已经分析过。其中的第二次④就是价值向生产价格转型的问题，它让李嘉图进退失据以至于焦头烂额。所以，和科学地解决第一

---

① 《资本论》第 1 卷，人民出版社 1975 年版，第 93 页脚注（29）；2004 年版，第 94 页脚注（29）。

② 《资本论》第 3 卷，人民出版社 1975 年版，第 162 页；2004 年版，第 162 页。

③ "一个国家中各个相继发展的阶段的情况是这样，不同国家中同时并存的不同发展阶段的情况也是这样。在前一种资本构成作为平均构成的不发达国家，一般利润率＝662/3%，而在后一种资本构成作为平均构成的高度发达的国家，一般利润率＝20%。"（《资本论》第 3 卷，人民出版社 1975 年版，第 239 页；2004 年版，第 238 页。）

④ 《资本论》第 2 卷，人民出版社 1975 年版，第 24 页；2004 年版，第 24 页。

次转型一样，马克思在这里也非常成功地根据价值规律论证了价值向生产价格的转型。

这两次转型都表明，没有以劳动价值论为基础，理论就不能解决更复杂的现实问题。而且，两次转型又表明，简单地套用劳动价值论的基本规定，像古典学派那样，虽然提出了劳动价值论的若干基本规定，并比较合理地说明了商品经济发展初期的某些重大经济问题，但却不能"从这个基础出发……去揭示这个基础本身的发展"，"去阐明这些范畴以及它们的表面上的矛盾，"① 必然无法解决商品经济更发展阶段的现实问题。在第一逻辑阶段，我们已经看到，马克思正是结合发展阶段的上升、研究对象范围的扩大、研究条件的变化，阐明劳动价值论、特别是劳动属性各种基本规定的具体化，才顺利而科学地解决古典学派的前一个难题。在第二逻辑阶段，马克思也是这样。在这个发展阶段，社会总资本所支配的已经是社会总劳动，所以劳动价值论的研究对象范围已经扩大，结构和功能复杂化，其各种属性与初级阶段的集体劳动有较大的不同。

先看社会总劳动的社会有用性。作为被社会总资本支配的社会总劳动，它不像单个企业中的集体劳动只满足一种或几种社会需要，而要满足整个社会全体成员日常必需品的需要，还要满足部分人的奢侈品需要；同时要满足整个社会发展的需要，包括当年的需要和储备需要。它的规模空前宏大，具有总体的结构性、比例性、流动性、转换性，所以需要有一定的社会机构有理智、有计划地安排、配置，不是个人所能把握和处置的。但在实行私有制和商品生产的社会中，这种安排、配置并非直接的，而是间接地通过市场配置、调节，而市场又是非计划的，所以它的社会有用性只能在价值转型后、较长的时期中体现，并且是在经常的失算、失灵、失态、失机中逐步靠近其固有的比例。再者，在个别领域、企业的产量超出社会需要范围的时候，超出部分的劳动就不再是社会有用的了。

再看社会总劳动的"社会等同性"，它有不同的比较谱系。在世界范围内，对发展水平较高的国家来说，它"是和生产条件较为不利的其他国家所生产的商品进行竞争，"所以"比较发达的国家的劳动在这里作为比重较高的劳动来实现，利润率就会提高，"② 从而显示出不同的国家社会总劳动的"社会等同性"有不同的级别。在一个国家内，社会总劳动是分散

---

① 《马克思恩格斯全集》第 26 卷第 Ⅱ 册第 164 页。

② 《资本论》第 3 卷，人民出版社 1975 年版，第 264—265 页；2004 年版，第 264 页。

个体、部门的整合，因此它有个别部门的和全社会的两种等同性。就个别部门看，生产同种商品的企业很多，虽然各个企业都是集体劳动，但各自的生产条件优劣不等，产量多少不等，所以不见得都具有社会等同性。由于一个部门的劳动不能平均，所以只能通过它们各自凝成的个别价值的关系所确定的市场价值来表现这种等同性。从市场价值决定方式①可以看出，在供求一致的条件下，它既是一个简单平均值，又是一个加权平均值，但在全部产量中数量占优势的那部分产品的个别价值对市场价值的最终确定发挥着占比更大的作用，这也表明，生产这部分产品的那些企业的劳动，更具有社会等同性。当然，它充其量只是一个部门生产劳动所体现的社会等同性。就整个社会看，一个部门的产品总量必须符合一定的社会需要，而且是"用该社会所能支配的劳动时间的一定量来购买这些物品。"这个量只能在各种各样的社会需要中占据一定比例，"如果某种商品的产量超过了当时社会的需要，社会劳动时间的一部分就浪费掉了，这时，这个商品量在市场上代表的社会劳动量就比它实际包含的社会劳动量小得多。"②这样，尽管就一个部门而言，这种劳动量是达标的，但就整个社会看，它就是超标的，从而不全都具有社会等同性。可见，这种社会等同性比集体劳动场合的等同性更加具体。再进一步看，在价值转化为生产价格之后，那些有机构成较低、周转时间较短的资本，尽管它们在一定的时间内所占有的劳动量较多，而有机构成较高、周转时间较长的同量资本在同样的时间内所占有的劳动量较少，但后者的剩余价值转化成的利润量，并不比前者少。这也从侧面表明，前者的社会等同性是打了折扣的，或者说有一部分不具有社会等同性。

还看社会总劳动的"社会属性"，无疑都隶属于社会总资本。连续的再生产过程还表明，"工人在把自己出卖给资本家以前就已经属于资本了"③，更遑论他们的劳动。

在第二逻辑阶段，马克思已经批判地阐明了劳动怎样形成价值的问题。④ 但是，在那个场合，考察的劳动是没有区别的，价值是没有转型的，

---

① 关于马克思对市场价值决定的论述和领会，且看本节后面的探讨。

② 《资本论》第 3 卷，人民出版社 1975 年版，第 209 页；2004 年版，第 208 页。

③ 《资本论》第 1 卷，人民出版社 1975 年版，第 634 页；2004 年版，第 666 页。

④ 劳动者在改造生产资料的过程中，"通过自己的劳动加进价值，……是由于他的劳动是一般的抽象的社会劳动；他加进一定的价值量，……是因为他的劳动持续了一定的时间。"（《资本论》第 1 卷，人民出版社 1975 年版，第 226 页；2004 年版，第 233 页。）

所以都有抽象性。在第三逻辑阶段，考察的是包含有许多不同部门的社会总劳动，在阐明了价值转化为生产价格之后，马克思指出，不同的生产领域、同一领域不同的生产条件，同量的各种劳动在同样的时间内所凝成的生产价格不尽相同。在利润率平均化的条件下，劳动与价值、生产价格创造之间的关系，单单从个别企业的角度来理解不够了，应该从整个社会总劳动与社会总价值、总生产价格的关系来阐释。也就是说，由于存在着不同的社会需要，其中还有特殊的、必须优先发展的、对其他需要有更大影响力的、更重要的社会需要，而且各种需要之间存在着一定的比例，不可长期破坏。因而那些超过某种社会需要的劳动量并不形成价值、生产价格。

在这里，社会总劳动表现为社会化的大生产，但它属于总体资本家，这样，原先属私人所有的个别劳动（生产关系范畴）与社会劳动（生产力范畴）的矛盾——社会的基本矛盾——，在转化为归属资本家所有的集体劳动与社会化的社会劳动的矛盾后，在这里又进一步转化、升级了。"资本表现为异化的、独立化了的社会权力，这种权力作为物，作为资本家通过这种物取得的权力，与社会相对立。"① 换句话说，就是表现为社会总劳动的资本主义私有制与生产社会化之间的矛盾。

劳动属性的具体化是十分必要的，它带动劳动价值论的其他方面的规定一起具体化发展，——只要了解了劳动属性的发展，商品的因素、价值形式等方面规定的转型发展也就不难理解了，所以这里不再详细分析。——正是通过这样的不断具体化、不断地自我发展、自我批判，马克思才得以顺利地阐述价值转型、剩余价值转化为收入必然产生的颠倒表现。

和《资本论》开篇第一章对劳动价值论的集中研究不同，这些研究是与相关问题的研究紧密联系的，是与其寓于理论发展过程中的上升方法紧密联系的，所以，其出场并不集中，而读者往往被新的研究问题所吸引，所以没有意识到其中有劳动价值论基本规定的上升，当然也无从认识到它的上升对新阶段、新过程研究的重要作用，无法从中了解马克思处理思想材料的科学方法、理论上升的逻辑。

了解了这些理论发展后，我们就可以看出，由于考察经济发展阶段的上升，才能重视研究在这样的转型或"爬坡"阶段，生产力的发展很不平

---

① 《资本论》第3卷，人民出版社1975年版，第294页；2004年版，第293—294页。

衡：一方面，生产力发展出现了一大批新兴的产业部门，并且突出了有机构成高、周转时间长的即资本密集型部门的地位，但是它们的个别利润率较低；另一方面，还有许多部门仍旧处于传统的劳动密集型部门，有机构成较低，周转时间较短，从而个别利润率较高。如果利润率不平均化，那么资本本着平等的剥削权利必然从高构成、长周转时间的部门退出。这样一来，社会对高构成部门产品的需要就不能满足，社会生产力的发展就会受到限制。所以，了解这个转型阶段生产力不平衡发展的特征，解决价值转型的重要前提。

那么，"利润到一般利润率的这种平均化是怎样进行的"呢？这是"真正困难的问题"①。理论上的难题未必是实践中的难题。马克思发现，有机构成较高部门的资本家面对利润率大大低于有机构成低的部门的困局，很快就会调整投资方向。"资本会从利润率较低的部门抽走，投入利润率较高的其他部门。"而这些资本的有机构成高，再加上大量涌入，很快就将后者的利润率拉低。"通过这种不断的流出和流入，总之，通过资本在不同部门之间根据利润率的升降进行的分配，供求之间就会形成这样一种比例，以致不同的生产部门都有相同的平均利润，因而价值也就转化为生产价格。资本主义在一个国家的社会内越是发展，也就是说，这个国家的条件越是适应资本主义生产方式，资本就越能实现这种平均化。"②

他在手稿中还阐明，利润率的高低与商品价格有关，但不是价格的任何波动都会引起资本的转移。"单是上下波动，如果不超过平均程度，不采取异常的形式，就不足以引起资本的转移，何况固定资本还会给资本的转移带来困难。一时的行情只能在有限的程度上产生影响，而且它对追加资本的流人或流出的影响，要大于对已经投入不同领域的资本的再分配的影响。"③ 这样，他科学地阐明了利润率的平均化过程，从主观上看是通过各个部门资本家追逐较高利润所致，从客观上看是社会总资本的不自觉的统一行动、借助资本流动以及价值转型机制，来促进社会生产力发展的需要。由此也表明，资本运动在资本主义制度范围内的这种重要的体制改革，使得包括各个部门在内的全体资本家，都形成了一种新的理念：自己是社会总资本这个股份公司的一个重要组成部分，按份共享整个社会的总

① 《资本论》第 3 卷，人民出版社 1975 年版，第 195 页；2004 年版，第 195 页。

② 《资本论》第 3 卷，人民出版社 1975 年版，第 218—219 页；2004 年版，第 218 页。

③ 《马克思恩格斯全集》第 26 卷第Ⅲ册，人民出版社 1964 年版，第 514 页。

剩余价值。谁的资本份额大，所得的平均利润就越多，而与其资本的构成高低如何无关。

由此可见，"全部困难是由这样一个事实产生的：商品不只是当作商品来交换，而是当作资本的产品来交换。这些资本要求从剩余价值的总量中，分到和它们各自的量成比例的一份，或者在它们的量相等时，要求分到相等的一份。"① 这种情况，正是单个资本范围内利润率平均化在社会总资本范围内的扩大演绎。所谓资本是天生的平等派，不仅是指单个资本内部的各个部分，而且是指社会总资本的各个部分，都是天生的平等派。可见，没有第一篇的研究，第二篇的研究就难以实施。在此基础上，阐明社会总资本的各个部分都"在这里彼此只是作为一个股份公司的股东发生关系，在这个公司中，按每 100 资本均衡地分配一份利润。因此，对不同的资本家来说，他们的利润之所以有差别，只是因为他们投在总企业中的资本量不等，因为他们在总企业中的入股比例不等，因为他们持有的股票数不等。"②

利润率的平均化必然导致价值的转型，转化为生产价格。从价值量来说，它体现的是一种商品与社会总资本的关系，而不是与生产它的那个部门的关系。资产阶级古典学派不懂得价值与生产价格的联系和区别，企图直接将它们等同起来，所以碰到单纯窖藏的陈葡萄酒比新葡萄酒贵很多就说不能解释。也就是说，窖藏的陈葡萄酒在资本家意识中就是一笔资本，它的价值虽然在窖藏时间内没有实现，但它作为一定的资本量要按照年平均利润率、并根据其窖藏年数来计算其利润。这样，它就不是按照其原有价值出售，而是按照其生产价格出售。当然，窖藏的葡萄酒是社会需要的，如果社会不需要，那它就不会产生转型。这样解决"相等的平均利润率怎样能够并且必须不仅不违反价值规律，而且反而要以价值规律为基础来形成"③ 的难题，就使政治经济学能够保持科学性、能够解释现实中的新问题而具有强大的生命力。

基于利润率平均化的研究和揭示，马克思还阐明，它体现了阶级关系的深刻化。从此以后，工人就不仅仅受雇用他的工厂主的剥削，还受整个

---

① 《资本论》第 3 卷，人民出版社 1975 年版，第 196 页；2004 年版，第 196 页。

② 《资本论》第 3 卷，人民出版社 1975 年版，第 177—178 页；2004 年版，第 178 页。

③ 恩格斯语。《资本论》第 3 卷，人民出版社 1975 年版，第 12 页；2004 年版，第 12 页。

资产阶级的剥削。而且，这种情况还是被掩盖的。"在各特殊生产部门内，利润和剩余价值之间——不仅是利润率和剩余价值率之间——实际的量的差别，把利润的真正性质和起源完全掩盖起来，这不仅对存心要在这一点上自欺欺人的资本家来说是这样，而且对工人来说也是这样。"①

这样来论证价值向生产价格的转型，充分体现了马克思理论的历史性。马克思说得很清楚："商品按照它们的价值……进行的交换，比那种按照它们的生产价格进行的交换，所要求的发展阶段要低得多。而按照它们的生产价格进行的交换，则需要资本主义的发展达到一定的高度。"② 资产阶级经济学缺乏科学的历史观，当然不能在逻辑过程的发展中体现历史发展。

在这里，马克思创造性地提出了平均利润率的计算方法。他首先指出：各个部门"不同的利润率的平均数形成一般利润率。"同时，他又发现各种利润率在全部利润率中的权重很重要："在一般利润率的形成上，不仅要考虑到不同生产部门利润率的差别，求出它们的简单平均数，而且还要考虑到不同利润率在平均数形成上所占的比重。而这取决于……投在每个特殊生产部门的资本在社会总资本中占多大的部分"，和"简单平均数"不同，后者是一种"加权平均数"。看来，它们是平均利润率浮动的上下限。至于靠近哪一种平均数，"这又取决于有多少资本投在可变资本在总资本中所占比例较大的部门，有多少资本投在可变资本所占比例较小的部门。"③

在这里，马克思提出了一个十分重要的范畴：社会需要。"当我们只是说到单个商品时，我们可以假定，存在着对这种特定商品的需要，……而用不着进一步考察这个有待满足的需要的量。但是，只要一方面有了整个生产部门的产品，另一方面又有了社会需要，这个量就是一个重要的因素了。"④ 直接看，社会需要是有关使用价值的概念，不同的社会需要的实质就是比例关系。但他还阐明，"因为商品生产是以分工为前提的，所以，社会购买这些物品的方法，就是把它所能利用的劳动时间的一部分用来生产这些物品，也就是说，用该社会所能支配的劳动时间的一定量来购买这

① 《资本论》第 3 卷，人民出版社 1975 年版，第 188 页；2004 年版，第 188 页。
② 《资本论》第 3 卷，人民出版社 1975 年版，第 198 页；2004 年版，第 197 页。
③ 《资本论》第 3 卷，人民出版社 1975 年版，第 182 页；2004 年版，第 182 页。
④ 《资本论》第 3 卷，人民出版社 1975 年版，第 206 页；2004 年版，第 206 页。

些物品。"① 所以它也是一个社会劳动总量，是一种商品的价值总量。"要使一个商品按照它的市场价值来出售，也就是说，按照它包含的社会必要劳动来出售，耗费在这种商品总量上的社会劳动的总量，就必须同这种商品的社会需要的量相适应，即同有支付能力的社会需要的量相适应。"② 这个规定十分重要，决定着一种商品的市场价值总量。马克思接着说："如果某种商品的产量超过了当时社会的需要，社会劳动时间的一部分就浪费掉了，这时，这个商品量在市场上代表的社会劳动量就比它实际包含的社会劳动量小得多。"③ 依逻辑，反之则反是。可见，它是决定一种商品市场价值的一个重要尺度："商品的个别价值应同它的社会价值相一致这一点，现在在下面这一点上得到了实现或进一步的规定：这个商品总量包含着为生产它所必需的社会劳动，并且这个总量的价值＝它的市场价值。"④

以此为理论前提，马克思分步阐明了市场价值的决定。先是提出一般规定："市场价值，一方面，应看作是一个部门所生产的商品的平均价值，另一方面，又应看作是在这个部门的平均条件下生产的、构成该部门的产品很大数量的那种商品的个别价值。只有在特殊的组合下，那些在最坏条件下或在最好条件下生产的商品才会调节市场价值，而这种市场价值又成为市场价格波动的中心，不过市场价格对同类商品来说是相同的。"⑤ 其中有一般情况的两方面规定和特殊组合的两种条件。在此基础上，再分两步论述：第一步，先阐明一般情况即商品总量符合社会需要量且不变的情况下的规定，它包含两个方面，其中第一方面是简单平均数，是平均值，第二方面有高、中、低三种生产条件，因而有低、中、高三种不同的价位，以产品量最多者的个别价值为标准，这是一种个别值。平均值与个别值构成了市场价值（不是价格）波动的区间。至于是靠近平均值还是靠近个别值，那就要看哪种生产条件下的产品量在全部产品中的占比了，市场价值总是向占比大的个别价值靠拢，哪部分产品的占比量越大，越靠近它的个别价值。⑥ 由此观之，市场价值并不像一般教科书中所说的是市场价格的

---

① 《资本论》第 3 卷，人民出版社 1975 年版，第 208—209 页；2004 年版，第 208 页。

② 《资本论》第 3 卷，人民出版社 1975 年版，第 215 页；2004 年版，第 214 页。

③ 《资本论》第 3 卷，人民出版社 1975 年版，第 209 页；2004 年版，第 208 页。

④ 《资本论》第 3 卷，人民出版社 1975 年版，第 203 页；2004 年版，第 203 页。

⑤ 《资本论》第 3 卷，人民出版社 1975 年版，第 199 页；2004 年版，第 199 页。

⑥ 《资本论》第 3 卷，人民出版社 1975 年版，第 203—206 页；2004 年版，第 203—206 页。

平均值、中位线，而是在高、低个别价值与平均值区间波动的曲线。

第二步，再分析特殊组合，即在该种商品总量过大或过小于社会需要量时的规定："如果这个量过小，市场价值就总是由最坏条件下生产的商品来调节，如果这个量过大，市场价值就总是由最好条件下生产的商品来调节，因而市场价值是由两端中的一端来规定的"①，而不管这时个别价值最高或最低的商品量占该种商品总量的占比如何。

如果我们注意到马克思在这里加的脚注，就必然清楚，马克思关于市场价值决定的论述是对李嘉图、施托尔希"完全忽略中等情况"②的批判。

这里所论述的虽然是市场价值，但"关于市场价值所说的一切，加上必要的限定，全都适用于生产价格"③。

在这里，马克思创造性地研究市场价值的确定问题，实际上是关于如何定价、由谁定价的问题。他阐明，在完全自由竞争的市场中，定价权属于提供该种产品量占优势的那些厂家。他讲的是社会背后确定哪一种个别价值为统一的市场价值，但实际上已经将谁、哪些厂家才有定价权的问题提出来并解决了。我们不能只看到过程的运动，更要深入看到主体的行为，及其相互关系。

在这里，马克思还创造性地提出一组时间概念：时期、时段、时点，并与相关的范畴联系起来。时期当然是比较长的，它指的是社会需要相对稳定的时期，是各个部门比例关系相对不变的时期，它与市场价值相联系。在这样的较长时期内，竞争会将大体符合社会需要量的商品推向市场。但在社会需要不变的情况下，市场需求却会经常变动，在某些较为短暂的时点，竞争会将过大或过小于社会需要的产品量推到市场上，在这样的时点上，市场价值的决定就是"特殊组合"的情况。此外，马克思还有一个时段概念。他在假定总产量与社会需要总量相等的条件下，阐述市场价值决定的第二种情况时这样写道："只要需求稍占优势，那末市场价格就会由在不利条件下生产的商品的个别价值来调节。"④这里说的不是市场价格，所以变动的不是时点。但又不涉及长期的社会需要，所以指的是不长不短的时段。这个时段的市场价值在平均值和个别值之间波动。

---

① 《资本论》第3卷，人民出版社1975年版，第207页；2004年版，第206页。

② 《资本论》第3卷，人民出版社1975年版，第205页脚注（30）；2004年版，第204页脚注（30）。

③ 《资本论》第3卷，人民出版社1975年版，第222页；2004年版，第221页。

④ 《资本论》第3卷，人民出版社1975年版，第206页；2004年版，第205页。

了解了社会需要、市场需求、市场价值、市场价格的区别后，再来理解他阐述的供求平衡就容易多了。"虽然在任何一定的场合供求都是不一致的，但是它们的不平衡会这样接连发生，——而且偏离到一个方向的结果，会引起另一个方向相反的偏离，——以致就一个或长或短的时期的整体来看，供求总是一致的"①。任何一定的场合供求都不一致，指的是时点，或长或短的时期的整体来看，指的是时期，所以供求总是一致。尽管在现实过程中任何时点都供求不一致，因而市场价格围绕市场价值波动，但从长期看，供求却可以一致，因此，在理论上供求一致的假定就是合理而科学的。在后面，马克思还这样说："如果供求平衡，商品的市场价格就和它的生产价格相一致，也就是说，这时它的价格就表现为由资本主义生产的内部规律来调节，而不是以竞争为转移，因为供求的变动只是说明市场价格同生产价格的偏离。这种偏离会互相抵消，所以从某个较长的时期来看，平均市场价格等于生产价格。一旦供求平衡，这些力量就不再起作用，互相抵销；决定价格的一般规律这时也就会适用于这些个别的场合；市场价格这时在它的直接存在上，就已经和那个由生产方式本身的内在规律调节的生产价格相一致，而不只是作为市场价格的运动的平均才是这样。……在竞争不只是决定偏离和波动的场合，因而，在互相起反作用的各种力量达到均衡时任何决定都停止的场合，那种需要决定的东西本身就是某种没有规律的、任意的东西。"②

在这里，透过字里行间，我们可以看到，马克思批判地研究和再现了资本家作为经济主体、资本的人格化所起到的作用。马克思不仅透过物的关系看到人的关系，看到阶级关系，而且也注意到资本家作为经济主体的观念和行为。如果说，大工业迫使工人"把不同的社会职能当作互相交替的活动方式"，在客观上造成了工人的"全面发展"③，那么，资本家为追逐更高利润率而将资本在不同部门中流动，在一定意义上也促成了他们的"全面发展"。而资本家的流动又是在其平等剥削的观念指引下实施的，并且"在这个观念的基础上……建立起资本家的计算。"④ 但是，由于他们的一己之私、狭隘眼界和浸淫于流通中、社会表象中，却往往产生错误的观

① 《资本论》第 3 卷，人民出版社 1975 年版，第 212 页；2004 年版，第 211 页。
② 《资本论》第 3 卷，人民出版社 1975 年版，第 399 页；2004 年版，第 398—399 页。
③ 《资本论》第 1 卷，人民出版社 1975 年版，第 535 页；2004 年版，第 561 页。
④ 《资本论》第 3 卷，人民出版社 1975 年版，第 233 页；2004 年版，第 232 页。

念。研究资本运动，不能忽略研究资本家的观念和行为。

二、利润率趋向下降规律研究的批判性创建

在研究利润率平均化这一转化过程之后，研究资本主义较为发达阶段就是顺理成章的了。在这个阶段，资本运动在利润率变化上的最大特征就是倾向下降的趋势已经成为规律。从马克思的研究来看，这个"不是以……绝对的形式而是以不断下降的趋势表现出来"①的规律，表明资本主义已经结束"爬坡"发展的阶段进入较为发达的阶段。在这样的阶段，资本主义基本矛盾已经尖锐，并且派生出并激化了一系列的矛盾。

关于利润率趋向下降规律，资产阶级学者关心的是如何解释和避免，而马克思则将这个规律看成是资本主义基本矛盾在利润率上的表现。

马克思发现，在这个阶段，不仅生产力发展比起"爬坡"阶段更迅速，以至于可以设想资本构成的提高"不仅发生在个别生产部门，而且或多或少地发生在一切生产部门，或者至少发生在具有决定意义的生产部门，因而这种变化就包含着某一个社会的总资本的平均有机构成的变化，"②其中特别突出"具有决定意义的生产部门"资本构成的变化，表明马克思已经注意到这种部门有机构成的升级优化及其作用。由此他指出："一般利润率日益下降的趋势，只是劳动的社会生产力日益发展在资本主义生产方式下所特有的表现。"虽然这种下降"不是以……绝对的形式而是以不断下降的趋势表现出来"，但却不是"由于别的原因而暂时下降，而是根据资本主义生产方式的本质证明了一种不言而喻的必然性：在资本主义生产方式的发展中，一般的平均的剩余价值率必然表现为不断下降的一般利润率。"③这样观察和评判，无疑比资产阶级学者高明得多、深刻得多。

在这里，因为已经完成"爬坡"，资产阶级的发展也更不平衡。大资本更大，结构更优，很多中小资本家则已经无法再亲自从事职能行为而"失业"。这时，利润率平均化虽然已经定局、典型化，但在按资分配平均利润的同时，还有按实力（实力也表现在结构的高级化上）分配的情况。这是剩余价值分割的新变化。"一个拥有巨额资本的资本家所赚得的利润

---

① 《资本论》第 3 卷，人民出版社 1975 年版，第 237 页；2004 年版，第 237 页。
② 《资本论》第 3 卷，人民出版社 1975 年版，第 236 页；2004 年版，第 236 页。
③ 《资本论》第 3 卷，人民出版社 1975 年版，第 237 页；2004 年版，第 237 页。

量，大于一个表面上赚得高额利润的小资本家所赚得的利润量。"① 一方面，他按照平均利润率来获得利润，资本越大，利润越多，另一方面，他有能力增大资本量，在利润相对量减少的同时增加利润的绝对量。由是，利润率趋向下降规律就有了一个表现方式：利润率的下降和绝对利润量的同时增加。不过，不是任何一个资本都能享受这样的权利和境遇。要达到这种结果，就必须有资本的增加，而且"总资本增加的比例必须大于可变资本所占百分比下降的比例。总资本必须这样增加：它在新的构成上，不仅需要有原来的可变资本部分，而且需要有比这更大的部分来购买劳动力。"② 只有这样的实力，才可避免利润的相对量和绝对量同时减少的厄运。但这样一来，以前一些资本运动标准就要随之改变了。马克思阐明，在这个阶段，"在真正的工业中，每个生产部门都会迅速形成该部门所特有的最低限度的经营范围和与此相应的最低限度的资本，如果没有这个最低限度的资本，任何一种经营也不能顺利进行。同样地，在每个生产部门，又都会形成大多数生产者所必须拥有并且实际也拥有的、高于这个最低限度的标准平均资本量。大于平均资本量的资本会提供额外利润，而小于平均资本量的资本就得不到平均利润。"③ 最低限度资本只是表明它达到及格线，有资格得到平均利润，有高于这个限度的资本，则可获得更高的利润。由此可见，利润率趋向下降规律的这个表现实际上多少改变了资产阶级的剥削条件，也多少改变了大小资本家之间的竞争格局和关系，它有利于资本向大资本集中和资本积累。

劳动生产率的提高还导致商品价值的下降。由是，利润率趋向下降规律还有另一个表现方式："资本所生产的商品的价格下降，同时商品所包含的并通过商品出售所实现的利润量却会相对增加。"④ 之所以这样，因为"剩余价值率提高了，每个商品中的利润量……会随着劳动生产力的发展而大大减少；而这种减少和利润率的下降完全一样，只是由于不变资本要素的日益便宜"⑤。换句话说，单个商品的价格中包含的利润量下降，但商品总量增加，其中包含的利润总量却会增加。在这里，恩格斯还作了个很重要的补充："劳动生产率的提高正是在于：活劳动的份额减少，过去劳

① 《资本论》第3卷，人民出版社1975年版，第250页；2004年版，第250页。
② 《资本论》第3卷，人民出版社1975年版，第248页；2004年版，第248页。
③ 《资本论》第3卷，人民出版社1975年版，第762页；2004年版，第762页。
④ 《资本论》第3卷，人民出版社1975年版，第251页；2004年版，第251页。
⑤ 《资本论》第3卷，人民出版社1975年版，第252页；2004年版，第251页。

动的份额增加，但结果是商品中包含的劳动总量减少；因而，所减少的活劳动要大于所增加的过去劳动。"① 对此，资产阶级学者仅仅从单个商品的角度来看，"似乎资本家心甘情愿地从单个商品取得较少的利润，然而会从他所生产的商品数量的增加而得到补偿。"② 但马克思却批判地提出："在资本主义生产下，不能把单个商品或某一时期内生产的商品产品作为单纯的商品孤立地就它本身来进行考察，而要把它作为预付资本的产物，就这个商品和生产它的总资本的关系来进行考察。"③ "在任何场合，都不能只由单个商品价格的下降而得出有关利润率的结论。一切取决于参加商品生产的资本的总额有多大。"④ 这种情况，更使大资本直接获取市场价值的定价权，因为它的投入加大了它所拥有的生产条件及生产数量的权重。

另外，还要看到，马克思这里的分析还反映了商品价值结构的变化：首先是 c+v+m 转型为 k+p（p 为平均利润），其次是 k 中的 c 增加了，v 减少了，但由于不变资本要素已经日益便宜，增加的量反而比 v 的减少还要多。这种结构变化正好表现了经济结构的发展变化。

在这里，马克思不仅一般地分析劳动生产率普遍提高所产生的结果，还特别指出这样一种情况："一个采用经过改良的但尚未普遍推广的生产方法的资本家，可以低于市场价格，但高于他个人的生产价格出售产品；因此，他的利润率会提高，直到竞争使它平均化为止"⑤ 这种情况在一定的时间内虽然是个别，但他的赚钱方式很快就会普及。在实际过程中，大多数新的生产方法都是从个别资本家开始再逐步推开的。看来，这种试点到普及的过程，对个别资本家来说是利润率从高于别人到被平均化的过程，对整个资产阶级来说，则是利润率不断降低的过程。

马克思也看到，资本家会采用各种办法来对付利润率的下降趋向。但是，这些方法都与提高劳动生产率有关，所以最终往往事与愿违，但"不会取消一般的规律。"最多只是导致规律的"绝对实现被起反作用的各种情况所阻碍、延缓和减弱。"劳动生产率提高与利润率下降同时存在，"这是两个相反的趋势，它们使剩余价值率提高，同时又使一定量资本所生产

---

① 《资本论》第 3 卷，人民出版社 1975 年版，第 290 页；2004 年版，第 290 页。
② 《资本论》第 3 卷，人民出版社 1975 年版，第 256 页；2004 年版，第 256 页。
③ 《资本论》第 3 卷，人民出版社 1975 年版，第 254 页；2004 年版，第 254 页。
④ 《资本论》第 3 卷，人民出版社 1975 年版，第 256 页；2004 年版，第 255 页。
⑤ 《资本论》第 3 卷，人民出版社 1975 年版，第 257 页；2004 年版，第 257 页。

的剩余价值量减少，从而使利润率下降。"①

马克思还注意到对外贸易的影响与一国内部不同。他特别指出："只要比较发达的国家的劳动在这里作为比重较高的劳动来实现，利润率就会提高，因为这种劳动没有被作为质量较高的劳动来支付报酬，却被作为质量较高的劳动来出售。"② 所以比较发达国家的资本家是双头赚钱。

关于利润率趋向下降的规律，资产阶级学者和资本家关注它，是因为"利润率是资本主义生产的推动力"③，事关他们的切身利益。而马克思研究它，却将它当成是资本主义基本矛盾在利润形式上的外在表现，并且通过研究这个基本矛盾的展开，阐明经济危机的必然性及其原因。相对于其他地方有关经济危机的研究，这里篇幅更为集中、分析更为深入而具体，更重要的是更为根本。不言而喻，经济危机是比较具体的现象，只能在比较具体的研究语境中才能联系更广、更深。而且，只有这样，才能与其他政治经济学对思想材料的处理区别开来，以避免庸俗性。

在这里，最重要的创建是关于经济危机的论述。与此前的研究有所不同，这是在研究资本主义较为发达阶段与利润率趋向下降的语境中，所以更加具体，也更加立体。它不是单从生产相对过剩方面，不是从实现方面，而是与内部矛盾的三个展开相联系、与人口过剩和资本过剩紧密联系而深化。由是，马克思将经济危机的最深刻的根源揭露出来，并细细掰开。

在研究资本的积累过程、实现过程时，马克思也经常涉及经济危机问题，但只是在这里才最集中地研究它，因为正是在这里，才最集中地论述资本主义基本矛盾，揭示经济危机最深刻的根源。在常见的《政治经济学》教科书中，大都将经济危机安排在社会总资本再生产的理论之后。这样处理思想材料似乎顺理成章，即说明资本主义社会总资本的再生产不可能按比例进行，必然发生经济危机。但是，它却没有意识到，理论问题的研究总是与一定的语境、研究条件相匹配的，所以这样安排很容易使人们产生这样的错觉，以为资本主义经济危机的原因是生产无政府状态，生产不能按比例进行。但这种逻辑没有反映对象固有的内在联系，这正是西斯

---

① 《资本论》第 3 卷，人民出版社 1975 年版，第 261，259 页；2004 年版，第 261，259 页。

② 《资本论》第 3 卷，人民出版社 1975 年版，第 264—265 页；2004 年版，第 264—265 页。

③ 《资本论》第 3 卷，人民出版社 1975 年版，第 288 页；2004 年版，第 288 页。

蒙第极力宣传的观点，已经被列宁批判过了。只要意识到这一点，就会深入理解马克思的处理思想材料逻辑的科学性、批判性。

如果只是从特殊批判的意义看，从它对广大人民群众的损害来看，经济危机对生产和消费之间矛盾的暴力解决是绝对具有破坏性的。但是如果从一般批判的意义看，还应该特别注意马克思这里的说明："危机永远只是现有矛盾的暂时的暴力解决，永远只是使已经破坏的平衡得到瞬间恢复的暴力爆发。"① 显然，他已经注意到，危机对平民百姓、劳动大众来说，经济危机是灾难，但对资本运动来说，经济危机能够暂时恢复已经破坏的平衡，能够暂时解决现有矛盾。只要不被经济危机摧毁，那么从危机的周期性看，它恐怕还是没有办法的办法。危机在破坏原有生产力的同时，也调整了原有的社会需要，强制地恢复比例关系，并创造了新的社会需要，形成新的比例关系。在迫使社会广泛深入地进行固定资本更新的同时，也指引社会采用能符合新的社会需要的高新型的固定设施。所以，危机过后，原有的供需矛盾缓解了，但生产建立在更高级的技术基础上，社会生产过程发展反而更快了。在资本主义初级阶段，没有经验的、实力尚不够雄厚的资产阶级面对经济危机的"暴力解决"往往难以承受，甚至让他们有面临世界末日的感觉。而在较为发达的阶段，资产阶级的总体实力强大了，有应对危机的意识和能力了，打击虽然惨烈，但大资本家大都能够承受得住，并且也成了乘机吞并中小资本、对付竞争对手的好时机，总的看来，因为挺过危机，所以"危"最终变成了"机"，社会理智虽然反映迟钝，但毕竟最终能理智地通过它来调节社会需要。

这里的研究也有一系列比较具体的创建。

他提出："直接剥削的条件和实现这种剥削的条件，不是一回事。二者不仅在时间和空间上是分开的，而且在概念上也是分开的。前者只受社会生产力的限制，后者受不同生产部门的比例和社会消费力的限制。但是社会消费力既不是取决于绝对的生产力，也不是取决于绝对的消费力，而是取决于以对抗性的分配关系为基础的消费力"②。这一论断是批判的，既批判资产阶级学者所谓生产会把消费者带到市场上来的谬论，又批判资本主义制度。

马克思还阐明这种生产本身的目的和手段是矛盾的，其目的是资本增

---

① 《资本论》第 3 卷，人民出版社 1975 年版，第 278 页；2004 年版，第 277 页。

② 《资本论》第 3 卷，人民出版社 1975 年版，第 272—273 页；2004 年版，第 272—273 页。

殖，而手段是生产力的无条件发展。"它用来达到这个目的的方法包含着：降低利润率，使现有资本贬值，靠牺牲已经生产出来的生产力来发展劳动生产力。"所以，"资本主义生产的真正限制是资本本身。"①

他还发现，随着利润率趋向下降，资本进入各个领域的门槛提高了。由此导致资本过剩，特别是那些不能用利润量的增加来抵抗利润率下降的资本，那些"自己不能独立行动而以信用形式交给大产业部门的指挥人去支配"的资本，在这里，他特别提到"大产业部门的指挥人"②。这种大产业部门不仅是规模大，而且是"有决定意义的产业部门"、"有决定意义的生产部门"③。这样，他就将经济结构的调整方向与某些大资本家的职能行为联系起来了。这也说明，资本需要人格化，但在资本主义较为发达阶段，更需要"大产业部门的指挥人"而逐步淘汰中小资本家。这是产业发展的客观要求。

按照马克思理论的逻辑，是先讲资本积累、资本集中，然后再讲人口相对过剩。而人口相对过剩时，又会产生资本过剩。所以，"资本的这种过剩是由引起相对过剩人口的同一些情况产生的，因而是相对过剩人口的补充现象"④。他指出，这种过剩，是绝对的过剩，因为这是资本家之间因分配损失而造成的，是竞争的产物。"每个资本家要分担多少，要分担到什么程度，这就取决于力量的大小和狡猾的程度了，在这种情况下，竞争也就变为敌对的兄弟之间的斗争了。这时，每个资本家的利益和资本家阶级的利益之间的对立就显示出来了，正如以前这两种利益的一致性通过竞争在实际上得到实现一样。"⑤

在这里，他提出，资本不仅要利润，在资本主义较为发达阶段，更要"健康的、正常的"利润，若达不到，则干脆让它过剩。这表明，在这个阶段，资本的胃口越来越大了。

在这里，马克思还指出，资本形成为"一般的社会权力"，因为它统治一切，深入一切领域，但是他又不是社会的，而是个人的，所以，这是"表现为异化的、独立化了的社会权力，这种权力作为物，作为资本家通

---

① 《资本论》第 3 卷，人民出版社 1975 年版，第 278 页；2004 年版，第 278 页。

② 《资本论》第 3 卷，人民出版社 1975 年版，第 279 页；2004 年版，第 279 页。

③ 《资本论》第 3 卷，人民出版社 1975 年版，第 138，236 页；2004 年版，第 137、236 页。

④ 《资本论》第 3 卷，人民出版社 1975 年版，第 280 页；2004 年版，第 279 页。

⑤ 《资本论》第 3 卷，人民出版社 1975 年版，第 282 页；2004 年版，第 282 页。

过这种物取得的权力，与社会相对立。"但资本家并不等于社会，更不代表社会，而是要控制社会以攫取最大的利益，所以"一般的社会权力和资本家个人对这些社会生产条件拥有的私人权力之间的矛盾，发展得越来越尖锐，并且包含着这种关系的解体，因为它同时包含着生产条件向一般的、共同的、社会的生产条件的转化。这种转化是由生产力在资本主义生产条件下的发展和实现这种发展的方式所决定的。"①

马克思是以产业资本为社会总资本的代表来研究规律内在矛盾的展开的，所以，在最后，他又在提出资本主义生产的三个主要事实时，又强调它与资本主义生产关系的矛盾，并说"危机就是这样发生的。"② 可见，这里研究的规律的内在矛盾，就是资本主义基本矛盾。

三、商业资本研究的批判性创建

在社会表面上，商业资本是独立的，而且，在资本主义以前，商业资本就已经在运动。所以，资产阶级学者没有想到它是产业资本中商品资本的独立化、外化。但马克思早已阐明，他研究的是现代社会的资本运动，所以要以发挥"普照之光"作用的成熟的产业资本为典型代表。"由于现代经济学，甚至它的最优秀的代表，都直接把商业资本和产业资本混为一谈，实际上完全看不到商业资本的特性，我们就更有必要这样做了。"③ 也就是说，要看到它虽然与产业资本一起构成资本的核心构造，但仍然是从产业资本中的商品资本独立出去的。"只要处在流通过程中的资本的这种职能独立起来，成为一种特殊资本的特殊职能，并且固定下来，成为一种由分工给予特殊种类资本家的职能，商品资本就成为商品经营资本或商业资本。"④ 商业资本家不过是把原来产业资本家的附带活动变成自己的专门经营活动。

马克思还特别阐明，商业资本是一种执行职能的资本，但必须"没有超过必要比例"⑤，即没有超过整个商业资本在全部社会总资本中的比例。超过必要比例，就是超过社会需要。只有在这个限度内，其服务产业资本

① 《资本论》第3卷，人民出版社1975年版，第294页；2004年版，第294页。
② 《资本论》第3卷，人民出版社1975年版，第296页；2004年版，第296页。
③ 《资本论》第3卷，人民出版社1975年版，第297页；2004年版，第297页。
④ 《资本论》第3卷，人民出版社1975年版，第298页；2004年版，第298页。
⑤ 《资本论》第3卷，人民出版社1975年版，第307页；2004年版，第307页。

周转的积极功能才不会打折扣。商业资本量的这种限制是至关重要的，但却是任何商业资本家都不了解的。

在这里，他客观地、全面地、眼光独到地考察和评价了商业资本，先是将商业资本的作用限定在流通领域，不生产价值，从而不生产剩余价值，在此基础上又指出它有巨大的全面的社会功能，除了承担"社会的巨大蒸馏器"的功能外，还承担着社会的巨大的整流（调节）器和推进器功能，既然它能"有助于流通时间的缩短，它就能间接地有助于产业资本家所生产的剩余价值的增加。既然它有助于市场的扩大，并对资本之间的分工起中介作用，因而使资本能够按更大的规模来经营，它的职能就会提高产业资本的生产效率和促进产业资本的积累。既然它会缩短流通时间，它就会提高剩余价值和预付资本的比率，也就是提高利润率。既然它会把资本的一个较小部分作为货币资本束缚在流通领域中，它就会扩大直接用于生产的那部分资本。"① 这种概括，十分精到。

商业资本当然要获得利润，它不参加生产剩余价值，却要"参加剩余价值到平均利润的平均化。"② 但是，它是"按照它在总资本中所占的比例，参加决定一般利润率"③ 的。这些利润，也只能是总生产资本所生产的剩余价值的一部分。这样一来，一般利润率就由于商人资本的介入而"得到校正、补充和改变"④ 了，而变成"平均利润率的完成形态"⑤。对那帮资产阶级经济学者来说，"平均利润率的完成形态"无疑是从未听过的天外之音。

他阐明，在商业资本参加利润率平均化后，"生产价格也就出现了一个更加确切的有限制的规定"，即"实际价值或实际生产价格 = k+p+h（在这里，h 代表商业利润）。所以，生产价格，或者说产业资本家本人出售商品的价格，小于商品的实际生产价格；或者，就全部商品来看，产业资本家阶级出售全部商品的价格，小于这全部商品的价值。"⑥ 这样的阐述，不仅颠覆了整个资产阶级经济学，而且更新了实际价值的结构，从 c+v+m 演

---

① 《资本论》第 3 卷，人民出版社 1975 年版，第 312 页；2004 年版，第 312 页。

② 《资本论》第 3 卷，人民出版社 1975 年版，第 319 页；2004 年版，第 319 页。

③ 《资本论》第 3 卷，人民出版社 1975 年版，第 318 页；2004 年版，第 318 页，新版将前版的"参加决定"改译为："作为一个决定因素参加……的形成"。

④ 《资本论》第 3 卷，人民出版社 1975 年版，第 320 页；2004 年版，第 320 页，新版将前版的"改变"改译为"修正"。

⑤ 《资本论》第 3 卷，人民出版社 1975 年版，第 377 页；2004 年版，第 377 页。

⑥ 《资本论》第 3 卷，人民出版社 1975 年版，第 318 页；2004 年版，第 318 页。

变为 k+p+h（其中 p 代表平均利润，h 代表商业利润）。也就是说，m 更为具体了。这也意味着它还会因为利息、地租的加入而进一步演变。

揭示了商业利润的本质之后，进一步就是阐明它是如何表现的。像它间接地帮助产业资本生产剩余价值一样，它获得利润的方式，也是间接性的。既然这样，它在社会表面上就还要颠倒表现。

商业资本的活动领域既然是在流通过程中，那么很自然，也只能在流通过程中才能获得它的利润，而流通就是产生和制造假象的广大土壤，商业资本就是在这里制造了"贱买贵买"、加价赚钱的假象。从现象看，它的确是通过加价而获利的。但是，这里的"价"，并不是价值，而是出厂价格。本来商品价值就不是直接表现的，现在，因为加进了这一段商业利润的分割和分割后的加价表象，价值的颠倒表现就"更上一层楼"了。

商品在从厂家那里买来后、卖出前还要追加许多费用，为了研究方便，马克思先假定全部商业资本都用来购买商品，没有这些费用加入。① 在相关问题研究过后，自然要将这些费用加进来，研究它们是怎样一起参加和完成了利润率平均化和补偿的。这样的研究在经济思想史上既是没有先例的，而且又有新的批判性创建，特别是其中的商业工人工资的补偿和获得利润的方式。在这里，我们无须重述他的研究，但必须看到，商业工人的劳动包含着剩余劳动，这是不需要商业资本家支出的。"正如工人的无酬劳动为生产资本直接创造剩余价值一样，商业雇佣工人的无酬劳动，也为商业资本在那个剩余价值中创造出一个份额。"② 所以，它自然而然地也成了商业利润的追加部分。

他说："商业资本所以能获得利润，是因为它没有把包含在商品中的无酬劳动……全部支付给生产资本，相反地，在出售商品时却让人把这个仍然包含在商品中的、它没有支付报酬的部分支付给自己。……商人资本使这个剩余价值的一部分从产业资本手里转移到自己手里，从而占有这部分剩余价值。"③ 这是因为商业工人"虽然不会创造剩余价值，但会为他创造占有剩余价值的条件；……因此，这种劳动对这个资本来说是利润的源泉。"④

---

① 《资本论》第 3 卷，人民出版社 1975 年版，第 315 页；2004 年版，第 315 页。
② 《资本论》第 3 卷，人民出版社 1975 年版，第 328 页；2004 年版，第 327 页。
③ 《资本论》第 3 卷，人民出版社 1975 年版，第 327 页；2004 年版，第 327 页。
④ 《资本论》第 3 卷，人民出版社 1975 年版，第 327—328 页；2004 年版，第 327 页。

在这里，马克思还创造性地研究了商业资本的周转对再生产过程的影响。他阐明："由于商人资本的独立化，它的运动在一定界限内就不受再生产过程的限制，因此，甚至还会驱使再生产过程越出它的各种限制。内部的依赖性和外部的独立性会使商人资本达到这样一点，这时，内部联系要通过暴力即通过一次危机来恢复。"也就是说，商业资本既能促进社会化大生产的顺利进行，也能给经济危机推波助澜。他不仅强调了商人资本的独立化使其能超越其运动的界限，而且阐明，危机往往"在批发商业和向它提供社会货币资本的银行中暴露和爆发"①。显然，这与此前的论述有所不同。

在这里，他还阐明，商业资本的周转还会影响它在社会总资本中的相对量。"它的周转次数，当然会对它和总资本的比率，对流通所必要的商人资本的相对量起决定作用，……必要的商人资本的绝对量和它的周转速度成反比；如果其他一切条件不变，它的相对量，即它在总资本中所占的份额，就由它的绝对量决定。"②

四、生息资本研究的批判性创建

马克思对生息资本的研究，既突出其作为特殊商品特殊使用权的运用，更突出其所有权的运用，阐明了其运动的几个特点：

它不是资本主义以前已经长期存在的借贷资本，而是资本主义较为发达阶段的平均利润率已经臻于完成时代的借贷资本，是与生产经营活动联系的借贷资本。资产阶级学者没有正确的历史观，根本不能这样区分和研究。

根据原先的商品因素分析，阐明它是一种特殊商品，表现为一定量的货币资本，具有特殊的使用价值。"除了作为货币具有的使用价值以外，又取得了一种追加的使用价值，即作为资本来执行职能的使用价值。在这里，它的使用价值正在于它转化为资本而生产的利润。就它作为可能的资本，作为生产利润的手段的这种属性来说，它变成了商品，不过是一种特

---

① 《资本论》第3卷，人民出版社1975年版，第340页；2004年版，第339页。
② 《资本论》第3卷，人民出版社1975年版，第346页；2004年版，第345页，新版将"对流通所必要的商人资本的相对量起决定作用"改译为："或影响流通所必要的商人资本的相对量"。

别的商品。"① 它与一般的商品——所有者保留商品的价值，而放弃商品的使用价值和所有权，② ——不同，其所有者能够保留其所有权而在一定时间内放弃其使用权和价值。

它有特别的出售方式：只贷出，不是卖出。卖出是永远出让，而贷出只是一段时间内出让。而且到时除了还本，还要付息。它贷放出去的时候，没有发生交换，贷出者没有得到任何等价物。

它的出售有特殊的计价方式，例如 100 镑货币资本的价格是 5 镑，而不是 100 镑。从此，"资本价格就是利息"这种看法深入资本家意识。

它产生两种可以分离的所有权、两种彼此独立的所有者："法律上的所有权"和"经济上的所有权"③，从而有"法律上的所有者"和"经济上的所有者"④，"法律上的所有权"属于货币资本家本人，"经济上的所有权"则属于借入货币资本的职能资本家，是这笔货币资本的实际使用者，他可以利用贷入的资本从事符合他意愿的经济行为并获得一定的利益，所以是其经济上的所有者。

它产生两种特别的职能：一种是所有权的经济实现（债权）职能，"只要它被贷放出去，……那就无论它是睡着，还是醒着，是在家里，还是在旅途中，利息都会日夜长到它身上来。"⑤ 所有者无需做任何事情，都能够据借贷合同而轻松地收回贷出资本并获得利息。另一种是特殊使用价值的运用，即其执行增殖的职能。

它有特殊的运动形态：与一般资本的运动不同，"一般资本的具有特征的运动，即货币流回到资本家手中，资本流回到它的起点，在生息资本的场合，取得了一个完全表面的、和现实运动相分离的形态，尽管这个形

---

① 《资本论》第 3 卷，人民出版社 1975 年版，第 378 页；2004 年版，第 378 页。

② "所售物品的所有权总是要被放弃。但人们不会放弃它的价值。在卖的场合，商品被放弃了，但它的价值没有被放弃，它以货币的形式或以债券或支付凭证的形式被收回来"。（《资本论》第 3 卷，人民出版社 1975 年版，第 386 页；2004 年版，第 386 页。）

③ 《马克思恩格斯全集》第 26 卷第Ⅲ册，人民出版社 1974 年版，第 511 页。

④ "资本的使用者，即使是用自有的资本从事经营，也具有双重身份，即资本的单纯所有者和资本的使用者；他的资本本身，就其提供的利润范畴来说，也分成资本所有权，即处在生产过程以外的、本身提供利息的资本，和处在生产过程以内的、由于在过程中活动而提供企业主收入的资本。"（《资本论》第 3 卷，人民出版社 1975 年版，第 421 页；2004 年版，第 421 页。）

⑤ 《资本论》第 3 卷，人民出版社 1975 年版，第 443 页；2004 年版，第 443 页。

态是现实运动的形式。"资本没有发生任何变化，只是转手而已。人们"看见的只是放出和偿还，中间发生的一切都消失了。"① 两种形态似乎彼此无关，但实际上有内在联系。没有现实运动，也就会有表面的运动。

它有特殊的回流方式。回流"不是表现为一定系列的经济行为的归宿和结果，而是表现为买者和卖者之间的特别的法律契约的结果。"②

从它的运动过程看，既不是作为货币支出，也不是作为商品支出，而是"作为资本支出"③。其中的 G—G 和 G'—G'，都不是像一般资本运动那样发生商品形态的变化，也不是资本的再生产。并且还是双重支出和双重回流。

从它的消费看，一般商品的"使用价值最终会被消费掉，因而商品的实体和它的价值会一道消失。相反，资本商品有一种属性：由于它的使用价值的消费，它的价值和它的使用价值不仅会保存下来，而且会增加。"④

关于利息的研究和再现，马克思也创造性地阐明它的一系列的特点：

资本家贷放货币资本当然要获得利息，但不像一般的商品出卖那样，马上就要获得价值，而是在经过一段时间后才取得利息，而且往往与还本联系在一起。当然也有一种是利息按期流回，但资本不流回，要等一个比较长的时期才流回。

尽管在表面上，货币资本家获得利息与生产过程无关，但利息不外是生产过程创造的一部分利润的特别名称，特别项目。

最醒目的是，马克思阐明了利息既不是资本的价格，又表现为资本的价格。他分析说明，一般商品的价格是其价值的表现，但生息资本作为特殊的商品，其价格却不是这样，与其价值没有同一性。因为贷放与出卖不同，不发生价值的形式变化，无论是 G—G 还是 G'—G'，都是同一形式。而且贷出者始终是同一价值的所有者，即使在贷出之后转到借入者手中，也没有发生所有权的变更。

马克思特别强调，看待"利息是资本的价格"这个问题必须更新观点。"这里出现的一切关系，从简单商品的观点来看，或者从那种在再生

① 《资本论》第3卷，人民出版社1975年版，第390、391页；2004年版，第390、391页。

② 《资本论》第3卷，人民出版社1975年版，第390页；2004年版，第390页。

③ 《资本论》第3卷，人民出版社1975年版，第386页；2004年版，第386页。

④ 《资本论》第3卷，人民出版社1975年版，第393页；2004年版，第393页。

产过程中作为商品资本执行职能的资本的观点来看，都是不合理的。"① 所以，必须用资本主义较为发达阶段的观点来看待、了解新的问题、新的现象。在这个阶段，资本的"两权分离"已经成熟、典型化，剩余价值已经被分割并且转型、转化，生息资本作为商品，已经不再是一般的商品，是转型的、转化的特殊商品。作为商品，说利息是它的价格，这是不合理的。100镑资本只有100镑的价格，不能只有5镑的价格。"一个价值额怎么能够在它本身的价格之外，在那个要用它本身的货币形式来表示的价格之外，还有一个价格呢？价格是和商品的使用价值相区别的商品的价值……。和价值有质的区别的价格，是荒谬的矛盾。"② 但是，作为特殊的商品，它的贷出不能只要原价返还，它要通过一定的比较才能计量增殖的大小，因而只有通过利息额，和预付资本的价值作比较，才可以计量。"因此，如果价格表示商品的价值，那末，利息表示货币资本的增殖，因而表现为一个为货币资本而支付给贷款人的价格。"③ 而且，它的贷放又与一般的商品一样，也是被提供到市场来让渡，更何况资本所有权本身因为"两权分离"已经可以离开生产过程而独立化。而职能资本家和货币资本家之间利润与利息的分割是由供求、从而由竞争来调节，完全和商品的市场价格由供求、竞争调节一样。这样的论证，资产阶级学者当然莫名其妙。

在这里，马克思在阐明了利息率决定的一些规定、批判所谓的"自然利息率"的场合，还特地论证，供求平衡对此没有意义。他阐明："没有任何理由可以说明，为什么中等的竞争条件，贷出者和借入者之间的均衡，会使贷出者得到他的资本的3%、4%、5%等等的利息率，或得到总利润的一定的百分比部分，例如20%或50%。当竞争本身在这里起决定作用时，这种决定本身就是偶然的，纯粹经验的，只有自命博学或想入非非的人，才会试图把这种偶然性说成必然的东西。"④

在这里，他还阐明，利润率与利息率的关系，和利润量与利息量的关系，有所不同。他这样说："首先让我们假定，总利润和其中要作为利息支付给货币资本家的部分之间的比率是固定的。" 也就是说，在这样的场合，利息是随总利润的其余部分增减而增减。由于该企业总利润由一般利

---

① 《资本论》第3卷，人民出版社1975年版，第396页；2004年版，第396页。
② 《资本论》第3卷，人民出版社1975年版，第397页；2004年版，第397页。
③ 《资本论》第3卷，人民出版社1975年版，第398页；2004年版，第397页。
④ 《资本论》第3卷，人民出版社1975年版，第407页；2004年版，第407页。

润率和一般利润率的变动决定，而后者的高低又与资本主义的发展成反比，所以"一个国家利息率的高低就同样会和产业发展的水平成反比。……在这个意义上我们可以说，利息是由利润调节的，确切些说，是由一般利润率调节的。"① 但是，他又说，事情并不总是这样，也会是这样，利息率在借贷之际已经确定，在"总利润取得之前，已经当作预先确定的量了。"这样看，职能资本家的"企业主收入大小及只由利息率决定。"② 但是，这并非矛盾。前一种情况是在利润量与利息量的比率一定的场合，后一种情况却是在利息率已定的场合。

马克思在这里还着重阐明，本来利润分割为产业利润和利息只是对剩余价值量的分割，但在社会表面上，它却转变为质的分割，就是说，这种分割的同时，产业利润也随之表现为企业主收入，由于它的获取方式与无所事事的货币资本家获取利息的方式不同，在生产过程中，利润率不仅取决于剩余价值，还取决于许多其他事情，都与资本家的经营决策有关，尤其是"就每一笔交易来说，取决于资本家的狡猾程度和钻营能力"③，似乎是资本家"在再生产过程中所完成的活动或职能产生出来的"④，似乎他与货币资本家不同，也有付出劳动，因此，在他观念中，企业主收入就不再是剩余价值的转化形式，而是工资的转化形式，这样，企业主收入与利息这种单纯的剥削收入反而有质的区别了。马克思这样科学地分析这种"质"的转化的表象性，也就从根本上抽去了这种"质"的转化的真实性，展示其诡辩性。在这里，他阐明了职能资本家所谓的"劳动"只是与货币资本家相比，而不是以工人的劳动为参照。他还阐明，这还因为在职能资本家观念中，因为劳动者不是所有者，所以一个人如果不是所有者，就是劳动者。在职能资本家观念中，"与利息相反，他的企业主收入是某种同资本的所有权无关的东西，不如说是他作为非所有者，作为劳动者执行职能的结果。"⑤ 但是，非劳动者并非一定是所有者，非所有者也非一定是劳动者，因为在两者之间，还有既非所有者又非一线劳动者的管理者。实际上，尽管非所有者的收入与所有者的收入不同，但也与工人的工资收入不

① 《资本论》第 3 卷，人民出版社 1975 年版，第 403 页；2004 年版，第 403 页。
② 《资本论》第 3 卷，人民出版社 1975 年版，第 418，419 页；2004 年版，第 418，419 页。
③ 《资本论》第 3 卷，人民出版社 1975 年版，第 419 页；2004 年版，第 419 页。
④ 《资本论》第 3 卷，人民出版社 1975 年版，第 420 页；2004 年版，第 420 页。
⑤ 《资本论》第 3 卷，人民出版社 1975 年版，第 427 页；2004 年版，第 426—427 页。

同。作为非所有者，他是帮所有者执行职能，所以他获得收入是所有者收入的一部分的转化形式，与工人的工资是劳动力价值的转化形式根本不同性质。一旦指出这种逻辑的诡辩性和谬误，强辩立刻就变成屁话。

在这里，针对企业主收入与利息表面的质的区别而产生的资本家也有劳动的谬论，马克思再次讲到管理的二重性。不过，与前面的论述相比，这里更深入了。针对资本家们以上述错误观念为根据，强调自己执行职能就是参加劳动。并且，这种辩护的意图还会因为管理的社会化而被强化，特别在股份制企业中因"两权分离"而被强化。但是，马克思特别强调了"劳动"与工人的劳动是否有对立的性质，是否能随着资本的消失而自行消失。他以一个有力的事例证明："一个乐队指挥完全不必就是乐队的乐器的所有者；如何处理其他演奏者的'工资'问题，也不是他这个乐队指挥职能范围以内的事情。"① 这句话在强调所有者与管理者的本质区别的同时，也将管理工资和监督工资的本质区别阐述清楚了。再深入品味一下，我们还可意识到，马克思这里批判性的创建还在于表达这样的意思：随着社会经济的发展，资本家的监督性质完全可以被改造，"只要这种劳动是由作为社会劳动的劳动的形式引起，由许多人为达到共同结果而形成的结合和协作引起，它就同资本完全无关，就像这个形式本身一旦把资本主义的外壳炸毁，就同资本完全无关一样。"②

生息资本运动的基础是信用，而信用又是双刃剑，并且会被过度使用。在研究信用和虚拟资本的场合，马克思批判了信用泛滥所致的投机，以及信用投机加剧了生产过剩，导致经济危机。当然，他也正面评价了信用在资本主义生产中的作用，特别是在促进股份公司的发展上，作用非凡。③ 在这里，他敏锐地发现并阐明了股份公司的大私人所有制、大私人企业包含着、表现着的对立面、否定性因素和扬弃力，发现并阐明了股份公司的经营职能也包含着否定性因素和扬弃力，私人资本"直接取得了社会资本……的形式，而与私人资本相对立，并且它的企业也表现为社会企业，而与私人企业相对立。这是作为私人财产的资本在资本主义生产方式

---

① 《资本论》第 3 卷，人民出版社 1975 年版，第 435 页；2004 年版，第 434—435 页。

② 《资本论》第 3 卷，人民出版社 1975 年版，第 435 页；2004 年版，第 435 页。

③ "信用制度表现为生产过剩和商业过度投机的主要杠杆，那只是因为按性质来说可以伸缩的再生产过程，在这里被强化到了极限。"（《资本论》第 3 卷，人民出版社 1975 年版，第 498 页；2004 年版，第 499—500 页。）

本身范围内的扬弃。"① 阐明资本因信用而产生的这种"两权分离"已经形成私有财产和资本家专属职能转化为它的对立面的过渡点："资本主义生产极度发展的这个结果，是资本再转化为生产者的财产所必需的过渡点，不过这种财产不再是各个互相分离的生产者的私有财产，而是联合起来的生产者的财产，即直接的社会财产。另一方面，这是所有那些直到今天还和资本所有权结合在一起的再生产过程中的职能转化为联合起来的生产者的单纯职能，转化为社会职能的过渡点。"② 在分别说了一系列的扬弃和过渡点之后，又把它们统一起来："这是资本主义生产方式在资本主义生产方式本身范围内的扬弃，因而是一个自行扬弃的矛盾，这个矛盾首先表现为通向一种新的生产形式的单纯过渡点。"③ 这种论点和论证，不仅是批判性创建，更是革命性创见。不过，马克思的立论很严谨，它说的这种扬弃，是在资本主义生产方式本身范围内的扬弃，还只是部分质变，还不是根本性的扬弃和质变。

在所有人都为信用大唱赞歌的时候，他却反其道而行之，结合资本运动的现象、透过现象揭示资本主义信用的一大弊病："信用为单个资本家或被当作资本家的人，提供在一定界限内绝对支配别人的资本，别人的财产，从而别人的劳动的权利。对社会资本而不是对自己资本的支配权，使他取得了对社会劳动的支配权。"这样，他就可以"拿社会的财产，而不是拿自己的财产来进行冒险"，"信用使这少数人越来越具有纯粹冒险家的性质。"④。

在这里，马克思还特别提到工人的合作工厂，指出它虽然还不是社会主义性质的，但已经是"由资本主义生产方式转化为联合的生产方式的过渡形式，"所以与上述股份公司的消极扬弃不同，其中包含的"对立是积极地扬弃的。"⑤

在这里，马克思还联系收入资本化研究了虚拟资本。他说："人们把虚拟资本的形成叫作资本化。人们把每一个有规则的会反复取得的收入按

---

① 《资本论》第3卷，人民出版社1975年版，第493页；2004年版，第494—495页。

② 《资本论》第3卷，人民出版社1975年版，第494页；2004年版，第495页。

③ 《资本论》第3卷，人民出版社1975年版，第495—496页；2004年版，第497页。

④ 《资本论》第3卷，人民出版社1975年版，第496—497页；2004年版，第497—498页。

⑤ 《资本论》第3卷，人民出版社1975年版，第498页；2004年版，第499页。

平均利息率来计算，把它算作是按这个利息率贷出的资本会提供的收入，这样就把这个收入资本化了"①。一物——如土地、劳动力、一般货币、有价证券等——本来不是资本，但它却有定期有规则的收益，而能像资本那样，按照资本的利息率计算的，从而也就在观念中变成是一笔可以提供这种利息的资本了。可见，这是个经验性的概念，它反映的是一种理财观念，虽然说不无道理，但这样一来，不是资本的东西也可以获得固定的收入，像是一笔资本在起作用一样。这就在把收入资本化的同时，将资本虚拟化了，不是资本也被归结为资本了。马克思认为，这与生息资本有紧密关系。"生息资本的形式造成这样的结果：每一个确定的和有规则的货币收入都可以表现为资本的利息，而不论这种收入是不是由资本生出。"② 显然，收入资本化是由生息资本造成的。

在前面，我们已经探讨过马克思关于虚拟化的论述，表明因为某种商品在交换成功后个别劳动、个别价值转化为社会劳动、社会价值，耗费在同种商品剩余部分的个别劳动、个别价值也会被人们当作同时同量转化的社会劳动、社会价值，但这仅仅是观念上的，还没有真正实现。举例来说，一种商品卖5元钱，其他尚未卖出的同种商品一般也会被人们当成值5元钱。可见，虚拟化是在经济主体的观念中产生的，而且是一种"纯粹幻想的观念"③。如果说，在那里马克思还没有明确地指出商品的这种虚拟性，那么在这里，他就在提出虚拟资本范畴的时候，突出了这种虚拟性了。很显然，正是最初的价值形式已经包含着一定的虚拟性，后来在资本关系下发展起来的资本——具体的、发达的价值形式——才具有这种虚拟性，也就是说，后来盛行的虚拟资本，是简单商品交换中已经蕴含的虚拟性的充分发展和转型。不过，在前一场合，这种虚拟性是隐含的、观念中的，而在后一场合，这种虚拟资本在一些人那里却已经是显性的、客观存在的，其主要表现是有价证券，其实质是一种表明一定数额资本的所有权证书。马克思还阐明，随着银行业务的发展，各种各样的有价证券不仅都能定期有规则地获得相应的收入，而且还能随时随地地贴现，将虚拟的资本变成现实的资本。这样，在社会表面上，同一笔资本就有两种存在方式：一种存在于实体经济中，一种存在于虚拟经济中。马克思指出："这

---

① 《资本论》第3卷，人民出版社1975年版，第528—529页；2004年版，第528—529页。

② 《资本论》第3卷，人民出版社1975年版，第526页；2004年版，第526页。

③ 《资本论》第3卷，人民出版社1975年版，第526页；2004年版，第526页。

些所有权证书——不仅是国家证券，而且是股票——的价值的独立运动，加深了这种假象，好像除了它们可能有权索取的资本或权益之外，它们还构成现实资本。"①

由于利息率与有价证券的收益率经常不一致，所以在变现或贴现时往往与证券面值不同，忽高忽低。他阐明：由于利润率趋向下降，利息率也有下降趋势，有价证券"必然出现上涨的趋势，所以，单是由于这个原因，这个想象的财富，按照它的原来具有一定的名义价值的每个组成部分的价值表现来说，也会在资本主义生产发展的进程中扩大起来。"② 这又放大了虚拟资本的存在。只有这样将虚拟资本与利润率趋向下降、利息率下降趋势③联系起来，才能深刻地揭示它扩大的原因和条件。这是马克思重要的批判性创建。

由于生息资本与生俱来的虚拟资本的发展，就使得社会总资本同时具有另一种结构形态，它由实体资本和虚拟资本共同构成的现实资本结构。

在这里，马克思还专门研究了银行资本，其中，最重要的批判性创建主要是银行对再生产的组织和调节作用："银行制度，就其形式的组织和集中来说，……是资本主义生产方式的最精巧和最发达的产物。"④ 它的功能奇强，竟然"造成了社会范围的公共簿记和生产资料的公共的分配的形式，但只是形式而已。……信用制度和银行制度把社会上一切可用的、甚至可能的、尚未积极发挥作用的资本交给产业资本家和商业资本家支配"，之所以是形式，因为公共簿记和生产资料公共分配的范围都局限在资产阶级范围内，"以致这个资本的贷放者和使用者，都不是这个资本的所有者或生产者。因此，信用制度和银行制度扬弃了资本的私人性质，它本身，但也仅仅是就它本身来说，已经包含着资本本身的扬弃。……银行和信用同时又成了使资本主义生产超出它本身界限的最有力的手段"⑤。

---

① 《资本论》第 3 卷，人民出版社 1975 年版，第 529——530 页；2004 年版，第 529 页。

② 《资本论》第 3 卷，人民出版社 1975 年版，第 541 页；2004 年版，第 541 页。

③ "在社会发展的进程中利润率有下降的趋势，从利息率由利润率决定来说，利息率也有下降的趋势"。(《资本论》第 3 卷，人民出版社 1975 年版，第 703 页；2004 年版，第 703 页。)

④ 《资本论》第 3 卷，人民出版社 1975 年版，第 685 页；2004 年版，第 685——686 页。

⑤ 《资本论》第 3 卷，人民出版社 1975 年版，第 686 页；2004 年版，第 686 页。

五、地租研究的批判性创建

资产阶级学者虽然研究过地租，但对地租的性质、研究的难点、重点、条件等不甚了了，更根本回避了绝对地租的研究，级差地租的研究也不尽人意。所以，在这方面的研究马克思就不必花费太多的精力、篇幅来进行清理，而有更多的批判性创建。

在关于地租的一般理论研究中，马克思首先确定科学的研究对象，首先将资本主义地租中包含的许多混杂物撇开，这是有针对性的，批判性的，因为资产阶级学者研究的是混杂的对象，所以说不清楚。这是有很科学创新、创建意义的。

从方法看，先研究一般理论，再依次考察级差地租、绝对地租，逐步再现具体的地租，这正是从抽象上升到具体。

在第37章导论中，除了阐明研究对象的确定范围、研究条件以阐明地租的特征外，还有许多批判性创建。

与庸俗经济学以"土地——地租"的关系式将地租归结为土地的产物的错误，与黑格尔将地租归结为土地的"法律权力"的错误形成鲜明、尖锐对比的是，马克思论证地租是资本主义土地所有权的经济实现，即其"纯粹经济的形式"，是"土地所有权在经济上借以实现即增殖价值的形式。"①

在这里，马克思还公正地阐明了资产阶级同土地所有权进行激烈斗争的两大功绩："一方面使农业合理化，从而第一次使农业有可能按社会化的方式经营，另一方面，把土地所有权弄成荒谬的东西，——这是资本主义生产方式的巨大功绩。"不过，他也阐明，这种功绩是带血的，"资本主义生产方式的这种进步，同它的所有其他历史进步一样，首先也是以直接生产者的赤贫为代价而取得的。"② 只有这个问题地评价，才能科学地对待，超越。

马克思阐明，"真正的地租是为了使用土地本身而支付的，不管这种

① 《资本论》第3卷，人民出版社1975年版，第697，698页；2004年版，第697，698页。

② 《资本论》第3卷，人民出版社1975年版，第697页；2004年版，第697页。新版将"赤贫"改译为"完全贫困化"。

土地是处于自然状态，还是已被开垦。"① 但是，它又有许多混杂物与它相伴为生，所以，在研究之前有必要先予清除。只要细思这一过程，我们可以看到，马克思同时进行两方面的工作：既破又立：

在清除附着在地租上的混杂物的同时，他还阐明，土地所有者除了攫取地租外，还攫取了原先不包含在地租里的土地资本及其利息。这主要表现在土地所有者在后一个租约期内可将前一个租约期内农业资本家在土地上的固定资本投资及其利息"作为和实体即土地不可分离的偶性，变为土地所有者的财产"② 来收取地租。所以不能因为突出剥削前一种地租而忽视剥削后者。甚至可以说，获得地租是剥削农业工人，而获得土地资本的利息，则是剥削农业资本家。——当然，剥削农业资本家归根到底还是剥削农业工人。——"土地所有者用这个方法，不仅从不费他们分文的别人的资本获得利息，而且还无偿地得到别人的资本。"③ 研究地租理论，不能将它与地租混为一体。

同样的道理，在批判中小农业资本家把农业工人的一部分工资拱手割让给土地所有者的同时，马克思同时也阐明了真正的地租不包括这部分工资。

还应看到，他对土地所有者竭尽全力将中小农业资本家的一部分利润也囊括进地租中的批判，同时也是提出必须把混杂在地租中的这部分利润剥离出来。这样的批判就是创见、创建。

在批判土地价格是不合理的形式的同时，他还肯定："在这个不合理的形式的背后，却隐藏着一种现实的生产关系。"④ 这是因为这个时候收入已经资本化了，既然在资本主义的一定发展阶段，某一地块可以定期按照一定地租率获得收入，那么该地块就相当于定期按一定利息率获得利息的一笔资本。由于将地价与利息率联系起来，马克思就又顺理成章地阐明：既然地价的涨落与利息率的涨落成反比，那么，由于利息率有下降的趋势，所以地价有上涨的趋势。⑤

马克思还阐明，地租是一部分剩余价值的转化形式，但不能反过来说，地租是剩余产品。两者在质和量上都有区别。

---

① 《资本论》第 3 卷，人民出版社 1975 年版，第 698 页；2004 年版，第 699 页。
② 《资本论》第 3 卷，人民出版社 1975 年版，第 699 页；2004 年版，第 699 页。
③ 《资本论》第 3 卷，人民出版社 1975 年版，第 702 页；2004 年版，第 702 页。
④ 《资本论》第 3 卷，人民出版社 1975 年版，第 702 页；2004 年版，第 703 页。
⑤ 《资本论》第 3 卷，人民出版社 1975 年版，第 703 页；2004 年版，第 703 页。

单凭土地所有权就要取得地租，与单凭生息资本所有权就要获得利息一样，都让人产生正当性、正义性的怀疑。对此，马克思在这里也和在研究生息资本的场合提出了一样的意见："土地所有权的正当性，和一定生产方式下的一切其他所有权形式的正当性一样，要由生产方式本身具有的历史的暂时的必然性来说明，因而也要由那些由此产生的生产关系和交换关系具有的历史的暂时的必然性来说明。"① 指出这种正当性只是在资本主义社会中有效，所以只具有暂时的历史必然性。这既是肯定，又是否定。

在这里，他在提出研究地租必须避免的错误时，批判性地强调了几个很重要的观点，实际上是从另一方面论述资本主义地租的特点：

一是不能将不同社会形态的地租混为一谈，因为所体现的关系有本质的不同。

二是既要避免把剩余价值的一般存在条件的说明来代替地租分析，又要看到农业生产还要有足够的生产率，才能"使农业剩余劳动，从而农业剩余产品成为可能"②。而且，整个社会的农业劳动生产的食物必须符合一定的社会需要，"必须足以为整个社会，从而也为非农业工人生产必要的食物；也就是使从事农业的人和从事工业的人有实行这种巨大分工的可能；并且也使生产食物的农民和生产原料的农民有实行分工的可能。……对社会来说，它所代表的，只是生产食物所需的必要劳动。"③ 换句话说，就是要按必要的比例生产，这样它们才能卖得出去，其中的剩余价值才能全部实现。——但是，提出按比例生产的客观要求，并不等于资本主义农业是这样做的。和工业生产一样，对社会生产的比例关系，资本主义社会的理智总是滞后的，其调节总是通过代价巨大的"试错而补救"的方式进行的。所以，这实际上也是对工农业生产经常性比例失调的批判。——在这里，他再次强调了"社会总劳动时间分别用在各个特殊生产领域的份额"④ 的重要性，再次强调了这种份额的社会必要的劳动时间，是"当时社会平均生产条件下生产市场上这种商品的社会必需总量所必要的劳动时间"⑤。从根本上说，马克思是强调了价值规律在农业生产、地租提供上的

---

① 《资本论》第 3 卷，人民出版社 1975 年版，第 702 页；2004 年版，第 702 页。

② 《资本论》第 3 卷，人民出版社 1975 年版，第 715—716 页；2004 年版，第 716 页。

③ 《资本论》第 3 卷，人民出版社 1975 年版，第 716 页；2004 年版，第 716 页。

④ 《资本论》第 3 卷，人民出版社 1975 年版，第 716 页；2004 年版，第 716 页。

⑤ 《资本论》第 3 卷，人民出版社 1975 年版，第 722 页；2004 年版，第 722 页。

重要作用。

三是直接强调了资本主义地租的特征。这在前文已经涉及，所以这里不再多说。

资产阶级古典学派特别是李嘉图很重视研究级差地租，也提出一些有价值的见识。但他并没有阐明级差地租的一般特征，并固执地认为农业资本家家总是从好地开始耕种，逐步开发较差的土地。之所以这样，是因为他并不真正理解级差地租的一般规定。

马克思在级差地租概论中将工业利用自然力产生的超额利润与农业中利用自然力（瀑布）产生的超额利润的情况相区别，说明前者很快就要被平均化，而后者则因为数量有限且土地经营权的垄断却不被平均化，而转化为地租。为了不至于被误解，他还特地阐明，"这种地租不是产生于所用资本或这个资本所占劳动的生产力的绝对增加。"自然力只是特别高的劳动生产力的自然基础，只是超额利润的一种自然基础，但不是其源泉，只是"特别高的劳动生产力的自然基础。"① 所以土地、自然力等不是产生级差地租的原因，只是使由以产生的生产率能够帮助租地农场主得以获得超额利润的条件。所以，"如果有一种新的不用水力的生产方法，使那些用蒸汽机生产的商品的成本价格由 100 镑减低到 90 镑，那末，超额利润，从而地租，从而瀑布的价格就会消失。"② 这实际上是在阐明级差地租产生的条件。

在研究级差地租 I 的时候，马克思先假定最坏的土地不提供地租，在这种情况下，耕种的发展可以同时从比较肥沃的土地转到比较贫瘠的土地，但是，这并不绝对，也可以反过来。因此，级差地租既可以用一个上升序列、也可以用一个下降的序列来表现。无论是哪种序列，总是最坏的土地上的产品的生产价格在市场上起调节作用。但这种情况不是固定的，一旦更好地块的产品量超过需求，最坏地就会失去调节作用。

在这里，马克思提出一个非常重要的原理，因为最差土地的产品的生产价格起调节作用，较好地块就会产生级差收益，这是由市场价值所决定的，"这种决定产生了一个虚假的社会价值。"以马克思举的例子看，就是社会就会"按产品内所包含的实际劳动时间的二倍半来购买这种土地产品；"它之所以被称为"虚假"，因为不是由农业工人直接创造，而是"被

---

① 《资本论》第 3 卷，人民出版社 1975 年版，第 728 页；2004 年版，第 728 页。
② 《资本论》第 3 卷，人民出版社 1975 年版，第 730 页；2004 年版，第 730 页。

看作消费者的社会对土地产品支付过多的东西"①。这一点，前文已经有所探讨，这里不再重述。

马克思还阐明，由于有投资，土地肥力等级并非固定不变。他发现，"法国以及英格兰东部各郡以前被视为坏地的轻质土地，最近已上升为头等土地。"②

马克思不仅考察了单个地块的地租，而且也考察了地租总额与各级土地相对量的关系，或者说，考察肥力级差结构对地租总额的影响。他发现，必须把各级土地耕地量的比例同耕地质的比例关系分开，两者对地租总额增长的作用相反。

要形成级差地租Ⅰ，在增加资本投入的同时，还要扩大土地耕作面积，而土地面积的扩大不是一个资本家自己能够决定的，会遇到很多制约因素，如很多资本同时竞租数量不多的土地、土地所有者的阻拦，——"土地所有权的存在，正好是对投资的一个限制，正好是对资本在土地上任意增殖的一个限制。"③——何况"级差地租实质上终究只是投在土地上的等量资本所具有的不同生产率的结果"，而不是不同土地所具有的不同生产率的结果，所以，资本家还会将"生产率不同的各个资本连续投在同一地块上"④，这样产生的地租就是级差地租Ⅱ。

在这里，马克思称后一种经营方式为集约化耕作，并且主要是在较好的土地上进行。⑤ 相对于在更广大的土地上粗放地耕作，这当然是比较先进的，也是农业发展的主要趋势。"资本主义生产方式越发展，资本就越是集中在同一土地上，所以按每英亩计算的地租也就越提高。"⑥ 他认为，要这样耕作，就要求资本家有足够的资本，至少要达到该部门的最低限度的标准平均资本量。同时，还要有可靠的技术。

在这里，马克思还创造性地研究了生产价格不变、下降、上涨，与肥力不同的各级土地上投资生产率的不变、下降、提高等情况的组合下级差地租Ⅱ及地租总量的变动。阐明地租总是越来越高的。恩格斯在总结了这

① 《资本论》第 3 卷，人民出版社 1975 年版，第 745 页；2004 年版，第 745 页。
② 引自《资本论》第 3 卷，人民出版社 1975 年版，第 867 页；2004 年版，第 870 页。
③ 《资本论》第 3 卷，人民出版社 1975 年版，第 846 页；2004 年版，第 849 页。
④ 《资本论》第 3 卷，人民出版社 1975 年版，第 759 页；2004 年版，第 759 页。
⑤ 《资本论》第 3 卷，人民出版社 1975 年版，第 766 页；2004 年版，第 766 页。
⑥ 《资本论》第 3 卷，人民出版社 1975 年版，第 779 页；2004 年版，第 781 页。

些详尽的阐述之后还这样批判土地所有者说："任何一个社会阶级也不像他们那样浪费；任何一个社会阶级也不像他们那样有权要求过一种传统的'适合身份'的奢侈生活，……他们总会再站住脚，因为别人在土地上的投资为他们提供地租，并且这种地租远远超过资本家从土地取得的利润。"当然，他也这样评判：级差地租"规律也说明，为什么大土地所有者的这种生命力会逐渐枯竭。"①

在研究级差地租的时候，马克思是假定使用最坏地块不用支付地租。但土地是私有的，是一定要收取地租的，即使是最坏的地块，也绝对要支付地租，所以它是一种绝对地租。

但是，它与级差地租不同，在使用肥力最坏地块的时候，不可能产生低于一般生产价格的个别生产价格，所以，必须有与此不同的超级利润产生。正因为这样，李嘉图在百思不得其解的情况下，干脆不去研究它。很显然，马克思这里的研究就是批判性的创建。这种创建，既是在批判的基础上，还有实际数据的支持。他早就跟恩格斯说过：关于绝对地租的问题，"这是每个国家都应当从统计上来解决的问题。但是纯粹从理论上来解决问题的重要性，是由下列情况产生的：三十五年来统计学家和实践家全部坚持说有绝对地租存在，而（李嘉图派的）理论家则企图通过非常粗暴的和理论上软弱的抽象来否认绝对地租的存在。"②

在这里，马克思论证，土地所有权的存在不允许土地的使用不支付地租，所以它的存在是产生绝对地租的原因。但是单纯法律上的土地所有权也不会自动地产生绝对地租，土地不出租，就没有经济价值，自然不会产生地租。

从租地农场主方面来看，使用最坏土地既要支付绝对地租，又不能按生产价格出售，他在按规则刨去须得的平均利润之后，就再也没有什么东西可以支付地租了。也就是说，"在待分配的全部剩余价值看来都已分配完毕之后，从哪里又会出现这种剩余价值的超额部分，由投在土地上的资本以地租形式支付给土地所有者。"③ 这样，就产生了一个困难："说明农业利润为什么会超过平均利润，……说明这个生产部门所特有的超额的剩

---

① 引自《资本论》第 3 卷，人民出版社 1975 年版，第 817 页；2004 年版，第 819，819—820 页。

② 《马克思恩格斯〈资本论〉书信集》，人民出版社 1976 年版，第 167 页。

③ 《资本论》第 3 卷，人民出版社 1975 年版，第 881 页；2004 年版，第 884 页。

余价值"①。

既必须支付，又无法支付，除非有一种可能，产品不按生产价格、而按高于生产价格的市场价值出卖。人们之所以没能从这个方面去探讨，"只是因为商品的价值和它的生产价格之间的区别一直没有被人理解。"②

马克思阐明，虽然产品的生产价格就其总和来考察，最终等同于市场总价值，但在个别交换中，"一个商品的生产价格可以高于它的价值，或低于它的价值，只有在例外的情况下才和它的价值相一致。"③ 所以，土地产品完全可以高于它们的生产价格出售，但问题是要长期高于其生产价格出售，必须有一定的条件。马克思早已论证，一个商品的生产价格和它的价值的比率，完全是由生产它所用的资本的有机构成决定的。因为农业资本有机构成一般比工业资本的构成低，但它"使用了更多的活劳动，所以在对劳动的剥削程度相等时，将会比社会平均资本的一个同样大的部分，生产出更多的剩余价值，从而生产出更多的利润。因此，它的产品的价值，就会高于它的生产价格"④。而土地所有权的垄断，又限制了其中超额利润的平均化。这样，租地农场主就可以将这部分超额利润用来支付土地所有者的绝对地租了。这样，马克思就在价值理论的基础上阐明、论证了绝对地租形成的原因、条件、源泉。

在论证过程中，马克思明确提出："无论这个绝对地租等于价值超过生产价格的全部余额，还是只等于其中的一部分，农产品总是按垄断价格出售，这……是因为它们的价格等于它们的价值，或者，因为它们的价格低于它们的价值，但又高于它们的生产价格。农产品的垄断在于：它们不象价值高于一般生产价格的工业品那样，会平均化为生产价格。"⑤ 显然，这是一种特殊的垄断价格，与一般的垄断价格不同。后者"既不是由商品的生产价格决定，也不是由商品的价值决定"，而是"由购买者的需要和支付能力决定。"⑥ 不过，马克思也意识到，随着生产力的发展，农业资本有机构成相对较低的情况也可能提高到与工业资本的构成相近。有鉴于

---

① 《资本论》第 3 卷，人民出版社 1975 年版，第 882 页；2004 年版，第 885 页。

② 《资本论》第 3 卷，人民出版社 1975 年版，第 854—855 页；2004 年版，第857—858 页。

③ 《资本论》第 3 卷，人民出版社 1975 年版，第 855 页；2004 年版，第 858 页。

④ 《资本论》第 3 卷，人民出版社 1975 年版，第 855 页；2004 年版，第 858 页。

⑤ 《资本论》第 3 卷，人民出版社 1975 年版，第 859 页；2004 年版，第 862 页。

⑥ 《资本论》第 3 卷，人民出版社 1975 年版，第 861 页；2004 年版，第 864 页。

此，他又预见，只要资本主义仍然存在，绝对地租仍然存在，但是，到那时，它就"只能来自市场价格超过价值和生产价格的余额，简单地说，只能来自产品的垄断价格。"① 不过，他还阐明，农业有其特殊性质。农业资本的价值构成水平即使达到社会资本的平均构成，也不一定表明它的技术构成同社会平均的技术构成完全一致，"可能有这种情况：在农业中，社会生产力的增长仅仅补偿或甚至还补偿不了自然力的减少，"甚至"这种补偿总是只能起暂时的作用"②。这样的研究和阐述，就非常严谨和完整了。

最后，马克思在总结的时候还这样说："只要真正的农业地租单纯是垄断价格，那末，这种垄断价格只能是微小的；同样，无论产品价值超过它的生产价格的余额有多大，在正常条件下，绝对地租也只能是微小的。"③

因此，绝对地租的本质在于：不同生产部门内的各等量资本，在剩余价值率相等或劳动的剥削程度相等时，会按它们的不同的平均构成，生产出不等量的剩余价值，并且由于土地使用权的垄断而不被平均化。这与工业上的超额利润不同，因为没有垄断的阻碍，这些不同的剩余价值量，会平均化为平均利润，平均分配在作为社会资本的相应部分的各个资本上。

在研究完资本主义地租、形成完整的科学理论之后，马克思照例回过头来追溯地租的历史发展过程，以发掘资本主义地租与先前各种地租之间的联系。值得注意的是，在这里，他将商人资本的历史考察、生息资本的历史考察与地租的历史考察综合起来，揭示其中包含的一般基本矛盾，并且指出它在不同的社会历史条件下的表现："任何时候，我们总是要在生产条件的所有者同直接生产者的直接关系……当中，为整个社会结构，……为任何当时的独特的国家形式，找出最深的秘密，找出隐蔽的基础。"但是，他又指出，不能将这种抽象的基本理论随意套用到具体的国家及其发展阶段中，因为"相同的经济基础——按主要条件来说相同——可以由于无数不同的经验的事实，自然条件，种族关系，各种从外部发生作用的历史影响等等，而在现象上显示出无穷无尽的变异和程度差别，这

---

① 《资本论》第 3 卷，人民出版社 1975 年版，第 863 页；2004 年版，第 865 页。
② 《资本论》第 3 卷，人民出版社 1975 年版，第 864 页；2004 年版，第 867 页。
③ 《资本论》第 3 卷，人民出版社 1975 年版，第 869 页；2004 年版，第 872 页。

些变异和程度差别只有通过对这些经验所提供的事实进行分析才可以理解。"① 很显然，这是历史唯物主义经济基础理论在经济理论上的重要运用。

六、收入研究的批判性创建

我们已经知道，在社会表面上，收入是名副其实的大杂烩、大混搭，并且包罗万象。马克思早已阐明，有两类收入："一方面是资本收入，另一方面是与此不同的'收入'"，后者指的是"日常生活中所说的收入"②，包括有产阶级用于日常生活的利润、地租和工人的工资。而资本收入，这是资本家的专有的概念："单个资本家，……得到商品产品来代替生产中消费掉的资本。这个商品产品的价值，——它可以表现为这个产品本身的各个比例部分，——一方面补偿用掉的资本价值，因此形成收入，……但要注意，这是资本收入"③。在资本家的观念中，对一个人来说是资本，对另一个人来说就是收入。并且，投入资本带来的利润、利息也是收入，这样，资本与由资本而得到的收入就混为一体而被混为一谈了，就像圣父与圣子一样。同样的，剥削性的利润、利息、地租与被剥削性的工资也被统统以收入的名义而混为一体而被混为一谈了。它不仅混淆了不同性质的东西，更掩盖了内在的本质关系。"收入的形式……是资本主义生产关系从外表上表现出来的存在，它同潜在的联系以及中介环节是分离的。"④

在资本主义社会，这种"奇特观念"⑤ 不仅盛行不衰，而且很快就上升为资产阶级的意识、思想而在社会上占统治地位。不管它多么悖理——就像利息是资本的价格、工资是劳动的价格一样，——只要是资本家认定的，就是社会认定的，也就是资本运动的重要内容。只要是资产阶级所想的，资产阶级学者就一定要为之论证、提炼、拔高、推广，于是，"三位一体的公式"作为"对实际的生产当事人的日常观念进行训导式的、或多

---

① 《资本论》第 3 卷，人民出版社 1975 年版，第 891—892 页；2004 年版，第 894—895 页。

② 《资本论》第 2 卷，人民出版社 1975 年版，第 403 页；2004 年版，第 403 页。

③ 《资本论》第 2 卷，人民出版社 1975 年版，第 403 页；2004 年版，第 403 页。

④ 《马克思恩格斯全集》第 26 卷第 Ⅲ 册，第 499 页。

⑤ 《资本论》第 3 卷，人民出版社 1975 年版，第 257 页；2004 年版，第 256 页。

或少教条式的翻译"①，就粉墨登场了。所谓"三位"，既是指三个关系式，也是指三个所谓的源泉，还是指三种收入形式，所谓的"一体"，指的是它们都归结为同一的东西——收入。

这样，收入就成了大杂烩、大混搭的混沌整体，也就成了"资本主义生产方式占统治地位的社会的财富"②。马克思研究资本运动的时候，面对的正是这样具有"混沌表象"③的资产阶级财富总体。但是，他是清理了这种混沌总体中包含的混杂物之后，才把它当成直接性的研究对象。

从这种直接性对象出发，在理论过程的终点，当然要回到这种直接性对象上来。不过，这回再现的，已经不再是简单、混沌的直接性对象，而是由以进入、研究间接性对象并揭示了内在规定之后，再逐步接近的直接性对象。这是个否定之否定的过程，终点回到起点，又高于起点，是起点的完全展开。所以，这里再现的收入，是资产阶级财富的社会表现，作为终点范畴，并非资本家观念中的收入，而是被揭示了内在规定、内在规定与外在表现统一的、直接性与间接性统一的具体对象，就是总收入，从而是《资本论》全书最具体的范畴。④

收入这个终点范畴的提出，是十分必要的，只有这样，才能使"它同英法两国经济学家的用语相一致"⑤，也才能体现两者所再现的内容并非一致，使之相形见绌。这样做，就像其他重要范畴如商品、货币、资本一样，与资产阶级经济学有相同的提法，但却有不同深广度的内涵和再现目的。

提出终点范畴，表明《资本论》已经完全达到预期的目的，以科学的范畴完整地再现了客观对象总体。只有看到这些，注意到终篇对收入的研究，才能发现这一理论在《资本论》中的存在，意识到《资本论》并非手稿中断，而是内容完整的。

在《资本论》终篇，不仅提出终点范畴，而且还联系收入来研究资本的生产、流通和分配。

---

① 《资本论》第3卷，人民出版社1975年版，第939页；2004年版，第941页，新版将"教条式"改译为"教义式"。

② 《资本论》第1卷，人民出版社1975年版，第47页；2004年版，第47页。

③ 《马克思恩格斯全集》第46卷上册，人民出版社1979年版，第37页。

④ 参看陈俊明："论《资本论》的终点范畴"（收入洪永淼主编《马克思主义经济思想与现实》，厦门大学出版社2010年版）。

⑤ 《资本论》第1卷，人民出版社1975年版，第649页脚注（33）；2004年版，第682页脚注（33）。

在第 49 章，他联系收入形式说明了社会总资本的再生产。之所以这样做，因为在第二卷"那里剩余价值还没有在它的收入形式上即利润（企业主收入加上利息）和地租形式上加以阐明，因而还不能在这些形式上加以研究"①。所以，在这里，第Ⅰ部类和第Ⅱ部类的 v 都用工资来代替，m 都用利润和地租来代替："如果再生产过程正常进行，其他条件不变，因而也把积累撇开不说，那末第Ⅰ部类的工资、利润和地租的价值总额，就必须等于第Ⅱ部类的不变资本部分的价值。否则，不是第Ⅱ部类不能补偿它的不变资本，就是第Ⅰ部类不能把它的收入由不能消费的形式转化为可以消费的形式。"② 这样做，合理地体现了理论的上升、具体化。正是在此基础上，他才能进一步阐明，在社会表面上和资本家意识中，再生产的扩大来自资本家的收入，追加劳动"不断地以收入形式表现出来"③，所以要扩大再生产，那么积累的资本也"必须首先经过一个表现为收入（……）的阶段"④。

但是，还要看到，这里不仅将（v+m）具体化为工资、利润、地租，而且还因为在社会表面上生活资料是由收入消费的，即是说，Ⅱc 也表现为收入，这样，在社会上，Ⅰ（v+m）＝Ⅱc 也就变成了Ⅰ收入＝Ⅱ收入了。这实际上是在批判资产阶级学者将资本与收入混为一谈从而无法科学地研究社会资本再生产的错误原因。

在第 50 章，联系收入形式说明社会总资本的生产，必须保证 C 完整地投入生产过程，不管它被表现为、分解为什么形式的收入。为此，他先正面地阐明新创造的价值是各种收入的界限，同样的，各种收入比例的变化也不会改变新价值的量，所以无论如何也不能将社会总资本中的 C 部分也分割掉。在此基础上，他又阐明，竞争和流通却会造成收入决定价值的假象。

关于前一个问题，他阐明，工资的界限是劳动力的价值，不过，"他的劳动力的实际价值和这个身体最低限度是不一致的；气候和社会发展水平不同，劳动力的实际价值也就不同；它不仅取决于身体需要，而且也取

---

① 《资本论》第 3 卷，人民出版社 1975 年版，第 945—946 页；2004 年版，第 947 页。

② 《资本论》第 3 卷，人民出版社 1975 年版，第 948 页；2004 年版，第 950 页。

③ 《资本论》第 3 卷，人民出版社 1975 年版，第 959 页；2004 年版，第 961 页。

④ 《资本论》第 3 卷，人民出版社 1975 年版，第 961 页；2004 年版，第 963 页。

决于成为第二天性的历史上发展起来的社会需要。"① 从他的分析可以看出，劳动力的"身体最低限度"实际上就是社会表面上的（工资）收入，可见，劳动力的价值与工资收入并非完全等量的。他还说明，工资收入的变动不会引起商品价值的变化，尽管在社会表面上，工资提高就会导致商品价格提高，② 但实际上无论是工资还是商品价值，都是由社会必要劳动时间决定的。它的提高有自己的界限，只会影响利润量，不会改变 C 的量的界限。

在这里，他还论述了利润收入的变动对 C 不会产生影响。利润的多少决定于利润率，虽然"社会利润按这个比率在不同生产部门的投资之间进行分配，就产生偏离商品价值的生产价格，……但是这种偏离，既没有使价值决定价格的性质消失，也没有使利润的合乎规律的界限消失。"③ 而且他还阐明：从较长的时期看，"我们将感到惊奇的是：第一，各次偏离的界限比较狭窄，第二，这各次偏离的平衡具有规律性。在这里，我们也将发现凯特勒在社会现象上论证过的那种起调节作用的平均数的统治作用。"④ 同样的道理，地租收入的界限也不会侵入到 C 中。即使是某些产品特有的垄断价格，也是这样。它"不过是把其他商品生产者的一部分利润，转移到具有垄断价格的商品上。剩余价值在不同生产部门之间的分配，会间接受到局部的干扰，但这种干扰不会改变这个剩余价值本身的界限。"⑤

很显然，这些界限及其可能的变动分析，一方面牢牢地堵住了将 C 也分解为收入的通路，另一方面还提出一些比较具体的规定。因为联系收入，所以都比较接近现实层面，所以有很强的解释力。

在第 51 章，他联系收入来研究资本主义分配关系。"在考察分配关系时，人们首先是从年产品分为工资、利润和地租这种所谓的事实出发。但

① 《资本论》第 3 卷，人民出版社 1975 年版，第 971 页；2004 年版，第 973 页。新版译文的表述有所变动，但意思不变。

② "经验说明：工资上涨，商品的平均价格就上涨，工资下跌，商品的平均价格就下跌。但'经验'不能说明，那种不以工资为转移的商品价值隐蔽地调节着这种变动。"（《资本论》第 3 卷，人民出版社 1975 年版，第 981 页；2004 年版，第 983 页。新版与前版相比，译文的词序有所变动，但意思不变。）

③ 《资本论》第 3 卷，人民出版社 1975 年版，第 972 页；2004 年版，第 974 页。

④ 《资本论》第 3 卷，人民出版社 1975 年版，第 973 页；2004 年版，第 974—975 页。

⑤ 《资本论》第 3 卷，人民出版社 1975 年版，第 973 页；2004 年版，第 975 页。

是，把事实说成这样是错误的。"① 由于工人是出卖劳动力而获得工资的，不是参与产品的分配，所以，将三种收入并列当成分配关系就是错误的。但由于工人出卖劳动力获得货币具有取得收入的表象，再加上所有的有产阶级、他们的理论家都这么认为，并且整个社会还不能不接受这种观念。这种情况，也像利息是资本的价格一样，既是错误的，在资本主义社会中又是必然的、确定的。所以，三个阶级分别获得三种收入就成了一种特别意义的分配关系，马克思称之为"所谓的分配关系"②。

针对这种错误，马克思强调，这是因为资本关系决定的："如果产品的一部分不转化为资本，它的另一部分就不会采取工资、利润和地租的形式。"③ 它的本质是生产资料的分配关系："资本（包括作为资本的对立物的土地所有权）本身已经以这样一种分配为前提：劳动者被剥夺了劳动条件，这些条件集中在少数个人手中，另外一些个人独占土地所有权"，它"是在生产关系本身范围内，落到同直接生产者相对立的、生产关系的一定当事人身上的那些特殊社会职能的基础。这种分配关系赋予生产条件本身及其代表以特殊的社会性质。它们决定着生产的全部性质和全部运动"。所以，特别意义的"收入分配"关系只是这种基础性、决定性的生产关系的"反面"④。正是有收入范畴的提出及其与生产关系的关系研究，马克思在全书收官处就突出了这种分配关系与生产力的矛盾，或者说，资本主义基本矛盾即生产关系与生产力的矛盾不会直接表现，而是会迂回地表现为分配关系与生产力的矛盾。"当一方面分配关系，因而与之相适应的生产关系的一定的历史形式，和另一方面生产力，生产能力及其要素的发展，这二者之间的矛盾和对立扩大和加深时，就表明这样的危机时刻已经到来。"⑤ 这一论断不仅与"剥夺剥夺者"的论断相互呼应，而且很确定地阐明，分配关系虽然指示生产关系的历史形式，但生产关系与生产力的矛盾在两大阶级激烈搏斗尖锐化的时候，分配关系的状况是十分重要的，它的恶化直接导致广大劳动大众的生存条件恶化，导致他们团结起来进行阶级搏斗。在这里，马克思将收入与起点范畴联系起来，与资本关系、与资

---

① 《资本论》第 3 卷，人民出版社 1975 年版，第 993 页；2004 年版，第 994 页。
② 《资本论》第 3 卷，人民出版社 1975 年版，第 997 页；2004 年版，第 997 页。
③ 《资本论》第 3 卷，人民出版社 1975 年版，第 994 页；2004 年版，第 995 页。
④ 《资本论》第 3 卷，人民出版社 1975 年版，第 993 页；2004 年版，第 994 页。
⑤ 《资本论》第 3 卷，人民出版社 1975 年版，第 999 页；2004 年版，第 1000 页。新版与前版相比，表述有所变动，但意思不变。

本主义基本矛盾联系起来，都使整个理论过程的逻辑和内容都臻于圆满、完成。

在终篇，除了以上这些系统性的批判性创建外，在一些具体问题的研究上，也有许多批判性创建：

关于生产关系运动的科学概括。在终篇原稿开头处，① 马克思有一段相当长的论述，讲了几个十分重要的原理：

其一，"社会生产过程既是人类生活的物质生存条件的生产过程，又是一个在历史上经济上独特的生产关系中进行的过程，是生产和再生产着这些生产关系本身，因而生产和再生产着这个过程的承担者、他们的物质生存条件和他们的互相关系即他们的一定的社会经济形式的过程。因为，这种生产的承担者对自然的关系以及他们互相之间的关系，他们借以进行生产的各种关系的总和，就是从社会经济结构方面来看的社会。"② 其中有众所周知的生产力和生产关系之间的关系，重复强调了过程的承担者及其生存条件和彼此之间的相互关系的再生产，指出了他们的互相关系是一定的社会经济形式过程，提到了这些关系是社会经济结构，还提到了一般过程和特殊过程的关系，等等。这些提法，因为联系社会经济过程、联系过程的承担者即经济主体等，所以比一般的历史唯物主义原理更为具体和丰富。是历史唯物主义在政治经济学批判上的具体化。

其二，关于剩余劳动，有一般的和特殊的。"一般的剩余劳动，作为超过一定的需要量的劳动，必须始终存在。……为了对偶然事故提供保险，为了保证必要的、同需要的发展以及人口的增长相适应的累进的扩大再生产（从资本主义观点来说叫作积累），就需要一定量的剩余劳动。"他还指出它在保险、积累方面的作用，对一切社会形态都是需要的。而特殊的剩余劳动："具有对抗的形式，并且是以社会上的一部分人完全游手好闲作为补充。"③ 这不是说它必须消灭，而是说，它必须变性，不再归属于剥削阶级。从一般过程和特殊过程的区别来看剩余劳动是很有意义的，很必要的，它是关系社会发展的重大关键。正是基于这种区分，他又进一步提出："社会的现实财富和社会再生产过程不断扩大的可能性，并不是取

---

① 《资本论》第 3 卷，人民出版社 1975 年版，第 924 页；2004 年版第 926 页。从前版 924 页末行起至 927 页第一段开头处有个脚注（49），恩格斯写道："按照手稿，这才是第 48 章的开始。"

② 《资本论》第 3 卷，人民出版社 1975 年版，第 925 页；2004 年版，第 927 页。

③ 《资本论》第 3 卷，人民出版社 1975 年版，第 925 页；2004 年版，第 927 页。

决于剩余劳动时间的长短，而是取决于剩余劳动的生产率和这种剩余劳动借以完成的优劣程度不等的生产条件。"① 这是非常重要的创见。剩余劳动的生产率提高，剩余产品相应增加，可以促进积累。而且，整个工作日的劳动生产率当然也高，从而必要劳动时间就缩短。他认为，对建设未来社会的繁荣来说，"工作日的缩短是根本条件。"② 很显然，剩余劳动生产率提高就是这种根本条件，它不仅使工作日缩短，还使剩余劳动时间的相对延长，使剩余产品也随之增加。如何提高呢？有很多途径，在不提高劳动强度、延长剩余劳动时间的前提下，它借以进行的生产条件的优化就是举足轻重的。

其三，关于资本的文明面，如果同以前的奴隶制、农奴制相比，表现了三个"有利于"："更有利于生产力的发展，有利于社会关系的发展，有利于更高级的新形态的各种要素的创造。"③ 这是令人意外的，但细思之后，却是唯物主义历史观的重要体现。它表明，这种文明是相对于"奴隶制、农奴制"的，所以具有相对性。但就社会看，最重要的莫过于这三个方面。如果联系马克思的一贯思想、理论，就不应感到意外。在研究资本积累的时候，马克思已经说过：资本家"肆无忌惮地迫使人类去为生产而生产，从而去发展社会生产力，去创造生产的物质条件；而只有这样的条件，才能为一个更高级的、以每个人的全面而自由的发展为基本原则的社会形式创造现实基础。"④ 从这种意义看，它又有一定的绝对性，表面看，它是借资本之手而创造，但归根到底是劳动者之手创造的。

其四，关于更高级社会形态。说资本"有利于更高级的新形态的各种要素的创造"，主要指"资本一方面会导致这样一个阶段，在这个阶段上，社会上的一部分人靠牺牲另一部分人来强制和垄断社会发展（包括这种发展的物质方面和精神方面的利益）的现象将会消失；另一方面，这个阶段又会为这样一些关系创造出物质手段和萌芽，这些关系在一个更高级的社会形态内，使这种剩余劳动能够同一般物质劳动所占用的时间的较显著的缩短结合在一起。"⑤ 在这里，马克思已经看到这种新的社会形态有不同的

① 《资本论》第 3 卷，人民出版社 1975 版，第 926 页；2004 年版，第 928 页。
② 《资本论》第 3 卷，人民出版社 1975 年版，第 927 页；2004 年版，第 929 页。
③ 《资本论》第 3 卷，人民出版社 1975 年版，第 925—926 页；2004 年版，第 927—928 页。
④ 《资本论》第 1 卷，人民出版社 1975 年版，第 649 页；2004 年版，第 683 页。
⑤ 《资本论》第 3 卷，人民出版社 1975 年版，第 926 页；2004 年版，第 928 页。

发展阶段，首先是消灭一部分人剥削和垄断社会发展利益的恶劣现象，社会上所有的人都能全面享受社会发展的利益，并且为一个更高级的社会形态、社会关系创造条件。这个阶段是为更"高级的社会形态"创造条件，但仍是新的社会形态。后一个更高级的社会形态与前一个阶段的本质没有根本的区别。这种新的社会形态阶段发展的思想极其科学而重要，影响深远。须知这是构成终篇的手稿是 1863—1865 年写成的，比 1875 年《哥达纲领批判》提出高级社会形态阶段论要早得多。

在这里，马克思还根据现代生产力发展的客观需要预示了未来社会的一些重要规定：

在第一个阶段，生产领域还处于自然王国之中，但已有一定的自由。"这个领域内的自由只能是：社会化的人，联合起来的生产者，将合理地调节他们和自然之间的物质变换，把它置于他们的共同控制之下，而不让它作为盲目的力量来统治自己；靠消耗最小的力量，在最无愧于和最适合于他们的人类本性的条件下来进行这种物质变换。但是不管怎样，这个领域始终是一个必然王国。"① 在《资本论》开篇头章，他已经设想未来社会是自由人的联合体，用公共的生产资料进行生产，即实行生产资料公有制。在这里，他进一步发挥了这一思想。"联合起来的生产者"并不是指生产劳动的联合，而是指生产资料所有权被"联合起来的生产者"所有、占有。在生产资料公有制条件下，这些自由的联合起来的生产者还能自由而不是盲目地、合理而有事先意识地调节生产，而在于资本主义社会，"在不过是作为商品所有者互相对立的资本家自己中间，占统治地位的却是极端无政府状态，在这种状态中，生产的社会联系只是表现为一种不顾个人自由意志而压倒一切的自然规律。"② 相对而言，这是非常合理的、有组织的经济形态：自由人的联合体不靠别的什么东西，不被盲目的力量统治、左右，而靠自己事先合理的调节，靠其人类本性来进行人与自然之间的物质变换。适合人类本性而合理，比之有计划还更胜一筹。只有这种自由充分发展了，才能进入自由王国。

显然，更高的阶段是自由王国，"自由王国只是在由必需和外在目的

---

① 《资本论》第 3 卷，人民出版社 1975 年版，第 926—927 页；2004 年版，第 928—929 页。

② 《资本论》第 3 卷，人民出版社 1975 年版，第 996—997 页；2004 年版，第 997—998 页。新版将"不顾个人自由意志而压倒一切"改译为："对于个人随意性起压倒作用"，整句意思不变。

规定要做的劳动终止的地方才开始；因而按照事物的本性来说，它存在于真正物质生产领域的彼岸。""在这个必然王国的彼岸，作为目的本身的人类能力的发展，真正的自由王国，就开始了。但是，这个自由王国只有建立在必然王国的基础上，才能繁荣起来。工作日的缩短是根本条件。"① 他向人们预示，在未来社会，有必然王国的自由和自由王国的自由。在没有剥削压迫的条件下，在必然王国充分发展的基础上，工作日才能缩短，才具备越过此岸跨向彼岸、进入自由王国的条件。

马克思对未来社会劳动发展的预示，随着理论的推进、相关语境的变换，还有具体的论述：

"在一个更高级的社会形态内，使这种剩余劳动能够同一般物质劳动所占用的时间的较显著的缩短结合在一起。"② 也就是说，一般的剩余劳动仍然存在，但却是被直接生产者占有，所以与资本主义社会相比，一方面，它的范围（不是总量）缩小了，"缩小到社会现有生产条件下一方面为了形成保险基金和准备金，另一方面为了按社会需求所决定的程度来不断扩大再生产所必要的限度"③，并且绝不养活能劳动而不劳动的人；另一方面，它的应用范围却扩大了，"就是通常由直接生产者消费的部分，不再限于它目前的最低水平"，并且要"为那些由于年龄关系还不能参加生产或者已不能参加生产的人"④ 所用。

相应的，必要劳动的范围则扩大了，"有劳动能力的人必须为社会上还不能劳动或已经不能劳动的成员而不断进行的劳动"⑤。同时，包含必要劳动和剩余劳动在内的整个工作日却缩短了。

在这里，他还提出："在资本主义生产方式消灭以后，但社会生产依然存在的情况下，价值决定仍会在下述意义上起支配作用：劳动时间的调节和社会劳动在各类不同生产之间的分配，最后，与此有关的簿记，将比以前任何时候都更重要。"⑥ 如果撇开该论断的语境，单单从字面及上下文的联系看，其中强调了价值决定在"下述意义上"即特定意义上——劳动

---

① 《资本论》第 3 卷，人民出版社 1975 年版，第 926，927 页；2004 年版，第 928，929 页，新版将前版"人类能力的发展"改译为："人类能力的发挥"。

② 《资本论》第 3 卷，人民出版社 1975 年版，第 926 页；2004 年版，第 928 页。

③ 《资本论》第 3 卷，人民出版社 1975 年版，第 990 页；2004 年版，第 992 页。

④ 《资本论》第 3 卷，人民出版社 1975 年版，第 958 页；2004 年版，第 960 页。

⑤ 《资本论》第 3 卷，人民出版社 1975 年版，第 990 页；2004 年版，第 992 页。

⑥ 《资本论》第 3 卷，人民出版社 1975 年版，第 963 页；2004 年版，第 965 页。

时间的调节和社会劳动在各类不同生产之间的分配——的支配作用，① 同时强调了簿记的作用。只要我们注意到这里讲的是整个社会的生产，就不难领会，在马克思的预示中，未来社会还须要借用价值决定中的某些规定来分配社会劳动。因为"在价值决定上所涉及的，只是社会一般劳动时间，只是社会一般可以支配的劳动量"②。可见，这是对价值决定的扬弃，弃其不可捉摸、迂回曲折的运动方式及导致竞争淘汰的结果，扬其调节和分配社会劳动的内涵。

在终篇提出未来社会的一些主要的、基本的经济特征，是极其必要、重要的。一方面是针对资本主义社会普遍存在和加剧的弊病，将它作为一种参照物来对照、批判。另一方面，还是给出一种预示，让劳动大众能够了解未来社会最基本的特征。仅仅知道资本主义是罪恶的社会还不够，还应该知道未来社会是光明、理想的社会。所以，只有这样，才能建立革命的理想，形成革命的动力，以号召广大劳动大众参加革命。

在终篇，我们还看到这些批判性创见。

在这里，他将资本主义较为发达阶段的异化与资本主义起点的初级异化联系起来："在论述资本主义生产方式甚至商品生产的最简单的范畴时，在论述商品和货币时，我们已经指出了一种神秘性质，它把在生产中以财富的各种物质要素作为承担者的社会关系，变成这些物本身的属性（商品），并且更直截了当地把生产关系本身变成物（货币）。一切已经有商品生产和货币流通的社会形态，都有这种颠倒。但是，在资本主义生产方式下和在资本这个资本主义生产方式的占统治的范畴、起决定作用的生产关系下，这种着了魔的颠倒的世界就会更厉害得多地发展起来。"③ 这就通过阐明物化的极度发展，来阐明了异化的极度发展及其根本原因。从方法论

---

① 许多人都认为这里的"价值决定"就是资本主义社会成为典型的价值规律，并由此推断说马克思认为在资本主义生产方式消灭后，还要发展商品生产，甚至引申出另外的意思。对此，学术界早已有不同的看法彼此争论。笔者认为应联系马克思的一贯思想来理解，不可望文生义。囿于篇幅，这里不再详述。具体分析请参看陈俊明著：《〈资本论〉终篇再研究——〈资本论〉基本理论在终篇的具体化》，中央编译出版社 2012 年版，第 383—394 页。

② 《资本论》第 3 卷，人民出版社 1975 年版，第 997 页；2004 年版，第 998 页。

③ 《资本论》第 3 卷，人民出版社 1975 年版，第 934—935 页；2004 年版，第 936 页。

的角度看，这是"圆圈"① 式的发展，从起点出发，再回到起点，且又高于起点。了解马克思的这一方法及其运用，对理解《资本论》起点和终点的关系、研究对象的发展、对象内在规定及其外化表现的关系等，都很有指导意义。

在这里，他对流通有两处很精辟的概括：第一处："这个领域是一个竞争的领域，就每一个别情况来看，这个领域是偶然性占统治地位的。因此，在这个领域中，通过这些偶然性来为自己开辟道路并调节着这些偶然性的内部规律，只有在对这些偶然性进行大量概括的基础上才能看到。……此外，现实的生产过程，作为直接生产过程和流通过程的统一，又产生出种种新的形式，在这些形式中，内部联系的线索越来越消失，各种生产关系越来越互相独立，各种价值组成部分越来越硬化为互相独立的形式。"② 由此，他阐明了流通的特征，流通所表现的偶然性与其中包含的内部规律、必然性的关系。第二处：他又这样写道："1. 产品作为商品和2. 商品作为资本产品的性质，已经包含着一切流通关系，即产品所必须通过并由以取得一定社会性质的一定的社会过程；同样，这种性质也包含着生产当事人之间的一定的关系，这种关系决定着他们的产品的价值增殖和产品到生活资料或生产资料的再转化。"③ 如果说，第一处表现了流通的表象特征，那么第二处就表现了流通的内涵特征，从过程的社会性质、过程的主体关系、到过程的运动目的及实现目的的手段，相当深刻和全面。

在阐明商品价值规定的界限时候，指出垄断价格的出现并没有破坏这一界限。"某些商品的垄断价格，不过是把其他商品生产者的一部分利润，转移到具有垄断价格的商品上。"④ 这只是表明，"剩余价值在不同生产部门之间的分配，……间接受到局部的干扰，但这种干扰不会改变这个剩余价值本身的界限。"这是总剩余价值在各个资本家之间的再分配。"如果这种具有垄断价格的商品进入工人的必要的消费，那末，在工人照旧得到他的劳动力的价值的情况下，这种商品就会提高工资，并从而减少剩余价

---

① "科学是圆圈的圆圈"，"人的认识不是直线（也就是说，不是沿着直线进行的），而是无限地近似于一串圆圈，近似于螺旋的曲线。"（列宁：《哲学笔记》，人民出版社 1974 年版，第 251 页，411 页。）

② 《资本论》第 3 卷，人民出版社 1975 年版，第 936 页；2004 年版，第 938 页。

③ 《资本论》第 3 卷，人民出版社 1975 年版，第 995 页；2004 年版，第 996 页。

④ 《资本论》第 3 卷，人民出版社 1975 年版，第 973 页；2004 年版，第 975 页。

值。"① 因为两者之间是你高我低的翘翘板式关系。"它也可能把工资压低到劳动力的价值以下，但只是工资要高于身体最低限度。这时，垄断价格就要通过对实际工资……的扣除和对其他资本家的利润的扣除来支付。"②这表明工人的工资是在一定的区间内波动的。"工资的最低限度是由工人维持和再生产自己的劳动力时身体上所必需的生活资料的最低限度规定的，"其最高限度是"成为第二天性的历史上发展起来的社会需要。"此外，"在每个国家，在一定的时期，这个起调节作用的平均工资都是一个已定的量。"③ 可见，这个平均工资是在最高限度和最低限度之间波动的。

① 《资本论》第 3 卷，人民出版社 1975 年版，第 973—974 页；2004 年版，第975 页。

② 《资本论》第 3 卷，人民出版社 1975 年版，第 974 页；2004 年版，第 975—976 页。

③ 《资本论》第 3 卷，人民出版社 1975 年版，第 971 页；2004 年版，第 973 页。

结　语

　　《资本论》科学批判的具体化不仅具有革命的意义，还具有科学的意义，并且很有现实意义。

　　对无产阶级及广大的劳动大众来说，这种革命意义主要表现为对他批判，它有效地、极大地启迪、武装、鼓舞、指引世界无产阶级反对资本主义的革命运动。它既客观、历史地评价资本运动，又辩证地分析资本运动的功过是非，全面地看待资本运动，在批判资本野蛮面的同时还看到它的"文明面"，逻辑地反映资本运动的各种层面、方面的规定，特别是科学地反映客观对象的自我批判，而且批判的方式、机制多种多样、恰到好处、击中要害，以至于有学术良知的资产阶级学者也对这种批判怀有敬意。马克思是在同一般过程的联系中来批判特殊过程的，这样的批判所再现的对象有血有肉有骨骼，有过去的遗迹、现实的运动，还有将来的萌芽。《资本论》的政治经济学批判贯穿全书始终，它在不同的逻辑阶段有不同的批判对象、批判条件、批判内容，而且一脉相承，不断接近批判对象总体及其社会表现，在再现对象的同时批判它的历史暂时性。这个具体化过程从起点出发，又将起点与过程、终点连接起来，形成一个"逻辑圆圈"，其过程还包含着超越之点和预示之点。这样一种具体化，即在理论发展过程中再现对象和批判对象的"圆圈"①式上升的具体化，本身就具有自我批判性。它在一个分阶段上升的逻辑过程中，实现从起点出发，逐步上升，再回归起点并高于起点的螺旋式上升，它给后人留下的不仅是一种可以按一定逻辑、在一定边界内根据条件的变化不断发展的基本理论，而且有敢于向旧世界、旧制度、旧理论宣战的气节和品格，有为无产阶级根本利益

---

　　①　"科学是圆圈的圆圈"，"人的认识不是直线（也就是说，不是沿着直线进行的），而是无限地近似于一串圆圈，近似于螺旋的曲线。"（列宁：《哲学笔记》，人民出版社1974年版，第251页，411页。）列宁的笔记涉及两种不同的圆圈，一种是一个理论过程的螺旋式圆圈，一种是一个由不同的理论过程紧密联系构成的螺旋式圆圈。前一种圆圈是指《资本论》自身的发展，后一种圆圈指的是包括《资本论》在内的马克思主义的发展。

奋斗的精神，也包含着理论批判的科学标准。而后来的马克思主义者既继承了马克思的科学批判，又发展了它，不仅结合变化了的实际批判各国的资本运动，而且有很多国家将这种具体化的批判武装无产阶级和劳动大众，并将理论批判转变成武器批判，取得一个又一个伟大的胜利。

《资本论》诞生一个半世纪以来的国际共产主义理论、运动、制度的发展实践充分地、强有力地证明，这种革命意义是实实在在的、无与伦比的，至今仍然鼓舞着、指导着世界上广大的被资本主义、帝国主义压迫、压榨的民族和人民。尽管现在资本运动、资本主义制度对广大劳动大众的剥削方式方法已经有很大的变化，但其贪婪、效率、无耻的程度，特别在转移矛盾和危机、祸害方面，更是其前辈难以望其项背，所以，马克思、恩格斯开创的对他批判仍然有现实的革命意义。而且，《资本论》政治经济学批判包含着具体化发展的逻辑，能够不断地揭示被批判对象本质在新的运动条件下的演变及其发展的逻辑和历史趋势，阐明它的社会表现的虚假性、欺骗性。所以，这种批判在当代仍然具有强大的生命力和战斗力，必须坚持和发展，使它的革命意义更有现代性。当然，从理论上看，这种革命意义还在于能说服和掌握无产阶级和劳动大众，形成大势，一方面是对资产阶级的思想理论形成压倒之势，另一方面是要在鼓动、鼓舞、组织人民大众形成燎原之势。在当代，这种革命意义的发扬光大，还有赖于具体化过程是科学的，与实际相联系的。

《资本论》科学批判具体化的科学意义也是十分明显的。

理论和批判的具体化是辩证再现、科学批判客观对象具体发展的过程，在马克思再现当时资本运动的理论具体化过程中表现得特别典型、科学、合理。这是马克思主义理论及其发展的一大特色，是马克思对人类社会科学研究的一大特别贡献。马克思主义理论的具体化并不限于《资本论》，它还为马克思、恩格斯身后各国的马克思主义者、马克思主义理论家继承和发展，从而形成一代又一代的马克思主义者不断推进的马克思主义发展史和现代史。后来忠诚的继承者不仅对马克思主义的经典理论的具体化进行多方位的研究，而且坚持和发展了这些理论，以此为根本，结合各国的具体实际，以它们为具体对象，分别从不同的方位、侧面加以研究，将它具体化。这种始于《资本论》的科学批判又因《资本论》的完成而开启新的圆圈式上升模式，即马克思的继承者们继承他的遗志和理论、方法，继续批判仍存活于世的资本主义、帝国主义、资产阶级经济学，形成为许多条——在许多国家都有——连接《资本论》"逻辑圆圈"的、相对独立的新"逻辑圆圈"。有很多国家的马克思主义者，在马克思主义的指导下取得无产阶级革命胜利后，还将马克思主义的基本原理与各国革命、建设、改革的具体实际相结合，丰富和发展马克思主义。如果形象地说，前者有如"一个圆圈"，后者有如许多条的——在许多社会主义国家的发展——"一串圆圈"。这两种螺旋式圆圈模型都表现了马克思主义理论、科学批判的具体化过程，都体现了马克思主义政治经济学批判的科学意义。

总之，马克思科学的政治经济学批判不仅对无产阶级来说是宝贵的精神财富，对人类的思想、理论发展，也是宝贵的精神财富。

《资本论》的科学批判，在当代仍然具有巨大的革命意义和现实意义。这样的具体化过程表明，科学的理论再现和科学批判都是辩证发展的过程，它们既包含有对他批判，也包含有自我批判，不断地螺旋式上升。我们现在正在进行的"伟大斗争"[①] 不仅包含着对他批判，也包含着自我批判，即自我超越。马克思当时所预见的未来社会现在已经在世界上出现并发展，尽管还不是典型形态，在中国还只是处于社会主义的初级阶段。但这样的社会形态也是在与外部各种敌对势力的不断斗争中、在内部不断的自我超越中进行自我批判，不断循着固有的逻辑前进。所以，总的看来，《资本论》的科学批判不仅其内在逻辑有新的延续和扩展，而且有新的实践，从而有新的内涵。这种科学批判，实际上也就是中国共产党人及当代的马克思主义经济学理论工作者的重大而光荣的历史使命和事业。在我们面前，不仅要继续批判资本主义国家中已经表象变化但本质不变的资本主义制度、资本主义经济、资产阶级学者的理论，还要批判已经侵入社会主义国家经济活动中的资产阶级经济学理论。

但是，苏联、东欧社会主义国家共产党的领导人不能在继承的基础上坚持、发展马克思的对他批判，面对资本运动的新变化，反而将它修正了、虚无化了。之所以这样，除了自身的和体制的原因外，还因为不理解这种具体化的真谛，同时，它们也不能自觉地实行自我批判，结合已经变化了的实际情况，以发展了的、具体化的理论来指导现实过程，而是将它教条化了，结果全都走向马克思科学批判的对立面。可见，对共产党人、马克思主义者来说，坚持理论和批判的具体化是多么重要。值得自豪的是，中国共产党人早就将马克思主义的基本原理与中国实际结合起来，从《资本论》的"一个圆圈"出发，推动理论与批判联系实际而臻于具体化，

---

① 习近平在中国共产党第十九次全国代表大会上的政治报告。2017 年 10 月 18 日新华网。

发展出新的"圆圈",从而形成与第一个圆圈有内在联系的"一串圆圈"。而且,借助革命政权的力量,将这种具体化大众化。与马克思当时的情况相比,现在的马克思主义理论已经建成了庞大的队伍和广阔的阵地,并且在与各种敌对势力的长期斗争中锻炼成长。

但是,因为马克思主义政治经济学批判理论博大精深,而且篇幅宏大浩繁,严谨的表述还带有浓重的欧式风格,是一般中国人不那么容易理解的复杂而升级的整体,再加上时代久远,且新的具体化的理论层出不穷,所以它已经渐渐被大多数人忽略、淡忘。很多人相信马克思主义,也经常信誓旦旦地说要坚持、坚信马克思主义,但没有理论基础、没有花时间下功夫全面学习马克思主义的原著、原理,因而对它们只是一知半解、相当简单,更没有领会到它的科学批判是由远及近、由小到大、内外结合、不断具体化的。也有的人的确认真学习,可对马克思运用的方法理解却偏于简单,以至于不能联系研究对象范围的变化,并且往往忽略他所研究对象、设置条件的变化,因而不能正确地理解《资本论》各种理论规定的适用范围和改变条件,甚至将有些规定解释为一成不变的东西。① 这对学习、坚持、运用《资本论》科学批判的原理和精神是很不利的。正因为这样,当代科学的政治经济学批判的学习、教育、坚持、发展任重道远。

当代马克思主义政治经济学批判理论工作者所要进行的科学批判,有两个既有区别又互相联系的战场:一个是国外的,即要继续批判资本运动、资本主义经济制度、资产阶级学者的错误理论。在经历从自由资本主义向垄断资本主义的演变之后,资本运动、资本主义制度借助二次世界大战后科学技术的发展,在经过一系列复杂的演变,在争霸世界的过程中实力更强了,从而其野蛮性也更强了,并且在向世人、特别是社会主义的中国展示其威慑、恐吓的同时,又用各种各样外表来掩饰自己。此外,它们的御用文人还通过各种渠道、把握各种机会,尽量向世界各国输出它们的世界观、价值观和理论。所以,对它们的批判是非常必要的。当然,对资本运动、资本主义制度、它们的理论家所鼓吹的理论的批判,是人们经常进行的,所以这里就不再多说。

另一个是国内的,目前既要批判伴随着市场经济发展而产生的与我国的社会主义性质格格不入的、渐成气候的种种负面现象,要批判那些由西

---

① 恩格斯针对法国政论家杰维尔介绍《资本论》不注意其条件的做法这样评价:"他在表达马克思的结论时常常把条件完全忽略了,而这些结论只有在这些条件下才是正确的。"(《马克思恩格斯〈资本论〉书信集》,人民出版社 1975 年版,第 427 页。)

方国家长期培养、自觉在精神上美国化的在华买办、代理人和媚洋学者的似是而非的理论，还要批判那些在吸取西方经济学某些关于一般过程研究的方法和内容的过程中对其错误无批判地接受而产生的错误，还要批判那些打着马克思主义旗号篡改马克思主义理论的错误。这些错误多种多样，有的还拉着大旗做虎皮，对社会、市场经济的发展影响和危害都很大，必须深入批判。实际上，我党、我国马克思主义经济学家在研究全新的社会主义市场经济发展实践的时候，也始终注意批判这些错误，相关的文献可谓汗牛充栋，对正本清源、拨乱反正发挥很大的作用。尽管如此，还有些系统化的工作要做，特别是要深入批判市场原教旨主义对市场的肤浅说教。

与资产阶级学者不同，政治经济学批判视阈中的市场是复杂而具体的，有一般形态的和特殊形态的，一般形态的有初始的和成熟的之分，具体形态的则因不同性质的社会形态而有不同，并且各自都发展到极致，在发达资本主义国家是典型而极端化异化的市场，在现阶段社会主义中国是新型的、转轨型的市场。之所以说是转轨型的，因为此前社会的市场全都是私有性的市场主体在活动，是为加速贫富两极分化制造条件的市场，但现在的中国市场与此不同，已经有包括全民所有制和集体所有制的数量很多的企业进入市场，在抵制贫富两极分化、推动我国进入高质量发展阶段、维护经济安全等方面发挥主导作用，并且往往在关键时刻、例如在各种危机关头发挥决定性作用，因而改变了市场发展的逻辑和轨道。

从历史的发展看，如果说，成熟的一般市场表面上还具有自由平等交换的模样，那么典型而极端异化的市场就是对它的否定，而新型、转轨性的市场则是对后者的否定、在更高的层面上向前者的回归。

市场古已有之，不断演变发展，从小到大，从初级到成熟，从成熟到变异，从存在于私有制的社会，到社会主义社会初级阶段仍在发展。尽管它在不同的社会中、条件下的内在规定和外在表现不断变化，但是，由于都存在着共同之处，像生产一样，所以资产阶级经济学往往根据它在不同的社会中都存在而将它归结为一种似乎是不以社会性质为转移的、"中性"的东西，并且谬种流传。

在《政治经济学批判》导言中，马克思早就批判了资产阶级学者有意将一般过程的共同点与特殊过程的本质混淆起来的错误："忘记这种差别，正是那些证明现存社会关系永存与和谐的现代经济学家的全部智慧所在。"① 在前面的研究中，我们已经看到，资产阶级经济学、资本主义经济过程——包括生产、流通、分配——当事人还有意无意将社会表面上的表象当成真相，以此来混淆视听。这些错误，虽然曾遭马克思极力批判，但其土壤仍在，资产阶级欺世盗名的需要仍在，再加上它的理论比较贴近社会表象，——就像"地心说"贴近地球人的直接观感一样，——其政策主张在一些场合从短期和局部看还能够歪打正着，② 所以至今仍然香火不灭，并且在当代中国的很多人中颇有影响。

从不同时代、社会的具体市场经过比较而抽象出来的市场，以及它们的各种共同规定，都具有一般性、抽象性。这些共同规定中，有些是组成要素，有些是机制、体制，像马克思关于"生产一般"所说的，"没有它们，任何生产都无从设想"，"只要它真正把共同点提出来，定下来，免得我们重复，它就是一个合理的抽象。"③ 所以，人们也不能漠视，也有必要将流通、市场的共同规定提出来。这样抽象出来的市场，就是一般的市场的。但是，必须注意的是，这种一般性与中性根本不同，具有抽象性，不能单独存在，在人类历史上，从来不存在、也没有任何人能找到一个不与特殊社会相联系的、无任何社会性质区别的市场。也就是说，这种从许多具体形态的市场中抽象出来的一般市场只能存在于具体社会的市场中。

人们谈论市场，开始重视的是它与商品流通的关系，后来，更重视的则是这种流通对社会资源的配置、调节功能。特别是资产阶级经济学，更突出市场配置社会资源的功能，将它吹得神乎其神，形成了"市场原教旨主义"。在它看来，市场能造成两极分化、财富集中，能促进技术发展，还有自动调节、配置社会资源的功能。只要深入分析，便不难发现，它们的理论存在着许多硬伤。

这种理论有意将抽象等同于具体，将一般等同于中性，是逻辑方法的错乱，无中生有地研究历史上根本不存在的"中性市场"又是对象的虚幻，撇开市场主体的阶级、经济实力差别，撇开市场主导主体观念和行为及其条件、关系，将市场的功能非历史化、神秘化、物性化、简单化，将主体行为的关系颠倒为市场自然地进行资源配置。它用过于抽象、片面、

---

① 《马克思恩格斯全集》第 46 卷上册，人民出版社 1979 年版，第 22 页。

② 但理论经济学与经济政策学不同，后者根据现象和经验提出政策建议，而前者则通过研究经济现象揭示经济本质，并阐明这种本质如何颠倒地表现，据此制定的政策才能维护过程的本质关系。

③ 《马克思恩格斯全集》第 46 卷上册，人民出版社 1979 年版，第 22 页。

独断的表述掩盖了阶级差别、对立的真正原因，具有极大的欺骗性。

对此，我们必须强调，在社会表面上，市场上的社会资源表现为人、财、物，是直接性的东西，但它的实质是物化的社会劳动时间，本质是阶级关系。但由于后者不能直接表现，在社会表面只能表现为各种各样的物、资源，这样，社会资源就替代了人，将不同人、阶级的关系掩盖。市场配置和调节当然社会劳动时间，涉及的是不同的人、阶级之间的关系，而不是物的关系。但是，由于社会劳动时间是内在的，看不见的，在社会表面上，不能直接表现，所以，大多数人都不能认识，反之，它在社会表面上的颠倒表现却具有通俗易懂的一面。因此，严格地说，市场配置的是社会劳动时间，不是社会资源。但"只要我们知道了这一点，上述说法就没有害处，而只有简便的好处。"① 因此，在这里，我们只是从这种"简便"的意义来谈论社会资源。

这里根据马克思的方法，在批判分析关于市场的肤浅认识的同时，就成熟的一般市场、典型而极端异化的资本主义市场、中国社会主义初级阶段新型、转轨型市场，大体勾勒经典的和当代的马克思主义经济学对市场的主要认识。

一、一般、成熟的市场

从一般过程的角度看，成熟的市场并不仅仅是规模巨大的交换场所。表面看，它由以促成交换的是商品，但其本质却是交换劳动。市场并非为某些市场主体的一次性交换而设置的个别过程，而是为全部市场主体不断的无数次的交换而设置的社会过程。从全部市场主体既卖出商品又换回必要的资料以进行人身的、物质的和生产关系的再生产看，它在客观上实施着社会劳动时间在各个生产领域的配置和自动调节，以利于社会扩大再生产的按比例进行。正因为这样，人们在谈论市场的时候，主要是围绕它对社会劳动时间在再生产过程中的配置、调节功能而言的，市场是与再生产紧密联系的范畴。

就客观的过程看，市场是一个历史概念，结构和功能是会变化的，其中的确包含着一些必须深入认识的共同规定。随着生产的发展，市场扩大，各个生产者、市场主体的实力和行为方式分化，有普遍的竞争，也有某些领域的垄断，市场的规模和结构也会变化，从完全竞争的市场、领

---

① 《资本论》第 1 卷，人民出版社 1975 年版，第 75 页；2004 年版，第 76 页。

域，逐渐衍生出垄断竞争的、寡头垄断、完全垄断的市场、领域。这些不同行为结构的市场，尽管规定有所不同，但也有共同之处。

资产阶级学者最先考察完全竞争的市场，他们发现，某种商品的价格持续上涨，就意味着人们对它的需求不断增加，就要增加供给，反之则反是。可见其由产生这种价格信号的市场在调节社会资源的配置上十分灵活、准确。斯密抓住并透过这种反复被验证过的现象，用形象的语言将市场的这种功能归结为"看不见的手"的作用。表面看，这似乎是透过现象看本质、规律，是一种科学研究，可以应用于一切市场。但这种研究并不见得科学，充其量只是对特定时期某种现象的浅层抽象，还远远不是"科学的抽象"①。斯密毕竟生活在工场手工业时代，根本想象不到机器大工业发展后的实际情况，其唯心史观又决定他不能理解历史发展，从而在其理论中不存在发展阶段上升的逻辑。可见他流行于世的著名的"看不见的手"，实质上是从工场手工业时代的简单现象出发而提出的，根本没有想到要论证这只"手"所赖以施为的条件、机制是什么，有多少等问题，更没有想到论证这只"手"动作的对象是什么，这只"手"是否永远一手遮天、不会改变，等等，可见其内涵相当简单。正因为这样，后来同样缺乏科学历史观的资产阶级学者，都乐意于简单地继承着斯密"看不见的手"的理论。这样，他们的市场根据"看不见的手"配置社会资源的理论当然免不了陷入窘境、困境。也可以说，他们离开这些客观条件及其历史变化，必然不了解市场调节本身也是要被调节而变动的，所以是奢谈市场调节。

马克思在批判了资产阶级学者的错误的基础上，也对存在于特殊过程中的一般市场进行了深入的研究。在马克思主义政治经济学批判的视阈中，一般市场有意义的是"经济上的形式规定"②，包含着许多市场主体之间的经济关系。

市场并非仅仅是一个地理空间，③ 还是一个有主体参与的社会过程。

---

① "一切科学的抽象，都更深刻、更正确、更完全地反映着自然。"《列宁全集》38卷，人民出版社1972年版，第181页。

② "作为使用价值的使用价值，不属于政治经济学的研究范围。只有当使用价值本身是形式规定的时候，它才属于后者的研究范围。"（《马克思恩格斯全集》第13卷，人民出版社1962年版，第16页。）

③ 就像车间一样，并非单纯摆放生产资料的地方，而是许多人同时进行生产的地方。无论是市场、还是车间，只要进入政治经济学研究范围，就不再是它所直观地摆在人们面前的对象。

没有市场主体，商品不会自己跑到市场上去，也就没有市场。因为有众多不同的主体参与，才产生市场所赖以发挥作用的各种制度、机制、杠杆。

关于市场主体，人们普遍将它归结为商品或劳务的提供者，简单说，就是生产者。但就是这些人，全都是生产资料和生活资料的购买者，或者说是消费者。除此之外，还有不提供任何产品和劳务的纯粹消费者，他们的购买行为和力度对市场调节也是不可忽略的。人们在谈论市场调节的时候，大都是从社会资源——主要是生产资料——方面看的，这是很不够的。调节和配置资源，当然要有市场主体的大量购买。没有买者，如何调节、配置。

从消费者方面看，在现代市场经济中，消费者——这里单指非生产资料的消费者——的结构已经复杂化，不再仅仅是居民（包含生产者）个人，政府机构也成了很重要的消费采购主体；不仅有国人，还有外国人。他们都不仅消费本国的，还消费外国的商品。一旦联系消费主体，就可发现，他们对市场的发展、发挥作用具有很重要的意义。他们有不同的消费支付能力、观念和习惯、结构等，各自的消费行为不仅受市场调节，而且还反过来调节市场。政府的采购往往是大宗的，集中的，既受市场价格的影响，也同时影响市场价格，甚至影响产量、品质、结构，影响社会资源的流动方向和力度。再看个人的购买，虽然分散、小额，但总量很大。而足够的大量也可以影响销售。——在《资本论》第三卷，马克思论证市场价值的确定时，特地阐明数量占优势的产品的个别价值决定该种商品的市场价值。必须注意的是，这是在供求一致的条件下论证的，① 也就是说，在全部产品都能被买走的条件下，哪部分商品的个别价值买者众多，就能影响该种商品的市场价值，它的生产条件优劣程度，也成了决定该种商品生产条件的标准。——在买方不很多的时候，就有可能有价无市。这样的价格是难以对社会资源的配置形成影响力的。个人消费对市场的影响，有多方面的因素，既出于实际的支付能力和支付状况，又囿于特定的消费观念、习惯等。不同国家、阶级、阶层的居民有不同的储蓄、消费观念，因而同样的消费能力又有别样的实际消费。如果将他们都归结为完全相同的消费者，就看不到这些差别对市场、市场调节的影响。个人的消费还与经

---

① 马克思在就一个部门的商品总量分析其不同部分——即优等、劣等、中等条件下生产——的个别价值如何确定、调节为统一的市场价值之后，还特别指出了研究的条件：这是"在需求恰好大到足以按这样确定的价值吸收掉全部商品的前提下"。（《资本论》第3卷，人民出版社1975年版，第206页；2004年版，第206页。）

济的景气度有关，在经济不景气的时候，人们对商品和劳务的刚性需要决不比平时少，但他们的支付能力却不见得能撑得起正常、必要、刚性的消费。在这种情况下，市场调节能力必将萎缩。

下面，我们主要从供给方即生产者作为市场主体来看。

通常的说法是，一种商品的价格上涨，包含在其中的利润率也提高，因而能刺激厂家增加投入，增加产出。但是，促使相关企业很快增加供给的机制并不简单，它是个包含很多个体因素的复杂过程：

首先，市场主体是否有进行资源使用、转换的实力和观念。市场主体当然要依赖于一定的经济实力行事，没有实力，自然没有能力使用、转换资源。在进行理论研究的时候，人们可以假定所有市场主体的经济行为都是有"平均条件以及平均的智力水平和合乎目的的活动"①，这种假定虽然必要，但却与现实有一定的距离，因为各个市场主体的实力差别是蛮大的。实力微小，即使有心转产，也无能为力。在理论上假定所有的、或一部分市场主体都有实力、都能按照市场价格的变动同时一致实施经济行为，根本没有实际意义。

市场主体实施经济行为还基于一定的观念。经济观、利益观是经济主体注重观念中最重要的观念，在某种商品供不应求、价格较大幅度上涨、利润较高的时候，某个生产当事人不会一马当先地冲进去，而是首先要了解其他厂家是否大量跟进生产，并且还要考虑进入之后因为不熟悉所致的成本提高还有多大的盈利空间。还有价值观，即转产为了什么，除了获得比原先的生产获得较高的经济利益外，还有没有其他的价值？现在，有很多企业资本雄厚，但对转行却视为畏途。例如芯片，所有的人都知道它极其重要，但很多有经济实力的大企业却不愿意投入研制，以为市场上可以轻而易举地买到。越是这样，越是要花费越高的价钱向垄断它的外国资本购买。在这些企业主看来，虽然花费高，但都是由消费者买单的，何况投入研制的风险极高。至于关键技术被人控制对国家的危害、消费者为此多花费了巨额货币，与他赚钱是无关的。正是基于这种观念，不愿意、轻视资源转换必要性的企业自然为数不少，久而久之，很多主体实行资源转换的能力也就没有根本改变。与此相反，华为公司在顾及经济利益的同时，更想到美国有一天一定会掐断芯片的供应，为了国家的发展不受美国的控制，它很早就拆出巨资研发芯片，把它作为"备胎"，尽管长期以来这些研发投资没有任何收益，但有备无患，所以能经受住美国的极限讹诈和限

---

① 《资本论》第3卷，人民出版社1975年版，第378页；2004年版，第378页。

制。显然，在别的同行看来，华为公司抽出资本转产研究、生产芯片，是不务正业，是一种浪费。但在华为管理者的心目中，为国争光是企业经营的不二法门。这就是它的价值观。再有，市场主体对改变原有行为的意愿，对该种商品及其市场的调研、认知，要考虑对不熟悉的市场是否能进入，这种商品的价格上涨是刚开始，还是已近尾声，外围市场的反应，有无进入障碍，还有，这种商品的替代、升级成本、生产条件和原材料的供应、技术的难度及垄断程度、商品承销渠道、同行的竞争烈度、银行贷款等问题。它们也构成市场调节的关卡。

其次，市场主体是否具有资源转换能力。和很早以前简单商品生产的技术很简单不同，现在大部分商品的产业链都比较长，产业链高端部分的生产技术都比较高，即使有资本，也未必能在购得较高水平的技术后就立即能够熟运用。① 所以对那些拥有较高技术含量的产品，只有少数企业能较快进入，而大部分企业则只作壁上观。这样看来，市场配置社会资源的灵敏度与产品的技术水平的高低有很大的关系。如果存在着技术和信贷的垄断，那么中小企业就不可能自由地拥有这种配置资格了。所以市场配置社会资源的灵敏度与产品技术的垄断程度的高低有很大的关系。因此，市场调节社会资源并不一定是全行业的流动进出。

再次，市场主体的行为习惯。对生产当事人来说，转产不是可以随心所欲的，很多人一进入某个领域，就长期浸淫其中，在形成经验的过程中也形成习惯，决不轻言转产到一个陌生的领域。而且，市场价格的波动并非促使大多市场主体转产的动力。马克思早已阐明："单是上下波动，如果不超过平均程度，不采取异常的形式，就不足以引起资本的转移，何况固定资本还会给资本的转移带来困难。一时的行情只能在有限的程度上产生影响，而且它对追加资本的流入或流出的影响，要大于对已经投入不同

---

① 在 2020 年春新型冠状病毒性肺炎爆发初期，市场提示了对口罩的爆发性需求，以至于口罩中阻隔病毒最关键的熔喷布十分紧俏，但并没有很多企业立马跟进生产。因为生产熔喷布需要技术、生产资料的准备，工人经验的适应过程等。虽然熔喷料的技术门槛不是太高，但是对工艺的掌控要求却很高。生产过程中如果工艺掌握不好，就会出现熔喷波动，导致熔喷布纤维丝不均匀，就会影响口罩过滤层的阻隔效果。而且，口罩用的聚丙烯熔喷专用料需要经过严格性能测试，包括生物指标测试，需要很长时间。（"为什么我们还是买不到口罩？业内：卡在熔喷布生产上"，2020 年 3 月 3 日 13：19　新浪财经—自媒体综合）。

领域的资本的再分配的影响。"① 对他们来说，除非转产的风险很小且赚头大大地超过原有的水平，否则，宁肯驾轻就熟。再者，转行生产一定会有竞争的，市场价格波动越厉害，转行的竞争越厉害。即使不考虑垄断已经出现的情况，一旦大企业加入转行生产，也必定提升该项投资的有机构成，从而提升该种产品生产的劳动生产率，并反过来提高进入门槛，同时还导致利润率的下降，这样，中小企业很难与它们竞争，也就谈不上与大企业一起参与社会资源的合理配置了。

市场作为一般过程，还有直接性规定和间接性规定，但大部分资产阶级学者对后者却没有深入探索，"只是在表面的联系内兜圈子"②。

马克思也论述过市场价格受市场供给和市场需求增减的影响对资本流动的影响："如果需求减少，因而市场价格降低，结果，资本就会被抽走，这样，供给就会减少。……反之，如果需求增加，因而市场价格高于市场价值，结果，流入这个生产部门的资本就会过多，生产就会增加到如此程度，甚至使市场价格降低到市场价值以下"③。但是，在他看来，这是一种直接性的市场现象，描述它还不是科学研究。所以，他进一步从另外的可能揭示其中包含的间接性的东西。

对需求减少，他指出并非只有一种可能，资本继续留在该领域必然要亏本，也有"可能导致这样的结果：由于某种发明缩短了必要劳动时间，市场价值本身降低了，因而与市场价格平衡。"也就是说，不仅可以产生资本被抽走的消极结果，而且可以产生市场价值降低的积极结果。这种结果的揭示，涉及的已经不再是市场价格，而是市场价值，而市场价值是间接性的规定。也就是说，他已经进入一般人看不见的层面——间接性层面。必须注意的是，这一论述是在长期的、总体供求平衡的语境中提出的。④ ——人们大都没有发现马克思在长期供求平衡的前提下考察短期的供求不平衡。——这样来看市场调节，市场不仅有配置资源的功能，还有促进提高生产力的功能，促使价值决定变化的功能。当然，这些功能全都

---

① 《马克思恩格斯全集》第26卷第Ⅲ册，人民出版社1975年版，第514页。马克思虽然讲的是利润率的高低，但在社会表面上利润率的高低受市场价格的高低影响极大。

② "庸俗经济学却只是在表面的联系内兜圈子，它为了对可以说是最粗浅的现象作出似是而非的解释"。（《资本论》第1卷，人民出版社1975年版，第98页脚注(31)；2004年版，第98页脚注(31)。）

③ 《资本论》第3卷，人民出版社1975年版，第213页；2004年版，第212页。

④ 具体论证请看下文。

是间接发挥的。如果只讲前一种功能，不讲后两种功能，不讲这些功能都是间接发挥作用的，那么对市场调节或市场配置的理解就是不完全的。

对需求增加，他还指出另外的三种可能：一是"市场价格高于市场价值，结果，流入这个生产部门的资本就会过多，生产就会增加到如此程度，甚至使市场价格降低到市场价值以下"。人们大都从流入资本的增加来看市场配置社会资源，却忽视增量资本流入过多的可能。二是"可以引起价格上涨，以致需求本身减少"，即使没有资本的流入，存量资本也很快就过剩。三是"还可以在这个或者那个生产部门，在一个或长或短的期间内引起市场价值本身的提高，因为所需要的一部分产品在这个期间内必须在较坏的条件下生产出来。"① 这种影响已经超出一个部门，并且导致这些部门商品市场价值调节、确定——不是价值由什么决定，而是从多个个别价值量中确定哪一个为共同的市场价值——的变化，从而影响一系列的比例关系。可见，需求增加不是长期不变的，随之而来的也有可能是需求的减少，从而使市场价格降低。市场价格一会儿提高，过一会儿又降低，如果社会资源随之进进出出，岂不造成损失？显然，必须从动态的角度、较长的时间段来看待、了解市场价格对社会资源的调节、配置作用。

价格、供求的变动与资本的流动及其相互间的关系，是可以直接考察的，因而是直接性的。但是，马克思却从中揭示出看不见的决定市场价格的内在的规定。所以必须从直接性与间接性统一的角度来看待这种调节、配置作用。不熟悉《资本论》第三卷，特别是其中的第十章，不了解那里研究和叙述的特殊方法及其对相关理论规定的关系，就不真正懂得市场调节、市场配置社会资源。

表面看，社会资源的流动是由价格调节的，但价格是由什么东西调节呢？除了资产阶级古典政治经济学派已意识到是"看不见的手"——但是，斯密、李嘉图也只是到此为止，没有再深究——以外，其他资产阶级经济学派都不知道、不承认是价值。尽管马歇尔后来提出是由均衡价格决定，但均衡价格仍然是价格，仍然是可以看得见的，看得见的东西当然不是科学所要揭示的东西。这样看来，马歇尔是将假设当成现实，以此来为停止继续探索找借口。但是，当价格趋于均衡时，它又由什么决定呢？在《资本论》中已经说明："供求实际上从来不会一致；如果它们达到一致，那也只是偶然现象，所以在科学上等于零，可以看作没有发生过的事情。"

① 《资本论》第 3 卷，人民出版社 1975 年版，第 213 页；2004 年版，第 212 页。

不过，他也阐明："在政治经济学上必须假定供求是一致的。"① ——正是在这种研究前提下，马克思探索价格背后的决定因素。所以，市场价格的调节作用，归根到底是市场价值的作用，也就是著名的价值规律的作用。

市场之所以能通过价值规律对社会资源发挥配置和调节的作用，并非市场自身的功能，而是因为市场就是具体的流通领域。马克思早已阐明：市场作为"交换过程的舞台"②、"市场是流通领域本身的总表现"③。——在这个流通领域，有无数市场主体出场，他们之间既彼此竞争、又相辅相成，对价格、价值性质的形成、价值本质的形成发挥着巨大的催化作用。市场不能创造商品价值实体，但能形成一定的交换关系，从而能将创造价值实体的个别劳动转化为社会劳动。换句话说，市场作为流通领域的总表现，是"产品所必须通过并由以取得一定社会性质的一定的社会过程；……包含着生产当事人之间的一定的关系"④。在商品生产的社会中，"如果人们不以一定的方式结合起来共同活动和互相交换其活动，便不能进行生产。"⑤ 交换使商品内在的使用价值和价值的矛盾表现出来，使价值通过价格即交换价值表现出来，使商品的价值性质得以确定。马克思科学地论证："劳动产品只是在它们的交换中，才取得一种社会等同的价值对象性"⑥，价值就是它的"物"的形式。

在马克思的理论中，已经实现的价值具有的社会等同性还包含社会必要性的内涵。它的实体之所以能够转化为实际的价值，表明这种凝结的劳动实体，不仅是创造该商品所必要的劳动，还是社会所必要的。这种社会必要性至少具有两重含义：一是社会所需要的，它的生产条件和劳动的耗费及其产品都是社会能接受的，因此能够有其他的同量劳动的凝结来与之相交换；二是不超过社会所需要的，否则，就有部分或者全部不能实现个

---

① 《资本论》第 3 卷，人民出版社 1975 年版，第 212 页；2004 年版，第 211 页。
② 《资本论》第 1 卷，人民出版社 1975 年版，第 123 页；2004 年版，第 126 页。
③ 《马克思恩格斯全集》第 49 卷，人民出版社 1982 年版，第 309 页。
④ 《资本论》第 3 卷，人民出版社 1975 年版，第 995 页；2004 年版，第 996 页。
⑤ 《马克思恩格斯选集》第 1 卷，人民出版社 1995 年版，第 344 页。
⑥ 《资本论》第 1 卷，人民出版社 1975 年版，第 90 页；2004 年版，第 90 页。

别劳动向社会劳动的转换，从而不能实现。① 这种必要性恰恰是在市场上并且通过市场而证明的。正因为这样，市场价值才具有调节功能。换句话说，它通过各种机制、特别是市场价格的超常波动，来警示各个市场主体，其投资是否以及如何才能符合社会需要。

交换，古已有之，但只有通过市场的交换，才与商品相联系。马克思阐明，市场的交换以生产资料、劳动、产品均为私人所有为前提。市场上的交换把"彼此独立的私人劳动的特殊的社会性质表现为它们作为人类劳动而彼此相等，并且采取劳动产品的价值性质的形式"②，从而确定了价值的性质，还导致这种看不见的性质物化、并外化表现为货币。这种性质的确定及其独立性表现转化为特殊的交换媒介，为经济的发展创造了有利条件，"使交换成为有规则的社会过程"③ 而得以顺利进行。

通过市场的交换，还能够将生产过程在流通过程中延长的一系列劳动，如运输、保管、分类、储藏、加工等工序的劳动，包括体力支出为主的和脑力支出为主的劳动，也还原为社会所需要的劳动。④

由于立场、方法和基本理论的限制，历来西方学者对市场功能认识单一、表面，他们认为市场能通过价格的波动来调节社会资源的流动，来促进技术发展、财富集中，是其基本功能，其实不然，他们是把功能与功能发挥作用的结果混为一谈了。市场的调节作用，并非自身有何特异功能，而是在完全竞争的条件下，借助于它的一系列重要功能而实施的：

其一，展示功能。它以巨大的空间将同种、不同种商品都同时摆在一起比较，展示不同厂家生产的同种商品的生产条件、数量、劳动时间，展示不同种商品劳动时间构成的差异，以及这些商品之间的比例。人们在谈到市场调节功能的时候，往往强调某种商品市场价格的高低变动可以调节社会资源向该种商品生产领域的流动。但是，这种看法是有待深入的。这是将市场调节的功能局限在某个生产领域了，从而将它弱化了。实际上，市场调节的作用并非局限于某个生产领域，而是要调节全部社会资源的流

---

① "假定市场上的每一块麻布都只包含社会必要劳动时间。即使这样，这些麻布的总数仍然可能包含耗费过多的劳动时间。如果市场的胃口不能以每码 2 先令的正常价格吞下麻布的总量，这就证明，在全部社会劳动时间中，以织麻布的形式耗费的时间太多了。"（《资本论》第 1 卷，人民出版社 1975 年版，第 126 页；2004 年版，第 128 页。）

② 《资本论》第 1 卷，人民出版社 1975 年版，第 91 页；2004 年版，第 91—92 页。

③ 《资本论》第 1 卷，人民出版社 1975 年版，第 106 页；2004 年版，第 107 页。

④ 参看陈俊明："流通与价值诸规定"，《华侨大学学报》1990 年第 1 期。

动。而市场发挥这种作用，主要是它能展示各种商品生产的比重或比例关系。在一个比较长的时期内，除非发生较大的突发事件，一个社会对各种需要的比例是相对稳定的，一旦市场展示出各种商品生产的比例发生较大的变动，为了保障社会需要的比例关系相对稳定，社会资源在各个生产领域的分配或流动就必须发生变动。

在当代，一国市场已经连通世界市场，因此，市场展示的东西就更多了。诸如：各国的生产状况，市场发展态势，包括规模、结构、能量、各个部分的联结方式等，不同国家的人们最先都是通过市场展示的这些情况相互了解的。

其二，转化、调节、确认功能。市场是个"巨大的社会蒸馏器"①，通过交换把产品转化为商品，把不同的个别价值转化为统一的市场价值，实质上也是把个别劳动转化为统一的社会劳动。② 但是，个别质转化为共同质，并不等同于个别量都全部转化为统一量，而是通过许多个别价值——它们分别在不同的生产条件下生产，并且分别有不同的产量，——之间的竞争，将它们折算或调节③为统一的市场价值。这样，"市场价值，一方面，应看作是一个部门所生产的商品的平均价值，另一方面，又应看作是在这个部门的平均条件下生产的、构成该部门的产品很大数量的那种商品的个别价值。只有在特殊的组合下，那些在最坏条件下或在最好条件下生产的商品才会调节市场价值，而这种市场价值又成为市场价格波动的中心，不过市场价格对同类商品来说是相同的。"④ 在总供给与总需求相等的情况下有"调节"发生，反之亦然：当总的供给量"小于或大于对它的需求，市场价格就会偏离市场价值。……如果这个量过小，市场价值就总是由最坏条件下生产的商品来调节，如果这个量过大，市场价值就总是由最

---

① 《资本论》第1卷，人民出版社1975年版，第152页；2004年版，第155页。
② "人们在自己的社会生产过程中的单纯原子般的关系，从而，人们自己的生产关系的不受他们控制和不以他们有意识的个人活动为转移的物的形式，首先就是通过他们的劳动产品普遍采取商品形式这一点而表现出来。"（《资本论》第1卷，人民出版社1975年版，第111页；2004年版，第113页。）
③ "假定投到市场上的该商品的总量仍旧不变，然而在较坏条件下生产的商品的价值，不能由较好条件下生产的商品的价值来平衡，以致在较坏条件下生产的那部分商品，无论同中间的商品相比，还是同另一端的商品相比，都构成一个相当大的量，那末，市场价值或社会价值就在较坏条件下生产的大量商品来调节。"（《资本论》第3卷，人民出版社1975年版，第204页；2004年版，第204页。）
④ 《资本论》第3卷，人民出版社1975年版，第199页；2004年版，第199页。

好条件下生产的商品来调节，因而市场价值是由两端中的一端来规定的，……如果需求和生产量之间的差额更大，市场价格也就会偏离市场价值更远，或更高于市场价值或更低于市场价值。"① 之所以有这样的调节、确定，因为在同一个时点，同种商品因生产条件的差异而有最高值、最低值、平均值、中间值的区分，因此，市场价值就是在最高值和最低值之间围绕着中间值、平均值的波动中不断调节而确定的。

在这里，市场不仅通过调节而确定该种商品的单价（市场价值）的统一，而且还确定该种商品的总价值量，使之不超过社会所能分配给该领域的社会资源，而与各种社会需要维持正常的比例关系。显然，这种转化、调节、确定功能，比起通过价格调节资源的配置更为内在和根本——但还不是最根本的，在它背后，还有更根本的力量在调节它。——不仅实际上影响着各个生产者，而且影响着整个领域的生产者。"如果某种商品的产量超过了当时社会的需要，社会劳动时间的一部分就浪费掉了，这时，这个商品量在市场上代表的社会劳动量就比它实际包含的社会劳动量小得多。"市场的转化力远远不止这些可以看得见的实例，最根本的是它促使无差别的人类劳动的凝结采取价值物的形式，并且进一步取得独立化的形式——货币，在此基础上，市场又强化、突显货币的"天然""物性"和控制力，从而从商品的拜物教性质中培育出更耀眼的货币拜物教、资本拜物教、货币数量论、资本数量论，长期、深刻地影响、扭曲所有的商品生产者、社会成员的观念、行为。可见，市场的这种转化功能既可调节各种单个价值确定市场价值，同时又将这种全部资产阶级学者都看不见的内在的调节转化为表象物的调节。

在当代，进入这个蒸馏器的是世界各国市场提供的产品，因而调节、确认的功能更是无可匹敌，使一些地方原先早已转化、调节、确认的标准不得不再次转化、调节、确认。

其三，纠错、培养功能。市场的调节还超出作为物的社会资源范围，也能调节市场主体自身的经营状况，使之能比较清楚地认识自己个别的生产状况及个别价值与平均生产条件、市场价值的差距。"商品所有者可能发生的纯粹主观的计算错误……在市场上马上可以得到客观的纠正"②，迫

---

① 《资本论》第 3 卷，人民出版社 1975 年版，第 207 页；2004 年版，第 206 页。马克思相关的论述十分全面，但这里的引用已经足以说明问题了，所以没有全面引用和解说。

② 《资本论》第 1 卷，人民出版社 1975 年版，第 125 页；2004 年版，第 128 页。

使他意识到，个别价值转化为市场价值是"惊险的跳跃"，跳跃不成功，他就要被"摔坏"。① 这种情况表明，市场的各种功能都是通过市场主体的行为而体现的，市场主体的被动纠错，才赋予市场的纠错功能。但是，这种意识的产生并不表明所有的人通过努力都可以实现弱小实力、落后技术的逆袭，意识作为观念形态的东西，需要实力的支撑、生产关系的支持才能转变为现实。通过纠错、转化、调节等机制，市场主体只要没有被淘汰，就会很快成熟，变成市场老手。

其四，聚散功能。市场是一个巨大的集散地，无数的物质流、人力流、能量流、信息流等都从四面八方汇集到市场，并通过市场而传导到四面八方，具有巨大的吸纳和辐射作用，能够将国内外各种各样的市场连成一片。因其聚集成势，而有影响力。因其发散至四面八方，所以能满足各种需要。对传统商品来说，这种聚散倚重于交通，包括道路和运输工具，以及场地的大小。但在当代，还产生了更新的方法：信息的快速传递，因此，现在不仅有有形、有限的，还有无形、无限的空间来承担这种功能。

其五，贯通和扩大、加速功能。它将个别单位的生产过程贯通为再生产过程，将各个独立进行的生产过程连通为社会化的生产过程。市场还将分配过程也贯通进来，生产资料、社会资源的分配通过市场而进行，消费也是通过市场进行的。透过马克思关于生产、交换、分配、消费之间关系的论述，我们不难领会到市场贯通几个环节的重要功能。市场还能反过来影响生产过程，马克思指出："当市场扩大，即交换范围扩大时，生产的规模也就增大，生产也就分得更细。"② 并且市场越是广阔，交通和信息传递越发达，各个市场主体越能熟练地掌握各种互联互通的手段，市场越开放，各地市场的联系越是紧密，商品流通的速度越快，流通费用越节省，"由于卖的速度不同，同一个资本价值就会以极不相同的程度作为产品形成要素和价值形成要素起作用，再生产的规模也会以极不相同的程度扩大或者缩小。……流通过程推动了新的潜能，它们影响资本的作用程度，影响资本的扩张和收缩，而和资本的价值量无关。"③ 显然，对分配、消费也

---

① "商品价值从商品体跳到金体上，……是商品的惊险的跳跃。这个跳跃如果不成功，摔坏的不是商品，但一定是商品所有者。"（《资本论》第1卷，人民出版社1975年版，第124页；2004年版，第127页。）

② 《马克思恩格斯全集》第46卷上册，人民出版社1979年版，第37页。

③ 《资本论》第2卷，人民出版社1975年版，第47—48页；2004年版，第48页，新版译文与前版稍有不同，但意思不变。

有如是的影响。

其六，竞争与联合功能。各种流量包括主体和客体集中于市场，必然产生各种各样的竞争，有同种商品品质优劣、价格高低、数量多寡的竞争，有生产条件高低的竞争，有信息传递快慢的竞争，有不同种商品、业态的竞争——如替代品与传统产品的竞争，新旧业态之间的竞争等，——还有实力强弱的竞争等。没有竞争，价值规律就不能确定，[①] 各种优势也不能确立，各种要素也难以向高处、需求处流动，资本集中的规律也不能确定。同时，各种流量的集中还产生了各种各样的联合。竞争的过程、结果必然产生各种各样的联合，交易成功，意味着同领域主体、不同领域主体之间的联合、生产者与消费者之间的联合，除了这种消费互补形成的联合体外，还有职能吸引形成的联合体，通过所有权、使用权的权能联合，无数分散的单个资本联合成社会总资本。联合扩大了经济的规模，提高了商品的品质，还产生了特殊的产业组织，包括垄断组织，增加了联合体的竞争力。此外，竞争和联合不仅发生在各种各样的市场之间，还跨越国境。为对付崛起的中国，G7 之间狼狈为奸，相互勾结。而我国与参与"一带一路"计划的国家，与广大发展中国家的市场之间，也有广泛的联合。

其七，连通、拓展功能。如果说贯通、扩大功能指的是单个经济活动过程，那么连通、拓展功能指的就是整个社会的经济活动。通过市场，能扩大进入企业在本市场的影响和联系，而且还会向其他市场展示市场调节和转换的效果，从而能连通许多市场，构建成城市、城市集群，甚至能打破国外市场的藩篱，形成了更大的世界市场；市场行为本来是经济行为，但市场却会将交换的原则、追逐利益的原则嵌入一些非经济行为中，渗入行为人的意识中，改变人们行为的准则和观念。在商场中交换，在官场中、生活中的交往也都变成交换。

其八，破坏功能。市场配置社会资源与全社会的计划配置不同，对存量投资来说，市场的波动必定产生一定的损失，产生一定的破坏。从这个角度看，市场又是一个"分离器"，它将实力不同的市场主体分离开来，弱者越来越弱，越来越多，强者越来越强，越来越少，以至于产生对立。同时，它通过危机和剧烈的波动来调整社会资源，又使得一部分落后产能

---

① "在竞争中，……必要劳动时间由资本本身的运动所决定这件事，才被确立起来。这是竞争的基本规律。"《马克思恩格斯全集》第 46 卷下册，人民出版社 1980 年版，第 166 页。

归于淘汰，从而催生先进产能的大量研发和上市。客观地看，这样"断、舍、离"①，优胜劣汰，对实力不强的主体来说，虽然残酷，但对生产力发展来说，这种破坏倒是一种必须的代价。否则，始终抱残守缺，经济结构的优化升级必定缓慢，在对外竞争中落败。在近代，市场促进、催化旧的生产方式、交易方式的解体，破坏古老的分工体系，促进了资本主义生产关系的发展。但是，在现代，市场的发展也造成各种失灵、失真，导致无序竞争、囤积居奇、危机、萧条，不断地破坏好不容易修复的各种关系，等等。不过，在生产没有受到社会实际的预定的控制的地方，这种破坏功能也是没有办法的办法，通过破坏，显示新的社会需要，重建新的比例关系，以适应该社会统治阶级的需要，从长远看，对社会资源的配置来说，这是无可奈何的歪打正着。

其九，神秘化、异化的功能，掩盖和颠倒功能。市场以表面的市场价格掩盖内在的市场价值，使两者产生量的差异和质的差异：将由社会必要劳动时间决定的量，变成供求决定的量，赋予没加入劳动的东西以价格，用表面的个别劳动掩盖内在的社会劳动，将本质规定颠倒表现，用物与物的关系来掩盖、颠倒表现人与人的关系，这是一种神秘化、异化。此外，还用均衡价格、用垄断价格来混淆价格，割断价格与社会劳动的内在联系。市场本来没有什么神秘的，但在竞争中，关系多了，复杂了，很多内在规定只能通过对长期的运动的研究思索才能认识，以至于人们认为他们的行为受神秘的、"看不见的手"在控制。它本来是人们在不经意中创造的关系，但是因为这种关系与市场紧密联系，而市场又变幻莫测，反过来支配着人们的经济思维和经济行为，这就是一种地地道道的异化。②

同时，市场还制造了种种假象，用贱买贵卖来掩盖剩余价值的真正来源，将资本家和雇佣工人都归结为具有相同地位的收入获得者，用人为的提价来烘托、渲染过热的经济等。特别在经济危机前夕，将繁荣的肥皂泡吹大。在证券市场上，各种消息满天飞，扰乱人心，掩盖真相，并成为经久不衰的常态。市场为生产制造各种方便的同时，也制造了各种假象，模糊市场主体的视线、影响其行为。如果说，这对社会资源的配置和调节是不利的，那么，对统治阶级控制的社会需要比例的变动来说，这却是有

---

① "断、舍、离"，指的是断除、舍弃、离开。

② 马克思说：在宗教世界，"人脑的产物表现为赋有生命的、彼此发生关系并同人发生关系的独立存在的东西。在商品世界里，人手的产物也是这样。我把这叫做拜物教。"（《资本论》第1卷，人民出版社1975年版，第89页；2004年版，第90页。）

利的。

市场的功能是有限的，但是，它却到处跨越其发挥作用的边界，造成无所不能的假象。对此，马克思早已论证，它的功能通过价格而发挥，但"价格形式不仅可能引起价值量和价格之间即价值量和它的货币表现之间的量的不一致，而且能够包藏一个质的矛盾，以致货币虽然只是商品的价值形式，但价格可以完全不是价值的表现。"他还说："在这里，价格表现是虚幻的"①，也就是说，市场调节所据的价格，有可能是虚幻的。而且，价值规律也不是到处适用的。李嘉图早已说过：价值规律只作用于这样的商品，它们"可以由工业任意增加，它们的生产受无限制竞争的支配"②。但是，在社会表面上，在流通中或在市场上，这种内在规定必然要颠倒表现，似乎价值规律的作用无所不包。因为一切都可进入市场，都有价格。所以市场对社会资源的配置和调节，似乎是没有边界的。

其十一，催化、建造功能。市场最重要的功能——交换，在使私人劳动转化为社会劳动的同时，还催化了两种与市场紧密联系的新的关系形成，并且服务于这两种关系的发展。

其一，一般的社会生产关系。

在简单的商品生产中，生产者独立进行生产，在生产过程中只与自己的生产资料和产品发生关系，似乎是自然经济的关系，但是那时的生产不是自给自足的，"有用物是为了交换而生产的，因而物的价值性质还在生产时就被注意到了。从那时起，生产者的私人劳动真正取得了二重的社会性质。"③ 也就是说，尽管他的生产从形式上看仍然是独立进行的，但却是为他人的需要而生产。所以，这个过程还要在交换中延续。在市场上，一般的生产者都是以交换者的身份对立的，所以，交换使这种一般的生产者之间的关系转变成交换者之间的关系。"在商品生产者的社会里，一般的社会生产关系是这样的：生产者把他们的产品当作商品，从而当作价值来对待，而且通过这种物的形式，把他们的私人劳动当作等同的人类劳动来互相发生关系。"④ "流通是商品所有者的全部相互关系的总和。在流通以

---

① 《资本论》第 1 卷，人民出版社 1975 年版，第 120，121 页；2004 年版，第123 页。

② 转引自《马克思恩格斯全集》第 13 卷，人民出版社 1962 年版，第 50 页。

③ 《资本论》第 1 卷，人民出版社 1975 年版，第 90 页；2004 年版，第 90 页。

④ 《资本论》第 1 卷，人民出版社 1975 年版，第 96 页；2004 年版，第 97 页。

外，商品所有者只同他自己的商品发生关系。"① 不过，它与后来大规模生产过程中产生的生产关系不同，发生在市场上，通过市场而发生。它又与生产过程的经济内容的规定不同，是一种经济形式的规定。"这种形式规定是经济规定，是个人借以互相发生交往关系的规定，是他们的社会职能或彼此之间的社会关系的指示器"。② 市场使经济内容与经济形式相分离，并与货币等很容易强化拜物教性质的物紧密结合，反过来掩盖、颠倒表现经济过程的内容。

由于每种商品都有许多生产者同时生产，各种商品之间的交换一开始就存在着竞争，③ 所以，市场产生的生产关系必然表现为一种竞争关系。而竞争在对竞争者产生外部压力、促使他改变观念和改善经营方式的同时，也会产生许多误打误撞、过度行为，产生浪费和泡沫，更会产生假象，这些假象、泡沫又反过来加剧竞争。马克思的研究显示，这种市场上的竞争关系包含着一系列演变的可能，例如经济危机的可能等。④

本来，无论是生产哪种商品的生产者，彼此之间的实力、经验、技术等方面是存在着差异的，不平等的，但是，他们的产品只要拿到市场上，在与另一种商品成交的那一瞬间，两个交换者之间的确是没有差别的。经过市场交换，他们作为生产者的差别消失了，又让真实的生产者之间以差别为前提的彼此割断关系——不能直接发生的关系——转化为表面的交换者的关系。与不同生产过程之间的真实关系不同，市场形成了一种"外部的生活关系，"它造成了一种平等的假象，掩盖了一切不同主体之间的差别，所以很容易发展为另一种性质不同的关系："在这些关系中，互相对立的不是资本和劳动，而一方面是资本和资本，另一方面又是单纯作为买

---

① "流通是商品所有者的全部相互关系的总和。在流通以外，商品所有者只同他自己的商品发生关系。"(《资本论》第 1 卷，人民出版社 1975 年版，第 188 页；2004 年版，第 192 页。) 马克思这里说的流通，指的是简单的商品流通，不是资本运动中的流通。

② 《马克思恩格斯全集》第 46 卷上册，人民出版社 1979 年版，第 192-193 页。

③ "真是不幸，世上竟有很多织麻布者。"(《资本论》第 1 卷，人民出版社 1975 年版，第 126 页；2004 年版，第 128 页。)

④ 《资本论》第 1 卷，人民出版社 1975 年版，第 133 页；2004 年版，第 135 页。很多教科书还论证市场竞争、价值规律的运行可导致社会资源的配置、技术的发展、贫富两极分化等状况的发生，其实不然，在封建的生产关系限制市场发展的时期内，这些都还只是萌芽状态的状况，只有在资本关系的控制和催化下，市场才具有这样的功能。

者和卖者的个人"①。就此而言，"一般的社会生产关系"实际上是特殊的社会生产关系的简单形式。

其二，一般的社会生产比例关系。

马克思说："要想得到和各种不同的需要量相适应的产品量，就要付出各种不同的和一定量的社会总劳动量。这种按一定比例分配社会劳动的必要性，决不可能被社会生产的一定形式所取消，而可能改变的只是它的表现方式，……在不同的历史条件下能够发生变化的，只是这些规律借以实现的形式。"② 这是因为社会的产品总量在一定时期内是一定的，所以各种需要也必须一定。就像一个人的各种需要在一定的时期必须相对不变一样，整个社会一定时期内各种社会需要的比例也是相对不变的。如果在这个时期内有某些社会需要不能得到满足，社会生活就必然产生动荡。可见，"按一定比例分配社会劳动"的目的，就是要同时满足不同的社会需要，且各种不同的需要量之间必须保持一定的比例。但是，随着生产力水平的发展，这种比例关系还是会局部发生变化的。

在自然经济条件下，由于各个生产者的生产规模狭小和彼此很少联系，需要的生产资料和生产的剩余产品不多，市场狭小，这种比例关系大多是小范围内的，不需要通过什么渠道才能理解、什么中介才能实现。但随着生产力的发展，各种剩余产品增加，商品生产发展起来了，市场发展起来了，各地市场之间的联系紧密了。除了有各种各样的小商品外，还有各种各样不可分割的大商品，因此各种需要、生产之间的比例关系复杂化了，各个经济主体根本不能从自己的生产单位、只能通过市场来了解本单位的和其他单位的生产条件、规模及劳动者的状况，只有通过其产品作为商品来交换才能实现与整个社会劳动的联系，并且这种交换是通过一定的交换价值而实现的。在《资本论》中，马克思进一步阐明："一方面因为，每一个商品生产者都必须生产一种使用价值，即满足一种特殊的社会需要，而这种需要的范围在量上是不同的，一种内在联系把各种不同的需要量连结成一个自然的体系；另一方面因为，商品的价值规律决定社会在它所支配的全部劳动时间中能够用多少时间去生产每一种特殊商品。"③ 也就是说，市场通过各种交换价值——其背后是决定其上下波动的市场价值能够迂回曲折地表现社会需要和社会劳动耗费——的各种比例，来显示社会

---

① 《资本论》第 3 卷，人民出版社 1975 年版，第 52 页；2004 年版，第 52 页。
② 马克思恩格斯《〈资本论〉书信集》，人民出版社 1976 年版，第 282 页。
③ 《资本论》第 1 卷，人民出版社 1975 年版，第 394 页；2004 年版，第 412 页。

劳动、社会需要之间的各种比例。可见，只有在认识整个社会按比例分配社会劳动是客观的、必定要实现，并且是通过特定的手段、机制而实现的大前提下，才能从根本上了解市场对社会资源调节的真正含义。换句话说，市场配置社会资源只是一种手段，其目的是整个社会生产按比例发展。社会生产的这种比例关系，本质上就是各种社会需要的比例关系。而"'社会需要'，也就是说，调节需求原则的东西，本质上是由不同阶级的互相关系和它们各自的经济地位决定的"①，显然，市场配置归根到底又是为统治阶级的需要服务的。可见，市场及其配置功能对内在的生产关系的形成、发展、维护发挥着必不可少的作用。

市场不是一个统一的、有主体意识的机构，对"按一定比例分配社会劳动"的客观要求不能预先有意识地安排，而是通过价值规律而实施这种分配的，② 而商品价值的市场中的确定过程又需要较长的时期。马克思早就说过："由劳动时间决定的商品价值，只是商品的平均价值。只要平均数是作为一个时期的平均数计算出来的，例如，按二十五年的咖啡价格平均计算"③。通过市场催化比例关系的实现并非立竿见影的，甚至要经过一个比较长的时期。所以，市场根本不可能预先又意识地显示必须这种经过长期迂回曲折的波动才能体现的比例关系。

关于市场与这两种关系的联系，是资产阶级经济学特别是西方经济学根本没有思考过的，其原因有多方面，资产阶级立场与眼界的限制是根本性的，从理论方法看，就是马克思所说的，用一般取代特殊，用表象取代本质。他们不能意识到这种联系的存在，不能从理论上论证它，所以对市场的认识是相当肤浅的。尽管资产阶级经济学是研究市场的祖师，对市场及其功能的认识还是相当浅陋粗鄙、片面的。

二、典型、极端异化的市场

一般过程并非独立存在的，它作为一般的东西，寓于特殊之中。也就是说，它一定是有"姓"的，作为特殊的市场，它有一系列的运动条件，

---

① 《资本论》第 3 卷，人民出版社 1975 年版，第 203 页；2004 年版，第 202 页。
② "在社会劳动的联系体现为个人劳动产品的私人交换的社会制度下，这种劳动按比例分配所借以实现的形式，正是这些产品的交换价值。"（《马克思恩格斯〈资本论〉书信集》，人民出版社 1976 年版，第 282 页。）
③ 《马克思恩格斯全集》第 46 卷上册，人民出版社 1979 年版，第 80 页。

包括特定时代占统治地位的生产力、生产关系、经济形式等等，由此观之，其典型形态就是发展到较成熟的资本主义商品经济的市场。它之成为典型，就在于资本关系的利用和改造。在自由资本主义时代，这种典型是英国的资本主义商品经济。随着这些运动条件的变化，资本主义进入帝国主义阶段后，特别在两次世界大战之后，美国式的市场经济就取代英国而成为典型的市场经济。完全可以说，这是一种美国特色的帝国主义市场经济。在美国那里，市场调节的功能有了重大的变化。

其一，市场建立在资本主义生产资料私有制基础上的典型市场，市场调节是垄断大资本对内统治、掠夺的重要工具。在资本主义社会，资本不仅是"普照之光"一切，要改变一切，而且是百爪章鱼，要控制一切。在当代，这种"普照之光"已经不再是一般的资本，而是垄断资本。它垄断一切，当然也支配和改造市场。垄断资本牢牢地控制本国的市场，既将小生产者驱逐到市场的缝隙中，又大面积、大幅度地打压中小资本，将市场变成大资本、垄断资本的天下。

随社会生产力和生产关系的发展，市场作为重要的流通领域，一再转型，配置社会资源主要是为大资本的统治服务。在资本运动的不同阶段，市场的作用是不同的。在较为发达阶段，市场主体的实力差距急剧扩大，大资本与中小资本在有机构成、周转时间构成等方面的差距越来越大，但是，前者的发展对社会生产力水平提高的重要性而言却是不容置疑的。如果按照原有的体制，在其他条件不变的情况下，有机构成越高、周转周期越长，这些投资的利润率就越低。但是，社会的发展却需要这些具有较高技术构成资本的支撑，为此，这些资本为了使自己能够正当地享受与别的同量投资一样的利润率水平，就竞相通过市场的作用使市场价值转化为生产价格，实现利润率的平均化。其结果就是，资本量越大，利润总量也越大，从而积累量越大，越能继续发展这样的产业部门。这样，就改变了原有的比例关系。这种情况表明，市场调节所要满足的社会需要并非只有一个符合社会经济按比例发展的目标，还有一个比例关系由谁确定的问题，换句话说，在阶级社会里，各个阶级的社会地位不同，对不同的阶级来说，经济发展的比例关系是不同的。而且，在不同的发展阶段，统治阶级的利益也有所不同，在市场上起调节作用的机制、杠杆当然不同。马克思说："'社会需要'，也就是说，调节需求原则的东西，本质上是由不同阶级的互相关系和它们各自的经济地位决定的"[①]，在进入较为发达阶段，资

---

① 《资本论》第3卷，人民出版社1975年版，第203页；2004年版，第202页。

产阶级自身已经因为实力不同而分化为大、中、小不同的集团，它们作为市场主体在市场竞争中的地位是不同的。如果说，在马克思的时代，大资本、特别是"有决定意义的产业部门"① 大资本的需要才是"社会需要"，市场必须围着它们的利益需要转，那么，现在又有变化，大资本感兴趣和倾注全力的，已经不再仅仅是整个"有决定意义的产业部门"，而是其中的具"有决定意义"的关键核心技术，只要掌握、垄断了它，即使"有决定意义的产业部门"的其余部分转移出去也无妨。它们凭自己的实力牢牢掌握这些技术，享受着全社会的平均利润率，并且往往因为对这些技术的垄断而能通过世界市场攫取更高的超额利润率。这实质上是大垄断资本绑架社会需要，将市场变成按照自己的需要实行全社会价值转型的机构。正因为这样，对不同实力的市场主体来说，市场配置社会资源不再是自由的了。"在资本主义生产不很发达的阶段还有某种意义的各种观念，在这里变得完全没有意义了。"② 在现阶段，市场调节的实质是垄断大资本主导的利润率平均化以符合统治阶级需要的调节。马克思阐明："整个资本主义生产过程，都是由产品的价格来调节的，而起调节作用的生产价格，又是由利润率的平均化和与之相适应的资本在不同社会生产部门之间的分配来调节的。"③ 所谓"资本在不同社会生产部门之间的分配"，一般地说，就是资产阶级对各种需要的按比例分配，特殊地说，因为大资本在市场上占据优势，所以归根到底是按照大资本所需要的比例分配。换句话说，社会经济的比例关系，是由占统治地位的垄断资产阶级决定的。也可以说，前者是掩盖后者的表象。

其二，霸权化的市场对社会资源的配置是对世界市场奴役性、超经济性的掠夺。现代帝国主义国家要的不是经济上致富，而是全面的致强、致霸，而市场正是实现其霸权的中重要的途径之一。所以，它不屑于一般的市场占有率，而是对高端市场的控制力，对异己势力的全面的排斥力、打压力。不仅要控制国内市场，更要控制世界市场，并利用市场控制、摆弄世界市场和其他国家的政治、经济、外交，甚至灌输自己的价值观。对它们来说，市场并非单纯的经济领域，而是经济、政治、外交等方面的战场。

典型的资本主义市场都是世界性的市场。它们要在经济上控制世界，

---

① 《资本论》第 3 卷，人民出版社 1975 年版，第 138 页；2004 年版，第 137 页。
② 《资本论》第 3 卷，人民出版社 1975 年版，第 497 页；2004 年版，第 498 页。
③ 《资本论》第 3 卷，人民出版社 1975 年版，第 998 页；2004 年版，第 999 页。

主要是通过市场。对发达资本主义国家来说，"世界市场不仅是同存在于国内市场以外的一切外国市场相联系的国内市场，而且同时也是作为本国市场的构成部分的一切外国市场的国内市场。"① 一国的经济越发达，军事力量越膨胀，科学技术越发达，其市场也越发达，与世界市场的联系、对世界市场的控制越重要。资本的势力越强盛，越怕市场和原料的限制。② 为了永久地打破这些限制，它必然要更广泛地开拓并深度控制世界市场。而且，综合国力越强，其国内市场对国外市场的依赖和控制力越大。在自由资本主义时代是这样，进入帝国主义阶段之后更是这样。高价卖出、低价买入，控制定价权、买卖权、资源的开发权、不对等税收等等，都是通过市场而实施的。

随着帝国主义的发展，其市场配置的目的也越来越超出经济需要的范围。美国在争得世界霸权以后，垄断资产阶级的优越感和赢家通吃的无穷欲望很快就急剧膨胀，它利用霸权竭尽全力控制别的国家、包括资本主义国家和其他国家的资源和市场，根据自己的需要将它们当作自己的专门市场，为自己提供大量的廉价石油、稀土、日用品，并反过来通过市场来影响输入国的政治经济文化，用自己的关键核心技术来攫取巨额垄断利润，控制其他国家的重要产业。使得国家政权的控制使市场越来越具有霸权性。③ 美国为了维护世界霸权，还利用国家政权的力量，以"维护国家安全"为由，肆意侵犯、限制社会主义中国的市场发展。美国对中国高科技企业的没有底线的封锁和打压，就是一个典型。这样，由于以它为代表的资本主义国家的作祟，在国际市场上，不同国家市场的地位是不平等的，

---

① 《马克思恩格斯全集》第 46 卷上册，人民出版社 1979 年版，第 238 页。

② "一旦与大工业相适应的一般生产条件形成起来，这种生产方式就获得一种弹力，一种突然地跳跃式地扩展的能力，只有原料和销售市场才是它的限制。"（《资本论》第 1 卷，人民出版社 1975 年版，第 494 页；2004 年版，第 519 页，新版将"弹力"改译为"弹性"。）

③ 当 2020 年非冠肺炎在国外大规模爆发的时候，国内很多企业原来络绎不绝的海外订单瞬间消失，随着国内相关企业原有的运行轨道的突然中断，国内市场的供应也将发生结构性变化。显然，这种变化与市场通过价格的调节关联性不大。除了这种情况外，还有一种人为制造的灾难，就像美国围堵华为，既断了某些零部件的对内供应，又断了完整产品的国外供应。人们通常认为，像美国这样的发达资本主义国家，市场配置社会资源一定是发挥决定性作用的。其实不然。别的不说，中国的产品如华为的 5G 产品，因为比美国强，美国政府就不允许它在美国、甚至在世界存在。在类似的产品上，美国市场是被褫夺了调节能力的。

有主宰性市场和依附性市场之分。

和以前不同的是，它不仅在国内实施市场细分，而且也根据自己的需要，将全球市场交易的对象细分化、市场细分化，并占据最有利于统治的市场。资本主义越是发展，越是突出垄断大资本的地位，而实力雄厚的大资本为了更大的利益，统治世界的手段也更老辣，既敢于大量地发展和利用先进的科学技术，控制国民经济命脉的关键核心技术，以带来更高的利润，还果断地将技术含量较低的产业剥离出去，转移给其他国家的市场，同时利用自己的关键核心技术市场来控制、剥削其他国家的市场，既力图将自己的规则、价值、甚至危机都强加给海外市场，把后者当成附庸，还剥夺后者的议价权，甚至将发展中国家、特别是中国完全被排挤出高端技术、特别是高新、关键核心技术的市场。显然，其市场对社会资源的配置是对世界市场奴役性、超经济性的掠夺。

其三，市场的技术格局畸形，导致配置混乱。随着社会分工的发展、市场的不断细分，资本主义发达国家市场的技术格局也在不断的调整中走向畸形，对社会资源的配置必然造成混乱。

随着分工的发展，产品种类增加，市场的种类不断地细分。有多少类商品，就对应有多少种市场。马克思在考察社会总资本再生产时已经按照生产部类、分部类的细分将市场分为生产资料和生活资料两大类市场，阐明资本的国内大循环是在第Ⅰ部类内部（含为本部类更新、积累而贮存部分）、第Ⅱ部类内部（必要生活资料和奢侈品）、两大部类之间的交换，此外还有贮存和储备①的市场，物资市场和货币市场等。后来又从另外的角度阐明了还有高构成产品和低构成产品的市场，借贷市场、实体经济市场和虚拟经济的市场、农地产市场等。显然，这些都是比较抽象的，暂时撇开技术发展、社会发展、对外贸易等条件而言的。即便如此，对单个资本家来说，这些都是很难兼顾的，何况在现实过程中，只要有一定的技术发展，即使是同一领域，马上就显出高端和低端的区别，从而有不同的市场。而社会发展如人口的增长也赋予不同交易对象不同的品性，从而产生土地市场的级差。

在现代，情况有所变化。市场与由科学技术制约的社会分工的发展紧密联系，随着科学技术的发展，高新、关键核心技术及其产品的市场也越发展，并且越能控制其他市场。在这种市场中，资本主义发达国家独占鳌

---

① 贮存指的是为扩大再生产而贮存生产资料，即 Im 中 B、B′、B″；储备指的是为固定资产补偿而储备。

头并排挤像中国这样的国家。为了更牢地控制这一市场，它们、特别是美国逐渐将资源集中在金融、关键核心技术部门的发展，而减少其他技术不高产品的生产，同时将那些技术水平相对较低的产业转移出去。① 这样做，不仅能将高科技产业做大，能赚取更多的利益，能使自己成为科技强国，能执高科技领域的牛耳，称霸世界。但因其强而霸、威逼大多数国家，所以在一般的市场中，它们仍能充分地享受世界各国提供的廉价的生活必需品。因此，像美国这种国家的市场就越来越畸形。

但是，这种趋向也给它们带来无穷的祸害。一方面，它们的工业门类本来就不那么完整，再加上将生活必需品、产业链低端产品的生产转移出去，长此以往，就不可避免地在出现某些产业空洞化趋势的同时，改变了市场的供给结构，使国内日常生活资料的提供和储备完全依赖外部市场。当某种不可控的原因导致它们的控制力下降，以致外部供给减少时，其国内生活必要品市场立马就会爆发恐慌。而且，随着中国科学技术的超常发展，很多高端技术已经攻克并且量产，国际关键核心技术市场的格局已经发生了较大的改变。因此，美国等资本主义发达国家的封锁、控制越来越感到力不从心。

另一方面，由于市场是细分且分散的，各个市场的调节很难同时相互协调。在资本主义社会，各个专业化的领域之间只是通过市场而发生联系，如果完全依靠市场的自由调节，那么，利大、利高、技术门槛较低的部门就会无限膨胀，反之，适应生产力较高水平发展的高新技术部门却会因为门槛较高很难按其要素结构配置到必要的社会资源。在《资本论》中，马克思还阐明，有些部门，"如铁路建设，在一年或一年以上的较长时间内不提供任何生产资料和生活资料，不提供任何有用效果，但会从全年总生产中取走劳动、生产资料和生活资料。"它涉及很多不同种类的市场，如果单凭无数市场主体根据市场价格的波动进行资本流动，任何一个当事人都不能"预先计算好，能把多少劳动、生产资料和生活资料用在这样一些产业部门而不致受任何损害，……因此可能并且必然会不断发生巨大的紊乱。"② 通过市场供求的波动来调动分散的资本，要使社会资源合理地配置到这样一些部门，可能要经过很长时间的很多次"试错"，这样，社会需要就不能很快得到满足，综合国力也不能很快提升。

在商品经济、市场经济比较典型的社会里，长期、普遍存在着劳动力

---

① 美国经济学家弗农的"产品生命周期"理论较早描述了这种情况。

② 《资本论》第 2 卷，人民出版社 1975 年版，第 350 页；2004 年版，第 349 页。

市场，并且是最重要的市场之一。按照资产阶级经济学，劳动力的供给只受工资即他们所谓的"劳动价格"高低变动的影响。① 对此，马克思已经批判地指出，它完全否认了相对过剩人口的存在及其对工资变动的抑制，更完全忽略了工人一代人口的生产和培养要经过至少十几年的时间。他还指出，与其他商品市场不同，劳动力市场调节和配置的劳动力受很多因素的制约。有劳动力自然因素的制约，也有社会的、历史的、经济的、文化的等因素制约。在不同社会性质的国家，对劳动力流动的影响因素很不相同。很显然，在劳动力市场上，"劳动价格"对劳动力的配置作用是有限的。

其四，市场配置全局失灵、局部失能。关于市场失灵，连资产阶级学者都难以掩饰并有很多人研究，这里就不再多说了。除了全局性的失灵外，还有局部的失能，即不能调节物资的储备。经济越是发展，不确定性越大，越是需要一定的储备，这也是社会资源配置的极其重要的方面。在这方面，过程的特殊性质决定了市场调节功能的失却。如果撇开生产和消费的储备不说，单看商品的储备，资本主义国家往往以个别商家的囤积代替整个社会的储备，不能合理地处理"商品储备"，甚至让储备的属性变质。在资本主义社会，有两类不同性质的"商品储备"，一种是投机性的，往往在经济危机时转化为商品过剩，这是周期性的，它对资本主义的危害是不言自明的；一种是经营性的储备，② 这是常年性的，是为买卖而储备的，马克思称之为"非自愿储备""正常的"③ 储备。这样，就既有进入流通而只充当"流通条件"的储备，这是客观经营需要的，又有不进入流

---

① 按照资产阶级经济学的"教条，……工资的提高刺激工人人口更快地增加，这种增加一直持续到劳动市场充斥，因而资本同工人的供给比较相对不足时为止。工资下降，于是事情走向反面。由于工资的下降，工人人口逐渐减少，……低工资又会抑制工人阶级的增长。（《资本论》第 1 卷，人民出版社 1975 年版，第 699 页；2004 年版，第 734 页。）

② "没有流通的停滞，就不会有储备，就像没有货币准备金，就不会有货币流通一样。因此，没有商品储备，就没有商品流通。"（《资本论》第 2 卷，人民出版社 1975 年版，第 164 页；2004 年版，第 163 页。）

③ "非自愿储备是由流通停滞造成的，或者同它是一回事，而这种停滞是商品生产者无法知道的，是违背他的意志的。""只有在商品储备是商品流通的条件，甚至是商品流通中必然产生的形式时，也就是，只有在这种表面上的停滞是流动本身的形式，就像货币准备金是货币流通的条件一样时，这种停滞都是正常的。"（《资本论》第 2 卷，人民出版社 1975 年版，第 164，166 页；2004 年版，第 164，165—166 页。）

通只充当投机的囤积，这是主观投机需要的。对前者，市场可以也能够调节，否则就会变成"不正常的储备"；对后者，市场就无能为力了，似乎变成过剩的了。并且由于它的存在，还会影响到同类商品的价格，从而使市场的调节能力大打折扣。所以马克思早已断定："这种过剩……在资本主义生产下，……是祸害。"① 必须看到，这种囤积与某些稀缺物品如长期窖藏葡萄酒等的储藏并不相同，后者的品种不多，且都是社会需要的，所以它们的价值能转化为生产价格。与此不同，可能囤积的物品有很多，由于是投机需要所致，所以其价值不能转化为生产价格。与投机商囤积怀有赚取暴利的臆想不同，储备是不能产生利润的，所以资本家们都将它视为畏途。因此必然会产生许多"祸害"。

其五，市场的自由配置受垄断势力的制约。众所周知，在垄断出现后，市场配置社会资源就不再是完全自由的了，不再没有限制地发挥了。在《资本论》中，马克思已经阐明，即使在当时的资本主义企业，也存在着"工场内部的分工中预先地、有计划地起作用的规则，""呈现出一幅有计划和有权威地组织社会劳动的图画"②。在垄断组织出现以后，情况又有发展，在垄断组织内部，有全套严密的预先的计划，从而具有一定的计划性。正如恩格斯所说："在有些部门，只要生产发展的程度允许的话，就把该工业部门的全部生产，集中成为一个大股份公司，实行统一领导。"③现在的垄断组织，已经掌握着世界范围内的巨量社会资源，依据功能越来越强大的电子计算机处理世界范围内的供需大数据，完全有条件和必要根据自己的内部计划配置社会资源，④ 由于它在市场上的强势地位，甚至可能改变市场价格升降的提示，诱导、甚至迫使其他企业配合它的经营。在

---

① 《资本论》第 2 卷，人民出版社 1975 年版，第 526 页；2004 年版，第 525 页。

② 《资本论》第 1 卷，人民出版社 1975 年版，第 394、395 页；2004 年版，第412，413 页。

③ 《资本论》第 3 卷，人民出版社 1975 年版，第 495 页；2004 年版，第 496 页。

④ 据网上报道，一个国内著名企业家"在贵州一次演讲中说：随着科技发展，大数据将每个生产者和消费者紧紧联系在一起，市场那个无形之手可以被摸到。所以，未来三十年，人们对市场经济和计划经济的认识将发生翻天覆地变化！通过互联互通可以规划商品生产和消费。这就是……新计划经济。"（楼主：张志 abc6Lv13 时间：2017－07－0213：45：42 天涯论坛＞国际观察。http：//bbs. tianya. cn/post－worldlook－1787973－1. shtml）他所说的"新计划经济"与马克思理想中的"计划经济"虽然有差别，但他已经根据经验意识到，科学技术的发展是产生超出一个企业的计划性的重要的具体条件。

当代，这种情况不仅已经是司空见惯的，而且随着垄断组织的发展和大数据的使用，计划化的广度和深度都日益扩大。

市场调节通过各种经济机制、经济杠杆而实施，但它们的运用以没有垄断的存在为前提，而自由竞争的结果必然导致集中，集中又会催化垄断的发生，在一定的条件下，一般的垄断还会转化为特殊的帝国主义的垄断。在这一过程中，垄断势力逐步排斥自由竞争，使市场从完全竞争的市场转化为有垄断参与和限制的市场。从现在的情况看，完全竞争的市场在世界范围内已经全部消失。对此，恩格斯在19世纪末已经分析得十分清楚：由于垄断组织的规模巨大，经济结构优化，"在大工业的一切领域内，生产现在能以日益增长的速度增加，与此相反，这些增产的产品的市场的扩大却日益变慢。大工业在几个月中生产的东西，市场在几年内未必吸收得了。……历来受人称赞的自由竞争已经日暮途穷，必然要自行宣告明显的可耻破产。"①

垄断组织不仅通过在限制竞争而挤压市场的作用，而且规模庞大的垄断组织内部资源的配置已经具有某种程度的直接社会性。这一点恩格斯也早有论述："在每个国家里，一定部门的大工业家会联合成一个卡特尔，以便调节生产。"② 垄断组织也是不断发展的，从个别垄断衍生出国家垄断、世界垄断。在这样一些超大规模的垄断组织中，原材料、销售市场、技术的研发等，都直接由该组织自行安排配置了，无需通过市场交换而获得。现在，有相当部分的社会资源已经不是经由市场间接配置了，而是被垄断组织的计划直接配置的。

还有一种价格的垄断，也极大地影响着限制着市场调节。随着商品生产的发展，几乎所有能带来收益的东西都进入市场，它有两大类，一类是非劳动创造的物品，例如土地、石油、矿产品、文物等，一类是由特殊劳动创造的少量产品如艺术品。它们的价格，与一般的劳动产品不同。"当我们说垄断价格时，一般是指这样一种价格，这种价格只由购买者的购买欲和支付能力决定，而与一般生产价格或产品价值所决定的价格无关"③。

其六，市场对社会资源的腐朽性配置彰显帝国主义国家社会需要的野蛮性。腐朽性是整个资本主义制度的重要否定性因素，市场配置资源正是增加这种腐朽性最好的土壤。列宁在《帝国主义是资本主义的最高阶段》

---

① 《资本论》第3卷，人民出版社1975年版，第495页；2004年版，第496页。
② 《资本论》第3卷，人民出版社1975年版，第495页；2004年版，第496页。
③ 《资本论》第3卷，人民出版社1975年版，第873页；2004年版，第876页。

中所揭示的腐朽性，在当代美国已经演绎到极致，并且有"创新"，这也表现在市场对社会资源的配置上。

现在的资本主义发达国家，蓄意发展虚拟经济，尤以美国为最。市场包括实体经济市场和虚拟经济市场。两者不仅运行和调节的方式、作用很不相同，虚拟经济的市场有一级、二级之分，虽然一级市场可以为上市公司筹集到一部分资本，但二级市场上买卖成交的资金并没有进入实体经济中去。结果是这样的证券买卖越发达，证券价格越高，虚拟的资本越多，社会所能配置的资金就越少。而且，证券价格并不真正代表该证券的真实价值。对一种证券的价格被炒得高于原始股的票面价格的情况，马克思这样揶揄道：这"不过是用 500 镑的货币量来使 400 镑的商品价值流通。这种方法与其说是致富的方法，不如说是变穷的方法，因为他们必须使总财产的一大部分非生产地保持无效的流通手段的形式。"① 此外，还有更大一部分证券没有实际交易，这就使得购买它们的资金也"非生产地保持无效的流通手段的形式。"而且，它们也很难反映真实的社会需要，价格飘忽不定，时高时低，与真实的、根本的社会需要联系不紧。但是，市场经济越发达，越需要通过证券市场融得资金，越需要虚拟经济的市场存在。这是真正的二律背反：一方面市场需要获得以便配置更多的资本，另一方面也要分割出相当大一部分资本让它们"非生产地保持无效的流通手段的形式。"再进一步看，在虚拟经济的市场上，价格的调节功能与实体经济的市场也有所不同。这里的价格并不完全体现投资的价值，其涨落更多是与投机联系在一起的。而投机往往是短暂的，与长期合理配置社会资源的客观要求有相当大的距离。因为存在着赌博式的投机，有一大部分资金、资本被身份不明的大鳄吞掉。② 这个特别的市场配置来、配置去，并没有显示出这部分社会资源的流动符合社会的需要。

美国将市场细分，并将处于价值链低端的产业生产转移出去，让发展水平较低的国家成为这些产品的市场，为它提供廉价商品。这是先前帝国主义者奴役殖民地的升级换代。

当代资本主义发达国家有大量的超额垄断利润，在成为食利国的同时，养成了一个人数众多的食利者阶层，他们当然需要大量的不断变样的

---

① 《资本论》第 2 卷，人民出版社 1975 年版，第 541 页；2004 年版，第 540 页。
② "财产在这里是以股票的形式存在的，所以它的运动和转移就纯粹变成了交易所赌博的结果；在这种赌博中，小鱼为鲨鱼所吞掉，羊为交易所的狼所吞掉。"（《资本论》第 3 卷，人民出版社 1975 年版，第 497 页；2004 年版，第 498 页。）

奢侈消费，由此产生了仆役市场、奢侈品市场。

美国发展了独霸天下的军火市场，由好战的政府向国内的军火商巨量采购，将社会资源配置到杀人武器的生产上，侵犯他人上，同时还将武器军火卖给它的同伙及帮凶，帮后者杀人、治人，威胁不听话的国家。在这里，市场配置社会资源已经完全失灵、失能。

诚然，它们这样通过市场配置资源，也形成一种特异的比例关系，但它是符合其大垄断资产阶级利益的，是一种特异的社会需要。可见，这种社会需要腐朽性、野蛮性。

其七，以自己市场使用的美元充当世界货币，但又随心所欲地设置在美国本土使用美元的各种限制，破坏整个世界的市场生态。按照布雷顿森林体系，美元与黄金挂钩，美国却用美元深深地控制世界市场。但后来它没有能力了，干脆就让这个体系崩溃，并且利用它的占优势的军事、经济、政治力量，变本加厉地继续让美元充当世界货币，进而随心所欲地强行发行没有实际价值保证的美元，并使之涌向世界，将通货膨胀溢向全世界，掠夺世界各国的财富。它甚至使各国购买石油职能用美元结算。自2008年它发生金融海啸以来，特别是2020年非冠疫情期间，无限度地印制数万亿美元纸币，并将它推广到世界市场上疯狂地在世界范围内配置资源，薅世界各国的"羊毛"。这样，美国市场上配置的"社会资源"与其他国家的社会资源并非同质的，但后者却必须将它们等量齐观。

反过来，美国又对一些国家、特别是中国关闭了一些高科技产品市场，中国持美元不能在美国随意购买，能购买得到的大多是转基因的大豆等物品。这样，它就破坏了其他国家在美国市场配置社会资源的功能。世界苦美元久矣，但即使其他资本主义国家在忍无可忍的情况下企图局部改变这种情况，也会受美国的疯狂打压。在这种情况下，市场调节功能的发挥难免受到影响。它甚至利用美元霸权，控制世界市场，先是制裁中国，后又让解体后的原苏联没有外部市场，还让它们用极少的美元将苏联长期积攒的家底买光。

其八，经济危机是资本主义经济的不治之症，它也决定在那里市场配置社会资源具有周期震荡性，只是在长期的波动中大体实现符合统治者需要的比例关系。不言而喻，在经济周期的不同阶段，市场的配置、调节作用是不同的。在《资本论》中，马克思曾在有这样的描述：在经济景气阶段，"整个再生产过程可以处在非常繁荣的状态中，但商品的一大部分……实际上是堆积在转卖者的手中没有卖掉，事实上仍然留在市场上。这时，商品的潮流一浪一浪涌来，最后终于发现，以前涌入的潮流只是表面上被消费吞没。"在这个阶段，厂家是回笼了资金，又立即投入生产，即使在后期，厂家仍然埋头生产，丝毫没有感觉到危险即将来临。当危及来临之际，"商品资本在市场上互相争夺位置。后涌入的商品，为了卖掉只好降低价格出售。以前涌入的商品还没有变成现金，支付期限却已经到来。商品持有者不得不宣告无力支付，或者为了支付不得不给价就卖。"① 在繁荣破灭后，市场上普遍银根很紧，因而各个市场主体都深感"现金为王"，因而对价格波动的敏感性钝化，这个时候，市场调节很难发挥作用。由此可见，在资本主义发达国家，市场配置社会资源是事后被动的、成本巨大的补救式、改错式的调整，并且这种调整不是立马自主实现，因为有很多市场主体被消灭了，其余有实力的也都被打懵了、心有余悸，只是经过一段艰难的观察比较之后，才战战兢兢地重新投石问路。这样看来，那里的市场调节只是没有办法的办法。当然，大垄断资本并不会甘于这样疲于奔命式的被动应对，它们也运用起国家干预。尽管这种周期性震荡仍然顽固存在、挥之不去，但情况有所改变，即使在西方，大部分国家对经济波动都不再自由放任，都采取措施"熨平"波动的幅度。但波动是无法避免的，因而市场的调节作用发生"波动"也是必然的。

在当代，金融危机成了西方国家经济震荡的主要方式，在危及爆发时，市场信号失真，对市场主体来说，已经失去调节意义。在这种时候，银根最紧的是金融机构，它们几乎没有能力放贷以支持市场调节。这个时候，国家往往开动机器印制货币，向它们倾注大量的资本，购买它们的不良资产，同时也增加采购。这是暂时回避问题，没有解决根本问题，反而是积累问题。一旦积重难返而爆发，其烈度比以往的危机更甚。很显然，这不是市场调节。当市场缺乏资金的时候，它本来一些可行的功能就失能了。

其九，市场配置受非经济因素的影响。市场依靠商品价格的变动来调节社会资源，这似乎很直观，但是，并非所有的商品价格都是其价值的表现，也不全是交易双方平等协商的结果。实际上，在非完全竞争、非垄断的市场里，有很多商品价格的定价权是攥在少数人手里的。他们凭着某种实力优势，强行提高或压低价格。这个时候，市场的价格、成交量就不是引导、影响资源配置的信号。因为一切靠实力讲话，而各个市场主体的实力有强有弱，所以这是必然发生的，不可避免的。是必定而且事实证明是导向不同市场主体——雇佣工人出卖劳动力，也是市场主体——贫富两极

① 《资本论》第 2 卷，人民出版社 1975 年版，第 89 页；2004 年版，第 89 页。

分化，而且愈演愈烈的市场。在一国之内如此，在国际市场上亦然。资本主义国家不仅控制着全世界的大部分市场，而且其中主要的发达国家还控制着其他资本主义国家的市场。

人为因素中，还有一种所有权的限制。在资本主义社会，一切生产要素都是私有的。但是，土地、资本与其他生产资料不同，其所有权与使用权是可以分离的，并且经常是分离的。它们的出让都不放弃所有权，因而产生所有权限制。马克思在研究地租的时候阐明："土地所有权的存在，正好是对投资的一个限制，正好是对资本在土地上任意增殖的一个限制。"① 对土地所有者来说，"这种所有权使他有权不让别人去经营他的土地，直到经济关系能使土地的利用给他提供一个余额"②，在此之前，土地的使用者与所有者之间可能要花费很长的谈判时间。这种情况无论在以前还是当代，都普遍、广泛地存在。从限制过度投资看，这是有积极意义的，但从限制投资看，对市场调节却有消极意义。毕竟个别所有者实施限制的时候，并不是从考虑土地使用的承载或再生能力方面看，而是基于其个人收益最大化。这种限制不仅对它的使用构成限制，而且还对市场调节构成限制。毕竟可经济地使用的土地相对有限，所以这种所有权的限制可造成一定程度的垄断，从而降低市场价格对它调节的强度、自由度，显出市场调节的有限范围，即只在无所有权限制的商品生产范围内比较自由。

市场还要受政治强势力量即国家的控制。在撰写《资本论》第三卷的时候，马克思已经敏锐地发现，资本主义"在一定部门中造成了垄断，因而要求国家的干涉。"③ 尽管当时还只是一种潜在的可能，但它已经包含着发展的内在逻辑，所以后来随着垄断的发展已经变为现实。随着经济的发展，公共性社会需要的发展，以及其他原因，市场经常的、大规模的失灵，连后来的资产阶级学者都已意识到，经济外部性、信息不对称、垄断等，都会导致市场调节的功能受限，因此，需要国家对市场的监管。④ 事实上，面对或应对可能的各种不确定性，市场的反映是迟钝的，滞后的，

① 《资本论》第 3 卷，人民出版社 1975 年版，第 846 页；2004 年版，第 849 页。
② 《资本论》第 3 卷，人民出版社 1975 年版，第 853 页；2004 年版，第 856 页。
③ 《资本论》第 3 卷，人民出版社 1975 年版，第 496 页；2004 年版，第 497 页。
④ 英国政府在 2019 年出台的《第四次工业革命的监管政策白皮书》认为，对市场的监管对"创新产生了巨大的影响，可以激发新的想法，又能阻止其发展；它可以左右投资的风险，并引导资金是否用于有价值的研发；它可以影响消费者的信心和需求，并决定企业进入或是退出市场。"（转引自王元丰："如何应对第四次工业革命低利率的挑战"（《新华文摘》2020 年第 2 期第 30 页）

也需要政府代表社会未雨绸缪，实施必要的调节。但是，资本主义的国家并不真正代表整个社会的需要进行干预，说到底，这种国家干预本质上是为代表大资产阶级的干预。现在，美国举国家之力打压我国的华为的打压，就是突出的事例。但实际上却间接地损害到本国众多资本家的利益。

其十，市场表象层出不穷，价格信号经常失真。市场与各种表象互为表里，既制造各种各样的假象，又被各种扭曲的表象覆盖。在市场上出现的都是表象，这是直接性的，但它包含着看不见的运行规律、本质关系，所以又有间接性规定。但市场所示的，全都是现象。但市场表象不是倏忽即逝的，有很多现象还是不断重复的，因而似乎是规律性的东西。不过，所有的现象都是通过竞争而显现的。但是，"在竞争中一切都颠倒地表现出来。经济关系的完成形态，那种在表面上、在这种关系的现实存在中，从而在这种关系的承担者和代理人试图说明这种关系时所持有的观念中出现的完成形态，是和这种关系的内在的、本质的、但是隐蔽着的基本内容以及与之相适应的概念大不相同的，并且事实上是颠倒的和相反的。"① 所谓的"表面上""现实存在"，指的就是市场上的现象。

市场上的表象比比皆是。例如，许多原本没有价值的东西，变成有价了。像地价，土地没有价值，但有价格。还有"劳动价格"，劳动是劳动力在劳动过程中的运用，在劳动过程之前还没发生，不能出卖，但却有价格。利息是剩余价值的一部分，但却成了资本的价格。在市场上，这些生产要素的价格却长期存在，并影响着社会资源的流动。从这种意义看，市场主要是依赖这些颠倒表现的东西来调节资源配置的，以至于成了一种常识，让市场主体跟着这些价格的变动调整配置方向。不过，"常识在日常应用的范围内虽然是极可尊敬的东西，但它一跨入广阔的研究领域，就会碰到极为惊人的变故。"② 对资产阶级经济学来说，这已经够了，但对科学的政治经济学批判来说，这种常识还相当粗浅，甚至有些鄙陋。还有，从表面看，市场通过竞争有利于技术的进步和普及，但获得和运用它们是要付出代价的，因而实际上有众多市场主体并没有得到实惠。因此，对资本主义的市场，不能单凭感官去认识，而应在批判的基础上从总体上把握它。

市场本来是全体市场主体共同建造的，是为他们服务的，但后来它在

---

① 《资本论》第 3 卷，人民出版社 1975 年版，第 232—233 页；2004 年版，第 231 页。

② 恩格斯语。《马克思恩格斯选集》第 3 卷，人民出版社 1995 年版，第 360 页。

资本主义社会中不仅被神秘化了，而且极端异化了，成了资本主义国家机器的婢女，不仅成了统治其他国家市场的机器，而且不再为本国的一般市场主体、中小资本家服务，主要是为大，垄断资本财团服务，但为哪个财团服务并不确定，那要看哪个财团的代表人物坐上总统的宝座。

以上涉及的，只是资本主义（主要是自由资本主义）市场的几个的特色，还只限于正面描述。如果从价值层面来考察，情况可就不同了。西方学者普遍承认的"市场失灵"就表明这种性质的市场对经济和劳动大众的福利来说并不值得完整存在，更不能令旁人景仰。如果再将视阈扩大些，结合广大市场主体受益的程度，恐怕就有很多极其负面的东西摆在世人面前了。

三、新型、转轨的市场

作为一般过程的商品、市场、市场的功能都会因为生产力、生产关系的发展而发生转型并为特殊的生产关系发展服务、利用。现在，在中国共产党的领导下，原来计划经济条件下统一的社会主义市场实现了向处于社会主义初级阶段的中国特色社会主义市场经济的市场转型。这种市场尽管在一定程度上保留一般市场的一些基本规定，与资本主义国家的市场有相同之处，但更有自己的特殊规定，包含了对以往市场一般规定的扬弃和特殊规定的建立和演变。从性质上看，已经是转轨的市场。社会主义初级阶段是个比较长的发展阶段，所以它也是个逐步发展的过程，将在社会主义生产关系日益成熟、为向社会主义较高发展阶段过渡准备条件的同时，也为市场经济的消灭创造条件。

唯物史观告诉人们，任何历史地产生的事物，都要经历不同的发展阶段，都必然历史地消亡。"辩证法在对现存事物的肯定的理解中同时包含对现存事物的否定的理解，即对现存事物的必然灭亡的理解；辩证法对每一种既成的形式都是从不断的运动中，因而也是从它的暂时性方面去理解；辩证法不崇拜任何东西，按其本质来说，它是批判的和革命的。"① 无论是社会主义初级阶段，还是这个阶段的市场经济、市场，都决不可能永恒存在。社会主义初级阶段在发展市场经济的同时，也不能忽视、否认后者内在的否定性、暂时性。古人云：不谋长远者，不能谋一时，不谋全局者，不能谋一域。它包括时空规定及由此产生的不同看法，很有辩证法的

---

① 《资本论》第1卷，人民出版社1975年版，第25页；2004年版，第22页。

味道。但是，现在对市场经济，我们还应加上：不识阶段性者，不识长期性，不识否定性者，不识肯定性。所以，在这个阶段，我们既要发展市场经济，也不能忘了革命初心和批判使命，不能忘了它的来路及演变。

初级阶段是个较长的时期，它的发展是有阶段的，从而市场的存在和发展也是有阶段的。在"站起来"的阶段，我国的市场还很简陋，所以，在配置、调节社会资源配置的时候，计划当仁不让地占据统治地位。在"富起来"的阶段，市场的配置逐渐成了主流。在进入"强起来"的阶段，市场在相当大的范围内发挥决定性作用。可见，它不是横空出世的，而是从原来计划经济中脱胎出来的。从运行看，计划经济是通过国家计划配置、调节社会资源的举国体制实施的。在新中国经济发展史上，国家计划作为一种社会资源的配置、调节的方式，在集中力量办大事方面的优越性已经充分体现，① 即使现在它已经转型为市场经济，但这种特点和优越性仍然必须继续发挥。对整个社会主义经济的长期发展来说，要集中力量办大事，国家的调节是必不可少的，涉及的主要是长期性的、全局性的、关键性的、公共性的等领域。它与市场配置、调节同在并行，甚至会影响市场的发挥作用的方式、成为其发挥作用的条件，不断地减少市场的失灵、市场的激烈动荡，不断地创新、转型。

就现阶段的发展状况看，我国的市场经济建设已经过了"摸着石头过河"的初期探索阶段，已经趋于成熟，面对当今世界正经历的百年未有之大变局，倏忽多变的外部环境，我们更明确要建设的市场，应该是一种空前绝后的、新型的、转轨式的市场，其本质是特殊发展阶段中一种特殊的组织社会化大生产的一种较优方式。作为中国特色社会主义社会的重要领域，市场必然是具有中国特色的市场，它与资本主义国家的市场不同，不再任由"偶然性和任意性发挥着自己的杂乱无章的作用"②，也不再任由垄断组织呼风唤雨、上下其手。它将使市场的拜物教性质、无政府性质逐渐黯淡而祛魅，由社会主义社会性质所决定，它在其存续期间内，必定会产生、表现出一系列新的特点、优点，并逐渐充分地表现。从现有的和长远的眼光看，必须重视它的基础和性质、运行目的、条件、它的规模体能、

---

① 实际上，在西方国家，这种国家干预的举国体制也屡见不鲜，美国对我国华为公司的打压就是一种典型的举国体制，只不过这种体制导致了其社会经济的异型化，摧毁了正常的国际经济关系，从长期、全局来看，表现出的并不是优越性，而是根本的缺陷。

② 《资本论》第 1 卷，人民出版社 1975 年版，第 394 页；2004 年版，第 412 页。

结构、产业依托、它的历史使命、它与国家调节的关系、与外部市场的关系等。

其一，它是在社会主义公有制为主体的基础上运行的，是社会主义性质的市场，并且是要持续维护社会主义性质的市场。《中华人民共和国宪法》第一条规定："社会主义制度是中华人民共和国的根本制度。"① 这个根本制度决定它的经济基础的社会性质，从而决定该国家的社会性质，是整个社会的根本，决定整个社会的发展方向、发展动力与发展改革的边界、依靠的力量，与整个社会共发展、共始终，就像生物体的根本一样，生物体有根本才有枝干，根本越深越广，枝干叶果越繁茂，而枝干叶的发展还反过来促进根本向深度、广度发展。要维护社会主义的性质，最重要的是维护社会主义生产资料公有制。第六条又规定："中华人民共和国的社会主义经济制度的基础是生产资料的社会主义公有制，即全民所有制和劳动群众集体所有制。"经济基础决定上层建筑，而社会主义经济制度又是建立在生产资料公有制基础上的。没有社会主义经济制度这个基础，社会主义就什么也不是，没有生产资料公有制，经济制度也就什么也不是。正是有这样的社会经济制度，决定了在生产资料公有制是整个社会的"普照之光"。它照耀着、影响着市场上的非公有制的市场主体。我党历来强调坚持发展所有制、特别是公有制这个根本。习近平还特别强调："在中国共产党领导和社会主义制度的大前提下发展市场经济，什么时候都不能忘了'社会主义'这个定语。"② 这里的市场经济都是社会主义性质的，市场当然也是社会主义性质的。这个"定语"，实际上是给现在中国的市场经济定性质，同时也是对先前甚嚣尘上的"市场经济中性论"的迎头痛击、彻底否定。而且必须强调的是，社会主义制度还是与中国共产党的领导紧密联系的。这也决定，中国的市场是在中国共产党领导的"大前提"下发展运行的。所以，在当代中国，"公有制主体地位不能动摇，国有经济主导作用不能动摇。这是保证我国各族人民共享发展成果的制度性保证，也是巩固党的执政地位、坚持我国社会主义制度的重要保证。" 40 余年的改革实践证明，公有制经济的存在和发展与市场经济并不矛盾，反而

① 中共中央十九大四次会议区分了"支撑中国特色社会主义制度的根本制度、基本制度、重要制度"。

② 习近平总书记 2015 年 11 月 23 日在十八届中央政治局第二十八次集体学习时的讲话"不断开拓当代中国马克思主义政治经济学新境界"2020－08－15 15：19：12 来源《求是》。

是决定市场经济发展方向的根本力量。习近平曾专门指出了法国学者托马斯·皮凯蒂《21 世纪资本论》存在的错误，指出他"的分析主要是从分配领域进行的，没有过多涉及更根本的所有制问题"①。突出和抓住生产资料公有制这个根本，必然决定了社会主义市场经济的性质殊异于资本主义市场经济的市场，决定了市场不能再被资产阶级等原来的剥削阶级控制，市场、市场调节所要实现的社会再生产比例关系不再以资产阶级的利益为转移，而以社会经济社会主义性质的巩固强化、人民群众和社会的发展需要为转移，为社会主义经济基础的巩固服务。它虽然向世界、包括资本主义国家开放，但开放只是发展自己的手段，是利用外国资源，是为了改变世界经济的格局和规则，决不能开门揖盗。

其二，有利于公有制经济基础的巩固和发展。党中央历来强调："必须毫不动摇巩固和发展公有制经济，坚持公有制主体地位，发挥国有经济主导作用，不断增强国有经济活力、控制力、影响力。"② 这是我国的社会主义性质所决定，也是公有制的基础地位所决定，是宪法所决定的。在市场经济条件下，公有制经济的发展，既靠自身的努力，还有赖于市场的发展。

生产力发展不平衡必定会产生一些要求有长期、庞大投入量的产业部门，从而为整个国民经济的各个部门提供长期不绝的技术力量。经过长期的战略性调整，现在的国有经济主要集中在这样一些产业部门之中，它们的有机构成、周转时间构成普遍高于整个社会资本的平均水平。在其他条件不变的情况下，有机构成越高、周转周期越长，这些投资的利润率就越低，竞争力也越低。但它们是社会经济发展必不可少的重要部门，所以整个社会的利润率必须平均化，以便保持它们的积累能力、研发能力、支撑能力。在《资本论》中，马克思已经论证了利润率平均化的必要性、必然性和条件。他的研究表明，利润率的平均化虽是资本家协同行为的结果，也离不开市场。不过，在资本主义社会，单靠市场的作用，这种转型、平均化的过程是相当漫长的。马克思的研究虽然是以资本运动为对象的，但同时也涉及生产力发展、商品经济从而市场发展之间相互促进的关系，具

① 习近平总书记 2015 年 11 月 23 日在十八届中央政治局第二十八次集体学习时的讲话"不断开拓当代中国马克思主义政治经济学新境界" 2020－08－15 15：19：12 来源《求是》。

② 习近平"关于《中共中央关于全面深化改革若干重大问题的决定》的说明" 2013 年 11 月 18 日 14：55 来源：中国经济网综合。

有一般性。所以，他论证的这种产业结构转型升级的机理、机制和路径、时间，对当代中国的指导是很切实、很现实的。

根据这一理论，我们应该意识到，现阶段社会主义生产力发展，采取社会主义市场经济的经济形式，通过市场的各种机制，在其发展达到一定阶段的时候，各个部门投资的利润率也必然平均化，从而那些投入巨大，有机构成较高、周转周期较长的国有企业，就必然要获得与平均利润率相适应的平均利润。但在国际竞争相当激烈现的当代，我们不能任由这个过程自然地缓慢地发生，而应通过国家的指导和干预，加速利润率平均化的进程。如果我们迷信"比较优势"说的忽悠，与发达国家搞什么优势互补，那么，我们将永远被压制在国际价值链最低端，没有机会与它们在同等技术水平上竞争。为此，就必须使国有企业能够获得平均利润，不断地做优做强，成为保障国家经济安全、支撑更高水平的自力更生、在世界市场上有核心竞争力的市场主体，在国内市场上能够保障社会民生、提升产业链供应链水平、对付各种重大灾害，并且引领其他企业创新。这实际上也是进一步深化改革的重要内容。

在马克思的时代，英国产业发展全世界最先进，所以没有利用外国核心技术的问题。但是现在，产业发展与核心技术发展并不必然统一于同一个经济主体。在当代中国，我们也有全世界最先进的"有决定意义的产业部门"，但是其中先进的关键核心技术却大都掌握在别国资本家手中，它们也据此坐享我们创造的大部分利润，并且反过来挟制我们屈从它们掠夺。我们曾经天真地想用市场换回技术，但是，开放的历史告诉人们，外国的最先进技术是用钱买不来的，用市场也换不来的，只能靠自己。经济越是发展，先进技术的研发越是困难，越是要调动国内市场配置、调节社会资源的功能以研发、量产关键核心技术。但是，关键核心技术的研发与大工业任意生产的一般产品不同，有特殊的规律和要求。习近平在科学家座谈会上特别强调："对属于战略性、需要久久为功的技术，要提前部署。"① 显然，能够不计成本着意提前部署的，除了像华为这样的企业外，这主要是靠国有企业了，并且主要不是靠市场的配置。根据林毅夫对美国的长期考察，越是先进的核心技术，研发成功率越低，而且市场前景不明朗，风险很大，所以需要有巨额的资本做后盾，先进的市场机制做依托。因此，在我国研发最先进的关键核心技术，主要是靠国有企业。只有它

---

① 习近平在京主持召开科学家座谈会的讲话。2020-09-11 21：25：23 来源：新华网 http://www.xinhuanet.com/politics/leaders/2020-09/11/c_ 1126483997.htm

们，才在承担一定的赢利任务外，还承担着核心技术研发的重任。在现阶段，我们要争取在不远的将来，"有决定意义的产业部门"有自主产权的最先进的关键核心技术能形成对外的全面优势、强势，既要依赖国家的财力和政策，也必须借助市场的力量，特别是国家在市场上的大量采购、以及民间的普遍采购。让研发企业通过市场快速回流资金，快速大量积累，并加速利润率平均化进程，使个别利润率有明显的提高，以投入更多的研发资金。

市场的发展还要有利于培育公有制的经济主体。生产资料公有制包括全民所有制和集体所有制，后者主要是指农村集体所有制。不言而喻，农村经济、包括农村集体所有制经济和独立承包的农户个体经济、农村专业合作社经济，是社会主义经济的重要组成部分，当然更是中国特色社会主义的市场经济的组成部分。农户或者个体、或者组成专业合作社，都是独立核算的经济单元，他们经营自己承包的土地，既有投入，向市场购买生产资料，也有产出，向市场提供产品，从这种意义看，它们当然也是市场主体。① 中国社会主义市场经济的发展，必定要、也必定会将坚守农村专心务农的农户培养成为成熟的市场主体。习近平说："我国是工人阶级领导的、以工农联盟为基础的人民民主专政的社会主义国家，国家一切权力属于人民。"所以，通过市场培育数量极大的农民、农户成为市场主体，不仅有经济意义，更有政治意义。② 他们作为市场主体进入市场，将壮大集体经济的力量，是发挥农村集体所有制在市场经济中重要作用的最重要力量。总之，中国的市场应该充分体现社会主义的优越性，体现发展公有制经济、特别是国有企业的发展的强大生命力。

其三，价值规律在特定的条件下运行。任何规律的运行都不是单打一的、独立的，都与同时存在的其他客观规律、客观条件一起发挥作用，互相影响、互相牵制，形成无数"力的平行四边形"③。市场作为"交换过程的舞台"，不是纯粹的交换场所，在其中流通的不仅有物品，还有各种信息、技术、所有权，更有复杂的主体关系等等。所以，在这个领域同时发挥作用的还有很多规律。为了研究和阐述的方便，人们可以暂时撇开它们，专门考察价值规律的作用，但在了解比较具体的市场时，一定不能忽

---

① 《中华人民共和国农民专业合作社法》（2018 年 7 月 1 日起施行）第七条规定："国家保障农民专业合作社享有与其他市场主体平等的法律地位》
② 习近平：在第三届全国人民代表大会第一次会议上的讲话（2018 年 3 月 20 日）
③ 《马克思恩格斯〈资本论〉书信集》人民出版社 1976 年版，第 501 页。

略这些原先被暂时舍象的规律的作用，特别是社会主义基本经济规律的作用。

尽管我们仍然处于社会主义初级阶段，但在长期的社会主义建设中，社会主义基本经济规律已经形成、逐步典型化，必然要发挥作用，因而必然影响社会主义市场经济中的价值规律，以及与此相联系的市场发展规律、市场表现比例关系的规律。相对而言，前者是主导性的，社会性比较明确，后者是从属性的，突出的是市场性。与社会主义发展方向相关的经济规律越是强势运行，主导性趋向越是明确、强化，它们与价值规律所形成的合力即"力的平行四边形"的对角线越是向这种主导方向接近靠拢。正因为这样，价值规律在我国并非像资本主义国家那样，发挥作用的范围并非无限。农村土地所有权是决不允许买卖的，国土是决不允许买卖的，有相当大的一部分劳动力也非作为商品买卖。而且，在很多领域，即使有作用，也可能被限制，例如现在有些城市的商品房的认购就是被政府限价的。这不是改革不到位，而是改革深化所致。在资本主义国家，价值规律起作用的后果就是贫富两极分化，在我国，这是不能容忍的。

其四，我们的市场广阔、深厚，有"超大型的市场优势"①。所谓的超大型，从横向看，高铁、高速公路、互联网使我国各地、各种市场之间的联系紧密、快速，联成一体，比世界上任何国家的国内市场都大得多：在供给方面，我们有全球门类最齐全的产业结构，物产丰富、品种齐全，数量庞大，而且质量越来越高，不仅国内市场越来越大，而且国外也很有市场。更重要的是，我们的市场在一定程度上受国家调节，所以运行较平稳。而产业的发展也带动了各种各样的需求增长；例如农业机械化的发展直接地推动了农机市场的发展。因为市场广阔、深厚、结构优良，市场调节的纵深大，范围广，能与社会的扩大再生产形成良性互动。企业的生产只要符合市场需要，因为消费者众多，就可以生产较大的产品量，从而很容易产生赢利、积累，实现扩大再生产以及技术、产品升级换代，提高劳动生产率，从而进一步降低价格，增加竞争力。这些都是那些小国寡民所不能比拟的。② 在需求方面，我们人口众多、市场消费者人数世界最多，而且还有实力雄厚的政府也是市场采购主体，随着我国经济的发展，全社

---

① 德祥："充分挖掘超大规模市场优势"，中国共产党新闻>>理论 2020 年 03 月 11 日 08：17 来源：学习时报 http：//theory. people. cn/n1/2020/0311/c40531 - 31626611. html。

② 反观有些小国，居民少，消费量小，企业生产量不大，难以赢利、积累。

会贫困的消除，购买力越来越雄厚，消费结构日益优化，老百姓的消费力日益提高。从纵向看，现在的市场主体是历史上最多、最活跃的，业态也最多样。以前鲜为人知的电商，现在已成气候。同时，消费力也是历史上最强。随着国内大循环为主体的态势日益增强，内部市场也日益扩大，对世界市场的影响更大，世界市场对我们的依赖也更大，中国市场的发展对世界市场、各国经济发展的带头作用日益显现。

　　进而言之，我国市场还具有与"优势"不同的"强势"。不仅规模超大，产业结构完整而优良，而且统一，全国一盘棋，没有条条块块的分割，各地的市场都遵循统一的法律，彼此之间没有壁垒，没有流通的限制，所以能成强势。优势只表明优点胜过他人，而强势呈现的是强大的势能和动能，吸引力和辐射力，谁也离不开它，谁也不能替代它，谁也不能低档它的影响力。许多国家不能生产的东西，这里都有，而且价廉物美。许多国家的大宗产品，只要这个国家与我们友好，即使我们供应充足，也会适量吸纳。因为吐纳量巨大，一旦中国市场断供或拒收、提价降价，接受国市场就立刻剧烈反映。国内市场广大，对外的辐射力、吸引力自然也强大，不仅有动能，还有势能。连通的国际市场也必然广大，既能满足我国的社会需要，又能在很大程度上满足世界市场的需要，这是我们坚持优越的社会制度、长期的独立自主发展、卓越的宏观调控以及全国人民的共同努力而实现的，它既使发达国家的控制梦幻无法实现，也让它们相形见绌。

　　超大市场的优势还表现在扩张上。我国现在的市场开放的广度、深度可能是全球最大的，之所以敢这样，很大程度是我们有意识、有能力、有条件抵御来自外部的各种风险。中国市场不仅有巨大的吞吐能力，抵御风险的能力强大，越来越稳定，具有"超高速增长，低水平波动"的特征。①是世界上少有的最安全市场。

　　从长期发展趋势看，这个"超大型的市场"还是"国内大循环为主体"的。在谈到国内大循环的时候，人们往往从最终产品（第Ⅱ部类）的消费看，强调"增加劳动者特别是一线劳动者劳动报酬，提高劳动报酬在初次分配中的比重"②，这当然是首要的。但是，一定不能忽略了第Ⅰ部类

---

　　① 　高帆："如何理解和挖掘我国超大规模市场优势"，（《新华文摘》2020 年 11期。）

　　② 　中共中央　国务院《关于构建更加完善的要素市场化配置体制机制的意见》（2020 年 3 月 20 日）

内部、两大部类之间的大循环——这里的国内大循环是与"大进大出"的国际大循环相对而言的，是国内进国内出，不是资本循环意义的，而是周转意义的，即不断生产又不断消费。实际上，马克思对此早有研究，他的再生产图式实际上就是关于内部大循环、大周转的研究。他阐明，其中有相当大的部分是原材料、半成品的循环、周转。它给我们这样的启迪：必须特别重视国内大循环中最关键部分、即发达国家竭力限制的各种关键核心技术的研发、生产和国内销售，不靠外国资本。现在，正是在这方面，我国存在着明显的短缺、短板，大多数产业仍处于国际产业链的中低端，制约着关键核心技术市场的发展，至少从短期看，我国市场的优势、强势，并不能吸引大多数高端技术在国内实现循环，这与我们这样的大国地位很不相称。现在，美国政府以极端卑鄙的手段将我们逼出国际关键核心技术市场，让我们有了紧迫感，倒逼我们靠自己的努力加速建设这个市场。如果联系这种局势，我们就应意识到，现在党中央提出要加快以国内大循环为主体、国内国际双循环相互促进的新发展格局，必须突出国内市场这个主体，必须突出依靠自己发展先进核心技术为国内服务的内容，这是给加速建设国内先进核心技术市场送来东风。美国政府不让我们参加高端技术的国际大循环，我们一定要建立国内大循环，特别要重视发展先进核心技术的国内大循环，既要通过市场，还要通过政府配置、聚集国内的各种资源、包括科学技术人员进行各种关键核心技术的研发，显示我国集中力量办大事的优越性。

其五，中国的市场不仅超大，而且市场结构复杂而独特。首先，是中国的产权市场与众不同。中国的矿山、森林、油田等资源都不允许买卖，不像西方国家的市场那样无所不包。在中国，所有的土地所有权全都不能出卖，没有土地所有权市场，但却有经营权市场，这是在坚持土地公有制的基础上的一大创造。一般的生产要素的所有权和使用权可以"两权分离"，但农村土地却是所有权、承包权、经营权"三权分离"。土地的集体所有权永远不能改变，农民永远不能将它出卖。外国资本、城市资本再垂涎也只能干瞪眼。但承包土地的农民在不实际经营土地的时候，可以在土地使用符合法律规定的条件下将土地转让给他人经营。这样，就能充分地调动和体现农民作为承包者的权利，以及从事其他经济行为的积极性，就能够切实地维护农村的集体所有制。这样的要素市场结构、功能，是史无前例的。

其次，是各种市场的发育程度不同，小商品市场在众多市场中发展最为亮眼，世界为之折服，但有些要素市场、特别是技术要素市场、数据要素市场等的发展起步较迟。中国经济的发展历史显示，问题之所在就是社会经济进一步发展的着力点、闪光点。相信不久的将来，市场结构将越来越完善。

再次，市场的发展离不开市场主体，但中国市场主体的发育程度参差不齐。在长期的发展中，我们出现了许许多多著名的眼光远大的企业家，像华为公司的任正非，他能未雨绸缪，敢下大本钱招聘科学家做基础研究，未雨绸缪花十年时间研发芯片做备胎，而不是短平快地赚钱。但也有很多中小企业家，文化和能力不高，习惯于模仿、组装，根本不做研发，面对产业结构的转型，很多人茫然无措。还有很多人赌性很大，高呼"爱拼就会赢"的口号，往往为追逐赚快钱赚大钱而将资金孤注一掷，流动资金全靠银行。在市场经济的发展初期，这种情况不可避免，但我们已经开始进入强起来的新时代，就不能再这样了。所以，中国社会主义市场经济的市场在其发展过程中，一个很重要的任务，就是要改变市场主体的结构，培育一支数量众多、有经济实力、有家国情怀、有长远目光，有高新技术知识、不以赚钱为唯一目的的企业家。

其六，在市场配置社会资源过程中，最重要的关键不是通过市场价格而实行配置、调节，而是市场价格怎么确定、定价权在谁的手里。如果某部分市场被人为垄断，那么相关商品的价格必然被扭曲，这种价格对社会资源的流动必然产生危害。在现代市场经济中，定价权却未必是提供该种产品占比大的那些生产者、生产单位，经常的情况却是由实力强大、具有某种垄断性的个别主体、组织所掌握。例如在国际上，美国控制着石油的定价权，即使是产油大国也根本无法与它掰手腕。我们还看到，在国内，也存在着一种这样的力量，甚至是农产品的价格，并不是由农民控制，而是由经销商控制。我们现在特别强调市场对配置社会资源的决定性作用，当然不应该、也不会任由这种情况一直毫无控制地蔓延。现在，我们必须努力改变以前的那种由垄断资本控制定价权的情况，争取让生产者真正掌握定价权。我们大体可以预见到，在不久的将来，经过抗争，我们将在世界市场上对那些战略性产品拥有一定的定价权。在国内，也逐步改变生产者、特别是农民对某些产品无定价权的情况，以突出中国市场经济、市场配置社会资源的中国特色、社会主义性质。

市场配置社会资源，并非完全依靠商品的市场价格，能够影响市场主体行为的，不是单纯的价格波动，而是那种伴有巨大成交量的价格。对他们来说，成交价格总量比更单价重要，更具调节意义。特别不能忽视的，是使用价值的调节，包括使用价值的质和量的调节。诚然，马克思说过：

社会生产力求保持平衡的客观要求"这种自然必然性可以在市场价格的晴雨表的变动中觉察出来,并克服着商品生产者的无规则的任意行动。"① 这是因为市场价格最为明显,而且,他也是将使用价值当成标准产品而将产品量暂时撇开的。人们在谈论市场价格发挥调节作用的时候,是以该种商品的使用价值的质同一且不变为前提的,因而具有较大的抽象性。但是,一旦科学技术、消费习惯及预期、需求发生改变,某种商品的使用价值发生变化,或者是原来没有发现的效用被发掘出来,② 或者更有效用的替代品出现,③ 对消费者更便利的业态出现,④ 原有的商品无论价格如何低廉,再也不会有人感兴趣了,当然也不会有人愿意再投入巨资生产了。例如对食品和一些奢侈品,人们对它们的品质优劣、使用安全便利等,比价格更重视,从而厂商也不再仅仅注意成本的控制。再如高端的芯片,在我们不能生产之前,价格再高也会大量进口。因为能进口,所以,哪怕价格再高,绝大多数厂家都不愿意花时间花重金去研发,因为其质高、难啃。这种情况表明,如果芯片的市价再高也不能驱动国内厂家的研发和投资,而不管是否被外资控制,那么,这样的市场配置和调节的性质就变了,对国内社会资源的配置不利了,走向反面了。⑤ 所以,在社会资源的调节上让市场起决定性作用有一个极其重要的前提条件,是调节国内市场。至于使用价值量,包括储备量,本来就决定着供应量。一般而言,供应量大,价格有可能降低,按照通常的经验,就会认为市场已经给出增加投入的信号。但是,也有可能是需求临近饱和的信号。所以在讲市场调节的时候只突出价格,至少是不严谨的。现在,人们常常强调"性价比",说明市场主体已经重视商品的性能。因此,原先那种市场价格调节、配置社会资源的说法是有条件的。在当代,科学技术的迅速发展导致商品使用价值也迅速变化,出现了更新、更好、更多的替代品,这种情况对市场调节、配置

---

① 《资本论》第 1 卷,人民出版社 1975 年版,第 394 页;2004 年版,第 412 页。

② 例如房屋原来是居住用的,但是,后来被人们用来当成投资,以求增殖。从此,房价就开始上涨,高企不下。

③ 例如使用胶片的照相机被数码相机所替代,数码相机被手机替代等。

④ 例如实体店买卖与网购的竞争。

⑤ 国内有个别专家认为"不惜一切代价发展芯片很危险",如果他的意思是将高端芯片当成一般的商品,让它的研发、生产、流通完全让市场来起决定性的调节作用,完全否认自主发展高端芯片的必要性和迫切性,那么其结果必然是加剧我国在芯片上被外国垄断资本控制的局面,延缓我国高端芯片"强起来"的时间,这才是最最危险的。

的影响，也越来越大。使用价值的调节不仅体现在使用上，还表现为结构和量的控制上。在上面，我们已经看到，储备是非常重要的，它在一定的时间内不进入市场，但有了它，市场就是有备无患了。所以马克思说这是"这……不是什么祸害，而是利益"①。在谈到市场调节的时候，万万不可忽视信用的调节。现在，商品的质和量都是以交易双方的信用来担保的。市场越是发展、开放，对市场主体信用的要求越高。须知资金是最重要社会资源，银行在放贷的时候最看重的，不仅是资金的流向，更多的是贷款人的信用，资金总是流向信用好的主体。所以，对市场的调节作用，现在应有新的理解，是商品价值、使用价值、所有权、信用等的系统性调节，不可偏废。

其七，我国的市场以完整的产业结构为依托，是"全球最具潜力的大市场"②，以后更是如此，并且产业结构还是越来越高级的，这最能彰显市场发展的性质和目的，也彰显对外的辐射力、吸引力。生产决定流通，产业结构完整，流通发挥职能和发展才有根基。很多经济发达国家偏重发展第三产业，但却因此而忽略第一、二产业，将大量的实体经济转移出去，虽然赚到巨额利润，但在遇到突发事件的时候，如 2020 年新冠病毒肆虐时，尽管医药品市场祭出高价但却无处配置社会资源，连医用口罩都生产不了，陷入窘境。可见，产业链结构的缺陷必然导致市场结构缺陷、市场配置机制失能。一个国家市场的发展，以国内实体经济为依托，彰显这个国家市场发展是为人民服务的。反之，若一个国家只将赚钱的行业留在国内，侧重发展虚拟经济，而不管民众的需要，那么它的市场就是为赚钱而存在、发展的。我们历来坚持发展实体经济，完善和提升产业结构，我们的市场发展有这样牢靠的根据地，是我们国家的社会性质决定的。我国产业基础坚实，既有供应量，也有需求量，经得起经济的波动。2020 年的新冠肺炎爆发之后，我们很快就依靠国内实体经济的力量，依靠新型的举国体制，在很短的时间内调整产业结构，生产很多防抗疫情的必需品，不仅满足国内市场的需要，还为很多国家提供防疫必需品。也因为这样，我国市场具有巨大的对外影响力、吸引力。外国资本等社会资源正是通过这一市场与国内的企业建立广泛联系的，只要能在国内站住脚，就能通过市场与国内企业建立联系，轻松搭上各种上下游联系。也因为这样，即使有一

---

① 《资本论》第 2 卷，人民出版社 1975 年版，第 526 页；2004 年版，第 525 页。
② 习近平在第三届中国国际进口博览会开幕式上的主旨演讲。2020 年 11 月 04 日 22：26 央视。

些西方国家要求其在中国投资的制造业企业搬迁回去，大部分却留恋中国的市场和劳动力，仍然留在中国。

几十年市场经济的发展让我们懂得，在很多关键核心技术的市场上，列强掌握着供应权和定价权，只要是我们还不能生产的，一定贵得离谱，一旦我们能生产，立即变成白菜价。可见只有完整的产业结构还不够。但是，正是在这些领域，我们已经开始从制造大国向智造大国转型的转变，这种转变实际上已经包含着在关键核心技术领域的国际市场上执牛耳发展的必然趋势。

其八，市场配置与国家调节、监管相结合。社会经济必须按比例发展，不仅是要满足社会成员的近期需要，满足绝大多数人的根本的、长远的、全局的利益的需要，包括发展关键核心技术、应对紧急事件等方面的需要。显然，这一系列需要并不能完全通过市场配置社会资源而实现，还需要有国家调节的配合。我国现在的市场是从计划经济下统一的社会主义市场转型而来的，因而必然继续保留、发扬计划性的理智和超前性。

党中央提出"使市场在资源配置中起决定性作用"，并不是说一切社会资源都要由市场配置，更不是说，市场配置、调节只有优越性，永远不会失灵。不仅国际市场失灵是司空见惯的事，而且国内市场也一再失灵。不说别的，我国的关键核心技术市场并没有真正为国内的芯片研发、量产配置到足够的社会资源，每年进口3000亿美元的芯片，反倒是配置了巨量的外国资本生产芯片来卖高价给我们。所以中央提出，还要"更好发挥政府作用，健全要素市场运行机制，完善政府调节与监管"①。在这里，确定了"政府调节"和"政府监管"的必要性和地位。实际上，所谓"决定性"指的是作用的力度，而非作用的范围，两者不可混淆。不仅在市场调节的范围内，政府要"监管"，而且政府也有一定的调节范围。习近平总书记特别说明："我国实行的是社会主义市场经济体制，我们仍然要坚持发挥我国社会主义制度的优越性、发挥党和政府的积极作用。市场在资源配置中起决定性作用，并不是起全部作用。"② 他还说："不能盲目绝对讲

---

① 中共中央　国务院关于构建更加完善的要素市场化配置体质机制的意见（2020年3月30日）

② 习近平"关于《中共中央关于全面深化改革若干重大问题的决定》的说明"2013年11月18日 14：55　来源：中国经济网综合。http：//cpc.people.com.cn/n/2013/1116/c64094-23561783.html

市场起决定性作用，……有的领域如国防建设，就是政府起决定性作用。"① 显然，这是对"决定性作用"的特别限定。除了国防建设外，在一些特殊的、急需发展的高端领域，如粮食生产，高端芯片的技术开发和生产，我们也"系统布局和整体推进科技体制改革，……优化了创新要素配置，提升了国家创新体系整体效能，推动我国科技事业取得了新突破。"② 我们的关键核心技术市场，决不能成为配置外国社会资源垄断关键核心技术生产③的领域，更不能对我国关键核心技术生产的国内资源配置无动于衷。在一些特殊的时候，需要有应急配置社会资源的时候，也主要靠国家统一调度的新型举国体制。2020 年初抗击新冠肺炎疫情及随后的复工达产，我们就是靠"实行国家统一调度，建立绿色通道，保障了重点地区医疗物资供应。"④

　　此外，政府还要监管市场。各个独立的市场主体，包括生产者主体和消费者主体，在市场上相互发生交换关系，而竞争必然失常、失度，所以一定要有监管，而监管也不能墨守成规，应该要有创新。在中共中央、国务院《关于构建更加完善的要素市场化配置体制机制的意见》（2020 年 3 月 30 日）中明确规定：要"健全制度，创新监管。更好发挥政府作用，……完善政府调节与监管，做到放活与管好有机结合，提升监管和服务能力，引导各类要素协同向先进生产力集聚。"所谓"创新监管"，就是既要监管，又要创新。同时，还要有引导和一定的限制。在国家发现总体经济、某一领域过热或过冷的时候，适时地出台相关的政策，包括市场准入负面清单，竭力避免资本主义市场的那种在短时间内过热或过冷的现象在中国死灰复燃。这样看，中国的社会主义市场是国家有可能使之发挥最大效应并且降低动荡的市场。

　　监管也是对开放度的控制。市场是开放的，但开放是有度的，有监管的。开放在让外资进来赚钱的同时，也要限制外资无限度地攫夺我国的宝贵资源，无限度地危害我国的安全。

---

　　① 习近平"在中央财经领导小组第五次会议上的讲话"（2014 年 3 月 14 日）（2017 年 06 月 19 日 08：50　来源：人民网-中国共产党新闻网）

　　② 习近平主持召开中央全面深化改革委员会第十三次会议并发表重要讲话。2020 年 04 月 28 日 07：38 来源：人民网-人民日报。

　　③ 据统计，每年我国进口几千亿美元的高端芯片，而我们自己却不能生产。这样，在这方面，中国市场配置的不是本国的社会资源，变成为配置外国资本了。

　　④ 习近平主持召开中央全面深化改革委员会第十三次会议并发表重要讲话。2020 年 04 月 28 日 07：38 来源：人民网-人民日报。

其九，我国市场是开放性的市场，又是独立自主发展的市场。在经济全球化趋势不可逆转的时代，所有的市场都必定要与国外市场相联系，都应该具有开放性，我国市场亦然。现在，我们的市场已经开放得很大、很深，并且还会越来越大，越来越深。这样，我们所需要的和不需要的东西全都必然同时进入我国的市场，就像门户开放蚊虫、病毒也必然光顾一样。但是，我们与世界市场连通，并不等于可以让外国市场、特别是资本主义国家市场毫无阻碍地控制我国市场，更不等于允许它们肮脏的、有毒的、对我们社会具有颠覆性的东西也毫无顾忌地倾泻到我国市场。我们国家从上到下都清醒地意识到，我国市场处于资本主义国家市场的包围、挑战和渗透中，不能与它们沆瀣一气，而要独立自主地发展。我国的社会制度决定了经济发展、市场发展必须独立自主、自力更生，但是，在与资本主义国家市场交往的场合，很多不可控制的因素突出了。在两种性质不同的市场之间，有很多巨大的差异。我们希望平等互利，但有很多因素制造了很多不平等。尽管人们不愿意，但在两种市场上，交易主体之间存在着不同的地位和实力、欲求，并且有不同的交换规则、标准、货币、安全和控制等理念、权利等。在一国市场内历来盛行的、必须遵循的原则、标准、观念等，统统要被重新修改，但大都是实力强大的一方规定和强加的。例如，在与美国交易的场合，只能使用美元结算，商品的品质、技术要符合美国制定的标准，美国单边规定的国家安全标准更不容丝毫触犯。更有甚者，还规定我们不能限制稀土的出口，不能要求技术转让等等。反之，它卖给我们的产品，或明或暗地包含着转基因，更有一些苛刻的限制，如为了限制华为推行 5G 技术，还强令其他国家不得出卖含有美国制造技术的产品给华为，即使用到美国的一颗螺丝钉也不行，等等。这就是说，对中国华为这种标杆企业，美国的芯片市场是关闭了。在美国看来，这种对他们有利的情况是永远不可有丝毫改变的。很显然，这样的市场背景对我国市场的发展是极其不利的，这种情况当然决不可永久不变。所以，开放绝非靠外部市场，要在自力更生的基础上开放。像我们这样的社会主义国家，一定不能自废武功。随着中国特色社会主义进入新时代，经济已由高速增长阶段转向高质量发展阶段。在这个阶段，

要实现产业结构的高级化，主要还是靠自己。我国经济的迅速发展，已经导致内部和外部环境的变化，总体实力逐渐逼近美国，也让美国感到芒刺在背，必须极力打压。习近平指出："当今世界正经历百年未有之大变局，外部环境出现更多不稳定性不确定性。实现更大发展需要走更高水平的自力更生之路。……越是风险隐患增多、国际形势复杂，自力更生也

越要更进一步。"也就是说，现在的自力更生已经不是求生存、温饱，而是更高水平的发展，要依靠自己的力量、努力，特别是要"实现关键核心技术的自主可控。……把创新发展主动权牢牢掌握在自己手中，战胜可以预见和难以预见的各种艰难险阻。"① 这样，我国的市场既不脱离世界市场，又有独立性，在关键核心技术领域能自主发展，并且有对外拓展性，其发展不仅是按比例配置社会资源的过程，而且是以完整的不断高级化的产业结构为依托，不断地提升自己的对外影响力和对霸权抗争力的过程，从而是建设史无前例的最优、最高级的市场经济的过程。

其十，我国市场发展还有特别的使命。在中国，市场配置社会资源，作为一种长期存在的机制，它不仅仅是维持一定的比例关系，还有特别的使命。首先，是要使比例关系不断高级化。初级阶段本身也有不同的发展阶段，各个的不同阶段有不同的比例关系，从一般产业看，起初，我们从国际价值链的低、中端开始，现在开始进入强起来的高质量发展的阶段，随着科学技术的发展、社会的发展，必定要彻底地改造现时相对弱质的产业，形成全社会新的更高级的比例关系。一方面，传统工业产能相对过剩，污染严重，而新兴产业在整个产业结构中的占比太少。另一方面，现在的农业过于贫弱。这两种情况表明，前一阶段市场配置社会资源并不尽理想。中国社会主义经济的发展和转型，一定要以中国农村土地集体所有制的存在和强化为基础，一定要建立在现代工业、现代农业的基础上。因此，中国社会主义市场的进一步发展，一定会在促进比例关系协调发展的同时，也促进对它的高级化改造。为彻底改变现阶段中国传统工业、传统农业相对弱质的情况，中国的市场将发挥特别强大的作用。

其次，在全球产业结构的大变动中发挥特别的作用。从现在的情况看，中国经济结构虽然完整，但即使开始或已经高级化的部分，仍有一个很大的部分仍处于产业链的低端。在长期的国际经济交往中，我们的市场开放力度不断加大，仍没有根本改变这种情况。在与发达资本主义国家带有政治性、霸权性的交易中，市场暴露了我们经济的致命软肋，软件太软、硬件不硬。它们的市场对我们并不完全开放，有很多东西、特别是核

---

① 习近平 2020 年 10 月 12 日在广东考察时强调了"更高水平非自力更生"："实现更大发展需要走更高水平的自力更生之路。当今世界正经历百年未有之大变局，外部环境出现更多不稳定性不确定性。……越是风险隐患增多、国际形势复杂，自力更生也越要更进一步。"（2020 - 10 - 13 16：38：52 来源：新华网 http：//www. xinhuanet. com/politics/xxjxs/2020-10/13/c_ 1126600963. htm。）

心技术，根本不卖给我们，再高的价格也不卖，反之，则从我们的市场随意廉价夺取他们稀缺的大量资源。也就是说，两个市场所拥有的社会资源的技术含量、加工度不同，需求也不同，使用的货币不同，它们是要控制、并且也相当程度地控制了我们的市场。所以，我们必须紧跟全球产业结构的大变动步伐，优化提升我们的产业结构，以必须尽快改变市场不得不被控制和利用的情况。这当然主要靠国内各个领域的努力，也要靠市场的广泛联系，努力"提高把握国际市场动向和需求特点的能力，提高把握国际规则能力，提高国际市场开拓能力，提高防范国际市场风险能力，"以前，我们致力于形成国际大循环，现在，则应致力于"逐步形成以国内大循环为主体、国内国际双循环相互促进的新发展格局。""通过繁荣国内经济、畅通国内大循环为我国经济发展增添动力"①。在外部敌对势力环伺、打压的情况下，我们应该将市场当成阵地，不仅要坚守，而且要升级、扩大。要发挥我们市场的优势、强势，掌握好拳头产品，它把芯片宝贝，我也把稀土当宝贝。

再次，还有一个重要使命，培养新型的市场主体，彻底消除部分存在的贫富两极分化，促进社会主义生产关系的发展。众所周知，发达资本主义国家的发展造成日益严重的贫富两极分化，虽然祸根深植于生产过程中，但市场是推波助澜的重要场所、推手。它们消灭农民，让工人进入市场只能出卖劳动力，只能成为必要生活资料的购买者。与此不同，我国的市场经济是社会主义性质的市场经济，既要避免、杜绝此类现象的长期、广泛、深度发生，还应该形成明确的全体市场主体共同富裕的趋向。因此，从长期发展来看，社会一定会着力培养庞大的市场主体，一方面是总量的扩大，特别是在农村土地集体所有制的基础上通过整合形成各种各样的专业合作社，以较大的实力进入市场；另一方面是素质提高，让他们尽快掌握各种新的技术，学会甄别、处理各种市场信息，科学、及时地研判市场大势，发现新趋向、进入新领域，学会利用各种杠杆、机制，不随波逐流、不贪婪、不盲目硬拼，等等。

续次，因为存在着众多市场主体，市场必然是竞争、假象、泡沫产生的场所，作为一般过程，它既是社会劳动的蒸馏器、整流器，同时也是分离器，是大染缸，人们常将市场比喻为海洋，实际上它也与丛林一样，有自己的存在规则。大鱼吃小鱼，小鱼吃小虾，而小虾永远只有被吃的份，

---

① 习近平2020年7月21日在企业家座谈会上的讲话。2020-07-21 20：23：07
来源：新华网 http://www.xinhuanet.com/politics/leaders/2020-07/21/c_1126267539.htm

一代一代、前赴后继，永远不能成为大鱼。市场就是这样，将所有市场主体分离成不同的群体，但又通过各种各样的故事，让分散的中小市场主体经常做着迅速发财致富的美梦，而特殊的资本主义生产关系又加剧这种分离。但是，中国特色的社会主义市场经济，却不能容许这些现象愈演愈烈、长期存在。

最后，中国市场并非仅仅发挥经济学教科书所描述的抽象的、单纯的经济职能，并不完全围绕消费而配置资源，还有具体的服务政治、军事、社会、文化等职能。在后面这些场合、领域，市场价格的显示、引导作用并不起多大的调节作用。

总之，我们市场的长期发展，必定是倾力服务弱质产业、弱势群体，使之转强，将使社会主义的市场成为人类历史上最先进、最优越、最高级的、最后形态的市场。

综上所述，对市场、市场调节不能简单地理解，更不能落入西方经济学相关理论的窠臼，必须深入地领会马克思主义的相关论述，根据中央文件的全面论述，结合中国具体实际，充分地了解它们的运作条件、范围、各种限制，只能充分地发挥它们对中国经济发展的积极作用。

中国共产党领导中国人民在社会主义革命胜利后发展社会主义市场经济，是基于马克思主义商品经济基本理论及其发展逻辑的重大发展，既表现了马克思主义对他批判的发展，也表现了自我发展、自我批判的品格和科学精神。我们的发展取得了举世瞩目的成就，也必然遇到许多前所未有的困难和问题，这更需要有批判的精神来对待，要学马克思的破立意识、方法、遵循他的破立路径、逻辑前进。在我们面前，要解决的问题很多，有理论的，有观念的，思想方法的，更多的是实践中的，但只要我们坚持马克思主义的批判精神，就能无往而不胜。

后　记

　　学习研究《资本论》，当然要从全书的整体过程来理解，这是极其重要的。而一个完整有机体又是由不同部分构成的，其中有些部分是与整体一起发展的，特别是其中的基本理论，贯穿全书始终，从不同的侧面反映、批判对象的运动，表现为不同的具体化过程，并且在相互联系中共同构成一个整体的具体化过程。所以，对它们的分别研究，自然也是相当重要的。既然整体与部分是相辅相成的，不了解整体的具体化，就难以真正了解部分的具体化，反之亦然。也就是说，应该以整体为基础来理解部分，以部分为内容来扩充理解整体。以我自己研究的体会，对《资本论》这样的鸿篇巨制，通读一遍充其量只是了解全书的原理，只是经过几遍深入研读以后，对其奥秘的认识才有所升华；在对其中的几个最重要的基本理论分别仔细地考究品味并且分别斟酌成书后，对全书的领会又有深入和提升。

　　《资本论》理论的具体化曾经是我 1975 年开始自学时的一大学习难点，它涉及的不仅是《资本论》全书的内容，而且涉及辩证逻辑。在我拜在福建师范大学陈征教授门下做研究生的时候，它很自然地成了我开始研究生涯的一大关注点。陈老师指导我做的毕业论文"论《资本论》劳动价值论从抽象到具体的上升"，实际上就是劳动价值论在全书如何具体化的初次研究。后来，我又拜在厦门大学罗郁聪教授门下，在他的指导下做博士论文"《资本论》的劳动价值论与商品经济的发展研究"。在将博士论文修改出版的时候，我在此前对辩证逻辑的研究、对《资本论》的对象和方法、对《资本论》终篇的系列研究基础上，将这项研究的书名冠上"具体化"。我认为，尽管学术界历来对劳动价值论有相当全面的系统化研究，但并没有探讨它的具体化。一个重要原因就是将它的内容局限在《资本论》开篇以及后面的几处相关研究，并且大都没有论证为何只有这些内容，不能阐明它作为基础为何没有进一步发展。这样，也就让别有用心的人学了样，不加论证就将它框限为第一卷第一章的第 1、2 节的内容，然后再自以为是地批评它的局限性。显然，非具体化的研究必然导致割裂性研究，弊病很明显。可见，具体化的研究和批判的意义十分重大，也赋予它相当大的难度，不是一般人都能轻而易举学会、做到的。如果说，理解理论发展的具体化，现在大多数人都有共识，但是，相较而论，认识理论科学批判的具体化，就未必是大多数人已经开始认识和研究的了。《资本论》具体化的理论与一般文本的叙事不同，它不但首尾呼应，内在逻辑统一，正所谓草蛇灰线，伏脉千里，且有伏有应，而且在整个理论过程的各个部分、特别是基本理论的联系中，反映对象各个部分共时态的和历时态的联系，以一种特殊的方法反映对象的历史发展，同时展示了马克思的价值观和情感、科学批判，作为研究者，因而必须与马克思的立场、观点、思考方法、情感高度契合，对其科学批判的理解才能多一些、深一些，也才能形成共鸣。如果我们不仅仅满足于从文本看到的字面意思，能看到具体化是对发展过程中产生的差异、矛盾的发现和解决，就能理解按其逻辑在中国的实际情况、条件下进一步发展，就是马克思主义的中国化。懂得马克思的科学批判，懂得科学批判的具体化，是真正理解马克思、真正继承马克思伟业、赍志的重要条件，是使之在中国具体化的必要前提。

在出版了《〈资本论〉劳动价值论的具体化》（中国青年出版社 2000 年 10 月版）以后，我又开始研究其中的资本理论。在出版了《资本转型论——〈资本论〉资本理论的具体化》（社会科学文献出版社 2004 年 12 月版）之后，我又着手进一步研究《资本论》其他基本理论的具体化，形成"《资本论》基本理论具体化研究"序列著作，并且后来也陆续出版了《政治经济学批判——从〈资本论〉到〈帝国主义论〉》（中央编译出版社 2006 年 12 月版）、《〈资本论〉经济行为理论的具体化》（中央编译出版社 2010 年 12 月版）、《〈资本论〉基本理论在终篇的具体化——〈资本论〉终篇再研究》（中央编译出版社 2012 年 12 月版），加上现在的《〈资本论〉政治经济学批判的具体化》一书，形成了"《资本论》基本理论具体化研究序列"。囿于我有限的功力及研究环境，领悟的能贯穿《资本论》始终的，大体上只有这些基本理论。这些基本理论，都贯穿全书，所以这些研究，我都一再地通读《资本论》全书。因为带着问题研读，在一些关键的地方无数遍地推敲、联系，因而能有更多、更新、更深的领悟。真的是常读常新，每个课题的研究，都是理解的一次飞跃。值得庆幸的是，这些著作，全都是课题研究成果。其中有三个福建省社科基金项目，一个是重大、两个是重点课题，此外，还有两个国家社科基金项目（包含三部著作），这两个国家社科基金项目最终成果的鉴定等级皆为优秀。现在的这部著作，就是第二个国家社会科学基金项目的最终成果。除了本书外，已经出版的各部著作还都先后获奖，其中福建省社会科学优秀成果二、三等奖各两项，市社会科学优秀成果一等奖一项。

我的《资本论》的前五部"具体化序列"著作，在出版之前，我的博士生导师、厦门大学的罗郁聪教授都不辞辛劳地撰写了序言。但是，罗老师在享年93高龄之后已经离我们而去，我再也不能将研究这一成果面呈他老人家，请他为本书撰写序言了。想到这一点，不由心中一恸。

本书的撰写时间比较长，一方面与《资本论》的其他基本理论相比，政治经济学批判涉及面更广，更加明确地表达了马克思科学研究的目的、情感、依靠和服务的对象和信心信念，更加充分地表明了它的科学价值和现实意义，所以叙事、论证的篇幅最大。要比较充分地反映，难度很大，要多方联系分析，而且越是深入研究，越发感到它的博大精深，批判力透纸背，内容丰富，必须多下功夫才能充分领会，而且，随着研究和领会的深入、拓展，我还深感《资本论》的科学批判是全方位的，多机制的，有针对客观对象的直接批判，有反映和再现客观对象的自我批判；有一个圆圈和一串圆圈式两种螺旋式模型。它纵横交错，层叠呼应，而又用意精深，是马克思意志、情感、理智、希冀聚集而形成的心血之作，体现了对资本主义罪恶制度的深恶痛绝，对深受压迫凌辱而又承担着摧毁旧世界、建设新社会的无产阶级和劳动大众的深情厚意。这种批判意味隽永深长，很耐人思索和品味，所以既要忠实于原意，还必须在字里行间仔细梭巡，从头至尾认真比较，同时还要表里结合，由此及彼，反复揣摩，生怕有遗漏和误解。另一方面，是因为年纪大，记忆力衰退。恩格斯说："一个人过了七十岁，大脑中的迈内尔特联想纤维工作起来迟钝得令人讨厌，要克服困难的理论工作上的中断造成的影响，再也不像以前那样容易那样迅速了。"① 恩格斯尚且如此，我一个凡夫俗子更是如此，常常为寻找马克思的一段论述、有关的一个事例而花费比年轻时多得多的时间。同时，为了参加国内一些学术会议，特别是《资本论》的学会活动，也需要结合本课题的研究撰写参会论文。当然，这样花费时间是一举两得，可参加会议，了解学界的研究动态，也成了课题研究的阶段性成果。在全书完成之后，考虑到《资本论》已有新的版本，为方便只有新版本的读者查看原著引文的需要，我又在脚注中将1975年版的出处逐一加上2004年版的出处。这也耗费了几个月的时间。除了这些原因外，我还因为退休后身体欠佳，不敢太劳累。因为疾病缠身，我更深感马克思当年为劳动大众而不顾贫病交加刻苦著作的艰难，更深感其精神和人格的崇高伟大。我虽罹病，但起码收

---

① 《资本论》第3卷，人民出版社1975年版，第4页；2004年版，第4页。

人、生活、医疗有保障。这样一对照，也深深激发我的研究热忱。

这个课题从立项到完成交付鉴定，虽然挤占了其他方面的特别是现实问题的研究时间，但我不觉得遗憾。这是我自 1975 年——中央编译局翻译的三卷《资本论》全部出版，——开始的《资本论》学习研究生涯的继续。在原有研究的基础上，从一个新的方位研究《资本论》，赋予我的退休生活以新的内涵和追求，让我感到很充实。当我在研究中有所感悟、阐发的时候，不仅有一种难以言表的快意，更从内心深处升起对马克思的崇拜，对他的理论的科学性、系统性、具体化的信服，"噫！微斯人，吾谁与归"①，同时也使我升腾起一个共产党员的老骥壮心及为宣传、捍卫马克思主义伟大事业继续贡献力量的豪情。我从 1970 年开始工作，也就是开始参加革命，从那时起到 2020 年将本书书稿交付出版社，整整半个世纪，我2013 年退休，但我在退休之年申请到这个国家社科基金课题，这实实在在地让我有了再实际工作、革命的机会。能在老迈之年履行共产党员的职责，为伟大的事业贡献力量，我感到很自豪、生活很充实。在研究过程中，我又有一系列心得体会，我还将继续努力，整理发表。当然，我也有些许遗憾，自己研究的新体会、感悟，已经没有机会在课堂上宣讲、与年轻的同学们共享了。

与现实问题的研究相比，文本研究似乎是钻故纸堆，缺乏现实意义。但是，《资本论》并非故纸堆，是包含着科学的发展逻辑、人所共知而又知之不多的理论经典，是大多数人都说它十分重要却不能花很长时间全面深入研读的巨著。在浩如烟海的《资本论》研究文献中，全面的文本研究、专题的研究并不多。很多人从政治经济学原理的角度来解读它，虽然必要，也感到它比单纯研读各种版本的政治经济学教科书深入得多，但虽然大多数人都被它的宏大所震撼，也被它理论的艰深所折服，被它的巨大影响所感动，却很少人能没有困难地通读它，真正读懂它。有些研究专家站在书外俯瞰全书，避实就虚泛泛而谈，捧得很高，但谈出的真实体会却不多、不深、不真、不中肯，这样，联系实际也就比较简单，从《资本论》中引出几段论述后，不分析它在《资本论》中所处的逻辑阶段、所适应的研究条件及必然的发展，就直接联系实际，缺乏必要的中介、条件，更多人甚至缺乏时间和勇气通读、精读全书，特别是第三卷全书，很多人也知道它的理论价值，在研究中也都从中寻章摘句，但真正坐下来、钻进文本的并不多。马克思也说过："一部篇幅巨大而且某些章节十分难懂的

---

① 范仲淹："岳阳楼记"。

著作是需要时间才能读完和领会的。"① 如果说，这还是在《资本论》第一卷出版时说的，那么，带有草稿性质、涉及的内容更加艰深和丰富、批判更加全面的第三卷，对很多人来说甚至更是陌生。因为它艰深，同时接近内在规定的社会表现，我对它的研读次数更多，特别是终篇，力求常读常新、越思越深，在广泛的联系中来思索，既不超出本意浪漫经典，也不辜负真意避难就易。从具体化的角度看，《资本论》第三卷研究的是比较具体的竞争和流通，有很多关于商品经济、市场经济的研究和论述，十分科学和深刻，但是因为大多数人将它视为畏途，至今没有为主流学界重视，但是，只要对它的再现和批判加以通俗化，即可发现，其中的基本原理联系一定的中介，结合已经变化的条件，经过转型而具体化，也很适合指导当代中国特色社会主义的市场经济建设。这样，基本理论就能联系变化了的实际。据此，在正文中尚不能着重研究的问题，例如市场在社会资源的配置和调节中的作用特点，在结语中也就能够分别不同性质的市场进行考察了。

我从 1975 年开始学习中央编译局出版《资本论》全三卷，45 年来一直自觉不懈地努力研究它，以此为追随、为事业、为专业、为癖好、为责任、为捍卫，从通读到精读，从理解到研究，从对象、方法到基本理论，领悟颇多，而尤以这个课题研究的感触最深。这是从批判的角度来重新学习，特别是整理资本对剩余价值的剥削历史、过程及其对工人造成伤害等方面的材料，更激发我对资本主义的痛恨，对马克思主义理论的坚信，对中国共产党及我国社会主义制度的热爱。现在，整天念叨坚持马克思主义的人很多，有心、用心读马列原著、特别是《资本论》全书的并不很多。真希望本书能对人们学习《资本论》的政治经济学批判有所补益。

在这里，我还想对本课题立项审查、鉴定审查的单位、专家，本专著出版的单位、编辑，还有那些关心、有意无意帮助我顺利完成这一项目、出版著作的领导、师友、同事、亲人们，都表示感谢。但项目评委、鉴定专家根本无从认识，涉及的其余人也很多，所以，只好在心底、在意象中一并致谢了。

陈俊明

2020 年 11 月 7 日

---

① 《马克思恩格斯〈资本论〉书信集》，人民出版社 1976 年版，第 235 页。

参考文献

1. 《资本论》1—3 卷，人民出版社 1975 年版，2004 年版。

2. 《剩余价值理论》，《马克思恩格斯全集》第 26 卷 1—3 册，人民出版社 1972、73、74 年版。

3. 《马克思恩格斯〈资本论〉书信集》，人民出版社 1976 年版。

4. 《政治经济学批判。第一分册》，《马克思恩格斯全集》第 13 卷，人民出版社 1962 年版。

5. 《评阿·瓦格纳的"政治经济学教科书"》，《马克思恩格斯全集》第 19 卷，人民出版社 1963 年版。

6. 《1844 年经济学哲学手稿》，《马克思恩格斯全集》第 42 卷，人民出版社 1979 年版。

7. 《马克思恩格斯全集》第 46 卷上册、下册，人民出版社 1979、1980 年版。

8. 《马克思恩格斯全集》第 47 卷，人民出版社 1979 年版。

9. 《马克思恩格斯全集》第 48 卷，人民出版社 1985 年版。

10. 《马克思恩格斯全集》第 49 卷，人民出版社 1982 年版。

11. 《资本论》法文版第一卷，中国社会科学出版社 1983 年版。

12. 《资本论》德文版第一卷，经济科学出版社 1987 年版。

13. 《政治经济学批判。序言》，《马克思恩格斯选集》第 1 卷，人民出版社 1995 年版。

14. 《黑格尔法哲学批判。导言》，《马克思恩格斯选集》第 1 卷，人民出版社 1995 年版。

15. 马克思　恩格斯：《共产党宣言》，《马克思恩格斯选集》第 1 卷，人民出版社 1995 版。

16. 恩格斯：《卡·马克思"雇佣劳动与资本"1891 年单行本导言》，《马克思的"资本论"。第三卷》，《关于"资本论"第三卷的内容》，《马克思恩格斯全集》第 22 卷人民出版社 1965 年版。

17. 恩格斯：《卡·马克思"资本论"第一卷书评》——为"未来报""莱茵报""爱北斐特日报""杜塞尔多夫日报"作，《马克思恩格斯全集》

第 16 卷，人民出版社 1964 年版。

18. 恩格斯：《反杜林论》，《马克思恩格斯选集》第 3 卷，人民出版社 1995 年版。

19. 恩格斯：《路德维希·费尔巴哈和德国古典哲学的终结》，《马克思恩格斯选集》第 4 卷，人民出版社 1995 版。

20. 恩格斯：《卡尔·马克思〈政治经济学批判。第一分册〉》，《马克思恩格斯选集》第 2 卷，人民出版社 1995 年版。

21. 恩格斯：《自然辩证法》，《马克思恩格斯选集》第 4 卷，人民出版社 1995 年版。

22. 列宁：《哲学笔记》，人民出版社 1974 年版。

23. 列宁：《什么是"人民之友"以及他们如何攻击社会主义者?》，《列宁选集》第 1 卷，人民出版社 1972 年版。

24. 列宁：《青年团的任务》，《列宁选集》第 4 卷，人民出版社 1995 年版。

25. 列宁：《关于无产阶级文化》，《列宁选集》第 4 卷，人民出版社 1995 年版。

26. 列宁：《弗里德里希·恩格斯》，《列宁选集》第 1 卷，人民出版社 1995 年版。

27. 斯大林：《苏联社会主义经济问题》，人民出版社 1961 年 7 月版。

28. 毛泽东：《实践论》，《毛泽东选集》第 1 卷，人民出版社 1965 年版。

29. 《马克思 恩格斯 列宁论英国古典政治经济学》，李竞能 赵明山 鲁明学编，商务印书馆 1981 年版。

30. 《马克思 恩格斯 列宁论资产阶级庸俗政治经济学》，纪明山主编 龚有江 鲁明学副主编，南开大学出版社 1990 年版。

31. 王亚南：《〈资本论〉研究》，上海人民出版社 1978 年版。

32. 陈征：《〈资本论〉解说》五册，福建人民出版社 1977、78、80、81、82 年版。

33. 张薰华、洪远朋：《〈资本论〉提要》第一、二、三册，上海人民出版社 1977、78、82 年版。

34. 宋承先：《〈资本论〉提要》第四册，上海人民出版社 1983 年版。

35. 张薰华：《〈资本论〉脉络》，复旦大学出版社 1987 年版。

36. 洪远朋：《〈资本论〉难题探索》，山东人民出版社 1985 年版。

37. 北京大学经济系《资本论》研究组：《〈剩余价值理论〉释义》第

一、二、三册，山东人民出版社 1992、93 年版。

38. 北京大学经济系《资本论》教学组：《〈资本论〉释义》第一、二、三卷，北京出版社 1980、82、86 年版。

39. 蒋绍进　王锦涛著：《〈资本论〉的结构》，山东人民出版社 1984 年版。

40. 蒋绍进　李绪蔼主编：《〈资本论〉研究综述》，福建人民出版社 1984 年版。

41. 俞明仁著：《〈资本论〉讲解》第三卷，上下册，浙江人民出版社 1983 年版。

42. 汤在新主编：《〈资本论〉续编探索》，中国金融出版社 1995 年版。

43. 吴易风：《英国古典经济理论》，商务印书馆 1988 年版。

44. 刘炯忠：《〈资本论〉方法论研究》，中国人民大学出版社 1991 年版。

45. 马健行　郭继严：《〈资本论〉创作史》，山东人民出版社 1983 年版。

46. 陈征　李建平　郭铁民：《〈资本论〉在社会主义市场经济中的运用与发展》，福建教育出版社 1998 年版。

47. 李建平：《〈资本论〉第一卷辩证法探索》，社会科学文献出版社 2006 年版。

48. 冯文光　张钟朴：《法文版〈资本论〉的独立科学价值》，黑龙江人民出版社 1985 年版。

49. 程恩富　刘新刚：《重读〈资本论〉》人民出版社 2018 年版。

50. 程恩富：《经济学方法论》，上海财经大学出版社 2002 年版。

51. 刘永佶：《〈资本论〉的逻辑》，江苏人民出版社 1987 年版。

52. 刘永佶：《马克思经济学手稿的方法论》，河南人民出版社 1990 年版。

53. 刘永佶：《马克思政治经济学方法论史》，北京大学出版社 1987 年版。

54. 马健行、郭继严：《〈资本论〉创作史》，山东人民出版社 1983 年版

55. 罗郁聪　苏振富：《〈反杜林论〉研究》，山东人民出版社 1990 年版。

56. 罗郁聪：《现代社会主义论》，山西经济出版社 1998 年版。

57. 孟氧著　孟小灯编：《〈资本论〉历史典故注释》，中国人民大学出版社 2005 年版。

58. 何干强：《资本论》基本思想与理论逻辑，中国经济出版社 2000 年版。

59. 何干强：《唯物史观的经济分析范式及其应用》，中国经济出版社 2008 年版。

60. 卓炯：《〈资本论〉体系与社会主义市场经济》，中国财政经济出版社 1990 年版。

68. 胡世祯：《〈资本论〉研究文集》，暨南大学出版社 2017 年版。

69. 冯文光、张仲朴《法文版〈资本论〉的独立价值》，黑龙江人民出版社 1985 年版。

70. 宛憔　吴宇辉：《亚当·斯密与〈国富论〉》，吉林大学出版社 1986 年版。

71. 张世英：《论黑格尔的逻辑学》，上海人民出版社 1981 年版。

72. 季陶达：《英国古典政治经济学》，三联书店 1960 年版。

73. 张巨青等：《辩证逻辑》，吉林人民出版社 1980 年版。

74. 鲁友章　李宗正主编：《经济学说史》，人民出版社 1979 年版。

75. 王元璋：《政治经济学从古典学派到马克思的发展》，求实出版社 1989 年版。

76. 何炼成主编：《价值学说史》，陕西人民出版社 1984 年版。

77. 于丁春主编　刘秀华等副主编：《哲学方法论》，北京出版社 1990 年版。

78. 钱津：《劳动论》，社会科学文献出版社 2005 年版。

79. 钱津：《劳动效用论》，社会科学文献出版社 2005 年版。

80. 钱津：《劳动价值论》，社会科学文献出版社 2005 年版。

81. 鲁友章　李宗正主编：《经济学说史》，人民出版社 1979 年版。

82. 张世英：《论黑格尔的逻辑学》，上海人民出版社 1981 年版。

83. 商英伟　徐梦秋主编：《主体论——从马克思到毛泽东》，厦门大学出版社 1995 年 12 月版。

84. 赵准：《探究货币——马克思货币理论研究》，京华出版社 2000 年 9 月版。

85. 韩毓海：《伟大也要有人懂——少年读马克思》，中国少年儿童出版社 2014 年版

86. 冯周卓　左高山主编：《批判思维与论辩》，北京大学出版社 2015

年版。

87. 郭京龙　李翠玲主编：《聚焦——劳动价值论在中国理论界》，中国经济出版社 2003 年版。

88. 郭强：《论马克思的研究方法》，中国社会科学出版社 2010 年版。

89. 唐正东：《从斯密到马克思》，江苏人民出版社 2009 年版。

90. 李慎明主编　王立胜　傅军胜　曹苏红副主编：《美元霸权与经济危机》（上、下册）社会科学文献出版社 2009 年版。

91. 龚维敬着：《垄断经济学》，上海人民出版社 2007 年版。

92. ［苏］卢森贝著　赵木斋　朱培兴译：《〈资本论〉注释》第一、二、三卷，三联书店 1963 年版。

93. ［苏］伊．谢．纳尔斯基著　冯申译：《异化与劳动》，湖南人民出版社 1987 年版。

94. ［苏］Ｂ·Ａ·库兹明著　王炳文　贾泽林译：《马克思理论和方法论的系统性原则》，三联书店 1980 年版。

95. ［英］斯密著　郭大力　王亚南译：《国民财富的性质和原因的研究》上、下卷，商务印书馆 1972 年版。

96. ［英］李嘉图著　郭大力　王亚南译：《李嘉图著作和通讯集》第 1 卷，商务印书馆 1981 年版。

97. ［英］李嘉图著　周杰译：《政治经济学及赋税原理》，华夏出版社 2005 年版。

98. ［英］米克著　陈彪如译：《劳动价值学说的研究》，商务印书馆 1979 年版

99. ［德］黑格尔著　贺麟译：《小逻辑》，商务印书馆 1982 年版。

100. ［德］黑格尔著　杨一之译《逻辑学》上、下卷，商务印书馆 1977、1981 年版。

101. ［德］费切尔著　赵玉兰译：《马克思与马克思主义：从经济学批判到世界观》，北京师范大学出版社 2009 年版。

102. ［法］萨伊著　陈福生　陈振骅译：《政治经济学概论》，商务印书馆 1963 年版。

103. ［日］佐藤金三郎　冈琦荣松　等四人编，刘焱　赵洪　陈家英译：《〈资本论〉百题论证》（一）、（二）、（三），山东人民出版社 1993 年版。

104. ［日］见田石介著　章小金　郑桦　尹栾玉译：《资本论的方法研究》，中国书籍出版社 2015 年 9 月版。